DER GROSSE MUSIK FÜHRER

Musikgeschichte in Werkdarstellungen

ALFRED BAUMGARTNER

Alte Musik

*Von den Anfängen
abendländischer Musik
bis zur Vollendung
der Renaissance*

KIESEL VERLAG

Schutzumschlag: Herbert Schiefer
ISBN 3 7023 0120 8
Copyright © 1981 by Kiesel Verlag
Gesamtherstellung: Druck- und Verlagshaus R. Kiesel, Salzburg

Inhalt

7 Vorwort

11 Zeittafel zur Alten Musik

18 Von den Anfängen abendländischer Musik bis zur Vollendung der Renaissance

700 Kurzlexikon zur Alten Musik

713 Register

755 Bildnachweis

Vorwort

Unverkennbar wendet sich das musikalische Interesse unserer Gegenwart in stetig steigendem Maß der Alten Musik zu. Die von Jahr zu Jahr wachsenden Besucherzahlen der ständig vermehrten Konzerte, in denen Kompositionen früherer Epochen geboten werden, beweisen das ebenso unwiderlegbar wie der breite Raum, den diese Musik in den Schallplattenkatalogen einnimmt. Man hat diese Erscheinung mit einem Abwenden des Publikums von der zeitgenössischen Komposition, die seinem Geschmack nicht entspricht, erklärt. Das ist allerdings durch die Tatsache widerlegt, daß ein Großteil der Liebhaber Alter Musik zugleich enthusiastische Anhänger moderner und modernster Musik sind. Es kann selbstverständlich nicht bestritten werden, daß ein nicht geringer Teil des Konzertpublikums zum kompositorischen Werk unserer Zeit keine Beziehung findet und sich lieber an die großen Meister der vergangenen zwei Jahrhunderte hält, er geht aber nur selten weiter zurück als bis in die Zeit der Barockmusik, die aber auch keine Alte Musik im wahren Sinn des Wortes ist, sondern in den Rahmen der Musik der Neuzeit gestellt werden muß, weil sie schon alle Anforderungen erfüllt, die wir an die Musik stellen.

Um dieser Frage näherzukommen, muß davon abgesehen werden, die Musik als isoliertes Einzelphänomen zu betrachten. Wenn man sie der Wirklichkeit entsprechend als unabtrennbaren Teil des gesamten kulturellen Verhaltens der Menschen nimmt, stellt sich als Antwort auf die Frage, warum das Konzertpublikum sich der Alten Musik zugewandt hat, die zweite nach dem Grund, warum es die Musikliebhaber früher nicht getan haben. Denn die Werke der bildenden Kunst aus jenen alten Zeiten, die Paläste und Kathedralen, die Statuen und Bilder, fanden in jeder späteren Epoche ihre verständnisvollen Bewunderer. Wenn auch Kriege und Naturkatastrophen oder die fanatische Erneuerungssucht viele Werte zerstörten oder deformierten, so ist doch so viel geblieben, daß uns die Geisteshaltung jener alten Epochen nicht fremd ist. Es ist nur natürlich, daß der Mensch unserer Zeit, die ohnehin stark zum Historismus neigt, beim Anblick der Renaissancepaläste, der gotischen Dome und der Zeugen der Romanik auch an die Musik denkt, die innerhalb dieser Bauten höchster Kunstentfaltung erklungen ist, und das um so mehr, als uns eine Fülle Literatur jener fernen Epochen überliefert ist, die uns ihre Gedankenwelt erschließt. Es ist in Wahrheit das Verlangen nach der Musik der Romanik, der Gotik und der Renaissance auch immer dagewesen; es konnte nur nicht befriedigt werden. Erst in unserer Zeit, in der die Musikwissenschaft es ermöglicht, die alten Manuskripte richtig zu lesen, die Aufführungspraxis festzustellen und die alten Instrumente nachzubauen und zu spielen, wird uns die Alte Musik so getreu vermittelt, wie das Aussehen eines alten Bildes und Bauwerkes. Damit ergibt sich eine sehr einfache Beantwortung der gestellten Frage. Das Verlangen nach Alter Musik entspricht dem historischen Bedürfnis des Menschen wie das Studium der Geschichte im allgemeinen, wie die Beschäftigung mit den Werken vergangener Literaturperioden und wie der Anblick der Werke der bildenden Kunst verflossener Zeiten. Die Entzifferung der Handschriften, das Studium der zeitgenössischen musiktheoretischen Werke, der Nachbau der alten Instrumente füllten nur eine Lücke, die schon seit geraumer Zeit offengestanden war. Erst als diese Voraussetzungen geschaffen und die Instrumental- und Vokalensembles gebildet waren, die uns durch ihre dankenswerten Bemühungen Gefühl und Verständnis für jene Musik erschließen, konnte der Wunsch breiter Kreise, auch die Musik der alten Epochen kennenzulernen, in Erfüllung gehen.

Es handelte sich also nicht darum, daß ein neues Bedürfnis geweckt worden ist, sondern um die erst in jüngster Zeit ermöglichte Befriedigung eines Verlangens, das schon immer vorlag. Hierzu tritt allerdings noch der bereits erwähnte starke Hang unserer Zeit zum Historismus, der, wenn man von den Auswüchsen absieht, denen jede neue Geistesrichtung ausgesetzt ist, schließlich ein Kulturmaßstab ist. Denn je primitiver der Mensch ist, um so weniger ist sein Trachten auf Vergangenheit und Zukunft gerichtet, weil er in der Gegenwart lebt und in ihr sein Genügen findet. Völker auf niedriger Kulturstufe haben keine Geschichte; sie wurden zwar deswegen von Historikern glücklich gepriesen, doch es handelte sich dabei um jenes animalische Glück, das auch keine Historiker hervorgebracht hätte.

Aus der Feststellung, daß die rasche und weltweite Verbreitung des Verlangens nach der Musik jener verflossenen Epochen ein Ausfluß des historischen Bedürfnisses des Menschen gehobener Kulturschichten ist, ergibt sich der grundlegende Unterschied dieser Tendenz von der Vorliebe eines Teiles des Konzertpublikums für die Musik der jüngsten oder doch nicht sehr weit zurückliegenden Vergangenheit. Diese Interessenverschiebung spielt sich innerhalb des großen Raumes der neuzeitlichen Musikentwicklung ab und wird nur durch Geschmacks- und Temperamentsdifferenzen bedingt. Daß viele die Werke der Barockmeister, der Größen der Klassik und der Romantik lieber hören, hat neben dem Vorzug, den das Überkommene und Bewährte sehr oft genießt, und der Abneigung gegen das unsichere Experiment seine Ursache auch in der überragenden Größe einer langen Reihe von Vertretern jener Epochen, denen die Gegenwart schon deshalb nichts Ebenbürtiges gegenüberzustellen vermag, weil künstlerische Bedeutung in der Regel sich erst nachträglich profiliert.

Fraglich ist allerdings, ob wir durch die hohe Werktreue, die unsere heutigen Ensembles für Alte Musik erreichen, in die gleichen Beziehungen zwischen Kunst und Mensch treten können, wie sie zu jenen alten Zeiten herrschten. Hier dürfte eine unüberbrückbare Kluft vorliegen, denn wir sind außerstande, uns in Menschen der Romanik, der Gotik oder Renaissance zu verwandeln. Es genügt sicherlich nicht, sich in den Schatten der Kathedralen und Paläste zu stellen, um zu Menschen mit Vorstellungen und Gefühlen, Wünschen und Ängsten jener Epochen zu werden, auch wenn uns die überwältigende Architektonik eines Sant' Ambrogio in Mailand, die grandiose Rosette der Notre-Dame zu Paris so gewaltig in ihren Bann ziehen, daß wir vermeinen, den Geist ihrer Entstehungszeit förmlich körperlich zu verspüren. Doch jede Geschichtsbetrachtung ist gegenwartsbezogen. Unser Geschichtsbild wandelt sich parallel zur fortschreitenden Zeit. Der Mozart des 19. Jahrhunderts ist völlig verschieden von dem unserer Zeit und wird vermutlich nach hundert Jahren wieder anders aufgefaßt werden. Daher steht jede Musik, ob sie nun mehr oder weniger weit in der Vergangenheit entstanden ist, für uns im Licht der Gegenwart. Da sich unsere Hörgewohnheiten sicherlich sehr stark von denen vergangener Zeiten unterscheiden, sind gewisse Konzessionen unerläßlich. Wir können auch die Homerischen Epen nicht in der Art der alten Rhapsoden deklamieren, sie würden für unser Verständnis und Gefühl nur verlieren. Es haben sich auch die geistigen Funktionen der Werke der bildenden Kunst älterer Zeiten gewandelt; die Emotionen, die ein gotischer Dom in uns auslöst, unterscheiden sich zweifellos sehr von dem Eindruck, den er auf die Zeitgenossen seiner Entstehung machte. Wenn nun bei der Wiedergabe manche Ausdrucksform unserer Zeit angepaßt wird, ist das keine Verfälschung, sondern eine Notwendigkeit, um den Menschen späterer Epochen den Zugang zur geistigen Struktur früherer Zeiten nicht zu versperren. Und jedenfalls wird dadurch dem Verlangen der Menschen nach dem Bild der Vergangenheit voll Rechnung getragen, weil die alten Historikerfragen »Was war?«, »Wie war es?«, »Warum war es so?«, »Was folgte daraus?« damit beantwortet werden.

Entgegen den meisten musikgeschichtlichen Darstellungen werden in diesem Buch die Komponisten nicht nach Stilgattungen, Herkunftsländern, nach Schulen oder anderen Einteilungsgrundsätzen gruppiert, sondern nacheinander in chronologischer Reihenfolge ihrer Geburtsdaten einzeln vorgestellt. Der Grund für diese Methode liegt in der in diesem Buch vertretenen allgemeinen Geschichtsauffassung, die besagt, daß es keine Menschheit gibt, sondern nur einzelne Menschen, keine Renaissancemusik, sondern Renaissancemusiker und keine Schulen, sondern nur einzelne Angehörige einer bestimmten Schule. Denn jeder Mensch wird als Individuum geboren und lebt und stirbt für sich allein. Gewiß verleitet das im großen und ganzen gleichartige Verhalten gewisser Menschengruppen und ihr gemeinsames Schicksal zu ihrer gedanklichen Massierung. Diese Betrachtungsart darf jedoch nur eine abkürzende Arbeitsmethode sein. Es mögen die Differenzen zwischen den einzelnen in solchen Gruppen bei ihrer Gesamtbetrachtung unerheblich erscheinen, für den einzelnen jedoch sind sie von höchster Wichtigkeit, denn sie betreffen ihn selbst. Bezeichnend ist, daß sich jeder der sogenannten Masse gegenüberstellt und sich selbst nie dazurechnet, weil er seine Individualität nicht preisgeben kann. Da das nahezu bei jedem einzelnen, der von den anderen zur Masse geschlagen wird, der Fall ist, wird der Begriff der Masse illusorisch. Auch die Behauptung, daß Massen Geschichte machen, ist irrig; es waren immer der Wille, die Worte und die Taten einzelner, die Veränderungen herbeiführten, und die davon gelenkt, verführt und verhetzt wurden, erlagen zwar einer gleichartigen Beeinflussung oder verhielten sich zumindest ähnlich, es war aber immer der Entschluß des einzelnen, etwas zu tun oder zu unterlassen, und wenn es ihrer noch so viele waren.

Das ist kein Spiel mit Worten, das an historischen Erkenntnissen nichts zu ändern vermag; durch die Aufgabe des Massenbegriffes wird jedes historische Geschehen schärfer profiliert und richtiger gewertet. Der Begriff der Masse, falls er nicht nur als Denkschema verwendet wird, entmenschlicht den Menschen, beraubt ihn seiner Individualität und stempelt ihn zum unbedeutenden Teil eines imaginären Ganzen, für das sogar vor Zeiten eine Massenseele erfunden wurde.

Die Differenzierung der Menschen wird um so deutlicher und stärker, je höher ihr geistiges Potential einzuordnen ist. Gelehrte und Künstler dürfen deshalb um so weniger in Gruppen massiert betrachtet werden, je deutlicher sie sich durch ihre Tätigkeit profilieren und natürlich voneinander abheben. Es sind gewiß auch Gemeinsamkeiten anzumerken und festzustellen, ob sie in der gleichen Zeit lebten und wirkten, ob sie dem gleichen Land entstammten, den gleichen Auftraggeber oder Dienstherrn hatten, bei den gleichen Lehrern lernten, demselben Stil mehr oder weniger getreu huldigten oder sonstige Gleichartigkeiten aufwiesen. Sie in eine Schablone zu pressen, um dadurch Gleichartigkeiten zu erzwingen, würde ihr historisches Bild verfälschen, weil gerade die künstlerische Individualität eine der am stärksten ausgeprägten ist.

Daher wurde hier von der Gepflogenheit abgegangen, für jede Entwicklungsepoche der Musik Zentralgestalten herauszustellen und ihnen Führerrollen zuzuteilen und zeitgenössische oder spätere Meister wie eine Suite anzureihen. Gewiß gibt und gab es in der Musik wie auf jedem Gebiet stärkere und weniger starke Potenzen. Das hängt in nicht wenigen Fällen nur zum Teil von der eigenen künstlerischen Substanz ab, sondern auch von den oft zufälligen Entfaltungsmöglichkeiten. Denn auch ein vielversprechender Baum trägt wenig Frucht, wenn der geeignete Boden, der erforderliche Entwicklungsraum und das Mindestmaß an Sonne fehlen. Aber wie die großen Meister ihre überragende Position erreicht haben mögen und wie stark und weitreichend ihr Beispiel, ihr Einfluß, ihr Unterricht gewirkt haben, sie waren wohl epochemachend; die zeitgenössischen sogenannten kleinen Meister jedoch, denen in manchen Fällen nur der Entfaltungsraum für größere Leistungen fehlte, schufen daneben immer ihre eigene künstlerische Linie, die an der Gesamtentwicklung der Musik in irgendeiner Form teilnahm, wenn dies im einzelnen zuweilen nicht klar herausgearbeitet werden kann.

Es wurde somit jedem einzelnen Meister sein Raum in dem Buch zugeteilt und für ihn in Zeit und Umwelt die Kulisse gestellt, vor der sein Leben als Mensch und Künstler ablief. Davon ausgehend, daß die Tätigkeit eines Künstlers in ständigem Wechselwirken mit dem gleichzeitigen politischen, wirtschaftlichen, kulturellen und gesellschaftlichen Geschehen steht, wurde versucht, für jeden Komponisten die Welt zu skizzieren, in der er lebte und wirkte, und die Zeit, deren Kind er war. Dann erst wird seine Persönlichkeit vorgestellt und seine Biographie aufgerollt, die allerdings bei vielen mangels überkommener Informationen sehr knapp ausfallen mußte. Legenden und Anekdoten wurden weggelassen, weil hier keine Geschichten, sondern Geschichte gebracht werden soll. Rein persönliche und familiäre Umstände wurden dann berührt, wenn sie auf die künstlerische Formung des Komponisten besonders eingewirkt hatten. Vielfach sind auch darüber die Nachrichten recht mangelhaft und ungesichert. Daran knüpft sich sein Werk, die Würdigung seiner Leistungen, die Charakterisierung seines Stiles und seiner Technik, der künstlerischen Einflüsse, unter denen er stand, und in manchen Fällen auch die Ausstrahlung seiner künstlerischen Persönlichkeit auf Zeitgenossen und Nachwelt. Alle bedeutenden Werke, deren bleibenden Wert die Musikgeschichte bestätigt, wurden gesondert besprochen und dem Verständnis nähergebracht.

Durch die streng chronologische Aneinanderreihung der Einzeldarstellungen, unberücksichtigt, welchem Kulturkreis und welchem Land die Meister entstammten, wird ein plastisches Bild des stetigen Weiterschreitens der abendländischen Musikentwicklung und der allmählichen Verbreiterung ihrer Front gewonnen, in die von Jahr zu Jahr immer mehr Meister einschwenkten, um zwar in Tuchfühlung mit den anderen, aber doch für sich allein wirkend die gleiche Richtung einzuhalten.

Dieser Versuch, ein Gesamtbild der Alten Musik Europas in Form einer mosaikartigen Darstellung zu vermitteln, ist allen Freunden der Tonkunst jener alten Epochen gewidmet, aus welchen Gründen auch immer sie sich ihr zugeneigt haben oder noch anschließen werden, und gleichzeitig allen Ensembles, allen einzelnen Interpreten und Dirigenten, verbunden mit aufrichtigem Dank für die ungeheure Leistung des Studiums und der Wiedergabe der Musik der Alten Meister.

Besonderer Dank gebührt dem Verlagsunternehmen und dem Verlagsleiter, Herrn Gerald Nowotny, der – als engagierter Musikkenner – das neuartige Konzept zu dem vorliegenden Werk fand, sowie Frau Barbara Fink, die das Lektorat des Manuskriptes mit außerordentlicher Akribie durchführte.

DDDr. Alfred Baumgartner

Zeittafel zur Alten Musik

Zeit	Allgemeine Geschichte	Musikgeschichte
Vor Christus:		
100 000–10 000	Ausgehende Eiszeit	Grifflochflöten aus Knochen, Schwirrhölzer; Musik als Magie und Götterkult laut Bilddarstellungen
10 000–4000	Nacheiszeit	Flöten, Schrapper, Tontrommeln, Tonglocken, Schneckentrompeten
um 3000	Ägyptisches Altes Reich	Schon stark entwickelte Musikpflege, Harfe, Flöte, Gesang
um 2000	Ägyptisches Mittleres Reich; Kretische Kultur	Notationsversuche, Aulos, Doppelaulos, Harfe, siebensaitige Leier, Sistrum
um 1600–1000	Skandinavische Vorgeschichte; Bronzezeit	Luren
1580–1150	Ägyptisches Neues Reich	Lauten, Oboen, Trompeten, Röhrentrommeln
um 1300–650	Assyrisches Reich	Übernahme der sumerisch-akkadischen Musikkultur und deren Weiterentwicklung
1025	König David	Einrichtung der jüdischen Tempelmusik und Ausbildung eines Berufsmusikertums
um 1000–250	Chou-Königreich in China	Musik als Bestandteil des höfischen Zeremoniells; erste Theorie des Tonsystems; pädagogische Funktion der Musik; Trommeln, Bronzeglocken, Klangsteine
um 800	Homerische Zeit Griechenlands	Aöden; weitgehende Verwendung der Phorminx
um 700	Aufblühen des spartanischen Staatswesens	Spaltung der Aöden in Rhapsoden (Epiker) und Kitharoeden (Lyriker)

Zeit	Allgemeine Geschichte	Musikgeschichte
676	Weitere außen- und innenpolitische Festigung Spartas	Der Kitharoede Terpandros von Antissa wirkt als hochangesehener Musiker in Sparta; er siegt in einem Wettstreit
um 650	Beginn der Vorherrschaft der Ionier	Archilochos von Paros, der die Epoche der musikalischen Lyrik einleitet
um 600	Aufblühen Athens	Auf Lesbos wirken die bedeutenden Lyriker Sappho und Alkaios; Beginn der Verselbständigung der instrumentalen Begleitmusik
550	Beginn der ionischen Naturphilosophie	Anakreon von Teon dichtet und komponiert gesellige Lieder
um 500	Beginn der Blütezeit Griechenlands	Pindaros von Theben, Pythagoras von Samos; Chorlyrik; Beginn der experimentellen Musikwissenschaft, Oden
478–429	Perikleisches Zeitalter	Aischylos, Sophokles, Euripides
450–429	Ausgehende Perserkriege; Beginn des Peloponnesischen Krieges	Thimotheos von Milet, Phrynis von Mitylene; Beginn der Dithyramboskomposition
427–347	Politischer Niedergang, kulturelle Einigung der Griechen	Plato begründet seine konservative Ethoslehre der Musik
384–322	Zeitalter Alexanders des Großen	Aristoteles betont pädagogische Funktion der Musik, anerkennt aber ihren ästhetischen Wert
um 200	Zeitalter des Hellenismus mit Schwerpunkt Alexandrien	Aristoxenos von Tarentum, Begründer der eigentlichen antiken Musikwissenschaft
100–1	Bürgerkriege in Rom, Ausgang der Republik, Einordnung Roms in den hellenistischen Kulturkreis	Philodemos aus Gandara trennt die ästhetische Funktion der Musik endgültig von der ethischen ab

Zeit	Allgemeine Geschichte	Musikgeschichte
nach Christus:		
um 100 – um 200	Römische Kaiserzeit, größte Expansion des Imperium Romanum	Klaudios Ptolemaios erarbeitet grundlegende Theorie der Skalenlehre und des musikalischen Berechnungswesens
um 200 – um 400	Christianisierung des Imperiums, Zerfallserscheinungen, Beginn der Völkerwanderung	Verschiedene Theoretiker ohne Beziehung zur tatsächlich ausgeübten Musik; erste Ansätze zur römisch-christlichen Kirchenmusik, Ambrosianik
um 450 – um 550	Völkerwanderung, Germanenreiche, Beginn der Missionstätigkeit	Boethius, letzter großer Theoretiker der antiken Musik, die bereits verklungen war; trotzdem fußt die gesamte Musiktheorie des Mittelalters auf seinem Werk
um 600	Papst Gregor I.	Regional verschiedener Kirchengesang: mozarabischer, gallikanischer, keltischer, altrömischer Choral
um 650 – um 700	Christianisierung der Angelsachsen und der deutschen Stämme	Neurömischer (Gregorianischer) Choral
um 700 – um 800	Karl der Große	Ausbreitung des Gregorianischen Chorals in der gesamten abendländischen Kirche
nach 850 – um 1000	Sachsenkaiser	Ausbildung des Tropus und der Sequenz
um 1000 – um 1100	Salische Kaiser	Frühes Organum; Guido von Arezzo
um 1100 – um 1150	Kapetinger in Frankreich	Beginn der Troubadourkunst; Entstehung der Motette; Beginn der Notre-Dame-Epoche

Zeit	Allgemeine Geschichte	Musikgeschichte
um 1150 – um 1200	Kreuzzüge; Ausbildung der Nationalstaaten	Hochblüte der Troubadours; Beginn der Trouvèrekunst; erste Blüte des Minnesanges; Mehrstimmigkeit der Notre-Dame-Schule in Paris, Leoninus, Perotinus Magnus; Zusammenschluß von Musikern unter einem »Spielgrafen«: Nicolaibrüderschaft in Wien
um 1200 – um 1250	Zertrümmerung der provenzalischen Kultur durch den Albigenserkreuzzug	Höhepunkt des Minnesanges: Walther von der Vogelweide; Ende der Troubadourkunst; Cantigas von Alfonso X.; Instrumentalmusikerzunft in Paris: »Confrérie de St. Julien des ménestriers«; Höhepunkt der Trouvèrekunst
um 1250 – um 1300	Interregnum in Deutschland; Frankreich steigt zur ersten Macht in Europa auf	Conductus, Ars antiqua, Petrus de Cruce; Ausgang der Trouvèrekunst, Adam de la Halle; Laudi in Italien; Sommerkanon in England
um 1300 – um 1350	Hundertjähriger Krieg in Frankreich	Französische Komponisten und Theoretiker: Philippe de Vitry, Johannes de Muris, Guillaume de Machaut; Pflege des Diskantliedes; in Italien erste Generation der Trecentomusik: Giovanni da Firenze, Jacopo da Bologna, Vincenzo da Rimini
um 1350 – um 1400	Andauer des Hundertjährigen Krieges; Päpste in Avignon; Luxemburgische Kaiser	Ars nova in Frankreich; in Italien: zweite und dritte Generation der Trecentomusik: Francesco Landini, Lorenzo da Firenze, Andrea da Firenze und (der Niederländer) Johannes Ciconia; imitierte Motette; zweite Blüte des Minnesanges: Oswald von Wolkenstein

Zeit	Allgemeine Geschichte	Musikgeschichte
um 1400 – um 1450	Frankreich: Zusammenbruch der höfischen Kultur und Verlust der Vormachtstellung in Europa durch die Niederlage bei Azincourt; Beginn der Renaissance in Italien; Erfindung der Buchdruckerkunst; Konzil zu Konstanz	John Dunstable; Avignonschule; Blüte der Sängerschulen von Reims, Tournai, Cambrai
um 1450 – um 1500	Kaiser aus dem Haus Habsburg; Burgundischer Hof unter Philipp dem Guten und Karl dem Kühnen	Anfänge des Notendruckes; Franko-flämische Schule: Guillaume Dufay, Gilles Binchois, Johannes Regis, Jacques Barbireau, Antoine Busnois, Hayne von Ghizeghem, Johannes Ockeghem, Jakob Obrecht, Josquin Desprez; erster deutscher Orgelmeister Conrad Paumann; Beginn des Meistergesanges in Deutschland; erste spanische Meister: Juan de Anchieta, Pedro Escobar.
1500 – 1510	Das antike Erbe wird von griechischen Gelehrten von Byzanz nach Italien übertragen; Kaiser Maximilian I.	Schüler Ockeghems: Loyset Compère, Antoine Brumel, Pierre de la Rue, Jean Verbonnet
1511 – 1520	Beginn der Reformation; Regierungsantritt Kaiser Karls V.	Hofkapelle Maximilians I., der Heinrich Isaac, Ludwig Senfl und Paul Hofhaymer angehören; Kapellen in München, Heidelberg, Torgau, Ludwigsburg; Franko-flämische Meister: Antonius Divitis, Alexander Agricola, Gaspar van Weerbeke, Antoine de Fevin, Adam von Fulda; Thomas Stoltzer Kapellmeister in Ofen

Zeit	Allgemeine Geschichte	Musikgeschichte
1521–1530	Reichstag in Worms; Bauernkriege in Deutschland; Renaissancekönig Franz I. in Frankreich; Heinrich VIII. in England; Blütezeit der Literatur und der bildenden Kunst in Italien; Plünderung Roms durch kaiserliche Truppen	Beginn des protestantischen Kirchenliedes (Luther, Walter); Loslösen der Pariser Schule von der franko-flämischen; Clément Janequin, Meister der französischen Chanson; Nicolas Gombert begründet »Klassischen niederländischen Stil«; in Italien Hochblüte der Frottola in Mantua, Ferrara, Florenz, Venedig
1531–1540	Bruch Englands mit Rom; Beginn des Calvinismus; Rascher Fortschritt der Reformation in Deutschland; Ende der Renaissance in Rom, weitere Hochblüte in Venedig und an den Fürstenhöfen von Ferrara, Mantua, Parma, Mailand, Florenz	Aufschwung der deutschen Liedkomposition; Adrian Willaert begründet venezianischen Stil (Doppelchörigkeit); in Rom erscheint die erste Madrigal-Sammlung; Costanzo Festa begründet den römischen Stil; in Neapel setzt Villanellen-Komposition ein; Hauptmeister der andalusischen Schule: Cristóbal de Morales und seine Schüler Francisco Guerrero und Juan Navarro
1541–1550	Beginn des Konzils von Trient; Rückgang der politischen und wirtschaftlichen Bedeutung Venedigs; Neapel und Sizilien werden von spanischen Vizekönigen regiert; Beginn der Hugenottenverfolgung in Frankreich; Gründung der englischen Hochkirche	Wirken von Palestrina in Rom, das den »Palestrinastil« begründet
1551–1560	Beginn der Gegenreformation in Deutschland und Italien; Verschärfung des Kampfes gegen die Hugenotten in Frankreich; Entfaltung des Calvinismus in Genf	Orlando di Lasso wird nach München berufen; Cyprian de Rore wirkt in Italien; Gründung von Musikschulen in italienischen Städten (Rom, Neapel, Bologna, Mailand); Hochblüte der französischen Chanson

Zeit	Allgemeine Geschichte	Musikgeschichte
1561–1570	Beginn des Elisabethanischen Zeitalters in England, Hochblüte des englischen Geisteslebens und der Literatur; Anfänge des Puritanismus; Philipp II. in Spanien	William Byrd; Verflachung der Chanson, Ablöse durch den Air de cour: Guillaume Costeley, Claude le Jeune, Jacques Mauduit; Konzilsbeschlüsse über Kirchenmusik nach dem Muster von Jacobus de Kerle; Hauptvertreter des A-cappella-Stils in Spanien: Luis de Victoria; Vertreter der venezianischen Schule: Andrea Gabrieli
1571–1580	Bartholomäusnacht; Herzog Alba setzt spanische Armee gegen niederländischen Aufstand ein, Union von Utrecht; Rekatholisierung in Süddeutschland, Böhmen und Österreich	Römische Kirchenmusik ordnet sich den Konzilsbeschlüssen unter, vor allem die Schüler Palestrinas; Laudengesang von Filippo Neri in Rom; Dialoglauden als erste Ansätze zum Oratorium
1581–1590	Spanien: Absinken der politischen Macht nach Niederlage der Armada, aber Blüte der Dichtung und Malerei; England: weiterer kultureller Aufstieg; Deutschland und Frankreich: Fortdauer der Glaubenskämpfe	John Dowland, John Bull, Thomas Morley in England; Jan Pieterszoon Sweelinck, letzter großer Komponist des franko-flämischen Raumes; Hans Leo Haßler nimmt bei Andrea Gabrieli Unterricht; Giovanni Gabrieli löst Andrea Gabrieli in Venedig ab; Carlo Gesualdo wirkt in Neapel
1591–1600	Abstieg der politischen und kulturellen Bedeutung der italienischen Fürstenhöfe; Frankreich: Edikt von Nantes, Heinrich IV.; Spanien: Philipp II. gestorben; Deutschland: Verschärfung der konfessionellen Spannungen	Claudio Monteverdi veröffentlicht erste Madrigale-Bücher, die technisch und stilistisch die Musik des 17. Jahrhunderts einleiten; die in Florenz gepflegte monodische Dialogkomposition führt zur Oper
ab 1600	Dreißigjähriger Krieg; Puritanismus in England; Ende der Renaissance	Generalbaß und Monodie werden allgemeine Stilelemente; Vorherrschen der Instrumentalmusik; erste Opern in Florenz und Venedig, Entwicklung des Oratorium; Psalmenvertonungen

Die Wurzel aller Musik

Die Geschichte der Musik beginnt mit der Geschichte der Menschheit selbst. Es gab und gibt kein Volk der Erde ohne Musik. Wenn auch die Vor- und Erstformen der Musik unbekannt sind und voraussichtlich auch bleiben werden, so sagen uns aufgefundene alte Musikinstrumente und bildliche Darstellungen Musizierender, im Zusammenhang mit Vergleichen der Musik verschiedener primitiver Völker, daß die Urwurzel aller Musik im Bereich der Magie zu finden ist.

Das ist auch selbstverständlich. Sobald der Mensch zu dem wurde, was sein Name besagt, sobald er sich seiner Existenz bewußt wurde, erkannte er, daß die Umwelt zwar existenzerhaltend, aber noch viel mehr existenzbedrohend war, daß er sein Leben der Umwelt abringen mußte und dabei sehr oft unterlag. Die Vorstellung, daß hierbei Wesen am Werk waren, die ihm Leben und Lebensfreude neideten und nehmen oder zumindest schmälern wollten, lag nahe. Der urtümliche Mensch wußte auch, wer diese Dämonen waren, die sich ihm mit abgrundtiefer Bosheit manifestierten und nur selten, anscheinend nur des Kontrastes willen, wohlwollend in sein Dasein eingriffen. Er sah sie im Traum, es waren die Toten, für die die Sonne nicht mehr schien. Und er hörte sie im Donner der Gewitter, im Heulen des Windes, im Rauschen der Flüsse und Meere, im Bersten und Brechen, im Singen und Klingen der Natur, denn die Umwelt stellte sich ihm als eine Ansammlung von sicht- und tastbaren Objekten dar, während die Klänge und Geräusche, die die Welt belebten, wohl an das Ohr drangen, aber irgendwie von außen, oben oder unten zu kommen schienen, so daß ihre Quelle zwangsläufig außerhalb aller Realität verlegt wurde, in das Reich jener Dämonen, die das Dasein der Menschen und aller Dinge beherrschten und bedrohten. Sie waren die Sprache der Unsichtbaren, mit der sie sich untereinander verständigten und den Menschen fallweise offenbarten.

Wenngleich es augenscheinlich war, daß es die Objekte der Umwelt selbst waren, von denen Klänge und Geräusche ausgingen, so wurde das Entstehen dieser Phänomene dennoch nicht den Objekten selbst, sondern magischen Kräften zugeschrieben, denn das akustische Geschehen war für das Verständnis des Urmenschen etwas Hinzugekommenes wie das Feuer, das man lange für ein geheimnisvolles Element hielt, das erhitzte Gegenstände befällt, oder die Krankheit, die den Menschen ergreift, ehe ihn der Tod holt.

Verstanden konnten diese außerirdischen Erlebnisse durch gleichzeitige Ereignisse werden, die dazu in ursächlicher oder nur scheinbarer Beziehung standen. Der Schritt zum Versuch, diese Sprache der Götter nachzuahmen, um ihnen zu antworten, von ihnen Hilfe und Schonung zu erflehen, war klein. Und die Anmaßung einzelner, durch diese Nachahmung im Auftrag und Namen der Dämonen zu reden und Angst und Opferbereitschaft zu erzeugen, folgte dem auf dem Fuß. Zufallserfolge der Verständigung mit den Außerirdischen konnten bald dogmatisiert werden und verliehen denen, die mittels Tönen und Geräuschen, gesungen oder anders erzeugt, zumeist mit Wort, Tanz und symbolischen Gesten verbunden, den Kontakt zu den dämonischen Mächten glaubhaft herzustellen vermochten, die über-

Signalpfeifen aus Rentierknochen – Funde aus der Älteren Steinzeit

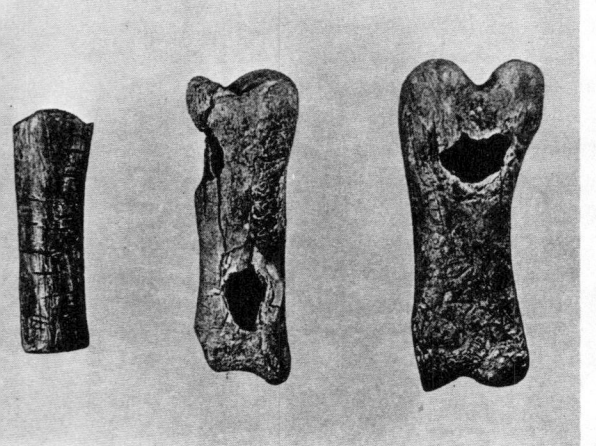

ragende Stellung von Vermittlern zwischen der realen und der irrealen Welt; sie wurden von jeder Leistung für die Gemeinschaft freigestellt und gewannen in vielen Fällen eine weit über ihren sakralen Wirkungskreis hinausragende Macht und wirtschaftliche Bevorzugung.

Nicht selten lagen Stammesführung und Magie in einer Hand. Es wurde zwar die Geräusch- und Tonnachahmung, also die Musikausübung zum Allgemeingut vieler; sie blieb jedoch nach wie vor magischen Zwecken zugeordnet und der Leitung der Magier und den von ihnen erdachten Riten unterworfen. Und wenn die Musik im Verlauf der Zeiten neben ihrem sakralen Charakter auch zum Ausdruck verschiedener Emotionen wie Freude, Trauer, Triumph oder Aggression gegen Mensch und Tier wurde, war sie dennoch stets magischen Vorstellungen verhaftet, weil diese das gesamte Leben und alle Lebensäußerungen des Menschen durchdrangen.

Die Verbindung mit dem Wort und dem Tanz im weitesten Sinn war vorherrschend. Pfeifen aus Rentiergeweihen und Röhrenknochen gab es bereits in der mittleren Altsteinzeit; ob diese zu einer Instrumentalmusik ohne Wort verwendet wurden, scheint zweifelhaft zu sein; es ist wahrscheinlicher, daß damit die Gesänge begleitet wurden. Jedenfalls war auch bei ihrem Gebrauch Anlaß und Ziel die Magie wie bei aller Musik urtümlicher Kulturen. Darauf deutet außer vielen anderen Merkmalen auch die häufige hierarchische Ordnung der Musikausübung hin, nach der zum Beispiel bestimmte Instrumente nur einzelnen Personengruppen erlaubt und gewisse melodische Ausdrucksformen nur wenigen Kasten, Berufsgruppen, hierarchischen Rängen, Lebensaltern oder einem Geschlecht vorbehalten waren.

Der urtümliche Mensch wie der Angehörige hochentwickelter Kulturvölker wurde gleicherweise in eine tönende, klingende Umwelt hineingeboren, eignete sich diese akustischen Eindrücke an, bildete sie fort und gestaltete sie zum Ausdruck von Furcht und Hoffnung, Fröhlichkeit und Schmerz, Verlangen und Abwehr aus. Die Musik begleitete und erfüllte alle Lebensbereiche. Sie blieb jedoch, wieweit sich ihr Charakter auch profanierte, die Sprache der Götter und der Menschen, die zu den Göttern redeten. Und die Vorstellung, daß sie die Sprache einer jenseitigen Welt sei, ist auch heute noch lebendig, denn vom sublimierten Atavismus, die Musik für ein transzendentes Phänomen anzusehen, ist kaum einer frei, der ohne sie nicht leben könnte.

Altchinesische Musik

Eine Verschiebung der Schwerpunkte des Zieles und des Symbolgehaltes der Musikausübung, vom nackten Angstschrei zu den Dämonen und dem stammelnden Flehen um Gunst und Schonung zum Ausdruck ethischer Werte, vollzog sich am frühesten in China, wo die Musik auf das engste mit allen Lebensbereichen verbunden war und höchstes Ansehen genoß. Der Ausspruch von Kung Fu Tse (551–479 v. Chr.): »Moral und Musik bestimmen das Leben der Gemeinschaft«, war schon Jahrtausende vor ihm in Geltung gewesen. Kaiser Tschun wies um 2300 v. Chr. seinen Musikmeister an: »Lehre die Kinder der Großen, damit sie durch deine Sorgfalt gerecht, milde und verständig werden und stark ohne Härte ihres Ranges Würde ohne Stolz und Anmaßung behaupten. Diese Lehren wirst du in Gedichten ausdrücken, damit man sie nach passenden Melodien singen und mit dem Spiel der Instrumente begleiten kann. Die Musik soll dem Sinn der Worte folgen und einfach und natürlich sein.«

Im Gefolge der anfänglich mythischen, sodann philosophischen Sublimierung der Angst vor den Dämonen erhielt die Musik im alten China die Funktion der Erhaltung der für die staatliche Ordnung nützlichen Sitten und damit eine eigene Gesetzmäßigkeit. Aus dem 3. Jahrtausend v. Chr. wurde uns das älteste bekannte Tonsystem in Form der Fünfganztonreihe übermittelt. Die Verbindung mit dem gesamten Daseinsbereich und zugleich ihr magischer Gehalt geht aus der Zuordnung der fünf Töne den damals bekannten Planeten, den Himmelsrichtungen, den Jahres- und Tageszeiten, den Farben, den Temperamenten, verschiedenen Gedankeninhalten und einzelnen staatlichen und gesellschaftlichen Rängen hervor. Zahlreiche Legenden schildern die Macht der Musik und ihre Symbolik.

Die Fünftonreihe konnte auf jedem der zwölf Halbtöne der Skala aufgebaut werden, wodurch der reiche Vorrat von 60 Tonarten entstand, die jede einer kosmischen oder staatlichen Kategorie zugeordnet war. Sie wurde entgegen den verschiedenen Entstehungsmythen nicht in China geboren, sondern stammte aus älteren Kulturzentren des westlichen Zentralasien und wurde von den Chinesen, die um 2500 v. Chr. eine Hochkultur entwickelten, gleichzeitig mit religiösen Vorstellungen, sozialer Ordnung und melodiefähigen Instrumenten adoptiert und weiterentwickelt, bis in der Schang-Dynastie (1500–1050 v. Chr.) das umfangreiche Ritual höfischer Musik fertiggestellt und zum wichtigsten Bestandteil des Himmels- und Ahnenkultes geworden war. Die Musik gewann für die Moral und das Wohlergehen des einzelnen wie des Staatswesens eine ungeheure Bedeutung. Es wurde zu einer der wichtigsten Aufgaben der Regierungen, die Übereinstimmung der irdischen Maßnormen mit den himmlischen festzulegen und ihre richtige Anwendung auf die Musik zu veranlassen. Es entstand ein umfangreiches Schrifttum über die Musik, das uns einen guten Einblick in die chinesischen Systeme gewährt. Die Liedersammlungen enthalten allerdings nur Texte, keine Melodien.

Die wechselvolle lange Geschichte des chinesischen Reiches brachte für die Musik viele Veränderungen und Phasen, aber sie kehrte immer wieder in den Zeiten der Ordnung zu den alten Zielen zurück. Nur einzelne Bereicherungen wurden beibehalten, wie die zusätzlichen zwei Halbtöne, die der turkestanische Musiker Su Dschi Po 568 v. Chr. aus Samarkand brachte, was die Tonarten auf 84 erhöhte. Musikinstrumente aller Art kamen von den Nachbarländern, und fremde Stilarten schlichen sich ein.

Der Einfluß der Volksmusik konnte nicht ausgeschaltet werden, so abfällig die Musikschriftsteller sich auch darüber äußerten. Der Philosoph und Staatsmann Lü Bu We (2. Jahrhundert v. Chr.) meinte: »Sie hielten die starken Klänge von großen Pauken und Glocken, Klingsteinen, Klarinetten und Flöten für schön und hielten Massenwirkungen für sehenswert.« Die wahre Musik »ist aber sanft und zart, sie bewahrt eine einheitliche Stimmung«. Doch Prinz Wen Von Wei (426 bis 387 v. Chr.) äußerte sich: »Wenn ich in Festgewand und Krone die alte Musik höre, so muß ich mich immer in acht nehmen, daß ich nicht einschlafe.«

Die altchinesische Musik kennt keine Mehrstimmigkeit. Sie wurde vermutlich nur mit leichten Abweichungen und improvisierten neben der Hauptmelodie laufenden Melismen vorgetragen. Eine Harmonik in unserem Sinn gab es nicht. Ihr Ausdruck bestand in der Art, wie der einzelne Ton zum Erklingen gebracht wurde – hart, weich, auf und ab schwingend, stoßend, schleifend, anschwellend oder abklingend.

Art und Wesen der chinesischen Musik geht aber aus der Tatsache hervor, daß sie der ständigen Kontrolle der Regierungsgewalt unterworfen war. Sie mußte mit den vorgefaßten Regeln übereinstimmen, weil diese der Struktur des vorgestellten Kosmos entsprachen. Der darin verborgene magische Charakter wurde daher nicht aufgegeben. Wie die Religion bestimmte Verhaltensmaßregeln aufstellte, die die außerirdischen Mächte wohlwollend stimmen sollten, mußte auch die Musik im Rahmen aller Lebensäußerungen genau festgelegten Normen entsprechen. Sie mußte richtig sein und war deshalb auch schön, war aber auf keinen Fall richtig, weil sie schön war.

LITERATUR

L. v. Kohl, Die Grundlagen des altchinesischen Staates und die Bedeutung der Riten und der Musik, Baessler-Archiv, XVII, 1934.
Fr. Kornfeld, Die tonale Struktur chinesischer Musik, St. Gabrieler Studien XVI., Wien-Mödling 1955.

Altindische Musik

Die indische Musik, deren Einfluß sich nach China, Japan, über Tibet nach Zentralasien, zum malaiischen Archipel und in den Vorderen Orient erstreckte, stand schon vor dem Eindringen der Inder in ihren Siedlungsraum (nach der Mitte des 2. Jahrtausends v. Chr.) mit Mesopotamien und Ägypten in engem Kontakt. Der Zusammenhang mit der chinesischen Musik könnte auch davon herrühren, daß beide Systeme Abkömmlinge der alten Kulturen des westlichen Zentralasiens waren.

Die Inder leiteten die Musik von den Göttern ab, die ihr die magische Kraft über alle Menschen und Tiere wie über die gesamte Natur verliehen haben. Ihre älteste bekannte Form ist die Rezitation des Veda (Gesamtheit der in vier Bücher gefaßten vorbuddhistischen religiösen Weisheit), dessen erstes Buch, der Rig-Veda, in die Zeit der Einwanderung des Volkes in Indien fiel. Neben dieser gesungenen Dichtung entwickelte sich auf profanem Gebiet der Raga, ein vielgestaltiges Melodiemodell mit tausenderlei Zuordnungen und außermusikalischen Kräften; es gab Ragas für jede Tages- und Jahreszeit, für jeden familiären und gesellschaftlichen Vorgang, für jede Gemütsbewegung und Vorstellung. Die Zuordnungen mußten peinlichst genau eingehalten werden, weil sonst negative Wirkungen erzeugt werden konnten. Der Sage nach wurde es augenblicklich dunkel, wenn ein Sänger einen Nacht-Raga bei Tag sang.

Für die Melodik des Raga wurden die verschiedensten Skalen verwendet, eine der gebräuchlichsten besteht aus 22 Intervallen innerhalb der Oktave. Die Melodien waren einstimmig, wurden jedoch in der Regel von einem Bordunton begleitet. Seele und Leben der indischen Musik war aber die Verzierung, die ihr Gewicht, Farbe und Bedeutung verlieh. Dabei richtete sich das Augenmerk nicht wie bei der ostasiatischen Musik auf den einzelnen Ton, sondern auf das Intervall, das entweder getragen von einem Ton zum nächsten führte oder im abrupten Sprung überbrückt wurde. Beim Instrumentenspiel wurden die Intervalle mittels verschiedenartiger Glissandi, Echowirkungen, Vor-, Nach- und Doppelschlägen, kaum vernehmbaren Nachschwingungen und ähnlichen Feinheiten ausgefüllt; Sänger nützten alle Möglichkeiten der Atemtechnik aus, um dem vorgetragenen Wort Ausdruck zu verleihen.

Die Wichtigkeit des Rhythmus der indischen Musik kann aus der Rolle ersehen werden, die die Trommeln spielten. Sie können als das am meisten bevorzugte Musikinstrument Indiens bezeichnet werden, weil sie nahezu jede Musik begleiteten und in vielen Fällen nur durch sie die oft sehr komplizierten Rhythmen zum Ausdruck kamen. Auch heute ist indische Musik ohne Trommeln kaum vorstellbar.

Mit dem Schwinden der Allgemeinverständlichkeit des Sanskrit und dessen Ablöse durch die verschiedenen Prakrit-Dialekte (Bengali, Hindi, Pandschabi usw.) wurde die altindische Profanmusik immer mehr zum Reservat der Gebildeten, bis sie in der Neuzeit infolge der Auflösung des Feudalismus erlosch. Die Kultmusik des Veda hat sich bis heute im sakralen Bereich mitsamt ihrem magischen Charakter erhalten.

Eine unmittelbare Auswirkung der indischen Musik auf die griechische und somit auf die europäische ist nicht feststellbar, obwohl manche Gleichartigkeit die Vermutung nahegelegt hat. Schon die Verschiedenheit der von beiden Völkern verwendeten Instrumente spricht dagegen. Jedoch auf dem Umweg über die Musik des Zweistromlandes und Ägyptens ist manches Musikgut aus Indien nach Europa gelangt, so daß gerade die indische Melodik für ein europäisches Ohr von allen außereuropäischen Musiksystemen am wenigsten fremd klingt. Ihr geheimnisvoller Reiz, vereint mit ihren erregenden Rhythmen, erweckt die Sehnsucht nach unwirklichen Traumlandschaften wie die Lotosblüte, mit der jeder Vers eines schriftlich niedergelegten Raga abgeschlossen wurde.

LITERATUR
A. Popley, The Music of India, London

1921. O. Gosvami, The Story of Indian Music, Bombay 1957. H. Husmann, Grundlagen der antiken und orientalischen Musikkultur, Berlin 1961.

Mesopotamische Musik

In den Abbildungen von Musikszenen und den bis in das dritte vorchristliche Jahrtausend zurückreichenden Texten war die Musik der Sumerer, Babylonier und Assyrer eng mit dem Kult verbunden und wurde vermutlich ausschließlich von Priestermusikern ausgeübt, die die höchsten Ränge in Gesellschaft und Staat einnahmen.

Die Sumerer sahen in der Musik eine Gabe der Götter, die zur Erfüllung göttlicher Bedürfnisse ausgeübt werden mußte. Diese Vorstellung wurde im großen und ganzen von den nachfolgenden Völkerschaften übernommen. Die Musik Mesopotamiens war stets mit gesprochenen, im Sprechgesang rezitierten oder gesungenen Texten in Verbindung; reine Instrumentalmusik ist nicht bezeugt. Sie scheint ihren ursprünglichen Zweck, das Wort der Götter oder deren Anrufung vernehmbarer und dringlicher zu gestalten, nie aufgegeben zu haben. Die Texte bringen daher entweder Anweisungen der Götter und der gottähnlichen Herrscher, deren Lobpreisungen, dann Gebete und Klagen über Stadt- oder Tempelverwüstungen und andere allgemeine Unglücksfälle. Hinweise auf eine profane Musik fehlen in den Quellen, denn auch die überlieferten Trink- und Gastmahlszenen mit Musikern feiern das höchste kultische Fest zur Jahreswende. Es ist aber nicht anzunehmen, daß im nahezu dreitausendjährigen Ablauf der Geschichte des Landes die Musik nie der Unterhaltung und dem persönlichen Gefühlsausdruck gedient hat. Man fand es wie zu anderen Zeiten und bei anderen Völkern nur nicht der Mühe wert, darüber zu berichten.

Die Beziehungen Mesopotamiens zu Indien und zu Ägypten waren stets mehr oder minder rege. Das um 1300 v. Chr. gegründete assyrische Großreich herrschte sogar zeitweilig über Ägypten, so daß mesopotamisches Musikgut und damit auch indisches in das Land am Nil Einzug halten konnte.

LITERATUR
Fr. W. Galpin, The Music of the Sumerians, London 1937. Derselbe, The Music of the Sumerians and Their immediate Successors the Babylonians and Assyrians, Sammlung musikwissenschaftlicher Abhandlungen XXXIII, Straßburg 1955.

Altägyptische Musik

Der um 2550 v. Chr. verstorbene altägyptische Flötenvirtuose, Sänger und »Hofmusikleiter« Khufu-'anch war einer der berühmtesten Berufsmusiker seiner Zeit und wahrscheinlich die erste namentlich bekannte Persönlichkeit der Musikgeschichte überhaupt, wenn nicht einzelne sumerische Musiker aus der Mesilim-Zeit ihres Landes (um 2600–2500 v. Chr.) noch früher gelebt und gewirkt haben. Schon die IV. Dynastie des Alten Reiches (2723–2563 v. Chr.) kannte ein intensives Musikleben, bei dem zwischen Kultmusik und Profanmusik deutlich unterschieden wurde. Aus dieser Abtrennung und dem Umstand, daß es viele bildliche Darstellungen profaner Musikausübungen jener Zeit gibt und verhältnismäßig wenige mit Kultmusik, darf man nicht schließen, daß sich die ägyptische Musik schon damals von der magischen Zweckrichtung entfernt hat, denn profane Musik war in Ägypten vor allem Hofmusik und der Pharao ein Gott oder zumindest dessen Stellvertreter auf Erden. Die Musik war und blieb wie die Mathematik, die Astronomie, die Physik, kurz jede Wissenschaft, ein fester Bestandteil der von der Priesterschaft verwalteten Sakralbereiche. Die Musik hatte den Bereich der Magie nicht verlassen, wenn sie auch bei Gelagen zu Ehren und zur Freude des Herrschers und der Höflinge gespielt wurde.

Zum einzigen melodiefähigen Instrument der Frühzeit, einer Längsflöte, traten bald Trommeln, Doppelklarinetten und Trompe-

Ägyptische Musikantinnen mit Bogenharfe, Laute, Doppeloboe und Lyra – Grabmalerei aus Weser/Theben aus der Zeit 1420–1411 v. Chr.

ten, die allerdings nur beim Totenkult verwendet wurden, sowie Sistren, die anscheinend überhaupt keinen musikalischen, sondern einen rein religiös-magischen Zweck erfüllten. Die Gesänge wurden von Instrumenten oder von Chorgruppen begleitet. Nur sehr alte Kultgesänge zu Ehren Hathors, der Göttin der Liebe und der Musik, wurden nicht begleitet. Bald entwickelte sich die Musik zu einer primitiven Mehrstimmigkeit, indem neben der Melodie ein- oder mehrstimmige bordunierende Haltetöne erklangen.

Die Papyri aus jener Zeit nennen uns neben Khufu-'anch Namen von weiteren Sängern und Sängerinnen, von Flötisten und Harfenisten, darunter die Familie der Snefrunofer (um 2400 v. Chr.), die durch mehrere Generationen als Hofmusiker tätig war.

Im Mittleren Reich (2160–1580 v. Chr.) wurde das ägyptische Instrumentarium um neue Klapper- und Klangwerkzeuge erweitert; dazu kamen die afrikanische Faßtrommel, die asymmetrische Leier und die Kastagnetten. Im Neuen Reich (1580–1090 v. Chr.) bereicherten sich die Instrumentalisten um runde und viereckige Trommeln, Becken, Doppeloboen, verschiedenartige Leiern, Winkelharfen, Lauten und noch eine Reihe von Instrumenten jeder Art. Bekanntlich wurde in Ägypten auch die erste Orgel, die Hydraulis, gebaut. Viele Virtuosen auf verschiedenen Instrumenten sind uns auch aus jenen Epochen namentlich bekannt.

Im Verlauf dieser Entwicklung entstand auch jenes Tonsystem, das wir im Orient wiederfinden. Aus dem Neuen Reich gibt es überdies Berichte über Volks- und Militärmusik. Aber trotz aller scheinbaren Profanierung des Musikbetriebes war dieser fest in

Fünfsaitige Bogenharfe aus Holz aus der Zeit der 18. Dynastie zu Theben um 1400 v. Chr.

den Händen der Tempelvorstände geblieben, denn im wesentlichen stand die Musik Ägyptens doch im Dienst des Toten- und Götterkultes und war ein Hauptbestandteil des religiösen Zeremonielles. Aber die Priesterschaft war für fremde Einflüsse aufgeschlossen und nahezu immer bereit, Instrumente und Stilarten aufzunehmen und in die Entwicklung einzubauen. Es gab selbstverständlich im Verlauf der langen ägyptischen Musikgeschichte Perioden des Rückgriffes auf alte Formen, indem die Musik weit zurückliegender Zeiten neu hervorgeholt und nachgeahmt wurde. Aber solche Epochen der Fortschrittsübersättigung weist jede Kunstentwicklung auf, die durch ein zeitweiliges Rückschauen und Atemholen zumeist nur gewonnen hat.

Die Annahme, daß die Akzente der ägyptischen Musik bereits während des Alten Reiches sich von der magischen Sphäre zur staatspolitischen verschoben haben, kann daher nicht aufrechterhalten werden. Es steht ihr schon die Tatsache entgegen, daß es nie eine allgemeine Musikausübung gegeben hat; sie war immer gewissen Persönlichkeiten vorbehalten; auch die für Chöre oder Instrumentalorchester ausgebildeten und aufgebotenen Sklaven wurden ausgewählt. Das entsprach der Hermetik jeder künstlerischen und wissenschaftlichen Tätigkeit in Ägypten. Die breite Volksmasse fungierte nur als Publikum sowohl in den Kultstätten wie bei den großen Festen.

Gewiß hatten auch in Ägypten bestimmte Töne der Skala, gewisse Melodieführungen und der Gebrauch einzelner Instrumente ihre eigene symbolische Bedeutung, aber diese war nur den Eingeweihten bekannt. Der Musik war die gleiche Funktion zugewiesen wie der Wissenschaft. Wie die Priester eine Sonnenfinsternis errechneten und ihr Eintreten dem Volk als eigenes Werk androhten, so sollten Tempelgesang und Tempelmusik die Macht und Herrlichkeit des Tempelgottes und seiner bevorzugten Diener unterstreichen und der Stimmen- und Instrumentenklang bei den großen Festen die Erhabenheit des Pharaos und der in seinem Schatten Lebenden dokumentieren. Die Musik war ein Instrument zur Festigung des religiösen und politischen Gehorsames. Sie hatte vielleicht für den kleinen Kreis ihrer Verwalter keine magische Bedeutung mehr, sondern eine machtpolitische und natürlich auch wirtschaftliche; für die Allgemeinheit war sie die Sprache der Götter und zu den Göttern geblieben. Und wenn man ihr eine sittliche Kraft zuschreiben will, weil sie als Stütze der gesellschaftlichen und staatlichen Ordnung verwendet wurde, so soll dabei nicht übersehen werden, daß dies nur über den Umweg magischer Vorstellungen möglich war. Zur unmittelbaren pädagogischen Wirkung wie in China und – weit ausgeprägter – in Griechenland konnte die ägyptische Musik nie vorstoßen, weil das der gesellschaftlichen Struktur des Landes widersprochen hätte.

Wie es aber auch gewesen sein mag, Ägypten war das erste große Sammelbecken aller möglichen Einflüsse seitens der damaligen Welt. Wie seine Sprache Wörter und Wendungen von überall her bezog und integrierte, ohne ihre eigene Struktur aufzugeben, adoptierten die ägyptischen Musiker Skalen, musikalische Formen und Instrumente aus den großen zeitgenössischen asiatischen Kulturgemeinschaften und nahmen so an der Erbschaft teil, die die schon damals verschollenen gewaltigen Kulturreiche des westlichen Zentralasiens hinterlassen hatten; sie holten sich Anregungen und Instrumente auch von ihren afrikanischen Nachbarn und bauten sie in ihr Musiksystem ein.

Aus dieser nahezu uferlosen Fülle konnten die jungen aufstrebenden Kulturvölker die Grundlagen zur eigenen Entwicklung schöpfen. Palästina, Arabien, Kleinasien und vor allem Griechenland holten sich die Bausteine zur eigenen Musikentwicklung und reichten sie mittelbar oder unmittelbar an das Abendland weiter, wo sie gemeinsam mit vielen anderen Einflüssen die Struktur der Anfänge unserer Musik bilden halfen, so daß Ideengehalt, Klang und Rhythmus der ägyptischen Musik, abgesehen von ihrem Fortleben im koptischen sakralen und profanen Bereich, nicht verlorengingen, sondern in den abendländischen Musiksystemen, wenn auch abgewandelt und angepaßt,

»Blinder Harfner« – Wandgemälde aus dem Grab des Nacht in Theben

weiterleben wie die steinernen Zeugen ägyptischer Baukunst im Niltal.

LITERATUR
Curt Sachs, Die Musik der Alten Welt, Berlin 1968. H. Hickmann, Les Problèmes et l'état actuel des recherches musicologiques en Egypte, Acta Musicologica XXVIII, Kehl 1956.

Altgriechische Musik

Die Vorstellung, daß die Musik von den Göttern stamme, war bei den Griechen besonders deutlich ausgeprägt; wie bei nur wenigen anderen Völkern traten die Götter musizierend auf wie Menschen. Der göttliche Ursprung manifestierte sich in den griechischen Mythen vor allem in ihrer magischen Kraft. Orpheus besänftigte wilde Tiere mit seinem Saitenspiel und Singen; Amphion bewog mit seinem Spiel Steine, sich zu den Mauern der Stadt Theben aufzutürmen. An Virtuosen werden uns noch Thamyris genannt, der sogar mit den Musen in Wettstreit trat, Linos, der Herakles unterrichtete, dessen Schüler Musaios und noch andere mythische Persönlichkeiten, die die magische Kraft der Musik wie Götter zur Wirkung brachten.

Bezeichnend ist jedoch, daß in keiner Sage von einer ästhetischen Wirkung dieser übermenschlichen Musiker die Rede ist. Das besagt deutlich, daß auch in Griechenland die Musik zumindest ursprünglich wie bei allen anderen Völkern keinen solchen Zweck verfolgte, sondern einen rein magischen, wenn auch die Beziehungen zwischen griechischen Göttern und Menschen nur in einzelnen Fällen so grausam und schrecklich waren wie anderswo, denn unter dem lachenden Himmel Griechenlands waren die Götter menschlicher und die Menschen göttlicher.

Unsere Kenntnis der altgriechischen Musik stammt aus literarischen Quellen, bildlichen Darstellungen und etlichen fragmentarischen Musikdenkmälern, die ausnahmslos aus hellenistischer, römischer und früh-

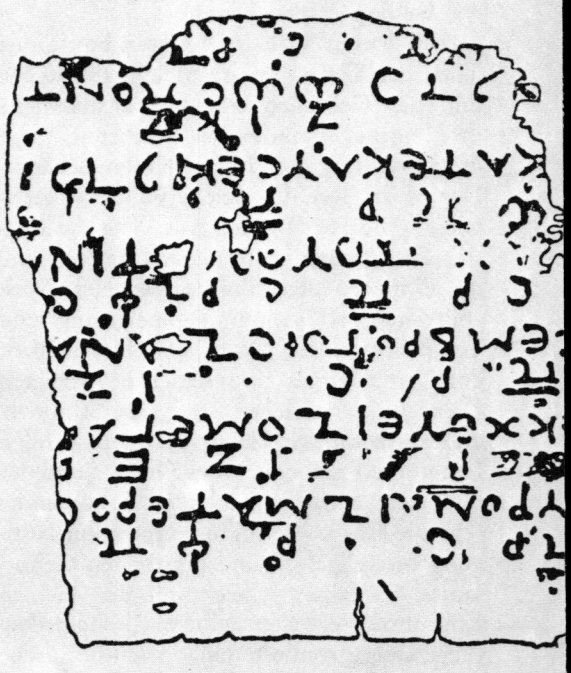

Griechische Notenschrift – Fragment aus einer Handschrift des Euripides

christlicher Zeit stammen und nicht ausreichen, uns ein Klangbild zu vermitteln. Im einzelnen handelt es sich um:

Ein Bruchstück aus dem 1. Stasimon (vom Chor im Stehen ohne Tanz gesungenes Lied) des »Orestes« von Euripides (vor 480, Salamis, bis 406 v. Chr., Pella), zwischen 260 und 150 v. Chr. auf einem Papyrus aufgezeichnet (die Echtheit der Melodie wird angezweifelt).

Fragmente nicht näher identifizierbarer dramatischer Texte, niedergeschrieben in der 2. Hälfte des 2. Jahrhunderts v. Chr.

Ein Fragment mit drei Schlußzeilen eines unbestimmbaren Gedichtes, das möglicherweise aus einer Tragödie stammt und in der 1. Hälfte des 2. Jahrhunderts n. Chr. aufgezeichnet wurde.

Ein Fragment aus einer unbekannten Tragödie, niedergeschrieben im 2. Jahrhundert n. Chr.

Zwei in die Außenseite der Südmauer des athenischen Schatzhauses in Delphi im

2. Jahrhundert v. Chr. eingemeißelte Apollo-Hymnen.
Ein Skolion (Trinklied) auf der Grabstelle eines gewissen Seikilos zu Tralleis in Kleinasien, entstanden um 100 v. Chr.
Fünf Fragmente auf einem Papyrus des 2. Jahrhunderts n. Chr. mit einem Paian (Chorlied), 2 Instrumentalstücken, ein den Selbstmord eines Telamoniers Ajax besingendes Stück und ein Tragödienbruchstück.
Drei Hymnen des griechischen Dichters und Kitharoeden Mesomedes aus Kreta (um 100 bis um 150 n. Chr.), der am Hof der Kaiser Publius Aelius Hadrianus (76–138 n. Chr.) und Titus Aurelius Antoninus Pius (86 bis 161 n. Chr.) lebte, an Helios, an Nemesis und an die Muse.
Fragment einer Monodie (Sologesang), möglicherweise aus dem »Meleagros« von Euripides, aufgezeichnet im 2. Jahrhundert n. Chr.
Frühchristlicher Hymnus aus dem 3. Jahrhundert n. Chr.
Instrumentalbeispiel in einem anonymen Musiktraktat, das zeitlich unbestimmbar ist.
Melodie zur 1. Pythischen Ode von Pindaros (um 518, Kynoskephalai, bis nach 446 v. Chr., Argos), die Andreas Kirchner (gestorben 1680) von einer jetzt verlorenen Handschrift kopiert haben will und die angezweifelt wird.
Ungefähr 20 weitere kleine, noch nicht identifizierte Bruchstücke ohne Aussagewert.
Über die Musik aus der Zeit bis zur homerischen Epoche (um 800 v. Chr.) ist nur wenig bekannt. Es liegen lediglich etliche Bildzeugnisse vor, die eine Harfe, einen Doppelaulos, eine Lyra mit sieben Saiten, eine zweite, die vermutlich acht Saiten hatte, und das von den Ägyptern übernommene Sistrum zeigen; sie weisen damit auf eine bereits stark entwickelte Instrumentalmusik hin, die allerdings stets mit Gesang und choristischer Gestik verbunden war.
Ilias und Odyssee versorgen uns wie die zeitgenössischen Vasenbilder mit umfangreichen Informationen über den Stand der griechischen Musikausübung nach dem Beginn des 1. Jahrtausends v. Chr. Die Helden vor Troja machten selbst Musik zu Ehren der Götter, aber auch schon zum eigenen Vergnügen, und ließen ihre Gastmähler von Sängern und Musikanten festlich gestalten. Damit rückte die damalige Musik einer ästhetischen Zielrichtung und Wertung näher. Eine Ablöse magischer Vorstellungen durch ästhetische Bezüge war das aber noch lange nicht, sondern nur eine Überlagerung beider Bezüge; denn die Aöden durften göttliche Eingebung für sich in Anspruch nehmen, wenn sie ihre Götterhymnen, Totenklagen oder Hochzeitsgesänge allein oder im Wechsel mit einem Chor vortrugen. Begleitet waren diese Lieder zumeist von einer Phorminx, einer viersaitigen Lyra mit rundem Schallkörper. Dem schon zu jener Zeit sehr beliebten rhapsodischen Vortrag von Epen wurde gewöhnlich ein Hymnus zu Ehren eines Gottes vorangestellt.
Der Aulos wurde lange als zu fremd abgelehnt, obwohl er bereits seit dem Ende des 3. Jahrtausends v. Chr. nach einem Bildzeugnis der Kykladen-Kultur bekannt war. Erst Olympos aus Mysien (um 750 v. Chr.), angeblich Schüler des mythischen Phrygiers Marsyas, führte das solistische Aulosspiel ein. Sein Schüler Thaletas aus Kreta (665 v. Chr.) brachte die aulodische Musik nach Sparta, wo sie, der Struktur jenes Staatswesens entsprechend, als Mittel zur staatspolitischen Erziehung eingesetzt wurde. Noch vor ihm trat Terpandros aus Antissa auf Lesbos (676 v. Chr.) als Kitharoede mit einer siebensaitigen Lyra auf und übte mit seinen Kompositionen Homerischer und eigener Texte eine nachhaltige Wirkung auf die griechische Musik aus. Es scheint, daß er es war, der die Musikentwicklung in Fluß brachte.
Vermutlich bald nach 700 v. Chr. spaltete sich die griechische Gesangskunst in den rezitierend deklamatorischen Sprechgesang der Rhapsoden und das Sololied zur Kithara; dieses wieder teilte sich in den kitharodischen Nomos (siebenteiliges streng normiertes Strophenlied) und die Lyrik im wahren Sinn des Wortes, die sich bald mit Archilochos von Paros (um 650 v. Chr.) zu einer

Hochblüte entwickelte. Archilochos überließ dem Aulos einen breiteren Entfaltungsraum und gab ihm eine von der Gesangsmelodie abweichende, selbständige Begleitlinie, so daß eine Art Mehrstimmigkeit entstand. Von ihm stammte die Technik, Deklamation oder Sprechgesang instrumental zu illustrieren und Liedthemen zwischen den gesungenen Versen zu wiederholen und zu variieren. Verse und Weisen solcher Lieder waren stark volksnah und persönlich gehalten.

Eine verfeinerte, aber dennoch auf volkstümlicher Grundlage rhythmisierte Lyrik kam aus Lesbos; Sappho und Alkaios (beide um 600 v. Chr.) führten das antike Lied zu einem neuen Höhepunkt. Eine Synthese bei-

Doppelaulos Spielende – Plastik am »Ludovisischen Thron«, um 460 v. Chr.

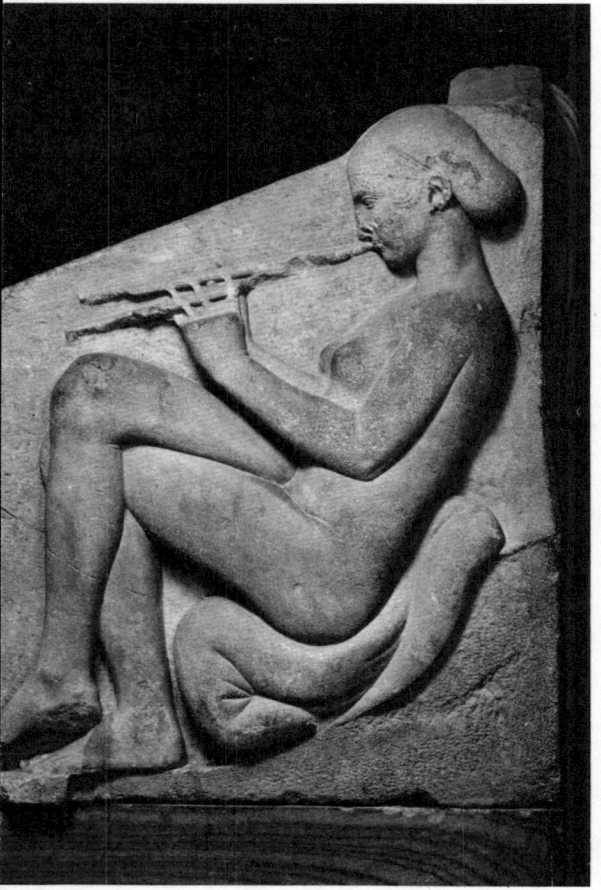

der Ausprägungen gelang Anakreon von Teos (um 550 v. Chr.) und Ibykos von Rhegion (um 550 v. Chr.), dessen Rhythmen sich dem Walzertakt näherten.

In Sparta wurde auch das aus Kreta stammende Chorlied nahezu ausschließlich zur Jugenderziehung und zu militärischen Zwecken verwendet. Alkman aus Sardes (7. Jahrhundert v. Chr.) war der früheste Chormeister dieses Staates; im folgenden Jahrhundert traten Simonides von Keos (536–468 v. Chr.), Pindaros von Theben und Bachylides (505–450 v. Chr.) hervor.

Der Aulos entwickelte sich inzwischen vom Begleit- zum Soloinstrument. Sakados aus Argos (6. Jahrhundert v. Chr.) errang 586 v. Chr. in Delphi mit einem Stück für Aulos allein, das den Kampf des Gottes Apollo mit einem Drachen und seinen Sieg musikalisch darstellte, einen Preis und schuf damit die älteste Programmusik der Musikgeschichte. Andere berühmte Meister des Aulos waren Klonas von Tegea und Polymestos aus Kolchon (beide 6. Jahrhundert v. Chr.)

Die griechische Tragödie ist aus dem Dithyrambos, dem Gesang für den Gott Dionysos, entstanden. Angeblich hat Arion aus Lesbos (um 650 v. Chr) die vom Aulos begleiteten Preislieder durch Chöre ersetzt, die häufig von als Satyrn vermummten Sängern, die zugleich tanzten, vorgetragen wurden. Der Athener Dichter und Schauspieler Thespis (6. Jahrhundert v. Chr.) verlieh dem tanzenden und singenden Chor anstelle der Bockskostüme menschliche Masken (534 v. Chr.) und stellte ihm einen Sprecher gegenüber. Damit leitete sich die Entwicklung der Huldigung für den Gott zum Schauspiel mit Musik und Tanz ein, das von Aischylos (525, Eleusis, bis 456 v. Chr., Gela) zum klassischen Drama geformt wurde. Bei Sophokles (496, Athen, bis 406 v. Chr., Athen) drängt sich die dramatische Handlung bereits vor die lyrische Chormusik, bei Euripides ist der Chor in seiner Bedeutung bereits erheblich herabgemindert und teilweise von Einzelgesängen abgelöst. Immer jedoch ist die Musik ein integrierender Bestandteil des Werkes.

Der Entwicklungsgang des Dithyrambos zur

Tragödie hemmte aber seine Weiterbildung zur episch-lyrischen Kantate nicht. Phrynis von Mitylene (um 450 v. Chr.) und dessen Schüler Timotheos von Milet (449–359 v. Chr.) bauten ihn melodisch und rhythmisch um und erweiterten seinen Tonumfang. Sein sakraler Charakter blieb erhalten, während sich die Tragödie immer weiter davon entfernte.

Die Komödie hatte ihren Ursprung in den Maskenumzügen zu Ehren des Gottes Dionysos. Der Chorgesang blieb hierbei dominierend und wurde auch vom bedeutendsten Vertreter dieser Kunstgattung, dem Dichter Aristophanes (445, Athen, bis 385 v. Chr., Athen), im vollen Umfang beibehalten. Die Musik zu den Komödien war sehr volkstümlich, vielleicht zuweilen sogar parodistisch, hielt aber an den alten überkommenen Formen fest. Dennoch leitete gerade die Komödienmusik eine starke Subjektivierung ein. Die griechische Musik stand davor, zum Ausdruck persönlicher Stimmungen und Gedanken auf der einen Seite und auf der anderen zum Kunstgenuß und zur Unterhaltung zu werden. Soweit sie nicht im sakralen Bereich verwendet wurde, war der magisch-religiöse Gehalt bereits stark zurückgedrängt. Aber der Entwicklungsgang nahm einen anderen Weg.

Schon der Philosoph, Mathematiker und Physiker Pythagoras aus Samos (um 580, Samos, bis um 496 v. Chr., Kroton), der Begründer der mathematisch-akustischen Musiktheorie, lehnte die Aulos-Musik als unedel und für die Aufgabe der Musik, sittlich bildend zu wirken, unbrauchbar und sogar schädlich ab. Die akustischen Lehrsätze, die Pythagoras erarbeitet hatte, verliehen ihm den Rang des ersten Musikwissenschaftlers des Abendlandes. Es fanden sich bald Anhänger, die die Lehre weiterbildeten, wie Hippasos von Metapontos (um 500 v. Chr.) oder Lasos von Hermione (um 500 v. Chr.) und noch andere.

Aber wenn auch die von diesen Gelehrten geleistete Grundlagenforschung für unsere gesamte Musik von außerordentlicher Wichtigkeit war, so lag das Hauptgewicht doch auf dem philosophisch-ideologischen Gebäude, das für die griechische Musik konstruiert wurde. Pythagoras und seine Schüler stellten das Postulat der pädagogisch-ethischen Zielrichtung der Musik in den Vordergrund. Damit war das Primitivstadium, in dem die Musik der Zwiesprache mit den Göttern diente, überwunden. Die weitere Entwicklung bewegte sich aber nicht auf die ästhetische Wertung der Musik zu, sondern eher davon weg. Nach dem Beispiel Ägyptens erhielt die Musik eine politische Funktion, die allerdings wegen der verschiedenen Strukturen beider Länder ein völlig anderes Gesicht zeigte. In Ägypten wurde die staatliche Hierarchie in den magischen Bezirk einbezogen, so daß die Zielrichtung stets dieselbe blieb und nur das Ziel selbst dadurch verbreitert wurde, daß man die auf Erden lebenden und begrabenen Machthaber den verehrten und gefürchteten Göttern beiordnete. Griechenland, das nie einen Herrscher vergötterte, setzte das gesellschaftlich-sittliche Verhalten und die Erziehung dazu anstelle der Magie und beließ dem sakralen Bereich nur einen Teil der Musikausübung, wobei die Grenzen zwischen sakraler Musik und profaner sehr unscharf verliefen.

Der Musikbegriff jener Periode der griechischen Geschichte deckt sich nicht mit dem unseren. Die griechische Bezeichnung »Musiké« umfaßte Ton, Wort und Gestik als musisches Verhalten; Singen, Spielen, Tanzen und Rezitieren waren ein Komplex, aus dem zuweilen ein Element überwiegend hervortrat, aber nie abtrennbar war. Die sakrale Sinngebung der Musiké wurde zum Teil beibehalten, das musische Verhalten war zuweilen religiöser Dienst, um die Götter zu ehren, bittend anzurufen und auch zu erfreuen. Darüber hinaus wurde der Musiké der Dienst am Menschen auf breiter Ebene zugewiesen, aber nicht um ihn zu unterhalten und ihm ein ästhetisches Vergnügen zu bereiten, sondern zu seiner sittlichen Erziehung und Festigung, damit er seinen Aufgaben in Staat und Gesellschaft gerecht werden konnte.

In politischen Systemen, die wie das spartanische die gesamten Lebensäußerungen in den Dienst der Gemeinschaft stellten, deckte sich das geforderte sittliche Verhalten mit der restlosen Einordnung in die straffe staatliche Organisation und dem Verzicht des einzelnen auf eigene Freiheitsräume, doch die meisten griechischen Stadtstaaten beließen dem Bürger zumindest während langer Zeitstrecken viel persönliche Entscheidungsfreiheit. Und als eines der Mittel, diese Entscheidung im gesellschaftspolitischen Sinn positiv zu beeinflussen, wurde das musische Verhalten angesehen, denn nach der damaligen Anschauung wirkte dieses auf den menschlichen Willen bestimmend, und zwar unmittelbar und nicht über den Umweg erzeugter Emotionen. Daher wurde die Musiké zum wichtigsten Erziehungsmittel. Das Mitwirken am Chorgesang, das Erlernen von Liedern und des Instrumentengebrauches waren in Athen, Theben, Korinth und natürlich auch in Sparta essentielle Bestandteile der Jugenderziehung, die mancherorts bis zum dreißigsten Lebensjahr dauerte. Und auch für den Erwachsenen war das bürgerliche Leben von Musik durchdrungen und beherrscht; Gesetzestexte wurden singend verlautbart, öffentliche Reden im Sprechgesang vorgetragen, Verträge in ähnlicher Form abgeschlossen und Debatten in Versform und entsprechenden Tonhöhen und Rhythmen geführt.

Schon der Pythagoreer Damon von Athen (um 450) verfocht leidenschaftlich die enge Verknüpfung von Politik und Musik. Sein Enkelschüler Plato (427, Athen, bis 347 v. Chr., Athen), selbst ein vorzüglich ausgebildeter Musiker, aber stark reaktionär und gegen jede Neuerung des Stiles feindlich eingestellt, verschaffte der ethischen Zwecksetzung der Musik den philosophischen Unterbau. Der universelle Theoretiker Aristoteles (384, Stagira, bis 322 v. Chr., Chalkis) prägte die Ethoslehre noch schärfer aus, räumte aber der Ästhetik eine gewisse Geltung ein, deren Forderungen sich aber von den ethischen nur wenig entfernten. Mehr als alle anderen betonte er den erzieherischen Wert der Musikausübung, warnte aber vor der Pflege einseitigen Virtuosentums zu Wettbewerbszwecken, denen er jeden sittlichen Wert absprach, weil der erzieherische Zweck verfehlt würde. Er stellte das erzieherische Ziel über alles andere, sogar über die Katharsis, die er nicht nur von der Dramatik, sondern auch von der Musik forderte, jene Reinigung von bösen Trieben und Wünschen, die er in erster Linie der Tragödie beimaß, weil darin diesen Begierden von Ersatztätern nachgegeben, und von Furcht und Ängsten, die vor den Augen des Publikums von den Bühnengestalten ausgestanden wurden. Sie sollte von der Musik im Sinn jener Zeiten neben der erzieherischen Wirkung auf dem Wege der unmittelbaren Willensbeeinflussung und wohl auch, wenn auch nicht ausgesprochen, emotional die gleiche Forderung erfüllen.

Als drittes Postulat finden wir bei Aristoteles den geistigen Genuß, Entspannung und Erholung genannt, der allerdings als intellektuelles Vergnügen an der Symbolik und Architektonik der Musik entstehen sollte und weniger auf dem Weg emotionaler Erlebnisse, aber dennoch ein deutliches Abrücken von der Engherzigkeit der Pythagoreer, die jede Freude an der Musiké verdrängen wollten, bedeutete.

Schon vor Aristoteles wandte sich Demokrit aus Abdera (um 460 bis um 370 v. Chr.) gegen die ethische Zweckrichtung der Musik. Eine ähnliche Haltung nahmen viele Sophisten ein, deren hervorragendster Vertreter der früheste griechische Musikhistoriker Glaukos von Rhegion (5. Jahrhundert v. Chr.) war. Doch Aristoteles und die Aristoteliker blieben wie auf weiten Gebieten der Wissenschaft zum Schaden des Fortschrittes Sieger.

Theophrastos aus Eresos (372–287 v. Chr.) ging über die pädagogische Wirkung der Musik hinaus und schrieb ihr medizinische Effekte zu. Schon Aristoteles glaubte, daß seelische Ausnahmezustände durch Musik heilbar seien, und dachte dabei offenbar weniger an besänftigende Klänge als an den therapeutischen Eindruck der numerischen und damit kosmischen Ordnung. Die Hoffnung auf Heilung echter körperlicher Erkrankungen durch Musik war damals wohl nichts anderes als eine Reminiszenz an frühere Zeiten, in denen gegen Krankheit und

Tod Zauberlieder an Apollo gesungen wurden.

Um das Jahr 300 v. Chr. zerfiel trotz aller Gegenströmungen die Einheit der Musiké. Dichtkunst, Tanz und Melodie gingen getrennte Wege. Damit endete die klassische Periode der altgriechischen Musik, über die wir eigentlich alles oder zumindest sehr viel wissen. Es fehlt uns nur die Vorstellung, wie sie geklungen haben mag. Wir müssen uns zumindest vorläufig mit den Schatten begnügen, die sie auf das Musikschrifttum und auf bildliche Darstellungen von Musikern und Musikinstrumenten warf. Wir befinden uns in der Lage eines Blinden, dem alles über Farbe und Licht bekannt, aber die Vorstellung davon versagt ist. Da in der klassischen Periode Musik und Vers in der Musiké verschmolzen waren, können wir den musikalischen Rhythmus von den Versen ablesen und von dieser Seite her der altgriechischen Musik etwas näherkommen. Aber auch hier erhebt sich für unser Verständnis ein starkes Hindernis, weil das Altgriechische wie viele andere antike Sprachen keine Betonung im heutigen Sinn kannte; die Silben unterschieden sich voneinander lediglich durch ihre Länge; unser heutiges Skandieren griechischer Verse verfälscht ihr ursprüngliches Sprachbild. Es ist daher schwierig, die rhythmischen Elemente in einem Vers abzugrenzen, so daß sich dieser für uns sehr stark der Prosa nähert. Und nach der Verselbständigung der Musik orientierte sich der Rhythmus überhaupt nicht mehr nach gesungenen oder begleiteten Versen, so daß er sich unseren Untersuchungen völlig verschließt.

Das Tonmaterial ist uns zum größten Teil aus der musikwissenschaftlichen Literatur der Antike bekannt. Ursprünglich hat eine Pentatonik ohne Halbtöne vorgelegen wie bei den meisten asiatischen Systemen und in Ägypten. Später kamen Halb-, Drittel- und Vierteltöne in Verwendung. Die Intervalle wurden von den Mathematikern durch Saitenteilung errechnet und erst später, als von der Musik ein gewisser Wohlklang gefordert wurde, durch die Praxis festgelegt. Die absteigende Quart bildete das Charakteristikum der altgriechischen Musik. Sie blieb

Muse mit einer Leier auf einem attischen Ölgefäß aus dem 5. Jahrhundert v. Chr.

ständig unverändert, nur die Lage der zwei Zwischentöne war für das jeweilige Tongeschlecht typisch; das diatonische Tongeschlecht enthielt zwei Ganztonschritte und einen Halbtonschritt, das chromatische einen Anderthalbtonschritt und zwei Halbtonschritte und das enharmonische einen Zweiganztonschritt und zwei Vierteltonschritte.

Aristoxenos von Tarentum (um 354 bis um 300 v. Chr.) kannte Drittel-, Dreiachtel-, Dreiviertel-, Sechssiebentel- und Fünfviertelintonintervalle und außerdem zwei Terzen verschiedenen Ausmaßes. Später traten noch weitere ausgeglichene und unausgeglichene

Intervalle hinzu, um neue musikalische Färbungen zu gewinnen.

Die drei vorgenannten ursprünglichen Geschlechter (auch dorisch, phrygisch und lydisch genannt) erfuhren Verlängerungen nach oben und nach unten, so daß neue Tonreihen entstanden. Nach den Theoretikern waren diese Geschlechter verschiedenen Ausdrucksformen zugeordnet, wie Festlichkeit, Trauer, Aggression oder Zuneigung, und außerdem durch den Zweck der Musik bestimmt. Dies wurde jedoch im Ablauf der altgriechischen Musikgeschichte starken Veränderungen der Vorliebe unterworfen und folgte damit der Entwicklung der Musik von der rein sakralen Ausrichtung zu politischen und erzieherischen Zwecken bis zur von philosophischen Ideen unbeschwerten Unterhaltung. Viele Fragen bleiben dabei offen, weil die Berichte der Theoretiker nicht selten einander widersprechen, vielleicht aufgrund regionaler Verschiedenheiten.

Lange wurde die Meinung vertreten, daß die altgriechische Musik einstimmig gewesen sei. Das entspricht nicht den Tatsachen. Abgesehen davon, daß im Chorgesang neben Männern auch Kinder und Frauen mitwirkten, so daß zwangsläufig Oktavabstände entstanden, lassen viele Erwähnungen der Musikschriftsteller den Schluß zu, daß auch engere Intervallabstände zwischen gleichzeitigen Tönen verwendet wurden. Das von einem Aulos begleitete Lied mit verschieden verlaufenden melodischen Linien wurde bereits erwähnt; die Melodie des Begleitinstrumentes war in Tonhöhen, Rhythmen, Anzahl der Töne und in Intervallen von der Gesangsmelodie verschieden gehalten und bildete somit eine Art zweistimmigen Kontrapunkt. Die so erzeugten Konsonanzen waren Oktaven, Quinten oder Quarten. Es gab keine Akkorde. Auch die gleichzeitige Führung verschiedener Gesangsmelodien war unbekannt. Doch die Zwei- und Mehrstimmigkeit der Instrumentalmusik war bei den Musikschriftstellern der Spätantike mehrfach Gegenstand theoretischer Erörterungen; man unterschied zusammenklingende Konsonanzen und auseinanderstrebende Dissonanzen.

Als Hauptformen der altgriechischen Musik sind uns überliefert:

Der Hymnos zu Ehren der Götter mit der Sonderform des Paian für Apollo – meistens von der Kithara begleitetes Chorlied verschiedenen Charakters –, des Dithyrambos für Dionysos – Chorgesang von Auloi oder Barbiton begleitet –, des Prosidion – vom Aulos begleitetes Prozessionschorlied;

Das Hyporchema – Tanzlied mit Saiteninstrumenten;

Der Hymenaios – Hochzeitsgesang mit Aulosbegleitung;

Der Threnos – Totenklage oder Lobpreisung eines Verstorbenen für Chor mit Aulosbegleitung;

Das Elegeion – allgemeines Klagelied für Solo- oder Chorgesang;

Das Enkomion – von Saiteninstrumenten oder dem Aulos begleitetes Preislied;

Die Embatereia – spartanisches Marschlied mit Aulosbegleitung;

Das Skolion – ernstes oder heiteres Trinklied für Solo- oder Chorgesang mit Aulos- oder Barbitonbegleitung;

Arbeitslieder verschiedener Struktur.

Dazu sind die dramatischen Chorformen – Einzugs-, Stand- und Auszugslied, Gesang zu pantomimischem Tanz –, gesungene Dialoge und reine Instrumentalmusik zwischen Liedversen und die Programmusik zu rechnen.

Das älteste nachweisbare griechische Musikinstrument war die Phorminx, eine viersaitige Leier mit kreisförmigem Schallkörper. Sie wurde zur Kithara mit zumeist sieben (später elf) Saiten und einem kastenförmigen Resonanzkörper weiterentwickelt. Eine Sonderform davon war die Wiegenkithara mit wiegenförmigem Schallkörper. Eine Seitenentwicklung stellte die Lyra dar. Sie kam als Chelys mit einem Schallkörper aus echter oder aus Holz nachgebildeter Schildkrötenschale und Armen aus Tierhörnern (Schildkrötenlyra) vor oder als Barbiton (Barbitos) mit überlangen, an den Enden einander zugebogenen Armen oder als Pektis mit doppeltem Saitenbezug und einer um eine Oktave höheren Stimmung. Die Magadis, ein dreieckiges harfenähnliches Instrument, hatte bis zu zwanzig Saiten. Winkelharfen waren das Psalterion und das Epigoneion mit vierzig Saiten. Das Monochord hatte nur eine Saite und diente ausschließlich Lehrzwecken. Streichinstrumente und Lauten, auf denen die Töne durch Verkürzen der Saiten variiert wurden, kannte das alte Griechenland im Gegensatz zu Ägypten nicht.

Blasinstrument gab es in der griechischen Kunstmusik nur eines, den Aulos, eine Schalmei mit Doppelrohrblatt und Grifflöchern, der sehr oft als Doppelaulos in Erscheinung trat. Sein schneidender Ton war gut geeignet, auch starke Chöre der melodischen Linie entlangzuführen. Er wurde in vier Stimmlagen hergestellt, als Sopran (Partheneios), Alt (Paidikos), Tenor (Teleios) und Baß (Hyperteleios). Der Doppelaulos war zumeist verschieden gestimmt und wurde durch ein gemeinsames Mundstück geblasen; einer von ihnen wurde oft überhaupt nicht gegriffen und diente als Bordun. Ein Hirteninstrument war die aus mehreren aneinandergereihten, verschieden langen Pfeifen bestehende Syrinx. Bei Festzügen und militärischen Feiern wurden in späterer Zeit die gerade gestreckte Salpinx oder das gekrümmte Keras (Trompetenformen) verwendet.

Unsere wenn auch nicht vollständige Kenntnis der altgriechischen Notenschrift verdanken wir den Tabellen des griechischen Musikschriftstellers Alypios (um 360 n. Chr.). Es gab zwei Notationen, von denen die ältere für Instrumentalmusik verwendet wurde. Sie bestand aus Buchstaben älterer griechischer Alphabete in verschiedenen Positionen (aufrecht, umgelegt und gewendet). Die jüngere Notenschrift diente ausschließlich der Vokalmusik. Für sie wurden Buchstaben des klassischen Alphabetes herangezogen.

Da wir keine Melodien der klassischen griechischen Musik kennen, sind wir außerstande festzustellen, inwieweit sie in der Musik des Abendlandes weiterlebt. Mittelbar auf dem Weg der Musikwissenschaft war der Einfluß gewaltig, weil die Erkenntnisse der griechischen Theoretiker noch durch Jahrhunderte nachwirkten und die späteren Musikwissenschaftler befruchteten, die wiederum für die Komposition neue theoretische Grundlagen und Grundsätze schufen. Wenn aber griechisches Musikgut in die Musik Europas eingeflossen ist, kann das nur über die hellenische Musik geschehen sein.

LITERATUR
M. Wegner, Das Musikleben der Griechen, Berlin 1949. E. Pöhlmann, Griechische Musikfragmente, Nürnberg 1960. H. Koller, Musik und Dichtung im alten Griechenland, München 1963.

Hellenische Musik

Die hellenische Epoche der griechischen Musikgeschichte (um 300 v. Chr. bis um 100 n. Chr.), in der der Orient und der Westen vom griechischen Kulturgut durchdrungen wurden und orientalisch-ägyptisches auf die Griechen im verstärkten Maß einwirkte, begann mit der Auflösung des Komplexes »Musiké« und der Emanzipation der Klangkunst, also der Musik an sich in unserem Sinn. Dies wurde von den Anhängern der klassischen Musiké als Verfallserscheinung gewertet, um so mehr, als damit auch die Zweckrichtung des »musischen Verhaltens« ihren Boden verlor, weil die neue Musikform in den Bereich ästhetischer Wertung geriet und damit zum Selbstzweck wurde; aber die Entwicklungsgeschichte aller Kunstformen ist von abwertenden Urteilen begleitet, die jedoch keinen Fortschritt wesentlich hemmen konnten.

Es ist auffällig, daß uns aus der Zeit des Hellenismus keine Namen von Komponisten überliefert sind, sondern nur von einigen Virtuosen. Dieser Gegensatz zur abgelaufenen klassischen Zeit erklärt sich dadurch, daß ihre Musikschaffenden zugleich Dichter oder Dramatiker waren, deren Werke zumindest bruchstückweise an uns weitergegeben wurden, während reine Musikaufzeichnungen aller antiken Völker nahezu gänzlich fehlen. Die zeitgenössische musikwis-

Lyraspieler auf einer griechischen Vase

Lyraspielender Pan – hellenistische Silberplatte aus Herkulanum

senschaftliche Literatur beschäftigte sich mit theoretischen Problemen und hatte für die lebendige Musik kein Wort übrig. Wir wissen zwar, daß es einen Berufsstand der Sänger und Instrumentalisten gab und die gesamte Kompositions- und Interpretationstechnik einen hohen Stand erreicht hatte, es ist uns bekannt, daß die herrschende Gesellschaftsschicht als Träger des Kultur- und Wirtschaftslebens der Musik im häuslichen Leben, im Theater und bei Gesellschaften eine aufmerksame Pflege angedeihen ließ, die stark ästhetisch betont war, wir haben aber keinerlei Anschauung dieser Musik, nicht einmal aus theoretischen Erörterungen. Es fehlt uns jede Kenntnis ihres sakralen Sektors, wenngleich sie in den Mysterien eine breite Rolle gespielt haben muß.

Daß ihre stärksten Impulse vom Brennpunkt des hellenischen Kultur- und Wirtschaftslebens Alexandrien ausgingen, dürfen wir annehmen, wie daß sie in jenem Schmelztiegel der Spätantike alle Musikformen und Instrumente der Völker um das östliche Mittelmeer und besonders die Ägyptens aufnahm, um sie der eigenen Tradition zu integrieren. Gesichert ist ohne Einwand, daß der Hellenismus der klassischen Zeit in der Musikwissenschaft weit überlegen war. Nach dem Aristoteliker Aristoxenos erarbeitete der alexandrinische Mathematiker Eukleides (um 300 v. Chr.) die mathematischen Bestimmungen der Tonverhältnisse und Eratosthenes von Kyrene (um 280, Kyrene, bis um 195 v. Chr., Alexandrien) eine Theorie der Tonverhältnisse. Der Grammatiker Didymos von Alexandrien (um 83, Alexandrien, bis um 10 v. Chr., vermutlich Rom) stellte die Differenz zwischen dem großen und kleinen Ganzton fest; Philodemos aus Gandara (um 110, Gandara, bis um 40 v. Chr., vielleicht Rom) verfocht eine reinliche Trennung der Musikästhetik von der Ethoslehre, und der Römer Marcus Terentius Varro, vielseitiger Gelehrter und Schriftsteller (116, Reate, bis 27 v. Chr., Nähe

Roms), begründete die Einreihung der Musik in das Quadrivium (die später im gesamten Mittelalter als Hauptunterrichtsfächer geltenden vier Disziplinen Arithmetik, Geometrie, Astronomie, Musik neben dem Trivium Rhetorik, Dialektik, Grammatik).

In der nachchristlichen Ära vermittelte uns der Autor Plutarchos (46, Cheroneia, bis 110 n. Chr., Athen) zahlreiche Informationen aus uns nicht mehr zugänglichen Werken. Der Astronom, Mathematiker und Geograph Klaudios Ptolemaios (um 100, Ptolemais, bis um 180 n. Chr., Alexandrien) gab eine erschöpfende Theorie der Skalenlehre und des gesamten musikalischen Berechnungswesens. Der Neuplatoniker Aristeides Quintilianos (2. oder 3. Jahrhundert n. Chr.) verfaßte eine umfangreiche Darstellung der Musiktheorie, Musikphilosophie, Ethoslehre und Notation. Kleoneides wird eine (wahrscheinlich im 2. Jahrhundert n. Chr. entstandene) Elementarlehre der griechischen Musik zugeschrieben, andere nennen Pappos von Alexandrien (um 340 n. Chr.) als Autor. Der griechische Musikschriftsteller Gaudentios (2. Jahrhundert n. Chr.) erweiterte die Theorien von Aristoxenos in seiner Einführung in die Harmonik, und der Neupythagoreer Nikomachos aus Gerasa (2. Jahrhundert n. Chr.) beschäftigte sich mit dem gleichen Thema von seinem Standpunkt aus. Von Bakcheios (4. Jahrhundert n. Chr.) liegt eine Einführung in die Musik in Dialogform vor, Alypios aus Alexandrien übermittelte uns die Kenntnis der griechischen Notation, und Martianus Minneus Felix Capella aus Madaura (um 400 n. Chr., Karthago) verfaßte eine noch im Mittelalter angesehene und viel benützte Musiklehre.

Der letzte und bekannteste Theoretiker der antiken Musik, Anicius Manlius Severinus Boethius (um 480, Rom, bis 524 n. Chr., Mailand), Konsul und Ratgeber König Theoderichs (454–526 n. Chr.), schuf mit seinen fünf Büchern »De institutione musicae« (um 500 n. Chr.) eine Zusammenfassung der gesamten antiken Musiktheorie, die zur Grundlage der gesamten Musikwissenschaft des Mittelalters wurde.

Es besteht jedoch kein Zweifel, daß Rom als Erbin der klassisch-griechischen wie der hellenischen Wissenschaft und Kunst einen breiten Strom lebendigen Musikgutes der hellenischen Kulturepoche empfangen und weiterentwickelt hat.

LITERATUR
K. v. Jan, Musici Scriptores Graeci, 1895 bis 1899, Nachdruck Hildesheim 1962. G. Wille, Musica Romana, Amsterdam 1967.

Anicius Manlius Severinus Boethius

Altrömische Musik

Es sind weder Denkmäler altrömischer Musik noch Berichte darüber erhalten geblieben, sondern nur einzelne Bemerkungen, denen keine Allgemeingültigkeit zuerkannt werden kann. Der daraus vielfach gezogene Schluß, daß die Römer kein musikalisch schöpferisches Volk gewesen seien, ist mangels Beweisen ebenso unzulässig wie die Annahme, daß Rom auf dem Gebiet der Musik in uneingeschränkter Abhängigkeit von der griechischen gestanden sei und diese depraviert habe. Denn wer dem römischen Volk Musikalität absprechen will, müßte dazu auch anzeigen, durch welche Ereignisse und Umstände und zu welcher Zeit Italien den unbestrittenen Ruf als eines der ersten Musikländer erworben hat. Wir besitzen zumindest darüber genügend Berichte, daß dieses Volk im gesamten Verlauf seiner Geschichte Musik geliebt und ausgeübt hat wie heute, und daß es ebenso wie heute in jeder Epoche eine unerschöpfliche Fülle von Liedern für alle Begebenheiten des täglichen Lebens gegeben hat, wie Ahnen- und Triumphlieder, Geburtstags- und Hochzeitslieder, Liebes- und Freudenlieder, Kinder- und Ammenlieder, Tischlieder, Schlaflieder, Trauergesänge und Begrüßungsständchen und den Singsang der Straßenhändler und Bettler.

Dazu trat die sakrale Musik in jeder Form, Gebete, Beschwörungen, Zauberformeln und alles was Religion und Magie verlangte und bot. Auch bei den Römern reicht die Geschichte der Musik bis zu den Anfängen zurück. Bezeichnend ist, daß bereits das Zwölftafelgesetz (Mitte des 5. Jahrhunderts v. Chr.) ausdrücklich Spott- und Scheltlieder verbot, die, wenn auch mit lustigen Texten,

Etruskisches Instrumentenspiel – Relief auf einer Aschenurne aus dem 2. Jahrhundert v. Chr.

Altrömische Musik 37

Leierschlagende und aulosspielende Tritonen auf einem römischen Relief mit Poseidon und Amphitrite, aus dem 1. Jahrhundert n. Chr.

immerhin Musik in irgendeiner Form waren.
Die altrömische Musik fußte, abgesehen von den eigenständigen Weisen und Rhythmen, die jedes Volk ausbildet, auf der etruskischen. Das darf aus der Übernahme der Metallblasinstrumente (Lituus, Cornu, Tuba) von den Etruskern geschlossen werden. Wieviel und welches Musikgut jenes Volk aus seiner kleinasiatischen Urheimat und von den Inseln, die es auf seiner Wanderung nach dem Westen besiedelte, mitgenommen hatte, entzieht sich mangels Vergleichsmöglichkeiten unserer Kenntnis.
Aus bildlichen Darstellungen kann entnommen werden, daß die römische Musik sehr früh neben dem Kultgebrauch mit dem Kriegswesen verbunden war. Weitere Instrumente wie die Syrinx und die Bucina (dem Tierhorn nachgebildetes Metallinstrument) wurden den in Unteritalien und Sizilien an-

Römische Becken und Sistrum aus dem Nationalmuseum Pompeji

Tänzerin und Musikant mit Doppelaulos – römisches Mosaik

Orpheus musiziert – aus einem römischen Mosaikfußboden, 1. Hälfte des 2. Jahrhunderts

gesiedelten Griechen entlehnt. Über die Zeit der römischen Könige liegen Berichte vor, nach denen zu sakralen Vorgängen rhythmische Chöre und geweihte Instrumente verwendet wurden. Uralt waren die Gesänge der Salier-Brüderschaft bei den Waffenumzügen und der Arvalbrüder bei den Flurprozessionen.

In der Republik wurde weiters die Tibia (dem Aulos sehr ähnliches Instrument, das auf den etruskischen Subulo zurückgeht) eingeführt und zum Nationalinstrument erhoben. Als etruskische Tänzer im Jahr 364 v. Chr. in Rom zur Tibia-Begleitung eine Pantomime aufführten, wurde diese Unterhaltungsform von den Römern sofort übernommen und weiterentwickelt. Im Zug der Ausbreitung der Macht Roms im 3. und 2. Jahrhundert v. Chr. kam es zu Kontakten mit der hellenischen Welt und zu einer starken Beeinflussung des römischen Musiklebens von dieser Seite. Lucius Livius Andronicus (um 284 bis um 204 v. Chr.) bearbeitete griechische Dramen für das lateinisch sprechende Publikum und trat als Dichter, Komponist und Chorleiter auf. Die Bekanntschaft mit dem griechischen Theater regte Plautus (253, Sarsina, bis 184 v. Chr., Rom) an, römische Komödien zu verfassen; ihre gesungenen Dialoge und die Zwischenaktmusiken wurden von Musikern komponiert, die ebenso unbekannt sind wie die Komponisten des hellenischen Kulturbereiches, von dem man allerdings trotzdem nie angenommen hat, daß er ohne Musik gewesen sei.

Gaius Valerius Catullus (84, Verona, bis 54 v. Chr., Rom) dichtete sangbare Lyrik und Quintus Horatius Flaccus (8. 12. 65, Venusia, bis 27. 11. 8. v. Chr., Rom) verfaßte berühmte Oden, die, von Unbekannten in Musik gesetzt, viel und gerne gesungen wurden. Das zur Jahrhundertfeier im Jahr 17 v. Chr. von Horatius gedichtete und im strophischen Wechselgesang für Knaben- und Mädchenchor einstudierte Carmen seculare (Jahrhundertlied) erfreute sich allseitiger Beliebtheit. Hauskonzerte und Tafelmusik waren an der Tagesordnung. Niemand erhob die Forderung nach einem ethischen Gehalt der Musik; sie diente dem Kunstgenuß und der Unterhaltung. Die breite Masse fand besonderen Gefallen an dem Mimus, der in den Pausen der Schauspiele von Schlaginstrumenten begleitete Tanz- und Gesangseinlagen brachte, oder an den Gladiatorenkämpfen im Amphitheater, wo neben einem Massenaufwand von Chören und Metallblasinstrumenten die Hydraulis (von Ägypten übernommene Wasserorgel) erklang.

Eine scharfe Trennung von Kunstmusik und Volksmusik dürfte es nicht gegeben haben. Musikschaffende, Musikausübende und Musiklehrer waren zumeist Sklaven oder Freigelassene, also rechtlose, außerhalb der Gesellschaft stehende Personen. Sie erfreuten sich dennoch bei Publikum und Auftraggebern großer Beliebtheit. Dilettanten aus höchsten Gesellschaftsschichten traten mit diesen Berufsmusikern in Konkurrenz, selbst einige Kaiser ließen ihre Kunst öffentlich bewundern. Private und offizielle Chorvereinigungen pflegten den sakralen und den gesellschaftlichen Gesang und wirkten neben den Berufsmusikern bei Umzügen zu Ehren eines Gottes, eines Triumphators oder sonstigen Volkslieblings, vor allem aber an den rauschenden Bacchanalien und anderen religiös-politischen Festlichkeiten mit.

Es wird vermutet, daß auch die Römer ihre Musik wie die Griechen aufzeichneten; erhalten ist davon nichts geblieben. Man vermutet, daß sich der Rhythmus der Lieder eng an die Sprache anschloß, wir begegnen aber auch hier wie bei der altgriechischen

Musizierender Pan unter Nymphen – römisches Wandgemälde

Straßenmusikanten auf einem römischen Mosaik

Musik der Schwierigkeit, daß das Lateinische keine ausgeprägte Betonung, sondern nur Längenunterschiede der Silben kannte. Die altrömische Musik war sicherlich grundsätzlich einstimmig, wenn auch, besonders beim Aufgebot größerer Instrumentalgruppen, Mehrstimmigkeit und vermutlich auch Bordunbegleitung vorgekommen sein mag. Die Ausziehrung von Gesangsmelodien durch begleitende Bläser, die kontrapunktische Führung von Gesang und Tibia, vermutlich auch fallweise eine Arpeggiando-Begleitung der Saiteninstrumente dürfte dem hellenischen Kulturraum entnommen worden sein.

In den Schulen wurde neben dem Unterricht im Singen und Instrumentenspiel auch Musikwissenschaft gelehrt. Die griechischen Musikwissenschaftler wurden gelesen, teilweise übersetzt, studiert und kommentiert. Diese Fachschriftsteller pflegten keine Beziehung zur zeitgenössischen Praxis, sie hörten die Klänge, die aus den Villen der großen Gesellschaft kamen, nicht und ebensowenig das fröhliche Singen des Volkes, sie verschlossen die Ohren für den Schall der Bläserchöre und vor dem sonoren Dröhnen der Orgeln. Sie wiesen mathematisch, philosophisch und ethisch nach, daß dies keine Musik sei und daß es falsch wäre, daran Gefallen zu finden. Solche Urteile zu übernehmen und die altrömische Musik als primitiv, flach und kunstlos zu denunzieren, ist unseriös, weil niemand diese Musik kennt; und sie als Verfallserscheinung zu bezeichnen, entbehrt jeder Berechtigung, außer wenn man jedes Weiterschreiten als Abstieg sehen will. Es wäre sachlicher, das Augenmerk darauf zu lenken, daß sich die Vertreter und Liebhaber der Kunstmusik und das Volk nicht beirren ließen.

Erst die gewaltigen politischen und ideologischen Umwälzungen konnten der altrömischen Musik neue Wege weisen, die durch Jahrhunderte sehr eng begrenzt waren, aber dann im neuen Glanz der wiedererstandenen Antike erstrahlten.

LITERATUR
G. Wille, Die Bedeutung der Musik im Leben der Römer, Tübingen 1953. G. Fleischhauer, Die Musikergenossenschaften im hellenistisch-römischen Altertum, Halle 1959.

Altjüdische Musik

In Südarabien, Babylonien, Persien, Syrien und Nordafrika existieren noch heute jüdische Splittergemeinden, die vor 600 v. Chr. von der Bevölkerung Palästinas abgetrennt wurden und daher an der Weiterentwicklung der Tempelmusik des Landes keinen Anteil nahmen, sondern die Formen jener Zeit petrifiziert beibehielten. Das erlaubt ziemlich sichere Rückschlüsse auf die Musik ihrer alten Heimat.

Wie jedes Volk besaß das Judentum ohne Zweifel eine uralte bodenständige Musik, die es aus seiner Urheimat nach Kanaan mitgebracht hatte. In der Genesis wird ein Jubal als Vater der Geiger und Pfeifer genannt. Doch über die Volksmusik Palästinas wissen wir nichts.

Die Tempelmusik brachten Moses und seine Schar um das Jahr 1314 v. Chr. aus Ägypten; der erste Siegesgesang nach dem Exodus wies das Versmaß ägyptischer Hymnen auf. An Instrumenten nahmen ausziehende Juden die ägyptische Dreiecksharfe, die lautenähnliche Nabla, die Lyra und die Handtrommel mit; dazu auch die schlanke Asosra, eine Trompete aus Metall oder Holz, die angeblich die magische Kraft besaß, Stadtmauern zum Einsturz zu bringen. Von den Syrern übernahmen sie das Widderhorn, die Posaune und Flöten verschiedener Größe, das viel erwähnte Psalter mit zehn Saiten und die Sambuka, eine Laute mit Bünden.

Die Musik war mit Poesie und Mimik unlösbar verbunden; auch die Könige und Propheten waren nicht nur Dichter, sondern stets zugleich Musiker und Tänzer. Zweckrichtung und Sinngebung aller Musik war nicht die Unterhaltung, sondern der Gottesdienst; sie war keinen artistischen oder ästhetischen Grundsätzen unterworfen, ja nicht einmal ethischen oder pädagogischen, sie stellte eine rein sakrale Musik dar, die »eine Vereinigung mit dem höchsten Wesen schafft« (Strawinsky). Unter den Königen David und Salomo (9. Jahrhundert v. Chr.) wurde das kultische Musikwesen der Juden durchorganisiert und das Berufsmusikertum für den Tempel und die religiösen Feste geschaffen. Massenaufgebote von Sängern und Musikanten widersprachen nicht dem Charakter der Musik als Kultsprache, denn auch dies galt nur Gott allein. Bei der Einweihung des salomonischen Tempels standen »die Sänger alle gegen Norden des Altars mit Zimbeln, Psaltern und Harfen, und bei ihnen hundertzwanzig Priester, die Drommeten bliesen«.

Mit dem Zerfall des Reiches geriet auch die Tempelmusik in Gefahr. Jesaia eiferte: »Harfen, Leiern, Pauken, Flöten und Wein sind bei euren Gelagen...« Sie überdauerte jedoch wie die hebräische Sprache, die im Volk völlig vom Aramäischen verdrängt wurde, alle Jahrhunderte bis zu jenem Jahr 70 n. Chr., in dem der Tempel zu Jerusalem in Flammen aufging und für das jüdische Volk als neuer Abschnitt seiner Geschichte die Diaspora begann.

Die altjüdische Musik bestand aus lauten, ja schreienden Anrufen Gottes, aus rezitativer Lesung oder Deklamation, die sich zwischen monotoner Rezitation und Gesang hielt, oder aus einer Musik aus kurzen Tonschritten mit melodisch ausgezierten einzelnen Wörtern oder Versabschlüssen. Es gab eine Reihe von feststehenden Grundmotiven, die der Komponist frei wechselnd zusammensetzen durfte. Die einzelnen Motive sind an gewisse Texttypen wie Psalmen, Gebete, Thora gebunden, wechseln aber oft von Wort zu Wort oder Vers zu Vers. Der Rhythmus ist sehr frei. Responsorien zwischen Vorbeter oder Vorsänger und dem Chor waren häufig.

Für den Entwicklungsablauf im 1. Jahrtausend v. Chr. ist ein ständiges Zurückrücken der Instrumentalmusik zugunsten der Chöre bemerkbar. Die Musik war streng einstimmig, abgesehen vom natürlichen Oktavenabstand zwischen Sängern und Instrumenten.

Eine Trennung von Poesie, Tanz und Musik in einzelne Disziplinen hat während des langen Bestehens dieser Musik nicht stattgefunden; reine Instrumentalmusik, außer Bläsersignalen, Intonationen und Überleitungen von einem Vers zum anderen, hat es anscheinend nicht gegeben. Es kann überhaupt kaum von einer Entwicklung der Musik gesprochen werden, weil sie von der Teilung des Reiches bis zu seinem Ende stets gleichgeblieben ist.

Daß es keine profane Musikausübung gegeben hat, kann nicht angenommen werden. Gelegentliche Klagen über den Verderb der Sitten bestätigen das. Wir wissen aber darüber ebensowenig wie über die profane Dichtkunst des jüdischen Volkes, die bei seinem hohen Kunstsinn sicherlich nicht gefehlt hat, jedoch nicht überliefert wurde.

Die altjüdische Musik leitete sich, soweit nicht mesopotamische und syrische Einflüsse vorlagen, zu einem breiten Teil von der ägyptischen ab und bildete den zweiten Entwicklungsstrang, der von dem Land am Nil ausging. Gemeinsam mit der Einflußlinie über Kreta und Kleinasien, die nach dem antiken Griechenland zielte, mündete das jüdische Singen und Musizieren schon wegen der Übernahme der sakralen Texte im west- und oströmischen Kultgesang letztlich in den Entwicklungsstrom der Musik des Abendlandes.

LITERATUR
A. Z. Idelsohn, Hebräisch-orientalischer Melodienschatz, 10 Bände, Leipzig 1914–32.
Bathaya Bayer, The Material Relics of Music in Ancient Palestine and its Environs, Tel Aviv 1963.

Synagogale Musik

Mit der Zerstörung des Tempels in Jerusalem im Jahr 70 n. Chr. fand die altjüdische Tempelmusik das Ende ihrer zentralen Wirksamkeit. Die exilierten Juden gründeten zwar in ihrer Diaspora allerorts Synagogen, um Wort und Ton ihres Kultes getreu der Überlieferung zu pflegen, waren aber doch mehr oder minder starkem Umwelteinfluß ausgesetzt.

An den Exilorten bildeten sich zu jener Zeit bald christliche Gemeinden, die für ihren Ritus viel von den Juden übernahmen, darunter auch Musik, denn die hellenische wurde als frivol und heidnisch abgelehnt. Besonders in Syrien und im Bereich von Byzanz kam es unmittelbar oder auf dem Weg über gnostische Gemeinden nahezu zu einer Fortsetzung des altjüdischen Gesanges, der sich jedoch unter dem Einfluß der Musikentwicklung in der Spätantike und der arabischen Musik von der Tradition einigermaßen entfernt hatte.

Es gab in der Diaspora starke Kräfte im Judentum mit der Überzeugung, daß die Einheit von Volk und Kultgemeinschaft (damals noch gleichbedeutend) nur über die Einheitlichkeit der religiösen Texte (Thora usw.), deren Lesung und Verständnis und der Kulthandlungen und damit auch des Gesanges erhalten bleiben konnten. Sie bemühten sich in jahrhundertelanger Arbeit um die Reinheit des Textes und seiner Kommentierung und legten zugleich fest, wie er rezitiert oder gesungen werden mußte.

Sämtliche Texte waren hebräisch. Da diese Sprache schon seit mehreren Jahrhunderten nicht mehr gesprochen worden war (die Juden verwendeten seit dem babylonischen Exil das Aramäische), entstand eine Fülle von lexikalischen und grammatikalischen Problemen auch zur Frage der Intonation. Irgendwie mußten diese Fragen beantwortet werden. In manchen Fällen war die Tradition aus der Zeit vor dem Tempelbrand noch lebendig, in anderen mußte Neues geschaffen werden. Die Liedweisen wurden vermutlich zuweilen altem jüdischen Volksgesang entnommen, den man damals noch kannte, aber auch unbewußt oder absichtlich fremden Musiksystemen. Einige davon finden sich im Gregorianischen Choral wieder.

Die Texte wurden im 9. Jahrhundert n. Chr. in Tiberias endgültig mit nahezu allgemein anerkannten Vertonungszeichen versehen, so daß auf diesem Gebiet eine gewisse Einheitlichkeit gewährleistet war. Die Kantilation der Gebete wurde in der Weise vorgetragen, daß ein Vorbeter rezitierte und die Gemeinde das Gebet nur mit einem Amen abschloß; antiphonales Rezitieren oder Singen wurde ebenso angewendet wie reiner Chorgesang der ganzen Gemeinde. Der syllabische Rhythmus der jüdischen Chöre ist von den benachbarten Christengemeinden stark nachgeahmt worden, weil er von der hellenisch-heidnischen Musik weit entfernt war. Die Soli der Kantoren jedoch, die mit der Tradition sehr wenig vertraut waren, lehnten sich oft sehr eng an die Gegenwartsmusik an und nahmen viele fremde Elemente auf, so daß die Christen davon nichts übernehmen konnten.

Auch die Melodien der religiösen Dichtung waren trotz eifriger Traditionspflege weitgehend der Musik der nichtjüdischen Nachbarn verhaftet; in vielen Fällen ist eine schon weit gediehene Assimilation feststellbar. Jedenfalls bestand vom Beginn an eine ständige Wechselwirkung zwischen der Musik der Synagogen und dem zeitgenössischen Musikgeschehen, so daß, was das Abendland betrifft, dem synagogalen Gesang ein erheblicher Anteil an der Entwicklung der Musik eingeräumt werden muß.

Eine Sonderstellung nahmen die schon seit mehreren Jahrhunderten in Alexandrien ansässigen Juden ein, die sich so eng dem hellenischen Kulturkreis eingefügt hatten, daß für sie die religiösen Schriften in das Griechische übersetzt werden mußten (Septuaginta, 300–100 v. Chr.). Der jüdische Philosoph Philo Judaeus (um 30 v. Chr., Alexandrien, bis 40 n. Chr., Alexandrien) schrieb ein vorzügliches Griechisch und bemühte sich um eine Synthese des Judentums mit dem Hellenismus auf gehobener Ebene. Daß gerade auf dem Gebiet der Musik diese Synthese weit fortgeschritten war und ihr Ergebnis über die römische Kunstmusik in die gesamteuropäische einfloß, mußte sich zwangsläufig ergeben.

Literatur

H. Loewenstein, Formal Structure of Psalms and Canticles in Early Jewish and Christian Chant, Musica Disciplina VII, 1953. A. M. Rothmüller, Die Musik der Juden, Zürich 1951.

Gregorianik

Die Kultsprache des römischen Urchristentumes war das Griechische. Erst im 4. Jahrhundert wurde sie durch das Lateinische ersetzt. Zur gleichen Zeit setzten die Bestrebungen, die gottesdienstlichen Texte und Riten einer allgemeingültigen Regelung und Vereinheitlichung zu unterwerfen, ein. Bis dahin lehnte sich die Liturgik noch stark an jüdische Vorbilder an; die Texte der Gebete und Gesänge wurden zum Teil improvisatorisch den Evangelien, dem Alten Testament oder der frühen christlichen Hymnendichtung entnommen. Die Musik entstammte naturgemäß in erster Linie dem altrömischen Volksgesang, der für neue Texte adaptiert wurde; weiteres Musikgut wurde dem jüdischen Gottesdienst, der den alten Tempelgesang in der Diaspora weiterpflegte, entnommen.

Über beide Quellen gewann der Hellenismus im frühen christlichen Gesang breiten Raum, weil einerseits die altrömische Musik schon durch mehrere Jahrhunderte dem hellenischen Einfluß unterlegen war, auf der anderen Seite auch die Juden sich in ihren neuen Niederlassungen des Mittelmeerraumes stark der griechischen Spätantike genähert hatten. Mit den jüdischen Musikformen gelangten dazu auch vorderasiatische (syrische) Elemente in den Gesang der Frühchristen Roms. Damit bildete sich allmählich die melodische Gestaltung des altchristlichen Gesanges heraus, der in psalmodisches Rezitieren von Prosatexten, in syllabische Führung einer poetischen Texten eng verbundenen Melodie und in reich verzierte, in weiten Bogen gezogene Melismen, denen die Texte nur als Entfaltungsbasis dienten, zerfiel.

Sehr bald entstand das Bedürfnis der Urchristen, ihren Gesang deutlich von dem der Heiden abzugrenzen. Ein äußeres Zeichen dafür war vor allem das strenge Verbot der Verwendung von Instrumenten, die als heidnisch galten und höchstens zum häuslichen Gebrauch erlaubt waren. Davon waren auch solche Instrumente nicht ausgenommen, die die Juden im Tempel und später in den Bet-

Papst Gregor der Große, diktierend, mit einem Monochord auf dem Schoß

häusern gebrauchten. Die nächste Maßnahme war das Ausmerzen der volkstümlichen Melodien, die an heidnische oder sogar obszöne Texte erinnerten. Dafür erhielten orientalisch-jüdische Melismen mehr Raum. Und als Drittes wurde der Chorgesang zurückgedrängt und das Singen immer mehr einzelnen bestellten Sängern (Psaltes), die zumeist auch Priester waren, anvertraut; dem Gemeinschaftsgesang wurden nur refrainartige Einwürfe und ganz einfache Lieder überlassen.

Nach der Etablierung des Christentums als Staatsreligion setzte eine intensive Missionierung aller Teile des weströmischen Imperiums ein. Die Glaubensboten führten in die in allen Provinzen errichteten Kirchen die inzwischen bereits festgelegte römische Liturgik und den römischen Kirchengesang ein, der sich mit den bodenständigen musikalischen Begebenheiten auseinandersetzte und diese so weit integrierte, wie sie nicht ausgesprochen heidnische Züge trugen. Daraus entstanden die verschiedenen regionalen Kirchengesangstypen wie der mozarabische in Spanien, der keltische in England, der gallikanische in Frankreich und der ambrosianische in Oberitalien. In Rom selbst jedoch, der Stadt, deren Bischof bald den Primat vor allen anderen Bischöfen des nunmehr christlichen Imperiums beanspruchen konnte, wurde der Kirchengesang radikal von allen Elementen, die irgendwie an das Heidentum erinnerten, gesäubert. Außer Worten des Evangeliums und des Alten Testamentes waren keine mehr zugelassen. Die Dichtkunst, so christlich ihre Verse auch klangen, war bereits durch Rhythmus und Wortklang verdächtig, weil dies auch die heidnische Dichtung auszeichnete. Die letzte Melodik, die mit wohlklingenden Wendungen dem Volksgesang, der Gesellschaftsmusik, den Schauspielen, Pantomimen oder Zirkusdarbietungen nahekam, verfiel der Acht. Der Gesang der Kirchen wurde jeder Farbe beraubt und der Ästhetik der Kampf angesagt. Der Gemeinschaftsgesang der Gläubigen reduzierte sich auf ein Minimum.

Der Hauptzweck dieser Askese, die Reinheit der Lehre, zu deren Hüter sich Rom berufen fühlte, hob den römischen Kirchengesang aus dem Rahmen jeder Musik heraus und verlieh ihm eine rein spirituelle Funktion. Der Rhythmus, einer der Hauptpfeiler der Musik, fiel fort, weil die Texte reine Prosa ohne Metren waren; lyrische Schönheit und epischer Glanz machten einer schmucklosen Monotonie Platz. Mit der Entwicklung der Musik von der rein magischen Funktion zur Ausschmückung der sakralen Vorgänge erhielt sie auch in diesem Bereich ein gewisses Eigenleben. Der christliche Kirchengesang jener Zeit hatte sich jedoch weit davon entfernt. Vom Bestandteil sakralen Geschehens wurde er zur Sakralhandlung selbst. Wenn er in den seit dem 4. Jahrhundert erbauten Kirchen erklang, war er kein Gesang von Menschen, wie auch die Kirchenbauten keine Gebäude schlechthin darstellten, sondern über ihre Funktion als Kultstätten hinausgewachsen und, zum Kult selbst umgedeutet, mit dem Gesang vereint zum untrennbaren außerirdischen Erlebnis geworden waren. Die Tonfolgen kamen nicht von den Sängern; diese waren nur als Werkzeug transzendenter Quellen bestellt. Unterschwellige Vorstellungen, die urtümliche Menschen in den Klängen und Geräuschen der Umwelt die Sprache der Götter erkennen ließen, scheinen hier, transformiert und vergeistigt, angeklungen zu haben. Denn irgendwie war hier die Musik wieder zur Magie geworden.

Der Teilnehmer an den sakralen Vorgängen, deren Ausdruck jener Gesang unter den Bogen und Gewölben der romanischen Basiliken war, konnte die Frage nach einer ästhetischen Wertung dieses Singens ebensowenig stellen wie nach der Architektonik der Kirchen. Jedoch gleicherweise wie uns die Kirchenbauten der Romanik beeindrucken, obwohl ihre Schönheit unbeabsichtigt war, müssen wir dem römischen Kirchengesang, auch wenn wir ihn losgelöst von seiner sakralen Funktion hören, das Prädikat unvergleichlicher Schönheit zuerkennen, sofern wir darunter natürliche Zweckentsprechung verstehen.

Dieser seit dem 4. Jahrhundert entwickelte Kirchengesang erhielt die Bezeichnung Gregorianik, weil Papst Gregor I. (um 540, Rom, bis 12. 3. 604, Rom, Papst ab 590) im Mittelalter als Autor dieses Kirchengesanges bezeichnet wurde. Trotz aller Versuche, dieser Legende einen Wahrheitsgehalt zu verschaffen, ist klar, daß jener Papst mit der Gregorianik in keinen Zusammenhang gebracht werden kann. Es ist nicht einmal gesichert, daß er die Ordnung der liturgischen Texte veranlaßt hat. Auch die Behauptung, er habe die römische Schola Cantorum begründet, in der der gregorianische Gesang geboren sein soll, ist irrig. Diese Schola hat bereits etliche Zeit vor seinem Pontifikat als Ausbildungsstätte für Kirchensänger unter dem Namen Orphanotrophium (Waisenerziehungsheim) bestanden und von Gregor I. lediglich eine gesicherte wirtschaftliche Basis erhalten. Es muß aber bei der von alters her eingebürgerten Bezeichnung für das Singen bleiben, das für die römische und später römisch-fränkische Liturgie verwendet wurde, soweit es das Messe- und Offiziumantiphonale betraf. Mit dieser Benennung ist auch die Unterscheidung zum altrömischen Kirchengesang präzisiert, der alle Frühformen des einstimmigen lateinischen Gesanges, wie Oratorien, Lektionen, Antiphone, Responsorien, Hymnen, Sequenzen usw., umfaßt.

Handschriftlich ist jener altrömische Gesang ab der Mitte des 11. Jahrhunderts nachweisbar; mittelbare Zeugnisse belegen seine Existenz bereits für die Zeit vor dem 6. Jahrhundert. Obwohl seine Melodien reicher ornamentiert wurden, war ihre Ähnlichkeit mit den entsprechenden gregorianischen sehr groß. Beide Formen liefen durch Jahrhunderte nebeneinander, bis sich ungefähr ab dem Jahr 850 die Gregorianik in Rom und im gesamten christlichen Abendland durchsetzte und die regionalen Sonderformen mit Ausnahme der Ambrosianik in Mailand verdrängte. Kleinere lokale Färbungen blieben auch nach der radikalen Vereinheitlichung besonders in den Klöstern erhalten.

Die gregorianischen Melodien sind diatonisch im Rahmen von acht von den Griechen stark modifiziert übernommenen Tonarten (Kirchentonarten). Sie steigen am Beginn an (Intonation), bleiben als Reperkussions- oder Psalmton bis zur Mitte des Satzes in gleicher Höhe, sinken sodann etwas (Mediatio), kommen zur gleichen

Guido von Arezzo, Schöpfer der heute gebräuchlichen Notenschrift; Federzeichnung aus einem Werk des 11. Jahrhunderts

Notker Balbulus – Miniatur aus dem Kloster Sankt Gallen

Guido von Arezzo (links) auf einer zeitgenössischen Miniatur

Der gregorianische Gesang, der sich gegen das Ende des 7. Jahrhunderts vermutlich durch das Wirken der Äbte Catolenus, Maurianus und Virbonus vom altrömischen abgesetzt hatte, bildete die beiden Grundformen, den Accentus (liturgische Rezitation) und den Concentus (freie Melodik im syllabischen Stil oder mit Melismen auf einzelnen Silben), aus, von denen sich im Zug der Weiterentwicklung eine Dreiteilung formte: die Lektion (rezitierendes Lesen von Texten mit wenig melismatischen Interpunktionen), die Psalmodie (von einem zweigeteilten Chor vorgetragener Psalmentext, bei dem die Textgliederung musikalisch verdeutlicht wurde) und die Hymnodie (Gesang von Chören oder Solisten, deren Texte ursprünglich auch der Liturgie entnommen wurden und erst später der Hymnendichtung).

Die Verbreitung des gregorianischen Gesanges über das Abendland bis nach England erwies sich als vorzügliches Mittel zur Vereinheitlichung des christlichen Kultes, brachte aber auf der anderen Seite die Einheit und Gleichförmigkeit des gregorianischen Singens in Gefahr. Es kam bald zu Neuschöpfungen und zur Veränderung der ursprünglichen Melodien. Neu eingeführte christliche Feste, für die neue Melodien nötig wurden, brachten in die Gesamtheit des Gesanges neue Züge. Alle Bemühungen um die Erhaltung der ungetrübten Tradition konnten das Auftreten von Tropen (Einschübe und Beifügungen) nicht verhindern. Der Maler, Bildhauer, Architekt, Lehrer, Dichter und Komponist Tuotilo in St. Gallen (gestorben 27. 4. 915, St. Gallen) baute den Tropus textlich und musikalisch üppig aus. Ebenso in St. Gallen wurde die Sequenz (ursprünglich Texterung längerer Melismen und Vokalisen als Gedächtnisstütze) ausgebildet. Notker Balbulus (um 840, Jonschwil oder Elgg, bis 6. 4. 912, St. Gallen) war zwar nicht der Erfinder der Sequenz, aber einer ihrer größten Meister. Henricus Monachus (um 970 bis um 1030, deutsches Sprachgebiet), der wegen seiner Hymne »Ave praeclara Maris Stella« (Sei gegrüßt, herrlicher Meeresstern) berühmt war, verfaßte sehr beliebte Sequenzen, Wipo von Burgund (um 1000, Solo-

Höhe zurück und fallen am Ende (Finalis) ab.

Ein vollständiges Notationssystem der Gregorianik entstand erst im 9. Jahrhundert; es gab allerdings die Größe der Intervalle nur ungenau wieder. Diesem Mangel begegneten einzelne Manuskripte durch eine diastematische Position der Neumen (graphische Fixierung der Tonhöhen). Eine grundlegende Neuerung führte der italienische Musiktheoretiker Guido von Arezzo (Aretinus, um 990, Arezzo, bis vermutlich 17. 5. 1050, Avellano) durch Erfindung der Notenlinien ein. Er zog vier verschiedenfarbige Linien, auf oder zwischen welche die Neumen im Sekundenabstand eingetragen wurden.

thurn, bis 1050, Bayrischer Wald), Berno von Reichenau (um 970 bis 7. 6. 1048, Reichenau) und Hermannus Contractus (18. 7. 1013, Salgau, bis 24. 9. 1054, Reichenau) entwickelten sie bis zur Reimsequenz, deren Hauptvertreter Adam de St. Victor (um 1100, Bretagne, bis 8. 7. 1192, Paris) war. Er näherte die Sequenz stark der Liedform, so daß ihr ursprünglicher Zweck, die oft sehr langen Tonfolgen am Ende des Alleluias leichter merkbar zu machen, verlorenging. Die syllabische Melodik der Sequenzen machte sie wegen ihrer leichten Faßlichkeit zu den volkstümlichsten aller liturgischen Gesangsformen, so daß ihr starker Einfluß auf die Weiterentwicklung des Kirchenliedes erklärlich ist. In der profanen Musik fußten der vokale Lai (Leich) und die instrumentale Estampie darauf. Eine ebenso häufige Entwicklungsform waren die neuen, zumeist gereimten Offizien (Gesänge für das Stundengebet), die oft nach Tonarten geordnet waren. Sie fallen durch große Intervalle, weite melodische Bogen und starkes Abrücken vom gregorianischen Stil auf. Es gab eine Reihe von Komponisten solcher Reimoffizien. Sie begann mit Hucbald von St. Amand (840, Tournai, bis 20. 6. 930, St. Amand) und endete mit Hildegard von Bingen und Julian von Speyer, dessen Franziskus- und Antoniusoffizien Berühmtheit erlangten.

Die alten römischen Stundengebete wurden jedoch von den neuen nicht verdrängt. Der überkommene Bestand gregorianischer Melodien erlitt keine Einbuße; sie wurden nach wie vor bei der Messe und beim Gebetsdienst der Tages- und Nachtstunden (Horae) rezitiert und gesungen.

Eine unübersehbare Zahl theoretischer Abhandlungen über die Gregorianik bezeugt den allgemeinen Willen, die Reinheit ihrer Struktur zu erhalten. Wenn auch viele davon stark unter dem Einfluß des spätantiken Theoretikers Boethius und dessen mathematischen, zum Teil fruchtlosen und der Praxis widersprechenden Spekulationen standen, so zeugen sie doch für das eminente Interesse an der intensiven Pflege der Gregorianik, wie weit die profane Musik und ein Teil der Kirchenmusik inzwischen auch geschritten waren.

Im Jahre 1577 beauftragte Papst Gregor XIII. (1. 1. 1507, Bologna, bis 10. 4. 1585, Rom, Papst ab 1572), nachdem im Tridentinischen Konzil (1545–63) die noch heute verbindlichen liturgischen Formen festgelegt und damit ihre Entwicklungsprozesse endgültig abgebrochen und abgeschlossen wurden, die Komponisten Palestrina und Zoilo mit der Reform des Chorals. Diese Bemühungen gediehen aber nicht weit. Erst Palestrinas Schüler Felice Anerio und Francesco Suriano brachten 1614 eine Neuausgabe des gregorianischen Gesanges unter dem Titel Editio Medicaea heraus, die mit einigen Änderungen des 17. Jahrhunderts bis in das 19. Jahrhundert in Geltung blieb.

In der Mitte des 19. Jahrhunderts begannen die Benediktiner in Solesmes unter der Führung ihres Abtes Dom Prosper Louis Pascal Guéranger (4. 4. 1805, Sablé-sur-Sarthe, bis 30. 1. 1875, Solesmes) eine umfassende kritische Ausgabe des gesamten Melodiengutes, die heute vollendet ist. Franz Xaver Haberl (12. 4. 1840, Obersellenbach, bis 5. 9. 1910,

Handschriftliches »Hodie cantatus« von Tutilo, dem Erfinder der »Tropen«

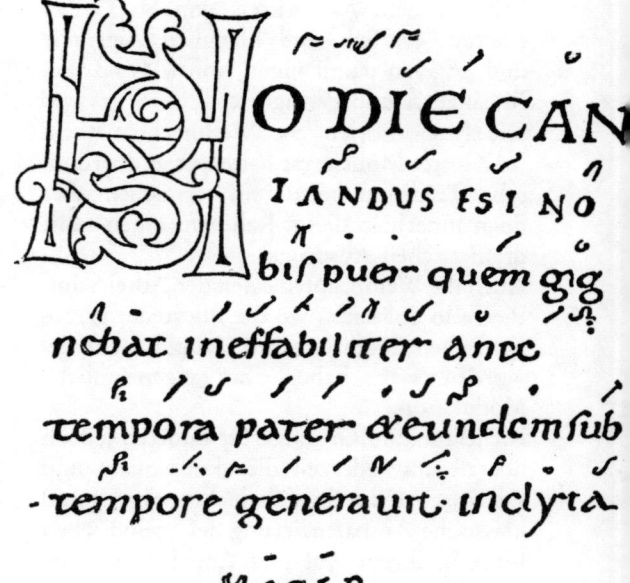

Regensburg) brachte 1873 die Regensburger Ausgabe als offizielle Fassung heraus, die sodann mit päpstlichem Erlaß von 1903 von Papst Pius X. (12. 6. 1835, Riese, bis 20. 8. 1914, Rom, Papst ab 1903) durch die für die gesamte römisch-katholische Kirche verbindlich erklärte Editio Vaticana ersetzt wurde. Diese brachte die ursprüngliche Form ohne die Zusätze und »Verbesserungen« des 2. Jahrtausends.

Einzelne Klöster widmeten sich seit der Jahrtausendwende und schon früher der eifrigen Pflege des gregorianischen Gesanges, bildeten jedoch in ihren Kirchen und Sängerschulen eine für ihren Bereich gesonderte Tradition heraus.

Die Benediktinerabtei Notre-Dame de Fontgombault (gegründet 1091) feiert jährlich das Gedenken an die Weihe ihrer Kirche mit einem prächtigen Ritus, dessen Musik eine harmonische Synthese von römischen und gallikanischen Elementen aus dem 10. Jahrhundert darstellt.

In mehreren süddeutschen Klöstern hat sich eine zum Teil bis in das 9. Jahrhundert zurückreichende Liturgie für die Palmsonntagfeier gebildet.

Die Benediktiner des Klosters Maria Einsiedeln legen ihrem Gesang ihren eigenen Kodex aus dem 10. Jahrhundert, der vermutlich aus dem Kulturkreis von St. Gallen stammt, textlich und klanglich zugrunde und erzielen damit einen hohen Grad von Musikalität und Farbigkeit.

Die Responsorien zur Weihnachtsmatutin im Kloster Montserrat halten zwar die römische Tradition genau ein, erreichen aber doch innerhalb dieses Rahmens einen stark dramatischen Ausdruck.

Auch die Weihnachtsmessen der Abtei Saint-Pierre in Solesmes, wo die Pflege der gregorianischen Tradition zur Hauptaufgabe geworden war, haben ihre eigentümliche Modulation.

Richtlinie und Grundgerüst bildeten jedoch überall und jederzeit die »konsequent und systematisch durchgeführte Ausprägung und klassische Ausbalancierung der melodischen Linie in ihrem Auf und Ab, die sinnvolle Verteilung von Syllabik und Melismatik, die rationelle Herausarbeitung der Tonart und das Bemühen um formal klare Disponierung« (Stäblein).

Trotz aller Entwicklungsphasen, aller Abweichungen, die in den meisten Fällen einen Zug zur Musikausübung erkennen lassen, blieb der Hauptstrang der Tradition auf die echte Funktion des gregorianischen Kirchengesanges ausgerichtet. Und wer davon nicht Musik in unserem Sinn erwartet, wer auf emotional gelenkte und begreifbare Klangkombinationen verzichten kann und zu den gesungenen und rezitierten Texten keine musikalische Ausdeutung benötigt, wer verstanden hat, daß sich dieser Gesang über seinen allgemeinen Begriff hinaus zur sublimierten sakralen Urfunktion gehoben hat, der findet im Grund seiner Seele jenen Widerhall, den die Musik, wie wir sie kennen, nicht zum Erklingen bringen kann.

Proprium Missae in Vigilia Nativitatis Domini (Proprium der Messe zum Vortag des Weihnachtsfestes)

Das Ordinarium der Messe (Kyrie, Gloria, Credo, Sanctus-Benedictus, Agnus Dei) bleibt während des gesamten Kirchenjahres (von zeitweiligen liturgisch bedingten Weglassungen abgesehen) textlich unverändert. Es wurden nur fallweise Tropen (textliche und musikalische Einschübe) angebracht. Den Charakter der Messe bestimmt das für den jeweiligen Festtag vorgesehene Proprium aus verschieden vielen, zwischen das Ordinarium eingeschobenen Psalmen oder Hymnen, die auf den Widmungstag Bezug nahmen.

Das Proprium zu dieser Messe besteht aus einem Introitus (Gesang beim Eintritt der Priester), der die Gewißheit über die nahe Geburt Christi verkündet, einem Graduale (Stufengebet, nach Kyrie und Gloria gesungen), das den Gedanken des Introitus feierlich mit vielen Vokalisen ausführt, dem unmittelbar darauf folgenden Alleluia, das den Jubel über die Ankunft des Erlösers vorausnimmt, einem Offertorium (Opferung, nach dem Credo eingeschoben), das die Mächtigen der Erde in ernstem Ton auffordert, den Herrn würdig zu empfangen, und einer Communio (Kommuniongesang nach dem Agnus) mit würdiger, gemessener Melodieführung.

Proprium Primae Missae in Nativitate Domini – in nocte (Proprium zur ersten Weihnachtsmesse – nachts)

Altägyptische Musikantinnen mit Bogenharfe und Laute – Grabmalerei aus Theben

Oben: Musikantin mit Doppelaulos – »Symposion« mit Hetären, von einem altgriechischen Vasenbild

Links: Aulet und sein Lehrer – dargestellt auf der Verzierung eines Kelches

Rechts: Etruskischer Spieler des Doppelaulos

Kitharoede von Stabia – dargestellt auf einem Wandbild

Die Mitternachtsmesse ist der Betrachtung gewidmet. Das erwartete Ereignis ist eingetreten. Das geborene Kind wird als Gottes Sohn angesprochen. Das Schwanken der Melodie zwischen Grundton und kleiner Terz deutet das Schaukeln einer Wiege an. Das Graduale strahlt mit glänzenden Vokalisen einen verhaltenen Enthusiasmus aus, der im Alleluia durchbricht und sich mit feierlicher melismatischer Melodieführung entfaltet. Würde und Stolz sprechen aus den Kadenzen des Offertoriums, und in der Communio drückt sich die Erhabenheit des Ereignisses aus.

Proprium Tertiae Missae in Nativitate Domini – in die (Proprium zur dritten Weihnachtsmesse – am Tag)

Diese Messe ist von grenzenlosem Jubel gekennzeichnet. Die Verkündigung »Christus ist auf die Erde gekommen«, mit der der Introitus beginnt, zieht sich durch alle Teile des Propriums. Die Stimmen erheben sich bis zur Septime, um einzelnen Wörtern Gewicht zu verleihen. Das Graduale übernimmt die freudige Stimmung und verstärkt sie mit melodischen Vokalisen. Das Alleluia soll die Freude der gesamten Menschheit ausdrücken, und das Offertorium den Herrschaftsbereich des Geborenen umschreiben. Die Communio erhebt sich erneut zum jubilierenden Abschluß der feierlichen Messe.

Proprium Missae in Festo S. Stephani Protomartyris (Proprium zur Messe am Fest des heiligen Erzmärtyrers Stephanus)

Der Introitus zur Messe, die des ersten christlichen Märtyrers gedenkt, führt mit nahezu harter Melodik in den Ernst der Feier ein. Melismen fehlen. Der Text wird teilweise rezitiert wie auch im Graduale, das die Stimmung weiterträgt und zur würdigen Feier ausbaut. Das Alleluia, das vom himmlischen Lohn für das Martyrium spricht, spannt weite melodische Bogen. Das Offertorium schildert das Martyrium mit knappen Worten, die mit getragenen melodischen Wendungen gesungen werden. Die Communio faßt textlich und musikalisch den gesamten Stimmungsgehalt der Messe zusammen: Trauer über das Martyrium, Freude über dessen Belohnung und Verzeihen für die Täter, die nicht wußten, was sie taten.

Proprium Missae in Dominica Resurrectionis (Proprium zur Ostersonntagsmesse)

Der Introitus drückt die Freude über die Auferstehung des Gekreuzigten aus, das Graduale setzt die Stimmung fort und verstärkt sie. Im Alleluia wird mit knappen Melismen festgestellt, daß »Unser Osterlamm geschlachtet ist«. Ausgeführt wird dieser Bericht in der Ostersequenz (des Wipo von Burgund) »Victimae paschali laudes« (Dem geopferten Osterlamm). Im Offertorium »Terra tremuit« (Die Erde erbebte) wird auch musikalisch das Gericht Gottes angekündigt. Die Communio schließt mit dem Vorsatz, das Ostermahl mit den ungesäuerten Broten der Ernsthaftigkeit und Wahrheit zu halten.

Feria V in Cena Domini (Gründonnerstag)
1. De Missa solemni Vespertina (Feierliche Abendmesse)

Die Messe zur Abendmahlfeier am Gründonnerstag ist der Bedeutung des Tages angemessen und besonders feierlich. Schon der Text des ersten Propriumgesanges, die Antiphona ad Introitum (Wechselgesang zum Eintritt der Priester) »Nos autem gloriari oportet« (Wir dürfen uns aber freuen), weist auf die Erlösung hin. Das anschließende Graduale »Christus factus est pro nobis« (Christus ist für uns gehorsam geworden) verkündet, daß Christus durch seinen Gehor-

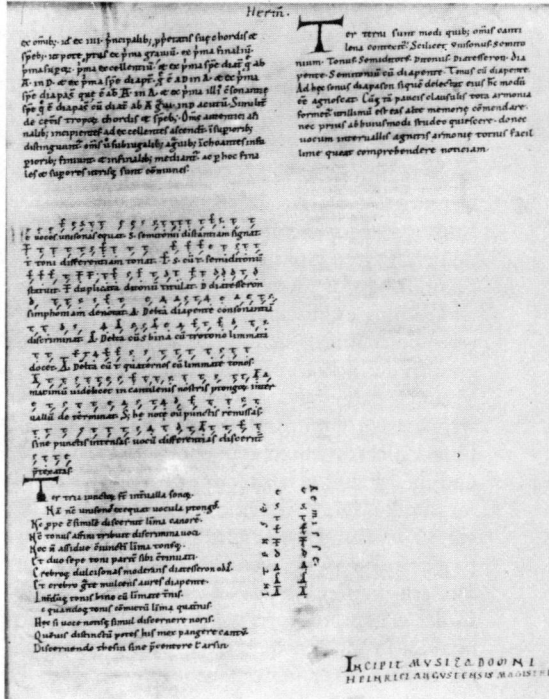

Neumennotierung aus: »De musica« von Hermannus Contractus

sam die Welt erlösen wird. Die Messe wird nach den Ordinariumteilen unterbrochen für die Fußwaschung, die von acht Antiphonen »De lotione pedum« (Zur Fußwaschung) begleitet ist. Alle sind auf das Motiv der Bruderliebe abgestimmt, was im vorletzten »Maneant in vobis fides, spes, caritas« (Glaube, Hoffnung und Liebe bleibe in euch) und im letzten »Ubi caritas et amor, Deus ibi est« (Wo Mitleiden und Liebe herrschen, ist auch Gott) besonders betont wird. Das Offertorium (Opferungslied) ist ein Loblied auf die Macht des Herrn und ein Anruf zum Vertrauen in ihn. Nach dem Sanctus erfolgt die Feier der Einsetzung der Eucharistie (Übertragung des Allerheiligsten) mit dem Hymnus »Pange lingua gloriosi corporis mysterium« (Besinge Zunge, das Geheimnis des glorreichen Körpers) und dem Reuepsalm »Parce, Domine, parce populo tuo« (Verschone dein Volk, o Herr). Zur Sequentia ad Missam (Ende der Messe) wird der Hymnus »Lauda Sion Salvatorem« (Lobe Sion den Erlöser) angestimmt.

2. *Responsoria ad Matutinum* (Mette)

In finsterer Kirche werden drei Nokturnen gesungen, die aus je drei Responsorien mit mehreren antiphonal vorgetragenen Psalmen und mehreren Lektionen und einem Responsorium bestehen. Das Responsorium lehnt sich thematisch eng an die Lesung an. Die neun »Responsorien der Finsternis« schildern die Vorgänge des Abends. Im ersten »In monte Oliveti« (Auf dem Ölberg) bittet Christus seinen Vater, »diesen Kelch vorübergehen zu lassen«. Das zweite »Tristis est anima mea« (Meine Seele ist betrübt) drückt die tiefe Traurigkeit Christi aus. Im »Ecce vidimus« (Hier sehen wir) werden die Demütigung am Kreuz und die Gewißheit der Erlösung gegenübergestellt. Die folgenden drei (in der zweiten Nokturn) »Amicus meus« (Mein Freund), »Judas mercator« (Der Händler Judas) und »Unus ex discipulis« (Einer von den Jüngern) beschäftigen sich mit dem Verrat des Jüngers. In der dritten Nokturn wird die Folge des Verrates dargestellt: »Eram quasi agnus« (Ich war wie ein Lamm), darauf die Klage, daß die Jünger nicht wachten »Una hora« (Eine Stunde) und die ganze Verschwörung gegen ihn »Seniores popili« (Die Ältesten des Volkes).

Feria VI in Passione et morte Domini (Karfreitag)

Es gibt keine Messe, weil Christus im Grab liegt, sondern die *Responsoria ad Matutinum* (Mette). In der ersten Nokturn werden die Lamentationen des Propheten Jeremias syllabisch rezitiert. Dann setzt das erste Responsorium ein, »Omnes amici mei« (Alle meine Freunde) haben ihn verlassen. Das zweite bringt die Zerreißung des Tempelvorhanges »Velum templi« (Der Vorhang des Tempels) und Klage darüber, wie Israel ihn behandelt hatte »Vinea mea« (Mein Weinberg). Die Klage richtet sich in der zweiten Nokturn an seine Feinde »Tamquam ad latronem« (Wie einen Räuber). Im »Tenebrae factae sunt« (Es wurde finster) wird eindrucksvoll die Kreuzigung geschildert und mit dem »Animam meam« (Meinen Geist) der Tod. In der dritten Nokturn beklagt Christus seine Schmach »Tradiderunt me« (Sie haben mich ausgeliefert) und »Jesum tradidit« (Er verriet Jesus). Im letzten Responsorium ruft Jesus aus: »Welcher Schmerz gleich dem meinen!«

LITERATUR

P. Wagner, Einführung in die gregorianischen Melodien, 3 Bände, Leipzig 1895 bis 1921.

Ambrosianik

Aurelius Augustinus (13. 11. 354, Tagaste, bis 28. 8. 430, Hippo), Autor der musiktheoretischen Untersuchung in sechs Bänden »De musica« (387–389), schrieb in seinem Hauptwerk »Confessiones« (Bekenntnisse, 387–400): »Es war gerade ein Jahr her, daß Justina, die Mutter des unmündigen Kaisers Valentinianus, Ambrosius verfolgte um ihrer Ketzerei willen, zu der sie von den Arianern verführt war. Wachend hielt die fromme Gemeinde in der Kirche aus, bereit, mit ihrem Bischof zu sterben. Damals wurde das Singen von Hymnen nach den Weisen der Psalmen morgenländischer Christen eingeführt, damit das Volk nicht durch andauernde Traurigkeit matt würde.«

Es handelte sich um die Basilica Porziana, die gegen eine Inbesitznahme seitens der Mailänder Arianer verteidigt werden mußte und nach diesem Bericht zur Geburtsstätte des mit Namen und Persönlichkeit des Mailänder Bischofs Aurelius Ambrosius (333, Trier, bis 4. 4. 397, Mailand, hoher Regierungsbeamter und Volksmann, der 374, acht Tage nach seiner Taufe, bereits zum Bischofsamt berufen wurde) eng verknüpften antiphonalen Hymnengesanges wurde.

Von den in jener Zeit neuen Hymnen wurden dem Bischof persönlich 14 zugeschrieben, 4 davon sind durch Augustinus verbürgt. Auf keinen Fall stammt jedoch das Te Deum, oft Ambrosianischer Lobgesang genannt, von ihm (sondern vermutlich von Niketas von Remesiana, gestorben 441). Aber es ist nicht ausschlaggebend, wie viele der Hymnen vom Dichter und Volksredner Ambrosius verfaßt und komponiert wurden. Das Neue und von ihm Eingeführte war der Wechselgesang des Volkes, der einen Großteil der Liturgie ausfüllte.

Ambrosius und seine Männer scheinen wie Martin Luther den »Leuten auf das Maul geschaut« und ihnen das Christentum nähergebracht zu haben als der kühle, formvollendete Gesang der Priester und beauftragten ausgebildeten Sänger Roms. Frauen und Kinder durften sich beteiligen und nach ihrem Können mitsingen, so daß es zu einem wahren Volksgottesdienst kam im Gegensatz zu Rom, wo der Katakombengeist bereits überwunden und nach dem Muster der abgelösten Staatsreligion eine Priesterhierarchie neu entstanden war.

Es waren keine ästhetischen Gründe, die Karl den Großen (742–814), den Organisator des abendländischen Christentumes, bewogen, alle vom römischen Kirchengesang abweichenden nationalen Musiksysteme zu verbieten und zu verfolgen. Ihm ging es um die Gleichförmigkeit des Ritus als Voraussetzung für die Einheitlichkeit der Religion und seines Reiches. Er hatte beim mozarabischen und gallikanischen Gesang Erfolg. Den Mailänder Gesang, der sich über ganz Oberitalien und später weiter nach Norden (Salzburg, Augsburg, Prag) ausgebreitet hatte und auch in Beneventum begeistert aufgenommen wurde, konnte er wohl territorial stark beschränken, aber nicht zum Verstummen bringen. Autoritäten wie Ambrosius selbst, Augustinus und der Schriftsteller und Dichter Meropius Fontius Amiscius Paulinus von Nola (353, Nola, bis 22. 6. 431, Mailand), Sekretär und Biograph des Mailänder Bischofs, konnten nicht unbeachtet gelassen werden, so daß in Mailand selbst und in einigen Orten des Engadins der ambrosianische Gesang erklingt wie vordem, wenngleich er im Ablauf der Geschichte mehrmals ernsten Angriffen ausgesetzt war.

Es ist nicht alles in Mailand entstanden, was in die ambrosianische Liturgie Aufnahme gefunden hat. Aus Rom wurden eine Anzahl von Introitusgesängen übernommen, die in Mailand Ingressae (Eintrittslieder) hießen, und Gradualien, die man Psalmelli (Kleine Psalmen) nannte; etliche Texte waren aus Byzanz gekommen; auch Gallien lieferte Melodien, so daß der farbenfrohe Eindruck und die Formenvielfalt der sogenannten Ambrosianik und ihr starker Gegensatz zur Einfärbigkeit und Formenstrenge des römischen Gesanges entstehen konnte.

Aber alles, was aus allen Himmelsrichtungen an Musik in Mailand zusammenströmte, erfuhr dort eine Umbildung und Einordnung in den »Ambrosianischen« Stil, dessen Hauptmerkmal die Weiterbewegung in kleinen Tonschritten und die kleinen melodischen Einheiten bildeten, die ständig irgendwie variiert wiederholt wurden, dadurch ein vielgestaltiges musikalisches Bild erzeugten und gerade deswegen ansprechender, einprägsamer und verständlicher wirkten als die melodischen Intervalle der Römer, die ohne Zweifel formgerechter und kunstvoller, aber weniger volkstümlich waren.

Das zweite ebenso wichtige Unterscheidungsmerkmal zum römischen Gesang lag in den Texten. Die gregorianischen Gesänge wurden nahezu ausschließlich den Evangelien und dem Alten Testament entnommen. Was gesungen wurde, war sozusagen Gottes Wort. Hymnen, die zum Beispiel in der sakralen Musik der Syrer und Byzantiner eine große Rolle spielten, waren Worte von Menschen, gegen die alle strengen Hüter der echten Lehre ein gewisses Mißtrauen hegten. Lieder, also vertonte Gedichte, gemahnten an heidnische Gebräuche, gegen die peinlich genaue und eng gezogene Grenzen ein notwendiger Schutz waren. Der Vers entstammte der antiken, also der heidnischen Literatur. Obgleich sich mehrere Dichter um eine christliche lateinische Dichtung bemühten, wie zum Beispiel bereits im 2. und 3. Jahrhundert Quintus Septimius Florus Tertullianus (um 155, Karthago, bis nach 220, Karthago), im 4. Jahrhundert Damasus (um 305, Rom, bis 11. 12. 384, Rom), Hilarius von Poitiers (um 315, Poitiers, bis 367, Poitiers), Aurelius Clemens Prudentius (348, Calahorra, bis nach 405, Rom), dessen Lyrik beispielgebend war, und Marius Victorinus Afer (gestorben 379), im 5. Jahrhundert Sedulius (um 400 bis um 450), der als erster den Hexameter für seine christliche Dichtung heranzog, und im 6. Jahrhundert Flavius Magnus Aurelius Cassiodorus (um 486, Sqillace, bis um 580, Stalleti), scheint von ihren Versen nichts in der römischen Liturgie auf. Roms Sprache beschränkte sich auf die Prosa der Heiligen Schrift, denn auch die Übersetzungen der ursprünglich metrischen Psalmen waren rhythmuslos.

Auch Ambrosius nahm auf den Vorwurf, daß die Hymnendichtung heidnischen Elementen Tür und Tor öffnete, Bedacht; er wählte ein in der antiken Dichtung sehr wenig verwendetes Versmaß; seine Strophenlieder wurden in zweifüßigen Jamben abgefaßt und hatten wenig Ähnlichkeit mit der verpönten heidnischen Dichtkunst. Ebenso geschickt wurde das Problem der Betonung gelöst. Der antike Brauch, nur Länge und Kürze der Silben zu beachten und metrisch einzuordnen, ohne den Wortton zu berücksichtigen, war durch die Umgangssprache schon längst überholt, die deutlich akzentuierte. Wir sehen an der lateinischen Dichtung, daß der Wortakzent nicht immer mit den Längen zusammenfällt, was jedoch den gebildeten Leser nicht störte, weil er nicht skandierte. Da nun der Mailänder Kirchengesang ein Volksgesang war, mußte mit allen Bildungsschichten gerechnet werden. Um auch allen gerecht zu werden, wurden Wortfolgen gewählt, bei denen Akzent und Länge ident waren, so daß der Gebildete den antiken Rezitationsregeln folgen konnte und das Volk seine Akzentuierung im Gesang wiederfand.

Der ambrosianische Gesang, Lesung und Rezitation, Psalmodie und Hymnen, gewann in einer Entwicklung bis zum 8. Jahrhundert seinen endgültigen Stil, der trotz fallweiser Adoption und Assimilierung fremder Elemente bis heute beibehalten wurde. Seine charakteristischen Merkmale, noch einmal aufgezeigt, sind folgende: Die auffällige Bevorzugung kleiner Intervalle, so daß sich die melodische Linie häufig in Sekundschritten bewegt. Die völlige Freiheit der Tonarten und das Fehlen jeder Bindung an byzantinische Skalen. Die beliebte Verwendung von Dominanten, die der Gregorianik fremd sind. Der strenge Verzicht auf Effekte, so daß es völlig falsch wäre, in der Ambrosianik irgendwelche Romantik zu suchen. Die Vorliebe für lange Melismen mit engen Intervallen. Die Freiheit im Aufbau mit überraschend in einfache syllabische Melodien eingeschobenen Melismen. Die ständige Wiederholung gleichartiger Kadenzen auf verschiedenen Tönen der Skala.

Die gleichen Stilmerkmale sind auch bei den Melodien vorherrschend, die um das 8. Jahrhundert aus der Gregorianik übernommen wurden. Die Komponisten der Ambrosianik haben ein bemerkenswertes Geschick entwickelt, fremde Elemente in ihren Stil einzuordnen, der zu einem der wichtigsten Faktoren der europäischen Musikentwicklung wurde wie der lombardische Baustil zum typischsten Vertreter der Romanik.

Cantus Missae (Meßgesang, Proprium zur Messe)
Wie die gregorianische Messe stellt die ambrosianische Liturgik der Messe einen Introitus voran, der die gleichbedeutende Bezeichnung Ingressa (Eingang) trägt. Auch der Text des Graduale nach Kyrie und Gloria, in der Ambrosianik Psalmellus genannt, stammte aus Rom. Ein langes Alleluia schließt sich an. Den Beginn singen Männerstimmen, dann fallen die Knaben ein und wiederholen immer wieder die Melismen der Freude. Im Gegensatz zur Gregorianik kennt die ambrosianische Messe Gesänge vor und nach dem Evangelium, wofür auch byzantinische Texte verwendet werden. Die Melodik folgt jedoch den ambrosianischen Regeln. Das Offertorium (nach dem Credo) wird wiederum mit langen Melodiebogen, gesungen von Männern und gemischtem Chor, vorgetragen. Nach dem Oratorium kennt die ambrosianische Messe ein Confractorium (Gesang zum Brechen des Brotes), das mit langen Tonketten geschmückt ist. An die Stelle der Communio stellt

diese Messe ein Transitorium, das die Messe abschließt.

LITERATUR
A. M. Ceriani, Notitia liturgiae ambrosianae, Mailand 1895. Th. Gérold, Les pères d'église et la musique, Paris 1931. Br. Stäblein, Ambrosianisch-Gregorianisch, Kongreß-Bericht, Basel 1949.

Islamische Musik

Andalusien, durch Jahrhunderte Außenposten des Orients in Europa, bildete unter den kulturell hochstehenden Kalifen von Cordoba eine Insel des Geistes, wo moslemische, jüdische und christliche Gelehrte und Künstler im vorurteilslosen Gedankenaustausch die Literatur der Antike übersetzten, studierten und bearbeiteten und deren Erkenntnisse zu neuen Höhepunkten in eigenen Schriften weiterentwickelten. Dort wurde das musikalische Erbe der Antike neu gefaßt und dem dafür äußerst ungefügigen orientalischen Melos mit bewundernswertem Geschick angepaßt.
Die Auswirkung auf die Musik des christlichen Abendlandes war epochemachend, weil diese damit aus der liturgischen Gebundenheit gelöst und zur freien Kunst wurde, die sich ungehindert entfalten konnte. Zugleich beeinflußten die im Kalifat gepflegten Musikformen weit über seine Grenzen hinaus Lied und Spiel der nordspanischen und südfranzösischen Troubadours, deren Melodien wiederum in der Kunstmusik ihrer Länder ihren Niederschlag fanden.
Die Musik der Islamen hatte viel Ähnlichkeit mit der orientalisch-christlichen (syrischen, byzantinischen usw.) und der jüdischen. Ihre sakrale Musik fußte auf dem von Juden und Christen vor dem Auftreten des Propheten ausgebildeten Psalmen- und Hymnengesang. Instrumentalmusik hatte dabei keinen Raum. Es handelte sich vorwiegend um Sologesang mit fallweisen Responsorien. Eine spezielle Art waren die mystisch-religiöse Liebeslyrik und der ekstatische Tanz der heulenden Derwische der Türken.

Der Koran wurde und wird heute noch mit gehobener Rezitation vorgetragen oder gesungen. Diese Rezitation finden wir in der Gregorianik zuweilen wieder. Der Gesang näherte sich dem zeitgenössischen Kunstlied, das ab dem 9. Jahrhundert immer stärker in die Moscheen und auch Synagogen eindrang.
Mekka und Medina, dann Damaskus und später Bagdad zogen viele Musiker und Sänger an, die die Musik der Länder des Islams zum politischen und kulturellen Mittelpunkt brachten und diese wieder bis zu den äußersten Grenzen des Reiches Mohammeds trugen. Daher sind Spuren islamischer Musik in allen Musiksystemen West- und Südasiens, Nordafrikas und Europas zu finden. Besonders nachhaltig war der Einfluß des islamischen Teiles Spaniens auf die Christen des Landes, in deren Kirchen ihre Formen Eingang fanden, zur Bildung des mozarabischen liturgischen Gesanges beitrugen und erst im Zuge der Vereinheitlichung des christlichen Gesanges in Westeuropa ihre Geltung verloren, aber nie völlig verschwanden.
Die islamische Musik war vorwiegend einstimmig. Mehrstimmigkeit kam in der Regel nur als Bordunbegleitung oder als Basso ostinato vor. Gelegentliche Konsonanzen hatten nur ornamentalen Charakter und wurden als simultane Arpeggien aufgefaßt.
Von den zahlreichen Instrumenten der Vokalmusik im weiten islamischen Reich erbte das Abendland die Kurzhalslaute (arabisch al'ud = Schildkröte) und die Pandura, eine Langhalslaute mit vielen Bünden.

LITERATUR
H. Husmann, Grundlagen der antiken und orientalischen Musikkultur, Berlin 1961. H. G. Farmer, The Music of Islam, London 1957. A. R. Nykl, L'influence arabe-andalouse sur les Troubadours, Bordeaux 1939.

Mozarabischer Kirchengesang

Der Kirchengesang der spanischen Christen unter maurischer Herrschaft ist in der westgotischen Epoche entstanden. Er folgte zum Teil der gallikanischen, zum Teil der römischen Liturgie und pflegte außerhalb der Messe Hymnen und Sequenzen. Die Melodien waren sehr reich an Melismen.

Inwieweit dieser altspanische Gesang von islamischer und synagogaler Musik beeinflußt wurde, kann heute bei den spärlichen Informationen über den Charakter jenes Kirchengesanges nicht ausgemessen werden. Bei dem vorurteilslosen Kontakt aller Religionen im Kalifat von Cordoba darf man annehmen, daß die gegenseitige Überwucherung der einzelnen Musiksysteme nicht gering war. Man kann das vielleicht auch aus dem Umstand schließen, daß manche mozarabischen Kompositionstechniken stark an den ambrosianischen Gesang erinnern, dessen Beziehung zum syrischen und jüdischen Gesang des östlichen Mittelmeeres nicht bezweifelt wird.

Im 11. Jahrhundert wurde der mozarabische Kirchengesang von der Gregorianik zugunsten der Einheitlichkeit der abendländischen Liturgie gemäß den von Karl dem Großen eingeleiteten Bestrebungen verdrängt. Sein Wirken und sein Beitrag zur Entwicklung der europäischen Musik konnten dadurch nicht mehr ausgelöscht werden.

Es sind zahlreiche Dokumente der altspanischen liturgischen Musik überliefert. Da aber die Notenschrift keine Auskunft über die Tonhöhen gibt, können die Melodien nicht reproduziert werden. Man kann daraus nur ersehen, daß darin riesige melismatische Ketten (bis zu 175 Tönen) vorkommen. Der Kardinal und Großinquisitor Ximénez de Cisneros (1436–1507) versuchte, aus der

Die Escolania de Montserrat gehört zu den bedeutendsten Interpreten mittelalterlicher Sakralwerke

angeblich noch lebendigen Tradition zu retten, was zu retten war. Wieviel von den damals notierten Melodien mit dem echten mozarabischen Gesang übereinstimmt, läßt sich nicht entscheiden. Der Geist des spanischen Partikularismus wurde jedenfalls erhalten und seitdem in einzelnen Klöstern des Landes weitergepflegt.

Die Benediktiner der Abtei Santo Domingo de Silos nahmen sich der in drei großen Chorbüchern (Cantorales) zusammengeschriebenen Melodien an, so daß es in der Liturgie zu einer Art neo-mozarabischen Gesanges kam.

Die altspanische Messe
> Sie wird vom Prolegendum eingeleitet, dessen Psalmodie vom Solisten vorgetragen und vom Chor eingeleitet und abgeschlossen wird. Chor und Solist verwenden die gleiche Melodie, was in der Gregorianik unmöglich wäre. Der anschließende Tractus (Überleitung zur Evangeliumlesung) ist völlig frei strukturiert. Nach dem Evangelium (und selbstverständlich nach dem Kyrie und Gloria) kommen die Laudes (Lobpreisungen), die eine lange Zeitspanne in Anspruch nehmen. Noch vor dem Sanctus werden die Preces (Gebete) gesungen, darauf die Nomina offerentium (Aufzählung und Anrufung der Heiligen, die das Meßopfer mitfeiern). An das Ordinarium schließt sich das Sacrificium (Opfergebet) an, darauf die Antiphone Pacem meam (Friedensverheißung) und die archaisch-formelhafte Illatio (Präfation des römischen Ritus), eine lange Anrufung und Ehrung des Heiligen, dem die Messe gewidmet ist, die in das Sanctus mündet. Dann schweigt der Gesang nicht wie in Rom, sondern begleitet die Wandlung singend, worauf alle in der Kirche Anwesenden das Credo vortragen. Vor dem Sacrificium (Offertorium) singt der Priester alle Bitten des Paternoster, von denen jede von den Gläubigen mit einem Amen abgeschlossen wird. Es kommt zur Confractio (Kommunion), deren Melodik besonders reich und färbig ist. Das Agnus Dei und eine Antiphone schließen die Feier ab.

LITERATUR
C. Rojo und G. Prado, El canto mozárabe, Barcelona 1929. J. Brou, L'Alléluia dans la liturgie mozarabe, Annuario Musical VI, 1951.

Altkeltische Musik

Von der Musik der Kelten auf dem europäischen Festland, wo sie bereits um den Beginn des 1. Jahrtausends germanisiert, romanisiert oder ausgerottet waren, haben wir keinerlei Kenntnis. Die Annahme, daß sie kein entwickeltes Musikleben gekannt hätten, scheint unmöglich zu sein, weil es sich offenbar um ein musisch stark begabtes Volk handelte. Das geht schon daraus hervor, daß in allen Gebieten, in denen dieses Volk einstmals durch längere Zeit siedelte, durch alle Jahrhunderte der Folgezeit ein erhöhtes musisches und vor allem musikalisches Interesse vorherrschte und dadurch Höchstleistungen auf diesem Kultursektor ermöglicht wurden.

Von den Inselkelten in Britannien, die bis in unsere Zeit weiterleben, wissen wir zumindest, daß sie schon in vorrömischer und vorchristlicher Zeit Dichtern und Sängern eine gehobene gesellschaftliche Stellung zubilligten. Gleich den griechischen Rhapsoden, den germanischen Harfnern und nordischen Skalden trugen sie Götter- und Heldenlieder singend vor und begleiteten sich mit der Crwth – einer ursprünglich gezupften, später gestrichenen Leier – oder mit einer Rahmenharfe.

Das Christentum zwang diese Barden, ihre Themenstellung anzupassen, was oft sehr oberflächlich durchgeführt wurde. Ihre kulturelle Funktion und gesellschaftliche Bedeutung behielten sie bei; in Irland, Schottland, Wales und in der Bretagne hielten sie sich bis in das 18. Jahrhundert.

Ihr Einfluß auf Dichtkunst und Musik des Mittelalters war schwerwiegend. Keltisches Liedgut breitete sich über ganz Europa aus. Ihre Musik fußte auf einer fünfstufigen Tonleiter und kam den griechischen Tongeschlechtern nahe.

Die Behauptung, daß die keltischen Barden die Erfinder der abendländischen Mehrstimmigkeit gewesen seien, geht weit über die historisch belegbaren Tatsachen hinaus. Vielleicht ist sie darauf zurückzuführen, daß der irische Mönch und Gelehrte Joannes Scotus Erigena (um 815, Irland, bis um 886,

Oxford) in seinem Schrifttum die älteste Erwähnung der Mehrstimmigkeit machte. Ob die Terzen- und Sextenharmonik keltischem Einfluß zuzurechnen ist, kann, obwohl mehrfach behauptet, nicht entschieden werden. Jedenfalls muß auffallen, daß die englische Musik diese Harmonik um einiges früher einführte als die des Kontinents.

Die frühe und rasche Christianisierung brachte antike und christliche Gelehrsamkeit und Lebensform auf die britischen Inseln, wo bald bedeutende religiöse und kulturelle Zentren begründet wurden und hervorragende Persönlichkeiten an der Verbreitung und Festigung der christlichen Ideen auf dem Festland teilnehmen konnten. Das bewirkte eine frühe Aufnahme des römischen Kultgesanges, der allerdings eine großzügige Umgestaltung erfuhr und dem Geschmack der Inselkelten angepaßt wurde.

LITERATUR
W. Evans, The Bards of the Isle of Britain, London 1930.

Keltischer Kirchengesang

Der walisische Geistliche Giraldus Cambrensis des späten 12. Jahrhunderts erwähnte mehrstimmigen Gesang und Instrumentalmusik in Wales, Northumberland und Irland. Der römische Choral wurde zwar bald nach der Christianisierung der britischen Inseln (5. bis 7. Jahrhundert) eingeführt, geriet aber sofort unter den Einfluß der keltischen und später angelsächsischen Volksmusik und bildete sich zum keltischen Kirchengesang um.

Wir haben keine Dokumente des keltischen Kirchengesanges, der bald von den Bemühungen, den römischen für sämtliche Kirchen verbindlich zu machen, stark zurückgedrängt wurde. Trotzdem setzte der Gebrauch von Hymnen viel früher ein als auf dem Kontinent, trotzdem kehrte die Mehrstimmigkeit sehr bald in die Kirchen ein. Das Zentrum britischer Kirchenmusik, Winchester, hat eine Orgel aus dem 10. Jahrhundert. Eines seiner Tropare aus dem 11. Jahrhundert weist neumierte zweistimmige Organa auf. Und im 13. Jahrhundert entwickelte sich in Salisbury der sogenannte Sarum use, eine speziell gestaltete Liturgie, die im normannischen Bayeux ihren Ursprung hatte und sich über ganz England verbreitete. Prozessionslieder, komplizierte Tropen, Marianische Antiphone und Sequenzen waren dafür charakteristisch. Seine Hymnen mündeten in die englische Mehrstimmigkeit und wurden teilweise zum Ausgangspunkt des englischen Anthems.

Die reine einstimmige Gregorianik (Plain song) wurde mit kleinen Abweichungen eifrig gepflegt, die alten keltischen Melodien des Proprium und Officium verschwanden. Aber dafür nahmen die Tropen und Sequenzen, die Hymnen und Lieder die Entwicklung auf, übernahmen alles, was inzwischen in Frankreich entstanden war, wie das Organum, den Conductus und große Teile des Repertoires der Notre-Dame-Schule.

Die Tropen, die wie auf dem Festland später in das Ordinarium eingefügt wurden, stammten zu einem Teil aus Frankreich, aber es waren auch bodenständige darunter. Erhaltene Stücke der Kirchenmusik von Worcester weisen einen englischen Descant auf.

Dies alles beweist, daß die keltische Musik zwar aus den Kirchen entfernt werden konnte, aber bei jeder Gelegenheit wiederum zurückgekehrt und irgendwie in neuen Formen eingeflossen ist.

LITERATUR
Fr. Ll. Harrison, Music in Medieval Britain, London 1958.

Altgermanische Musik

Es gibt keine Überlieferung altgermanischer Musik, die jedoch, wie aus steinzeitlichen Instrumentenfunden (Rasseln, Klappern, Tontrommeln, Knochenpfeifen) hervorgeht, auf ein hohes Alter zurückblickt. Für die Bronzezeit sind weitere Idiophone und Blasinstrumente aus Tierhörnern und die eigentümlichen Luren typisch, diese aus Bronze in mehreren Stücken gegossenen, s-förmig gewundenen, über zwei Meter langen Blasinstrumente mit einem mächtigen, dem Posaunenton ähnlichen Klang; sie konnten bis zu 12 Töne hergeben und wurden vermutlich stets paarweise bei Kulthandlungen geblasen. Man nimmt aufgrund von Ergebnissen der vergleichenden Musikwissenschaft an, daß mit diesen Luren keine Melodien erzeugt worden sind, sondern akkordische Klangfolgen, ähnlich dem Geläute von Kirchenglocken. Trotz ihrer Länge wurden sie immer aufrecht gehalten, wie schwedische Felsenzeichnungen zeigen, und sollen wohl dadurch gigantische Auerochsenhörner darstellen. Die Annahme jedoch, daß die europäische Mehrstimmigkeit in diesen primitiven Klangformen bereits vorgebildet gewesen sei, ist nicht belegt.

Die Berichte römischer Autoren über die altgermanische Musik sind karg und wenig exakt. Der gewaltige, in die Schilde gebrüllte furchterregende Schlachtgesang der germanischen Krieger wird mehrfach vermerkt, doch lautes Kampfgeschrei erscholl überall, wo Waffen gebraucht wurden. Der römische Historiker Publius Cornelius Tacitus (um 55 bis um 112 n. Chr.) berichtete in seiner Monographie »Über den Ursprung und das Siedlungsgebiet der Germanen« über alte Gesänge mythologischen Inhaltes, über Kampflieder und fröhliches Singen bei Gelagen. Andere Quellen belehren uns, daß die Harfe das beliebteste Instrument der Germanen gewesen sei und die von Gehöft zu Gehöft wandernden Harfner Volksmythen, aber auch das Gedenken an Heldentaten bei Jagd und Krieg vorgetragen hätten.

Der römische Geschichtsschreiber Ammianus Marcellinus (um 330 bis 391 n. Chr.) berichtete, daß die Römer germanische Gefangene als Blechbläser eingesetzt hatten. Das beweist, daß jenes Volk sich nicht mit dem Saitenklang der Harfen begnügte. Über die Art der germanischen Musik können nur Rückschlüsse aus weit späteren Zeiten angestellt werden. Die Melodie des Epos Völuspá in der älteren Edda gilt als ältestes erhaltenes Musikgut der Germanen. Wieviel daran durch die mündliche Überlieferung

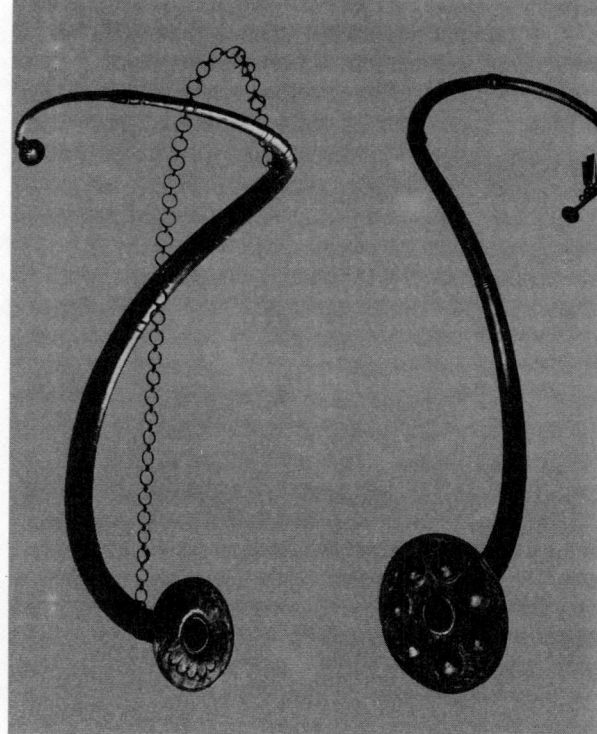

Luren – germanische Musikinstrumente aus der Bronzezeit

über Jahrhunderte hinweg verändert und verdorben wurde, ist nicht meßbar. Sicher scheint zu sein, daß es sich um eine Pentatonik mit Ganztonschritten handelte.

Über die germanischen Kultgesänge und zauberkräftigen melodischen Formeln für Tages- und Jahreszeiten, Hochzeiten, Geburten, Krankheiten und Todesfälle wissen wir nichts. Vermutlich wurden auch sie deklamatorisch mit melodramatischer Instrumentenbegleitung vorgetragen wie die Epik. Es ist daher unmöglich abzugrenzen, wie weit der germanische Einfluß auf die Entwicklung der abendländischen Musik reichte. Er war sicherlich nicht gering, denn das altgermanische Liedgut blieb beim Volk lange lebendig, während in den Kirchen die aus dem Süden eingeströmte Musik gepflegt wurde. Es floß zwangsläufig in die Kunstmusik ein und ging darin als eines der entwicklungsfördernden Elemente auf.

Der christliche Gesang stieß gerade im Land

der Franken auf Schwierigkeiten, weil die an Ganztonschritte gewöhnten Germanen kleine Sekunden schwer singen konnten und auch anstelle der großen lieber eine Terz setzten, die sie aus den Volksliedern gewohnt waren. Der Unterschied der gallikanischen (fränkischen) Kirchenmusik von der römischen war ohne Zweifel dem mozarabischen Einfluß zuzuschreiben, aber ein Gutteil davon war darauf zurückzuführen, daß das Frankenland von einem germanischen Stamm besiedelt war.

Die Christianisierung setzte dem Wirken der Harfner und ihren Liedern ein Ende. Ihr unmittelbares Erbe traten die Skalden des Nordens an, die als Dichter, Komponisten und Interpreten an den norwegischen und isländischen Fürstenhöfen lebten und wirkten. Ihrer abhängigen Stellung entsprechend entwickelten sie vor allem das Preislied (für ihre Brotgeber), das aus einer dreiteiligen Folge von vier zwölfzeiligen Langzeilenversen mit Wechsel von Binnenreim und Assonanz, mit Stabreim und klingender Kadenz bestand und zumeist einen Refrain hatte. Einige Melodien zu solchen kunstvollen Gedichten sind durch mündliche Überlieferung erhalten. Auch sie weisen fünftönige Melodieformeln auf.

Solche Melodien sind vom finnisch-estnischen Kulturkreis für seine Volksepik übernommen worden und haben dort, auf der fünfsaitigen Kantele gezupft, die Kunstmusik ebenso befruchtet wie der Skaldengesang die Kompositionen des Nordens.

Einfluß und Anteilnahme an der Entwicklung der abendländischen Musik wird den Kelten in höherem Maß zugeschrieben als den Germanen. Das entspricht jedenfalls dem Augenschein. Aber die Germanen (Franken, Langobarden, Alemannen, Bajuwaren) trugen nicht weniger dazu bei. Musiker- und Dichterpersönlichkeiten wie Tuotilo, Notker, Hermannus und Wipo schrieben und sangen zwar lateinisch und waren ausschließlich der römischen Musik ergeben, doch unterschwellig der Musik des eigenen Volkes ebenso unterworfen und davon zu den von ihnen geschaffenen Neuerungen getrieben.

LITERATUR
Fr. Behn, Musikleben im Altertum und frühen Mittelalter, Stuttgart 1954. Jón Leifs, Isländische Volkslieder, Wolfenbüttel 1929.

Gallikanischer Gesang

Der Gesang der altgallischen Liturgie wurde von den Karolingern zugunsten der römischen verboten, um auch auf dem Gebiet der Kirchenmusik eine straffe Organisation zu erreichen. Aus einer südfranzösischen Choralhandschrift konnte das Bild dieses Gesanges in groben Umrissen gewonnen werden. Sie war mit einem färbigeren Melos ausgestattet als der römische Gesang und ohne Zweifel volksbezogener und weniger unpersönlich.

Der Aufstieg in Terzenketten war eine bevorzugte Melodieführung; Quintensprünge kamen in beiden Richtungen häufig vor. Nach einer ernstzunehmenden Theorie (Curt Sachs) sind diese Terzenketten als Vorstufe akkordischer Klänge und im weiteren der europäischen Mehrstimmigkeit zu betrachten.

Der Gesang war vermutlich instrumental begleitet. Der Rhythmus dürfte größtenteils syllabisch gewesen sein. Die häufige Verwendung des Gesanges als Prozessionsmusik legt jedoch den Gedanken an eine vom Text unabhängige Rhythmisierung nahe, die vor allem das Schreiten der Singenden markierte.

Wenn auch diese Musik schon unter Karl dem Großen aus den Kirchen verbannt wurde, so konnte sie dennoch nie aus dem Bewußtsein des Volkes getilgt werden. Die Verwendung von Instrumenten der weltlichen Musik, der Reichtum an Melismen, der Anklang an das uralte Erbe der gallischen und fränkischen Vorfahren, die Vorliebe für den Terzenklang und die Entfernung von dem sklavischen Kleben an jeder Wortsilbe fanden ihre Fortsetzung im mächtigen Aufschwung der Musik des Landes, die Jahrhunderte später in ihrer vollen Pracht wieder in die Kathedralen Einzug hielt.

Die gallikanische Messe

Dem römischen Introitus entsprechend wird beim Eintreten der Priester die Antiphona ad praelegendum (Einleitungsantiphon) gesungen. Anschließend erklingt das Trishagion (Dreimal Heilig) in griechischer Sprache und das Kyrie, das sich vom römischen nicht unterscheidet wie überhaupt das gesamte Ordinarium, von eingeschobenen verbalen und musikalischen Tropen abgesehen, aus Rom übernommen wurde, mit Ausnahme des Benedictus, das im Wechselgesang gebracht wird. Nach dem Gloria, den Lektionen aus dem Alten Testament und den Apostelbriefen wird die Benedicite (Segnung) der drei Jünglinge im Feuerofen oder das Sanctus Deus angelorum (Heiliger Gott der Engel) und ein Responsorium anstelle des Graduale gesungen. Vor dem Evangelium kommt es zu einem zweiten Trishagion oder einer Antiphona ante Evangelium (Antiphon vor dem Evangelium), an deren Stelle später der Conductus gesetzt wurde. Nach dem Evangelium wiederholt sich das Trishagion erneut, das durch die Laudes (Lobgesang) oder das Alleluia (anstelle des Offertorium) ersetzt werden kann. Nach der anschließenden Predigt wird eine groß aufgebaute Litanei angestimmt. Praefatio und Sanctus entsprechen dem römischen Ritus. Ursprünglich wurde anstelle des Agnus eine Antiphona ad confractionem (Antiphon des Brotbrechens) gesungen. Eine gesungene Benedictio (Segnung) und das Trecanum (der römischen Communio entsprechende dreimalige Anrufung) beenden die Feier.

LITERATUR
H. Netzer, L'introduction de la messe romaine en France, Paris 1910. J.-B. Thibaut, L'ancienne liturgie gallicane, Paris 1929.

Syrische Kirchenmusik

Der christliche syrische Kirchengesang nahm seinen Ursprung vor allem in der altjüdischen Tempelmusik, dann aber auch in der syrischen Volksmusik, die durch Jahrhunderte dem Einfluß der benachbarten Kulturreiche der Ägypter, Hethiter, Assyrer, Babylonier, Perser und Griechen ausgesetzt war.

Über die vorchristliche sakrale Musik der Syrer wissen wir nichts. Daß sie sich »niemals über das Niveau bloßen sinnlichen Reizmittels erhoben hat und auf jeden Fall wollüstig, lärmend und weit entfernt von einfacher Schönheit und edler Form gewesen«, dürfte ein einseitiges Urteil eines Christen sein, der im Sinn der neuen Lehre von der Musik andere Funktionen forderte, die die jüdische Musik in erster Linie erfüllte.

Die bis zum 3. und 4. Jahrhundert im Rahmen der ideologischen Umwälzung ausgebildeten Gesangsformen zeigen entweder rezitativischen Charakter oder strophischen Gesang eines Solisten mit kurzem Chorrefrain, dialogische Hymnen, die von Solisten und Chören im Wechselgesang gebracht werden, oder Hymnen ohne Refrain und Lieder. Die Melodien waren schlicht, mit keinen großen Tonschritten, auf Instrumente wurde in der Regel verzichtet. Die Texte waren entweder Worte der Evangelien oder des Alten Testamentes (Psalmen) oder gedichtete Hymnen.

Die Musik ist uns nur durch moderne Aufzeichnungen bekannt. Man darf jedoch annehmen, daß die liturgischen Melodien trotz der langen Tradition der mündlichen Weitergabe wenig Veränderungen erfahren haben, weil erfahrungsgemäß Riten isolierter, von anderen Bekenntnissen eingekreister Kultgemeinschaften durch lange Zeit als Garant der Existenz unwandelbar blieben. Als Notenschrift haben die Syrer nur Zeichen für rezitative Lesungen entwickelt.

Die syrische Kirchenmusik kennt die Zweistimmigkeit der Quartenparallelen. Die mehrfach geäußerte Meinung, daß hier eine der Wurzeln der europäischen Zweistimmigkeit zu finden sei, kann nicht von der Hand gewiesen werden. Es ist unbekannt, ob die syrische Zweistimmigkeit bodenständig war oder übernommen wurde, wofür in erster Linie Ägypten in Frage käme. Vielleicht ist sie aus der im gesamten östlichen Mittelmeerraum häufigen Bordunbegleitung entstanden, indem man den Begleitton, sobald von der Melodie die Quart erreicht war, in diesem Abstand mitlaufen ließ. Die Ähnlichkeit mit dem westeuropäischen Organum ist dabei augenscheinlich. Es liegt übrigens kein

Grund zur Annahme vor, daß die Zwei- und Mehrstimmigkeit nicht in verschiedenen Musiksystemen ohne gegenseitige Beeinflussung entstanden sein könnte. Sie wurde auch in der Musik von Indianern und einzelnen finnisch-ugrischen Völkern angetroffen. Eine Weiterbildung zur Harmonik fand allerdings nur auf europäischem Boden statt und eigentümlicherweise zur gleichen Zeit, in der die Maler mittels der Perspektive zur räumlichen Darstellung übergingen, was sich damals auch nur im abendländischen Raum vollzog. Da die Harmonik neben Melodik und Rhythmus eine Art dritte Dimension der Musik darstellt, dürften dieser Gleichzeitigkeit der Entwicklung Ursachen zugrunde gelegen sein, die sich vorläufig noch unseren Blicken entziehen.

Die Kirchenmusik Syriens hat stärksten Einfluß auf die byzantinische und, entweder unmittelbar oder über Byzanz, vorwiegend auf die armenische und lateinische ausgeübt. Sie hat aber gleichzeitig nicht wenig von der byzantinischen übernommen, so daß man geradezu von einer Parallelentwicklung sprechen darf. Da dem Hymnengesang im Gegensatz zu Rom keine Hindernisse in den Weg gelegt wurden, konnte sich eine Reihe von Hymnoden entwickeln, deren Werke auch in die Liturgie der oströmischen Kirche Eingang fanden und später auch in der römischen Beachtung gefunden haben.

Bar Daisan (Bardesanes, 154, Edessa, bis 222 n. Chr., Edessa) war einer der ersten, Ephraim der Syrer (310, Nisibis, bis 9. 6. 373, Edessa) der berühmteste Dichter und Komponist. Auch Narsai von Nisibis (399, Nisibis, bis 502, Nisibis), Jakobos von Serugh (451, Serugh, bis 521, Serugh) und Isaac von Antiochien (um 400, Antiochien, bis nach 459, Amida) werden von der Musikgeschichte als bedeutende Dichter und Komponisten von Hymnen genannt.

LITERATUR
H. Husmann, The Practice of Organum Singing in the Christian Syrian Churches, in: Aspects of Medieval and Renaissance Music, Festschrift G. Reese, New York 1966.

Byzantinische Musik

Der römische Kaiser Konstantin I. der Große (Flavius Valerius Constantinus, nach 280, Naissus, bis 22. 5. 337, Nikomedia, Kaiser ab 306) machte Byzanz zur Hauptstadt seines Reiches, die somit zum Mittelpunkt eines Kulturkreises wurde, der ihren Namen trägt und behält, obschon sie selbst 330 in Konstantinopel umbenannt wurde. Byzantinische Musik ist also die Musik dieses Kreises, und zwar sein liturgischer Gesang, denn über seine profane Musik wissen wir nahezu nichts.

Wie die anderen byzantinischen Künste (Baukunst, Malerei) setzte sich auch die Musik aus verschiedenen Elementen zusammen. Ihre Wurzeln wurden mit Rücksicht auf ihren kirchlichen Charakter in der jüdischen und syrischen Musik gesucht, doch der Beitrag anderer orientalischer Kulturen war sicherlich beachtlich, wie die jüngsten Untersuchungen bereits ergeben haben.

Auch die byzantinische sakrale Musik war bis vor kurzem wenig erschlossen, die Quellen wurden erst durch die Entzifferung der Notationen zugänglich, sind aber wegen der Fülle des Materials noch nicht zur Gänze bearbeitet.

Der byzantinische Kirchengesang war einstimmig, linear und von keinen Instrumenten begleitet. Nur in der Frühzeit durfte eine Orgel verwendet werden, dann wurde sie als heidnisch in der Kirche verboten. Eine gewisse Mehrstimmigkeit entstand in manchen Fällen durch das Liegenbleiben einzelner Töne in Form einer Bordunbegleitung. Ein Mitlaufen dieser Begleittöne wie bei der syrischen Musik fand nicht statt.

Der älteste byzantinische Kirchengesang leitete sich vom Psalmengesang des jüdischen Gottesdienstes ab. Daneben entstand eine neue Lieddichtung der Gnostiker in Syrien, die bald in das Griechische übersetzt wurde. Daraus bildeten sich einerseits unmetrische, an griechischen Psalmentexten orientierte Hymnen und der hellenischen Poesie angenäherte metrische Dichtungen.

Die byzantinische Hymnendichtung und deren davon noch nicht getrennte Komposition erfuhr vom 5. bis zum 7. Jahrhundert einen starken Aufschwung und nahm in der Liturgie neben dem kantilierten Vortrag der Evangelientexte einen breiten Raum ein. Der bedeutendste Vertreter byzantinischer Hymnendichtung war Romanos Melodos (um 470, Emesa, bis nach 520, Konstantinopel), ein Syrer, der sich aber des Griechischen bediente und stark von dem syrischen Hymnoden Ephraim beeinflußt war. Außerdem sind für das 7. Jahrhundert zu nennen: Sergios, Patriarch von Konstantinopel, Sophronios von Jerusalem und Anastasios von Sinai.

Im 8. Jahrhundert entstand als neue Form der Kanon, der aus neun Oden zu je vier Strophen bestand. Die hervorragendsten Dichter und Komponisten jener Zeit waren: Andreas von Kreta (um 660, Damaskus, bis 740, Hierissos), Johannes Chrysorrhas (um 700, Damaskus, bis 754, bei Jerusalem) und Kosmas von Majuma (um 700, Damaskus, bis um 760, bei Jerusalem).

Die Trennung der Musik von der Dichtung in der Form, daß die Hymnographen nur die Texte verfaßten und die Melurgen sie komponierten, trat im 9. Jahrhundert ein. Es wurden auch häufig schon bekannte Melodien zu neuen Texten verwendet, was der Dichtkunst ständig neue Anregungen einbrachte, die Komposition hingegen etwas lähmte.

Jedoch das 13. und das 14. Jahrhundert zeitigten ein neues Aufblühen der Hymnenkomposition mit reicher Melodik. Arabische Elemente, die z. T. aus der Beschäftigung der arabischen Musiker mit der antiken Musik hervorgingen, drangen in die byzantinische Gesangskunst ein. Johannes Kukuzeles (um 1300, angeblich in Durazzo, bis nach 1350, vermutlich Athos) war der wichtigste Komponist jener Periode und Begründer des neuen Stiles.

Die byzantinische Notenschrift, die erst kürzlich entziffert worden ist, zeigt je nach Entstehungszeit verschiedene Gestalt, wobei sich aber ihre Grundstruktur als Intervallnotation, die keine Tonhöhen, sondern die Intervalle zwischen den einander folgenden Tönen anzeigt, nicht wesentlich veränderte.

»Apollo und Dafne« – Elfenbeinplastik aus dem 6. Jahrhundert

Neben diesen Neumen wurden Rezitativtexte mit ekphonetischen Zeichen versehen, die den musikalischen Ton bei der Lesung markierten.

Der byzantinische Kirchengesang, der noch heute in den Ostkirchen gepflegt wird, wenn auch in verschiedenen Sprachen, hat sowohl unmittelbar wie über die mit ihm eng verbundenen Liturgien Wesentliches zu der Entwicklung und dem Bau unserer abendländischen Musik beigetragen.

In einem Manuskript des Klosters Iviron (Athos) wurden etliche profane Melodien überliefert, die aber nicht ausreichen, um ein Bild der weltlichen Musik des byzantinischen Kulturkreises zu gewinnen. Auch die in Handschriften aus der Zeit nach dem

Auftreten von Kukuzeles verzeichneten Polychronismoi (Akklamationsgesänge), mit denen der Kaiser bei seinem Auftreten bei Festlichkeiten, im Zirkus oder in der Kirche begrüßt worden ist, gewähren wenig Aufschluß. Dieser Gesang war, mit Ausnahme in der Kirche, zumeist von einer Orgel begleitet. Sein Text lautete: »Lange Zeit möge Gott deine Herrschaft erhalten, göttlich geordnet, gekrönt und beschützt, mächtig und heilig, für viele Jahre!«

Die Messe in griechischer Sprache

Die ursprüngliche Messe im griechischen Bereich war nichts anderes als eine Übersetzung der lateinischen Texte des römischen Ordinariums, mit Ausnahme des Kyrie, dessen griechische Fassung aus der Zeit stammt, da auch in Rom das Griechische noch Kultsprache gewesen war. In der griechischen Liturgie gehörte das Kyrie nicht zum Ordinarium, sondern zu den Gesängen der Gemeinde. Gloria und Credo sind erst in der lateinischen Periode entstanden und als »Doxa« und »Pisteuo« in die griechische Messe übergegangen. Aus dem Sanctus wurde ein rezitiertes und gesungenes Agios (heilig) und aus dem Agnus Dei das Amnos (Lamm), das aber sehr spät übernommen wurde. Das Proprium ist reichhaltiger als bei der lateinischen Messe und enthält viele Hymnen syrischer und byzantinischer Hymnoden, die teils vom Zelebranten oder den Diakonen, teils vom Chor oder dem Vorsänger, teils von der Gemeinde gesungen werden. Rezitationen und Psalmen begleiten die Sakralhandlungen. Die Feier nimmt einen weit längeren Zeitraum ein als die lateinische.

LITERATUR

E. Wellesz, A History of Byzantine Music and Hymnography, Oxford 1949. Derselbe, Byzantinische Musik, Breslau 1927. J. Handschin, Das Zeremonienwerk Kaiser Konstantins VII. und die sangbare Dichtung, Basel 1942.

Koptische Kirchenmusik

Die Kopten haben sich lange eine eigene, echt ägyptische Volksmusik trotz schwerwiegender arabisch-islamischer Beeinflussung erhalten, die noch heute bei den Fellachen des Niltales weiterlebt.

Die Kirchenmusik der ägyptischen Christen hat sich sehr früh an die byzantinische angeschlossen, aber einige Reste altägyptischer Eigenheiten beibehalten. Wieweit die hellenische Musik der östlichen Mittelmeerländer auf die koptische Musik eingewirkt hat, ist nicht festzustellen, weil wir sie nicht kennen; daß der Brennpunkt hellenischer Kultur Alexandrien keine Wirkung auf die benachbarten Kopten ausgeübt haben sollte, kann man nicht annehmen.

Im Jahre 451 kam es zur Trennung der koptischen Kirche von der byzantinischen und 640 zur Eroberung des Landes durch die Araber und seiner Islamisierung. Die Folgen waren einerseits die Aufnahme gewisser Elemente der islamischen Musik in den Kirchengesang, andererseits eine Festigung der alten Tradition, um ein geistiges Bollwerk gegen die Überfremdung zu errichten. Es wird doch häufig die Untreue gegen ehrwürdige Institutionen einer Nation oder einer Religionsgemeinschaft als Grundursache für das Erliegen unter fremden Gewalten angesehen und die Rückkehr zu alten Formen als Heilmittel empfohlen. Es liegen nicht wenige Manuskripte koptischer Musik mit Neumen und ekphonetischen Zeichen vor, die griechischen oder byzantinischen nachgebildet sind. Trotzdem wird die Kirchenmusik zum Großteil mündlich überliefert.

Der koptische Kirchengesang ist streng einstimmig, Instrumentenbegleitung ist aber nicht ausgeschlossen. Das ägyptische Klingelinstrument Sistrum war jedenfalls obligat, Handgriffglocken und Klappern wurden viel verwendet.

In Rom strömten Vertreter christlicher Gemeinden aller Weltgegenden zusammen und brachten die Riten und Gebräuche ihrer Heimat mit. Die Kopten steuerten ihre Hymnen bei. Als augenscheinliches Zeichen der regen Beziehungen zwischen den christlichen Nachfahren der alten Ägypter und der lateinischen Kirche können die liturgischen Glöckchen bei den abendländischen Gottesdiensten angesehen werden.

Die koptische Messe

Die Messe der Kopten zerfällt in drei Teile, Vormesse, Anaphora (Wandlung), Kommunion. Das von der Ikonostasis (Ikonenwand) abgetrennte Sanktuarium (Allerheiligstes) ist dem Zelebranten und seinen Diakonen vorbehalten. Im Khoros (Innerer Chor) sind die Sänger und Lektoren, im äußeren die Kirchenbesucher. Die Sprache der Messe ist das Koptische, einzelne Teile werden arabisch gebracht. An besonders festlichen Tagen wird die Messe in griechischer Sprache gesungen. Die Vormesse beginnt mit einer Rezitation, die die Widmung der Messe ankündigt, dann singt der Zelebrant das Opfergebet, während die Brote mit Wein besprengt werden. Die Gemeinde antwortet mit einem Kyrie eleison und einer Alleluiaformel. Darauf erfleht der Priester mit feierlichen kurzen Versen den Segen, die Diakone fallen ständig mit einem melodisch reich ausgebauten »Amin« ein. Nach einem Gebet verhüllt der Zelebrant die Brote mit einem Tuch, an dem Glöckchen hängen, während die Diakone in kunstvollen Vokalisen weitersingen, bis die Offertoriumszeremonie beendet ist. Anschließend kommt es zu rezitativen Lesungen (Evangelium und mehrere Epistel); vor jeder Lesung wird eine Hymne gesungen, deren letzte in ein hymnisches Responsorium mündet. Nach einer Predigt wird das koptische Martyrologium psalmodisch zitiert, dem sich das Trishagion (Dreimal Heilig), ein Strophenlied von zwei Chören oder der gesamten Gemeinde zur Begleitung von Schlaginstrumenten (Triangel, Becken, Handtrommeln) anschließt. Die Melodien sind großräumig und weit gespannt. Es folgen das Evangeliengebet und der Psalmos, von einem Sänger angestimmt und mit der Gemeinde responsorisch gesungen, dann ein Alleluia mit langen Melismen und schließlich das von einem Diakon gesungene Evangelion. Darauf rezitiert der Zelebrant eine Litanei, und mit zwei Gemeinschaftsgesängen, deren Melodien einfach gehalten sind, gefolgt vom Glaubensbekenntnis und einer Hymne, endet dieser Teil der Messe.

Wie bei der lateinischen Messe gibt es eine Praefatio (Einleitung) zur Anaphora, während der das Tuch vom Brot genommen wird und die daranhängenden Glöckchen klingeln. Die Gemeinde stimmt einen Hymnos an, dann singt der Zelebrant das dreimalige Hagios und verkündet die Einsetzung des Abendmahles; die Gemeinde wirft mehrmals ein kurzes Kyrie eleison Amin ein. Eine Anrufung des Heiligen Geistes, die zum Teil gesprochen wird, ein vom Zelebranten gesungenes Gebet zum Gedenken der Heiligen und eine Fürbitte für die Verstorbenen schließen den zweiten Teil der Messe ab.

Der dritte Teil (Sakrament) beginnt mit einer Praefatio aus vier Strophen. Die folgende Brotbrechung wird von einem hymnischen Gesang mit zehn musikalischen Phrasen begleitet, dann werden Gebete gesprochen und eine Hymne gesungen. Während des Hochhebens des Brotes ruft die Gemeinde dreimal Kyrie eleison. Darauf stimmt der Zelebrant eine Hymne aus vier vierzeiligen Strophen an, die Gemeinde akklamiert nach jeder Strophe. Auch zur Kommunion beginnt der Priester mit einer Lobpreisung und die Gemeinde fällt ein. Während der Zeremonie erklingt ein Psalm, Hymnen schließen sich an. Dann endet die Feier mit den letzten Zeremonien, einem dreifachen Kyrie eleison und einem Loblied zu Ehren des Engels des Altares.

Die lange Feier ist angefüllt mit sakralen Gesängen jeder Art. Das Ordinarium tritt zugunsten des Proprium weit zurück, wobei die Grenze dazwischen nicht scharf gezogen werden kann, da eine Reihe von Hymnen und Psalmen stereotyp das ganze Kirchenjahr hindurch unverändert bleiben.

LITERATUR

P. R. Menard, Notes sur les musiques arabes et coptes, Les cahiers coptes II, Kairo 1952. Derselbe, Notation et Transcription de la musique copte, Les cahiers coptes III, Kairo 1953.

Armenische Kirchenmusik

Armenien war der erste Staat der Spätantike mit christlicher Staatsreligion, wenn diese auch von Rom unabhängig war und bis heute blieb. Die Beziehungen zu Byzanz und zu Syrien waren hingegen stets sehr eng. Daher übte die byzantinische Musik auf die armenische einen sehr nachhaltigen Einfluß aus.

Der armenische Hymnengesang setzte bereits mit dem ausgehenden 3. Jahrhundert ein. Die Bibellesungen allerdings waren erst nach der Übersetzung der Texte in die altarmenische Schriftsprache (Grabar) möglich geworden (5. Jahrhundert). Von da an entfaltete sich das sakrale Musikwesen des Volkes in allen seinen Gattungen, wie Rezitation, antiphonaler und responsorischer Chorgesang, Psalmodie, Hymnodie, religiöses Lied, bis zum 7. Jahrhundert zu einem bemerkenswerten Hochstand, der erst wieder fünfhundert Jahre später erreicht wurde. Die armenische Kulturgeschichte nennt als die bedeutendsten Hymnoden Grigor aus Narek (951–1002) und Nerses Schnorali (1098 bis 1173).

Der byzantinisch-syrisch orientierten armenischen Kirchenmusik stand eine vorwiegend asiatischen (arabischen, türkischen, persischen) Einflüssen ausgesetzte Volksmusik entgegen. Dieser starke Antagonismus mußte dazu führen, daß die Kirchensänger völlig artfremde volkstümliche Wendungen in die Kirche einschleusten. Auch strenge Reinigungsprozesse vermochten dies nie völlig zu verhindern. Der eigentümlich reizvolle Klang des armenischen Kirchengesanges ist diesen von der Orthodoxie verpönten Abweichungen zu verdanken.

Die Formen der armenischen Kirchenmusik wurden den Georgiern weitergereicht, deren Christianisierung mit dem 4. Jahrhundert begann. Trotz des überwältigenden Einflusses, den die syrisch-byzantinisch ausgerichtete Musik Armeniens auf Georgien ausübte, floß doch so viel asiatisches und kaukasisches Musikgut ein, daß sich Liturgik, Psalmodie und Hymnik deutlich abhoben.

Beide Systeme jedoch, das armenische wie das georgische, wurden für die Entwicklung der russischen Kunstmusik außerordentlich wichtig, weil beide Völker im Verlauf ihrer Geschichte Musikerpersönlichkeiten hervorbrachten, die in die russische Musikgeschichte Eingang fanden, diese durch neue Impulse anregten und über sie an der gesamteuropäischen Musik teilnahmen.

LITERATUR
E. Wellesz, Die armenische Kirchenmusik, Musica Divina VI, 1918. Sp. Melikjan, Abriß der armenischen Musikgeschichte, Jerewan 1935.

Altslawische Kirchenmusik

Im Jahre 862 bat der Fürst des Großmährischen Reiches, Rostislaw, den Patriarchen von Konstantinopel um die Entsendung slawisch sprechender Missionäre, um die drohende Überfremdung seines Volkes durch Vertreter westlicher Bistümer aufzuhalten. Im folgenden Jahr erschienen die Brüder Kyrillos (eigentlich Konstantinos, 826, Saloniki, bis 14. 2. 869, Rom) und Methodios (820, Saloniki, bis 6. 4. 885, vielleicht Konstantinopel), die mit Erlaubnis der Kurie die lateinische Liturgie in die damalige Sprache des slawischen Balkanraumes übersetzten und damit die altslawische Schrift- und Kirchensprache in das Leben gerufen hatten. Obwohl sie aus dem Wirkungsbereich der byzantinischen Musik gekommen waren, scheinen sie laut dem einzigen Zeugnis ihrer Zeit – Ordinarium-Texte mit Melodien in römischem Gesangston – den lateinischen Stil bevorzugt zu haben.

Obwohl Methodios selbst und seine Schüler nach dem Tod seines Bruders wieder aus Mähren vertrieben wurden, blieb besonders in einigen Klöstern Böhmens und Kroatiens die slawische Kirchensprache lange erhalten. Auf dem Balkan jedoch begann man, neben griechischen Texten auch slawische, und zwar auf byzantinische Art, zu singen, vor allem im bulgarischen Bereich.

Im Jahre 988 ließ sich Großfürst Wladimir von Kiew in Bulgarien taufen und bestellte griechische Missionäre zur Christianisierung seines Reiches. Mit der slawischen Kirchensprache gelangten byzantinische Liturgie und byzantinischer Gesang in das Kiewer Reich, wo die Sänger Elemente der ukrainischen Volksmusik trotz allen Widerstandes des orthodoxen Klerus ständig heranzogen. Nach dem Untergang des Kiewer Reiches wurden Liturgie und Musik nach Wladimir und von dort in die Hauptstadt des Großfürstentums Moskau verpflanzt, von wo aus der russische Kirchengesang unmittelbar und durch die Werke der russischen Komponisten in die gesamteuropäische Musik mit seiner Vielfärbigkeit und Klangfülle einfloß.

Wie in Byzanz war in den russischen Kirchen der Gebrauch von Instrumenten durch mehrere Jahrhunderte verboten. Über Polen drang am Beginn der Neuzeit die Mehrstimmigkeit ein. Aber trotz vieler Neuerungen ist bis heute viel vom alten Gesang des einstigen Kiewer Reiches erhalten geblieben.

Auch in der tschechischen Musik ist die seinerzeitige Bindung mit dem Südosten deutlich merkbar. Dagegen war Polen nahezu ausschließlich der Kölner und Salzburger Liturgie, also der lateinischen, verhaftet und übernahm den römischen Gesangsstil, behielt ihn bei und baute darauf seine Kunstmusik auf.

Messeliturgie nach byzantinisch-slawischem Ritus

Die byzantinische Liturgie, die in den Ostkirchen weite Verbreitung fand und auch von den Slawen, vor allem der russischen Kirche, übernommen wurde, geht auf den griechischen Kirchenlehrer und Patriarchen von Konstantinopel, Johannes Chrysostomos (um 350, Antiochia, bis 14. 9. 407, Komana), zurück. Sie zerfällt in drei Teile, deren erster die Proskomedie (Gabenvorbereitung) ist.

Der Eintritt des Zelebranten und der Diakone wird vom Trishagion (Dreimal Heilig) und einem Psalm begleitet. Die Gabenvorbereitung geht hinter der Ikonostasis vor sich. Nach dieser Zeremonie beginnt die Liturgie der Katechumenen (Taufbewerber), die nur an diesem Teil der Messe teilnehmen dürfen. Der beginnt mit dem feierlichen Ruf eines Diakons: »Herr, gib den Segen!« Der Zelebrant antwortet: »Gepriesen sei sein Reich.« Dann singt der Diakon die Friedenslitanei, der Chor respondiert jeden Vers. Darauf folgt die erste Antiphone, die aus einem Psalmvers besteht, der von zwei Chören vorgetragen wird. Nach der sogenannten »Kleinen Litanei« folgen die zweite Antiphone, die aus Psalmversen und Hymnendichtung besteht, eine weitere Litanei und die dritte Antiphone. Alles wird, so weit nicht jüngere Kompositionen vorgezogen werden, einstimmig psalmierend im Wechselgesang der Chöre gesungen, bis die Vorbereitungen zur Evangeliumsrezitation beginnen. Vor der Lesung wird noch das Invitatorium (Aufforderung zur Anbetung) in feierlichen Tonschritten vorgetragen, sodann der Hymnus der Gottesmutter in griechischem Stil gesungen; ein Trishagion schließt sich an, worauf der Lektor den Vorspruch zur Epistel rezitiert, die nun gelesen wird. Das folgende Alleluia leitet zum Evangelion über, das vom Diakon rezitiert wird. Mit einer Litanei, dessen Verse der Chor stets dreimal mit »Herr, erbarme dich« beantwortet, wird dieser Teil der Messe beendet. Die Liturgie der Gläubigen, von der alle noch nicht Getauften ausgeschlossen sind, stellt die eigentliche Messe dar. Sie beginnt mit der Litanei für die Gläubigen, der der Chor den Cherubim-Hymnos anschließt, während der Zelebrant und die Assistenz die Opfergaben, den Diskos für das Brot und den Kelch für den Wein sowie alle für die Konsekration erforderlichen Gegenstände zum Altar bringen und mit einem Tuch bedecken. Darauf singt ein Diakon die Opferungslitanei, der Friedenswunsch des Zelebranten und der Aufruf des Diakons zur gegenseitigen Liebe folgen und leiten zum Credo über, das nach alter, schmuckloser Melodie vorgetragen wird. Die Anaphora (Opferung) wird von einem responsorischen Gesang des Zelebranten und vom Volk begleitet, der Chor beteiligt sich mit einem Marienhymnus, während der fortschreitenden Sakralhandlung wird still der Verstorbenen und im Wechselgesang der Lebenden gedacht, eine Bittlitanei und das gesungene Paternoster folgen; zur Brotbrechung und Kommunion wird vom Chor der Kommunionvers gesungen und darauf die Danksagung zusammen mit dem Volk. Nun wendet sich der Priester an das Volk mit dem Segenswunsch, den die Gemeinde beantwortet: »Gesehen haben wir das wahre Licht.«

Die Feier endet mit einem im traditionellen Ton gehaltenen Danklied, einer kleinen Litanei, dem Schlußsegen und der Hymne mit der Bitte um den Schutz Gottes.

Glagolitische Messe (Slawische Messe nach westlichem Ritus)

Die glagolitische Messe (so genannt nach der von den Slawenaposteln geschaffenen slawischen Schrift) geht sprachlich auf die Schöpfer der altslawischen Kirchensprache Kyrillos und Methodios zurück. Abgesehen davon, daß in Rußland, der Ukraine, Rumänien, Serbien und Bulgarien Messen nach byzantinischem Ritus in dieser Sprache gefeiert werden, wird sie in katholischen Kirchen Kroatiens und zu gewissen Festen auch in Böhmen gebraucht. Das Ordinarium einer glagolitischen Messe beginnt wie die lateinische mit Kyrie (Gospodi pomiluj), nachdem als Proprium beim Eintritt des Zelebranten ein Introitus gesungen wurde. Anschließend werden das Gloria (Slava) und das Credo (Věruju) gesungen. Sanctus und Benedictus sind

im Svet (Heilig) vereinigt. Das Agnus Dei (Agneže Božij) schließt das Ordinarium ab.
Als Proprium werden mindestens ein Graduale, ein Offertorium, ein Tantum ergo und ein Ite Missa est eingefügt, weitere Gesänge, außer den üblichen Responsorien und Psalmversen, je nach der Widmung der Messe und Liturgik des Tages bestimmt. Die glagolitische Messe war ursprünglich einstimmig und unbegleitet wie die lateinische, aber nie gegen die Aufnahme von Hymnen verschlossen. Sie war aber den gleichen Entwicklungen unterworfen wie die lateinische Kirchenmusik und wird heute ebenso mit vielstimmigem Gesang, Orgel und Orchester gefeiert.

LITERATUR
St. Smržik, The Glagolitic or Roman-Slavonic Liturgy, Rom 1959. J. Handschin, Le chant ecclésiastique russe, Acta Musicologica XXIV, 1952.

Musikinstrumente – dargestellt auf einer Handschrift aus dem 10. Jahrhundert

Herigerus (um 940 bis um 1009)

ZEIT UND UMWELT
Otto I. der Große (912–973), Deutscher Kaiser ab 962, setzte seinen Neffen Notker (um 940–1008) 972 als Bischof von Lüttich ein, der die Stadt zu einem geistigen Zentrum Westeuropas machte. Lüttich wurde zur Wiege der sogenannten Maas-Kunst (Emailierkunst), deren kostbare Erzeugnisse wir noch heute bewundern. Die Hebung des wirtschaftlichen und des kirchlichen Lebens war sein besonderes Anliegen.

LEBEN
Herigerus ist um 940 im flandrischen Raum geboren und wurde unter Bischof Notker ungefähr im Jahre 990 Abt von Lobbes, wo er um 1009 starb.

WERKE
Abt Herigerus hat als einer der ältesten Kirchenkomponisten von der Gregorianik und den Sequenzen unabhängige Gesänge komponiert, von denen ein Hymnus und 2 Antiphone erhalten sind. Sie sind einstimmig, weisen aber eine stark ornamentale Melodieführung auf. Dem Abt verdanken wir auch eine Biographie des Bischofs Notker.

Guilhem de Peiteus (1071–1126)

ZEIT UND UMWELT
Aquitanien (französisch: Guyenne), die Landschaft zwischen Pyrenäen, Cevennen und Loire, bildete bis 419 das Kerngebiet des westgotischen Reiches von Toulouse, war aber noch lange ein selbständiges Herzogtum. Es hatte noch weit über den Untergang des weströmischen Reiches hinaus römische Lebensform und Kultur erhalten und hob sich damit stark von den Franken ab. Es wurde unter den Nachkommen Karls des Großen zum Königreich. Den Titel eines Herzogs von Aquitanien maßten sich die Grafen der Auvergne, von Toulouse und von Poitiers mit mehr oder weniger Berechtigung an; er verblieb schließlich den Grafen von Poitiers, die auch die Regierung des Lan-

des in die Hand bekamen und behielten, bis es die Tochter des letzten Herzogs Guillaume X. Aliénor nach dessen Tod durch ihre Ehe mit Ludwig VII. mit Frankreich vereinigte. Diese Herzöge von Aquitanien, verhältnismäßig unberührt von den geistigen und politischen Auseinandersetzungen West- und Südeuropas, konnten ein glanzvolles höfisches Kulturleben entfalten. Durch ihre volksnahe Einstellung wurde von ihnen neben der (zumeist sakralen) lateinischen Lieddichtung eine profane in der provenzalischen Volkssprache begünstigt. Einer von ihnen, der Graf von Peiteus (Poitiers) und Herzog von Aquitanien, Guillaume IX., wurde selbst zum Troubadour, der den ersten Schritt zur profanen Kunstmusik tat.

LEBEN
Guilhem de Peiteus (Guillaume IX. d'Aquitaine) wurde im Jahre 1071 geboren. Nach einer trotz vieler Konflikte mit der Kirche und einer erfolglosen Beteiligung an einem Kreuzzug nach Kleinasien glanzvollen Regierungszeit starb er im Jahre 1126.

WERKE
Der Herzog und Graf war der erste mittelalterliche Dichter in der Volkssprache und der älteste Sänger einer höfischen Liebeslyrik. Erhalten sind 11 Gedichte und ein Liedfragment (Pos de chantar m'es pres talent).

LITERATUR
L. Pollmann, Dichtung und Liebe bei Wilhelm von Aquitanien. Zeitschrift für romanische Philologie LXXVIII, 1962.

Pierre Abélard (1079–1142)

ZEIT UND UMWELT
Die Ära der Karolinger gestaltete die politisch-religiöse Einheit des lateinisch-mittelalterlichen Abendlandes und brachte den Schulen einen bedeutenden Aufschwung durch die Förderung seitens der weltlichen und geistlichen Fürsten. Die Denker durften über alle bekannten Quellen ungehindert verfügen und darangehen, mit den Mitteln des Verstandes im Rahmen des Christentums ein umfassendes Weltbild zu errichten. Sie gingen von den Autoritäten – Bibel, Kirchenlehrer – aus und bauten darauf logisch mit Bedachtnahme auf die Erkenntnisse anderer Wissenszweige auf. Die Lehrsätze wurden vorwiegend durch Disputation gewonnen. Mit dieser Methode waren zugleich die gefährlichsten Konfliktstoffe in die Welt gesetzt, denn Widersprüche zum Wort der Bibel waren unzulässig, auch wenn diese anderen wissenschaftlichen Erkenntnissen oder streng logischen Denkabläufen entsprangen. Daher wurde die Disputation auch auf die Wertung der Logik und auf rein metaphysische Probleme ausgedehnt, wo jedoch der freien Meinung durch die Dogmatik enge Grenzen gesetzt waren. Der Philosoph und Theologe Abélard kam sehr bald zu einer rationalistisch-kritischen Auslegung christlicher Lehren, was ihm eine Verurteilung wegen Ketzerei einbrachte. Er hatte das Ausmaß des Freiheitsraumes, der damals dem menschlichen Geist gewährt wurde, wie manche seiner Zeitgenossen stark überschätzt.

LEBEN
Pierre Abélard (Petrus Abaelardus) wurde 1079 zu Palet bei Nantes als Sproß einer adeligen Familie geboren. Er schlug eine wissenschaftliche Laufbahn ein, studierte in Paris und erhielt einen Lehrstuhl für Philosophie und Theologie. Seine rationalistische Einstellung trug ihm nicht wenige Schwierigkeiten ein, aber die größten hatten ihre Ursache in seinem weltberühmten Liebesverhältnis mit Héloise Fulbert, der Nichte eines Kanonikus. Das Mädchen wurde schwanger und floh in die Bretagne, als der Kanonikus von dem Sachverhalt erfuhr. Abélard heiratete Héloise und nahm ihr das Versprechen ab, die Ehe geheimzuhalten, damit sein Ruf als Lehrer nicht litt. Fulbert wollte die Angelegenheit publik machen, worauf die Nichte die Ehe abstritt und sich in ein Kloster begab. Nun ergriff der Kanonikus andere Mittel, um Abélard zu ruinieren; er ließ ihn von

gedungenen Verbrechern kastrieren, so daß dieser unfähig wurde, kirchliche Würden zu erlangen. Abélard wurde Mönch der Abtei St. Denis, wo er seine Lehrtätigkeit fortsetzte. Eine Abhandlung über die Trinität wurde als ketzerisch verworfen und er zur Klosterhaft verurteilt. Die Strafe wurde von einem päpstlichen Legaten aufgehoben, so daß er nach St. Denis zurückkehren durfte. Doch neuerliche Schwierigkeiten veranlaßten ihn, sich zurückzuziehen; er baute sich eine Einsiedelei bei Troyes, die allerdings bald zum Wallfahrtsziel seiner Schüler wurde. Er überließ die inzwischen ausgebaute Klause dem Orden, dem seine ehemalige Geliebte nun als Äbtissin angehörte und nahm die Stelle eines Abtes des Klosters St. Gildas de Ruys in der Bretagne an, wo er zehn Jahre blieb. Darauf wurde ihm neuerlich ein Lehrstuhl in Paris übertragen. In den nun folgenden Auseinandersetzungen mit dem Zisterzienser Bernhard von Clairmont zeichnete sich bereits das Bestreben der Scholastiker ab, (damaliges) Wissen mit den Mitteln der Logik auf einen Nenner zu bringen im Kampf gegen die Verfechter des unbedingten Primates des Glaubens vor dem Wissen. Bernhard setzte es durch, daß Abélard neuerlich zum Ketzer erklärt und mit seinen Anhängern exkommuniziert wurde. Abt Peter von Cluny erreichte eine Aufhebung des Urteils. Anderthalb Jahre darauf verstarb Abélard im Kloster St. Marcel bei Châlon-sur-Saône, wohin er sich zurückgezogen hatte, am 21. 4. 1142.

WERKE
Wir wissen aus der umfangreichen Korrespondenz mit Héloise Fulbert, daß Pierre Abélard neben seinen bedeutenden wissenschaftlichen Schriften 133 (lateinische) Hymnen dichtete und komponierte, die ohne Notation erhalten sind, mit Ausnahme der Hymne O quanta qualia, die zum festen Repertoire der Zisterzienserabtei Rheinau wurde. Über den Charakter seiner Musik gab er selbst in einem der Briefe an seine ehemalige Geliebte Auskunft: »Nachdem ich neulich das Buch der Hymnen und Sequenzen auf Deine Bitten vollendet...« Das

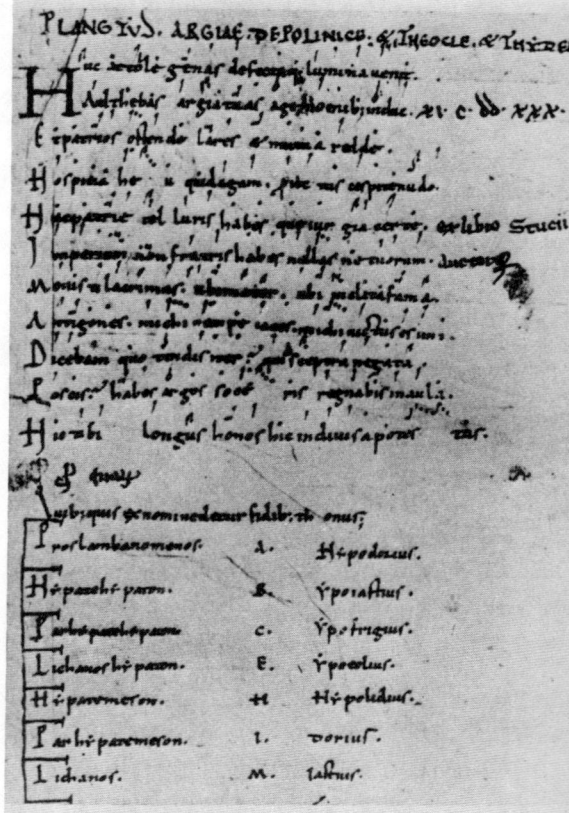

»Planctus Argiae« – französische Noten des 10./11. Jahrhunderts

heißt, daß die Kompositionen die Form des aus der Sequenz entwickelten Lai hatten.
Von seinen Planctus (Klagegesänge) sind 6 mit linienlosen Neumen erhalten. Sie behandeln ausschließlich alttestamentarische Themen wie Jakobs Klage über den Bruder Benjamin, der nach Ägypten ging, Klagen der Töchter Israels über das Opfer der Tochter Jephtas, des Volkes Israels über Samsons Tod und die Trauer König Davids über den Tod Sauls, Jonathans und Abners.

O quanta qualia, Hymne
Sie gehört zu den bekanntesten des Komponisten und wurde nach Bitten von Äbtissin Héloise so verfaßt, daß sie leicht gelernt und behalten werden konnte. Daher besteht auch ihre Besetzung nur aus zwei Stimmen und aus ein bis zwei Saiteninstrumenten.

Planctus David super Saul et Ionatha (Klage Davids um Saul und Jonathan) für zwei Stimmen und Saiten- und Schlaginstrumente mit Organetto; fünf Strophen verschiedenen Umfanges, zum Teil gereimt
> Wir kennen das Stück aus einer Handschrift aus Paris (spätes 12. Jahrhundert) und einer zweiten aus Oxford (13. Jahrhundert), beide mit quadratischer Notation auf vier Linien, so daß uns eine ziemlich genaue Kenntnis der Musik überliefert ist.

Planctus virginum super filia Jepte Galadite (Klage der Mädchen um die Tochter Jephtas des Sohnes Galaads) für Frauenchor, Lyra, Flöte und Tabor
> Das Manuskript der Vatikanbibliothek mit allen 6 Planctus Abélards weist nur linienlose Neumen auf, die nicht entziffert werden konnten. Das französische Lai des purcelles aus dem 13. Jahrhundert – mit fünf Linien notiert – weist einige Ähnlichkeit mit diesem Planctus auf, so daß man dessen Melodie einigermaßen erschließen kann.

LITERATUR
Giuseppe Vecchi, Pietro Abelardo »Planctus«, Modena 1951.

Eble de Ventadour (um 1090–1149)

ZEIT UND UMWELT
Die »Escola N'Eblo« auf Schloß Ventadour bei Egletons war ein Treffpunkt. Troubadours, Jongleurs, fahrende Ritter und Knappen trafen einander, tauschten ihre Lieder aus und berichteten von ihren Abenteuern, die sie erlebt oder erträumt hatten. Hier wurde der Verwandte des Schloßherrn Bernart de Ventadorn (Ventadour) zum bedeutendsten aller fahrenden Dichter und Sänger.

LEBEN
Eble II., seigneur de Ventadour, wurde um 1090 auf Schloß Ventadour geboren. Er war Vasall des Herzogs von Aquitanien Guilhem de Peiteus. Sein Schloß war ein Ort ständiger Begegnung der zeitgenössischen Troubadours, so daß es den Charakter einer »Schule« (Escola) erhielt. Eble begleitete König Ludwig VII. 1146 auf dem II. Kreuzzug und starb auf der Heimkehr 1149 im Kloster Monte Cassino.

WERKE
Von dem Troubadour Eble de Ventadour sind nur einige Lieder erhalten, deren Zuschreibung nicht gesichert ist. Seine Haupttätigkeit soll vor allem anregenden, unterrichtenden und kritisierenden Charakter gehabt haben.

Hildegard von Bingen (1098–1179)

ZEIT UND UMWELT
Um die Zeit, als die deutsche Mystikerin Hildegard von Bingen Priorin des Klosters von Disibodenberg wurde (1136), war durch das Wormser Konkordat der Investiturstreit beendet, der die Bischöfe aus Reichsbeamten zu Reichsvasallen machte. Die Kirche hatte sich von der weltlichen Macht befreit. Die Thronstreitigkeiten näherten sich durch die Wahl des Staufers Konrad III. (1093–1182) ihrem Ende (1138). Die Missionierung des östlichen Slawenlandes verzeichnete große Erfolge, seine Besiedlung durch Deutsche begann. Friedrich I., Nachfolger Konrads (1152), Vorbild höfischen Rittertums, hervorragender Politiker und Diplomat, griff kraftvoll in das Geschick Deutschlands und Italiens ein, die Machtzentren verlagerten sich zwar noch sehr häufig, doch eine gewisse Konsolidierung zeichnete sich bereits ab.

Fernab von Kampfgetöse und politischen Wirren wurden in stillen Klöstern Folianten vollgeschrieben, alle möglichen Wissenschaften betrieben und gelehrt, Verse gedichtet und Musik gemacht, und es ist völlig unwichtig, welche Zwecke damit verfolgt wurden, es waren jedenfalls Schritte der wissenschaftlichen und künstlerischen Weiterentwicklung.

LEBEN
Hildegard von Bingen wurde 1098 in Bernersheim bei Alzey in vornehmer Familie geboren und im Kloster Disibodenberg, dessen Leitung ihr später zufiel, erzogen. Im Jahre 1147 gründete sie mit 18 Nonnen auf dem Rupertsberg bei Bingen ein neues Kloster, wo sie am 17. 9. 1179 starb. Die Äbtis-

sin hatte seit ihrer Kindheit prophetische Visionen, von denen in den Jahren 1141 bis 1150 26 niedergeschrieben wurden. Neben ihrer schriftstellerischen Tätigkeit (ein geistliches Schauspiel »Ordo virtutum«, 300 Briefe über alle Bereiche des Lebens) widmete sie sich der Komposition sakraler Musik.

Werke

Hildegard von Bingen hinterließ ein Kyrie, 35 Antiphone, 19 Responsorien, 7 Hymnen und 7 Sequenzen, deren Melodien weniger Motive enthielten als verschiedenartige Variationen und Kombinationen einer Grundmelodie. Die choralen Formvorschriften sind von antiphonalen und responsorischen Stilelementen häufig durchbrochen und gewinnen dadurch eine nahezu improvisatorische Wirkung.

Musikant, zweite Hälfte des 11. Jahrhunderts

Literatur

L. Bronarski, Die Lieder der heiligen Hildegard, Leipzig 1922.

Cercamon (um 1100 bis nach 1150)

Zeit und Umwelt

Man hat den Fürstenhof von Aquitanien wegen seiner Funktion als Kulturzentrum mit den Kraftquellen gleichgesetzt, die die Höfe der Renaissanceregenten bildeten. Der Vergleich ist richtig, hat aber den historischen Fehler, daß es sich in Aquitanien um keine Renaissance, um keine Wiedergeburt handelte. Denn dort ist die klassische Denk- und Lebensart trotz aller Wechselfälle des ersten nachchristlichen Jahrtausends seit den Zeiten der römischen Provinz Aquitanien nie abgestorben, nicht unter den Goten, weder unter den Merowingern noch unter den Karolingern und ebensowenig unter den verschiedenen Usurpatoren wie Sarazenen oder Normannen. Die Grafen von Poitiers, denen schließlich das geistig und wirtschaftlich hochentwickelte Land zufiel, erhielten ein Stück lebendige Antike überantwortet, deren Ideengut zu keinem neuen Leben wiedererweckt werden mußte.

Leben

Cercamon ist einer der ältesten Troubadours. Er war mit dem um einiges jüngeren Marcabru befreundet und lebte vermutlich mindestens zeitweise am aquitanischen Hof. Er dürfte bald nach dem Jahr 1150 gestorben sein. Der Ort seines Todes ist ebenso unbekannt wie der seiner Geburt (um 1100) und wie seine Herkunft.

Werke

Von seinen Liedern ist keine Melodie erhalten. Seine bemerkenswerteste Leistung war sein Klagelied auf den Tod des Grafen de Peiteus, das uns als ältestes dieser Art überliefert ist. Sein Stil bewegte sich in die Richtung, die Marcabru einschlug.

Literatur

Dr. Dejeanne, Le Troubadour Cercamon, in: Annales du Midi XVII, 1905.

Albertus Parisiensis (um 1110–80)

Zeit und Umwelt
Mit dem Anwachsen der Macht der Kapetinger gewann auch die französische Hauptstadt immer mehr an Bedeutung. Die Einwohnerzahl stieg rasch an, die ersten Gilden bildeten sich, Handwerk und Handel hoben den Wohlstand, eine starke Bautätigkeit setzte ein. Die Stadt dehnte sich aus. Die ersten Kirchen von bleibendem Wert wurden errichtet. Ihre Kapellen hielten mit der Entwicklung der Musik West- und Südeuropas Schritt. Sequenz, Tropus und Conductus waren auch im Paris jener Zeit nicht unbekannt.

Leben
Magister Albertus Parisiensis ist um 1110 vermutlich in oder bei Paris geboren und wurde Kapellsänger an einer der Kirchen der Stadt. Sollte er, wie behauptet wurde, tatsächlich auch Sänger an Notre-Dame gewesen sein, so konnte das nur seine letzten Lebensjahre betreffen, denn er starb in Paris im Jahre 1180 und der Bau der Notre-Dame wurde 1163 begonnen.

Werke
Von Magister Albertus Parisiensis ist als einziges kompositorisches Werk ein Benedicamus-Tropus im Conductusstil von ungefähr 1140 erhalten. Der Tropus ist dreistimmig und stellt somit die älteste bekannte dreistimmige Komposition dar. Sein übriges Werk ist verlorengegangen. Es ist denkbar, daß das eine oder andere Stück aus jener Zeit, das heute als anonym gilt, ihm zugeschrieben werden kann.

Jaufré Rudel (um 1120 bis um 1147)

Zeit und Umwelt
Bernhard von Clairvaux (1093–1153) bewog König Ludwig VII. von Frankreich (1120 bis 1180) und den Staufen Konrad III. (1093 bis 1152) zum II. Kreuzzug, der für beide mit blutigen Niederlagen endete. Die Deutschen wurden bei Dorylaion und Laodikaia aufgerieben, die Franzosen erlitten auf ihrem Marsch nach Attaleia schwerste Verluste. Das gesamte Unternehmen fügte dem europäischen Adel einen starken Aderlaß zu.

Leben
Jaufré Rudel (vermutlich Prince de Blaya) wurde um 1120 in Blaye (Gironde) geboren. Über die Biographie dieses adeligen Troubadours gibt es kaum Informationen. Er nahm am II. Kreuzzug Ludwigs VII. teil und ist wahrscheinlich wie viele seiner Standesgenossen bei den Katastrophen, die das französische Kreuzfahrerheer 1147 erleiden mußte, zugrunde gegangen.

Werke
In den sieben von Jaufré Rudel hinterlassenen Texten wird das Thema der Fernliebe (amor de lonh) behandelt, bei der die Frauengestalt, der das Gedicht gewidmet ist, nichts davon erfährt oder überhaupt nicht existiert. Bis in das 19. Jahrhundert wurden Verse »An die ferne Geliebte« gedichtet. Melodien sind nur vier erhalten, die trotz ihrer frühen Entstehungszeit (nach 1140) bereits einen hohen Entwicklungsgrad erreicht haben.

Vida de Jaufré Rudel (Biographie von Jaufré Rudel)
Jaufré Rudel de Blaya war ein echter Edelmann. Er war Prinz von Blaya und verliebte sich in die Comtessa von Tripolis, ohne sie gesehen zu haben, nur wegen des Lobes, das die aus Antiochien zurückkehrenden Kreuzfahrer über sie erhoben. Er verfaßte für sie viele Lieder mit schöner Musik und klingenden Worten.
Um sie endlich selbst zu sehen, wurde er Kreuzfahrer und schiffte sich ein. Aber es befiel ihn eine Krankheit auf dem Schiff. Man brachte ihn sterbend in eine Herberge in Tripolis und verständigte die Comtessa davon.
Und sie kam zu ihm an sein Bett und nahm ihn in ihre Arme. Und er erhielt, als er gewahr wurde, daß die Comtessa bei ihm war, sein Gehör wieder und kam zum Bewußtsein und lobte Gott, daß er ihn am Leben erhalten hatte, bis er sie sehen konnte. Und er starb in ihren Armen. Und sie, in ihrer Großmut, ließ ihn im Tempelgebäude begraben. Und seit jenem Tag wurde sie eine Nonne aus Kummer, den ihr sein Tod bereitet hatte.

LITERATUR
A. Stimming, Jaufré Rudel, sein Leben und seine Werke, Kiel 1873.

Musikant, zweite Hälfte des 11. Jahrhunderts

Bernart de Ventadorn (um 1125–95)

ZEIT UND UMWELT
Die Enkelin Guillaumes IX. von Aquitanien war von 1137 bis 1152 mit dem französischen König Ludwig VII. und dann mit dem englischen König Heinrich II. verheiratet; ihre Tochter Marie wurde die Frau Heinrichs I. von Champagne, deren Schwester Aëlis heiratete den Grafen Thibaut V. von Blois. Damit wurden Gesang und Dichtung der Troubadours, die in Aquitanien ihren Ausgang genommen hatten, an die Höfe Englands, Frankreichs und Nordspaniens verpflanzt. Wenn auch hierbei wie bei der sakralen Musik der Zeit das Wort und die Dichtung dominierten, die verschiedenartigen Begleitinstrumente legten bald den Versuch nahe, auch ohne Rezitation und Gesang zu konzertieren.

LEBEN
Bernart de Ventadorn (Ventadour) ist um 1125 auf Schloß Ventadorn geboren. Er wirkte von 1135 bis 1155 am Hof Eleanores von Aquitanien und Heinrichs II. von England, später bei Raimond V. von Toulouse. Im Alter trat er in das Kloster Dalon bei Périgueux ein, wo er 1195 starb.

WERKE
Man nennt Guilhem de Peiteus den ältesten und Bernart de Ventadorn den bedeutendsten der Troubadours. Von ihm sind ungefähr 45 Liedtexte und 19 Melodien erhalten. Seine Lieder sind nahezu ganz auf das Thema des Minnedienstes abgestimmt, in Sprache und Melodie sehr fein und ausdrucksvoll gehalten. Sein künstlerisches Ziel steckte er sich selbst: »Ein Singen nur, das wenig frommt, ist Sang, der nicht vom Herzen quillt.« Am berühmtesten wurde sein Lerchenlied: »Quan vei l'alauzeta mover« (Wann sich die Lerche erhebt). Durch den Aufenthalt des Troubadours beim englischen König wurden seine Lieder auch in Nordfrankreich bekannt und regten dort Dichtung und Lied an. Einzelne seiner Melodien wurden von den deutschen Minnesängern Dietmar von Aist, Rudolf von Fenis-Neuenburg und Friedrich von Hausen übernommen.

Wenn ich sehe, wie die Lerche ihre Flügel hebt
Wenn ich sehe, wie die Lerche ihre Flügel hebt voll Freude im Sonnenlicht und sich dann selbstvergessend fallen läßt, weil ihr Herz das Gefühl überwältigt, ach, wie beneide ich alle, die sich so freuen dürfen, und wundere mich, daß mein Herz vor Verlangen nicht bricht.
Es folgt eine bewegte Klage wegen des Verlustes einer Frau, die der Sänger liebte. Er resigniert. Ich gehe fort, weiß nur nicht, wohin. Ich singe nicht mehr. Es ist vorbei. Ohne Freude und ohne Liebe verberge ich mich in der Erde.

LITERATUR
E. Lommatzsch, Leben und Lieder der provenzalischen Troubadours I, Berlin 1957.

Chrétien de Troyes
(um 1125 bis vor 1195)

ZEIT UND UMWELT
Das Beispiel Eleanores von Aquitanien und deren Tochter Marie de Champagne, die in Troyes residierte, regte die französischen Höfe an, die Gönnerschaft von Dichtern und Komponisten zu übernehmen. Sie lernten bald zwischen ihnen und den Joculatores und Bänkelsängern, die bisher für Unterhaltung sorgten, zu unterscheiden und ermöglichten das Aufblühen der altfranzösischen Dichtung und Trouvèremusik.

LEBEN
Über Herkunft und Leben von Chrétien de Troyes, der bedeutendsten und einflußreichsten Persönlichkeit der altfranzösischen Literatur, ist sehr wenig bekannt. Er wurde um das Jahr 1125 vermutlich in Troyes geboren und wirkte am Hof seiner Gönnerin Marie de Champagne. Seine späteren Lebensjahre dürfte der Dichter in der Umgebung des Grafen Philipp von Flandern verbracht haben. Er ist noch vor 1195 an einem unbekannten Ort gestorben.

WERKE
Seinen Ruhm verdankt Chrétien de Troyes vor allem seinen Versromanen (Guillaume d'Angleterre, Erec, Cligès, Lancelot, Yvain, Perceval). Von den 5 hinterlassenen Liedern können ihm nur zwei mit Sicherheit zugeschrieben werden, die formal und thematisch der Troubadourlyrik verpflichtet sind, aber als ältestes Zeugnis altfranzösischer Lieddichtung angesehen werden müssen, so daß Chrétien de Troyes als Begründer der nordfranzösischen Trouvèrekunst gilt.

LITERATUR
G. Cohen, Un grand romancier d'amour et d'aventure au XIIe siècle, Chrétien de Troyes et son œuvre, Paris 1948.

Jean de Neufville (um 1125 bis um 1180)

ZEIT UND UMWELT
Marie de Champagne lud nordfranzösische Trouvères und Troubadours an ihren Hof und gönnte beiden ihre Gunst, so daß in Troyes geradezu ein Treffpunkt beider Liedgattungen entstand. Das voll klingende Provenzalisch der Troubadours und ihre in jeder Bedeutung lockeren Verse konnten sich mit den eleganten, streng geordneten nordfranzösischen Dichtungen messen. Es wäre vielleicht zu wertvollen Synthesen gekommen, wenn es der Gang der Geschichte zugelassen hätte.

LEBEN
Jean de Neufville (de Neuvellois, de Neuville) wurde um 1125 in Neuville, Champagne, geboren. Er lebte und wirkte vermutlich am Hof in Troyes und dürfte dort um 1180 gestorben sein.

WERKE
Vom Troubadour Jean de Neufville sind 19 Lieder mit Melodien erhalten, die dem sogenannten »leichten« Stil folgen. Es handelt sich um typische Troubadourlyrik: Werbung, Liebe, Enttäuschung, Klage um den verlorenen Partner.

Marcabru (um 1125 bis nach 1150)

ZEIT UND UMWELT
Guillaume X. von Aquitanien setzte die Gewohnheit seines Vaters, Künstler an seinen Hof zu laden, fort. Und Alfonso VII. von Kastilien, dessen Vater Alfonso VI. König des Gesamtreiches geworden war, sah in der Aufnahme von Troubadours eine weitere Methode der Prachtentfaltung seines Hofes. Die Könige von Navarra und Portugal, die Grafen von Barcelona und Toulouse huldigten ihm, so daß Anlaß genug für eine glänzende Hofhaltung vorlag, wenn auch die Erfolge des Vaters im Kampf gegen die Almohaden verlorengingen.

Marcabru (um 1125 bis nach 1150)

Leben
Marcabru dürfte aus der Gascogne stammen und um 1125 geboren sein. Im Gegensatz zu den meisten Troubadours kam er aus unteren Volksschichten und hatte sich irgendwie (als Kleriker?) hochgedient. Seine hinterlassenen Gedichte datieren aus den vierziger Jahren des 12. Jahrhunderts. Ort und genaues Jahr seines Todes sind unbekannt.

Werke
Die ungefähr 43 Gedichte und 4 Melodien, die von Marcabru, einem der ältesten provenzalischen Troubadours, bekannt sind, charakterisieren ihn als Begründer des sogenannten »Dunklen Stiles« (Trobar clus), der mit seiner misogynen, zynischen Einstellung im starken Gegensatz zur Liebeslyrik der meisten Troubadours steht. Eines seiner Lieder zeigt mit seiner herben Melodie vielleicht den Grund hierfür auf: »...Marcabru, Sohn der Marcabrua, ist unter einem liebelosen Mond geboren; keine hat er je geliebt, keine hat ihn geliebt.« Sein berühmtes Kreuzzuglied: »Pax, in nomine domini!« (Friede, im Namen des Herrn) hat einen ironischen Klang.

Einst unter einer Hecke, Pastorale (Schäfergedicht)
Einst unter einer Hecke traf ich eine Schäferin, voll Freude und Fröhlichkeit war sie, trug Umhang und Kapuze wie eine Bauerntochter, Weste und Hemd aus Leinen, Strümpfe und Schuhe aus Wolle.
Durch die Wiese ging ich zu ihr. »Mädchen«, sagte ich, »liebes Wesen. Es schmerzt mich, daß du so frierst.« »Herr«, sagte das Bauernmädchen zu mir, »Dank Gott und meiner Mutter darf mich der Wind zausen. Ich bin fröhlich und wohlauf.« »Mädchen«, sagte ich, »hübsches Wesen. Ich bin des Weges gekommen, um dir Gesellschaft zu leisten. Ein so hübsches Mädchen darf nicht ganz allein eine so große Schafherde an einem solchen Ort weiden.« »Mein Herr, wer immer ich auch bin, ich kenne nur Fröhlichkeit und Gesundheit. Ihre Gesellschaft«, sagte das Mädchen, »sie soll bleiben, wo man sie braucht. Denn wer danach verlangt, wird doch enttäuscht.«
»Du bist ein Mädchen von guter Herkunft. Dein Vater war ein Ritter, der dich mit einer Mutter zeugte, die eine liebenswürdige Bäuerin war. Je mehr ich dich ansehe, umso schöner wirst du. Deine Fröhlichkeit begeistert mich, wenn du nur etwas liebenswürdiger wärest.«
»Mein Herr, meine ganze Familie mit Umgebung ist zur Erde gerichtet und arbeitet mit dem Pflug«, sagte das Mädchen. »Aber das erfordert einen Mann, der das gleiche täte während sechs Tage in der Woche.«
»Mädchen«, sagte ich, »eine gute Fee machte dir ein Geschenk als du geboren wurdest in strahlender Schönheit und erhoben über die anderen Bauern. Du wärest zweimal so schön jedoch, wenn ich uns einmal sehen könnte, mich über dir und dich unter mir.«
»Herr, Ihr habt mich so sehr gelobt, daß ich davon ganz überrascht bin. Und da Ihr mich so hinaufgehoben habt, mein Herr«, sagte mir das Mädchen, »erhaltet zum Abschied als Dank ein: ›Laßt den Schwindel, Ihr Dummkopf!‹ Das ist alles.«
»Mädchen, auch ein stolzes und wildes Herz wird am Ende gezähmt. Im Vorbeigehen habe ich erkannt, daß mit einem so hübschen Landmädchen ein schönes Pärchen entsteht, in herzlicher Liebe, wenn einer den anderen nicht betrügt.«
»Herr, von seiner Narrheit getrieben schwört, verspricht und verpflichtet sich der Mann. Ihr macht mir den Hof, mein Herr«, sagte das Landmädchen. »Aber für einen Augenblick der Leidenschaft will ich meine Jungfrauschaft nicht gegen den Namen einer Dirne eintauschen.«
»Mädchen, jedes Geschöpf entsinnt sich seiner Natur. Was zusammengehört, muß zusammenkommen, wie du und ich, Mädchen, im Verborgenen weit von der Weide, wo du dich sicher fühlst, alle die lieben Dinge zu machen.«
»Herr, ja, aber gemäß der Natur sucht der Narr die Närrin, der Höfling die Dame, der Bauer die Bäuerin. Die Vernunft ist rasch entschwunden, wenn man seine Grenzen nicht wahrt, sagen die alten Leute.«
»Mädchen, ich habe nie ein Geschöpf gesehen, das so boshaft ist, und nie ein schlimmeres Herz als deines.«

Literatur
E. Lommatzsch, Leben und Lieder der provenzalischen Troubadours II., Berlin 1959.

Peire d'Alvergne
(um 1130 bis nach 1180)

Zeit und Umwelt
Die Zustände in der alten französischen Provinz Auvergne (heute die Départements Cantal und Puy-de-Dôme), im 12. Jahrhundert anfänglich aquitanische Grafschaft Auvergne, dann durch die Heirat Eleanores von Aquitanien mit König Heinrich II. unter englischer Oberhoheit, waren für eine kulturelle Entwicklung nicht günstig, denn die Familienstreitigkeiten der souveränen Grafen störten jede ruhige Entwicklung des Landes. Daß ein ritterlicher Troubadour den Aufenthalt im Süden und hinter den Pyrenäen vorzog, ist verständlich.

Leben
Peire d'Alvergne wurde um 1130 geboren. In der Zeit zwischen 1150 und 1180 wirkte er bei verschiedenen Regenten Nordspaniens und am Hof des Grafen Raimond V. von Toulouse. Das genaue Datum und der Ort seines Todes sind unbekannt.

Werke
Peire d'Alvergne ist ein Exponent des sogenannten »Dunklen Stiles« (Trobar clus), der sich durch schwierige Wortfiguren und schwer verständliche Anspielungen und Wortbedeutungen im Vers sowie in der Musik durch eine ernste Stimmung kennzeichnet. Er hinterließ an die 20 Lieder, von denen etliche religiös sind. Melodien sind nur zwei überliefert, die jedoch durch ihren Ausdrucksreichtum bemerkenswert sind.

Literatur
R. Zenker, Die Lieder Peires d'Alvergne, Romanische Forschungen XII, 1900.

Giraut de Bornelh
(um 1138 bis um 1215)

Zeit und Umwelt
Nicht wenige Troubadours folgten der ritterlichen Pflicht, sich an Kreuzzügen zu beteiligen, und zwar nicht von einem Dienst-

Musikant, zweite Hälfte des 11. Jahrhunderts

herrn mitgeführt wie das Gesinde, sondern aus eigenem Entschluß im Gefolge eines Königs oder Herzogs. Manch einer ist dabei kämpfend gefallen.

Leben
Giraut de Bornelh (Guiraut de Borneil) ist um 1138 vermutlich in Boureix (Dordogne) geboren. Er wirkte am Hof Alfonsos II. von Aragon. Er nahm als Ritter an einem Kreuzzug teil. Die genaue Zeit und der Ort seines Todes sind nicht feststellbar.

Werke
In einer späteren und hinsichtlich des Wahrheitsgehaltes wenig verläßlichen Lebensbeschreibung wird Giraut de Bornelh als »Maestro dels trobadors« (Meister der Trouba-

doure) bezeichnet. Allein die 4 Melodien, die von ihm erhalten sind, bestätigen dieses Lob. Sie sind originell geführt und deuten den Text minutiös aus, so daß sie zu den besten der erhaltenen Troubadourgesänge gezählt werden müssen. Liedtexte von ihm sind über 70 überliefert, aber leider ohne Musik. Es handelt sich vorwiegend um Minnelieder, aber auch Sirventes (Dienstlieder, Lob oder Tadel Vorgesetzter, politische Kampflieder) und Tenzonen (Streitlieder, Dialoge) befinden sich darunter.

LITERATUR
A. Kolsen, Giraut de Bornelh, der Meister der Trobadors, Beiträge zur germanischen und romanischen Philologie VI, 1894.

Dietmar von Aist
(vor 1139 bis nach 1171)

ZEIT UND UMWELT
Im Jahre 1156 verzichtete der Babenberger Heinrich Jasomirgott auf Bayern, das Friedrich Barbarossa Heinrich dem Löwen als Lehen gab. Dafür wurde Österreich zum Herzogtum erhoben, das auf Minnesänger eine starke Anziehungskraft ausübte.

LEBEN
Dietmar von Aist ist vor 1139 in Oberösterreich geboren und gehörte dem Ritterstand an. Es ist anzunehmen, daß er sich am Babenberger Hof aufhielt. Urkunden erwähnen ihn 1171 zum letzten Mal. Zeit und Ort des Todes dieses ritterlichen Minnesängers sind unbekannt.

WERKE
Der Minnesang des Ritters Dietmar von Aist ist volksliedhaft, aber formvollendet. Er schuf das älteste Tagelied (Wächterlied). Sein Lied »Der winter waere mir ein zît« hat die Melodie des Lerchenliedes von Bernart de Ventadorn übernommen.

LITERATUR
H. Besseler, Die Musik des Mittelalters und der Renaissance, Potsdam 1931.

Herr Dietmar von Aist – Miniatur aus der Manessischen Liederhandschrift

Berenguier de Palazol
(um 1140–1208)

ZEIT UND UMWELT
Vom ältesten namentlich bekannten katalanischen Troubadour Guilhem de Berguedan (vor 1140 bis nach 1192) aus Berga sind nur Texte (22 Lieder), aber keine Musik erhalten geblieben. Sie beweisen jedoch, daß die Troubadourkunst sehr früh, aus Südfrankreich kommend, auf die Reiche südlich der Pyrenäen übergegriffen hat. Katalonien spielte nie eine so dominierende Rolle wie etwa Aragon, doch auf kulturellem Feld stand es keineswegs hinter den Nachbarreichen zurück.

LEBEN
Berenguier de Palazol ist um 1140 zu Palol bei Elne geboren. Er war ungefähr zwischen 1160 bis nach 1180 im Hofdienst in Avignon tätig. Er starb 1208. Der Ort seines Todes ist nicht bekannt.

WERKE
Von dem katalanischen Troubadour Berenguier de Palazol sind 12 Liedtexte und 8 Melodien erhalten, die einen stark pathetischen Eindruck machen. Diktion und Aussage decken sich mit der zeitgenössischen Troubadourkunst der Provenzalen.

LITERATUR
H. Anglès, La música a Catalunya fins al segle XIII, Barcelona 1935.

Bertran de Born (um 1140 bis vor 1215)

ZEIT UND UMWELT
Die Söhne König Heinrichs II. von England wandten sich gegen den Vater, weil sie sich ihre Anteile an dem Reich sichern wollten, das durch ihre Mutter Eleanore, Herzogin von Aquitanien, dem König zugefallen war. Eleanore stand auf der Seite ihrer Söhne. Damit war für Bertran de Born als provenzalischer Ritter die Stellungnahme gegen den Engländer vorgezeichnet.

LEBEN
Bertran (Bertrand) de Born wurde um 1140 auf Schloß Périgord (Born) geboren. Im Streit Heinrichs II. von England mit seinen Söhnen Richard und Heinrich stand Bertran de Born auf deren Seite und wurde dafür zum Vicomte d'Hautefort (Altafort) ernannt. Dante setzte ihn in seiner »Göttlichen Komödie« in die Hölle unter die Zwietrachtstifter. Im Jahre 1195 trat er in das Zisterzienserkloster Dalon bei Périgueux (Dordogne) ein, wo er vor 1215 starb.

WERKE
Von Bertran de Born sind 45 Lieder überliefert, die größtenteils zur Gattung der Sirventes (politische Kampflieder) gehören; die Liebeslieder sind sehr kunstvoll und leidenschaftlich. Melodie ist nur eine einzige erhalten.

LITERATUR
C. Appel, Die Lieder Bertrans von Born, Halle 1932.

Raimbaut d'Orange (um 1143–73)

ZEIT UND UMWELT
Die unabhängige Grafschaft Orange (Oranien) des 11. Jahrhunderts wurde im 12. Jahrhundert zum Fürstentum und konnte seine Freiheit bis weit in die Neuzeit behaupten. Diese Selbstbehauptung und ein beträchtlicher Reichtum verliehen dem Adel des Fürstentumes die Möglichkeit, die schweren Auseinandersetzungen in Nord- und Südfrankreich und Nordspanien als unbeteiligte Zuschauer zu erleben und sich der Ausgestaltung ihres Daseins zu widmen. An einem Fürstenhof als Troubadour zu wirken, hatte ein Edelmann aus Orange keinen Anlaß.

LEBEN
Raimbaut d'Orange wurde um 1143 in Orange geboren und verbrachte dort vermutlich sein Leben. Er stand mit den ritterlichen Troubadours Giraut de Bornelh und Peire d'Alvergne in Verbindung. Beide haben sich wahrscheinlich eine gewisse Zeit in Orange aufgehalten. Raimbaut d'Orange starb im Jahre 1173 vermutlich in Orange.

WERKE
Raimbaut d'Orange hinterließ ungefähr 40 Gedichte, davon nur eines mit Musik, das aber den Komponisten als extremen Vertreter des »Reichen Stiles« (Trobar ric – bis zum Äußersten getriebene Kompliziertheit des Strophenbaues, schwere, seltene Reime, üppige, ausgeklügelte, aber sehr klangvolle Musik) charakterisiert.

LITERATUR
W. T. Pattison, The Life and Works of Raimbaut d'Orange, Minneapolis 1952.

Guiot de Provins
(um 1145 bis nach 1208)

ZEIT UND UMWELT
Leistungen und Erfolge der provenzalischen Troubadours fanden sofort ihre Nachahmer in Nordfrankreich durch die Trouvères, die sich der altfranzösischen Sprache bedienten. Es sind von ihnen ungefähr 2400 Gedichte und 1700 Melodien erhalten, deren Zuschreibung in vielen Fällen ebenso schwierig und ungesichert ist wie bei den erhaltenen 273 Melodien der Troubadours. Einer der prominentesten Trouvères, König Richard I. Löwenherz (8. 9. 1157 bis 6. 4. 1199), war mütterlicherseits Aquitanier und so wenig Engländer, daß er nur sechs Monate seiner Regierungszeit in seinem Land verbrachte. Von ihm sind zwei Lieder erhalten.

LEBEN
Guiot de Provins ist um 1145 in Provins geboren. Er trat als Trouvère in den Dienst des Grafen von Champagne, wo sich auch sein älterer Zeitgenosse Chrétien de Troyes aufhielt. Guiot dürfte sich an Kreuzzügen nach Palästina und Syrien beteiligt haben. Noch vor der Jahrhundertwende trat er in das Benediktinerkloster Cluny ein, wo er nach 1208 starb.

WERKE
Guiot de Provins war einer der ältesten Trouvères und wie viele von ihnen auch als Epiker und Schriftsteller tätig. Von seinem musikalischen Werk sind 6 vermutlich um 1180 entstandene Lieder erhalten, die als Beispiele früher Trouvère-Musik Interesse verdienen.

LITERATUR
Th. Gérold, La musique au moyen âge, Paris 1932.

Berngêr von Horheim
(um 1145 bis nach 1196)

ZEIT UND UMWELT
Der Babenberger Hof zu Wien war eine der ersten Stätten der Pflege des deutschen Minnesanges. Auch an den staufischen Höfen der Herzogtümer Franken und Schwaben fanden sich die Meister gerne ein. Aber nicht nur der Adel hatte eine offene Hand für die Fahrenden. Das Großbürgertum der Städte, wie Straßburg, Augsburg und vor allem Zürich, bemühte sich, es den Adeligen gleichzutun.

LEBEN
Berngêr von Horheim wurde um 1145 in Schwaben geboren und dürfte auch dort als Minnesänger gewirkt haben. Er kam auf seinen Fahrten bis nach Italien, wo sein Aufenthalt von 1194 bis 1196 verbürgt ist. Er dürfte dort noch im 12. Jahrhundert gestorben sein.

WERKE
Von Berngêr von Horheim sind 6 Lieder erhalten, die unbestreitbar eine Übernahme der Kompositionstechnik Friedrich von Hausens zeigen. Eine starke Beziehung des Meisters zur nordfranzösischen Trouvèrekunst ist ebenso deutlich erkennbar.

LITERATUR
I. Frank und W. Müller-Blattau, Trouvères und Minnesänger, Saarbrücken 1956.

Friedrich von Hausen (um 1150–90)

ZEIT UND UMWELT
Der von Kürenberg (um 1120 bis um 1160, ältester namentlich bekannter Minnesänger, Österreicher, hinterließ 15 meist einstufige Lieder, darunter das beliebte Falkenlied), Dietmar von Aist, Heinrich von Morungen (um 1140–1222, ritterlicher Dienstmann zu Meißen, dichtete und sang im französischen Stil), Heinrich von Verdeke (um 1140 bis vor 1210, wurde mit seinem Versroman Eneit für die höfische Dichtung vorbildlich), Rudolf von Fenis (vermutlich Graf Rudolf II. von Neuenburg, um 1140 bis vor 1196, erster schweizerischer Minnesänger, beeinflußt von provenzalischer Liebeslyrik) und Reinmar von Hagenau werden mit

nachgedichtet. Auch die Melodien sind von Frankreich übernommen.

LITERATUR
R. J. Rieckenberg, Leben und Stand des Minnesängers Friedrich von Hausen, Archiv für Kulturgeschichte XLIII, 1961.

Arnaut Daniel (um 1150 bis nach 1200)

ZEIT UND UMWELT
König Richard I. von England, Löwenherz, war ein Sohn Heinrichs II. und Eleanores von Aquitanien und wurde 1172 Herzog von Poitiers. Diese Umwelt brachte ihm die Troubadourkunst nahe, so daß er sie selbst in altfranzösischer Sprache in Wort und Ton ausübte. Trotz seines verräterischen und grausamen Charakters sollen seine Lieder weich und klangreich gewesen sein. Es ist aber doch bezeichnend, daß er die Freundschaft des Troubadours Arnaut Daniel, des bedeutendsten Vertreters des »Dunklen Stiles«, anscheinend vorgezogen hat.

LEBEN
Arnaut Daniel wurde um 1150 in Ribérac (Dordogne) geboren. Sein Wirken fällt in die Jahre 1180 bis 1200, ebenso seine Verbindung mit Richard Löwenherz. Das genaue Datum und der Ort seines Todes sind unbekannt.

WERKE
Der »Dunkle Stil« wurde von Arnaut Daniel bis zur Vollendung ausgebildet. Die lyrische Gedichtform Sestina (6 reimlose, sechszeilige Strophen und eine dreizeilige Schlußstrophe, wobei die 6 Schlußwörter der jambischen Verse der 1. Strophe am Zeilenschluß aller anderen Strophen wiederholt werden), die Daniel geschaffen hatte, wurde bis in das 19. Jahrhundert gepflegt. Es sind 18 solche Gedichte erhalten, aber nur 2 Melodien, die aber zeigen, wie der Dichter-Komponist den Ton mit dem Vers eng verschmolz.

LITERATUR
K. Vossler, Die Dichtungen der Trobadors, Leipzig 1940.

Herr Heinrich von Morungen – Miniatur aus der Manessischen Liederhandschrift

Friedrich von Hausen zu den älteren Minnesängern gerechnet. Sie waren Adelige wie ihre französischen Vorbilder, an die sie sich stark mit Wort, Ton und Aussage anlehnten.

LEBEN
Friedrich von Hausen (Husen) wurde um 1150 in Rheinfranken geboren und stand mit dem Erzbischof von Mainz in Verbindung. Er nahm im Gefolge des Kaisers Friedrich Barbarossa am III. Kreuzzug teil und fiel bei Philomelium (Kleinasien) am 6. 5. 1190.

WERKE
Von Friedrich von Hausen sind 15 Lieder erhalten, 5 davon sind französischen Vorlagen

Arnaut de Mareuil
(um 1150 bis nach 1200)

Zeit und Umwelt
Die Entfernungen von Stadt zu Stadt, von Land zu Land waren bei den Verkehrsmöglichkeiten des 12. Jahrhunderts und noch lange danach sehr groß. Es ist daher erstaunlich, wie rasch Gedichte und Lieder sich verbreiteten und, falls neue Formen auftauchten, nahezu simultan ihre Nachahmer fanden. Das »Ensenhamen« (Lehrgedicht) ist in der zweiten Hälfte des 12. Jahrhunderts entstanden und vielleicht von Arnaut de Mareuil erfunden worden. Sehr bald bemächtigten sich Trouvères dieser Kunstform, und wenig später kehrte sie bei den deutschen Minnesängern ein.

Leben
Arnaut de Mareuil (Maroill) wurde um 1150 in Mareuil-sur-Belle (Dordogne) geboren. Über seinen Lebenslauf wissen wir nichts. Sein Wirken fiel in die letzten drei Jahrzehnte des 12. Jahrhunderts, dessen Ende er überlebt haben dürfte. Näheres über Zeit und Ort seines Todes ist nicht feststellbar.

Werke
Von Arnaut de Mareuil stammt das älteste bekannte Ensenhamen, eine Lehrgedichtsform mit sozialkritischen Tendenzen. Überliefert sind von ihm 26 Liedertexte (Kanzonen, Liebeslieder, ein Ensenhamen) mit 6 Melodien im »Leichten Stil« (Trobar leu), was besagt, daß sie leicht faßlich und sangbar sind.

Literatur
R. C. Johnston, Les poésies lyriques du troubadour Arnaut de Mareuil.

Rigaut de Barbezieux
(um 1150 bis nach 1210)

Zeit und Umwelt
Die alte französische Provinz Angoumois war in den Zeiten des französischen Feudalismus in der Hand der Grafen von Angoulême. Dann wurde sie Aquitanien angegliedert und mußte das Schicksal dieses Landes teilen, das durch die zweimalige Heirat Eleanores von Aquitanien zuerst dem französischen König Ludwig VII. und sodann König Heinrich II. von England zugefallen war. Es wurde von Poitiers aus regiert, wo es für Trouvères und Troubadours immer offene Türen gab.

Leben
Rigaut de Barbezieux wurde um 1150 in Barbezieux geboren und wirkte als provenzalischer Troubadour vermutlich zwischen 1170 und 1210 in Poitiers. Zeit und Ort seines Todes sind nicht feststellbar.

Werke
Die fünf von Rigaut de Barbezieux überlieferten Gedichte mit Musik lassen eine gewisse Beziehung zu Jaufré Rudel ahnen. Jedenfalls wird sein Bestreben deutlich, sich von den konventionellen Traditionen des höfischen Gesanges zu lösen und eine persönliche Einstellung zur Umwelt deutlich zu machen.

Literatur
R. Lejeune, Le troubadour Rigaut de Barbezieux, Saarbrücken 1957.

Beatrix Comtessa de Dia
(um 1150 bis nach 1200)

Zeit und Umwelt
Es ist ein Gradmesser für das kulturelle Niveau eines Volkes, wie weit die Frauen in die geistigen Bezirke des Lebens eindringen. Wenn wir keine anderen Beweise für die Hochblüte der provenzalischen Kultur besäßen, würde die Tatsache genügen, daß es eine beträchtliche Anzahl Frauen gegeben hat, die als Trobairitz dichteten und sangen und die gleiche Wertschätzung genossen wie die männlichen Troubadours.

Leben
Beatrix Comtessa de Dia wurde um 1150 vermutlich im Bereich von Toulouse gebo-

ren. Über ihr Leben ist nur bekannt, daß sie als Persönlichkeit und als Dichterin und Komponistin allgemein hochgeschätzt wurde. Sie dürfte erst nach 1200 gestorben sein.

WERKE
Von Comtessa de Dia sind mehrere Texte überliefert, die von verschiedenen Troubadours in Musik gesetzt wurden, außerdem eine Reihe von Liedern (Cansós), bei denen Text und Musik von ihr selbst verfaßt wurden.

Vida de Comtessa de Dia (Biographie der Comtessa de Dia)
Dem Vortrag von Troubadourliedern wurde oft vom Verfasser selbst oder von einem Ménestrel als Einleitung eine Biographie vorangestellt, in der Dichtung und Wahrheit gemischt waren, und zwar in den meisten Fällen in einem Verhältnis, daß für Wahrheiten kaum Raum blieb. Auch die Vida wurde in der Regel gesungen oder mindestens zur Instrumentalmusik deklamiert.
Beatrix, Comtessa de Dia, eine schöne und edle Dame, war die Frau des Guilhem de Peiteus. Sie verliebte sich in Raimbaud d'Orange und dichtete für ihn viele vorzügliche und schöne Chansons, die Sie nun hier hören können.

Ich muß singen, obwohl ich nicht will. Text und Musik von Comtessa de Dia
Ich muß davon singen, obwohl ich nicht will, so sehr sehne ich mich nach dem, dessen Liebste ich bin, denn ich liebe ihn mehr als alles, das es gibt. Bei ihm gelten aber Zuneigung und Höflichkeit, meine Schönheit, meine Tugend und mein Verstand nichts. Ich werde im Gegenteil hintergangen und betrogen, was ich doch nur verdiente, wenn ich abweisend wäre.
Ich muß mich damit trösten, daß ich es Euch gegenüber nie an etwas fehlen habe lassen, lieber Freund, denn ich liebe Euch mehr als Seguis seine Valensa. Ich freue mich, daß ich Euch in der Liebe übertreffe, mein Freund, denn Ihr seid der Tapferste. Mir gegenüber seid Ihr in Wort und Tat stolz und doch großmütig zu allen anderen Leuten.
Ich verwundere mich über Euren Stolz gegen mich, mein Freund, ich habe Grund, mich zu beklagen. Es ist nicht recht, daß eine andere Liebe Euch mir raubt, gleichgültig, was ich sage und gewähre. Erinnert Euch, wie unsere Liebe begann. Gott soll nicht zulassen, daß ich Schuld an unserer Trennung sei!

Höfisches Musizieren – Miniatur aus dem 12. Jahrhundert

Azalais de Porcairagas
(um 1150 bis um 1200)

ZEIT UND UMWELT
Aus der 2. Hälfte des 12. Jahrhunderts sind die meisten der Trobairitz überliefert. Das hängt vermutlich damit zusammen, daß die kulturelle Entwicklung Südfrankreichs noch einigermaßen störungslos verlaufen konnte. Es war auch die Zeit der Hochblüte der Troubadourkunst überhaupt. Erst das folgende Jahrhundert brachte die Katastrophe, die alles beendete.

LEBEN
Azalais de Porcairagas (Porcauragues) wurde um 1150 vermutlich bei Montpellier gebo-

ren und wirkte zumindest zeitweise am Hof des Grafen von Montpellier. Sie dürfte in dieser Stadt auch um die Wende zum folgenden Jahrhundert gestorben sein.

WERKE
Es sind nur wenige Lieder von Azalais de Porcairagas überliefert, die aber die hohen Fähigkeiten dieser Dichterin und Komponistin deutlich werden lassen. Ihre Verse sind von einer auffallenden Schönheit, so daß sie bereits für sich allein wie Musik klingen.

Vida de Azalais de Porcairagas (Biographie von Azalais de Porcairagas)
   Azalais de Porcairagas war eine edle und gelehrte Dame aus der Gegend von Montpellier. Sie verliebte sich in Gui Guerrejat, den Bruder von Guilhem de Montpellier. Und die Dame, die eine Trobairitz war, fand für ihn viele Chansons von Wert.

Nun ist die Zeit der Kälte gekommen
   Nun ist die Zeit der Kälte gekommen, des Frostes, des Schnees und des Morastes. Die Vögel sind verstummt, keiner mehr versucht zu singen. Die Zweige hängen dürr von den Bäumen, an denen es weder Blätter noch Blüten gibt. Auch die Nachtigall schlägt nicht mehr, die uns jedes Jahr im Mai den Frühling verkündete.
   Nun geht das Gedicht in die Klage um den Verlust des Geliebten über:
   Mein Herz ist so enttäuscht, daß mich nichts mehr berührt. Ich weiß, daß ich den Mann verlor, rascher als ich ihn gewann... Eine Frau, die ihre Liebe einem reichen Mann, der mehr ist als ein Vasall, anvertraut, ist dumm.
   Sie verläßt Orange.
   Hier verlor ich den Mann meines Lebens. Ich werde immer in Trauer daran denken.

Leoninus (um 1150 bis um 1210)

ZEIT UND UMWELT
Die Notre-Dame-Schule in Paris wurde in der 2. Hälfte des 12. Jahrhunderts zum Schauplatz einer der wichtigsten Phasen der Musikgeschichte. Die bisher vorwiegend nur klösterlich gepflegte Mehrstimmigkeit trat in Paris an die Öffentlichkeit und wurde ab diesem Zeitpunkt von allen Kathedralen und größeren Klöstern Frankreichs, Spaniens und Englands übernommen. Sie war nicht mehr nur ein Bestandteil der Tropen und Sequenzen, weil man auch den gesamten liturgischen (bisher gregorianischen) Gesang mehrstimmig komponierte. Die Mehrstimmigkeit des Organum (lineare Mehrstimmigkeit in Quarten- oder Quintenabständen) und der Conductus (mehrstimmiger Gesang mit führender Tenorlinie und zumeist profaner Musik entnommenen Unterstimmen) wurden von der sakralen Musik voll akzeptiert.

LEBEN
Über Magister Leoninus ist nur bekannt, daß er in der 2. Hälfte des 12. Jahrhunderts an Notre-Dame zu Paris als Organist und Musikmeister wirkte. Man darf sein Schaffen vermutlich zwischen 1180 und 1210 ansetzen. Sein Name wird in einer anonymen englischen Schrift erwähnt, die besagt: »...Magister Leoninus soll der beste Organist gewesen sein, der einen Magnus Liber (Großes Buch) mit Organumkompositionen von Gradualien und Antiphonen für den Kirchendienst komponiert hat...«

WERKE
Leoninus verwendete nicht wie bisher üblich Tropen- und Sequenzmelodien als Cantus firmi (Cantus firmus, feste, im mehrstimmigen Gesang absolute Priorität beanspruchende Melodie), sondern legte bei syllabisch textierten Partien auf jeden Ton ausgedehnte Melismen (Organumpartien) und bei ursprünglich melismatischen Partien nur kurze Oberstimmenphrasen (Diskant-Partien) darüber. Der »Magnus Liber Organi« brachte 32 Organa »de antiphonario«, 3 reguläre Organa und 60 Organa de Graduali; die Zyklen sind dem Kirchenjahr entsprechend geordnet und für zwei Stimmen geschrieben. Es liegen auch kürzere Fassungen davon vor.

LITERATUR
Fr. Ludwig, Die liturgischen Organa Leonins und Perotins, Leipzig 1909.

Jean de Braine (um 1150–1239)

ZEIT UND UMWELT
Der Kapetinger Pierre de Dreux erhielt Alix, die Schwester des Herzogs der Bretagne Arthur I. (1187–1203), über Anordnung des französischen Königs Philipp Augustus zur Gemahlin. Daher wurde Pierre nach der Ermordung Arthurs durch den englischen König Johann (1167–1216) Herzog der Bretagne. Dadurch kam es zu einer engen politischen und kulturellen Verbindung des Herzogtums mit der französischen Krone, bis es ihr ungefähr 300 Jahre später als Erbe zufiel.

LEBEN
Herzog Jean de Braine, Bruder des Herzogs Pierre de Dreux, wurde in der Bretagne um 1150 geboren und wirkte an dessen Hof als Trouvère bis zu seinem Tod im Jahre 1239.

WERKE
Von den Werken des Herzogs de Braine sind 3 Chansons mit ihren Melodien erhalten; sie zeigen die Trouvèrekunst in ihren Anfängen. Das Sprachliche überwiegt das Musikalische, denn der Trouvère war in den meisten Fällen vor allem Dichter und erst dann Komponist. Dennoch haben uns auch die Trouvères Melodien von seltener Schönheit hinterlassen.

Blondel de Nesle
(um 1155 bis nach 1200)

ZEIT UND UMWELT
Arnaut Daniel war nicht der einzige Sänger und Dichter aus der Umgebung von Richard Löwenherz. Jedenfalls ist er nicht auf die Suche nach dem König gegangen, als dieser auf der Rückreise von Kleinasien 1192 verschwand. Nach der Legende war es der französische Trouvère Blondel de Nesle, der von Burg zu Burg wanderte und sein Lied erklingen ließ, bis der in Gefangenschaft gehaltene König entdeckt war.

LEBEN
Blondel de Nesle wurde um 1155 in Nesle (Somme) geboren. Von seinem Leben ist nahezu nichts bekannt. Er dürfte sich, zumindest zeitweilig, in der Umgebung des englischen Königs Richard I. Löwenherz aufgehalten und ihn überlebt haben.

WERKE
Blondel de Nesle ist den Trouvères zuzurechnen, weil er sich bei seinen zahlreichen Liedern der altfranzösischen Sprache bediente. Seine Beliebtheit bei den Zeitgenossen kann man aus der Menge der erhaltenen Originalkompositionen und deren häufige Verwendung als Kontrafakta (Unterlegung anderer Texte) ersehen. Sein Stil ist für die ältere Trouvèrekunst bezeichnend, der noch viel von der Färbigkeit und Lebendigkeit der Troubadours anhaftete.

LITERATUR
F. Marshall, Les poésies de Blondel de Nesle, Paris 1958.

Hugues de Berzé (um 1155 bis vor 1220)

ZEIT UND UMWELT
Die Trouvèrekunst war vorwiegend im Norden und Osten Frankreichs beheimatet. Ihre hauptsächlichsten Zentren waren die Höfe von Champagne (Eleanore von Poitiers, Enkelin des ersten Troubadours Guillaume d'Aquitaine IX., berief zahlreiche provenzalische Dichter an ihren Hof), von Blois und von Flandern sowie die Stadt Arras, wogegen der französische Königshof kaum Interesse an der Kunst der Trouvères hatte. Die Trouvèrekunst war wie die der Troubadours zumindest in ihrer Hochblüte vorwiegend eine Kunst des Adels. Doch zeigten sich bald, dem Charakter der Nordfranzosen entsprechend, Ansätze einer Organisation. Es ist alles weit geordneter, weniger abenteuerlich und improvisatorisch. Diesem Zug kam nicht wenig der Umstand entgegen, daß die Trouvèrekunst mehr literarischer Natur war. Die Epik nahm einen breiten Raum ein und wurde hoch entwickelt. Die Sprache, das Altfranzösische, bildete sich zur Schriftsprache aus, während das wohl klangvollere,

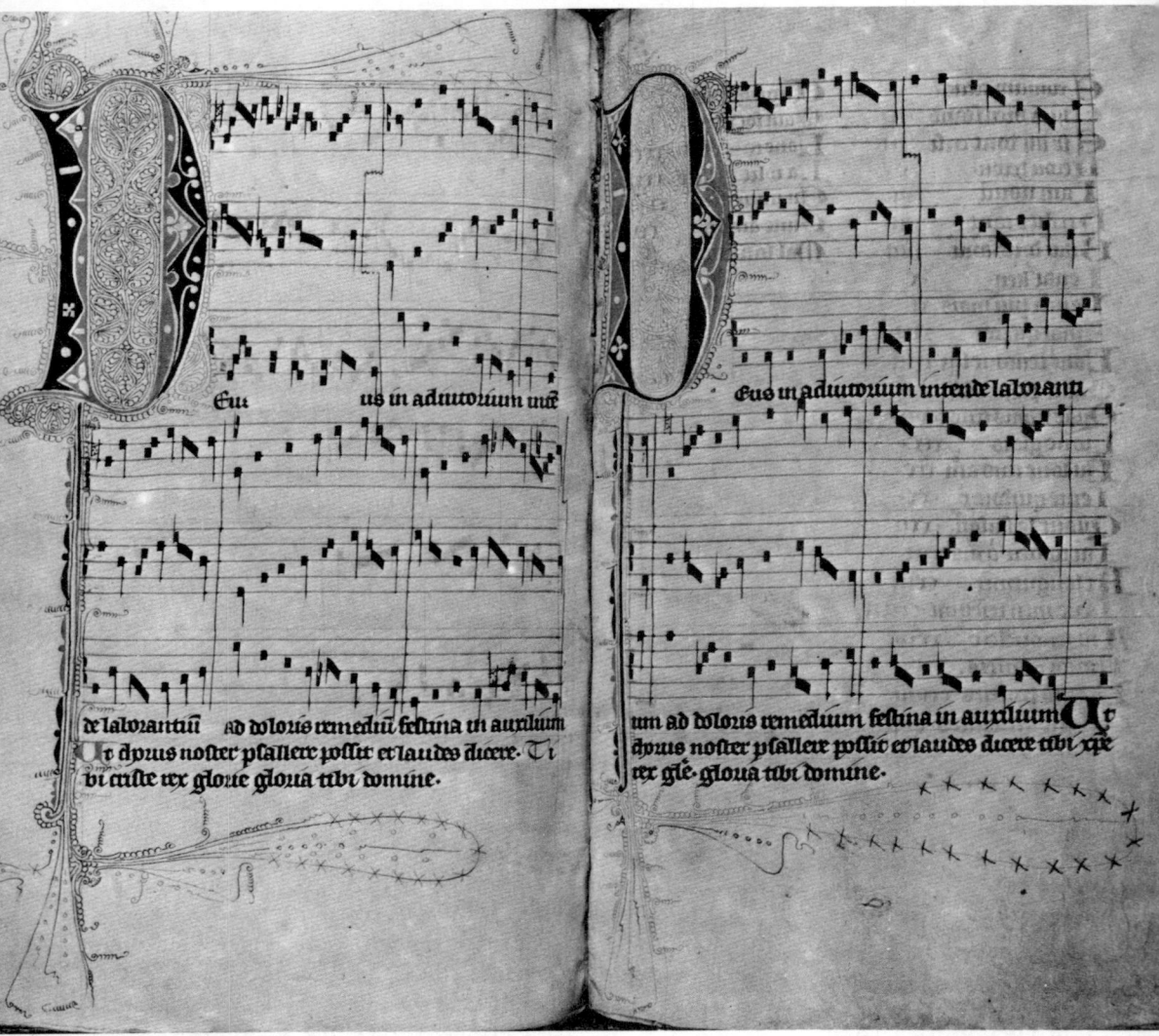

Choralnotierung aus dem 12. Jahrhundert

plastischere Provenzalisch eine Volkssprache war und blieb.

Leben
Hugues de Berzé (Hugues IV., seigneur de Berzé-le-Châtel) wurde um 1155 in Berzé-le-Châtel (Saône-et-Loire), also in Burgund, geboren. Seine Wirkungszeit, vermutlich am burgundischen Hof, ist in die Jahre 1180 bis 1220 einzuordnen. Er nahm am IV. Kreuzzug im ritterlichen Gefolge teil. Ort und Zeit seines Todes sind nicht bekannt.

Werke
Auf dem literarischen Sektor hat Hugues de Berzé eine gereimte Versdichtung (Bible au seigneur de Berzé) hinterlassen. Von seiner Lyrik sind 8 Liedertexte, zum Teil mit Melodien, erhalten. Die straffere, zum Teil auch ernstere Fassung dieser Lieder tritt besonders deutlich hervor, wenn man sie mit den fröhlichen Weisen von Blondel de Nesle vergleicht.

Literatur
Fr. Gennrich, Troubadours, Trouvères, Minne- und Meistergesang, Köln 1951.

Raimbaud de Vaqueiras
(um 1155–1207)

Zeit und Umwelt
Im 12. Jahrhundert wurde Montferrat (zwischen Turin und Alessandria) von den Herzögen Aleramici regiert. So klein und wenig bedeutend das Herzogtum war, so einflußreich vermochte die regierende Familie durch Ehen und geschickte Parteinahme ihre Stellung in der großen Politik der Zeit zu gestalten. Conrado Aleramici (gestorben 1192) wurde König von Jerusalem, sein Bruder Bonifatius I. (gestorben 1207) König von Saloniki.

Leben
Raimbaud de Vaqueiras wurde um 1155 geboren. Über die Herkunft ist nichts bekannt, außer daß er den größten Teil seines Lebens am Hof des Herzogs von Montferrat Bonifatius I., der selbst Schöngeist und Poet war, verbrachte. Er begleitete den Herzog 1202 auf dem IV. Kreuzzug, durch den dieser König von Saloniki wurde. Er starb vermutlich im Jahre 1207. Der Ort seines Todes ist unbekannt.

Werke
Von Raimbaud de Vaqueiras sind mehr als 25 Lieder erhalten. Von den überlieferten 7 Melodien ist die Estampie (auf dem Prinzip der fortschreitenden Wiederholung beruhende Kompositionsform) Kalenda maya (1. Mai) am bekanntesten. Die Lieder zeigen deutlich italienischen Einfluß.

> *Erster Mai*
> Erster Mai ist gekommen, aber weder das junge Laub der Buchen, noch Vogelgesang, noch Gladiolenblüten können mich erfreuen, meine edle, reizende Dame, wenn ich nicht rasch von Euch höre, daß mir neue Liebesfreuden winken, wenn mich nicht die Lust zu Euch führen darf, hohe Dame, und wenn ich nicht unter den Streichen eines Eifersüchtigen zusammensinke, ehe ich Euch verlasse.
> Meine schöne Dame, Gott darf nicht zulassen, daß ein Eifersüchtiger über mich lachen kann. Schwer würde er seine Eifersucht büßen, wenn er Liebende wie uns trennte. Ich könnte nicht mehr froh sein, denn ohne Euch gäbe es für mich keine Freude. Ich würde einen Weg gehen, wo mich niemand mehr sieht, ich würde sterben an dem Tag, meine Herrin, an dem ich Euch verlöre.

Literatur
Th. G. Bergin, Raimbaldo di Vaqueiras, Florenz 1956.

Folquet de Marseille (um 1155–1231)

Zeit und Umwelt
Im Verlauf der 2. Hälfte des 12. Jahrhunderts nahm Marseille, das bisher das Ziel einer Reihe von Einfällen gewesen war, einen gewaltigen Aufschwung. Es wurde nach der Jahrhundertwende zur Republik unter einem gewählten Podesta und einem Stadtrat. Der Hafen hatte bereits in der Antike einen großen Umschlag. Die Stadt wurde wieder reich, wie sie es bereits im Altertum gewesen war. Das Bürgertum, in dessen Händen der Handel lag, konnte es dem Adel gleichtun und sich zum Kulturträger machen.

Leben
Folquet de Marseille wurde um 1155 in einer reichen Kaufmannsfamilie in Marseille geboren und verbrachte seine Jugend in dieser Stadt. Er nahm mit vielen namhaften Persönlichkeiten Südfrankreichs Verbindung auf, darunter mit dem Musiktheoretiker Johannes de Garlandia. Im Jahre 1195 trat er mit seiner Frau und seinen zwei Söhnen in das Zisterzienserkloster Toronet-en-Provence ein, wurde 1201 Abt und 1205 Bischof von Toulouse. Er gründete die Universität von Toulouse, an der Johannes de Garlandia ab 1229 lehrte. Er starb in Toulouse am 25. 12. 1231.

Werke
Folquet de Marseille hat 19 Liedertexte hinterlassen, und zwar 14 Minnelieder, 2 Kreuzzugslieder, ein Joc partit (Streitlied), eine Cobla (katalanischer Tanz) und ein Planh (Klagelied). An Melodien sind 13 erhalten, die

dem »Leichten Stil« angehören und daher gefällig und eingängig klingen.

Vida de Folquet de Marselha (Biographie des Folquet de Marseille)

Folquet war der Sohn eines Kaufmannes, der in Genova lebte und den Namen Amfós trug. Als sein Vater starb, hinterließ er ihm ein großes Vermögen. Selbst strebte er nach Tugend und Ritterlichkeit.

Er widmete seine Dienste mächtigen Adeligen und großen Herren und wollte ihnen an Großmut und Höflichkeit gleich sein, indem er viel mit ihnen verkehrte. Er genoß so die Gunst König Richards und des Grafen von Toulouse und des Herren von Barral, dem Oberhaupt von Marseille.

Er war ein ausgezeichneter Dichter und Gelehrter. Er bewarb sich um die Frau Barrals, bat sie um ihre Liebe und verfaßte Liebesgedichte.

Doch trotz seiner Bitten und Gedichte erreichte er nie ihre Gunst, denn sie wollte ihm keine Liebe schenken. Daher beklagt er in seinen Liedern immer seine Liebe.

Dann traf es sich, daß die Frau starb. Und es starben auch Barral, ihr Gemahl, und Herr von Folquet und der gute König Richard und der gute Graf Raimond von Tolosa und König Alfonso von Aragón.

Und Folquet entsagte aus Trauer wegen des Todes der Frau und der Fürsten der Welt.

Er trat mit seiner Frau und den Söhnen, die er hatte, dem Zisterzienserorden bei. Und Folquet wurde Abt einer reichen Abtei, die in der Provence ist und Thoronet hieß.

Und dann wurde Folquet Bischof von Tolosa. Und in Tolosa starb er.

LITERATUR

St. Strónski, Le Troubadour Folquet de Marseille, Krakau 1910.

Gace Brulé (um 1159 bis nach 1212)

Zeit und Umwelt

Wenn auch die ritterlichen Sänger als Repräsentanten ihrer Familie und ihres Landes zum Kampf für die Christenheit gegen die Ungläubigen gezogen sind und nicht als Spielleute und Zuseher, so kamen sie doch mit der Kultur der Gebiete, die sie unterwerfen wollten, in Berührung wie auch mit deren Musik. Die Auszierung und Chromatik orientalischer Melodien konnten nicht ohne Einfluß bleiben, auch wenn er sich nicht offenbar, sondern in kleinen Nebenphrasen der Melodie und geziertem Ausdruck der Verse auswirkte.

Leben

Monseigneur Gace Brulé ist um 1159 vermutlich zu Nanteuil-lès-Meaux (Seine-et-Marne) geboren. Der nordfranzösische Trouvère hielt sich einige Zeit am Hof von Marie de Champagne (Tochter Eleanores d'Aquitaine) auf und beteiligte sich am III. und IV. Kreuzzug. Er starb nach 1212 an einem unbekannten Ort.

Werke

Gace Brulé zählte zu den bedeutendsten Lyrikern seiner Zeit. Über 80 Liedtexte, davon 57 mit Melodien (einige in mehreren Fassungen), sind von ihm überliefert. Seine Kompositionstechnik bildete den Höhepunkt der Trouvèrekunst, die nie den farbigen Klang der Troubadours, dafür aber eine formvollendete Ausdeutung der eleganten Verse erreichte.

Literatur

G. Huet, Chansons de Gace Brulé, Paris 1902.

Guy de Coucy (um 1160–1203)

Zeit und Umwelt

An der Pariser Universität bildeten die Picarden eine gesonderte Nation, weil sich ihr Idiom noch sehr stark vom Französisch der Île-de-France abhob. Das picardische Sprachgebiet geht allerdings über die Grenzen der Landschaft weit hinaus, obwohl auch diese im Verlauf der Geschichte sehr verschieden gezogen worden sind. Politisch war das Gebiet bis in das 12. Jahrhundert in mehrere Grafschaften aufgeteilt, die Philippe II. Augustus ab 1185 unter seine Gewalt nahm, ausgenommen Ponthieu, das die Engländer bis in das 14. Jahrhundert hielten.

LEBEN

Guy de Coucy (Châtelain de Coucy, Gui de Torot, Gui de Ponceaux) wurde um 1160 in der südlichen Picardie geboren. Dieser nordfranzösische Trouvère wirkte etwa ab 1185. Er nahm am III. und IV. Kreuzzug teil und starb im Jahr 1203 vermutlich im Orient.

WERKE

Guy de Coucy hat ungefähr 30 Lieder hinterlassen; bei einigen ist die Zuordnung nicht gesichert. Die Sprache der Verse enthält manche durch die Herkunft des Dichters bedingten Wendungen. Die Musik ist etwas trocken und wenig illustrativ.

LITERATUR

F. Fath, Die Lieder des Castellans von Coucy, Heidelberg 1883.

Peirol (um 1160 bis nach 1221)

ZEIT UND UMWELT

Durch die Heirat Eleanores d'Aquitaine mit Heinrich Plantagenet (dem späteren König von England) ging die Lehenshoheit über die Grafen der Auvergne auf die englische Krone über, aber Guilhem VII. le Jeune (1145–68) verlor einen großen Teil der Grafschaft an seinen Onkel Guilhem VIII. le Vieux und behielt nur das Gebiet zwischen Allier und Coux (später Dauphiné d'Auvergne genannt), so daß das Erbe, das er seinem Sohn Dalfin d'Auvergne (d'Alvernhe) hinterließ, sehr schmal war. Die Familienstreitigkeiten der Grafen nahm der französische König zum Anlaß, einzugreifen und sich eines Großteils des Landes zu bemächtigen. Der König von England machte seine Ansprüche als Lehensherr geltend, so daß sich die Auseinandersetzungen auf höherer Ebene fortsetzten. Doch trotz aller widrigen Umstände fand Dalfin d'Auvergne (um 1160 bis 22. 3. 1235) Zeit und Muße, sich der Dichtkunst und der Komposition zu widmen. Zehn seiner zarten Lieder sind überliefert, aber ohne Musik. Enge Freundschaft verband ihn mit Gaucelm Faidit und Peirol.

»Rituale Moguntinum« – Pergamenthandschrift aus dem 12. Jahrhundert

LEBEN

Peirol ist um 1160 in Perol (Auvergne) geboren. Der provenzalische Troubadour wurde von Dalfin d'Auvergne stark protegiert. Er starb nach dem Jahr 1221. Der Ort seines Todes ist nicht feststellbar.

WERKE

Von Peirol sind ungefähr 32 Gedichte erhalten. Darunter befinden sich bei 25 Cansos (Lieder), 3 Tensos (Streitgedichte, eines gemeinsam mit Dalfin d'Auvergne und Gaucelm Faidit) und 2 Kreuzzugslieder (von 1188 und 1221). Zu 17 Dichtungen wurde uns auch die Musik überliefert. Sie gehört dem »Leichten Stil« an und war von den Zeitgenossen sehr geschätzt.

LITERATUR
M. L. Switten, Text and Melody in Perols Cansons, Publications of the Modern Language Association of America LXXVI, 1961.

Raimond de Miraval
(um 1160 bis nach 1229)

ZEIT UND UMWELT
Die Grafschaft Toulouse stellte im 12. Jahrhundert den Prototyp ungeschmälerter Feudalherrschaft dar. Die Grafen waren praktisch souverän, wenn sich auch Anzeichen der zukünftigen Konzentration der Macht in weiteren Staatsverbänden bemerkbar machten. Raimond VI. von Toulouse, der seinem Vater Raimond V. 1194 folgte, war einer der letzten souveränen Grafen. Er war bereits zu schwach, sich gegen Simon de Montfort zur Wehr zu setzen, und mußte dem Führer des Albigenserkreuzzuges für mehrere Jahre die Regierung überlassen. Sein Nachfolger Raimond VII. übergab die Grafschaft seinem Schwiegersohn Alphonse de Poitiers, nach dessen Tod Toulouse an die französische Krone fiel. Mit dem Ende des Feudalismus hörte auch der Troubadourgesang auf, denn er war mit wenigen Ausnahmen die künstlerische Äußerung eines freien Adelsstandes.

LEBEN
Raimond de Miraval wurde um 1160 in Miraval-Cabardès bei Carcassonne geboren. Eine Reihe Adeliger des Languedoc, wie besonders Raimond VI. von Toulouse, dann Peire II. von Aragon und Uc de Mataplana, gewährten ihm Freundschaft und Förderung. Er starb nach 1229. Der Ort seines Todes ist nicht bekannt.

WERKE
Raimond de Miraval hinterließ die Texte zu 37 Cansos (Lieder) und 5 Sirventes (Dienstlieder). Zu 22 Stücken ist uns die Musik überliefert, die sich stark an katalanische und spanische Vorbilder anlehnte.

LITERATUR
L.-T. Topsfield, Raimond de Miraval and the Art of Courtly Love, Modern Language Review LI, 1956.

Monge de Montaudo
(um 1160 bis um 1220)

ZEIT UND UMWELT
Otto IV. (um 1175–1218), Sohn des Welfen Heinrich des Löwen und dessen Frau Mathilda (Tochter Heinrichs II. von England), deutscher König ab 1198, Kaiser ab 1209, wuchs am Hof von Richard I. Löwenherz auf, der ihn zum Earl von York, Grafen von Poitiers und Herzog von Aquitanien machte. Daraus resultierten die Beziehungen des nachmaligen Kaisers zu den provenzalischen Troubadours und die Freundschaft zu einzelnen von ihnen, ob sie nun freie Ritter, Vasallen oder Kleriker waren.

LEBEN
Monge de Montaudo (Mönch von Montaudon) wurde um das Jahr 1160 vermutlich in Vic-sur-Sère (Dordogne) geboren. Der provenzalische Troubadour und Prior in Montaudon pflegte zu einer Reihe von Troubadours und auch mit dem späteren Kaiser Otto IV. freundschaftliche Beziehungen. Er starb um 1220 in seinem Kloster zu Montaudon.

WERKE
Der Mönch von Montaudon hat 17 Dichtungen hinterlassen, darunter 7 Cansos (Lieder), 2 Tensos (Streitlieder) und 4 Enogs (Rügelieder, Kritik an Zuständen oder Ereignissen). Melodien sind nur 2 überliefert, die, im »Leichten Stil« gehalten, sich durch große Sanglichkeit auszeichnen.

LITERATUR
C. Fabre, Le moine de Montaudon et l'empereur Othon IV., Annales du Midi XX, 1908.

Peire Vidal (um 1160 bis um 1205)

Zeit und Umwelt

Die gnostisch-manichäische Sekte der Albigenser griff in der 2. Hälfte des 12. Jahrhunderts in Südfrankreich rasch um sich. Da einzelne Verurteilungen und Verbrennungen der Ketzer nichts fruchteten, griffen Krone und Papsttum zum Verfolgungs- und Ausrottungskrieg. Toulouse hatte darunter nahezu am meisten zu leiden, weil das Heer des Albigenserkreuzzuges die Stadt mit höchster Grausamkeit verwüstete und neben den Abtrünnigen, der Gründlichkeit wegen, auch keinen rechtgläubigen Katholiken verschonte. Aber bereits vor dieser blutigen Bekehrung der Irrgläubigen lähmten einerseits die Befolgung der lebensverneinenden gnostischen Lehre, andererseits der Kampf gegen die Sektierer den normalen Lebenslauf, so daß viele die Stadt verließen.

Leben

Peire Vidal wurde um 1160 in Toulouse geboren, das er bald verließ, um in Italien und Spanien zu wirken. Es wird vermutet, daß er sich an einem Kreuzzug beteiligte, weil er um 1205 in Saloniki gestorben ist.

Werke

Peire Vidal wird zu den extremen Vertretern des »Dunklen Stiles« (Trobar clus) gerechnet. Seine Texte sind nicht nur schwer verständlich, sondern drücken eine gewisse ernste Weltabgewandtheit aus. Von den 40 überlieferten Gedichten sind 13 mit Melodien versehen.

Vida de Peire Vidal (Biographie von Peire Vidal)
Peire Vidal war aus Toulouse und Sohn eines Kürschners. Er sang besser als alle Menschen auf der Welt. Er war auch der verrückteste Mann, den es jemals gegeben hat. Aber er verstand sich gut mit den vornehmen Damen und glaubte, daß ihm alle Liebe entgegenbrachten.
Er liebte Loba de Pennautier und Madame Stephanie, die aus Sardinien war. Dann verliebte er sich neuerlich in Madame Rimbaude de Biol, Frau des Seigneur de Biol, Guilhem Rostanh. Biol liegt in der Provence in den Bergen, die die Lombardei von der Provence trennen. Loba (Wölfin) war von Pennautier. Und Peire Vidal nahm ihretwegen den Namen Lop (Wolf) an und verkleidete sich in einen Wolf. In den Bergen von Cabaret ließ er sich von den Schäfern mit Hof- und Jagdhunden verfolgen, wie man es bei einer Wolfsjagd macht. Er trug ein Wolfsfell, um den Hirten und den Hunden vorzutäuschen, daß er ein Wolf sei. Und die Schäfer jagten ihn mit den Hunden und schlugen ihn derart, daß er nahezu tot in die Wohnung von Loba de Pennautier getragen wurde.
Als sie bemerkte, daß es sich um Peire Vidal handelte, belustigte sie sich sehr wegen der Verrücktheit, die Peire Vidal aufgeführt hatte, und begann heftig zu lachen, wie auch ihr Gemahl und die anderen. Sie nahmen ihn mit großer Freude auf, und der Schloßherr ließ ihn in eine gute Kammer führen, die beste, die man auftreiben konnte. Er ließ einen Arzt holen, der ihn betreute, bis er geheilt war.
Wegen des Todes des guten Comte Raimond de

Neumen – Seite aus einem Antiphonar, Ende des 12. Jahrhunderts

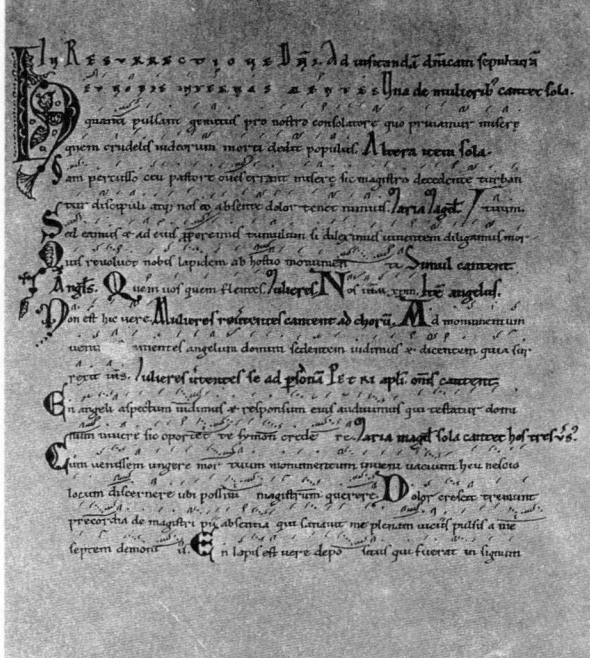

Tolosa kränkte sich Peire Vidal sehr und gab sich einer tiefen Trauer hin. Er kleidete sich schwarz und schnitt die Schwänze und die Ohren aller seiner Pferde ab. Sich und seinen Dienstleuten ließ er die Haare abschneiden, aber nicht die Bärte und nicht die Fingernägel. Und eine lange Zeit hindurch blieb er traurig und leidend.

Peire Vidal verstand sich mit Madame Azalais gut, die die Gemahlin von Barral, dem Herren von Marseille, war, und sie war ihm mehr zugetan als irgend jemandem auf der Welt wegen der herrlichen Gedichte, die er vortrug, und der großen Dummheiten, die er machte. Peire Vidal wurde am Hof und in der Wohnung von Barral öfter empfangen als irgend jemand auf der Welt.

Barral wußte sehr gut, daß sich Peire Vidal mit seiner Frau gut verstand. Das freute ihn und alle, die davon wußten. Und es gefielen ihm auch die Narreteien, die Vidal sagte und machte. Und die Frau empfand es als ein Vergnügen wie alle anderen Damen, mit denen sich Peire Vidal gut verstand. Denn jede redete schön zu ihm und versprach ihm alles, worum er bat. Und als Peire Vidal sich mit seiner Dame zerstritt, schloß Barral sofort Friede zwischen den beiden und veranlaßte seine Frau, alles zu versprechen, was Vidal erbitten wollte. Es traf sich eines Tages, daß Vidal erfuhr, daß Barral bereits aufgestanden und seine Dame allein in ihrem Gemach war. Peire Vidal trat in die Kammer, ging zum Bett der Dame und fand sie schlafend. Er beugte sich über sie und küßte ihren Mund. Sie fühlte den Kuß und glaubte, daß Barral, ihr Mann, bei ihr sei, und erhob sich lächelnd. Dann sah sie, daß es der verrückte Peire Vidal war. Nun begann sie zu schreien und großen Lärm zu schlagen.

Es kamen die Dienerinnen des Hauses, als sie die Herrin hörten, und fragten: »Was ist geschehen?«

Und Peire Vidal entfloh.

Die Frau ließ Barral holen und klagte ihm laut, daß Peire Vidal sie geküßt habe. Unter Tränen bat sie den Mann, sie zu rächen. Aber Barral, der ein tapferer und redlicher Mann war, sah das als Galanterie an, lachte und schalt seine Frau, weil sie einen solchen Lärm wegen der Handlungsweise des Verrückten veranstaltet hatte.

Er wollte sie aber nicht büßen lassen, denn er fürchtete für Peire Vidal, gegen den die Frau schwere Drohungen ausstieß. Aber Peire Vidal schiffte sich aus Furcht ein und fuhr nach Genua. Dort blieb er, bis er mit König Richard weiterreisen konnte, denn er fürchtete, daß Madame Azalais ihn würde töten lassen.

Er blieb daher lange im Ausland, denn er wagte sich nicht in die Provence zurück. Aber Barral, der ihn sehr liebte, wie bereits erzählt wurde, drang in seine Gemahlin, daß sie Vidal den Kußdiebstahl verzeihe. Endlich ließ Barral Peire zurückkommen und verständigte ihn von der Huld und der Verzeihung der Frau. Peire Vidal kehrte mit großer Freude nach Marseille zurück und wurde freudig von Barral und Madame Azalais aufgenommen. Und sie schenkte ihm den Kuß, den er ihr geraubt hatte.

LITERATUR

K. Heisig, Zur Biographie von Peire Vidal, in: Romanistisches Jahrbuch III, 1950.

Alberto di Malaspina
(um 1160 bis um 1210)

ZEIT UND UMWELT

Im 11. Jahrhundert war die Macht der Städte in Italien stark angestiegen. Die wirtschaftliche Kraft des Bürgertums legitimierte seinen Führungsanspruch. Überall traten einzelne Familien in den Vordergrund, die ihre Machtstellung weitervererbten. Kämpfe rivalisierender Familien, Gebietsstreitigkeiten der verschiedenen Städte, Verträge, Heiraten, Überfälle und Morde veränderten die Besitz- und Herrschaftsverhältnisse in kurzen Fristen. Eine Zentralgewalt gab es praktisch nicht, es herrschte das Gesetz des Stärkeren. Auch Päpste und Bischöfe standen zumeist auf einer Seite der Streitenden und konnten daher selten ausgleichend wirken. Auf der anderen Seite sind aus diesen Familien bedeutende Persönlichkeiten hervorgegangen, die, abgesehen von ihren Leistungen als Regenten, der Wissenschaft und Kunst Wege zur Entfaltung ermöglichten oder sich sogar selbst als Gelehrte oder Künstler einen Namen machten.

LEBEN

Alberto, Margravio di Malaspina, ist um 1160 im westlichen Oberitalien geboren. Er scheint innerhalb seiner Familie keine politische Stellung eingenommen zu haben, beteiligte sich jedoch zweifellos an ihren verschiedenen kriegerischen Auseinandersetzungen. Sein Wirken als Trovatore fiel in die Zeit zwischen 1180 bis 1210. Ort und Zeit seines Todes sind unbekannt.

Werke
Alberto di Malaspina hat ein Liebeslied und ein an Raimbaud de Vaqueiras gerichtetes Streitgedicht hinterlassen, in dem er sich rühmt, dessen Geliebte gewonnen zu haben, und das von den Überfällen und Räubereien bei den Kämpfen der lombardischen Stadtrepubliken berichtet. Der Stil der Musik ist stark italienisch und nähert sich der Troubadourschule in Genua.

Conon de Béthune (1160–1219)

Zeit und Umwelt
Die Seigneurs de Béthune waren seit dem 11. Jahrhundert Avoués (Vertreter und Schirmherren) der Abtei St. Vlaast zu Arras. Sie gehörten zu den großen Initiatoren der Kreuzzüge im 12. Jahrhundert, besonders des dritten und des vierten. Sie waren durch alle Generationen bis zum Ende des 18. Jahrhunderts an hohen staatlichen oder kirchlichen Stellen tätig und erhielten Grafen-, Herzogs- und Fürstentitel. Ein letzter Sproß wurde in der Großen Revolution geköpft.

Leben
Monseigneur Conon de Béthune, Sohn Roberts V. de Béthune (»Le Roux« genannt), Schirmvogt der Abtei St. Vlaast in Arras, wurde 1160 in Béthune geboren. Er nahm am III. und IV. Kreuzzug teil, wurde Seneschall und kaiserlicher Oberkämmerer und ist am 17. 12. 1219 im Orient gestorben.

Werke
Von dem nordfranzösischen Trouvère Conon de Béthune sind 11 Lieder mit Musik erhalten, darunter seine beiden Kreuzzugslieder (vermutlich von 1188), die sehr bekannt geworden sind.

Literatur
I.-M. Cluzel und L. Pressouyre, Les origines de la poésie lyrique d'oïl et les premiers trouvères, Paris 1962.

Gautier de Dargies (um 1165 bis nach 1236)

Zeit und Umwelt
Die Picardie brachte eine Reihe bedeutender Trouvères hervor, deren sprachlicher Ausdruck, Themenstellung und Versmaß um einiges mehr zur Volkspoesie tendierten als die Kunst der Meister des übrigen nordfranzösischen Gebietes. Wir dürfen annehmen, daß dies auch für die Musik zutrifft, obwohl wir die Volksmusik jener Zeit nicht kennen. Daß die Melodien volkstümlich klingen, ist auf keinen Fall zu überhören.

Leben
Monseigneur Gautier de Dargies ist um 1165 in der Picardie geboren. Wo dieser nordfranzösische Trouvère aus adeliger Familie wirkte, ist nicht bekannt, auch Ort und Zeit seines Todes sind nicht feststellbar.

Werke
Von Gautier de Dargies sind 29 Lieder überliefert, davon 19 mit ihren Melodien, die eine stark volkstümliche Linienführung aufweisen.

Literatur
G. Huet, Chansons et Descorts de Gautier de Dargies, Paris 1912.

Reinmar von Hagenau (um 1165 bis vor 1210)

Zeit und Umwelt
Die Minnesänger fanden am österreichischen Babenberger Hof stets offene Tür und offene Hand und trafen dort eben aus diesem Grund ihre Zunftgenossen aus allen Ländern deutscher Sprache. Diese Begegnungen waren für manchen sehr vorteilhaft, weil er dabei »singen und sagen« lernte.

Herr Reinmar der Alte – Miniatur aus der Manessischen Liederhandschrift

LEBEN
Reinmar von Hagenau (Reimar von Hagenau, Reinmar der Alte) wurde um 1165 in Hagenau, Elsaß, geboren. Seine Fahrten führten ihn um 1190 an den Babenberger Hof in Wien, wo er unter den Herzögen Leopold V. (1157–1194), Friedrich I. (1174 bis 1198) und Leopold VI. (1176–1230) wirkte. Walther von der Vogelweide war dort sein Schüler. Er ist in Wien vor 1210 gestorben.

WERKE
In seinen Dichtungen preist Reinmar von Hagenau die französische Courtoisie. Erhalten sind von ihm 35 Lieder. Zu einigen konnten die Melodien erschlossen werden.

Er war einer der ersten »hauptberuflichen« Minnesänger und bei seinen Zeitgenossen außerordentlich geschätzt.

LITERATUR
U. Aarburg, Melodien zum frühen deutschen Minnesang, in: Der deutsche Minnesang, Darmstadt 1961.

Perotinus Magnus (1165 bis um 1220)

ZEIT UND UMWELT
In Frankreich tobte der Kampf um das Erbe Eleanores von Aquitanien, das sie nach ihrer Scheidung von König Ludwig VII. in ihre zweite Ehe mit Heinrich von Anjou, dem späteren König Heinrich II. von England, einbrachte. Die Auseinandersetzung wurde erst unter Philipp II. Augustus zugunsten der ständig erstarkenden französischen Königsmacht entschieden; Johann von England verlor alle Lehen, die Normandie wurde erobert, im Frieden von Chinon (27. 7. 1214) verblieben Philipp alle englischen Besitzungen nördlich der Loire. Im Süden brachen die Albigenserkriege aus. Doch in Notre-Dame zu Paris, wenig berührt von Waffenlärm und theologischen Auseinandersetzungen, entstand die erste große Epoche der europäischen Musikentwicklung mit Werken, die in der ganzen damaligen Welt starke Bewunderung erregten und einen nachhaltigen Einfluß auf die Musik der kommenden Zeiten ausübten. Paris wurde zum Zentrum der Kunst des Organums, des Conductus und, in weiterer Folge, der Motette. Die neue Musik stand im engen Zusammenhang mit den zu jener Zeit erbauten Kathedralen (Chartres, Amiens, Reims, Paris), die nicht mehr ein Werk der Mönche und Klöster, sondern der Städte waren. Diese Entwicklung hatte enge Beziehung zu Dichtung und Gesang der Troubadours und Trouvères und trug zum Aufschwung der exakten Wissenschaften an der neu gegründeten Pariser Universität unendlich viel bei.

LEBEN
Perotinus (Perrotinus), mit dem Beinamen

Magnus ausgezeichnet, wurde vermutlich 1165 geboren. Über sein Leben ist nur bekannt, daß er wie der ältere Leoninus an der Notre-Dame-Schule wirkte und dessen Magnus Liber Organi weitgehend umarbeitete. Er dürfte um 1220 in Paris gestorben sein.

Werke
Der englische Anonymus, dem wir unsere kärglichen Kenntnisse über Leoninus verdanken, berichtete über Perotinus, daß er den Magnus Liber Organi verkürzt und verbessert habe und der beste »Discantor«, besser als Leoninus, gewesen sei. Derselbe Anonymus nennt als Werke des Perotinus die vierstimmigen Organa Viderunt und Sederunt, sehr viele dreistimmige Organa (darunter Alleluia posui und Nativitas) und ein-, zwei- und dreistimmige Conductus. Seine Mehrstimmigkeit ist vorwiegend statisch und spannungslos.

Literatur
H. Besseler, Die Musik des Mittelalters, Darmstadt 1964.

Jehan Bodel (1165–1210)

Zeit und Umwelt
Im 12. und 13. Jahrhundert erblühte Arras, das zur Hauptstadt der Provinz Artois geworden war, durch seine starke Wollindustrie. Der Reichtum erlaubte der Stadt ein reges gesellschaftliches und kulturelles Leben, das auch die nordfranzösischen Trouvères anzog. Wie in mehreren anderen französischen Städten kam es in Arras zur Gründung eines Wettstreitforums für Sänger und Dichter und zugleich zu einer Art Schule für Dichtkunst und Komposition, Pui d'Arras genannt. Es wurden auch bald organisatorische Ansätze bemerkbar.

Leben
Jehan Bodel (Jehans Bodeaus) wurde 1165 in Südfrankreich geboren, lebte und wirkte jedoch in Arras. Der provenzalische Troubadour starb im Februar oder März des Jahres 1210 in Beaurain.

Werke
Von Jehan Bodel sind 9 Fabeln und das Epos Chanson des Saisnes (Sachsenlied) mit nahezu 9000 Zeilen erhalten; außerdem ein Jeu de Saint Nicolas (Nikolausspiel), das zwischen 1198 und 1202 entstanden ist und entweder nach bekannten Melodien gesungen oder ohne Musik aufgeführt wurde und mit einem Te Deum abschließt. 5 Pastourellen sind mit Musik überliefert, dazu ein sehr berühmtes »Congé« (Abschiedslied), mit dem sich der an Lepra erkrankte Meister von seiner Heimat und seinen Freunden verabschiedete, ehe er sich von allen zurückzog. Ein Einfluß des Pui d'Arras auf den Troubadour ist weder sprachlich noch musikalisch bemerkbar.

Literatur
Ch. Foulon, L'œuvre de Jehan Bodel, Paris 1958.

Gaucelm Faidit (um 1170 bis um 1230)

Zeit und Umwelt
Graf Bonifatius I. von Montferrat führte den IV. Kreuzzug an, weil die Könige West- und Mitteleuropas wegen ihrer Kriege unabkömmlich waren. Es handelte sich um den letzten allgemeinen Zug nach dem Orient, der die enttäuschenden Schlappen des II. Kreuzzuges wettmachen sollte. Als Entschädigung für die Überfahrt eroberten die Kreuzfahrer die Adriastadt Zara für die Venezianer. Im Jahre 1203 nahmen die Kreuzfahrer Konstantinopel ein, um den von seinem Bruder vertriebenen Kaiser auf seinen Thron zurückzubringen. Dieser hatte versprochen, Byzanz mit der römischen Kirche wieder zu vereinen, konnte aber das Versprechen wegen des Widerstandes des Volkes nicht halten und wurde überdies neuerlich verdrängt. Daher griff das Kreuzfahrerheer die Stadt ein Jahr darauf neuerlich an, eroberte und plünderte sie, und errichtete mit Gewalt ein lateinisches Kaisertum. Der Graf, Schöngeist und Poet, wurde von Raimbaud de Vaqueiras und Gaucelm Faidit begleitet.

Leben

Gaucelm Faidit wurde um 1170 in Uzerche nahe Ventadorn (Corrèze) geboren. In seinen jungen Jahren verliebte er sich in Maria de Ventadorn und widmete ihr einige Gedichte. Es wurde über ihn berichtet, daß er keine gute Stimme gehabt habe. Und der Mönch von Montaudon, der mit der Familie Ventadorn befreundet war, läßt uns wissen, daß Gaucelm Faidit nur über einen sehr beschränkten Wirkungskreis verfügt habe. Seine Tätigkeit als Troubadour fällt in die Zeit um die Jahrhundertwende. Er hielt sich zeitweilig am Hof des Grafen Bonifatius von Montferrat auf, den er auf dem IV. Kreuzzug begleitete. Den zeitgenössischen abfälligen Urteilen über ihn steht die Tatsache gegenüber, daß er den berühmtesten Troubadour-Planctus verfaßt hat. Er ist um 1230 gestorben. Ein genaueres Datum und der Ort seines Todes sind nicht feststellbar.

Werke

Von Gaucelm Faidit sind ungefähr 79 Liedtexte bekannt, 14 davon sind mit Musik überliefert. Darunter befinden sich Kanzonen, Tenzonen und Planhs. Seine Musik ist leicht faßlich und sehr sangbar.

Planctus um den Tod König Richard Löwenherz
3 neunzeilige und eine fünfzeilige gereimte Strophe, die mit den bei einem Nekrolog üblichen Übertreibungen den Tod des Königs in einer aus Habsucht geführten Fehde (1199) beklagen. Der schwermütige Duktus der Melodie klingt etwas an den mozarabischen Kirchengesang an und drückt die Trauer unvergleichlich plastisch aus. Das Instrumentenspiel zwischen den Strophen lädt zur Meditation ein.

Literatur

J. Mouzat, Le troubadour Gaucelm Faidit en Provence, Kongreßbericht, Avignon 1964.

Gottfried von Straßburg
(um 1170 bis nach 1250)

Zeit und Umwelt

Der Zuzug aus dem Bürgertum zur Gilde

Meister Gottfried von Straßburg – Miniatur aus der Manessischen Liederhandschrift

der Trouvères kam vorwiegend, von den Klerikern abgesehen, aus dem Kaufmannsstand. Bei den Minnesängern waren es die Ministerialen, die einstimmten und es zumeist auch konnten, weil ihre Ausbildung mindestens so gut war wie die des Adels. Ein Unterschied wird aber deutlich merkbar. Die Hofbeamten, die Wort und Ton ebenso meisterhaft beherrschten wie die Ritter, kamen von der kämpferischen Thematik ab und setzten an die Stelle der ritterlichen Bewährung im Abenteuer die Macht der Liebe.

Leben

Gottfried von Straßburg wurde um 1170 in oder bei Straßburg geboren. Er war vermutlich Beamter am Straßburger Bischofshof. Obwohl nicht dem Adel zugehörend, verfügte er über eine hohe, an höfischer Kultur ausgerichtete literarische, musikalische und theologische Bildung, die ihn befähigte, sich als Dichter und Komponist bei den Zeitgenossen und der Nachwelt Geltung zu verschaffen. Er ist nach 1250 vermutlich in Straßburg gestorben.

Werke

Von Gottfried von Straßburg ist vor allem das unvollendete Versepos Tristan und Isold (mit ungefähr 20.000 Versen) erhalten geblieben, mit dem sich der Dichter unter die bedeutendsten Meister des deutschen Mittelalters einreihte. Die Sprache des Epos atmet eine feine Musikalität mit unvergleichlichen Klangspielen. Seine Lieder mit ihrer Musik sind verlorengegangen. Der Enthusiasmus und die Meisterschaft, die aus dem Epos sprechen, erlauben die Annahme, daß die Begeisterung für die Musik des Meisters voll berechtigt und ihr Einfluß auf andere Minnesänger sehr nachhaltig war.

Literatur

H. Riedel, Musik und Musikerlebnis in der erzählenden deutschen Dichtung, Bonn 1959.

Walther von der Vogelweide
(um 1170 bis nach 1230)

Zeit und Umwelt

Nach der Heirat Friedrich Barbarossas mit Beatrix von Burgund im Jahre 1156 folgte der Trouvère Guiot de Provins der Braut nach Deutschland. Damit war die Brücke zwischen Dichtung und Musik Frankreichs und Deutschlands geschlagen. Die zweite Quelle, aus der die deutschen Minnesänger schöpften, war die Gregorianik der Kirchen, die dritte das volkstümliche Singen und Musizieren und schließlich das lateinische Lied der fahrenden Schüler (Vagantenpoesie). Dazu kamen einige Troubadour- oder Trouvèremelodien auf irgendwelchen Wegen nach Deutschland und wurden dort als Kontrafakta heimisch. Auch die Textvorlagen für den Minnegesang darf man zu einem großen Teil in der Lyrik Frankreichs suchen wie auch deren Formen.

Von den meisten deutschen Minnesängern ist uns nur oder fast nur die Dichtung überliefert. Inwieweit ihre Epik gesungen worden ist, läßt sich im Einzelfall oft nur schwer entscheiden. Daß die großen Versromane, Epen, Lehrgedichte und Sprüche nie in Musik gesetzt wurden, scheint sicher zu sein. Heinrich von Morungen, Heinrich von Verdeke, Hartmann von Aue (1165 bis nach 1210), Wolfram von Eschenbach (1170 bis nach 1220) waren vor allem Dichter. Über ihre Musik wissen wir nichts. Es sind vom gesamten Minnesang wenig mehr als 200 Melodien erhalten. Darüber hinaus sind weitere durch die Meistersinger in vermutlich entstellter Form überliefert.

So vielfältig, kraftvoll und gedankentief der dichterische Gehalt des Minnesangs und der gesamten deutschen Dichtung des Mittelalters war, die Melismatik klang äußerst sparsam und sehr oft an Kirchentöne angelehnt. Die einstimmigen Melodien wurden von Fidel oder Harfe begleitet, wobei heterophone Abweichungen der Stimmen zu einer zweistimmigen Kontrapunktik nicht selten auftraten. Kleine instrumentale Vor-, Zwischen- und Nachspiele weisen bereits auf eine Ausweitung der Instrumentalmusik hin.

Leben

Walther von der Vogelweide wurde um 1170 vermutlich in Österreich geboren. Dafür, daß der Geburtsort in Südtirol zu finden sei, soll die Existenz eines »Vogelweiderhofes« als Beweis dienen, was wohl nicht ausreicht. Er entstammte wahrscheinlich dem niederen Dienstadel. 1203 wird er urkundlich als Fahrender erwähnt, dem der Bischof von Passau fünf Goldstücke für einen Mantel schenkte. Am Babenberger Hof zu Wien war er Schüler Reinmars von Hagenau. Ab 1220 war er seßhaft; der Kaiser schenkte ihm ein Lehen in oder bei Würzburg, wo er nach 1230 starb. Er soll im Kreuzgang des Würzburger Münsters begraben sein.

WERKE

Walther von der Vogelweide vollendete und überwand zugleich den konventionellen höfischen Minnesang durch persönlichen Erlebnisausdruck, Naturempfinden, Vergeistigung und Schlichtheit. Von seinen Melodien sind nur wenige erhalten, darunter das berühmte Palästinalied (Nu alêrst lebe ich mir werde), das vermutlich 1228 entstanden ist. Dazu gibt es weitere Weisen in zwei Meistersingerhandschriften; ihre ursprüngliche Gestalt ist aber nicht sicher reproduzierbar.

LITERATUR

J. A. Huisman, Neue Wege zur dichterischen und musikalischen Technik Walthers von der Vogelweide, Utrecht 1950.

Aimeric de Péghilhan (1170–1230)

ZEIT UND UMWELT

Trotz Lehenshoheit, trotz Zentralisierungsbestrebungen der französischen Könige waren die Vizegrafen, Grafen und Herzöge Südfrankreichs nahezu unabhängig und verfügten von ihren Burgen aus ungehindert über Land und Leute in ihrem Herrschaftsbereich. Noch freier waren diese Adeligen, wenn sie ihre Burgen verließen und als fahrende Ritter durch das Land zogen. Es gab keine Burg, auf der sie nicht willkommen waren, denn sie brachten Unterhaltung durch Vers und Sang und ebenso Neuigkeiten. Sie waren dazu gleichgestellte Adelige, die man zu Tisch laden konnte, um mit ihnen einen Becher zu leeren und über große und kleine Ereignisse zu sprechen. Auch Kirchenfürsten und Klöster öffneten dem Troubadour gerne die Pforten, denn die Kunstliebe und die Freude am Schönen hatten vor den Schwellen sakraler Gebäude nicht haltgemacht. Eine Diskussion mit Männern, die die Welt gesehen hatten, konnte ein üppiges Mahl angenehm würzen. Und wenn die Fahrenden weiterzogen, weil man sie nicht mehr zu halten vermochte, aus freiem Willen heimatlos, obgleich sie eine Heimat hatten, landlos, obschon zu Hause ein Erbe wartete, dann begleitete sie der Neid der Zurückgebliebenen, die aus persönlichen, familiären oder politischen Gründen eine solche Freiheit des Körpers und des Geistes entbehren mußten.

LEBEN

Aimeric de Péghilhan wurde 1170 in Toulouse geboren. Der provenzalische Troubadour durfte sich in jungen Jahren der Förderung des Grafen Raimond V. erfreuen, der 1194 starb. Der Tod des Gönners und die sich in Toulouse immer mehr zuspitzenden Glaubenskämpfe mit den Albigensern dürften Aimeric bewogen haben, seine Heimat zu verlassen und ein ausgedehntes Wanderleben zu führen, das ihm die Bekanntschaft von vielen kunstliebenden Großen seiner Zeit eintrug. Seine dichterische Tätigkeit fällt in die Zeit zwischen 1195 und 1230. Er starb im Jahre 1230. Der Ort seines Todes ist unbekannt.

WERKE

Von Aimeric de Péghilhan sind 54 Liedtexte und 6 Melodien erhalten geblieben. Seine Musik gehört dem »Leichten Stil« an und steht den katalanischen Cansos sehr nahe.

LITERATUR

W. P. Shepard und F. M. Chambers, The Poems of Aimeric de Péghilhan, Evanstone 1950.

Perdigon (um 1175 bis vor 1250)

ZEIT UND UMWELT

Das Provenzalische, die Sprache der Troubadours, war nicht auf die Provence beschränkt. Es war zur literarischen Umgangssprache des gesamten Südens des Landes geworden. Dazu sind zahlreiche provenzalische Lieder der Troubadours außerhalb Südfrankreichs entstanden, weil die Troubadours oft weit reisten. Überdies gab es unter den Troubadours auch Katalanen und Italiener. In Genua wurde zu Beginn des 13. Jahrhunderts eine Dichter- und Komponistenschule für den Troubadourgesang gegründet. Das reiche Bürgertum der Seestadt wollte nicht hinter den Städten des Nachbarlandes zurückstehen. Der Genuese Lanfranc Cigala (um 1200 bis vor 1258) zum Beispiel, von dem an die 30 Liedertexte, aber keine Musik bekannt sind, ist aus der Troubadourschule seiner Vaterstadt hervorgegangen. Viel zu dieser Entwicklung haben ohne Zweifel die kunstliebenden Grafen von Montferrat, das nicht weit von Genua liegt, beigetragen. Bei Bonifatius I. haben sich außer Raimbaud de Vaqueiras und Gaucelm Faidit auch noch andere Troubadours eingefunden.

LEBEN

Von Perdigon, der um 1175 geboren wurde, sind keinerlei biographische Informationen bekannt geworden. Man vermutete, daß er Zisterziensermönch in Aiguebelle (Var) gewesen sei. Schlüssige Beweise dafür liegen jedoch keine vor. Sein Wirken fiel ungefähr in den Beginn des 13. Jahrhunderts. Ein längerer Aufenthalt am Hof Montferrat wird vermutet. Jedenfalls war er mit Raimbaud de Vaqueiras und Gaucelm Faidit bekannt. Daten über seinen Tod gibt es nicht.

WERKE

Perdigon wurden 15 Texte zugeschrieben, darunter 7 Cansos und 3 Tensos. Die Musik zu drei Stücken ist erhalten. Sie ist im Gegensatz zu der von Gaucelm Faidit mehr an Kirchenmodi angelehnt.

LITERATUR

E. Höpfner, La biographie de Perdigon, in: Romania LIII, 1927.

Gautier de Coinci (um 1178 bis 1236)

ZEIT UND UMWELT

Die picardische Stadt Soissons samt Umgebung wechselte seit der Jahrtausendwende in rascher Folge mehrmals das regierende Grafengeschlecht und im Verlauf des englisch-französischen Krieges auch die Lehenshoheit. Kirchlich spielte die Stadt durch mehrere Synoden eine gewisse Rolle, besonders durch die des Jahres 1121, auf der Abélard wegen seiner Lehrmeinungen verurteilt und gezwungen wurde, sie zurückzuziehen. Das Benediktinerkloster Saint-Métard (gegründet um 560) war im Mittelalter und auch noch später eines der wichtigsten Zentren des religiösen Lebens der Picardie.

LEBEN

Gautier de Coinci wurde um 1178 in Coinci (Aisne) geboren und trat 1193 in das Kloster Saint-Métard ein. Im Jahre 1214 bekleidete er die Stellung eines Priors des Klosters Vic-sur-Aisne (bei Soissons), 1233 wurde er zum Großprior in Saint-Métard ernannt, wo er am 25. 9. 1236 starb.

WERKE

Der altfranzösische Dichter Gautier de Coinci verfaßte eine französische Bearbeitung lateinischer Marienlegenden mit ungefähr 30.000 Versen, in die er Lieder einlegte. Es sind 37 dieser Gesänge bekannt, die den laufenden Text der »Miracles Nostre-Dame« (Wunder Unserer Lieben Frau) unterbrachen und vermutlich bei Lesungen gesungen wurden. Sie stellen thematisch eine Nachahmung ähnlicher lateinischer Lieder dar, leiten sich jedoch formal von der Volkspoesie ab. Die Melodien sind vermutlich keine Originale, sondern Kontrafakta weltlicher Lieder und geben über die altfranzösische Volksmusik interessante Aufschlüsse.

LITERATUR

Fr. Gennrich, Troubadours, Trouvères, Minne- und Meistergesang, Köln 1951.

Neidhardt von Reuenthal
(um 1180 bis um 1240)

ZEIT UND UMWELT

Das Erstarken des städtischen Bürgertums im süddeutsch-österreichischen Raum brachte ihm auch ein gewisses Mitspracherecht auf geistiger Ebene, so daß der gehobene ritterliche Minnesang sich zu Konzessionen bereit finden mußte. Volkstümliche Melodien, Anklänge an den Vagantengesang, Bauerntanzweisen verwischten die Grenzen zwischen höfischem Singen und Sagen und bürger-

Herr Neidhart – Miniatur aus der Manessischen Liederhandschrift

lichem Vergnügen. Die Minne wird nicht mehr als sittliche Macht, sondern als sinnliche Erfüllung gefeiert. Neidhardt wurde daher sehr viel nachgeahmt, so daß nicht wenige Lieder unter seinem Namen liefen, die nicht von seiner Hand stammen. »Neidhardte« wurden zum Gattungsbegriff und er selbst später zur Figur des deutschen Fastnachtsspieles.

LEBEN

Neidhardt von Reuenthal (Neithart von Reuental) wurde um 1180 geboren. Er lebte zuerst am bayrischen, sodann am österreichischen Hof und starb um 1240.

WERKE

Neidhardt von Reuenthal ist neben Walther von der Vogelweide einer der ältesten deutschen Dichter, von dem Gedichte mit Melodien erhalten geblieben sind. Es liegen zahlreiche Lieder verschiedener Gattung vor, die wegen ihrer Frische, Herbheit und Komplikationslosigkeit sehr ansprechend sind. Bei einzelnen ist die Entscheidung, ob es sich um Nachahmungen oder Originale handelt, sehr schwierig.

LITERATUR

Kl. H. Kohrs, Zum Verhältnis von Sprache und Musik in den Liedern Neidhardts von Reuenthal, Vierteljahresschrift zur Literaturwissenschaft und Geistesgeschichte XLIII, 1969.

Peire Raimon de Toloza
(um 1180 bis nach 1230)

ZEIT UND UMWELT

Die italienische Adelsfamilie Malaspina, die vermutlich von dem Markgrafen Otbert II. (11. Jahrhundert) abstammte, verfügte im 12. Jahrhundert über ausgedehnte Gebiete im westlichen Apennin, wo sie sich wegen des gebirgigen Terrains erfolgreich gegen die Zugriffe von seiten Genuas und Piacenzas zur Wehr setzen konnte. Die Malaspina luden Troubadours ein und trugen dadurch viel zur gegenseitigen Befruchtung des italienischen Stils und der Musik der Provenzalen bei.

LEBEN

Peire Raimon de Toloza dürfte um 1180 in Toulouse geboren sein. Sein erstes Auftreten als Troubadour fand in Spanien statt, wo er an verschiedenen Höfen seine Kunst zeigte. Darauf wanderte er in Südfrankreich von Hof zu Hof, bis er in Italien am Hof der Grafen von Malaspina eine bleibende Stätte fand. Wo und wann er gestorben ist, kann nicht festgestellt werden.

WERKE

Von den 20 Liedern, die Peire Raimon de

Toloza zugeschrieben werden können, ist nur eines mit Musik überliefert. Es zeigt aber deutlich den Einfluß des italienischen Stilo dolce nuovo (Neuer süßer Stil), der überhaupt stark auf die Ausformung der Troubadourmusik gewirkt hat.

LITERATUR
J. Anglade, Poésies du troubadour Peire Raimon de Toloza, Toulouse 1919.

Gautier d'Espinal
(um 1180 bis nach 1230)

ZEIT UND UMWELT
Épinal an der Mosel ist rund um ein von Thiery de Hamelant, Bischof von Metz, im 10. Jahrhundert gegründetes Kloster entstanden. Im 12. Jahrhundert geriet die Stadt in die Hand der Lothringer und erhielt dadurch kulturellen Anschluß an Deutschland und an das nördliche Frankreich.

LEBEN
Der nordfranzösische Trouvère Gautier d'Espinal dürfte um 1180 in Épinal (Vosges) geboren sein. Über seine Person und seine Lebensumstände ist nichts bekannt. Man kennt auch den Ort seines Wirkens nicht. Ebensowenig konnte festgestellt werden, wo und wann er gestorben ist.

WERKE
Gautier d'Espinal hat 16 Lieder hinterlassen, deren Musik wie eine Illustration zu den eleganten altfranzösischen Versen wirkt.

LITERATUR
M. de Pange, Les Lorrains et la France au moyen âge, Paris 1919.

Audefroi le Bastart
(um 1180 bis um 1250)

ZEIT UND UMWELT
Alten Publikationen von Gedichten oder Liedern des Mittelalters ist nicht selten eine umfangreiche Biographie der Autoren angefügt. Das hat sogar zu großen Biographiensammlungen geführt, die aber samt und sonders den Fehler haben, daß sie unverwendbar sind, weil nahezu nichts davon, was erzählt wird, den Tatsachen entspricht; es ist der Phantasie entsprungen. In Wahrheit wissen wir über das Leben der süd- und nordfranzösischen Meister sehr wenig oder gar nichts. Geburts- und Sterbedaten, Herkunft, Aufenthaltsorte bleiben unbekannt oder müssen mühsam nach irgendwelchen Aufzeichnungen erschlossen werden. Ebenso schwierig ist es, Melodien oder Verse einer bestimmten Persönlichkeit zuzuschreiben, weil Fehlerquellen nicht immer völlig ausgeschaltet werden können. Darüber hinaus bleiben noch genug Gedichte und Melodien übrig, deren Urheber wir überhaupt nicht kennen; sie sind auch nur ein Bruchteil dessen, was gedichtet, gesungen, nachgedichtet, nachgeahmt und eine Zeitlang von Mund zu Mund gegangen und schließlich verklungen ist. Die Annahme, daß das Beste davon aufgezeichnet und überliefert wurde, ist willkürlich. Ob ein Name bekannt, ob ein Werk erhalten geblieben, eine Handschrift nicht zugrunde gegangen ist, hing zweifellos zumeist vom Zufall oder außerkünstlerischen Umständen ab. War der Künstler Träger eines politisch wichtigen Namens, gehörte er dem höheren Klerus an, so lebte er in Chroniken weiter, sonst jedoch wurde er oft bald vergessen, während seine Verse vielleicht als Kinderreime und seine Melodien als Volkslieder unerkannt ihr Dasein fristen. Vieles ist sicherlich ganz verschollen und unwiederbringlich.

LEBEN
Audefroi le Bastart dürfte um 1180 vermutlich in Arras geboren sein, jedenfalls gehörte er dem Pui d'Arras an. Über seine (uneheliche) Herkunft ist nichts bekannt. Es ist nur gesichert, daß er seine künstlerische Tätigkeit im 12. Jahrhundert aufgenommen hat. Auch die Zeit und den Ort seines Todes kennt man nicht.

WERKE
Von Audefroi le Bastart sind uns 10 Liebes-

lieder und 6 Romanzen (Chansons d'histoire) mit der Musik überliefert. Die Beliebtheit gerade dieser Romanzen kann man daran ermessen, daß sie mehrfach in literarischen Werken zitiert wurden.

LITERATUR
A. Cullmann, Die Lieder und Romanzen des Audefroi le Bastart, Halle 1914.

Andrieu Contredit d'Arras
(um 1180–1248)

ZEIT UND UMWELT
In den Städten Abbeville, Amiens, Caen, Cambrai, Douai, Le Mans, Lille, Rouen, Tournai, Valenciennes gab es ab dem Ende des 13. Jahrhunderts Foren für Dichter- und Sängerwettstreite, die zumeist mit den von den Troubadours übernommenen Jeux partis (Wechselgesänge) durchgeführt wurden. In manchen Orten waren reguläre Sänger- und Dichterschulen angeschlossen, wie zum Beispiel beim Pui d'Arras, dem viele bekannte Trouvères angehörten, sei es, daß sie sich dort ihre Ausbildung holten oder nur an den »Sängerkriegen« teilnahmen. Auf alle Fälle galt die Zugehörigkeit zum Pui d'Arras als große Empfehlung.

LEBEN
Messire Andrieu Contredit d'Arras wurde um 1180 in Arras in ritterlicher Familie geboren. Über sein Leben ist nur bekannt, daß er ein sehr tätiges Mitglied des Pui war und sich des öfteren an Wettstreiten beteiligte. Ein Jeu parti zwischen ihm und Guillaume le Vinier ist erhalten. Er starb vermutlich in Arras im Jahre 1248.

WERKE
Von Andrieu Contredit d'Arras sind 18 Lieder erhalten, 15 davon mit Melodien. Sie gehören verschiedenen Liedgattungen an.

LITERATUR
R. Schmidt, Die Lieder des Andrieu Contredit d'Arras, Halle 1903.

Gontier de Soignies
(um 1180 bis vor 1250)

ZEIT UND UMWELT
Nachdem 1051 der Hennegau mit Flandern vereinigt worden war, blühten seine Städte auf. Ein reiches Kulturleben begann als Folge des wirtschaftlichen Aufschwunges und der Beziehungen mit dem französischen Süden. Die Grafschaft Artois mit Arras lag vor den Grenzen, über die die Kunst des Pui d'Arras in den Norden drang, in eine Landschaft, die zwei Jahrhunderte später zum zentralen Ausstrahlungspunkt der europäischen Musik werden sollte.

LEBEN
Gontier de Soignies ist um 1180 in Soignies (Hennegau) geboren. Über seine Person und sein Leben haben wir keine Informationen. Sein Wirken als Trouvère erstreckte sich vom Ausgang des 12. über den Beginn des 13. Jahrhunderts. Es ist unbekannt, wo und wann er gestorben ist.

WERKE
Von Gontier de Soignies sind ungefähr 30 Lieder in mehreren Textfassungen und mit 36 Melodiefassungen überliefert, die streng dem Stil der Schule von Arras folgen.

LITERATUR
A. Scheler, Trouvères belges, Nouvelle série, Löwen 1879.

Pons de Capdoill (um 1180–1228)

ZEIT UND UMWELT
Barbarossas Enkel, Kaiser Friedrich II. (1194 bis 1250), genoß schon zu seinen Lebzeiten den Ruf überirdischer Größe, sein Andenken blieb nach seinem Tod in Sagen und Legenden lebendig. Seine Genialität, die in seinen verschiedenen wissenschaftlichen Interessensgebieten wie Mathematik, Naturwissenschaften, Philosophie Ausdruck fand, wies weit über seine Zeit hinaus. Dichtkunst und Musik wurden von ihm besonders be-

vorzugt. Er liebte sein Sizilien über alles und baute es zu einem vorbildlich verwalteten Staatswesen aus, er liebte noch mehr sein Palermo, wo ihn Gelehrte und Künstler umgaben und auch Troubadours sich einfanden, um ihre Gedichte vorzutragen und zu singen.

Leben
Pons de Capdoill, ein Edelmann aus St.-Julien-Chapteuil, wurde um 1180 geboren. Seine Wirkungszeit als provenzalischer Troubadour ist um die Wende des 12. zum 13. Jahrhundert anzusetzen. Er dürfte ein Verwandter der zeitgenössischen Trobairitz Azalais de Mercour gewesen sein. Die illustre Gesellschaft, mit der sich der Schöngeist und Vorläufer des Humanismus, Kaiser Friedrich II., umgab, zog auch Pons de Capdoill nach Palermo, von wo aus er den Kaiser auf dem V. Kreuzzug, dessen Erfolge mehr diplomatischer als kriegerischer Natur waren, begleitete. Er kehrte davon nicht mehr zurück, sondern starb 1228 im Orient.

Werke
Von Pons de Capdoill sind 22 Cansos (Strophenlieder), 3 Kreuzzugslieder und ein Planctus erhalten sowie zu 4 Cansos auch die Musik, die stark vom italienischen Stil beeinflußt ist.

Literatur
A. Thomas, L'identité du Troubadour Pons de Chapteuil, Annales du Midi V., 1893.

Albert de Sisteron
(um 1185 bis um 1220)

Zeit und Umwelt
Sisteron liegt in einer engen Talschlucht der Durance. Die Stadt ist heute noch sehr klein und war im 12. Jahrhundert gewiß nicht größer. Aber die schöne romanische Kathedrale aus jener Zeit bezeugt den Kunstsinn des damaligen führenden Geschlechtes.

Leben
Albert de Sisteron wurde um 1185 in Gapençois geboren. Er wirkte an verschiedenen Orten der Provence, auch südlich der Pyrenäenkette, und zog sich sodann auf den Sitz seiner Familie in Sisteron zurück, wo er um 1220 starb.

Werke
Von den Liedern dieses zu seinen Zeiten sehr berühmten Troubadours sind ungefähr 20 mit Melodien erhalten. Ein Sirventes ist scharf gegen die Frauen gerichtet. Dafür lobt er die Katalanen wegen ihrer großen Ritterlichkeit und Höflichkeit den Frauen gegenüber in einem Streitgedicht und hält sie den Franzosen als Beispiel vor Augen. Albert de Sisteron verwendete den »Leichten Stil« und vermied komplizierte Anspielungen.

Uc de Saint Circ (um 1190 bis um 1230)

Zeit und Umwelt
Die älteste Quelle, die über das Leben der ungefähr 400 namentlich bekannten Troubadours des 12. und 13. Jahrhunderts Aufschluß gibt, ist eine Sammlung von Biographien aus der Mitte des 13. Jahrhunderts, zu der verschiedene Autoren beigetragen haben, darunter Uc de Saint Circ persönlich. Diese Lebensbeschreibungen sind ebenso phantastisch und anekdotisch wie spätere Erzeugnisse dieser Art, zum Beispiel die völlig unzuverlässige Publikation von Nostradamus »Leben der berühmtesten und ältesten provenzalischen Dichter« (1575) oder die Einzeldarstellungen, die zu allen Zeiten entstanden sind. Wir erfahren, daß Jaufré Rudel eine Geliebte in Tripolis hatte, daß Bernart de Ventadorn der Sohn eines Küchenjungen auf Schloß Eble gewesen, vom Grafen ausgebildet und von der Gräfin, mit der er ein Liebesverhältnis hatte, protegiert worden sei, und, als der Graf dahinterkam, sich zu Eleanore von Aquitanien habe flüchten müssen, daß Rigaut de Barbezieux unzählige Liebesabenteuer bestehen mußte und daß Gaucelm Faidit in Begleitung eines liederlichen Frauenzimmers von Burg zu Burg gewandert sei. Nur über sich selbst berichtete Uc de Saint Circ nichts, obwohl

sehr viele dieser erfundenen Skandalgeschichten von ihm stammten.

Leben
Uc de Saint Circ ist ungefähr um 1190 geboren und wirkte von etwa 1210 bis 1230. Über sein Leben ist nichts bekannt, außer daß er sich zeitweilig in Treviso aufgehalten hat. Man weiß auch nicht, wo und wann er gestorben ist.

Werke
Von dem provenzalischen Troubadour sind mehr als 40 Lieder überliefert, davon 3 mit Melodien. Seine Musik gehört dem sogenannten »Leichten Stil« an.

Literatur
J. Boutière, Les classiques d'oc, Paris 1964.

Gilles le Vinier (um 1190–1252)

Zeit und Umwelt
Der Pui d'Arras war unter den Schutz der Muttergottes gestellt und zumindest teilweise zum Zweck der Verehrung der Schutzherrin gegründet worden. Es scheinen unter den bekannten Mitgliedern dieser Sängerschule verhältnismäßig viele Kleriker auf, die zwar ihre Kunst nicht ausschließlich auf dieses genannte Ziel ausrichteten, aber ihre profanen Lieder doch nicht sehr weit von der zeitgenössischen sakralen Musik ansiedelten.

Leben
Gilles le Vinier (Gille li Vinier) wurde um 1190 vermutlich in Arras geboren. Wie sein Bruder Guillaume le Vinier schlug er eine geistliche Laufbahn ein. Im Jahre 1225 scheint er als Kanonikus in Lille auf und 1234 in gleicher Eigenschaft in Arras, wo er am 13. 11. 1252 starb.

Werke
Gilles le Vinier werden 10 Lieder mit Melodien zugeschrieben, unter denen mehrere Jeux partis sind. Die Musik nähert sich stark volkstümlichen Wendungen, die im Pui vermutlich sehr gepflegt wurden.

Literatur
A. Metcke, Die Lieder des altfranzösischen Lyrikers Gilles le Vinier, Halle 1906.

Guillaume le Vinier (um 1190–1245)

Zeit und Umwelt
Die Chansonniers (Sammlungen weltlicher französischer Lieder) enthalten ungefähr 2000 Melodien zu Trouvèreliedern, also um vieles mehr, als wir Troubadourlieder kennen. Es ist jedoch ein sehr enger Zusammenhang zwischen beiden Musiktraditionen festzustellen, bei dem sicherlich anfänglich die Provenzalen die Gebenden waren, bis es schließlich ein gegenseitiges Geben und Nehmen wurde. Auch der deutsche Minnesang und die englische Liedkunst schlossen sich an. Die Kunst der Trouvères wuchs jedoch über ihren Themenbereich hinaus, weil vielen Melodien sakrale Texte unterlegt wurden, und zwar besonders häufig im Pui d'Arras, der auch das geistliche Lied pflegte, von den vielen Trouvères, die selbst dem geistlichen Stand angehörten.

Leben
Guillaume le Vinier wurde um 1190 in Arras geboren. Er war ein Bruder von Gilles le Vinier. Die Altersdifferenz zwischen beiden kann nicht groß gewesen sein. Es ist aber nicht feststellbar, wer von ihnen der ältere war. Wie sein Bruder war auch dieser nordfranzösische Trouvère Mitglied des Pui d'Arras und Geistlicher. Er starb in Arras im Jahre 1245.

Werke
Von Guillaume le Vinier sind ungefähr 30 Liedtexte überliefert, der Großteil davon mit Musik, die stark der seines Bruders ähnelt.

Literatur
E. Ulrix, Les chansons inédites de Guillaume le Vinier, Paris 1910.

Moniot d'Arras (um 1190 bis nach 1239)

Zeit und Umwelt
Der Jeu parti (provenzalisch: Joc partit) ist eine Art des mittelalterlichen Streitgesanges, den die Troubadours ausgebildet und die Trouvères übernommen haben. Er wurde vor allem in den Puis gepflegt. Ein Sänger formulierte mit seiner Eingangsstrophe eine Behauptung oder warf eine Frage auf (zum Beispiel über das Thema der höfischen Liebe), der Gegner widersprach oder antwortete auf die gestellte Frage. Dann entwickelten sich Rede und Gegenrede in jeweils einer Strophe, bis es in den meisten Fällen zu einer Einigung kam. Die Polemik war nie scharf, die Meinungsverschiedenheiten hatten mehr spielerischen Charakter. Mit einer gemeinsamen Schlußstrophe wurden zuweilen die Zuhörer aufgefordert, den Streit zu entscheiden.

Leben
Moniot d'Arras ist um 1190 vermutlich in Arras geboren. Er war Mönch und möglicherweise adeliger Abkunft; jedenfalls hatte er in Adelskreisen wichtige Freunde und Gönner. Er gehörte dem Pui d'Arras an, wo er mit Guillaume le Vinier mit einem überlieferten Jeu parti angetreten ist. Er starb in Arras nach 1239.

Werke
Es wurden Moniot d'Arras 23 Lieder zugeschrieben, von denen 13 mit Musik versehen und unzweifelhaft echt sind. Das volkstümliche Element tritt darin stark zutage. Die Zuschreibung von 3 Motetten ist ungesichert.

Literatur
Fr. Gennrich, Troubadours, Trouvères, Minne- und Meistergesang, Köln 1951.

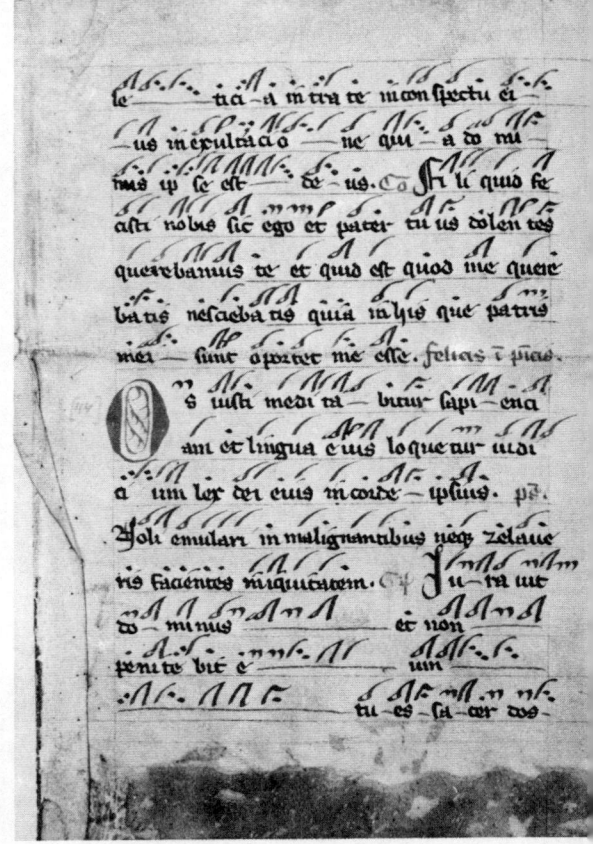

Neumenfragment aus dem 13. Jahrhundert

Richard de Fournival (um 1190–1260)

Zeit und Umwelt
Gegen Ende des 12. Jahrhunderts wandte sich auch das Bürgertum der nordfranzösischen und flandrischen Städte der Dichtkunst zu und bemühte sich um eine Orientierung an höfischer Lebensart. Der Pui d'Arras, dem ursprünglich vorwiegend Adelige oder Kleriker, die auch zumeist aus adeligen Familien kamen, angehörten, füllte sich immer mehr mit Vertretern des Patriziates; bei den Wettstreiten der Dichter und Sänger waren bald Adelige, Kleriker und Bürger völlig gleichberechtigt. Dadurch wurde die Dichtung persönlicher und realistischer, als es die höfische war, und die Musik volksnaher und klangvoller.

Leben
Maistre Richard de Fournival wurde um 1190 als Sohn eines Arztes geboren. Sein Titel besagt, daß dieser nordfranzösische Trouvère bürgerlicher Abstammung war.

Bischof Arnoul von Amiens (1190–1246) war sein Halbbruder. Er selbst war ab 1246 Kanzler der Kirche von Amiens, wo er 1260 starb.

Werke
Neben schriftstellerischen Arbeiten (allegorisierende Traktate über die Liebe und eine erotische Dichtung in lateinischer Sprache) sind von Richard de Fournival ungefähr 20 Lieder erhalten, deren Musik eine starke Neigung zum Volkstümlichen aufweist.

Literatur
Fr. Gennrich, Troubadours, Trouvères, Minne- und Meistergesang, Köln 1951.

Colin Muset (um 1190 bis um 1250)

Zeit und Umwelt
Die Jongleure, die sich zunächst als Akrobaten, Zauberkünstler, Wahrsager, Deklamatoren, Erzähler und Musikanten beim Volk beliebt machten und es auch waren, wenngleich sie lange als recht- und ehrlos galten, spielten als Verbreiter der aufkommenden volkssprachlichen Poesie der Märchen und Legenden, der Liebes- und Kampflyrik, der Liebes- und Heldenromane eine große Rolle. Sie bemächtigten sich auch des Troubadour-, Trouvère- und Minnesanges, traten bei höfischen und volkstümlichen Festen als Sänger und Instrumentalisten in Erscheinung, musizierten zur Unterhaltung und zum Tanz und zogen mit den Heeren bis in den Orient.

Aus der Menge dieser fahrenden Spielleute stiegen einige durch ihr Können zu Trouvères oder zu festangestellten Musikern (Ménestrels) auf und trugen sowohl fremde Dichtung und Musik wie auch eigene vor. Im Zuge der Demokratisierung der Puis wurden auch solche Persönlichkeiten aufgenommen und als gleichberechtigt anerkannt.

Leben
Colin Muset wurde um 1190 vermutlich im champagnisch-lothringischen Raum geboren und war einer der ersten Ménestrels, die zu Trouvères wurden. Über sein Leben und Wirken ist nichts bekannt. Auch Ort und Zeit seines Todes sind nicht feststellbar.

Werke
Die von Colin Muset hinterlassenen 15 Stücke wirken außerordentlich persönlich und originell und zeigen eine reiche formale und metrische Begabung.

Literatur
J. Bédier, Les chansons de Colin Muset, Paris 1938.

Adenez (um 1190 bis um 1260)

Zeit und Umwelt
Im Jahre 1190 legte Heinrich I. (regierte 1183 bis 1235) den Titel eines Herzogs von Niederlothringen ab und nannte sich Herzog von Brabant, was den gegebenen Tatsachen entsprach. Die Herzöge hielten in Löwen einen glänzenden Hof, der die kulturelle Funktion des Burgunder Hofes vorausnahm.

Leben
Adenez, der als »Adam Le Roy« bekannt war, ist um 1190 vermutlich im Raum von Brabant geboren. Herzog Heinrich III. von Brabant (regierte 1248–61) ließ ihn zum Musiker ausbilden. Er war zeit seines Lebens dem herzoglichen Hof zu Löwen verpflichtet, wo er als Trouvère seine Lieder dichtete und komponierte, den ganzen Musikbetrieb leitete und selbst die Viole spielte. Er starb dort um 1260.

Werke
Von Adenez sind eine Reihe von narrativen Romanzen mit Melodien überliefert, die stark psalmodisch wirken. Er war Dichter, Sänger, eine Art Musikdirektor und Instrumentalist, der nach Art der Ménestrels auch fremde Werke zu Gehör brachte.

Peire Cardenal (um 1195 bis um 1275)

Zeit und Umwelt

Nachdem Papst Innozenz III. (1198–1216) Raimond VI., Graf von Toulouse (1156 bis 1222), wegen zu großer Toleranz gegen die harmlose asketische paulinische Sekte der Albigenser vergeblich ermahnt hatte und der päpstliche Legat in Toulouse wegen seines Auftretens ermordet worden war, rief er zum Kreuzzug gegen die Ketzer auf, den Simon von Montfort (gestorben 1218) anführte und auftragsgemäß mit schärfster Strenge durchführte. Die Ketzer und alle, die Ketzerei geduldet hatten, waren auszurotten. Das geschah mit äußerster Gründlichkeit. In Bezier zum Beispiel wurden alle Einwohner, ob Ketzer oder Christ, getötet, denn es hieß »Tötet sie alle, Gott wird seine Kinder erkennen«. In Wahrheit war es ein reiner Raubüberfall. Wer von den provenzalischen Adeligen konnte, flüchtete außer Landes, und mit ihnen ihr Gesinde und auch die Troubadours.

Leben

Peire Cardenal wurde um 1195 in Puy-en-Velay geboren. In jungen Jahren wurde er Sekretär des Grafen von Toulouse, Raimond VI., dann flüchtete er vor den einfallenden Kreuzfahrern nach Montpellier, dem Lehen des Königs von Aragon, wo er sich vermutlich bis zu seinem Lebensende um 1275 aufgehalten hat. Er war selbst kein Katharer, sondern Christ, aber sein offenes Auftreten gegen die Greuel des Kreuzzuges zwang ihn zur Flucht.

Werke

Von Peire Cardenal sind über 70 Liedtexte erhalten, die zumeist zeitkritisch und satirischen Inhalts sind. Er griff das Papsttum und den Klerus heftig an. Melodien sind allerdings nur drei überliefert.

Sirventes (Kritiklied)

Ich habe Grund, mich zu freuen und fröhlich und vergnügt zu sein, meine Lieder zu singen und ein Sirventes vorzubringen. Denn die Ehrlichkeit hat die Falschheit besiegt. Ich habe gehört, daß ein schwerer Verräter seine Macht und seinen Einfluß verloren hat.
(Der Bruder des Grafen Raimond VI. von Toulouse hatte sich auf die Seite der Kreuzfahrer geschlagen und wurde dafür von Anhängern des Grafen gehängt.)
Denn Gott hält seinen Bogen gespannt und schießt, wohin er schießen muß, und führt den Streich, den er führen muß, gegen den, der ihn verdient hat.

Literatur

Fr. Gennrich, Der musikalische Nachlaß der Troubadours, Darmstadt 1958.

Reinmar von Zweter
(um 1200 bis nach 1252)

Zeit und Umwelt

Auch unter dem letzten Babenbergerherzog Friedrich II. (um 1210–1246) wurde die Tradition aufrechterhalten, Minnesänger bereitwillig aufzunehmen und einzuladen, solange sie in Wien bleiben wollten.

Leben

Reinmar von Zweter wurde um 1200 in Zeutern bei Heidelberg geboren. Auf seinen Fahrten kam er 1236 nach Wien an den Babenberger Hof und 1240 an den Hof des Königs von Böhmen Vaclav I. (1205–1253). Ab 1241 befand er sich auf ständiger Wanderschaft, bis er nach 1252 in Eßfeld bei Ochsenfurt starb.

Werke

Der formal sehr stark von Walther von der Vogelweide abhängige Minnesänger und Spruchdichter Reinmar von Zweter hat als »Lehrbuch« ritterlicher Ethik »Der Frauen Ehrenton« mit 129 Sprüchen verfaßt, deren Melodien zum Teil erhalten sind, wie ein Lied aus dem Jahr 1227. Sein Einfluß auf den deutschen Meistergesang war sehr nachhaltend.

Tannhäuser (um 1200 bis nach 1266)

Zeit und Umwelt
Herzog Otto II. der Erlauchte (1206–53) hatte für Dichter und Sänger ein ebenso offenes Haus wie der Babenberger Friedrich II. und folgte damit dem in Bayern eingehaltenen Brauch.

Leben
Tannhäuser ist um 1200 vermutlich in der Oberpfalz als Sohn einer adeligen Familie geboren. Sein echter Name ist nicht bekannt, Tannhäuser dürfte nur ein Spielmannsname gewesen sein. Er hielt sich längere Zeit am Wiener Babenberger Hof auf und wurde von Friedrich II. mit einigen Gütern belehnt. Nach dem Tod Friedrichs des Streitbaren im Kampf gegen die Ungarn begann Tannhäuser ein ausgedehntes Wanderleben, das ihn auch zum Bayernherzog Otto II. führte. Der deutsche Minnesänger, der im Spätmittelalter zur Sagengestalt wurde, ist nach 1266 gestorben. Der Ort seines Ablebens ist unbekannt.

Werke
Liedtexte Tannhäusers finden sich in der Manessischen Handschrift (wichtigste Sammlung des deutschen Minnesanges). Zu 2 Texten sind Melodien überliefert, die stark volksliedhaft sind.

Literatur
R. J. Taylor, The art of the Minnesinger, Cardiff 1968.

Musikspiel anläßlich der feierlichen Umgürtung des Ritters mit dem Schwert, Miniatur aus dem 13. Jahrhundert

Chardon de Croisilles
(um 1201 bis um 1250)

ZEIT UND UMWELT
Die Höfe des Grafen Thibaut IV. de Champagne et Brie zu Troyes und zu Navarra (nachdem diesem die Königskrone zugefallen war), die Freundschaft des Regenten, der selbst ein bedeutender Trouvère war, die Kämpfe der französischen Könige gegen England und der VI. Kreuzzug bildeten die Umwelt und die Zeitereignisse für den Trouvère Chardon.

LEBEN
Chardon de Croisilles ist um 1201 vermutlich im Herrschaftsbereich des Grafen Thibaut IV. geboren, lebte und wirkte an dessen Höfen. Ob er ihn auf dem VI. Kreuzzug begleitete, ist ungeklärt. Sein Kreuzzugslied könnte diese Annahme zulassen. Er starb um 1250 vermutlich in Navarra.

WERKE
Von dem Trouvère Chardon de Croisilles sind 7 Lieder überliefert, und zwar 3 Jeux partis, 3 Liebeslieder und ein Kreuzzugslied, das in jeder Beziehung als die beste Leistung des Trouvère angesehen werden darf. Eines der Lieder ist Thibaut de Champagne gewidmet.

LITERATUR
V. de Bartholomaeis, Il trovero Chardon de Croisilles, in: Studi romanzi IV, 1906.

Thibaut IV. de Champagne et Brie
(1201–53)

ZEIT UND UMWELT
Sancho III. der Große von Navarra (1005 bis 1035) konnte für kurze Zeit das gesamte christliche Spanien unter seine Regierungsgewalt bringen, dann besetzte 1076 Sancho Ramirez von Aragon (1063–94) Pamplona. Das Haus Aragon regierte nunmehr Navarra bis 1134, in welchem Jahr der Navarrese Garcia V. (1134–50) die Krone an sich riß, die Bindung mit Aragon aufhob und sich König Alfonso VII. von Kastilien unterstellte. Sein letzter direkter Nachkomme, Sancho VII. (1194–1234), starb ohne Söhne, so daß Navarra auf dessen Neffen Thibaut IV., Graf von Champagne und Brie, überging, der sich König von Navarra Thibaut I. nannte. Somit wurde dieses Reich von Franzosen regiert und als einziges spanisches Land in den langwierigen Krieg zwischen Frankreich und England hineingezogen, aber gleichzeitig auch früher als die anderen Reiche auf spanischem Boden an der französischen Kulturentwicklung beteiligt.

LEBEN
Thibaut IV. de Champagne et Brie wurde am 20. 5. 1201 in Troyes geboren und folgte seinem Onkel Sancho VII. als Thibaut I. 1234 auf den Königsthron von Navarra. Er beteiligte sich an den Kämpfen Ludwigs VIII. (1223–26) und Ludwigs IX. (1226 bis 1270) gegen England und zwei Jahre lang am VI. Kreuzzug. Aber er war auch nordfranzösischer Trouvère und blieb es, als er jenseits der Pyrenäen regierte. Seine Lieder ließ er angeblich in seinen Schlössern zu Provins und Troyes niederschreiben. Er starb in Pamplona am 7. 7. 1253.

WERKE
Thibaut hat über 60 Lieder mit Musik hinterlassen, die zu den besten Leistungen der Trouvèrekunst gezählt werden. Die Melodien bringen zum Teil eine genaue Textausdeutung, ohne an Sanglichkeit zu verlieren.

LITERATUR
H. Petersen Dyggve, Trouvères et protecteurs de Trouvères, Helsinki 1942.

Jehan Erart (um 1205 bis um 1258)

ZEIT UND UMWELT
In den Trouvèreweisen des 13. Jahrhunderts überwiegen volkstümliche Elemente. Der Formgrundriß der Melodien ist sehr einfach, Terzschritte, Dreiklanggänge, Sequenzen werden bevorzugt, Melismen fehlen oft. Die Lieder sind zuweilen mit einem Minimum

an musikalischen Mitteln ausgestaltet, wie es eben auch Volkslieder sind, von denen eine gute Merkbarkeit verlangt wird.

LEBEN

Jehan Erart ist um das Jahr 1205 vermutlich in Arras oder im Umkreis der Stadt geboren. Er dürfte kein Angehöriger des Pui d'Arras gewesen sein, aber der Schule nahegestanden haben. Ob dieser nordfranzösische Trouvère dem Adel oder dem Großbürgertum angehört hat, ist nicht feststellbar, weil wir über sein Leben nichts wissen. Auch nähere Angaben über sein Ableben (um 1258) fehlen.

WERKE

Jehan Erart hat ungefähr 25 Liedtexte, teilweise in mehreren Fassungen, hinterlassen, die alle mit ihrer Musik überliefert sind. Sie betonen mit der Form der Dichtung wie mit der Musik die Tendenz der Trouvèrekunst seiner Zeit zur Volkstümlichkeit.

LITERATUR

G. Muraille, Le duc Henri III de Brabant et le trouvère Jehan Erart, in: Le lettres romanes XII, 1958.

Henri, Duc de Brabant (um 1210–61)

ZEIT UND UMWELT

Das Haus der Herzöge von Brabant stammte aus Niederlothringen. Henri I., Herzog von Brabant, wählte Löwen als Residenz. Seine Nachfolger waren Henri II. (1235–48), Henri III. (1246–61) und Jean I. (1261–94), alles fähige und erfolgreiche Herrschergestalten. Die Förderung der schönen Künste war ein wichtiger Programmpunkt ihrer Regierungen.

LEBEN

Henri, Duc de Brabant, wurde als Sohn von Henri II. um 1210 vermutlich in Löwen geboren. Er war provenzalischer Troubadour trotz seiner nördlichen Heimat. An seinem Hof lebte der Ménestrel und Schriftsteller Adenet de Roi (um 1240 bis um 1300, als Dichter und Komponist unbedeutend).

Auch mit anderen nordfranzösischen Schriftstellern und Dichtern pflegte der Herzog regen Kontakt. Er starb im Jahre 1261 in Löwen.

WERKE

Von Henri III. sind 2 Chansons, eine Pastourelle und ein Jeu parti (gemeinsam mit Gillebert de Berneville) erhalten. Sowohl musikalisch wie sprachlich gehören die Stücke unzweifelhaft dem Troubadourkreis an.

LITERATUR

A. Henry, L'œuvre lyrique d'Henri III duc de Brabant, Brügge 1948.

Le Conte de Bretagne (um 1210–50)

ZEIT UND UMWELT

Die Bretagne wurde im 12. und 13. Jahrhundert von verschiedenen Grafengeschlechtern beherrscht. Die Unabhängigkeit der Halbinsel gründete sich schon von alters her auf ihre unwegsamen Sümpfe, in denen sich nur die Einwohner selbst zurechtfanden, und die Ertraglosigkeit weiter Strecken. Erst mit dem Aufblühen der Städte begann sich der Griff der Feudalherren nach dem Land zu lohnen, und nach ihnen traten die großen Nachbarn auf den Plan, die ihren Machtbereich ausdehnen wollten.

LEBEN

Der mit Conte de Bretagne bezeichnete nordfranzösische Trouvère dürfte mit Jean I. de Bretagne (»Le Rouge«) ident sein, der dieses Land von 1237 bis 1250 beherrschte. Er wurde um 1210 vermutlich in Rennes geboren, wo er auch wahrscheinlich 1250 gestorben ist.

WERKE

Von Le Conte de Bretagne sind 6 Liedtexte bekannt, zu denen die Melodien noch nicht identifiziert worden sind. Es wurden ihm auch etliche Jeux partis zugeschrieben, ohne daß es darüber Sicherheit gibt. Die Texte zeigen eine hochentwickelte Sprach- und Dichtkunst.

LITERATUR
J. Bédier, Conte de Bretagne, Chansons, Paris 1928.

Gillebert de Berneville
(um 1210 bis um 1270)

ZEIT UND UMWELT
Die Aufnahme von immer mehr Ménestrels, die oft aus den untersten Volksschichten stammten, in den Pui d'Arras hatte ein immer weiteres Abrücken von den höfischen Kunstformen zur Folge. Strophenlieder mit wiederkehrendem Refrain wurden häufiger. Auch die Formen der Jeux partis lockerten sich auf, wenn ein herzöglicher Troubadour mit einem adeligen Trouvère in einen Wettstreit trat.

LEBEN
Gillebert de Berneville ist ungefähr um 1210 geboren. Näheres über seine Familie, über sein Leben und Wirken kann nicht festgestellt werden. Er war entweder Angehöriger des Pui d'Arras oder ihm nahestehend. Um 1270 starb er, vermutlich in Arras.

WERKE
Von Gillebert de Berneville sind ungefähr 32 Liedertexte in verschiedenen Fassungen durchwegs mit Melodien erhalten, darunter ein Jeu parti mit Henri III. von Brabant. Der

Handschrift eines »Kyrie« aus dem 13. Jahrhundert

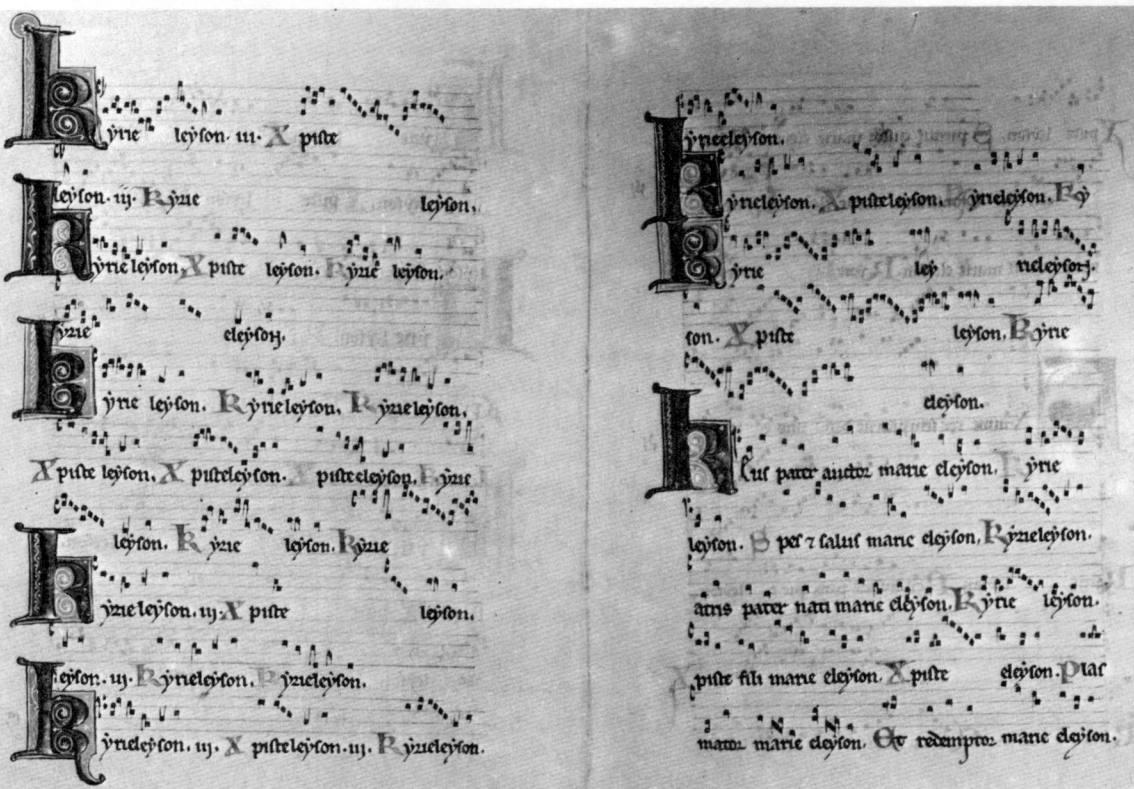

nordfranzösische Trouvère, wahrscheinlich aus adeliger Familie, versuchte noch, die Strenge der höfischen Dichtung in Form und Thematik zu beachten.

LITERATUR
Fr. Gennrich, Troubadours, Trouvères, Minne- und Meistergesang, Köln 1951.

Raoul de Soissons (um 1210–1270)

ZEIT UND UMWELT
Thibaut IV. de Champagne et Brie, König von Navarra, zog Vasallen seines Geistes, die also selbst Dichter und Komponisten waren, allen anderen als Kampfgefährten und Freunde vor.

LEBEN
Raoul de Soissons, Sire de Cœuvers, wurde um 1210 in Soissons geboren. Er war Trouvère und Vasall Thibauts IV., den er von 1239 bis 1244 auf Überseefahrten begleitete. Im Jahr 1248 nahm er mit ihm am VI. Kreuzzug im Gefolge König Ludwigs IX. teil, von dem sie 1253 zurückkehrten. Nun erst setzte die dichterische und kompositorische Tätigkeit des Trouvères ein. Er betätigte sich am Pui d'Arras als Preisrichter und als Preiswerber, trat als Vortragender und als Partei bei Jeux partis auf, bei denen er öfter Gegner Thibauts war. Er begleitete König Ludwig auch auf dem VII. Kreuzzug, auf dem er wie der König 1270 zugrunde ging.

WERKE
Von dem französischen Trouvère Raoul de Soissons sind Chansons und 2 Jeux partis mit Melodien überliefert. Sie sind stark vom Schaffen Thibauts IV. beeinflußt.

Ernoul de Gastinois
(um 1210 bis um 1260)

ZEIT UND UMWELT
Das Hauptgewicht des Trouvèregesanges lag mit wenigen Ausnahmen auf literarischer Seite. Sein Beitrag zur Bildung der nordfranzösischen Sprache, die Schriftsprache wurde, und zur Entwicklung der französischen Literatur war enorm. Schon bei den einzelnen Trouvères sind die Ansätze für die späteren literarischen Formen sichtbar. Die Erzählform des Lai blieb literarisch, auch wenn er gesungen oder deklamiert wurde.

LEBEN
Ernoul de Gastinois (Ernoul li vielle) wurde um 1210 im Gâtinais (südlich von Paris) geboren. Über das Leben dieses Trouvères ist nichts bekannt. Auch Ort und Zeit seines Todes sind nicht feststellbar.

WERKE
Von Ernoul de Gastinois, der bei seinen Zeitgenossen vor allem als Dichter beträchtliches Ansehen genoß, sind große lyrische Lais überliefert: Lai de Notre-Dame und Lai de l'Ancienne et du Nouveau Testament. Außerdem sind 4 Pastourellen – eine mit Melodie – und 3 mehrstimmige Chansons mit religiösem Text erhalten. Die Lais sind sowohl literarisch wie musikalisch sehr interessant, die mehrstimmigen Chansons bereiteten die Motettenform vor.

LITERATUR
L. Maillard, Lais et chansons d'Ernoul de Gastinois, Dallas 1964.

Thomas Érier (um 1210 bis um 1260)

ZEIT UND UMWELT
Guillaume le Vinier und Gillebert de Berneville waren rührige Mitglieder des Pui d'Arras und trugen viel dazu bei, daß er zur maßgebenden Zentrale der Trouvère-Kunst des 13. Jahrhunderts wurde.

LEBEN
Thomas Érier (Hérier) wurde um 1210 in oder um Arras geboren. Er dürfte bürgerlicher Herkunft gewesen sein. Er beteiligte sich lebhaft an den Veranstaltungen des Pui d'Arras und trat oft als Partner in Jeux partis mit starkem Erfolg auf. Er dürfte um 1260 in Arras gestorben sein.

WERKE
Von dem nordfranzösischen Trouvère Thomas Érier sind 11 lyrische Gesänge und ein sprachlich und musikalisch äußerst interessanter Descort (unstrophische Liebesklage) erhalten.

LITERATUR
H. Peterson-Dyggve, Thomas Hérier, in: Neuphilologische Mitteilungen XLIV 1943.

Jehan Bretel (um 1210–72)

ZEIT UND UMWELT
Die Confrérie des Jongleurs in Arras nahm eine Entwicklung, welche der des Pui d'Arras diametral entgegenlief. Der Pui, ursprünglich vorwiegend für adelige Trouvères offen und zugleich für Kleriker, öffnete die Tore für das Großbürgertum und danach für jeden Ménestrel und gab gleichzeitig die strengen Formen höfischer Dichtung zugunsten volksnaher Texte mit Musik, die leicht faßlich und merkbar waren, auf. In der Confrérie sammelten sich ursprünglich Ménestrels, Volkssänger und Berufsmusikanten. Doch im Lauf der Zeit traten ihr auch Vertreter des Bürgertums bei, so daß das gesellschaftliche und künstlerische Niveau gehoben wurde. Das gemeinsame Ziel beider Vereinigungen war jedoch die Verbreitung von Dichtung und Musik in allen Schichten. Der Erfolg stellte sich auch in nahen Zeiten in der Form ein, daß der nordfranzösisch-flandrische Raum neben einer hohen Blüte der Dichtkunst Musiker hervorbrachte, die für ganz Europa richtunggebend geworden sind.

LEBEN
Jehan Bretel wurde um 1210 in Arras geboren. Er entstammte einer reichen Bürgerfamilie, die seit dem 12. Jahrhundert in der Stadt urkundlich erwähnt ist. Er gehörte zu den wichtigsten Mitgliedern der Confrérie des Jongleurs von Arras und wurde zum »Prince du Pui d'Arras« gewählt, stellte somit mit seiner Persönlichkeit Kontakt und Gleichrichtung beider künstlerischen Institutionen dar. Er starb 1272 in Arras.

WERKE
Jehan Bretel hat mehr als 90 Jeux partis verfaßt, die mit Musik erhalten sind. Von seinen 7 Liedern fehlt die Musik. Wie bei keinem vor ihm zeigt sich das Vordringen der Volksmusik, die der Kunstmusik im nordfranzösischen Raum den Entwicklungsgang weist. Die schon früher angeknüpften Beziehungen zum deutschen Minnesang, der ebenfalls in vielen Fällen mehr Dichtung als Musik war, werden noch klarer sichtbar. Es ist auch nicht zu verkennen, daß bereits zu jener Zeit die Grundlagen für das Aufblühen der Musik im franko-flämischen Gebiet und die Liedschöpfungen in England geschaffen worden sind.

LITERATUR
G. Raynaud, Les chansons de Jean Bretel, Paris 1913.

Guilhem de Montanhagol
(um 1210 bis nach 1257)

ZEIT UND UMWELT
Ruhm und Glanz der großen Troubadours, die Rittertum und Künstlertum souverän vereinigten und meisterten, verblaßten. Weder die nordfranzösischen Trouvères noch die deutschen Minnesänger haben das künstlerische Niveau der Provenzalen je erreicht, vielleicht weil ihnen die Sonne, die unbekümmerte Fröhlichkeit und wohl auch der musikalische Klang der provenzalischen Sprache des Landes vor der Pyrenäenkette fehlten. Aber die Mißerfolge der Kreuzzüge, die schwere Faust des Albigenserkrieges und die brennenden Ketzer haben auch den strahlenden Himmel des Südens verdüstert. Verse und Musik der Trobairitz Comtessa de Provenza und Comtessa de Dia, die Liebe und Lust freimütig bekannten und besangen, sind verklungen. Die Lieder »im Reichen, im Dunklen oder im Leichten Stil« eines Guilhem de Cabestanh, eines Elias de Barjols, Gavaudan, Guilhem Figueira, Barbolome Zorzi oder Peire Bremon, des Guillaume Adémar, der 18 Lieder mit Melodien hinterließ, eines At de Mons, Raimon Jordan, Ai-

meric de Belenoi, Bernard Martì, Jausbert de Puycibot oder Bertran de Lamanon und aller bereits Genannten und Ungenannten sind verstummt. Guilhem de Montanhagol war einer der letzten, die ein freies Wort wagten, die späteren waren Ménestrels, bezahlte Musikanten, die das Schweigen bereits gelernt hatten.

Leben
Guilhem de Montanhagol wurde um 1210 in Toulouse geboren. Er wirkte ungefähr in der Zeit zwischen 1233 und 1257 in seiner Heimat als Troubadour und scharfer Kritiker der Inquisition und des Klerus. Einige Zeit hielt er sich auch am Hof von Aragon auf. Ort und genaue Zeit seines Todes sind nicht feststellbar, obschon die vom Troubadour Pons de Santolh de Toulouse verfaßte Klage zu seinem Ableben erhalten geblieben ist.

Werke
Eine unmittelbare Kenntnis der Musik des Troubadours Guilhem de Montanhagol haben wir nicht, weil die Melodien zu seinen 14 überlieferten Liedern nicht erhalten sind. Sie soll stark unter dem Einfluß des Troubadours Pons de Capdoill gestanden haben. Bemerkenswert ist der Meister vor allem wegen seines persönlichen Mutes, zu einer Zeit gegen die Institution der Inquisition aufzutreten, in der sie den eindeutigen Sieg bereits errungen hatte.

Literatur
J. Coulet, Le troubadour Guilhem de Montanhagol, Toulouse 1898.

Guilhem Figueira
(um 1215 bis um 1250)

Zeit und Umwelt
Die Empörung über den Raubzug unter dem Vorwand der Glaubensverteidigung, der die provenzalische Kultur zerstampfte, wirkte lange nach. Troubadours aus dem 13. Jahrhundert hatten eine scharfe Sprache gewählt, um das Unrecht zu brandmarken, um so mehr, als die Verfolgung einzelner durch die Inquisition weiterging und Kritiker der Vorfälle in Südfrankreich ihre Kritik in nicht wenigen Fällen mit dem Leben büßten.

Leben
Guilhem Figueira wurde um 1215 in Toulouse als Sohn eines Schneiders geboren. Durch welche Umstände er zum Rang eines geschätzten Dichters und Sängers aufsteigen konnte, daß sogar Kaiser Friedrich II. die Hand über ihn hielt, als man ihn wegen seiner bissigen Kritik an Klerus und Papsttum verfolgen wollte, ist unbekannt. Er starb vermutlich in Toulouse um das Jahr 1250.

Werke
Liebeslust und Liebesklage waren keine Themen für Guilhem Figueira. Er schrieb Sirventes, Streitlieder, die das Papsttum, den Kreuzzug und die Grausamkeit der Inquisition hemmungslos angriffen. Eines seiner Sirventes dieser Art sagte derart deutlich die Wahrheit, daß noch im Jahre 1274 ein Bürger von Toulouse vor die Inquisition gebracht wurde, weil er es gesungen hatte. Es wurde als »die genialste Satire« bezeichnet, »die das Mittelalter gegen das Papsttum vorzubringen gewagt hatte«.

Daude de Pradas
(um 1215 bis nach 1275)

Zeit und Umwelt
Im Jahre 1244 wurde das letzte Widerstandsnest der Albigenser, die Festung Montségur in den Pyrenäen, eingenommen und zerstört. Die Ketzer mußten in den Untergrund gehen und wurden ab nun von der Inquisition einzeln verfolgt, bis die gesamte Bewegung ausgerottet war. Zerstört wurde dabei auch die provenzalische Kultur. Was blieb, waren nur ein schwacher Nachhall der einstigen Größe und ein letztes Aufflackern.

Leben
Daude de Pradas wurde um 1215 im Languedoc geboren. Er stieg als Kleriker in der Diözese Rodez zu hohen Würden empor: 1241 Kanoniker, 1275 päpstlicher Legat. Dement-

sprechend tendierten die Werke dieses provenzalischen Troubadours zur sakralen Musik. Er ist nach 1275 in Rodez gestorben.

WERKE
Von Daude de Pradas sind ungefähr ein Dutzend Cansos (Strophenlieder) erhalten, außerdem ein Planctus und ein sakrales Gedicht. Seine Musik zeigt, daß die Troubadourkunst bereits vor dem Erlöschen war.

LITERATUR
E. Lyon, Daude de Pradas et la croisade albigeoise, Paris 1928.

Jacques de Cysoing
(um 1220 bis nach 1270)

ZEIT UND UMWELT
Die nordfranzösische Stadt Lille hatte ihren Pui und eine Vereinigung der Ménestrels. Trouvères und Musikanten kamen zu bestimmten Zeiten zusammen, es wurden Jeux partis veranstaltet. Stadt und Landschaft wechselten mehrmals den Herrn, zuerst waren es die Grafen, die herrschten, dann Frankreichs König, darauf Flandern, dann die Engländer und die Burgunder und schließlich neuerlich die Franzosen. Während die Troubadours bereits einer nach dem anderen verstummten, wurden in Nordfrankreich noch immer Lieder gedichtet und gesungen.

LEBEN
Jacques de Cysoing wurde um 1220 in Cysoing bei Lille geboren. Über Leben und Wirken dieses nordfranzösischen Trouvère ist nahezu nichts feststellbar. Er dürfte sich in Lille aufgehalten und am Kulturleben dieser Stadt teilgenommen haben. Ort und Zeit seines Todes sind unbekannt.

WERKE
Von Jacques de Cysoing sind ungefähr 10 Melodien erhalten. Es handelt sich überwiegend um Chansons, die der höfischen Kunst näherstehen als die der zeitgenössischen Meister in Arras.

David Corkhill mit einer provenzalischen Trommel

LITERATUR
E. Höpfner, Les chansons de Jacques de Cysoing, Studi Mediaevali XI, 1938.

Carasaus (um 1220 bis um 1275)

ZEIT UND UMWELT
Heinrich III., Herzog von Brabant, führte wie seine Vorgänger in Löwen einen prächtigen Hof. Trouvères fanden bei ihm Aufnahme wie in allen anderen Städten des Gebietes, in dem später die franko-flämische Schule entstand und ihre Blütezeit entfaltete.

LEBEN
Der nordfranzösische Trouvère ist um 1220 in der Picardie geboren. Über seine Herkunft und seine persönlichen Verhältnisse ist nichts bekannt, außer daß er Beziehungen zu Graf Baudouin III. de Guines (gestorben

1245) und nach dessen Tod zu Heinrich III., Herzog von Brabant, pflegte. Ort und Zeit seines Todes sind nicht feststellbar.

WERKE
Carasaus hat 5 Lieder hinterlassen, die dem Trouvèrestil seiner Zeit folgen und besonders ausdrucksvoll und geistreich sind.

LITERATUR
M. Spaziani, Le canzoni di Carasaus in: Cultura neolatina XIII, 1953.

Colart li Boutellier
(um 1220 bis um 1280)

ZEIT UND UMWELT
Der Begriff der »Höfischen Liebe« ist in Südfrankreich entstanden, hat sich aber als lyrisches und romantisches Element – oft in stark abgewandelter Form – der Dichtkunst des gesamten Kontinentes bemächtigt. Die Trouvères huldigten ihr als Epiker und Lyriker, ob sie selbst dem Adel angehörten oder nur bemüht waren, seine Lebensform anzunehmen. Wenn die Meister auch oft nicht ungern derb-sinnliche Töne anschlugen, in dem einen oder anderen Gedicht kamen sie immer wieder in die gehobene Sphäre der Thematik zurück.

LEBEN
Colart li Boutellier wurde um 1220 im Artois geboren. Er gehörte dem Pui d'Arras an. Sonst ist über sein Leben nichts bekannt. Er dürfte in Arras um 1280 gestorben sein.

WERKE
Dem nordfranzösischen Trouvère Colart li Boutellier werden 12 Lieder zugeschrieben, die mit Melodien in mehrfacher Fassung überliefert sind. Texte und Musik dieser Stücke sind zum Teil stark volkstümlich, jedoch einiges davon gehört noch der alten höfischen Trouvèrekunst an.

LITERATUR
A. Dinaux, Les Trouvères artésiens, Paris 1843.

Jehan le Cuvelier d'Arras
(um 1220 bis nach 1270)

ZEIT UND UMWELT
Die Literaturgeschichte von Arras nennt Robert de le Pierre, Robert le Clerc und Robert de Castel als Anhänger der »Höfischen Liebe«. Jehan le Cuvelier d'Arras stimmt gleiche Töne an, wenn er singt: »Amours est'une merveille« (Die Liebe ist ein Wunder), weil der Pui d'Arras trotz seiner Demokratisierung und Öffnung für Angehörige aller Stände dem gehobenen Niveau der Kunst den Vorzug gab. Arras war zum Mittelpunkt der Trouvèrekunst geworden und bemühte sich, diese Stellung auch im 13. Jahrhundert zu halten.

LEBEN
Jehan le Cuvelier d'Arras ist um 1220 in Arras geboren. Er ist vermutlich mit dem 1258 urkundlich bezeugten Johannes Cuvellarius, burgensis de Bapalmis ident. Sein Wirken wird für die Jahre 1240 bis 1270 angenommen. Er dürfte nach 1270 in Arras gestorben sein.

WERKE
Dem nordfranzösischen Trouvère Jehan le Cuvelier d'Arras werden 6 Lieder und 9 Jeux partis zugeschrieben, von denen die Melodien zum Teil erhalten sind. Seine Musik ist im Stil der hohen Trouvèrekunst gehalten und vermeidet Vulgarismen.

LITERATUR
Fr. Gennrich, Grundriß einer Formenlehre des mittelalterlichen Liedes, Halle 1932.

Adam de la Bassée (um 1220–86)

ZEIT UND UMWELT
Der französische König Philipp II. Augustus zerstörte während seines Eroberungsfeldzuges die damals flandrische Stadt Lille (1214). Sie wurde von Johanna von Konstantinopel (1200–24), Tochter des ersten lateinischen Kaisers von Konstantinopel, Graf Baldwin von Hennegau und Flandern (1172–1205),

Das Studio der Frühen Musik, in dem Andrea von Ramm als Gesangsolistin hervortrat

wieder aufgebaut. Das kulturelle Leben der Stadt konnte trotz der andauernden Streitigkeiten um die Herrschaft über Flandern weitergeführt werden.

LEBEN
Adam de la Bassée wurde um 1220 vermutlich in Flandern geboren. Er nahm an St.-Pierre in Lille die Stellung eines Domherrn ein und starb dort am 26. 2. 1286.

WERKE
Neben seiner schriftstellerischen Tätigkeit verfaßte Adam de la Bassée ungefähr 40 einstimmige liturgische Gesänge, die ein instruktives Bild des Sakralgesanges seiner Epoche vermitteln. Ein Vergleich mit dem zeitgenössischen Trouvèregesang ist wegen mancher Parallelen sehr interessant.

Jehan Moniot de Paris
(um 1220 bis nach 1280)

ZEIT UND UMWELT
Mit dem ersten Aufkommen der »Höfischen Liebe« konnte als Bezugsperson auch die Muttergottes anstelle irgendeiner Dame in eine Dichtung aufgenommen werden. Und es waren nicht immer Kleriker, die solche den Marienhymnen nahekommende Lieder schufen. Auf der anderen Seite klingen einzelne Dichtungen von Priestern und Mönchen auffällig weltlich.

LEBEN
Jehan (Vorname unsicher) Moniot de Paris ist um 1220 geboren. Er dürfte aus Paris nach Nordfrankreich gekommen und über Moniot d'Arras in den Kreis der Trouvères

aufgenommen worden sein. Über eine Zugehörigkeit dieses Mönches zum Pui d'Arras ist nichts bekannt. Auch über sein Wirken ist nichts feststellbar. Er ist vermutlich nach 1280 gestorben. Angaben über den Ort seines Todes fehlen.

WERKE
Jehan Moniot de Paris werden 9 Lieder zugeschrieben, deren Melodien wir kennen. Seine Musik hat eine auffallende Ähnlichkeit mit der von Moniot d'Arras.

LITERATUR
R. Lejeune, Moniot d'Arras et Moniot de Paris, Neuphilologische Mitteilungen XLII, 1941.

Perrin d'Angicourt (um 1220–1300)

ZEIT UND UMWELT
Die Grafschaft Anjou, die Philipp II. Augustus am Beginn des 13. Jahrhunderts von England erobert und seinem Bruder Karl I. 1246 als Apanage übergeben hatte, fiel durch den Vertrag von Paris im Jahre 1259 endgültig an Frankreich. Karl, ein Sohn Ludwigs VIII. und Blancas von Kastilien, heiratete selbst eine Provenzalin, so daß seine Beziehungen zum südlichen Kulturraum sehr eng wurden. Die geplante Eroberung des Hennegaues gelang ihm nicht, dafür wurde er mit Hilfe des Papstes König von Neapel und Sizilien (1266), dehnte seine Macht über das östliche Mittelmeer und über Teile Italiens aus, forderte jedoch sein Volk durch hohe Steuern und Mißwirtschaft derart heraus, daß er und seine Anhänger vertrieben wurden (Sizilianische Vesper, 1282). Auf dem kulturellen Sektor war Karl sehr tätig gewesen. Er ließ arabische Manuskripte übersetzen und zog Gelehrte und Künstler an seinen Hof. Daß er sich von einem französischen Trouvère von Frankreich nach Palermo begleiten ließ, war nahezu eine Selbstverständlichkeit.

LEBEN
Perrin d'Angicourt wurde um 1220 vermutlich im Hennegau geboren. Über sein Wirken ist nur bekannt, daß er sich in Löwen am Hof der Grafen von Brabant aufgehalten und zur Begleitung des Königs von Neapel und Sizilien, Karl von Anjou, gehört hatte. Ein Aufenthalt des nordfranzösischen Trouvères in Palermo ist zwar nicht belegt, aber anzunehmen. Nach der Vertreibung der Franzosen aus Sizilien ist Perrin d'Angicourt sicherlich nach Frankreich zurückgekehrt. Es ist aber unbekannt, wo er die letzten Lebensjahre verbracht hat und gestorben ist.

WERKE
Von Perrin d'Angicourt sind ungefähr 30 Lieder erhalten, die mehrfach in Handschriften aufscheinen, was auf ihre große Beliebtheit weit über seinen Tod hinaus schließen läßt.

LITERATUR
Fr. Gennrich, Troubadours, Trouvères, Minne- und Meistergesang, Köln 1960.

Jacques de Hedine
(um 1220 bis um 1270)

ZEIT UND UMWELT
Das Picardische war bereits im hohen Mittelalter nur ein altfranzösischer Dialekt und keine eigene Sprache. Die Universität Paris verlieh den Picarden zwar den Status einer gesonderten Nation, aber dafür lagen mehr geographische und historische Gründe vor als linguistische. Jedenfalls sind Dichter und Komponisten des 12. und 13. Jahrhunderts aus der Picardie den nordfranzösischen Trouvères zuzureihen.

LEBEN
Jacques de Hedine wurde um 1220 in der Picardie geboren. Über den Ort seines Wirkens ist nichts bekannt. Er dürfte um 1270 gestorben sein. Der Ort seines Todes ist nicht feststellbar.

WERKE
Von dem Trouvère Jacques de Hedine sind 2 Lieder mit Melodien überliefert. Es handelt sich um sehr elegante Pastourellen.

Raoul de Beauvais
(um 1220 bis nach 1270)

ZEIT UND UMWELT
Der berühmte Roman de la Rose, dessen ersten Teil Guillaume de Lorris (um 1205 bis nach 1240) im Jahre 1235 abgeschlossen hatte, machte mit seiner allegorischen romantischen Liebesgeschichte eine Abart der ehemaligen »Höfischen Liebe« populär. Die süßliche Darstellung, die Jean de Meung (1240 bis um 1305) vollendete, übte eine starke Wirkung auf die Dichtung, vor allem auf die Trouvèrekunst, aus. Eine Reihe von Trouvères bemühten sich, Einflüsse der Volksmusik thematisch und formell zu vermeiden, obwohl sie den volkstümlichen Refrain nur mehr schwer entbehren konnten.

LEBEN
Raoul de Beauvais wurde in Beauvais (Oise) um 1220 geboren. Über sein Leben und Wirken ist nichts bekannt. Ebensowenig kennt man die genaue Zeit und den Ort seines Todes.

WERKE
Von Raoul de Beauvais sind 3 Liebeslieder, eine Pastourelle (Dialog eines ritterlichen Bewerbers mit einem Landmädchen) und ein Damendialog erhalten. Die Lieder sind mit Refrain versehen. Die Musik ist elegant, aber trotzdem volksnahe.

LITERATUR
T. Newcombe, Les poésies du trouvère Raoul de Beauvais, Romania XCIII, 1972.

Aristote (um 1220 bis um 1280)

ZEIT UND UMWELT
Die englischen Komponisten beherrschen als erste den mehrstimmigen Satz. Die vermutlich vom Festland übernommenen Formen, Motetten mit Cantus firmus, Conductus, Tropus und Sequenz, wurden von vornherein mehrstimmig angelegt. Es scheint, daß die echte Mehrstimmigkeit, die besonders häufig durch Terzenparallelen entstand, tatsächlich auf den britischen Inseln ihren Ursprung hatte.

LEBEN
Aristote, sein Vorname ist nicht überliefert, ist um 1220 in England geboren. Über sein Leben und Wirken ist ebensowenig bekannt wie über Ort und Zeit seines Todes. Er dürfte als Musiker und Komponist eine geachtete Stellung eingenommen haben.

WERKE
Von dem englischen Komponisten Aristote sind 4 drei- und vierstimmige Stücke überliefert, die zeigen, wie im England des 13. Jahrhunderts die Mehrstimmigkeit gehandhabt wurde. Sie sind auch ein Beweis für die absolute Eigenständigkeit der Musik auf den britischen Inseln.

Jaques de Cambrai
(um 1220 bis nach 1260)

ZEIT UND UMWELT
Die Bürgerschaft von Cambrai erreichte im Jahre 1227 nach häufigen Revolten gegen die vom Kaiser eingesetzten Bischöfe eine gewisse Selbstbestimmung. Ruhe kehrte in die Stadt dennoch nicht ein, weil sie durch lange Zeit ständig ihre Herren wechselte; der Hennegau, Flandern, Frankreich und England streckten die Hand nach ihr aus. Eine kulturelle Entwicklung war unter solchen Umständen unmöglich; Kulturträger verließen die Stadt.

LEBEN
Jaques de Cambrai ist um 1220 in Cambrai geboren, dürfte aber seinen Aufenthaltsort bald anderswohin, vielleicht nach Arras oder nach Amiens, verlegt haben. Über sein Leben und Wirken ist nichts bekannt. Auch der Ort und die Zeit seines Todes sind nicht feststellbar.

Thomas Binkley wirkt wegweisend für mittelalterliche Spieltechniken

WERKE
Von Jaques de Cambrai sind 4 Liebeslieder, 7 religiöse Gesänge und eine Pastourelle erhalten, deren Musik zum Teil aus Kontrafakta besteht. Die Hinterlassenschaft ist zu klein und auch zu wenig charakteristisch, um über diesen Meister ein Urteil abzugeben. Die Verwendung von Kontrafakta ist jedenfalls eine gewisse Abstiegserscheinung.

LITERATUR
E. Järnström, Recueil de chansons pieuses du XIIIe siècle, Helsinki 1910.

Adam de Givenchi
(um 1220 bis um 1270)

ZEIT UND UMWELT
Der Pui d'Arras bildete bereits in seinen Anfängen neben den häufigen Gedichts- und Liedformen den Jeu parti heraus. Er wurde vielfach von zwei Trouvères verfaßt, von denen jeder Rede oder Gegenrede des »Streitgedichtes« dichtete und komponierte. Aus dem versöhnlichen Abschluß nahezu aller Jeux ersieht man, daß es sich nicht nur um einen Meinungsstreit handelte, sondern mindestens im gleichen Maß um einen künstlerischen Wettstreit, weil es oft weniger wichtig erschien, was gesagt und gesungen wurde, sondern wie sich die Wörter zum Vers fügten und zum Träger des Tones wurden.

LEBEN
Adam de Givenchi ist um 1220 vermutlich in Arras geboren, wo er zeit seines Lebens als Trouvère wirkte und eine maßgebende Stelle im Pui einnahm. Er ist dort um das Jahr 1270 gestorben.

WERKE
Mit Jehan Bretel und Guillaume le Vinier verfaßte Adam de Givenchi mehrere sehr schöne Jeux. Von seinen Liedkompositionen, unter denen sich 2 Descorts befinden, sind 8 mit Melodien erhalten.

LITERATUR
E. Ulrix, Les chansons du trouvère artésien Adam de Givenchi, Liège 1919.

Julian von Speyer (um 1220–85)

ZEIT UND UMWELT
Ekstase und starre Archaik, Mystik, der eine kunstvoll geschaffene Ordnung gegenübersteht, sind die Grundelemente der ersten europäischen Polyphonie, die auf uns erschreckend und anziehend zugleich wirkt. Der geradezu schreiende Klang der Organa von Notre-Dame mit seinem tänzerischen Dreiklangrhythmus zwang Sänger und Zuhörer zum körperlichen Ausdruck ihrer Anteilnahme an den vorgetragenen Texten. Daneben wurde allerdings weiterhin die einstimmige Hymnik gepflegt, die stark den in den Gassen und Kneipen von den Volkssängern vorgetragenen Chansons glich oder in gehorsamer Befolgung römischer Vorschriften gregorianischem Duktus angepaßt war. In den Klöstern der Bettelorden allerdings liebte man nach dem Vorbild des Gründers Franziskus fröhliche Musik.

LEBEN
Julian von Speyer wurde vermutlich in Speyer um 1220 geboren. Er war in Paris als Chormeister am Königshof tätig und wirkte später im Kloster des Franziskanerordens, dem er angehörte, und starb dort im Jahre 1285.

WERKE
Der deutsche Hymnendichter Julian von Speyer verfaßte neben einer Legenda Sancti Francisci gereimte Offizien (Stundengebete) auf die Heiligen Franziskus und Antonius und gilt als Vollender dieser kompositorischen Gattung. Die liturgischen Gesänge eines Offiziums sind in gleich aufgebaute Strophen gefaßt. Seine umfangreiche Hymnendichtung ist verlorengegangen.

LITERATUR
H. Felder, Die liturgischen Reimoffizien von Frater Julian von Speyer, Freiburg 1901.

Alfonso X. el Sabio (1221–84)

ZEIT UND UMWELT
Am Hof des Königs von Kastilien und Leon (von Fernando III. vereinigt) lebte die Hochkultur des Kalifates von Cordoba noch einmal auf. Er wurde unter Alfonso X. zu einem neuen Brennpunkt geistigen Lebens. Gelehrte und Künstler fanden sich ein, ob sie nun Juden, Christen oder Moslems waren, lehrten und lernten, schrieben, dichteten, komponierten, sangen und spielten, sammelten und bewahrten das Kulturgut des Südens und des Nordens Iberiens. Neben den Errungenschaften der Araber in der Mathematik, neben Astronomie, Kartographie, Geschichtswissenschaft und Jurisprudenz, neben der Philosophie, mit der islamische, jüdische und christliche Denker ein neues Weltbild zu bauen versuchten, erklangen die Lieder der ständig eingeladenen Troubadours und Trobairitz aus Südfrankreich und aus dem Norden Spaniens, die mit ihren Werken mit dem Trouvère Thibaut I. auf dem Thron von Navarra in Wettstreit traten.

LEBEN
Alfonso X. el Sabio (der Weise) wurde am 23. 11. 1221 in Toledo als Sohn des Königs Fernando III. (um 1200–52) geboren. Zwischen 1242 und 1244 eroberte er Murcia für das Reich seines Vaters, dem er 1252 nachfolgte. Er umgab sich mit zahlreichen Wissenschaftlern, die eine Gesetzessammlung, eine Übersetzung des Alten Testamentes in das Spanische, eine Geschichte seines Reiches und eine Verbesserung der bisher verwendeten planetarischen Karten erarbeiteten. Neben der Wissenschaft galt sein Hauptinteresse der Dichtkunst und der Musik. Troubadours und fahrende Sänger (Frauen und Männer, Christen, Araber und Juden) bevölkerten seinen Hof. Guiraut Riquier zum Beispiel verbrachte dort 10 Jahre seines Lebens. Im Jahre 1254 schuf er an der Universität von Salamanca einen Lehrstuhl für Musik. Seine eigenen dichterischen und kompositorischen Schöpfungen stellen ihn an die Spitze der Kulturträger seiner Zeit. Er starb in Sevilla am 4. 4. 1284.

WERKE
Von Alfonso el Sabio sind über 400 Cantigas (Gesänge) teils mit, teils ohne Gesang für verschiedene Instrumente seiner Zeit erhalten. Alle anderen Dichtungen und Kompositionen sind verlorengegangen. Aber »wenn Spanien keine anderen Werke zur europäischen Musik beigetragen hätte, wäre es durch die Cantigas allein in die erste Reihe der Musik schaffenden Völker des Mittelalters gerückt«.

Les Cantigas de Santa Maria (Die Gesänge für die heilige Maria)
In der Vorrede zu seinen Cantigas bittet der Komponist die »schöne Dame Maria«, ihn als ihren Troubadour anzuerkennen. Die Texte bringen Lobpreisungen, Bitten, Danksagungen, aber auch Legenden um die Gottesmutter, die in allen Lebenslagen als Helferin und Beschützerin, in manchen Fällen jedoch strafend und rächend eingreift. Viele Gesänge weisen einen Refrain auf und ähneln dem französischen Virelais. Die Musik ist sehr volkstümlich gehalten und erhebt sich nur bei den Lobpreisungen zu hymnischen Formen (Cantigas de Loor). Alle Gesänge sind

Musikinstrumente auf einem mittelalterlichen Relief der Kirche Saint-Georges de Bocherville: Fidel, Pauke, Harfe und Glockenspiel

von Instrumenten begleitet und werden von Solisten (Sopran, Kontratenor und Bariton) mit oder ohne Frauen- oder Männerchor gesungen. Die reinen Instrumentalstücke verarbeiten zuweilen Melodien von Gesängen. Das Aufgebot von Instrumenten ist äußerst verschiedenartig und entspricht der Vielfalt der europäischen und arabischen Musikanten, die am Hof des Komponisten tätig waren; es wurden nahezu alle Musikinstrumente des dreizehnten Jahrhunderts herangezogen.

Der arabische Einfluß auf die Musik ist unverkennbar; jüdische und berberische Anregungen zu einzelnen melodischen Wendungen sind nicht selten. Das meiste des melodischen Materials ist der Volksmusik entnommen. Die Sprache der Cantigas ist das Galicische (Galego), ein spanisch-portugiesischer Mischdialekt der Provinz Galicia.

LITERATUR
H. Anglès, La música de las cantigas de Santa Maria del Rey Alfonso el Sabio, 3 Bände, Barcelona 1964.

Charles d'Anjou (1227–85)

ZEIT UND UMWELT
Während der Regierungszeit Ludwigs IX. von Frankreich dehnte das Land seinen Einflußbereich über das gesamte Mittelmeer aus. Piemont, Neapel, Sizilien, Teile des Balkans und Jerusalem kamen unter französische Kontrolle, dazu einzelne Städte in Mittelitalien. Frankreich war zur Großmacht geworden.

LEBEN
Charles d'Anjou, König von Neapel und Sizilien, wurde im März 1227 als jüngerer Bruder Ludwigs IX. geboren. Er wurde Graf von Provence, begleitete seinen Bruder auf dem VI. Kreuzzug und geriet mit ihm in Gefangenschaft, dehnte seine Herrschaft nach seiner Heimkehr auf einige Teile des Piemont aus, wurde schließlich 1265 König von Neapel und Sizilien und 1277 König von Jerusalem. Bei der Bekämpfung der Aufstände der Sizilianer und Neapolitaner starb er am 7. 1. 1285 in Foggia.

WERKE
Charles d'Anjou bediente sich bei seinen Liedern der nordfranzösischen und provenzalischen Sprache, so daß er nicht als Trouvère bezeichnet werden kann. Er pflegte auch keine Beziehungen zu zeitgenössischen Trouvères, außer daß er zwei Jahre vor seinem Tod den Dichter-Komponisten Adam de la Halle an seinen Hof in Neapel rief, der aber selbst nicht mehr den Trouvères zugerechnet wurde. Von Charles d'Anjou sind 2 Lais in französischer Sprache und eine Cobla in provenzalischer Sprache erhalten. Diese Kompositionen gehen auch musikalisch über das Zeitalter der Trouvères hinaus.

Cerverí de Girona (1229 bis um 1282)

ZEIT UND UMWELT
Zwischen provenzalischen Troubadours und katalanischen Trobadors ist musikalisch kein wesentlicher Unterschied feststellbar. Der Gleichklang beider Sprachen, die Parallelität der künstlerischen Ideen und der persönlichen Anliegen machen das verständlich. Vielleicht ist der maurische Einfluß auf die Katalanen etwas stärker als bei den Provenzalen, vielleicht klangen die Lieder südlich der Pyrenäen gravitätischer und dunkler, aber auffällige Unterscheidungsmerkmale können daraus nicht gewonnen werden.

LEBEN
Cerverí de Girona (bekannt als Guilhem de Cervera) wurde 1229 in Girona geboren. Sein Wirken erstreckte sich auf das Gebiet von Barcelona bis zur Provence. Er ist um 1282 in Katalonien gestorben.

WERKE
Vom Katalanen Cerverí de Girona sind die Texte von 114 Gedichten aller zu jener Zeit üblichen Typen überliefert. Musik liegt nur für 5 Kompositionen mit stark epischen Texten vor. Auf Grund dieser Werke muß der Trobador zu den bedeutendsten Meistern gerechnet werden.

LITERATUR
M. de Riquer, Guilhem de Cervera, llamado también Cerverí de Girona, in: Boletín de la Real Academia de Buenas Letras de Barcelona XXVIII, 1959/60.

Martín Codax (um 1230 bis vor 1300)

ZEIT UND UMWELT
Ob das Galicische ein spanischer oder portugiesischer Dialekt ist, ob es als eigene Sprache angesehen werden muß, ist nicht entschieden. Die linguistisch-philologische Auseinandersetzung wird, wie in vielen ähnlich gelagerten Fällen, von politischen Emotionen verfälscht. Jedenfalls war die Provinz Galicia, einstmals unter den Sweben ein selbständiges Königreich, im 13. Jahrhundert ein Teil Kastiliens. Der Dialekt der Provinz verbreitete sich weit über ihre Grenzen hinaus über Nordportugal und in Kastilien, wo er zur Sprache der Poesie wurde. Auch die berühmten Cantigas des Königs Alfonso el Sabio sind in galicischer Sprache abgefaßt.

LEBEN
Martín Codax (Codaz) dürfte um das Jahr 1230 in der Provinz Galicia geboren sein. Über Leben und Wirken dieses iberischen Trobadors ist nichts bekannt, ebensowenig über das Datum und den Ort seines Todes.

WERKE
Martín Codax ist neben Alfonso el Sabio der einzige iberische Dichter der frühen Zeit, von dem Melodien überliefert sind. Von seinen 7 Cantigas de Amigo (weltliche Gesänge) sind 6 mit Melodien versehen. Ihre Sprache ist das Galicische. Form und Aufbau lehnen sich an das französische Virelais an.

Siete canciones de amigo (Sieben Liebeslieder)
   Wellen des Meeres von Vigo, wenn ihr meinen Liebsten seht – ach Gott, wenn er doch käme. Wellen des hohen Meeres, wenn ihr meinen Liebsten seht – ach Gott, wenn er doch käme. Wenn ihr meinen Liebsten seht, nach dem ich seufze – ach Gott, wenn er doch käme. Wenn

ihr meinen Geliebten seht, um den ich mich stark sorge – ach Gott, wenn er doch käme. Sendet ihn mir. Wenn mein Liebster lebend kommt, wallfahre ich zur Mutter Gottes. Sendet ihn mir. Wenn mein Liebster lebend kommt, wallfahre ich zur Mutter Gottes. Wenn mein Liebster lebend und gesund kommt, wallfahre ich zur Mutter Gottes. Wenn mein Liebster lebend und gesund kommt, wallfahre ich zur Mutter Gottes. Wenn er lebend und gesund vom König kommt, wallfahre ich zur Mutter Gottes. Wenn er vom König entlassen, lebend und gesund kommt, wallfahre ich zur Mutter Gottes.
Meine schöne Schwester ginge mit mir zur Kirche von Vigo. Das Meer ist gestiegen, und wir schauen auf die Wellen. Meine schöne Schwester ginge mir zuliebe zur Kirche von Vigo. Das Meer ist gestiegen, und wir schauen auf die Wellen. Das Meer ist gestiegen. Zur Kirche von Vigo wird mein Liebster kommen, und wir schauen auf die Wellen. Mutter Gottes, das Meer ist gestiegen. Zur Kirche von Vigo wird mein Liebster kommen, und wir schauen auf die Wellen.
Ach Gott. Wenn mein Liebster wüßte, wie allein ich in Vigo bin mit meiner Liebe. Ach Gott. Wenn mein Liebster wüßte, wie ich allein bleibe in Vigo mit meiner Liebe. Wie allein bin ich in Vigo. Niemand steht mir bei in meiner Liebe. Wie bleibe ich allein in Vigo, niemand hilft mir in meiner Liebe. Und niemand ist bei mir, außer meinen beiden weinenden Augen, in meiner Liebe. Wenn du wüßtest, wie sehr ich dich liebe, Geliebter, du würdest zu mir an das Meer von Vigo kommen, wo wir in den Wellen badeten. Wenn du wüßtest, wie sehr ich dich liebe, Geliebter, du würdest zu mir an das hohe Meer kommen, wo wir in den Wellen badeten. Du würdest zu mir an das Meer von Vigo kommen, und ich würde meinen Geliebten sehen, wo wir in den Wellen badeten.
Doch im heiligen Vigo liegt der bleiche Leib, meine Liebe. In Vigo, dem heiligen, liegt der schmale Körper, meine Liebe. Es liegt der schöne Leib, den ich als Liebsten nicht mehr haben werde. Den ich nicht mehr als Liebsten haben werde, außer im heiligen Vigo. Den ich nicht mehr als Liebsten haben werde, außer in Vigo, dem heiligen.
Oh Wogen, die ich kommen sehe, wenn ihr mir sagen könntet, warum mein Liebster sich verspätet. Oh Wogen, die ich kommen sehe, wenn ihr mir berichten könntet, warum mein Liebster sich verspätet.

LITERATUR
C. Ferreira da Cunha, O cancioneiro de Martín Codax, Rio de Janeiro 1956.

Oede de la Couroierie
(um 1230 bis nach 1274)

ZEIT UND UMWELT
Das Artois gehörte vom 9. bis zum 12. Jahrhundert den Grafen von Flandern, ging 1180 als Mitgift für Isabella von Hennegau an Philipp II. Augustus von Frankreich über und wurde von Ludwig IX. von Frankreich seinem Bruder Robert als Apanage übergeben. Nach Roberts Tod (1250) erhielt dessen Sohn Robert II. (gestorben 1302) die Provinz. Er galt als besonderer Förderer der im Arras gepflegten Trouvèrekunst.

LEBEN
Oede de la Couroierie (Ode de Corigiara) wurde um 1230 im Artois geboren und stand als Hofbeamter im Dienst des Grafen Robert II. von Artois. Im Jahre 1274 wird er als Gesandter des Grafen beim Heiligen Stuhl erwähnt. Ort und Zeit des Todes dieses nordfranzösischen Trouvères sind unbekannt.

WERKE
Von Oede de la Couroierie sind 5 Lieder mit Melodien überliefert, die stark volksliedhaften Charakter haben.

LITERATUR
Johann Spanke, Zwei altfranzösische Minnesinger, Leipzig 1907.

Pierekin de la Coupele
(um 1230 bis um 1280)

ZEIT UND UMWELT
Die Bürger der Stadt Amiens verstanden es, die Streitigkeiten zwischen Bischof und Grafen geschickt auszunützen und sich dadurch eine Reihe von Privilegien zu sichern. Im Jahre 1185 wurde die picardische Stadt französisches Lehen, blieb aber auf kulturellem

Gebiet stark vom Artois abhängig, obwohl sie selbst einen Pui errichtet hatte.

LEBEN
Pierekin de la Coupele ist um 1230 im Artois geboren, lebte und wirkte, wie sein Zeitgenosse, der Trouvère Guillaume d'Amiens, vermutlich in Amiens, wo er um 1280 gestorben sein dürfte.

WERKE
Pierekin de la Coupele hinterließ 6 Lieder mit Melodien, die sich stark an die um jene Zeit in Arras gepflegten Stilgattungen anlehnen.

LITERATUR
A. Langfors, Mélanges de poésies lyriques françaises VII, in: Romania LXII, 1937.

Guiraut Riquier (um 1230–92)

ZEIT UND UMWELT
»Gesang soll freudig sein, aber mich drücken Sorgen; ich bin zu spät auf die Welt gekommen«, klagte der letzte Troubadour des Languedoc. Die Zeit der Troubadours war endgültig vorbei. Denn ritterliche Dichtung und Gesang diesseits und jenseits der Pyrenäen waren nicht nur Freude an Wort und Spiel, sondern auch Ausdruck starken Freiheitswillens. Das Untertanen- oder Lehensverhältnis zu den jeweils Mächtigen war nicht sehr straff, der Hofdienst beruhte zum größten Teil auf Freiwilligkeit. Auch war die Kunst der Troubadoure eine höchst persönliche. Der eigene Waffen- und Minnedienst, die eigene Freude an Natur, an Gelagen, an Spiel und Tanz und die eigene Trauer um verlorene oder nie erreichbare Liebe, die Klage um verstorbene Freunde, Selbstironie und kritischer Spott, Liebeswerben und Entsagung, Lob den Freunden und Schimpf den Feinden, das waren die Themen. Viel Lyrik und wenig Epik wurde uns überliefert. Es gab keine Organisationen oder Schulen, einer lernte vom anderen und bildete seinen eigenen Stil. Daher mußte diese Art künstlerischer Betätigung ihr Ende nehmen; mit der

Thomas Binkley ist forschender Wissenschaftler und überlegener Interpret früher Musik

Andrea von Ramm, führende Spezialistin auf dem Gebiet des frühen Gesangs

Freiheit des Ritterstandes verklang auch sein Lied, das zu keinem neuen Leben erweckt werden konnte.

Der Albigenserkreuzzug hat die provenzalische Kultur endgültig zertrümmert. Wenn auch der Adel in seine Sitze zurückgekehrt war und die Bürger die Verluste durch neuen Fleiß wettmachten, wenn auch die Verfolgung der Ketzer aufhörte, weil es nur mehr wenige gab, das Rad der Geschichte ließ sich nicht mehr zurückdrehen. Guiraut Riquier hatte recht: es war sinnlos und wirkungslos geworden, zu dichten und zu singen wie seine künstlerischen Vorfahren.

In Italien blühte noch ein Seitenzweig der Troubadourkunst. Sordello aus Mantua (um 1220 bis um 1270), der bedeutendste Troubadour des Landes, war noch freier Künstler. Nach ihm rückten die Vertreter des italienischen Liedes vor und leiteten zu einer glanzvollen Weiterentwicklung über.

Die Trouvères in Nordfrankreich überdauerten das 13. Jahrhundert ebensowenig; an ihrer Stelle erhob sich die franko-flämische Musik. Jedoch im Languedoc gab es keine Weiterentwicklung. Das Provenzalische sank zum Rang eines Provinzialdialektes herab. Seine klingenden Vokale fanden keinen Widerhall mehr.

Orchesterdarstellung aus dem 13. Jahrhundert: Harfe, Laute, Fidel, Orgel und Psalterium

Leben

Guiraut Riquier wurde um 1230 in Narbonne geboren. Er hielt sich durch zehn Jahre (1269–79) am Hof des Königs von Kastilien Alfonso X. el Sabio auf. Gegen Ende seines Lebens wirkte er am Hof Heinrichs II., des Grafen von Rodez. Er starb in Rodez im Jahre 1292.

Werke

Das dichterische und schriftstellerische Werk Guiraut Riquiers besteht aus ungefähr 90 Liedern und 15 Episteln; 48 Lieder sind mit ihren Melodien erhalten, denen eine gewisse Kraftlosigkeit anhaftet. Er war der letzte echte Vertreter der Troubadourkunst, die Dichtung, Komposition und Interpretation in einer Persönlichkeit vereinte. Er hat aber am Hof Kastiliens bereits selbst einen Teil seiner Werke von Jongleurs vortragen lassen. In einer Epistel an Alfonso (1274) zieht er einen scharfen Trennungsstrich zwischen dem schöpferischen Troubadour und dem Musikanten, ohne zu erkennen, daß diese Trennung bereits überholt war, da es keine Troubadours mehr gab.

Ples de tristor marritz e doloiros (Voller Trauer, Kummer und Sorge), Planctus auf den Tod des Vizegrafen von Narbonne Amalrich IV. (1270)

Guiraut Riquier hat diese Klage in Burgos am Hof des Königs Alfonso el Sabio, wohin er sich vor den unerträglichen Zuständen des Albigenserkrieges geflüchtet hatte, verfaßt. Der Text bringt neben dem Ausdruck echter Trauer um den Tod des Gönners auch die Bitte an den Toten, aus dem Jenseits dem »leidgeprüften Land« den Frieden zu erhalten. Die Musik zählt zum

Besten, was der Troubadour geschaffen hat; sie macht die bedrückte Stimmung des Liedes nahezu plastisch deutlich.

LITERATUR
J. Anglade, Le Troubadour Guiraut Riquier, étude sur la décadence de l'ancienne poésie provençale, Paris 1905.

Rutebeuf (um 1230 bis nach 1285)

ZEIT UND UMWELT
Die endgültige Trennung von Musik und Text, die sich im 14. Jahrhundert vollzog, kündigte sich mit dem »Letzten Trouvère« Rutebeuf an, der bezeichnenderweise in Paris lebte und wirkte, wo man die Trouvèrekunst kaum beachtet hatte. Die Musik war dabei auch schon unwichtig geworden, sowohl für den Meister wie für das Publikum; es interessierte nur der Text, der entweder episch-berichtend, lyrisch-romantisch oder polemisch, tragisch oder witzig war; das musikalisch-rhythmische Element beruhte ausschließlich auf dem Wort und dem Vers. Wirkliche musikalische Werke wurden aus solchen dichterischen Erzeugnissen erst wieder, als Komponisten fertige Texte, von denen sie inspiriert waren, zur Grundlage ihrer Musik machten.

LEBEN
Rutebeuf (Rutebuef, Rustebuef) – der Name ist offensichtlich ein Pseudonym – ist vermutlich um 1230 in der Champagne geboren. Sein Wirken als Schriftsteller, Dichter und Komponist in Paris fiel ungefähr in die Zeit zwischen 1248 und 1285. Für seine Zeitgenossen war seine Tätigkeit als politischer und gesellschaftlicher Pamphletist am wichtigsten. Er gab der Meinung des Volkes ungeschminkten Ausdruck und verschonte dabei niemanden, nicht einmal den König und den Papst. Der Bruder König Ludwigs IX., Alphons, Graf von Poitiers und Toulouse (1220–71), äußerte, daß man die Fähigkeiten, die öffentliche Meinung zu lenken, als wichtigen Faktor beachten müsse. Die persönliche Integrität Rutebeufs dürfte dabei eine wichtige Rolle gespielt haben. Er starb wahrscheinlich in Paris nach dem Jahr 1285.

WERKE
Rutebeuf war Ménestrel, das heißt, daß er auch fremdes Liedgut vortrug; er ist aber noch zu den Trouvères zu rechnen, weil er Dichtung, Komposition und Interpretation in eigener Person vornahm. Dabei rangierte die Musik zweifellos an letzter Stelle, soweit er seine Dichtungen (Verserzählungen, Fabeln, Klagelieder, Kreuzzugsgedichte, Heiligenlegenden, Marienhymnen, Lyrik verschiedenen Inhaltes) mit Musik versah. Seine Musik war besonders bei den polemischen Gelegenheitsgedichten sehr volkstümlich, auch der sprachliche Ausdruck wurde auf Breitenwirkung eingestellt. Ob sein Mirakelspiel »Le Miracle de Théophile« (Das Wunder des Theophile), eines der ältesten Mirakelspiele überhaupt, gesungen oder gesprochen wurde, ist nicht bekannt. Seine Musik trug alle Merkmale des Verfalls der Trouvèrekunst in sich; seine Sprachkunst jedoch machte ihn zur bedeutendsten Gestalt der altfranzösischen Literatur. Daher war er nicht nur der »Letzte Trouvère«, sondern auch der »Erste große Dichter der Stadt Paris«.

LITERATUR
E. Faral und J. Bastin, Les Œuvres complètes de Rutebeuf, Paris 1959.

Adam de la Halle (um 1237–87)

ZEIT UND UMWELT
Die Ménestrels, die zum Pui d'Arras Zutritt erhalten hatten und auch in ähnlichen Institutionen anderer Städte aufgenommen wurden, traten mit dem Fortschritt der Zeit in den Vordergrund. Sie waren zumeist besser ausgebildete Musikanten und Sänger, und die Komponisten merkten bald, daß ihre Werke von den Berufsmusikern besser vorgetragen wurden. Zur gleichen Zeit ergab sich allmählich die Trennung von Dichtern und Musikern. Die Ménestrels übernahmen die Funktion des Komponierens der Verse,

die die Dichter erzeugten. Zuerst hörte der Adel auf, Lieder zu ersinnen, er wurde zum Auftraggeber und zum Publikum; dann folgten die Bürger, die es immer und überall dem Adel gleichtaten. Als Komponieren und Musizieren zur bezahlten Kunst wurden, ließen Adelige und Großbürger die Hände davon.

LEBEN

Adam de la Halle (Hale) ist um 1237 in Arras geboren. Sein Beiname »Li Bossu« (Der Bucklige) läßt vermuten, daß er verkrüppelt war. Dieser Annahme steht jedoch die Tatsache gegenüber, daß er Kleriker werden wollte und zu diesem Zweck um 1250 die Schule der Zisterzienserabtei Vaucelle besuchte. (Krüppel konnten nach älterem Kirchenrecht nicht geweiht werden.) Er gab aber diese Absicht wieder auf, verheiratete sich (1262) und setzte sein Studium an der Pariser Universität fort. Nach seiner Rückkehr nach Arras trat er als Ménestrel in den Dienst bei Robert II. von Artois, den er 1283 nach Neapel begleitete. Dort kam er an den Hof Karls von Anjou, des Königs von Neapel und Sizilien, der 1285 starb. Adam de la Halle überlebte ihn noch um zwei Jahre und starb in Neapel im Jahre 1287.

WERKE

Adam de la Halle wurde oft mit dem Titel »Letzter Trouvère« bedacht. Das entspricht nicht den Tatsachen, weil er nach der Beendigung seines Studiums als Ménestrel im Dienst stand. Daß er selbst komponierte und damit formal und inhaltlich allem weit voranschritt, was seine Zeitgenossen an Musik geschaffen hatten, ändert daran nichts. Er hat am Hof seiner Dienstherren eben seine eigene Musik und sicherlich auch viel fremde vorgetragen.

Seine 36 Lieder sind sehr volkstümlich in Form und Melodie, dürfen aber mit den überlieferten 18 Jeux partis noch als Trouvèrekunst angesehen werden. Dagegen sind seine 16 Rondeaux für drei Singstimmen (oder Instrumente) gesetzt und auch seine 5 Motetten dreistimmig. Diese Mehrstimmigkeit scheidet Adam de la Halle von den Trouvères, die nahezu ausschließlich einstimmige Musik geschrieben haben. Die szenischen Stücke, wie das »Jeu de la Feuillée« (Laubenspiel), das voll Charme und Frechheit die Bürger von Arras verspottet, das »Jeu du Pélerin« (Pilgerspiel), dessen Hintergründigkeit sehr verborgen ist, und das berühmte Singspiel »Le jeu de Robin et Marion« sind vom Schaffen der Trouvères bereits weit entfernt und weisen als neue Musikgattung weit in die Zukunft.

Le jeu de Robin et Marion (Das Spiel von Robin und Marion), dialogisches Singspiel für Stimmen und Instrumente. Es wurde für König Karl von Anjou verfaßt und diente reinen Unterhaltungszwecken

> Das Spiel beginnt mit Marions Gesang, die ihre Liebe zu Robin gesteht und besingt. Ein vorbeikommender Ritter hört sie und macht ihr den Hof, wird aber abgewiesen, weil das Mädchen Robin liebt. Das veranlaßt den Ritter, sich zu entfernen. Nach dieser einer Pastourelle ähnlichen Szene tritt Robin auf, singt mit Marion ein Tanzlied und kündigt an, für den Fall der Rückkehr des Ritters, Freunde als Helfer zu holen. Der Ritter tritt während Robins Abwesenheit erneut auf, um sich Marions zu bemächtigen. Da erklingt Robins Silberflöte, und sofort darauf eilt der Mann herbei, um dem Mädchen beizustehen, jedoch der Ritter behält die Oberhand und führt Marion mit sich. Die Freunde kommen zu spät und können keine Hilfe mehr leisten. Inzwischen hat aber Marion den Ritter überredet, sie freizugeben; beide kehren zurück, und der glückliche Ausgang der Geschichte wird fröhlich gefeiert. Einer der Freunde will ein altes, etwas obszönes Lied zum besten geben, wird aber von Robin daran gehindert. Mit einem Tanz schließt das harmlose Spiel ab.

LITERATUR

J. Chailley, La nature musicale du Jeu de Robin et Marion, Paris 1950. J. Maillard, Adam de la Halle et ses Jeux chantés, L'éducation musicale XXI, 1956.

John of Fornsete (1239 bis um 1300)

ZEIT UND UMWELT

Die Benediktinerabtei in Reading wurde 1121 gegründet. König Heinrich I. (1068 bis

Geige, Organistrum, Panpfeife, Guitarre, Portativ und Psalterion auf einem Relief der Kirche Saint-Georges de Bocherville

1135) überantwortete der Abtei die Stadt Reading, die bisher königliche Domäne war. Die Abtei spielte im kulturellen Leben Englands bis zu ihrer Säkularisierung unter König Heinrich VIII. eine bedeutende Rolle.

Leben
John of Fornsete wurde am 19. 1. 1239 in Forncett, Norfolk, geboren. Er wurde Mönch der Benediktinerabtei Reading und starb dort um 1300.

Werke
Von John of Fornsete stammt die Komposition des Liedes »Sumer is icumen in«. Sie ist das bemerkenswerteste musikalische Werk des Mittelalters, weil sie den ältesten bekannten Kanon, die älteste harmonisierte Musik, das älteste überlieferte sechsstimmige Stück, den ältesten Satz in einer Dur-Tonart und mit Grundbaß darstellt. Die in der Abtei Reading aufgefundene Handschrift ist die älteste mit profanem und sakralem Text mit Musik.

Literatur
Fr. Ll. Harrison, Music in Medieval Britain, London 1958.

Jehannot de l'Escurel (um 1240–1303)

Zeit und Umwelt
Während die Kunst der Troubadours durch Sprache, Form und Thematik einigermaßen von der zeitgenössischen Musik abgegrenzt werden kann, wenn man von den italienischen Troubadours absieht, bei denen die Übergänge zum »Dolce stilo italiano« stark fließend sind, gelingt das beim Trouvèregesang nur sehr mangelhaft. Die Schulen wie die des Pui d'Arras öffneten sich für jede neue Kompositionsform bis zur mehrstimmigen Motette. Die in Paris entstandenen profanen Gesänge des 13. Jahrhunderts sind noch mehr von der sakralen Musik oder vom Volksgesang beeinflußt. Gemeinsam ist ihnen jedoch der Primat des Textes, die Musikalität des Wortes an sich, so daß die

Melodie in die Rolle der reinen Vortragsstütze gedrängt zu sein scheint.

LEBEN

Jehannot de l'Escurel wurde um 1240 vermutlich in Paris geboren. Über seine Lebensumstände ist nichts bekannt, ebensowenig über seine Herkunft. Man weiß auch nicht, warum er im Jahre 1303 hingerichtet worden ist.

WERKE

Jehannot de l'Escurel hinterließ 32 Lieder (Balladen, Rondeaux, Virelais) und 2 Spruchdichtungen mit 24 beziehungsweise 28 Refrains. Mit Ausnahme eines dreistimmigen Rondeau ist alles einstimmig. Seine Melodik ist stark von dem Verfechter der Ars antiqua (Alte Kunst) der Schule Notre-Dame, Petrus de Cruce, abhängig.

LITERATUR

P. Aubry, Les plus ancien monuments de la musique française, Paris 1905.

Guillaume d'Amiens
(um 1240 bis um 1300)

ZEIT UND UMWELT

Amiens hatte wie Arras einen Pui errichtet und Trouvères eingeladen, die dem Ruf folgen wollten. Pierekin de la Coupele zum Beispiel kam, um mit seiner Kunst und dem Gewicht seines adeligen Namens die Dichter- und Sängergilde der Stadt zu unterstützen.

LEBEN

Guillaume d'Amiens wurde um 1240 in Amiens geboren. Er war bürgerlicher Herkunft, aber wegen seiner Leistungen als Trouvère sehr geschätzt. Er starb in seiner Geburtsstadt um 1300.

WERKE

Von dem Trouvère und Mitglied des Pui von Amiens Guillaume d'Amiens sind die »Vers d'amours« (Verse der Liebe), 14 Strophen, die die Liebe verfluchen, überliefert, außerdem 3 Chansons, davon 2 mit Melodien, sowie 10 Rondeaux, die etwas konventionell klingen. Seine dichterischen Fähigkeiten müssen unbedingt über seine kompositorischen gestellt werden.

Petrus de Cruce (um 1240 bis nach 1298)

ZEIT UND UMWELT

Vom Beginn des 12. bis weit über das 13. Jahrhundert hinaus kam Paris eine führende Rolle auf geistiger Ebene zu. Die Pariser Universität zählte bereits um das Jahr 1200 bei 20.000 Studenten. Die Notre-Dame-Schule blieb trotz der hervorragenden Leistungen der Dom- und Klosterschulen (Winchester, Chartres, Worcester, Limoges, Compostela, St. Gallen) weiterhin die wichtigste Stätte der Musikpflege. Ruf und Ruhm der großen Meister Leoninus und Perotinus Magnus wirkten lange nach. Organum und Conductus wurden als Ars antiqua (Alte Kunst) weiter gepflegt und entwickelt; es kam zur Drei- und Vierstimmigkeit und zur Adoption der Motettenform. Zugleich wurden Vorzeichen eingeführt und die diatonische Skala verlassen.

Wir kennen diese Musik nur zum geringen Teil aus überlieferten ganzen Stücken, sondern mehr durch Notenbeispiele in verschiedenen Werken namhafter Musiktheoretiker, die vorwiegend in Paris ihren Wirkungskreis hatten, wie Johannes de Garlandia der Ältere, Franco von Paris, Hieronymus de Moravia, Johannes de Grocheo, Johannes de Garlandia der Jüngere, Jacobus von Lüttich (alle 13. Jahrhundert) und Petrus de Cruce selbst. Wir kennen sie aber auch aus Beschreibungen der Interpretationsmethoden, mit denen die Sänger das Publikum zum spirituellen und emotionalen Miterleben von Text und Musik heranzogen, weil nach damaliger Auffassung »... instrumentale und vokale Kunst erst dann zu voller sinnlicher Auswirkung gelangten, wenn sie von mimischen Gebärden und körperlichen Bewegungen begleitet seien ...«

LEBEN

Petrus de Cruce wurde um 1240 in Amiens geboren und lebte in Paris. König Philipp IV. (1268–1314) beauftragte ihn im Jahre 1298, ein Offizium zu Ehren des heiligen Ludwig zu verfassen. Neben seiner kompositorischen Tätigkeit widmete sich Petrus de Cruce theoretischen Problemen der Musik und deren Verkündung in Wort und Schrift. Er dürfte in Paris gestorben sein. Sein genaues Todesdatum ist nicht feststellbar.

WERKE

Die Kompositionen des Musikwissenschaftlers Petrus de Cruce sind nur bruchstückweise erhalten. Das vom König bestellte Offizium kennen wir nicht. Jacobus Leoninus (um 1260 bis nach 1330), Musikwissenschaftler aus Lüttich, stellt uns Petrus de Cruce als Vertreter der Ars veterum (Alte Kunst) vor und nennt die 2 dreistimmigen Motetten »Au renouveler« und »Aucun ont trouvé«, die überliefert sind, als Beispiele. Sie zeichnen sich durch bevorzugte kleinere Notenwerte, ein freizügig rhythmisiertes Triplum (dritte Stimme) und viele Terz- und Sextklänge aus. Im übrigen weisen die Kompositionen des Meisters eine gewisse Ähnlichkeit mit der zeitgenössischen italienischen Musik auf.

LITERATUR

E. de Coussemaker, L'art harmonique au XIIe et XIIIe siècle, Hildesheim 1964.

Meister Alexander
(um 1250 bis um 1300)

ZEIT UND UMWELT

Die Markgrafen von Burgau im schwäbischen Teil Bayerns luden gerne Minnesänger und Spruchdichter zu sich und gewährten ihnen Obdach und Nahrung. Und je mehr diese von den konventionellen Linien abwichen, je bizarrer ihre Dichtungen und Weisen waren, um so lieber wurden sie am Gästetisch der Burg gesehen.

Der wilde Alexander – Miniatur aus der Manessischen Liederhandschrift

LEBEN

Meister Alexander (Der wilde Alexander), fahrender Sänger und Dichter, ist um 1250 in Süddeutschland geboren. Einen Teil seines Lebens hat er bei den Markgrafen von Burgau verbracht. Der Ort und das genaue Datum seines Todes sind unbekannt.

WERKE

Von Meister Alexander sind 4 Melodien und eine fragmentarische Melodie erhalten. Besonders beliebt war sein stimmungsstarkes Lied: »Hie bevor do wir kint waren«. Seinen Beinamen erhielt der Meister wegen der völligen Regelwidrigkeit seiner Lieder.

LITERATUR
R. Haller, Der wilde Alexander, Würzburg 1935.

Heinrich von Meißen (1250–1318)

ZEIT UND UMWELT
Mit dem 13. Jahrhundert endet auch der deutsche Minnesang. Das wirtschaftlich erstarkte Bürgertum der Städte wurde immer einflußreicher, während die Macht des Adels schwand; auf dem Land beschnitt die Zentralregierung die einstmals unumschränkten Rechte der Grundherren. Mit dem Rückgang der Bedeutung des Adels versiegte auch seine kulturelle Monopolstellung. Das Bürgertum rückte nach. Wenn der Meistergesang auch erst im 15. Jahrhundert zu seiner Höchstform anwuchs, so waren seine ersten Ansätze doch bereits in der zweiten Hälfte des 13. Jahrhunderts sichtbar. Heinrich von Meißen wurde zeitweilig als Meistersinger angesprochen, wenngleich das den Gegebenheiten nicht entsprach. Man sah in ihm sogar (wohl fälschlich) den Gründer der ersten deutschen Meistersingerschule in Mainz.

LEBEN
Heinrich von Meißen, genannt Frauenlob, wurde 1250 in Meißen geboren. Nach langen, weiten Wanderungen und Dienst bei verschiedenen Fürsten von Böhmen bis Brandenburg ließ er sich in Mainz nieder. Den Zunamen Frauenlob erhielt er wegen seines berühmten Marienpreisliedes und wegen des Streitliedes gegen den Vorläufer der Meistersinger und Spruchdichter Barthel Regenbogen (um 1300, Mainz), in dem er verlangte, die Bezeichnung Wîp (Weib) durch Vrouwe (Frau) zu ersetzen. Er starb in Mainz (angeblich durch Gift) am 29. 11. 1318, wurde nach der Sage von Frauen zu Grabe getragen und im Dom beigesetzt.

WERKE
Die häufige Einordnung Heinrichs von Meißen als ersten Meistersinger ist irrig. Seine Kompositionen sind sogar stark konservativ und dem klassischen Minnesang verbunden. Seine Leiche, seine religiösen, moralischen und didaktischen Gedichte sind sehr kompliziert und kunstvoll angelegt und bezeugen den hohen künstlerischen Ernst des Meisters. Manche sind mit gelehrten und zum Teil auch mit undurchschaubaren Anspielungen ausgestattet.

LITERATUR
L. Ettmüller, Heinrich von Meißen, des Frauenlobes Leiche, Sprüche, Streitgedichte und Lieder – Bibliothek der gesamten deutschen Nationalliteratur XVI, Quedlinburg-Leipzig 1843.

Heinrich von Meißen – Grabmal in Mainz von Ludwig von Schwanthaler

Wizlaw III., Fürst von Rügen
(1265–1325)

ZEIT UND UMWELT

Die Insel Rügen, ursprünglich germanisches Siedlungsgebiet, wurde schon früh von Slawen (Slovinzen) besetzt, aber 1168 vom Dänenkönig Waldemar I. erobert. Die Regierung blieb unter dänischer Oberhoheit in der Hand eines einheimischen Fürstengeschlechtes, das 1325 mit Wizlaw III. ausstarb. Nun kam die Insel unter die Herrschaft Pommerns, das ebenfalls zum Großteil slawisch besiedelt war (Slovinzen, Kaschuben). Die Handelsbeziehungen Rügens mit den niederdeutschen Seestädten hatten ihren Anschluß an den deutschen Kulturkreis zur Folge, so daß der letzte slovinzische Fürst sogar zum niederdeutschen Minnesänger wurde.

LEBEN

Wizlaw III. ist 1265 auf Rügen geboren. Er war der letzte regierende Fürst der Insel und pflegte rege Beziehungen mit Gelehrten und Künstlern in Deutschland, darunter auch mit Heinrich von Meißen. Er starb am 8. 11. 1325 in Barth bei Stralsund.

WERKE

Vom Minnesänger Wizlaw III. sind 14 Lieder und 13 Sprüche in niederdeutscher Sprache überliefert.

LITERATUR

S. Werg, Die Sprüche und Lieder Wizlaws von Rügen, Hamburg 1969.

Müelich von Prag
(um 1285 bis um 1350)

ZEIT UND UMWELT

Bereits unter König Johann von Luxemburg (1296–1346) bahnte sich die Entwicklung von Prag zu einer der bedeutendsten Städte Europas an, die sodann der Nachfolger Karl IV. (1316–78) und dessen Kaiserhof glänzend weiterführten. Die engen verwandtschaftlichen Beziehungen der Könige brachten deren Ländern einen regen wirtschaftlichen und geistigen Austausch von Gütern und Ideen. Prag wurde dem Kreis der mittel-, west- und südeuropäischen Städte angeschlossen.

LEBEN

Müelich von Prag wurde um 1285 vermutlich in Prag geboren. Er hat zumindest einen Teil seines Lebens in seiner Heimatstadt gewirkt und dürfte dort um 1350 als frühester Minnesänger Böhmens gestorben sein.

WERKE

Von dem Sänger Müelich von Prag sind nur 4 Gedichte erhalten, davon 2 mit Melodien. Müelich soll eine stattliche Reihe dichterisch und musikalisch sehr ansprechender Lieder verfaßt haben, die viel gesungen wurden. Es ist nichts davon überliefert. Aber schon seine spärliche Hinterlassenschaft stuft ihn zu den Meistern des Minnesanges ein.

LITERATUR

R. Batka, Geschichte der Musik in Böhmen I, Prag und Leipzig 1906.

Philippe de Vitry (1291–1361)

ZEIT UND UMWELT

Die Pest rottete im 14. Jahrhundert ein Viertel der europäischen Bevölkerung aus, in Frankreich wütete der Hundertjährige Krieg, in Italien kämpfte der Adel in den Stadtstaaten jeder gegen jeden, so daß er sich in manchen Städten Mittelitaliens Wohntürme erbauen ließ, um zu überleben. Abgesehen von etlichen Handelsplätzen (Flandern, Venedig) trat eine allgemeine Verschlechterung der Wirtschaftslage ein. Das von den Scholastikern geschaffene Weltbild und die ohnehin gescheiterten Bemühungen, Wissen und Glauben zu versöhnen, konnten das trost- und hilfebedürftige Volk nicht befriedigen. Es wollte an Gott glauben und seine Nähe fühlen und nicht seine Existenz beweisen. Die Mystiker lösten die Logiker ab. Die Zwiesprache mit dem Himmel, die als einzige Zuflucht in dem Massenelend

Philippe de Vitry (1291–1361)

blieb, wurde durch meditatives Schauen und gnostisches Erkennen vertraulicher. Man betete nicht mehr nur neben in dunkle Höhen aufragenden Säulen zu einem fernen Gott, man tat etwas, um ihn zu versöhnen und um Schonung zu bitten. Geißler zogen von Ort zu Ort und schlugen ihre Körper im ekstatischen Opferdrang blutig. Dazu sangen sie Bußlieder, nicht psalmodierend lateinisch zur höheren Ehre Gottes, sondern in der Volkssprache.

Diese drängende Dynamik teilte sich auch der sakralen Musik mit, die in das Rufen des Volkes einstimmen wollte. Die Tore der Kathedralen öffneten sich für neue Texte und neue Musikformen. Aus Rom kam das Verbot aller Auswüchse der Kontrapunktik. Bei Kirchenstrafen wurden die Verbindung des Gregorianischen Chorals mit Gegenstimmen oder seine Ersetzung durch weltliche Melodien, außerdem alle untraditionellen Verzierungen und die Anwendung anderer Tonarten anstelle der Kirchentonarten untersagt. Papst Johannes XXII. forderte 1322 die Wiederherstellung der von allen Zutaten gereinigten Gregorianik und duldete nur die Intervalle der Quint, Quart und Oktav. Damit war der Eintritt der volkstümlichen Mehrstimmigkeit in die Kirche vorläufig abgewehrt.

Die dreistimmige Messe von Tournai (um 1300) hingegen, die von Toulouse und von Paris zeigen jedoch, daß der päpstlichen Bulle keine volle Durchschlagskraft beschieden war. Es war auch eigentümlicherweise ein Kleriker, der als Komponist und Musiktheoretiker den Anstoß zur Weiterbildung und Verbreitung der von den Pariser Magistri Leoninus und Perotinus eingeleiteten Entwicklungsprozesse der Mehrstimmigkeit gab und ihr die Bezeichnung Ars nova (Neue Kunst) verlieh.

Leben

Philippe de Vitry wurde am 21. 10. 1291 in Vitry als Sohn eines Notarius der königlichen Kanzlei gleichen Namens geboren. Über seine Ausbildung ist nichts bekannt, man nimmt an, daß er Schüler des Musiktheoretikers Petrus de Cruce gewesen sei.

»Mummenschanz«, musizierende Masken – französische Buchminiatur aus: »Roman de Fauvel«, 14. Jahrhundert

Jedenfalls dürfte er sehr früh Clericus und Notarius des Königs Karl II. geworden sein. Er hatte auch unter den folgenden französischen Königen Philippe VI., Jean II. und Karl V. hohe Hofstellungen inne, hielt sich im Auftrag des Königs mehrere Male am päpstlichen Hof in Avignon auf, nahm an der Belagerung von Aiguillon teil und wurde 1351 zum Bischof von Meaux ernannt. Er starb am 9. 6. 1361 in Meaux.

Vitry stand bei seinen Zeitgenossen als universaler Geist, als Philosoph, Mathematiker, Musiktheoretiker und Komponist in hohem Ansehen. Seine wissenschaftlichen Werke, die nur zum Teil erhalten sind, wurden vielfach zitiert. Der italienische Dichter Francesco Petrarca (20. 7. 1304, Arezzo, bis 18. 7. 1374, Acquà) nannte ihn seinen Freund und bezeichnete ihn als einen der bedeutendsten Dichter und Schriftsteller Frankreichs. Er stand mit vielen Gelehrten seiner Zeit in Verbindung, besonders mit Johannes de Muris (um 1290, Lisieux, bis nach 1351, Paris), der um die Notationspraxis der Ars nova und deren mathematische Begründung bemüht war. Wir können aber die wahre Bedeutung dieses Mannes auf den verschiedenen Gebieten nur aus zeitgenössischen Äußerungen über ihn ermessen.

WERKE
Philippe de Vitry schrieb neben vieler sakraler Musik Lais, Ballades und Rondeaux, doch davon ist nichts erhalten. Überliefert ist nur eine Serie Motetten mit lateinischen Texten. Dazu kommt sein kompositorischer Beitrag zum Roman de Fauvel.

Roman de Fauvel, Singspiel in zwei Teilen aus den Jahren 1310 bis 1314 und 1316 von Gervais du Bus, Raoul Chaillou du Pesstain und Philippe de Vitry auf mittelfranzösischen und spätlateinischen Texten
Es handelt sich um einen Protest gegen Kirche, König und Beamtentum in verschlüsselt-allegorischer Form. Der erste Teil, die »Karriere des Esels Betrug«, weist auf die Falschheit und Betrügerei von Kirche und Staat hin (Fauvel ist aus Fauvain aisne – gelber Esel, allegorisch für Betrug – gebildet). Fortuna hat Fauvel zum Herrn der Welt gemacht; Könige, Herzöge, Grafen, Vizegrafen, Pröpste, Landvögte, Bürger und Bauern kommen herbei, um den »Esel zu streicheln« (der Korruption zu frönen), Barfüßer und Dominikaner, Templer, Bischöfe und Kardinäle mit dem Papst selbst vervollständigen den Reigen. Im zweiten Abschnitt heiratet der Esel die schöne Dame »Eitle Ruhmsucht«, nachdem ihn Fortuna als Freier abgewiesen hat. Zur Hochzeitsfeier sind die Fleischeslust, die Liebelei, die Göttin des Ehebruchs und der Begierde und Venus selbst geladen. Unter der Führung der »Jungfräulichkeit« treffen auch die dreißig Tugenden ein, um die Laster im Hochzeitsturnier zu schlagen. Fortuna bricht den Kampf aber vorzeitig ab, weil die Stunde des Sieges der Tugend noch nicht gekommen ist. Jesus Christus wird am Schluß angefleht, den Tugenden doch noch zum Sieg zu verhelfen.

Wenn auch diese beißende Satire auf die Zeitverhältnisse mit ihren über 3000 Versen in erster Linie literarisch-theatralischen Charakter aufweist und zum größeren Teil deklamiert und auf einer mehrstöckigen Bühne dargestellt wird, so ist die Musik ein wesentlicher und nicht nur illustrierender Bestandteil des Werkes. Es beginnt mit einem Trompetenstoß und der Ankündigung: Betrug und schmutziger Ehrgeiz sitzen jetzt auf dem Thron und am höchsten Ort der Kurie. Monodische und mehrstimmige, zum größten Teil von Instrumenten begleitete »Gesangsnummern« wechseln mit Instrumentalpassagen ab.
Fünf Motetten können Philippe de Vitry mit Sicherheit zugeschrieben werden, sie sind vorzügliche Beispiele der Ars nova. Weitere Stücke sind wahrscheinlich ebenso von dem Meister der Gotik, vermutlich auch die Bitte am Ende des Spieles: »Verdamme Fauvel mit seinem schlimmen Anhang, und uns wird wohl sein, wenn seine Brut vernichtet und vertrieben ist.«

LITERATUR
E. Droz und G. Thibault, Un chansonnier de Philippe le Bon, Revue de Musicologie X, 1926. Gr. A. Harrison, The Monophonic Music in the Roman de Fauvel, Stanford University, 1963.

Guillaume de Machaut (um 1300–77)

ZEIT UND UMWELT
Die Machtstellung der französischen Krone, die sich durch ansehnliche Gebietserweiterungen, Eindämmung des Freiheitsraumes des Adels, hohe Steuereinnahmen und Kriegsglück gefestigt hatte, wurde im 14. Jahrhundert von zwei Seiten bedroht. Die englische Lehensherrschaft über die Guyenne mußte anerkannt werden und blieb eine Beschränkung der Alleinherrschaft über französischen Boden, und das Papsttum versuchte sich eine Kontrolle der Regierung anzumaßen. Durch die Wahl des Erzbischofs von Bordeaux zum Papst in Avignon wurde dem kirchlichen Universalismus Einhalt geboten. Die Auseinandersetzungen mit England nahmen jedoch mit aller Macht ihren Anfang und verheerten das

Guillaume de Machaut (um 1300–77)

August Wenzinger, berühmt durch Interpretationen der Barock-Klassiker, widmete sich nun auch Machaut

Land. Zunft- und Bauernaufstände waren die Folgen des starken Steuerdruckes, den der Krieg mit sich brachte. Trotz des Elends und der Wirren blühten an den Höfen der weltlichen und geistlichen Fürsten Gelehrsamkeit, bildende Kunst, Dichtung und Musik auf. Der Lärm der Schlachten und Revolten klang nicht in die Musikschulen und Gelehrtenstuben hinein. Die Zeitläufe bewirkten nur eine weitere Profanierung der Kunstprinzipien, das hieß für die Musik, daß die von Philippe de Vitry und seinen Gesinnungsfreunden propagierten Formen der Musica nova weitergebildet wurden.

Leben

Guillaume de Machaut (Machault, Guillelmus de Mascandio) wurde um 1300 in Machaut geboren. Sein Leben führte ihn durch große Teile Europas. Als Sekretär des Böhmenkönigs Johann von Luxemburg (ab 1323) bereiste er Deutschland, Österreich, Ungarn, Polen und Litauen. Im Jahre 1346 starb der Luxemburger, und Machaut kam an den Hof Johanns von der Normandie und sodann König Karls V. in Reims, wohin er sich in den fünfziger Jahren ganz zurückzog. Er mußte dort 1359 die Belagerung der Stadt durch die Engländer miterleben und lag in häufigen Streitigkeiten mit dem Propst des Domkapitels. Einer seiner letzten Gönner war Pierre de Lusignan, König von Zypern, in den Jahren 1361 bis 1369. Diese Beziehung führte ihn noch im hohen Alter nach Zypern und Alexandrien.

In seine späteren Jahre fällt auch die Beziehung zu Péronne d'Armentières, einer Edeldame der Champagne, die noch nicht zwanzig Jahre alt war, als er sie 1360 kennenlernte. Seine zwischen 1362 und 1365 entstandene Dichtung »Le voir dit« enthält 45 Briefe des Liebespaares. Es ist daraus der starke Einfluß des Mädchens auf Machaut ersichtlich. »Alle meine Werke sind wegen Ihres Gefühles und ausschließlich für Sie entstanden«, schrieb der Dichter. Er starb im April des Jahres 1377.

Werke

Das dichterische und musikalische Werk von Machaut war schon zu seinen Lebzeiten in Frankreich und auch außerhalb des Landes, auf der Pyrenäenhalbinsel, in England, Italien und Deutschland bekannt und hochgeschätzt. Es wurde in mehreren umfangreichen Handschriften gesammelt und ist nahezu vollständig erhalten. Die Abteilung I der Sammlungen enthält 16 einstimmige Lais und 2 dreistimmige. In der II. Abteilung finden sich 18 französische nahezu durchwegs dreistimmige Motetten und 5 lateinische, von denen 3 vierstimmig sind. In der Abteilung III, die Balladen, Virelais und Rondeaux umfaßt, gibt es Sololieder mit Instrumentalbegleitung, 13 dreistimmige Balladen, 10 dreistimmige Rondeaux und einen Instrumentalsatz, dazu die vierstimmige Messe »Nostre Dame«, die vermutlich 1364 zur Krönung Karls V. geschrieben wurde.

Machauts Kompositionen folgen den Anregungen, die Philippe de Vitry für die Ars nova gegeben hatte, und vollenden in der Praxis die Erkenntnisse des Musiktheoretikers.

Messe Nostre Dame zu vier Stimmen
  Kyrie, Sanctus, Agnus Dei und Ite missa est sind der Motette nachgebildet. Die gregorianischen Melodien sind in den Tenor gelegt und bilden das Fundament der Komposition, auf dem die Oberstimmen aufgebaut sind. Gloria und Credo, deren Texte um vieles länger sind, wirken archaisch, weil ihre homophonen Melodien ausschließlich vom Text bestimmt und skandierend vorgetragen werden.

LITERATUR
S. J. Williams, The Music of Guillaume de Machaut, Yale University, 1952. A. Machabey, Guillaume de Machaut, Paris 1955.

Niccolò da Perugia
(um 1300 bis nach 1350)

ZEIT UND UMWELT
Einzig Mailand und Florenz bildeten ein Bollwerk gegen den allgemeinen wirtschaftlichen und kulturellen Rückgang. Dort wurde auch die Botschaft eines Francesco Petrarca und eines Giovanni Boccaccio (um 1313, Paris, bis 21. 12. 1375, Certaldo) am begierigsten und am verständnisvollsten aufgenommen. Der Humanismus ergriff alle Geister, nicht nur Gelehrte und Künstler, auch regierende Häuser stellten ihre Kräfte im Sinn des Kulturauftrages, der die Vorrechte des Adels rechtfertigte, in den Dienst der Wiedererweckung der Antike. Nicht mehr das Jenseits, sondern das in vielen Fällen allerdings sehr fragwürdige Diesseits, nicht mehr die Bewohner des Himmels, sondern der Mensch wurde Mittelpunkt des Geschehens und des Interesses.

LEBEN
Niccolò da Perugia ist am Beginn des 14. Jahrhunderts als Sohn eines Verwaltungsbeamten in Perugia geboren. Über sein Leben ist nur bekannt, daß er in der zweiten Hälfte des 14. Jahrhunderts in Florenz gewirkt hat und zu den Begründern der Liedkunst Italiens im Trecento gezählt werden muß. Er ist in Florenz nach 1350 gestorben.

WERKE
Niccolò da Perugia gehörte zu den ersten, die die mehrstimmige Ballade der französischen Ars nova für den italienischen Raum übernommen hatten. Er vertonte ungefähr 10 Texte des florentinischen Lyrikers Franco Sacchetti (um 1330–1400), von denen 5

Viella und Querflöte, aus der Manessischen Liederhandschrift

mit Musik erhalten sind. Überdies sind ein dreistimmiges und 15 zweistimmige Madrigale, 4 dreistimmige Cacce, eine einstimmige und 15 zweistimmige Ballate überliefert. Für den Komponisten sind sehr kurze, syllabisch vertonte Texte charakteristisch.

LITERATUR
A. v. Königslöw, Die italienischen Madrigalisten des Trecento, Würzburg 1940.

Donato de Florentia
(um 1310 bis nach 1370)

ZEIT UND UMWELT
Im 14. Jahrhundert waren die berühmten Medici noch Kaufleute und Bankiers, jedoch bereits Kulturträger der Stadt, deren Geschicke sie ein Jahrhundert später in die Hand nahmen, ohne die republikanische Staatsform zu zertrümmern. Florenz blühte wirtschaftlich auf. Arnolfo di Cambio (um 1240, Colle di Valdelsa, bis 8. 3. 1302, Florenz) hatte bereits in Fortsetzung antiken Stiles seine großen plastischen Formen als Architekt und Bildhauer vollendet, Giotto di Bondone (1266, Colle di Vespigniano, bis 8. 1. 1337, Florenz) malte seine Fresken von Santa Croce (1317) in seiner neuen perspektivischen Technik, die irgendwie mit der aus Frankreich übernommenen Mehrstimmigkeit zusammenhing.

LEBEN
Donato de Florentia (da Cascia), geboren um 1310, ist einer der ältesten Vertreter der Ars nova in Florenz. Er ist ungefähr um das Jahr 1370 in Florenz gestorben.

WERKE
Magister Dominus Donato de Florentia hinterließ 14 zweistimmige Madrigale, eine zweistimmige Ballata, ein zweistimmiges Virelai und ein dreistimmiges kanonisches Madrigal.

LITERATUR
K. v. Fischer, Studien zur italienischen Musik des Trecento, Bern 1956.

Giovanni da Cascia
(um 1310 bis um 1380)

ZEIT UND UMWELT
Dante Alighieri (Mai oder Juni 1265, Florenz, bis 14. 9. 1321, Ravenna) wurde 1302 aus politischen Gründen aus Florenz exiliert, aber sein humanistischer Geist ist der Stadt verblieben. Obwohl noch wie überall in Italien ciceronianisches Latein stark gepflegt wurde, öffnete sich das von Dante der Volkssprache geöffnete Tor zur Literatur immer mehr. Antonio Pucci (gestorben 1388) schrieb Sonetten, Nicolò Soldanieri und Alesso di Guido Donati verfaßten Texte zu Balladen, Madrigalen und Cacce, die von Komponisten des Jahrhunderts im neuen Stil vertont wurden.

LEBEN
Giovanni da Cascia (Johannes de Florentia) wurde um 1310 in Cascia geboren. Er hielt sich zwischen 1329 und 1351 am Veroneser Hof auf, dann vermutlich auch in Mailand. Er ist um 1380 in Florenz gestorben.

WERKE
Auch Giovanni da Cascia gehörte zu den Begründern des neuen Stiles, der sich von Florenz ausgehend über ganz Italien verbreitete. Von seinen Kompositionen sind 16 zweistimmige Madrigale und 3 dreistimmige Cacce, alles auf weltliche italienische Texte geschrieben, erhalten.

LITERATUR
A. v. Königslöw, Die italienischen Madrigalisten des Trecento, Würzburg 1940.

Heinrich von Mügeln
(um 1310 bis nach 1369)

ZEIT UND UMWELT
Die enge Bindung der Höfe von Böhmen und Ungarn an Wien und an das übrige deutsche Sprachgebiet drückte sich auch durch die Existenz von Meisterschulen in diesen Ländern aus. Und an den Orten, in denen jene Reglementierung von Gesang und Dich-

Heinrich von Mügeln (um 1310 bis nach 1369)

Fanfaren, Trommel und Dudelsack – dargestellt auf einer Handschrift aus dem 13./14. Jahrhundert

tung ihren Ausgang nahm, bildeten sich innerhalb des engen Rahmens Künstlerpersönlichkeiten heraus, die als echte Meister die gegebenen Beschränkungen zum Raum ihres Schaffens machten, aber den Schulen auch ihren Stempel aufdrückten.

Leben

Der Meistersinger Heinrich von Mügeln wurde vermutlich in Mügeln bei Dresden um 1310 geboren. Er lebte zum Teil in der Umgebung Kaiser Karls IV. in Prag, dann aber auch in Wien und am ungarischen Hof. Er dürfte nach 1369 gestorben sein. Der Ort seines Todes ist unbekannt.

Werke

Mehr als durch seine Kompositionen ist Heinrich von Mügeln durch seine schriftstellerischen Leistungen bekannt. Durch seine Psalmenübersetzungen wirkte er an der Eindeutschung der Bibel mit. Er verfaßte eine Ungarnchronik in deutscher und lateinischer Sprache und ein allegorisch-philosophisches Gedicht »Der Meide Kranz«. Von seinen Liedern, die durch Gelehrsamkeit und strengen Versbau als vorbildliche Meistersingerwerke galten, sind 9 erhalten. Sie sind trotz aller Zwänge, die sich der Meister auferlegte, echte Musik.

Literatur

K. Stackmann, Der Spruchdichter Heinrich von Mügeln, Heidelberg 1958.

Grimace (um 1310 bis um 1380)

Zeit und Umwelt
Der Wandel, den Guillaume de Machaut in die Musik Frankreichs und Italiens gebracht hatte, griff rasch um sich. Die Ars nova, die sich bald zur Ars subtilior verfeinerte, wurde zumindest in Frankreich zum universellen Stil.

Leben
Grimace (Grymace, Grimache) wurde um 1310 in Frankreich geboren und wirkte vermutlich an einem der Fürstenhöfe als Musiker. Ort und Zeit seines Todes sind nicht überliefert.

Werke
Von Grimace (sein Vorname ist nicht bekannt) sind 3 Balladen, ein Virelai und ein Rondeau erhalten, die mäßig synkopiert sind und gelegentlichen Rhythmuswechsel aufweisen. Sie stehen offensichtlich unter dem Einfluß von Guillaume de Machaut und sind dem Stil der Ars subtilior zuzurechnen.

Literatur
J. Wolf, Geschichte der Mensural-Notation, Leipzig 1904.

Gherardello de Florentia (um 1310 bis um 1370)

Zeit und Umwelt
Als ältesten Madrigalisten nennt die italienische Musikgeschichte Pietro Casella (um 1250, Pistoia oder Florenz, bis vor 1300, vermutlich Florenz), den Freund Dantes, von dem er etliche Ballate und Canzonen komponierte. Der Musiktheoretiker Marchetto da Padova (14. Jahrhundert) bemühte sich in seinen Abhandlungen, die italienische Mehrstimmigkeit von heimischen Entwicklungsprozessen abzuleiten. Jedenfalls wird dadurch klar, daß nicht alle Bausteine der Musik Italiens aus Frankreich gekommen sind.

Leben
Gherardello de Florentia (Magister Ser Ghirardellus de Florentia) ist um 1310 in Florenz geboren. Über sein Leben ist nichts bekannt, außer daß auch sein Bruder und sein Sohn komponierten. Er starb um 1370. Ort und Datum seines Todes sind nicht feststellbar.

Werke
Gherardello hinterließ ein Gloria und ein Agnus zu zwei Stimmen, eine dreistimmige Caccia, 5 einstimmige Ballate und 10 zweistimmige Madrigale. Er gilt als einer der bedeutendsten Vertreter des neuen Kompositionsstiles, der zu jener Zeit vorwiegend in Florenz gepflegt wurde.

Literatur
A. v. Königslöw, Die italienischen Madrigalisten des Trecento, Würzburg 1940.

Piero di Firenze (um 1310 bis nach 1350)

Zeit und Umwelt
Die ghibellinischen Scaliger in Verona und die Visconti in Mailand wollten hinter den Florentinern nicht zurückstehen und verschrieben sich neben Jacopo da Bologna und Giovanni da Cascia auch Magister Piero di Firenze, alle namhafte Vertreter des neuen Stiles italienischer Musik. Die italienischen Fürstenhöfe entwickelten sich bereits in der ersten Hälfte des 14. Jahrhunderts zu Brennpunkten der Gelehrsamkeit, der Dichtkunst und Musik, die von den Klöstern und Kathedralen in die Adelspaläste gekommen waren.

Leben
Piero di Firenze (Petrus de Florentia) ist um 1310 geboren. Bereits 1330 ist sein Aufenthalt in Verona feststellbar. Nach längerem Wirken in Mailand kehrte er nach Florenz zurück, wo er irgendwann nach 1350 starb.

Werke
Piero di Firenze schrieb als erster zweistimmige kanonische Madrigale und dreistim-

mige Cacce. Überliefert sind von ihm 4 zweistimmige Madrigale, 2 zweistimmige kanonische Madrigale und 2 Cacce. Die Zuschreibung einer weiteren Caccia ist ungesichert.

LITERATUR
K. v. Fischer, Studien zur italienischen Musik des Trecento, Bern 1956.

Lorenzo da Firenze
(um 1310 bis vor 1385)

ZEIT UND UMWELT
Parteienstreit und politische Wirren zogen sich in Florenz durch das ganze 14. Jahrhundert. Kriege, wirtschaftliche Zusammenbrüche und Pestzeiten wechselten mit Perioden der Prosperität und Konsolidierung ab. Trotz aller Rückschläge war jedoch die Entwicklungslinie, die aus dem Chaos der verflossenen Jahrhunderte führte, deutlich erkennbar. Daher konnten Wissenschaften und Kunst sich dennoch zum Hochstand des nächsten Jahrhunderts entwickeln, dessen Geist sich besonders in Dichtkunst und Musik ausbreitete.

LEBEN
Lorenzo da Firenze (Laurentius de Florentia), Sohn des Thomas, wurde um 1310 geboren und war zwischen 1350 und 1370 Musiklehrer an verschiedenen Kirchen der Stadt. Er starb vermutlich in Florenz vor dem Jahr 1385.

WERKE
Lorenzo vertonte Texte von Boccaccio, Niccolò, Soldanieri, Franco Sacchetti und anderen zeitgenössischen Dichtern. Von seinen Kompositionen sind 10 zweistimmige Madrigale, eine dreistimmige Caccia, 5 Ballate, ein Sanctus und ein Gesangslehrstück für eine Stimme erhalten.

LITERATUR
A. v. Königslöw, Die italienischen Madrigalisten des Trecento, Würzburg 1940.

Das Ricercare Ensemble, 1961 gegründet, widmet sich der Musik des Mittelalters und der Renaissance

Jacopo da Bologna
(um 1310 bis nach 1351)

Zeit und Umwelt
Der Scaliger Mastino bestellte sich um die Mitte des 14. Jahrhunderts drei der berühmtesten Komponisten seiner Zeit zu einem Wettstreit nach Verona: Giovanni da Cascia, Piero di Firenze und Jacopo da Bologna. Sie sollten die Liebe zur vornehmen Dame Anna besingen, die durch ihre Schönheit im Reigen anderer Mädchen auffiel. Die Szene sollte sich im Schloßgarten am Ufer der Etsch abspielen. Solche Veranstaltungen waren an den italienischen Fürstenhöfen im Trecento nicht selten. Boccaccio schilderte uns in seinem Decamerone die Tänze, Reigen und Lieder, die neben Spaziergängen, Brettspielen, Erzählen von Geschichten und Rezitieren von Gedichten den Tagesablauf vornehmer Gesellschaften ausfüllten. Es mochte Kriege geben und Aufstände, es mochten Pest und Hunger durch das Land wüten; überall bestanden abgeschirmte Inseln, wo Leichtsinn und Fröhlichkeit herrschten, aber auch echte Kunst gepflegt wurde. Die Kavaliere, die mit den Damen tanzten, mochten tags darauf im Kampf fallen, Paläste konnten in Flammen aufgehen, der Wille zum Leben, der Hang zur Fröhlichkeit, die Freude am Schönen waren unzerstörbar. Immer fanden sich irgendwo hinter Schloßgartenmauern Menschen, die sangen und tanzten, und selbstverständlich auch Dichter und Musiker, die Verse und Melodien erfanden, denn Macht und Reichtum können Wissenschaft und Kunst fördern oder zerstören.

Leben
Jacopo da Bologna (Jacobus de Bononia) wurde um 1310 in Bologna geboren. Mit den Höfen in Verona und in Mailand stand er in enger Verbindung (1340–51). Er dürfte zeitweilig an einer Universität unterrichtet haben. Zwischen 1349 und 1351 trug er bei einem Kompositionswettbewerb in Verona mit Piero di Firenze und Giovanni da Cascia den Sieg davon. Er starb nach 1351. Ort und Datum seines Todes sind nicht bekannt.

Werke
Von den Kompositionen Jacopos da Bologna sind 29 zwei- und dreistimmige Madrigale, ein zweistimmiges kanonisches Madrigal, 2 Cacce, eine Lauda und eine fünfstimmige Motette überliefert, dazu vermutlich noch eine zweite Motette und 2 weitere Madrigale.

Literatur
K. v. Fischer, Studien zur italienischen Musik des Trecento, Bern 1956.

Aegydius de Murino
(um 1320 bis um 1390)

Zeit und Umwelt
Von Portugal bis Deutschland, von Italien bis England waren Name und Werk des größten Repräsentanten der französischen Musik des 14. Jahrhunderts, Guillaume de Machaut, bekannt und geschätzt. Das rief überall Bewunderer und Gegner, Nachahmer und Kritiker auf den Plan, aber gleichzeitig auch Persönlichkeiten, die sich zu eigenen Leistungen anregen ließen, die die neuen Ideen und Formen weiterzubilden suchten und damit zum Fortschritt der Entwicklung beitrugen.

Leben
Aegydius de Murino (Morino) wurde im französischen Sprachraum um 1320 geboren. Über sein Leben und Wirken ist nichts bekannt, ebensowenig weiß man, wo und wann er gestorben ist.

Werke
Der Musiktheoretiker und Komponist des 14. Jahrhunderts hat neben seinem Tractat eine Anzahl Motetten komponiert, die handschriftlich überliefert sind. Sie sind interessant, weil sie die Auswirkung des Schaffens von Machaut auf die zeitgenössische Komposition beleuchten.

Jean Errars (um 1320–72)

ZEIT UND UMWELT

Der französische König Philipp VI. (1293 bis 1350) errichtete das Herzogtum Orléans für seinen jüngeren Sohn Philipp (1336–75). Als dieser kinderlos starb, wurde das Herzogtum wieder mit der französischen Krone vereinigt.

LEBEN

Jean Errars wurde um 1320 in Paris geboren. Da bereits sein Vater ein Hofamt hatte, wurde der Liederdichter und Komponist in die gleichen Dienste übernommen und als Sieur de Valery Kammerherr bei König Philipp VI. und nach dem Tod des Königs bei dessen Sohn Philipp, Herzog von Orléans. Er starb in Paris im Jahre 1372.
Sein Vater Jean Errars (um 1280, Paris, bis um 1340, Paris) war ebenfalls Dichter und Komponist.

WERKE

Es sind bei 30 Lieder überliefert, die mit »Jean Errars« gezeichnet sind. Sie werden dem Kammerherrn zugeschrieben. Von seinem Vater scheint nichts erhalten zu sein. Bemerkenswert sind beide Komponisten, weil sie nach Art der Trouvères Text und Musik zugleich verfaßten und damit eine bereits längst überholte Technik wieder aufleben ließen.

Francesco Landini (1325–97)

ZEIT UND UMWELT

Petrarca, der seine siebzig Lebensjahre im 14. Jahrhundert verbrachte, beklagte den Niedergang der Lebensumstände seit seinen Studienjahren in Montpellier und Bologna. Rom war durch die Abwanderung der Päpste nach Avignon kaltgestellt und ohne Leben, das Königreich Neapel seit dem Tod König Roberts heruntergekommen, die lombardischen Städte hatten ihre Bedeutung eingebüßt wie auch Pisa, Siena, Arezzo und Perugia, sogar Venedig, das sich im Vergleich zu anderen Städten auf einer gewissen Höhe hielt, hatte viel verloren, in den Fluren Italiens und Frankreichs hausten Räuber und Wölfe, die reichen Niederlande lagen in Schutt und Asche mit kaum einem heilen Haus außerhalb der Mauern der Städte, in Paris selbst übertönte der Waffenlärm die Debatten gelehrter Männer.
In diesem katastrophalen Wandel entstand die italienische Renaissance, die Wiedergeburt der Antike und des Humanismus. Geradezu explosiv wuchsen auf allen Gebieten der Wissenschaft und der Kunst Kräfte empor, die das gesamte Weltbild veränderten; Mathematiker, Astronomen, Geschichtsschreiber und Grammatiker, Baumeister, Bildhauer, Maler, Dicher und Musiker, in jedem Zweig Männer mit Namen, die die Menschheit nie mehr vergessen wird, und mit Leistungen von Ewigkeitswert. Denn, und das ist das Erstaunliche daran, man ließ sie von jeder Seite gewähren, wenn sie nicht gerade selbst Politiker waren wie Dante, der seine Vaterstadt verlassen mußte, weil seine Gegenpartei obsiegte. Ob nun Ghibellinen gegen Welfen, Kaiser gegen Päpste, Adelsgeschlechter gegeneinander, Bürger gegen den Adel, Handwerker gegen Kaufleute und Bankiers, ob Mörder durch die Gassen schlichen, Gifte gebraut, Ketzer verurteilt wurden, es entstanden gleichzeitig Paläste und Kirchen, es wurden Skulpturen gemeißelt und gegossen, Bilder gemalt, umfangreiche wissenschaftliche Werke verfaßt, Verse gemacht und Musik geschaffen, denn alle, die gerade an der Macht waren und an den gedeckten Tischen saßen, genossen und förderten diese Leistungen, so daß der Strom der durch viele Jahrhunderte gelähmten Geistigkeit nicht mehr versiegen konnte.

LEBEN

Francesco Landini (Landino, Francesco Cieco) wurde 1325 in Fiesole als Sohn des Malers Jacopo Landini geboren. Schon als Kind wurde er von Pocken befallen und erblindete. Es ist unbekannt, wo er sich seine hohe Bildung erworben und wer ihn zum Musiker ausgebildet hat. Sein zeitgenössischer Biograph Filippo Villani (1345–1405)

WERKE

Landini ist ohne Zweifel die bedeutendste Persönlichkeit der Musik des Trecento, die auch hervorragende Musiker wie Giovanni da Cascia oder Jacopo da Bologna hinter sich ließ. Von den rund 600 aus jener Epoche überlieferten Werken sind 155 von ihm, und zwar 91 zweistimmige, 2 zwei- und dreistimmige und 47 dreistimmige Ballate, ein dreistimmiges Virelai, 9 zweistimmige und 2 dreistimmige Madrigale, ein dreistimmiges kanonisches Madrigal, eine dreistimmige Caccia, ein Triplum zu einer Motette; dazu sind vermutlich noch 2 Ballate und 3 Motettenfragmente zu rechnen.

Landinis Musik ist von einem hohen Ernst gekennzeichnet. Von seinen Texten ist keiner leichtherzig oder zweideutig. Sie sind meistens von ihm selbst verfaßt und in sehr strenge Musik gesetzt. Unter seinen Kompositionen gibt es keine Tanzmusik. Der Volksmusik entnahm er nichts, denn er verabscheute sie. Er war blind. Seine Welt war eine Klang- und Ideenwelt, und seine Musik ist von ungeheurer Tiefe, warm, persönlich und suggestiv wie selten eine andere.

LITERATUR

G. Reese, Music in the Middle Age, Florenz 1964. A. v. Königslöw, Die italienischen Madrigalisten des Trecento, Würzburg 1940.

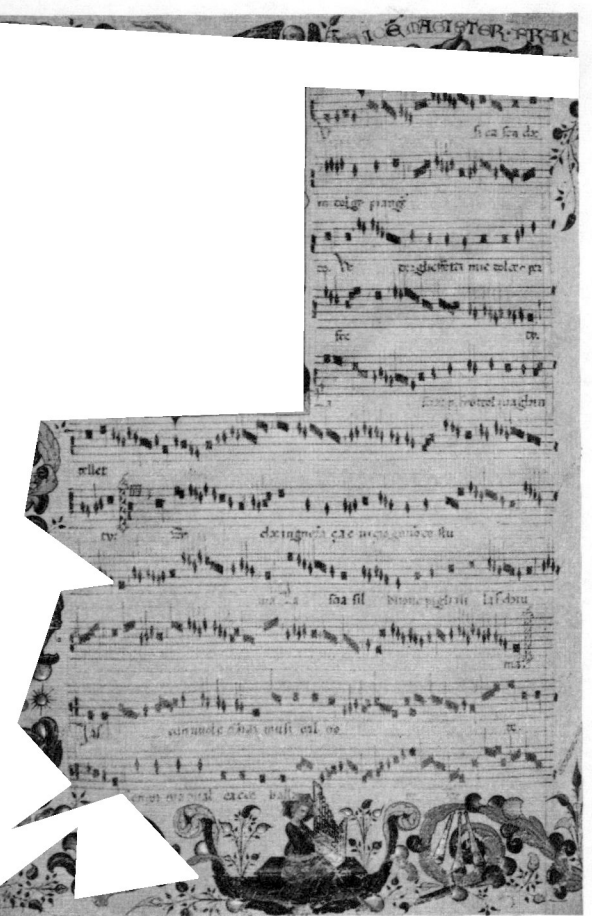

Francesco Landini – aus einer Handschrift des 14. Jahrhunderts

hob hervor, daß Landini als Grammatiker, Dialektiker und Dichter Großartiges geleistet habe, lobte aber noch mehr dessen Virtuosität auf der Orgel und anderen Instrumenten. Landini war an verschiedenen Kirchen in Florenz als Organist tätig, zuletzt an S. Lorenzo (1369–96). Wegen seiner dichterischen und musikalischen Leistungen wurde er 1361 vom König von Zypern, Peter dem Großen, zum Poeta laureatus gekrönt. Er starb, schon von seinen Zeitgenossen als Komponist und Interpret hochgeschätzt, am 2. 9. 1397 in Florenz und wurde in der Kirche S. Lorenzo beigesetzt. Auf seinem Grabstein steht geschrieben: »Seine Asche liegt in San Lorenzo, seine Seele oben bei den Sternen, aber seine Musik bleibt bei uns.«

Mayhuet de Joan (um 1330 bis vor 1400)

ZEIT UND UMWELT

Robert von Genf erklärte mit einigen Kardinälen die Wahl Urbans VI. (1378–89) für ungültig, und als Gegenpapst schlug Clemens VII. (1378–94) seinen Sitz in Avignon auf. Neben allen Merkmalen einer päpstlichen Hofhaltung wurde eine Kapelle gegründet, der im Verlauf ihrer Existenz mehrere namhafte Musiker angehörten.

LEBEN

Mayhuet de Joan (Matheus de Sancto Johanne) wurde um 1330 in der Diözese Morinum geboren und zum Musiker und Kleriker ausgebildet. Im Jahre 1378 gehörte er der

Kapelle Ludwigs I. von Anjou-Valois (1339 bis 1384) an und diente von 1382 bis 1386 der päpstlichen Kapelle zu Avignon. Er war vielleicht mit dem Mathieu du monastère Saint-Jean ident, der 1363 am Hof der Königin Johanna von Neapel (1326–82) als Kaplan genannt wurde. Weitere Lebensdaten des Komponisten sind unbekannt.

WERKE
Von Mayhuet de Joan sind eine vier- und 2 dreistimmige Balladen, ein drei- und ein vierstimmiges Rondeau und eine fünfstimmige Motette überliefert; man kann ihm vermutlich auch eine anonyme Ballade auf Ludwig I. zuschreiben. Sein Stil kennzeichnet ihn als Nachfolger Machauts.

LITERATUR
U. Günther, Zur Biographie einiger Komponisten der Ars subtilior, Archiv für Musikwissenschaft XXI, 1964.

Vincenzo da Rimini
(um 1335 bis um 1400)

ZEIT UND UMWELT
Der alte Bischofssitz Imola in der Emilia wurde im Mittelalter nacheinander von verschiedenen Herrscherhäusern wie den Grafen der Romagna, der Alifosi, der Manfredi, der Riario und anderen regiert, bis er an den Kirchenstaat fiel. Sein Dom San Cassiano wurde 1187 erbaut.

LEBEN
Vincenzo da Rimini (Abate Vincentius de Arimano) wurde um 1335 in Rimini geboren. Er war Abt in Imola und starb dort um 1400.

WERKE
Von dem italienischen Komponisten Vincenzo da Rimini sind 4 zweistimmige Madrigale und 2 dreistimmige Cacce erhalten. Diese Kompositionen sind reich an Imitationen und Motivwiederholungen. Die Cacce sind in einem marschähnlichen Rhythmus gehalten.

LITERATUR
A. von Königslöw, Die italienischen Madrigalisten des Trecento, Würzburg 1940.

Johannes Ciconia (um 1335–1411)

ZEIT UND UMWELT
Der Reichtum des Bürgertums von Lüttich, der Glanz des päpstlichen Hofes in Avignon, die politischen Wirren in Italien und der gleichzeitige Aufbruch des Landes einer neuen Kulturepoche entgegen und schließlich das bis über das Ende des Jahrhunderts selbständige Padua bildeten den Hintergrund, vor dem sich Leben und Wirken des ersten niederländischen Musikers abspielte, der wie nach ihm mehrere namhafte Musikerpersönlichkeiten aus dem franko-flämischen Raum den Weg nach Italien gefunden hatte. Die kulturelle Entwicklung der Völker West- und Südeuropas begann zu jener

Heerhorn, von einem Engel geblasen – Skulptur von Gislebert von Autun aus den Jahren 1330–35

Zeit immer stärker in einen Gleichschritt einzuschwenken, der den Vormarsch in einheitlicher Front in die folgende Neuzeit ermöglichte.

Leben

Johannes Ciconia ist um 1335 in Lüttich als Sohn eines Kürschners namens Jean Ciwagne geboren. Er wurde vermutlich im Collège Saint-Jean-l'Evangéliste ausgebildet. Der Kürschner belieferte die Domherren mit Pelzwaren und konnte daher seinen beiden Söhnen Johannes und Wilhelm eine Stellung im Gefolge der Nichte des Papstes Clemens VI., Aliénor von Cominges-Turenne, verschaffen. Johannes begleitete im Jahre 1348 Kardinal Gilles d'Albornoz nach Italien und lernte dabei den italienischen Kompositionsstil kennen. In den Jahren 1359 bis 1362 war er Kanonikus in Cesena und anschließend an der Kirche Saint-Jean-l'Evangéliste in Lüttich. Er heiratete die Tochter eines angesehenen Bürgers der Stadt und fand Ruhe und Muße, sich aus den erlernten französischen und italienischen Stilformen seinen eigenen zu bilden, der später »Stil der Epoche Ciconia« genannt wurde. Um 1400 brach in Lüttich die Pest aus. Ciconia bemühte sich um eine Pfründe in Padua, das er bereits mit dem Kardinal besucht hatte, und übersiedelte in den folgenden Jahren dorthin. Er widmete sich in Padua völlig seinem kompositorischen Schaffen und übte daneben an der Kathedrale die Funktion eines Kantors aus. Er starb in Padua zwischen dem 15. und 25. Dezember 1411.

Werke

Von Ciconias vermutlich sehr umfangreichem Werk sind lediglich 11 Messefragmente, 11 Motetten, 2 Virelais, 11 italienische Balladen, 4 Madrigale, 2 Kanons und etliche Fragmente erhalten. Dazu kommen vielleicht weitere 2, noch nicht endgültig zugeschriebene Virelais. Die Musik Ciconias verbindet die französische Ars nova mit dem italienischen Stil sehr glücklich, so daß diese zum Ausgangspunkt einer bemerkenswerten Weiterentwicklung wurde, obschon sie selbst bald in Vergessenheit geriet.

Literatur

E. C. Krohn, The Nova Musica of Johannes Ciconia, in: Manuscripta V, 1961.

Bonaiuto Corsini
(um 1345 bis nach 1433)

Zeit und Umwelt

Wirtschaftliche Schwierigkeiten, die Pest und die unaufhörlichen Zwistigkeiten der Bürger begünstigten die reaktionären Bestrebungen der Welfenpartei im Florenz des 14. Jahrhunderts, in dessen zweiter Hälfte die demokratischen Rechte der Bürgerschaft auf ein Minimum reduziert wurden. Erfolgreiche Expansionsbestrebungen, Kämpfe wegen des päpstlichen Schisma stärkten die Diktatur, doch das Volk wählte einen Medici. Damit ging der Streit um die Herrschaftsgewalt weiter, der in ein völlig oligarchisches System mündete. Zum Glück für die Stadt ging schließlich die Familie der Medici daraus siegreich hervor, ohne die Florenz nie geworden wäre, was es heute ist. Künstler und vor allem Musiker – und das ist das Positive an jenen Zeiten der Gewalt und des Kampfes – waren durch den Lauf der Politik wenig gestört. Jeder, welcher Partei er auch immer angehörte, bestellte Bauten, Statuen und Bilder, und jeder, war er Sieger oder Besiegter, erfreute sich an Dichtung und Musik, auf welcher Seite die Künstler auch standen oder gestanden hatten.

Leben

Der Schmuckkästchenmaler Bonaiuto Corsini wurde um 1345 in Florenz geboren. Im Jahre 1381 wurde er dem »Kunstrat« der Stadt beigezogen; auch als »Buonomo« (Stadtrat) war er für künstlerische Fragen zuständig. Sein Schmuckkästchengeschäft verkaufte er 1416 und wurde im Alter noch Priester. Hochbetagt und allseitig geehrt starb er in Florenz nach dem Jahr 1433.

Werke

Bonaiuto Corsini war Schüler des Komponisten Andrea de Florentia, dessen Stil er übernahm. Von seinen Kompositionen sind

Karolingische Darstellung des Dichters und Musikers David, des israelitischen Königs, mit Dreieckharfe, umgeben von vier Musikanten und zwei Kriegern

Confitebor tibi in cythara ds ds
quare tristis es anima mea
& quare conturbas me

ANI MA

inks oben: Musikanten-
uppe aus der Enzyklo-
die des Maurus Hraba-
us, Erzbischof von Mainz
. Jahrhundert)

inks unten: »Mit der Zi-
er will ich dich prei-
n...« – Buchminiatur
us dem 9. Jahrhundert

echts: König David,
on Spielleuten umgeben
aus einer angelsächsi-
hen Handschrift des 10.
hrhunderts

ächste Seite: Spielleute
t Horn, Harfe und Fi-
– Miniatur aus einem
lterium aus der Zeit
950 bis 1050

4 zweistimmige Ballate überliefert, die bereits eine gut durchgebildete zweistimmige Kontrapunktik aufweisen und die Richtung anzeigen, die die Musik in Italien einschlug.

LITERATUR
E. Li Gotti, Per la biografia di due minori musicisti..., in: Restauri trecenteschi, Palermo 1947.

Záviš von Zap (um 1350 bis nach 1411)

ZEIT UND UMWELT
Im Jahre 1348 wurde in Prag die erste mitteleuropäische Universität gegründet. Damit schloß sich Böhmen der mitteleuropäischen Kulturgemeinschaft an. Die slawische Liturgie wurde bereits um die Jahrtausendwende durch die römische ersetzt und der Gregorianische Choral eingeführt, dessen Reinigung und Verbreitung hauptsächlich durch den Dekan des St. Veiter Domherrnchores Vít (um 1235) und Bischof Tobiáš z Bechyně (Ende des 13. Jahrhunderts) durchgeführt wurden. Als Hymnenverfasser ist ein Dominikaner namens Domaslaus überliefert, einige Lieder stammen mit Sicherheit von Erzbischof Jan von Jenštejn (um 1350 bis 1400). Das Singen volkstümlicher Lieder beim Gottesdienst wurde stark ausgedehnt. Einige stammen von Jan Hus (1370, Husinec, bis 1415, in Konstanz verbrannt) und Hieronymus aus Prag (verbrannt 1416 in Konstanz). Darauf setzte erst ein gewaltiger Aufschwung des Husitenliedes ein.

LEBEN
Záviš von Zap (Zapy) wurde um 1350 geboren, 1379 wurde er Baccalaureus des Carolinums in Prag, 1381 Magister und 1391 Professor. Von 1394 bis 1402 war er Kanonikus zu Olmütz. Dann kehrte er nach Prag zurück, wo er 1411 zum letzten Mal als Doktor der Theologie erwähnt wurde.

WERKE
Záviš von Zap werden verschiedene liturgische Gesänge, wie ein Alleluia, ein Kyrie, einige lateinische Lieder, zugeschrieben. Es stammen mehrere überlieferte Liebeslieder von ihm, wie »Alle Freude verläßt mich«, das einem Gesang Frauenlobs textlich nachempfunden ist.

LITERATUR
L. Zatočil, Das Lied von Záviš im Lichte des Minnesangs und seine Vorlage, Brünn 1953.

Solage (um 1350 bis um 1400)

ZEIT UND UMWELT
Johannes de Muris, der Theoretiker, Philippe de Vitry, Theoretiker und praktischer Musiker, und Guillaume de Machaut, Dichter, Musikwissenschafter und Komponist, haben die Grundlagen für die sogenannte Ars nova Frankreichs geschaffen, die eine Reihe von Komponisten des 14. Jahrhunderts zur Richtschnur ihrer Musik gemacht haben: Thomas de Donai, Vauquier de Valenciennes, Garinus de Soissons, Guisard de Cambrai, Reginald de Bayeux, Agydius de Murino und Pierre de Molins. Auch Solage zählt zu diesen Epigonen.

LEBEN
Solage wurde um 1350 vermutlich in oder bei Paris geboren. Er stand irgendwie mit dem französischen Königshaus in Verbindung, für das er mehrere Kompositionen schrieb. Er starb um 1400. Der Ort seines Todes ist unbekannt.

WERKE
Von Solage sind 10 Kompositionen erhalten, 4 dreistimmige und 3 vierstimmige Balladen, ein dreistimmiges und ein vierstimmiges Virelai und ein dreistimmiges Rondeau. Die dreistimmigen Stücke folgen der von Machaut eingehaltenen Methode sehr genau, während die vierstimmigen eine gewisse Verfeinerung von Melos und Rhythmus aufweisen.

LITERATUR
W. Apel, French Secular Music of the Late Fourteenth Century, Cambridge (Mass.) 1950.

Antiphonar – gotische Hufnagelnotierung aus dem 13./14. Jahrhundert

Der Mönch von Salzburg
(um 1350 bis nach 1400)

ZEIT UND UMWELT
Salzburg wurde um 1300 Reichsfürstentum unter einem Fürsterzbischof, dessen Sitz, die Stadt Salzburg, von seiner Begründung an ein Musikzentrum des Alpenraumes war. Die Salzburger Antiphone reichen bis in das 11. Jahrhundert zurück.

LEBEN
Identität und Lebensdaten des Mönches von Salzburg sind unbekannt. Sein Wirken kann während der Amtszeit des Erzbischofs von Salzburg, Pilgram II. (1365–96), vermutet werden. Die Versuche, ihn mit dem Benediktinerabt Johannes Rosses II. (Amtszeit 1364–75) zu identifizieren, sind gescheitert. Er starb in Salzburg nach 1400.

WERKE
Der Mönch von Salzburg hinterließ ungefähr 40 deutsche geistliche Lieder, die textlich Umdichtungen lateinischer Hymnen und Sequenzen darstellen. Außerdem liegen bei 60 weltliche Lieder vor, von denen ein großer Teil mit mehrstimmigen Melodien versehen ist.

LITERATUR
E. Hintermaier, Die mehrstimmigen Lieder des Mönches von Salzburg, Österreichische Musikzeitschrift XXV, 1970.

Johannes Carmen
(um 1350 bis um 1410)

ZEIT UND UMWELT
Das Herzogtum Burgund erlebte am Ende des 14. und im 15. Jahrhundert seine größte Machtentfaltung. Es war zu einem Zentrum europäischer Kultur geworden. Die Städte des Herzogtumes blühten auf. Von den Malern, die in diesem Kulturraum wirkten, sollen nur Hubert van Eyck (1370–1426) und Jan van Eyck (1390–1441), die Schöpfer des Genter Altares, genannt werden. Daß sich auch die Meister der Musik einfanden, ist selbstverständlich.

LEBEN
Von dem Pariser Meister Johannes Carmen sind wenige biographische Informationen überliefert. Er ist um 1350 geboren und war ein Zeitgenosse von Jean Tapissier, der sich im letzten Jahrzehnt des 14. Jahrhunderts am Burgunder Hof aufgehalten hatte. Johannes Carmen starb um 1410.

WERKE
Wie Tapissier schuf Carmen eine Musik, die als Ausläufer der französischen Ars nova oder als Vorstufe zum Stil der franko-flämischen Meister angesehen werden kann. Erhalten sind von seinem Werk eine Motette (Pontifici decori speculi) und 2 weitere Sätze (Venite adoremus – Salve sancta aeterba trinitas; Salve pater – Felix et beata).

Bürk Mangolt (um 1350 bis um 1420)

ZEIT UND UMWELT
Der deutsche Minnesang war im 14. Jahrhundert bereits im Abklingen. Soweit noch Minnelieder gedichtet wurden, übernahmen die Spielleute zuerst den Vortrag, dann auch die Komposition. Damit vollzog sich eine Trennung zwischen Dichtung und Musik, die allerdings vom Meistergesang wiederum in einer Hand vereinigt wurden.

LEBEN
Bürk Mangolt ist um 1350 im heutigen Vorarlberg geboren. Er war Spielmann des Dichters Graf von Montfort-Bregenz und Tannenberg Hugo VIII. (1357–1423) und dürfte um 1420 in Bregenz gestorben sein.

WERKE
Graf Hugo von Montfort-Bregenz und Tannenberg ließ für 40 von ihm verfaßte Minnelieder einen Codex anfertigen, der als Codex Heidelberg erhalten ist. 10 davon sind mit Weisen versehen, die der Spielmann Bürk Mangolt komponiert hat. Weitere Kompositionen für den Grafen sind verschollen. Die Melodien sind sehr volkstümlich gestaltet.

LITERATUR
P. Runge, Die Lieder des Hugo von Montfort mit den Weisen des Bürk Mangolt, Leipzig 1906.

Robert Trebor (um 1350 bis um 1400)

ZEIT UND UMWELT
Gaston III. Phoebus (1331–91), einer der bedeutendsten Vertreter der Grafen von Foix, war wegen seiner glänzenden Hofhaltung in Orthez und Pau, wegen seiner Liebesabenteuer und seiner Jagdleidenschaft und nicht zuletzt wegen seiner schriftstellerischen und dichterischen Leistungen berühmt. Sein Neffe und Nachfolger Mathieu (um 1350 bis 1398) heiratete 1392 die Tochter des Königs von Aragon Juan I. (um 1340–95) und erhob vergeblich Ansprüche auf Aragons Krone.

LEBEN
Robert Trebor wurde um 1350 im Bereich der Grafschaft Foix geboren. Er lebte an den Höfen in Orthez und Pau als Dichter und Komponist und starb vermutlich um 1400 an einem der Höfe der Grafen de Foix.

WERKE
Von dem französischen Komponisten Robert Trebor sind 6 dreistimmige Balladen überliefert. Eine ist dem Ruhm des Grafen Gaston III. gewidmet, eine zweite feiert den Grafen Mathieu und eine dritte schildert einen Zug nach Sardinien, den der Schwiegervater des Grafen Mathieu 1389 unternommen hatte. Die Balladen gehören mit ihrer feinen, reich verzierten Anlage dem Stil der Ars subtilior an.

LITERATUR
K. Günther, Datierbare Balladen des späten 14. Jahrhunderts, in: Musica Disciplina XV, 1960.

Jehan Vaillant (um 1350 bis um 1400)

ZEIT UND UMWELT
Durch Kopisten und Theoretiker kam die Musik von Machaut ebenso rasch nach Paris wie nach Italien. Sie wirkte sich auf das französische Musikleben außerordentlich anregend aus. Es ist bezeichnend, daß gegen das Ende des 14. Jahrhunderts in Paris Musikschulen entstanden, die seinen Stil lehrten.

LEBEN
Jehan Vaillant wurde vermutlich in Paris um 1350 geboren und dort ausgebildet. Er eröffnete in Paris eine Musikschule, die sehr bekannt war. In Berichten wird er »Maitre lequel tenoit à Paris escolle de musique« genannt. Er ist in Paris um 1400 gestorben.

WERKE
Von dem französischen Komponisten sind 3 Rondeaux (2 für drei Stimmen, eines isorhythmisch und mit vielen Synkopen, zweistimmig), eine Ballade im Stil von Machaut und ein Virelai erhalten.

Gratiosus de Padua
(um 1350 bis um 1400)

ZEIT UND UMWELT
Die Familie Carrara, die Padua ab der Mitte des 14. Jahrhunderts beherrschte, pflegte die Sukzession von Generation zu Generation mit dem Mörderdolch oder Gift zu regeln. Dennoch war ihr Hof einer der glänzendsten der Zeit und brachte der Stadt eine kulturelle Hochblüte, die die Basis für ihre Bedeutung in den kommenden Jahrhunderten bildete.

LEBEN
Gratiosus de Padua wurde um 1350 in Padua geboren und war an einer der Kirchen der Stadt tätig. Er ist auch dort um 1400 gestorben.

WERKE
Von dem italienischen Komponisten Gratiosus de Padua sind ein dreistimmiges Gloria mit Instrumentalbegleitung und ein dreistimmiges Sanctus ohne Begleitung, außerdem Text und Melodie einer Lauda erhalten. Der Komponist erweist sich dadurch als Vertreter der Ars nova. Ein starker Einfluß von Johannes Ciconia ist dabei deutlich.

LITERATUR
J. Wolf, L'Italia e la Musica religiosa medievale, in: Rivista musicale italiana XLII, 1938.

Johannes Bosquet (um 1350–1406)

ZEIT UND UMWELT
Papst Clemens V. (1305–14) verlegte 1309 seine Residenz von Rom nach Avignon. Seine Nachfolger residierten dort, bis Papst Gregor XI. im Jahre 1377 nach Rom zurückkehrte. In Avignon wurden aber noch Clemens VII. (1378–94) und Benedikt XIII. (1394–1408) als Gegenpäpste eingesetzt. Auch die päpstliche Kapelle, an der namhafte Musiker der Zeit wirkten, blieb solange in Tätigkeit.

LEBEN
Johannes Bosquet (de Bosco, Bosquo) wurde um 1350 vermutlich in Nîmes geboren und an der päpstlichen Kapelle in Avignon als Singknabe ausgebildet. Er war unter Papst Clemens VII. ab 1391 als Kapellsänger und

gleichzeitig mit einem Amt der Verwaltung beschäftigt. Er starb in Avignon am 30. 11. 1406.

Werke
Von dem französischen Komponisten Johannes Bosquet sind 2 Gloria überliefert, die zu den frühesten mehrstimmigen Messesätzen gehören. Sie sind vierstimmig; die beiden Oberstimmen sind syllabisch geführt und weisen Imitationen auf.

Literatur
E. Dannemann, Die spätgotische Musiktradition in Frankreich und Burgund, Straßburg 1936.

Bartolino da Padua
(nach 1350 bis nach 1405)

Zeit und Umwelt
Padua entwickelte sich vom 12. bis zum 14. Jahrhundert zu einer führenden oberitalienischen Stadt. Seit 1307 wölbte sich die romanisch-gotische Basilika mit ihrem orientalischen Gepräge über dem Grabmal des portugiesischen Mönches Antonius, namhafte Baumeister, Bildhauer und Maler des 13. Jahrhunderts haben die Stadt mit Kunstwerken geschmückt. Dante hat hier gelebt. Unter der Führung der Familie Carrara blühte die Stadt auf, und seit sie unter die Macht der Dogen von Venedig gekommen war, nahm sie im größeren Rahmen am kulturellen Leben Venedigs teil.

Leben
Bartolino da Padua wurde nach 1350 vermutlich in Padua geboren. Er wurde Karmelitermönch und Magister und um 1380 Prior des Karmeliterkonventes zu Padua. Im Jahre 1405 folgte er der bisher regierenden Familie Carrara in die Verbannung nach Florenz, wo er wahrscheinlich in der ersten Hälfte des 15. Jahrhunderts gestorben ist.

Werke
Bartolino vertonte vorwiegend zeitbezogene Themen, zum größeren Teil in der traditio-

Neumennotation auf der Pfingstsonntag-Seite des Codex Cisle, um 1350

nellen Zweistimmigkeit, aber auch dreistimmig. Erhalten davon sind 11 Madrigale und 27 Ballate. Einzelne davon sind den Familien Carrara und Visconti (in Mailand) gewidmet.

Literatur
P. Petrobelli, Some Dates from Bartolino da Padua, Princeton 1968.

Jean Cuvelier (nach 1350 bis nach 1410)

Zeit und Umwelt
Die Bulle des Papstes Johannes XXII. in Avignon, die die Rückkehr zur Ars antiqua und zur Gregorianik für den kirchlichen Ge-

brauch anordnete, hatte die sogenannte »Avignon-Schule« zur Folge, in der Messen in einem asketischen Stil entstanden. Die kompositorische Tätigkeit dieser Schule reichte bis in den Beginn des 15. Jahrhunderts. Unberührt davon wurde in Paris am Hof der Könige Karl V. (1364–80) und Karl VI. (1380–1422) von hervorragenden Hofkapellen die von Machaut im profanen und sakralen Bereich geschaffene Ars nova fortgesetzt. Es entwickelte sich auf allen Gebieten eine gehobene höfische Kultur, die allerdings mit der Schlacht bei Azincourt (1514), bei der das französische Heer von Engländern vernichtet und Paris erobert wurde, zusammenbrach, so daß die politische und kulturelle Vormachtstellung Frankreichs verlorenging.

LEBEN
Jean Cuvelier (Jacquemart le Cuvelier, Cunelier) wurde nach 1350 vermutlich in Tournai geboren und kam 1372 an den Hof König Karls V. von Frankreich. Er soll 1387 eine Biographie des Connétable Bertrand de Guesclin verfaßt haben. Nähere Daten über ihn sind nicht bekannt. Er dürfte im Verlauf der ersten Hälfte des 15. Jahrhunderts gestorben sein.

WERKE
Von den Nachfolgern und Nachahmern Machauts, Jean Vaillant, Jehan de Suzay, Grimace, Galiot, Guido und anderen, sticht Cuvelier mit 3 Balladen, die von seinen Kompositionen erhalten sind, durch einen rhythmisch äußerst komplizierten Stil hervor. Alle drei Werke sind Sologesänge mit Instrumentalbegleitung.

LITERATUR
A. Pirro, La musique à Paris sous le règne de Charles VI., Straßburg 1930.

Jacob de Senleches
(nach 1350 bis nach 1410)

ZEIT UND UMWELT
Da das starke Kastilien weitere Expansionen unmöglich machte, sandte Aragon seine Blicke über die Grenzen Iberiens hinaus, setzte sich in Sizilien, Sardinien, auf Mallorca und in Roussillon fest und geriet dadurch mehr als seine Nachbarn mit den Kulturkreisen Frankreichs und Italiens in Berührung, so daß das Land die Musikentwicklung beider Zentren zumindest am Rand mitmachte.

LEBEN
Jacob de Senleches (Jaquemin de Sanleches, Jacomi de Sentluch, Jacopinus Selesses) ist nach 1350 geboren. Im Jahre 1378 unternahm er als Musiker des Herzogs von Gerona Reisen nach Flandern, ein Jahr darauf kam er nach Kastilien und 1383 zu Kardinal Pedro de Luna (dem späteren Papst Benedikt XIII.) nach Navarra. In den Jahren 1391/92 und 1395 hielt er sich erneut in Aragon, und zwar am Königshof, auf. Über seinen Tod sind keine näheren Daten bekannt.

WERKE
Von den Werken Jacobs de Senleches sind 3 dreistimmige Balladen und 2 dreistimmige Virelais erhalten. Seine Musik gehört der französischen Ars nova in der zierlichen Fassung seiner Zeit an. Ein Einfluß spanischer Musik ist nicht bemerkbar.

LITERATUR
A. Pagès, La poèsie française en Catalogne du XIIIe siècle à la fin du XIVe, Paris 1936.

Jean Tapissier (nach 1350–1408)

ZEIT UND UMWELT
Der endlose Krieg, der schließlich Frankreich seine Vormachtstellung auf lange Zeit hinaus kostete, konnte zwar das geistige Leben des Landes und seiner Hauptstadt nicht vernichten, eine gewisse Lähmung war jedoch unvermeidbar und damit auch eine Verschiebung der Schwerpunkte, von denen die Entwicklung weiterschritt. Das Zentrum der Musik verlagerte sich gegen Norden in den franko-flämischen Raum, wo in den verflossenen Jahrhunderten eine Schar von

Trouvères den Boden für eine neue Blüte vorbereitet hatten.

LEBEN

Lebensdaten des Pariser Meisters Jean Tapissier (Tapisier) sind nur wenige bekannt. Er wurde nach 1350 geboren und scheint 1391 in den burgundischen Hofakten als »Jean de Noyers, genannt Tapicier« auf. Er starb im Jahre 1408.

WERKE

Von Tapissier sind ein dreistimmiges Patrem, ein dreistimmiges Sanctus und eine vierstimmige Motette (Eya dulcis – Vale placens) überliefert. Seine Musik ist als Überleitung des Pariser Stils zu dem des 15. Jahrhunderts sehr interessant.

LITERATUR

A. Gastoué, Les primitifs de la musique française, Paris 1922.

Andreas de Florentia
(nach 1350–1415)

ZEIT UND UMWELT

Mit der sich anbahnenden Konsolidierung der politischen Verhältnisse in Florenz kehrte der Geist der Renaissance und des Humanismus auch in die Klöster und deren Bibliotheken ein. Die Humanisten Coluccio Salutati, Poggio Bracciolini, Niccolò Niccoli sind in diesem Zusammenhang zu nennen und besonders der spätere Marsilio Ficino (1433–99), Philosoph und Theologe. Damit erschlossen sich auch die Kirchenmusik und die Kompositionen aus Ordenskreisen der neuen Musik.

LEBEN

Andreas de Florentia (Magister Frater Andreas Horganista de Florentia) wurde nach 1350 geboren, trat 1375 in das Servitenkloster SS. Annuntiata als Novize ein, wurde dort 1378 Organist, 1379 Novizenmeister und 1380, 1387/88, 1390–92 und 1395 bis 1397 Prior; 1393 war er Prior eines Klosters in Pistoia, 1402/03 Berater des Ordensgenerals, 1406 Vikar und 1407–10 Provinzial der Ordensprovinz Toskana. Er starb vermutlich in Florenz im Jahre 1415.

WERKE

Von Andreas de Florentia sind 30 italienische Ballate zumeist amourösen Inhaltes (18 zweistimmige und 12 dreistimmige) erhalten, wozu noch eine zweistimmige französische kommt. Bei seinen rein vokalen Kompositionen (16 für zwei und 3 für drei Stimmen) finden sich häufig Textrezitationen mit ausgedehnten melismatischen Abschlüssen. Neue Stilmittel sind ostinate Rhythmen und Stimmenaustausch.

LITERATUR

A. v. Königslöw, Die italienischen Madrigalisten des Trecento, Würzburg 1940.

Paulus de Florentia (nach 1350–1419)

ZEIT UND UMWELT

Neben Wissenschaften und Künsten wurde in der Renaissance das gesellschaftliche Leben gehoben; verfeinerte Sitten zogen ein, die Feste der oberen Schichten wurden zu kulturellen Veranstaltungen. Das galt auch für den Klerus, der rege daran teilnahm und, je nach Fähigkeit und Neigung, zu ihrer Ausgestaltung beitrug.

LEBEN

Paulus de Florentia (Dom Paghollo, Paolo da Firenze) wurde nach 1350 geboren. Er war, zumindest dem Titel nach, Abt des Camadulsenserklosters Pozzoveri bei Lucca und hielt sich nach der Jahrhundertwende in Rom beim florentinischen Kardinal Acciaiuoli auf. Er starb im September 1419 in Arezzo.

WERKE

Von Paulus de Florentia sind 31 weltliche Stücke und ein dreistimmiges Benedicamus erhalten. Etwa ein Drittel der Stücke sind Madrigale. Seine Musik wirkt im Verhältnis zu gleichzeitigen Kompositionen anderer Meister stark retrospektiv, als hätte Paulus

Jean-Claude Malgoire widmete sich auch der Musik aus der Zeit der Päpste in Avignon

te mit seinen gesammelten Büchern die erste königliche Bibliothek Frankreichs, ließ klassische Werke und Augustinus übersetzen, zog Gelehrte an seinen Hof und wandte auch der Musik viel Aufmerksamkeit zu.

LEBEN
Johannes Symonis Hasprois (Jehan Simonis de Haspre) wurde um 1358 in Arras geboren. Es ist nicht feststellbar, auf welchem Weg der Kleriker und Musiker 1378 an den Hof des portugiesischen Königs Ferdinand (1345 bis 1383) nach Lissabon kam. Jedenfalls dürften ihn die ständigen Auseinandersetzungen mit Kastilien bald von dort vertrieben haben, so daß er 1380 in den Dienst des französischen Königs Karl V. des Weisen trat, der allerdings noch im gleichen Jahr verstarb. Er kehrte in seine Heimat zurück und wurde 1384 Vikar an Notre-Dame in Cambrai. Im Jahre 1391 trat er der berühmten Kapelle der Päpste in Avignon bei und erhielt gleichzeitig die Stelle eines apostolischen Sekretärs, die er bis zum Jahr 1413 innehatte. Dann kehrte er vermutlich nach Cambrai oder Arras zurück, wo er 1428 starb.

WERKE
Johannes Symonis Hasprois war ein Vertreter der Ars subtilior. Sein Stil war sehr kompliziert und weist viele rhythmische Überschneidungen und Synkopierungen auf. Das trat besonders in seinen zwei- bis dreistimmigen Balladen zutage. Sein nicht vollständig überliefertes Rondeau für drei Stimmen ist etwas einfacher gestaltet.

die letzten Entwicklungsphasen des Jahrhunderts nicht mitgemacht.

LITERATUR
K. v. Fischer, Paolo da Firenze, Serie musicologica IX, Bologna 1969.

Johannes Symonis Hasprois
(um 1358–1428)

ZEIT UND UMWELT
Prachtentfaltung, Pflege der Wissenschaft, Förderung der Wirtschaft und weitgehende Toleranz gegen Andersgläubige kennzeichneten die Haltung des französischen Königs Karl V. des Weisen (1338–80). Er begründe-

Andrea Stefani (um 1358 bis um 1420)

ZEIT UND UMWELT
Der in Umbrien entstandene hymnische Lobgesang, Lauda genannt, breitete sich rasch über die Toskana und Oberitalien aus. Florenz wurde zu einer bedeutenden Pflegestätte der Lauda. Sie war ursprünglich einstimmig, ähnelte der Ballata und hatte oft eine mehrstimmige Ripresa (Textwiederholung). Sie gehört zu den wichtigsten Musikformen des Trecento.

Leben

Andrea Stefani (Stephani) wurde um 1358 in Florenz geboren, war dort Musiker und Priester und starb um 1420. Es ist nicht feststellbar, welches Amt er versehen hat. Vermutlich wirkte er an einer Kirche der Stadt.

Werke

Von dem italienischen Komponisten Andrea Stefani sind ein zweistimmiges Madrigal und eine zwei- und dreistimmige Ballata mit Instrumentalbegleitung erhalten, außerdem verschiedene Kanzonen und Ballate und eine Anzahl Laudi, die unsere Kenntnisse über diese nicht sehr häufig überlieferte Musikform des italienischen Trecento stark fördern.

Literatur

A. Bonaccorsi, Andrea Stefani, musicista dell'Ars Nova, in: Rassegna Musicale XVIII, 1948.

Johannes Haucourt
(um 1360 bis nach 1403)

Zeit und Umwelt

Die Kapelle der päpstlichen Residenz in Avignon im 14. Jahrhundert war unbestreit-

Das Studio der Frühen Musik wurde als Interpret mittelalterlicher Musik selbst schon »klassisch«

bar die bedeutendste südlich von Paris. Die Hofhaltung der Päpste war großzügig, die Musiker wurden nicht, wie zuweilen an anderen Höfen, wie Bedienstete behandelt. Daher durfte diese Kapelle auch eine strenge Auswahl ihrer Mitglieder treffen.

LEBEN

Johannes Haucourt (Acourt, Altacuria) wurde um 1360 vermutlich in Nordfrankreich oder Flandern geboren. Über seine Ausbildung, sein Leben und Wirken bis zum Jahr 1390, in dem er als Sänger in die Kapelle in Avignon aufgenommen wurde, ist nichts bekannt. Er war in Avignon bis 1403 tätig. Über seinen weiteren Aufenthalt und Ort und Zeit seines Todes gibt es keine Informationen.

WERKE

Von dem französischen Komponisten Johannes Haucourt sind 2 Rondeaux und ein Virelai für drei Stimmen, außerdem eine Reihe höfischer Chansons für eine Singstimme und zwei Instrumente erhalten. Die Rondeaux sind streng isorhythmisch ohne Synkopen und wenig kompliziert gehalten. Die Chansons sind zwar auch sehr einfach, aber doch ausdrucksvoll, wenn auch etwas steif.

Johannes Galiot (um 1360 bis vor 1415)

ZEIT UND UMWELT

Neben der berühmten Kapelle in Avignon waren im späten 14. und frühen 15. Jahrhundert Paris und der französische Hof die Zentren der Musikpflege Frankreichs. Die Könige Karl V. und Karl VI. hielten sich hervorragende Kapellen mit den besten Musikern.

LEBEN

Johannes Galiot wurde um 1360 in Frankreich geboren. Er gehörte vermutlich der Königlichen Kapelle in Paris an, wo er noch vor der Eroberung der Stadt durch die Engländer im Jahre 1415 gestorben ist.

WERKE

Von dem französischen Komponisten Johannes Galiot sind nur der Refrain zu einem Rondeau und eine Ballade überliefert. Beides ist äußerst kunstvoll und kompliziert angelegt und reiht den Komponisten zu den ersten Meistern seiner Zeit ein.

Jacque Carité (um 1360 bis um 1430)

ZEIT UND UMWELT

Jean de France, Duc de Berry (1340–1416), Landedelmann, Verwandter und Parteigänger des Königshauses, war berühmt und berüchtigt wegen seiner aufwendigen Hofhaltung. Obwohl er seinen Hintersassen das Letzte herauspreßte, war bei seinem Tod nicht einmal das Geld für sein Leichenbegängnis vorhanden.

LEBEN

Jacque Carité (Charité, Johannes Caritatis) wurde um 1360 in Frankreich geboren und stand als Kapellmeister im Dienst des Herzogs von Berry in Paris, wo er um 1430 starb.

WERKE

Von dem französischen Komponisten Jacque Carité ist nur ein Rondeau erhalten, das Aufmerksamkeit verdient, weil drei Singstimmen und drei Instrumentalstimmen darin alternieren, ohne daß es jemals zu einem Zusammenklang kommt. Man kann sich vorstellen, daß die Instrumentalisten und die Sänger identisch waren.

Johannes Cesaris
(um 1360 bis um 1420)

ZEIT UND UMWELT

Melchior Broederlam aus Ypern (zwischen 1381 und 1409 nachweisbar), Hofmaler der Herzöge von Burgund, war einer der ältesten der sogenannten Niederländischen Schule. Seine feine Farb- und Lichtbehandlung zeigen bereits die Stilentwicklung an, die die Niederländer verfolgt haben. Es gab auch eine Niederländische Schule der Musik, die man besser franko-flämisch nennt, weil ihr Territorium weit über die niederländischen Grenzen hinausreichte. Ihre Quellen sind aber, trotz einzelner Meister, die eine Überleitung von Frankreich zum neuen Musikzentrum bilden, in Italien und später in England zu suchen.

Leben
Johannes Cesaris ist um 1360 geboren. Weitere Angaben über das Leben des Meisters fehlen. Er starb um 1420 vermutlich in Flandern.

Werke
Die wenigen Kompositionen, die Cesaris mit Sicherheit zugeschrieben werden dürfen, bestehen aus 8 französischen Chansons (6 Rondeaux und 2 Balladen) und einer Doppelmotette. Sie reichen aber zur Einordnung des Meisters als Vorläufer der franko-flämischen Musik aus.

Antoni Tailandier (1361–1446)

Zeit und Umwelt
Die Hofnarren des Mittelalters waren alles andere als Narren. Sie wirkten als Berater der Fürsten und erledigten wichtige diplomatische Missionen. Sie waren zuweilen auch Musiker und Dichter. Und wenn sie auch zumindest theoretisch als rechtlos galten, durften sie in Wirklichkeit mehr Rechte für sich beanspruchen als andere Höflinge.

Leben
Antoni Tailandier (eigentlich Nanell) wurde 1361 in Claire-Dieu geboren. Über sein Leben und Wirken bis zur Wende zum 15. Jahrhundert ist nichts bekannt. Nach 1397 kam er an den Hof der Könige von Aragon, denen er als Diplomat diente. König Alfonso V. (1396–1458), der 1443 seine Residenz nach Neapel verlegte, nahm ihn nach Italien mit. Er starb dort am 26. 7. 1446.

Werke
Antoni Tailandier war neben seinem Amt Sänger und Komponist. Erhalten sind von ihm allerdings nur eine dreistimmige Ballade und ein Patrem. Beides ist im französischen Stil der Zeit gehalten.

Nicola Grenon (vor 1370 bis nach 1449)

Zeit und Umwelt
Die bildenden Künste der Renaissance kamen von der Naturbeobachtung zur Wirklichkeitsdarstellung durch echte Farbgebung, Perspektive und Tiefenwirkung. Die Renaissancemusik wählte lebensbejahende Texte für die Gesellschaftsmusik, der melodische Duktus klang mit der Sprache sinnvoll überein. Es war dies ein Teil des Rationalisierungsprozesses, der alle Lebensgebiete, auch die Wirtschaft, umfaßte. Mystik und Symbolik wurden im gesamten Lebensbereich, einschließlich der Kunst, durch Logik und Realismus verdrängt. Denn der Mensch der Renaissance war jemand, der sein Leben so gut wie möglich ausgestaltete und nicht warten wollte, bis ein Jenseits ihm die Lösung aller Lebensprobleme abnimmt.

Leben
Nicola Grenon ist 1385 am Hof von Burgund nachweisbar, daher muß sein Geburtsjahr für die sechziger Jahre des 14. Jahrhunderts angenommen werden. Im Jahre 1399 war er Chorherr an Saint-Sépulcre in Paris, 1403 Knabenmeister an der Kathedrale von Laon und 1408 bis 1409 in der gleichen Eigenschaft an der Domkapelle von Cambrai; 1412 stand er im Dienst des Duc de Berry, wurde 1427 Kanonikus in Cambrai, hielt sich 1437 in Brügge auf und dann bis mindestens 1449 wieder in Cambrai. Er dürfte dort bald darauf gestorben sein.

Werke
Grenon gilt als einer der bedeutendsten Komponisten zwischen Machaut und Dufay. Von ihm sind 5 dreistimmige Chansons, 3 vierstimmige und eine dreistimmige Motette zuzüglich einem Et in terra bekannt. Diese Werke kennzeichnen ihn als Meister der beginnenden Renaissance, der die Stilfor-

men des französischen Ars nova mit italienischer Technik verband.

LITERATUR
J. Marix, Histoire de la musique et des musiciens de la cour de Bourgogne, Straßburg 1939.

Nicolaus de Senis
(um 1370 bis um 1430)

ZEIT UND UMWELT
Musica figurata oder Musica mensurabilis (mit Noten festgehaltene oder meßbare Musik) stand im 14. und 15. Jahrhundert im Gegensatz zur Musica plana (ebene, unrhythmisierte Musik) des Kirchengesanges. Es traten bald Mischformen auf, in denen unmensurierter Gesang in der Art der Gregorianik und in längere und kürzere Notenwerte eingeteilte Musik einander ablösten.

LEBEN
Nicolaus de Senis wurde um 1370 in Südspanien geboren. Er war Mönch, Musiktheoretiker und Komponist und dürfte um 1430 gestorben sein.

WERKE
In seinem Werk »Regulae in discantu« (Kontrapunktregeln) behandelte Nicolaus de Senis auch die Ballata, den Rondellus und den Virondellus und gibt davon selbstkomponierte Beispiele, die diese Musikarten seiner Zeit kennzeichnen.

LITERATUR
H. Anglès, Dos tractats medievals de música figurada, Berlin 1929.

Matteo da Perugia (um 1370–1418)

ZEIT UND UMWELT
An der Stelle der Basilika Santa Maria Maggiore aus dem 9. Jahrhundert wurde im Jahre 1386 unter Gian Galeazzo Visconti (1351 bis 1402), Herzog von Mailand und Graf von Pavia, dem mächtigsten seines Geschlechtes, der Bau des Domes zu Mailand begonnen. Sobald es der Fortschritt des Baues erlaubte, kam es zur Gründung der Domschule, die bald in einem so hohen Ruf stand, daß ihre Mitgliedschaft allein schon zur begehrten Auszeichnung für jeden Musiker wurde.

LEBEN
Matteo da Perugia (Matheus de Perusio) wurde um 1370 in Perugia geboren. Der italienische Komponist ist zwischen 1402 und 1407 und zwischen 1414 und 1416 am Mailänder Dom als Sänger nachweisbar. Er gab an der Domschule auch Musikunterricht. In den Jahren 1405 bis 1407 hielt er sich am Hof des Erzbischofs von Mailand in Pavia auf. Er starb 1418 in Mailand.

WERKE
Matteo da Perugia gehörte in der Zeit des Überganges von der französisch beeinflußten Ars nova bis zum Auftreten Dufays zu den Hauptmeistern Italiens. Von ihm sind 4 dreistimmige und ein vierstimmiges Et in terra, eine dreistimmige Motette, 2 dreistimmige italienische Ballate, ein dreistimmiger Kanon erhalten; dazu die französischen Stücke: 4 dreistimmige Balladen, 5 dreistimmige und 2 zweistimmige Virelais, 7 dreistimmige und 3 zweistimmige Rondeaux. Er fügte einer Reihe von Stücken anderer Komponisten (Ciconia, Fontaines usw.) eine dritte Stimme hinzu.

LITERATUR
Cl. Sartori, M. da Perugia e B. Feragut i due primi Maestri di Cappella del Duomo di Milano, Acta Musicologica XXVIII, 1956.

Johannes Franchois Gemblaco
(um 1370 bis um 1430)

ZEIT UND UMWELT
Unter den Herzögen von Valois (1363 bis 1477) erhielt Burgund seine größte Ausdehnung. In Dijon wurde der herzögliche Familiensitz errichtet und die Chartreuse de Champmol als ihre Begräbnisstätte erbaut. Flandrische Künstler und vor allem der Bild-

hauer Claus Sluter (1340–1406) statteten sie aus. Der Glanz burgundischer Hofhaltung erregte in ganz Europa Bewunderung. Im Jahre 1432 wurde die Sainte-Chapelle von Dijon zum Sitz des Ordens vom Goldenen Vlies.

Leben
Johannes Franchois Gemblaco wurde um 1370 vermutlich in Gembloux (bei Namur) geboren. Er wirkte den größten Teil seines Lebens als Sänger und Komponist am burgundischen Hof und dürfte um 1430 in Dijon gestorben sein.

Werke
Von dem Komponisten Johannes Franchois Gemblaco sind 2 Gloria- und 2 Credosätze, beide dreistimmig, sodann eine fünfstimmige Motette mit vierstimmiger Version und 3 dreistimmige französische Chansons überliefert. Der Meister folgte dem franko-flämischen Frühstil.

Literatur
J. T. Igoe, J. Fr. de Gembloux, Nuova rivista musicale italiana IV, 1970.

Grosin de Parisius
(um 1370 bis um 1430)

Zeit und Umwelt
Wenn sich auch um die Wende des 14. zum 15. Jahrhundert der Schwerpunkt der Musikentwicklung von Paris nach Norden in den franko-flämischen Raum verschob, so ist die französische Hauptstadt nicht ohne Musik geblieben. Dort betraf die Entwicklung vor allem das Lied, das bereits Ansätze zur typischen Pariser Chanson erkennen ließ.

Leben
Grosin (Grossin) de Parisius ist vermutlich in Paris um 1370 geboren. Über sein Leben gibt es keine Informationen. Es ist anzunehmen, daß es in Paris verlief und er auch dort um 1430 gestorben ist. Es lebte und wirkte in der zweiten Hälfte des 15. Jahrhunderts in Paris ein Guillaume Grossim, von dem etliche Lieder überliefert sind. Eine Identität beider Komponisten liegt nicht vor.

Werke
Von Grosin sind mehrere ein- bis dreistimmige sakrale und profane Gesänge erhalten, die wegen des Stiles, der sich zu jener Zeit in Paris herausbildete, interessant sind.

Richard de Loqueville
(um 1370–1418)

Zeit und Umwelt
Die Wende vom 14. zum 15. Jahrhundert brachte eine neue Einstellung der Komponisten und des Publikums zur Musik. War bisher exakte Stimmführung ohne Rücksicht auf den jeweiligen Zusammenklang der technische Leitgedanke, so wurde nunmehr die Forderung nach Wohlklang und logischer polyphoner Konstruktion gestellt. Die Musik sollte zum Vergnügen werden, wie es die Volksmusik immer schon gewesen war.

Leben
Richard de Loqueville wurde in Nordfrankreich um 1370 geboren. Seine erste Tätigkeit entfaltete er als Sänger am Herzoghof in Bar-le-Duc. Im Jahre 1413 wurde er Chormeister an der Kathedrale in Cambrai. Unter seinen Schülern befand sich Guillaume Dufay. Er starb in Cambrai im Jahre 1418.

Werke
Von dem französischen Komponisten Richard de Loqueville sind 7 drei- und vierstimmige Messefragmente überliefert, darunter ein tropiertes Sanctus, außerdem 3 Motetten, 4 Rondeaux und eine Ballade. Loquevilles kompositorisches Schaffen stand zwischen dem 14. und 15. Jahrhundert und nimmt vom neuen Stil bereits viel voraus, auf das der Schüler Dufay aufbauen konnte.

Oswald von Wolkenstein
(um 1377–1445)

Zeit und Umwelt

Das Mittelalter neigte sich seinem Ende zu. In Italien flammten die Fackeln des Humanismus auf, die Europa den Weg in die Neuzeit erhellten. Es waren aber nur einzelne, die sie sahen und erkannten. Für die Masse hatte es keine Bedeutung, weil es ihr vorderhand keine Verbesserung der Lebensumstände brachte. Die Waffen wurden weiterhin wegen Herrschafts- und Gebietsstreitigkeiten gegeneinander getragen, es änderten sich nur die Kriegswerkzeuge, nicht aber ihre Träger und ebensowenig die Gewaltmethoden der Unterdrückung jeder Freiheit, und es blieb die Unfähigkeit, gegen Hungersnöte und Seuche etwas zu unternehmen. Der Humanismus beschränkte sich eben nur auf Gelehrtenstuben, Bibliotheken, Ateliers der Maler und Bildhauer, auf Bauhütten, auf Wissenschaftler, bildende Künstler, Dichter und Musiker und deren Anhänger. Der Masse der Völker verblieben Fetische und Tabus, um Elend und Angst zu überstehen. Die Zeiten, in denen man versuchte, aus den Ideen des Humanismus praktische Folgerungen zu ziehen, waren noch nicht angebrochen.

Beim Konzil zu Konstanz mag es manch einen Humanisten gegeben haben; der Prager Professor Jan Hus mußte dennoch wegen einer an sich unerheblichen Glaubensdifferenz auf den Scheiterhaufen, ohne daß jemand dagegen Einspruch erhob. Und der »Letzte Minnesänger« Oswald von Wolkenstein, der auch dort war, hatte dafür kein Wort und kein Lied übrig.

Oswald von Wolkenstein – Stich von Blasius Höfel

Leben

Oswald von Wolkenstein wurde um 1377 auf Schloß Schöneck im Pustertal (Südtirol) geboren. Sein Name leitete sich vom Stammschloß seiner Familie im Grödner Tal ab. Als er zehn Jahre alt war, »da wollte ich die Welt kennenlernen. In Not und Armut, in manchem heißen, manchem kalten Winkel habe ich seither gehaust, bei Christen, Orthodoxen, Heiden. Ich lief zu Fuß wie ein Büßer, vierzehn Jahre lang, bis mein Vater starb. Ich war Laufbote, Koch, wahrhaftig, und Pferdemeister, und am Ruder zog ich, das war schwer, bis nach Kreta und sonstwohin und wieder zurück.« Um 1400 kehrte er nach Hause zurück und begann zu dichten und zu komponieren. In den Jahren 1401 und 1402 hielt er sich in Italien auf und lernte dort die Liedkunst des Trecento kennen. Seine Verbindung mit der Brixner Bürgerstochter Sabine Jäger, die damals noch mit einem gewissen Hausmann verheiratet war, begann im Jahre 1406. Von ihr gedrängt, zog er 1409 in das Heilige Land. Ab 1415 diente er im Gefolge König Sigismunds »als Diener und Hofgesinde«, nahm mit ihm am Konzil zu Konstanz teil und begleitete ihn anschließend durch Frankreich bis nach Marokko.

Auf dieser Reise kam er mit französischen Musikern in Verbindung, unter anderem mit Jean Vaillant, der als erster in seinen Kompositionen Vogelstimmen nachahmte. Aus unbekannten Gründen kam es mit Sabine, obwohl ihr Mann gestorben war, zu keiner Ehe, Oswald von Wolkenstein heiratete 1417 Margarete von Schwangau aus einem schwäbischen Adelsgeschlecht. Am Beginn der zwanziger Jahre kam es mit Sabine Hausmann zu Besitzstreitigkeiten, in deren Folge Wolkenstein die Jahre bis 1427 teilweise im Gefängnis verbringen mußte. Eine letzte Reise führte ihn von 1430 bis 1432 zum Konzil in Basel und nach Oberitalien; dann zog er sich auf seine Tiroler Güter zurück. Er starb am 2. 8. 1445 in Meran, wurde aber im Augustinerchorherrenstift Neustift bei Brixen beigesetzt, weil er dort schon Jahre zuvor eine Pfründe und eine Begräbnisstätte erworben hatte.

Lied aus der im Jahr 1425 geschriebenen Sammlung von Oswald von Wolkenstein

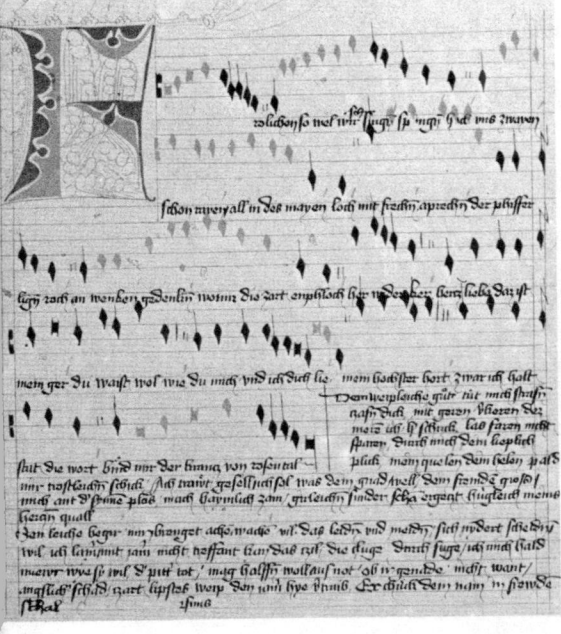

WERKE

»Französisch, maurisch, katalanisch, kastilisch, deutsch, lateinisch, windisch, lombardisch, russisch und rumänisch, diese zehn Sprachen habe ich gesprochen, wenn mich die Not ankam, auch konnte ich fiedeln, trommeln, pauken, pfeifen«, singt Wolkenstein selbst. Er hat auch viel von der Welt gesehen und die Musik kennengelernt, besonders die italienische und die französische, der er manche Melodie und Technik entnahm. Seine künstlerische Hinterlassenschaft besteht aus mehr als 120 Werken, Liebesliedern, geistlichen Gesängen, biographischen und zeitgeschichtlichen Liedern; 36 davon sind zwei- und dreistimmig gesetzt. Die musikgeschichtliche Bedeutung des Meisters besteht darin, daß er den geregelten mehrstimmigen Satz in das häusliche Musizieren Mitteleuropas einführen half und damit eine Ausgangssituation schuf, auf der die erste Blüte mehrstimmiger Liedkunst sich entfalten konnte. Die vielseitigen Eindrücke, die der polyglotte Dichter und Musiker auch aufzunehmen und zu verarbeiten Gelegenheit hatte, formten sich unter seiner Hand zu einem neuen, reichen Stil, der für die weitere Entwicklung des Kunstliedes bestimmend wurde.

LITERATUR

E. Timm, Die Überlieferung der Lieder Oswalds von Wolkenstein, Lübeck 1972.

Baude Cordier (um 1380 bis vor 1440)

ZEIT UND UMWELT

Jeanne d'Arc, das einfache Bauernmädchen aus Domrémy an der Maas, sammelte einige Hauptleute um sich, zwang die Engländer, am 8. 5. 1429 die Belagerung von Orléans aufzuheben, und führte nach dem Sieg bei Patay den schwächlichen, willenlosen König Karl VII. von Frankreich nach Reims, wo er am 16. 7. feierlich gekrönt wurde. Diese Erfolge änderten an Frankreichs Lage wenig. Jean d'Arc wurde schon 1431 gefangengenommen, als Ketzerin verbrannt und Heinrich VI. Lancaster in Paris gekrönt. Um dem

Würgegriff der verbündeten Engländer und Niederländer zu entrinnen, mußte Karl VII. von Philipp dem Guten von Burgund mit Gebietsabtretungen und Verzicht auf die Lehenspflicht des Burgunders Frankreich gegenüber dessen Unterstützung erkaufen. Von da an ging es zwar wieder aufwärts, so daß 1453 die Engländer außer Calais Frankreich räumen mußten. Der kulturelle Schaden konnte nicht so rasch behoben werden, weil eben eine Reihe von Kulturträgern nach Norden abgewandert waren.

Leben
Baude Cordier wurde um 1380 in Reims geboren. Er wirkte (vermutlich als Kirchenmusiker) in Reims und in Paris, später im franko-flämischen Raum, wo er vor 1440 starb.

Werke
Von den Kompositionen Cordiers sind ein dreistimmiges Gloria und 10 Chansons erhalten, die bis auf eine vierstimmige Ballade dreistimmig gesetzt sind. Cordier ist mit Tapissier, Carmen, Cesaris als Vorläufer von Dufay in eine Linie zu stellen.

Jacobus Vide (um 1380 bis um 1433)

Zeit und Umwelt
»Philipp der Gute, Herzog von Burgund, war als Förderer der Künstler – Maler, Miniaturisten, Bildhauer, Musiker und Schriftsteller – bekannt. Seine Hofhaltung war prächtig«, behauptet der Chronist und setzt fort: »Seine Turniere und Banketts zogen die Ritter aus allen Gegenden Europas an. Sein Land erfreute sich unter ihm eines großen Wohlstandes.« Die Geschichte als kühle Beobachterin ist weniger schmeichlerisch und weiß über manche Schattenseiten des »Guten« zu berichten, bestätigt aber sein großzügiges Mäzenatentum.

Leben
Jacobus Vide wurde um 1380 vermutlich in Brügge geboren. Im Jahre 1423 kam er in den Dienst Herzog Philipps des Guten und wurde 1428 sein Sekretär. Er starb um 1433 in Brügge.

Werke
Das kompositorische Schaffen des flämischen Musikers Jacobus Vide erinnert stark an Francesco Landini. Seine 8 überlieferten Rondeaux für zwei bis vier Stimmen gehören der Ars subtilior an, die um jene Zeit die Ars nova bereits verdrängt hatte.

Literatur
L. E. Dannemann, Die spätgotische Musik in Frankreich und Burgund, Straßburg 1936.

Anthonello da Caserta
(um 1380 bis um 1440)

Zeit und Umwelt
Das Königreich Neapel war lange Zeit von Königen aus dem weitverzweigten Haus Anjou beherrscht, bis es 1458 wieder mit dem Königreich Sizilien vereinigt wurde. Dies bedeutete für jene Zeit einen regen Kulturaustausch zwischen Süditalien und Frankreich, aus dem ein Teil der Höflinge der Könige kamen. Daher ist es nicht auffällig, wenn sich ein bei Neapel geborener Komponist für einige seiner Lieder der französischen Sprache bediente.

Leben
Anthonello (Antonellus) da Caserta wurde in der zweiten Hälfte des 14. Jahrhunderts bei Neapel geboren. Er dürfte sich im späten 14. und frühen 15. Jahrhundert in Oberitalien aufgehalten haben. Er starb um 1440.

Werke
Anthonello da Caserta, vermutlich mit Antonellus Marot de Caserta ident, hat 8 dreistimmige Lieder mit französischen und 8 mit italienischen Texten hinterlassen, die alle im typischen französischen Stil gehalten sind.

Literatur
K. v. Fischer, Studien zur italienischen Musik des Trecento und des frühen Quattrocento, Bern 1956.

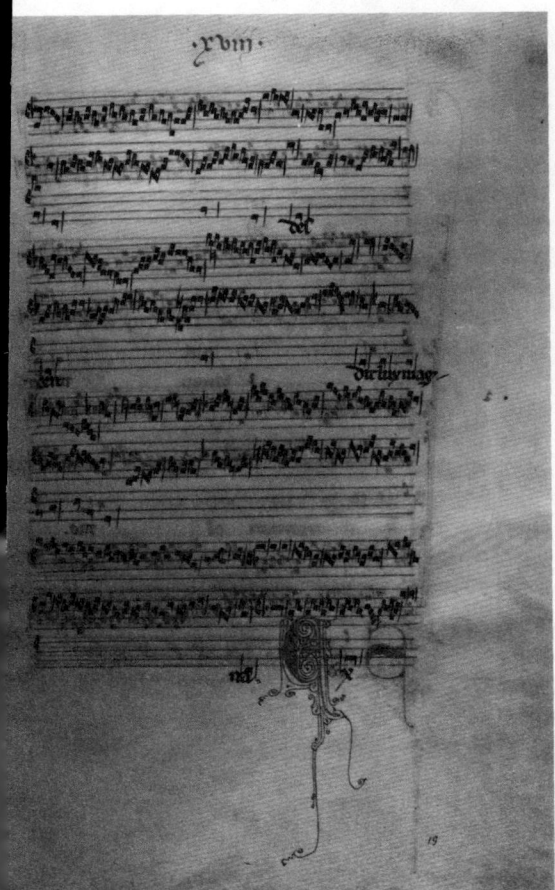

»Sequenz« aus der Handschriftensammlung des Lorenzo de'Medici, 14. Jahrhundert

Philippus de Caserta
(um 1380 bis um 1440)

Zeit und Umwelt
Aragon, Avignon, Neapel und Sizilien bildeten in der 2. Hälfte des 14. und in der 1. Hälfte des 15. Jahrhunderts einen Block regen Kulturaustausches trotz aller politischen und kriegerischen Auseinandersetzungen. Gespeist wurde dieser südliche Kulturkreis vor allem von Oberitalien und von Paris. In den meisten Fällen stammten auch die Künstler von dort, denn Namen von bodenständigen Künstlern kennt man aus jener Zeit sehr wenige.

Leben
Philippus de Caserta (Filipoctus, Philipot) wurde in Caserta oder in Neapel in der 2. Hälfte des 14. Jahrhunderts geboren. Er wirkte vermutlich in Avignon, wie die Texte einiger seiner Lieder zeigen, aber auch in Oberitalien (wahrscheinlich in Mailand); man nimmt außerdem an, daß er mit dem »Tenorista Philippot« ident war, der 1420 bei Alfonso V. in aragonesischen Diensten stand.

Werke
Der Komponist und Musiktheoretiker Philippus de Caserta ist in der aus seiner Zeit erhaltenen Musik mit 7 Werken mit französischen Texten vertreten (Balladen auf Papst Clemens VII., Ludwig I. von Anjou und Bernabò Visconti). Seine Musik gehört der französischen Ars nova in der nach Machaut entwickelten Form an.

Literatur
N. Wilkins, Some Notes on Philioctus de Caserta, Nottingham 1964.

John Dunstable (um 1380–1453)

Zeit und Umwelt
England mißachtete als einziges europäisches Land die Bulle des Papstes Johannes XXII., in der er die Verwendung moderner Mehrstimmigkeit in der Kirchenmusik verbot. Im Gefolge des englischen Heeres kamen auch Priester und Musiker über den Kanal nach Frankreich, so daß die englische Mehrstimmigkeit im Bereich der von den Engländern kontrollierten Gebietsteile ungehindert von den Kirchen Besitz nahm. Gleichzeitig jedoch gerieten die englischen Musiker mit der französischen Ars nova in enge Berührung und natürlich auch mit den Formen, die im burgundisch-niederländischen Raum im Entstehen waren. Dies führte zur Bildung einer eigenständigen englischen Schule, die bereits im 14. Jahrhundert von einer Reihe von Meistern vertreten war; ihr bedeutendster in der 1. Hälfte des 15. Jahrhunderts war John Dunstable.

Leben

John Dunstable wurde um das Jahr 1380 geboren. Über seine Herkunft und seinen gesamten Lebenslauf ist sehr wenig bekannt. Wir wissen, daß er neben der Musik Astronomie und Mathematik betrieb. Im Besitzvermerk eines von ihm kopierten Traktates über jene Wissenschaften wird er als Kanonikus und Musikus des Herzogs von Bedfort bezeichnet, der als Bruder König Heinrichs V. nach dessen Tod die Regentschaft von Frankreich innehatte und seine Kapelle oft nach Paris und anderen Orten Frankreichs kommen ließ. Daß Dunstable auch enge Beziehungen zu Italien gehabt haben muß, geht aus der starken Verbreitung seiner Musik in italienischen Handschriften hervor. Er starb am 24. 12. 1453 in Walbrook (London) und wurde in der Stephanskirche beigesetzt. Sein Epitaph begann mit den Worten: »Dieses Grab umschließt einen Mann, der den Himmel im Herzen trug.«

Werke

Die englische Musik war schon sehr früh mehrstimmig, und zwar mit Sexten und Terzen und absoluter Dur-Tonalität. Der Sommerkanon »Der Sommer ist gekommen« des Klosters Reading aus dem frühen 14. Jahrhundert zeigt eine der Festlandmusik weit vorauseilende Entwicklung. Die nicht seltene Behauptung, daß die englische Musik mit Dunstable ihren Anfang genommen habe, ist daher irrig. Er hat alle Elemente älterer musikalischer Schöpfungen Englands mit französischer und italienischer Musik verschmolzen und damit einen neuen kantablen Melodiestil geschaffen.

Von seinen Werken sind ungefähr 58 erhalten, die vorwiegend der sakralen Musik angehören. Davon ist besonders seine Messe »Rex seculorum« zu nennen, die mit seinen anderen Messen für das gesamte 15. Jahrhundert mustergültig blieb. Seine Motetten, besonders »Alma redemptoris«, »Veni sancte spiritus«, »Crux fidelis« und »Quam pulchra es«, mit ihrem polyphonen, harmonisch-akkordischen Stil zählen zu Prototypen der englischen Motette überhaupt. Von seinen reizenden Chansons wurde die dreistimmige italienische Ballata »O rosa bella« vielfach kopiert und bearbeitet.

Literatur

S. E. Brown, The Motets of Ciconia, Dunstable and Dufay, Indiana 1962.

Antonius Romanus
(um 1380 bis um 1440)

Zeit und Umwelt

Mit der Einverleibung von Aquileia im Jahre 1420 dehnte die Republik Venedig ihren Machtbereich über die heutigen Gebiete Veneto, Friuli-Venezia Giulia und Istrien aus. Der damalige Doge Tommaso Mocenigo meinte, daß sich die Stadt auf ihrem erreichbaren politischen und wirtschaftlichen Höhepunkt befand, der die Verluste im Osten durch die Türken aufwog, und hielt weitere Expansionsbestrebungen für gefährlich. Sein Nachfolger Francesco Foscari verfocht die Ansicht, daß jedes Stehenbleiben ein Rückschritt sei; er brach zu Eroberungen auf, nahm Brescia und drang bis zur Adda vor. Das Ende jener anfänglich erfolgreichen Politik war bekanntlich die Liga von Cambrai (1508) eines Großteiles der europäischen Mächte gegen die Seestadt und deren Niederlage bei Agnadello.

Leben

Antonius Romanus wurde um 1380 in oder bei Rom geboren. Er hielt sich in Venedig als Sänger und Komponist auf und betätigte sich vermutlich auch als Musiklehrer. Seinen Bekanntheitsgrad kann man an den staatlichen Kompositionsaufträgen ermessen, die ihm zukamen. Er ist um 1440 in Venedig gestorben.

Werke

Vom kompositorischen Werk des Meisters Antonius Romanus sind 2 Gloria und ein Credo erhalten, außerdem 3 vierstimmige Motetten, eine anläßlich der Wahl des Dogen Tommaso Mocenigo (1414), die zweite zu der Verleihung der Dogenwürde an Francesco Foscari (1423) und die dritte zu Ehren

Musikanten – aus einem Gemälde von Angelo Gaddi, Florenz, Ende des 14. Jahrhunderts

des Herzogs von Mantua, Giovanni Francesco Gonzaga. Der Kompositionsstil näherte sich den zeitgenössischen franko-flämischen Formen.

Bartolomeo da Bologna
(um 1380 bis um 1440)

ZEIT UND UMWELT
Die blutigen Streitigkeiten um die Macht über Bologna, die einige Familien während des 15. Jahrhunderts ausfochten, hinderten weder die Errichtung von Prachtbauten noch die Entwicklung von Malerei, Dichtung und Musik. Die Namen der einander bekämpfenden Familien sind zwar noch bekannt, werden jedoch von denen der zeitgenössischen Künstler im Gedenken der Menschen stark verdrängt.

LEBEN
Bartolomeo da Bologna (Frater Bartholomaeus de Bolonia) wurde um 1380 in oder bei Bologna geboren. Von seinem Leben ist nur bekannt, daß er Benediktinermönch wurde und im Rahmen seines Ordens als Komponist, Organist und Sänger wirkte. Er starb in Bologna um 1440.

WERKE
Von Bartolomeo da Bologna sind mehrere dreistimmige Kompositionen erhalten: ein Gloria und ein Credo, von denen jedes eine Paraphrase über je eine Ballata von seiner Hand darstellt, weiters ein Rondeau auf italienischem und eines auf lateinischem Text, schließlich eine lateinische Ballade. Der Stil dieser Werke ist dem zeitgenössischen französischen angeglichen, weist jedoch interessante Eigenständigkeiten auf.

LITERATUR
W. Korte, Studien zur Geschichte der Musik in Italien im 1. Viertel des 15. Jahrhunderts, Kassel 1933.

Ugolino d'Orvieto (um 1380–1457)

ZEIT UND UMWELT
Der Kampf der Staufer und Welfen gegeneinander war schon längst vorbei, aber die Gegensätze der beiden Parteien dauerten unter veränderten Vorzeichen an. Aus den Welfen sind Parteigänger der Päpste und aus den Ghibellinen kaiserlich Gesinnte geworden, deren Auseinandersetzungen völlig andere Probleme beinhalteten, als die, die zum Streit der beiden deutschen Fürstengeschlechter geführt hatten.

LEBEN
Ugolino d'Orvieto wurde um 1380 in Orvieto geboren. Im Jahre 1415 wurde er Kanoni-

kus am Dom von Forlì, das er 1431 als Anhänger der Welfen verlassen mußte. Er ging nach Ferrara, um dort als Musiker zu wirken, und verblieb dort bis zu seinem Tod im Jahre 1457.

WERKE
Ugolino d'Orvieto war einer der letzten Vertreter der Musiktradition des Mittelalters. Erhalten von seinen Kompositionen sind nur 3 Stücke für zwei Stimmen, die stilistisch der Ars nova angehören.

LITERATUR
G. Pietzsch, Die Klassifikation der Musik von Boetius bis Ugolino von Orvieto, Halle 1929.

Adam Fabri (um 1380 bis um 1440)

ZEIT UND UMWELT
In den ersten Jahrzehnten des 15. Jahrhunderts kam es zwischen den Musiktraditionen Frankreichs, Englands und Italiens zur lebhaften Wechselwirkung. Der Schauplatz dieses Vorganges war der franko-flämische Raum. Die Musiker der genannten Länder wirkten zwar in ihrer Heimat weiter, sie kamen aber über das entstandene neue Musikzentrum in ständige Kommunikation miteinander.

LEBEN
Adam Fabri wurde um 1380 vermutlich in Paris geboren. Er war Geistlicher an Notre-Dame in Paris und ist wahrscheinlich um 1440 dort verstorben.

WERKE
Von Adam Fabri sind mehrere Rondeaux für eine Singstimme und zwei Instrumente erhalten. Die Instrumentalbegleitung ist teilweise arpeggierend durch ganze Akkorde. Aus diesem Grund kommt diesen Rondeaux eine besondere Bedeutung zu.
Unsicher ist, ob diese Rondeaux tatsächlich von dem Geistlichen Adam Fabri stammen. Es kommt dafür auch Adam Maigret in Frage, der um 1422 Erster Kaplan bei Karl VI. war, oder ein Sänger an Notre-Dame namens Erasmus Adam.

Antonio Zachara (um 1380 bis vor 1450)

ZEIT UND UMWELT
Die Abruzzen-Stadt Teramo hatte schon früh ihrem bischöflichen Domchor eine Knabensingschule angeschlossen, die nicht nur den Nachwuchs für den Chor heranzog, sondern manches Talent für einen weiteren Wirkungskreis ausbildete.

LEBEN
Antonio Zachara (Antonio Zacara da Teramo) wurde um 1380 in Teramo geboren. Er dürfte sich in Rom oder Oberitalien aufgehalten haben und noch vor 1450 verstorben sein.

WERKE
Von dem italienischen Komponisten Antonio Zachara sind ein zweistimmiges Madrigal, 8 Ballate (drei zweistimmig, fünf dreistimmig), außerdem 6 Gloria und 6 Credo überliefert. Die Werke sind nur fragmentarisch, zum Teil für Instrumente arrangiert und umgearbeitet erhalten. Die Texte mischen Latein mit Italienisch und zuweilen auch mit französischen Versen. Die profane Musik entfernt sich beträchtlich vom florentinischen Stil des 14. Jahrhunderts. Die sakrale Musik legte die gregorianische Melodie in die Oberstimme.

LITERATUR
K. v. Fischer, Kontrafakturen und Parodien italienischer Werke des Trecento und frühen Quattrocento, in: Annales Musicologiques V, 1957.

Nicola Zacharie da Rimini (um 1380–1434)

ZEIT UND UMWELT
Kardinal Baldassare Cossa berief 1409 ein illegales Konzil nach Pisa ein, das den Mailänder Erzbischof Petros Philargos als Alex-

ander V. zum Gegenpapst während der Regierungszeit Gregors XII. (1406–15) wählte. Als Alexander V. 1410 starb, wurde Cossa selbst als Johannes XXIII. gewählt, der sich dem Konzil zu Konstanz unterwerfen wollte, aber dann aus der Konzilstadt floh, gefangengesetzt und von Papst Martin V. begnadigt wurde. Er starb als Kardinal-Bischof im Jahre 1419.

Leben
Nicola Zacharie da Rimini wurde um 1380 in Rimini geboren. Er stand um 1410 mit dem schismatischen Papst Johannes XXIII. in Verbindung und widmete ihm eine Motette. Nach dem Tod seines Gönners erhielt er von Papst Martin V., nachdem er einige Zeit am Dom in Florenz als Priester und Sänger gewirkt hatte, eine Stelle als Sänger an der päpstlichen Kapelle, wo er bis 1424 und dann noch kurze Zeit im Jahre 1434 bis zu seinem Tod im gleichen Jahr blieb. Über seine Tätigkeit zwischen 1424 und 1434 liegen keine Informationen vor.
Magister Zacharias (um 1350, möglicherweise Brindisi, bis um 1420, Rom) wirkte ebenfalls als Sänger an der päpstlichen Kapelle. Er war vermutlich der Vater des Nicola Zacharie.

Werke
Von Nicola Zacharie sind 2 vierstimmige Motetten, ein dreistimmiges Gloria und eine zweistimmige Ballata erhalten. Die Ballata ist Papst Martin V. (Oddone Colonna, 1368 bis 1431) und seiner Familie gewidmet. Das Gloria ist tropiert, die Motetten sind isorhythmisch angelegt und weisen Ansätze zur Imitation auf.
Von Magister Zacharias sind 6 Ballate (fünf zweistimmig, eine dreistimmig), eine dreistimmige lateinische Ballade und die Caccia »Cacciando per gustar«, die angeblich die letzte bekannte ihrer Art war, überliefert. Die Ballate sind im italienischen Stil des ausgehenden 14. Jahrhunderts gehalten, ihre Texte sind einfache Liebeslieder. Nur die lateinische Ballade weist den äußerst komplizierten Stil der französischen Ars subtilior auf.

Literatur
K. v. Fischer, Neue Quellen zur Musik des 13., 14. und 15. Jahrhunderts, in: Acta Musicologica XXXVI, 1964.

Lionel Power (nach 1380–1445)

Zeit und Umwelt
Der Reformprediger John Wyclif (1330–84) bekämpfte die weltliche Herrschaft der Kirche. Die Lehre wurde als ketzerisch verworfen, fand aber auch nach dem Tod ihres Verfechters zahlreiche Anhänger, sicherlich auch wegen ihres sozialen Gehaltes (Einzug des Kirchengutes). Sie hielt sich weit in das 15. Jahrhundert hinein, obwohl sie, vor allem von dem überaus frommen König Heinrich V. (1413–22), blutig verfolgt wurde. Die Wanderprediger (Lollarden) lehnten die Messe ab und ersetzten die Liturgie durch Psalmen und Hymnen, deren Melodiengut, der Volksmusik entnommen, zum Nährboden für die bodenständige Entwicklung der englischen Kunstmusik wurde.

Leben
Lionel Power (Leonell Powero oder Polbero) ist nach 1380 geboren und 1423 und 1441 bis 1445 mit der Kathedrale von Canterbury – vielleicht als Gesangslehrer – in Verbindung gestanden. Weitere biographische Daten über diesen englischen Komponisten, der zeitweise mit Dunstable verwechselt wurde, fehlen, außer daß er am 5. 6. 1445 zu Canterbury gestorben ist.

Werke
Von Lionel Power sind eine Messe (Alma redemptoris), 22 Ordinariumsätze und 14 Motetten erhalten. Seine früheren Werke, zumeist Ordinariumteile, sind anfänglich stark von der französischen Ars nova beeinflußt (bis etwa 1413), die späteren nähern sich dem Stil Dunstables, weisen daher wenig dissonante Vorhalte auf. Die meisten Werke sind dreistimmig.

ihre Grundausbildung dort genossen hatten oder Chorknaben an einer Kathedrale gewesen waren.

Leben

Pierre Fontaine (Fonteine, Fontayne) wurde nach 1380 in Rouen geboren, war zuerst Chorknabe an der Kathedrale seines Geburtsortes, dann ab 1404 Mitglied der burgundischen Hofkapelle. Von 1420 bis 1427 gehörte er der päpstlichen Kapelle an. Von 1428 bis zu seinem Tod wirkte er erneut am burgundischen Hof. Er starb um 1450. Der Ort seines Todes ist nicht bekannt.

Werke

Von Fontaine sind 7 mehrstimmige Chansons im Stil der verfeinerten Ars nova (Ars subtilior) Frankreichs erhalten. Obwohl er als französischer Komponist anzusehen ist, gehört er zu den Meistern, die den Übergang zur franko-flämischen Musikepoche vorbereiteten.

Literatur

J. Marix, Histoire de la musique et des musiciens de la cour de Bourgogne sous le règne de Philippe le Bon, Straßburg 1939.

»Sänger und Lautenist« – Kupferstich von Israhel Meckenem aus dem Hundertjährigen Krieg

Pierre Fontaine (nach 1380 bis um 1450)

Zeit und Umwelt

Den Hofkapellen oblagen im Mittelalter bis in die beginnende Neuzeit hinein neben der musikalischen Betreuung der Gottesdienste auch verwaltungstechnische, juristische und diplomatische Aufgaben. Daneben hatten die Cappellani für die Heranbildung von Nachwuchskräften zu den genannten Zwecken zu sorgen. Mit fortschreitender Zeit fiel ihnen auch die profane Musikpflege des Hofes zu. Ein Großteil der Komponisten jener Zeit begann seine Laufbahn in einer solchen Kapelle, sei es, daß sie selbst

Antonius de Civitate
(nach 1380 bis nach 1423)

Zeit und Umwelt

Im Jahre 1077 kam Friaul mit seiner damals noch wichtigen Stadt Cividale unter die Herrschaft des Patriarchen von Aquileia. Wenn es dadurch auch stark unter römischem Einfluß stand, so machte sich doch das Wirken der oberitalienischen Komponisten in der profanen und auch der kirchlichen Musik sehr bemerkbar. Außerdem lagen Venedig und Padua nicht weit entfernt, wo sich die frühe Renaissance parallel mit dem Auslaufen der Gotik bereits ankündigte.

Leben

Antonius de Civitate (Antonio da Cividale)

wurde im letzten Drittel des 14. Jahrhunderts vermutlich in Cividale in Friaul geboren. Er wurde Mitglied des Dominikanerordens. Seine Kompositionen, die erhalten geblieben sind, stammen aus den Jahren 1422 und 1423. Über sein Leben und Wirken ist sonst nichts bekannt. Er ist nach dem Jahr 1423 gestorben.

Werke
Von den Werken des Antonius de Civitate liegen uns 2 Gloria und ein Credo, 5 Motetten und 5 mehrstimmige profane Lieder vor. Seine Musik stellt eine deutliche Nachfolge von Johannes Ciconia dar.

Literatur
W. Korte, Studie zur Geschichte der Musik in Italien im ersten Viertel des 15. Jahrhunderts, Kassel 1933.

Estienne Grossin
(nach 1380 bis nach 1430)

Zeit und Umwelt
Der für Frankreich unglückliche Verlauf des Hundertjährigen Krieges drängte Paris, das bisher Mittelpunkt der Musikentwicklung wie überhaupt der westeuropäischen Kultur war, in eine Randlage, so daß die Stadt nunmehr Impulse von außen empfing als abgab. Das besagt aber nicht, daß das kulturelle Leben zum Stillstand gekommen wäre, es setzte sich, wenn auch weniger kraft- und wirkungsvoll, fort und nahm nach kaum einem Jahrhundert in breiterem Rahmen wieder am europäischen Kulturgeschehen in vorderster Linie teil.

Leben
Estienne Grossin (Grossim de Parisiis) wurde zwischen 1380 und 1400 vermutlich in Paris geboren. Im Jahre 1418 war er Chapelain an St. Merry in Paris, 1421 Clerc de matines an Notre-Dame. Er ist vermutlich in Paris nach 1430 gestorben. Mit Guillaume Grossim, der einige Chansons hinterlassen hat, ist er nicht ident, weil dessen Leben ungefähr 50 Jahre später einzuordnen ist.

Werke
Der französische Komponist Estienne Grossin ist uns mit einer dreistimmigen Messe (ohne Agnus) und mehreren Chansons bekannt, die stark zur franko-flämischen Musik tendieren. Die Messe zeigt teilweise die pankonsonante Struktur (ohne Dissonanzen) der englischen Kompositionstechnik.

Literatur
A. Pirro, La Musique à Paris sous le règne de Charles VI, Straßburg 1930. E. Dannemann, Die spätgotische Musiktradition in Frankreich und Burgund, Heidelberg 1936.

Reginaldus Libert
(nach 1380 bis vor 1450)

Zeit und Umwelt
Nordfrankreich und der burgundische Raum zogen die Künstler, vor allem die Musiker, an, seitdem Paris nicht mehr die Rolle eines Mekka der Musik spielte. Dadurch gerieten sie in den Einflußbereich englischer Meister und wurden zu Mitbegründern des neuen franko-flämischen Stils, der der europäischen Musik ein neues Profil verlieh.

Leben
Reginaldus Libert (Liebert) ist nach 1380 geboren. Er war vermutlich an der Kathedrale von Cambrai 1424 Nachfolger von Nicolas Grenon als »Maître de musique«. Er ist wahrscheinlich in Cambrai noch in der 1. Hälfte des 15. Jahrhunderts gestorben.

Werke
Von Libert sind eine elfsätzige dreistimmige Marienmesse und ein vierstimmiges Kyrie als Kirchenmusik erhalten. 2 Fauxbourdonstücke und 2 dreistimmige Chansons haben wir als Probe seiner profanen Kompositionen. Sie kennzeichnen ihn vorbehaltlos als Angehörigen des franko-flämischen Stils.

Literatur
H. Besseler, Bourdon und Fauxbourdon, Leipzig 1950.

Gilet Velut (nach 1380 bis vor 1450)

Zeit und Umwelt
Es gab zu jener Zeit und auch noch viel später für den Musiker nur zwei Alternativen: Kirchen- oder Fürstendienst. Die Stellen an den Kathedralen waren zumeist Klerikern vorbehalten und jedenfalls durch eine Reihe hemmender Vorschriften eingeengt. Im Dienst der Fürsten wurde der Musiker zum Bestandteil des Gesindes neben Köchen und Pferdepflegern, auch wenn der Dienstherr noch so musikliebend war. Daß manch einer, auch wenn er nicht zu den »Clerici« zählte und irgendein Hofamt bekleidete, ein geneigtes Ohr, ja zuweilen sogar die Freundschaft des Herrn erworben hatte, ändert nichts an seiner Position. Auch Hofnarren haben es verstanden, sich beliebt und unentbehrlich zu machen.

Leben
Gilet Velut (Egidius Velout) ist nach 1380 vermutlich in der Diözese Cambrai geboren. Im Jahre 1411 scheint er als Mitglied im Gefolge Charlottes von Bourbon in Zypern auf. Es wird vermutet, daß er mit dem Kleriker Egidius Flannel dit Lenfant ident ist, der 1421 in den Dienst des Papstes Martin V. (1417–31) getreten war. Er ist vor 1450 vermutlich in Rom gestorben.

Werke
Von Gilet Veluts Werken sind uns ein Rondeau, 3 Balladen, ein Gloria, ein dreistimmiges Credo, 2 vierstimmige Motetten überliefert, die alle noch stark der Pariser Ars nova verhaftet sind.

Literatur
J. F. R. und C. Stainer, Dufay und His Contemporaries, Amsterdam 1963.

Arnoldus de Lantins
(nach 1380 bis vor 1450)

Zeit und Umwelt
Für die vielen Musiker, die mit einem Mal im franko-flämischen Raum heranwuchsen oder dorthin zuwanderten, gab es zu wenig Entfaltungsmöglichkeiten. Paris hatte nur schwachen Anreiz, dafür war bei den zahlreichen italienischen Fürstenhöfen Ehre und Münze zu erwarten. Florenz, Mailand, Rom hatten eigene Musiker in Fülle, aber der Adriaraum, vor allem das reiche, glanzvolle Venedig und die Städte seines Machtbereiches, boten zuwandernden Talenten ein breites Betätigungsfeld.

Leben
Arnoldus de Lantins (Arnolt de Lantins) stammte aus dem nordwestlich von Lüttich gelegenen Dorf Lantins und wurde zwischen 1380 und 1400 geboren. Was über sein Leben bekannt geworden ist, besteht aus zwei Daten. Er hat sich 1428 in Venedig aufgehalten und dort zwei Chansons geschrieben, die erhalten sind. In den Jahren 1431 und 1432 war er am Vatikan als päpstlicher Sänger tätig. Man darf daraus vielleicht schließen, daß er Kleriker war, wenngleich zu jener Zeit auch Laien diese Stelle innehatten. Er ist vor 1450 gestorben.

Werke
Arnoldus de Lantins ist in verschiedenen Handschriften mit ungefähr 14 französischen Chansons und 17 lateinischen Stücken vertreten. Dazu kommen eine lateinische Motette und eine fünfteilige Messe Verbum incarnatum, die durch die ständige Wiederkehr des gleichen Kopfmotives bei den einzelnen Sätzen und die so gewonnene Einheitlichkeit eine neue Kompositionstechnik bringt. Alle Chansons weisen den neuen Stil des Herkunftslandes des Meisters auf.

Literatur
Ch. van den Borren, Hugo et Arnoldus de Lantins, in: Féderation archéologique et historique de Belgique, XXIXme Session, 1932.

Hugo de Lantins (nach 1380 bis vor 1450)

Zeit und Umwelt
Am 18. 1. 1421 wurde die Vermählung von Cleofe Malatesta aus Rimini mit Theodoros

Palaiologos, Sohn des byzantinischen Kaisers Manuel II. Palaiologos (1391–1425), in Mistra, Morea, gefeiert. Der Flame Hugo de Lantins komponierte das Hochzeitsgedicht. Das beweist, daß die Meister aus dem franko-flämischen Raum auch adriaabwärts willkommen waren.

Leben
Hugo de Lantins (Lantinis, Lantius) stammt vermutlich aus demselben Dorf wie Arnoldus de Lantins. Es liegt aber keinerlei Beweis für eine Verwandtschaft der beiden Meister vor, obschon die Annahme naheliegt, um so mehr, als in mehreren Handschriften Werke von beiden angeführt sind. Er wurde zwischen 1380 und 1400 geboren. Er scheint sich auch in Venedig aufgehalten zu haben; in einer Motette (Christus vincit) feiert er Francesco Foscari, der ab 1423 Doge in Venedig war. Weitere biographische Angaben über das Leben und Ableben des Komponisten fehlen.

Werke
Hugo de Lantins sind ungefähr 16 französische und 20 lateinische Stücke zuzuschreiben, außerdem 3 Stücke mit italienischem Text. Die lateinischen sind größtenteils Messeteile. Dazu kommen zwei Et in terra. Die Kompositionstechnik weist die gleichen Merkmale auf, die das Werk von Arnoldus de Lantins kennzeichnen.

Literatur
Ch. van den Borren, Hugo et Arnoldus de Lantins, in: Féderation archéologique et historique de Belgique, XXIXme Session, 1932.

Johannes Benet (nach 1380 bis um 1450)

Zeit und Umwelt
Die Musik, die uns aus der Wende vom 14. zum 15. Jahrhundert überliefert ist, gehört nahezu ausschließlich dem sakralen Bereich an, und die Komponisten, die wir kennen, sind vorwiegend Kleriker. Das besagt sicherlich nicht, daß es keine profane Musik gegeben hat, sondern höchstens, daß man sie nicht wert fand aufzuzeichnen und daß sie nur vom Volk gepflegt wurde und nicht von den Kreisen, die Musik schriftlich niederlegten.

Leben
Johannes Benet wurde zwischen 1380 und 1400 geboren. Über seine Herkunft und sein Leben ist nichts bekannt. Aus den Werken, die erhalten geblieben sind, darf man vielleicht schließen, daß er dem Klerus angehörte. Er dürfte um 1450 gestorben sein.

Werke
Von Benet liegen uns ein vierstimmiges Kyrie, 2 Gloria, 3 Sanctus und ein Agnus, alles dreistimmig, und 2 dreistimmige Motetten vor. Seine Musik steht unzweifelhaft im Schatten von Dunstable.

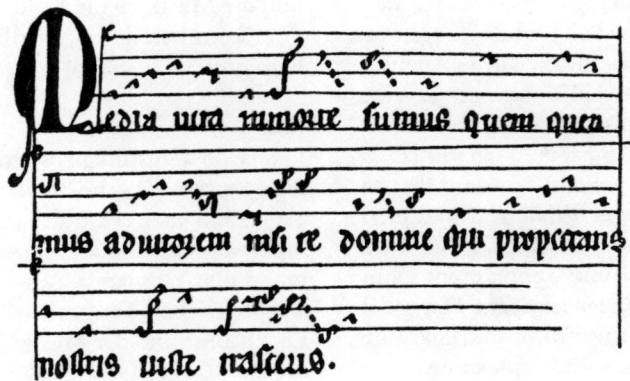

Beltrame Feragut (nach 1380 bis um 1450) / Leonardo Giustiniani (1388–1446)

Gotische Musikanten auf einem Gemälde von Belbello, Florenz

Beltrame Feragut
(nach 1380 bis um 1450)

Zeit und Umwelt
In Oberitalien lagen Mailand, Florenz und Venedig in ständigem Kampf um die Vorherrschaft. Der kulturelle Wettstreit der drei Zentren der Frührenaissance wurde dadurch wohl zuweilen gehemmt, aber nie unterbrochen. Die Künstler wechselten die Aufenthaltsorte je nach den Aufträgen und kümmerten sich, besonders wenn sie Ausländer waren, kaum um die politischen Auseinandersetzungen.

Leben
Beltrame Feragut (Feragu, Ferracutius, Bertrand) ist zwischen 1380 und 1400 vermutlich in Avignon geboren. Er wurde Augustinermönch. Im Jahre 1409 schrieb er eine Motette zur Inthronisation des Bischofs Pietro Emiliani von Vicenza, die 1433 mit etwas abgeändertem Text bei der Amtseinführung von dessen Nachfolger Francesco Malipieri neu aufgeführt wurde. Von 1425 bis 1430 war er Kapellmeister und Tenorist am Dom zu Mailand, 1439 Sänger an Santa Maria del Fiore und an San Giovanni in Florenz. Ort und Zeit seines Todes sind unbekannt.

Werke
Beltrame Feragut hinterließ 3 dreistimmige Liedmotetten, 4 dreistimmige Ordinariumsätze mit Instrumentalstimmen, einen Hymnus, ein Magnificat und ein vierstimmiges Rondeau. Seine Musik trägt den Stil der Frühwerke von Dufay. Trotz seiner südfranzösischen Herkunft und seines ständigen Italienaufenthaltes ist er den Musikern des franko-flämischen Raumes zuzurechnen.

Literatur
J. F. R. und C. Stainer, Dufay and His Contemporaries, Amsterdam 1963.

Leonardo Giustiniani (1388–1446)

Zeit und Umwelt
Die Republik Venedig war im 15. Jahrhundert sicherlich sehr weit davon entfernt, eine demokratische Staatsform zu sein; an Regierung und Verwaltung – was damals noch nicht getrennt war – nahm das Volk keinen Anteil. Dagegen war das kulturelle Geschehen dem Urteil aller unterworfen. Die Bauten, die Statuen, die Bilder wurden zwar aus den Kassen des Staates oder reicher Familien bezahlt, aber wenn die Öffentlichkeit keinen Gefallen daran fand, konnte der Künstler mit keinen weiteren Aufträgen rechnen. Die Dichtung mußte ihr Publikum im Volk suchen. Das gleiche galt für die Musik. Je volkstümlicher Dichtkunst und Tonkunst waren, um so breiter waren die davon angesprochenen Massen. Wenn dazu die Sprache noch der Ausdrucksweise des Volkes folgte und die Musik an die Lieder anklang, die das Publikum bereits im Ohr hatte, konnte der Erfolg nicht ausbleiben.

Leben
Leonardo Giustiniani wurde 1388 in Venedig geboren. Er gehörte vermutlich einer sozial gehobenen Familie an, sonst hätte er nicht die Ausbildung genossen, um Staatsmann und Humanist zu werden. Neben seiner politischen Tätigkeit widmete er sich der Dichtkunst und der Musik. Er starb in Venedig am 10. 11. 1446.

WERKE
Giustiniani verfaßte achtzeilige Gedichte in der venezianischen Volkssprache, die er für eine Singstimme mit Instrumentalbegleitung vertonte. Diese Lieder, von denen ungefähr 30 erhalten sind, waren derart erfolgreich, daß der Name des Verfassers zum Gattungsbegriff wurde und man bis zum Ende des 16. Jahrhunderts ähnlich aufgebaute Gesänge mit »Giustiniane« (oder »Veneziane«) bezeichnete. Außerdem schrieb Giustiniani auch Laudi spirituali (geistliche Hymnen), die er entweder selbst vertonte oder mit bekannten Melodien versah.

LITERATUR
O. Baroncelli, Le canzonette di Leonardo Giustiniani, Forli 1907.

Muskatblüt (vor 1390 bis nach 1458)

ZEIT UND UMWELT
Der deutsche Meistergesang war eine Fortsetzung des Minnesanges in der bürgerlichen Welt. In den deutschen Städten wurden Meistersingerschulen begründet. Die älteste entstand in Mainz (1370); im Verlauf des 15. und 16. Jahrhunderts erhielt jede größere Stadt eine solche Schule, in denen die Musik nach genauen Regeln handwerksmäßig gepflegt wurde. Es waren nur Stadtbürger zugelassen, Spielleute und Fahrende waren ausgeschlossen.

LEBEN
Muskatblüt (Muschkatblüt, Muschkenblut) wurde in Ostfranken vor 1390 geboren. Er war Dichter und Fahrender und ist von 1410 bis 1443 in Süddeutschland nachweisbar. In späteren Jahren lebte er am Hof der Erzbischöfe von Mainz, wo er nach 1458 gestorben ist.

WERKE
Muskatblüt war kein Meistersinger, weil er kein Stadtbürger war oder zumindest nicht wie ein seßhafter Bürger lebte. Er soll sich im Alter einer der Meistersingerschulen in Mainz angeschlossen haben, nachdem er sich am Hof des Erzbischofs niedergelassen hatte. Nach seiner Art, seine eigenen Gedichte zu vertonen und selbst vorzutragen, könnte er als später Minnesänger bezeichnet werden, wenn nicht die Thematik seiner Lieder dagegen spräche. Er hat 104 Lieder hinterlassen, außerdem eine Reihe gelehrter Dichtungen. Die Musik der Lieder ist den Formen des frühen Meistergesanges angepaßt.

LITERATUR
G. Münzer, Die Lieder Muskatblüts, Köln 1970.

Benoit (um 1390 bis nach 1440)

ZEIT UND UMWELT
Der Übergang der Musik des 14. zum 15. Jahrhundert kennzeichnet sich bei der Motette durch die Imitation und den Ersatz des Cantus firmus durch einen freien Harmonieträger in der untersten Stimme. Die Beziehung zwischen Tonika und Dominante prägt sich klar aus.

LEBEN
Benoit (auch Benenoit), Vorname nicht überliefert, ist um 1390 in Frankreich geboren. Es wird vermutet, daß er Sänger an Notre-Dame in Paris war. Darüber hinaus ist über sein Leben und Wirken nichts feststellbar. Er dürfte in Paris nach 1440 gestorben sein.

WERKE
Von Benoit sind 2 Antiphone, 2 Hymnen, ein Rondeau und eine Motette erhalten. Der Stil ähnelt dem von Dufay. Das Rondeau weist einen instrumentalen Contratenor auf, die Motette (auf Johannes den Täufer) einen isorhythmischen Tenor und Contratenor, die Antiphone und Hymnen sind dreistimmig mit textiertem Cantus firmus.

John Forest (um 1390–1446)

ZEIT UND UMWELT
Wells hatte bereits im 14. Jahrhundert eine

Chorkapelle und eine Singschule, wie man sie damals nur in den Universitätsstädten Oxford und Cambridge vorfand. Die musikalische Tradition des Ortes geht sogar noch weiter zurück, so daß den Schülern eine umfassende Ausbildung von Grund auf gewährleistet und auch jeder Fortschritt der Musikentwicklung in London oder den Universitätsstädten übernommen und mitgemacht wurde.

Leben
John Forest wurde um 1390 in oder bei Wells geboren. Er war 1414 Archidiakon in Surrey und 1425 Dekan in Wells, wo er am 25. 3. 1446 starb.

Werke
Der Zeitgenosse von John Dunstable und Lionel Power hinterließ 7 Motetten und 2 Messesätze. Es handelt sich um dissonanzfreie »pankonsonante« Musik, die in England zu jener Zeit entwickelt worden ist. Alles übrige von Forest ist verlorengegangen.

Heinrich Lauffenberg (1390–1460)

Zeit und Umwelt
Der Bedarf an Kirchenliedern wurde im späteren Mittelalter sehr häufig durch Kontrafakturen (Textaustausch bereits vorhandener Lieder) gedeckt, indem bekannten profanen oder volkstümlichen Liedern neue, dem sakralen Gebrauch angepaßte Worte unterlegt wurden. Es war oft leichter, einen frommen Text zu erfinden oder der Bibel zu entnehmen, als originale sangbare Melodien zu komponieren, obwohl gerade diese Technik dazu anregte, ähnliche Weisen selbst zu schaffen.

Leben
Heinrich Lauffenberg (Loufenberg) wurde 1390 in Laufenberg am Rhein geboren. Er wurde vor 1411 Priester in Zofingen, erhielt 1429 eine Pfründe in Freiburg im Breisgau, trat jedoch 1445 in das Johanniterkloster von Straßburg ein. Er starb am 21. 3. 1460.

Werke
Es liegen Kontrafakten und eigene Kompositionen von Kirchenliedern vor. Bekannt wurde sein Marienleich »Wilkom lobes werde«.

Literatur
J. M. Müller-Blattau, Heinrich Lauffenberg, Elsaß-Lothringisches Jahrbuch XVII, 1938.

Guillaume Legrant
(vor 1400 bis nach 1450)

Zeit und Umwelt
Frührenaissance und Spätgotik liefen weit in das 15. Jahrhundert hinein in allen Kunstgattungen parallel. Konservative, ja sogar retrograde Einstellungen waren nicht selten, entweder weil der Künstler selbst sich von überkommenen Vorstellungen nicht zu lösen vermochte oder weil er sich den Intentionen des Auftraggebers fügen mußte. Wie auf allen Gebieten gehen die Menschen auch im Bereich der Kunst nicht in einer ausgerichteten Front gleichzeitig der Zukunft entgegen, sondern in keilförmiger Formation, deren Spitze schmal ist, während für die weit hinten marschierende Masse der Kalender noch ein sehr frühes Datum zeigt.

Leben
Guillaume Legrant (Guilem, Guielmo, Guillermus Le Grant) ist noch vor 1400 in Frankreich geboren. Er wird 1419 als Sänger der päpstlichen Kapelle in Rom genannt, 1446 hatte er ein Amt in Rouen. Er ist vermutlich dort nach 1450 gestorben.

Werke
So konservativ die Kompositionen des französischen Komponisten Guillaume Legrant angelegt sind, eines zeichnet sie aus: in den zwischen 1420 und 1426 entstandenen Werken wird zwischen Solopartien und Chorstellen deutlich unterschieden. Der Komponist hat neben mehrstimmigen Chansons, Motetten und Propriumstücken eine Reihe von Orgelkompositionen hinterlassen.

eine abfällige Bezeichnung der Anhänger der Romanik war. Aber ebensowenig wie jene den Lauf der Zeit zurückdrehen konnten, gelang es denen, die angesichts der Pracht der gotischen Dome den neuen Stil ablehnten.

LEBEN

Johannes Legrant (Le Grant – es ist möglich, daß der Name nur ein Ehrentitel war) ist noch vor 1400 in Frankreich geboren, obschon er jünger war als sein Namensvetter Guillaume. Berichte über seinen Lebenslauf liegen keine vor, wir wissen nicht, wo er gelebt und gewirkt hat und ebensowenig, wo und wann er nach 1450 gestorben ist.

WERKE

Von Johannes Legrant liegen mehrere mehrstimmige Tonsätze, sakrale Stücke und 3 dreistimmige Chansons vor, die alle der französischen Ars nova folgen. Ein Einfluß italienischen Stiles ist nicht festzustellen, wohl aber ein Hinneigen zu starker Auszierung der melodischen Linien.

LITERATUR

E. Dannemann, Die spätgotische Musiktradition, Heidelberg 1936.

Nicholas Sturgeon
(vor 1400 bis um 1454)

ZEIT UND UMWELT

Das Zeitalter der höfischen Musik war in England noch nicht angebrochen. Dafür erklangen in den Kirchen neben den Messen Choräle und Hymnen mit der englischen Mehrstimmigkeit und dissonanzfreien Pankonsonanz. Das melodische Material wurde ohne Zweifel der Volksmusik entnommen und zur Kunstmusik geprägt. Der Bedarf an Kirchenmusik war sicherlich groß. Wer von den Klerikern dazu imstande war, schuf sie für seine Gemeinde selbst.

LEBEN

Nicholas Sturgeon wurde vor 1400 vermutlich in London oder Windsor geboren. Im

Alan Lumsden mit seiner gotischen Zugtrompete

LITERATUR

E. Dannemann, Die spätgotische Musiktradition, Heidelberg 1936.

Johannes Legrant
(vor 1400 bis nach 1450)

ZEIT UND UMWELT

So sehr starke Kräfte auf allen Gebieten sich gegen das Eindringen rationalistischen Denkens und Fühlens wehrten und bei den neuen Kunstformen die Erhabenheit vermißten, der Vormarsch der Renaissance war unaufhaltbar, weil diese die Gesamtstruktur des menschlichen Daseins ergriff. Man hatte anscheinend vergessen, daß »gotisch« einmal

Jahre 1440 scheint er in Windsor als Kanonikus auf. Im selben Jahr wurde er Vorsänger an der St. Paul's Cathedrale, behielt aber gleichzeitig die Stellung in Windsor, wo er Leiter wurde (1443) und mehr oder weniger ständig bis in die fünfziger Jahre residierte. Er ist ungefähr um 1454 in London oder Windsor gestorben.

WERKE
Nicholas Sturgeon hat in einer Handschrift Musik der Komponistengruppe um Dunstable, zu der er selbst gehörte, gesammelt und der Nachwelt überliefert. Als eigene Kompositionen führte er darin an: 3 Fassungen eines dreistimmigen Et in terra, 2 Fassungen eines dreistimmigen Patrem omnipotentem, ein dreistimmiges Sanctus und ein dreistimmiges Et in Nomine Domini. Melodieführung und Harmonik entsprechen der Dunstables.

François Lebertoul
(vor 1400 bis um 1450)

ZEIT UND UMWELT
Französische Ars nova, italienische Liedkunst, englische Pankonsonanz flossen im franko-flämischen Raum zusammen. Die glückliche Politik der Burgunder konzentrierte ungefähr im gleichen Gebiet Macht und wirtschaftliche Kraft.

LEBEN
François Lebertoul (Franchois le Bertoul) ist noch im 14. Jahrhundert geboren, seine künstlerische Tätigkeit fällt aber in das 15. Biographische Daten über ihn fehlen. Wir wissen von ihm nur, daß er Franzose war, stilistisch jedoch bereits zur »Musik der Niederländer« zu rechnen ist. Er starb um 1450.

WERKE
Lebertoul war ein ungefähr um ein Jahrzehnt älterer Zeitgenosse Dufays. Die 5 Chansons, die von ihm erhalten sind, weisen ihn zwar als französischen Komponisten aus, aber zugleich auch seine Zugehörigkeit zum franko-flämischen Kreis, besonders die Tripelballade »O mortalis – O pastores – O vos multi«.

LITERATUR
E. Dannemann, Die spätgotische Musiktradition, Heidelberg 1936.

Guillaume Dufay (um 1400–74)

ZEIT UND UMWELT
Das 15. Jahrhundert bietet wie das darauffolgende ein vollkommen anderes Antlitz als das 14., in dem man allerdings in allen Zweigen der Wissenschaft und der Kunst die Vorboten der kommenden Umwälzungen deutlich erblicken kann. Die Humanisten, zu denen sich bald auch viele Mächtige der Kirche stellten, verfochten eine Synthese antiker Denkformen mit christlichen Grundsätzen. Gleichzeitig brannten aber in ganz Europa die Scheiterhaufen, auf denen Ketzer und Hexen starben. Krasseste Intoleranz und verstehendes Anerkennen gegnerischer Meinungen, finsterer Aberglaube und aristotelische Philosophie, mystische Geheimbünde und exakte Forschung existierten knapp nebeneinander. Aber in jedem Fall, auch im tiefsten Sumpf aus Unwissenheit, Elend und Angst, Hilflosigkeit und Gewalt war die zentrale Stellung des Menschen mehr oder weniger verdeckt deutlich. Dieses neue Weltbild beherrschte auch die Musik jener Zeit. Sie wurde für den Menschen geschaffen und aufgeführt, sie rückte von ihrer Rolle als Bestandteil sakraler Vorgänge um einiges ab, sie diente nicht mehr nur als Ausdrucksverstärkung des Wortes, sie begann in ihre zukünftige Funktion als Kunstgattung, deren Zweck in ihr selbst liegt, hineinzuwachsen.
Der Hennegau wurde zur Wiege dieser neuen Musik, ihre erste Pflegestätte war Burgund, wo sich die Wege der Politik, des Handels und des wissenschaftlichen und künstlerischen Gedankenaustausches kreuzten und der Mittelpunkt des Dreieckes England–Italien–Frankreich lag. Man hatte daher dieser Musik die Bezeichnung burgundisch verliehen. Sie war nicht exakt genug, denn wenn auch die Herzöge von Burgund Macht und

Reichtum in den Dienst dieser kulturellen Aufgabe stellten, so waren die Repräsentanten der Musik keine Burgunder, sondern überwiegend Franzosen (wie die Herzöge selbst), der Rest kam aus Flandern. Daher wurde die Benennung franko-flämische Musik gewählt. Bezeichnend für diese Staats- und Volksgrenzen überschreitende Kulturlandschaft ist, daß ihr bedeutendster Vertreter, Guillaume Dufay, wahrscheinlich in Frankreich geboren wurde, aber wünschte, daß sein Name niederländisch ausgesprochen wurde.

LEBEN

Guillaume Dufay (Du Fay) wurde um (vermutlich vor) 1400 in Fay geboren. Da es mehrere Siedlungen dieses Namens gibt, ist der Geburtsort nicht eindeutig bestimmbar. Seine erste Ausbildung erhielt Dufay an der Kathedrale von Cambrai, wo er 1409 als Kapellknabe »Willemet« aufschien. Bei Richard de Locqueville, einem zeitweiligen Musiker am burgundischen Hof, dürfte er seine Studien fortgesetzt haben. In den Jahren 1417 und 1418 reiste er im Gefolge des Bischofs von Cambrai zum Konzil in Konstanz. Darauf führte ihn sein Weg nach Italien in den Dienst der einflußreichen Familie Malatesta in Rimini, die enge Beziehungen zu Ostrom und zugleich zur römischen Kurie pflegte. Sein Aufenthalt in Italien wurde durch mehrere Reisen in die Heimat unterbrochen, wo man ihm verschiedene Pfründen übertrug. Seine Ernennung zum ständigen Kaplan von St. Fiacre (Laon) und St. Jean-Baptiste (Nouvion-le-vineux) und zum Kanonikus von St. Pierre in Tournai hinderte ihn nicht, einen längeren Aufenthalt in Bologna zu nehmen, wo er 1428 zum Priester geweiht wurde. Im Oktober desselben Jahres wurde er päpstlicher Kapellsänger und 1431 Kanonikus an der Kirche von Lausanne, wodurch er mit dem Haus Savoyen in nähere Verbindung kam; 1434 trat er als Kapellmeister in dessen Dienste, jedoch von 1435 bis 1437 stand er erneut der päpstlichen Kapelle zur Verfügung, die damals in Florenz und darauf in Bologna Aufenthalt genommen hatte. Anschließend ging er nach Ferrara, kehrte aber schon nach einem Jahr an den Hof von Savoyen zurück, wo er mit Unterbrechungen sieben Jahre verblieb. Ab 1451 lebte Dufay in Cambrai als allseitig hochgeachteter Musiker, Komponist und Musiksachverständiger. Er trug den Titel eines Kaplans des Herzogs von Burgund und Baccalaureus des kanonischen Rechtes. Als er am 27. 11. 1474 zu Cambrai starb, hinterließ er mehr als 200 Kompositionen weltlicher und geistlicher Musik, die ihm einen Ehrenplatz in der Geschichte der europäischen Musik sicherten.

Dufay und Binchois – Hauptmeister der französischen Musik des 15. Jahrhunderts, dargestellt auf einer zeitgenössischen Miniatur

WERKE

Die ersten Werke Dufays zeigen das Gepräge der französischen Ars nova, die er in Cambrai gelernt hatte, doch bald werden die Einflüsse der italienischen Formen, die Ciconia in das Land gebracht hatte, deutlich. Nach seiner Tätigkeit an der päpstlichen Kapelle weitete sich seine Technik zum persönlichen Stil aus, der für die gesamte franko-flämische Schule richtunggebend werden sollte. Die Weichheit des Klanges allerdings vermochte keiner mehr nachzuahmen, denn sie stammte aus dem Gebiet des Unerlernbaren des Künstlers und dem Ausdruck seiner ureigenen Persönlichkeit. In den letzten Abschnitt seiner Schaffensperiode fiel noch eine bisher unbekannte Vereinheitlichung und Konzentration der Messen, die nunmehr auf ein einziges Motiv gebaut wurden, und beim Chanson die Einführung einer unter dem Tenor liegenden Stimme mit gleichzeitiger Ausweitung des Tonraumes nach beiden Richtungen.

Sein hinterlassenes Werk präsentiert sich mit 9 Messen, 35 Messesätzen, 2 Magnificat, vielen Motetten, französischen Chansons, italienischen Kanzonen und profanen und sakralen Liedern, die eine starke Annäherung der weltlichen und der kirchlichen Musik vorantrieben. Kein Priester hat so viele Liebeslieder geschrieben wie der Kanonikus und Kaplan Guillaume Dufay, doch nicht wenige davon gleichen einem Kirchenlied, während manches sakrale Werk sehr weltlich klingt. Gemeinsam ist ihnen jedenfalls der Vollklang von der Hand eines Meisters erster Ordnung, den der Komponist Louis Compère als den »Mond aller Musik und das Licht aller Sänger« bezeichnete.

Missa l'homme armé, Messe für Stimmen und Instrumente, 5 Teile: Kyrie, Gloria, Credo, Sanctus, Agnus Dei

Als Cantus firmus (einer anderen eigenen oder fremden Melodie oder der Volksmusik entnommenes Thema) verwendete Dufay das populäre Trinklied »L'homme armé« (Der bewaffnete Mann) für alle Teile und verarbeitete das Thema mit einer dichten Polyphonie und warmen Harmonik. Dieses Thema wurde später von sehr vielen Messekomponisten als Cantus firmus aufgegriffen, die diese Technik übernommen hatten.

Missa Caput, Messe für Stimmen und Instrumente, 5 Teile: Kyrie, Gloria, Credo, Sanctus, Agnus Dei, entstanden ungefähr 1440 mit Ausnahme des Kyrie, das erst 1463 in Cambrai geschrieben wurde

Als Cantus firmus diente eine englische Antiphone, deren Text mit dem Wort caput (Haupt) endet und deshalb gewählt wurde, weil damit auf den Ausspruch des Erzbischofs von York (1433): »Das Haupt der gesamten Kirche ist Jesus Christus«, angespielt und im Streit auf dem Konzil zu Basel, ob der Papst oder Christus das Haupt der Christenheit sei, Stellung bezogen wurde (1431–49). Die Anlage des Werkes entsprach musikalisch den Kathedralen des 15. Jahrhunderts mit ihrer ausgewogenen Symmetrie. Die kirchenpolitische Bedeutung der Messe wurde durch den Einschluß in das Kyrie: »Deus Creator« (Gott, der Schöpfer) noch nach dem Ende des Konzils, bei dem Dufay der Delegation aus Cambrai angehörte, unterstrichen. Der während der gesamten Messe unveränderte Cantus firmus wird von zwei lebhaften Stimmen überbaut und von einer Baßstimme untermalt. Dadurch erhält das Werk eine mächtige Architektonik und überwältigende Aussage.

Missa Ave Regina Coelorum, Messe für Stimmen und Instrumente, 5 Teile: Kyrie, Gloria, Credo, Sanctus, Agnus Dei, entstanden im letzten Lebensjahrzehnt des Komponisten

Der Cantus firmus ist einem alten Marienhymnus entnommen. Er wird hier freier behandelt als in den älteren Messen und läßt die Begleitstimmen an der Melodie teilnehmen, so daß ein gewisses Gleichgewicht aller Stimmen entsteht. Alle Teile beginnen mit den gleichen acht Takten, wodurch eine Einheitlichkeit des ganzen Werkes erreicht wird. Beim Gloria und Credo erweitert sich diese Parallelität auf dreizehn Takte. Rhythmisch teilt sich die Messe in dreischlägige und zweischlägige Abschnitte, in vier- und zwei- bis dreistimmige Teile und in Sätze mit voller Harmonik und solche mit linearer Polyphonie, wodurch eine starke Plastik des Werkes erzielt wird. Fanfarenklänge und Paukenschläge unterstreichen die Festlichkeit dieser Messe, die für hohe Feiertage bestimmt ist.

LITERATUR

R. Bockholdt, Die frühen Messekompositionen von Guillaume Dufay, München 1960.
Fr. X. Haberl, Wilhelm Du Fay, Leipzig 1885.

Johannes de Lymburgia
(um 1400 bis nach 1450)

Zeit und Umwelt
Das Herzogtum Limburg wurde 1288 mit Brabant vereinigt, im gleichen Jahr kamen beide Herzogtümer in die Hand der Burgunder und wurden 1430 zu den Niederlanden geschlagen. Limburg wurde damit in die Kulturlandschaft einbezogen, in der ab der Wende vom 14. zum 15. Jahrhundert die sogenannte franko-flämische Schule entstand. Frankreich und Italien waren die hauptsächlichsten Länder, in die die ausgebildeten Musiker zogen.

Leben
Johannes de Lymburgia wurde um 1400 vermutlich im Gebiet des alten Herzogtumes Limburg geboren. Er dürfte einen Teil seines Lebens in Italien verbracht haben. Diese Annahme stützt sich auf die Tatsache, daß alle von ihm bekannten Werke in italienischen Codices aufscheinen. Zuvor war er Sänger an Lütticher Kirchen gewesen (bis 1426) und ist vermutlich um 1430 nach Venedig übersiedelt, wo er wahrscheinlich nach 1450 auch gestorben ist.

Werke
Johannes de Lymburgia hat vorwiegend sakrale Musik hinterlassen, darunter ein dreistimmiges Ordinarium und einen Fauxbourdonsatz »Regina celi letare« (Freue dich, Himmelskönigin). Je eine Motette ist für Vicenza und Padua verfaßt. Im ganzen sind 46 Stücke von ihm bekannt, in denen sich der franko-flämische Stil bereits sehr deutlich ausprägt.

Literatur
H. W. Rosen, Die liturgischen Werke des Johannes von Lymburg, Innsbruck 1929.

Nicolaus Radomski
(um 1400 bis nach 1450)

Zeit und Umwelt
Im 15. Jahrhundert stieg das Polen der Jagiellonen zur Großmacht auf. Der Anschluß an das mittel- und westeuropäische Kulturgeschehen war eine zwangsläufige Folge der politischen Erfolge und der damit verbundenen Hebung der Wirtschaft. Noch mehr Künstler als im vorangegangenen Jahrhundert strömten in das Land, darunter selbstverständlich auch Musiker, die ebenfalls als Lehrer wirkten, so daß es bald zu eigenständigen polnischen Schöpfungen kam.

Leben
Nicolaus Radomski (Mikołaj z Radomia) wurde um 1400 in Radom geboren und wirkte als Instrumentalist am Hof zu Krakau, wo er nach 1450 gestorben ist.

Werke
Von dem polnischen Kirchen- und Hofmusiker sind 9 dreistimmige Sätze überliefert, außerdem 3 Et in terra, 3 Patrem, ein Magnificat und eine Motette. Alle Kompositionen stehen stark unter dem Einfluß der Musik des italienischen Trecento, verleugnen aber nicht, daß es sich um bodenständige polnische Musik handelt.

Literatur
M. Szczepańska, Über die Werke des Nicolaus Radomski, in: Polnisches Musiklexikon II, 1936.

Hans Rosenplüt
(um 1400 bis um 1470)

Zeit und Umwelt
In Nürnberg, das sich im 16. Jahrhundert zur bedeutendsten Meistersingerstadt entwickelt hatte, bestand bereits ein Jahrhundert zuvor eine große Singschule, in der der einstimmige, unbegleitete Gesang mit allen seinen dogmatisch festgelegten Weisen gelehrt wurde. Er wies schon damals eine starre, gekünstelte Struktur auf, die von jeder künstlerischen Entfaltung weit entfernt war, und verhielt sich zum Minnesang wie eine mechanische Puppe zu einem lebenden Menschen. Es brachen freilich immer einige aus und übersprangen die Hürden der

Eleanor Sloan spielt Rebec, ein typisch gotisches Instrument

labyrinthischen Enge, weil sie nicht nur Meistersinger, sondern auch Musiker waren.

Leben
Hans Rosenplüt (Rosenblut), genannt der »Schnepperer« (Schwätzer), wurde in Nürnberg um 1400 geboren. Er war Büchsenmacher und Geschützmeister, gehörte also einer städtischen Zunft an und brachte damit die für die Mitgliedschaft in einer Meistersingerschule erforderliche persönliche Qualifikation mit. Er schrieb derbe Fastnachtspiele und Schwänke, Reimreden und Sprüche und auch Waffendichtungen. Im Rahmen der Singschule verfaßte er eine Anzahl den Regeln entsprechende Lieder. Er dürfte in der Singschule einen hohen Rang (Dichter oder Meister) bekleidet haben. Er starb zu Nürnberg um 1470.

Werke
Vom kompositorischen Schaffen des Meistersingers und Dichters Hans Rosenplüt ist sehr wenig erhalten. Seine Melodien zeigen auch innerhalb der gegebenen engen Grenzen eine gewisse Beweglichkeit und damit Ähnlichkeit mit dem verklungenen Minnesang.

Literatur
B. Nagel, Der deutsche Meistersang, Heidelberg 1952.

Guillermus Malbecque (um 1400–65)

Zeit und Umwelt
Papst Eugenius IV. (1431–47) löste das nach Basel einberufene Konzil auf, weil es an der Autorität des Papsttumes zu rütteln versuchte, und stellte mit starker Hand die päpstliche Souveränität in der Kirche wieder her. Es lag auf der gleichen Linie, daß er seine Kapelle erweiterte und ausgestaltete, um sie zum ersten und am meisten maßgebenden Klangkörper der Christenheit zu machen.

Leben
Guillermus Malbecque (Guillermus Modatoris, de Malbecque, Malbecq, Malbeke) wurde um 1400 in oder bei Cambrai geboren und vermutlich dort zum Sänger ausgebildet. Von 1431 bis 1438 war er Mitglied der päpstlichen Kapelle in Rom unter Papst Eugenius IV. Dann kehrte er in seine Heimat zurück und nahm eine Stelle in Soignies an, über die nichts Näheres bekannt ist. Er starb in Soignies am 29. 8. 1465.

Werke
Der flämische Komponist Malbecque gehört der Epoche vor Guillaume Dufay an. Er verwendet äußerst komplizierte Rhythmen, die Melodien sind stark verziert. Erhalten

sind von seinen Werken ein Rondeau mit Instrumentalbegleitung und so sehr ausgezierter Melodie, daß ihre Linie kaum erkennbar ist, und 3 weitere, die einfacher gehalten sind wie seine einzige überlieferte wirklich schöne Ballade.

John Bedingham
(um 1400 bis um 1455)

ZEIT UND UMWELT
John Dunstable war wohl der prominenteste englische Komponist seiner Zeit, der nach Frankreich ging und enge Beziehungen zu Italien aufrechterhielt, aber nicht der einzige. Auch andere Vertreter seines Stiles gingen gleiche Wege. Ihre Werke finden sich vorwiegend in italienischen Handschriften. Es ist für diese Meister auch typisch, daß sie, wenn sie keine traditionellen lateinischen Texte verwendeten, das Französische oder Italienische bevorzugten, so daß man annehmen muß, daß sie nicht für ein englisches Publikum komponierten.

LEBEN
John Bedingham (Bedyngham de Anglia, Bedingsham Langensteiß) wurde in England um 1400 geboren. Über sein Leben ist nichts bekannt. Sicher ist nur, daß er sich längere Zeit in Frankreich und Italien aufgehalten und dort als Musiker gewirkt hat. Er dürfte aber um 1455 in England verstorben sein.

WERKE
Von Bedingham sind 2 Messen überliefert. Eine davon – Deuil angouisseux – verwendet eine Ballade von Binchois und stellt ein sehr frühes Beispiel einer Parodiemesse dar. Sie ist wie alle Stücke des Komponisten dreistimmig. Außerdem sind 4 sehr beliebte und viel gesungene Chansons mit französischem Text und 3 lateinische Motetten erhalten. Zu Dunstables »O rosa bella« verfaßte Bedingham drei Konkordanzstimmen.

LITERATUR
Fr. Ll. Harrison, Music in Medieval Britain, London 1958.

Gervasius de Anglia
(um 1400 bis um 1455)

ZEIT UND UMWELT
Flandern oder Frankreich war zumeist die erste Station der englischen Musiker, die es ihrem Meister Dunstable gleichtun und auf dem europäischen Festland wirken wollten. Das Endziel bildete Italien, und zwar für viele die päpstliche Kapelle in Rom. Auf der britischen Insel war die Zeit für eine Aufnahme der europäischen Musikentwicklung noch nicht gekommen, ja nicht einmal für die Musik der eigenen Komponisten.

LEBEN
Gervasius de Anglia wurde um 1400 in England geboren. Über sein Leben und Wirken ist nichts bekannt. Daß er sich in Italien aufgehalten hat, kann aus seinem Zunamen »de Anglia« geschlossen werden, der in England selbst sinnlos gewesen wäre. Das zweite Indiz für diese Annahme ist der Umstand, daß seine Kompositionen in italienischen Handschriften aufscheinen. Er ist vermutlich um 1455 gestorben. Der Ort seines Todes ist nicht feststellbar.

WERKE
Vom kompositorischen Werk des englischen Meisters Gervasius de Anglia sind nur 5 Lieder überliefert, die dem Stil Dunstables folgen. Alles andere ist verschollen. Gervasius ist wie andere Zeitgenossen Dunstables ein Beispiel dafür, wie langsam sich in England eine neue Kompositionstechnik durchsetzte.

Walter Lambe (um 1400 bis um 1480)

ZEIT UND UMWELT
Die großen Namen der englischen Musik des frühen 15. Jahrhunderts waren Lionel Power, John Dunstable und John Bedingham. Der Widerhall ihrer Musik im eigenen Land war vorerst nicht stark. Dunstable ist sozusagen auf dem Kontinent berühmt geworden. Dennoch schritt die Entwicklung auch in England weiter. Robert Fayrfax war eine nächste Stufe; zu ihr führte eine Reihe

Musizierende – Relief aus dem Tempio Malatesta in Rimini von Agostino di Duccio, Mitte des 15. Jahrhunderts

kleinerer Meister, von denen nur wenige namentlich überliefert sind.

Leben
Walter Lambe ist um 1400 in England geboren. Über sein Leben und Wirken ist nahezu nichts bekannt, außer daß er von 1468 bis 1479 Angehöriger der Kapelle von Windsor war. Der Kirchenkomponist dürfte in Windsor um 1480 gestorben sein.

Werke
Von den Kompositionen Walter Lambes sind ungefähr 8 Motetten für vier oder fünf Stimmen und ein dreistimmiges Sanctus überliefert. Auch diese schmale Hinterlas-

senschaft des als sehr produktiv bezeichneten Meisters zeigt bereits, daß er den Stil seiner großen Zeitgenossen – und besonders den von Power – übernommen und weiterentwickelt hat. Durch sein hohes Alter reicht er noch in die Zeit der englischen Renaissancemusik hinein, die am Ende des 15. Jahrhunderts einsetzte.

Hermannus de Atrio
(um 1400 bis um 1450)

Zeit und Umwelt
Der dreistimmige Satz mit der Anordnung Tenor, Cantus, Kontratenor war die weitverbreitete Kompositionsform der ersten, von Guillaume Dufay und Gilles Binchois geprägten Epoche der franko-flämischen Schule. Die Motetten waren wie die Messevertonung vierstimmig.

Leben
Hermannus de Atrio dürfte um 1400 im Raum Antwerpen geboren sein. Er war vermutlich Kleriker. Über sein Leben ist nichts bekannt. Auch über Ort und Zeit seines Todes gibt es keine Aufzeichnungen.

Werke
Es sind nur zwei Werke von Hermannus de Atrio überliefert, ein dreistimmiges Rondeau (vermutlich instrumental) und eine vierstimmige Motette zu dem Text »In Mariae vita« (Im Leben Marias). Diese beiden Sätze sind für die profane Musik und die sakrale Motettenform ihrer Zeit typisch.

Literatur
Ch. van den Borren, Études sur le XVe siècle musicale, Antwerpen 1941.

Gilles Binchois (um 1400–60)

Zeit und Umwelt
Die politische Vormachtstellung des Herzogtums Burgund weitete sich unter Herzog Philipp III. dem Guten (1396–1467) durch bedeutenden Landerwerb (Hennegau, Picar-

die, Brabant, Holland) und geschickte Politik ungeheuer aus; es wurde damit zum wichtigen europäischen Wirtschafts- und Kulturzentrum, das künstlerisches Schaffen in einem Höchstmaß förderte wie kaum ein anderes Land in jener Zeit.

LEBEN
Gilles Binchois (Gilles de Binch) wurde um 1400 in Mons (Hennegau) geboren. Er war in jungen Jahren Soldat und stand in den Jahren 1424/25 im Dienst des Grafen von Suffolk, dem er vermutlich nach England gefolgt war. Bald darauf verließ er diese Laufbahn und wurde Kleriker. In den Listen der burgundischen Hofkapelle scheint er bereits ab 1430 als Kaplan auf. Bis mindestens 1456 verblieb er in dieser Position, wurde aber im Verlauf jener Zeit Kanonikus an mehreren Kirchen. Seine engen Beziehungen zu Dufay dürften schon sehr früh begonnen haben. Obwohl die Listen der Hofkapelle der Jahre 1457 bis 1460 nicht verfügbar sind, kann man annehmen, daß Binchois auch über 1456 hinaus Hofkaplan geblieben ist. Er starb am 20. 9. 1460 in Soignies (Hennegau), wo er wie in anderen Orten Kanonikus gewesen war.

WERKE
Nach den Aussagen zeitgenössischer Musikschriftsteller wurde Binchois zu den ersten Komponisten seiner Zeit gezählt. Unter seinen erhaltenen Werken befindet sich keine ganze Messe, dafür eine beträchtliche Reihe von einzelnen Messesätzen: 6 Kyrie, 7 Gloria, 5 Credo, 5 Sanctus, 5 Agnus, außerdem 4 Magnificat und ungefähr 30 Kompositionen zu lateinischen Texten (Hymnen, Motetten). An profaner Musik liegen mehr als 50 Kompositionen französischer Texte vor (Chansons). Es ist nichts darüber bekannt, daß er jemals italienische Texte komponiert hat. Er dürfte auch nie in Italien gewesen sein. Die Kompositionen sind durchwegs dreistimmig, nur einzelne sind vierstimmig.

LITERATUR
J. A. Boucher, The Religious Music of Gilles Binchois, Boston 1963. W. Rehm, Das Chansonwerk von Gilles Binchois, Freiburg i. Br. 1952.

Johannes Brassart
(um 1405 bis um 1450)

ZEIT UND UMWELT
Die reiche Bischofs- und Handelsstadt Lüttich mit ihren zahlreichen romanischen und gotischen sakralen Bauwerken vermochte nahezu während des ganzen 15. Jahrhunderts eine gewisse Eigenständigkeit zu bewahren. Wohlstand ist ein guter Nährboden für Wissenschaft und Kunst. Daher mußte die Stadt auch im Zeitalter der aufsteigenden Renaissance nicht hinter den anderen Städten des franko-flämischen Raumes zurückstehen.

LEBEN
Johannes Brassart (Braxatoris, Brassez, Bruwer) ist um das Jahr 1405 in Lüttich geboren. Der franko-flämische Musiker war 1431 durch mehrere Monate päpstlicher Kapellsänger. Er wurde 1434 Kaplan an St. Lambert in Lüttich und um das Jahr 1440 Kanonikus an Notre-Dame von Tongern. Er dürfte einige Jahre darauf gestorben sein.

WERKE
Brassart de Leodio (von Lüttich) ist besonders durch das deutsche dreistimmige Lied »Christ ist erstanden« bekannt geworden. Außerdem sind von ihm 3 Kyrie, 3 Et in terra, 2 Patrem, ein Sanctus, ein Agnus, 7 Introitus (alle Messesätze sind dreistimmig) erhalten, dazu etliche vier- und fünfstimmige Motetten.

LITERATUR
S. Clercx, Johannes Brassart et le début de sa carrière, Revue belge de Musicologie VI, 1952.

Jacques Barbireau (um 1408–91)

ZEIT UND UMWELT
Im Verlauf des 15. Jahrhunderts stieg Ant-

werpen zur ersten Handelsstadt Europas auf und drohte sogar Venedig den Rang abzulaufen. Der Reichtum der Stadt ermöglichte die profanen und sakralen Prachtbauten und eine umfassende Förderung der Kultur, vor allem der Musik.

Leben

Jacques Barbireau (Barbirian, Barnicola, Barwyrianus, Baringant) wurde um 1408 in Mons geboren. Im Jahre 1447 wurde er Kapellmeister des Knabenchores an Notre-Dame in Antwerpen, wo er am 8. 8. 1491 starb. Aus seiner Schule sind namhafte franko-flämische Komponisten hervorgegangen.

Werke

Vom Schaffen des franko-flämischen Meisters Jacques Barbireau blieben eine drei-, eine vier- und eine fünfstimmige Messe (mit Cantus firmus) erhalten, außerdem ein Oster-Kyrie und eine Motette, beides für vier Stimmen, sowie 7 Chansons, die mit Ausnahme einer vierstimmigen Chanson (Der pfoben swancz) dreistimmig sind. Die Messen fallen durch besondere Festlichkeit im Gloria und Sanctus auf.

Literatur

J. du Saar, Het Leven en de Composities van Jacobus Barbireau, Utrecht 1946.

Conrad Paumann (1409–73)

Zeit und Umwelt

Die ab 1219 reichsfreie Stadt Nürnberg erfuhr im 15. Jahrhundert durch ihre günstige verkehrspolitische Lage einen starken Aufschwung zu wirtschaftlichen, politischen und kulturellen Höhepunkten. Die Stadt schenkte der Welt Künstler vom Format eines Veit Stoß (um 1445–1533), Adam Kraft (1469–1509), Peter Vischer d. Ä. (1460 bis 1529), Albrecht Dürer (1471–1528), Peter Vischer d. J. (1487–1528), Hans Sachs und Conrad Paumann als zeitlich ersten deutschen Organisten und Orgelkomponisten von Rang.

Conrad Paumann mit all seinen Instrumenten

Leben

Conrad Paumann wurde zu Nürnberg am 23. 10. 1409 (nach anderen Quellen zwischen 1410 und 1415) blind geboren. Der Nürnberger Patrizier Ulrich Grundherr (und nach dessen Tod sein Sohn Paul) erkannten das frühe Talent Paumanns und sorgten für seine musikalische Ausbildung. Im Jahre 1446 heiratete er die Bürgerstochter Margarete Weichserin, nachdem er kurz davor an der von Heinrich Traxdorf in der Nürnberger Sebalduskirche neu erbauten Orgel als Organist bestellt worden war. Im Jahre 1451 trat Paumann in den Dienst der Herzöge von Bayern und wohnte von da an in München, wo er ein eigenes Haus besaß. Auf einer Kunstreise nach Italien erregte er durch sein Spiel auf der Orgel und auf verschiedenen anderen Instrumenten als Cieco miracoloso (wunderbarer Blinde) großes Aufsehen. Mehrere Fürsten bemühten sich, ihn an ihre Höfe zu ziehen. Auf dem Reichstag des Jahres 1471 zu Nürnberg spielte er vor den deutschen Fürsten und wurde mit Ehren überhäuft. Er starb in München am 24. 1. 1473 und wurde in der Marienkirche als Ritter Paumann beigesetzt.

Der Nürnberger Dichter und Komponist Hans Rosenplüt feierte in seinem Lobgedicht auf die Stadt (1447) den Ruhm seines Landsmannes mit begeisterten Worten.

Sein Sohn und Schüler Paul Paumann (gestorben 1517, München) folgte ihm in sein Amt als Münchner Hoforganist und setzte die Tradition der vom Vater begründeten deutschen Orgelkunst fort.

WERKE

Von den zahlreichen Werken des Magisters Conrad Paumann Caecus ist sehr wenig erhalten. Ein dreistimmiges Lied auf den Text »Weiblich Figur, bei Dir ist nur Aller Welt mein höchstes Heil« ist berühmt geblieben. Außerdem sind etliche Orgelstücke und Liedsätze überliefert, die von der kompositorischen Kraft des Meisters zeugen.

Seine Lehrwerke (Fundamenta) für Orgelspiel und Kontrapunkt liegen in mehrfachen Ausgaben vor. Es handelt sich dabei um Kompositions- und Spielanweisungen in systematischer Ordnung, einem Tenor-Cantus-firmus, zwei- und dreistimmig, mit griffgerechten Figuren und Formeln eine oder zwei Parallelstimmen hinzuzufügen.

LITERATUR

Chr. Wolff, Conrad Paumanns Fundamentum organisandi und seine verschiedenen Fassungen, Archiv für Musikwissenschaft XXV, 1968.

John Plummer (um 1410 bis nach 1484)

ZEIT UND UMWELT

Der starke Einfluß des englischen Komponisten Dunstable und seiner Schüler auf die kontinentale Musik des 15. Jahrhunderts ist augenfällig. Er wurde erst durch das Echo seiner Musik auf dem Festland zur Berühmtheit. Umgekehrt sind zur gleichen Zeit wenig Einflüsse der Musikentwicklung des franko-flämischen Raumes auf die Engländer festzustellen. Die zahlreichen (namentlich zumeist unbekannten) englischen Komponisten jener Zeit hielten an ihrer Tradition fest. Erst im folgenden Jahrhundert öffneten sich die Türen Englands für die Klänge diesseits des Kanals.

LEBEN

John Plummer (Plomar, Polumier) ist um 1410 geboren. Der Geburtsort ist nicht feststellbar. Zwischen 1441 und 1462 leitete er den Knabenchor der Königlichen Kapelle und war anschließend Mitglied der St.-George-Kapelle in Windsor, wo er nach 1484 starb.

WERKE

Der englische Kirchenkomponist John Plummer hat Teile einer Messe und 5 Motetten, von denen eine vierstimmig ist (Anna, mater matris Christi – Anna, Mutter der Mutter Christi), hinterlassen. Seine Musik beweist eine treue Gefolgschaft Dunstables und ist für die zeitgenössischen englischen Komponisten typisch.

LITERATUR

M. und L. Bent, Dufay, Dunstable, Plummer, Journal of the American Musicological Society XXII, 1969.

Walter Frye (um 1415–75)

ZEIT UND UMWELT

Mit dem Beginn des 15. Jahrhunderts wurden die Beziehungen der englischen Musik zur aufblühenden franko-flämischen Schule stärker. Dadurch lockerte sich zwar die Bindung der englischen Komponisten an den von Dunstable geschaffenen Stil nicht, jedoch einzelne Meister begaben sich an die Höfe des Kontinents und fügten sich mehr oder minder in seine Musikentwicklung ein. Die Folge davon war, daß ihre Werke häufig von kontinentalen Handschriften überliefert wurden.

LEBEN

Walter Frye ist um 1415 in England geboren.

Sein Geburtsort ist nicht feststellbar. Ebensowenig sind nähere Daten seines Lebens bekannt. Er dürfte sich längere Zeit am burgundischen Hof aufgehalten haben. Jedenfalls scheinen einige seiner Werke in einer Brüsseler Handschrift auf. Er ist vor dem 5. 6. 1475 gestorben. Der Sterbeort ist unbekannt.

Werke
2 dreistimmige und eine vierstimmige Messe von Frye sind in der Brüsseler Handschrift überliefert. Darüber hinaus kennen wir 5 dreistimmige Motetten, ein Rondeau und 2 Balladen des englischen Meisters. Diese Kompositionen weisen eine nicht geringe Anzahl Kontrafakta kontinentalen Melodiengutes auf, was einen weiteren Beweis für die enge Bindung des Komponisten an den franko-flämischen Raum bildet.

Literatur
Walter Frye and the »Contenance Angloise«, Yale Studies in the History of Music III, London 1964.

Johannes Hothby (um 1415–87)

Zeit und Umwelt
Das Florenz der Medici und Lucca, der ständige Zankapfel zwischen Mailand und Florenz, der Familie Este und dem Kirchenstaat, hat trotz aller Kämpfe und Streitigkeiten die künstlerische Ausgestaltung der Kirchen und Paläste auch im 15. Jahrhundert nicht vernachlässigt. In Florenz baute zum Beispiel Brunelleschi San Lorenzo und San Spirito. In Lucca stellte Matteo di Giovanni (1436–1501) in der Kathedrale San Martino seine unvergleichlichen Skulpturen zur Schau. Daß beide Städte auch Musikern ein Betätigungsfeld boten, ergab sich von selbst.

Leben
Johannes Hothby (Octobus, Ottobus, Hothobi) ist um das Jahr 1415 in England geboren. Der englische Komponist gehörte dem Karmeliterorden an, studierte in Oxford, wo er 1435 bereits als Lehrer tätig war. Er dürfte auch in Pavia studiert haben. Er reiste in Deutschland, Frankreich, Spanien und Italien, hielt sich zwischen 1440 und 1467 einige Zeit in Florenz auf und ließ sich im letztgenannten Jahr als Kapellmeister und Lehrer an der Domschule von Lucca nieder. Im Jahre 1486 berief ihn der englische König Heinrich VII. in seine Heimat, wo er vor dem 6. 11. 1487 verstarb.

Werke
Von den Werken des Engländers Hothby sind nur 9 Kompositionen überliefert, die einen stark konservativen Stil aufweisen. Auch in den musiktheoretischen Abhandlungen des gelehrten Theologen wird mit Bezug auf Pythagoras, Boethius und Guido der Versuch unternommen, das Rad der Entwicklung zurückzudrehen. Er griff mehrere zeitgenössische Musiker, vor allem Ramos de Pareja, heftig an.

Literatur
A. Seay, Florence, The City of Hothby and Ramos. Journal of the American Musicological Sciences IX, 1956.

Adam Ileborgh (um 1415 bis vor 1500)

Zeit und Umwelt
Neben der zum Teil stürmischen Entwicklung der Musik in Italien und Westeuropa wurden auch auf dem übrigen Kontinent Lieder gesungen, Tänze gespielt; an den Höfen und in den Kirchen wurde Musik gemacht, über die wir allerdings wenig wissen, weil Aufzeichnungen davon fehlen. Es ist auch kaum feststellbar, von wo und wem diese Musik beeinflußt wurde, außer daß sie sicherlich sehr bodenständig war. Reisende, Kaufleute, Kriegsmänner, politische Sendlinge und vor allem von Ordenskloster zu Ordenskloster wandernde Mönche brachten manches Stück Musik nach Hause, das entweder nur nachgeahmt oder der eigenen integriert wurde. Das meiste davon ist verklungen wie die Namen ihrer Schöpfer. Nur selten ist uns eine Handschrift überliefert, die uns daran erinnert, daß zu jenen fernen

Zeiten nicht nur in den bekannten und berühmten Zentren die Musik gepflegt wurde.

LEBEN
Adam Ileborgh ist um das Jahr 1415 in Norddeutschland geboren. Über sein Leben ist nur bekannt, daß er in Stendal Ordensfrater war. Wahrscheinlich gehörte er dem Franziskanerorden an und spielte an verschiedenen Kirchen die Orgel. Zeit und Ort seines Todes sind unbekannt.

WERKE
Adam Ileborgh war Schreiber und Komponist der Orgeltabulatur, die mit 1448 datiert ist. Sie bringt 5 Präludien ohne Taktordnung und Mensuren, die alle den gleichen Cantus firmus verarbeiten. Die Cantus-firmus-Technik weist auf französischen Ursprung hin (Machaut?). Jedenfalls ist diese Tabulatur ein vereinzeltes Zeugnis früher norddeutscher Orgelkunst.

LITERATUR
G. Knoche, Adam von Ileborgh, Franziskanische Studien XXVIII, 1941.

Johannes de Sarto
(um 1415 bis um 1470)

ZEIT UND UMWELT
Wir wissen sehr wenig über die mitteleuropäischen Hofkapellen der ersten Hälfte des 15. Jahrhunderts. Es sind wenige Namen von Sängern und Chormeistern überliefert, aber doch genügend, um festzustellen, daß auch dort Meister des franko-flämischen Raumes Aufnahme gefunden haben.

LEBEN
Johannes de Sarto (Jean Dussart, Dusart) wurde um 1415 vermutlich in Nordfrankreich oder Flandern geboren. Im Jahre 1439 scheint er am Hof des Königs Albrecht II. (Herzog von Österreich, 1397–1439) als »Cantor« auf. Von 1458 bis 1464 war er Singmeister in Cambrai. Wo und wann er gestorben ist, kann nicht festgestellt werden.

Musizierender Engel – Malerei von Beato Angelico, Florenz, Beginn des 15. Jahrhunderts

WERKE
Von Johannes de Sarto ist eine Reihe von Motetten erhalten. Sie weisen den frühen Stil der franko-flämischen Schule auf.

LITERATUR
H. Riemann, Hausmusik aus alter Zeit I., Leipzig ohne Jahr.

Antonio Squarcialupi (1416–80)

ZEIT UND UMWELT
Der drittgrößte Dom der Welt, Santa Maria del Fiore zu Florenz, ist eines der schönsten Beispiele toskanischer Gotik, die in die Frührenaissance hineinwuchs. Arnolfo di

Cambio hat ihn geplant und begonnen, Giotto di Bondone weitergebaut und Francesco Talenti (1300–69) zu den endgültigen Dimensionen erweitert, und der große Filippo Brunelleschi (1377–1446) vollendete das Werk mit der berühmten Kuppel im Jahre 1436, so daß die Stadt der Medici mit den schon zu jener Zeit bestehenden Meisterwerken der Maler, Bildhauer und Architekten eine würdige Krönung erhielt. Daß sich an die Orgel des prächtigen Marmorpalastes nur ein Musiker von Rang und Namen setzen durfte, war selbstverständlich.

LEBEN

Antonio Squarcialupi (Sguarcialupi, Scharcialupi), eigentlich Antonio del Besa, wurde am 27. 3. 1416 in Florenz geboren. Bereits mit 20 Jahren wurde er zum Organisten des soeben vollendeten Domes ernannt. Er behielt diese Stelle bis zu seinem Tod am 6. 7. 1480.

Sein Ruf als »Maestro de l'organi« war über ganz Italien verbreitet. Er stand bei Lorenzo dem Prächtigen (1449–92), dem er Musikunterricht gab, in höchster Gunst. Daß Heinrich Isaac sein Schüler war, ist nicht völlig verbürgt.

WERKE

Die Kompositionen von Squarcialupi wurden von den Zeitgenossen sehr geschätzt, es ist davon aber nichts erhalten geblieben. Gesichert ist nur ihr starker Einfluß auf die Musik der italienischen Frührenaissance.

Der nach ihm benannte Sqarcialupi-Codex der Biblioteca Medicea Laurenziana stammt aus seinem Besitz und ist vermutlich von ihm selbst geschrieben. Dieser Codex ist die umfangreichste und jüngste Quelle der Trecento-Musik mit ungefähr 350 weltlichen Stücken (Madrigale, Cacce, Ballate), chronologisch nach Komponisten geordnet.

LITERATUR

B. Becherini, Antonio Squarcialupi e il Codice Mediceo-Palatino 87, in: L'Ars nova italiana del Trecento, Kongreß-Bericht, Certaldo 1959.

Michel Behaim (1416–74)

ZEIT UND UMWELT

Es ist auffallend, daß sich die bedeutendsten Vertreter des Meistergesanges, jener durch Regeln der Dichtung hochgeschraubten Amateurkunst, die künstlerisches Schaffen mit handwerklichem Können verwechselte und sich gegen Spielleute, also freie Künstler, hermetisch abschloß, nicht oder sehr wenig diesem starren Rahmen einfügten. Sie erfanden zwar neue Weisen (»Töne«) und Melismen (»Blumen«), beachteten jedoch die Bewertung und Überwachung ihrer Kompositionen durch die in der »Tabulatur« tyrannisch festgelegten Gesetze und den »Merkern« nur selten. Aber wenn diese Verächter der von oft völlig unkünstlerischen Persönlichkeiten erdachten Beschränkungen jeder Entfaltung genügend öffentlichen Anklang

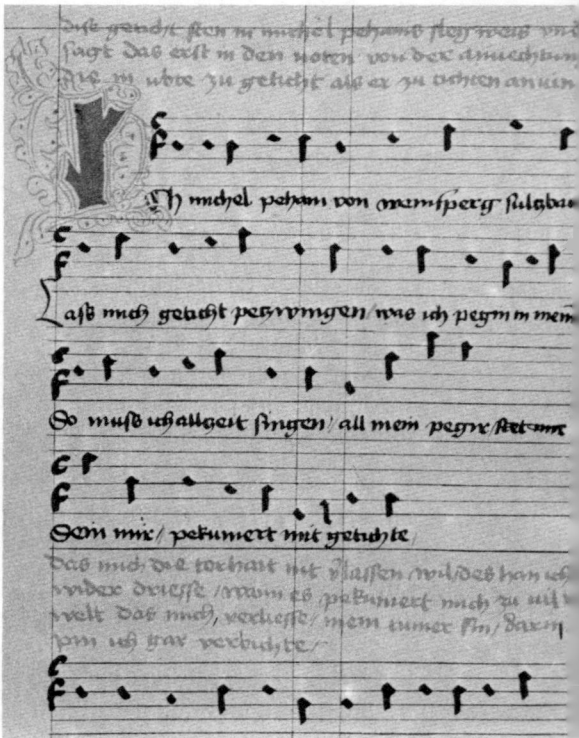

Lieder- und Gedichtsammlung Michel Behaims, 15. Jahrhundert

fanden, wurden sie dennoch akzeptiert, obgleich sie keine Handwerker waren, sondern Fahrende, wie zum Beispiel Hans Rosenplüt oder Vertreter der Kunstmusik wie Paumann, dem man die Meistersingerkappe sogar auf den Grabstein meißelte.

LEBEN
Michel Behaim (Beheim) wurde am 27. 9. 1416 in Sulzbach bei Weinsberg geboren. Als Weber erfüllte er die Aufnahmeregel der Meisterschule seiner Heimat, die nur Handwerker zuließ. Ab dem Jahr 1439 verdingte er sich bei verschiedenen deutschen, dänischen und ungarischen Adeligen als Soldat und Sänger, ähnlich einem Ménestrel. Im Jahre 1472 kehrte er in seine Heimat zurück, wo er um 1474 ermordet wurde.

WERKE
Michel Behaim gehörte zu den älteren Vertretern des Meistergesanges, die den Minnesängern noch nahestanden. Von seinem Schaffen sind 11 Lieder mit Melodien überliefert. Auch seine Reimchroniken, wie das »Buch von den Wienern«, waren vermutlich zum gesungenen Vortrag bestimmt.

LITERATUR
A. Kühn, Rhythmik und Melodik Michel Behaims, Bonn 1907.

Piero Bono (1417–97)

ZEIT UND UMWELT
Die Familie Este herrschte vom 13. Jahrhundert bis zum Ende des 16. in Ferrara, das sodann an den Kirchenstaat fiel, und in Modena und Reggio vom späteren Mittelalter bis in das 18. Jahrhundert. Herzog Niccolò III. (1383–1441) und drei seiner Söhne, Leonello (1407–50), Borso (1413–71) und Ercole I. (1431–1505), waren als Humanisten und Förderer der Künste bedeutende Gestalten der Frührenaissance. Sie zogen Gelehrte und Musiker an ihren Hof, an dem bereits zu jener Zeit das Spiel der erst kürzlich über Spanien in Italien eingebürgerten Laute gepflegt wurde.

LEBEN
Piero Bono (Petrus Bonnus) wurde 1417 in Ferrara geboren. Er verbrachte den größten Teil seines Lebens in seiner Geburtsstadt, wo er auch als Arzt der herzöglichen Familie gewirkt haben soll. Als Lautenist zählt er zu den ältesten Italiens. Im letzten Drittel seines Lebens hielt er sich einige Jahre in Neapel und auch am ungarischen Königshof als Lautenspieler und Lautenkomponist auf. Er starb am 20. 9. 1497 in Ferrara.

WERKE
Die Werke von Piero Bono wurden von seinen Zeitgenossen in zahlreichen Gedichten gefeiert und mit vier Medaillen ausgezeichnet. Es hat sich davon aber nichts erhalten, so daß uns der Zugang zu den Kompositionen, die als hinreißend, neuartig und äußerst klangreich gewürdigt wurden, verschlossen bleibt. Ihre allgemeine Beliebtheit läßt die Annahme zu, daß sie die späteren Lautenkompositionen Italiens stark beeinflußt haben.

LITERATUR
E. Haraszti, Piero Bono, Revue de Musicologie XXXI, 1949.

Vincent Faugues (um 1425 bis vor 1500)

ZEIT UND UMWELT
Im Gegensatz zum großen Vorbild Dufay weist die Musik der franko-flämischen Meister um Johannes Ockeghem altertümliche Strukturen auf. Die Melodien sind noch zum Teil linear geführt ohne Rücksicht auf eine mögliche Klangverschmelzung, dissonante Klangfolgen sind nicht selten, die Komposition nimmt wenig Rücksicht auf den Text, sondern fließt als absolute Musik neben ihm dahin. Die für die Entwicklung des europäischen Musikstils so eminent wichtige Ausprägung der neuen Ideen und das erwachende Lebensgefühl der Renaissance erzeugten eine Fülle von parallellaufenden Gestaltungen: retardierende, fortschrittliche, auf gotische Formen zurückgreifende und der Zeit weit vorauseilende.

Die Breite dieser Fächerung war durch die Umwälzungen auf allen Lebensgebieten bedingt.

LEBEN
Vincent Faugues (Guillermus Fagus) dürfte im franko-flämischen Raum um 1425 geboren sein. Weitere Informationen über Leben und Wirken des Meisters fehlen.

WERKE
Von Faugues sind mehrere Cantus-firmus-Messen erhalten, wie die Messen auf »Basse Dance«, auf »L'homme armé«, auf »Le serviteur«. Die letztgenannte wurde früher Ockeghem zugeschrieben, mit dessen Werk eine auffällige Stilähnlichkeit vorliegt.

LITERATUR
Ch. van den Borren, Geschiedenis van de Muziek in de Nederlanden I., Antwerpen 1951.

Alvaro (um 1425 bis um 1485)

ZEIT UND UMWELT
Alfonso V., der als König von Portugal von 1438 bis 1481 regierte, war beim Tod seines Vaters Duarte (regierte von 1433 bis 1438) noch ein Kind. Die Regentschaft maßte sich sein Onkel Pedro, Herzog von Coimbra, an, mußte aber schließlich dem Druck der schon zu jener Zeit mächtigen Familie Braganza weichen. Als der König die Regierung selbst übernehmen konnte, gelang es ihm ebensowenig, den Einfluß dieser Familie einzudämmen. Auch seine kriegerischen Unternehmungen waren wenig glücklich. Sein Feldzug gegen die Katholischen Könige, um Erbschaftsansprüche auf Kastilien durchzusetzen, endete mit einer Niederlage. Die Expansionsversuche in Afrika brachten ebenfalls keinen Erfolg.

LEBEN
Alvaro, einer der ältesten bekannten Komponisten Portugals, ist um 1425 in Portugal geboren. Er dürfte am Hof des Königs gelebt und gewirkt haben und dort um 1485 gestorben sein.

WERKE
Wir kennen eine einzige Komposition von Alvaro: Vesperae, matutinum et laudes cum antiphonis et figuris musicis de inclyta ac miraculosa victoria in Africa parte ad Arzillam (Vesper, Matutin und Laudes mit Antiphonen und musikalischer Ausschmückung über den berühmten und wunderbaren Sieg in Afrika bei Asilah) aus dem Jahr 1472. Das Werk besteht zu einem großen Teil aus einstimmigem Choralgesang, der von Fall zu Fall sequenzartige, weit gespannte Tonfolgen aufweist.

Ludwig Krafft (um 1425 bis vor 1500)

ZEIT UND UMWELT
Die geistliche Musik der Frührenaissance neigte bereits zur Vierstimmigkeit des Ordinarium und zum Teil auch des Proprium, der Offizien und der Motetten. Es bildeten sich drei Typen der Cantus-firmus-Messe heraus, und zwar die Diskantmesse mit der liturgischen Melodie im Diskant, die Tenormesse, bei der der Cantus firmus verziert und rhythmisch belebt beim Tenor liegt und die Teile des Ordinarium (Kyrie, Gloria, Credo, Sanctus, Agnus) eine musikalische Einheit darstellen, und die Diskant-Tenor-Messe, in der der Tenor den Cantus firmus vorträgt, während der Diskant ihn koloriert. Diese Formen wurden nicht nur im franko-flämischen Raum gepflegt und entwickelt, sondern nahezu gleichzeitig auf die Nachbarländer übertragen.

LEBEN
Ludwig Krafft ist vermutlich um 1425 in Deutschland geboren. Über sein Leben und Wirken liegen keine Informationen vor.

WERKE
Im Codex von Trient scheint ein dreistimmiges Terribilis est von dem deutschen Komponisten Ludwig Krafft auf. Trotz dieser spärlichen Hinterlassenschaft ist der Meister als Beweis dafür, wie rasch sich die Musikgattung des franko-flämischen Rau-

mes über dessen Grenzen ausbreitete, beachtenswert.

LITERATUR
E. Apfel, Der klangliche Satz und der freie Diskantsatz im 15. Jahrhundert, Archiv für Musikforschung 12, 1955.

Johannes Cornago
(um 1425 bis vor 1500)

ZEIT UND UMWELT
Die Katholischen Könige Ferdinand V. und Isabella von Kastilien waren von den Ideen des Humanismus unberührt geblieben. Ihre skrupellose Außenpolitik, ihre grausame Verfolgung aller Andersgläubigen trugen den Stempel schrankenloser Willkür. Die Hofkapelle diente vor allem dem Gottesdienst. Daß die Musik, die entweder von eingeladenen Ausländern oder von Spaniern, die sich im Ausland unterrichtet hatten, aus dem geistigen Bereich der Humanisten kam, blieb ohne Einfluß auf ihre Politik.

LEBEN
Johannes Cornago wurde um 1425 in Spanien geboren. Er lebte am Hof zu Neapel, wo er 1466 zum Almosenier ernannt wurde. Im Jahre 1473 war er Sänger am Hof des Königs Ferdinand II. Er dürfte vor 1500 in Aragón verstorben sein.

WERKE
Johannes Cornago gehörte zu den ersten Spaniern, die sich im Ausland eine Ausbildung im mehrstimmigen Satz der frankoflämischen Schule holten und diesem Eingang in ihre Heimat verschafften. Von ihm sind eine dreistimmige Messe, eine vierstimmige Motette und 17 mehrstimmige Chansons erhalten. Sein Kompositionsstil ist stark von Ockeghem abhängig.

LITERATUR
H. Anglès, La Música en la Corte de los Reyes Católicos, Monumentos de la Música española V, X und XIV.

Johannes Ockeghem im Kreis seiner Sänger – Miniatur aus dem 15. Jahrhundert

Johannes Ockeghem (um 1425–97)

ZEIT UND UMWELT
Durch den Tod Karls des Kühnen von Burgund (1433–77) und die Verehelichung seiner Tochter Maria (1457–82) mit dem nachmaligen Kaiser Maximilian I. (1459–1519) gingen die Niederlande und die Freigrafschaft Burgund an das Haus Habsburg über, wie bald darauf auch Flandern, während die ehemaligen burgundischen Städte in der Picardie und das alte Herzogtum Burgund der französischen Krone anheimfielen. Dadurch verlagerte sich der Schwerpunkt des musikalischen wie des gesamten kulturellen Geschehens nach Norden, so daß die flandri-

schen Städte zu Zentren der Musikentwicklung wurden. Aber auch der französische Königshof konnte neben dem Landgewinn durch den Heimfall des erledigten Lehens sich enger dem Raum der franko-flämischen Schule anschließen und zu ihrem Ausbau beitragen.

Leben

Johannes Ockeghem (Okegem, Ockenheim, Okenghen, Jean de Hoquegan) wurde um 1425 vermutlich in Termonde (Ostflandern) geboren. Er dürfte zu den Schülern von Binchois gezählt haben, zu dessen Tod er eine Trauermotette verfaßte (1460). Gesichert ist, daß er in den Jahren 1443 und 1444 im Chor der Kathedrale von Antwerpen gesungen hat. Von 1446 bis 1448 stand er im Dienst des Herzogs Karl I. von Bourbon (1401–56) in Moulins, 1452 trat er in den Dienst des französischen Königshofes als Erster Kapellsänger und Kapellmeister. Zwischen 1456 und 1459 ernannte ihn König Karl VII. (1403–61) zum Schatzmeister der Abtei St. Martin von Tours. Diese hohe Stellung führte ihn im Jahre 1470 nach Spanien und 1484 nach Flandern. Er starb 1497 in Tours als allseitig geachteter und geehrter Musiker; mehrere Klagegedichte in französischer und lateinischer Sprache wurden anläßlich seines Todes verfaßt, aus denen die ihm von den Zeitgenossen beigemessene Bedeutung hervorgeht.

Zu seinen bedeutendsten Schülern zählen Josquin Desprez, Antoine Busnois, Loyset Compère, Antoine Brumel, Pierre de la Rue und Jean Verbonnet.

Werke

Johannes Ockeghem wird als wichtigster und führender Meister der zweiten Epoche der franko-flämischen Schule eingestuft. Trotz der etwas altertümlichen Struktur seiner Werke und ihrer Zuneigung zur ersten Epoche, die von Dufay geprägt wurde, und trotz des Fehlens der damals »modernen« niederländischen Tonkünste wurde von ihm die Polyphonie seiner Zeit zu einer bisher unerreichten Ausdruckskraft vertieft.

Der größte Teil seiner Kompositionen ist sakral. Es liegen 10 vollständig komponierte Messeordinarien und 3 unvollständige vor, dazu ein Requiem und ein Credo. Von seinen Motetten ist wenig überliefert. Die wichtigsten davon sind der Trauergesang auf den Tod des Komponisten Binchois und das fünfstimmige Gaude Maria, das im Gegensatz zum gesamten übrigen Werk seiner Zeit stilistisch weit vorauseilt. Aus zeitgenössischen Berichten geht hervor, daß Ockeghem eine 36stimmige Motette geschrieben hat, die allgemein bestaunt wurde. Von den Chansons sind ungefähr 20 erhalten.

Requiem

Das zwei- bis vierstimmige Requiem ist die früheste mehrstimmige Totenmesse, weil das Requiem von Dufay nicht erhalten ist. Das Rückgrat des Werkes bildet die gregorianische Messe Pro defunctis, deren melodisches Material zumeist von der höchsten Stimme vorgetragen wird. Die anderen Stimmen werden der Melodie entgegengeführt.

Der Introitus und das Kyrie sind sehr einfach gehalten. Im Graduale werden die Stimmen lebhafter. Der Tractus wird vom Beginn an von einem Duett einer hohen und einer tiefen Stimme bestritten. Im Oratorium übernimmt der Tenor den Cantus firmus; es ist wieder einfach gehalten und entfaltet sich erst beim Quam olim Abrahae zu äußerst komplizierter Führung. Sanctus, Agnus und Communio sind nicht komponiert; hier kommt die Gregorianik voll zur Geltung.

Das ganze Werk ist der Spätgotik zuzuordnen. Die Melodien erstrecken sich ohne Symmetrie weit in irrationale Fernen, als wollten sie die Seele des Toten in das Jenseits begleiten.

Missa Mi-Mi

Die Benennung dieser vierstimmigen, für die kompositorische Technik Ockeghems typischen Messe weist darauf hin, daß der Baß bei jedem Abschnitt mit dem Ton Mi (e) einsetzt und zu A (das tiefe A wurde seinerzeit mit der Bezeichnung Mi angedeutet) gleitet. Es handelt sich bei diesem Werk also um einen selbsterfundenen Cantus firmus.

Im einzelnen muß auf das Credo hingewiesen werden, das wegen der Länge des Textes einer Gliederung bedurfte, so daß ein dreistimmiges Et incarnatus est mit Melodiewiederholungen in den nichtführenden Stimmen eingesetzt wurde (Imitationstechnik). Diese Belebung findet sich noch einmal am Ende des Stückes Et unam sanc-

tam. Dann kehrt der Satz wieder zur Vierstimmigkeit zurück.
Die Struktur dieser Messe trägt alle Merkmale der Frührenaissance.

LITERATUR
R. Reese, Music in the Renaissance, New York 1954. Fr. Lessure, Ockeghem à Notre Dame de Paris, Pittsburgh 1969.

Jehan Fedé (um 1425 bis nach 1474)

ZEIT UND UMWELT
Die 1245 bis 1248 von Pierre de Montereau (gestorben 1266) erbaute Sainte-Chapelle, die Schloßkapelle der französischen Könige, bietet gerade durch ihre geringen Dimensionen (35×11 m Fläche, 35 m Höhe) eine phänomenale Akustik. Der Chorklang bricht und vervielfältigt sich an der farbensatten Gotik des Raumes und wird zum großartigen Erlebnis.

LEBEN
Jehan Fedé (Phede, Sohier) ist um 1425 in Frankreich geboren und war von 1443 bis 1445 in der päpstlichen Hofkapelle, 1449 und 1450 an der Sainte-Chapelle in Paris und von 1473 bis 1474 Sänger an der französischen Hofkapelle. Er ist nach 1474 vermutlich in Paris gestorben.

WERKE
Von Fedé sind 2 Kompositionen erhalten: Magne pater sancte und O lumen ecclesiae. Sie sind stilistisch stark von Ockeghem abhängig.

LITERATUR
M. Brenet, Les Musiciens de la Sainte-Chapelle, Paris 1910.

John Browne (1426–98)

ZEIT UND UMWELT
König Heinrich VII. (1457–1509) von England war zwar ein strenger Rechner, konnte aber, wenn es sich um Repräsentationsausgaben wie Subventionen von Kirchen und religiösen Institutionen handelte, sich von einer sehr verschwenderischen Seite zeigen. Die Hofkapelle diente neben anderen Zwecken auch der Repräsentation und wurde daher freigebig bedacht. Ähnlich lagen die Dinge beim King's College in Cambridge, an dem namhafte Musiker zum Teil für die Königliche Kapelle oder für die Kirchen ausgebildet wurden.

LEBEN
John Browne (of Bucks) ist im Jahre 1426 in England geboren. Im Jahre 1445 wurde er in das King's College in Cambridge aufgenom-

David Munrow prägte einen intellektuell bestimmten Aufführungsstil gotischer Musik

men. Im Jahre 1480 scheint er als Rektor der Pfarrkirche von West Tilbury auf. Enge Beziehungen zur Kapelle des Königs und fallweise Mitwirkungen daran sind wahrscheinlich, wenn auch nicht belegt. Er galt in der zweiten Hälfte des 15. Jahrhunderts als führende Musikergestalt Englands. Er ist 1498 vermutlich in West Tilbury gestorben.

WERKE
Von den Kompositionen John Brownes sind ein Madrigal und mehrere fünf- bis achtstimmige Anthems überliefert. Der Stil dieser Werke beweist, daß die von Dunstable geschaffene Kompositionsform sich inzwischen durchgesetzt hatte, aber noch sehr wenig von den flämischen Neuerungen übernommen worden ist.

Johannes Regis (um 1430 bis um 1485)

ZEIT UND UMWELT
Im Jahre 1460 wurde zu Antwerpen die erste Börse Europas gegründet. Durch die Verschlammung des Zwyn nahm die Bedeutung Brügges als Hafen ab, Antwerpen trat an seine Stelle. Die Stadt wurde reich. Brügge wurde auch als Zentrum der flämischen Kunst abgelöst. Aber auch die Kathedrale und die übrigen Kirchen Antwerpens wurden zum Anziehungspunkt franko-flämischer Musiker, weil sie in dieser Stadt aufgeschlossenes Verständnis für den neuen Renaissancestil fanden, der in der zweiten Epoche der franko-flämischen Musikentwicklung voll zum Durchbruch kam.

LEBEN
Johannes Regis ist um 1430 in Antwerpen oder Cambrai geboren und wirkte an der Kathedrale dieser Stadt 1463 kurze Zeit als Magister puerorum (Dirigent der Chorknaben), dann als Sekretär Dufays bis zu dessen Tod. Im Jahre 1474 wurde er Kanonikus zu Soignies und behielt diese Stelle bis 1482. Er starb in Soignies um das Jahr 1485.

WERKE
Von seinem angeblich umfangreichen kompositorischen Werk sind nur 2 vollständige Messen erhalten: Dum sacrum mysterium mit dem Tenor-Cantus-firmus L'homme armé und Ecce ancilla Domini; überdies ein Messefragment, 2 Chansons und 8 Motetten. Regis war ein Zeitgenosse Ockeghems, wurde von dessen Stil stark beeinflußt, machte sich aber dennoch von der konservativen Haltung seines Vorbildes deutlich frei.

LITERATUR
C. W. H. Lindenburg, Het Leven en de Werken van Johannes Regis, Amsterdam 1938.

Thomas Philipp (um 1430–80)

ZEIT UND UMWELT
Man muß trotz der mangelhaften Informationen über das Musikleben des Mittelalters nicht befürchten, daß ein großer Meister unbekannt geblieben ist, aber über die vielen »mittleren«, die für die Musiklandschaft milieubildend waren, leidet die Musikgeschichte sehr am Mangel überlieferter Nachrichten. Und von nicht wenigen wissen wir zur Not den Namen und ungefähr die Zeit ihres Wirkens. Für die Würdigung ihres kompositorischen Werkes stehen uns nur wenige erhaltene Stücke zur Verfügung, die zwar die Meister einstufen, aber uns bedauern lassen, nicht mehr von ihrer Musik und über sie selbst zu erfahren.

LEBEN
Thomas Philipp (Phelyppes) wurde um 1430 vermutlich in London geboren. Er entstammte der gehobeneren Gesellschaftsklasse und war vielleicht Mitglied der Chapel Royal. Über sein sonstiges Leben und Wirken ist ebensowenig bekannt wie über Ort und Zeit seines Todes.

WERKE
Von dem englischen Komponisten Thomas Philipp ist ein einziges Lied im Umfang von sechs Zeilen erhalten. Es beweist eine beträchtliche kompositorische Fähigkeit des Komponisten, der zur Gruppe gehört, die von Dunstable zu Fayrfax überleitete.

Johannes Martini
(um 1430 bis nach 1492)

ZEIT UND UMWELT
Galeazzo Maria Sforza (1444–76) setzte wohl die großzügige Kulturpolitik seines Vaters Francesco (1401–66) fort, errichtete aber eine grausame Diktatur, so daß drei Mailänder Bürger ihn ermordeten. Sie hofften, daß ihre Tat zum Signal für eine allgemeine Aufstandsbewegung würde, wurden aber enttäuscht. Das bisher unzufriedene Volk trauerte und bedauerte den Despoten. Sein Sohn Gian Galeazzo (1469–94) war für die Regierungsgeschäfte ungeeignet, so daß sie sein Onkel Ludovico il Moro schon 1479 übernahm. Ludovico heiratete 1491 Beatrice d'Este (1475–97), die Tochter des Herzogs von Ferrara Ercole I. d'Este.

LEBEN
Johannes Martini (Johannes Martinus d'Armentières) wurde um 1430 in Armentières geboren. Über sein Leben, ehe er 1474 in Mailand in die Dienste des Herzogs Galeazzo Maria Sforza trat, ist nichts bekannt. Er blieb nur ein Jahr in Mailand. Anschließend wirkte er an der Kapelle des Herzogs von Ferrara Ercole I. d'Este bis 1492. Er ist in einem der folgenden Jahre in Ferrara gestorben.

WERKE
Von Johannes Martini sind 12 vierstimmige Messen, 6 Motetten, 5 Magnificat, 23 französische und 7 italienische Chansons sowie 6 Stücke ohne Text überliefert. Stilistisch stand Johannes Martini zwischen Ockeghem und Josquin.

Johannes Tinctoris (um 1435–1511)

ZEIT UND UMWELT
Der »Musiker-Export« nach Italien hatte bereits mit Ciconia eingesetzt. Nach ihm brachen nur einzelne auf, um an einem der vielen Fürstenhöfe oder an der römischen Cappella zu wirken. Ab der Mitte des 15. Jahrhunderts wurde der Strom dichter. Immer mehr Künstler aus dem frankoflämischen Raum folgten einer Einladung in das Land, in dem einem großen Bedarf an Musikern eine relativ kleine Anzahl einheimischer Meister entgegenstand.

LEBEN
Johannes Tinctoris wurde um 1435 zu Nivelles (Brabant) geboren. Er studierte die freien Künste und Rechtswissenschaften an einer Universität, die allerdings bisher nicht festgestellt werden konnte. Danach war er an der Kathedrale von Chartres als Knabenkapellmeister (Magister) tätig. Noch vorher (1460) dürfte er sich an der Kathedrale von Cambrai aufgehalten und unter Dufay gesungen haben. Schon mit 35 Jahren genoß er bei den Zeitgenossen großes Ansehen; Compère zählt ihn zu den besten Musikern seiner Zeit. Zwischen 1471 und 1474 trat er als Kapellmeister in Neapel in den Dienst Ferdinands I. (1432–94) und wirkte als Musikerzieher der Prinzessin Beatrix, der späteren Königin von Ungarn und Gemahlin des Königs Matthias Corvinus (1440–90). Tinctoris ist in Neapel verblieben und vermutlich dort 1511 gestorben.

WERKE
Man hält Tinctoris mit Recht für einen der bedeutendsten Musikschriftsteller und Musiklehrer seiner Zeit. Seine 12 musikwissenschaftlichen Traktate waren für Zeitgenossen und spätere Zeiten richtunggebend. Von seinen Kompositionen sind 4 Messen (eine davon auf L'homme armé), 2 Motetten, einige Lamentationen, 7 französische Chansons und ein Stück in italienischer Sprache erhalten. In seine theoretischen Abhandlungen sind ungefähr 10 Beispiele eingestreut, von denen einige dem Autor zugeschrieben werden können.

Sein Stil folgt den Anforderungen, die er selbst an eine gute Komposition stellte: Suavitas (Süße) und Varietas (Vielgestaltigkeit).

LITERATUR
Ch. van den Borren, Johannes Tinctoris, Revue belge de Musicologie XXI, 1967.

Robert Morton (um 1440–75)

ZEIT UND UMWELT
Unter Philipp III. dem Guten erreichte Burgund durch den Erwerb des Hennegaus, der Picardie, Brabants und Hollands den Höhepunkt seiner Macht und wurde zu einem europäischen Kultur- und Wirtschaftszentrum. Zur burgundischen Hofkapelle kamen Musiker aus allen Richtungen, um zu spielen, zu singen, zu lehren und zu lernen und schließlich auch von der freigebigen Hand des Herzogs zu leben.

LEBEN
Robert Morton wurde um 1440 in England geboren. Im Jahre 1457 trat er als Sänger der burgundischen Hofkapelle bei. Er ist Anfang des Jahres 1475 vermutlich auf dem Kontinent gestorben.

WERKE
Von Robert Morton ist nur profane Musik überliefert. Die erhaltenen 8 Chansons und 3 textlosen dreistimmigen Stücke bezeugen deutlich ihren englischen Ursprung.

LITERATUR
J. Marix, Histoire de la musique et des musiciens de la cour de Bourgogne sous le règne de Philippe le Bon, Sammlung musikwissenschaftlicher Abhandlungen XXVIII, Straßburg 1939.

Hayne van Ghizeghem
(um 1440 bis nach 1472)

ZEIT UND UMWELT
Bis zum Tod des letzten Herzogs von Valois (1477) waren der burgundische Hof und dessen Kapelle gleichsam das Herz der franko-flämischen Musik, zu dem sie zusammenströmte und wieder bis zu den Grenzen und weit darüber hinaus abfloß. Die Begegnung von Vertretern verschiedenster Völker, Gedankenkreise und Stilgattungen formte bereits in Burgund die Entwicklungslinie, die nahezu bis in unsere Gegenwart ihre Geltung behielt.

LEBEN
Hayne (Heyne, Ayne) van Ghizeghem wurde um 1440 im Raum der franko-flämischen Musik geboren, scheint 1457 am burgundischen Hof als Gesangsschüler und ab 1467 als Sänger auf. Ab dem Jahr 1472 wird er nicht mehr erwähnt, so daß angenommen werden darf, daß er bald nach diesem Datum gestorben ist.

WERKE
Hayne van Ghizeghem wurde von seinen Zeitgenossen als Musiker sehr geschätzt und den führenden Komponisten zugezählt. Von seinem kompositorischen Werk sind allerdings nur 20 französische Chansons überliefert, die ahnen lassen, daß man es bei diesem Meister mit einem starken Talent zu tun hat.

LITERATUR
Ch. van den Borren, Etudes sur le XVe siècle musical, Antwerpen 1941.

Johannes Stockem (um 1440–1500)

ZEIT UND UMWELT
Durch die Heirat der Tochter des Königs von Neapel Ferdinand I., Beatrix, mit dem ungarischen König Matthias Corvinus, die von Tinctoris in Musik unterrichtet worden war, gelangten Musiker aus dem franko-flämischen Raum an den ungarischen Hof. Überhaupt begannen die östlichen Fürstenhöfe, Musiker aus dem Westen und aus Italien heranzuziehen, die dort wirkten, bis heimische Meister zuerst die Stilgattungen der Ausländer nachahmten und schließlich eine eigene nationale Musik begründeten.

LEBEN
Johannes Stockem (Stokhem, Stokem, Jean de Prato alias Stochem) wurde um 1440 in Flandern geboren. Er war 1487 bis 1489 Sänger an der päpstlichen Kapelle und wirkte hernach am ungarischen Königshof. Er dürfte 1500 in Ungarn verstorben sein.

WERKE
Johannes Stockem hinterließ eine Reihe von

Chansons, die ihn als Meister dieser Gattung kennzeichnen und dem franko-flämischen Stil folgen.

LITERATUR
A. Seay, An Ave maris stella by Johannes Stockem, Revue belge de Musicologie XI, 1957.

Gaspar van Weerbeke
(um 1440 bis nach 1518)

ZEIT UND UMWELT
Mailand blieb bis weit in das 15. Jahrhundert hinein der Gotik verhaftet, die allerdings die beginnende Renaissance bereits ahnen ließ. Doch mit der Kirche Santa Maria delle Grazie von Donato Bramante (1444–1515) und dem Letzten Abendmahl von Leonardo da Vinci (1452–1519) kam die Hochrenaissance voll zur Geltung. Die Musik hielt mit dieser Entwicklung Schritt. Hier waren es vor allem die »Niederländer« Josquin und Compère, die ihre Musik nach Italien gebracht hatten. Sie blieben aber nicht die einzigen, die sich im Palazzo Sforza einfanden, nach Rom zur päpstlichen Kapelle gingen oder an anderen Kathedralen und Fürstenhöfen des Landes die Errungenschaften der franko-flämischen Schule vertraten und, mit italienischen Elementen bereichert, weiterentwickelten.

LEBEN
Gaspar van Weerbeke ist um 1440 in Oudenaarde (Flandern) geboren. Ab 1472 wirkte er neben Josquin und Compère am Hof der Sforza in Mailand, sodann als päpstlicher Kapellsänger in Rom (1481–89), kehrte nach Mailand zurück, hielt sich 1495–98 am burgundischen Hof auf und ging nach einem kurzen Aufenthalt in Mailand ein zweites Mal nach Rom, wo er noch 1518 nachweisbar ist. Er dürfte dort in einem der folgenden Jahre gestorben sein.

WERKE
Gaspar van Weerbeke wurde stilistisch sehr stark von der zeitgenössischen Musik beeinflußt, was dem Aufbau seiner Kompositionen eine große Übersichtlichkeit verlieh; die Stimmen verlaufen klar und deutlich, die harmonische Anlage ist einfach. Das Schwergewicht liegt bei diesem Meister auf der Motetten- und Messekomposition, bei der die Vierstimmigkeit bevorzugt ist. Erhalten sind vom Werk des Komponisten 8 vierstimmige Messen, 2 Credosätze, 28 Motetten, 2 Motettenzyklen zu je 8 Werken und 5 Chansons.

LITERATUR
G. Croll, Gaspar van Weerbeke, an outline of his life and works, Musica Disciplina VI, 1952.

Engel mit Tambur-Malerei von Beato Angelico im Kloster San Marco, Florenz, Beginn des 15. Jahrhunderts

Bartolomé Ramos de Pareja
(um 1440 bis nach 1491)

Zeit und Umwelt
Salamanca wurde in den Jahren 1078 bis 1102 nach der Vertreibung der Mauren von den christlichen Spaniern wieder besiedelt. König Ferdinand II. von Léon (1137–88) hielt in dieser Stadt 1178 seine Cortes ab und stattete sie mit Privilegien aus, so daß sie zur zweitwichtigsten Stadt des Königreiches wurde. Unter Alfonso IX. (1171–1230) wurde die Universität von Salamanca ins Leben gerufen, doch die eigentliche Gründung nahm Alfonso X. der Weise, König von Kastilien und Léon, vor. Bis zum Ende des 16. Jahrhunderts bildete diese Universität ein wissenschaftliches Zentrum Europas.

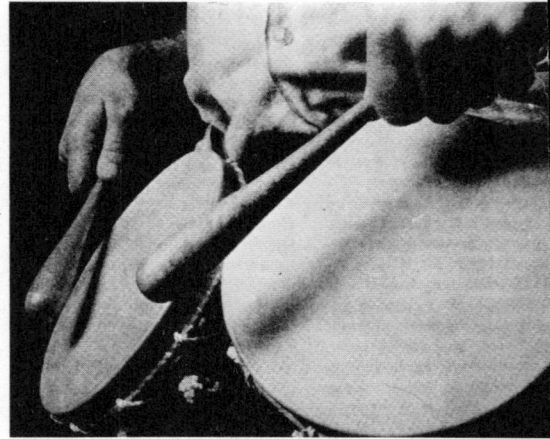

Päuklein aus gotischer Zeit

Leben
Bartolomé Ramos de Pareja (Ramis) wurde um 1440 in Baeza (Provinz Jaén) geboren. Der spanische Musiktheoretiker und Komponist lehrte um 1470 an der Universität Salamanca, wo er mit Urreda Freundschaft schloß. Nach einem Aufenthalt in Florenz wirkte er 1472 bis 1484 als Lehrer an der Universität von Bologna und ging sodann nach Rom, wo er 1491 noch nachgewiesen werden kann. Er ist in einem der folgenden Jahre vermutlich in Rom gestorben.

Werke
Ramos de Pareja war vor allem Musikwissenschaftler. Im Gegensatz zu Guido von Arezzo entwickelte er ein neues, auf der Oktave beruhendes Skalensystem und wandelte die mathematische Intervallbestimmung grundlegend um, so daß erstmals eine Definition des konsonanten Dreiklanges gegeben werden konnte.
Von seinen Kompositionen wurden eine kanonische Messe, ein Requiem, ein Magnificat und eine Motette genannt; überliefert ist nur ein vierstimmiger Kanon, der ein stark konservatives Klangbild vermittelt.

Literatur
F. Pedrell, Los músicos españoles en sus libros, Barcelona 1888.

Bernardus Ycaert
(um 1440 bis nach 1480)

Zeit und Umwelt
Als Ferdinand I. von Aragonien 1458 König von Neapel wurde, war er vor ein ernstes Problem gestellt. Die Barone des Königreiches empörten sich gegen Modernisierungs- und Zentralisierungsanordnungen der Krone. Doch Ferdinand blieb mit eiserner Hand Sieger.
Dies konnte jedoch den Ausbau der Königlichen Kapelle in Neapel nicht stören, wo Spanier, Italiener, Franzosen und Flamen einen mit spanischen und italienischen Elementen durchsetzten Stil pflegten. Tinctoris und Gaffori spielten dort eine führende Rolle.

Leben
Bernardus Ycaert (Icart, Hicart, Hycaert, Ycart) wurde um 1440 im katalanischen Sprachbereich geboren. Nach der Meinung anderer kam er aber aus Flandern. Jedenfalls war er um 1480 in der Königlichen Kapelle in Neapel als Sänger tätig und mit Gaffori und Tinctoris befreundet. Über den Ort und die Zeit seines Todes ist nichts bekannt.

Werke
Bernardus Ycaert hat 2 Lamentationen, ein Kyrie, ein Gloria, 2 vierstimmige und ein

dreistimmiges Magnificat sowie 3 weltliche Canzonen hinterlassen. Der Stil dieser Kompositionen lehnt sich an Tinctoris an. Von seinen musiktheoretischen Werken ist nichts erhalten geblieben.

LITERATUR
Fr. Florimo, La scuola musicale di Napoli I, Neapel 1880.

Antoine Busnois (um 1440–92)

ZEIT UND UMWELT
Obwohl wegen der Verschlammung des Zwyn der Hafen von Brügge nahezu unbenützbar geworden und die wirtschaftliche Blüte des 14. Jahrhunderts stark zurückgefallen war, erlebte die Stadt im 15. Jahrhundert die glänzendste Epoche ihrer Geschichte. Die Herzöge von Burgund schlugen in Brügge ihre Residenz auf. Ihre prächtige Hofhaltung und Kunstliebe zogen eine Reihe von zeitgenössischen Malern wie Jan van Eyck (1390–1441), Hans Memling (1433 bis 1494), Gerard David (1460–1523) und andere an, so daß man Brügge als Ausgangspunkt der altniederländischen Malerei ansehen kann. Gleichzeitig bildete die Stadt eines der wichtigsten Zentren der frankoflämischen Musik.

LEBEN
Antoine Busnois (Antoine de Busnes) wurde um das Jahr 1440 vermutlich in der Picardie geboren. Er bezeichnete sich selbst als Schüler Ockeghems, wobei es unklar bleibt, ob er den Altmeister nur als Vorbild oder als wirklichen Lehrer benennen wollte. Um 1467 war er als Sänger bei Karl dem Kühnen und dessen Nachfolgerinnen Maria und Margarete tätig. In den letzten Jahren seines Lebens bekleidete er die Stelle des Rektors der Kantorei an Saint-Sauveur in Brügge, wo er am 6. 11. 1492 starb.

WERKE
Von seinen Werken sind nur 3 Messen, 2 Magnificat, ein Lamentatio, ein Regina Coeli, 5 vierstimmige und eine dreistimmige Motette und zwischen 60 und 70 drei- und vierstimmige Chansons, deren Zuweisung nicht immer gesichert ist, erhalten. Josquin, Obrecht und A. Agricola entnahmen den Chansons Cantus-firmi für ihre Messen. In allen Kompositionen tritt uns der frankoflämische Stil in einer höfisch verfeinerten Prägung entgegen.

Missa L'homme armé
Das Lied L'homme armé (Der bewaffnete Mann) wurde von einer Reihe bedeutender Komponisten als Cantus firmus verwendet, vermutlich weniger wegen seiner hineingerätselten mystischen Bedeutung, sondern weil die einfache, einprägsame, allgemein bekannte und beliebte Melodie zur demonstrativ kunstvollen polyphonen Bearbeitung ausgezeichnet geeignet ist.
Bei der vorliegenden Messe ist der Cantus firmus, abgesehen vom Agnus, stets dem Tenor anvertraut; beim Patrem und Et incarnatus wird er um eine Quart tiefer intoniert. Die Dauer seiner Notenwerte wird im Verhältnis zu den übrigen Stimmen ständig verändert. Im Agnus übernimmt der Baß die Melodie, die auf verschiedene Art über die einzelnen Sätze der Messe verteilt ist. Das Werk folgt weitgehend dem Muster von Dufay. Der Tenor trägt den Cantus firmus einfach und ohne Ornamentik vor, die anderen Stimmen sind melodisch gleichwertig, meist in Phrasen gegliedert und gegen den Tenor deutlich abgegrenzt.
Der Text wird nicht deklamiert, sondern gesungen, aber zu einem speziellen Ausdruck des Textsinnes kommt es nicht. Der Klang ist voll und satt, überraschend harmonische Wendungen geben dem Werk eine besondere Leuchtkraft, so daß es auch noch heute einen starken ästhetischen Genuß bereitet.

LITERATUR
G. Reese, Music in the Renaissance, New York 1954.

Josquin Desprez (um 1440–1521)

ZEIT UND UMWELT
Um 1430 begann die Wanderung der Vertreter der franko-flämischen Musik. Ihre Zielländer waren Frankreich, später auch Deutschland, aber vor allem Italien. Wie die

Josquin Desprez (um 1440–1521)

Josquin Desprez – Holzschnitt nach einem Werk in der Kathedrale St. Gudula in Brüssel

Sendboten des römischen Kirchengesanges vor etlichen Jahrhunderten fanden sie nicht nur überall lernbegierige Schüler, sie entfachten auch in ihren neuen Wirkungsbereichen durch die Synthese mit den bodenständigen Musikformen fruchtbare Weiterentwicklungen.

Im gegenständlichen Fall brachten die Meister aus ihrem Ursprungsland noch viel spätgotische Kunstgesinnung mit und trafen gerade in Italien bereits hochentwickelte Renaissanceformen an. Die Verschmelzung der ausgehenden Gotik mit dem neuen Formgefühl des Südens brachte die völlige Lösung von mittelalterlichen Vorstellungen und schuf die mehrstimmige Renaissancemusik im eigentlichen Sinn. Denn wenn auch die Mehrstimmigkeit, fußend auf französischen und englischen Vorformen, im franko-flämischen Raum entstanden ist, zur Entfaltung gelangte sie erst in Italien, wo der Zusammenklang trotz Selbständigkeit der einzelnen Stimmen zum Arbeitsziel geworden war.

Dieser musikgeschichtlich bedeutende Vorgang fand seine technische Unterstützung in der Erfindung des Notendruckes im Gefolge der 1440 eingeführten beweglichen Lettern des Buchdruckes. Ottaviano Petrucci (1466 bis 1547) in Venedig hat als erster mit dem Druck mehrstimmiger Musik mit beweglichen Notentypen begonnen und eine Verbreitung der neuen Musik ermöglicht. Peter Schöffer in Mainz (1475–1547), Pierre Attaingnant (um 1490 bis vor 1553) in Paris und Pierre Phalèse (um 1510 bis um 1573) übernahmen für ihre Länder dieses moderne Vervielfältigungsmittel. Damit waren eine Sichtung und Verarbeitung fremder Anregungen und ein ständiger Austausch schöpferischer Ideen eingeleitet, die den Wirkungsradius jedes Meisters ungeheuer erweiterten und seine Werke einem um vieles vergrößerten Publikumskreis zugänglich machten.

Man darf sagen, daß die Zuwanderung der franko-flämischen Meister in Italien, wo Persönlichkeiten wie Donato Bramante und Raffaello Santi (1483–1520) den Renaissancestil in der Baukunst, Skulptur und Malerei bereits voll zum Durchbruch gebracht hatten, die Vormachtstellung des Landes auch im Bereich der Musik begründete.

Leben

Josquin Desprez (Deprès, Josquinus oder Jodocus Pratensis, Juschino, gewöhnlich nur Josquin) wurde um 1440 vermutlich in Beaurevoir (bei St. Quentin) geboren. Er wird den Schülern Ockeghems zugezählt, wenngleich es unklar bleibt, ob es sich um einen unmittelbaren Unterricht oder nur um eine Nachfolge gehandelt hat. Gesichert ist, daß er von 1459 bis 1474 Kapellsänger am Mailänder Dom war, darauf in der Privatkapelle der Maria Sforza; im Jahre 1476 trat er in die Dienste des Kardinals Ascanio Sforza (1455 bis 1505), ging mit ihm nach Rom und wirkte dort in der päpstlichen Kapelle von

1486 bis 1499, kehrte darauf nach Mailand zurück und ließ sich sodann bis 1505 in Ferrara nieder. Bald darauf dürfte er sich nach Condé zurückgezogen haben, wo er eine Präbende und das Amt eines Propstes des Domkapitels erhielt. Hochgeehrt als Komponist und als Lehrer starb er am 27. 8. 1521 und wurde in der Kollegienkirche von Condé beigesetzt.

Werke

Josquin wurde von allen Komponisten seiner Zeit als bester aus ihrer Mitte gefeiert. Tatsächlich war sein Schaffen für seine Zeit und das folgende 16. Jahrhundert richtunggebend und führte unmittelbar zu Lasso und Palestrina. In Italien wurde er nicht selten Michelangelo an die Seite gestellt, der den Bildhauern und Malern die Wege in die Zukunft gewiesen hatte, denn auch er war zum Leitstern seiner Kunstgattung geworden. Josquins Werke weisen eine bedeutende, rein musikalisch entwickelte Architektur auf, die von den vielgestaltigen Variationen einzelner Motive getragen wird. Überdies zeichnen sie eine große Vielseitigkeit aus. Die Wirkung seiner Musik war in den meisten Fällen eine bewundernde Begeisterung. Nur auf manche wirkte sie schockierend, wie auf den Humanisten und Musiktheoretiker Glareanus (Heinrich Loriti, 1488–1563), der bei Josquin das mangelnde Maß und die Ausschweifungen eines übersprudelnden Genies kritisierte. Doch die zustimmenden Zeitgenossen, die ihn zum »Fürsten der Musik« ernannten, überwogen.

Die Messen sind der am meisten konservative Teil des kompositorischen Werkes

Vierstimmiges Lied »Adieu mes amours« von Josquin Desprez, Venedig 1503

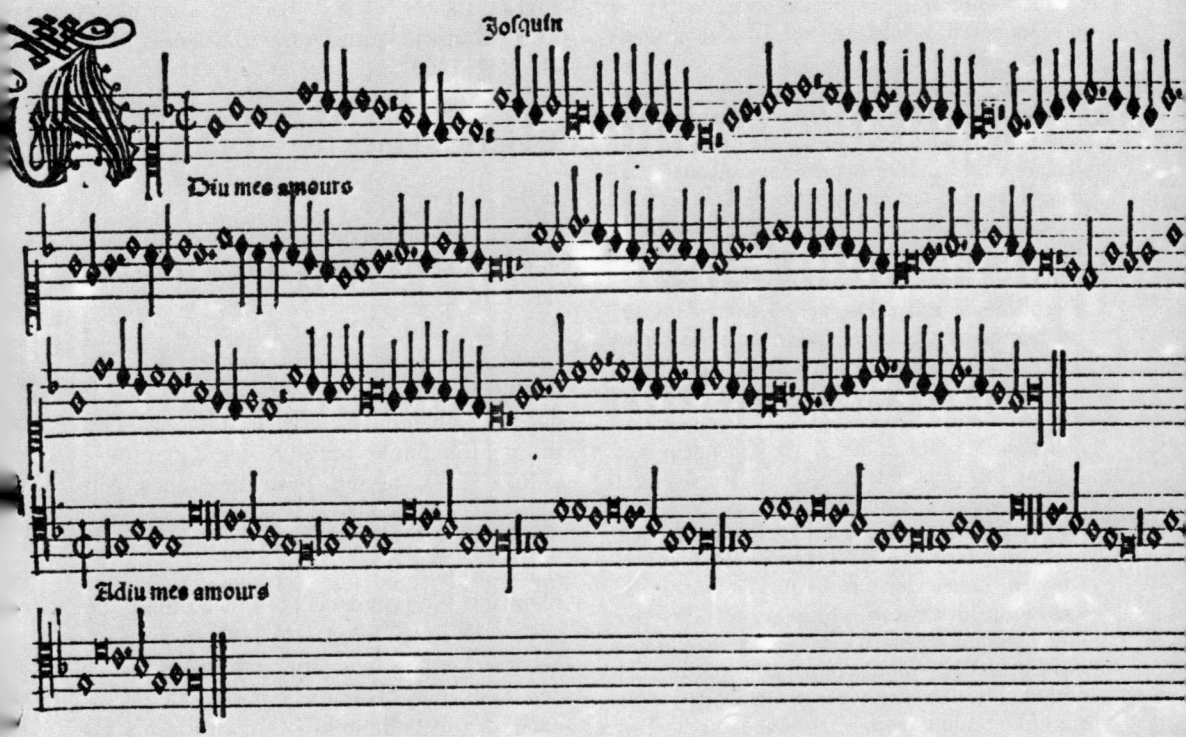

Josquins. Es sind über 20 Messen von der Hand des Meisters – größtenteils gedruckt – und eine Anzahl Messeteile überliefert. Trotz aller Fortschrittlichkeit ist der Cantus firmus nicht aufgegeben, aber vielfach kompliziert verarbeitet und sehr frei behandelt. In seinen Motetten ist Josquin am kühnsten und rückt sie damit in das Zentrum seines Schaffens. Wenn bei den Messen der Text nur teilweise die Musik beeinflußte, so wird bei der Motette das Wort zur Inspirationsquelle. Es sind ungefähr 90 zumeist vierstimmige Motetten und bei 70 vier- und sechsstimmige Chansons (zumeist auf französischem Text) erhalten; dazu einige Instrumentalmusik. Dieses Liedgut gibt in weit stärkerem Maß als die Messen das konstruktive Ideal der vergangenen Zeiten zugunsten einer subjektiven Färbung auf, so daß Josquins Musik von individuellen Zügen überquillt. Martin Luther hat das treffend charakterisiert: »Die andern haben's machen müssen, wie die Noten wollten. Bei ihm mußten die Noten, wie er wollte.«

Missa L'homme armé super voces musicales (Messe auf »Der bewaffnete Mann« auf Tönen), entstanden um 1480

Aus den zahlreichen Aufzeichnungen dieser Messe in Drucken oder Manuskripten muß geschlossen werden, daß sie zu den beliebtesten Josquins zählte. Ihre Benennung bedeutet, daß jeder Messeteil mit einem anderen Ton der aufsteigenden Sechstonreihe beginnt, also das Kyrie mit c, das Gloria mit d, das Credo mit e, Sanctus und Osanna mit f, das erste Agnus mit g und das abschließende mit a. Die Verarbeitung des Cantus firmus wendet eine äußerst anspruchsvolle Technik an, die der gesamten Messe einen faszinierenden Vollklang verleiht und ihre Beliebtheit verständlich macht.

Die drei Abschnitte des Kyrie behandeln den Cantus firmus als Mensur-Kanon, bei dem die gleiche Melodie von verschiedenen Stimmen gleichzeitig in verschiedenen Tempi vorgetragen wird. Im Gloria wird die Länge des Textes überwunden, indem der Cantus rückläufig wiederholt wird; im Osanna scheint er mit kürzeren Notenwerten repetiert auf. Das Credo kombiniert beide Techniken, ohne je gekünstelt zu wirken. Das Benedictus bringt drei Duette, jedes ein frei komponierter Mensur-Kanon. Das zweite Agnus besteht aus einem Mensur-Kanon für drei Stimmen. Und im dritten Agnus wird der Cantus im drängenden Tempo zum ausklingenden Höhepunkt geführt.

Missa de Beata Virgine (Messe für die selige Jungfrau), entstanden nach 1500

Diese Messe wurde am häufigsten veröffentlicht und vermutlich auch am meisten aufgeführt. Ihr Cantus firmus fußt auf gregorianischen Messemelodien. Für das Kyrie und das Credo dienten Melodien aus der Messe Nr. IX »Cum jubilo«; beide Teile sind vierstimmig; der Cantus firmus tritt als Hauptthema in freier polyphonischer imitatorischer Bearbeitung auf. Die übrigen Teile der Messe entnehmen den Cantus firmus der Messe Nr. IV »Cunctipotens Genitor Deus«, wobei im Credo, Sanctus und dem ersten und dritten Agnus das gregorianische Thema zweigeteilt auftritt und einen fortwährenden Kanon der zweiten und der vierten Stimme bildet. Diese Messeteile sind fünfstimmig. Der hohe künstlerische Gehalt dieser auf einfachen gregorianischen Themen beruhenden Messe, die jedoch mit starkem Einfallsreichtum und klangvoller Harmonik verarbeitet sind, wurde bereits früh erkannt und erregt auch heute noch allgemeine Bewunderung.

LITERATUR
H. Osthoff, Josquin Despres, 2 Bände, München 1961/63.

Heinrich Finck (1444–1527)

ZEIT UND UMWELT
Zentrum des musikalischen Lebens im Polen des 15. und 16. Jahrhunderts war Krakau, das von dem Piasten Wladislaw I. (1261 bis 1333) im Jahre 1320 zur Hauptstadt des geeinigten Reiches gemacht worden war. Die Tradition der Königlichen Kapelle ging in das 14. Jahrhundert zurück und erreichte ihren Höhepunkt unter König Zygmunt I. (1467–1548), dessen Frau Bona aus dem Mailänder Haus Sforza stammte.

LEBEN
Heinrich Finck wurde 1444 in Bamberg geboren. Er immatrikulierte 1482 an der Universität Leipzig, war aber schon vorher an der Krakauer Hofkapelle tätig, zu der er nach der Beendigung seines Studiums zurückkehrte. Er dürfte dort unter den Köni-

gen Johann Albert (1492–1501), Alexander (1501–06) und Zygmunt I. die Hofkapelle geleitet haben. Im Jahre 1510 erhielt er die Kapellmeisterstelle der Stuttgarter Hofkapelle bei Herzog Ulrich von Württemberg (1487–1550), 1514 kam er als Komponist zur Hofkapelle Maximilians I. von Habsburg (in Augsburg und Innsbruck). Das Jahr 1524 findet ihn als Komponist des Salzburger Domkapitels, und 1527 wurde er Kapellmeister des nachmaligen Kaisers Ferdinand I. (damals König von Böhmen und Ungarn). Er starb im gleichen Jahr im Schottenkloster in Wien, dessen Kantorei er 1517 mitbegründet hatte.

Sein Großneffe Hermann Finck (21. 3. 1527, Pirna, bis 28. 12. 1558, Wittenberg), dem wir die meisten Daten Heinrich Fincks verdanken, war Musikwissenschaftler und Organist in Wittenberg; von ihm sind neben seinem Schrifttum einige Liedkompositionen erhalten.

Werke

Heinrich Finck gilt als der erste große deutsche Meister der Musik. Erhalten sind von seinen Kompositionen 4 mehrstimmige Messen, ein vierstimmiges Magnificat, ein vierstimmiger Introitus, lateinische Sätze und Hymnen, deutsche Lieder zu mehreren Stimmen und etliche textlose Sätze.

Sein Stil, der auf ältere, streng gebundene Satzformen zurückgreift, galt als geistvoll, gelehrt, aber hart.

Literatur

Z. Zachimecki, Heinrich Finck, Zeitschrift für Musikwissenschaft II, 1919/20.

Adam von Fulda (um 1445–1505)

Zeit und Umwelt

Torgau, die Residenz der sächsischen Kurfürsten, wurde besonders unter Friedrich III. dem Weisen (1463–1525), der 1502 die Universität Wittenberg gegründet hatte, zum kulturellen Zentrum. An seinem Hof wurden vor allem Musiker aufgenommen und gefördert, gleichgültig, ob sie aus dem evangelischen oder katholischen Lager kamen. Der Kurfürst selbst bewies eine sehr liberale Gesinnung, indem er Luther und die Reformation begünstigte, ohne sich der neuen Lehre anzuschließen, wenn auch politische Beweggründe zu einer solchen Haltung ausschlaggebend gewesen waren.

Leben

Adam von Fulda wurde um 1445 in Fulda geboren. Der deutsche Musikwissenschaftler und Musiker stand ab 1490 im Dienst des Kurfürsten Friedrich III. dem Weisen in Torgau, hielt sich jedoch im gleichen Jahr im Benediktinerkloster Vornbach bei Passau auf, wo er sein musiktheoretisches Werk »De musica« verfaßte. Ab 1492 lebte er ständig in Torgau als Hofkomponist und Hofkapellmeister. Im Jahre 1502 wurde er Professor für Musik an der Universität Wittenberg, wo er 1505 starb.

Werke

Adam von Fulda hinterließ neben seinem Schrifttum eine Messe, 7 Hymnen und weitere Kirchenkompositionen, außerdem etliche Lieder. Sein Stil lehnt sich stark an Busnois und andere Spätburgunder an.

Literatur

H. J. Moser, Leben und Lieder des Adam von Fulda, Kassel 1971.

Juan Urreda (um 1445 bis um 1500)

Zeit und Umwelt

Ferdinand V. (der Katholische) von Aragon (1452–1516) einigte Spanien durch seine Heirat mit Isabella I. von Kastilien (1451–1504) und machte es zu einer der ersten Großmächte Europas. Das Königspaar hatte zwar wenig musische Neigungen, aber seine Hofhaltung erforderte die Nachahmung anderer europäischer Fürstenhöfe, die Künstler jeder Art an sich zogen und förderten.

Leben

Juan Urreda (Utrede, Vrede, Wreede) ist um 1445 geboren. Sein Geburtsort ist unbe-

The Early Music Consort of London spielt gotische Musik unter David Munrow

kannt. Es ist sogar unentschieden, ob er selbst aus Spanien stammte oder aus Flandern eingewandert war. Nach der Meinung einiger ist er mit Joannes Wreede aus Brügge identisch. Er wurde 1477 Hofkapellmeister am Hof des Königs Ferdinand II. (Ferdinand V. als König von Aragon). Er dürfte um 1500 gestorben sein. Der Ort seines Todes ist nicht festgestellt.

WERKE
Ob Urreda Spanier oder Flame war, ändert nichts an der Tatsache, daß er als Komponist der franko-flämischen Schule angehörte. Sein Wirken in Kastilien beweist, daß die Ausstrahlung der Schule bereits in der zweiten Hälfte des 15. Jahrhunderts die Pyrenäen übersprungen hatte und in die Iberische Halbinsel eingedrungen ist.
Juan Urreda bearbeitete das mozarabische Pange lingua für vier Stimmen. Weiters sind von ihm ein dreistimmiges Nunc dimittis und eine sehr beliebte Bearbeitung des spanischen Volksliedes Nunca fué pena mayor (Nie gab es größeres Leid) erhalten. Sollte die Annahme seiner Identität mit Joannes Wreede richtig sein, müssen ihm noch ein vierstimmiges Kyrie und ein Gloria zugeschrieben werden.

LITERATUR
H. Anglès, El Pange lingua de Juan Urreda, Anual Musical VII, 1952.

Gilbert Banaster (um 1445–87)

ZEIT UND UMWELT
König Edward IV. von England (1442–83) fand neben den gewaltigen Schwierigkeiten seiner Regierungszeit – Rebellionen, Thronkämpfe, Krieg in Frankreich und vieles andere – die Zeit, sich künstlerischen Aufgaben zu widmen; er ließ die Kapelle zu Windsor neu bauen, er gründete die Königliche Bibliothek und förderte die Musik der Königlichen Kapelle, indem er für die ständige Ausbildung neuer Kräfte vorsorgte.

LEBEN
Gilbert Banaster (Banestre, Banastir, Banister) wurde um 1445 vermutlich in London geboren. Er gehörte ab 1475 der Königlichen Kapelle an und löste 1482 den bisherigen Master of the Children (Kinderchordirigent) Henry Abyngdon (um 1418–97) ab. Sein Ableben erfolgte zwischen 18. 8. und 1. 9. 1487 in London.

WERKE
Von Banaster sind 4 Motetten für drei bis fünf Stimmen erhalten. Diese wenigen Beispiele seines Schaffens bezeugen jedoch, daß die Musik aus dem franko-flämischen Raum den Kanal bereits überquert und auch in England Beachtung gefunden hatte.

LITERATUR
W. H. Grattan Flood, Early Tudor Composers, Oxford 1925.

Jean Fresneau (um 1445 bis um 1500)

ZEIT UND UMWELT
Dank dem Wirken Ockeghems hielt die königliche Hofkapelle in Frankreich Schritt mit der Entwicklung der Musik im franko-flämischen Raum. Durch die zahlreichen Schüler Ockeghems nahm sie an dieser Ent-

wicklung und an der Verbreitung des Stiles bemerkenswerten Anteil.

LEBEN
Jean Fresneau (Fresnau, Frasnau) ist um 1445 in Frankreich geboren. Er zählte zu den Schülern Ockeghems und ist in den Jahren 1470 bis 1475 als »Chapelain ordinaire« der königlichen Hofkapelle verzeichnet. Es besteht wohl kein Zweifel, daß der Komponist auch als Sänger gewirkt hat. Er dürfte um 1500 in Paris gestorben sein.

WERKE
Von Fresneau sind 6 dreistimmige Chansons und eine vierstimmige Messe überliefert. Der Stil dieser Kompositionen ist uneingeschränkt dem Ockeghems verpflichtet.

LITERATUR
M. Brenet, Musique et musiciens de la vieille France, Paris 1911.

Paulus de Roda (um 1445 bis um 1500)

ZEIT UND UMWELT
Die Mehrstimmigkeit hatte sich in der zweiten Hälfte des 15. Jahrhunderts nahezu im gesamten Bereich der europäischen Musik durchgesetzt, auch für die volkstümliche Tanzmusik. Mehrere Jahrhunderte mußten vergehen, bis das gleichzeitige Erklingen mehrerer Töne in Intervallabständen zum allgemeinen Bedürfnis wurde und einstimmige Melodik unbefriedigend wirkte.

LEBEN
Paulus de Roda (Rhoda) wurde um 1445 vermutlich in Deutschland geboren. Über seine Lebensumstände ist außer seiner vermutlichen Zugehörigkeit zum Klerus nichts bekannt. Es kann auch nicht festgestellt werden, wo und wann er gestorben ist.

WERKE
Von Roda sind etliche mehrstimmige Sätze und ein Tanz überliefert. Seine Musik wirkt stark volkstümlich und ist für das Eindringen des mehrstimmigen Satzes in das Gebiet der Volksmusik bemerkenswert.

LITERATUR
H. Riemann, Der Mensuralkodex des Magisters N. Apel, Kirchenmusikalisches Jahrbuch XII, 1897.

Philippe Bassiron
(um 1445 bis um 1510)

ZEIT UND UMWELT
In der 2. Hälfte des 15. Jahrhunderts hatte der große Wanderzug der Musiker aus dem franko-flämischen Raum bereits eingesetzt. Die Meister hatten an irgendeiner Kathedrale ihrer Heimat – zumeist als Chorknaben – eine gründliche Ausbildung genossen und hernach als Sänger und fallweise auch als Komponisten gewirkt. Dann lockten die Fürstenhöfe Italiens und die Kapellen in Rom, wo unbegrenzte Entfaltungsmöglichkeiten geboten wurden.

»Musizierende« – Relief von Luca della Robbia, Florenz, 15. Jahrhundert

Leben

Philippe Bassiron (Bastron, Basseron) wurde in den Niederlanden um 1445 geboren. Über sein Leben und Wirken in der Heimat wissen wir nichts. Es ist ebensowenig bekannt, wo er sich in Italien aufhielt, obwohl die Vermutung, daß er Venedig zum Schauplatz seines Wirken gewählt habe, viel für sich hat. Über den Ort und die genauere Zeit seines Todes gibt es keine Informationen. Er dürfte um 1510 gestorben sein.

Werke

Mehrere Messen und Motetten sind aus dem Werk Bassirons überliefert. Sollte sich der Meister, wie behauptet wird, tatsächlich in Venedig aufgehalten haben, muß festgestellt werden, daß er an der jüngeren Entwicklung der Musik der Stadt offensichtlich keinen Anteil genommen hat. Dabei muß allerdings berücksichtigt werden, daß ein Großteil seiner Werke verloren ist, über deren Gestaltung wir keine Kenntnis haben.

Allanus de Groote (um 1445–1501)

Zeit und Umwelt

Die ursprünglich untrennbare Verbindung von Musik, Wort und Gestik wurde zwar im Ablauf der Musikgeschichte stark zurückgedrängt, geriet aber nie außerhalb des Interessenkreises musikalischer Menschen. In einer Zeit, in der Musik in erster Linie gesungene Musik war, wollte man auf keinen Fall darauf verzichten, die Bedeutung des gesungenen Wortes durch entsprechende Gestik zu unterstreichen. Die theatralische Darstellung von sakralen oder profanen Szenen war im Rahmen der Volksmusik stets lebendig geblieben und fand gegen Ende des Mittelalters auch die Aufmerksamkeit der Komponisten, die sich im Verlauf der nächsten Zeitepoche immer mehr steigerte, so daß es zur Ausformung der ersten Opern kam.

Leben

Allanus de Groote, geboren um 1445 in den Niederlanden, war ab 1475 Sänger an St. Donatian zu Brügge und ab 1480 Vize-Kapellmeister. Er starb in Brügge am 28. 4. 1501.

Werke

Der Dichter und Komponist Allanus de Groote verfaßte Text und Musik zu einer Reihe von sakralen Spielen, die sich großer Beliebtheit erfreuten. Damit war der Anfang einer Art Kirchentheatralik gesetzt, die sich im folgenden Jahrhundert sehr verbreitete.

Alexander Agricola (um 1446–1506)

Zeit und Umwelt

Maximilian I. durfte seinem Sohn Philipp (1478–1506) die Niederlande geordnet und befriedet übergeben. Das Land erholte sich von den Wirren der vergangenen Jahre. Der Regent konnte freundliche Beziehungen zu England und auch zu Frankreich herstellen, so daß der Handel mit diesen Ländern bald aufblühte. Diese günstigen politischen und wirtschaftlichen Gegebenheiten bewirkten einen Neuaufstieg des kulturellen Lebens. Denn wenn keine Waffen klirren, müssen die Musen nicht schweigen.

Leben

Alexander Agricola (Ackermann) wurde um 1446 im heutigen Belgien geboren. Aus einem Brief Karls VIII. von Frankreich geht hervor, daß der Musiker in seinen Diensten gestanden und ohne Erlaubnis 1470 nach Florenz gegangen ist, um in die Dienste der Medici zu treten. Er verlegte aber bereits 1471 seinen Wohnsitz nach Mailand und diente dort bis 1474 den Sforza. Nach einem Aufenthalt am Hof von Mantua wurde er Vicaire an der Kathedrale von Cambrai (1476). Im Jahre 1491 begab er sich nach Brüssel, wo er am 16. 8. 1500 an die Kapelle des Herzogs Philipp berufen wurde. Mit dem Herzog, der 1504 König von Kastilien geworden war, zog er nach Spanien, wo er 1506 in Valladolid starb.

Werke

Agricolas Musik folgt dem Stil Ockeghems.

Er schrieb 9 zumeist vierstimmige Messen, bei 25 Motetten und etwa 100 Chansons auf französische, italienische und niederländische Texte, zum größten Teil für drei Stimmen.

LITERATUR
O. Gombosi, J. Obrecht, Sammlung musikwissenschaftlicher Einzeldarstellungen, 4. Heft, Leipzig 1925.

Philippe Caron (um 1450 bis um 1500)

ZEIT UND UMWELT
Das kleine Herzogtum Cambrai hatte zwar 1227 eine gewisse Selbständigkeit erkämpft, blieb aber ein Zankapfel seiner Nachbarn. Die Grafschaften Flandern und Hennegau, die Königreiche Frankreich, England und Deutschland streckten abwechselnd die Hand danach aus, so daß es mehrmals den Herrn wechselte, bis es im 17. Jahrhundert endgültig an Frankreich fiel.
Die zentrale Lage machte Cambrai nicht nur zum politischen und wirtschaftlichen Schnittpunkt, es war auch den kulturellen Einflüssen von allen Seiten ausgesetzt. Schon zu den Zeiten der Trouvères war sein Pui (Sängerschule) sehr berühmt. Guillaume Dufay sicherte Stadt und Herzogtum einen festen Platz in der Musikgeschichte.

LEBEN
Philippe Caron (Firminus) ist um 1450 vermutlich in Cambrai geboren und war wahrscheinlich ein Schüler von Dufay und Binchois. Außer seiner Mitgliedschaft am Domchor von Cambrai ist über sein Leben nichts bekannt. Er dürfte dort um 1500 gestorben sein.

WERKE
Als Komponist war Philippe Caron seinen Lehrern Dufay und Binchois verpflichtet. Das ist besonders bei seinen 4 hinterlassenen vierstimmigen Messen ersichtlich. Seine vorwiegend drei- und vierstimmigen Chansons, von denen ungefähr 20 überliefert sind, weisen eine progressivere Tendenz auf.

LITERATUR
J. C. Thomson, An Introduction to Philippe Caron, Musicological Studies and Documents XI, New York 1964.

Johannes Aulen (um 1450 bis um 1500)

ZEIT UND UMWELT
Die Aufnahme der franko-flämischen Musik in Deutschland ging im 15. Jahrhundert nur zögernd vor sich. Die Einstimmigkeit beherrschte weit länger das Feld als im Westen oder in Italien. Jedoch einzelne Meister bedienten sich schon des neues Stiles, der bereits fünfzig Jahre darauf seinen vollen Durchbruch erlebte.

LEBEN
Johannes Aulen wurde vermutlich um 1450 geboren. Er war Deutscher und hat sich wahrscheinlich zumindest einige Zeit im franko-flämischen Raum aufgehalten. Über sein Leben und Wirken sind keine Einzelheiten bekannt. Auch Ort und Zeit seines Todes konnten nicht festgestellt werden.

WERKE
Als sichere Hinterlassenschaft von Johannes Aulen gilt eine dreistimmige Messe, von der es sogar fünf Handschriften gibt. Die Zuschreibung der Motette Salve virgo virginum (Sei gegrüßt, Jungfrau der Jungfrauen) ist strittig. Sein Kompositionsstil entstammt der Zeit vor Dufay.

LITERATUR
E. Reeser, Een isomelische mis uit den tijd van Dufay, Tijdschrift der Vereeniging vor Nederlandse Muziekgeschiedenis XVI, 1946.

Erasmus Lapicida (um 1450–1547)

ZEIT UND UMWELT
Heidelberg entwickelte als Residenz der Pfalzgrafen ab dem 14. Jahrhundert ein sehr reges kulturelles Leben. Im Jahre 1386 gründete Ruprecht I. von Kurpfalz (1309–90) die Universität nach Pariser Muster, die zum

Zentrum des Humanismus in Deutschland wurde. Auch die Hofkantorei wurde bald danach eingerichtet und erfreute sich durch Jahrhunderte ganz besonderer Wertschätzung.

LEBEN

Erasmus Lapicida wurde um 1450 vermutlich in Deutschland geboren. Er dürfte bereits in seiner Jugend in der Hofkantorei der pfälzischen Kurfürsten zu Heidelberg Aufnahme gefunden haben. Nach Wien, wo er am 19. 11. 1547 starb, ist er erst als »alter, armer und kranker Priester« übersiedelt, wie aus einer Bemerkung anläßlich einer Zuwendung Ferdinands I. (1503–64, ab 1556 Deutscher Kaiser) hervorgeht.

WERKE

Vom kompositorischen Werk Lapicidas, der von den Zeitgenossen mehrmals mit Ausdrücken hoher Wertschätzung erwähnt wurde, ist wenig erhalten geblieben. Seine Messen sind nicht überliefert, dafür aber eine Motette, 8 Lieder und 7 Sätze, die den niederländischen Einfluß deutlich erkennen lassen. Er ist ein weiteres Beispiel für das langsame Einsickern der franko-flämischen Musik in Deutschland.

LITERATUR

H. Federhofer, Biografische Beiträge zu Erasmus Lapicida und St. Mahu, Die Musikforschung V, 1952.

Petrus de Domarto
(um 1450 bis um 1500)

ZEIT UND UMWELT

Obwohl in der zweiten Hälfte des 15. Jahrhunderts die »Niederländer« die italienische Musiklandschaft souverän beherrschen, gab es dort bereits den einen oder anderen Italiener, der ihnen die Mehrstimmigkeit, die Ausdrucksformen und Stimmführungen ablauschte und die glückliche Synthese des franko-flämischen Stils mit dem italienischen Klang des folgenden Jahrhunderts vorbereitete.

LEBEN

Petrus de Domarto dürfte um 1450 in Italien geboren sein. Über sein Leben und Wirken ist nichts bekannt, ebensowenig über Ort und Zeit seines Todes.

WERKE

Von Petrus de Domarto sind eine vierstimmige und eine dreistimmige Messe überliefert, außerdem ein dreistimmiges Et in terra pax. Trotz der dürftigen Informationen über den Meister und der kargen Hinterlassenschaft ist er musikgeschichtlich als Vorbereiter jener Zeit bemerkenswert, in der bodenständige Komponisten die Weiterentwicklung ihrer Musik in die Hand nahmen. Der Stil der angeführten Werke ist stark konservativ, aber außerordentlich klangvoll.

Hans Judenkünig (um 1450–1526)

ZEIT UND UMWELT

Um die Wende vom 15. zum 16. Jahrhundert wurde die Laute zum geschätzten und ähnlich universellen Instrument wie später das Klavier. Die Möglichkeit, akkordisch zu spielen und den eigenen Gesang zu begleiten, kam dem Bedürfnis der Musikausübenden, die nicht immer ein Tasteninstrument zur Verfügung hatten, sehr entgegen. Schon die ersten Lautenvirtuosen komponierten auch selbst für das neue Instrument. Sie arrangierten daneben Cembalo-, Orgel- und Ensemblemusik, um ein größeres Repertoire zu gewinnen, und trugen dadurch zur Verbreitung der Kunstmusik erheblich bei.

LEBEN

Hans Judenkünig wurde um 1450 in Schwäbisch-Gmünd geboren. Es ist unbekannt, wo er gelebt und gewirkt hat, bis er 1523 nach Wien kam, wo er am 4. 3. 1526 starb.

WERKE

Der Lautenvirtuose Hans Judenkünig verfaßte zwei der ersten deutschen Lautentabulaturen (Griffnotationen), und zwar eine Lautenübertragung der Odenkompositionen von Tritonius und »Ain schone künstliche

Pro Cantione Antiqua – Idealinterpreten geistlicher Musik der franko-flämischen Schule

vnderweisung in disem büechlein, leychtlich zu begreyffen den rechten grund zu lernen auff der Lautten vnd Geygen, mit vleiss gemacht...« sowie »Item das ander puechlein zuuernemen«. Darin scheinen mehrere eigene Kompositionen auf, deren Stil den Einfluß der franko-flämischen Schule erkennen läßt.

LITERATUR
A. Koczirz, Der Lautenist Hans Judenkünig, Sammelbände der Internationalen Musikgesellschaft VI, 1904/05.

William Newark (um 1450–1509)

ZEIT UND UMWELT
Während König Richard III. (1452–1485) über mehrere Mordtaten auf den englischen Thron gelangte und ihn mit schwerer Mühe behauptete, bis er im Kampf gegen die Invasionstruppen des Tudors Heinrich VII. fiel und, als nackter, blutüberströmter Leichnam über den Rücken eines Pferdes gebunden, nach Leister gebracht und dort sang- und klanglos begraben wurde, während der erste Tudor bis zum Ende seines Lebens An-

griffen von außen und einer Serie von Mordkomplotten im eigenen Land ausgesetzt war, versah die Chapel Royal unbeirrt ihren Dienst, sang bei den Gottesdiensten, den Hoffestlichkeiten und bei den Beerdigungen.

Leben

William Newark wurde um 1450 in Newark-on-Trent geboren. Er trat der Königlichen Kapelle bei und wurde 1477 zum Gentleman der Chapel Royal und 1493 zum Knabenchormeister ernannt. Bei den Trauerfeierlichkeiten für Königin Elisabeth (1465 bis 1503) und ihren Mann König Heinrich VII. (1509) trat er als Chormeister in Erscheinung und starb in den ersten Regierungsmonaten Heinrichs VIII. im November 1509.

Werke

Von dem englischen Komponisten William Newark sind ungefähr 8 zwei- und dreistimmige Madrigale erhalten, die allerdings strukturell und stilistisch von den späteren italienischen Madrigalen noch weit entfernt waren.

Heinrich Isaac (um 1450–1517)

Zeit und Umwelt

In der zweiten Hälfte des 15. Jahrhunderts bildeten sich auch im deutschsprachigen Raum Musikzentren heraus. Die Höfe der Kurfürsten in Heidelberg und Torgau wurden zu starken Magneten für Musiker, in Wien sprachen schon im Mittelalter die Minnesänger gerne vor, auch in München waren Musiker schon lange sehr willkommen. Dazu sind die Sitze geistlicher Fürsten, wie Salzburg, Passau oder Mainz, zu rechnen. Und unter Maximilian I., der sich eine Hofkapelle nach dem Vorbild der Burgunder einrichtete, wurden auch Augsburg und Innsbruck zu Stätten eines intensiven musikalischen Lebens.

Leben

Heinrich Isaac (Ysach, Ysac, Yzaac, Isac, Isaak, Arrigo Tedesco, Arrhigus) wurde um 1450 vermutlich in Brabant oder Ostflandern geboren. Über seine Ausbildung ist nichts bekannt. Ob er je Schüler des Antonio Squarcialupi in Mailand gewesen ist, läßt sich nicht eindeutig feststellen, ebensowenig, ob er vor 1480 in Ferrara oder Florenz gewirkt hat. Gesichert ist jedoch, daß er kurz nach 1480 von Lorenzo de Medici als Lehrer für dessen Söhne und als Organist an den Kirchen San Giovanni und Santa Maria del Fiore nach Florenz gerufen wurde. Im Jahre 1484 hielt er sich vorübergehend in Innsbruck bei Erzherzog Sigismund (1426 bis 1496) auf. Nach dem Sturz der Medici (1494) blieb er noch in Florenz, wo er sich verheiratet hatte, wurde 1496 dem in Pisa weilenden Kaiser Maximilian I. vorgestellt, der ihn 1497 für Innsbruck als Hofkomponisten anwarb. Dieses Dienstverhältnis dauerte bis 1514. Während dieser Zeit unternahm er für den Kaiser mehrere Reisen nach Italien in diplomatischer Mission und war mehrmals in Konstanz. Aufenthalte in Wien und Augsburg sind nicht verbürgt. Ab dem Jahr 1515 hatte er mit Erlaubnis des Kaisers seinen Wohnsitz erneut in Florenz aufgeschlagen (»... also daz er unns zu Florenz nuzer dann an unnsern Hof ist«), wo er wegen seiner Musik und seiner Stellung im Dienst des Kaisers hohes Ansehen genoß. Er starb dort am 26. 3. 1517.

Werke

»Er ist in aller welt bekannt, Lieblich an kunst, fröhlich im thon. Seyn melodey war gestellt gar frey... Gern wolt ich got drumb danckbar sein, Wenn ich nur das verbringen kundt...«, dichtete Isaacs Schüler und Nachfolger als Hofkomponist Senfl. Heinrich Isaacs Vielseitigkeit, seine Bildung – er war des Niederländischen, Französischen, Italienischen, Deutschen und Lateinischen mächtig – und auch seine diplomatische Begabung wurden schon zu seinen Lebzeiten allgemein gerühmt. Im Gegensatz zu Josquin, dem Meister der exklusiven »Musica reservata« (Kennern vorbehaltene Musik), war er ein urwüchsiger Schöpfer zahlloser Gebrauchsmusiken, die zum Teil dem polyphon gesetzten sakralen, zum Teil – oft sehr

Heinrich Isaac (um 1450–1517)

leicht geschürzt – dem profanen Bereich angehörten. Ihm waren sämtliche Stilarten seiner Zeit geläufig. Er neigte aber sehr stark zur Volksmusik, der er viele Melodien entnahm. Sein Stil war bezaubernd frisch, sein gelegentlicher Humor und die Tiefe seines Gemütes profilierten sich am deutlichsten in den Werken, die volkstümliche Musik in vollendet künstlerische Form bringen.

Vor allem anderen steht sein Liedschaffen. Von den 25 deutschen Liedkompositionen (13 höfische, 9 bürgerliche, 3 geistliche) sind am bekanntesten: »Mein freud allein in aller Welt« und »Innsbruck ich muß dich lassen«, dessen Melodie Isaac zuerst (vor 1500) als Cantus firmus in seiner Missa Carminum (Liedermesse) verarbeitet und dann als vierstimmiges Diskantlied setzte. (Das Lied regte Paul Friedrich Ernst Gerhardt zu seinem bekannten Lied »Nun ruhen alle Wälder« an.) Diese Lieder waren für das deutsche mehrstimmige Lied des 16. Jahrhunderts richtungsweisend. Dazu kamen 5 französische, 10 italienische und 5 lateinische Lieder und nahezu 90 mehrstimmige Instrumentalstücke. Auf dem sakralen Sektor liegen eine Anzahl Messen vor, darunter die Missa Carminum, die deutsche Lieder als Cantus firmi verwendet; außerdem das umfangreiche Proprienwerk Choralis Constantinus mit drei in der Regel vierstimmigen, das gesamte Kirchenjahr umfassenden Teilen, das von Senfl fertiggestellt wurde, und ungefähr 50 Motetten. Daneben ist eine Reihe geistlicher und weltlicher Sätze überliefert (Motetten und Lieder). In seiner Gesamtheit ist das von

Lochamer Liederbuch – Handschrift früher deutscher Volkslieder aus den Jahren 1450/60

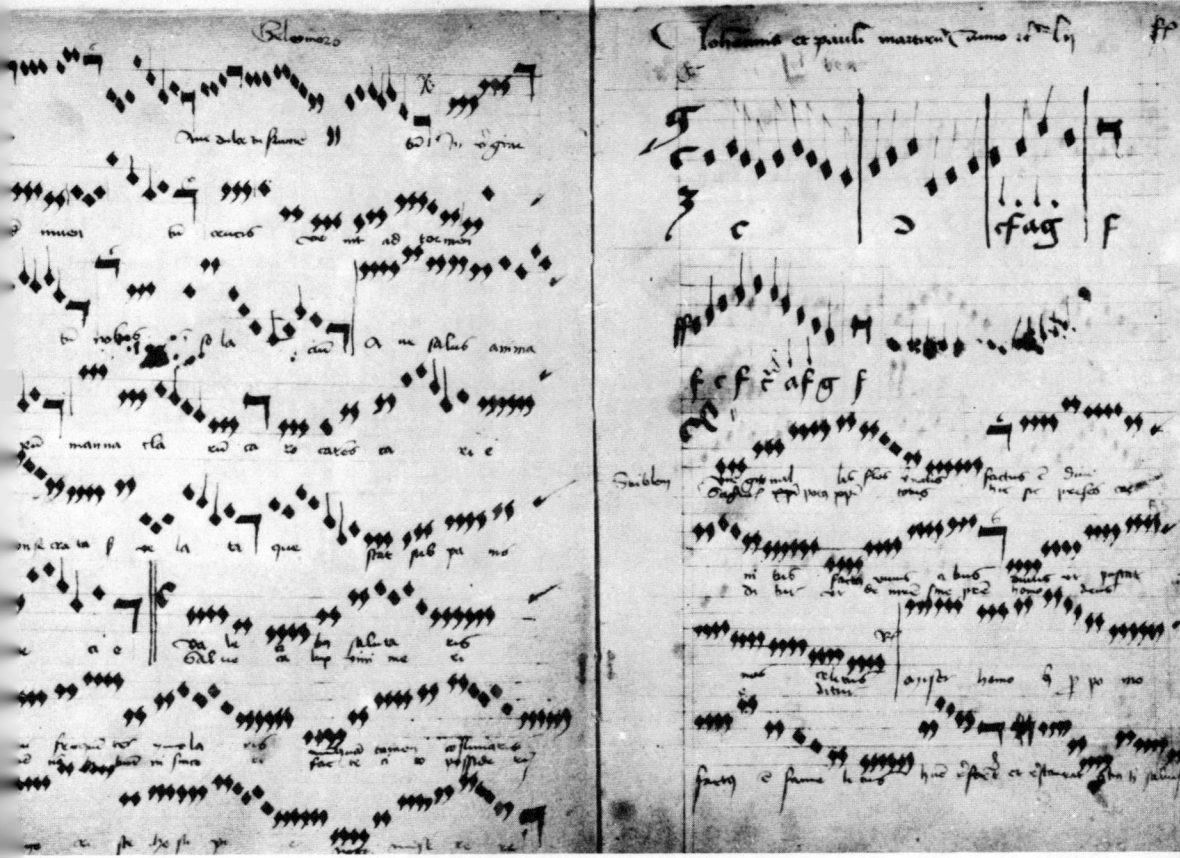

Isaac hinterlassene Werk noch nicht endgültig gesammelt. In den zahlreichen Handschriften ganz Europas befinden sich noch etliche ungedruckte Kompositionen des Meisters, mit denen sich Mitteleuropa in die Entwicklung der Musik einreihte.

Missa Carminum (Liedermesse) für Singstimmen und Instrumente, 5 Teile, entstanden nach 1500
> Die Messe nimmt als Cantus firmi Teile deutscher Liedweisen, und zwar entweder das Kopfmotiv oder irgendeine Zeile daraus, und verarbeitet sie zum vierstimmigen Satz, indem sie äußerst geschickt mit starker Klangwirkung übereinander und nebeneinander gesetzt werden. Vom eigenen Lied des Komponisten »Innsbruck, ich muß dich lassen« wurde der ganze Satz im »Christe« übernommen. Das Agnus Dei verwendet die Weise »Bruder Konrad, der lag siech« als Cantus firmus.
> Alle Lieder, von denen in dieser Messe Teile aufklingen, waren zu den Zeiten des Komponisten allgemein bekannt. Es war sicherlich für die Zuhörer sehr reizvoll, sie im Rahmen dieser Messe imitiert wiederzuerkennen.

LITERATUR
W. Senn, Musik und Theater am Hof zu Innsbruck, Innsbruck 1954. W. Lipphardt, Die Geschichte des mehrstimmigen Proprium missae, Heidelberg 1950.

Loyset Compère (um 1450–1518)

ZEIT UND UMWELT
Im letzten Drittel des 15. Jahrhunderts hatte die »Wanderbewegung« der franko-flämischen Meister ihren vollen Umfang erreicht. Sie kamen und gingen, einander an den Fürstenhöfen und Kathedralen Frankreichs oder Italiens ablösend, wo sie als Sänger, Dirigenten und Komponisten wirkten und nebenbei als Kleriker, als Erzieher, als Lehrer tätig waren. Dieser ständige Abtausch wirkte auf die Stilentwicklung durch das gegenseitige Kennenlernen, das zum Wettstreit und zur Nachahmung führen mußte, sehr belebend.

LEBEN
Loyset Compère wurde um 1450 vermutlich in St. Omer geboren. In den Jahren 1474 und 1475 scheint er als Kapellsänger der Sforza in Mailand auf. 1486 war er Hofkapellsänger in Paris. Er starb als Kanonikus am 16. 8. 1518 in St. Quentin.

WERKE
Von Loyset Compère sind 6 Messen, 4 Messeteile, 3 Motettenzyklen, 24 einzelne Motetten, 5 Motettenchansons, bei 50 Chansons und 2 italienische Frottole erhalten. Die sakralen Frühwerke sind stark italienisch beeinflußt; alles übrige ist stärker an den franko-flämischen Stil gebunden, lehnt sich aber mehr an Obrecht als an Ockeghem an. Die Chansons weisen den verfeinerten Stil spätburgundischer höfischer Komposition auf, sind aber dennoch sehr verbreitet und auch vom Volk bereitwillig aufgenommen worden.

LITERATUR
L. Finscher, Die Messen und Motetten Loyset Compères, Göttingen 1954.

Beltrame Vacqueras
(um 1450 bis nach 1507)

ZEIT UND UMWELT
Die päpstliche Kapelle nahm zur Zeit der Renaissance neben Klerikern auch Laien auf, selbst wenn diese verheiratet waren. Maßgebend für die Aufnahme war nur die künstlerische Qualität, andere Kriterien wurden erst wieder in kommenden Zeiten, in denen man vom Kunstideal der Renaissance abgerückt war, angewendet.

LEBEN
Beltrame Vacqueras (Vagueras, Vaqueras, Bernardus alias de Brassia) wurde um 1450 in der Landschaft Bresse (Ain/Saône et Loire) geboren. Von 1481 bis 1482 war er Sänger der Peterskirche zu Rom und von 1483 bis 1507 an der päpstlichen Kapelle. Er dürfte nach 1507 in Rom gestorben sein.

WERKE
Von Vacqueras sind 2 vierstimmige Messen (darunter eine über L'homme armé), eine

Motette, eine Chanson und eine Reihe kleinerer zwei- bis sechsstimmiger Vokalwerke erhalten. Er wurde von seinen Zeitgenossen als Komponist hochgeschätzt. Sein Stil entspricht der Zeit, in der immer mehr Vertreter der franko-flämischen Schule nach Italien kamen.

Jacob Obrecht (1450–1505)

Zeit und Umwelt

Nicht wenige Kleriker hatten sich den Ideen des Humanismus verschrieben. Sie unterschieden sich in ihrem künstlerischen Schaffen nicht von den Laien; ihre Musik zum Beispiel folgte den gleichen Tendenzen, ob sie im Dienst einer fürstlichen Kapelle entstand oder für eine Kirche, ob es sich um Messen, Motetten oder um profane Gesänge handelte, denn Form und Ziel der Kunst waren nur mehr Regeln unterworfen, die sich der Mensch selbst setzte und die nicht von transzendenten Mächten aufgestellt worden waren. Erasmus von Rotterdam (1466–1556), einer der größten Humanisten jener Zeit, war selbst Mönch und Priester und wie sein Lehrer Obrecht Kleriker gewesen. Am stärksten prägte sich diese Entwicklung in Italien aus, wo weltliche und geistliche Fürsten die Fesseln mittelalterlichen Denkens abzustreifen versuchten.

Leben

Jacob Obrecht (Hobrecht, Obertus, Hobertus, Obreth) wurde am 22. 11. 1450 in Bergen-op-Zoom geboren. Sein ganzes Leben lang pendelte er zwischen verschiedenen Stellungen in den Niederlanden und Italien hin und her. Dieses unstete Leben war jedoch weniger durch seine Wesensart bedingt, sondern durch seinen Ruf als vorzüglicher Musiker, der ihm ständig bessere Angebote einbrachte.

Seine Familie ist in Bergen-op-Zoom seit 1397 nachweisbar. Nach einer anderen Version ist er auf einer Reise seiner Eltern durch Sizilien geboren worden. Auch daß er mit dem 1470 in Löwen immatrikulierten Jacobus Obrecht ident ist, wird angezweifelt.

Sicher ist aber, daß er zwischen 1479 und 1484 das Amt eines Sangmeisters in Bergen-op-Zoom bekleidete; 1480 wurde er zum Priester geweiht. Seine nächste Stelle als Sangmeister trat er 1485 in Cambrai an und kam in gleicher Eigenschaft 1486 nach Brügge, wo er, unterbrochen von einer Reise nach Ferrara (1487/88), bis 1491 blieb. Sodann löste er Barbireau als Sangmeister an der Kathedrale von Antwerpen ab. Ein Jahr darauf wurde er dort Kapellmeister, mußte aber diese Stelle wegen einer Erkrankung 1496 aufgeben. Im Jahre 1498 war er Vorsänger in Brügge, ging 1501 neuerlich nach Antwerpen und reiste 1504 abermals nach Ferrara, wo er 1505 der Pest erlag.

Werke

In Jacob Obrechts Musik ist der niederländische Renaissancestil voll ausgeprägt. Die

Seite aus dem Lochheimer Liederbuch

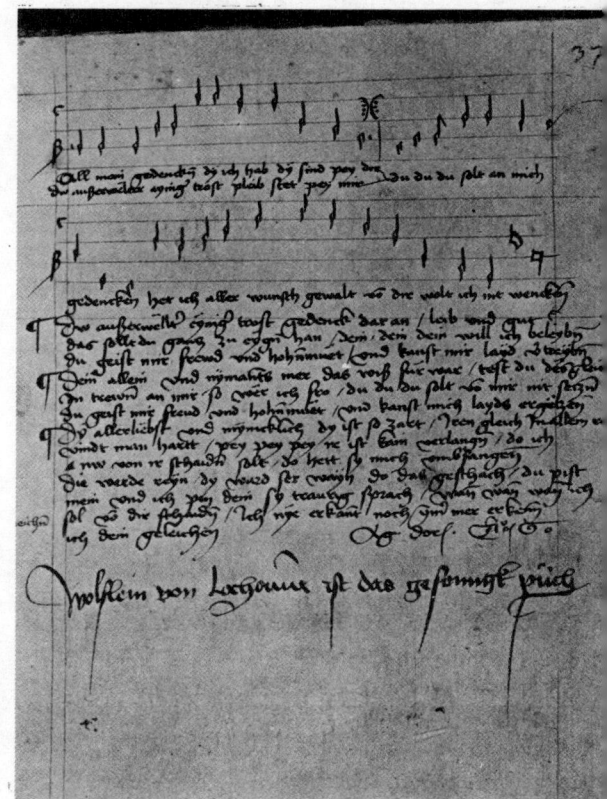

klare Disposition, der Einsatz der Sequenzen, die Imitation und das Ostinato, die Motivwiederholungen und die scharf akzentuierten Rhythmen verschmelzen zu einer vollendeten Einheit. Obrecht war bereits zu seinen Lebzeiten als Meister der niederländischen Kontrapunktik berühmt. Seine melodischen Einfälle sind zwar häufig italienischer Herkunft, ihre Fassung ist jedoch echt niederländisch. An erster Stelle stehen die Messekompositionen, deren Ordinarium zyklisch durchgearbeitet wurde. Der Cantus firmus, der zuweilen nicht nur von einzelnen Stimmen, sondern von allen gemeinsam vorgetragen wird, ist in klar getrennte Abschnitte zerlegt. Es sind ungefähr 25 Messen überliefert, dazu 32 Motetten und über 10 weltliche Werke (Lieder). Die 1500 verfaßte Passion nach Matthäus ist die älteste Motetten-Passion der Musikgeschichte und bildete den Auftakt für alle nachfolgenden. Sie wurde ursprünglich dem Komponisten Antoine de Longaval zugeschrieben. Die moderne Forschung will in der Musik Obrechts ein Zahlengeflecht mit symbolischer Bedeutung erkennen. Das würde besagen, daß auch die Werke der Renaissance sich nicht von der magischen Urwurzel der Musik getrennt hatten.

Missa Fortuna desperata
Diese Messe nimmt als Cantus firmus die dreistimmige Fassung der Chanson von Busnois »Fortuna desperata«. Es werden alle drei Stimmen einzeln und gleichzeitig verwendet und verarbeitet. Im ersten Kyrie z. B. singt der Tenor die ersten 17 Takte der zweiten Stimme; dem zweiten Kyrie ist die ganze zweite Stimme zugrunde gelegt, es klingt jedoch mit allen drei Stimmen zugleich aus. Die Konstruktion des gesamten Werkes ist sehr klar und ausgewogen. Die drei Kyrie zum einen und die Agnusteile zum anderen bilden die Eckpfeiler der Messe. Gloria und Credo sind gleich lang und beginnen mit dem gleichen Kennmotiv. Im Gloria folgen 10 Takte ohne Cantus firmus, 30 mit und wieder 12 ohne Cantus. Das Credo ist völlig gleichartig konstruiert. Im Sanctus erklingt das Pleni sunt dreistimmig zwischen zwei vierstimmigen Sätzen. Das Benedictus ist wieder dreistimmig. Übrigens haben alle dreistimmigen Teile keinen Cantus firmus und variieren andere Motive der Messe.

Missa super Sub tuum praesidium confugimus
Diese Messe ist auf der Melodie des Antiphons »Sub tuum praesidium« als Cantus firmus aufgebaut, den die Oberstimme vom Anfang bis zum Ende trägt. Die drei Phrasen des Antiphons sind im ersten Kyrie, im Christe und im zweiten Kyrie der Reihe nach verwendet. Das Gloria, das mit Et in terra einsetzt, beginnt mit der ersten Antiphonphrase und endet im ersten Teil mit der zweiten Phrase des Cantus; der zweite Teil des ersten Satzes verwendet die dritte Phrase des Antiphons. Vom Credo an finden in der Oberstimme Melodie und Text von Sequenzversen und der Antiphon selbst Verwendung.

LITERATUR
A. Salop, Jacob Obrecht and the Early Development of Harmonic Polyphony, Journal of the American Musicological Society XVII, 1964.

Francesco d'Ana (1450–1503)

ZEIT UND UMWELT
In der zweiten Hälfte des 15. Jahrhunderts bahnte sich der politische und wirtschaftliche Abstieg der Republik Venedig an. Die Eroberungen auf dem italienischen Festland konnten die Verluste im Osten an die Türken nicht wettmachen. Man war irgendwie stark der glanzvollen Vergangenheit verhaftet, so daß die Renaissanceformen nur langsam in die Stadt eindringen konnten. Auch die Musik der Renaissance entwickelte sich um einiges später als in der Lombardei oder der Toskana, setzte dafür im folgenden Jahrhundert um so mächtiger ein. Doch zuvor, wie stets bei solchen Entwicklungsphasen, traten etliche Vorläufer auf, die die große Wende ankündigten.

LEBEN
Francesco d'Ana wurde 1450 vermutlich in Venedig geboren. Er wurde Organist an San Leonardo und am 20. 8. 1490 an San Marco und behielt die Stelle bis zu seinem Tod am Beginn des Jahres 1503 in Venedig.

WERKE

Francesco d'Ana hat sicherlich für die Kirchen, in denen er Orgel spielte, viel Kirchenmusik geschrieben. Das meiste davon ist verlorengegangen, abgesehen von mehreren Motetten und Messesätzen, die alle dem im übrigen Italien gepflegten zeitgenössischen Stil folgten.

Franchino Gaffori (1451–1522)

ZEIT UND UMWELT

Unter dem Marchese Francesco II. Gonzaga (1466–1519) kam Mantua, das bereits seine Vorgänger zu einem bedeutenden kulturellen Zentrum der Lombardei gemacht hatten, auf einen hohen Entwicklungsstand. Namhafte Künstler wie Leon Battista Alberti (1404–72) und Andrea Mantegna (1431 bis 1506) hatten ihren Weg dorthin genommen. Es war eine zwangsläufige Folge, daß sich auch Dichter und Musiker bald einfanden.

LEBEN

Franchino Gaffori (Franchinus Gaffurius, Gafori) wurde am 14. 1. 1451 in Lodi geboren. Sein Vater war Söldnerhauptmann der Herren von Gonzaga. Franchino studierte im Benediktinerkloster San Pietro in Lodi Theologie und bei Johannes Godenbach (Bonadies, 15. Jahrhundert, Theoretiker und Lehrer) Musik. Nach seiner Priesterweihe ging er an den Hof der Gonzaga in Padua (1473), wurde jedoch 1477 nach Genua berufen. Das Jahr 1478 fand ihn in Neapel im Dienst Ferdinands I. von Aragon, wo er mit Tinctoris und Ycaert in Verbindung kam. Im Jahre 1480 kehrte er nach Lodi zurück und übernahm dort bis 1482 die Leitung der Schola cantorum, 1484 wurde er zum Kapellmeister des Domes zu Mailand ernannt, wo er am 25. 6. 1522 als anerkannt höchste musikalische Autorität der Stadt starb.

WERKE

Von Gaffori sind eine dreistimmige und 14 vierstimmige Messen, 11 Magnificat, ein Stabat mater und bei 40 drei- bis fünfstimmige Hymnen und Motetten erhalten; dazu kommen noch etliche weltliche und textlose Sätze. Sein Stil stellte eine glückliche Kombination der flämischen Satzkunst mit dem Klangreichtum der Italiener dar. Berühmt war der Meister jedoch weniger wegen seines kompositorischen Wirkens als aufgrund seines umfangreichen musiktheoretischen Schrifttumes, weiters wegen seiner Tüchtigkeit in der Leitung und Ausgestaltung von Chören. Er reformierte den Mailänder Domchor von Grund auf, so daß dieser den höchsten Anforderungen entsprechen konnte; er nahm auch auf die von Weerbeke geleitete Hofkapelle maßgebenden Einfluß. Als

Glockenspiel, Cembalo und andere Musikinstrumente auf einem Holzschnitt aus: »Theorica musica« von Gaffori, Mailand 1492

die Franzosen Mailand eingenommen hatten, wurde ihm der Titel eines Regius musicus (Königlicher Musiker) verliehen. Leonardo da Vinci malte sein Porträt.

LITERATUR
I. Young, Franchino Gaffori, Los Angeles 1954.

Arnolt Schlick (um 1455 bis um 1525)

ZEIT UND UMWELT
Die pfälzischen Kurfürsten gaben sich Mühe, aus Heidelberg ein Musikzentrum zu gestalten, wie auch die Kurfürsten von Sachsen Musiker nach Torgau luden, wie Maximilian in Fortsetzung der burgundischen Tradition Hofkapellen und Kantoreien ausbaute und mit erstklassigen Kräften besetzte. Johannes Soest (1448 bis 2. 5. 1506), Komponist, Schriftsteller und Arzt, war dort Sangmeister ab 1472, dessen Schüler Sebastian Virdung von 1483 bis 1505 Mitglied der Heidelberger Hofkantorei. Beide begründeten eine Musiktradition der Stadt für Jahrhunderte.

LEBEN
Arnolt Schlick wurde um 1455 in Heidelberg geboren. Er war blind. Seine Ausbildung dürfte er in Heidelberg genossen und dort als Organist gewirkt haben. Anläßlich der Krönung Maximilians I. in Frankfurt im Jahre 1486 spielte er die Orgel. In den Jahren 1490 und 1491 war er in den Niederlanden und anschließend in Straßburg als bereits allseitig bekannter Orgelfachmann; in der gleichen Eigenschaft war er in Heidelberg, Hagenau, Speyer und anderen Städten tätig. Er starb in Heidelberg um 1525.

WERKE
Arnolt Schlick ist durch seinen »Spiegel der Orgelmacher und Organisten«, das erste in deutscher Sprache geschriebene Werk über Orgelbau und Orgelspiel, berühmt geworden. Außerdem wurde sein vorzügliches Orgelspiel sehr gerühmt. Von seinen Kompositionen ist sehr wenig erhalten. Ob alles in den von ihm veröffentlichten Orgeltabulaturen von ihm selbst stammt, ist nicht gesichert. 2 vierstimmige Liedsätze, 8 Kanons liegen außerdem vor. Sein Stil ist deutlich an den Obrechts angelehnt.

LITERATUR
Fr. Stein, Geschichte des Musikwesens in Heidelberg, Heidelberg 1921.

Jean Ghiselin (um 1455 bis um 1511)

ZEIT UND UMWELT
Unter dem kunstliebenden Herzog Ercole I. d'Este (1431–1505) wurde der Palazzo di Schifanoia von Francesco Cossa (1436–77) mit Fresken geschmückt; die Renaissancedichter Matteo Maria Boiardo (1441–94, Verfasser des »Verliebten Roland«) und Ludovico Ariosto (1474–1533, Verfasser des »Rasenden Roland«) erfuhren tatkräftige Förderung, die von den nachfolgenden Herrschern der Stadt im Sinn des Renaissancegedankens fortgesetzt wurde. Das Haus Este ist den großzügigen Förderern der italienischen Renaissancekultur, wie Medici, Sforza, Gonzaga und anderen, gleichzustellen.

LEBEN
Jean Ghiselin (Ghiseling, Ghiselinus), der mit Jean Verbonnet identisch war, wurde um 1455 vermutlich in Flandern geboren. Er stand ab 1491 bis mindestens 1503 im Dienst der Herzöge von Ferrara. Dieser Aufenthalt wurde 1492 bis 1493 für ein halbes Jahr unterbrochen, in dem der Meister als Sänger an San Giovanni in Florenz wirkte. Gegen das Jahr 1508 war Ghiselin in Bergen-op-Zoom als Sänger angestellt und dürfte dort auch um 1511 gestorben sein.

WERKE
Von Jean Ghiselin sind 5 Messen und eine Reihe von Gesängen und Motetten erhalten. Sie folgen dem zeitgenössischen frankoflämischen Stil, ohne diesem vorauszueilen. Seine musikgeschichtliche Funktion als Vertreter dieses Stiles in Italien, wo der Renais-

sanceklang im 16. Jahrhundert voll zur Geltung kam, hat dieser Meister gleich den anderen, die eingewandert sind, erfüllt.

LITERATUR
Cl. Gottwald, Jean Ghiselin – Jean Verbonnet, Stilkritische Untersuchung zum Problem ihrer Identität, Wiesbaden 1962.

Giovanni Spataro (um 1458–1541)

ZEIT UND UMWELT
Der Hochstand des geistigen Lebens von Bologna ist bereits dadurch gekennzeichnet, daß es die älteste Universität Europas beherbergt, die 1119 gegründet wurde. Trotz der unaufhörlichen Machtkämpfe zwischen rivalisierenden Familien um die Herrschaft wurde eine Reihe von Bauten von unvergänglichem Wert geschaffen. In der zweiten Hälfte des 15. Jahrhunderts setzte bereits die berühmte Bologneser Schule der Malerei mit Francesco Francia (1448–1517) ein, deren Blüte sich im nächsten Jahrhundert voll entfaltete. Das Musikleben kam nicht zu kurz. Unter Giovanni II. Bentivoglio (1462–1506) erfuhren heimische und zugewanderte Musiker eine starke Förderung.

LEBEN
Giovanni Spataro (Spadaro, Spatarus, Spadadius, Spartarius) ist um 1458 in Bologna geboren. Er war ab 1505 Sänger und ab 1512 Kapellmeister an San Petronio in Bologna bis zu seinem Tod am 17. 1. 1541.

WERKE
Spataro war mehr als Musiktheoretiker denn als Komponist bekannt. Als Schüler von Ramos de Pareja sekundierte er diesem eifrig in dessen Auseinandersetzungen wegen der Terzen- und Quartenmensuren mit den Musikwissenschaftlern Gaffori und Nicolaus Burtius (1450–1518). Sein kompositorisches Werk umfaßte Messen, Motetten und Psalmen, deren Stil eine Synthese italienischer Akkordik und franko-flämischer Mehrstimmigkeit war. Das Prinzip des Cantus firmus und der Imitation ist streng durchgeführt.

LITERATUR
L. Frati, Per la storia della musica in Bologna, Rivista musicale italiana XXIV, 1917.

Jehan Mouton (1459–1522)

ZEIT UND UMWELT
Franz I. (1494–1547) wird mit Recht der König der französischen Renaissance genannt. Seine Großzügigkeit gegenüber Künstlern und Humanisten übertraf selbst die der Burgunder. Er zog vor allem italienische Maler und Bildhauer an seinen Hof in Fontainebleau, darunter Meister wie Benvenuto Cellini (1500–71) und Francesco Primaticcio (1504–70). Leonardo da Vinci verbrachte seine letzten Lebensjahre in Amboise. Neben diesen Künstlern wurden Baumeister, Gelehrte und Musiker gerufen, mit denen sich der König ganz besonders in den letzten 20 Jahren seiner Regierung mit Vorliebe umgab.

LEBEN
Jehan Mouton (Jean d'Holluigue, M. Sameracensis) wurde 1459 in Holluigue (Pas-de-Calais) geboren. Er war 1477 Sängerknabe an Notre-Dame in Nesles, wo er 1483 zum Priester geweiht, zum Kantor gewählt und mit einer Pfründe ausgestattet wurde. 1500 scheint er als Knabenkapellmeister an der Kathedrale von Amiens auf, 1501 wurde er in Grenoble als Orgel- und Gesanglehrer angestellt. Bereits 1502 verließ er diese Stelle, um in den Dienst der Königin Anne (1477 bis 1514) zu treten, deren Kapelle er leitete. In der Kapelle des Königs Ludwig XII. ist er 1512 feststellbar. König Franz I. übernahm ihn nach Ludwigs Tod in seine Kapelle. Er ist am 30. 10. 1522 in Saint Quentin, wo er eine Pfründe hatte, gestorben.

WERKE
Jehan Mouton ist vielleicht ein Schüler Josquins gewesen. Auf alle Fälle kann er als hervorragender Vertreter der Schule Josquins im weiteren Sinn gelten. Er ist zu den berühmtesten französischen Hofmusikern neben Josquin, La Rue und Isaac zu zählen,

wie von vielen Theoretikern des 16. und 17. Jahrhunderts bezeugt wird. Seine Techniken sind sehr vielfältig und reichen von der altertümlichen Cantus-firmus-Technik bis zur Auflösung des Cantus firmus in ein durchimitiertes Stimmengeflecht. Die Vollstimmigkeit des Satzes ist stärker als bei Josquin. Die Melodik ist energisch und klar, das Satzbild immer durchsichtig und gut gegliedert.

Von Mouton sind erhalten: 14 vollständige Messeordinarien, ein Credo, 10 Magnificat, um 110 Motetten und bei 25 Chansons. Es ist sicherlich viel von seinem Werk verlorengegangen, aber was vorliegt, reiht ihn vorbehaltlos zu den großen Renaissancemeistern ein.

LITERATUR

J. Delporte, L'école polyphonique francoflamande: Jean Mouton, Revue liturgique et musicale XVI–XIX, 1932–35.

Paulus Hofhaymer (1459–1537)

ZEIT UND UMWELT

Kaiser Rudolf I. von Habsburg (1218–91) anerkannte den Erzbischof von Salzburg als souveränen Landesfürsten (1278). Von diesem Jahr datiert der kulturelle Aufstieg der fürsterzbischöflichen Residenz, an deren Ausgestaltung eine Reihe von italienischen Meistern mitgewirkt hat. Die Orgel des Domes war stets mit ausgezeichneten Organisten besetzt, so daß die Stadt bald zu einem der Musikzentren Mitteleuropas wurde und es bis in unsere Tage blieb.

LEBEN

Paulus Hofhaymer (Ritter von Hoffheimer, Hofhaimer, Hofheymer) wurde am 25. 1. 1459 in Radstadt (Tauern) geboren. Der österreichische Komponist und Organist entstammte einer Organistenfamilie. Sein Vater war vermutlich auch sein erster Lehrer. Es wird angenommen, daß er auch von Lapicida unterrichtet wurde und kurze Zeit am Hof Kaiser Friedrichs III. (1415–95) beschäftigt war. Im Jahre 1480 wurde er Hof-

Paulus Hofhaymer, nach einer Zeichnung von Albrecht Dürer

organist bei Erzherzog Sigmund in Innsbruck und wurde 1490 von Maximilian I. in dessen Hofkapelle übernommen. Auf seinen Reisen im Gefolge Maximilians lernte er in Frankfurt Schlick kennen und knüpfte mit Friedrich dem Weisen von Sachsen freundschaftliche Beziehungen an. Im gleichen Jahr trat er in den Dienst des Fürstbischofs von Passau über und dürfte 1508 der Münchner Hofkapelle angehört haben. Das Jahr 1519 findet ihn erneut in Passau, wo er bis 1521 blieb; 1524 wurde er Domorganist zu Salzburg, wo er – 1515 von Maximilian zum Ritter geschlagen – 1537 starb.

WERKE

Hofhaymer galt als der größte Orgelmeister seiner Zeit, wie von den berühmten Humanisten Celtis, Paracelsus (1493–1591), Joachim Vadianus (1484–1551) und Willibald Pirckheimer (1470–1530) bezeugt wird. In

Musikantengruppen aus dem Triumphzug des Kaisers Maximilian I. – Holzschnitt von Hans Burgkmair d. Ä., um 1516

Paulus Hofhaymer am Positiv im Triumphzug des Kaisers Maximilian I. – Holzschnitt von Hans Burgkmair d. Ä., um 1516

seinen vielen überlieferten Orgelwerken stellt sich uns eine absolut stimmige (das heißt, daß jede einzelne Stimme selbständig ist) Musik vor, die der mehrstimmigen Vokalmusik noch sehr nahe steht und stereotype Verzierungsformeln aufweist, aber gerade dadurch sehr reizvoll wirkt. Die zahlreichen lateinischen Motetten, die sakralen und profanen mehrstimmigen Lieder und die Instrumentalwerke zeigen einen schon sehr entwickelten Satz. Die deutschen Lieder zeichnen sich durch besonders schönen Wohlklang aus.

Hofhaymer war gegen Ende seines Lebens damit beschäftigt, 35 Oden von Horaz zu vertonen. Er vermochte das Werk nicht mehr zu vollenden. Sein Freund Ludwig Senfl nahm sich dieser Aufgabe an.

Der Orgelmeister war auch ein bedeutender Orgellehrer. Eine Reihe namhafter Organisten entstammte seiner Schule wie Buchner, Brummer, Kotter und Grefinger und weiters der Italiener Memmo.

LITERATUR
H. J. Moser, Paul Hofhaymer, ein Lied- und Orgelmeister des deutschen Humanismus, Berlin 1929.

Conradus Celtis (1459–1508)

ZEIT UND UMWELT
Der deutsche Humanismus, der anfänglich als literarisch-stilistische Richtung von Studenten aus Italien verbreitet wurde, mündete in der Ausbildung einer wissenschaftlichen Haltung auf allen Gebieten, insbesondere in den Naturwissenschaften. Im letzten Drittel des 15. Jahrhunderts entstand in Wien ein mathematisch-naturwissenschaftlich ausgerichtetes Zentrum, dem unter anderen der Mathematiker Georg von Peuerbach (1423 bis 1461), der Mathematiker und Astronom Regiomontanus (1436–76), Conradus Celtis und dessen Schüler Johannes Cuspinianus

(1473–1529), vielseitiger Humanist und Historiograph, angehörten.

Leben
Conradus Celtis (Conradus Celtes Protucius, eigentlich Bickel oder Pickel) wurde am 1. 2. 1459 in Wipfeld am Main geboren. Der deutsche Humanist studierte in Köln und Heidelberg Philologie, Philosophie, Rhetorik und Poesie und in Krakau Mathematik. Wegen seines literarischen Schaffens wurde er in Nürnberg 1487 zum Poeta laureatus gekrönt. Er lehrte ab 1492 Rhetorik und Poesie in Ingolstadt und ab 1497 in Wien. Er starb in Wien am 4. 2. 1508 als einer der Begründer des deutschen Humanismus.

Werke
Wirken und Bedeutung von Conradus Celtis liegen auf dem Gebiet verschiedener Wissenschaften und der Literatur. Musikgeschichtlich beachtenswert ist der große Humanist durch seine beiden Bühnenspiele »Ludus Dianae« (1500) und »Laudes Maximiliani« (1504) geworden, deren Aktschlüsse er mit Chören versah. Damit schuf er eine der ältesten Bühnenmusiken. Er war auch einer der ersten Anreger zur metrischen Odenkomposition, die die antiken Metra mittels genauer Wiedergabe der Silbenquantität neu beleben wollten. Alle Oden gleicher Strophenform erhielten die gleiche Melodie. Bei mehrstimmigen Vertonungen kam es wegen der Beachtung des Metrums in allen Stimmen zu einer strengen Homorhythmie. In der gleichen Form sind auch die vorgenannten Bühnenmusiken gefaßt.

Literatur
H. Rupprich, Die Frühzeit des Humanismus und der Renaissance in Deutschland, Köln 1938.

Pierre de la Rue (um 1460–1518)

Zeit und Umwelt
Margarete von Österreich (1480–1530), Tochter Kaiser Maximilians I. und der Maria von Burgund, wurde von ihrem Vater 1507 zur Generalstatthalterin der Niederlande ernannt. Sie führte ihren Hof in Mecheln im Stil der Herzöge von Burgund, so daß seine Funktion als Zentrum der Renaissancekunst Westeuropas, das die Vorfahren ihrer Mutter geschaffen hatten, erhalten blieb.

Leben
Pierre de la Rue (Larue, Petrus Pratensis, Pierchon, Pieratton) wurde um 1460 vermutlich in Tournai geboren. Über seine Jugend und Ausbildung ist nichts bekannt. Die Vermutung, daß er Schüler Ockeghems gewesen sei, ist nicht beweisbar. Er dürfte ziemlich früh nach Italien gegangen sein und an verschiedenen Domen gewirkt haben. Jedenfalls ist nachweisbar, daß er im Jahre 1482 und von 1483 bis 1485 an der Kathedrale von Siena als Sänger tätig gewesen ist. Von 1489 bis 1492 gehörte er der Kapelle der Lieb-Frauen-Bruderschaft in 's-Hertogenbosch an und trat sodann der Kapelle des burgundischen Hofes bei, wo er bis 1516 unter Philipp dem Schönen und der Statthalterin Margarete von Österreich als Sänger und Komponist wirkte. Im Jahre 1501 war er Kanonikus von Courtrai geworden. Dorthin zog er sich 1516 zurück und starb dort am 20. 11. 1518.

Werke
Der franko-flämische Komponist Pierre de la Rue zählte zu den hervorragendsten Meistern des 15. und 16. Jahrhunderts; er war vielleicht der einzige, der einem Vergleich mit Josquin standhielt. Es sind 31 Messen von seiner Hand überliefert, und zwar 22 vierstimmige, 8 fünfstimmige und eine sechsstimmige; dazu 7 einzelne Messesätze. Bei den erhaltenen 37 Motetten und 37 Chansons ist die Vierstimmigkeit selten überschritten. Der Meister wendete bei seinen Kompositionen sehr häufig die Kanonform an, aber nicht so stark profiliert, daß er sich von Josquin deutlich abheben würde.
Die Musik von Pierre de la Rue trägt den Charakter ernster Größe, »aber innerhalb dieser Grenze ist der Ausdruck und die Behandlung in einzelnen Werken sehr verschieden... einzelne Compositionen... wei-

chen in ihrer fast miniaturartigen, feinen Durchführung... und im Streben nach dem mildesten Wohlklang von allem sehr ab« (Ambros).

LITERATUR
J. Robijns, Pierre de la Rue als overgangsfiguur tussen middeleeuwen en renaissance, Revue de Musicologie IX, 1955.

Lope de Baena (um 1460 bis um 1520)

ZEIT UND UMWELT
Das grausame Wüten der Königin Isabella I. von Kastilien war eine konsequente Folge ihres Fanatismus für die restlose Glaubenseinheit ihres Volkes und die unbedingte Beachtung der Verhaltensvorschriften ihrer Religion. Ihre Strenge machte auch vor den Toren ihres Hofes und vor ihr selbst nicht halt. Daß sie die Musik für ihre Hofgesellschaften von der Königlichen Kapelle besorgen ließ und die dabei vorgetragenen Lieder in religiösen Randbezirken angesiedelt waren, ergab sich daraus von selbst.

LEBEN
Lope de Baena wurde um 1460 in Baena geboren. Über Leben und Wirken dieses spanischen Komponisten ist bis zu seiner Anstellung an der Kapelle der Königin Isabella I. als Organist nichts bekannt (1498). Er nahm an der Überführung der am 26. 11. 1504 verstorbenen Regentin von Medina del Campo nach Granada teil. Er dürfte seine Stelle als Organist und Sänger der Königlichen Kapelle bis zu seinem Tod um 1520 behalten haben.

WERKE
Es sind nur profane Kompositionen von Lope de Baena überliefert, und zwar etwa ein Dutzend mehrstimmige Gesänge zum Hofgebrauch, die zwar dem damaligen spanischen Stil folgen, aber doch durch einzelne Eigenwilligkeiten überraschen. Er wurde von seinen Zeitgenossen sehr geschätzt und als »ein sehr feiner Komponist« bezeichnet, »dessen Musik alle Sorgen verscheucht«.

Mabriano de Orto (um 1460–1529)

ZEIT UND UMWELT
Die Kombination des Berufes eines Klerikers und eines Musikers erwies sich durch lange Perioden der Musikgeschichte als sehr günstig für den Musiker selbst, dessen Lebensunterhalt gesichert war, und auch für die Musik, weil sie sich, wenn auch im jeweils gegebenen Rahmen, als nicht unmittelbar honorarabhängig freier entwickeln konnte. Wem es gelang, Hofkaplan und Hofmusiker zugleich zu werden, konnte über mehr Entfaltungsmöglichkeiten verfügen als mancher Meister unserer Gegenwart.

LEBEN
Mabriano de Orto wurde zu Ortho bei Laroche um 1460 geboren. Der franko-flämische Komponist war von 1484 bis 1494 päpstlicher Kapellsänger in Rom, also zugleich mit Josquin. Im Jahre 1505 trat er in den Dienst Philipps des Schönen von Burgund, den er im folgenden Jahr nach Spanien begleitete. 1515 wurde er Erster Kaplan in der Kapelle von Erzherzog Karl, dem nachmaligen Kaiser Karl V. Er ist 1529 vermutlich in Spanien gestorben.

WERKE
Von Mabriano de Orto sind 5 Messen, etliche Messesätze, ein Ave Maria, eine Lamentatio, mehrere Motetten, Chansons und andere Gesänge überliefert. Von diesen Kompositionen stechen die Messe »L'homme armé« für fünf Stimmen und das Agnus der Messe »Mi-Mi« besonders hervor. Auch das Ave Maria erreichte einen hohen Beliebtheitsgrad.

LITERATUR
G. Reese, Music in the Renaissance, New York 1954.

Bartholomäus Götfried Frank (um 1460–1522)

ZEIT UND UMWELT
Bern, die ehemalige Grenzfestung zwischen

den deutschsprechenden Alemannen und den Burgundern französischer Zunge, nahm, bald nachdem es 1353 der Helvetischen Confoederation beigetreten war, eine dominierende Stellung ein. Das reiche Stadtbürgertum errichtete am Beginn des 15. Jahrhunderts das Rathaus und begann 1421 das gotische Münster. Gleichzeitig damit setzte eine intensive Musikpflege ein.

Leben

Bartholomäus Götfried Frank ist um 1460 in der Diözese Würzburg geboren. Der Kantor leitete sodann bis 1484 den Chor des Berner Münsters. Nach einem Aufenthalt in Würzburg kehrte er 1488 nach Bern zurück, wo er bis 1502 die Sängerschule am St.-Vinzenz-Stift leitete. Er war inzwischen Chorherr geworden und erhielt 1517 das Amt eines Succentors (Vize-Kapellmeister) übertragen. Er starb in Bern im Jahre 1522 als einer der frühesten Schweizer Komponisten.

Werke

Überliefert sind vom Werk Franks 2 Huldigungsmotetten und eine für die Stadtpfeifer geschriebene »Tütsche Musica des figurierten Gsangs«. Alles andere ist verlorengegangen.

Literatur

A. Geering, Die Vokalmusik in der Schweiz zur Zeit der Reformation, Schweizerisches Jahrbuch für Musikwissenschaft VI, 1933.

Robert Wilkinson
(um 1460 bis um 1505)

Zeit und Umwelt

Die ältesten Belege kanonartiger Kompositionstechnik (12. Jahrhundert) stammen bezeichnenderweise aus England. Auch der berühmte »Sommerkanon« für zwei Stimmen »Sumer is icumen« ist englischen Ursprungs (um 1300). Der Kanon erfuhr auch weiterhin besonders in England eine intensive Pflege und Entwicklung. Das 15. und 16. Jahrhundert kannte bereits zwölf- und mehrstimmige Kanons.

Leben

Robert Wilkinson (Wylkynson) ist um 1460 in England geboren. Allem Anschein nach dürfte er in Eton ausgebildet worden sein, anschließend dort als Komponist und Sänger gewirkt haben und dort auch in den ersten Jahren des 16. Jahrhunderts gestorben sein.

Werke

Berühmt ist Robert Wilkinson durch seine vielstimmigen Kanons geworden. Er verfaßte eine dreizehnstimmige Komposition in Kanonform auf den Text des apostolischen Glaubensbekenntnisses. Jede Stimme ist einem bestimmten Apostel anvertraut, der den Textteil singt, der angeblich von ihm stammt. Das neunstimmige »Salve Regina«

Musikanten des 15. Jahrhunderts – dargestellt auf einem Holzschnitt eines mittelalterlichen Hausbuches

wird von den 9 verschiedenen Engelrangstufen vorgetragen, denen je eine Stimme zugewiesen ist. Wilkinson hat eine zweite Fassung des »Salve« für fünf Stimmen verfaßt. Außerdem sind 4 weitere Kompositionen und ein unvollendetes »O virgo prudentissima« überliefert.

Antoine Brumel
(um 1460 bis nach 1520)

Zeit und Umwelt
Alfonso I. (1476–1534) setzte die Tradition des Hauses Este als Förderer des Humanismus und der Künste fort. Neben seinem politischen Geschick, mit dem er sein Land gegen die Mediceer-Päpste erfolgreich verteidigte, lud er alle Künstler, die kommen wollten, nach Ferrara. Daß die Musiker um jene Zeit vorwiegend aus dem franko-flämischen Raum stammten, lag an dem vorläufigen Mangel an italienischen Kräften, die genügend gerüstet waren, es den Fremden gleichzutun, und natürlich auch an den vielen Meistern, die bereits die Musik ihrer Heimat bekanntgemacht hatten.

Leben
Antoine Brumel (Brummel, Brommel, Brunel) wurde um 1460 vermutlich im nordfranzösischen Raum geboren. Er war einer der vielen Schüler Ockeghems. Das Jahr 1483 findet ihn als Knabenchormeister an der Kathedrale in Chartres, 1498 war er Domherr in Laon, 1498 bis 1500 Knabenchormeister an Notre-Dame in Paris. Aus einer Stellung in Lyon wurde Brumel von Alfonso I. d'Este nach Ferrara geholt, wo er nach 1520 verstorben ist.

Werke
Vom kompositorischen Werk Brumels liegen 12 vierstimmige Messen und eine für 12 Stimmen vor, außerdem ein Magnificat, bei 30 Motetten zu drei, vier und fünf Stimmen und mehrere Chansons. Eine erschöpfende Übersicht über das Schaffen dieses franko-flämischen Komponisten ist noch nicht gewonnen. Sein Stil bewegt sich in den Bahnen seiner Zeitgenossen und weist ein sehr konservatives Bild auf. Sehr bekannt ist sein Exemplum octo modorum, bei dem jede der acht Strophen in einem anderen Modus komponiert wurde.

Literatur
Ch. van den Borren, Les Opera omnia d'Antoine Brumel et de Clemens non papa, in: Revue belge de Musicologie VII, 1953.

Johannes Prioris
(um 1460 bis nach 1520)

Zeit und Umwelt
Auch in Rom wurden die Musikerstellen häufig mit Meistern der franko-flämischen Schule besetzt. Sie wirkten dort als Sänger oder Organisten und konnten auch ihre Kompositionen aufführen. Es herrschte bei diesen Fremden allerdings ein ständiges Kommen und Gehen, während die Italiener seßhafter waren. Sie nahmen fallweise Stellen an den italienischen Fürstenhöfen an, kamen oft für etliche Jahre wieder und kehrten nicht selten im vorgerückten Alter in ihre Heimat zurück, wo sie eben wegen ihres Italienaufenthaltes gute Stellungen erhielten.

Leben
Johannes Prioris wurde im franko-flämischen Raum um 1460 geboren. Er dürfte zu den Schülern Ockeghems gezählt haben. Auf alle Fälle muß er eine gründliche Ausbildung als Organist erhalten haben, weil er 1490 an die Orgel von St. Peter in Rom berufen wurde. Im Jahre 1507 erhielt er die Kapellmeisterstelle am Hof des Königs Ludwig XII. Ort und Zeit seines Todes sind unbekannt.

Werke
Von Johannes Prioris sind 3 vierstimmige Messen, ein vierstimmiges Requiem, 5 vierstimmige Motetten und 2 vierstimmige Magnificat erhalten. Die Schule Ockeghems ist in allen diesen Kompositionen deutlich bemerkbar. Es werden ihm auch 5 Chansons auf französischem und eine auf italienischem

James Tyler, Laute, spielt gotische Musik

Text zugeschrieben, die weniger konservativ gefaßt sind als die sakrale Musik.

LITERATUR
G. Reese, Music in the Renaissance, New York 1954.

Eloy d'Amerval
(um 1460 bis nach 1510)

ZEIT UND UMWELT
Die Kathedrale Ste. Croix von Orléans wurde im gleichen Stil und Ausmaß gebaut wie Notre-Dame in Paris. Der ursprünglich im 13. Jahrhundert begonnene gotische Bau wurde allerdings im 16. Jahrhundert von den Protestanten zerstört und erst in der Zeit vom 17. zum 19. Jahrhundert in ehemaliger Form wiederhergestellt. Auch die Musikpflege der Kathedrale hielt sich auf dem Niveau von Paris.

LEBEN
Eloy d'Amerval wurde in Frankreich um 1460 geboren. Im Jahre 1483 wurde er zum Musikmeister der Kathedrale Ste. Croix zu Orléans ernannt. Ort und Zeit seines Todes sind nicht näher feststellbar.

WERKE
Tinctoris und Gaffori erwähnen in ihren theoretischen Schriften Eloy d'Amerval als gediegenen Meister. Von seinen Kompositionen sind aber lediglich eine fünfstimmige Messe und ein Patrem erhalten. Beide Stücke atmen eine auffallende Frische; die Stimmen sind kühn geführt, ohne jemals den Wohlklang zu verlassen.
Der Meister ist auch als Dichter hervorgetreten.

LITERATUR
M. Brenet, Un poète-musicien français du XVe siècle: Eloy d'Amerval, in: Révue d'histoire et de critique musicales I, 1904.

Jacotin (um 1460–1529)

ZEIT UND UMWELT
Die Kathedrale Notre-Dame zu Antwerpen wurde im 14. Jahrhundert begonnen und erst im 16. vollendet. Sie ist die größte Kirche des Landes und eines der schönsten gotischen Bauwerke. Ihr zweiter Turm wurde im 15. Jahrhundert begonnen, aber nie vollendet. Ihre Kapelle war bei der Aufnahme von Mitwirkenden immer sehr wählerisch, so daß sie jeden Vergleich mit Kapellen anderer flandrischer Städte aushielt. Mit der steigenden Wirtschaftskraft der Stadt im 16. Jahrhundert hob sich das Niveau des Chores der Kathedrale noch mehr.

LEBEN
Jacotin, eigentlich Jacob Godebrye oder Jacobus Godefridus, wurde um 1460 in Flandern geboren. Im Jahre 1479 trat er der Kapelle Notre-Dame zu Antwerpen als Sänger bei und blieb mit Unterbrechungen bis 1528. Am 23. 3. 1529 starb er vermutlich in Antwerpen. Am Herzoghof in Mailand ist von 1473 bis 1494 ein Sänger Namens Jacotin oder Jacotino registriert. Eine Identität dieser beiden Sänger ist kaum anzunehmen. Das gleiche gilt für den als Sänger und Kanoniker in der französischen Hofkapelle zwischen 1532 und 1555 geführten Jacotin oder Jacques Le Bel. Jedoch der von 1516 bis 1519 als Jacotin Level an der päpstlichen Kapelle geführte Sänger könnte mit unserem Mann

in Antwerpen ident sein, der seine Tätigkeit an Notre-Dame einige Male unterbrochen hat.

Werke

Von Jacotin sind vor allem französische Chansons, aber auch andere Chor- und Instrumentalwerke überliefert. Wenn man ihn jedoch mit dem päpstlichen Sänger gleichsetzt, müssen ihm mehrere in Venedig erschienene Motetten zugeschrieben werden. Besonders beachtet wurde der Antwerpener Meister wegen seines achtstimmigen Satzes von »Sancta Divinitas unus Deus« und der sorgfältigen Textdeklamation beim Psalm »Crediti«. Der franko-flämische Komponist hat sich mit seinem gesamten überlieferten Werk den bedeutenderen Vertretern seiner Schule zugereiht.

Literatur

H. M. Brown, Theatrical Chansons of the 15th and Early 16th Century, Cambridge, Mass., 1963.

Pedro de Escobar (um 1460–1513)

Zeit und Umwelt

Die Errungenschaften der franko-flämischen Schule erlangten in Spanien erst um die Wende zum 16. Jahrhundert Geltung; Morales war noch nicht geboren. Trotzdem klangen die Orgeln und Chöre in den Kathedralen, und die Hofkapellen verschönerten die Feste mit dem dunklen Klang ihrer der Pariser Notre-Dame-Schule abgelauschten und weiterentwickelten Mehrstimmigkeit. Die Melodik des mozarabischen Gesanges war zwar schon längst verklungen, aber maurischer Melos nicht ganz vergessen. Irgendwo kam nicht selten ein Stück davon an die Oberfläche, unabsichtlich geweckt und auch nicht bewußt vernommen, aber doch wie ein Aufflackern einer geheimen Glut, deren Herd bereits längst vergessen ist.

Leben

Pedro de Escobar wurde um 1460 vermutlich in Sevilla geboren. Der andalusische Kirchenkomponist veröffentlichte bereits vor der Jahrhundertwende eine Sammlung Hymnen. Wann er zur Kapelle der Kathedrale gekommen ist, läßt sich nicht feststellen. Jedenfalls war er 1507 zum Kapellmeister aufgerückt und wurde um 1513 zum Leiter des Knabenchores bestellt. Er ist in Sevilla kurz darauf gestorben.

Werke

Von Pedro de Escobar sind eine Messe, mehrere Messeteile, Motetten, 8 Hymnen und 18 Villancicos erhalten. Die Villancicos verdienen das größte Interesse, weil sie den damaligen sevillanischen Volkston sehr getreu wiedergeben.

Literatur

La polyphonie religieuse péninsulaire antérieure á la venue des musiciens flamands en Espagne, Kongreß-Bericht, Lüttich 1930.

Conrad Brumann (um 1460–1526)

Zeit und Umwelt

Der Dom zu Speyer war der erste der drei rheinischen Kaiserdome. Der Bau wurde um 1030 als flach gedeckte Pfeilerbasilika begonnen und 1061 vollendet, in den Jahren 1082 bis 1111 erweitert und 1159 nach einem Brand erneuert. In dem mächtigen Bau, der aus der Zeit der salischen Kaiser, die vor seiner Krypta begraben liegen, ehrfurchtsgebietend in spätere Epochen hineinragt, gewinnen auch Orgelklang und Chorgesang einen gegenwartsentrückten Ewigkeitswert.

Leben

Conrad Brumann wurde um 1460 in Süddeutschland geboren. Er war Schüler Hofhaymers. Der Unterricht dürfte zwischen 1480 und 1490 in Innsbruck stattgefunden haben. Im Jahre 1513 wurde Brumann Vikar und Organist am Dom zu Speyer und blieb in dieser Stellung bis zu seinem Tod am 31. 10. 1526.

Werke

Die Orgeltabulaturen von Conrad Brumann, die Hofhaymers Unterricht nicht verleugnen, geben einen interessanten Einblick in die Weiterentwicklung der deutschen Orgelkunst nach Hofhaymer.

LITERATUR
H. J. Moser, Paul Hofhaimer, Berlin 1929.

Francesco Spinacino
(um 1460 bis nach 1507)

ZEIT UND UMWELT
Die Laute ist um die Wende zum 16. Jahrhundert zum allgemeinen Unterhaltungsinstrument geworden. Lautenmusik, von Berufsmusikern oder von Dilettanten vorgetragen, war ein selbstverständliches Requisit jeder gesellschaftlichen Veranstaltung. Daher stieg der Bedarf an Lautenisten, an Lautenlehrern und Lautenliteratur ständig an. Das traf für Venedig, das zu jener Zeit immer stärker der Ausgestaltung des gesellschaftlichen Lebens zugewandt war, in erhöhtem Maß zu.

LEBEN
Francesco Spinacino wurde um 1460 in Fossombrone, Pesaro, geboren. Er wurde in Venedig ausgebildet und wirkte in dieser Stadt als Lautenist, Lautenlehrer und Lautenkomponist bis zu seinem Tod nach 1507.

WERKE
Die beiden von Petrucci veröffentlichten Bücher von Francesco Spinacino »Tabulatura de lauto« waren die ersten ihrer Art. Sie brachten 27 Ricercari und 2 Tänze, dazu über 50 Bearbeitungen von Chansons und sakralen Stücken und eine Gesangslehre. Die Arrangements sind außerordentlich geschickt angelegt, berücksichtigen aber auch eine weniger ausgebildete Fingerfertigkeit des Spielers.

LITERATUR
H. Neemann, Alte Meister der Laute, Berlin 1926.

Francesco de la Torre
(um 1460 bis nach 1505)

ZEIT UND UMWELT
Die katalonische Cobla (in der provenzalischen Dichtung bezeichnet das Wort eine lyrische Strophe) ist ein volkstümliches Instrumentalensemble, das auf die Bläser-Alta des 15. Jahrhunderts zurückgeht. Die »Danza Alta« war ein von drei »lauten« Instrumenten geblasener Tanz (Schalmei, Pommer, Posaune) mit lebhaftem Rhythmus.

LEBEN
Francesco de la Torre wurde um 1460 in Sevilla geboren und dort zum Sänger ausgebildet. Von 1483 bis 1494 war er Sänger in der Kapelle Ferdinands des Katholischen und anschließend bis 1503 in der Kapelle der Königin Isabella. Dann trat er die Kapellmeisterstelle an der Kathedrale in Sevilla an, die er bis 1505 betreute. Er starb in Sevilla in einem der folgenden Jahre.

WERKE
Von dem spanischen Komponisten Francesco de la Torre sind 8 Villancicos, 4 Romanzen für drei und vier Stimmen, 3 Responsorien für vier Stimmen und eine Danza Alta für drei Instrumente erhalten. Sein Stil ist sehr volkstümlich.

LITERATUR
L. H. Besseler, La cobla catalana y el conjunto instrumental de danza »alta«, in: Anuario Musical IV, 1949.

Hilaire Penet (1461 bis nach 1522)

ZEIT UND UMWELT
Giovanni de'Medici (1475–1521), Sohn Lorenzos de'Medici des Prächtigen, wurde im Alter von 14 Jahren zum Kardinal-Diakon ernannt. Er studierte von 1489 bis 1491 Theologie und Kirchenrecht, reiste, als die Medici aus Florenz vertrieben wurden (1494), in Deutschland, den Niederlanden

und Frankreich, kehrte 1500 nach Rom zurück, widmete sich dort dem Studium der Kunst und der Literatur und wurde 1503 Haupt seiner Familie. Im Jahre 1513 wurde von den jüngeren Kardinälen seine Wahl zum Papst durchgedrückt. Er wurde am 15. 3. 1513 zum Priester geweiht, am 17. 3. zum Bischof konsekriert und am 19. 3. 1513 als Papst Leo X. inthronisiert. Das Pontifikat dieses Medici brachte Rom einen gewaltigen Kulturaufschwung auf allen Linien. Daß sich dieser Papst eine Privatkapelle hielt wie die meisten Kardinäle, war eine Selbstverständlichkeit.

Leben

Hilaire Penet wurde 1461 bei Poitiers geboren, wo er seine Ausbildung zum Musiker und Kleriker erhielt. Nach längerer Tätigkeit in Poitiers kam er nach Rom als Sänger an die päpstliche Kapelle und wurde 1514 von Papst Leo X. in dessen Privatkapelle übernommen, die besonders die profane französische Chanson pflegte. Nach dem Tod des Papstes (1521) verlor er seine Stellung und dürfte einige Jahre darauf in Rom gestorben sein.

Werke

Von Hilaire Penet sind 6 Motetten, eine Chanson und eine vierstimmige Messe erhalten. Alles andere, insbesondere seine Chansons, ist verlorengegangen. Sein Kompositionsstil läßt seine Ausbildung in Frankreich deutlich erkennen.

Literatur

Fr. X. Haberl, Bausteine für Musikgeschichte III, Leipzig 1888.

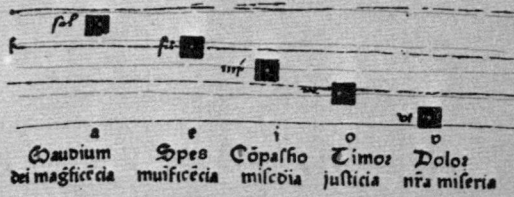

Erster Versuch im Notensatz – Seite aus dem Werk »Collectorium super Magnificas« von Gerson, Esslingen 1473

Juan de Anchieta (1462–1523)

Zeit und Umwelt

Daß ein Hetzlied gegen die Juden zum Cantus firmus einer Messe verwendet wurde, war für die Zeit der Katholischen Könige, in der Zwangsbekehrung Ungläubiger, Austreibung der Juden und Vernichtung der Mauren zum Alltag gehörten, bezeichnend. Die kriegerischen und politischen Erfolge, die Erstarkung der Macht der Regenten drängten zu einer prächtigen Hofhaltung. Ferdinand und Isabella begründeten eine Art Renaissancefürstentum spanischer Prägung, dessen Glanz den düsteren Schein der Autodafés widerspiegelte.

Leben

Juan de Anchieta wurde 1462 in Azpeitia nahe San Sebastian geboren. Er entstammte einer Adelsfamilie, die mit Ignatius von

Loyola verwandt war, und schlug selbst die Laufbahn eines Klerikers ein. Am 6. 2. 1489 wurde er zum Kantor der Kapelle der Königin Isabella der Katholischen bestellt. In den Jahren 1495 bis 1497 war er als Hofkapellmeister des Infanten Don Juan und nach dessen frühem Tod (1597) am kastilischen Hof in gleicher Eigenschaft tätig. Im Jahre 1499 wurde er zum Kanonikus von Granada, das 1492 erobert worden war, ernannt. Ab dem Jahr 1512 wirkte er am Hof König Ferdinands V. von Aragon und wurde vermutlich 1519 Pfarrer seines Geburtsortes Azpeitia, ohne seine engen Beziehungen zum Hof aufzugeben. Er starb dort am 30. 7. 1523.

WERKE
Seine Messe mit dem Judenverfolgungslied ist nicht erhalten, 2 weitere sind aber überliefert, außerdem etliche Motetten und 4 mehrstimmige Lieder, von denen »Dos ánades, madre« (Zwei Enten, Mutter) sehr verbreitet und beliebt war und sogar von Miguel de Cervantes Saavedra (1547–1616) in einem seiner Romane erwähnt wird.
Anchieta stand als Komponist in hohem Ansehen. Sein Stil ist konservativ, aber offensichtlich von Ockeghem beeinflußt. Über seine Beziehungen zur franko-flämischen Schule ist nichts Näheres bekannt, sein verbürgter Aufenthalt in Flandern galt privaten Zwecken. Eine häufige Verwendung von Volksmelodien machten seine Kompositionen sehr ansprechend.

LITERATUR
A. Coster, Juan de Anchieta et la famille de Loyola, Revue Hispanique LXXIX, 1930.

Robert Fayrfax (1464–1521)

ZEIT UND UMWELT
Unter König Edward IV. erhielt das Musikleben am englischen Hof einen bemerkenswerten Aufschwung, der sich unter seinen Nachfolgern Heinrich VII. und Heinrich VIII. fortsetzte und unter der Führung von Christopher Tye seinen Höhepunkt erreichte.

LEBEN
Robert Fayrfax wurde in Deeping Gate (Lincolnshire) am 23. 4. 1464 getauft. Das Geburtsdatum steht nicht fest. Seine erste Stellung war die eines Chormeisters an St. Alban's in London; 1496 wurde er Gentleman of the King's Chapel. Er erfreute sich der Förderung der Königin Elisabeth von York (1466–1503) und des Königs Heinrich VIII. Im Jahre 1502 wurde er Organist an St. Alban's Abbey, behielt aber die Stellung in der Königlichen Kapelle bei. Zwei Jahre darauf promovierte er in Cambridge zum Doktor der Musik und erhielt die gleiche Würde 1511 in Oxford. Am 24. 10. 1521 starb er in St. Alban's.

WERKE
Von Robert Fayrfax sind 5 fünfstimmige Messen und eine vierstimmige überliefert, sodann 2 Magnificat, mehrere Motetten und englische profane Chöre. Dunstables Vorbild ist in allen diesen Werken erkennbar, daneben aber auch starke Einflüsse der franko-flämischen Schule.

LITERATUR
Dom A. Hugues, The Works of Robert Fayrfax, Music & Letters XXX, 1949.

Georg Liban (1464 bis nach 1546)

ZEIT UND UMWELT
Im Jahre 1364 gründete der polnische König Kasimir III. der Große (1310–70) in Krakau die heute zweitälteste Universität in Mitteleuropa. Sie blieb stets mit der geistigen Entwicklung aller anderen geistigen Zentren Europas eng verbunden und betrieb im Sinn des Humanismus die Pflege klassischer Kultur und Sprache mit betonter Intensität.

LEBEN
Georg (Jerzy) Liban wurde 1464 in Liegnitz (Legnica) geboren, studierte ab 1501 an der Universität Krakau und hielt, nach einem Studienaufenthalt in Köln, nach 1511 Vorlesungen über griechische Sprache und über

Musik an derselben Lehranstalt. Er war Kleriker. Im Jahre 1515 wurde er zum Kantor an der Marien-Kirche der Stadt bestellt. Er starb in Krakau nach dem Jahr 1546.

WERKE
Neben seinen musiktheoretischen Veröffentlichungen schrieb Liban vierstimmige lateinische Sätze in einem sehr lebhaften Stil. Sein vierstimmiger Hymnus Ortus de Polonia Stanislaus (Stanislaus aus Polen) ist sehr bekannt geworden.

LITERATUR
E. Witkowska, Kilka uwag do biografii J. Libana z Legnicy, in: Muzyka XVI, 1971.

Petrus Tritonius (um 1465–1525)

ZEIT UND UMWELT
Die Universitäten Wien und Ingolstadt, wo der große Celtis und andere namhafte Humanisten wirkten, Padua, wo Dante lebte, wo eine Vielzahl von Renaissancemeistern gebaut, gegossen und gemalt hatten und an der alten Universität das Studium der Sprachen der Antike an erster Stelle stand, mußten aus einem wissensdurstigen Studenten einen Humanisten reinster Prägung formen.

LEBEN
Petrus Tritonius (Peter Treibenreif, Treybenraiff) wurde um 1465 in Bozen geboren. Der österreichische Humanist und Komponist studierte in Wien (1486), Ingolstadt (1497) und Padua (1499), wurde Lehrer an der Domschule in Brixen, sodann in Bozen und Hall, wo er vermutlich 1525 gestorben ist.

WERKE
Tritonius komponierte Oden von Quintus Horatius Flaccus Note für Note, vierstimmig gesetzt. Diese bis ungefähr zur Mitte des 16. Jahrhunderts beliebte Technik wurde auch von Senfl und Hofhaymer angewendet. Tritonius ist auch Verfasser des ältesten katholischen Gesangbuches: Hymnarius durch das gantz Jar verteutscht.

LITERATUR
F. Cohrs, Der humanistische Schulmeister Petrus Tritonius, Mitteilungen der Gesellschaft für deutsche Erziehungs- und Schulgeschichte VIII, 1898.

Sebastian Virdung
(um 1465 bis nach 1511)

ZEIT UND UMWELT
Die Heidelberger Hofkantorei setzte sich in der zweiten Hälfte des 15. Jahrhunderts aus Sängerknaben und jungen Sängern, die sich auf eine geistliche Laufbahn vorbereiteten, zusammen. Die zukünftigen Geistlichen überwogen, obwohl der Leiter Johannes von Soest und der Hoforganist Arnolt Schlick dem Laienstand angehörten. Es ging eine beträchtliche Anzahl namhafter Musiker aus der Heidelberger Hofkantorei hervor.

LEBEN
Sebastian Virdung wurde um 1465 in Amberg geboren, war in Heidelberg Schüler des Johannes von Soest und gehörte von 1483 bis 1505 der Heidelberger Hofkantorei an. Das Jahr 1506 verbrachte er in württembergischen Diensten, wirkte 1507 und 1508 als Komponist, Sänger und Chorknabenlehrer am Konstanzer Dom, hielt sich 1510 (anläßlich des Reichstages) in Augsburg auf und übersiedelte sodann nach Basel. Er dürfte als Kaplan der kurpfälzischen Burgkapelle in Stalberg bei Bacharach nach 1511 gestorben sein.
Sein Lehrer Johannes von Soest (de Susato, eigentlich Grummelkut) wurde 1448 in Unna geboren. Er war Komponist, Schriftsteller und Arzt, war Chorschüler in Soest, Sängerknabe in Kleve, Sänger in Brügge, Ardenburgh und Maastrich, wurde, nach seiner Tätigkeit in Kassel bis 1471, Sängermeister in Heidelberg. Neben diesem Beruf studierte er in Heidelberg Medizin und promovierte in Pavia zum »doctor der artzney«. Nachdem er seinen Beruf als Arzt in Heidelberg bereits ab 1490 ausgeübt hatte, praktizierte er 1495 in Worms und Oppenheim und wurde 1500 Stadtarzt in Frankfurt am Main,

Holzschnitt aus: »Musurgia« von Ottomar Luscinius, Straßburg 1536

wo er am 2. 5. 1506 starb. Von seinen Kompositionen ist überhaupt nichts erhalten.

WERKE
Seinen Rang in der Musikgeschichte nimmt Sebastian Virdung hauptsächlich wegen seines Werkes »Musica getutscht« ein, eine umfangreiche Darstellung und genaue Beschreibung der zu seiner Zeit im Gebrauch stehenden Musikinstrumente, heute eine Fundgrube für die Instrumentenkunde und in vielen Fällen einzige Informationsquelle, weil die Instrumente selbst zum Großteil zugrunde gegangen sind und für die echte Wiedergabe alter Musik nachgebaut werden müssen.

Von den Kompositionen des Meisters ist nahezu alles verlorengegangen außer 4 Liedern, die ahnen lassen, daß er zu den bedeutendsten Komponisten seiner Zeit zählte.

LITERATUR
K. Nef, Sebastian Virdungs Musica getutscht. Kongreß-Bericht, Basel 1924.

Georg Brack (um 1465 bis vor 1519)

ZEIT UND UMWELT
Herzog Ulrich von Württemberg (1487 bis 1550) führte eine sehr aufwendige Lebenshal-

tung, die ihn zu guter Letzt den Thron kostete. Doch die Hofkapelle, die er prächtig ausgestaltete, blieb bestehen.

Leben
Georg Brack (Brakkher) wurde um 1465 vielleicht in Polen geboren. Über seine Jugend und Ausbildung gibt es keine Informationen. Im Jahre 1507 wurde er Komponist der Hofkapelle Herzog Ulrichs von Württemberg. Er dürfte auch als Kapellmeister gewirkt haben, bis Heinrich Finck 1510 dieses Amt übernahm. Der Musiktheoretiker Andreas Ornitoparchus (um 1490, Meiningen, bis um 1550) nahm bei ihm Unterricht. Er starb in Stuttgart vor dem Jahr 1519.

Werke
Von Georg Brack, den Andreas Ornitoparchus als einen der besten Komponisten seiner Zeit bezeichnete, sind nur 5 deutsche Lieder erhalten, die allerdings die Hand eines Meisters verraten.

Literatur
H. Albrecht, Zwei Quellen zur deutschen Musikgeschichte der Reformationszeit, Musikforschung I, 1948.

Johannes Fuchswild
(1465 bis um 1540)

Zeit und Umwelt
Herzog Ulrich I. von Württemberg regierte das Land ab 1503 als Herzog. Er stürzte sich durch seine aufwendige Hofhaltung in gewaltige Schulden, die er durch Steuererhöhungen abzudecken suchte. Das führte zu Bauernaufständen. Er mußte den Ständen wichtige Rechte gewähren. Die entsprechenden Verträge wurden vom Herzog mehrmals gebrochen, so daß ihn die Schwäbische Liga (Bund schwäbischer Reichsstädte zur Erhaltung ihrer Reichsunmittelbarkeit) ausschloß (1519) und Württemberg 1520 an Kaiser Karl V. verkaufte. Die vom Herzog begründete Stuttgarter Hofkapelle blieb davon jedoch unberührt.

Leben
Johannes Fuchswild (Johannes Fochß, Vulpius) wurde vermutlich 1465 in Ellwangen geboren und studierte von 1483 bis 1485 an der Universität Leipzig. Im Jahre 1508 trat er der Stuttgarter Hofkapelle bei. Er ist in Stuttgart um 1540 gestorben.

Werke
Von Johannes Fuchswild sind mehrere vierstimmige Lieder im höfischen Stil erhalten. Der Meister ist als erster namentlich bekannter Komponist der Stuttgarter Hofkapelle, die ab dieser Zeit eine wichtige Rolle bei der Entwicklung der Musik Deutschlands spielte, beachtenswert.

Literatur
R. Eitner, Das alte deutsche mehrstimmige Lied, Monatshefte für Musikgeschichte XXV, 1893.

Richard Davy (um 1467–1516)

Zeit und Umwelt
Die Pflege der Kirchenmusik ging in Oxford (wie in Cambridge) nahezu seit der Gründung der Universität (1133) mit dem theologischen Studium Hand in Hand. Das College an der St. Mary Magdalen Kirche hat sich seit seiner Gründung im Jahre 1458 dieser Aufgabe besonders angenommen und eine Reihe von vorzüglichen Kirchenmusikern herangebildet.

Leben
Richard Davy (Davys) wurde um 1467 geboren. Der Geburtsort ist nicht feststellbar. Im Jahre 1483 trat er in das Magdalen College in Oxford ein, wurde dort 1490 Organist und Chorleiter und erhielt 1497 die Priesterweihe. Von 1506 bis 1516 stand er in Blickling Sall (Norfolk) in Diensten von Sir William Boleyn (Großvater von Anna Boleyn) und dessen Sohn Sir Thomas Boleyn. Er dürfte dort noch 1516 gestorben sein.

Werke
Die bemerkenswerteste Komposition von

Richard Davy ist seine vierstimmige Matthäuspassion, die die älteste Passionsmusik Englands darstellt. Der Dirigent, Richard Runciman Terry, der sie 1921 in der Westminster Abbey aufführte, rühmte ihre hochentwickelte Kontrapunktik und ihren starken dramatischen Ausdruck. Bezeichnend ist, daß sie die »Volksmassen« als Chöre auftreten läßt. Außerdem sind von Davy 6 fünfstimmige und eine sechsstimmige Motette und 2 dreistimmige Carols erhalten. Die profane Musik ist sehr spärlich mit etlichen mehrstimmigen Liedern vertreten.

LITERATUR
W. H. Grattan Flood, Early Tudor Composers, Oxford 1925.

William Cornyshe (um 1468–1523)

ZEIT UND UMWELT
Unter König Heinrich VIII., selbst beachtenswerter Komponist, war das Musikleben am englischen Hof bereits stark entwickelt. Schon sein Vorgänger Heinrich VII. und dessen Frau zogen fähige Musiker heran, die nicht nur für den Sakraldienst, sondern gleicherweise für das Vergnügen der Hofgesellschaft zu sorgen hatten. Vokal- und Instrumentalkonzerte, Schäferspiele und andere dramatische Darbietungen erforderten Komponisten und Dichter, die unberührt von den beginnenden Religionskämpfen und den politischen Wirren ihre Kunst pflegen und auch davon leben konnten.

LEBEN
William Cornyshe (Cornish) wurde um 1468 in East Greenwich geboren. Im Jahre 1492 trat er in den Dienst Heinrichs VII. und wurde 1496 zum Gentleman der Chapel Royal ernannt. Seine Bestellung zum Master of the Children erfolgte 1513. Er stand in großer Gunst Heinrichs VIII., der ihn großzügig dotierte. Aus gesundheitlichen Gründen trat er 1521 von seinen Stellungen zurück, 1523 erhielt er das Gut Hylden in Kent, auf dem er im Oktober desselben Jahres starb.

WERKE
Von William Cornyshe sind 4 Chorkompositionen, ein Magnificat, ein Salve Regina und ein Ave Maria, beides fünfstimmig, erhalten. Dazu kommen eine Serie von profanen Liedern (Soli, Duette, Trios, Chöre), von Instrumentalstücken und Musik zu theatralischen Darbietungen, die zum Teil von ihm selbst textiert wurden. Im Stil des Meisters ist eine Annäherung an die frankoflämische Schule auffällig.

LITERATUR
W. H. Grattan Flood, Early Tudor Composers, Oxford 1925.

Matthias Eckel (um 1468 bis nach 1545)

ZEIT UND UMWELT
Mit dem 16. Jahrhundert setzte in der Geschichte des deutschen Liedes der vokale Cantus-firmus-Satz ein, der vom Tenor getragen wurde. Sehr bald trat an die Stelle des Tenors der Diskant mit melismatischen Begleitlinien, die ursprünglich instrumental gedacht waren, aber dann von Stimmen ersetzt wurden. Der durchimitierte Vokalsatz bildete eine weitere Entwicklungsstufe, die zum Generalbaßlied führte.

LEBEN
Matthias Eckel (vermutlich ident mit Matthias Heckel de Redwitz) wurde um 1468 wahrscheinlich in Dresden geboren. Er studierte um 1485 an der Universität Leipzig. Im Jahre 1516 war er Rentschreiber in Dresden und dürfte in dieser Position bis zu seinem Tode nach 1545 verblieben sein.

WERKE
Von Matthias Eckel sind außer einigen Motetten, Psalmen und Hymnen vier- bis fünfstimmige deutsche Lieder überliefert, die für den Entwicklungsstand des deutschen Liedes seiner Zeit typisch sind.

LITERATUR
R. Eitner, Das alte deutsche mehrstimmige

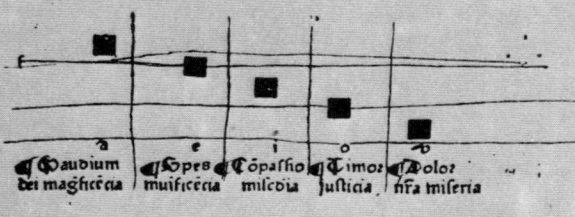

Das früheste Beispiel gedruckter Noten: »Collectorium super Magnicat« von Johannes Gerson, Esslingen 1473

Lied, Monatshefte für Musikgeschichte XXVI, 1894.

Andreas Knöpken (um 1468–1539)

Zeit und Umwelt
Die ehemalige freie Hansestadt Riga bewahrte sich durch Jahrhunderte zeitweilig eine gewisse Selbständigkeit und Eigenentwicklung. Die Musik der Stadt wurde wie in allen evangelischen Ländern nicht auf künstlerische Zwecke gerichtet. Es mußte einige Zeit vergehen, bis der Musik eine weitere Entfaltungsmöglichkeit eingeräumt wurde.

Leben
Andreas Knöpken ist um 1468 bei Küstrin (Kostrzyn) geboren. Er studierte in Frankfurt an der Oder und kam als Kaplan nach Riga, wo er die Reformation durchführen konnte, weil er in dieser Stadt bereits eine Mehrheit von Anhängern Luthers angetroffen hatte. Er starb in Riga am 18. 2. 1539.

Werke
Andreas Knöpken gab 1530 das »Rigaer Gesangbuch« heraus, das bis in das 17. Jahrhundert zum Vorbild einiger deutscher Gesangbücher genommen wurde. In dem Buch scheinen 11 Lieder auf, bei denen Text und Melodie vom Herausgeber stammen. Sie gehören in jeder Beziehung zu den besten der Sammlung.

Literatur
W.-G. v. Schnakenburg, Die Lieder des Reformators in Riga Andreas Knöpken, Archiv für Reformations-Geschichte XL, 1943.

Giacomo Fogliano (1468–1548)

Zeit und Umwelt
Im Jahre 1288 fiel die Stadtrepublik Modena an die Familie Este (in Ferrara) und wurde 1452 Herzogtum. Wie Ferrara selbst und alle von dieser Familie regierten Städte nahm auch Modena lebhaften Anteil am künstlerischen Leben der Renaissance. Der 1099 im romanischen Stil begonnene Dom wurde von Meistern der Renaissance vollendet und mit Skulpturen und Bildern ausgeschmückt. Daß auch das Musikleben im Sinn der Zeitströmung gepflegt wurde, ergab sich zwangsläufig.

Leben
Giacomo Fogliano (Fogliani, Folianus) wurde 1468 in Modena geboren. Er wirkte von 1489 bis 1497 und ab 1504 als Organist im Dom der Stadt, in der er 1548 starb.

Ungefähr zur gleichen Zeit wurde in Modena Lodovico Fogliano geboren, der vermutlich ein Verwandter des Organisten war. Lodovico war 1513 Sänger der päpstlichen Kapelle in Rom und später Chordirigent des Domes in Modena. Neben einigen unbedeutenden Kompositionen (Psalmen) publizierte er 1529 ein grundlegendes musiktheoretisches Werk: Musica Theoretica. Er starb um 1538 in Modena.

WERKE
Giacomo Fogliano hat eine Serie fünfstimmiger Madrigale, zahlreiche Frottole, etliche Laudi und Orgelricercari komponiert. Der Meister von Modena zeigt sich in diesen Kompositionen als Vorläufer des italienischen Renaissancestiles, der sich als Folge des starken Einflusses der franko-flämischen Schule im 16. Jahrhundert ausbildete.

LITERATUR
G. Roncaglia, La cappella musicale del duomo di Modena, Historia musicae cultores, Bibliothek V, Florenz 1937.

Scholaren bringen ein Ständchen – Holzschnitt aus dem Jahre 1489

Juan del Encina (1468–1529)

ZEIT UND UMWELT
Alfonso X. der Weise hatte die gleiche liberale Haltung, mit der er seinen Hof führte, auch zum Prinzip der von seinem Vorgänger gegründeten Universität Salamanca gemacht. Die Zeiten, in denen muslimische, jüdische und christliche Gelehrte in sachlicher Auseinandersetzung Grundlagen zur europäischen Wissenschaft erarbeiteten und Musiker aus allen Lagern nebeneinander sangen und spielten, waren in der Epoche der Katholischen Könige vergessen. Das Wüten des Großinquisitors Thomás de Torquemada (1420–92) brachte, vorsichtig geschätzt, bei 2000 Ungläubige auf die Scheiterhaufen. Doch ein Rest der ehemaligen Geisteshaltung ist der Universität, weitab vom Hof in Toledo, verblieben, die zuließ, daß ein Kleriker sich vorwiegend mit der Komposition profaner Musik beschäftigte.

LEBEN
Juan del Encina (eigentlich de Fermoselle) wurde am 12. 7. 1468 in Salamanca als jüngerer Bruder des nachmaligen Professors für Musik an der Universität der Stadt Diego de Fermoselle geboren. Im Jahre 1484 wurde er Chorknabe an der Kathedrale und begann sein Studium an der Universität, deren Kanzler Don Gutierrez de Toledo ihn stark protegierte und ihm 1492 bei seinem Bruder Don Fadrique Alverez de Toledo, Herzog von Alba, auf Alba de Tormes eine Stellung verschaffte. Als sich Encina 1498 um die Kapellmeisterstelle an der Kathedrale von Salamanca bewarb, wurde er abgewiesen. Er reiste nach Rom, erhielt 1500 vom Papst eine Pfründe an der Kathedrale, wurde 1509 zum Archidiakon der Kathedrale von Malaga und 1519 zum Prior der Kathedrale von León ernannt. Im selben Jahr erhielt er die Priesterweihe, feierte aber seine erste Messe anläßlich einer Wallfahrt in Jerusalem. Seine letzten Jahre verbrachte er in León, wo er am 30. 8. 1529 starb.

WERKE
Obwohl Juan del Encina sein ganzes Leben

in enger Beziehung mit der Kirche verbrachte und selbst Kleriker war, sind alle von ihm überlieferten Kompositionen profan. Sein Stil stand unter dem Einfluß der franko-flämischen Schule, unterscheidet sich jedoch davon und von der italienischen Frottola durch eine ausgeprägte Unmittelbarkeit des Ausdruckes und Schlichtheit. Im Palast Alba de Tormes bei Salamanca führte Encina zwischen 1492 und 1498 zahlreiche Églogas (Schäferspiele) auf, deren Text und Musik er selbst verfaßte. Sie sind den ältesten spanischen Bühnenwerken zuzuzählen. Weiters sind viele Madrigale, Lieder, Frottole, Chöre und Wechselgesänge des Meisters überliefert, die in der Wertschätzung der Zeitgenossen einen hohen Rang einnahmen.

LITERATUR
J. Subirá, La música en la casa de Alba, Madrid 1927.

Bartolomeo Tromboncino
(um 1470 bis nach 1535)

ZEIT UND UMWELT

In den letzten Jahrzehnten des 15. und den ersten des 16. Jahrhunderts entstand in Mittel- und Oberitalien eine sehr stark gepflegte Liedform, die Frottola, deren Satz durchwegs vierstimmig und homophon gehalten war und sich an die franko-flämische Technik anlehnte. Tenor und Sopran bilden dabei den Kern des Satzes, Baß und Alt umspielen den harmonischen Ablauf und verzieren ihn. Melodieträger ist der Sopran, der Baß verläuft in Quart- oder Quintschritten. Die Einfachheit und leichte Eingängigkeit machten die Frottola sehr beliebt; ihr festes Melodieschema ermöglichte auch eine Stegreifkomposition. Die Form hielt sich, bis sich die Ansprüche des musikalischen Publikums hoben und das Madrigal vorzogen.

LEBEN

Bartolomeo Tromboncino wurde um 1470 in Verona geboren. Er war ein Sohn des Musikers Bernardino Pifaro, der in venezianischen und mantuanischen Diensten stand.

Von 1487 bis 1495 lebte er in Mantua am Hof der Gonzaga, dann in Vicenza und Casale, anschließend (1501–12) in Mantua, darauf in Ferrara und Florenz im Dienst der Medici, wo er ein Sonett von Michelangelo vertonte. Sein letzter Aufenthalt dürfte Venedig gewesen sein, wo er nach 1535 starb.

WERKE

Bartolomeo Tromboncino war einer der bedeutendsten Meister der Frottola. Es ist eine große Anzahl davon in verschiedenen Fassungen überliefert, drei- und vierstimmig, einstimmig mit Lautenbegleitung oder für Orgel. Außer diesen Liedern sind von dem Meister 9 vierstimmige Lamentationes Jeremiae, 22 vierstimmige Lauden und ein vierstimmiges Benedictus erhalten. Tromboncino komponierte auch die Musik zur Komödie »Asinaria« von Titus Maccius Plautus (um 250–184 v. Chr.) und schuf damit eine der ältesten Bühnenmusiken Italiens (1502).

LITERATUR
W. H. Rubsamen, Literary sources of Secular Music in Italy, Los Angeles 1943.

Francisco de Peñalosa
(um 1470–1528)

ZEIT UND UMWELT

Mit dem ausgehenden 15. Jahrhundert mehren sich in Spanien die Anhänger der franko-flämischen Schule. Ob es zu unmittelbaren Kontakten zwischen der Schule und dem Land südlich der Pyrenäen kam, ist nicht klar. Die Meister der Schule sind nicht nach Spanien gekommen, sie haben Italien vorgezogen. Es ist aber anzunehmen, daß Musiker aus dem franko-flämischen Raum, deren Namen nicht überliefert wurden, in verschiedenen Kapellen mitwirkten und ihren Stil mitbrachten. Mittelbare Zusammenhänge liefen offenbar über die päpstliche Kapelle in Rom, in der auch Spanier fallweise sangen, und über Neapel, das in den Bereich der spanischen Expansion geraten war.

Die capella antiqua München musiziert hauptsächlich aus Originalen des 13.–15. Jahrhunderts

LEBEN

Francisco de Peñalosa (Pignalola, Penyalosa) wurde um 1470 in Talavera de la Reine geboren. Er war bereits 1498 Sänger in der Kapelle Ferdinands II. Im Jahre 1506 wurde er Kanonikus an der Kathedrale von Sevilla, 1511 Kapellmeister des Infanten Don Fernando de Aragón. Ab 1517 wirkte er in der päpstlichen Kapelle in Rom und starb in Sevilla am 1. 4. 1528.

WERKE

Peñalosa hat vorwiegend sakrale Musik hinterlassen, mehrere Messen, Hymnen und Motetten. An profaner Musik liegen 10 mehrstimmige Lieder vor und ein bemerkenswertes Quodlibet, bei dem fünf Stimmen verschiedene Volkslieder zugleich vortragen, während der Baß bemerkt: »Sie sprachen mit verschiedenen Zungen.« Die Zuordnung verschiedener Kompositionen bringt zum Teil Schwierigkeiten, weil in der Mitte des 16. Jahrhunderts ein Juan Peñalosa als Kirchenkomponist wirkte, der zuweilen mit Francisco de Peñalosa verwechselt wurde, so daß diesem vermutlich fälschlich 8 Motetten und ein Requiem zugeschrieben wurden.

LITERATUR

R. Stevenson, Spanish Music in the Age of Columbus, Den Haag 1960.

David Burton (um 1470 bis nach 1542)

ZEIT UND UMWELT

Für die Kirchenkomponisten der vorreformatorischen Zeit in England ergab sich die Alternative, sich umzustellen und ihre Musik den neu geschaffenen Bedürfnissen anzupassen oder zu resignieren. Für die Angehörigen der Königlichen Kapelle, die der König persönlich aufgenommen hatte, war die Umwälzung weniger durchgreifend, weil eben Heinrich VIII. selbst Musiker war und es seinen Leuten nicht schwermachen wollte, ihre Fähigkeiten weiterhin seiner Kapelle zur Verfügung zu stellen. Wir kennen keine Einzelheiten. Aber die Tatsache, daß die Kapelle völlig intakt geblieben ist, muß zu solchen Schlüssen Anlaß geben.

Leben
David Burton (Davy, Avery) ist um 1470 in England geboren. Im Jahre 1494 scheint er bereits als Komponist in Oxford auf. In den Listen der Königlichen Kapelle wird 1509 zum ersten Mal seine Mitgliedschaft erwähnt, die mindestens bis 1542 dauerte. Er dürfte in London nach 1542 gestorben sein.

Werke
Im Jahre 1494 wurde David Burton für eine fünfstimmige Messe mit einem Pfund honoriert. Außerdem sind etliche Orgelstücke von ihm überliefert. Sein kompositorisches Werk war ohne Zweifel beachtlich, weil Thomas Morley ausdrücklich auf ihn als Autorität auf dem Gebiet der Musik hinweist.

Pierquin de Thérache
(um 1470 bis nach 1530)

Zeit und Umwelt
Es fällt auf, daß die Werke der Mitglieder der franko-flämischen Schule zu einem großen Teil sakralen Charakter tragen und dazu nicht wenige Komponisten selbst dem geistlichen Stand angehörten. Der Grund für die erstgenannte Erscheinung mag in der verstärkten Nachfrage nach Kirchenmusik gelegen sein, für die zweite, daß für Kleriker die Ausbildungsmöglichkeiten an den verschiedenen Dom- und Klosterschulen um vieles besser waren.

Leben
Pierquin de Thérache (Therachet) wurde um 1470 vermutlich im lothringischen Raum geboren. Er war von 1492 bis 1527 Kapellmeister der Herzöge von Lothringen, René (regierte 1473–1508) und Antoine (regierte 1508–44). Im Jahre 1505 wurde er Domherr an der Eglise collégiale St-Georges in Nancy. Sein Ableben ist nach dem Jahr 1530 anzusetzen. Es ist nicht feststellbar, wo er gestorben ist.

Werke
Pierquin de Thérache war Angehöriger einer lothringischen Schule, der auch Desprez einige Zeit (1493) angehört hatte. Sie wird zwar bereits im 16. Jahrhundert erwähnt, ist jedoch bis heute noch wenig erforscht. Der Meister hat 2 vierstimmige Messen geschrieben, dazu 3 Motetten, zu denen die bekannte »Gaude Maria virgo« (Freue dich, Jungfrau Maria) gehört. Der Stil dieser Kompositionen unterscheidet sich von dem der franko-flämischen Schule nicht wesentlich.

Aldomar (um 1470 bis um 1530)

Zeit und Umwelt
Die Katholischen Könige Ferdinand und Isabella faßten alle militärischen Kräfte zusammen, um die letzte Bastion der Mauren in Spanien, das Königreich Granada, zu zerschlagen. Im Jahre 1492 wurde es eingenommen. Dieser Sieg der Christenheit über den Unglauben wurde von Schriftstellern, Dichtern und Musikern gefeiert.

Leben
Der spanische Komponist Aldomar wurde um 1470 geboren. Über seine Persönlichkeit ist nichts bekannt, außer daß er vermutlich der Königlichen Kapelle angehört hatte. Ort und Zeit seines Todes sind nicht feststellbar.

Werke
Aldomar soll umfangreiche Kirchenmusik geschrieben haben. Es ist davon nichts erhalten. Überliefert ist nur eine Anzahl mehrstimmiger Villancicos, die sehr beliebt waren und viel gesungen wurden. Bemerkenswert ist sein Jubellied über den Sieg der Katholischen Könige über die Ungläubigen von Granada im Jahre 1492. Es dürfte sich um ein Auftragswerk gehandelt haben.

Edmund Sturton (um 1470 bis um 1530)

Zeit und Umwelt
Oxford, die Stadt der Turmspitzen, wurde im 10. Jahrhundert zum ersten Mal erwähnt. Bald entstanden die ersten Kirchen und Schulen, darunter auch die Magdalenenkirche, deren Kapelle und Gesangschule rasch auf einen hohen Stand kamen. Wer dort seine Ausbildung genoß, erhielt alles vermittelt, was zu jener Zeit geboten werden konnte.

Leben
Edmund Sturton (Turton) ist um 1470 in England geboren und wurde in Oxford zum Kleriker und zum Musiker ausgebildet. Im Jahre 1509 wurde er am Magdalen College selbst als Chorleiter eingesetzt. Er dürfte in Oxford um 1530 gestorben sein.

Werke
Der Komponist sakraler Musik Edmund Sturton hinterließ eine Reihe von sakralen Gesängen, von denen das sechsstimmige »Gaude Virgo Mater« am bemerkenswertesten ist. Thomas Morley weist auf den Meister ausdrücklich hin.

Antoine Bruhier (um 1470 bis um 1520)

Zeit und Umwelt
Der französische König Ludwig XII. (1462 bis 1515) wurde 1498 gekrönt und übernahm die Hofkapelle seines Vorgängers Karl VIII. (1470–98). Ihm dürften die ständigen kriegerischen Unternehmungen ebensowenig Zeit und Möglichkeit gelassen haben, sich um die Hofhaltung zu kümmern, wie Karl VIII. Dennoch hielt die Hofkapelle sich als nahezu selbständiger Körper auf ihrem hohen Niveau und nahm ständig neue Kräfte auf, die die Bildung eines von der frankoflämischen Schule losgelösten, typisch französischen Stils förderten.

Leben
Antoine Bruhier (Brugier, Bruyer, Broyer, Brubyer) wurde um 1470 vermutlich in oder bei Langres geboren und an der Kathedrale der Stadt ausgebildet. Ab 1504 war er dort Knabensinglehrer und nach einigen Jahren Sänger an der Kapelle König Ludwigs XII. Im Jahre 1514 kam er an die päpstliche Kapelle, wo er bis 1517 verblieb. Er ist wahrscheinlich bald darauf gestorben.

Werke
Von Antoine Bruhier sind eine vierstimmige

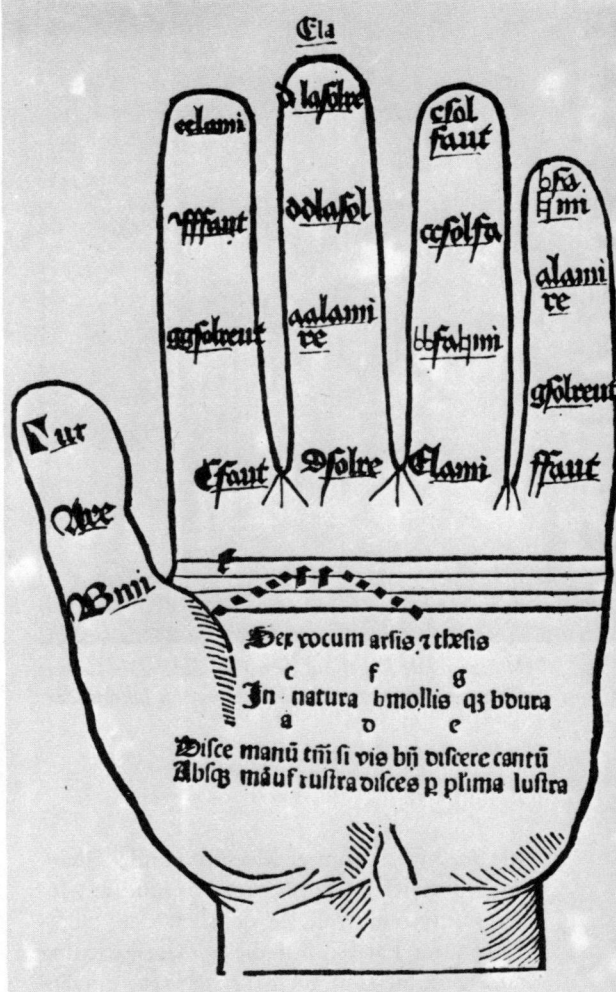

Buchseite aus: »Flores musicae omnis cantus Gregoriani« von Hugo Spechtshart, 1488

Musizierende Engel auf dem Gemälde »Die Geburt Christi« von Piero della Francesca, 15. Jahrhundert

die Übersetzung des Textes wird, weil eben die Liebenswürdigkeit und Eleganz der französischen Sprache vieles zuläßt, das in einer anderen Sprache obszön wirken würde.

LEBEN

Nicolle des Celliers d'Hesdin wurde um 1470 vermutlich in Paris geboren und dort zum Musiker ausgebildet. Er dürfte als Sänger an der Königlichen Kapelle gewirkt haben, bis man ihm die Leitung des Knabenchores an der Kathedrale Saint-Pierre in Beauvais übertrug. Er ist in Beauvais am 21. 8. 1538 gestorben.

WERKE

Der Kirchenkomponist Nicolle des Celliers d'Hesdin hat mehrere äußerst eindrucksvolle Messen und Motetten geschrieben und gleichzeitig eine Anzahl sehr ansprechender Chansons, die als sehr pikant bezeichnet wurden. Die Texte sind aber nur voll von geistreichen, witzigen Wendungen, die von der Musik gut profiliert werden.

Messe, 3 vierstimmige Motetten und 9 Chansons überliefert. Die Chansons sind am interessantesten, weil sie deutlich den Übergang zum Pariser Stil dieser Musikgattung anzeigen. Sie sind auch für sich sehr eingängig und elegant.

LITERATUR

Fr. Lesure, La maîtrise de Langres au XVIe siècle, Revue de Musicologie LII, 1966.

Nicolle des Celliers d'Hesdin
(um 1470–1538)

ZEIT UND UMWELT

Die Chanson, die schon im 15. Jahrhundert zur wahren Kunst für das Volk geworden war, weil sie in alle Gesellschaftsschichten Eingang gefunden hatte, wird sehr oft als pikant und frivol denunziert. Es wird dabei vielleicht vergessen, daß sie das erst durch

Philippo de Luprano
(um 1470 bis nach 1517)

ZEIT UND UMWELT

Die Dichtungsform der Frottola war ein Ableger der Ballata in ihrer einfachsten und kunstlosesten Art. Die Texte wurden zwar von der Volksdichtung inspiriert, aber für die gehobene Großbürgerschichte und den Adel verfaßt. Daher wiesen sie sehr selten dialektische Wendungen auf außer solchen, die allgemein verständlich waren.

LEBEN

Philippo de Luprano (Lurano) wurde um 1470 in Oberitalien geboren, lebte vermutlich in Venedig und starb in dieser Stadt nach 1517.

WERKE

Von Philippo de Luprano sind mehr als 30 vorzügliche Frottole bei Petrucci in Venedig erschienen. Sie zählen zu den besten ihrer Art.

Marco da L'Aquila
(um 1470 bis nach 1552)

Zeit und Umwelt
Lautenisten ohne festes Dienstverhältnis gab es in Venedig bereits um die Wende vom 15. zum 16. Jahrhundert. Die Stadt mit ihrem kommerziellen Reichtum bot ständige Engagements, denn Feste – öffentliche und private – wurden ständig gefeiert, bei denen man zumindest einen Lautenisten hinzuzog, wenn man auf größere Kapellen verzichtete. Auch intimere Einladungen und Gastmähler wurden oft durch einen Lautenspieler verschönert.

Leben
Marco da L'Aquila wurde um 1470 vermutlich in L'Aquila, Abruzzen, geboren. Er kam früh nach Venedig und erhielt wahrscheinlich dort seine Ausbildung. Auch eine Druckerlaubnis wurde ihm erteilt, die er aber anscheinend nie ausgenützt hat. Er lebte in Venedig als Lautenlehrer, Lautenkomponist und Lautenspieler ohne festes Engagement und starb dort nach 1552.

Werke
In verschiedenen Lautenbüchern scheinen Tänze und andere Stücke für Laute von Marco da L'Aquila auf. Außerdem erschien ein Buch mit 25 Lautenstücken, die offenbar für den häuslichen Gebrauch bestimmt waren, weil sie keine übertriebenen Griffschwierigkeiten erfordern. Die Stücke klingen sehr gut, nur die Modulationen sind etwas zu hart und zu unvermittelt.

Alessandro Mantovano
(um 1470 bis um 1530)

Zeit und Umwelt
Bei der Intabulierung der Frottola ist stets nur die Oberstimme mit Text versehen. Man hat die Textierung der anderen Stimmen vielleicht bei der zumeist homophonen Struktur dieser Lieder für überflüssig gehalten. Da aber doch zuweilen in Anlehnung an niederländische Satzweise wenigstens eine Scheinpolyphonie gewählt wurde, liegt die Annahme nahe, daß das Fehlen des Textes bei den Begleitstimmen auf eine fakultative Ausführung durch Instrumentalisten hindeutet.

Leben
Alessandro Mantovano wurde um 1470 vermutlich in Mantua geboren. Über sein Leben und Wirken ist nichts bekannt, außer daß er an verschiedenen Höfen Italiens als Sänger und Komponist tätig war. Auch über Ort und Zeit seines Todes gibt es keine Aufzeichnungen.

Werke
Von Alessandro Mantovano sind 8 vierstimmige Frottole erhalten. Sie entsprechen textlich und musikalisch der am Hofe in Mantua um die Wende vom 15. zum 16. Jahrhundert gepflegten Liedgattung, Frottola genannt, die rasch in ganz Oberitalien beliebt wurde.

Conrad Rein (um 1470 bis nach 1522)

Zeit und Umwelt
Das künstlerische und wissenschaftliche Leben der reichsfreien Stadt Nürnberg hatte bereits im 15. Jahrhundert einen steilen Aufstieg genommen, der sich im folgenden in verstärktem Maß fortsetzte. Das von Philipp Melanchthon (1497–1560) im Jahre 1526 gegründete Gymnasium Aegidianum zählte zu den ersten derartigen Institutionen Deutschlands. Die Lateinschule bei der Kirche zum Heiligen Geist, zu deren Schülern Hans Sachs gehörte, genoß vor und nach dem Anschluß der Stadt an die Reformation (1525) einen großen Ruf.

Leben
Conrad Rein (Rain) wurde um 1470 in Arnstadt (Thüringen) geboren. Er wirkte von 1502 bis 1515 als Rektor der Lateinschule der Kirche zum Heiligen Geist. Im Jahre 1507 wurde er Priester, aber später Anhänger der Reformation. Er starb vermutlich nach 1522 in Erfurt.

WERKE
Von Conrad Rein sind nur Werke für den evangelischen Gottesdienst überliefert. Seine früheren Kompositionen sind verloren. Erhalten sind eine vierstimmige Messe, 4 vierstimmige und 2 zweistimmige Messeteile, 2 vierstimmige Magnificat und ungefähr 10 vierstimmige lateinische Motetten. Sie folgen stilistisch der franko-flämischen Schule, wirken nur etwas steif und gekünstelt, verdienen aber als sehr frühe Kompositionen für den evangelischen Sakralgebrauch Beachtung.

LITERATUR
W. Schulze, Die mehrstimmige Messe im frühprotestantischen Gottesdienst, Kieler Beiträge zur Musikwissenschaft VIII, Wolfenbüttel 1940.

Richard Sampson (um 1470–1554)

ZEIT UND UMWELT
Die Weigerung des Papstes Clemens VII., die Scheidung Heinrichs VIII. zu genehmigen, verlieh der antikirchlichen Partei in England großen Auftrieb. Kleriker wurden aus ihren staatlichen Stellungen gedrängt, und die völlige Abtrennung Englands von der katholischen Kirche leitete sich ein. Für die Musiker der Kapellen an den Kathedralen war die Umstellung weniger abrupt und einschneidend. Es blieb in vielen Fällen bei den alten Gesangstexten, die Entfernung von der alten Lehre erfolgte nur allmählich, soweit es sich nicht nur um rein organisatorische Angelegenheiten handelte.

LEBEN
Richard Sampson wurde um 1470 in England geboren. Der Kirchenkomponist und Kleriker wurde 1520 Dekan von St. Stephen's in Westminster, zwei Jahre darauf Kanonikus der St. Paul's Kathedrale und schließlich Dekan der Königlichen Kapelle. Im Jahre 1533 ernannte man ihn zum Dekan von Lichfield und 1536 von St. Paul's. Etliche Monate darauf wurde er Bischof von Chichester, und im Jahre 1543 verlieh ihm der König den Erzbischofssitz von Lichfield und Coventry. Er starb in Eccleshall am 25. 9. 1554.

WERKE
Vom kompositorischen Werk Richard Sampsons ist wenig erhalten. Es liegen nur eine fünfstimmige und eine vierstimmige Motette vor, von denen die letztere ein langer lateinischer Gesang zu Ehren des Königs ist. Aber auch diese schmale Hinterlassenschaft beweist, daß sich der Einfluß der franko-flämischen Schule am Beginn des 16. Jahrhunderts auch in England immer mehr bemerkbar machte.

Crispin van Stappen (um 1470–1532)

ZEIT UND UMWELT
Der Stilumschwung an der Wende des 15. zum 16. Jahrhundert prägte alle Züge der Renaissancemusik deutlich aus: klare Aufbaugliederung, Affektsprache, volle Durchimitation, breiter Chorklang und Harmonie beim Zusammengehen der Stimmlinien. Um die führenden Meister der Zeit Josquin und Obrecht gruppierte sich eine Anzahl angesehener Persönlichkeiten, die ihre Musik nach Italien brachten.

LEBEN
Crispin van Stappen wurde um 1470 in Cambrai geboren und dort ausgebildet. Der franko-flämische Musiker war 1492 Sänger an Sainte-Chapelle in Paris, verließ aber diese Stelle noch im gleichen Jahr, um einen Kapellmeisterposten in Padua anzutreten. Kurz darauf trat er der Sistina in Rom bei, wo er bis 1507 blieb. Sodann kehrte er als Kanonikus nach Cambrai zurück; er starb dort am 10. 3. 1532.

WERKE
Der flämische Komponist Crispin van Stappen hinterließ ein sehr schönes Ave Maria und das Lied »Vale, vale de Padoa«. Beide Kompositionen weisen ihn als Meister des franko-flämischen Stils um die Wende zum 16. Jahrhundert aus.

Illustrationen zu »La musica de las Cantigas de Santa Maria del Rey Alfonso el Sabio« mit Darstellung zeitgenössischer Instrumente

Linke Seite oben links: Walther von der Vogelweide: »Ich saz uf einem steine…«

Oben rechts: »Hie kriegent mit gesange her Walther von der Vogelweide, her Wolfram von Eschenbach, her Reiman der alte, der tugenthafte Schriber, Heinrich von Ofterdingen unt Klingsor von Ungarland«

Unten links: »Herr Walther von der Vogelweide« diktiert

Rechte Seite: Meister Heinrich Frauenlob – Miniatur aus der Heidelberger Liederhandschrift, 13. Jahrhundert

Meister Heinrich Vrōwenlob. Cviij.

Musikanten bei der Investitur Bischof Martins – aus: »Lebensgeschichte des heiligen Martin« von Simone Martini (1284–1344)

Vincent Misonne (um 1470 bis um 1530)

Zeit und Umwelt
Die intensive Kulturpolitik des Mediceerpapstes Leo X. begünstigte auch die päpstliche Kapelle, deren Sängerzahl erweitert wurde. Die zu jener Zeit ausgezeichneten Sängerschulen in Flandern empfahlen jeden Sänger aus dem franko-flämischen Raum, der in Italien Aufnahme suchte. Auch die päpstliche Kapelle zog sie gerne vor.

Leben
Vincent Misonne wurde um 1470 um oder in Cambrai geboren. Über seinen Aufenthalt in der Heimat ist nichts bekannt. Er dürfte die berühmte Sängerschule in Cambrai besucht haben. Im Jahre 1515 fand er Aufnahme an der päpstlichen Kapelle in Rom. Nach dem Tod des Papstes Leo X. (1521) verließ er Rom wieder und kehrte nach Cambrai zurück, wo er um 1530 starb.

Werke
Der flämische Komponist Vincent Misonne wurde von seinen Zeitgenossen als großer Kontrapunktiker sehr geschätzt. Jedenfalls ist seine Musik stilistisch dem 15. Jahrhundert zuzurechnen. Seine 3 Messen (2 davon tropiert) und 2 Motetten, die überliefert sind, bestätigen diese Einordnung so typisch, daß auch seine verlorenen Werke kaum wesentlich fortschrittlicher sein konnten.

Literatur
A.-M. Bragard, Musiciens flamands et wallons à la cour du pape Léon X (1513–21), in: Bulletin de l'Institut historique belge de Rome XXXII, 1960.

Francesco Bossinensis
(um 1470 bis um 1540)

Zeit und Umwelt
Sologesang oder Duette mit Instrumentalbegleitung waren in der Gotik häufig. Erst die Renaissance ging nahezu ausschließlich zum A-cappella-Gesang über. In der Volksmusik jedoch war vor allem der sich selbst begleitende Sänger eine ständige Gestalt. Besonders die Laute eignete sich gut dafür, weil sie leicht transportabel war. Es ist daher nicht überraschend, daß die Lautenisten auch den Kunstgesang für diese Vortragsmethode arrangierten.

Leben
Francesco Bossinensis wurde um 1470 in Venedig geboren, wo er als Lautenist, Lautenlehrer und Lautenkomponist lebte und um 1540 starb.

Werke
Das Hauptwerk des italienischen Lautenisten Francesco Bossinensis sind die 2 Bände »Tenori e contrabassi intabulati con sopran in canto figurato per cantar e sonar col lauto« (Tenöre und Bässe mit figuriertem Sopran intabuliert zum Singen und Spielen mit der Laute). Das war das erste intabulierte Vokalwerk für Solostimme und Laute. Unter den arrangierten Stücken vorwiegend italienischer Komponisten finden sich auch Kompositionen vom Herausgeber.

Henry Bredemers (um 1472–1522)

Zeit und Umwelt
Namur war im Mittelalter die Hauptstadt der Grafschaft Namur, die 1262 an Flandern und 1420 an Burgund kam. Unter den burgundischen Herzögen blühten Wirtschaft und Kulturleben der Stadt auf. Die bereits im 11. Jahrhundert begonnene Kathedrale Saint-Aubain wurde bis zum Ende des 15. soweit fertiggestellt, daß die in jeder Stadt Burgunds übliche Musikpflege einsetzen konnte.

Leben
Henry Bredemers (Bredeniers, Bredemersche, Bredenierch) wurde um 1472 in Namur geboren. Er wurde sehr früh als Sängerknabe in die Kantorei von Notre-Dame von Antwerpen aufgenommen. Ab 1493 wirkte er dort als Organist und Knabenchorleiter der burgundischen Hofkapelle Philipps des

Schönen, den er auf ausgedehnten Reisen begleitete. Anschließend erhielt er die Stelle des Musiklehrers des nachmaligen Kaisers Karl V. und seiner Schwestern (Eleanore, Maria, Katherina), die die Musik sehr liebten. In den Jahren 1520 und 1521 lebte er im Gefolge Karls, der 1519 Kaiser geworden war. Am 20. 5. 1522 starb er in Lierre, wo er seit 1506 Präbendar des Kollegialstiftes St. Grommaire gewesen war.

Werke
Henry Bredemers war vor allem Organist und Orgelsachverständiger. Von seinen Kompositionen, die zu seiner Zeit geschätzt waren, ist außer einer Messe (»Missa super Ave Regina«) nichts erhalten. Sie ist stilistisch offensichtlich von Josquin abhängig und bildet einen Beweis mehr für den ungeheuren Einfluß dieses Meisters auf die franko-flämische Schule und alle ihre Randbezirke.

Literatur
G. van Doorslaer, Henry Bredemers, organist et maître de musique, Antwerpen 1915.

Antoine de Fevin (um 1473–1512)

Zeit und Umwelt
König Ludwig XII. von Frankreich war in seiner kriegerischen wie diplomatischen Außenpolitik völlig glücklos. Bei seinem eigenen Volk hingegen erfreute er sich als »Landesvater« hoher Wertschätzung wegen seiner Justizreform, den erträglichen Steuern, der Wahrung des inneren Friedens und nicht zuletzt der Förderung des geistigen Lebens, worin er von seiner Gemahlin Anne (1477–1514) stark unterstützt wurde. Musiker fanden bei dem musischen Königspaar bereitwillige Aufnahme.

Leben
Antoine de Fevin (Févin) wurde um 1473 vermutlich in Arras geboren. Über sein Leben und Wirken ist wenig bekannt, außer daß er einen Teil seines kurzen Lebens im

Christopher Hogwood, Harfe, spielt gotische Musik

Dienst des französischen Königspaares Ludwig XII. von Blois und Orléans und Anne, Duchesse de la Bretagne, stand. Er ist am Beginn des Jahres 1512 in Blois gestorben.

Werke
Antoine de Fevin war ein jüngerer Zeitgenosse Josquins, seine Kompositionen stehen denen des großen Meisters sehr nahe; fallweise wurden ganze Partien notengetreu übernommen. Eine persönliche Beziehung der beiden Meister ist nicht feststellbar. Jedoch liegt eine gewisse Eigenständigkeit Fevins vor, besonders in einigen Motetten. Erhalten sind von seinem kompositorischen Werk 9 Messen, mehrere Messeteile, ein Requiem, Magnificat, Lamentationen, Chan-

sons und etwa 20 Motetten. Trotz der starken Anlehnungen an Josquin war er von seinen Zeitgenossen sehr geschätzt. Der Stil dieses französischen Komponisten ist durch sein Vorbild geprägt.

LITERATUR
B. Kahmann, Antoine de Fevin, Musica Disciplina IV, 1950, V, 1951.

Lucas Fernández (um 1474–1542)

ZEIT UND UMWELT
Der von Alfonso el Sabio geschaffene Lehrstuhl für Musik an der Universität Salamanca war im Lauf seiner Geschichte bis zum Ende des 18. Jahrhunderts stets mit hervorragenden Gelehrten besetzt. Diesem Fach wurde stets große Bedeutung beigemessen. Er nahm im 16. Jahrhundert besonders als Wegbereiter des Renaissancetheaters für die spanische musikalische Bühne eine wichtige Stellung ein.

LEBEN
Lucas Fernández, spanischer Dichter und Musiker, ist um 1474 vermutlich in Salamanca geboren. Er wurde 1498 Chorsänger der Kathedrale von Salamanca. Ab 1522 hatte er den Lehrstuhl für Musik an der Universität Salamanca bis zu seinem Tod im Jahre 1542 inne.

WERKE
Von einigen Ansätzen abgesehen, die im übrigen Europa geschaffen wurden, brachte Spanien als erstes Land Bühnenstücke mit Musik heraus. Die »farsas y églogas« (Possen und Schäferspiele) von Lucas Fernández leiten das spanische und das europäische Musiktheater ein. Außerdem sind von dem Meister mehrere Villancicos erhalten, die einen starken französischen Einfluß aufweisen. Der bekannteste ist »Dí por qué mueres en cruz« (Sage, warum stirbst du am Kreuz).

LITERATUR
G. Chase, Lucas Fernández, Poet and Musician, in: The Chesterian XX, 1939.

Robert Cooper (1474 bis um 1516)

ZEIT UND UMWELT
Die Kathedrale von Lincoln enthält mehrere echt gotische Bauelemente und dazu noch einige aus früheren Stilepochen. Ebenso alt ist die Musikpflege der Kirche, die es stets verstand, tüchtige Kräfte anzuwerben, so daß die Kapelle von Lincoln zu den wichtigen Punkten der englischen Musikentwicklung gerechnet werden darf.

LEBEN
Robert Cooper (Cowper) wurde 1474 in England geboren. Im Jahre 1494 löste er Fayrfax als Dirigent an der Kathedrale von Lincoln ab; 1506 gab er diese Stelle auf, um sein in Cambridge begonnenes Studium abzuschließen, und wurde 1507 zum Doktor der Musik promoviert. Der Erzbischof von Canterbury verlieh ihm 1516 zwei Pfründen. Der Meister starb aber noch im selben Jahr. Der Ort seines Todes ist unbekannt.

WERKE
Von Robert Cooper sind ein vierstimmiges Gloria, 6 Motetten und etliche dreistimmige Lieder erhalten. Der englische Komponist Thomas Morley hob in einer Publikation Robert Cooper besonders hervor (1597).

Robert de Fevin
(um 1475 bis um 1540)

ZEIT UND UMWELT
Durch geschicktes Lavieren zwischen den Großmächten konnte Savoyen seine Selbständigkeit bis in das 17. Jahrhundert behalten; die Grafschaft wurde 1416 zum Herzogtum erhoben, verlor und gewann Landesteile, baute seine politischen Beziehungen ständig durch Verträge und Heiraten aus und hielt dabei einen Hof ähnlich den großen Renaissancefürsten, wenn auch in bescheidenerem Format.

LEBEN
Robert de Fevin ist um 1475 in Cambrai geboren und wurde Kapellmeister der Herzöge

von Savoyen, Philibert II. (1480–1504) und Charles III. (1486–1553). Er dürfte um 1540 im Bereich des Herzogtums gestorben sein. Ob er mit Antoine de Fevin in einem verwandtschaftlichen Verhältnis stand, kann nicht festgestellt werden.

WERKE
Von Robert de Fevin sind 3 Messen erhalten, ein Patrem und etliche Motetten. Auch sein Stil folgt stark dem von Josquin, ohne sich jedoch so deutlich anzulehnen wie die Kompositionen seines Namensvetters.

Andrea Antico (um 1475 bis nach 1530)

ZEIT UND UMWELT
Die ältesten Notendrucke im Typendruckverfahren stellte Ulrich Hahn (1425–78) in Rom 1476 her. Gleichzeitig wurde gerade in Rom noch jahrzehntelang mühsam mittels Holzplatten gedruckt und auf die bequemeren beweglichen Lettern verzichtet. Man zog offenbar die riesigen Folianten, die mit dieser Methode entstanden, den neuen Drucken eines Petrucci vor, weil sie dem Konservativismus der päpstlichen Kapelle mehr entsprachen.

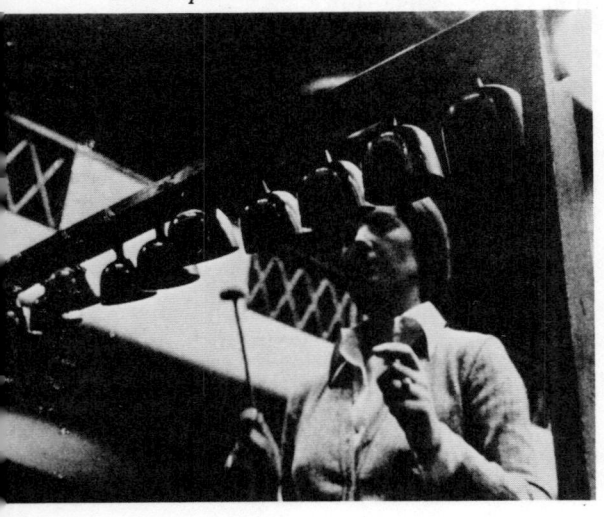

Glockenspiel aus der Zeit der Gotik

LEBEN
Andrea Antico (Antigo, Anticho, Antiquus, De Antiquis, De Montona) wurde um 1475 in Montona (Istrien) geboren. Seine kompositorische Tätigkeit, die er anfänglich in Venedig ausgeübt hatte, gab er um das Jahr 1510 auf, ging nach Rom und widmete sich fortan dem Notendruck und dem Musikverlag. Papst Leo X. gab ihm 1516 eine Anstellung als Drucker für zehn Jahre. Er arbeitete in Rom mit dem zu jener Zeit bereits überholten Verfahren des Holzdruckes. Nach Venedig zurückgekehrt, tat er sich mit Petrucci und dem Musikverleger Luca Antonio Junta (1457–1538) aus Florenz zu gemeinsamer Herstellung und Veröffentlichung zeitgenössischer Musik zusammen. Er starb vermutlich in Venedig nach 1530.

WERKE
Die kompositorische Tätigkeit von Andrea Antico erstreckte sich auf mehrere Sammlungen von Frottole in der Mantuaner Art. Hernach widmete sich der Meister nur mehr dem Notendruck und Musikverlag. Er brachte in Rom den Liber quindecim missarum electarum (Buch mit 15 ausgewählten Messen) heraus. Aus seiner Zusammenarbeit mit Petrucci und Junta entstand ein Buch mit Kompositionen von Févin, Penet und Mouton, bei denen die Stimmen gesondert notiert wurden (Chansons à troys).

LITERATUR
A. Zenati, Andrea Antico da Montona, in: Archivio storico per Trieste, Rom 1881.

John Horwood (um 1475 bis um 1530)

ZEIT UND UMWELT
König Heinrich VIII., selbst Humanist und erster Repräsentant der Renaissance in England, wandte den Pflegestätten der Musik Englands ein noch höheres Interesse zu als sein Vorgänger Heinrich VII. Auch die Heranbildung von Klerikern lag ihm besonders am Herzen, zumal er selbst in seiner Jugend für den geistlichen Stand bestimmt und demzufolge zum Musiker ausgebildet worden

war. Daher standen zu Musikern ausgebildete Kleriker ganz besonders in seiner Gunst.

LEBEN

John Horwood (Harwood, Horword, Horwud) wurde um 1475 in England geboren und im King's College von Cambridge zum Musiker und Kleriker erzogen. Er dürfte entweder in Windsor selbst oder im naheliegenden Eton als Gesangs- und Instrumentallehrer angestellt worden sein. Ort und Zeit seines Todes sind nicht bekannt. Eine Identität mit dem Gesangs- und Clavicordlehrer William Horwode ist nicht anzunehmen.

WERKE

Von Horwood sind mehrere fünfstimmige Motetten erhalten, die durch den für ihre Zeit modernen Klang auffallen. Man kann sie bereits als echte Vertreter der englischen Renaissancemusik bezeichnen.

Georgius Macropedius
(um 1475–1558)

ZEIT UND UMWELT

Der Humanist Johannes Reuchlin (1455 bis 1522) begründete das wissenschaftliche Studium des Griechischen und des Hebräischen in Deutschland. Er verfaßte einige Komödien in lateinischer Sprache und schuf damit das neulateinische Schuldrama, das erst in späterer Zeit seine Hochblüte erlebte. Die Chöre und fallweise auch die Dialoge dieser Bühnenstücke mit Musik zu versehen, war ein naheliegender Schritt in die Richtung auf das Musikdrama der kommenden Jahrhunderte.

LEBEN

Georgius Macropedius (Van Langhveldt, Langveld) wurde um 1475 in Gemert (Brabant) geboren. Er ergriff den Lehrberuf und unterrichtete an den Lateinschulen in s'Hertogenbosch und Utrecht. Im Juli 1558 starb er in s'Hertogenbosch.

WERKE

Der Humanist und Komponist Georgius Macropedius schrieb nach dem Muster des Gelehrten und Dichters Johannes Reuchlin 10 lateinische Schuldramen, deren Chöre er mit Melodien versah. Diese waren stets einstimmig, abgesehen von einem Drama, zu dem der Meister vierstimmige Sätze komponierte.

LITERATUR

R. v. Liliencron, Die Chorgesänge des lateinisch-deutschen Schuldramas, Vierteljahresschrift für Musikwissenschaft VI, 1890.

Mathurin Forestier
(um 1475 bis nach 1541)

ZEIT UND UMWELT

Nicht nur für die Geschichte der Musik, sondern auch für die der Literatur und der bildenden Künste ist es bezeichnend, daß aus früheren Jahrhunderten wohl eine Fülle an Kompositionen, Literaturdenkmälern, Bildern, Statuen und Bauten überliefert sind, jedoch über die Künstler selbst nur sehr spärliche Angaben vorliegen, die oft über den Namen kaum hinausreichen. Das Interesse der Zeitgenossen hat sich in jenen Epochen nahezu ausschließlich dem Kunstwerk selbst und nicht dem Schöpfer zugewendet. Uns ist diese Gleichgültigkeit dem Künstler gegenüber wenig verständlich, wir müssen aber hinnehmen, daß es damals so war, und uns mit den wenigen Informationen zufriedengeben, die uns oft nur durch Zufall zukommen, und dennoch versuchen, uns von den Künstlern ein Bild zu formen, das der Wirklichkeit zumindest nahekommt.

LEBEN

Mathurin Forestier (Forestyn) ist vermutlich um 1475 in Frankreich oder in den Niederlanden geboren. Über sein Leben und Wirken gibt es keine Informationen. Auch Ort und Zeit seines Todes kennen wir nicht, außer daß er im Jahre 1541 noch gelebt hat.

WERKE

Von Forestier, der offenbar der frankoflämischen Schule entstammt, sind Messen und Chansons überliefert. Da einiges davon in Venedig gedruckt wurde, kann man annehmen, daß sich der Meister dort aufgehalten hat. Der Stil seiner Kompositionen darf als rein niederländisch bezeichnet werden, mit Ausnahme der Chansons, die der Pariser Form folgen.

LITERATUR
A. W. Ambros, Geschichte der Musik III, Breslau 1868.

Elzéar Genet (um 1475–1548)

ZEIT UND UMWELT
Der namhafte Schriftsteller und Humanist François Rabelais (1494–1553) hat besonders mit seinem satirischen Meisterwerk Gargantua et Pantagruel (1552) einen scharfen Kampf gegen die Zwänge und Vorurteile des Mittelalters geführt. Die gesellschaftliche Schicht, die davon angesprochen wurde, war sehr dünn. Sie bestand aus einer Anzahl von Wissenschaftlern, Schriftstellern, Dichtern, bildenden Künstlern und Musikern, etlichen Familien, Adeligen und führenden Persönlichkeiten der Kirche. Das hätte aber genügt, um allmählich das Ideengut des Humanismus mit der Zeit auch breiteren Schichten zugänglich zu machen, wenn nicht die Reformation Gegenmaßnahmen provoziert hätte, die der Entwicklung eine andere Richtung wiesen. Vor allem mußten die Männer der Kirche ihre toleranten Ideen gegen eine militante Haltung tauschen. Jedoch bis dorthin durften Musiker mühelos zwischen kirchlichen und höfischen Kapellen pendeln, denn die an sie gestellten Anforderungen waren die gleichen, überall war die Musik selbst und der Ausdruck der Persönlichkeit des Künstlers Zweck und Ziel und keine außermusikalischen Bereiche.

LEBEN
Elzéar Genet, der sich Carpentras (oder Il Carpentrasso) nannte, wurde um 1475 in Carpentras (Vaucluse) geboren. Der französische Musiker wurde 1508 Kapellsänger unter Papst Julius II., hielt sich darauf einige Zeit am Hof des französischen Königs Ludwig XII. auf, wie François Rabelais bezeugt, und wurde unter dem nächsten Papst Leo X. Mitglied und später Kapellmeister der päpstlichen Kapelle. Neben mehreren Ehren und Titeln wurde er zum Dekan von Saint-Agricol in Avignon ernannt, wo er 1521 seinen weiteren Aufenthalt nahm und bis zu seinem Tod am 14. 6. 1548 blieb.

WERKE
Von Genet sind 5 vierstimmige Messen, Lamentationen, Hymnen, Magnificat und eine Reihe dreistimmiger Gesänge überliefert. Sie folgen stilistisch der frankoflämischen Schule, weisen aber viel Färbigkeit auf. Ein Großteil davon ist 1532–37 in Avignon gedruckt worden, und zwar mit den neuen von Schriftgießer Etienne Briard (um 1500) hergestellten runden (anstelle der bisherigen eckigen) Notenformen.

LITERATUR
O. L. Rigsby, Elzéar Genet, in: Studies in Music History and Theory, Tallahassee (Fla.), 1955.

Adolf Blindhamer
(um 1475 bis vor 1532)

ZEIT UND UMWELT
Die Laute ist zwar schon im 15. Jahrhundert von Spanien nach Europa gekommen, allgemeine Verbreitung erfuhr das Instrument aber erst im folgenden Jahrhundert. Im deutschen Sprachgebiet ist sie verhältnismäßig spät eingeführt worden. Daß sie sehr früh in der Kapelle Maximilians I. Verwendung fand, war bei der bekannten Aufgeschlossenheit des Kaisers selbstverständlich.

LEBEN
Adolf Blindhamer (Blindhomer, Blinthaimer, Blyndhamer, Plindthamer) wurde um 1475 in Bayern geboren. Er stand von 1503 bis 1518 im Dienst Maximilians I. und ließ sich 1514 in Nürnberg nieder, wo er vermutlich noch vor 1532 gestorben ist.

WERKE

Albrecht Dürer zählte Blindhamer zu den besten Lautenisten seiner Zeit. Hans Gerle, der vermutlich sein Schüler war, beruft sich auf den »weitberümpten meister«. In der ältesten deutschen Lautentabulatur (um 1525) befinden sich 5 Stücke, die Blindhamer zuzuschreiben sind, darunter das sehr bekannt gewordene dreistimmige »Christ ist erstanden«, das einen zeilenweise von Stimme zu Stimme wandernden Cantus firmus aufweist.

LITERATUR

R. Wagner, W. Breitengraser und die Nürnberger Kirchen- und Schulmusik seiner Zeit, Die Musikforschung II, 1949.

Antonius Divitis (um 1475 bis um 1526)

ZEIT UND UMWELT

Mechelen, die »Stadt der Türme und der Glocken«, erlebte seine glänzendste Epoche unter Herzogin Margarete von Österreich, die in dieser Stadt ihren Hof aufschlug. Die Bedeutung der Stadt wurde jedoch bereits im vorangegangenen Jahrhundert stark gehoben, als Philipp der Gute sie 1473 zum Sitz des Großen Rates der Niederlande wählte. Die vom 13. bis zum 15. Jahrhundert erbaute Kathedrale St. Rombaut mit ihrem eindrucksvollen Glockenturm, in dem ein Glockenspiel aus 49 Glocken hing, war eine bedeutende Pflegestätte niederländischer Kirchenmusik.

LEBEN

Antonius Divitis (de Rijcke, le Riche) ist um 1475 in Löwen geboren. Er dürfte in Brügge ausgebildet worden sein. Im Jahre 1502 wurde er zum Priester geweiht und 1504 war er Chordirigent an St. Rombaut zu Mechelen, kam jedoch schon ein Jahr darauf mit der Kapelle Philipps des Schönen nach Spanien. Das Jahr 1515 findet ihn als Kapellsänger am Hof des Königs von Frankreich. Ob er mit dem 1526 als Mitglied der päpstlichen Kapelle zu Rom wirkenden Antonius Richardus ident war, ist nicht klargestellt. Er starb um 1526. Der Ort seines Todes ist nicht bekannt.

WERKE

Von Antonius Divitis sind 3 Messen, 2 Patrem, 4 Magnificat, ein Salve Regina, einzelne Messesätze, mehrere Motetten und Bicinien (Duette) und eine sehr schöne fünfstimmige Chanson erhalten. Sein Kompositionsstil entspricht der franko-flämischen Schule, ist aber etwas steif.

LITERATUR

G. van Doorslaer, Antonius Divitis, Tijdschrift der Vereeniging voor nederlandse Muziekgeschiedenis XIII, 1929.

Marco Cara (um 1475 bis nach 1525)

ZEIT UND UMWELT

Der kulturelle Aufschwung von Mantua unter der Familie Gonzaga erfuhr durch den Einfluß der Isabella d'Este (1474–1539), Frau des vierten Marchese Francesco II. Gonzaga (1466–1519), starke Impulse, die die Stadt unter deren Nachfolgern auf die Höhe ihres Ansehens führten. Künstler jeder Art wurden in Mantua aufgenommen und beschäftigt, so daß sich die Stadt ebenbürtig neben die anderen italienischen Zentren der Renaissance stellen durfte.

LEBEN

Marco Cara (Marchetto) wurde um 1475 in Verona geboren und stand von 1495 bis 1525 im Dienst der Gonzaga in Mantua. Kurze Aufenthalte führten ihn nach Venedig und Mailand. Er dürfte in Mantua nach 1525 gestorben sein.

WERKE

Cara war neben Tromboncino ein Hauptmeister der Frottola. Es sind davon über 100 erhalten. Darüber hinaus sind nur einige wenig eindrucksvolle geistliche Sätze überliefert, darunter ein dreistimmiges Salve Regina, das jedoch Beachtung verdient.

Simon de Quercu
(um 1475 bis nach 1520)

Zeit und Umwelt
Mit Hilfe des Kaisers Maximilian I. konnte Lodovico il Moro (1451–1508) seinem Neffen Gian Galeazzo (1469–94) als Herzog von Mailand nachfolgen. Seine Herrschaft währte jedoch nicht lange, schon im Sommer 1499 überfiel Ludwig XII. das Herzogtum und führte Lodovico als Gefangenen nach Frankreich (April 1500). Die Söhne des entthronten Herzogs, Massimiliano (1483 bis 1530) und Francesco Maria (1495–1535), flohen nach Wien. Mit ihnen starb das Herzogsgeschlecht der Sforza im Mannesstamm aus.

Leben
Simon de Quercu (van Eijcken, du Chesne) wurde um 1475 in Brabant geboren. Er war Erster Kapellsänger am Hof des Herzogs Lodovico il Moro in Mailand und zugleich Musiklehrer der Söhne Massimiliano und Francesco Maria. Auf ihrer Flucht nach Wien begleitete er sie und blieb dort, als diese die Stadt wieder verließen. Er starb in Wien nach 1520.

Werke
Quercu war in erster Linie Lehrer und verfaßte ein Lehrbuch für den Musikunterricht der Jugend. Seine musikalische Hinterlassenschaft besteht aus den »Vigiliae cum vesperis et exequiis mortuorum« (Vigilien mit Vespern und Totenfeiern).

Titelblatt des Werkes »Opusculum musices« von Quercu, 1513

Michele Pesenti
(um 1475 bis nach 1521)

Zeit und Umwelt
Bis in das 15. Jahrhundert hinein bezog Mantua sein Musikleben sozusagen aus zweiter Hand, von Mailand, Florenz, Ferrara und anderen Hochburgen der italienischen Musik. Mit der Heirat des vierten Marchese Francesco II. Gonzaga mit Isabella d'Este trat hier eine durchgreifende Änderung ein. Diese Tochter des Herzogs Ercole I. von Ferrara war selbst Dichterin und Musikerin und liebte das Vortragen von Gedichten und auch ihr Singen, sofern man die Worte noch verstand. Das zwang die Komponisten, die Kompositionen so einzurichten, daß die Sänger den Text gleichzeitig im gleichen Rhythmus homophon aussprachen, so daß Imitation und Kontrapunkt wenig Verwendung fanden. Sie verlangte von den Musikern Stücke zur Unterhaltung des Hofes, die wenig Ansprüche stellten und den volkstümlichen Formen folgten, wie etwa die französische Chanson in ihrem Anfangsstadium.

Damit erhielt Mantua eine eigene Musik, die Frottola, deren hervorragendste Vertreter Marco Cara und Bartolomeo Tromboncino waren, beide bereits bekannte Künstler Oberitaliens, sodann Fogliano von Modena und schließlich noch Lodovico Milanese und Rossino Mantovano, von denen nichts bekannt ist, außer daß sie zwischen 1490 und 1510 für die Marchesa komponierten.

Diese italienische Musikform verbreitete sich überaus rasch in ganz Europa und fand überall ihre Komponisten. Sie verschwand jedoch nach drei Jahrzehnten ebenso plötzlich, wie sie gekommen war, weil sich das allgemeine Interesse dem anspruchsvolleren Madrigal zuwandte.

LEBEN

Michele Pesenti ist um 1475 in Verona geboren. Er gehörte ebenfalls zu den Komponisten, die für Mantua Frottole schrieben. Ob er sich am Hofe der Gonzaga aufgehalten hat, ist unbekannt. Er war Priester und übte zumindest einen Teil seines Lebens diesen Beruf an einer Kirche von Verona aus. Er dürfte auch als Organist gewirkt haben. Zeit und Ort seines Todes stehen nicht fest.

WERKE

Michele Pesenti zählte zu den Meistern der Frottola. Es sind 33 Stücke überliefert, deren Texte er zum Teil selbst verfaßte. Einige davon haben einen hohen künstlerischen Wert und dürfen als Vorläufer der Chansons und Villanellen des 16. Jahrhunderts angesehen werden. Es wird ihm auch einige Orgelmusik zugeschrieben.

LITERATUR

Kn. Jeppesen, Die italienische Orgelmusik am Anfang des Cinquecento, Kopenhagen 1960.

Thomas Preston (um 1475–1563)

ZEIT UND UMWELT

Bei jedem politischen oder religiösen Umschwung gab es Persönlichkeiten, die den schärfsten Windwechsel heil überstanden, entweder weil sie die neue Strömung rechtzeitig spürten und ihre Maßnahmen treffen konnten oder weil es irgend jemanden gab, der seine Hand über sie hielt, oder schließlich weil sie derart bedeutungslos zu sein schienen und vielleicht auch waren, daß man sie übersah.

LEBEN

Thomas Preston ist um 1475 vielleicht in Leicester, wo er im Dienst der Abtei im Jahre 1493 aufscheint, geboren. In die Zeit bis 1559 fielen die vorreformatorischen Werke dieses englischen Komponisten und Organisten. Dann verrichtete er bis 1563 den Organistendienst in der St.-George-Kapelle in Windsor, wo er 1563 gestorben ist. Es wird angenommen, daß er zumindest einen Teil der Zeit zwischen 1493 und 1559 in London verbracht hat.

WERKE

Thomas Preston verfaßte ein beträchtliches Werk, von dem 12 Offertorien für Orgel, eine Reihe Motetten und eine Ostermesse erwähnenswert sind. Die Messe bringt 12 Verse der Ostersequenz als einziges Beispiel einer Sequenzvertonung für ein Tasteninstrument aus jener Zeit. Sein Stil ist dem von John Redford angenähert.

LITERATUR

Fr. Ll. Harrison, Music in Medieval Britain, London 1958.

Matthaeus Pipelare
(um 1475 bis nach 1545)

ZEIT UND UMWELT

Die kleine brabantische Landstadt s'Hertogenbosch war um die Wende des 15. zum 16. Jahrhundert sehr bekannt wegen ihres eigenwilligen Malers Hieronymus Bosch (1450 bis 1516), wegen ihrer prächtigen spätgotischen Johannes-Kathedrale und des Chores der Illustre Lieve Vrouwe Broederschap, der den Kapellen der großen Städte nicht nachstand und als eifrige Pflegestätte niederländischer Musik galt.

LEBEN

Matthaeus Pipelare wurde um 1475 vielleicht in s'Hertogenbosch geboren. Er war dort von 1498 bis 1500 Sangmeister der Illustre Lieve Vrouwe Broederschap. Über sein weiteres Leben und Wirken ist nichts bekannt. Es ist auch nicht feststellbar, wo und wann er gestorben ist. Seine Kompositionen sind in Venedig, Rom und Wittenberg zwischen 1505 und 1545 erschienen.

WERKE

Von Matthaeus Pipelare sind 3 Messen (eine auf L'homme armé), ein Credo, ein fünfstimmiges Ave Maria, ein vierstimmiges Magnificat, mehrere Motetten (darunter eine siebenstimmige), französische Chansons und niederländische Lieder überliefert. Sein Stil ist Josquin verpflichtet, nur die Chansons ahmen den Pariser Stil nach.

LITERATUR

G. Reese, Music in the Renaissance, New York 1954.

Johann Weinmann (um 1477–1542)

ZEIT UND UMWELT

Nürnberg hat sich als erste reichsfreie Stadt der Reformation angeschlossen. Diese Bewegung umschloß auch eine Anzahl Musiker, die sich dem neuen Glauben ergaben. Organisten und Komponisten fanden ein neues Betätigungsfeld im Volksgesang, dem eine wichtige Rolle im Gottesdienst zugewiesen wurde. Neben ausgedehnten Orgelstücken wurden neue Psalmen und Hymnen in deutscher Sprache benötigt, auch wenn man anfänglich häufig alte Melodien den neuen Texten anpaßte.

LEBEN

Johann Weinmann wurde um 1477 in Nürnberg geboren. Er studierte in Leipzig (ab 1492) und erhielt 1496 eine Organistenstelle in Nürnberg. Im Jahre 1498 setzte er sein Studium in Erfurt und Wittenberg fort. Er wurde 1506 Organist der Schloßkirche zu Wittenberg; ab 1519 versah er auch den Organistendienst in der Stadtkirche. Weinmann war ursprünglich Kleriker, wurde aber frühzeitig Anhänger der Reformation. Er starb am 18. 11. 1542 in Wittenberg.

WERKE

Von Johann Weinmann stammt eine Reihe von evangelischen Kirchenliedern, darunter Luthers »Vater unser im Himmelreich«. Er zählt zu den ersten evangelischen Kirchenkomponisten Deutschlands.

LITERATUR

R. Wagner, Die Organisten der Kirche zum Hl. Geist in Nürnberg, Zeitschrift für Musikwissenschaft XII, 1929/30.

Andreas de Silva
(um 1477 bis um 1540)

ZEIT UND UMWELT

Nicht nur die führenden Kapellen Roms wie die päpstliche oder die am Petersdom waren aus dem Ausland zugewanderten Musikern gegenüber sehr aufnahmebereit; auch an den übrigen Kirchen, besonders an denen der verschiedenen Kardinäle, gab es für gute Sänger Stellen genug. Viele, die aus den Niederlanden, aus Frankreich oder Spanien kamen, wirkten anfänglich an den Kirchen der Kardinäle aus ihrer Heimat, bis es ihnen gelang, das Ziel aller zu erreichen und bei der Sistina unterzukommen.

LEBEN

Andreas de Silva wurde um 1477 in Spanien geboren. Er begab sich zwischen 1510 und 1514 nach Rom. Über seine Ausbildung und Tätigkeit in der Heimat ist nichts bekannt; ebensowenig ist feststellbar, welche Stellung er in Rom innehatte, ehe er im Jahre 1519 in die päpstliche Kapelle eintrat. Unter den Musikern am Hof zu Mantua scheint er 1522 auf. Er dürfte aber nach etlichen Jahren wieder nach Rom zurückgekehrt und dort um 1540 gestorben sein.

WERKE

Von Andreas de Silva sind 3 Messen und 35

Motetten erhalten, die eine beachtliche Meisterschaft ausweisen. In Sammelwerken seiner Zeit finden sich noch ein Te Deum und etliche profane Stücke, die von den Zeitgenossen sehr geschätzt wurden.

LITERATUR
W. Kirsch, Andreas de Silva, ein Meister aus der ersten Hälfte des 16. Jahrhunderts, in: Analecta musicologica II, 1965.

Francesco Santa Croce
(um 1478–1556)

ZEIT UND UMWELT
Auch die kleineren Städte Italiens nahmen am geistigen Aufschwung der Renaissance lebhaft teil, der immer breitere Bevölkerungsschichten erfaßte. In jeder Stadt wirkten Gelehrte und Künstler und bildeten in gegebenem Rahmen kulturelle Zentren. Die Städte waren zumeist bis zum Ausgang des Mittelalters selbständig gewesen und hatten, jede für sich, einen beachtlichen Schatz an Kulturgut geschaffen, der nunmehr in Abhängigkeit von einem stärkeren politischen und wirtschaftlichen Mittelpunkt zum fruchtbaren Ideenaustausch und Wettstreit innerhalb eines größeren Gebietes führte. Das trifft vor allem innerhalb des venezianischen Bereiches zu, wo alle diese Städte, wie Udine, Gemona, Treviso, Chioggia und andere, ihre Impulse zum weiteren kulturellen Aufstieg von der mächtigen Lagunenstadt erhielten.

LEBEN
Francesco Santa Croce (auch Francesco Patavino) wurde um 1478 in Santa Croce (Padua) geboren. Seine Laufbahn begann 1511 an der Domkapelle von Padua, wo er als Sänger eingestellt und ein Jahr darauf zum Priester geweiht wurde. Anschließend erhielt er in Treviso die Stelle eines Kapellmeisters, die er bis 1528 versah. Im Jahre 1529 wurde er Domkapellmeister in Chioggia, 1531 in Udine, 1533 in Gemona und 1537 neuerlich in Treviso. Ab 1551 war er Kanonikus an der Basilika in Loreto, wo er im Jahre 1556 starb.

WERKE
Von Francesco Santa Croce sind mehrere Stücke für Coro spezzato überliefert, frühe Beispiele der Verwendung mehrteiliger Chöre, die später gerade in der Musik Venedigs eine bedeutende Rolle spielten.

LITERATUR
G. D'Alessi, La cappella musicale del duomo di Treviso (1300–1633), Treviso 1954.

Othmar Luscinius (um 1478–1537)

ZEIT UND UMWELT
Die rasch um sich greifende Reformation zwang Kleriker, die die Veränderung nicht mitmachen wollten, zuweilen zu einem unsteten Wanderleben. Denn anfänglich sprang der Konfessionswechsel wie Flugfeuer von einer Ecke der Länder zur anderen, so daß in Wahrheit kaum eine Stadt als sicherer Hort für die Anhänger Roms angesehen werden konnte, bis nach schweren Auseinandersetzungen endgültige Grenzen für beide Bekenntnisse gezogen wurden.

LEBEN
Othmar Luscinius (Nachtigall, Nachtgall, Philomela) wurde um 1478 in Straßburg geboren. Er studierte in Heidelberg Theologie, Jurisprudenz und Griechisch, sodann in Wien Musik bei Grefinger und vermutlich auch bei Hofhaymer; weitere Studien in Löwen, Paris und Padua folgten. Nach einer langen Studienreise bis nach Griechenland und dem Vorderen Orient lehrte er in Straßburg Griechisch, wo er auch als Organist (1515–20) tätig war. Im Jahre 1523 ging er nach Augsburg, das er drei Jahre später wegen der Reformation verließ, um eine Stelle als Prediger im Münster von Freiburg im Breisgau anzunehmen. Dort starb er 1537 und wurde im Kartäuserkloster beigesetzt.

WERKE
Luscinius war bereits von seinen Zeitgenossen als Musiker, Musikwissenschaftler, Literat, Graecist, Jurist und Theologe hochgeschätzt. Von seinem kompositorischen

Werk sind allerdings nur 3 Orgelstücke erhalten, die jedoch deutlich anzeigen, auf welch hohen Stand Hofhaymer die Orgelmusik in Deutschland gebracht hatte.

LITERATUR
Kl. W. Niemöller, Othmar Luscinius, Archiv für Musikforschung XV, 1958.

Johannes Cochlaeus (1479–1552)

ZEIT UND UMWELT
Die Abwendung Martin Luthers und der führenden Männer der Reformation vom Humanismus bewog mehrere Anhänger der Befreiung des Geistes von Denkschemata, entweder auf den Übertritt zur neuen Lehre, von der sie anfänglich eine Unterstützung ihrer Ideenwelt erwartet hatten, zu verzichten oder den Weg zurück anzutreten. Die Synthese von Protestantismus und Humanismus war in der frühreformatorischen Zeit noch nicht gefunden.

LEBEN
Johannes Cochlaeus (Cocleus, eigentlich Dobneck) wurde am 10. 1. 1479 in Wendelstein bei Nürnberg geboren. Er studierte an der Universität Köln, wo er 1509 Professor wurde. Im Jahre 1510 verlieh man ihm das Amt eines Rektors der Lorenzschule in Wittenberg, das er 1515 niederlegte, um in Bologna Theologie und Jurisprudenz zu studieren. Er kehrte als katholischer Priester nach Deutschland zurück und trat ab nun als heftiger Gegner der Reformation auf. Er wirkte als Kleriker in Frankfurt am Main, Mainz, Dresden und Meißen und blieb schließlich in Breslau, wo er am 10. 1. 1552 starb.

WERKE
Die musikwissenschaftlichen Werke des Humanisten Johannes Cochlaeus beinhalten auch seine kompositorischen Leistungen, die aus humanistischen Odenvertonungen bestehen. Die enge Bindung der Musik an das Wort und die dadurch bedingte Gleichzeitigkeit der Stimmen legten dem Komponisten starke Fesseln an, so daß ihre Entfaltung nur in sehr beschränktem Rahmen möglich war. Es zeugt von einem gewissen Meistertum, wenn eine solche Musik dennoch so klangvoll und wirksam gestaltet wird wie bei den von Cochlaeus gegebenen Beispielen.

LITERATUR
W. Gurlitt, Musik und Rhetorik, Helicon V, 1944.

Jean Richafort (um 1480–1548)

ZEIT UND UMWELT
Die Tochter Philipps des Schönen von Burgund, Maria, wurde durch Heirat mit Ludwig II. (regierte 1516–26) Königin von Ungarn und nach dessen Tod Regentin der Niederlande, wo sie, ähnlich der Regentin Margarete, die burgundische Tradition der Kunstförderung fortsetzte.

LEBEN
Jean Richafort (Ricartsvorde, Ricciaforte, Rycefort) wurde um 1480 im Hennegau geboren. Er war ein Schüler Josquins. Von 1507 bis 1509 wirkte er als Gesangmeister in Brügge und trat 1531 in die Dienste der Regentin Maria von Ungarn, die Künstler jeder Art an ihren Hof zog. 1543 ging er nach Brügge zurück und übernahm die Kapellmeisterstelle an St. Gilles. Im Jahre 1548 starb er vermutlich in Brügge.

WERKE
Der franko-flämische Komponist Jean Richafort verfaßte mehrere Messen, ein Requiem, Motetten und Chansons. Seine Technik geht sichtlich über Josquin hinaus; die Kontrapunktik bringt einen reineren Zusammenklang und stärkeren Ausdruck. Sein sechsstimmiges Requiem versucht den Ausdruck der Trauer mit dem Kunstgriff zu verstärken, daß die Tenöre, während die anderen Stimmen den rituellen Text vortragen, sich unabhängig davon in Bekundungen des Schmerzes ergehen. Etliche Werke des Meisters sind ernst und konservativ gehalten, während andere der allgemeinen Musikentwicklung vorauseilen.

Noel Bauldewijn (um 1480–1529)

LITERATUR
G. van Doorslaer, Jean Richafort, Antwerpen 1930.

Noel Bauldewijn (um 1480–1529)

ZEIT UND UMWELT
Mit dem steilen wirtschaftlichen Aufstieg von Antwerpen setzte ein kultureller ein. Brügge wurde auch als Zentrum flämischer Kunst abgelöst. Quentin Massys (1466 bis 1535) war der erste bedeutende Vertreter der Antwerpener Malerschule, der in der Folgezeit eine stolze Reihe berühmter Persönlichkeiten angehörten.

LEBEN
Noel Bauldewijn (Baldewin, Balduin, Baudoin, Noeweelen, Natalis) wurde um 1480 in Flandern geboren. Im Jahre 1509 erhielt er die Stelle eines Gesangmeisters an St. Rombaut in Mechelen, und 1513 wurde er Kapell-

Musikanten bestimmen die Stimmung im »Liebesgarten« – Kupferstich von dem Meister der Liebesgärten

meister an Notre-Dame zu Antwerpen, wo er 1529 starb.

WERKE
Vom kompositorischen Werk des franko-flämischen Meisters Noel Bauldewijn sind 6 Messen für vier oder fünf Stimmen und eine Anzahl Motetten überliefert, dazu eine fünfstimmige französische Chanson. Die Veröffentlichung von 2 seiner Motetten in Venedig legt die Annahme nahe, daß sich der Meister eine Zeitlang in Italien aufgehalten hat; sie könnte aber auch nur ein Beweis für seinen Bekanntheitsgrad sein.

LITERATUR
G. van Doorslaer, Noel Baudouin, Antwerpen 1930.

Sheryngham (um 1480 bis um 1530)

ZEIT UND UMWELT
Die ältesten Carols aus der 1. Hälfte des 15. Jahrhunderts knüpfen an eine Tanzliedgattung an, waren formal mit dem Virelai und der Ballata verwandt und wie die italienische Lauda religiösen Inhaltes. Sie waren mehrstimmig, allerdings mit sehr einfachem Satz, der erst gegen das Ende des Jahrhunderts kunstvoller wurde und dadurch in den Bereich der Kunstmusik eintrat. Die religiöse Thematik blieb erhalten.

LEBEN
Sheryngham wurde in England um 1480 geboren. Über Leben und Wirken des englischen Komponisten gibt es keine Informationen, außer daß er bei seinen Zeitgenossen sehr bekannt und geachtet war. Auch Ort und Zeit seines Todes sind unbekannt.

WERKE
6 vierstimmige Carols begründeten den Ruf des Komponisten Sheryngham, der in eine Reihe mit Cornyshe und Banaster gestellt worden ist und vielleicht ebenso der Königlichen Kapelle angehört hat. Außerdem ist ein schönes Madrigal für zwei Stimmen erhalten. Die Kirchenmusik, die er angeblich geschrieben hat, ist verschollen.

Richard Smert (um 1480 bis um 1530)

ZEIT UND UMWELT
Die Thematik der Carols befaßte sich in erster Linie mit der Weihnachtszeit, was in der Folge der Bezeichnung Carol die Bedeutung von »Weihnachtslied« oder »Noël« verlieh. Seltener wurden Passion und Ostern den Texten zugrunde gelegt. Die Struktur komplizierte sich. Zuweilen wurden Solisten einem Refrainchor gegenübergestellt.

LEBEN
Richard Smert ist um 1480 in England (wahrscheinlich London) geboren. Man darf annehmen, daß er von der Königlichen Kapelle ausgebildet und beschäftigt wurde. Über Ort und Zeit seines Todes liegen keine Nachrichten vor.

WERKE
Von den 23 Carols, die Richard Smert in Zusammenarbeit mit John Truelove verfaßt und publiziert hat, sind mindestens 8 von ihm allein. Es sind ausschließlich Weihnachtsgesänge für zwei Solostimmen und dreistimmigen Chor, die eine sehr starke Verbreitung fanden. Damit hat diese Gesangsgattung das Feld des Volksgesanges verlassen und ist zu einem wichtigen Repertoire für Berufssänger geworden.

John Truelove (um 1480 bis um 1530)

ZEIT UND UMWELT
Die Reformation brachte für die Texte der Carols eine einschneidende Veränderung. In der Vorreformationszeit waren sie häufig an die Muttergottes gerichtet oder an einen Heiligen. Das nahm mit der geänderten Ideologie ein Ende. Von nun an wurde die Thematik auf Jesus selbst abgestimmt.

LEBEN
John Truelove (Troulouffe) ist um 1480 in England geboren. Ob er Mitglied der Königlichen Kapelle war, ist unsicher. Es wird angenommen, daß er sich einige Zeit in Frankreich oder Flandern aufgehalten hat. Auch

über Ort und Zeit seines Todes gibt es keine Berichte.

WERKE
Von Truelove ist ein sakrales Duett erhalten. In Zusammenarbeit mit Smert brachte er 23 Carols heraus, von denen mindestens 3 von ihm allein komponiert worden sind. Sie sind für zwei Solisten und einen dreistimmigen Chor geschrieben, also als reine Kunstlieder für Berufssänger.

Juan Almoroz (um 1480 bis um 1530)

ZEIT UND UMWELT
Die Villancicos, ursprünglich vulgärsprachliche Bauernlieder, waren die beliebteste musikalische Form der spanischen Renaissance. Die Benennung wurde allerdings so vieldeutig, daß man schließlich jedes Lied darunter verstehen konnte, das nicht ausgesprochen narrativer Natur war. Sie waren in den Anfängen einstimmig, wurden sodann häufig für mehrere Stimmen gesetzt; beliebt war die Zweistimmigkeit.

LEBEN
Juan Almoroz ist um 1480 in Spanien geboren. Er dürfte Kleriker gewesen und in enger Verbindung mit dem Königshof gestanden sein. Wahrscheinlich war er Mitglied der Hofkapelle. Über Ort und Zeit seines Todes ist nichts bekannt.

WERKE
Neben einer Reihe sakraler Musik – Messen, Motetten, Lamentationen –, die einen starken Einfluß des franko-flämischen Stils aufweist, sind von Almoroz mehrere vierstimmige Villancicos überliefert. Eines ist anläßlich der Eroberung von Gaeta (1504) geschrieben und sehr beliebt geworden.

Richard Bramston (um 1480 bis nach 1536)

ZEIT UND UMWELT
Der Theologenchor des alten Bischofssitzes Wells in Somerset spielte in der vorreformatorischen Zeit eine wichtige Rolle, so daß es einen Aufstieg bedeutete, wenn ein Organist von der Kathedrale der Stadt übernommen wurde.

LEBEN
Richard Bramston wurde vermutlich in Somerset um 1480 geboren. Der Organist und Kirchenkomponist wirkte ab 1507 an der Kathedrale von Wells und gab ein Jahr darauf diese Stelle auf, weil er vom Theologenchor der Stadt übernommen wurde. Er stieg bald zu dessen Leiter auf und verblieb in diesem Amt bis 1536. Er dürfte in Wells kurz nach 1536 gestorben sein.

WERKE
Von Richard Bramston ist nur eine Anzahl Motetten erhalten, obwohl er in seiner Stellung sicherlich eine umfangreiche kompositorische Tätigkeit entfaltet hat. Aber auch schon die wenigen Motetten, die wir kennen, geben ein interessantes Bild des Überganges zur Renaissancemusik, der im Gegensatz zum Kontinent in England mit einiger Verspätung erfolgte.

Wolfgang Grefinger (um 1480 bis nach 1525)

ZEIT UND UMWELT
Ferdinand I. (1503–64) wurde 1521 von seinem Bruder Karl V. (1500–58) die Regierung der österreichischen Erblande überlassen. Er bemühte sich zwar als Stellvertreter des Kaisers um einen Ausgleich zwischen den Konfessionen, begünstigte jedoch die Gegenreformation in Österreich, die der Kirchenmusik des Landes starken Auftrieb verlieh.

LEBEN
Wolfgang Grefinger wurde wahrscheinlich in Krems um 1480 geboren. Dieser österreichische Organist und katholische Priester gehörte dem Schülerkreis um Hofhaymer an und war bereits um 1505 am Stephansdom in Wien als Organist tätig. Er dürfte sich vor-

her in Innsbruck aufgehalten haben. Zwischen 1515 und 1525 war er vermutlich Organist am ungarischen Hof. Ort und Zeit seines Todes sind nicht feststellbar.

WERKE
Neben dem 1512 in Wien erschienenen, von Wolfgang Grefinger korrigierten Psalterium patauiense ist seine Hymnensammlung aus dem Jahr 1515 »Aurelii Prudentii Cathemerion« als sein wichtigstes Werk anzusehen. Es handelt sich um die erste Prudentiusvertonung des 16. Jahrhunderts (Aurelius Clemens Prudentius, 348, Tarragona, bis nach 405, spanischer Dichter, Jurist und Provinzstatthalter, veröffentlichte 405 neben seinen anderen Dichtungen einen Liber cathemerion – Tageszeitenbuch – mit 12 Hymnen zum täglichen Gebet). Außerdem sind 4 vier- bis fünfstimmige geistliche Sätze und 6 Lieder von Grefinger überliefert. Alles andere, darunter eine Messe, ist verlorengegangen. Der Stil des Orgelmeisters ist stark von seinem Lehrer Hofhaymer beeinflußt.

LITERATUR
O. Gombosi, Zur Biografie Wolfgang Grefingers, Acta Musicologica, IX, 1937.

Juan Escribano (um 1480–1557)

ZEIT UND UMWELT
Die spanische Inquisition war auch für einwandfrei glaubenstreue Katholiken nicht ungefährlich. Ignatius von Loyola wurde zweimal unter dem Verdacht der Häresie gefangengehalten, der Dominikaner Bartolomé de Carranza, Erzbischof von Toledo, mußte 17 Jahre im Kerker ausharren, bis Rom seine Befreiung und Rehabilitation durchsetzte. Manch einer ergriff gerne die Gelegenheit, dem Land den Rücken zu kehren. Für Musiker gab es die Möglichkeit, in Frankreich oder Italien bei einer Kapelle Aufnahme zu finden.

LEBEN
Juan Escribano (Scribano) wurde in Spanien um 1480 geboren und war von 1507 bis 1539 Sänger der päpstlichen Kapelle. Er verblieb in Rom bis zu seinem Tod am 7. 10. 1557.

WERKE
Der spanische Komponist Escribano hinterließ ein Magnificat, etliche Lamentationen, eine fünfstimmige Motette (Paradisi porta) und 2 Kanzonen. Sein Stil neigt zu vollem Akkordklang und liegt auf der Linie, die die italienische Musik im 16. Jahrhundert einschlug.

LITERATUR
J. M. Llorens Cisteró, Juan Escribao, Anuario Musical XII, 1957.

Johannes Frosch (um 1480–1533)

ZEIT UND UMWELT
Eine der vielen Ursachen, die die Reformation ermöglichten, war zweifellos der krasse Unterschied zwischen dem reich dotierten höheren und dem armen niederen Klerus. Dazu trat wohl auch die weltliche Haltung vieler Päpste und Bischöfe, die auf weite Kreise abstoßend wirkte. Daher waren verhältnismäßig viele Kleriker bereit, Luther und seiner Lehre zu folgen, zumal dieser nur eine Reform der gesamten Christenheit angestrebt hatte. Die Trennung kam erst zustande, als man seine Absichten als Häresie bezeichnete und durch das Wormser Edikt die Reichsacht über ihn verhängte. Nun war die Entscheidung zu treffen, ob man die Autorität des Papstes weiterhin anerkennen oder mit Luther gehen wollte.

LEBEN
Johannes Frosch (Froschius, Rana) ist um 1480 in Bamberg geboren. Im Jahre 1504 begann er als Karmelitermönch sein Universitätsstudium in Erlangen, setzte es in Toulouse und ab 1514 in Wittenberg fort. 1517 wurde er Prior in Augsburg, ging aber ein Jahr darauf mit Luther nach Wittenberg. 1522 wirkte er bereits als lutherischer Prediger und wurde 1525 Geistlicher in Augsburg, das er 1531 wegen der dort herrschenden Reformisten (Calvinisten) verließ, um

sich nach Nürnberg zu wenden, wo er 1533 Pastor wurde und im selben Jahr starb.

WERKE
Der deutsche Theologe und Komponist Johannes Frosch hinterließ neben einer Serie theologischer Schriften, Umdichtungen lateinischer geistlicher Texte in das Deutsche und einem musikwissenschaftlichen Traktat eine vier- und eine sechsstimmige Evangelienmotette, einen vierstimmigen lateinischen Psalm, einen Kanon und einige vierstimmige profane deutsche Lieder. Aus seiner Zeit als Mönch ist nichts erhalten. Der Stil der Kompositionen ist sehr schlicht und faßlich, weil damit offenbar keine künstlerischen Effekte, sondern lediglich religiöse Zwecke angestrebt werden sollten. Trotzdem sind daraus Kunstwerke geworden.

LITERATUR
M. Simon, Johannes Frosch, in: Lebensbilder aus dem bayrischen Schwaben II, 1953.

Jehan Daniel (um 1480–1550)

ZEIT UND UMWELT
Schon der letzte Herrscher von Anjou, René I. (1407–80), zeichnete sich durch hervorragenden Kunstsinn aus. Die alte Hauptstadt Angers mit den vielen prächtigen gotischen Bauwerken bot dem König hierzu genügend Anregung. Im 16. Jahrhundert, als das Land wieder an Frankreich zurückgefallen war, nahm es an der literarischen und künstlerischen Entwicklung der französischen Renaissance lebhaften Anteil, wie die Schlösser aus jener Zeit und die Werke des Renaissancedichters Joachim de Bellay (1522 bis 1560) bezeugen. Die Musikpflege ging mit dieser Entfaltung Hand in Hand. In der Mauritius-Kathedrale von Angers stand eine der besten Orgeln Frankreichs. Wer darauf spielen durfte, mußte ein Meister sein.

LEBEN
Jehan Daniel (Mithou genannt) wurde um 1480 in Poitou geboren und war von 1524 bis 1540 als Organist an der Kathedrale von Angers tätig. Er starb in dieser Stadt im Jahre 1550.

WERKE
Es ist unbekannt, wer der Lehrer von Daniel gewesen ist. Zweifellos war es einer der vielen Orgelmeister, die damals in Frankreichs Kathedralen wirkten. Als Komponist hatte Jehan Daniel einen großen Ruf. Er verfaßte eine Reihe von geistlichen Chansons, zu denen er auch die Texte dichtete. Bemerkenswert sind seine Noëls (Weihnachtslieder), deren Melodien zum Teil der Volksmusik entnommen wurden.

LITERATUR
Y. Rokseth, La musique d'orgue au XVème siècle, Paris 1930.

Gabriel de Mena
(um 1480 bis nach 1530)

ZEIT UND UMWELT
Das Repertoire der Kapelle König Ferdinands des Katholischen war sehr umfangreich. Das geht aus dem in der Zeit zwischen 1500 und 1530 entstandenen Cancionero musical de Palacio (Liedersammlung des Palastes) hervor, der über 550 Stücke enthielt und heute noch bei 460 aufweist. Die darin genannten Komponisten sind zum größten Teil Spanier, Josquin und Morton sind nur mit je einem Werk vertreten. Auch die Texte sind zumeist kastilisch, italienische, französische und portugiesische bilden die Minderzahl. Von Juan del Encina sind die meisten Stücke aufgezeichnet, Gabriel de Mena folgt an zweiter Stelle mit 19 Werken, was vermuten läßt, daß er nicht selten gesungen worden ist.

LEBEN
Gabriel de Mena ist um 1480 wahrscheinlich in Aragon geboren. Er wurde Kantor in der Kapelle König Ferdinands II. und wechselte nach dem Tod des Königs 1516 in die Dienste des Admirals von Kastilien, Don Fadrique Enríquez, über. Er dürfte um oder nach 1530 gestorben sein.

WERKE
Neben den 19 im Cancionero musical de Palacio überlieferten Villancicos (mehrstimmige Strophenlieder mit Refrain in der Volkssprache) scheint der Komponist auch im Cancionero general von Hernando del Castillo als Dichter und Musiker (Gabriel el músico) auf. Sein Stil ist der Art der Werke entsprechend volkstümlich.

LITERATUR
R. Stevenson, Spanish Music in the Age of Columbus, Den Haag 1960.

Hans Kotter (um 1480–1541)

ZEIT UND UMWELT
Fribourg hatte im 15. Jahrhundert die Oberhoheit von Savoyen abgeschüttelt wie zuvor die habsburgische und wurde 1481 freies und volles Mitglied der Helvetischen Confoederation. Es widerstand allen Bestrebungen des Reformators Zwingli und blieb katholisch. Die ursprüngliche Demokratie mündete bald in eine Oligarchie, die alle Versuche, an der zementierten Struktur des Gemeinwesens zu rütteln, brutal unterdrückte. Das mußten alle am eigenen Leib verspüren, die sich mit der neuen Lehre befreunden wollten.

Musizierender Engel auf dem Deckel des Ursulaschreines von Hans Memling

LEBEN
Hans (Johannes) Kotter wurde um 1480 in Straßburg geboren. Er wurde auf Kosten des Kurfürsten Friedrich des Weisen von Hofhaymer ausgebildet (1498–1500) und war darauf am kurfürstlichen Hof in Torgau als Organist tätig. Im Jahre 1513 nahm er eine Organistenstelle in Freiburg im Breisgau an und folgte ein Jahr darauf einem Ruf nach Fribourg. Wegen seines Übertrittes zu den Anhängern des Reformators Zwingli wurde er wie Johann Wannenmacher eingesperrt, gefoltert und 1530 ausgewiesen. Er wandte sich zuerst nach Straßburg und ging nach vergeblichen Versuchen, eine Stellung zu bekommen, nach Bern. Da Zwingli zum Gottesdienst nur den einstimmigen Gemeindegesang ohne Orgelbegleitung zuließ, gab es auch in Bern keinen Bedarf an Organisten. Kotter mußte sich mit einer Stellung als Schullehrer begnügen. Er starb in Bern im Jahre 1541.

WERKE
Das 1513 begonnene Orgeltabulaturbuch für den Schweizer Professor und Bibliophilen Bonifacius Amerbach (1495–1562) muß als Hauptwerk Hans Kotters angesehen werden. Es ist eines der ältesten Dokumente deutscher Orgelkunst. Ein zweites, anonymes Orgelbuch wird ihm zugeschrieben. Außerdem ist von dem Orgelmeister nur ein dreistimmiges Salve Regina überliefert. Das Gesamtwerk Kotters steht im Schatten seines Lehrers Hofhaymer.

LITERATUR
W. Merian, Die Tabulaturen des Organisten Hans Kotter, Basel 1916.

Jean Le Petit (um 1480 bis um 1530)

Zeit und Umwelt
Neben der päpstlichen war auch die Peterskirche mit einer ausgezeichneten Kapelle ausgestattet, die für Musiker, die zugleich Kleriker waren, eine ebenso starke Anziehungskraft hatte. Flamen, Franzosen, Spanier suchten zumindest für etliche Jahre hier unterzukommen, denn ihre Gesangsdisziplin war allseitig berühmt. Die zeitweilige Mitgliedschaft an einer der beiden Kapellen war in der Heimat eine starke Empfehlung, um einen guten Wirkungskreis zu erhalten.

Leben
Jean Le Petit (Lepetit, Pitigian, Johannes Parvus) wurde um 1480 in Ostfrankreich geboren. Er scheint in der Sängerliste des Petersdomes zu Rom 1501 als Pitigian (Petit Jean) auf. Im Jahre 1506 kam er an den Dom von Langres, wurde 1510 Domherr und blieb in dieser Eigenschaft bis 1529. Er ist in einem der folgenden Jahre dort gestorben.

Werke
Von Le Petit sind eine fünfstimmige Messe und 3 vierstimmige Motetten überliefert, die zum Repertoire der Sistina gehörten. Diese Kompositionen fallen durch oft sehr kühne Linienführung auf. In den Sammlungen von Petrucci ist eine Reihe von Kompositionen angeführt (Gesänge, Motetten), die dem Meister zugeschrieben werden.

Literatur
G. Reese, Music in the Renaissance, New York 1939.

Gasparo Alberti (um 1480 bis um 1562)

Zeit und Umwelt
Den Venezianern gelang es in der ersten Hälfte des 15. Jahrhunderts, ihren Machtbereich sehr weit in die Lombardei vorzuschieben. Ihr allerdings nie erreichtes Ziel war die verhaßte Konkurrentin Genua, die ihr zu guter Letzt doch noch den Rang ablaufen konnte. Bergamo wurde als Stützpunkt stark befestigt. Als dann wegen des absterbenden Orienthandels und der Entdeckungen die wirtschaftliche und politische Bedeutung von Venedig zurückging und die Republik ihr Bestreben auf die Erhaltung des erreichten Besitzstandes richten mußte, wurde der kulturelle Austausch zwischen den einzelnen Zentren des Landes intensiviert. Dennoch blieb gerade Bergamo zum Teil in kultureller Abhängigkeit des nahen Mailands, wenn auch gerade auf dem Feld der Musik fähige Persönlichkeiten aus Venedig selbst oder den venezianischen Städten wie Verona oder Padua zuströmten.

Leben
Gasparo Alberti (Gaspar de Albertis) wurde um 1480 in Padua geboren und dort vermutlich auch ausgebildet. Im Jahr 1508 kam er als Sänger nach Bergamo an Santa Maria Maggiore und blieb in dieser Stellung bis zu seinem Tod um 1562.

Werke
Von den beiden Chorbüchern, die Gasparo Alberti für Santa Maria Maggiore anlegte, enthielt das erste Motetten, das zweite vier- und fünfstimmige Messen. Außerdem verfaßte er Psalmen, Lamentationen, Magnificat, Litaneien und die Vertonung der Vox Christi und der Turbae (Stimme Christi und Rufe der Volksmenge) für alternierende Doppelchöre zu drei Passionen. Gasparo Alberti vermochte venezianische Fortschrittlichkeit und lombardischen Konservativismus geschickt zu verschmelzen.

Literatur
Chr. Scotti, Il pio Istituto Musicale Donizetti in Bergamo, Bergamo 1901.

John Norman (um 1480 bis um 1530)

Zeit und Umwelt
Das musikalische Zeitalter eines Hugh Ashton, Robert Fayrfax und John Taverner leitete zum Stilumbruch der Wende zum 16. Jahrhundert über. Es waren nur wenige, die sofort mit ihnen gingen. Die Entwicklung

der Kunst in England war immer zähflüssig gewesen. Die Traditionen wurden gewahrt, bis bereits das Neue zur Tradition geworden war.

LEBEN
John Norman wurde um 1480 vermutlich in London geboren und dort zum Organisten ausgebildet. Er wirkte als Organist und Chorleiter an verschiedenen Kirchen. Ort und Zeit seines Todes sind unbekannt.

WERKE
Von dem englischen Kirchenmusiker John Norman sind eine Messe und 2 Motetten überliefert. Sie sind im Stil Dunstables gehalten, also für ihre Entstehungszeit stark konservativ, aber vermutlich für zeitgenössische Komponisten typisch.

Alberto da Ripa (um 1480–1551)

ZEIT UND UMWELT
Franz I., König von Frankreich, war ein großer Förderer aller humanistischen Bestrebungen, und im Sinn der von ihm unterstützten Ideen übte er auch gegen alle religiösen Reformbewegungen, einschließlich der Lutheraner, die ab 1526 immer zahlreicher wurden, weitgehende Toleranz. Die Plakataktion vom Oktober 1534 mit ihren hemmungslosen Angriffen gegen den Katholizismus führte eine Änderung der Haltung des Königs herbei. Er ging mit einer Reihe von Edikten gegen die neue Lehre vor. Eine heftige Verfolgung aller Häretiker setzte ein. Die Waldenser wurden ausgerottet und eine Reihe von Lutheranern justifiziert (1546). Sein Sohn und Nachfolger Heinrich II. (1519 bis 1559), ein strenger Katholik, verschärfte diese Politik, seine Gemahlin Cattarina de'Medici (1519–89), die ein humanistisches Weltbild aus ihrer Heimat mitgebracht hatte, war außerstande, hindernd einzugreifen. Aber trotz dieses Abrückens von den humanistischen Idealen wurden am französischen Hof Künste und Künstler gefördert und jeder Musiker willkommen geheißen, der der Hofkapelle beitreten wollte.

LEBEN
Alberto da Ripa (Albert de Rippe, Alberto Mantovano, Albert de Mantoue), Seigneur de Carrois, ist um 1480 in Mantua geboren. Wo er seine Ausbildung zu einem der besten Lautenisten seiner Zeit erhielt, ist unbekannt. Um 1525 war er als Lautenist erster Ordnung bereits bekannt und wurde gerne in den Dienst des französischen Hofes gestellt, als er darum ansuchte. Er ist 1551 in Paris gestorben.

WERKE
Alberto da Ripa wurde durch sein großes Lautenwerk »Tabulature de luth« in 6 Büchern, die von seinem Schüler Guillaume de Morlaye veröffentlicht wurden, berühmt. Daraus läßt sich ermessen, auf welch hohen Stand der Meister die Lautenmusik bereits gebracht hatte. Weitere Stücke von Ripa finden sich in anderen Drucken des Jahrhunderts. Sie waren offenbar sehr beliebt und wurden oft gespielt und auch nachgeahmt.

LITERATUR
R. W. Buggert, Alberto da Ripa, Lutanist and Composer, Michigan 1956.

Thomas Stoltzer (um 1480–1526)

ZEIT UND UMWELT
Suleiman I. der Gesetzgeber (1494–1566), Sultan des Ottomanischen Reiches (ab 1520), forderte vom ungarischen König Ludwig II. eine jährliche Tributzahlung, die abgelehnt wurde. Im Jahre 1526, nach der Eroberung von Rhodos, griff der Sultan an, eroberte Pétervárad, und es kam bei Mohács zur Entscheidungsschlacht, bei der die schwachen ungarischen Kräfte aufgerieben wurden. Der König kam auf der Flucht aus der Schlacht um. Der Sultan rückte bis Pest vor, eroberte die Stadt, zog sich aber wieder bis hinter die Donau zurück. Dieser Einfall vernichtete das wirtschaftliche und kulturelle Leben des Landes, das der König und seine Gemahlin Maria auf ein beachtliches Niveau gebracht hatten. Die bald darauf folgende türkische Besetzung von Zentral- und Südungarn dau-

erte ungefähr 150 Jahre, in denen die kulturelle Entwicklung Ungarns stillstand. Die aus dem Westen eingewanderten Künstler verließen, sofern sie überlebt hatten, das Land, dessen Aufstieg erst wieder einsetzte, als die Osmanen daraus verdrängt waren.

Leben

Thomas Stoltzer (Stolzer, Stolczer, Scholczer, Stollerus, Stollcerus) wurde um 1480 in Schweidnitz (Świdnica) geboren. Über seine Jugend und Ausbildung ist nichts bekannt. Im Jahre 1519 war er Vikar am Domkapitel in Breslau. Am 8. 5. 1522 wurde ihm auf Empfehlung der Königin Maria die Leitung der Hofkapelle in Ofen von König Ludwig II. verliehen. Vermutlich durch den drohenden Krieg mit den Türken knüpfte er am Beginn des Jahres 1526 Beziehungen zu Albrecht, Herzog von Preußen (1490–1568), der in seiner Residenz Königsberg eine Hofkapelle gegründet hatte. Das konnte aber zu keinen Folgerungen mehr führen. Im August des gleichen Jahres erlitt König Ludwig nach der verlorenen Schlacht bei Mohács den Tod, und Stoltzer dürfte während des Vormarsches der Türken gegen Ofen oder bei der Einnahme dieser Stadt noch 1526 umgekommen sein.

Werke

Die Kompositionen für den sakralen Gebrauch hat Thomas Stoltzer zum Großteil in Breslau verfaßt. Sie sind durchwegs knapp gefaßt, ihr Wort-Ton-Verhältnis ist gut ausgeglichen, ihre melodische und harmonische Formung weist nicht selten konservative Eigentümlichkeiten auf. Überliefert sind davon 4 Cantus-firmus-Messen ohne Credo, 26 Motetten oder Motettenzyklen zum Proprium, 10 Responsorien, 15 Antiphone, 43 Hymnen für mehrere Stimmen, 5 Vesperpsalmen, 5 Magnificat und ein Te Deum. Außerdem sind 19 drei- bis siebenstimmige Psalmmotetten erhalten, die, zumeist ohne Cantus firmus, mit ihrer symbolischen Textausdeutung einen hohen Stand der Motettenkunst erreichen; 15 davon auf lateinischem, 4 auf deutschem Text. Die 4 deutschen wurden erst nach 1524 geschrieben und verwenden Luthers Psalmübersetzung. Psalm XXXVII und LXXXVI stechen durch ihren Umfang und ihre Gestaltungskraft hervor und stellen die ersten großen sakralen Kompositionen in einer Nationalsprache dar. Die überlieferten 14 weltlichen und geistlichen Lieder sind vermutlich erst in Ofen entstanden, ebenso die textlosen Instrumentalkompositionen für die Kapelle des Königs.
Stoltzer war Schüler oder zumindest unmittelbarer Nachfolger von Finck und wird neben diesem und neben Senfl zu den bedeutendsten Komponisten seiner Zeit gezählt.

Literatur

L. Hoffmann-Erbrecht, Thomas Stoltzer, Kassel 1964.

Costanzo Festa (um 1480–1545)

Zeit und Umwelt

In der Zeit der Gegenpäpste von Avignon wurde in Rom die alte Schola cantorum im traditionellen Stil weitergeführt. Die Sänger wurden zumeist von ihrer Kindheit an für ihre Aufgabe erzogen. In Avignon bestand die Kapelle vor allem aus französischen und flämischen Musikern, die zumeist auch Komponisten der franko-flämischen Schule waren. Nach Beendigung des Schismas wurden beide Chöre in Rom zusammengelegt. Es wird angenommen, daß Papst Gregor XI. (1370–78) diese Verschmelzung angeordnet und den neuen Chor als Collegio dei Cappellani Cantori (Kollegium der Kapellsänger) gebildet hat. Die Leitung dieses Chores wurde einem auf Lebenszeit ernannten Maestro della Cappella Pontifica (Leiter der päpstlichen Kapelle), der in der Regel den Rang eines Bischofs hatte, anvertraut. Der berühmteste Leiter war Elzéar Genet, der letzte Antonio Boccapadule (1574–86). Von da an erhielten die Sänger das Recht, ihren Leiter aus ihrer Mitte auf beliebig lange Zeit zu wählen. Es bildete sich bald der Brauch, die Wahl alljährlich vorzunehmen.

Leben

Costanzo Festa wurde um 1480 in Piemont

geboren. Über sein Leben bis zum Jahr 1517, in dem er in die päpstliche Kapelle aufgenommen wurde, ist nichts bekannt. Er wurde bald darauf mit der hohen Würde eines Maestro della Cappella Pontifica bekleidet. Er starb in Rom als allseitig geschätzter Komponist am 10. 4. 1545.

Ungefähr gleichzeitig mit Costanzo Festa lebte und wirkte in Rom ein Sebastiano Festa als Musiker und Komponist (gestorben in Rom am 31. 7. 1524). Das Verwandtschaftsverhältnis der beiden Meister ist nicht klargestellt.

WERKE

Costanzo Festa war einer der ersten italienischen Komponisten, die vollständig durchimitierte Madrigale schufen und den A-cappella-Stil anwandten. Das Madrigal war im 13. Jahrhundert in Italien als Dichtungs- und Kompositionsform entstanden und zumeist zweistimmig gesetzt worden. Es wurde von der Ballata verdrängt und nur mehr bei bestimmten festlichen Anlässen verwendet. Im 15. Jahrhundert stand die Frottola in der Gunst des italienischen Publikums. Erst um 1530 wandte man sich erneut dem Madrigal zu, dessen Struktur sich von der alten Form wesentlich abhob und zur ästhetischen Gesellschaftskunst der Fürsten- und Adelshöfe wurde wie die niederländische Motette. Man könnte es die Kammermusik des 16. Jahrhunderts nennen, bei der alle Neuerungen im Bereich der Textverdeutlichung und der Harmonik möglich waren. Es war ein typisches Kind des Humanismus, befreit von allen erstarrten Regeln der bisherigen Verskunst und Liedform. Bestimmend waren dafür einzig und allein der künstlerische Wille und dessen Ausdrucksmöglichkeiten.

Von Costanzo Festa sind ein Buch mit dreistimmigen Madrigalen, ein vierstimmiges Magnificat, achtstimmige Litaneien, 2 Messen und Messeteile, eine große Anzahl Motetten, Hymnen und Lamentationen erhalten, überdies viele weltliche Werke. Sein Te Deum wird noch heute vom päpstlichen Chor anläßlich der Wahl eines neuen Papstes gesungen. Einzelne Madrigale verbreite-

René Clemencic (Mitte), einer der modernen Pioniere der Aufführung Alter Musik

ten sich über ganz Europa bis nach England.

Von Sebastiano Festa sind etliche Motetten, Madrigale und Lieder erhalten.

LITERATUR

A. Cametti, Per un precursore del Palestrina il Compositore piemontese Costanzo Festa, Bulletino Biografico Musicale VI, 1931.

Jean Japart (um 1480 bis um 1530)

ZEIT UND UMWELT

Alfonso I., Herzog von Ferrara aus dem

Hause Este, genoß als Förderer von Künstlern jeder Art einen weit über die Grenzen Italiens hinausreichenden Ruf. Sein Hof war ebenso wie die Residenzen der anderen Renaissancefürsten ein beliebtes Ziel der Meister der franko-flämischen Schule.

Leben

Jean Japart (Johannes) wurde um 1480 im franko-flämischen Raum geboren. Über sein Leben und Wirken ist nahezu nichts bekannt außer seiner Tätigkeit als Sänger am Hof von Ferrara, deren Beginn nicht feststellbar ist. Er dürfte in Ferrara um 1530 gestorben sein.

Werke

Von Japart ist eine Messe »Missa super Princesse et amorette« überliefert. Überdies sind 16 gedruckte und mehrere handschriftliche Chansons überliefert. Der Meister griff zur Technik, mehrere Texte und Melodien von verschiedenen Stimmen zugleich singen zu lassen. Er kombinierte zum Beispiel das Lied »Vrai dieu d'amours« (Wahrer Gott der Liebe) mit Text und Melodie einer Kirchenlitanei. Er ließ auch zuweilen den Tenor ein kurzes Motiv ständig wiederholen, eine Kompositionsart, die Orlando di Lasso fallweise in seinen Motetten anwendete. Er galt als einer der besten Meister der Chanson seiner Zeit.

Literatur

C. L. W. Boer, Chansonvoormen op het einde van de XVde eeuw, Amsterdam 1938.

Jean Lhéritier (um 1480 bis nach 1541)

Zeit und Umwelt

Die Ludwig dem Heiligen geweihte Kirche San Luigi de'Francesi bildete ein Zentrum des französischen Klerus in Rom, und, da der Kirchenchor nahezu ausschließlich von Franzosen bestritten wurde, eine wichtige Pflegestätte des franko-flämischen Stiles.

Leben

Jean Lhéritier (L'Héritier, Leretier, Liritier) wurde um 1480 in Frankreich geboren. Er war vermutlich ein Schüler von Josquin. Von seinem Leben und Wirken ist nur bekannt, daß er einige Jahre bis 1522 Kapellmeister der französischen Kirche (San Luigi de'Francesi) in Rom war und von 1540 bis 1541 im Dienst des Kardinals von Clermont in Avignon (François-Guillaume de Castelnau) stand. Er ist nach 1541 vermutlich in Avignon gestorben.

Werke

Die Kompositionen von Lhéritier wurden wegen ihres »durch französische Eleganz verfeinerten franko-flämischen Stiles« sehr geschätzt und denen von Fevin und Mouton an die Seite gestellt. Überliefert sind von ihm 2 Messen, vier- bis sechsstimmige Motetten, 4 Marienantiphone, Hymnen, ein sechsstimmiges Miserere und Chansons.

Literatur

H. W. Frey, Die Kapellmeister an der französischen Nationalkirche S. Luigi dei Francesi in Rom im 16. Jahrhundert, Teil I, Archiv für Musikwissenschaft XXII, 1965.

Antoine de Longaval (um 1480 bis um 1530)

Zeit und Umwelt

Obgleich die französische Hofkapelle unter König Franz I. sich mit Meistern der franko-flämischen Schule füllte, nahm diese dennoch eine Sonderstellung ein. Denn einerseits wirkte die Tradition der Pariser Schule des Hochmittelalters noch immer mit einzelnen Archaismen und einer Vorliebe für lateinische Texte nach, andererseits sind eine gewisse Verfeinerung und der Hang zur Auszierung nicht zu übersehen.

Leben

Antoine de Longaval wurde vermutlich in Longueval (Somme) um 1480 geboren. Er genoß seine Ausbildung wahrscheinlich in Paris, wo er ab 1509 als Sänger und ab 1517 als Kapellmeister tätig war. Er dürfte in Paris um 1530 gestorben sein.

WERKE
Die Zuschreibung der ältesten Motettenpassion hat sich als irrig erwiesen, da nun feststeht, daß sie von Obrecht stammt. Von Antoine de Longaval sind nur 3 vierstimmige Sätze und eine vierstimmige Chanson erhalten. Sein übriges, angeblich umfangreiches Werk ist verlorengegangen. Die Qualität seines Schaffens ist schon dadurch gekennzeichnet, daß er mit dem Meister der Renaissancemusik Obrecht verwechselt wurde.

LITERATUR
A. Schmitz, Zur Motettenpassion des 16. Jahrhunderts, Archiv für Musikwissenschaft XVI, 1959.

Hugh Ashton (um 1480–1522)

ZEIT UND UMWELT
Bis weit in das 16. Jahrhundert hinein war Musik nahezu ausschließlich oder zumindest in erster Linie Vokalmusik. Das Wort war prädominierend; man erwartete von der Musik, daß sie etwas aussagt und mitteilt. Instrumentalmusik tat das nur, wenn sie ein bekanntes Lied imitierte und in das Gedächtnis des Publikums rief, ein Stück einleitete oder abschloß, sie entfernte sich also nie weit vom verständlichen Wort. Das war seit der Antike ungefähr so, wie die Stellung des Publikums zum Bild oder der Skulptur, die sich als abstrakte Kunst nur schwer durchsetzen, weil die Beschauer eine deutliche Darstellung wünschen. Daher wurde der Schritt zur reinen Instrumentalmusik nur zögernd getan. Das Publikum war nur allmählich bereit, sich den Vorstellungs- und Gefühlsgehalt allein durch Klänge und Rhythmen vermitteln zu lassen und auf das Wort zu verzichten, auch wenn kein Ersatz dafür, wie Tanz oder Gestik, geboten wurde.

Ansätze für Musik ohne Wort waren schon sehr früh gesetzt worden, allgemein wurden sie erst, als das Instrumentenspiel der Amateure sich ausweitete, weil leicht handliche Musikinstrumente – Laute, Virginal usw. – zu Hausinstrumenten wurden. Durch die häufigen Versuche, eigene Vorstellungen und Gefühle instrumental auszudrücken, erhöhte sich die Bereitschaft, diese sich auch von anderen übermitteln zu lassen.

LEBEN
Hugh Ashton (Aston, Aystoun, Austen) wurde um 1480 in der englischen Grafschaft Lancashire geboren. Er studierte in Cambridge, wurde dort 1505 Magister Artium und 1509 Kanonikus an St. Stephen's in Westminster. Er starb am 9. 12. 1522 in York.

WERKE
Hugh Ashton nimmt in der englischen Musikgeschichte als Komponist der ältesten Virginalmusik einen bedeutenden Rang ein. Er wurde sogar »Erfinder der englischen Instrumentalmusik« genannt, was an den Tatsachen vorbeigeht. Jedenfalls sind jedoch sein »Hornpipe« und »Lady Carey's Dompe« für Virginal und etliche andere Stücke um gut hundert Jahre älter als die ersten Kompositionen von Byrd, der die englische Virginalmusik einleitete.
Neben den Virginalstücken verfaßte Ashton 2 Messen und ungefähr 10 Motetten, die nur unvollständig überliefert sind. Alles andere von seinem angeblich umfangreichen kompositorischen Werk ist verloren.

LITERATUR
Fr. Ll. Harrison, Music in Medieval Britain, New York 1959.

Nikolaus Craen (um 1480 bis um 1530)

ZEIT UND UMWELT
Mit dem Ende des Mittelalters verblaßte auch der Glanz des »Venedig des Nordens« Brügge. Jedoch die Kirchenbauten der Stadt, Zeugen des ehemaligen Reichtumes, luden auch in den Zeiten des wirtschaftlichen Niederganges zur intensiven Pflege der Musik ein, so daß Orgeln und Chöre uneingeschränkt weiter klangen und sangen.

LEBEN

Nikolaus Craen ist um 1480 in 'sHertogenbosch geboren. Er wurde im Jahre 1504 Sänger an St. Donatian zu Brügge. Er dürfte in Brügge um 1530 gestorben sein.

WERKE

Von Nikolaus Craen sind 4 meisterhaft gebaute Motetten erhalten. Sie beweisen, wie auch bei den »kleineren« Meistern die Durchimitation nahezu zur Selbstverständlichkeit geworden und der mehrstimmige Satz virtuos gehandhabt worden ist.

LITERATUR

A. Smijers, Van Ockeghem tot Sweelinck, Amsterdam 1942.

Guillaume Pietrequin
(um 1480 bis um 1530)

ZEIT UND UMWELT

Der wirtschaftliche Aufschwung der Stadt Bordeaux, den sie unter der Herrschaft Englands genoß, nahm in der Mitte des 15. Jahrhunderts sein Ende. Bestehen blieben jedoch die damals errichteten profanen und sakralen Bauwerke, bestehen blieben ebenfalls die Kapellen an den Kathedralen und die Tradition der kirchlichen Musikpflege.

LEBEN

Guillaume Pietrequin ist um 1480 vermutlich in Paris geboren. Er wurde 1502 an Notre-Dame von Paris Clerc de matines (Frühmesser). Im Jahre 1504 kam er an die Maîtrise (Singschule) in Langres als Kapellsänger und von 1517 bis 1528 leitete er den Chor an der Kirche Saint-Seurin in Bordeaux. Er dürfte in Bordeaux um 1530 gestorben sein.

WERKE

Von Pietrequin sind nur 7 dreistimmige Chansons überliefert, deren Stil dem von Pierre de la Rue so stark ähnlich ist, daß sie zuweilen diesem zugeschrieben wurden. Von seiner Kirchenmusik ist nichts erhalten.

LITERATUR

Fr. Lesure, La maîtrise de Langres au XVIe siècle, Revue de Musicologie LII, 1966.

Balthasar Arthopius
(um 1480–1534)

ZEIT UND UMWELT

Im Dom zu Speyer, den der erste Salier-Kaiser Konrad II. (990–1039) erbaut hatte, liegen acht deutsche Kaiser und Könige, drei Kaiserinnen und eine Prinzessin begraben. Die freie Reichsstadt war viele Male Schauplatz von Reichstagen. Daß Orgel und Domkapelle des Domes stets mit ersten Kräften besetzt waren, ergab sich daraus zwangsläufig.

LEBEN

Balthasar Arthopius (Artocopius) wurde um 1480 vermutlich in der Rheinpfalz geboren. Seine Ausbildung erhielt er wahrscheinlich von Arnolt Schlick. Über Leben und Wirken dieses deutschen Komponisten ist wenig bekannt. Er dürfte Organist oder Kapellmeister oder beides am Dom zu Speyer gewesen sein, der Stadt, in der er am 6. 8. 1534 starb.

WERKE

Von Balthasar Arthopius sind 5 lateinische Psalmen, 2 lateinische Motetten und 4 deutsche mehrstimmige Lieder erhalten. Alle diese Kompositionen lehnen sich stark an Schlick an.

Thomas Packe (um 1480 bis vor 1550)

ZEIT UND UMWELT

Die Reformation brachte in England naturgemäß eine neue Liturgik, die sich erst allmählich herausbildete und mehrere Übergangsformen durchlaufen mußte. Innerhalb der großen Richtlinien, von denen eine den Ersatz der lateinischen Kultsprache durch die englische forderte, konnte es nicht mit einem Schlag zur Einheitlichkeit kommen; die Differenzen zwischen den einzelnen Kirchen waren nicht gering. Auch von der lateinischen Kirchensprache kam man nicht sofort weg. Es fehlten die Übersetzungen einzelner liturgischer Gesänge, und manche Texte waren derart populär, daß man anfänglich nicht darauf verzichten wollte.

LEBEN

Thomas Packe wurde um 1480 vermutlich in London geboren. Informationen über sein Leben und Wirken gibt es nicht. Seine Zugehörigkeit zur Chapel Royal wird angenommen, ist aber nicht belegt. Auch Ort und Zeit des Todes des englischen Kirchenmusikers, der in den überlieferten Handschriften stets mit dem Titel Sir erwähnt wird, sind unbekannt.

WERKE

Von den Kompositionen Thomas Packes, die erhalten sind, ist das Te Deum die interessanteste. Der einleitende Vers (Te Deum laudamus) wird von einer Solostimme vorgetragen, ein fünfstimmiger Chor fährt mit »Te Dominum confitemur« fort. Dann erst beginnt das eigentliche Te Deum in englischer Sprache von drei Solostimmen gesungen, doch jeden Vers schließt der Chor mit dem lateinischen »Te Dominum confitemur« ab. Der Aufbau dieser Komposition war zukunftsweisend, die Sprachmischung bezeichnend für den Übergang vom alten Ritus zum neuen. Weiters sind 2 Messen und 3 Motetten, alle lateinisch, überliefert. Die Kompositionen mit englischen Texten dürften verlorengegangen sein.

Antonio de Ribera
(um 1480 bis nach 1522)

ZEIT UND UMWELT

Das Pontifikat des Mediceers Leo X. hob Rom in den Rang eines europäischen Kulturzentrums. Bedeutende Architekten erhielten großzügige Aufträge, zu denen naturgemäß auch Bildhauer und Maler herangezogen wurden. Gelehrte wurden in die Stadt gerufen wie der Grieche Johannes Laskaris (um 1445 bis um 1535), der den ersten Unterricht in Altgriechisch erteilte und für Rom die erste griechische Druckerei gründete. Raphael wurde Kustos für die Antiquitäten Roms und seiner Umgebung. Der päpstlichen Kapelle wandte der Papst besondere Aufmerksamkeit zu und besetzte sie mit hochqualifizierten Musikern.

LEBEN

Antonio de Ribera wurde um 1480 vermutlich in oder bei Elche, Alicante, geboren. Er dürfte in Elche oder in Alicante zum Musiker ausgebildet worden sein und bereits dort als Komponist gewirkt haben. Im Jahre 1514 wurde er in die päpstliche Kapelle unter Leo X. aufgenommen und blieb in dieser Stellung bis zum Tod des großen Renais-

»Hymni latini de sanctis« – Choralnotation aus dem 15. Jahrhundert mit quadratischen Noten

sancepapstes (1521). Über sein weiteres Leben und über Ort und Zeit seines Todes gibt es keine Informationen.

WERKE
Am bekanntesten wurde Antonio de Ribera durch seine Vertonung der Texte der Mysterienspiele, die alljährlich in Elche aufgeführt wurden (Misterio de Elche). Darüber hinaus ist von seiner Kirchenmusik, die sehr gerühmt wurde, wenig erhalten. Jedenfalls ist er als Komponist seinen spanischen Zeitgenossen an die Seite zu stellen.

François Dulot (um 1480 bis nach 1535)

ZEIT UND UMWELT
Nachdem Rouen, die alte Hauptstadt des Herzogtums Normandie, 1449 endgültig der französischen Krone zugefallen war, wurde es zu einem Mittelpunkt der Kunst und Kultur. Erst die Religionskriege setzten diesem Aufschwung ein vorläufiges Ende. Inzwischen war aber die Kathedrale Notre-Dame, nach allgemeiner Ansicht eine der schönsten gotischen Kirchen Frankreichs, die im 13. Jahrhundert begonnen worden war, vollendet worden (1544). Sie war zu jenem Zeitpunkt schon längst in Verwendung gestanden und mit einer vorzüglichen Kapelle ausgestattet worden.

LEBEN
François Dulot wurde um 1480 in Saint-Omer geboren und vermutlich dort auch ausgebildet. Im Jahre 1523 kam er als Kapellmeister an die Kathedrale Notre-Dame in Rouen und blieb in dieser Stellung bis 1531. Über seine weitere Tätigkeit und den Ort seines Todes einige Jahre nach 1535 gibt es keine Informationen.

WERKE
Von François Dulot sind 4 vierstimmige Chansons, ein Magnificat und eine vierstimmige Motette erhalten. Die überall eingehaltene Vierstimmigkeit weist auf die franko-flämische Schule hin. Die Chansons sind sehr frisch. Die Harmonien beim Magnificat klingen wegen des genau gearbeiteten Kontrapunktes zuweilen recht hart.

LITERATUR
A. R. Collette und A. Bourdon, Histoire de la maîtrise de Rouen, Rouen 1892.

John Dygon (um 1480 bis um 1540)

ZEIT UND UMWELT
Unter König Heinrich VIII. ging die Auflösung und Übergabe der Abteien und Klöster einigermaßen friedlich und reibungslos vor sich. Die Funktionäre, die der Reformation nicht zu folgen gewillt waren, erhielten in manchen Fällen sogar eine Pension, wenn sie sich zurückziehen wollten. Würdenträger, die das Land zu verlassen wünschten, wurden in keiner Weise behindert.

LEBEN
John Dygon wurde um 1480 in England geboren und in Oxford zum Kleriker und Musiker ausgebildet. Darauf trat er der St. Augustine's Abbey bei, die ihn 1521 zur Fortsetzung seiner Studien zu dem spanischen Humanisten Juan Luis Vives (1492 bis 1540) entsandte. Am 30. 9. 1538 mußte er als Prior die Abtei übergeben. Wo er um 1540 gestorben ist, läßt sich nicht feststellen.

WERKE
Von dem englischen Kirchenmusiker John Dygon sind eine Anzahl Motetten erhalten, die deutlich dem franko-flämischen Stil folgen, so daß man annehmen muß, daß er mit kontinentalen Musikern in engen Kontakt getreten war. Als Engländer vermied er es aber, den akkordischen Zusammenklang durch strenge Kontrapunktik zu stören.

Jean Boyvin (um 1480 bis um 1540)

ZEIT UND UMWELT
König Franz I. von Frankreich übereignete das Herzogtum Orléans dem zukünftigen König Heinrich II., der es, als er 1536 Dau-

phin wurde, an seinen Bruder Karl (1522 bis 1545) weitergab. Heinrich hielt bereits als Herzog von Orléans eine Privatkapelle, die er seinem Bruder mit dem Herzogtum überließ.

LEBEN

Jean Boyvin wurde um 1480 vermutlich in Paris geboren. Er war Barytonspieler in der Kapelle der Herzöge von Orléans Heinrich und Karl und starb um 1540 in Paris.

WERKE

Von dem französischen Komponisten und Instrumentalisten Jean Boyvin sind eine große Anzahl von Chansons in verschiedenen Sammelwerken überliefert. Sie folgen dem zu jener Zeit herrschenden Pariser Stil. Ihre Beliebtheit kann daraus ersehen werden, daß sie in mehreren Sammelbänden aufscheinen.

Hieronymus Vinders
(um 1480 bis um 1530)

ZEIT UND UMWELT

Es ist für das allgemeine Interesse der breiten Öffentlichkeit in den Niederlanden bezeichnend, daß einzelne Komponisten des 16. Jahrhunderts dazu übergingen, Chansons auf niederländische Texte zu verfassen. Die gehobeneren Gesellschaftsschichten konnten französisch, doch der Bürger wollte auch verstehen, was er hörte und fallweise auch selbst sang.

LEBEN

Hieronymus Vinders (Vender, Venders) wurde um 1480 in den Niederlanden geboren. Wo er als Musiker wirkte, ist ebenso unbekannt wie Ort und Zeit seines Todes.

WERKE

Von dem flämischen Komponisten Hieronymus Vinders sind Motetten, geistliche Gesänge und Chansons auf niederländischen Texten überliefert, außerdem eine siebenstimmige Lamentation auf den Tod von Josquin (1521), dessen Schüler er vielleicht gewesen war. Er gehört stilistisch der franko-flämischen Schule an. Seine Werke fallen durch glückliche Melodieeinfälle auf.

Benedictus de Opitiis
(um 1480 bis nach 1522)

ZEIT UND UMWELT

Am Beginn des 16. Jahrhunderts stand Antwerpen auf der Höhe seiner Blüte. Das wirtschaftliche und kulturelle Leben der Stadt wirkte als Magnet für Tausende Zuwanderer, die daran teilnehmen wollten. Die Pflege der Kunst und vor allem der Musik intensivierte sich durch den starken Zustrom von Künstlern. Die Fülle der Kräfte, die sich anboten, ermöglichte eine Auswahl der besten.

LEBEN

Benedictus de Opitiis (Meester Benedictus) wurde um 1480 vermutlich in oder bei Antwerpen geboren und dort zum Organisten ausgebildet. Um 1514 erhielt er die Stelle des Organisten an der Kathedrale der Stadt. Im Jahre 1516 wurde er an den Hof König Heinrichs VIII. von England berufen und wirkte dort bis 1522. Er dürfte in einem der folgenden Jahre in London gestorben sein.

WERKE

Von dem angeblich umfangreichen kompositorischen Werk des Organisten Benedictus de Opitiis sind nur 2 lateinische Gesänge zu Ehren Kaiser Maximilians I. und dessen Sohnes Karl überliefert. Sie sind im Stil der franko-flämischen Schule gehalten.

Barthélemy Le Bel
(um 1483 bis 1553)

ZEIT UND UMWELT

Dijon war zwar schon längst nicht mehr Hauptstadt von Burgund, doch die Sainte-Chapelle hielt sich noch immer auf dem Niveau, das sie während der Glanzzeit der Stadt erreicht hatte.

LEBEN
Barthélemy Le Bel wurde um 1483 in Anjou, Isère, geboren. Er dürfte seine Ausbildung zum Priester und Musiker in Dijon erhalten haben, wo er von 1522 bis 1525 als Kleriker und Chorleiter wirkte. Er schloß sich der Reformation an, verlor seine Stelle und wandte sich nach Genf, dem Zufluchtsort vieler Calvinisten, wo er Knabensingmeister an der Kathedrale wurde. Er starb in Genf am 16. 10. 1553.

WERKE
Von dem französischen Komponisten Barthélemy Le Bel sind eine Motette und 4 geistliche Lieder auf Texten von Clément Marot erhalten. Seine sonstigen Werke sind verlorengegangen.
Im Gegensatz zu manchen anderen zeitgenössischen Kompositionen der Calvinisten wirken die 4 sakralen Gesänge gelockerter und weniger steif.

Hans Buchner (1483–1538)

ZEIT UND UMWELT
Die Dome des deutschen Sprachraumes verlangten nach tüchtigen Orgelmeistern. Die Schüler Hofhaymers waren überall willkommen. Schwierigkeiten ergaben sich dabei nur durch die von der Reformation bedingte Umstellung eines Teiles der Kirchen, weil dies auch eine völlig veränderte Kirchenmusik erforderte. Nicht jeder Organist war bereit, sich den neuen Gegebenheiten anzupassen, und mußte daher seinen Wirkungskreis verlassen, aber es fanden sich Kirchen genug, sie aufzunehmen.

LEBEN
Hans Buchner (Puchner, Buschner, Magister Hans von Constantz) wurde am 26. 10. 1483 in Ravensburg (Württemberg) geboren. Er war ein Schüler Hofhaymers. Im Jahre 1506 wurde er Organist am Dom in Konstanz, in dessen Kantorei auch Sebastian Virdung und Sixtus Dietrich wirkten. Die Ausbreitung der Reformation in Konstanz zwang den Bischof, die Stadt zu verlassen und nach Meersburg zu übersiedeln. Buchner übernahm den Organistendienst des neuen Bischofssitzes, behielt aber seinen Aufenthalt in Konstanz bei, wo er im März 1538 starb.

WERKE
Der deutsche Orgelmeister Hans Buchner hinterließ als Hauptwerk sein Fundamentbuch, die früheste bekannte Anweisung für Organisten, in der sich außer Kompositionen für die Orgel auch Spielanleitungen befinden. Das Werk ist in zwei lateinischen und einer deutschen Fassung erhalten; eine (Zürcher Fassung) enthält Anweisungen zur Improvisation, die andere (Baseler Fassung) bringt dazu noch Spielanweisungen und Anleitungen zur Intavolierung. Beide Fassungen enthalten zusammen 145 Originalkompositionen. Außerdem sind von dem Orgelmeister 3 deutsche Lieder überliefert.

LITERATUR
P. Léonard, Le Fundamentum de Hans Buchner, in: Musica sacra »sancta sancte« LXIV, 1963.

Martin Luther (1483–1546)

ZEIT UND UMWELT
Die überragendste Gestalt aller abendländischen religiösen Reformatoren schuf sich Zeit und Umwelt selbst. Der Anschlag an der Kirchentür zu Wittenberg vom Jahr 1517, die Disputation mit Johann Eck (1486 bis 1543) in Leipzig (1519) und die brennende Bannbulle des Papstes Leo X. leiteten eine neue Epoche der europäischen Geschichte ein, die auf das Ende der Renaissance zusteuerte.

LEBEN
Martin Luther ist am 10. 11. 1483 in Eisleben geboren, besuchte nach den Lateinschulen in Mansfeld, Eisenach und Magdeburg 1501 die Universität Erfurt, trat 1505 in das Kloster der Augustiner-Eremiten ein, wurde 1507 zum Priester geweiht und promovierte 1512 zum Doktor der Theologie an der Universität in Wittenberg. Am 31. 10. 1517 schlug er

Martin Luther (1483–1546)

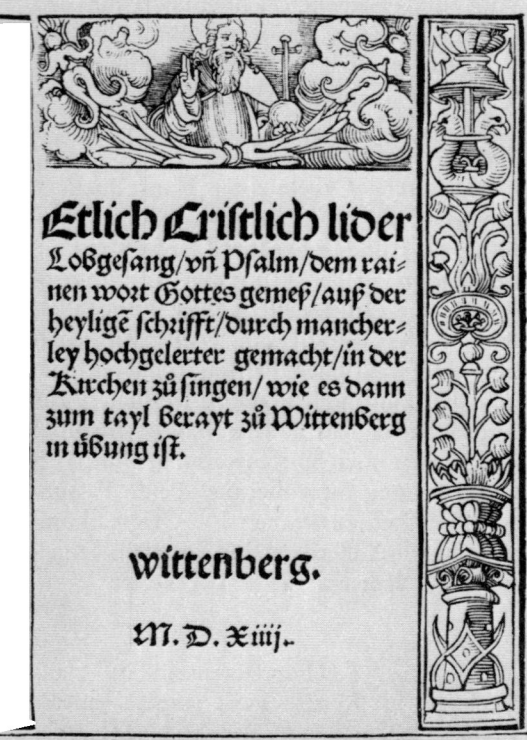

Luthersches Gesangbuch – Titelseite der ersten Ausgabe, Wittenberg 1524

an der Kirche zu Wittenberg seine 95 Thesen gegen das Ablaßwesen an, worauf Rom den kanonischen Prozeß gegen ihn einleitete. Kurfürst Friedrich der Weise von Sachsen lehnte es aber ab, Luther Rom auszuliefern. Im Jahre 1520 veröffentlichte Luther seine ersten Reformschriften. Papst Leo X. erließ gegen den Reformator eine Bannbulle, die wirkungslos blieb, weil Kurfürst Friedrich Luther Schutzaufenthalt auf der Wartburg (Eisenach) gewährte, wo die Bibelübersetzung und weitere grundsätzliche Schriften entstanden. Er starb am 18. 2. 1546 in Eisleben und wurde am 22. 2. 1546 in der Schloßkirche zu Wittenberg beigesetzt.

Werke

Als Martin Luther erfuhr, daß zwei junge Dominikaner als die ersten Märtyrer der Reformation in Brüssel verbrannt wurden, verfaßte er seine ersten Verse: »Ein neues Lied wir heben an, das walt Gott unser Herre« (1523), weitere 35 folgten (darunter: »Ein feste Burg...«), von denen er mindestens 20 mit selbst komponierten Melodien versah. Dazu kamen noch Weisen für fremde Texte. Mit den Texten und Kompositionen Martin Luthers ist der deutsche Kirchengesang in ein neues Stadium getreten. Er greift auf Ambrosius zurück, der das Volk in der Kirche gemeinsam singen ließ, damit seine Glaubenskraft gefestigt und das Bewußtsein, Teil einer gleichgerichteten Gemeinschaft zu sein, gestärkt wurde. Eine ähnliche magische Funktion trug der neue Kirchengesang, bei dem es nicht um Musik an sich ging und auch nicht um einen musikalischen Ausdruck des religiösen Gefühles, sondern um die religiöse Hinwendung selbst. Orgelklang und Chorgesang waren keine Bestandteile des Gottesdienstes mehr, sondern sein Kern.

Luther nahm ein- und mehrstimmige, gesungene und gespielte Musik, neue Kompositionen und Kontrafakta in den Gottesdienst auf. Er hat den Glaubensvorgang von dogmatischen Zwängen, das religiöse Denken von reglementierten Äußerlichkeiten losgelöst und konnte somit jede Art von Musik adoptieren, sofern sie zum Ziel der Glaubenserneuerung, Glaubensfestigung und Stärkung der Gemeinschaftlichkeit führte.

Diese offensichtlich außermusikalische Zielrichtung hat nicht verhindert, daß die Kirchenmusik bald wieder sich selbst fand, alle Stile und Ausdrucksmittel in sich aufnahm und sich frei entwickelte und entfaltete, und zwar innerhalb aller Konfessionen und parallel mit der profanen Musik. Denn Musik ist Kunst, und Kunst hat sich immer noch von allen Fesseln befreit, wer immer sie ihr anlegte.

LITERATUR
W. Stapel, Luthers Lieder und Gedichte, Stuttgart 1950.

Johann Spangenberg (1484–1550)

ZEIT UND UMWELT
Helius Eobanus Hessus (eigentlich Eoban Koch), der 1488 in Halgehausen bei Frankenberg geborene und 1540 in Marburg an der Lahn gestorbene Humanist und neulateinische Lyriker, wirkte im Erfurter Humanistenkreis, dem auch Ulrich von Huten (1488 bis 1523) – humanistischer Gelehrter, gekrönter Dichter, streitbarer Anhänger Luthers – angehörte. Aus diesem Kreis ist eine Reihe bedeutender Humanisten hervorgegangen.

LEBEN
Johann Spangenberg wurde am 29. 3. 1484 in Hardegen bei Göttingen geboren. Er studierte in Erfurt und schloß sich dem Kreis um Helius Eobanus Hessus an. Darauf wurde er Rektor der Lateinschule in Stolberg (1524) und 1546 Superintendent in Eisleben, wo er am 13. 6. 1550 starb.
Sein Sohn Cyriakus Spangenberg (17. 1. 1528, Nordhausen, bis 10. 2. 1604, Straßburg) war Hymnologe.
Dessen Sohn Wolfhart Spangenberg (um 1570, Mansfeld, bis 1636, Buchenbach) war Dichter, Komponist und Musikologe.

WERKE
Johann Spangenberg veröffentlichte neben musikwissenschaftlichen Schriften lutherische Kirchengesänge in deutscher und lateinischer Sprache für den Kirchen- und Hausgebrauch.
Cyriakus Spangenberg veröffentlichte das Eislebener Gesangbuch und einen Psalter und schrieb Schuldramen mit Musik.
Wolfhart Spangenberg verfaßte für die Straßburger Meistersingerschule ungefähr 20 zumeist sakrale Meisterlieder.

LITERATUR
J. G. Leuckfeld, Verbesserte historische Nachricht von dem Leben und Schriften Magister Johann Spangenbergs, Gröningen 1720. J. Schwaller, Untersuchungen zu den Dramen Wolfhart Spangenbergs, Straßburg 1914.

Nicolaus Cracoviensis
(um 1485 bis um 1550)

ZEIT UND UMWELT
Zygmunt I., König von Polen, heiratete als zweite Frau im Jahre 1518 Bona Sforza aus Mailand. Damit wurde der königliche Hof auf dem Wawel zu Krakau zu einem der bedeutendsten Zentren italienischer Renaissancekunst nördlich der Alpen. Die Musik hatte durch einzelne Musiker bereits früher in Polen Eingang gefunden und heimische Talente angeregt.

LEBEN
Nicolaus Cracoviensis (Mikolaj z Krakowa, Nikolaus aus Krakau) wurde um 1485 in Krakau geboren. Über sein Leben ist nichts bekannt außer seiner Tätigkeit als Hoforganist bis zu seinem Ableben ungefähr um 1550 in Krakau.

WERKE
Von Nicolaus Cracoviensis sind in Tabulaturen Messe- und Offizienteile, Motetten, geistliche und profane mehrstimmige Lieder, Tänze und Präludien (Praeambula) überliefert. Sein Stil entspricht dem italienischen mit Ausnahme der Tänze, die deutsche Muster erkennen lassen.

LITERATUR
Kr. Wikowska-Chomińska, Nicolas de Cracovie et la musique de la Renaissance en Pologne, Chopin-Kongreß-Bericht, Warschau 1960.

Adam Rener (um 1485–1520)

ZEIT UND UMWELT
Die Hofkapelle Maximilians I. gewährleistete den Mitgliedern neben einer hervorra-

genden Ausbildung eine vorzügliche Empfehlung für andere Kapellen. Wer durch die Schule gegangen war, in der Meister von Isaac bis Senfl gewirkt hatten, mußte selbst zum Meister geworden sein. Auch seine ideologische Einstellung war dadurch gekennzeichnet, denn des Kaisers Toleranz und Großzügigkeit waren bekannt und wurden nur vom Kurfürsten Friedrich dem Weisen in Torgau übertroffen.

Leben
Adam Rener (Renerus Leodiensis, Adam von Lüttich) wurde um 1485 in Lüttich geboren. Er trat 1498 in die Hofkapelle Maximilians I. ein, ging 1500 zum Studium nach Brabant und nahm von 1507 bis zu seinem Tod in Altenburg im Jahre 1520 bei Friedrich dem Weisen in Torgau die Stelle eines Komponisten und Hofhistoriographen ein.

Werke
Der niederländische Komponist Adam Rener hinterließ mehrere Messen, Hymnen, Sequenzen, Magnificat, Motetten und 2 Liedsätze. Alle Kompositionen sind vierstimmig und zeigen den Stil von Isaac.

Literatur
J. Kindermann, Die Messen Adam Reners, Kiel 1963.

Passereau (um 1485 bis um 1550)

Zeit und Umwelt
Die Chansons von Paris waren stets etwas locker. Auch ein Kleriker konnte davor nicht die Ohren verschließen. Sie blieben dabei immer elegant und geistreich. Textdichter überboten einander mit zweideutigen, aber gut geschliffenen Versen.

Leben
Passereau, sein Vorname ist unbekannt, dürfte in Paris um 1485 geboren sein. Im Jahre 1509 war er Kurat an St. Jacques de la Boucherie in Paris, wirkte dann als Kapellsänger am Hof des Herzogs von Angoulême, der später als Franz I. König wurde, und wurde 1535 Sänger an der Kathedrale Saint-Etienne von Bourges, wo er vermutlich um 1550 gestorben ist.

Werke
Von Passereau sind eine Motette und 23 sehr obszöne vierstimmige Chansons erhalten, die nicht nur wegen des Textes sehr berühmt und beliebt waren. Musikgeschichtlich sind sie als Chansons im echten Volkston, die trotzdem das künstlerische Niveau nicht verließen, interessant.

Literatur
Fr. Lesure, 2 Chansons, in: Anthologie de la chanson parisienne au XVIe siècle, Monaco 1953.

Nicholas Ludford
(um 1485 bis um 1557)

Zeit und Umwelt
Der Konfessionswechsel in England wirkte sich auf manche Musiker so entscheidend aus wie in Deutschland, weil er das ganze Land erfaßte und eine Möglichkeit zum Ausweichen oft nur im Auswandern bestand. Von der Komponistengeneration knapp vor der Gründung der anglikanischen Kirche wurden einige vom Umschwung hart getroffen. In der Regel blieb ihnen nur die Wahl, den Wandel mitzumachen oder sich zurückzuziehen.

Leben
Nicholas Ludford ist um 1458 vermutlich in London geboren. Der englische Komponist wurde kurz nach 1510 Musiker an St. Stephen's College Chapel in Westminster. Er diente vermutlich auch als Organist. Er behielt die Stelle bis zur Auflösung der Kapelle (1547) und dürfte bis zu seinem Tod um 1557 in London von einer kleinen Pension gelebt haben.

Werke
Von Ludford sind 7 Festmessen für Marienfesttage und 8 weitere erhalten. Die Marienmessen sind für Solo und dreistimmigen

Chor, die anderen für drei bis sechs Stimmen geschrieben. Alle anderen Werke sind verlorengegangen. Der Stil des Komponisten weist trotz etlicher Archaismen eine der Zeit vorauseilende Entwicklungsstufe auf.

LITERATUR
J. D. Bersagel, An introduction to Ludford, Musica Disciplina XIV, 1960.

Clément Janequin (um 1485–1558)

ZEIT UND UMWELT
Der religiöse Reformator Johannes Calvin (1509–64) gewann im französischsprechenden Raum unter Klerikern und Laien sehr rasch eine starke Anhängerzahl, die sofort der Verfolgung seitens der staatlichen und kirchlichen Machthaber ausgesetzt war, bis durch die summarische Abschlachtung von ungefähr 50.000 Hugenotten im Jahre 1572 ein vorläufiger Sieg über die Ketzer errungen war. Verdächtig waren auch alle, die dem Humanismus huldigten, weil jede Art von Toleranz verpönt wurde. Daher konnte sich die Protektion von erklärten Humanisten in einer Zeit, in der von Glaubenskämpfen noch keine Rede war, später hemmend auswirken, auch wenn die seinerzeitigen Protektoren Kirchenfürsten gewesen waren.

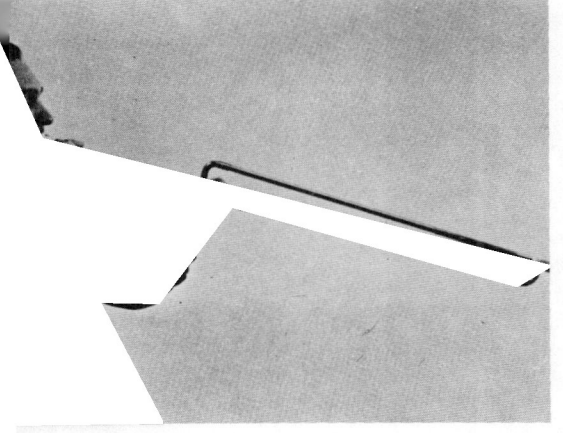

Alan Lumsden mit seiner gotischen Trompete

LEBEN
Clément Janequin wurde um 1485 vermutlich in Châtellerault bei Poitiers geboren. Ab 1505 war er in Bordeaux ansässig und stand in Diensten des Generalvikars Lancelot Du Fau und des Erzbischofs Jean de Foi, die beide bekannte Humanisten waren. Er pflegte auch enge Beziehung zu Eustorg de Baulieu, der später reformatorischer Bestrebungen verdächtigt wurde. Im Jahre 1527 wurde er Kaplan und einige Jahre darauf Leiter der Maîtrise (Singschule) an der Kathedrale zu Angers. Seine Anstrengungen, Sänger der Königlichen Kapelle zu werden, hatten erst 1555 Erfolg. Die Namen der seinerzeitigen Protektoren hatten am Hof des frömmelnden Heinrich II. keinen guten Klang. Aber weder diese Stellung noch die Ernennung zum Komponisten der Kapelle brachten ihm eine Verbesserung seiner zeit seines Lebens beengten finanziellen Lage ein. Der König hatte für Kunst und Künstler kein Geld. Völlig verarmt starb er in Paris im Jänner des Jahres 1558.

WERKE
Clément Janequin war trotz seines geistlichen Standes und seines Dienstes als Organist und Chorleiter kein Kirchenmusiker. Er schrieb nur 2 Parodiemessen, bei denen er eigene Chansons verwendete. Bedeutend waren hingegen seine Erfolge auf dem Gebiet der Chanson, von denen nahezu 300 zu drei und vier Stimmen erhalten sind. Sie stellen die originellsten kompositorischen Leistungen der französischen Renaissance dar. Der deskriptive Charakter vieler Chansons machte Janequin bereits zu seinen Lebzeiten weit über die Grenzen Frankreichs hinaus berühmt, weil er damit alle bisherigen Versuche im Bereich imitativer Musik um vieles hinter sich ließ. »Die Schlacht von Marignan«, »Der Vogelgesang«, »Die Jagd« sind Beispiele davon. Er wurde als Haupt der Pariser Schule der Chanson angesehen; seine lyrischen, erzählenden und zuweilen auch erotischen Lieder wurden viel und gern gesungen. Gegen das Ende seines Lebens bediente er sich bereits der Chromatik, um bestimmte Effekte zu erzeugen.

Weit weniger sind seine Psalmen und geistlichen Chansons bekannt. Sie sind durchwegs vierstimmig, gut durchgearbeitet und hätten eine stärkere Beachtung verdient. Aber man verband eben seinen Namen mit den gut rhythmisierten, eingängigen und auch textlich geistreichen Chansons.

LITERATUR
Fr. Lesure, Clément Janequin, Recherches sur sa vie et son œuvre, Musica Disciplina V, 1951.

John Redford (um 1485–1547)

ZEIT UND UMWELT
Unter der Regierung des im echten Sinn musikalischen Königs Heinrich VIII. wurde die Pflege der Chorschulen sehr intensiviert, nicht nur an der Königlichen Kapelle, sondern auch an den übrigen Kirchen wie St. George's, St. Paul's und anderen. Als Leiter dieser Schulen wurden tüchtige Musiker bestellt, die zumeist imstande waren, das Repertoire der Chöre mit eigenen Kompositionen zu bereichern.

LEBEN
John Redford, der englische Komponist, Organist und Dramatiker, ist um 1485 vermutlich in London geboren. Er wurde angeblich im Chor der St. Paul's Kathedrale ausgebildet, wo er später Chorleiter wurde. Im Jahre 1530 war er bereits Organist, Chordirigent und Meister der Knabenchorschule. Dabei wurde er von Richard Sampson stark angeregt. Er wurde auch für die Königliche Kapelle herangezogen. Er starb in London im Jahre 1547.

WERKE
John Redford machte sich bei seinen Zeitgenossen durch die Dichtung von dramatischen Stücken für die Knaben der Singschulen und deren Einstudierung einen großen Namen. Von seinen Kompositionen sind eine Reihe von Motetten, mehrere Orgelstücke und eine Anzahl von Phantasien über gregorianische Melodien erhalten, die alle stark der Vergangenheit verhaftet sind, aber doch einiges, wie teilweise Imitationen, von der franko-flämischen Schule übernommen haben.

LITERATUR
Fr. Ll. Harrison, Music in Medieval Britain, London 1958.

Sebastian von Felsztyn
(um 1485 bis nach 1543)

ZEIT UND UMWELT
Der Kontakt des polnischen Klerus im 16. Jahrhundert mit den deutschen Bistümern war enger als mit den italienischen. Daher lehnte sich die Kirchenmusik mit Ausnahme in Krakau stärker an die süddeutsche an. Heinrich Finck war in Polen am bekanntesten und am beliebtesten, so daß er vor allen anderen von den heimischen Komponisten zum Vorbild genommen wurde.

LEBEN
Sebastian von Felsztyn (de Felstin, Felstinensis, Felstyński, Sebastian z Felsztyna) wurde um 1485 in Felsztyn geboren, studierte 1507 bis 1509 in Krakau, wurde in seinem Geburtsort, dann in Przemyśl Kaplan und schließlich Propst in Sanok, wo er nach 1543 starb.

WERKE
Der Musiktheoretiker und Komponist Sebastian von Felsztyn hinterließ neben einer Reihe musikwissenschaftlicher Schriften und einem Kompendium mit Gregorianik Hymnen, 2 Alleluia, eine vierstimmige Sequenz und mehrere Motetten für vier Stimmen auf einem Cantus firmus aus langen Noten, ganz durchimitiert. Die Kompositionen stehen denen von Heinrich Finck sehr nahe.

LITERATUR
A. Chybiński, Do biografii Sebastiana z Felsztyna, Kwartalnyk Muzycznej 1932.

Johann Wannenmacher
(um 1485–1551)

Zeit und Umwelt
Die Hoffnung des Reformators Huldrych Zwingli (1484–1531), die gesamte Schweiz für seine Ideen zu gewinnen, erfüllte sich nicht. Die Urkantone und Fribourg blieben katholisch und eliminierten Zwinglianer mit brutaler Gewalt, besonders wenn es sich um Diener der Kirche handelte.

Leben
Johann Wannenmacher (Vannius) wurde um 1485 in Neuenburg am Rhein geboren. Er wurde 1510 Kantor am Vincentiusstift in Bern, wo er Sänger-, Kirchen- und Lehrdienste zu leisten hatte. Im Jahre 1520 nahm er die Stelle eines Kantors in Fribourg an, wo er Hans Kotter kennenlernte. Beide wurden 1530 (als Wannenmacher öffentlich mit dem Katholizismus brach) eingekerkert, gefoltert und außer Landes gewiesen. Wannenmacher ging nach Bern zurück, konnte aber keine Stelle als Musiker erhalten, so daß er den Dienst eines Landschreibers in Interlaken übernehmen mußte, wo er im Frühling 1551 starb.

Werke
Der Schweizer Humanist und Musiktheoretiker Heinrich Glareanus erwähnte in seinem Dodekachordon Johann Wannenmacher mit rühmenden Worten. Erhalten sind von dem Meister ungefähr 30 Kompositionen: Messesätze, Hymnen, Psalmen, profane und sakrale Motetten und Lieder, von denen das drei- bis sechsstimmige »An den Wassern Babylons«, »Attendite popule meus« (Höre, mein Volk) und das vierstimmige Lied »Tundt auf den Riegel von der Thür« am bekanntesten geworden sind. Seine »Bicinia« (Duette) erschienen erst nach seinem Tod.

Literatur
W. Schuh, Johann Wannenmacher, Schweizerische Musikzeitung LXX, 1930.

John Theodoricus Gerarde
(um 1485 bis nach 1550)

Zeit und Umwelt
Im 16. Jahrhundert wurden die Beziehungen zwischen England und dem Kontinent bereits lebhafter. Es gab allerdings noch wenige Engländer, die ihre Kunst auf dem Kontinent darboten, außer in den Fällen, in denen konfessionelle Schwierigkeiten sie dazu zwangen. Dafür stieg die Zahl der Flamen, Franzosen und vor allem Italiener, die nach England kamen, stetig an. Sie brachten den Engländern immer den neuesten Stand der Entwicklung, konnten aber auch viel von der eigenständigen Entwicklung des Inselreiches lernen.

Leben
John Theodoricus Gerarde (Derick Gerard) wurde um 1485 in Flandern geboren. Zu einer nicht näher bestimmbaren Zeit übersiedelte er nach England und verbrachte dort vermutlich den Rest seines Lebens. Welche Tätigkeit er dort ausgeübt hat, ist unbekannt. Sicher ist nur, daß er in nahen Beziehungen zum englischen Komponisten John Redford gestanden ist. Er dürfte in England nach 1550 gestorben sein.

Werke
Von dem flämischen Komponisten John Theodoricus Gerarde bewahrt das British Museum eine große Anzahl handschriftlicher Kompositionen auf: weit über 100 vielstimmige Motetten, nahezu ebensoviele Chansons und Madrigale auf französischem Text, einige achtstimmige Carols, 2 fünfstimmige Danksagungen (vor und nach der Mahlzeit) und 2 Instrumentalstücke. Alle diese Kompositionen sind im franko-flämischen Stil gehalten, zeigen aber mit ihrer häufigen Homophonie englischen Einfluß. Die Instrumentalstücke sind für Violen geschrieben und völlig auf den englischen Geschmack abgestellt. Die Werke Gerardes hätten eine Drucklegung verdient.

Michael Laird, Zink, interpretiert Musik der Gotik

Philippe Verdelot
(um 1485 bis vor 1552)

Zeit und Umwelt
Wenn auch die Hofkapelle und die des Domes zu Florenz immer nur ausgesuchte Kräfte beschäftigten und die besten Dirigenten dafür eben gut genug waren, so machte ihnen die Kapelle von San Giovanni ständig ihren Rang streitig, und für einen Musiker war es eine ganz besondere Ehre, in jener Kirche als Kapellmeister aufgenommen zu werden.

Leben
Philippe Verdelot (Verdelotto) wurde um 1485 vermutlich in Caderousse (bei Orange) geboren. Über seine Jugend und Ausbildung ist nichts feststellbar. Sein Name scheint erst mit dem Jahr 1523 auf, als er Kapellmeister von S. Giovanni in Florenz wurde. Ob er vorher in San Marco in Venedig gesungen hat, ist ungeklärt. Seine Kapellmeisterstelle in Florenz behielt er bis 1527. Zwei Jahre darauf ging er nach Rom, um drei Jahre zu bleiben. Es ist nicht bekannt, welche Tätigkeit er dort ausübte. Er ist von dort wahrscheinlich wieder nach Florenz zurückgekehrt und dort noch vor 1552 gestorben.

Werke
Philippe Verdelot gehört zu den Schöpfern des Madrigals in Italien. Sein Stil folgte noch peinlich genau dem Text und war im wesentlichen homophon, wies aber doch schon eine feine Kontrapunktik, einen eleganten Klang und deutliche persönliche Züge auf. Überliefert sind 3 Bücher mit vierstimmigen, 4 Bücher mit fünfstimmigen (bei 2 Büchern sind Madrigale anderer Komponisten beigefügt) und 2 Bücher mit sechsstimmigen Madrigalen. Adrian Willaert hat eine Reihe von Madrigalen Verdelots für Laute bearbeitet. Außerdem sind eine Messe und Motetten erhalten.

Literatur
G. Reese, Music in the Renaissance, New York 1959.

Richard Pygott
(um 1485 bis nach 1552)

Zeit und Umwelt
Thomas Wolsey (um 1473–1530), Kardinal, Lordkanzler und päpstlicher Legat, beherrschte in den zwei ersten Jahrzehnten der Regierung Heinrichs VIII. die politische Bühne. Er war der letzte große Kirchenmann der englischen Geschichte. Im Jahre 1529 büßte er Machtstellung und Würden ein. Er war außerstande gewesen, die Scheidung des Königs von Katherina von Aragon durchzusetzen. Die Kapelle dieses Schülers von Erasmus von Rotterdam entsprach den höchsten Anforderungen und soll sogar die des königlichen Hofes übertroffen haben.

Leben
Richard Pygott wurde um 1485 vermutlich in London geboren. Er dürfte seine Ausbildung im Knabenchor des Kardinals genossen haben, den er bereits ab 1517 selbst leitete. Unter seiner Hand und infolge großzügiger Dotierung seitens des musikliebenden Kardi-

nals gewann der Chor großes Ansehen. Pygott wurde wegen seiner außerordentlichen Leistungen zum Gentleman der Königlichen Kapelle ernannt, blieb aber in seiner Stellung beim Kardinal bis zu dessen Sturz. Er erhielt 1532 eine Pfründe in Essex und später eine regelmäßige Pension vom Hof. Er dürfte bald nach 1552 in London gestorben sein.

WERKE
Der englische Chormeister und Komponist Richard Pygott brachte seinen Chor – wie William Cornyshe die Königliche Kapelle – auf das Niveau der kontinentalen Renaissancezentren. Auch in seinen erhaltenen Kompositionen ist der Einfluß der frankoflämischen Schule sehr stark. Von ihm sind eine Messe, mehrere vierstimmige Lieder und Motetten überliefert. Von der Messe und den Motetten kennen wir allerdings nur einzelne Stimmen.

John Mason (um 1485–1543)

ZEIT UND UMWELT
Das 1458 gegründete Magdalen College in Oxford genoß den Ruf, vorzügliche Chorsänger auszubilden. Die Chorlehrer wurden stets sehr kritisch ausgewählt und mußten sich als Sänger, Chorleiter und Kirchenmusiker bereits bewährt haben.

LEBEN
John Mason wurde um 1485 in England geboren und 1508 in das Magdalen College in Oxford als Sänger aufgenommen, 1509 war er dort bereits Chorleiter und Kaplan. Im Jahre 1525 verließ er das College, um an anderen Kirchen zu wirken, bis er Schatzmeister der Kathedrale von Hereford wurde. Er starb in Hereford 1543.

WERKE
Von John Mason, der bei seinen Zeitgenossen als Kirchenkomponist großes Ansehen genoß, ist eine Anzahl Motetten (ohne Tenor) überliefert. Sie bieten einen wertvollen Einblick in die vorreformatorische Kirchenmusik Englands.

Pedro de Pastrana (um 1485 bis nach 1555)

ZEIT UND UMWELT
Stadt und Provinz Valencia wurden zwar mit den anderen Ländern der aragonesischen Krone unter den Katholischen Königen Ferdinand und Isabella vereinigt, behielten aber doch eine gewisse verwaltungstechnische Sonderstellung. Seitenverwandte schlugen dort fallweise ihren Hof auf und hielten sich natürlich auch eine Kapelle.

LEBEN
Pedro de Pastrana wurde um 1485 vermutlich in Aragón geboren. Ab dem Jahr 1510 war er Kaplan und Kantor in der Kapelle König Ferdinands V. von Aragón, von 1527 bis 1534 wirkte er in der Kapelle Kaiser Karls V., darauf in Valencia beim Herzog von Kalabrien als Kapellmeister und in gleicher Eigenschaft 1547–55 bei Philipp, dem nachmaligen König Philipp II. von Spanien (1527 bis 1598). Er starb nach 1555 vermutlich in Valladolid.

WERKE
Von Pedro de Pastrana sind eine sechsstimmige Messe, 4 vierstimmige Magnificat, eine sechsstimmige und 4 vierstimmige Motetten, ein einstimmiges, ein dreistimmiges und ein vierstimmiges Villancico erhalten. Der Stil dieser Kompositionen ist etwas schwerfällig, aber klangvoll.

LITERATUR
H. Anglès, La música en la corte de Carlos V, Barcelona 1965.

Robert Johnson (um 1485 bis nach 1560)

ZEIT UND UMWELT
Die reformatorischen Ideen von Luther und Calvin drangen auch sehr rasch in Schottland ein und gewannen bald Anhänger, weil sie für viele zum Ausdruck der Abneigung gegen den französischen Einfluß wurden. Initiator und Führer der Reformation war

John Knox (1514–72), endgültig durchgeführt wurde sie erst durch den Einmarsch eines Elisabethanischen Heeres im Jahre 1560. Vorher war es für einzelne Protestanten ratsam, in das reformierte England zu flüchten.

LEBEN
Robert Johnson ist um das Jahr 1485 in Duns geboren, wurde Priester, sympathisierte sehr früh mit reformatorischen Gedanken und mußte vor einer Anklage wegen Ketzerei nach England flüchten. In den Jahren 1533 bis 1536 war er Kaplan der Königin Anne Boleyn (1505–36). Vorher dürfte er in Windsor gelebt und gewirkt haben. Über die weitere Tätigkeit dieses neben Robert Douglas (um 1505 bis um 1550) vielleicht ältesten schottischen Komponisten, der namentlich bekannt ist, liegt nichts vor. Er ist vermutlich nach Windsor zurückgegangen, wo er nach 1560 starb.

WERKE
Von Robert Johnson ist eine Reihe mehrstimmiger Motetten für den lateinischen Gottesdienst erhalten. Für den Gottesdienst in englischer Sprache verfaßte er mehrere sogenannte Prayers (Gebete), von denen »O, eternal God« (Oh, ewiger Gott) und »I geve you a new commaundment« (Ich gebe euch ein neues Gebot) sehr bekannt geworden sind. Er war vorwiegend Kirchenkomponist. Es sind nur wenige profane Werke von ihm überliefert, wie ein Trauergesang um Anne Boleyn und das »Come, pale-faced Death« (Komm, bleicher Tod). Er verfaßte auch 2 Stücke für Violen.

John Charde (um 1485 bis um 1540)

ZEIT UND UMWELT
Die Engländer bekannten sich sehr früh zur Mehrstimmigkeit, so daß die Ansicht entstehen konnte, die Wurzel der mehrstimmigen Musik sei auf der britischen Insel zu suchen. Daß dies unrichtig ist, muß heute nicht mehr betont werden. Es handelte sich bei dieser frühen Mehrstimmigkeit zumeist nur um Parallelführungen, ein Gegeneinanderführen mehrerer melodischer Linien liegt selten vor. Auch ging die Mehrstimmigkeit wenig über zwei gleichzeitige Töne hinaus.

LEBEN
John Charde (Chard) wurde um 1485 in England geboren. Ungefähr um 1502 kam er an die Universität Oxford. Welche Studien er dort neben der Musik betrieben hat, ist unbekannt. Es ist auch nicht feststellbar, wo er nach seinem Studium gewirkt hat. Er dürfte an einer der Kirchen Englands Organist, Kapellmeister oder beides gewesen sein. Auch Ort und Zeit seines Todes sind nicht bekannt.

WERKE
Im Jahre 1518 legte John Charde in Oxford 2 fünfstimmige Messen und eine Antiphone vor. Die Fünfstimmigkeit erregte Erstaunen, weil zu jener Zeit die kontrapunktische Verflechtung von so vielen Stimmen noch wenig bekannt war. Weitere Musik von dem Komponisten, dessen Technik seiner Zeit um einiges voraus war, ist nicht erhalten. Die Messen zeugen von einer hohen Meisterschaft.

Adrian Willaert (um 1485–1562)

ZEIT UND UMWELT
Der italienische Organist Annibale Padovano ließ im Markusdom zu Venedig zwei Choremporen mit je einer Orgel einrichten und gab damit Anstoß zur Entfaltung der Doppelchörigkeit, die bisher in Italien nur vereinzelt auftrat, und damit zu einer neuen Kompositionstechnik. Die kompliziert verflochtene Mehrstimmigkeit mußte einer akkordischen Flächigkeit weichen, um dem Gegeneinandermusizieren der beiden Klangkörper mehr Ausdruck zu verleihen.

Das Venedig des 16. Jahrhunderts entwickelte eine Hochblüte des geistigen Lebens. Es schien, als hätten die außenpolitischen Mißerfolge – besonders die Verluste im Osten an die Türken und die Einbuße der Vormachtstellung im Überseeverkehr, dessen Schwerpunkt gegen Westen verschoben wurde – eine Besinnung auf ideelle Werte bewirkt.

Die Stadt füllte sich mit Malern. Gentile Bellini (1429–1507) und Giovanni Bellini (1430 bis 1516), Antonello da Messina (1430 bis 1479), Vittore Carpaccio (1460–1525) und Giogione (1478–1510), Tiziano (1477 bis 1576), Tintoretto (1518–94), Veronese (1528 bis 1588) sind nur die bekanntesten, die im Sinn der Renaissance Bilder von Menschen für Menschen darstellten, die Baumeister und Bildhauer Pietro Lombardo (1435 bis 1515), Tullio Lombardo (1455–1532), Mauro Coducci (1440–1504) und Andrea Verrocchio (1508–80) und dazu der klassische Andrea Palladio (1508–80) drückten die Freiheit des menschlichen Geistes in Stein und Erz aus.

Und zur gleichen Zeit klang von den Emporen von San Marco die von den Fesseln der Tradition befreite Musik, die man später Musica nova nannte, weil sie, von magischen Zielen befreit, die Faszination eines neuen Daseinsgefühls zum Ausdruck brachte.

LEBEN

Adrian Willaert (Vuillart, Villahart, Adriano) wurde um 1485 vermutlich in Brügge als Sohn des Musikers Dionys Willaert geboren. Er ging nach Paris, um Jurisprudenz zu studieren, wandte sich aber dort der Musik zu und wurde Schüler von Jehan Mouton. Nach beendeter Ausbildung kehrte er für kurze Zeit in seine Heimat zurück und begab sich sodann nach Italien. Er hielt sich einige Zeit in Rom auf und trat dann 1522 in den Dienst des Herzogs Alfonso I. d'Este in Ferrara. 1525 wechselte er zur Kapelle des Erzbischofs und Kardinals Ippolyto II. d'Este (1509–72) in Mailand über, und am 12. 12. 1527 folgte er dem Flamen Petrus de Fossis in die Stellung des Magister capellae cantus ecclesiastice Sancti Marci zu Venedig nach.

Willaert behielt diese Stelle bis zu seinem Tod am 7. 12. 1562, abgesehen von mehreren Reisen in die Heimat. In seinen letzten Jahren ließ er sich von seinem Schüler Cyprian de Rore unterstützen und vertreten, der

Adrian Willaert

auch sein Nachfolger wurde. Weitere bedeutende Schüler des Meisters waren Andrea Gabrieli, Gioseffo Zarlino und Nicola Vicentino.

WERKE

Mit Willaert stieg Venedig zu einem einflußreichen Zentrum europäischer Musikkultur auf. Man hat schon früh erkannt, daß er der Begründer der spezifisch venezianischen Schule mit internationaler Bedeutung war. Willaert ist die Verschmelzung der niederländischen Polyphonie mit den italienischen

Klang- und Satztechniken gelungen, wobei offenbar das französische Element als vermittelnde Kraft wirkte.

Ein großer Teil der Kompositionen Willaerts ist sakral. Dazu gehören in erster Linie seine 9 Messen sowie Psalmen für Vesper und Complet, außerdem Hymnen und mehrere Magnificat. Mit seinen doppelchörigen achtstimmigen Psalmen (Salmi spezzati) von 1550 legte er den Grund für eine Musizierform, die an alte oberitalienische Praktiken zur Verdeutlichung der Struktur der Psalmenverse und Variation der einstimmigen Vortragsweise anknüpfte und sich nun in der venezianischen Schule prachtvoll entfaltete.

Zentrum der Kunst Willaerts bilden aber die vierstimmigen Motetten, die überwiegend dem liturgischen oder paraliturgischen Bereich angehören; profane Texte sind in der Minderzahl. Das musikalische Bild dieser Kompositionen ist vielgestaltig und reicht von altertümlichen Cantus-firmus-Sätzen und kanonischen Stücken bis zur geschmeidigen Durchimitation aufgrund plastischer Nachbildung emotional betonter Texte. Die fallweise melismenarme, deklamatorische Gestaltung ist ein französisches Erbe.

In den Canzoni villanesche alla Napolitana von 1545 bediente sich der Meister einer rhythmisch stark profilierten volkstümlichen Technik. Seine Kunst gipfelte jedoch im Madrigal, das er auf das gleiche Niveau brachte, auf das er die Motette gehoben hatte. Ein Unterschied besteht nur darin, daß die Motetten einen nahezu reinen franko-flämischen Stil ausweisen und das Madrigal starke italienische Züge hervortreten läßt.

Zur Motette ist noch darauf hinzuweisen, daß einzelne einen völlig erzählenden Charakter zeigen, wie zum Beispiel die Geschichte der Susanne für fünf Stimmen. Es wäre eine Übertreibung, hier von einem Oratorium zu sprechen, doch dessen Grundform ist dabei in ihrem Anfangsstadium bereits erkennbar. Alles in allem trifft beim Gesamtwerk Willaerts die geäußerte Ansicht, daß er Palestrina nur mehr wenig zu tun übriggelassen habe, nicht weit vorbei.

Bezeichnend ist der Titel der unter seiner Leitung erschienenen Ausgabe von Motetten und Madrigalen, weil er mit der Bezeichnung Musica nova selbst seine kompositorische Leistung richtig charakterisiert hat.

Schließlich ist noch auf seine reinen Instrumentalstücke aufmerksam zu machen, die ab diesem Zeitpunkt die immer stärkere Berücksichtigung der Instrumentalmusik vorwegnahmen. Sie stellen bereits Konzerte im wahren Sinn des Wortes dar.

LITERATUR

C. v. Winterfeld, J. Gabrieli und sein Zeitalter, Hildesheim 1965. G. Pistarino, Grundlagen des venezianischen Stils bei Adrian Willaert und C. de Rore, in: Renaissancemusik, Löwen 1969.

Stephan Mahu (um 1485 bis nach 1541)

ZEIT UND UMWELT

Erzherzog Ferdinand I., Regent der österreichischen Erblande, nachmaliger Kaiser, erhielt nach dem Tode seines Schwagers Ludwig II. die Königskronen Böhmens und Ungarns. Während er Böhmen in Besitz nehmen konnte, wurde Ungarn von den Türken und von János Zápolya (1487–1540) beherrscht. Es bedurfte langer Verhandlungen und parallellaufender Kämpfe, um gegen eine Tributzahlung an den Sultan einen schmalen Streifen Westungarns zu erlangen. Im ständigen Abwehrkampf gegen die Türken benötigte der katholische Habsburger die Unterstützung der protestantischen Fürsten und der Protestanten im eigenen Herrschaftsbereich, denen gegenüber er sich zu einer konzilianten Haltung bequemen und sogar dulden mußte, daß einzelne Hofbedienstete Verbindungen zu evangelischen Kreisen pflegten.

LEBEN

Stephan Mahu wurde um 1485 vermutlich im franko-flämischen Raum geboren, wo er auch seine Ausbildung genossen haben dürfte. Nach Österreich gelangte er wahrscheinlich im Gefolge eines habsburgischen Herrschers. In der Kapelle Ferdinands I. war er ab

1528 als Posaunist und ab 1532 auch als Vizekapellmeister bis 1541 tätig. Über seine weitere Tätigkeit und über Ort und Zeit seines Todes können nur Vermutungen angestellt werden. Aus Einzelheiten seines kompositorischen Wirkens, wie zum Beispiel aus der Harmonisierung für fünf Stimmen von »Ein feste Burg«, wird geschlossen, daß er Beziehungen zum Protestantismus hatte. Und da sein Schüler Johann Zanger (1517–87), Theologe und Lehrer, 1542 nach Wittenberg ging, um evangelische Theologie zu studieren, könnte die ungefähr gleichzeitige Aufgabe der Stelle am österreichischen Hof mit ähnlichen Bestrebungen zusammengehangen haben.

WERKE
Stephan Mahu hinterließ eine Reihe sakraler und profaner deutscher Lieder, für vier oder fünf Stimmen kontrapunktisch gesetzt, die sehr geschätzt wurden. Darunter befinden sich einige, die auf eine gewisse Zuneigung zur Reformation hinweisen. Hervorzuheben sind seine vier- bis sechsstimmigen Lamentationen und 2 vierstimmige Magnificat, die im spätniederländischen Stil Isaacs gehalten sind.

LITERATUR
H. Federhofer, Biographische Beiträge zu Erasmus Lapicida und Stephan Mahu, Musikforschung V, 1952.

Thomas Ashwell (um 1485 bis um 1530)

ZEIT UND UMWELT
Die vorreformatorischen Kirchenkomponisten Englands durften sich des größten Verständnisses und der tatkräftigen Förderung des Hofes erfreuen. Man hatte dort eine offene Hand nicht nur für die eigene Kapelle, sondern in gleicher Weise für die an den Kathedralen, die den Auftrag hatten, die besten Kräfte anzuwerben und junge Musiker heranzuziehen. Die Chorleiter wurden als wichtige Kulturträger betrachtet und behandelt.

LEBEN
Thomas Ashwell wurde um 1485 in England geboren und wirkte von 1508 bis 1518 als Chorleiter an der Kathedrale von Lincoln, wo er um 1530 gestorben sein dürfte.

WERKE
Der Chordirigent Thomas Ashwell dürfte in erster Linie ausübender Musiker gewesen sein. Seine 4 Messen zeigen jedoch, daß er ein Komponist mit guter Durchschnittsleistung war. Seine Motetten sind allerdings nur mit einigen Stimmen überliefert, so daß sie schwer beurteilt werden können. Sein Lied »She may be called« ist jedenfalls reizend.

Nikolaus Decius
(um 1485 bis nach 1546)

ZEIT UND UMWELT
Die Reformation öffnete die Pforten vieler Klöster. Es ist überraschend, wie rasch ganze Ordenshäuser sich dem neuen Glauben anschlossen und sich bereit erklärten, als Theologen, als Lehrer, als Musiker im neuen Rahmen weiter zu wirken, obwohl dies in vielen Fällen die Aufgabe gesicherter Positionen und die Aufnahme eines oft sehr harten Lebenskampfes bedeutete.

LEBEN
Nikolaus Decius (vom Hoff, Deeg, Tech) wurde um 1485 in Hof (Saale) geboren. Er studierte in Leipzig Theologie und Jura und trat in ein Kloster ein. Im Jahre 1515 begab er sich nach Braunschweig, wo er 1522 Schulmeister wurde. Nach theologischen Studien in Wittenberg wurde er 1524 Prediger in Stettin, 1540 Hofprediger in Königsberg und 1544 Prediger der reformierten Gemeinde Mühlhausen bei Elbing, wo er vermutlich nach 1546 starb.

WERKE
Decius verfaßte 3 niederdeutsche Lieder als Ersatz für das lateinische Credo, Sanctus und Agnus und vertonte sie. Seine Lieder »Allein Gott in der Höh sei Ehr« und »O Lamm

Gottes unschuldig« sind bis heute feste Bestandteile des evangelischen Gesangbuches und müssen sowohl textlich wie musikalisch als echte Kunstwerke angesprochen werden.

LITERATUR
F. Bahlow, Wer war N. Tech? Archiv für Religionsgeschichte IV, 1906/07.

Nicolas Herman (um 1485–1561)

ZEIT UND UMWELT
Wie ein Großteil der religiösen Reformbewegungen war auch die der Böhmischen Brüder sozialrevolutionär. Daher fanden sich unter den Kleinbauern und Bergleuten des Erzgebirges viele Anhänger, die sich eine Hebung ihrer sozialen Situation erhofften.

LEBEN
Nicolas Herman (Heermann) wurde um 1485 in Nordböhmen geboren. Um die Mitte des 16. Jahrhunderts war er in Sankt Joachimsthal (Jáchymov) als Kantor tätig. Er wurde als Komponist und Dichter von Chorälen weit über seine Gemeinde hinaus sehr geschätzt. Seinen Dienst als Kantor hat er bis zu seinem Tod am 3. 5. 1561 versehen.

WERKE
Von dem Kantor Nicolas Herman ist eine Anzahl von Chorälen überliefert, von denen einzelne, wie »Erschienen ist der herrlich Tag« oder »Lobt Gott ihr Christen alle gleich«, heute noch gesungen werden. Ihre Melodik ist schlicht, aber sehr eindringlich.

Miguel Gomez Camargo (um 1485 bis vor 1560)

ZEIT UND UMWELT
Valladolid, die Stadt in der Christoph Columbus am 20. 5. 1595 starb, war von Alfonso VI. (1042–1109) bis Philipp II. Hauptstadt von Kastilien und von Spanien. Diese Hofhaltung durch Jahrhunderte wirkte sich selbstverständlich auf das kulturelle Niveau der Stadt aus, deren Kapelle ihren Ruf bewahrte, als der Hof nach Madrid übersiedelte.

LEBEN
Miguel Gomez Camargo wurde um 1485 vermutlich in Kastilien geboren. Über sein Leben und Wirken ist nur bekannt, daß er viele Jahre Chorleiter in Valladolid war, aber nicht mit dem Hof nach Madrid ging, als Philipp 1560 seine Residenz dort aufschlug. Er dürfte noch vor diesem Zeitpunkt in Valladolid gestorben sein.

WERKE
Der spanische Kirchenmusiker Miguel Gomez Camargo wurde bei seinen Zeitgenossen durch eine geniale Hymne auf San Jaime berühmt. Außer dieser Meisterleistung ist von dem Musiker kaum etwas überliefert, obwohl er eine Anzahl vorzüglicher Kirchenmusiken verfaßt haben soll. Der Stil der Hymne ist rein spanisch, voll färbiger Klänge, überraschender Harmonik und glänzender Melodik.

Balthasar Resinarius (um 1486–1544)

ZEIT UND UMWELT
Böhmisch-Leipa (Česká Lîpa) muß als bescheidener Bischofssitz angesehen werden. Doch in den Rand- und Streugebieten der Reformation standen zumeist keine größeren Siedlungen zur Verfügung, und die großen bischöflichen Palais in den großen Städten waren von den Katholiken besetzt.

LEBEN
Balthasar Resinarius (Herzer, Hertzer) wurde um 1486 in Tetschen (Děčín) geboren und war unter Isaac Sängerknabe in der Hofkapelle Maximilians I. Er hat vermutlich 1515 in Leipzig Theologie studiert und bis 1522 als katholischer Geistlicher gewirkt. Er konvertierte und fungierte von 1534 bis zu seinem Tod in Böhmisch-Leipa am 12. 4. 1544 als lutherischer Bischof.

WERKE
Balthasar Resinarius brachte 80 Responso-

rien für Lateinschulen heraus, daneben einzelne Motetten und 30 Sätze in »Newe deudsche geistliche Gesenge«. Außerdem liegen zahlreiche nur handschriftlich überlieferte Werke, wie Passionen, Hymnen, Gesänge und Orgelstücke, vor.

LITERATUR
J. Moser, Die Musik im frühevangelischen Österreich, Kassel 1954.

Ludwig Senfl (um 1486–1543)

ZEIT UND UMWELT
Bis zum Regierungsantritt Herzog Wilhelms IV. (1508–50) war Bayern zum größten deutschen Staatswesen angewachsen. Das Ausbreiten der Reformation betrachtete der Herzog in erster Linie als Bedrohung seiner Macht. Er ließ auch eine Einmengung der Katholiken in seine Regierung nicht zu und war im Schmalkaldischen Bund mit protestantischen Fürsten verbündet. Diese neutrale Haltung des Herzogs brachte den bayrischen Protestanten zwar wenig Vorteile, verschonte sie aber vor stärkerer Verfolgung. Der Herzog war den freiheitlichen Ideen des Humanismus gegenüber sehr aufgeschlossen und begründete ähnlich den sächsischen Kurfürsten an seinem Hof ein kulturelles Zentrum, das alle Wechselfälle der Politik überdauerte. München wurde zum Treffpunkt von Kulturschaffenden jeder Art und ist es bis heute geblieben.

LEBEN
Ludwig Senfl (Senfli, Sennfel) wurde um 1486 in Basel als Sohn des aus Freiburg im Breisgau eingewanderten Sängers Bernhard Senfl geboren und kam bereits im Kindesalter in die Hofkapelle Maximilians I. in Konstanz. Er wurde somit ein Schüler Isaacs. In der Tradition der franko-flämischen Musik mit ihrer deutschen Ausprägung erzogen, durchlief er alle Ränge eines Sängers der Kapelle, bis er nach dem Tod seines Lehrers (1517) dessen Nachfolger als Komponist wurde. Als es nach dem Tod des Kaisers (1519) zur Auflösung seiner Kapelle

Ludwig Senfl – Zeichnung von Hans Schwarz, Augsburg um 1520

kam, ging Senfl nach Passau, wo er vermutlich an der Domkapelle tätig war, und trat im Jahre 1523 in München an der Hofkapelle des Herzogs Wilhelm IV. die Stellung des »Ersten Sängers« an, die er bis zu seinem Tod im Jahre 1543 behielt. Während seines Münchner Aufenthaltes stand er mit Martin Luther und dem protestantischen Herzog Albrecht von Preußen in reger Korrespondenz. Ob davon auf ein Hinneigen des Meisters zur Reformation geschlossen werden darf, ist zweifelhaft. Jedenfalls hat Herzog Wilhelm keinen Anlaß gefunden, seine Gunstbezeugungen für den ersten Mann seiner Kapelle zu mindern.

WERKE
Im kompositorischen Wirken Ludwig Senfls kulminierte die deutsche Musik des späten Mittelalters und der Renaissance. Der deut-

sche Musikschriftsteller Sebald Heyden nannte ihn 1537 »in musica totius Germaniae nunc principem« (Fürst der Musik ganz Deutschlands). Ähnliche Urteile findet man bei Glareanus (1547) und Lodovico Zacconi (1596). Sie gründeten sich vor allem auf seine polyphone Motetten- und Liedkunst. Seine Motetten mit dem Großteil seiner sakralen Musik sind lateinisch, die Lieder deutsch. Zwischen diesen Gattungen liegt ein verhältnismäßig geringer Bestand an geistlichen Liedern und weltlichen Motetten. Im Mittelpunkt der sakralen Musik Senfls stehen die Messeordinarien und die Proprien, sodann Psalmodie, Magnificat, Hymnen und Responsorien; dazu gehören Orationen, Salutationen, Historien- und Evangelien-Motetten und Psalmen. Die Verwendung eines Cantus firmus oder eines Ostinato als Orientierung ist dabei die Regel.

Die ungefähr 250 deutschen Lieder gehören allen Gattungen dieser Kompositionsform an; Hofweisen, Volkslieder, Lyrik und Epik und alle Zwischenformen scheinen auf, Rüge, Scherz, derber Spott, Philosophie und Frömmigkeit, Liebessehnsucht und Abschiedsschmerz, Trauer und Glorifizierung und schließlich auch Autobiographisches wie: »Lust hab ich ghabt zuer Musica.« Sie gehen formal von der deutschen Liedstruktur aus, wie sie Isaac gebrauchte, doch in vielen Fällen weitet sich der Duktus zu klingenden Terzen und Sexten und bezieht alle verfügbaren kontrapunktischen Mittel ein. Alles ist Ausdruck und Klang.

Die lateinischen Oden, nach dem Rezept von Celtis syllabisch vertont und harmonisiert, folgen dem humanistischen Ideal der Zeit. Senfl vollendete die Vertonung der Oden von Horaz, die Hofhaymer begonnen hatte, und brachte sie heraus.

Gleicherweise nahm er sich des Choralis Constantinus seines Lehrers Isaac an und stellte ihn fertig.

Schließlich sind auch etliche reine Instrumentalsätze überliefert.

Missa Paschalis (Ostermesse)
Diese Messe für fünf Stimmen und Instrumente verwendet dieselbe gregorianische Choralmelodie als Cantus firmus, die Isaac zweimal (vier- und fünfstimmig) einer Ostermesse zugrunde gelegt hat. Jedoch Senfls Textur ist um vieles dichter und kompakter als die seines Lehrers. In beiden Fällen aber werden die Instrumente nahezu ausschließlich zur Verstärkung der Singstimmen eingesetzt. Eine gesonderte Führung von instrumentalen Linien ist selten. Die Messe besteht nur aus vier Teilen. Im Kyrie alternieren Einstimmigkeit mit mehrstimmigen Chorstellen und erzielen damit eine besonders feierliche Einleitung der Ostermesse. Das Gloria bringt keine Homophonie mehr, aber der Cantus firmus ist mit seinen abgegrenzten Abschnitten genau sichtbar gemacht. Das hindert aber nicht, daß der Chorklang den Jubel über den Festtag farbenprächtig ausdrückt. Ein Credo fehlt. Im Sanctus wird ein großer Teil des kanonischen Sanctus zweistimmig vorgetragen, Melodiefragmente klingen in den drei bewegteren Partien auf. Die kontrapunktische Durcharbeitung ist meisterhaft. Das Agnus Dei läßt den Instrumentenklang am stärksten zur Geltung kommen.

Missa super Per signum crucis (Messe über »Durch das Zeichen des Kreuzes«) für Singstimmen und Instrumente, 5 Teile, entstanden 1530 zur Weihe des Tegernseer Kreuzaltars

Die Motette »Durch das Zeichen des Kreuzes befreie uns von unseren Feinden, du, unser Gott« ist nicht bekannt. Sie gehörte vielleicht zu den verlorenen Werken des Komponisten selbst. Das musikalische Material der Motette ist in allen Teilen der Messe aufgenommen und bildet deren Auftakt, der aber je nach dem Textbeginn verschieden rhythmisiert ist. In den langen Sätzen – Gloria, Credo – zeigt sich ein großer Reichtum von stilistischen Variationen. Sie sind häufig zur Zwei- und Dreistimmigkeit aufgelockert; nur an wichtigen Textstellen treffen alle Stimmen zum vollen Ausdruck zusammen. Einzelne Sätze werden in ihrem ganzen Ablauf nur zwei- oder dreistimmig vorgetragen, wie »Crucifixus«, »Et resurrexit«, »Pleni sunt coeli« und »Benedictus«, bleiben aber trotzdem überall dicht und voll. Die gesamte Messe nimmt wegen ihrer plastischen und übersichtlichen Anlage einen besonderen Platz im sakralen Schaffen des Komponisten ein.

Das Gleut zu Speyer
Nach einem kurzen Anstimmen der einzelnen Stimmen, das sofort an den Beginn eines vollen Kirchenglockengeläutes erinnert, schwingen die einzelnen wie ständig neu angeschlagenen Glocken über einen Sockel tiefer, rhythmisch verlangsamter Stimmen in ostinater Folge. Man

hört nur Glocken und sieht sie förmlich, bis das Läuten allmählich verklingt, weil eine Stimme nach der anderen schweigt, bis der Baß lange nachhallend als letzter verstummt.

LITERATUR
H. Zenck, Ludwig Senfl zur 400. Wiederkehr seines Todesjahres, Deutsche Musikkultur VIII, 1943/44. K. C. Roberts, The Music of Ludwig Senfl, 2 Bände, Michigan 1965.

Martin Agricola (1486–1556)

ZEIT UND UMWELT
Magdeburg pflegte früh Handelsbeziehungen von Flandern bis Rußland und war Mitglied der Hanse. Im Jahre 1524 wurde es pro-

Gesanglehrbuch »Von den Proporcionibus« von Agricola, Wittenberg 1531

Der Instrument.Musica.
Ein schon vnd recht ge-
gründ Fundament/recht nach dem g
sange vnd den Noten zu lernen/auff
Flöten / Kromphörnern / Zincken
Bomhart/ Schalmeyen/ Sackpfeif
fen/Vnd wie die recht zugreiffen sind

Wiltu ein recht Fundament begreiffen
Auff Flöten/Kromphörner/künstlich pfeiffen
Vnd auff zincken/Bomhart/ Schalmeyn mit lust
So mercke das volgend zu aller frist.
Wiltu ein recht Fundament vberkomen
So bringt dir der gesang grossen fromen.
Zuff den Instrumenten gehts also zu
Wer den gsang versteh der mag mit rw:
Ynn einem halben Quartal (wenn er vleis thut
Mehr fassen vnd lernen ynn seinem mut.
Als einer des gesangs vnerfaren
Ynn ein halben iar mag ersparen.
Denn die Musica ist das fundament
Daraus herflissen alle Instrument.
Darûmb schepfft ewren grund aus dieser kunst
So werdet yhr erlangen grosse gunst.
Vnd vbt euch vleissig auff beyden teylen
So möcht yhr allerley künst ereylen.
Denn es ist nichts so schwer auff der erden
Das nicht mit vleis erlanget mag werden.
Nu weiter sage ich/vnd thu euch kund
Die art dieser Figur zu aller stund.

»Der Instrument Musica« – Anweisung zum Instrumentenspiel von Martin Agricola

testantisch und erhielt eine protestantische Schule. Die Stadt galt während aller folgenden Glaubensstreitigkeiten als Hochburg des Protestantismus und wurde »Unseres Herrgotts Kanzlei« genannt.

LEBEN
Martin Agricola (eigentlich Martin Sore) wurde am 6. 1. 1486 in Schwiebus geboren. Er war als Komponist und Musiktheoretiker Autodidakt, der Sohn eines Bauern und nach seiner eigenen Behauptung »selbstwachsen musicus«. Im Jahre 1520 ließ er sich in Mag-

(1516–71) und von Aurelius Clemens Prudentius. Die Hymnen sind nach der Art der Odenkompositionen der Humanisten gefaßt.

LITERATUR
H. Funck, Martin Agricola, ein frühprotestantischer Schulmusiker, Wolfsbüttel 1933.

Robert Carver (1487 bis nach 1546)

ZEIT UND UMWELT
Die Augustinerabtei Scone in der schottischen Grafschaft Perth war von alters her Krönungsort der Könige von Schottland. Ihre Kapelle durfte sich einer ganz besonderen Pflege erfreuen, die ihr von kirchlicher wie von staatlicher Seite gewährt wurde.

LEBEN
Robert Carver (Arnat Sconensis) wurde in Schottland 1487 geboren und vermutlich in der Augustinerabtei Scone zum Kleriker und Musiker ausgebildet. Er trat dem Orden bei und starb nach 1546 als Chorherr von Scone.

WERKE
Der Augustinerchorherr Robert Carver war ein sehr produktiver Kirchenkomponist. Von 5 Messen sind 2 zu vier, je eine zu fünf, sechs und zehn Stimmen überliefert, darunter eine L'homme-armé-Messe, sowie 2 Motetten zu fünf und zu neunzehn Stimmen. Bezeichnend war die zu jener Zeit in Großbritannien gerne gepflegte Vielstimmigkeit, die der Komponist zu einem außerordentlich dichten Vollklang führte. Der starke Einfluß kontinentaler Musik auf die der britischen Insel wird durch die im hohen Schottland entstandene L'homme-armé-Messe bescheinigt.

O bone Jesu, Motette
Die Motette ist neunzehnstimmig (vier Soprane, zwei Alte, zehn Tenöre, drei Bässe) und besteht aus acht Sätzen. Die neunzehn Stimmen ergeben durch ihre kunstvolle, auf weite Strecken selbständige Führung einen überraschenden Klangeffekt. Sie ballen sich auf dem Wort »Jesu« und

Titelseite des Werkes »Ein kurtz Deudsche Musica« von Agricola, 1528

deburg nieder und bekam nach der Gründung der protestantischen Schule deren Kantorat, das er bis zu seinem Tod behielt. Freie Kost und Wohnung erhielt er vom Rat der Stadt. Mit G. Rhaw verband ihn eine enge Freundschaft. Er starb in Magdeburg am 10. 6. 1556.

WERKE
Seine musiktheoretischen Werke waren zum Teil für den Unterricht an protestantischen Schulen bestimmt. Von seinen Kompositionen sind 54 »instrumentische gesenge« und vertonte Hymnen von Georg Fabricius

strömen davon breit gefächert im ersten Teil zehnstimmig, sodann als Oktett bis zu neunzehnstimmigen Höhepunkten, von denen die Stimmen nunmehr neungeteilt in neunzehnstimmige Akkorde münden. Die Gesamtanlage des Stückes weist einen ihrer Entstehungszeit weit vorauseilenden Entwicklungsstand auf und darf zu den bedeutendsten Ereignissen der damaligen Musik Englands gezählt werden.

LITERATUR
D. Stevens, Robert Carver and His Motets, in: The Music Review 89, 1959.

Georg Rhaw (1488–1548)

ZEIT UND UMWELT
Die neue Zeit war für Georg Rhaw bereits angebrochen, als er Thomaskantor in Leipzig wurde, denn sie hatte am 31. 10. 1517 begonnen, als Martin Luther seine Thesen an der Schloßkirche zu Wittenberg anschlug. Er wußte es nur noch nicht. Aber im Juli 1519, bei der Leipziger Disputation zwischen J. Eck und Martin Luther, erkannte er, daß seine Zeit die des Reformators Luther war und daß er seine bisherige Umwelt, die Thomasschule und die Universität, gegen eine neue Schule, gegen eine Gemeinschaft von Männern eintauschen mußte, die sich entschlossen hatten, einen neuen Weg in die Zukunft vorzuzeichnen und zu gehen.

LEBEN
Georg Rhaw (Jörg, Rhau, Hirsutus) wurde 1488 in Eisfeld (Franken) geboren. Er studierte in Erfurt und Wittenberg und wurde 1518 Kantor an der Thomasschule in Leipzig und Assessor an der Universität. Zur Disputation in Leipzig wurden von ihm eine (verlorengegangene) zwölfstimmige Messe und ein Te Deum aufgeführt. Er wurde zu einem der ersten Anhänger Luthers, legte 1520 seine Ämter nieder und verließ Leipzig. Er war zunächst Schulmeister an den neuen evangelischen Schulen in Eisleben und Hildburghausen, eröffnete sodann 1525 eine Druckerei in Wittenberg, in der er vor allem Sammelbände mit frühprotestantischer Kirchenmusik und zum Teil auch eigene Kompositionen und Werke von Dietrich, Resinarius und Walter herausbrachte. Er starb in Wittenberg am 6. 8. 1548.

WERKE
Seine Berühmtheit hat Georg Rhaw als Drucker erworben. Die von ihm veröffentlichten Sammelwerke sind für die Musikgeschichte seiner Zeit eine äußerst wichtige Informationsquelle. Von seinen eigenen Kompositionen ist wenig erhalten. Es werden ihm etliche Choräle aus seiner protestantischen Zeit zugeschrieben.

LITERATUR
W. Wölbing, Der Drucker und Musikverleger Georg Rhaw, Berlin 1922.

Benedictus Ducis (um 1490–1544)

ZEIT UND UMWELT
Schon in den zwanziger Jahren des 16. Jahrhunderts bildeten sich zahlreiche evangelische Gemeinden, es gab jedoch zumindest anfänglich zu wenig, um allen Theologen, die der Lehre Luthers folgten, eine Pfarrerstelle zu geben. Es ist erstaunlich, wie zahlreiche Kleriker in gehobenen, gut dotierten Stellen mit einem Schlag alles aufgaben und sich mit einer kleinen Pfarrei, mit einer Kantorenstelle begnügten oder ihr Leben als Schullehrer oder Gemeindeschreiber fristeten.

LEBEN
Benedictus Ducis (Benedikt Herzog) wurde um 1490 in der Nähe von Konstanz geboren. Über sein Leben und seine Tätigkeit gibt es wenig gesicherte Informationen. Die Behauptung, daß er Organist an Notre-Dame in Antwerpen und sodann Mitglied der Königlichen Kapelle in London gewesen sei, ist nicht hinreichend belegt und wahrscheinlich so irrig wie die Annahme, daß er aus Flandern stamme. Es dürfte eine Verwechslung mit Benedictus de Opitiis vorliegen. Es wird vermutet, daß er sich nach 1520 in Österreich aufgehalten hat, um zu studieren. In den zwanziger Jahren schloß er sich der

Harfenspiel – Holzschnitt aus der Lübecker Bibel aus dem Jahr 1494

Reformation an, bewarb sich 1532 vergeblich um eine Pfarrstelle in Ulm und mußte sich mit der Stelle in Stubersheim begnügen, bis er 1535 Pfarrer in Schalkstetten (bei Ulm) wurde. Er starb in Schalkstetten im Jahre 1544.

WERKE
Die Behauptung, daß Ducis Schüler Josquins gewesen sei, ist nicht bewiesen und durch Stilvergleiche beider Meister sogar unwahrscheinlich. Ducis folgt in seinen Kompositionen deutlich den von Isaac vorgezeichneten Linien. Erhalten sind ungefähr 20 Gesänge mit deutschen religiösen Texten, in denen trotz ihrer Bestimmung als Gebrauchsmusik die Kunst nicht zu kurz kommt. Neben der dem Zweck entsprechenden einfachen Melodieführung und Harmonisierung liegt jene echte Musik darin, aus der sich die evangelische Kirchenmusik bis zu Bachs Kantaten entwickelte. Seine Horaz-Vertonungen sind nicht überliefert. Die Zuschreibung einer Elegie auf den Tod Josquins und einer zweiten zum Ableben von Erasmus von Rotterdam dürfte ebenso auf einem Irrtum beruhen wie die von einer Reihe französischer Chansons.

LITERATUR
Fr. Spitta, Benedictus Ducis, Monatsschrift für Gottesdienst und kirchliche Kunst XVIII, 1912.

Wolfgang Dachstein (um 1490–1561)

ZEIT UND UMWELT

Der Theologe Wolfgang Fabricius Capito (1478–1541) leitete mit einigen Predigern die Reformation in Straßburg ein, die bereits 1524 im großen und ganzen durchgeführt war. Die Kleriker der Stadt hatten die Wahl, sich dem neuen Bekenntnis anzuschließen oder abzuwandern. Ein nicht geringer Teil entschied sich dafür zu bleiben.

LEBEN

Wolfgang Dachstein wurde um 1490 im Elsaß geboren und dort zum Priester ausgebildet. Er erhielt um 1520 die Organistenstelle im Münster von Straßburg. Im Jahre 1524 schloß er sich der Reformation an, heiratete und wurde Vikar und Organist an der Thomaskirche. Er starb in Straßburg im Jahre 1561.

WERKE

Von dem Organisten Wolfgang Dachstein ist eine Anzahl von Chorälen überliefert, von denen »An den Wassern Babylons« der bekannteste ist. Die Choräle sind homophon und größtenteils homorhythmisch und auf ihren liturgischen Zweck ausgerichtet, aber sehr klangvoll. Man kann sich vorstellen, daß seine zur Gänze verlorenen katholischen Kirchenkompositionen sehr gut gewesen sein müssen, denn auch die erhaltenen Choräle weisen ihn als tüchtigen Musiker aus.

Wolff Heintz (um 1490–1552)

ZEIT UND UMWELT

Albrecht von Brandenburg, Kurfürst, Erzbischof und Kardinal, Sohn des Kurfürsten Johann Cicero von Brandenburg (1455–99), besaß eine außergewöhnlich große Zahl geistlicher Pfründen. Er verkörperte den Typus des echten Renaissancefürsten als Förderer der Künste und Wissenschaften und in seiner Vorliebe für großzügige Prunkentfaltung. Der in seinem Bistum besonders schwunghaft betriebene Ablaßhandel forderte Luthers Gegenaktion heraus. Der Kardinal behinderte die Ausbreitung der Reformation in Magdeburg und seiner Residenz Halle nicht, blieb selbst aber dem Papst treu und unterstützte ab 1542 auch die Gegenreformation.

LEBEN

Wolff Heintz wurde um 1490 im Bistum Magdeburg geboren und war von 1516 bis 1520 Domorganist in der Stadt Magdeburg. Er kam anschließend in die Dienste des Kardinals Albrecht in Halle, trat 1540, als Albrecht seine Residenz verlassen hatte, zum Protestantismus über und wurde 1541 Organist an der Marktkirche in Halle, wo er 1552 starb.

WERKE

Der deutsche Komponist Wolff Heintz steuerte zu den von Georg Rhaw (»Newe deudsche geistliche Gesenge«, 1544) und von Georg Forster (»Andertheil kurtzweiliger guter frischer Teutscher Liedlein«, 1540) veröffentlichten Sammlungen eine Anzahl Vokalsätze bei. Außerdem beteiligte er sich 1537 an dem ältesten katholischen Gesangbuch mit Noten (»Ein new Gesangbüchlein geystlicher Lieder«), das Michael Vehe (um 1480, Biberach, bis 1539, Halle) herausbrachte. Alle Lieder – katholische wie evangelische – zeichnen sich durch gute Sangbarkeit aus.

LITERATUR

H. J. Moser, Die evangelische Kirchenmusik in Deutschland, Berlin 1953.

Johannes de Lublin (um 1490 bis um 1550)

ZEIT UND UMWELT

Im Mittelalter reiste die Musik sozusagen mit der Kirche. Zu den entlegendsten Ländern Europas waren Priester unterwegs, um die Liturgie des Gottesdienstes einzurichten und zu überwachen. Sie brachten auf allen diesen Reisen Musik mit sich. Zudem waren die Kleriker in jenen Ländern oft Musiker, die nach Rom zur Ausbildung gerufen wurden und ihr Wissen und Können sodann in ihrer Heimat verwerteten. Später machten Berufsmusiker ähnliche Reisen, um eine Stellung zu bekommen oder zu lernen.

Ein solcher Austausch von Musikern fand zwischen Polen und Deutschland statt. Heinrich Finck lernte und wirkte in Krakau. Zahlreiche polnische Musiker hielten sich in Deutschland auf. Daneben bestanden enge Beziehungen zur französischen Musik und mit dem inzwischen in Ungarn aufgeblühten Musikleben. Und als Abschluß der völligen Einbeziehung der polnischen Musik in die europäische zogen mit der zweiten Frau König Sigismunds III. die Italiener in Krakau ein.

LEBEN
Johannes de Lublin (Jan z Lublina) ist um 1490 in Lublin geboren und wurde nach seiner Ausbildung Mitglied des Ordens der Canonici regulares in Kraśnik bei Lublin, wo er als Organist, Chorleiter und Musiklehrer wirkte. Er starb um 1550 in Kraśnik.

WERKE
Johannes de Lublin verfaßte zwischen 1537 und 1548 die nach ihm benannte Orgeltabulatur (Tabulatura Jana z Lublina), in der er neben eigenen Stücken zeitgenössische Orgelmusik heimischer, deutscher und italienischer Meister aufzeichnete. Sie ist eine Hauptquelle für die Geschichte der polnischen Musik seiner Zeit und auch für die Überlieferung deutscher Orgelmusik. Der Stil seiner überlieferten Praeambula (Präludien), Colenda (Weihnachtslieder) und Tänze ist stark von Finck abhängig, aber mit folkloristischen Zügen angereichert, so daß die Stücke als echte, bodenständige polnische Musik angesprochen werden dürfen.

LITERATUR
A. Chybiński, Polnische Musik und Musikkultur des 15. Jahrhunderts in ihren Beziehungen zu Deutschland, Sammelbände der Internationalen Musikgesellschaft XIII, 1911/12.

Thomas Sporer (um 1490–1534)

ZEIT UND UMWELT
Freiburg im Breisgau war seit 1358 habsburgisch; Kaiser Maximilian hielt 1498 in der Stadt einen Reichstag ab. Das Freiburger Münster (Unserer Lieben Frau) trägt im Hochaltar das Hauptwerk des Malers Hans Baldung-Grien (1484–1545). Als wichtigster Ort der österreichischen Vorlande erfreute sich Freiburg ausreichender wirtschaftlicher und kultureller Förderung, die nur im Jahre 1525 durch die Belagerung und Eroberung seitens des Bauernbundes eine Unterbrechung erfuhr. Die Besetzung dauerte aber nicht lange, weil der Aufstand der deutschen Bauern noch im gleichen Jahr gebrochen wurde.

LEBEN
Thomas Sporer wurde um 1490 in Freiburg im Breisgau geboren, wo er an der Universität studierte. Nach einem ungefähr zehnjährigen Aufenthalt in Lindau verlegte er seinen Wohnsitz wieder nach Freiburg, wo er am 6. 8. 1534 starb.

WERKE
Sporer zählte zu den besten deutschen Liedmeistern im Zeitalter Karls V., bei denen alle vier Stimmen einander kontrapunktisch gegenüberstehen. Seine Lieder wurden vor allem für die bürgerliche Klasse geschrieben, »sie umfassen alle menschlichen Lebenskreise und sind zur Hausmusik geworden«. Sie sind in verschiedenen Sammelwerken erschienen, aber fallweise auch auf einzelnen Blättern.

LITERATUR
W. Gurlitt, Thomas Sporer, in: Elsaß-Lothringisches Jahrbuch XIX, 1941.

Lupus (um 1490 bis um 1550)

ZEIT UND UMWELT
Von den Sängern an den drei bedeutendsten Chören Roms, dem päpstlichen und den der Kapellen an San Giovanni in Laterano und

an Santa Maria Maggiore, waren viele selbst Komponisten. Von einem großen Teil kennt man nur die Namen oder lediglich die Vornamen, Informationen über ihre Lebensumstände wurden nicht aufgezeichnet. Wenn es keine Zahlungsbestätigungen, Erwähnungen in Briefen oder Urkunden gibt, wenn Musikschriftsteller darüber keine Bemerkung hinterlassen haben und alle anderen Quellen verlorengegangen sind, kann nur mehr das überlieferte Werk für die Meister sprechen, das uns allerdings nur die Musik vermittelt, aber sehr wenig über ihren Schöpfer aussagt.

LEBEN
Über den Komponisten Lupus ist nahezu nichts bekannt. Man vermutet, daß er um 1490 in Rom geboren wurde und dort um 1550 starb. Er war wahrscheinlich an einer Kapelle Roms als Sänger tätig. Die Zeitgenossen kannten ihn als tüchtigen Musiker. Sie nannten ihn einfach Lupus, obwohl das vermutlich nur ein Rufname war.

WERKE
Lupus werden einige Motetten zugeschrieben, vor allem die sechsstimmige »O spem non similem« (Oh Hoffnung ohnegleichen) und andere für zwei, drei und sechs Stimmen, die mit feiner Kontrapunktik gearbeitet sind, außerdem mehrere Messen für vier Stimmen, von denen eine 1528 Herzog Ercole II. von Ferrara gewidmet wurde.

Marco Antonio Cavazzoni
(um 1490 bis nach 1570)

ZEIT UND UMWELT
Mit dem Beginn des 16. Jahrhunderts rückte die Orgel immer mehr gegen das Zentrum der sakralen Musik vor, deren Hauptausdrucksmittel bisher der Gesang war. Wie die Laute den Weg vom Begleit- zum Soloinstrument nahezu zurückgelegt hatte, verließ die Orgel ihren Platz als unterstützende Begleiterin, begnügte sich nicht mehr mit den kurzen Vor-, Nach- und Zwischenspielen, die ihr zugewiesen wurden. Die Instrumente wurden verbessert, so daß das Geflecht der mehrstimmigen Chorsätze getreu nachgeahmt werden konnte. Und immer mehr Organisten und Orgelkomponisten bemühten sich um diesen neuen Bereich musikalischer Ausdrucksmöglichkeiten.

LEBEN
Marco Antonio Cavazzoni wurde um 1490 in Bologna geboren und trat 1512 als Organist in venezianische Dienste. In den Jahren 1520 und 1521 wirkte er am Hof des Papstes Leo X., kehrte nach Venedig zurück, nahm 1525 eine Organistenstelle in Padua an, spielte ab 1528 neuerlich die Orgel in Venedig und zwischen 1536 und 1537 am Dom von Chioggia und wurde schließlich 1558 Sänger an San Marco. Er starb in Venedig nach dem Jahr 1570.

WERKE
Von Marco Antonio Cavazzoni ist das 1523 erschienene Buch Ricercari Motetti canzone erhalten, außerdem eine Messe (Missa Domini) und etliche Chansons. Der Orgelsatz weist bereits den Stil der großen Organisten des kommenden Jahrhunderts auf.

LITERATUR
W. Apel, The early Development of the Organ Ricercars, Musica Disciplina III, 1949.

John Taverner (um 1490–1545)

ZEIT UND UMWELT
Der Bruch mit Rom hatte eine Neuorientierung des Lebens in England zur Folge. Wer sich nicht wendig umzustellen verstand, konnte unter die Räder kommen; die Agenten Thomas Cromwells (1485–1540) spürten jeden auf, der die vergangenen konfessionellen Zustände nicht vergessen wollte. Daß der König mit einem Mal Oberhaupt der Kirche war, fügte sich dem Weltbild der Katholiken nicht ein. Das traf Männer von weltweiter Bedeutung wie den größten aller englischen Humanisten, Thomas Morus (1478–1535), der seinen Kopf durch den Scharfrichter verlor, es traf unzählige Kleri-

ker und Mönche, die hofften, daß sich die neue Lebensform nicht durchsetzen würde, und damit den Anschluß versäumten, ebenso viele Private, die ihren Beruf verloren, und jedenfalls die Kirchenmusiker, deren Tätigkeit so eng mit der Religionsausübung verbunden war, daß eine rasche Trennung und Neuverknüpfung nur in einzelnen Fällen gelang.

LEBEN

John Taverner wurde um 1490 vermutlich in Tattershall (Lincolnshire) geboren und war ab 1526 Chormeister und Organist am Wolsey Cardinal College in Oxford. Im Jahre 1530 gab er seine Stellungen als Musiker und Kleriker wegen der konfessionellen Umstellung Englands auf und übersiedelte nach Boston, wo er am 25. 10. 1545 starb.

WERKE

Die Musik von John Taverner ist während seines Aufenthaltes in Tattershall und Oxford entstanden und stuft ihn als den letzten großen Meister der vorreformatorischen Zeit ein. Er war dazu auch eine der überragendsten Gestalten der Kirchenmusik überhaupt. Alles, was seine Vorgänger und Zeitgenossen erreicht und geschaffen hatten, wurde in seinen Werken in idealer Form zum Ausdruck gebracht, und zwar in einer Musiksprache, die ein Höchstmaß an Eindringlichkeit, Kraft und Schönheit erreichte.

Es sind nur drei profane Werke des Meisters überliefert. Um so reichhaltiger ist sein kirchenmusikalischer Nachlaß: 8 Messen, 2 vierstimmige, 3 fünfstimmige, 3 achtstimmige, alle ohne Kyrie, 2 davon mit englischem Text; 3 Christe eleyson, ein Kyrie, ein Sanctus, ein Benedictus und ein Agnus Dei, 3 Magnificat und ein Te Deum, außerdem 28 Motetten für zwei bis sechs Stimmen.

Für die englische Orgelmusik wurde das Benedictus aus der Messe Gloria tibi Trinitas von weitreichender Bedeutung. Dabei handelt es sich um den Teil, der mit »in nomine« beginnt. Taverner hat diesen Worten die Antiphone Gloria tibi Domine zusammenhängend mit ruhigem Gleichklang der Notenwerte zugrunde gelegt, während die anderen Stimmen in lebhafterem Rhythmus kontrapunktieren. Dieser offenbar sehr beliebte Vokalsatz wurde auf Instrumente übertragen und ausgebaut, so daß er zum ersten selbständigen Instrumentalsatz wurde, während die kirchliche Bindung nach Taverner völlig abgerissen wurde. Bis weit in die Neuzeit wird von den verschiedensten Komponisten dieser Satz zur Grundlage von Kompositionen gemacht. Es gibt etwa 150 sogenannte »In-nomine«-Sätze; Richard Strauss verwendete ihn in seiner Oper »Die schweigsame Frau«.

LITERATUR

Fr. Ll. Harrison, Music in Medieval Britain, London 1958.

Arnold von Bruck (um 1490–1554)

ZEIT UND UMWELT

Ferdinand I. wurde 1521 und 1522 von seinem Bruder Karl V. die Regentschaft der österreichischen Erblande und der süddeutschen Besitzungen übertragen. Durch Heirat gewann er die Königskronen Böhmens und Ungarns, so daß seine Hofhaltung und damit auch die Hofkapelle eine starke Erweiterung erfuhren.

LEBEN

Arnold von Bruck (Arnoldus Brugensis, Arnoldus de Bruck, Arnoldo Fiamenco, Arnoldo de Ponte) wurde um 1490 in Brügge geboren. Ob Heinrich Finck jemals sein Lehrer war, ist ungeklärt. Wahrscheinlicher ist, daß er seine Ausbildung in seiner Heimat erhalten hat. Er kam ziemlich früh zur Kapelle Ferdinands I., wurde 1527 ihr Kapellmeister und blieb in dieser Stelle bis 1546. Im Jahre 1536 wurde in Wien auf ihn eine Medaille geprägt. Er starb in Linz an der Donau am 6. 2. 1554.

WERKE

Arnold von Bruck galt als einer der besten Komponisten der ersten Hälfte des 16. Jahr-

Gedenkmünze für Arnold von Bruck

hunderts. Er war katholisch, schuf aber eine Anzahl von Bearbeitungen lutherischer Lieder. Das Schwergewicht seines kompositorischen Schaffens liegt jedoch auf dem Gebiet des mehrstimmigen sakralen oder profanen Liedes, der Motette und der Hymne, die in beträchtlicher Anzahl überliefert sind. Der Meister hat erheblichen Anteil an der Entwicklung des deutschen Liedes.

LITERATUR
O. Wessely, Arnold von Bruck, Köln 1968.

Thomas Crecquillon (um 1490–1557)

ZEIT UND UMWELT
Die ständigen Kriege zur Sicherung und Erweiterung seines Reiches stürzten Kaiser Karl V. in exorbitante Schulden, die beim damaligen Zinsfuß zwischen 20 und 50 Prozent ins Unermeßliche anstiegen. Sein Hof in Brüssel wurde dennoch mit aller Pracht ausgestattet. Die kulturelle Tradition des burgundischen Hofes war unter seiner Herrschaft noch lebendig, denn er selbst war viel mehr Burgunder als Deutscher. Er sprach vorwiegend französisch, und auch sein Aussehen war das eines typischen burgundischen Adeligen, sein Verhalten vom ritterlichen Ideal seiner burgundischen Vorfahren bestimmt.

LEBEN
Thomas Crecquillon (Créquillon, Crechillon, Griquillon) ist um 1490 vermutlich in Flandern geboren. Um das Jahr 1544 wurde er Kapellmeister Kaiser Karls V. in Brüssel. Er starb 1557 auf seiner Präbende in Béthune.

WERKE
Crecquillon war einer der bedeutendsten Meister zwischen Josquin und Orlando di Lasso. Er wurde von seinen Zeitgenossen wegen der Schönheit seiner Harmonik, der Kraft und einfachen Größe seines Ausdrucks hochgeschätzt. Seine Kompositionen haben eine entfernte Ähnlichkeit mit der Art des Spaniers Morales und nehmen irgendwie den Stil Palestrinas voraus. Von seinen Werken sind 11 vier- bis fünfstimmige Messen, über 70 vier- bis achtstimmige Motetten und bei 40 Chansons erhalten. Sein Gesamtwerk soll aus 16 Messen, 116 Motetten, 5 Psalmen und 192 Chansons bestanden haben.

LITERATUR
W. Lueger, Ein vergessener Meister des 16. seculum, in: Zeitschrift für Kirchenmusik LXXIV, 1954.

Claude de Sermisy (um 1490–1562)

ZEIT UND UMWELT
Mit Franz I. kam ein echter Renaissancefürst auf Frankreichs Thron. Aufgeschlossen für die Ideen des Humanismus, begeisterter Förderer der Künste, tolerant gegen Andersdenkende, eine Persönlichkeit großen Formats, schenkte er trotz vieler politischer Mißerfolge und Fehlschläge seinem Land einen steilen kulturellen Aufstieg. Daß auch seine Kapelle durch nur nach ihrem Können ausgewählte Musikerpersönlichkeiten auf ein hohes Niveau gehoben wurde, ergab sich von selbst. Sein Nachfolger Heinrich II. bedeutete für das Land einen merkbaren Ab-

stieg. Maitressenwirtschaft riß ein, die Protestanten wurden hart verfolgt und wehrten sich. Humanisten wurden vertrieben. Die Innenpolitik trieb auf eine Katastrophe zu. Doch die Königliche Kapelle blieb noch intakt, zumal sie vorwiegend religiösen Zwecken diente und sich die Musiker aus dem Streit der Bekenntnisse zum größten Teil heraushielten.

Leben
Claude de Sermisy (Claudin) wurde um 1490 vermutlich in Paris geboren. Man nimmt an, daß er früh in die Sainte-Chapelle du Palais als Chorknabe eingetreten ist. Jedenfalls wurde er dort 1508 Clerc musicien und noch im gleichen Jahr Sänger der Privatkapelle Ludwigs XII. Mit dessen Nachfolger Franz I. ging er 1515 nach Italien, 1520 nach England, wurde 1532 Sous-maître (Leiter-Stellvertreter) der Sainte-Chapelle und 1547 Kapellmeister, nachdem er 1533 zum Kanonikus ernannt worden war. Er starb in Paris am 13. 9. 1562.

Werke
Claude de Sermisy hinterließ ein umfangreiches Werk sakraler und profaner Musik. Er dürfte, wie er behauptete, Schüler von Clément Janequin gewesen sein. Wenn er damit nur eine geistige Nachfolge andeuten wollte, so hat er dies durch sein Werk eindeutig bewiesen, wenngleich er den Stil seines »Lehrers« in die Richtung gegen einen typisch französischen Stil weitergeformt hat. Mit seinen zahlreichen Chansons (mehr als 200) zeigte er sich jedenfalls als echter Nachfolger von Janequin. Neben seinem Ruf als vorzüglicher Chansonkomponist genoß er als Kirchenkomponist großes Ansehen. Er schrieb bei 20 Messen, eine vierstimmige Matthäuspassion, eine große Zahl drei- bis sechsstimmiger Motetten und andere sakrale Stücke. Vieles davon blieb durch lange Zeit im Repertoire der Sainte-Chapelle, während seine Chansons lange beliebt waren.

Literatur
M. Brenet, Les Musiciens de la Sainte Chapelle, Paris 1910.

Simon Gintzler (um 1490 bis nach 1550)

Zeit und Umwelt
Das Palais des Fürstbischofs und Kardinals von Trient, Cristoforo Madruzzo, war im 16. Jahrhundert zum Treffpunkt einiger namhafter Musiker geworden. Sowohl der Dom wie das Palais wurden mit vorzüglicher Musik versorgt. Dem Konzil (1545 bis 1563), das sich auch mit schwerwiegenden Fragen der Kirchenmusik befaßte, konnte sakrale und profane Musik von hohem Niveau geboten werden.

Leben
Simon Gintzler wurde um 1490 vermutlich in Tirol geboren. Wo er sich bis zu seinem Eintritt in den Dienst des Fürstbischofs von Trient aufgehalten hat, ist unbekannt. Er war vermutlich an oberitalienischen Fürstenhöfen als Lautenist tätig. Im Jahre 1547 war er jedenfalls noch in Trient und dürfte dort nach 1550 gestorben sein.

Werke
Von Simon Gintzler sind eine Intabulatura de lauto mit ungefähr 12 Kompositionen für die Laute und 4 weitere Stücke überliefert. Ihr Stil ist virtuos und folgt der zeitgenössischen italienischen Form.

Literatur
W. J. v. Wasielewski, Geschichte der Instrumentalmusik im XVI. Jahrhundert, Berlin 1878.

Johannes Galliculus
(um 1490 bis um 1550)

Zeit und Umwelt
In der Frühreformationszeit wurde der Versuch unternommen, den lateinischen Messetext in das Deutsche zu übertragen und den neuen Bedürfnissen anzupassen. Thomas Müntzer (1490–1525) hatte in seiner »Deutsch Evangelisch Mesze« den Gregorianischen Choral mit verdeutschtem Text beibehalten. Luthers Deutsche Messe (1526) war für diese Bestrebungen entscheidend. Sie

»Missale Herbipolense« – Notensatz aus dem Jahr 1481

ließ das Gerüst der lateinischen Messe intakt, forderte jedoch, daß sich die Eindeutschung auch auf die Musik erstreckte. Daneben waren aber noch lateinische Texte im Gebrauch, bis sich eine neue Gottesdienstordnung bildete.

LEBEN
Johannes Galliculus (auch Alectorius und gelegentlich Hähnel genannt) ist um 1490 in Dresden geboren. Er ist mit dem 1505 in Leipzig immatrikulierten Johannes Hennel identisch. Zwischen 1520 und seinem vermutlichen Todesjahr 1550 war er in Leipzig in einer noch nicht ermittelten Stellung tätig.

WERKE
Der Musiktheoretiker und Komponist Johannes Galliculus hat neben seinen theoretischen Abhandlungen 2 Messen, 2 Motetten, 2 Magnificat, ein Kyrie, Psalmen und mehrere lateinische Sätze hinterlassen. Sein wichtigstes Werk war die »Passio Domini nostri Jesu Christi secundum Marcum« (Markuspassion), die trotz der Bezeichnung eine Evangeliumharmonie bringt. Sie wurde motettisch angelegt und gehört zu den bedeutendsten deutschen Werken seiner Zeit. Galliculus war eine der führenden Persönlichkeiten der frühprotestantischen Musik. Er muß als Nachfolger von Isaac eingestuft werden, obwohl ein starker Einfluß von Josquin unverkennbar ist.

LITERATUR
A. A. Moorefield, The Music of Johannes Galliculus, Brooklyn 1969.

Simon Cellarius (um 1490–1544)

ZEIT UND UMWELT
Die Marienkirche zu Zwickau (Sachsen) wurde 1212 bis 1219 erbaut und erhielt ihre heutige Gestalt im Jahre 1506. Nach Einführung der Reformation wurde sie als evangelische Kirche übernommen und weitergeführt.

LEBEN
Simon Cellarius (Hausskeller) ist um 1490 vermutlich in Sachsen geboren. In den Jahren 1521 und 1522 war er Kantor an der Marienkirche in Zwickau und später Pfarrer. Er starb 1544 in Kohren (Sachsen).

WERKE
Von Simon Cellarius sind mehrere vertonte Psalmen und Hymnen überliefert (Offizien), die einen sehr einfachen Satz aufweisen, aber trotzdem klangvoll sind.

LITERATUR
R. Gerber, 2 vierstimmige Psalmen, in: Das Erbe Deutscher Musik XXI, Leipzig 1942.

Arnold Caen (um 1490 bis nach 1559)

Zeit und Umwelt
In Venedig, wo Adrian Willaert souverän das Musikgeschehen beherrschte, fand jeder Niederländer Aufnahme, der sein Musikhandwerk verstand. Und wer Musik zu schreiben wußte, die gefiel, wurde bereitwillig von Petrucci in dessen Sammelwerken aufgenommen.

Leben
Arnold Caen (fälschlich Acaen oder Açaen genannt) ist um 1490 in den Niederlanden geboren. Über sein Leben und Wirken ist nur bekannt, daß er als junger Mann nach Italien kam und einige Kompositionen veröffentlichte. Er hielt sich vermutlich in Venedig auf und dürfte nach 1559 gestorben sein.

Werke
Von dem niederländischen Komponisten Arnold Caen sind 3 wertvolle Motetten für vier Stimmen überliefert; eine Anzahl fünfstimmiger Motetten, die nicht weniger interessant sind, ist in verschiedenen Sammeldrucken erhalten. Auch diese kleine Hinterlassenschaft beweist, daß Caen ein würdiger Vertreter seiner Schule war.

Gentian (um 1490 bis um 1550)

Zeit und Umwelt
Der Meister der französischen Chanson, Claude de Sermisy, regte eine Reihe von zeitgenössischen Komponisten an, sich dieser allseitig beliebten Kompositionsform zu widmen. Der Popularität zuliebe wurden die Texte immer anspruchsloser und deren Verständlichkeit durch die äußerst transparente vertikal-syllabische Kompositionstechnik erhöht.

Leben
Gentian (der Vorname ist nicht überliefert) wurde vermutlich in Paris um 1490 geboren, dürfte sich aber im Verlauf seines Lebens nach Lyon und vielleicht auch nach Genf begeben haben. Über sein Leben und Wirken ist ebensowenig bekannt wie über Ort und Zeit seines Todes.

Werke
Von dem französischen Komponisten Gentian sind etwa 20 Chansons in Sammelwerken überliefert. Sie kommen dem Stil des Vaudeville sehr nahe. Außerdem vertonte er mehrmals die von Clément Marot übersetzten Psalmen und schuf damit eine der ältesten mehrstimmigen Kompositionen dieser Texte.

Fridolin Sicher (1490–1546)

Zeit und Umwelt
Die Äbte von St. Gallen waren ab 1206 Fürsten des Heiligen Römischen Reiches und regierten Stadt und Umgebung. Im Jahre 1454 wurden Abtei und Stadt zu den acht Kantonen des Schweizer Bundes geschlagen. Die kirchliche Regierung endete mit der Reformation im 16. Jahrhundert. Die Mönche wurden vertrieben (1529), konnten aber bald wieder zurückkehren. Die Abtei war seit ihrer Gründung (614) eine Stätte der Wissenschaftspflege und der Musik. Die Bibliothek mit ihren ungefähr 2000 Manuskripten und Büchern, von denen viele aus der karolingischen oder ottonischen Zeit stammen, legt dafür Zeugnis ab.

Leben
Fridolin Sicher wurde in Bischofszell am 6. 3. 1490 geboren. In den Jahren 1503 und 1504 nahm er in Konstanz Orgelunterricht, studierte sodann Theologie und wurde 1510 Kaplan und Organist in Bischofszell. 1512 war er wieder in Konstanz, um bei Buchner weiteren Unterricht im Orgelspiel zu nehmen, 1516 erhielt er die Organistenstelle an der Abtei St. Gallen, wo er, unterbrochen von der Vertreibung der Mönche durch die Reformation, bis zu seinem Tod am 13. 6. 1546 wirkte.

Werke
Von den Kompositionen Sichers ist wenig

erhalten. Sie scheinen in mehreren Orgeltabulaturen auf und weisen ihn deutlich als Enkelschüler Hofhaymers (über Buchner) aus. Er war einer der vielen Orgelmeister, die ihren Beitrag zur Entwicklung der deutschen Orgelmusik leisteten.

LITERATUR
Th. A. Warburton, Fridolin Sicher's Tablature. A Guide to a Keyboard Performance of Vocal Music, Michigan 1969.

König Heinrich VIII. (1491–1547)

ZEIT UND UMWELT
Die erste Hälfte des 16. Jahrhunderts war die Zeit der religiösen Reformen in Deutschland, in der Schweiz und in Frankreich; England folgte, wenn auch hauptsächlich wegen persönlicher Gründe seines Königs. Es war in England die Zeit der Festigung der Königsmacht und der ersten Ansätze zum kommenden Kolonialreich. Die Umwelt des Königs waren seine Freunde und Feinde, seine Familie und seine Ehen.

LEBEN
Heinrich VIII. wurde am 28. 4. 1491 in Greenwich (bei London) geboren. Er war ursprünglich dafür bestimmt, Kleriker zu werden, und genoß daher eine gründliche musikalische Ausbildung. Durch den Tod seines älteren Bruders Arthur (1486–1502) wurde er Thronfolger und am 22. 4. 1509 König von England. Er war der erste Renaissanceherrscher auf dem englischen Thron. Sein Erzieher war der englische Dichter, Schriftsteller und Humanist John Skelton (um 1460–1529). Heinrich VIII. starb in London am 28. 1. 1547.
König Heinrich VI. (6. 12. 1421, Windsor, bis 21. 5. 1471, London) wandte trotz seiner ungeheuren außen- und innenpolitischen Schwierigkeiten seiner Kapelle große Aufmerksamkeit zu und betätigte sich auch selbst als Komponist von beachtlicher Qualität.
Dessen Vater, König Heinrich V. (16. 9. 1387, Monmouth, bis 31. 8. 1422, Bois de Vincennes), spielte mehrere Instrumente und komponierte. Er gründete die Singakademie in Durham.

WERKE
König Heinrich VIII. ist zeit seines Lebens der Musik treu geblieben. Unter seiner Regierung wurde die englische Hofkapelle zu einer der berühmtesten Europas. Er versammelte an seinem Hof eine große Anzahl Musiker, Komponisten wie Interpreten, und komponierte von Fall zu Fall selbst. Seine Kompositionen zeigen ihn als Meister des polyphonen englischen Kanon- und Liedstils seiner Zeit. Er schrieb 2 Messen, die nicht erhalten sind. Eine dreistimmige lateinische Motette, ein Anthem, eine dreistimmige Ballade können dem König mit Sicherheit zugeschrieben werden. Die Zuschreibung von 5 vierstimmigen und 12 dreistimmigen Liedern, 14 Stücken für drei Violen und einem Stück für vier Violen ist nicht eindeutig gesichert.
Von Heinrich VI. sind neben etlichen Sätzen, deren Zuschreibung zweifelhaft ist, ein Gloria und ein Sanctus, beides dreistimmig, überliefert.
Von Heinrich V. sind 3 Stücke erhalten, die ihm mit Sicherheit zugeschrieben werden können.

LITERATUR
J. Stevens, Music and Poetry in the Early Tudor Court, London 1961.

Giovanni Maria da Crema
(um 1492 bis um 1550)

ZEIT UND UMWELT
Lautenisten sind für das 16. Jahrhundert an allen Fürstenhöfen feststellbar. Man konnte auf den Klang jenes gerade für Kammermusik vorzüglich geeigneten Instrumentes nicht verzichten. Daß auch der von der Familie Gonzaga glänzend geführte Hof einen Lautenvirtuosen hielt, war eine Selbstverständlichkeit.

Leben

Giovanni Maria da Crema (Juan Maria) wurde wahrscheinlich um 1492 in Mailand geboren und hat dem Schülerkreis des Lautenvirtuosen Francesco da Milano angehört. Als Giovanni Maria ist er zwischen 1513 und 1522 am Hof von Mantua als Mitglied der Hofkapelle und als Lautenist nachweisbar. Er ist vermutlich um 1550 gestorben. Wo er die letzten drei Jahrzehnte seines Lebens verbracht hat und wo er gestorben ist, kann nicht festgestellt werden; vielleicht hielt er sich in Venedig auf.

Werke

Der Lautenist Giovanni Maria da Crema veröffentlichte eine »Tabolatura de Lauto« bei Gardano in Venedig (1546), in der Ricercari, Saltarelli, Passamezzi als eigene Kompositionen und Bearbeitungen für Laute von Sätzen Josquins, Gomberts, Verdelots, Arcadelts und von französischen Chansons verschiedener Meister aufscheinen. Bei allen Stücken fällt ein sehr satter Vollklang und eine hohe Anforderung an das technische Können des Spielers auf.

Literatur

G. Dardo, Considerazioni sull'opera di Giovanni Maria da Crema, liutista del cinquecento, Collectanea historiae musicae IV, 1966.

Früher Notendruck – Seite aus: »Musices opusculum« von Burzio, Bologna 1487

Silvestro Ganassi (1492 bis um 1550)

Zeit und Umwelt

Bis zur Erfindung des Notendruckes war der Musikunterricht auf mündliche Weitergabe des Selbsterlernten beschränkt. Handschriften musiktheoretischen Inhaltes und Musikaufzeichnungen waren nur kleinen Kreisen zugänglich. Erst durch die Vervielfältigung des Schrifttumes und der Kompositionen wurde eine Verbreitung des Musikgeschehens möglich; Interpreten wurden in die Lage versetzt, Werke wiederzugeben, die sie selbst nie gehört hatten, und Anfänger konnten eine persönliche Unterweisung durch Selbstunterricht ersetzen.

In Italien wurden diese Drucke im 16. Jahrhundert neben dem bekannten Ottaviano Petrucci von Vater und Söhnen Scotto, von Simone Verovio und Antonio Gardano hergestellt.

Außer den theoretischen Abhandlungen und Kompositionen erschienen auch Lehrwerke für das Spiel verschiedener Instrumente, für die der Bedarf wegen des steigenden Interesses für Instrumentalmusik ständig zunahm. In manchen Fällen jedoch besorgten die Autoren die Drucke selbst.

Leben

Silvestro Ganassi (dal Fontego) wurde 1492 in Fontigo bei Venedig geboren. Er war

Musiker der Signoria von Venedig, Musiklehrer und Musikdrucker und dürfte in Venedig um 1550 gestorben sein.

WERKE
Die schöpferische Tätigkeit des Instrumentalisten Ganassi in der venezianischen Staatskapelle beschränkte sich auf die vielen Lehrbeispiele in seinen Unterrichtswerken für Blockflöte und Gambe, die jedoch, indem sie über ihren didaktischen Zweck hinausgehen, echte kompositorische Leistungen sind und den damaligen venezianischen Stil wiedergeben. Die Gambenschule gewährt eine gute Kenntnis der Gambenpraxis jener Zeit.

LITERATUR
H. Peter, An Introduction of Ganassi's Treatise of the Recorder, The Concert XII, 1955.

François de Layolle (1492 bis um 1540)

ZEIT UND UMWELT
Gestützt auf die spanische Armee kehrten die Medici 1512 wieder nach Florenz zurück, von wo Piero de'Medici (1471–1503) vertrieben worden war. Die beiden Söhne Lorenzos des Prächtigen, Giuliano (1479 bis 1516) und Giovanni (nachmaliger Papst Leo X.), mit dem Enkel Lorenzo II. (1492 bis 1519) festigten ihre neu errungene Macht mit harter Hand, die nicht jedem behagte. Anhänger Frankreichs, die im politischen Spiel zu den Gegnern der Medici zählten, verließen die Stadt.

LEBEN
François de Layolle (eigentlich Antonio Francesco Romolo di Agniolo di Piero Aiolle) ist am 4. 3. 1492 in Florenz geboren. Er wurde in dieser Stadt ausgebildet. Von 1505 bis 1507 war er Chorsänger an der Kirche Santissima Annuntiata. Im Jahre 1518 verließ er Florenz, um sich in Lyon niederzulassen. Er wirkte zeitweilig an Notre-Dame als Organist. Seine Haupttätigkeit war jedoch die musikalische Beratung des Druckers Jacques Moderne (um 1495 bis nach 1551). Er starb in Lyon um 1540.

WERKE
Der italienische Komponist François de Layolle, der in Lyon zum Franzosen geworden war, schrieb Motetten, Messen und Psalmen, Madrigale und Kanzonen, alles im französischen Stil; trotz der Vielstimmigkeit wird der Text nirgends von der Kontrapunktik verschüttet, sondern bleibt stets klar verständlich.

LITERATUR
D. A. Sutherland, François de Layolle, Life and Secular Works, Michigan 1968.

Ambrosius Blarer (1492–1564)

ZEIT UND UMWELT
Unter dem Einfluß des Reformators Zwingli wurde Konstanz sehr früh protestantisch. Der Bischof wurde vertrieben und verlegte seinen Sitz nach Meersburg an der Nordküste des Bodensees. Doch 1548 wurde die Stadt vom Katholizismus zurückgewonnen, so daß die Protestanten flüchten mußten.

LEBEN
Ambrosius Blarer wurde in Konstanz am 4. 4. 1492 geboren. Er trat dem Benediktinerorden bei, schloß sich aber dann der Reformation als eifriger Verfechter der neuen Lehre an. Als Konstanz rekatholisiert wurde, floh er in die Schweiz und wurde 1551 Pastor in Biel und 1559 in Winterthur, wo er am 6. 12. 1564 starb.

WERKE
Von Ambrosius Blarer ist eine umfangreiche Sammlung geistlicher Lieder erhalten, zu der er selbst eigene Dichtungen und Kompositionen beitrug. Sein »Wie's Gott gefällt, so gefällt's mir auch« wird noch heute gesungen.

LITERATUR
M. Jenny, Geschichte des deutsch-schweizerischen Gesangbuches im 16. Jahrhundert, Kassel 1962.

Musizieren während einer Bootsfahrt – Miniatur aus Brügge, 15. Jahrhundert

Sixtus Dietrich (um 1493–1548)

ZEIT UND UMWELT
Die ehemalige Reichsstadt Konstanz, berühmt durch das gigantische Konzil (1414 bis 1418), wurde im Zuge der Reformation unter dem Einfluß von Zwingli protestantisch. Im Jahre 1548 eroberte Karl V. die Stadt und führte den geflüchteten Bischof wieder zurück. Konstanz wurde wieder katholisch. Die Protestanten mußten es verlassen, sofern sie sich nicht bekehrten. Die Stadt verlor auch den Rang einer Reichsstadt und wurde der österreichischen Herrschaftsgewalt unterstellt.

LEBEN
Sixtus Dietrich (Xistus Theodericus) wurde um 1493 in Augsburg geboren. Er war 1504 bis 1506 Chorknabe am Münster in Konstanz, begann sein Universitätsstudium 1509 in Freiburg im Breisgau und wirkte darauf in Straßburg. Im Jahre 1517 wurde er Chorleiter der Konstanzer Domschule und 1522 Kaplan. In den folgenden Jahren nahm er Beziehungen zu protestantischen Kreisen auf und begann in den vierziger Jahren an der Wittenberger Universität Vorlesungen zu halten. Vor der Einnahme des inzwischen protestantisch gewordenen Konstanz durch Karl V. floh er nach St. Gallen, wo er am 21. 10. 1548 starb.

WERKE
Dietrich gehörte zu den Meistern der Senfl-Generation, die die Synthese des franko-flämischen Chorstils mit bodenständigen Traditionen weiterentwickelten. Von seinem Werk sind ein Buch mit vierstimmigen Magnificat, sodann für den evangelischen Gottesdienst 36 vierstimmige Antiphone und 3 Bände mit vierstimmigen Hymnen erhalten, dazu noch zahlreiche Motetten und Lieder.

LITERATUR
H. Zenck, Sixtus Dietrich, Leipzig 1928.

Jean Le Cocq (um 1494–1561)

ZEIT UND UMWELT
Herzog Ercole II. d'Este (1508–59) und seine Gemahlin Renée von Frankreich (1510 bis 1575) waren beide der Tradition des Hauses entsprechend große Förderer der Wissenschaft und Künste. Besonders der Hof der Herzogin stand allen bedeutenden Persönlichkeiten der Zeit offen; sie nahm unter anderem einen der größten Dichter der französischen Renaissance, Clément Marot (1496 bis 1544), auf, der als Protestant von einem Ort zum anderen gejagt wurde.

LEBEN
Jean Le Cocq (Johannes Gallus, Johannes de

Ferrara, Mestre Jehan, Jhan, Jan le Coick), vermutlich ident mit Giovanni Nasco, wurde um 1494 im franko-flämischen Raum geboren. Er war um 1514 Sänger der päpstlichen Kapelle und ab 1521 Kapellmeister am Hof zu Ferrara im Dienst des Herzogspaares d'Este. Von 1547 bis 1551 wirkte er als Kapellmeister in Verona und darauf bis 1561 in Treviso, wo er zwischen April und September 1561 starb.

WERKE
Der Stil dieses franko-flämischen Meisters ähnelt dem Willaerts. Von Le Cocq sind ein Buch Motetten, vierstimmige Madrigale, 2 Bücher mit fünfstimmigen Madrigalen, Kanzonen, Hymnen, Lamentationen, Psalmen und Messen erhalten.

LITERATUR
W. Weyler, Documenten betreffende de muziekkapel aan het Hof van Ferrara, in: Vlaamsch jaarboek voor muziekgeschiedenis I, 1939.

Hans Sachs (1494–1576)

ZEIT UND UMWELT
Die Meistersingerschule in Nürnberg stand im 16. Jahrhundert noch in voller Blüte. Dies verdankte sie den bedeutenden Persönlichkeiten, die ihr angehörten und ihre Entwicklung belebten. Während die Schulen an anderen Orten in ihren strengen Regeln erstarrten und bei den stets gleichen »Tönen« (Melodien und Rhythmen) stehenblieben, haben Männer wie Behaim oder Hans Folz (um 1450, Worms, bis 1515, Nürnberg) durch ihre Erfindungskraft mittels neuer Töne, neuer Ideengehalte in Wort und Weise die Rahmen zwar nicht gesprengt, aber doch so erweitert, daß darin eine Weiterentwicklung möglich wurde.

LEBEN
Hans Sachs wurde am 5. 11. 1494 in Nürnberg geboren. Er war Schuhmacher und erhielt 1520 das Meisterrecht, nachdem er die Lateinschule seiner Vaterstadt besucht, seine Gesellenzeit absolviert und eine fünfjährige Wanderschaft gemacht hatte. Im Rahmen der Singschule stieg er bald zu höheren Rängen auf und wurde Merker und Spielleiter der Meistersingerbühne. Er starb in Nürnberg am 19. 1. 1576.

WERKE
Der Dichter und Komponist Hans Sachs hinterließ 1983 geistliche Lieder in Meistertönen, 2314 weltliche Meisterlieder und 1903 Spruchgedichte. In seinen Liedern verwendete er 301 Töne, von denen er 13 selbst erfunden hat. Künstlerisch besonders wertvoll ist sein »Salve, ich gruß dich schone«, eine protestantische Fassung des Salve Regina. Dazu kommen noch seine zahlreichen dramatischen Dichtungen, die ihm in der deutschen Literaturgeschichte einen hohen Rang einräumen.
Richard Wagner und Albert Lortzing haben Hans Sachs im 19. Jahrhundert durch ihre Opern »Die Meistersinger von Nürnberg« und »Hans Sachs« dem breiten Publikum wieder in Erinnerung gebracht.

LITERATUR
E. Geiger, Der Meistergesang des Hans Sachs, Bern 1936.

Laurentius Lemlin
(um 1495 bis um 1550)

ZEIT UND UMWELT
Die Heidelberger Hofkapelle entwickelte sich schon früh zu einem Sammelpunkt namhafter Musiker und zur Schule für Orgelspiel und Liedkunst. Nicht wenige Meister wirkten später in verschiedenen Städten Deutschlands und verbreiteten den Heidelberger Stil über das gesamte Land. Der geographischen Lage entsprechend stand die Kapelle stets in engem Kontakt mit Frankreich, was ihr im Vergleich zu den anderen Musikzentren eine besondere Note verlieh.

LEBEN
Laurentius Lemlin (Lemblin, Lämblin)

wurde um 1495 in Eichstätt geboren. Ab 1513 besuchte er die Heidelberger Universität und trat zugleich in die Hofkapelle als Sänger ein. Etliche Jahre später wurde er Hofkapellmeister. Er starb um 1550 in Heidelberg.

WERKE
Von Laurentius Lemlin ist eine größere Anzahl mehrstimmiger Lieder und Motetten erhalten. Besonders die Lieder wurden von den Zeitgenossen sehr geschätzt und als gute Hausmusik bezeichnet. Lange hat sich das sechsstimmige Lied im Volkston »Der Gutzgauch auf dem Zaune saß« erhalten.

LITERATUR
C. Ph. Reinhardt, Die Heidelberger Liedmeister, Kassel 1939.

Eustorg de Beaulieu (um 1495–1552)

ZEIT UND UMWELT
In Frankreich hatte die Reformation weite Kreise erfaßt, obwohl die protestantische Lehre von den Königen und der Regierung nur teilweise geduldet wurde, bis die Ausrottung aller Ungläubigen zur Beendigung der Religionsstreitigkeiten einsetzte. Je nach den Landstrichen, in denen sie sich aufhielten, mußten Anhänger neuer Lehren mit stärkeren oder schwächeren Beeinträchtigungen ihrer Lebensumstände rechnen. Die in die Schweiz auswichen, konnten ebenfalls leicht in Schwierigkeiten kommen, wenn sie nicht der dortigen strengen Lebensführung huldigten, die ihnen Zwingli vorschrieb. Musiker, die als Organisten oder Kantoren ihr Brot verdienten, Kleriker, die von der Verkündigung einer Lehre lebten, mußten sehr wendig sein, um allen Gefahren zu entrinnen.

LEBEN
Eustorg (Hector) Beaulieu wurde um 1495 in Beaulieu-sur-Ménoire (Limousin) geboren. Von 1522 bis 1524 war er als Organist an der Kathedrale von Lectorure tätig, dann brachte er sich als Musiklehrer in Tulle und Bordeaux durch. Nach seiner eigenen Behauptung war er inzwischen Priester geworden. In den Jahren von 1534 bis 1537 lebte er in Lyon, veröffentlichte einen Gedichtband und nahm Beziehungen zum französischen Dichter Clément Marot auf, dem Schöpfer des französischen Renaissancestils, der von katholischen Kreisen stark verfolgt wurde. Er übersiedelte nach Genf, um eigenen Verfolgungen zu entgehen, studierte in Lausanne Theologie und wurde 1540 Pfarrer in Thierrens im Waadtland. 1547 verlor er seine Pfarrerstelle und ging nach Basel, wo er am 8. 1. 1552 starb.

WERKE
Eustorg de Beaulieu veröffentlichte 1546 in Genf eine Chrestienne Resiouyssance (Christliche Unterhaltung), in deren erstem Teil er 160 Kontrafakta weltlicher Lieder und Gedichte aufzeichnete; zu 39 Gedichten komponierte er die Musik selbst, die sich im Rahmen der damaligen protestantischen Kirchenmusik hielt und sehr ansprechend ist.

LITERATUR
H. J. Harvitt, Eustorg de Beaulieu, a Disciple of Marot, in: Romanic Review 7, 1916.

François Gindron (um 1495–1564)

ZEIT UND UMWELT
Lausanne, das seit 590 Bischofssitz war, wurde im Jahre 1434 Reichsstadt. Tatsächlich lag die Regierungsgewalt in der Hand der Bischöfe. Das erfuhr eine starke Änderung, als die Stadt 1536 von Bern erobert und die Reformation eingeführt wurde. Die Berner Oberhoheit dauerte bis 1798. Wie in Genf konnten sich auch in Lausanne calvinistische Schriftsteller frei entfalten.

LEBEN
François Gindron ist um 1495 vermutlich in oder um Lausanne geboren. Er wurde Priester an der Kathedrale von Lausanne und Ratsherr der Stadt und starb dort anfangs des Jahres 1564.

WERKE
Der waadtländische Komponist François Gindron setzte die von Clément Marot übersetzten Psalmen des Theodore de Bèze (1519–1605) in Musik. Außerdem schrieb er vier- bis fünfstimmige Sätze zu den übersetzten Sprüchen Salomons. Weiters ist eine große Anzahl von Motetten, Psalmen und Liedern überliefert, deren Stil trotz aller zeitgemäßen Formen etwas doktrinär wirkt. Er gehörte zu den wichtigsten Gestalten der schweizerischen Musikgeschichte.

LITERATUR
J. Burdet, La musique dans le pays de Vaud sous le régime bernois (1536–1798), Bibliothèque historique vaudoise XXXIV, 1963.

Matthias Greiter (um 1495–1550)

ZEIT UND UMWELT
Das Augsburger Interim war ein Reichsgesetz Kaiser Karls V. (30. 6. 1548), womit die Auseinandersetzungen der Konfessionen in seinem Reich beigelegt werden sollten. Es erfüllte seinen Zweck nicht, weil es die Protestanten stark benachteiligte, gewährte aber einzelnen, die Anhänger der Reformation geworden waren und zurückwollten, Straflosigkeit trotz ihres einstigen Abfalles.

LEBEN
Matthias Greiter ist um 1495 in Aichach (Oberbayern) geboren. Er wurde Ordensgeistlicher und Sänger am Münster zu Straßburg und übte nach seinem Übertritt zum Protestantismus verschiedene kirchliche und pädagogische Funktionen aus. Im Jahre 1549 machte er sich das Augsburger Interim des Kaisers, das ihm einen Rücktritt ohne Nachteile ermöglichte, zunutze und gründete eine katholische Kirchengesangschule in Straßburg, wo er am 20. 12. 1550 starb, angeblich an der Pest.

WERKE
Das Hauptverdienst, das Matthias Greiter erworben hat, besteht aus 14 deutschen Liedern für vier Stimmen, die Gefühlswärme, klangvolle Harmonik und exakte Kontrapunktik meisterhaft vereinigten. Das gleiche gilt für ein fünfstimmiges »Christ ist erstanden« und für etwa 20 Kirchenliedmelodien. Außerdem liegen ein Bicinium und ein vierstimmiger Satz mit einem Text von Publius Ovidius Naso (43 v. Chr. bis 17 n. Chr.) vor (Tristia V,8,15).

LITERATUR
R. Eitner, Das alte deutsche mehrstimmige Lied, Monatshefte für Musikgeschichte XXVI, 1894.

Edmund Turges (um 1495 bis um 1540)

ZEIT UND UMWELT
Dem King's College in Cambridge wandten die englischen Könige besondere Aufmerksamkeit zu, weil daraus die Kapellmeister, Organisten und Kantoren für die Kirchen des Landes und für die Kapellen des Hofes hervorgingen. Eine lange Reihe bedeutender englischer Komponisten hat ihre Ausbildung in diesem College genossen.

LEBEN
Edmund Turges (Sturges) wurde um 1495 in Petworth geboren und kam 1522 nach Cambridge in das King's College. Über sein Leben und Wirken ist wenig feststellbar. Die spärlichen Informationen über ihn müssen mit Vorsicht zur Kenntnis genommen werden, weil es nahezu gleichzeitig einen William Turges (um 1490 bis um 1540) gab, der 1513 in das King's College eingetreten ist, und noch einen um mindestens 20 Jahre älteren John Turges. Edmund und William Turges dürften Brüder gewesen sein, John Turges ein entfernter Verwandter, der vermutlich bereits um 1520 gestorben ist, während die beiden Brüder bis ungefähr 1540 lebten.

WERKE
Alle drei Turges waren kompositorisch tätig. Von John Turges sind Messeteile, Anthems, ein Magnificat und Hymnen erhalten. Eine Serie von sakralen Kompositionen ist entweder Edmund oder William

Turges zuzuschreiben, eine Reihe Hymnen dürfte von Edmund Turges verfaßt worden sein. Sie sind als Vorstufe zur im 16. Jahrhundert einsetzenden Anthem-Komposition sehr interessant, weil sie bereits alle Elemente dieser für England äußerst wichtigen Musikform aufweisen.

Giovan Tommaso di Maio
(um 1495–1563)

ZEIT UND UMWELT
Während Quintenparallelen noch in Kompositionslehren unseres Jahrhunderts als schwere Sünde angerechnet werden, war das »Quintieren« immer eine Art Mehrstimmigkeit der Volksmusik der verschiedenen Länder. Für den frühen, ganz einfachen Villanellenstil Neapels war es nachgerade typisch.

LEBEN
Giovan Tommaso di Maio (Gian Thomaso Maio) wurde um 1495 in oder bei Neapel geboren und lebte dort als Komponist. Ab 1548 hatte er eine Stelle als Organist, die er bis zu seinem Tod im Januar 1563 behielt.

WERKE
Von Giovan Tommaso di Maio sind ein Dutzend Frottole und eine Anzahl neapolitanischer Villanellen überliefert, die uns die Frühform dieser neapolitanischen Liedgattung vermitteln.

LITERATUR
W. Scheer, Die Frühgeschichte der italienischen Villanella, Köln 1936.

Antonio Rotta (um 1495–1549)

ZEIT UND UMWELT
Da in den Städten ohne Fürstenhof die Musikausübung zum größten Teil auf die Kirchen beschränkt war, für profane Musik höchstens eine zumeist fallweise zusammengestellte Stadtkapelle zur Verfügung stand und die Akademien, in denen sich Dilettanten ausbilden ließen, nur gehobeneren Klassen zugänglich waren, gewannen Lautenisten und Lautenlehrer viel Publikum und Schüler, weil sie das Musikbedürfnis der Kreise erfüllten, die sich mit dem Spiel der Straßenmusikanten nicht zufriedengeben wollten.

LEBEN
Antonio Rotta (Rota) wurde um 1495 in Padua geboren und vermutlich auch dort zum Lautenisten und Lautenlehrer ausgebildet. Er dürfte sonst keinen Beruf ausgeübt und seine Heimatstadt nie verlassen haben, in der er 1549 starb.

WERKE
Von dem Lautenisten Antonio Rotta erschien 1546 eine Intavolatura de lauto mit bearbeiteten französischen Chansons, Madrigalen, Motetten, Tänzen und Ricercari, die zum größten Teil von ihm selbst komponiert wurden. Die Stücke erfordern allerdings eine gut ausgebildete Spieltechnik und dürften sich wenig für Hausmusik geeignet haben. Rotta selbst war ein geschätzter Virtuose auf seinem Instrument.

LITERATUR
W. Boetticher, Studien zur solistischen Lautenpraxis des 16. und 17. Jahrhunderts, Berlin 1943.

Jachet von Mantua
(um 1495 bis um 1559)

ZEIT UND UMWELT
Kardinal Ercole Gonzaga (1505–63), der ab 1561 den Vorsitz des Konzils von Trient führte, hielt in Mantua einen Hof im Stil seiner Familie. Wie sein Vater Francesco II. Gonzaga und sein Bruder Federigo II. Gonzaga (1500–40), der von Kaiser Karl V. die Fürstenwürde erhielt, umgab er sich mit geistigen Größen der Zeit. Die Kapelle des Domes Santi Pietro e Paolo war wegen ihres hohen Niveaus in ganz Oberitalien bekannt.

LEBEN
Jachet von Mantua (Jacobus Collebaudi, Ja-

chetto oder Giachetto genannt) wurde um 1495 in Vitré (Bretagne) geboren. Über sein Leben und Wirken in Frankreich ist nichts bekannt. Sein Name scheint erst im Jahre 1527 auf, in dem Jachet Sänger im Dienst des Kardinals Ercole Gonzaga an dessen Dom wurde. Ab 1539 war er Kapellmeister der Domkapelle. Er hat diese Stelle bis zu seinem Tod um das Jahr 1559 behalten.

Werke

Die Identifikation der Kompositionen Jachets trifft auf große Schwierigkeiten, weil er schon zu seinen Lebzeiten mit dem Zeitgenossen Jachet Berchem verwechselt wurde. Doch die mit Jachet (Jachetus Gallicus, Jacquet) signierten drei- bis achtstimmigen ungefähr 120 Motetten dürfen dem französischen Meister zugeschrieben werden, zumal der Namensvetter vorwiegend Madrigalist war. Die Motetten zeigen eine Stilentwicklung vom dicht-polyphonen Einheitsablauf zum italienisierten Niederländerstil mit Deklamationsmotiven, Gliederungen in Abschnitte und starken klanglichen Tendenzen.

Außerdem hinterließ Jachet eine große Anzahl Messen und Messeteile, Magnificat, Vesper-Psalmen, Hymnen, Karwochen-Responsorien und Passionsmusiken. Profane Musik ist, falls er eine geschrieben hat, nicht erhalten.

Ein venezianischer Autor äußerte sich 1567 über Jachet: »Seine Musik gefällt mir sehr, und es scheint mir, daß sein kompositorisches Schaffen die gleichen Wege gegangen ist, die Willaert eingeschlagen hat.«

Hans-Martin Linde, einer der bedeutendsten Flötisten unserer Zeit und Dirigent verschiedener Ensembles

Literatur

A. M. Bautier-Rennier, Jachet et Mantoue, Revue belge de Musicologie VI, 1952.

Lupus Hellinck (um 1495–1541)

Zeit und Umwelt

Die Glaubenskämpfe, die weite Gebiete Europas in starke Unruhe versetzten, die Kriege und die sozialen Unruhen auf dem breiten Land und in den Städten erschütterten auch Brügge, das seine Bedeutung als Handelsstadt eingebüßt hatte und sich zur verträumten Stadt am Rand des wirtschaftlichen und politischen Weltgeschehens wandelte. Das im vergangenen Jahrhundert erreichte Kulturniveau vermochte das nicht mehr zu mindern. Die Kapellen in den Kathedralen betrieben ihre Musikpflege weiter. Sie nahmen junge Talente auf, bildeten sie aus und glichen damit den nachlassenden Zustrom fremder Meister aus.

LEBEN
Lupus Hellinck (Lupus Johannes Hellinck, Joannes Lupus, Joannes Lupi) wurde um 1495 im Raum der Diözese Utrecht geboren und war von 1506 bis 1511 Chorknabe in Brügge, wo er auch die Kapitelschule von St. Donatian besuchte. Er wurde Priester und Leiter des Frauenchores und, nach einer zweijährigen Tätigkeit als Vorsänger an Notre-Dame, Chordirigent an St. Donatian (1523). In dieser Stellung blieb er bis zu seinem Tod am 14. 1. 1541.

WERKE
Manche Zuschreibungen stoßen bei Lupus Hellinck auf Schwierigkeiten, weil es zu seiner Zeit mehrere Musiker mit ähnlichen Namen gab, unter anderen Johannes Lupi und Lupus (mit unbekanntem Vornamen). Lupus Hellinck war vor allem Kirchenmusiker. Ungefähr 7 vierstimmige Messen sowie vier- und fünfstimmige Motetten sind als seine Werke gesichert. Ihr Stil bringt, verglichen mit den franko-flämischen Vorläufern und Zeitgenossen, nichts Neues, wenn man von dem zuweilen stark angereicherten Klang absieht. Weiters sind 3 profane niederländische Lieder überliefert und 11 Bearbeitungen protestantischer Kirchenlieder für mehrstimmigen Chor. Es wurden ihm außerdem 26 französische Chansons zugeschrieben, doch die Beweise hierfür sind unschlüssig.

LITERATUR
R. B. Lenaerts, Die Kunst der Niederländer, Köln 1962.

Wilhelm Breitengraser
(um 1495 – 1542)

ZEIT UND UMWELT
Mit seiner Schrift »Vom unfreien Willen« führte Martin Luther den endgültigen Bruch mit Erasmus von Rotterdam und dem Humanismus herbei. Diese Absage an den Humanismus, dessen Vertreter die Befreiung von den traditionellen Zwängen begeistert begrüßt hatten, erforderte eine neuerliche Umwertung der jungen Lehre, die zu viel Ballast aus der alten beibehalten hatte, um den Ideen des Humanismus ausreichenden Freiheitsraum zu bieten. Konflikte entstanden allerdings nur für die, die selbst zur Feder griffen.

LEBEN
Wilhelm Breitengraser (Guilelmus Breyttengraser) ist um 1495 in Nürnberg geboren. Er studierte ab 1514 in Leipzig und wurde Lehrer an der Schule St. Egidien in Nürnberg. Da er sich der Reformation anschloß, blieb er in seiner Stellung. Eine Zeitlang hing er dem Kreis des Humanisten Eoban Hessus an, ist aber nur als Komponist hervorgetreten. Er starb in Nürnberg am 23. 12. 1542.

WERKE
Das Werk Breitengrasers ist noch wenig erforscht. Als gesichert gilt vorläufig die Zuschreibung von 2 Messen und einigen Psalmen, Responsorien und Hymnen. Nach dem Glaubenswechsel verfaßte der Meister eine Reihe deutscher Lieder, vermutlich zum eigenen Schulgebrauch. Das vorreformatorische Werk zeigt die Bildung eines typisch deutschen Stiles im Sinn der Schüler Hofhaymers, der sich von Meister zu Meister weiterentwickelte.

LITERATUR
R. Wagner, Wilhelm Breitengraser und die Nürnberger Kirchen- und Schulmusik seiner Zeit, Die Musikforschung II, 1949.

Leonhard Kleber (um 1495 – 1556)

ZEIT UND UMWELT
Abgesehen von einzelnen Vorläufern setzte die Orgelkunst des mitteleuropäischen Raumes mit Hofhaymer ein. Die Organisten, die aus seiner Schule hervorgingen, verbreiteten und entwickelten die von dem österreichischen Meister geschaffenen Grundlagen. Wenn auch im Verlauf des 16. Jahrhunderts ein mächtiger Impuls aus den Niederlanden kam, so war dessen Weiterführung nur auf Grund des Niveaus, das bereits durch eigene

Kräfte erreicht war, möglich. Künstlerische Impulse müssen immer auf die Bereitschaft treffen, diese anzunehmen und zu verwerten, und das hängt von der eigenen Entwicklungsfähigkeit ab.

LEBEN

Leonhard Kleber wurde um 1495 in Wiesensteig bei Göppingen geboren. Er studierte ab 1512 in Heidelberg, wurde 1516 Organist und Vikar in Horb, 1518 in Eßlingen und 1521 in Pforzheim, wo er am 4. 3. 1556 starb.

WERKE

Der deutsche Organist, Orgellehrer und Orgelkomponist Leonhard Kleber verfaßte im Jahre 1524 ein erhaltenes Tabulaturbuch mit über 100 geistlichen und weltlichen Kompositionen verschiedener Meister des ausgehenden 15. und beginnenden 16. Jahrhunderts, darunter auch solche von ihm selbst. »Die ganze Sammlung zeigt den Stand des süddeutschen Orgelspieles in einem sehr günstigen Licht« (Richter). Die von Kleber überlieferten Kompositionen – Präludien und Fantasien – fallen durch äußerst farbige Tongebung auf und lassen den Klang der Orgelkompositionen aus der zweiten Hälfte des Jahrhunderts vorausahnen.

LITERATUR

K. Kotterba, Leonhard Kleber und seine Tabulatur, Freiburg im Breisgau 1958.

Mathieu Gascongne
(um 1495 bis um 1555)

ZEIT UND UMWELT

Besonders unter König Franz I. stand die Kapelle der Sainte-Chapelle in Paris auf einem anerkannt hohen Niveau. Von den mitwirkenden Sängern bestand ein nicht kleiner Teil aus anerkannten Komponisten. Diese »Selbstversorgung« der Kapellen wurde nahezu überall gepflegt, wo sich geeignete Kräfte fanden. Denn im Gegensatz zu heute wurde damals und in folgenden Zeiten das Programm einer Kapelle vorwiegend mit neuer Musik bestritten. Dies war für Komponisten, die einer solchen Kapelle angehörten, sehr fördernd, weil sie stets damit rechnen durften, daß das Ergebnis ihrer Anstrengungen aufgeführt wurde, wenn es nur einigermaßen den Anforderungen entsprach.

LEBEN

Der französische Komponist Mathieu Gascongne wurde um 1495 vermutlich in Cambrai geboren. Jedenfalls wurde er dort 1518 zum Priester geweiht. Er stand für längere Zeit im Dienst des Königs Franz I. als Sänger in der Sainte-Chapelle. Um 1555 starb er wahrscheinlich in Paris.

WERKE

Von Mathieu Gascongne sind 8 Messen überliefert, von denen 5 bereits in Cambrai geschrieben wurden, außerdem ein vierstimmiges Magnificat, 30 vierstimmige Motetten, 6 vierstimmige und 15 dreistimmige Chansons. Ob die 3 mit Johannes Gascoing signierten Messen von ihm oder von einem Zeitgenossen dieses Namens stammen, ist ungeklärt. Der Stil der Kirchenmusik ist franko-flämisch und stark von Josquin beeinflußt; die Chansons folgen den für diese Musikgattung bereits voll ausgebildeten Pariser Strukturen.

LITERATUR

M. Brenet, Les musiciens de la Sainte-Chapelle du Palais, Paris 1910.

Ulrich Brätel (um 1495–1545)

ZEIT UND UMWELT

Herzog Ulrich I. von Württemberg, der 1519 von der Schwäbischen Liga vertrieben worden war, konnte wegen Uneinigkeit der Liga 1534 wieder zurückkehren und seine glänzende Hofhaltung in Stuttgart weiterführen. Die Hofkapelle war übrigens in ihrer Tätigkeit nie unterbrochen, sondern nur eingeschränkt gewesen, blühte jedoch unter dem prunkliebenden Herzog erneut auf und öffnete fähigen Musikern bereitwillig ihre Türen.

Leben

Ulrich Brätel wurde um 1495 vermutlich in Stuttgart geboren. Im Jahre 1535 trat er der Stuttgarter Hofkapelle bei und blieb in dieser Stellung bis zu seinem Tod im Jahre 1545.

Werke

Der deutsche Komponist Ulrich Brätel hinterließ eine Reihe mehrstimmiger deutscher Lieder und mehrere lateinische Sätze. Besonders die Lieder waren von den Zeitgenossen im weiten Umkreis sehr geschätzt. Sie bilden einen wesentlichen Beitrag zur Entwicklung des deutschen Liedes.

Literatur

H. Albrecht, Zwei Quellen zur deutschen Musikgeschichte der Reformationszeit, Die Musikforschung I, 1948.

Mathieu Lasson (um 1495 bis um 1550)

Zeit und Umwelt

Die Inanspruchnahme der habsburgischen Kaiser durch die politischen Auswirkungen der Reformation und Frankreichs außenpolitische Ambitionen erlaubten es den Herzögen von Lothringen, ihr Land als neutralen Pufferstaat aufzubauen und zu erhalten. Kaiser Karl V. anerkannte 1542 sogar die Unabhängigkeit des Herzogtums. Der herzögliche Hof in Nancy konnte sich zu einer gewissen Höhe entwickeln. Im Jahre 1544 allerdings durchquerte eine kaiserliche Armee in ihrem Kampf gegen Frankreich das Land. Karl III. (1543–1608) war erst ein Jahr alt, so daß noch geraume Zeit vergehen mußte, bis das Herzogtum unter seiner Regierung die höchste Blüte in seiner Geschichte erleben konnte.

Leben

Mathieu Lasson ist um 1495 in oder bei Cambrai geboren und wurde Chorknabe an der Kathedrale von Cambrai. Im Jahre 1517 erhielt er eine Freistelle an der Universität Löwen. Ungefähr ab 1528 stand er als Kapellmeister im Dienst des herzöglichen Hofes von Lothringen in Nancy. Er ist in Nancy um 1550 gestorben.

Werke

Vom französischen Komponisten Mathieu Lasson sind 4 vierstimmige und eine zweistimmige Motette überliefert, außerdem 4 vierstimmige Chansons. Die Motetten folgen dem franko-flämischen Spätstil, die Chansons den Pariser Vorbildern.

Literatur

A. Pirro, Histoire de la musique de la fin du XIVe à la fin du XVIe siècle, Paris 1940.

Leonhard Paminger (1495–1567)

Zeit und Umwelt

Das Verhalten in den katholischen Landesteilen gegenüber den Anhängern der Reformation reichte von scharfer Gegnerschaft und Verfolgung bis zur verständnisvollen Duldung. Wider jede Erwartung wurden nicht selten Protestanten in Bistümern auf ihren Posten belassen, sofern diese nicht sakraler Natur waren, während das in säkularen Gebieten weniger häufig vorkam. Das alte Bistum Passau, wo bereits Walther von der Vogelweide freundliche Aufnahme fand, fühlte sich stark genug, einem Lutheraner Stellung und Brot nicht zu nehmen.

Leben

Leonhard Paminger (Päminger) wurde am 29. 3. 1495 in Aschach (Oberösterreich) geboren. Seine erste Ausbildung erhielt er 1505 in Wien, die er nach einem Aufenthalt in Passau 1513 fortsetzte. Im Jahre 1516 wurde er Lehrer und bald darauf Rektor an St. Nikola in Passau und verlor naturgemäß diese Stellungen, als er sich zum Protestantismus bekannte, behielt aber seinen Posten als Sekretär bis zu seinem Tod am 3. 5. 1567.

Werke

Leonhard Paminger hinterließ ein vierbändiges Motettenwerk mit kirchlichen Texten für vier und mehr Stimmen. Sein Stil ist etwas konventionell und lehnt sich an Hofhaymer an. Obschon es nicht bekannt ist, wer ihn in Wien unterrichtet hatte, so zeigt sich in seinen Werken erkennbar der Einfluß der Wiener Schule, die auch nach dem Abgang von Senfl erhalten geblieben ist.

LITERATUR
I. Roth, Leonhard Paminger, München 1935.

Noël Cybot (1495–1556)

ZEIT UND UMWELT
Die Sainte-Chapelle in Paris erfuhr unter König Franz I. wie alle kulturellen Institutionen Frankreichs besondere Pflege und Aufschwung. Die Aufnahmebedingungen für die Mitglieder waren streng, erstreckten sich jedoch nur auf die künstlerische Leistung. Der König vertrat die Meinung, daß Tugend und Frömmigkeit allein niemanden zum guten Musiker machten.

LEBEN
Noël Cybot wurde 1495 in Limoges geboren und erhielt seine Ausbildung vermutlich in Paris, wo er 1522 als Sänger an der Sainte-Chapelle aufgenommen wurde und ab 1543 als Organist wirkte. Er blieb auf diesem Posten bis zu seinem Tod im Jahre 1556.

WERKE
Von dem französischen Komponisten Noël Cybot sind nur 2 Chansons und ein Magnificat erhalten. Alle anderen angeblich zahlreichen Kompositionen sind verlorengegangen. Das Magnificat ist wegen seines festlichen Klanges sehr bemerkenswert; es wirkt wie ein Orgelsatz.

Johannes Walter (um 1496–1570)

ZEIT UND UMWELT
Die Erneuerung der Kirchen- und Schulmusik auf der Grundlage der Reformation hat die Zweckrichtung der musikalischen Betätigung völlig umorientiert. Das Kirchenlied sollte seine Kräfte nicht beim Anhören, sondern im gemeinsamen Singen entfalten, es ist nicht darbietend, sondern bereitstellend. Das älteste Liedgut der ersten evangelischen Gemeinden hatte keinen künstlerischen Charakter, sondern einen religiösen. Daß ein Großteil dieser Lieder künstlerisch war und den Ausgangspunkt zur prachtvollen Entfaltung einer Kirchenmusik auf hohem Niveau bildete, daß die Komponisten trotz ihrer völlig andersgearteten Bestrebungen Kunstwerke schufen, war sozusagen ein ungewollter Nebenerfolg.

LEBEN
Johannes Walter (Hans Walther), der ursprünglich Johann Blankenmüller hieß, wurde um 1496 vermutlich in Kahla (Thüringen) geboren. Ein Verwandter namens Hans Walter adoptierte ihn und gab ihm seinen Namen. Durch Vermittlung kam er 1517 an die Hofkapelle des Kurfürsten Friedrich des Weisen. Nach dem Tod des Landesherrn (1525) wurde Walter auf Fürsprache Luthers und Melanchthons vom Nachfolger Friedrichs übernommen und mit dem Kantorat der Lateinschule in Torgau betraut (1526), aus dem unter der Hand Walters mit starker Förderung durch den eifrigen Anhänger Luthers, den Kurfürsten Johann den Standfesten (1468–1532), eine kirchlich-schulisch-stadtbürgerliche Institution zum Vorbild für die Kantoreien der evangelischen Kirche wurde.

Unter dem Nachfolger Johanns, dem Herzog Johann Friedrich II. dem Mittleren (1529–95), wurde der erste evangelische Kirchenbau im Schloß Hartenfels zu Torgau mit einer Huldigungsmotette Walters feierlich eingeweiht. Ab 1548 übernahm er die Leitung der Hofkapelle des Kurfürsten Moritz von Sachsen (1521–53), der ein Jahr zuvor Johann Friedrich in seiner Würde abgelöst und seine Residenz in Dresden aufgeschlagen hatte. Wegen eines Augenleidens und des Ablebens des Kurfürsten zog sich Walter 1554 nach Torgau zurück, wo er am 25. 3. 1570 als anerkannt bedeutendster Schöpfer des evangelischen Kirchenliedes starb.

Sein Sohn Hans Walter (1527, Torgau, bis

1578, Torgau) war neben seinem Beruf als Kornschreiber Musiker, Kantor und Organist. Kompositionen von ihm sind keine überliefert.

WERKE
Die Vorbilder Johannes Walters waren Josquin, Isaac, Adam von Fulda, Senfl und Rener. Er publizierte 1524 in Wittenberg das »Geystliche gesangk Buchleyn« (in späteren Auflagen: Wittenbergisch deudsch Geistlich Gesangbüchlein) mit einer Vorrede von Martin Luther als erstes Gesangbuch der evangelischen Kirche. Er wurde musikalischer Helfer Luthers bei der Ordnung des reformatorischen Gottesdienstes und der deutschen Messe. Weitere Veröffentlichungen sind: Magnificat octo tonorum, »Wach auf du deutsches Land«, außerdem viele Gelegenheitskompositionen, 26 Fugen für gleichgestimmte Instrumente, Kanons und Chorbücher, davon das aus 1545 mit 52 deutschen und 69 lateinischen Sätzen, von denen 83 von Walter, der Rest von Senfl und Josquin sind. Seine meistersingerlichen Reimdichtungen und die Kompositionen mit Luthers Kirchenliedern als Cantus firmus sind von der Chorpolyphonie der Spätgotik abhängig. Walter hat 3 Passionen verfaßt: Passion nach Matthäus, nach Johannes und nach dem Text der Evangelienharmonie (kombinierter Text aus allen Evangelien, der einen lückenlosen Handlungsablauf bringt).

Matthäus-Passion für Soli und Chor, entstanden um 1530
> Der Evangelist stützt sich mit seinen Rezitativen auf den Grundton, während Jesus um eine Quinte tiefer intoniert und die anderen Solisten ein Quarte höher liegen. Die Intervallbewegungen bei Beginn und Ende, Absatz und Frage der Rezitative sind formelhaft gleichartig. Die vierstimmigen Chöre sind monodisch Note gegen Note gesetzt und werden als mehrstimmiges Psalmodieren dem Wortrhythmus entsprechend ohne dramatische Kennzeichnung und ohne Ausdruck von Gefühlen vorgetragen. Die künstlerische Wirkung beruht auf der Kraft des rezitativischen Melos und dem Klang einfacher, ruhender Harmonien.

LITERATUR
O. Michaelis, Johannes Walter, Leipzig 1939.

Johann Heugel (um 1497–1585)

ZEIT UND UMWELT
Philipp I. der Großmütige, Landgraf von Hessen (1504–67), entfaltete für sein Land eine intensive kulturelle Tätigkeit. Er gründete die Universität Marburg als erste evangelische Hochschule (1527), er bemühte sich um die Ausgestaltung der Hauptstadt Kassel, die er zu einem kulturellen Zentrum erhob. Seine Hofkapelle kam in bewährte Hände.

LEBEN
Johann Heugel wurde um 1497 in Deggendorf geboren und studierte an der Universität Leipzig, wo er längere Zeit als Sänger tätig war. Dann ging er nach Kassel zur Kapelle des Landgrafen. Im Jahre 1538 war er Gesangmeister, einige Jahre darauf Hofkapellmeister. Er blieb in Kassel, während der Graf in der Haft des Kaisers war und auch unter dessen Nachfolger. Erst gegen 1575 zog er sich zurück und lebte von einer laufenden Zahlung für die musikalische Beratung der Kapelle und von den nahezu 500 Kompositionen, die er während seines langen Lebens geschrieben hatte. Er starb im Januar 1585 in Kassel.

WERKE
Das umfangreiche kompositorische Werk Johann Heugels umfaßte Motetten, Magnificat, deutsche und lateinische Psalmen, viele deutsche Lieder für den profanen und sakralen Gebrauch und zahlreiche Gelegenheitskompositionen, die während seiner langen Tätigkeit als Kapellmeister entstanden. Ein Teil davon ist reine Routinearbeit mit Kontrafakta und Wiederholung bereits verwendeter Melodien. Die Motetten jedoch zeigen die Hand des Meisters, der den schlanken Klang des deutschen Stiles seines Jahrhunderts exakt trifft. In der Stilentwicklung ist Heugel eine Stufe, die nicht übergangen werden darf.

Cosmas Alder (um 1497–1550)

LITERATUR
J. Knieriehm, Die Heugel-Handschriften der Kasseler Landesbibliothek, Berlin 1943.

Cosmas Alder (um 1497–1550)

ZEIT UND UMWELT
Die Kirchenmusiker der Schweiz verloren ihre Stellungen, auch wenn sie den Bekenntniswandel mitmachten. Zwingli duldete weder Instrumente noch mehrstimmigen Gesang in den Kirchen. Man benötigte daher keine Organisten und Kantoren. Es gab auch keine Aufträge für Komponisten. Die Künstler mußten sich als Stadtschreiber oder Schulmeister durchbringen.

LEBEN
Cosmas Alder ist um 1497 in Baden (Aargau) geboren. Er begann seine musikalische Laufbahn als Chorknabe am Münster in Bern (1511), wo er 1524 Kantor wurde. Nach der Reformation blieb er in Bern als Stadtschreiber und starb am 7. 11. 1550.

WERKE
Vom kompositorischen Werk Alders sind dreistimmige Hymnen, Motetten und deutsche Lieder überliefert. Eine Hymne ist auf den Tod Zwinglis verfaßt – »Inclytus antistes«. Cosmas Alder ist einer der wenigen Vertreter mehrstimmiger Musik in der reformierten Schweiz.

LITERATUR
A. Geering, Die Volksmusik in der Schweiz, Schweizerisches Jahrbuch der Musikwissenschaft VI, 1933.

Dudelsackbläser inmitten der Verkündigung von Christi Geburt – Bibelillustration um 1500

Francesco da Milano (1497–1543)

ZEIT UND UMWELT
Die anwachsende Vorliebe für Instrumentalmusik im 16. Jahrhundert verschaffte fähigen Lautenisten willkommenen Zutritt zu den Fürstenhöfen. Der warme Klang, die Möglichkeit polyphonen Spieles und die Verwendbarkeit des Instrumentes als Solo-, Begleit- und Tanzmusikinstrument machten die Laute außerordentlich beliebt. Sie war aus dem gesellschaftlichen Leben der Hochrenaissance nicht wegzudenken.

Leben

Francesco da Milano (eigentlich Francesco Canova) wurde am 18. 8. 1497 in Monza geboren und trat 1510 als Leutnant in die Dienste des Herzogs Francesco Gonzaga von Mantua. Im Jahre 1530 kam er an den Hof des Kardinals Ippolito de'Medici (1511–35, Kardinal ab 1529) und nach dessen Tod unter Paul III. (1534–49) an den päpstlichen Hof. Er starb in Rom am 15. 4. 1543.

Werke

Der Lautenist Francesco da Milano genoß als Virtuose, Komponist und Bearbeiter für die Laute sowie als Lehrer einen großen Ruf. Er brachte 3 Bücher mit Lautenmusik heraus, die zu einem großen Teil von ihm selbst stammte. Auch in anderen Sammelwerken seiner Zeit schienen Kompositionen von seiner Hand auf. Seine Musik wurde lange über seinen Tod hinaus viel gespielt.

Literatur

E. A. Wienandt, Musical Style in the Lute Compositions of Francesco da Milano, Iowa 1951.

Nicolas Gombert (um 1498 bis um 1556)

Zeit und Umwelt

Die Hofkapelle Kaiser Karls V. in Brüssel wurde nach alter burgundischer Tradition nicht nur als Klangkörper geführt, der bei höfischen oder sakralen Festlichkeiten in Erscheinung trat und der Erbauung oder Unterhaltung diente, sondern gleichzeitig als Ausbildungsstätte junger Kräfte. Einer sorgfältigen Nachwuchspflege wurde im gesamten franko-flämischen Raum eine erhöhte Aufmerksamkeit gewidmet, weil man darin einen der wichtigsten Aufträge erblickte, die den Meistern mit ihrem Talent erteilt war. Die lange und nachhaltige Einwirkung der Musik aus Flandern und Frankreich war gerade der ständigen Selbsterneuerung der Schule durch den laufenden Zustrom von Schülern zu verdanken.

Leben

Nicolas Gombert wurde um 1498 vermutlich in Brügge geboren. Er war ein Schüler von Josquin. Um 1526 trat er als Sänger in die Hofkapelle Kaiser Karls V. ein und wurde bald Leiter des Knabenchores (1530). Im Jahre 1537 begab er sich mit 20 Sängern nach Spanien und wirkte dort an der Kaiserlichen Kapelle in Madrid. Etliche Jahre darauf zog er sich von jeder öffentlichen Tätigkeit nach Tournai zurück, wo er ein Kanonikat erhalten hatte. Er dürfte dort um 1556 gestorben sein.

Werke

Den typisch franko-flämischen Stil, den Nicolas Gombert von seinem Lehrer Josquin übernommen hatte, bildete er bis zur letzten Vollendung aus, so daß das 16. Jahrhundert darin keine erheblichen Veränderungen mehr bringen konnte. Die italienischen Einflüsse allerdings, die Josquin einer tonalen Harmonik näherbrachten, fanden bei Gombert keinen Niederschlag; er erzielte seine Klänge durch die Gleichzeitigkeit von Kirchentönen wie etwa Ockeghem. Erhalten sind von Gombert 10 Messen, ungefähr 160 Motetten, 8 Magnificat, bei 60 Chansons und ein italienisches Madrigal. Das meiste davon ist fünf- oder sechsstimmig. Bei den lateinischen Texten fällt auf, daß die Musik in keiner Weise dem Tonfall des Wortes folgt; sie fließt mit einem meditativen, nahezu nahtlos miteinander verflochtenen Stimmengewebe sozusagen am Text vorbei. Die »manieristisch orientierte Spätrenaissance« Gomberts war in manchem der Spätgotik verpflichtet. Völlig verschieden lagen die Dinge bei der profanen Musik. Wie auch die anderen Meister seiner Zeit war Gombert stark bemüht, den Charakter seiner Musik der Wortbedeutung anzupassen. Er kam der wachsenden Vorliebe für profane Musik entgegen und reihte sich damit in die neue Komponistengeneration ein, die die Komposition von Kammermusik als gleichwertig neben die Kirchenmusik stellte.

Musae Jovis (Die Musen Jupiters), Klagemotette zum Tod von Josquin Desprez, 6 Teile
  Als Cantus firmus diente das von Josquin mehr-

fach verwendete gregorianische »Die Klagen des Todes umgeben mich, die Schmerzen der Hölle überwältigen mich«.

LITERATUR
J. Schmidt-Görg, Nicolas Gombert, Tutzing 1971.

Jean Conseil (um 1498–1535)

ZEIT UND UMWELT
Kapellen wie die päpstliche in Rom hatten laufend Bedarf an guten Sängern, der durch den Zustrom der Musiker, die aufgenommen werden wollten, nicht immer befriedigend gedeckt werden konnte, entweder weil sich zu wenige meldeten oder die Aufnahmebewerber den hohen Anforderungen der Sistina nicht entsprachen. Um die Lücken zu füllen, wurden zuweilen einzelne Mitglieder der Kapelle aus dem Ausland in ihre Heimat gesandt, um dort Musiker anzuwerben und diese bereits an Ort und Stelle zu prüfen. Diese Werber wandten sich zuerst an Studienkollegen, wanderten sodann von Kathedrale zu Kathedrale und lauschten nach brauchbaren Stimmen, bis sie eine kleine Truppe zusammengestellt hatten. Wer sich dann doch nicht bewährte, wurde an weniger selektive Kapellen abgeschoben. Daß diese ständige Auslese die Kapelle auf höchstem Niveau hielt, liegt auf der Hand. Sänger, die zugleich Komponisten waren, wurden bevorzugt. Ihre Kompositionen wurden von einem Kollegium der Kapellmitglieder begutachtet und zumeist auch mindestens einmal aufgeführt. Fand die neue Komposition Zustimmung, wurde sie in einem der Codices der Kapelle kopiert.

LEBEN
Jean Conseil (Johannes Consilium) ist um 1498 in Paris geboren und trat vor 1509 der Sainte-Chapelle als Sänger bei. Er wurde für die päpstliche Kapelle in Rom abgeworben und erhielt dort selbst die Aufgabe, französische Sänger nach Rom zu bringen. Im Jahre 1534 wurde er Maestro di Cappella. Am 11. 1. 1535 starb er in Rom.

WERKE
Von dem französischen Komponisten Conseil sind mehrere Motetten und Chansons neben einem Lautensatz erhalten. Ihr Stil ist interessant, weil er zeigt, wie weit sich in den ersten Jahrzehnten des 16. Jahrhunderts der Pariser Stil vom franko-flämischen entfernt hatte, obwohl er erst am Beginn seiner Entwicklung stand.

LITERATUR
A.-M. Bragard, Détails nouveaux sur les mucisiens da la cour du pape Clément VII, Revue belge de Musicologie VII, 1938.

Fernández de Castilleja
(um 1498–1574)

ZEIT UND UMWELT
Die Loyalität der Stadt Sevilla gegenüber der spanischen Krone war nahezu sprichwörtlich geworden. Trotzdem nahm sie zumindest in den ersten zwei Jahrhunderten der Neuzeit eine Sonderstellung im Königreich ein, weil sie zum Hauptausgangspunkt für die Wanderungsbewegung nach der Neuen Welt und zum Umschlagplatz des jungen Überseehandels geworden war. Die Casa de Contratación (Haus des Handels), gegründet 1503, und die Pilotos mayores (Oberste Seebehörde), der auch Amerigo Vespucci (1441 bis 1512) und Sebastian Capote (1472 bis 1557) angehörten, residierten in Sevilla.
Eine gewisse Sonderstellung nahm auch die Musik in der 1506 im großen und ganzen fertiggestellten Kathedrale Santa Maria de la Sede ein. Sie ist dunkler im Klang als in den nördlichen Kirchen, sonorer und voller, was die Vorstellung einer von innen herausglühenden, aber verhaltenen Leidenschaftlichkeit erzeugt.

LEBEN
Fernández de Castilleja wurde um 1498 in Sevilla geboren. Im Jahre 1514 wurde er als Nachfolger von Pedro de Escobar Kapellmeister der Kathedrale und behielt diese Stelle bis zu seinem Tod im Jahre 1574.

Hans Gerle (um 1498–1570)

Zeit und Umwelt

Lautenbau und Lautenspiel fanden im 16. Jahrhundert auch in Deutschland überall Eingang. Die Höfe der geistlichen und weltlichen Fürsten und die Städte mit einem durch Gewerbe und Handel zu Wohlstand gekommenen Bürgertum pflegten nicht mehr allein Sängerkapellen und Organisten; der trauliche Ton der Laute, der weich an das Ohr schlägt und die Härten des Lebens mildert, der sanft wie ein friedlicher Abend bei Kerzenschein den grellen Tag vergessen läßt, hatte sich bereits in alle Herzen der Musikfreunde geschmeichelt, so daß niemand mehr darauf verzichten wollte.

Werke

Der spanische Komponist Francisco Guerrero nannte Fernández de Castilleja einen »maestro de los maestros de España« (Meister der Meister Spaniens). Seine überlieferten Werke bestätigen dieses hohe Lob. Das Salve Regina und die vier- und fünfstimmigen Motetten gehören zu den Meisterwerken spanischer Kirchenmusik jener Zeit. Bezeichnend für die Dichte seines Satzes ist, daß den Stimmen vom Beginn bis zum Ende auch nicht die geringste Pause vergönnt wird.

Literatur

R. M. Stevenson, Spanish Music in the Age of Columbus, Den Haag 1960.

»Tabulatur auff die Laudten etlicher Preambel, Teutscher, Welscher und Französischer Stücke« von Gerle, Nürnberg 1533

LEBEN

Hans Gerle wurde um 1498 in Nürnberg als Sohn des Lautenmachers Conrad Gerle (um 1445, Nürnberg, bis 4. 12. 1521, Nürnberg) geboren. Er selbst war bereits 1523 als Lauten- und Violenmacher sowie als Lautenschläger berühmt. Es ist nichts darüber bekannt, daß er Nürnberg, die Stadt, in der er sein Gewerbe und seine Kunst ausübte, jemals verlassen hat. Er starb im Jahre 1570.

WERKE

Der Lautenmacher und Lautenschläger Hans Gerle verfaßte einige Tabulaturwerke, die musikhistorisch sehr wertvoll sind. Sie bringen vor allem eigene Kompositionen und Anleitungen zum Lautenspiel, aber auch Stücke von zeitgenössischen Lautenisten, wie zum Beispiel Francesco da Milano, Giovanni Maria da Crema, Gintzler und anderen. Die eigenen Stücke zeigen einen hohen Entwicklungsstand der Lautenkunst.

LITERATUR

W. Tappert, Die Lautenbücher des Hans Gerle, Monatshefte für Musikgeschichte XVIII, 1886.

Giulio Segni (1498–1561)

ZEIT UND UMWELT

Modena kam im 13. Jahrhundert in den Herrschaftsbereich des Hauses d'Este. Im Zuge der päpstlichen Expansionsbestrebungen in der Emilia verlor Alfonso I. d'Este Modena und Reggio an den Kirchenstaat (1510 und 1512). Die Mediceer-Päpste Leo X. und Clemens VII. legten es darauf an, der Familie d'Este ihr gesamtes Land zu entreißen. Es kam nicht dazu, weil Leo X. zu früh starb und Clemens VII. politisch zu schwach war. Die verlorenen Städte kamen 1523 und 1527 erneut in die Hand Alfonsos, so daß die kulturelle Entwicklung von Modena unter der Leitung der Familie d'Este weitergehen konnte.

LEBEN

Giulio Segni (Giulio da Modena) ist im Jahre 1498 in Modena geboren und wurde von Jacopo Fogliano ausgebildet. Das Jahr 1530 findet ihn als Organisten der zweiten Orgel des Markusdomes zu Venedig. 1533 wird er als Organist nach Rom berufen. Er starb am 24. 7. 1561 in Rom.

WERKE

Der italienische Organist und Komponist Segni hinterließ eine Reihe von Ricercari für die Orgel, deren klangreicher Satz bereits deutlich den italienischen Stil des Jahrhunderts aufweist.

LITERATUR

H. C. Slim, 13 Ricercari, in: Musica nova (Venedig 1540), Chicago 1964.

Adrianus Petit Coclico
(um 1499 bis um 1563)

ZEIT UND UMWELT

Christian III. (1503–59) wurde 1536 König von Dänemark und Norwegen. Im gleichen Jahr wurde die Lutherkirche mit dem König an der Spitze als Landeskirche eingeführt. Die ausgebluteten Staatskassen wurden durch eine freiwillige Steuerleistung des Adels aufgefüllt. Da der König alle außenpolitischen Abenteuer vermied, festigte sich die wirtschaftliche Lage des Landes von Jahr zu Jahr. Damit setzte automatisch ein Kulturaufschwung ein, der vorläufig von Kräften in Gang gebracht wurde, die man aus dem Ausland aufnahm.

LEBEN

Adrianus Petit Coclico wurde um 1499 in Flandern geboren. Nach seiner eigenen Behauptung war er Schüler Josquins. Er dürfte sodann im Dienst des französischen Königs und des Papstes gewesen sein. Im Jahre 1545 scheint er in Wittenberg als Musiklehrer auf. 1546 war er in Frankfurt an der Oder, ein Jahr später in Stettin und schließlich in Königsberg in gleicher Eigenschaft tätig. 1550 bis 1551 wirkte er in Nürnberg, 1555 in Wismar und trat 1556 der Hofkapelle in Kopenhagen als Sänger bei. Dort verblieb er bis zu seinem Tod um das Jahr 1563. Er nahm an der Ausgestaltung der Kapelle starken Anteil.

Werke
Von den Kompositionen Coclicos sind mehrere Motetten und ein Lied erhalten. Durch ihre manieristische, ganz auf Wortausdeutung gerichtete Kompositionstechnik sind seine Motetten musikgeschichtlich interessant, weil dieses Bestreben in der Folgezeit bei nicht wenigen Komponisten bemerkbar wird. Er selbst bezeichnete diese Art mit dem Ausdruck Musica reservata und wollte damit ihre ausschließliche Zugänglichkeit für ein gehobenes Publikum andeuten.

Literatur
B. Meier, The »Musica Reservata« of Adrianus Petit Coclico and its Relationship to Josquin, Musica Disciplina X, 1956.

Sebald Heyden (1499–1561)

Zeit und Umwelt
Die Reformation stellte gerade Kleriker, Kirchenmusiker, Lehrer und Angehörige ähnlicher Berufe vor oft schwerwiegende Entscheidungen. Der Verlust der alten Stellung war in den meisten Fällen selbstverständlich. Die Übergetretenen mußten sich sehr oft mit einem engeren Wirkungskreis abfinden. Daß einer von ihnen durch den Übertritt Stellung und Einkommen verbesserte, ist nur in wenigen Fällen selbstverständlich, es war sogar außer der Regel, daß er im Rahmen der neuen Konfession eine Position einnehmen konnte, die der aufgegebenen glich.

Leben
Sebald Heyden (Haiden, Heiden) wurde 1499 in Bruck bei Erlangen geboren. Er studierte von 1513 bis 1519 an der Universität Ingolstadt, wurde dort Kantor und 1521 Rektor der Spitalsschule. Im Jahre 1525 erhielt er in Nürnberg die Stelle des Rektors der Sebaldusschule und versah diesen Dienst bis zu seinem Tod am 9. 7. 1561.
Sein Sohn Hans Heyden (getauft 19. 1. 1536, Nürnberg – begraben 22. 10. 1613, Nürnberg) war Kaufmann, Mechaniker, Instrumentenmacher und Musiker. Er war Organist an St. Sebaldus (1567–71) und an St. Egidien (1574–83).
Dessen Sohn Hans Christoph Heyden (getauft 14. 2. 1572, Nürnberg – begraben 9. 2. 1617, Nürnberg) wurde 1591 Spitalsorganist in Nürnberg und 1596 Organist an St. Sebaldus. Er verlor diese Stelle 1616 wegen Unstimmigkeiten mit seinen Vorgesetzten.

Werke
Von dem Kantor und Musikschriftsteller Sebald Heyden sind nur 8 Kirchenlieder bekannt. Die Passion, die Psalmen und weitere Lieder, die er angeblich verfaßt hat, sind verschollen. Von großer Bedeutung sind jedoch seine Lehrwerke.
Der Organist und Instrumentenmacher Hans Heyden erfand das »Nürnbergische Geigenwerk«, das zum Vorbild aller späteren Versuche, sogenannte Streichklaviere zu konstruieren, wurde.
Hans Christoph Heyden brachte 2 Bücher mit vierstimmigen Tanzliedern mit selbstverfaßten Texten heraus, die von besonderer Feinheit sind und den deutschen Villanellenstil aufweisen.

Literatur
A. Kosel, Sebald Heyden, Literarhistorische-musikwissenschaftliche Abhandlungen VII, Würzburg 1940. G. Kinsky, Hans Heyden, Zeitschrift für Musikwissenschaft VI, 1923/1924. W. Vetter, Wort und Weise im deutschen Kunstlied, Zeitschrift für Musikwissenschaft X, 1927/28.

Benedictus Appenzeller
(um 1500 bis nach 1551)

Zeit und Umwelt
Kaiser Karl V. ernannte seine Schwester Maria (1505–58, als Gemahlin Ludwigs II. 1522–26 Königin von Ungarn) 1530 zur Regentin der Niederlande. Die Regentin setzte an ihrem Hof in Brüssel die kulturelle Tradition der burgundischen Herzöge fort. Der

Ausgestaltung ihrer Kapelle widmete sie wie bereits in Ungarn erhöhte Aufmerksamkeit, besonders der Nachwuchspflege, indem sie für den Knabenchor fähige Musikpädagogen heranzog.

LEBEN
Benedictus Appenzeller (Appenzelders) wurde um 1500 in den Niederlanden, vermutlich in Audenarde, geboren. Um 1539 wurde er zum Maître des enfants de chœur der Hofkapelle der Statthalterin Maria von Ungarn bestellt. Er begleitete sie 1551 auf ihrer Reise nach Spanien. Wie lange er darüber hinaus im Dienst der Regentin geblieben und wann und wo er verstorben ist, kann nicht festgestellt werden.

WERKE
Es ist unbekannt, ob Benedictus Appenzeller Schüler Josquins war. Sein vierstimmiger Klagegesang auf dessen Tod läßt die Vermutung zu. Außerdem sind eine Reihe von mehrstimmigen Vokalkompositionen von ihm erhalten. Von seinen 23 Chansons ist nur eine Stimme überliefert. Der Stil des Trauergesanges (Musae Jovis – Die Musen Jupiters) folgt Josquin.

LITERATUR
M. Martens, Musae Jovis, New York 1959.

Pierre Sandrin (um 1500 bis um 1560)

ZEIT UND UMWELT
Als Ippolito d'Este 1539 Kardinal wurde und somit nach Rom übersiedelte, ließ er in dem klimatisch gesunden Tivoli eine Villa mit erlesenem Geschmack bauen. Seine Kapelle nahm er aus Ferrara mit und ergänzte sie wie die anderen Kardinäle mit Sängern aus der Sistina oder anderen Kapellen Roms. Wenn sich ein fähiger Musiker meldete, nahm er ihn bereitwillig auf, denn in Rom wurde ständig geklagt, daß die Kapellenmitglieder von den Palästen der Kardinäle und Adeligen abgeworben wurden.

LEBEN
Pierre Sandrin (eigentlich Pierre Regnault) wurde um 1500 vermutlich in der Picardie geboren. Er war in seiner Jugend wahrscheinlich Schauspieler und übernahm den Namen Sandrin einem Lustspiel seiner Zeit. Er wurde Musiker und trat um 1540 der Königlichen Kapelle bei, deren ständiger Komponist er wurde. Im Jahre 1554 berief ihn Kardinal Ippolito d'Este als Kapellmeister nach Tivoli, wo er vermutlich bis zu seinem Tod um 1560 blieb.

WERKE
Von Pierre Sandrin sind ein Madrigal und ungefähr 50 vierstimmige Chansons erhalten, die genau im Pariser Stil gehalten sind. Einige davon, wie zum Beispiel »Doulce mémoire« (Süße Erinnerung), sind sehr berühmt geworden.

LITERATUR
Fr. Lesure, Un musicien d'Hippolyte d'Este, Pierre Sandrin, Collectanea historiae musicae II, Florenz 1936.

Gaspard Coste (um 1500 bis nach 1550)

ZEIT UND UMWELT
Avignon, das Papst Clemens VI. (1342–52) im Jahre 1348 von den Grafen von Provence gekauft hatte, verblieb auch nach dem Exil im Besitz der Kurie und wurde von einem päpstlichen Legaten regiert. Zwischen der Kapelle der Kathedrale und den römischen Kapellen herrschte zuweilen ein Austausch von Kräften, aber nicht häufig, weil in Avignon ein deutlich ausgeprägter französischer Stil gepflegt wurde, der sich stärker vom römischen unterschied als der franko-flämische oder spanische.

LEBEN
Gaspard Coste wurde um 1500 in Südfrankreich geboren, kam vermutlich in jungen Jahren zur Ausbildung nach Avignon und blieb dort als Sänger an der Kathedrale bis zu seinem Tod nach 1550.

Werke

Von Gaspard Coste sind in französischen und italienischen Sammelwerken Chansons und Madrigale veröffentlicht worden, denen ein gewisser künstlerischer Wert nicht abgesprochen werden kann. Die Kompositionen sind stilistisch von Paris abhängig, aber vielleicht noch mehr dem Volkston verhaftet. Provenzalisches Melodiengut klingt zuweilen mit. Einige Zuschreibungen sind irrig und müssen einem um ungefähr 40 Jahre jüngeren Italiener namens Gasparo Costa gelten.

Miguel de Fuenllana
(um 1500 bis um 1579)

Zeit und Umwelt

Philipp II. führte bereits in Abwesenheit seines Vaters Karl V. die Regentschaft und setzte, als er 1556 König von Spanien wurde, was die Hofhaltung betraf, dessen Stil fort. Wenn er auch das Gewicht auf die sakrale Musik legte, so konnte ein Hof des 16. Jahrhunderts einen Lautenisten nicht entbehren.

Leben

Miguel de Fuenllana wurde um 1500 in Navalcarnero, Madrid, blind geboren. Der Lautenist stand bis über sein 50. Lebensjahr hinaus als Kammermusiker im Dienst der Marquesa de Tarifa. Im Jahre 1554 widmete er dem nachmaligen König Philipp II. ein gedrucktes Lautenwerk und wurde 1562 in den königlichen Hofdienst aufgenommen. Er verblieb in dieser Stellung bis um 1569 und starb vermutlich in Valladolid um 1579.

Werke

Der blinde Lautenist Miguel de Fuenllana hinterließ vor allem Bearbeitungen von Vokalsätzen berühmter Zeitgenossen, wie Vásquez, Morales, Guerrero, Flecha, Bernal, Arcadelt, Gombert, Josquin, Willaert, Verdelot, und von Messeteilen. Sie sind außerordentlich geschickt gesetzt und klangvoll, aber virtuos gehalten. Noch interessanter sind seine originalen »Fantasias«, die bereits die kompositorische Qualität des Jahrhunderts erreichten. Die Transkriptionen sind zum Teil für Gitarre, Vihuela oder spanische Laute gearbeitet.

Literatur

H. Riemann, Das Lautenwerk des Miguel de Fuenllana, Monatshefte für Musikgeschichte XXVII, 1895.

Hans Kugelmann (um 1500–42)

Zeit und Umwelt

Der letzte Großmeister des Deutschen Ritterordens, Albert von Hohenzollern (1490 bis 1568), löste den Orden 1525 auf und bildete aus dem Ordensland das protestantische Herzogtum Preußen unter der Oberhoheit Polens. Die von Kaiser Karl V. ausgesprochene Reichsacht war wirkungslos. Der Herzog gestaltete Königsberg als Residenz aus, gründete 1544 eine Universität und bemühte sich, das kulturelle Leben des Herzogtums auf der neugeschaffenen konfessionellen Basis aufzubauen. Er rief nicht nur Gelehrte und Prediger nach Königsberg, sondern auch Künstler.

Leben

Hans Kugelmann wurde um 1500 vermutlich in Augsburg geboren. Er war von 1518 bis 1523 Mitglied der Hofkapelle Maximilians I. Ab 1524 wirkte er in der Hofkapelle des Herzogs Albert von Preußen zunächst als oberster Trompeter, sodann ab 1536 als Kapellmeister und Hofkomponist und leitete auch die Kantorei. Er starb in Königsberg im Sommer 1542.

Gleichzeitig war am Königsberger Hof Paul Kugelmann als Trompeter tätig, der vielleicht ein Verwandter von Hans Kugelmann war.

Werke

Hans Kugelmann gab ein Sammelwerk für den Kirchengebrauch in Preußen heraus, worin er selbst mit über 30 deutschen und lateinischen Sätzen vertreten ist. Sein Stil ist stark von Isaac und Hofhaymer beeinflußt.

Instrumente aus der Wiener Kantorei und Kapelle Maximilians: Orgel, Clavichord, Harfe, Pauke, Posaune, Trumscheit oder Nonnengeige, Flöten, Zinken, Krummhorn und Fidel – dargestellt auf einem Holzschnitt von Hans Burgkmair zu dem Roman »Der Weißkunig«, 1516

Das Linde-Consort gilt als Ensemble, das eine besondere Vielfalt von Besetzungsmöglichkeiten bietet

Paul Kugelmann gab heraus: »Etliche teutsche Liedlein, geistlich und weltlich mit drei, vier, fünff und sechs Stimmen, auf allen Instrumenten zu gebrauchen«.

LITERATUR
Fr. Spitta, Die Liedersammlung des Paul Kugelmann, Leipzig 1909.

Jean le Gendre (um 1500 bis um 1550)

ZEIT UND UMWELT
Die Differenzen zwischen dem Renaissancekönig Franz I. von Frankreich und dem Dauphin und nachmaligen König Heinrich II. resultierten nicht nur aus der Rivalität ihrer Maitressen Diane de Poitiers und Anne de Pisseleu, sie waren in erster Linie der Ausdruck der grundlegenden Charakterverschiedenheit des lebenszugewandten, prachtliebenden Vaters und des melancholischen, grüblerischen, menschenfeindlichen Sohnes. Jedoch auf politischer wie kultureller Ebene setzte Heinrich die Linie des Vorgängers uneingeschränkt fort.

LEBEN
Jean le Gendre wurde um 1500 vermutlich in oder bei Paris geboren. Er war Sänger der Königlichen Kapelle unter Franz I. und Heinrich II. und dürfte in Paris um 1550 gestorben sein.

WERKE
Der französische Komponist Jean le Gendre hat außer einem Traktat über Gregorianik und über Kontrapunktik eine Anzahl Motetten und Lieder hinterlassen. Alle anderen Kompositionen sind verlorengegangen. Die

überlieferten halten sich streng an seine als Musikschriftsteller verfochtenen Grundsätze, nur bei den Liedern wurden nicht selten Konzessionen gemacht, die beweisen, daß er nicht nur Theoretiker, sondern auch Musiker war.

John Ensdall (um 1500 bis um 1550)

ZEIT UND UMWELT
In England hatte die Motette um 1500 als kurzes, mehrstimmiges, kontrapunktisch angelegtes, unbegleitetes Vokalstück auf lateinischem, in der Regel liturgischem oder halbliturgischem Text ihre endgültige Form erreicht. Die im franko-flämischen Raum herausgebildete Vierstimmigkeit herrschte vor. Die Strenge der Kontrapunktik wurde zuweilen zugunsten des Wohlklanges gelockert. Zu einem Ausdruck der Wortbedeutung kam es nirgends.

LEBEN
John Ensdall wurde um 1500 in England geboren. Über seine Lebensumstände und sein Wirken ist nichts bekannt. Er soll vor der Reformation Chorleiter einer Londoner Kirche gewesen und um 1550 in London gestorben sein.

WERKE
Von dem Kirchenmusiker John Ensdall sind etliche Motetten überliefert, die als Beispiel der englischen Art dieser Musikgattung genommen werden können. Die Motette »Hic dies quam fecit dominum« (Dieser Tag, den der Herr machte) wurde (auch für drei Stimmen umgearbeitet) viel gesungen.

Thomas Knight (um 1500 bis um 1550)

ZEIT UND UMWELT
Das Bistum Salisbury war bereits 1075 errichtet worden. Es pflegte eine besondere Art mehrstimmigen gregorianischen Gesanges, der unter der Bezeichnung »Sarum use« noch lange im Gebrauch stand. Auch im Ritus wurden Besonderheiten eingeführt, und die Bischöfe durften laut einer Charta König Heinrichs III. (1207–72) eine nahezu unabhängige Regierungsgewalt ausüben. Erst König Jakob I. setzte 1612 diesem Ausnahmezustand ein Ende und integrierte das Bistum seinem Reich.

LEBEN
Thomas Knight (Knighte, Knyght) wurde um 1500 in Salisbury geboren und wirkte an der Kathedrale des Bistumes als Organist und Vikar von 1535 bis 1545. Bis 1547 erhielt er aus der Auflösung des Klosters von Spalding eine Rente und dürfte einige Jahre darauf in Salisbury gestorben sein.
Robert Knight (um 1500, Salisbury, bis um 1560, Salisbury), vermutlich ein Verwandter von Thomas Knight, war gleichzeitig an der Kathedrale von Salisbury als Musiker tätig.

WERKE
Man stößt auf Schwierigkeiten, die zumeist nur mit »Knight« signierten Kompositionen richtig zuzuschreiben. Das schöne Magnificat, eine Messe und ein Lied zum Abenddienst sind sicherlich von Thomas Knight verfaßt. Eine ausgezeichnete fünfstimmige Motette muß Robert Knight zugeschrieben werden. Bei den weiteren Messen ist eine einwandfreie Zuschreibung nicht möglich, weil zwischen den beiden Komponisten so viel wie keine Stilverschiedenheit festgestellt werden kann.

Edward Paston (um 1500 bis nach 1560)

ZEIT UND UMWELT
König Heinrich VIII. von England war selbst Musiker und Komponist und wünschte auch für seine Kinder eine umfassende musikalische Ausbildung. Ihm lag die Musikkultur seines Landes sehr am Herzen; er wollte ihr Niveau dadurch sichern, daß er die Mitglieder seines Hauses zu Musikliebhabern und Musikkennern erziehen ließ.

LEBEN
Edward Paston wurde um 1500 vermutlich in London geboren. König Heinrich VIII.

bestellte ihn zum Musiklehrer für seine Tochter Maria, der nachmaligen Königin Maria I. Noch ehe diese den Thron bestieg (1553), verließ Paston England und begab sich nach Italien. Dort sammelte er Stücke für Lautentabulaturen, zu denen er selbst eine Anzahl komponierte. Er dürfte in Italien nach 1560 gestorben sein.

WERKE

In den Büchern mit Lautentabulaturen, die der englische Lautenist Edward Paston in Italien veröffentlichte, findet sich eine Anzahl eigener Kompositionen – frei komponierte Fantasien für Laute –, die sehr ansprechend und für den Entwicklungsstand der Lautenkomposition in England bezeichnend sind.

Claude Martin (um 1500 bis nach 1555)

ZEIT UND UMWELT

Die Kathedrale Saint-Lazare in Autun war einstmals Kapelle der Herzöge von Burgund. Dieses schöne Beispiel burgundischer Romanik aus dem 12. Jahrhundert stand zwar nie in der ersten Reihe der französischen Musikzentren, versorgte aber ihre Chorknaben ähnlich zahlreichen anderen Kirchen des Landes mit gediegener musikalischer Ausbildung.

LEBEN

Claude Martin wurde in Couches bei Autun um 1500 geboren. Seine Ausbildung erhielt er an der Kathedrale von Autun, wo er hernach als Sänger wirkte, bis er um 1540 nach Paris ging. Welche Position er dort eingenommen hat, ist unbekannt. Vermutlich wirkte er an einer der Kirchen der französischen Hauptstadt als Sänger. Er dürfte in Paris nach 1555 gestorben sein.

WERKE

Von dem französischen Komponisten Claude Martin sind ein vierstimmiges Magnificat und bei 10 vierstimmige Chansons erhalten. Alles andere ist verschollen. Sein Stil hob sich bereits stark von dem der franko-flämischen Schule ab und wies die Anzeichen der Bildung eines typischen Stils von Paris auf.

Pierre Gilbert Colin (um 1500 bis nach 1580)

ZEIT UND UMWELT

Die französische Chanson wurde gerade durch ihre Verbreitung weitgehend des künstlerischen Gehaltes entkleidet. Sie wandelte sich zur bürgerlichen Gesellschaftskunst, deren Ansprüche sich in bescheidenem Rahmen hielten. Daneben wurden jedoch noch genügend wertvolle Kompositionen dieser Art herausgebracht, die allerdings kein so breites Publikum fanden wie die dem Allgemeinverständnis angepaßten Werke.

LEBEN

Pierre Gilbert Colin wurde um 1500 vermutlich in Autun geboren. Er erhielt in Paris die Leitung des Knabenchores der Königlichen Kapelle, den er von 1532 bis 1536 führte. Sodann ging er nach Autun und übernahm die Stelle des Chormeisters an der Kathedrale. Er versah diese Stellung bis zu seinem Tod nach 1580.

WERKE

Von Pierre Gilbert Colin, der unter dem Künstlernamen Chamault bekannt war, sind bis 1580 eine Anzahl Messen und Motetten erschienen, die rückhaltlos dem französischen Stil des Jahrhunderts folgen. Sie sind ganz durchimitiert und auf Klang abgestellt. Dissonanzen durch »richtige« kontrapunktische Stimmführung wurden vermieden. Außerdem schrieb Colin 30 »Chansons nouvelles« für vier Stimmen, die dem Geschmack des breiten Publikums keine Konzessionen machten.

David Peebles (um 1500–79)

ZEIT UND UMWELT

Jakob V. (1512–42), König von Schottland, kam bereits 1513 an die Regierung, die er aber erst 1528 tatsächlich antrat. Seine Politik war stark england- und reformationsfeindlich. Saint Andrews genoß als kirchliches Zentrum des katholischen Landes die besondere Pflege des Königs.

Leben
David Peebles wurde um 1500 vermutlich in St. Andrews geboren und an der Kathedrale der schottischen Stadt ausgebildet. Welche Stellung er darauf in St. Andrews einnahm, ist nicht bekannt, es ist nur gesichert, daß seine musikalische Tätigkeit eng mit der Kathedrale verbunden war. Er starb in St. Andrews im Dezember 1579.

Werke
Von dem schottischen Kirchenmusiker David Peebles ist ein Buch mit mehrstimmigen Psalmenvertonungen erhalten, außerdem eine fünfstimmige Motette, die er 1530 König Jakob V. widmete. Alles andere dürfte während der konfessionellen Kämpfe, unter denen gerade St. Andrews stark zu leiden hatte, zugrunde gegangen sein.

Goessen Jonckers (um 1500 bis um 1555)

Zeit und Umwelt
Die starke Ausstrahlung der franko-flämischen Schule hatte im 16. Jahrhundert ihre eminente Wirkung verloren. Im eigenen Bereich blieb die Kraft der Tradition lange erhalten, so daß noch eine beträchtliche Anzahl vorzüglicher Musiker herangebildet wurde und entweder in der Heimat oder in der Fremde ihr Betätigungsfeld fand.

Leben
Goessen Jonckers (Junckers) wurde im franko-flämischen Raum um 1500 geboren. Über seine Tätigkeit gibt es keine Informationen, außer daß er an einer der Kirchen Flanderns bis zu seinem Tod um 1555 als Musiker wirkte.

Werke
Von Goessen Jonckers, Meistre Gosse und Gosse Jonckers genannt, sind in den Jahren 1538 bis 1555 sakrale Gesänge und Motetten erschienen, die auf ein hohes kompositorisches Können schließen lassen. Der Stil dieser Kompositionen folgt dem der franko-flämischen Schule.

Juan Vásquez (um 1500 bis um 1560)

Zeit und Bild
Im Spanien des 16. Jahrhunderts setzte eine Musikentwicklung auf sehr breiter Basis ein. In allen Städten, ohne Ausnahme, auch in den kleinsten, erklangen die Chöre und die Orgeln in den Kirchen, die Saiteninstrumente und Gesänge in den Palästen. Adelige und Kirchenmänner ahmten den Hof des Königs nach. Spanier, die im Ausland gewesen waren, und Ausländer, vorwiegend Niederländer, die nach Spanien kamen, bewirkten den Anschluß der spanischen Musik bei aller Wahrung der Eigenständigkeit an die Musik des damaligen kulturellen Europas.

Leben
Juan Vásquez wurde um 1500 in Badajoz geboren. Seine erste Stelle war die eines Kantors der Kathedrale Palencia (1539). Von 1541 bis 1542 war er Mitglied der Kapelle des Kardinals von Tavera in Madrid und Toledo, ab 1545 Kapellmeister an der Kathedrale in Badajoz, ab 1551 in Osuna im Dienst des Don Antonio de Zúñiga und anschließend bei Conde Juan de Urneña in Salamanca. Im Jahre 1560 lebte er in Sevilla, wo er vermutlich im selben oder im nächsten Jahr starb.

Werke
Der Komponist, Organist und Vihuelist Juan Vásquez veröffentlichte drei- und vierstimmige Villancicos und Canziones für Gesang mit fakultativer Instrumentalbegleitung und eine Serie von Transkriptionen für Gesang und Vihuela, der keine reine Begleitungsfunktion, sondern völlige Gleichberechtigung mit den Singstimmen zugewiesen wurde. Bei den Villancicos findet sich die Eigentümlichkeit, daß die führende, der Volksmusik entnommene Melodie ständig unverändert wiederholt wird, während die

Begleitstimmen einen dichten kontrapunktischen Hintergrund bilden, wie das auch bei einigen Werken von Morales beobachtet werden kann.

LITERATUR
S. Kastner, La música en la catedral de Badajoz (años 1520–1603) Anuario Musical XII, 1957. E. A. Russel, The Patrons of Juan Vásquez, Anuario Musical XXVI, 1971.

Luys Milan (um 1500 bis nach 1561)

ZEIT UND UMWELT
Unter der Regierung der Katholischen Könige Ferdinand und Isabella wurden Kastilien und Aragón vereinigt, das aber eine gewisse Selbständigkeit behielt und von einem Vizekönig im Namen des Königs regiert wurde. Wenn auch schon unter Karl V. der Abbau der Privilegien begann, um eine allmähliche Verschmelzung der spanischen Provinzen zu einem einheitlichen Reich einzuleiten, der Hof des Vizekönigs blieb doch als mehr oder weniger leeres Symbol der Selbständigkeit intakt. Auch Philipp II. rührte daran nicht, obwohl gerade er die Freiheit der Aragonesen gründlich ausgehöhlt hatte.

LEBEN
Don Luys Milan wurde um 1500 in einer adeligen Familie vermutlich in Valencia geboren. Er wirkte am Hof des Vizekönigs von Aragón als Lautenist, Vihuelaspieler und Komponist. Er ist nach 1561 in Valencia gestorben.

WERKE
Der Vihuelavirtuose Luys Milan hinterließ neben schriftstellerischen Werken ein Buch mit Stücken für die Vihuela, das spanische, portugiesische und italienische Sologesänge und instrumentale Fantasien, Tientos und Pavanen enthält. In diesem Werk bringt der Meister verschiedenartige Begleitungsmethoden wie einfache Akkorde, stimmnachahmende Partien, Arpeggien und am Ende der Verse rasche, brillante kadenzartige Passagen. Seine Sätze sind echte Solostücke und keine bloße Transkription polyphoner Musik.

LITERATUR
J. B. Trend, Luys Milan, London 1925.

Christopher Tye (um 1500–73)

ZEIT UND UMWELT
Die anglikanische Kirche behielt viel mehr alte liturgische Elemente bei als etwa die deutsche Reformation. Dennoch war auch in England eine Umgestaltung des Gottesdienstes und der gottesdienstlichen Musik erforderlich. Die Professoren für Musik an den Universitäten waren dazu berufen, die englische Kirchenmusik den neuen Erfordernissen anzupassen.

LEBEN
Christopher Tye wurde um 1500 vermutlich in Ostengland geboren und begann seine Laufbahn als Chorknabe im King's College zu Cambridge (1511), wo er auch studierte, 1545 Doctor musicae und 1548 Professor wurde. Neben dem Studium und der Professur übernahm er von 1541 bis 1561 das Amt eines Chorleiters an der Kathedrale von Ely. Er war vielleicht gleichzeitig auch Musikmeister der Kinder Heinrichs VIII. Im Jahre 1560 erhielt er die Priesterweihe. Seine kirchliche Laufbahn führte bis zur Stellung eines Rektors in Doddington-cum-Marche (Isle of Ely), wo er 1573 starb.

WERKE
Christopher Tye nimmt in der Geschichte der englischen Kirchenmusik einen wichtigen Platz ein. Durch die Auflösung der Abteien hat die Musik in England einen schweren Schlag erlitten, aber gerade Männer wie Tye haben diesen Rückfall durch ihre Tätigkeit wettgemacht. Tye hat zum Beispiel den Kompositionstypus des Anthems geschaffen. Er ist mit Recht »Vater des Anthems« genannt worden, weil seine Form bis zu den elisabethanischen Kirchenmusikern maßgebend geblieben ist.
Im einzelnen hat er 4 Messen (darunter eine

sechsstimmige), etliche Messesätze, 2 sechsstimmige und 2 vierstimmige Magnificat, 18 Anthems und bei 30 Virginaltabulierungen hinterlassen.

Besondere Aufmerksamkeit verdient seine Vertonung der vierzehn ersten Kapitel der Apostelgeschichte: »The Actes of the Apostles translated into Englyshe metre ... with notes to eche chapter, to synge and to play upon the Lute« (Apostelgeschichte, übersetzt in englisches Versmaß ... mit Noten zu jedem Kapitel, zu singen und auf der Laute zu spielen). Dieser Versuch, sakrale Musik zur Hausmusik zu machen, hat viele Nachahmer gefunden.

LITERATUR
G. Reese, Music in the Renaissance, New York 1959.

Guillaume le Heurteur
(um 1500 bis nach 1550)

ZEIT UND UMWELT
Die Erzbischofsstadt Tours war bereits unter den Karolingern durch die von Alkuin eingerichtete Domschule, in der der römische Gesang gelehrt und gepflegt wurde, ein bedeutendes Kulturzentrum. Die Tradition einer Pflegestätte der sakralen Musik behielt die Stadt während des gesamten Mittelalters bis in die Neuzeit bei. Die Domkapellen wurden stets mit vorzüglichen Sängern und Leitern besetzt.

LEBEN
Guillaume le Heurteur wurde um 1500 vermutlich in Mittelfrankreich geboren. Im Jahre 1545 scheint er als Kanonikus und Magister puerorum an Saint-Martin in Tours auf. Er dürfte seine Stelle bis zu seinem Tod nach 1550 nicht aufgegeben haben.

WERKE
Von Guillaume le Heurteur sind 4 Messen, 8 Motetten und ungefähr 25 Chansons überliefert. Weitere 17 Motetten, deren einstmalige Existenz bezeugt ist, sind verschollen. Der Stil seiner Kompositionen ist ein weiterer Beweis dafür, daß sich der typische französische Renaissancestil bereits vom franko-flämischen Stil losgelöst und ein Eigenleben begonnen hatte.

LITERATUR
H. Expert, Florilège du concert vocal de la Renaissance VIII, Paris 1928.

Hermann Matthias Werrekoren
(um 1500 bis um 1558)

ZEIT UND UMWELT
Nach der Niederlage der Franzosen bei Bicocca im Jahre 1522 bekam die Familie Sforza das von ihr auf ein hohes Kulturniveau gehobene Mailand wieder in ihre Hände. Als sodann Herzog Francesco Maria Sforza am 24. 10. 1535 verstarb, wurde die Stadt zum Reich Kaiser Karls V. geschlagen, der 1540 den nachmaligen König von Spanien, Philipp II., zum Herzog von Mailand ernannte. Damit kam es zu einer engen Verbindung der Mailänder Domkapelle mit der Königlichen Kapelle in Spanien.

LEBEN
Hermann Matthias Werrekoren (Hermann Verrecorensis Matthias, Mathia Flamengo, Matthias de Hermann, Werrecore) wurde um 1500 in Werrekoren geboren. Der flämische Komponist löste Gaffori im Jahre 1523 als Domkapellmeister in Mailand ab und führte eine gründliche Reform der Kapelle durch, die er bis 1558 leitete, dem Jahr, in dem er vermutlich in Mailand gestorben ist.

WERKE
Von seinen Kompositionen sind mehrere fünfstimmige Motetten überliefert, die den Stempel der flämischen Herkunft des Meisters tragen; außerdem das Tongemälde »La Bataglia Italiana« (Die italienische Schlacht), das die für Herzog Sforza siegreiche Schlacht bei Bicocca mit vier Stimmen ohne Instrumentalbegleitung in drei Sätzen darstellt. Diese Art deskriptiver Musik gehörte in jener Zeit noch zu den Seltenheiten.

Musikantengruppe, um 1500

LITERATUR
Fr. X. Haberl, Studie über Hermann Matthias Werrekoren, in: Monatshefte für Musikgeschichte III–IV, 1871/72.

Bernardino Lupacchino dal Vasto
(um 1500 bis nach 1555)

ZEIT UND UMWELT
Die Kapelle der Basilica di San Giovanni in Laterano galt in Rom als die bedeutendste nach der päpstlichen. Es fand öfters zwischen beiden Kapellen ein Kräfteaustausch statt, der eine gewisse Gleichrangigkeit beider Klangkörper zur Folge hatte. Jedenfalls war die Mitgliedschaft an der Laterankapelle, die zuweilen weniger persönliche Beschränkungen auferlegte, nicht weniger ehrenvoll und begehrt als eine Stelle bei der päpstlichen Kapelle.

LEBEN
Bernardino Lupacchino dal Vasto (Luppachino, Luppagino, eigentlich Bernardino Carnefresca) wurde um 1500 in Vasto geboren. Er war Musiker und Priester und wirkte ab 1543 an der Kirche Santa Maria in Vasto. Im Jahre 1552 löste er Paolo Animuccia als Kapellmeister an der Basilica di San Giovanni in Laterano ab, erhielt aber bereits 1555 Palestrina als Nachfolger in diesem Amt. Er dürfte in Rom bald nach 1555 gestorben sein.

WERKE
Der italienische Komponist Bernardino Lupacchino dal Vasto hat 2 Bücher mit vierstimmigen und eines mit fünfstimmigen Madrigalen herausgebracht. Berühmt wurde er jedoch durch das Buch mit textlosen Bicinien, die bis in das 18. Jahrhundert immer wieder nachgedruckt und wegen ihres reizenden Klanges gerne gespielt wurden.

LITERATUR
A. Einstein, The Italian Madrigal I, Princeton, N. J. 1970.

Robert Okeland
(um 1500 bis nach 1560)

ZEIT UND UMWELT
König Edward VI. von England folgte als Neunjähriger seinem Vater Heinrich VIII. auf den Thron nach (1547). Er war fünfzehn, als er starb, und hatte nie tatsächlich regiert. Musik wurde komponiert anläßlich seiner Krönung, zum Tode des Vaters und für seine eigene Beisetzung.

LEBEN
Robert Okeland (Hockland) wurde um 1500 vermutlich in London geboren. Er war an irgendeiner Kirche Londons tätig, ehe er Gentleman der Chapel Royal wurde. Die Restauration unter Königin Maria I. dürfte er heil überstanden haben und erst unter Elisabeth I. in London nach 1560 gestorben sein.

WERKE
Von dem Kirchenmusiker Robert Okeland ist eine vierstimmige Messe überliefert, die ihn den englischen Meistern der Hochrenaissance an die Seite stellt. Darüber hinaus sind etliche schöne Anthems erhalten, die anläßlich verschiedener Hoffeierlichkeiten komponiert wurden.

Gregor Peschin (um 1500 bis nach 1547)

ZEIT UND UMWELT
Die Schüler Hofhaymers sind im 16. Jahrhundert überall im österreichisch-süddeutschen Raum anzutreffen. Eine Übersicht über die Kapellen, an denen sie wirkten und lehrend Enkelschüler des bedeutenden Meisters ausbildeten, würde nahezu alle einigermaßen namhaften erfassen, in denen einer der Meister den Stil des Altmeisters zur Basis weiterer Entwicklung machte. Man darf ohne Einschränkung behaupten, daß von diesen Schülern ausgehend die Musikentwicklung Mitteleuropas trotz aller Vielfalt eine gewisse Einheitlichkeit darbietet.

LEBEN
Gregor Peschin (Pesch, Pesthin, Petschin, Posthinus) wurde um 1500 in Böhmen geboren. Er war Schüler Hofhaymers und von 1530–37 Stadtorganist in Salzburg, dann in Weingarten. Im Jahre 1543 wurde er Hoforganist des Pfalzgrafen Ottheinrich in Neuburg und erhielt kurz darauf die gleiche Stellung in Heidelberg, wo er nach 1547 starb.

WERKE
Von Gregor Peschin sind 6 Messen, mehrere liturgische Sätze, über 30 Motetten und ein Psalm, überdies mehr als 50 deutsche Lieder erhalten. Der Stil der sakralen Musik ist durch den Lehrer, der eine Ode seines Schülers veröffentlichte, geprägt. Die Lieder stehen vielleicht im Schatten Senfls.

LITERATUR
A. Lager, Pfalzgraf Ottheinrich und die Musik, Archiv für Musikwissenschaft XV, 1958.

Michel Menehou
(um 1500 bis nach 1558)

ZEIT UND UMWELT
Die Kapellen des Hofes und der Kathedrale Notre-Dame waren im Paris des 16. Jahrhunderts nicht mehr die einzigen Musikpflegestätten von Rang. Einzelne Kirchen wetteiferten miteinander durch Aufstellen ausgezeichneter Chöre und Aufnahme ausgezeichneter Kapellmeister und Organisten, von denen manche auch kompositorisch tätig waren. Parallel dazu lief eine immer intensivere Pflege der Chanson, welche immer mehr zu einem gewissen Manierismus tendierte, eine Entwicklung, die mit dem Ablauf der Zeit zur vollen Entfaltung kommen sollte.

LEBEN
Michel Menehou wurde vermutlich in Paris um 1500 geboren und wirkte nach seiner Ausbildung als Knabenchorleiter an der Kirche Saint-Maur-des-Fossés bei Paris. Gleichzeitig war er als Musiktheoretiker tätig. Er starb vermutlich in Paris nach 1558.

WERKE

Neben seinem 1558 erschienenen Traktat über die Schwierigkeiten der Musik, dem eine Chanson beigegeben ist, sind von Michel Menehou 8 vierstimmige Chansons überliefert, die durch ihren frischen Ton auffallen.

Tuttovale Menon
(um 1500 bis nach 1548)

ZEIT UND UMWELT

Das kleine Correggio in der Emilia war bereits seit über 300 Jahren selbständig und im Jahre 1452 sogar zur Grafschaft erhoben worden. Es war auch die Heimat großer Söhne. Der Maler Antonio Allegri (1491 bis 1534) machte den Namen seiner Geburtsstadt zu seinem eigenen. Auch der Komponist Claudio Merulo nannte sich gerne Claudio da Correggio.

LEBEN

Tuttovale Menon (Tutualle) wurde um das Jahr 1500 in Frankreich geboren und vermutlich auch dort zum Musiker ausgebildet. Er ging nach Italien und war in Correggio Lehrer des Claudio Merulo und wahrscheinlich gleichzeitig bei den Grafen da Correggio bedienstet. Er dürfte auch im Dienst der Herzogin Réné von Ferrara gewesen sein. Er starb vermutlich in Correggio nach dem Jahr 1548.

WERKE

Als Lehrer des bedeutenden Komponisten und Organisten Merulo gebührt dem Franzosen Tuttovale Menon eine Erwähnung. Auch die vierstimmigen Madrigale, die er der Herzogin von Ferrara gewidmet hat, reihen ihn zu den namhaften Musikern der Renaissance ein. Ihr Satz ist gut und klangreich durchgearbeitet.

Sigmund Salminger (um 1500–54)

ZEIT UND UMWELT

Jede Revolution hat ihre Parteigänger, die nach erreichtem Ziel nicht stehenbleiben wollen, sondern zu neuen Zielen weiterschreiten und damit zum neu etablierten System in Gegensatz geraten. Die zu weit Fortgeschrittenen werden ebenso als Feinde behandelt wie die Zurückgebliebenen. Und die Behandlungsmethode wird sehr oft dem besiegten System entlehnt.

LEBEN

Sigmund Salminger (Salbinger, Salblinger) wurde um 1500 in München geboren. Er trat dem Franziskanerorden bei, verließ ihn aber bereits in der ersten Reformationszeit, heiratete und kam 1527 nach Augsburg. Dort schloß er sich einer Wiedertäufergruppe an, kam als Sektierer in Haft, mußte 1530 abschwören und wurde ausgewiesen. Einige Jahre darauf durfte er wegen seines Wohlverhaltens zurückkehren, erhielt eine Stelle als Schullehrer und dann als Stadtpfeifer. Auch der Buchhandel wurde ihm gestattet. Er ist im Jahre 1554 gestorben.

WERKE

Das Hauptverdienst Sigmund Salmingers besteht in der Sammlung und Herausgabe von anderswo nur selten anzutreffenden Komponisten und deren Stücken. Außerdem veröffentlichte er die erste vollständige Ausgabe der Psalmen in deutscher Sprache mit Melodien und dem Titel: »Der gantz Psalter«. In seinen Publikationen von Vokalmusik sind auch eigene Kompositionen eingestreut, die von einer hohen Musikalität und Kompositionstechnik des Meisters sprechen.

Pierre Moulu (um 1500 bis um 1560)

ZEIT UND UMWELT

Das Todesjahr des franko-flämischen Großmeisters Josquin Desprez wird nicht selten als Schicksalstermin für den beginnenden Abstieg der ganzen Schule genannt, weil sie ab nun erlahmte, als hätte sie das Herz verloren, das sie ständig mit neuem Blut versorgte. Das dürfte, wenn auch die Schule im Verlauf des 16. Jahrhunderts ihre Rolle als führendes Musikzentrum Europas abtreten mußte, nicht den Tatsachen entsprechen. Die Ursachen sind vielmehr im Umstand zu suchen, daß in anderen Ländern eine selbständige Musikentwicklung einsetzte, die von der franko-flämischen Schule unabhängig geworden war, sowie in dem wirtschaftlichen und gesellschaftlichen Niedergang des Raumes der Schule. Der Wegfall des Hofes brachte dem Volk zwar eine politische Freiheit, aber auch den Verlust eines kulturellen Kraftzentrums. Dazu kam ein zumindest vorübergehender wirtschaftlicher Rückschlag. Der Überseehandel und der Gold- und Silberzufluß aus den entdeckten Ländern hatte andere Reiche wirtschaftlich gehoben und gestärkt. Es waren große Umstellungen nötig, sich hier erneut einzureihen. Und schließlich steigen auf unserer Erde seit alters Kulturzentren aus der Mittelmäßigkeit auf und sinken nieder, ohne daß es jemals möglich war, die letzten Ursachen hierfür zu erforschen. Manche Vorgänge der Kulturgeschichte und besonders der Musikgeschichte bleiben transzendent, so viele Erklärungen wir hierfür suchen und finden. Vieles an der Kunst und ihrer Geschichte ist eben unbegreiflich und muß es möglicherweise auch sein, weil das Unbegreifliche ein wesentliches Merkmal der Kunst zu sein scheint.

LEBEN
Der franko-flämische Komponist Pierre Moulu wurde um 1500 vermutlich in Nordfrankreich geboren und war ein Schüler Josquins. Über sein Leben und Wirken ist nichts bekannt, außer daß es sich wahrscheinlich im französischen Raum abgespielt hat. Er dürfte um 1560 auch dort gestorben sein.

WERKE
Pierre Moulu hat mehrere sehr geschätzte Messen hinterlassen. Davon wurde die vierstimmige Missa duarum facierum (Messe mit zwei Gesichtern), die mit oder ohne Pausen gesungen werden konnte, am stärksten vorgezogen. Von den Motetten ist die vierstimmige »Sicut malus« mehrfach in Tabulaturen aufgenommen worden, was für ihre Beliebtheit spricht. Eine andere verwendete Palestrina für eine seiner Messen als Cantus firmus. In diesem Werk ist der Stil von Josquin sehr deutlich. Die erhaltenen Chansons hingegen folgen dem in Paris mittlerweile entstandenen eigenständigen Stil.

LITERATUR
J. C. Chapman, The Works of Pierre Moulu, A Stylistic Analysis, New York 1964.

Dominicus Phinot
(um 1500 bis um 1558)

ZEIT UND UMWELT
Im 16. Jahrhundert erlebte Lyon seine höchste Blütezeit. Es wurde während der Kriege in Italien Sitz des französischen Hofes und der Regierung. Der Wohlstand der Kaufleute und der Banken, die Druckereien und die Leistungen der Dichter und Schriftsteller wie Maurice Scève (1501–64), Pernette du Guillet (1520–45) oder Louise Charly Perrin Labé (1520–66) hoben die Stadt zu einem politischen, ökonomischen und literarischen Zentrum Frankreichs.

LEBEN
Dominicus Phinot (Dominique Finot) wurde um 1500 vermutlich in oder bei Lyon geboren. Ob er in Lyon gelebt und gewirkt hat, ist nicht gesichert, obschon es wahrscheinlich ist. Er dürfte auch in der Stadt um 1558 gestorben sein.

WERKE
Der neapolitanische Musikforscher Don Pietro Cerone (1566–1625) bezeichnete Dominicus Phinot als Vorbild Palestrinas. Ein Stilvergleich beider Meister hat diese Ansicht bestätigt. Die von Phinot überlieferten Werke, eine vierstimmige Messe, ein Buch mit vierstimmigen Psalmen, 2 Magnificat, je 2 Bücher mit fünf- bis achtstimmigen Motetten und vierstimmigen Chansons, weisen in manchen Teilen eine gewisse Ähnlichkeit mit den Frühwerken des großen Meisters des Jahrhunderts auf. Besondere Aufmerk-

samkeit verdienen die Lamentation »Incipit Oratio« und die 3 Motetten »Sancta Trinitas«, »Jam non dicam« und »Tanto tempore nobiscum«, die für zwei antiphonal eingesetzte Chöre geschrieben sind.

LITERATUR
P. S. Hansen, The Life and Works of Dominicus Phinot, North Carolina 1939.

Luys de Narváez
(um 1500 bis nach 1551)

ZEIT UND UMWELT
Einem Musiker jener Zeiten blieb im großen und ganzen, von einigen Ausnahmen abgesehen, nur die Wahl zwischen dem Kirchendienst oder dem Fürstendienst, wobei der Dienst an einer Kathedrale der Stellung an einem Hof augenscheinlich vorzuziehen war. Der Hofdienst bot zweifellos große Vorteile, aber im Grund war der Musiker ein Mitglied der Dienerschaft wie der Koch oder der Friseur. Eine private Inanspruchnahme über den Dienst hinaus wurde den Mitgliedern einer kirchlichen Kapelle in der Regel nicht abverlangt. Wenn die Obliegenheiten wie Gottesdienste und Ausbildung erledigt waren, blieb noch viel Freiheitsraum übrig.
Ein Lautenist hatte diese Wahl nicht, weil die Kirchen sein Instrument nicht verwendeten. Er mußte bei einem Hof unterkommen und das Leben eines gut gehaltenen Sklaven führen. Wenn der Dienstgeber nachts Musik zu hören wünschte, konnte sich der Musiker nicht weigern zu spielen. Er war grundsätzlich, wie eben ein Sklave, unfrei. Es blieb ihm nur die Möglichkeit, den Dienst aufzugeben, um anderswo ein ähnliches Sklavendasein zu führen, wo er um etliche Grade besser behandelt wurde, wo ihm sogar ein gewisses Maß an Achtung, vielleicht sogar eine Art Freundschaft entgegengebracht wurde. Jedoch auch die wertvollen Sklaven im alten Rom trugen goldene Ketten.

LEBEN
Luys de Narváez (Narbaez, Narbais) wurde um 1500 in Granada geboren. Über seine Ausbildung zum Vihuela-Virtuosen und sein Leben bis zum Jahr 1538, in dem er in den Dienst des Komturs Don Francisco de los Cobos in Valladolid trat, ist nichts bekannt. Offenbar über Vermittlung des Komturs, der mit Kaiser Karl V. sehr befreundet war, kam Narváez in den Dienst des Infanten Philipp, des nachmaligen Königs Philipp II., als Leiter der Kapellknaben. Er mußte den König bis 1551 auf seinen Reisen durch Flandern, Italien und Deutschland begleiten und starb nach 1551 in Valladolid.

WERKE
Narváez soll als Vihuelist eine solche Geläufigkeit entwickelt haben, daß er den Eindruck erwecken konnte, er spiele alle Stimmen eines vierstimmigen Stückes zugleich. Die Brillanz seines Spieles geht aus seinen komponierten Stücken hervor, mit denen er als erster in Spanien Variationen zu Gehör brachte und damit einen weiteren Schritt zur reinen Instrumentalmusik tat. Seine Kompositionen bestehen zum Großteil aus Transkriptionen. In seinem Tabulaturwerk sind neben 14 Originalfantasien 5 Bearbeitungen von Messefragmenten Josquins, 6 Variationen über ein gregorianisches Thema und weitere Variationen über 3 Romanzen enthalten. Außerdem sind eine vierstimmige und eine fünfstimmige Motette in Sammelwerken überliefert.
Obgleich es darüber keinen Bericht gibt, besteht kein Zweifel, daß Narváez Don Luys Milan persönlich oder zumindest Werke von ihm gekannt hat, weil einzelne Modulationen nicht zufällig bei beiden Meistern auftreten konnten. Aber er hat den gleichaltrigen Virtuosen aus Valencia um einiges hinter sich gelassen.

LITERATUR
E. Pujol, La musique instrumentale de la Renaissance, Paris 1954.

Cristóbal de Morales (um 1500–53)

ZEIT UND UMWELT
In der Bibliothek der Kapelle der Kathedrale

Cristóbal de Morales (um 1500–53)

Leben

Christóbal (Cristoval) de Morales wurde um 1500 in Sevilla als Sohn eines Sängers gleichen Namens geboren. Sein erster Lehrer war Fernández de Castilleja, seine erste Stellung die eines Kapellmeisters von Ávila und von Plasencia (8. 8. 1526 bis 12. 10. 1530). Am 1. 9. 1535 wurde er unter Papst Paul III. in die päpstliche Kapelle als Tenorist aufgenommen und 1536 zum Comes Sacri Palatii et Aulae Lateranensis ernannt. Gleichzeitig mit ihm sangen in Rom Escribano, Escobedo und Ordoñez. Im Jahre 1545 kehrte er nach Spanien zurück und wirkte bis 1547 als Kapellmeister in Toledo, dann in Marchena und Sevilla und schließlich ab 1551 in Málaga, wo er wahrscheinlich im September 1553 gestorben ist. Verhandlungen über eine neuerliche Tätigkeit in Toledo konnten zu keinem Ziel mehr führen.

Cristóbal de Morales

von Sevilla befand sich ein Manuskript mit Chören von Josquin und Motetten von Gombert, der wahrscheinlich als Kapellmeister Karls V. im Jahre 1526 nach Sevilla gekommen war. Das beweist, wie hoch die franko-flämische Tradition in jener südspanischen Stadt gehalten wurde. Wer also dort musikalisch erzogen wurde, wuchs in diese Stiltradition hinein, wenn ihr auch typisch spanische Elemente beigemengt waren. Die spanischen Musiker, die zeitweise an der päpstlichen Kapelle in Rom bedienstet gewesen waren, brachten den italienisch modifizierten flandrischen Stil mit, so daß sich unter der lastenden Sonne der Landschaft und dem schweren Prunk der spezifischen Liturgie der dunkle, nahezu geheimnisvolle Klang sevillanischer Kirchenmusik bilden konnte.

Werke

Cristóbal de Morales war bei seinen Zeitgenossen außerordentlich geschätzt. Man rühmte an ihm die ausgezeichnete Führung der Stimmen, das Zurückgreifen auf homophonen Ausdruck, wenn es die Wortbedeutung erforderte, und die Ausnützung der Gestaltungskraft der phrygischen Tonart nach, die auch für die spanische Volksmusik typisch ist. Seine gewissenhafte Kontrapunktik wurde sehr gelobt. Er selbst war leidenschaftlich auf Klarheit des Ausdrucks bedacht. In einer Auseinandersetzung mit dem andalusischen Musikwissenschaftler und Komponisten Juan Bermudo erklärte er: »Wenn das, was etliche Organisten machen, klargelegt würde, könnten wir alle ihre Fehler entdecken.« Die Musik hatte nach seiner Meinung der Seele Adel und Erhabenheit zu verleihen. Er verfolgte diesen Grundsatz genau, auch auf Kosten des Klanges.

Von seinen Kompositionen sind 21 Messen für vier bis sechs Stimmen, ein Fragment einer vierstimmigen Totenmesse und ein Totenofficium, 14 vierstimmige Magnificat, 91 Motetten für drei bis acht Stimmen, vier- bis sechsstimmige Lamentationen, 11 Hymnen und ein vierstimmiges Madrigal erhalten.

Cristóbal de Morales (um 1500–53)

Notendruck aus dem Werk »Magnificat« von Cristóbal Morales

Jubilate omnis terra (Jauchzet dem Herrn, alle Welt), Motette für sechs Stimmen, zwei Teile

Diese Motette wurde für die von Papst Paul III. arrangierte Friedenskonferenz zwischen Karl V. und Franz I., die 1538 in Nizza stattfand, geschrieben. Der Papst brachte zwanzig Sänger seiner Kapelle mit, die er mit Samtröcken und weißen Chorhemden ausstattete; Instrumentalisten wurden auf der Reise aufgenommen – Posaunisten in Bologna, Geiger in Mailand, Trompeter, Trommler und Pommerbläser in Genua.

Die beiden Sätze sind mittels einer achtzehnmaligen Wiederholung eines Motives eng miteinander verbunden, wobei die Repetition von einer Mittelstimme gebracht und der Text vorgetragen wird, während die anderen über die Verdienste des Papstes, des Kaisers und des Königs dialogisieren und die gesamte Welt aufmuntern, Gott zu loben, weil der Abschluß eines wahrhaft christlichen Friedensvertrages ein neues, glückliches Zeitalter eingeleitet habe. Der Text lautet: Jauchzet dem Herrn, alle Welt; singet ihr alle, jauchzet und musizieret, denn, überzeugt durch Paul, haben Karl und Franz, Fürsten der Welt, Eintracht gefunden, und der Friede ist vom Himmel herabgestiegen. O glückliches Zeitalter, o glücklicher Paul. O ihr glücklichen Fürsten, die ihr dem christlichen Volk Frieden brachtet. Es lebe Paul! Es lebe Karl! Es lebe Franz! Sie mögen leben, alle zugleich, und uns Frieden schenken in Ewigkeit! Freuen wir uns.

Missa quaeramus cum pastoribus

Pastoralmesse für fünf Stimmen auf der Motette »Quaeramus cum pastoribus«, deren Autor nicht identifiziert wurde. Möglicherweise diente dem unbekannten Komponisten die gleichnamige Weihnachtsmotette von Jehan Mouton als Vorlage. Das Kyrie setzt mit sattem Vollklang ein. Der Cantus firmus wird vom Tenor und von der Oberstimme, begleitet vom dichten Geflecht der anderen Stimmen, alternierend und imitierend vorgetragen. Der Mittelsatz – Christe – läßt bereits den pastoralen Charakter der ganzen Messe erkennen. Das Gloria beginnt nahezu rezitierend, dann schwingt sich die Oberstimme jubilierend in die Höhe, und die anderen Sänger mit dem Tenor voran entwickeln die Durchführung des Cantus wie einen feingewobenen Teppich, allerdings ohne die Textbedeutung zu berücksichtigen. Zu einem Ansatz zur Wortausdeutung kommt es erst beim Crucifixus im Credo. Stärker wird diese Tendenz am Beginn des Sanctus mit einer Reihe homophoner Akkordklänge und im Osanna. Unwirklich schwebend, wie von oben herab klingend betont das Benedictus den Anlaß zu dieser Messe und wird dadurch zum Glanzstück des ganzen Werkes. Im Agnus wird der Cantus firmus erneut angestimmt und mit überraschender Wendung zu einem ruhig ausklingenden Pacem geführt.

LITERATUR

R. Stevenson, Spanish Cathedral Music in the Golden Age, Berkeley, Calif., 1961.

Pedro Ordoñez (um 1500–50)

ZEIT UND UMWELT
König Alfonso VIII. von Kastilien (1155 bis 1214) gründete in Valencia 1208 die erste Universität auf spanischem Boden. Die Kathedrale des altehrwürdigen Bischofssitzes wurde 1221 von Alfonso IX. begonnen und war bereits im Mittelalter eine bekannte Pflegestätte der Kirchenmusik.

LEBEN
Pedro Ordoñez, spanischer Kirchenmusiker, ist um 1500 in Kastilien geboren. Am 29. 4. 1539 wurde er Mitglied der päpstlichen Kapelle in Rom, am 11. 1. 1545 fand seine Wahl zum Abt statt; er nahm am 13. 12. desselben Jahres an der Eröffnung des Konzils in Trient teil und begleitete es 1547 nach Bologna. An der Behandlung der Form der Kirchenmusik nahm er nicht mehr teil, weil diese erst 1562 begann und er 1550 in Rom verstarb.

WERKE
Die Kompositionen von Pedro Ordoñez standen im Schatten seines Landsmannes Morales. Die Messen, Motetten und Psalmen sind mustergültig gearbeitet und beweisen, daß der flämische Stil sich bereits in ganz Spanien durchgesetzt hatte, sind aber etwas glanzlos und klangleer.

Antoine Barbé (um 1500–64)

ZEIT UND UMWELT
In der 1. Hälfte des 16. Jahrhunderts stand Antwerpen auf einem wirtschaftlichen und kulturellen Höhepunkt. Quentin Massys (1465–1530) war Hauptbegründer der Antwerpener Malerschule, der in der Folgezeit Namen wie Peter Paul Rubens, Jakob Jordaens und Pieter Breugel angehörten. Die Religionskämpfe der zweiten Jahrhunderthälfte brachten starke Rückschläge, von denen sich die Stadt nur nach langer Frist erholen konnte.

LEBEN
Antoine Barbé (Barbe) wurde um 1500 in Antwerpen geboren und ausgebildet. Er war von 1527 bis 1562 Kapellmeister der Kathedrale der Stadt und starb am 2. 12. 1564.
Sein Sohn Antoine Barbé (vor 1548, Antwerpen, bis 10. 2. 1604, Antwerpen) wirkte in seiner Geburtsstadt als Organist und Komponist.
Dessen Sohn Antoine Barbé (um 1578, Antwerpen, bis 15. 3. 1626, Antwerpen) wurde 1596 Organist an der Jakobskirche der Stadt und war als Musiklehrer tätig.

WERKE
Von Antoine Barbé sind eine vierstimmige Messe, mehrere Motetten und Chansons erhalten, die dem Stil der letzten niederländischen Schule folgen.
Von seinem Sohn sind einige Tänze für Instrumentalmusik überliefert.

Michel Ferrier (um 1500 bis nach 1550)

ZEIT UND UMWELT
Die Psalmen Davids gehörten neben den Lamentationen Jeremiae zu den beliebtesten Texten für reformierte Komponisten, vor allem der calvinistischen. Besonders die französischen Übersetzungen hatten die Verse des königlichen Dichters dem Volk nahegebracht und ihren Gefühlsgehalt aufgeschlossen.

LEBEN
Michel Ferrier wurde um 1500 in Cahors, Lothringen, geboren. Über sein Leben und Wirken ist nichts bekannt. Er dürfte in seiner Heimat als Kantor tätig gewesen und dort bald nach 1550 gestorben sein.

WERKE
Von dem französischen Komponisten Michel Ferrier sind 49 Psalmen Davids, dreistimmig polyphon, mit Verwendung von Hugenottenmelodien überliefert. Die Vertonung ist auf starke Klangwirkung abgestellt, so daß man ihre Beliebtheit bei den Zeitgenossen versteht.

Eustache Barbion (um 1500–56)

Zeit und Umwelt
Es ist ein Phänomen aller Künste, daß Stilgattungen bis zu einem gewissen Höhepunkt vorgetrieben werden, von dem es in der eingeschlagenen Richtung nicht mehr weitergeht. Die nachfolgenden Meister können nur mehr festigen, vertiefen oder verfeinern und nachahmen. Pragmatiker, die die erreichte Perfektion eines Stiles für die einzige Möglichkeit halten und daher starr daran festhalten, gibt es auf allen Gebieten und haben noch nie einen Fortschritt ernstlich hemmen können, denn der wahre Künstler gibt sich mit keinem Epigonentum zufrieden.

Leben
Eustache Barbion wurde um 1500 vermutlich in Cambrai geboren. Ab 1543 war er Chormeister an Notre-Dame in seiner Geburtsstadt, in der er im Juli 1556 gestorben ist.

Werke
Von dem franko-flämischen Komponisten Eustache Barbion sind fünf- bis sechsstimmige Motetten und etliche vier- bis fünfstimmige Chansons überliefert. Sie folgen dem Stil der letzten franko-flämischen Schule, sind aber voll origineller melodischer Einfälle.

Literatur
J. Schmidt-Görg, Die Acta capitularia der Notre-Dame-Kirche zu Kortrijk, Vlaamsch Jaarboek voor Muziekgeschiedenis I, 1939.

Virgilius Haugk (um 1500 bis um 1555)

Zeit und Umwelt
Breslau (Wrocław), das ab dem 10. Jahrhundert polnisch war, kam 1335 zu den Ländern der böhmischen Krone und wurde somit 1526 mit ganz Böhmen habsburgisch. Die Kapellen des Domes und der anderen Kirchen beschäftigten vorwiegend Musiker aus Polen oder Böhmen, hielten jedoch enge Beziehungen mit den Musikzentren der westlichen Nachbarländer aufrecht.

Leben
Virgilius Haugk dürfte um 1500 in Böhmen geboren und in Prag ausgebildet worden sein. Im Jahre 1538 kam er nach Breslau als Leiter des Knabenchores an die Elisabeth-Kirche. Er übte diese Tätigkeit bis 1544 aus und starb in Breslau um 1555.

Werke
Von dem böhmischen Musiker und Musiktheoretiker Virgilius Haugk sind 4 Hymnenkompositionen und ein überaus kunstvolles Choralquodlibet »Wir glauben all – Vater unser« erhalten. Einige lateinische Sätze sind handschriftlich überliefert. Bekannt wurde sein Name aber vor allem durch sein Lehrbuch über Choral- und Mensuralmusik.

Literatur
J. Saas, Die kirchenmusikalischen Ämter und Einrichtungen an den drei evangelischen Haupt- und Pfarrkirchen der Stadt Breslau, Breslau 1922.

Philip Ap Rhys (um 1500 bis nach 1559)

Zeit und Umwelt
König Heinrich VIII. von England löste ab 1532 alle Klöster Londons auf und zog ihr Eigentum ein. Von den Kirchen wurden zehn übernommen und zu Pfarrkirchen der neuen Konfession gemacht, die übrigen anderen Zwecken zugeführt. Da doch eine Reihe von Musikern den Konfessionswechsel ihrer Kirche nicht mitmachen wollte, fanden zugewanderte ein verhältnismäßig leichtes Unterkommen.

Leben
Philip Ap Rhys wurde um 1500 vermutlich in Wales geboren. Es ist unbekannt, wo er gewirkt hatte, ehe er die Organistenstelle an St. Mary-at-Hill in London bekam. Im Jahre 1547 gab er diese Stelle auf, weil er Chorleiter an St. Paul's in London wurde. Er starb in London nach dem Jahr 1559.

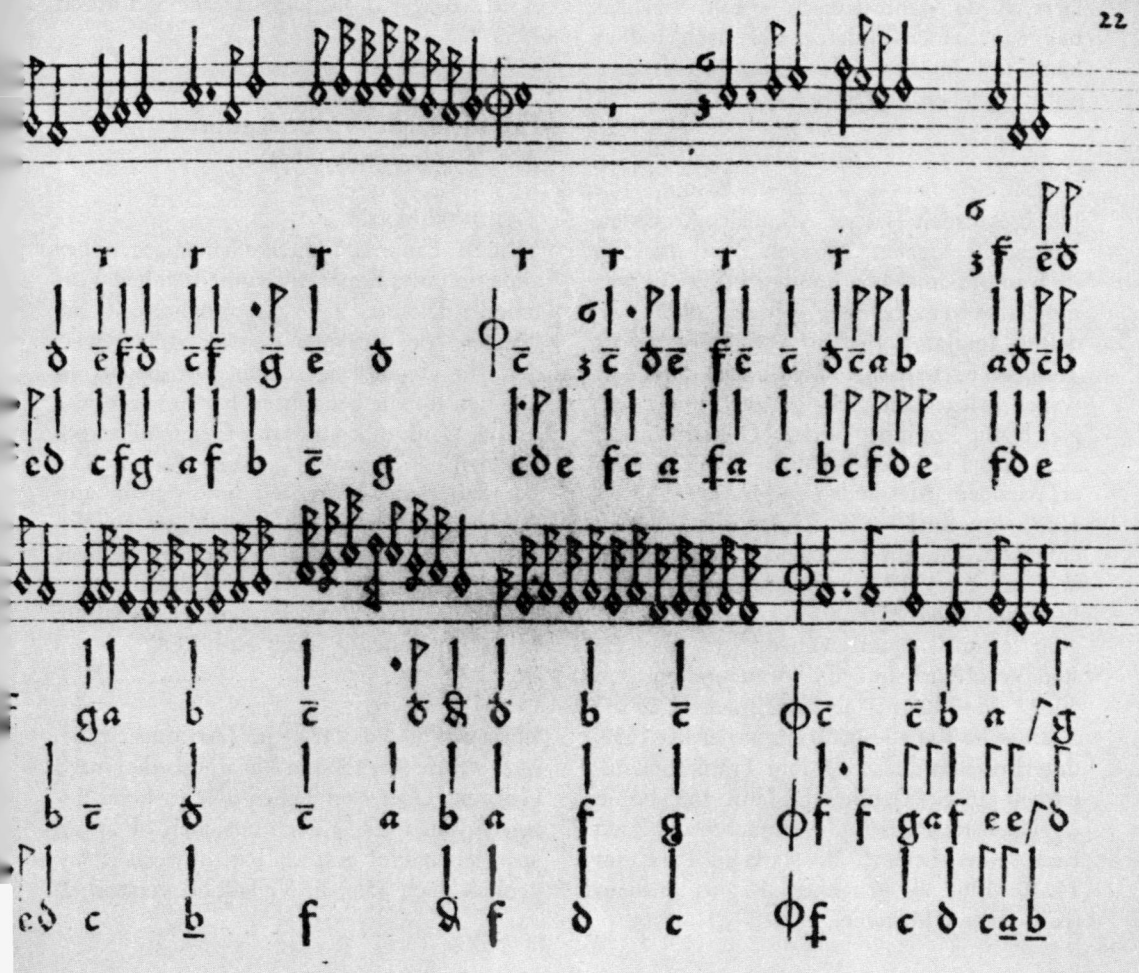

»Tabulatur etlicher Lobgesang und Lidlein uff die Orgeln«, Mainz 1512

Jakob Arcadelt (um 1500–68)

Werke
Von dem walisischen Kirchenmusiker Philip Ap Rhys sind eine Motette, ein Miserere und eine Orgelmesse überliefert. Den drei Werken liegen gregorianische Melodien zugrunde. Alles andere ist verschollen. Die Orgelmesse verdient besonderes Interesse als frühes Beispiel ihrer Art.

Literatur
H. Naillie, A London Church in Early Tudor Times, in: Music and Letters 36, 1955.

Zeit und Umwelt
Die franko-flämischen Musiker waren in beinahe allen Ländern Europas führend. Da trotz des Vordringens der Instrumentalmusik das Singen noch immer dominierend war, gab die ausgezeichnete Gesangsschulung der Niederländer den Ausschlag. Als Leiter von Kapellen waren sie konkurrenzlos und überall begehrt. Auch ihre starke Anpassungsfähigkeit an fremde Stileigen-

Leben

Jakob Arcadelt (Jachet Arkadelt, Archadet, Harcadelt, Arcadet, Arcadente) ist um 1500 im franko-flämischen Raum geboren. Er war möglicherweise Schüler Josquins oder Verdelots. Im Jahre 1530 ist er in Florenz als Tenorist nachweisbar. Bald darauf dürfte er wegen kriegerischer Ereignisse Florenz (zugleich mit Philippe Verdelot) verlassen und sich nach Lyon begeben haben. 1532 kehrte er, nachdem Alessandro de'Medici (1511 bis 1537) von Karl V. als Regent von Florenz eingesetzt worden war, wieder zurück, blieb aber nur bis 1537, um den Wirren nach der Ermordung des Herzogs auszuweichen, und ging vermutlich nach Venedig, um seine ersten Veröffentlichungen vorzubereiten. Am 30. 12. 1540 kam er als Kapellmeister an die Sixtinische Kapelle in Rom, wo er bis 1551, unterbrochen durch ein Jahr Frankreichaufenthalt (1546/47), blieb. Im Jahre 1555 begab er sich nach Paris und verbrachte dort den Rest seines Lebens. Er starb in Paris am 14. 10. 1568 als ernannter Regius musicus (Königlicher Musiker).

Werke

Der Ruhm Arcadelts beruht auf seinen Madrigalen, die zu den besten ihrer Art gezählt werden. Er brachte 5 Bücher mit vierstimmigen und eines mit dreistimmigen Madrigalen heraus, die eine Vielzahl an Auflagen erreichten. Weiters erschienen ein Buch mit vier- und fünfstimmigen Messen und ein Buch mit vierstimmigen Motetten. In Sammeldrucken der Zeit werden viele Madrigale, Chansons, Motetten und Villanellen gebracht, einige Werke liegen nur handschriftlich vor. Jakob Arcadelt gehörte zu den Größen der Renaissancemusik. Seine Wertschätzung erlitt durch den Zeitablauf seit seinem Tod bis heute keine Minderung.

Literatur

A.-M. Bragard, Jacques Arcadelt, Lüttich 1956.

Enríquez de Valderrábano
(um 1500 bis nach 1557)

Zeit und Umwelt

Vihuela, Laute und Gitarre haben gegenüber anderen polyphonen Instrumenten den Vorteil der leichten Transportmöglichkeit. Sie können von Instrumentalisten bedient werden, die gleichzeitig singen. Der Bedarf an Stücken für die genannten Instrumente war immer groß, er konnte mit Originalkompositionen nur teilweise gedeckt werden. Daher haben die Virtuosen schon früh zum Ausweg der Bearbeitung von Motetten, Villancicos, Volks- und Tanzliedern, ja sogar von Messeteilen gegriffen und damit ihrem Publikum das Vergnügen bereitet, bekannte Melodien in neuer Form zu hören.

Leben

Enríquez de Valderrábano (Arriquez, Enrique) wurde um 1500 in Peñaranda de Duero geboren. Über sein Leben gibt es keine Informationen. Es ist auch unsicher, ob er am spanischen Hof gespielt hat, obwohl er angeblich nach 1557 in Valladolid verstorben ist.

Werke

Valderrábano hinterließ einen »Libro de música de vihuela«, der offenbar als Lehrgang für dieses Instrument gedacht war, aber gleichzeitig als Übungs- und Vortragsbeispiele Bearbeitungen von polyphonen Sätzen, Volks- und Tanzliedern und Stücken zeitgenössischer Meister bringt, aber auch einige Originale. Der Satz ist virtuos und zugleich sehr dicht und klangvoll. Sowohl die Bearbeitungen wie die Originalkompositionen sind das Werk eines Künstlers.

Literatur

W. Apel, Early Spanish Music for Lute and Keybord Instruments, The Music Quarterly XX, 1934.

Ilz qui veult
avoir art a pudre.
A. xij. choses
doit entendre.
La premiere est
qui doit estre.
selon ou ses cuers vuet le tire
t ou sa nature l'encline
ar la chose enuis bien define.
uen veult encontre son gre faire
vat nature li est contraire
mme son maistre. et so mestier
us tout. et ce li est mestier
ul loueurs obeisse et serue

Prosperite ne puet autrement
Doctrine rechpue humbleut
Et bu se gart quil continue
Car science envis retenue
Est et d'legier oubliee
Quant elle n'est continuee
Soing, penser, dsir, et savoir
It si pourra science avoir
Et lentre prengne en ione aage
Auis quen malice son courage
ue p trop grant cognoissance
ar le droit estat d'innocence
essamble apprennent la table
blanche jolie. qui est able
a recevoir sans nul contraire

Buchmalerei zur lyrischen Verserzählung »De Remède de Fortune« vom Dichter-Komponisten Guillaume de Machaut, Mitte 14. Jahrhundert: Die Ankunft Machauts im Schloß seiner Dame

Tanzszene im Freien – Buchmalerei aus dem 14. Jahrhundert

rent crier et raisonner
et lun a lautre raisonner
francoys, breton alemant
combant angloys ot et normant
et maint autre divers langage
estoit si ou droite rage
dautre part veist pigmer
olir comvoyer a liquier
alles trenchans et eaulz purer
et pour leur mestre pain parer
aire tailloirs de mander napes
et de leur mais oster les rapes
un seoir ius lautre troter

A mui plus et aiuide tiaus
A ucoys quon alast asseoir
E stoit merueilles a veoir
C ar il menoient mlt grt noise
A inssi com chascun crie t noise
E ntres tost la messe est chantee
E t haue est presta cor ne
Q uat en ot chante tout auant
C hascuns ala a son retrait
Q ui dust son corset desuetir
p our le ceint ouuert vestir
C om ment lamant fu
A u disner sa uauic.

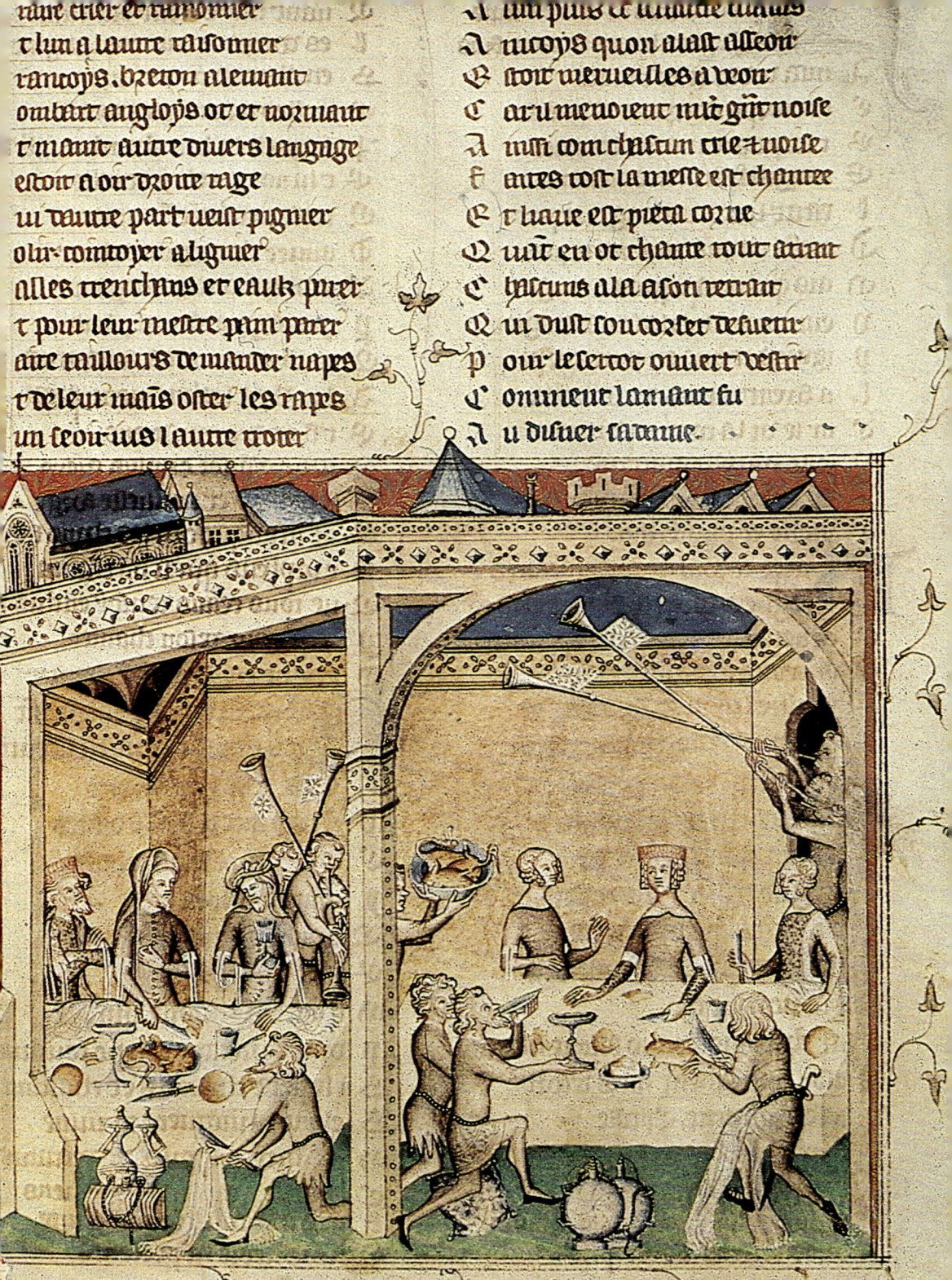

Festmahl – Buchmalerei aus dem 14. Jahrhundert

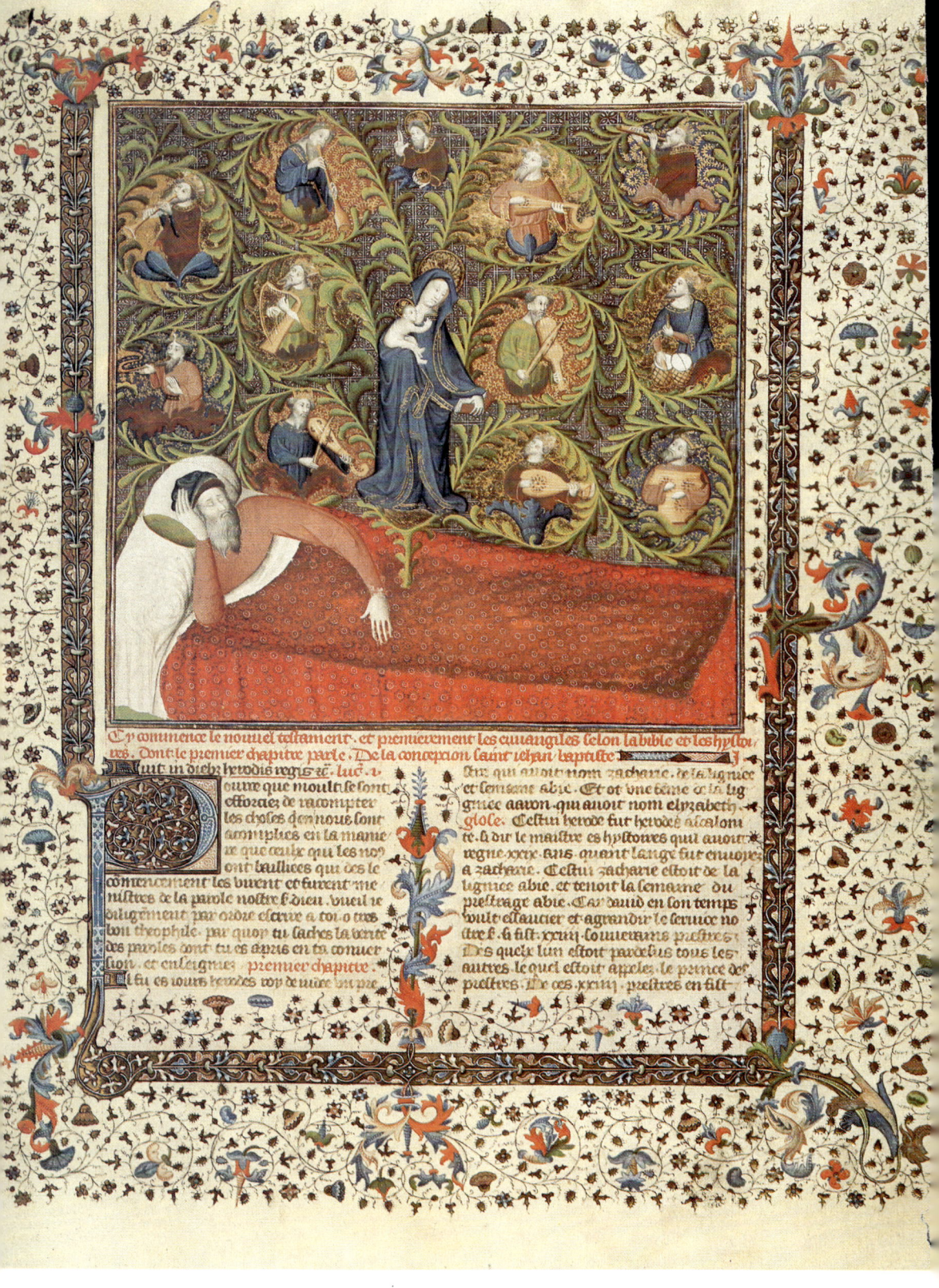

Buchminiatur aus einer französischen Handschrift, mit zeitgenössischen Instrumenten

Pieter Maessins (um 1500–63)

Zeit und Umwelt
Die Kaiserliche Kapelle in Wien setzte bis weit in das 16. Jahrhundert hinein den burgundischen Stil fort, wie ihn Isaac begründet hatte; sie war stark mit Musikern aus dem franko-flämischen Raum besetzt, und auch ihre Leiter stammten zu jener Zeit zumeist von dort.

Leben
Pieter Maessins (Massenus) wurde um 1500 in Gent geboren, trat als Student der Kapelle der Erzherzogin Margarete von Österreich bei und zog sodann mit der kaiserlichen und piemontesischen Armee durch ganz Europa. In den Jahren 1540 bis 1543 war er Kapellmeister in Kortrijk und löste 1546 Arnold von Bruck als Kapellmeister am Kaiserhof in Wien ab. Am 1. 11. 1563 erlag er einem Verkehrsunfall bei Benfeld an der Ill. Im Jahre 1562 war er mit dem Prädikat »Maessins von Massenberg« geadelt worden.

Werke
Von Maessins sind 3 sechsstimmige, 4 fünfstimmige, 2 vierstimmige Motetten, 2 vierstimmige Hymnen, 4 Tricinia und etliche Kanons überliefert, außerdem eine zwölfstimmige Bearbeitung der Chanson von Mouton »En venant de Lyon« (Kommend von Lyon). Die Kompositionen wirken zum Teil etwas konventionell, bringen aber doch genügend künstlerisches Material, so daß sie als interessant anzusehen sind.

Literatur
A. Dunning, Die Staatsmotette, Utrecht 1970.

Jean du Billon (um 1500 bis um 1550)

Zeit und Umwelt
Im Anschluß an den Sieg Karls V. über König Franz I. marschierte 1527 eine Armee aus Deutschen und Spaniern gegen Rom, erzwang am 6. Mai den Eintritt in die Stadt und plünderte sie acht Tage lang gnadenlos. Sie zog sich zurück, als im folgenden Sommer die Pest ausbrach, erschien aber im September erneut, um die Plünderung zu wiederholen. Diese Katastrophe setzte dem Renaissancezeitalter in Rom ein Ende. Der Verlust an Kunstwerken und Bibliotheken war enorm. Die päpstliche Kapelle wurde wie die an den verschiedenen Kirchen in alle Winde zersprengt. Unersetzliche Werte an Manuskripten wurden vernichtet. Der Wiederaufbau der Kapelle war nur möglich, weil man Sänger aus dem Ausland holte. Der alte Glanz wurde jedoch im gleichen Jahrhundert nicht mehr erreicht, weil inzwischen die Gegenreformation lebens- und kunstfeindliche Maßnahmen nach sich zog.

Leben
Jean du Billon (de Bilhon) ist um 1500 in Frankreich geboren. Er wurde bereits in jungen Jahren Sänger an der päpstlichen Kapelle. Es scheint, daß er bei oder knapp nach der Plünderung Roms durch eine deutschspanische Armee Rom verlassen und sich in seiner französischen Heimat, und zwar vermutlich in Paris, niedergelassen hat (1527) und dort um 1550 gestorben ist.

Werke
Von Jean du Billon sind einige Messen in der Bibliothek der päpstlichen Kapelle erhalten, die offensichtlich in Rom entstanden und im Sinn der römischen Kirchenmusik geformt sind, aber etwas konventionell klingen. Seine späteren Messen und Motetten, die in Paris herauskamen, schließen sich dem Pariser Stil an und erreichen ein gutes Mittelmaß. Einzelne Motetten sind formvollendet und sehr klangvoll.

Literatur
A. T. Merrit, P. Atteignant, Treize livres de motets (1534/35), Monaco 1960.

Tilman Susato (um 1500 bis um 1563)

Zeit und Umwelt
Antwerpen beherbergte im 16. Jahrhundert ungefähr 1000 ausländische Handelshäuser

Holzschnitt aus dem Musikwerk »Regule florum musices« von Cannuzi, Florenz 1510

und machte Venedig den Rang des größten Warenumschlagplatzes in Europa streitig. Die Stadt war daher der geeignetste Platz für Musikdrucker und Musikverleger, die Kompositionen des gesamten Kontinents herausbrachten.

LEBEN

Tilman Susato (Tielmann, Tylman, Thielemann) wurde um 1500 in Köln geboren. Sein Vater soll angeblich Johannes von Soest gewesen sein. Er war ab 1529 Notenkopist und Bläser an der Kathedrale in Antwerpen und ab 1531 auch Stadtmusikus. Schon 1543 errichtete er seine berühmte Musikdruckerei, der er 1547 eine eigene Musikalienhandlung als eine der ersten dieser Art anschloß. Er starb um 1563 in Antwerpen.

WERKE

Die Persönlichkeit des Musikers und Komponisten Susato wird durch den »Drucker und Verleger« überschattet, obwohl sich in den von ihm herausgebrachten Sammelwerken mit französischen Chansons, lateinischen Motetten und niederländischen Liedern stets Eigenkompositionen befanden, die auch strenger Kritik standhielten. Seine Chansons, Motetten und Instrumentalstücke sind, an den Meistern gemessen, die er publizierte, als guter Durchschnitt mit sehr viel Eigenständigkeit zu werten. Man hätte ihn, wäre er nicht Verleger geworden, ebenso eingestuft wie zum Beispiel Clemens non Papa.

LITERATUR

P. Bergmans, Un Imprimeur musicien: Tilman Susato, Bulletin de la Société Bibliophile Anversoise, Antwerpen 1928.

Pierre Vermont le Jeune
(um 1500 bis um 1550)

ZEIT UND UMWELT

König Franz I. von Frankreich, dem die Ausgestaltung der dem Hof unmittelbar unterstellten Kapellen wie die Chapelle Royale und die Sainte-Chapelle sehr am Herzen lag, nahm besonders gerne Kräfte auf, die von Mitgliedern seiner Kapellen ausgebildet worden waren, weil diese sich am besten in beide Klangkörper einfügten.

LEBEN

Pierre Vermont le Jeune wurde um 1500 in den Niederlanden geboren. Im Jahre 1528 löste er seinen Vater, der nach Rom ging, als Sänger an der Sainte-Chapelle in Paris ab, kam 1532 zur Königlichen Kapelle und wirkte in ihrem Rahmen an der Totenfeier für König Franz I. mit. Er dürfte um 1550 in Paris verstorben sein.

Sein Vater Pierre Vermont l'Aîné (um 1480, Niederlande, bis um 1530, Rom) kam nach

1500 nach Paris und wurde 1509 in die Sainte-Chapelle aufgenommen. Im Jahre 1528 ging er nach Rom und wurde Mitglied der päpstlichen Kapelle. Er starb in Rom um 1530.

WERKE
Von Pierre Vermont le Jeune ist eine Anzahl Motetten und Chansons überliefert, die stark dem französischen Stil der Zeit verpflichtet sind.
Auch Pierre Vermont l'Aîné hat Motetten und geistliche Lieder hinterlassen, die stilistisch der franko-flämischen Schule folgen.

Jachet de Berchem (um 1500–80)

ZEIT UND UMWELT
Im 16. Jahrhundert hatte die Ausstrahlungskraft der franko-flämischen Schule nachgelassen, weil die Musik in den Ländern, in die die Vertreter dieser Schule ihren Stil und ihre Arbeitstechnik verpflanzt hatten, eigene Wege ging. Die ausgezeichnete Ausbildung der Mitglieder der Schule als Sänger, Instrumentalisten oder Kapellmeister wurde aber immer noch geschätzt, so daß Höfe und Kathedralen sie überall gerne willkommen hießen.

LEBEN
Jachet de Berchem wurde um 1500 vermutlich in Berchem bei Antwerpen geboren. Er lebte in verschiedenen Städten Italiens. Es ist jedoch nicht bekannt, welche Stellungen er innehatte. Gesichert ist nur, daß er ab 1555 Organist des Herzogs von Ferrara war und dort 1580 gestorben ist.

WERKE
Von Jachet de Berchem sind eine Anzahl mehrstimmiger Madrigale und Chansons erhalten, außerdem 3 Messen. Bemerkenswert sind seine Vertonungen von Stanzen des italienischen Dichters Ludovico Ariosto, bei denen er sich um eine gründliche Wortausdeutung bemühte, so daß er damit die Grenzen seiner franko-flämischen Schule überschritt.

LITERATUR
G. Reese, Music in the Renaissance, New York 1954.

Richard Rutter (um 1500 bis um 1550)

ZEIT UND UMWELT
Aus der Zeit vor der Reformation sind verhältnismäßig wenige Namen von englischen Komponisten überliefert, wenngleich die meisten Organisten und Kapellmeister an den verschiedenen Kirchen des Landes zweifellos komponiert hatten. In vielen Fällen waren sie dazu sogar genötigt, denn fremdes Notenmaterial war nicht immer leicht beschaffbar. Nun mag es unter diesen Kompositionen viel Mittelmäßiges und Konventionelles gegeben haben, das eine spätere Beachtung nicht verdient, aber es liegen zahllose anonyme Werke vor, die schätzenswert sind, nur niemandem zugeschrieben werden können. Um jene Zeit trat – mehr noch als auf dem Kontinent – der Meister hinter das Werk.

LEBEN
Richard Rutter wurde vermutlich um 1500 in London geboren. In den zwanziger Jahren des 16. Jahrhunderts wurde er als Mitglied der Königlichen Kapelle König Heinrichs VIII. als Trommler geführt. Ob er gleichzeitig noch ausübender Kirchenmusiker war, steht nicht fest, ist aber anzunehmen. Er dürfte um das Jahr 1550 in London gestorben sein.

WERKE
Vom kompositorischen Werk Richard Rutters sind eine Messe und ein Anthem erhalten, mit denen sich der Komponist als Renaissancemusiker ausweist.

Heinrich Faber (um 1500–52)

ZEIT UND UMWELT
Christian II., König von Dänemark und Norwegen (1481–1559), konnte 1520 auch die Krone Schwedens erobern. Im Jahre 1523

kam jedoch Gustav I. Eriksson Wasa auf den schwedischen Thron, und Christian mußte auch Kopenhagen verlassen. Der Versuch, mit Hilfe seines Schwagers Kaiser Karl V. zumindest Norwegen und Dänemark zu retten, scheiterte.

Leben

Heinrich Faber wurde um 1500 in Lichtenfels geboren. Er dürfte mit dem Altisten Heinrich Lichtenfels, der von 1515 bis 1523 in der Hofkantorei König Christians II. von Dänemark und Norwegen (von 1520 bis 1523 auch von Schweden) wirkte, ident sein. Ab dem Jahr 1538 war er Lehrer an der St.-Georgen-Schule und ab 1544 an der Stiftsschule in Naumburg, wo er 1549 Rektor der Lateinschule wurde, verlor aber 1551 diese Stelle, angeblich weil er Spottlieder gegen den Papst verfaßte. Er nahm eine Schuldirektorstelle in Ölsnitz, Vogtland, an, wo er am 26. 2. 1552 starb.

Werke

Der deutsche Kantor und Musikwissenschaftler Heinrich Faber hinterließ 2 vierstimmige Sätze und von 3 weiteren den Baß, außerdem eine Anzahl Stücke für den liturgischen Gebrauch. Alle anderen kompositorischen Werke sind verschollen. Sie waren für die Musikerziehung im Reformationsjahrhundert sehr wichtig.

Literatur

W. Gurlitt, Die Kompositionslehre des deutschen 16. und 17. Jahrhunderts, Bamberg 1953.

Gregor Brayssing
(um 1500 bis nach 1560)

Zeit und Umwelt

Die Reichsstadt Augsburg wurde 1534 lutherisch. Nach wenigen Jahren setzte die Gegenreformation mit aller Gewalt ein. Protestanten mußten sich bekehren oder die Stadt verlassen. Weder das Augsburger Interim noch der Religionsfriede änderten daran etwas.

Leben

Gregor Brayssing (Grégoire) wurde in Augsburg um 1500 geboren. Wo er zum Komponisten und Lautenisten ausgebildet worden ist, kann nicht festgestellt werden. Er war jedenfalls in Augsburg als Lautenist und Lautenlehrer tätig, bis ihn die Gegenreformation zwang, aus der Stadt zu fliehen. Er nahm in Paris Aufenthalt, wo er bis zum Jahr 1560 nachweisbar ist. Er dürfte in Paris gestorben sein. Das Todesjahr ist unbekannt.

Werke

Von dem Lautenisten Gregor Brayssing ist ein Tabulaturbuch für Gitarre überliefert, das an eigenen Kompositionen 6 Hugenottenpsalmen und eine Anzahl Chansons enthält, außerdem Bearbeitungen von Werken anderer Komponisten. Er nützte die Möglichkeiten der Gitarre zum polyphonen Spiel geschickt aus.

Literatur

Fr. Lesure, La guitare en France au XVIe siècle, in Musica Disciplina 4, 1950.

Jehan Courtois (um 1500 bis vor 1567)

Zeit und Umwelt

Als Kaiser Karl V. am 20. Januar 1539 auf seinem Weg nach Gent Cambrai passierte, wurde zu seinen Ehren in der Kathedrale eine vom Kapellmeister für dieses Ereignis komponierte vierstimmige Motette uraufgeführt. Sie wurde mit einer Schilderung der Festlichkeiten des Ehrentages der Stadt gedruckt. Im Gegensatz zu vielen solchen Gelegenheitswerken ist die Motette musikalisch wertvoll. Der Komponist hieß Jehan Courtois.

Leben

Jehan Courtois (Cortois, Courtoys, Mourtois) ist um 1500 vielleicht in Cambrai geboren. Er wurde vermutlich an der Kathedrale der Stadt ausgebildet, blieb bei ihr als Sänger und brachte es bis zum Kapellmeister. Er ist vor 1567 in Cambrai gestorben.

WERKE
Von dem ausgezeichneten franko-flämischen Komponisten sind in Deutschland, Frankreich und Italien mehrere Motetten und Chansons in Sammeldrucken erschienen. Außerdem liegen 4 Messen und weitere Motetten vor. Alle Werke sind im Stil der letzten Phase der franko-flämischen Schule gehalten, vielleicht sogar allzu sklavisch, aber dennoch eigenständig, denn es kommt zuweilen zu eigentümlichen Klangeffekten, mit denen der Meister sich selbst offenbart.

LITERATUR
J. Jacquot, Les fêtes de la Renaissance, Paris 1960.

Damião de Goes (1502–74)

ZEIT UND UMWELT
Im 16. Jahrhundert stieg Portugal zur Weltmacht empor. Die Entdeckung ferner Welten und der Seewege dahin, die Begegnung mit völlig anders gearteten, anders denkenden und fühlenden Menschen hätte die Portugiesen aus dem Kerker der eigenen Beschränktheit reißen und dem Gedanken der Duldung, der ohnehin von den Humanisten gefaßt und geformt war, Eingang gewähren müssen. Jedoch die Scheiterhaufen der Inquisition brannten weiter, und ein fanatischer Dogmatismus vernichtete jeden, der sich nicht unterwarf.

Musizierendes Liebespaar mit Laute und Harfe auf dem Holzschnitt »Das phlegmatische Temperament«, 1519

LEBEN
Damião de Goes wurde 1502 in Alemquer, Portugal, geboren. Er schlug die diplomatische Laufbahn ein und kam 1523 als Gesandtschaftssekretär nach Antwerpen. In den folgenden Jahren erhielt er selbständige Aufträge und besuchte eine Reihe von Höfen Europas, bereiste Spanien, Frankreich, Polen, Schweden, Dänemark, lernte Luther, Melanchthon und Erasmus von Rotterdam kennen, studierte in Italien und promovierte in Padua; schließlich ließ er sich in Löwen nieder. Im Jahre 1544 wurde er nach Lissabon zurückberufen, erhielt ein hohes Hofamt und wurde außerdem Hofhistoriograph. Eine Beschuldigung wegen Ketzerei setzte seiner Laufbahn ein Ende. Er wurde zu lebenslangem Kerker im Kloster Batalha verurteilt und starb darin am 30. 1. 1574.

WERKE
Glareanus rühmte Goes als vorzüglichen Komponisten und überlieferte eine dreistimmige Motette von ihm. Weitere Motetten für drei, fünf, sechs und sieben Stimmen sind gleichfalls erhalten. Die Lieder, die er angeblich geschrieben hat, sind verschollen. Die Motetten bezeugen, daß Glareanus nicht übertrieben hatte. Der Portugiese hat den franko-flämischen Stil mit dem Klang seiner südlichen Heimat glücklich verbunden.

LITERATUR
S. Viterbo, Estudos sobre Damião de Goes, Coimbra 1900.

Francesco Corteccia (1502–71)

ZEIT UND UMWELT

Cosimo I. de'Medici, Herzog von Florenz und Großherzog der Toskana (1519–79), setzte, nachdem er sich seiner Gegner entledigt hatte, mit einer diktatorischen Beherrschung der Republik Florenz ein. Der Tradition seiner Familie entsprechend galten seine Bestrebungen zwar vor allem der Festigung und Erweiterung der außenpolitischen und innenpolitischen Macht, dann aber der ökonomischen Entwicklung der Republik und der kulturellen Förderung. Das geistige Bild der Stadt in jener Zeit prägten der Dichter und Sprachkünstler Agnolo Firenzuola (1493–1543) und die bildenden Künstler Agnolo Bronziano (1503–72), Bartolomeo Ammanati (1511–72), Benvenuti Cellini (1500–71) und Giorgio Vasari, die die Zeiten eines Lorenzo des Prächtigen wieder zurückriefen.

LEBEN

Francesco Corteccia (Corticius) wurde am 27. 7. 1502 in Florenz geboren, wo er sein ganzes Leben verbrachte. Im Jahre 1531 wurde er Organist an San Lorenzo und 1539 Kapellmeister am Hof des Herzogs Cosimo I. de'Medici. Er starb als Kanonikus in Florenz am 7. 6. 1571.

WERKE

Von Corteccia sind an profanen Werken 2 Bücher mit vierstimmigen Madrigalen, ein Buch mit fünf- bis sechsstimmigen Madrigalen und mehrere Intermedia erhalten, außerdem zahlreiche Gesänge und Instrumentalstücke. Die sakrale Musik ist mit 2 Bänden Responsoria, 2 Bänden fünf- und sechsstimmiger Motetten und einer Sammlung Hymnen vertreten. Alle Werke sind handfeste, gut gearbeitete Musik im franko-flämischen Stil mit italienischer Färbung.

LITERATUR

F. Corradini, Francesco Corteccia, Note d'archivio XI, 1914.

John Brimley (1502–76)

ZEIT UND UMWELT

Die von Robert Aske (1501–37) angeführte »Pilgrimage of Grace« (Gnadenwallfahrt) von 30.000 Personen, die nach London marschieren wollten, um König Heinrich VIII. zur Revision einer Reihe von Maßnahmen zu veranlassen, gewann auch in Durham zahlreiche Teilnehmer. Das Unternehmen scheiterte. Die Aufstandsbewegung gegen die scharfe Durchführung der Reformation unter König Edward VI. vom Jahr 1549 war ernster, weil Schottland im selben Jahr England den Krieg erklärte. Doch auch diese blieb erfolglos, bis 1553 das blutige Regime der Königin Maria I. dem Katholizismus in England ein letztes Mal zum Durchbruch verhalf.

LEBEN

John Brimley (Brimlei) wurde 1502 in der Grafschaft Durham geboren und war zuerst Chorist an der Kathedrale von Durham und in den sechziger Jahren unter Elisabeth I. Chorleiter und Organist. Er überdauerte die mehrmaligen Glaubenswechsel und die beiden Revolten der Jahre 1549 und 1553 wie auch die gegen Königin Elisabeth I. gerichtete vom Jahr 1569 unbehelligt und starb im Jahre 1576 in Durham.
William Brimley oder Brimle (um 1510 bis nach 1563) ist vielleicht ein Verwandter John Brimleys gewesen.

WERKE

Von dem Kirchenmusiker John Brimley sind nur Messeteile überliefert, die aber eine erhebliche kompositorische Fähigkeit aufweisen. Sein Stil geht an manchen Stellen über den seiner Gegenwart hinaus.
William Brimley hat sich 1563 an der Harmonisierung des Psalters beteiligt. Weitere Werke dieses Kirchenmusikers sind nicht überliefert.

Antonio Bernal (um 1505 bis nach 1554)

ZEIT UND UMWELT
In der ersten Hälfte des 16. Jahrhunderts hatte sich der typische sevillanische Stil mit seinen dicht geführten tiefen Stimmen herausgebildet. Sein Hauptmeister war unzweifelhaft Christobal Morales, dessen Einfluß für die spanischen Musiker für lange Zeit wirksam blieb.

LEBEN
Antonio Bernal wurde um 1505 in Sevilla geboren. Er wurde Chordirigent der Erlöserkirche der Stadt, die er augenscheinlich bis zu seinem Tod nach 1554 nicht verlassen hat. Eine Identität mit dem Zeitgenossen José Bernal, der in der Sängerliste der Kapelle von Kaiser Karl V. aufscheint, liegt nicht vor. Es ist aber möglich, daß dieser mit Gonzales Bernal, von dem etliche Kompositionen überliefert sind, ident ist.

WERKE
Von Antonio Bernal ist einige Kirchenmusik, ein Madrigal und eine Neufassung einer altspanischen Ballade von Miguel de Fuenllana überliefert. Seine Musik verläßt die von Morales beschrittenen Wege nicht, bleibt aber hinter ihr um einiges zurück.

Paul Rebhuhn (um 1505–46)

ZEIT UND UMWELT
Der deutsche Dichter Martin Opitz von Boberfeld (1597–1639), Begründer der deutschen Dichtkunst und Stilistik (»Vater der deutschen Dichtung«), stützte sich bei seinen Bemühungen um eine deutsche Poetik auf eine Reihe humanistischer Literaten und Musiker, die vor ihm bestrebt waren, die antiken Versmaße wieder aufleben zu lassen.

LEBEN
Paul Rebhuhn (Rebhun, Rephun) wurde um 1505 in Waidhofen an der Ybbs, Niederösterreich, geboren. Er war Schulmeister und Pfarrer und verfaßte protestantische Schuldramen, in denen er antike Dramentechnik mit christlichen Stoffen verband, die er sodann vertonte. Er starb in Voigtsberg, Sachsen, im Jahre 1546.

WERKE
Von den Dramen, die er zum Teil in Jamben verfaßte und komponierte, ist das Spiel »Ein Geystlich spiel von der Gottfürchtigen und keuschen Frawen Susannen« (Erstaufführung in Zwickau 1536) am bekanntesten. Die Komposition folgt homorhythmisch den Versen. Das zweite »Ein Hochzeitspil auff die Hochzeit zu Cana Galileae« (1538) ähnelt musikalisch der deutschen Odenkomposition. Die dichterischen und musikalischen Bemühungen regten den deutschen Dichter Opitz zu seinen Arbeiten über Poetik an. Von Rebhuhn sind außerdem Lieder und Chöre erhalten, die ursprünglich Bestandteile von Dramenkompositionen waren. Daß Rebhuhn einer der Vorläufer der deutschen Opernkomposition war, ist augenscheinlich.

Mattio Rampollini
(um 1505 bis nach 1550)

ZEIT UND UMWELT
Der kulturellen Tradition des Hauses entsprechend, feierten die Medici ihre Hochzeiten immer auch mit musikalischen Darbietungen, und zwar mit »Erstaufführungen« von Werken ihrer Kapellmeister und Musiker. Da Hofchronisten solche Feierlichkeiten gerne schilderten, blieben Namen und Werke dieser Komponisten der Nachwelt erhalten.

LEBEN
Mattio Rampollini wurde um 1505 in Florenz geboren und nach seiner Ausbildung in den Dienst der herzoglichen Familie Medici genommen. Welche Stellung er am Florentiner Hof einnahm, ist nicht bekannt. Wir wissen aber, daß er zur Hochzeit des Herzogs Cosimo I., des späteren Großherzogs von Toskana, mit Leonor von Toledo, der Tochter des Vizekönigs von Spanien, im Jahre 1539 etliche Lieder komponierte und

vortragen ließ. Er dürfte nach 1550 in Florenz gestorben sein.

WERKE
Von Mattio Rampollini wurde ein Buch Kanzonen auf Texten von Petrarca herausgebracht, die den Versen des großen Dichters mit großem Geschick Rechnung tragen. Außerdem finden sich in verschiedenen Sammelwerken Lieder von dem Komponisten, die zu ihrer Zeit offensichtlich sehr beliebt waren.

Matthieu Sohier (um 1505 bis um 1550)

ZEIT UND UMWELT
Noyon, Krönungsstadt Karls des Großen und Hugo Capets, ehemaliger Bischofssitz, bot an seiner frühgotischen Kathedrale aus dem 12. Jahrhundert jungen, talentierten Musikern ausreichende Ausbildungsmöglichkeiten, so daß diese bei den ersten Kapellen Aufnahme finden konnten.

LEBEN
Matthieu Sohier wurde um 1505 in oder bei Noyon geboren und an der Kathedrale der Stadt als Sängerknabe ausgebildet. Um 1523 scheint er in der Diözese von Noyon als Priester auf. Im Jahre 1540 wurde er Knabensingmeister an Notre-Dame in Paris und versah diese Aufgabe bis 1547. Er dürfte einige Jahre später in Paris gestorben sein.

WERKE
Von dem französischen Komponisten Matthieu Sohier sind 2 vierstimmige Messen, 4 zwei- bis fünfstimmige Motetten und 4 geistliche Chansons erhalten, außerdem über 10 profane Chansons im Pariser Stil.

Thomas Appleby (um 1505 bis um 1562)

ZEIT UND UMWELT
Für die erst nach der Jahrhundertwende Geborenen brachte der endgültige Bruch Englands mit dem Papst (1534) nicht mehr die Schwierigkeiten der Älteren, weil sie in die neue Zeit hineingewachsen waren und keinen Wechsel der religiösen Anschauungen miterleben mußten. Die Toleranz unter der Regierung des minderjährigen Königs Edward VI. (1537–53) und die Restaurationsversuche der Königin Maria I. (1516 bis 1558) waren auf die Stellung vieler Kirchenmusiker einflußlos.

LEBEN
Thomas Appleby wurde um 1505 vermutlich in Lincoln geboren und ausgebildet. Im Jahre 1536 erhielt er die Organistenstelle an der Kathedrale von Lincoln und im folgenden Jahr auch die des Chormeisters. Er behielt diese Stelle, durch eine zweijährige Tätigkeit am Magdalen College in Oxford unterbrochen (1539–41), bis zu seinem Tod um das Jahr 1562 bei.

WERKE
Vom kompositorischen Werk des Kirchenmusikers Appleby ist das meiste verlorengegangen. Nur 2 Messen und ein Magnificat sind erhalten, die beweisen, daß sich der englische Renaissancestil bereits voll durchgesetzt hatte. Die Messen zeichnen sich durch einzelne kühne Wendungen aus, die den elisabethanischen Stil vorausnehmen.

John Shepherd (um 1505 bis um 1563)

ZEIT UND UMWELT
Die Bezeichnung »Auftragsarbeit« wird sehr oft im abwertenden Sinn gebraucht, ohne dabei zu bedenken, daß der größte Teil der Kunstwerke nichts anderes darstellte und es für ihre Qualität völlig gleichgültig war, von wem sie bestellt und für welchen Verwendungszweck sie bestimmt wurden. Engherzige und engstirnige Kritiker bemängelten es, wenn ein Komponist für zwei verschiedene Konfessionen schrieb, ohne daraus zu lernen, wie wenig einem Künstler der Anlaß zu seinen Werken bedeutet.

LEBEN
John Shepherd (Shepheard, Sheppard, Shepperd) wurde vermutlich in London oder

Oxford tätig, verblieb aber von 1557 bis zu seinem Tod um das Jahr 1563 ständig in London.

Sein Sohn John Shepherd (um 1545, Oxford, bis nach 1606, London) betätigte sich ebenfalls als Sänger und Kirchenkomponist, war Mitglied der Chapel Royal und wurde 1606 zum »Gentleman« ernannt.

WERKE

Der Kirchenkomponist John Shepherd verfaßte eine große Anzahl lateinischer und englischer Kirchenmusik; Anthems, Motetten, 2 Te Deum, 2 Magnificat, 2 Credo, bei 10 Messen und lateinische Gesänge sind erhalten. Ein größerer Teil seines Schaffens, dem zu seiner Zeit allseitige Anerkennung gezollt wurde, scheint verlorengegangen zu sein. Außerdem liegt einige Instrumentalmusik vor, die ihrer Zeit um einiges vorauseilt.

Von John Shepherd dem Jüngeren ist nur ein Kyrie überliefert, das ihn aber als ernstzunehmenden Komponisten ausweist. Alles andere ist verschollen.

E. Strogers (um 1505 bis nach 1550)

ZEIT UND UMWELT

Die selbständige Instrumentalmusik setzte in England um einiges früher ein als auf dem Kontinent. Die Übertragung von Vokalstücken auf Violenensembles erfreute sich besonderer Beliebtheit. Davon war der Schritt zur unmittelbaren Komposition ohne Rücksicht auf Sangbarkeit nicht mehr groß.

LEBEN

E. Strogers (Strowger) – der Vorname ist nicht gesichert, dürfte aber Edmund gelautet haben – wurde um 1505 in England geboren. Über sein Leben und Wirken gibt es keine Informationen, außer daß er Organist und Komponist war. Auch Ort und Zeit seines Todes sind nicht bekannt.

WERKE

Von E. Strogers sind Orgelstücke, mehrere Madrigale und eine Anzahl Arrangements

Titelseite des Werkes »Clarissima plane atque choralis musicae« von Prasberg, Basel 1507

Umgebung um 1505 geboren und wahrscheinlich als Chorknabe an St. Paul's ausgebildet. Im Jahre 1542 wurde er vom Magdalen College in Oxford als Gesanglehrer der Chorknaben und als Organist eingestellt, unterbrach seine Amtstätigkeit ein Jahr darauf und nahm sie für die Jahre 1545 bis 1547 erneut auf. Darauf kam er zur Chapel Royal und blieb darin auch unter der Regierung der Königin Maria I., deren Rekatholisierungsmaßnahmen den inzwischen zum Gentleman der Kapelle ernannten Sänger und Komponisten nicht berührten. Er war wohl in den folgenden Jahren mehrmals in

und Kompositionen für fünf und sechs Violen überliefert, die ihn als sehr befähigten Komponisten ausweisen. Besonders interessant sind seine Stücke für Violen-Ensembles.

Mattheus Le Maistre (um 1505–77)

ZEIT UND UMWELT
Moritz von Sachsen erhob den Protestantismus zur Staatskirche und zog alle Kirchengüter ein (1543). Der Erlös wurde für Unterrichtszwecke verwendet, zur Reorganisation der Universität Leipzig und zur Gründung der Fürstenschulen in Meißen, Pforta und Magdeburg. Auch die Hofkapelle in Dresden wurde reichlich dotiert.

LEBEN
Mattheus Le Maistre wurde um 1505 in Roclenge-sur-Geer geboren. Der franko-flämische Komponist folgte 1554 Johannes Walter als Hofkapellmeister in Dresden nach, blieb dort auch, nachdem er die Stelle 1568 aufgegeben hatte, bis zu seinem Tod im April 1577 wohnhaft. Es ist wahrscheinlich, daß er vor dieser Tätigkeit in München gewirkt hat und mit dem 1552 als Mitglied der Münchner Hofkantorei genannten Matheß Nidlender ident war.

WERKE
Die Kompositionen von Le Maistre, die durch Münchner Handschriften überliefert und höchstwahrscheinlich dort entstanden sind, unterscheiden sich grundlegend von denen der Dresdner Zeit. Die 5 Messen und die kleineren Kirchenwerke folgen dem franko-flämischen Spätstil und sind auf katholische Gottesdienstordnung eingestellt. Nach der Übernahme der Stelle in Dresden schloß sich Le Maistre der gotisierenden Tradition der frühen deutschen Reformationsmusik an. »Catechesis numeris musicis inclusa« besteht nur aus wenigen einfachen, Note für Note dem lateinischen Text der Hauptteile des Lutherischen Katechismus folgenden Weisen, das Paternoster bringt eine gregorianische Melodie vierstimmig, das Credo ist dreistimmig.

Sein Magnificat ist entwickelter und erinnert an die Münchner Zeit. »Geistlich und Weltlich Teutsche Geseng« beinhaltet 69 sakrale und 22 profane Lieder für vier und fünf Stimmen, »Liber primus Sacrarum Cantionum« 15 fünfstimmige Motetten, »Officia de nativitate et ascensione« (Weihnachts- und Himmelfahrtsoffizien) sind für fünf Stimmen gesetzt, »Schöne und auserlesene Geistliche Gesenge« besteht aus 24 Tricinia. Die fünfstimmige Messe »Ich weiss mir ein fest gebawets Haus« gehört in die Zeit, in der der protestantische Ritus die Messe noch beibehalten wollte.

LITERATUR
O. Kade, Mattheus Le Maistre, Mainz 1862.

Guillaume Franc (um 1505–70)

ZEIT UND UMWELT
Genf wurde zu einem Zufluchtsort für französische Reformierte, die wie Calvin selbst vor den Verfolgungen der etablierten Kirche aus Frankreich fliehen mußten. Von Genf aus konnte die Verbreitung der calvinistischen Lehre weiter betrieben werden, in Genf wurde der erste in Straßburg erschienene Psalter vertont.

LEBEN
Guillaume Franc ist um 1505 in Rouen geboren. Er mußte seine Heimat verlassen, um sich den Verfolgungen als Protestant zu entziehen und erhielt in Genf die Erlaubnis, eine Musikschule zu eröffnen (1541); die hierzu erforderliche Ausbildung dürfte er sich in Rouen angeeignet haben. Gleichzeitig wurde er als Kirchensänger eingestellt. Im Jahre 1545 übersiedelte er nach Lausanne, weil dort seine Tätigkeit als Sänger und Lehrer besser honoriert wurde. Er starb Ende Juni 1570 in Lausanne.

WERKE
Guillaume Franc hat zum ersten Psalter Calvins (1542) 25 Melodien komponiert, 13 davon scheinen noch heute im Gesangbuch der Reformierten Kirche auf. Sein Beitrag

zur Gestaltung des protestantischen Kirchengesanges war richtunggebend und grundlegend.

LITERATUR
P. Bidoux, Le psautier huguenot du XVIe siècle, Basel 1962.

Thomas Tallis (um 1505–85)

ZEIT UND UMWELT
Im Jahre 1534 erfolgte der Bruch Englands mit Rom. Unter Heinrichs VIII. Nachfolger Edward VI. wurde die neue Lehre mit aller Gründlichkeit eingeführt, aber von Königin Mary I. wieder dem Katholizismus durch ungefähr 300 Verbrennungen neue Geltung verschafft. Schließlich machte Königin Elisabeth I. (1533–1603) allen gegenreformatorischen Bestrebungen ein Ende. Solche Zeiten erforderten von einem Kirchenkomponisten und Gentleman der Chapel Royal viel Wendigkeit und Diplomatie.

LEBEN
Thomas Tallis wurde um 1505 vielleicht in Leicestershire geboren. Seine erste Stellung war die eines Organisten an der Dover Priory (1532). 1537 wirkte er in gleicher Eigenschaft an St. Mary-at-Hill in London und dann bis 1540 an der Augustinerabtei Holy Cross in Waltham (Essex). Als dieses Kloster aufgehoben wurde, kam er nach Canterbury und wurde 1542 Organist und Gentleman an der Chapel Royal, wo er (ab 1572 zusammen mit William Byrd) bis zu seinem Tod am 23. 11. 1585 in Greenwich blieb.

Gustav Leonhardt interpretiert Thomas Tallis

WERKE
Die Kirchenkompositionen, die Thomas Tallis vor 1540 verfaßte, folgen dem römischen Ritus. Dazu gehören mehrere Messen, 2 Magnificat, fünfstimmige Lamentationen und eine große Anzahl Motetten auf lateinischen Texten. Berühmt wurden für das kontrapunktische Geschick des Komponisten seine Motetten für 8 fünfstimmige Chöre. Dazu gehören noch einzelne Messesätze und Litaneien. Tallis war einer der ersten englischen Meister, die englische Texte für den gottesdienstlichen Gebrauch in Musik setzten. Dazu sind die »Short Services« zu rechnen, dann 3 Sammlungen mit Psalmen, Litaneien, Gebeten, Responsorien und viele Anthems mit englischen originalen oder aus dem Lateinischen übersetzten Texten.
Das profane Werk ist im Verhältnis zum kirchlichen schmal. Neben etlichen Chorsätzen schrieb Tallis eine Reihe von Virginalstücken, die wenig eindrucksvoll sind; die Zeit der großen Virginalisten war noch nicht angebrochen. Unzweifelhaft gebührt ihm

jedoch Ruhm und Ruf eines Vaters der englischen Kirchenmusik, den er nur mit wenigen (Tye, Byrd) teilen muß.

LITERATUR
L. Ellinwood, Tallis's Tunes and Tudor Psalmody, Musica Disciplina II, 1948.

Henry Fresneau
(um 1505 bis nach 1554)

ZEIT UND UMWELT
Während im Bereich der franko-flämischen Schule die Kontrapunktik der sakralen Musik auch in der profanen vordrang, bemächtigte sich in Paris der Stil der Chanson auch der Motetten und Messen, die sich dadurch immer mehr der Homophonie näherten und dafür an Textdeutlichkeit gewannen.

LEBEN
Henry Fresneau ist um 1505 vermutlich in Paris geboren. Über sein Leben gibt es keine Informationen. Er dürfte als Sänger gewirkt haben und nach 1554 in Paris gestorben sein.

WERKE
Von Henry Fresneau sind eine vierstimmige Motette und bei 25 Chansons erhalten, deren Texte vorwiegend komisch sind. Auch die Motette steht der Diktion einer Chanson nahe.

Francisco Ceballos (um 1505–71)

ZEIT UND UMWELT
Burgos, die ehemalige Hauptstadt Altkastiliens, behielt die Vorrechte einer Residenzstadt, bis Philipp II. Madrid zur »einzigen Hauptstadt« erklärte (1560). Die 1221 von König Ferdinand III. begonnene Kathedrale wurde im 16. Jahrhundert fertiggestellt. Die Kapelle der Kathedrale ist voller Köstlichkeiten der Malerei und der Bildhauerkunst und hat seit ihrem Bestehen einen hohen Ruf genossen, der der Bedeutung der Stadt entsprach.

LEBEN
Francisco Ceballos (Cevallos, Zaballos), Bruder oder naher Verwandter des Komponisten Rodrigo Ceballos, wurde um 1505 in Aracena, Sevilla, geboren und erhielt 1535 die Kapellmeisterstelle in Burgos, die er bis zu seinem Tod im Jahre 1571 versah.

WERKE
Die Werke von Francisco Ceballos, die mit Sicherheit ihm und nicht Rodrigo Ceballos zuzuschreiben sind, 2 Messen und eine Anzahl Motetten, weisen einen typischen sevillanischen Stil auf, der zugunsten des Vollklanges auf exakte Kontrapunktik verzichtete. Da zu ihrer Zeit die Verwendung von Instrumenten in der Kirche noch nicht verboten war, darf man sich ausmalen, wie prächtig die breiten Akkorde mit Bläserbegleitung geklungen haben mögen.

Anselme de Reulx
(um 1505 bis nach 1546)

ZEIT UND UMWELT
Kaiser Karl V., in dessen Reich »die Sonne nie unterging«, hielt zwei Kapellen, eine niederländische und eine spanische. An beiden wirkten Musiker ersten Ranges. Abgesehen von der naturgegebenen künstlerischen Rivalität arbeiteten die Kapellen einander in die Hände. Der Ideenaustausch und die gegenseitige Beeinflussung waren für beide Teile förderlich. Philipp II. von Spanien setzte diese Methode, Talente auf breiter Basis zu sammeln, fort.

LEBEN
Anselme de Reulx (Rieu, Reux) ist um 1505 in Südfrankreich geboren. Er war vermutlich Provenzale oder Katalane. Wo er seine Ausbildung erhalten hat und wie er zur spanischen Kapelle Kaiser Karls V. geraten ist, kann nicht festgestellt werden. Er starb wahrscheinlich in Spanien nach dem Jahr 1546.

WERKE
Von Anselme de Reulx sind 2 Bücher Madri-

gale erhalten, die stark dem franko-flämischen Stil angenähert sind. Auch die einzelnen Stücke in Sammelausgaben halten die gleiche Richtung ein. Ihre Qualität muß als sehr gut bezeichnet werden. Ihr Reiz besteht darin, daß der niederländischen Diktion spanische Farben beigemengt sind.

Giovanni Paolo Paladino
(um 1505–66)

Zeit und Umwelt
Cattarina de'Medici war lange Zeit ehrlich bemüht, ein friedliches Zusammenleben von Protestanten und Katholiken in Frankreich zu ermöglichen. Die Reformation hatte einen so starken Zulauf aus allen Bevölkerungsschichten vom höchsten Adel bis zu den Bauern erfahren und war zu einer Macht angewachsen, die mit Edikten und Verboten nicht mehr zu brechen war. Im Januar 1562 wurde ihnen das Versammlungsrecht außerhalb der Städte zugestanden. Weitere Zugeständnisse standen in Aussicht.
Die Katholiken hatten eine andere Lösung des Konfliktes im Auge. Daher brach der offene Religionskrieg aus, der sich über viele Jahre hinzog und den Protestantismus mittels mehrerer Ausrottungsaktionen vernichtete. Der Krieg brachte keine großen Operationen, sondern bestand aus einer unaufhörlichen Reihe von Überfällen auf Städte, Burgen und Dörfer. Mord und Brand waren die Argumente, die beide Teile vorbrachten. Die Stadt Lyon wurde 1562 von den Protestanten besetzt. Das nahe calvinistische Genf bot den Hugenotten eine bequeme Rückendeckung und Rückzugsmöglichkeit. Für katholische Kleriker und Kirchenmusiker war die Besetzung eine starke Beeinträchtigung ihrer Laufbahn. Bei Lautenisten dürfte der Umschwung weniger einschneidend gewesen sein.

Leben
Giovanni Paolo Paladino (Paladini, Jean Paul Paladin) wurde um 1505 in Mailand geboren, wo er vermutlich eine Ausbildung als Lautenist erhalten haben dürfte. Er ist schon mit jungen Jahren nach Frankreich gegangen, um sich in Lyon als Lautenlehrer und Instrumentalist niederzulassen. Er veröffentlichte seine Lautenkompositionen in der Stadt, die zu seiner zweiten Heimat geworden war. Ob die Religionskämpfe irgendwie störend in sein Leben und Wirken eingegriffen haben, ist unbekannt. Er starb in Lyon im Sommer des Jahres 1566.

Werke
Giovanni Paolo Paladino brachte von 1553 bis 1560 2 Lautentabulaturbücher heraus. Die Bücher enthalten Chansons, Fantasien, Pavanen, Gallarden, Motetten und Ricercari, die äußerst kunstvoll angelegt sind, aber ein virtuoses Spiel erfordern. Der Meister ist eine wichtige Erscheinung im Rahmen der französischen Lautenmusik.

Literatur
Giovanni Paolo Paladino, Revue de Musicologie, XVI, 1958.

Arnold Caussin (um 1505 bis um 1558)

Zeit und Umwelt
Alessandro Farnese (1468–1549) trennte als Papst Paul III. im Jahre 1545 Parma und Piacenza vom Kirchenstaat als Herzogtümer ab, die er seinem Sohn Pier Luigi (1503–47) als erstem Herzog unterstellte. Die Herzogwürde ging, nachdem Pier Luigi ermordet worden war, auf dessen zweiten Sohn Ottavio (1524–86) über, da der älteste, Allessandro (1520–89), bereits mit 14 Jahren die Kardinalswürde erhalten hatte. Beide Brüder, echte Renaissancefürsten wie Papst Paul, trugen viel dazu bei, daß Parma neben den anderen Kulturzentren Italiens den gleichen Rang einnahm.

Leben
Arnold Caussin (Ernouil, Arnoldus, Causin, Causinus, Causino) wurde im flämischen Raum geboren und als Sängerknabe an der Kathedrale von Cambrai ausgebildet. Sein Vater, Raynaldo Caussin (um 1475–1529), erhielt um 1520 eine Kantorenstelle an der

Widmung mit Notendruck aus dem Werk »Musicae rudimenta« von Faber Vuolazanus, Augsburg 1516

Chiesa della Madonna della Steccata in Parma. Arnold folgte ihm in die Stellung nach und wurde 1534 Kapellmeister an dieser Kirche. Er versah die Stelle bis 1539 und von 1547 bis 1548. Über seine sonstige Tätigkeit gibt es keine Informationen. Er starb vermutlich in Parma um das Jahr 1558.

WERKE
Arnold Caussin war als Kapellmeister und Komponist sehr geschätzt. Von seinem Werk ist allerdings nur eine Anzahl fünfstimmiger Motetten überliefert, die sehr kunstvoll gearbeitet und mit überraschenden Wendungen ausgestattet sind.

LITERATUR
N. Pelicelli, Musicisti in Parma, in: Note d'archivio 8, 1931.

Thomas Barcroft (um 1505 bis um 1579)

ZEIT UND UMWELT
Das kleine Ely in Cambridgeshire, das in Wahrheit nur aus der vom normannischen Abt Simeon (1081–94) begonnenen Dreifaltigkeitskirche bestand, hat seine kirchliche Sonderstellung durch alle Fährnisse der Zeiten erhalten, bis Heinrich VIII. 1541 die Kirche zur Kathedrale erhob und ihre Sonderrechte bestätigte. Neben Cambridge war Ely stets eine wichtige Pflegestätte englischer Kirchenmusik, die mit der Chapel Royal in London engen Kontakt hielt.

LEBEN
Thomas Barcroft wurde um 1505 vermutlich in Cambridgeshire geboren. Im Jahre 1535 war er »Organist in Ely«. Wann er diese Stelle angetreten hatte, ist nicht feststellbar. Er dürfte um 1579 in Ely gestorben sein.
Sein Nachfolger war sein Sohn George Barcroft (um 1555 bis um 1610), der die Organistenstelle 1579 übernahm und bis zu seinem Tod innehatte.

WERKE
Von den Werken des englischen Organisten Thomas Barcroft sind ein Anthem, ein Te Deum und ein Benedictus erhalten. Weitere ihm zugeschriebene Anthems dürften von George Barcroft stammen. Der kompositorische Stil beider Orgelmeister ist sehr ähnlich und entspricht dem zeitgenössischen. Sie müssen als Musiker einen beträchtlichen Ruf gehabt haben, denn Ely war bei der Anstellung seiner Kräfte stets sehr wählerisch.

Sebestyén Tinódi (1505–56)

Zeit und Umwelt
Nachdem König Ludwig II. 1526 gestorben war, entbrannte der Kampf um Ungarn, in dem Zápolya von der Hohen Pforte unterstützt wurde. Im Jahre 1538 wurde das Land geteilt. Ferdinand I. erhielt Westungarn und Kroatien, Zápolya die restlichen Gebiete. Nach Zápolyas Tod fiel dessen Herrschaftsgebiet nicht, wie es vertraglich zugesichert war, an den Habsburger, das Erbe wurde Zápolyas Sohn János Zsigmond (1540–71) übertragen. Ferdinand I. belagerte Buda, Sultan Suleiman besetzte als Protektor János Zsigmonds die ungarische Hauptstadt (1541) und in der Folge ganz Zentralungarn. Einigermaßen erträgliche Lebensumstände gab es von da an nur im Westungarn der Habsburger und im Fürstentum Siebenbürgen, das die Türken unangetastet ließen.

Leben
Sebestyén Tinódi (Lantos de Tinódi) wurde 1505 in Baranya (Südungarn) geboren. Über das Leben dieses ungarischen Dichters und Lautenisten ist nur bekannt, daß er 1554 in Klausenburg (Cluj), damals Siebenbürgen, seine »Cronica« veröffentlichte und Ende Januar 1556 in Sárvár (Westungarn) gestorben ist.

Werke
Tinódi ist der bedeutendste Dichter-Chronist des 16. Jahrhunderts. Er schuf die Melodien zu seinen »Historien«, die er zur Laute vortrug, selbst. Seine Cronica enthält 23 Melodien. Sie gehören zu den frühesten Denkmälern ungarischer eigenständiger Kunstmusik.

Literatur
B. Szabolcsi, Geschichte der ungarischen Musik, Budapest 1964.

Johannes Lupi (um 1506–39)

Zeit und Umwelt
Die Kathedrale von Cambrai war stets eine Hochburg franko-flämischer Musik, aus der eine Reihe von Komponisten hervorgegangen ist. In Frankreich, in Italien, in Österreich, in Deutschland und auch im Bereich der eigenen Schule besetzten sodann diese Meister maßgebende Stellen, wo sie das Erlernte und selbst Geformte zu Gehör brachten und weitergaben.

Leben
Johannes Lupi (Leleu, Lupus) ist um 1506 vermutlich in Flandern geboren. Er sang in der Kapelle der Kathedrale von Cambrai bis 1521 als Chorknabe, wurde dort 1526 Vikar und 1527 Kapellmeister. Er starb in Cambrai am 20. 12. 1539.

Es lebten ungefähr zur gleichen Zeit zwei weitere Musiker namens Lupi, einer als Organist in Nivelles (bis 1502), ein zweiter als Cappellanus an der Kathedrale in Antwerpen (1548). Eine Identität dieser zwei mit Johannes Lupi kann nicht angenommen werden.

Werke
Von Johannes Lupi sind mit Sicherheit 15 vier- bis achtstimmige Motetten überliefert, außerdem weitere 23 für vier, fünf und sechs Stimmen, sodann 3 vierstimmige Messen und 26 vier- bis sechsstimmige Chansons. Die Zuschreibung weiterer, in Sammeldrucken oder Handschriften unter dem Namen Lupi laufender Stücke ist zweifelhaft, weil es zu jener Zeit mehrere Musiker dieses Namens gegeben hat, die schon damals nicht auseinandergehalten wurden. Die Kompositionen sich technisch perfekt, zwar zuweilen etwas einfallsschwach, im großen und ganzen aber doch echte niederländische Musik. Einige Chansons sind sehr reizvoll.

Literatur
J. Delporte, Johannes Leleu, in: Revue liturgique et musicale XXII, 1938/39.

Francesco della Viola (um 1507–68)

Zeit und Umwelt
Alfonso II. d'Este (1533–97), Herzog von

Ferrara, war wie die meisten Vertreter seines Hauses ein großer Verehrer und Förderer der Künste und der Künstler und Gönner und Freund des Dichters Torquato Tasso.

Leben
Francesco della (dalla) Viola wurde um 1507 vermutlich in Ferrara geboren. Er war Schüler von Adrian Willaert, der sich von 1522 bis 1525 in Ferrara aufhielt, und trat sodann als Instrumentalist in die Kapelle des Herzogs von Ferrara ein. Von 1535 bis 1549 dürfte er sich in Venedig aufgehalten und darauf erneut in Ferrara gewirkt haben. Im Jahre 1553 begab er sich wieder nach Venedig, wo er 1558 die »Musica Nova« seines Lehrers Willaert herausbrachte. 1559 wurde er Hofkapellmeister Herzog Alfonsos II. in Ferrara, wo er im März 1568 starb. Er dürfte mit Alfonso della Viola eng verwandt gewesen sein.

Werke
Von seinem kompositorischen Werk sind 3 Messen, etliche Motetten und eine Reihe von Madrigalen für vier und fünf Stimmen erhalten. Alle Kompositionen weisen auf Willaert, den Lehrer des Komponisten.

Literatur
W. Weyler, Documenten betreffende de muziekkapel aan het hof van Ferrara, Vlaamsch jaarboek voor muziekgeschiedenis I, 1939.

Bálint Bakfark (1507–76)

Zeit und Umwelt
Der ungarische König János Zápolya ahmte an seinem Regierungssitz in Buda die anderen europäischen Fürstenhöfe getreulich nach. Es fiel ihm auch nicht schwerer als den anderen Regenten, eine Hofkapelle aufzubauen, er mußte sich nicht einmal ganz auf den Zuzug von Ausländern verlassen, weil es auch im eigenen Land einige Talente gab, die sich ihm gerne zur Verfügung stellten.

Leben
Bálint Bakfark (Valentinus Greff Bakfark) ist 1507 in Brassó (heute Brasov, Siebenbürgen) geboren. Seine Jugend verbrachte der ungarische Lautenist am Hof des damaligen Wojwoden von Siebenbürgen, des späteren Königs von Ungarn, János Zápolya, der ihn unterrichten ließ und in den Adelsstand erhob. Nach dem Tod des Königs ging er nach Italien und darauf an den französischen Hof. Von 1549 bis 1566 war er in Vilnius am Hof des polnischen Königs Zygmunt August (1520–72) als Lautenist tätig und reiste von dort nach Danzig, Augsburg, Lyon, Venedig und Königsberg. Im Jahre 1566 trat er in Wien als Hoflautenist in kaiserliche Dienste, kehrte jedoch schon nach zwei Jahren nach Siebenbürgen zu János Zsigmond Zápolya zurück. Nach dem Ableben seines Gönners übersiedelte er nach Venedig, wo er am 15. 8. 1576 der Pest erlag. Er soll vor seinem Tod alle seine unveröffentlichten Manuskripte verbrannt haben.

Werke
Bálint Bakfark wird als einer der bedeutendsten Meister der Instrumentalmusik der Renaissance angesehen. Seine Werke stellen eine hochkünstlerische Synthese der Polyphonie der Zeit und instrumentaler Technik dar, deren Ausdruckskraft mit reich ornamentierten Melodien erreicht wird. Er veröffentlichte 2 Sammlungen von Lautenmusik, die Bearbeitungen von Motetten, Madrigalen, Chansons und Tänzen von Meistern des 15. und 16. Jahrhunderts oder von Volksmusik sind und die Polyphonie der Originale mit außergewöhnlicher Treue wiedergeben. Auch seine eigenen Kompositionen, 10 Fantasien und ein Passamezzo, weisen den gleichen polyphonen Stil auf.

Literatur
O. Gombosi, Der Lautenist Valentinus Bakfark, Musicologia Hungarica, Neue Folge I, Kassel 1967.

Paolo Antonio Bivi (1507–84)

Zeit und Umwelt
Die Kirche auf der Piazza Grande von

Arezzo Santa Maria della Pieve stammt aus dem 12. und dem 13. Jahrhundert. Ihr Campanile heißt wegen seiner zahlreichen romanischen Bogenfenster »Glockenturm der 100 Löcher«. Die Stadt selbst war Geburtsort mehrerer bedeutender Männer wie des römischen Förderers der Künste Gaius Mecaenas (um 69 v. Chr. bis 8 v. Chr.), Guido von Arezzo, Petrarca, Giorgio Vasari, Baumeister, Maler und Schriftsteller, Pietro Aretino, Schriftsteller, und anderer mehr.

LEBEN
Paolo Antonio Bivi wurde am 1. 3. 1507 in Arezzo getauft und dort ausgebildet. Er war Kapellmeister und Kanonikus an Santa Maria della Pieve und von 1538 bis 1544 am Dom der Stadt. Über sein weiteres Wirken gibt es keine Informationen. Er stand als Kapellmeister und Komponist bei den in Florenz regierenden Medici (denen auch Arezzo unterstand) in hohem Ansehen. Am 10. 7. 1584 starb er in Arezzo.

WERKE
Von dem italienischen Komponisten Paolo Antonio Bivi sind Lamentationen, Responsorien für die Karwoche, Hymnen für das ganze Jahr, mehrere Magnificat, eine Passion nach Johannes für zwei bis sieben Stimmen (Motetten-Passion) und 2 Bücher mit mehrstimmigen Madrigalen überliefert. Alle diese Musik muß als guter Durchschnitt bezeichnet werden.

Alfonso della Viola (um 1508–70)

ZEIT UND UMWELT
Ercole II. d'Este folgte 1534 seinem Vater Alfonso I. in die Regierung des Herzogtums Ferrara nach. Er und sein Bruder, Kardinal Ippolito, waren als Literatur- und Kunstfreunde berühmt. Sie folgten darin der Tradition ihres Hauses.

LEBEN
Alfonso della Viola, wahrscheinlich ein Verwandter Francescos della Viola, ist um 1508 vermutlich in Ferrara geboren. Er kam als Instrumentalist zur Hofkapelle des Herzogs von Ferrara. Im Jahre 1534 war er bereits Hofkapellmeister, wurde aber ein Jahr darauf von Maistre Jhan abgelöst. Ob er hernach noch eine Stelle annahm, ist unbekannt. Er starb in Ferrara im Jahre 1570.

WERKE
Von Alfonso della Viola sind 2 Bücher mit vierstimmigen Madrigalen erhalten. Von seinen Bühnenmusiken im Madrigalstil ist lediglich eine rezitativartige Szene mit Chor des Stückes »Il Sacrificio« (Das Opfer) überliefert. Alle anderen sind verschollen. Der Stil seiner Kompositionen unterscheidet sich grundlegend von dem seines Namensvetters Francesco. Er ist durch und durch italienisch und nähert sich dem der Frottola.

LITERATUR
A. Einstein, The Italian Madrigal I, Princeton 1949.

Alonso de Mudarra (um 1508–80)

ZEIT UND UMWELT
Die Dichtungen der Italiener Petrarca und Jacopo Sannazzaro (1456–1530), des Katalanen Joan Boscà Almugàver (1490–1542) und der Spanier Jorge Manrique (1440–79) und Gacilaso de la Vega (1501–36) waren neben Stellen aus Vergil und Ovid beliebte Texte der spanischen Vihuelisten der Renaissance. Ebenso gerne wurden spanische Volksballaden und Romanzen gesungen und gehört.

LEBEN
Alonso de Mudarra ist um 1508 vermutlich in Sevilla geboren. Er wurde am Hof der Herzöge del Infantado in Guadalajara erzogen und ausgebildet. Dann reiste er als Vihuelist durch Italien und Spanien und ließ sich schließlich als Kanonikus in Sevilla nieder, wo er 1580 starb.

WERKE
Alonso de Mudarra veröffentlichte 3 Bücher mit Vihuela-Musik, in denen er ihre sämtlichen Formen durch Beispiele aus seinem

eigenen Repertoire darstellte. Im dritten Buch brachte er neben Vertonungen von italienischen und spanischen Gedichten sowie antiken Texten Balladen und Romanzen. Die Melodien sind einfach und volksliedhaft, die Begleitung ist aber sehr kompliziert gesetzt.

LITERATUR
J. M. Ward, The Vihuela de Mano and Its Music (1536–76), New York 1953.

Primož Trubar (1508–86)

ZEIT UND UMWELT
Seit den Freisinger Denkmälern mit drei in slowenischer Sprache aufgezeichneten Texten für die Beichtpraxis (zwischen 972 und 1039) gab es bis zum 16. Jahrhundert kein nennenswertes Schrifttum in dieser Sprache. Erst die Reformation brachte eine Wendung, weil die Anhänger Luthers die Bibel in ihrer Sprache lesen, beim Gottesdienst slowenisch beten und vor allem singen wollten. Die Bibelübersetzung von Jurij Dalmatins (1547 bis 1589) hat nachgerade die slowenische Schriftsprache begründet.

LEBEN
Primož Trubar (Primus Truber) wurde am 8. 6. 1508 in Raščica geboren. Er studierte ab 1524 in Triest Theologie, wurde 1530 Priester und 1542 Domherr in Ljubljana, mußte aber 1548 fliehen, weil er für die Reformation eintrat. Er nahm Predigerstellungen in Nürnberg, Rothenburg ob der Tauber, Kempten, Urach, Tübingen und Laufen an und landete schließlich 1566 in Derendingen. In der Zwischenzeit wirkte er auch in Ljubljana als Superintendent, wurde aber nach einigen Jahren vertrieben (1561–65). Er starb am 28. 6. 1586 in Derendingen bei Tübingen.

WERKE
Das erste slowenische Gesangbuch, das Primož Trubar zu verdanken ist, stellt eine Fundgrube mittelalterlicher slowenischer Volksmelodien dar, die der Komponist verwendete. Das Buch enthält auch deutsche und tschechische Kirchenlieder. Das gleiche ist zur zweiten Publikation »Drei geistliche Lieder« zu sagen. Wie weit Trubar eigene Melodien verwertete, ist nicht genau feststellbar. Jedenfalls setzte er den Anfangspunkt für das slowenische Kirchenlied jedweder Konfession.

Diego Pisador (um 1509 bis nach 1557)

ZEIT UND UMWELT
Beinahe jede spanische Stadt bot zu jenen Zeiten das Bild einer sich völlig widersprechenden Geisteshaltung. In der Hochburg der Wissenschaft Salamanca legte Francisco de Vitoria (1483–1546) die ersten Grundlagen zu einem internationalen Rechtssystem. Im Jahre 1486 wurde Christoph Columbus in derselben Stadt von einem Theologenkollegium streng verhört. Die Universität Salamanca rühmt sich heute noch, weil der Theologe und Dichter Fray Ponce de Léon (1527–91) zu ihren Lehrern gezählt hat. Die Lehrtätigkeit dieses Gelehrten war aber durch eine vierjährige Haft der Inquisition unterbrochen. Hohe Geistigkeit und grausame Borniertheit liefen parallel. Die Musik gedieh nur, weil viele Musiker doch nicht in den Interessenkreis der Inquisitoren gerieten. Ihre Sprache schien harmlos zu sein. Die Künstler des Wortes lebten dem Scheiterhaufen viel näher.

LEBEN
Diego Pisador wurde in Salamanca um 1509 geboren. Sein Vater war Angestellter des Erzbischofs von Santiago und außerdem vermögend. Er konnte dem Sohn das Studium ermöglichen, der es aber nur bis zu den niederen Weihen brachte und sich dann allein der Musik widmete. Die Protektion des erzbischöflichen Palais blieb ihm aber gewahrt, so daß er sich sorgenfrei der Komposition und dem Spiel widmen konnte. Er starb nach 1557 in seiner Heimatstadt Salamanca und war trotz mancher gefährlicher Bekanntschaft unbehelligt geblieben.

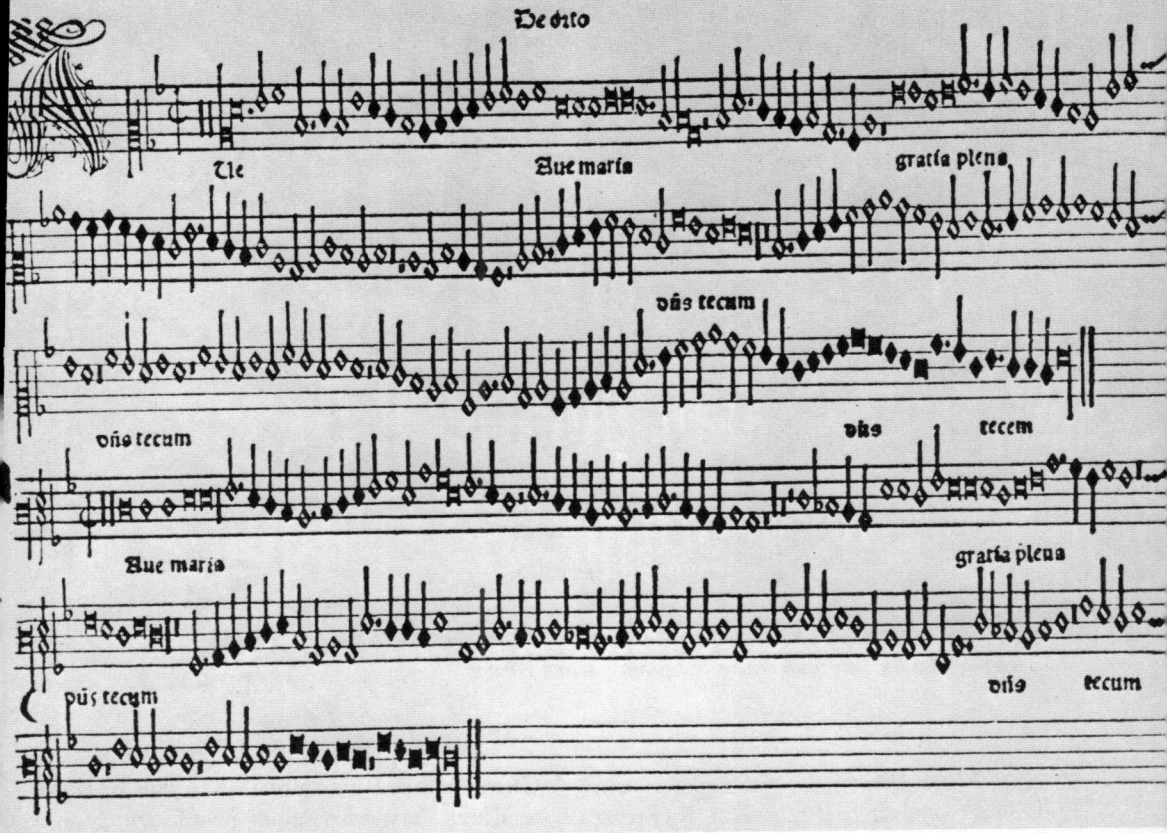

Italienischer Notensatz, Venedig 1503

WERKE

Diego Pisador brachte 1552 einen Libro de música de vihuela heraus, in dem altspanische Balladen, Villancicos, Madrigale eigener Komposition und 15 Transkriptionen von Messen und 17 von Motetten von Morales und anderen Meistern enthalten sind. Der Klang der Polyphonie des Meisters wird durch eine intensive Chromatik erhöht. Für die Transkriptionstechnik ist Pisador beispielgebend.

LITERATUR

M. Honegger, La tabulature de Diego Pisador et le problème des altérations au XVIe siècle, Revue de Musicologie LIX, 1973.

Jacobus Clemens non Papa
(um 1510–55)

ZEIT UND UMWELT

Der von Nicolas Gombert eingeleitete vierte Zeitabschnitt der franko-flämischen Schule neigte sich gegen Mitte des 16. Jahrhunderts seinem Ende zu. Die Franzosen entfernten sich weit von der niederländischen Art und suchten aus ihrer Sprache neue Gestaltungsformen zu schöpfen. Für ihre Kirchenmusik wird wiederum Paris maßgebend und daneben Lyon. Die Italiener setzten den franko-flämischen Stil auf ihre Art fort und entwickelten in Venedig und Rom eigene Schulen. Einzelne Niederländer bauten ihren Stil

Jacobus Clemens non Papa (um 1510–55)

Musizierende Gesellschaft, nach einem Stich von Niccolò Abate

zu einer Höchstform aus, die zugleich sein Ende war, weil in der gleichen Richtung nicht mehr weitergegangen werden konnte.

Leben

Jacobus Clemens non Papa wurde um 1510 zu Middelburg (Insel Walcheren) geboren. Sein eigentlicher Name lautete Jacques Clemens, den Beinamen »non Papa« legte er sich angeblich während seines Aufenthaltes in Ypern zu, um sich von dem ebenfalls dort lebenden Dichter Jacobus Papa zu unterscheiden. Im März 1544 war er Sangmeister an St. Donatian in Brügge, von Oktober bis Dezember 1550 Gast der Brüderschaft Onze Lieve Vrouwe in s'Hertogenbosch. Weitere Lebensdaten sind nicht gesichert, außer daß er in den fünfziger Jahren Kapellmeister in Dixmuiden war, wo er im Frühjahr 1555 starb.

Werke

Die umfangreiche Hinterlassenschaft des franko-flämischen Komponisten Jacobus Clemens non Papa reiht ihn zu den bedeutendsten Vertretern seiner Schule zwischen Josquin und Orlando di Lasso ein. Aus seinem vielseitigen Schaffen fand und findet das Motettenwerk die stärkste Beachtung, weil dabei die Sätze konsequent durchimitiert und nur gelegentlich von syllabisch deklamierten homorhythmischen Stellen unterbrochen sind. Es sind insgesamt bei 210 vier- bis siebenstimmige Motetten erhalten, außerdem 14 Parodiemessen für bis zu 6 Stimmen und eine vierstimmige Totenmesse, ein achtstimmiges Credo und ein Osterkyrie; dazu sind die »Souterliedekens«, 146 Psalmen in gereimter niederländischer Sprache für drei Stimmen zu zählen. Die profane Musik ist mit 85 französischen und 8 niederländischen Chansons für drei bis acht Stimmen und etlichen Instrumentalsätzen vertreten.

Literatur

K. F. Bernet Kempers, Clemens non Papa, Augsburg 1928.

Andrea Gabrieli (um 1510–86)

Zeit und Umwelt

Adrian Willaert hatte den italienischen Stil des 16. Jahrhunderts begründet. Die später Geborenen empfanden diesen bereits als natürlichen Ausdruck ihrer Gedankenwelt. Die Großräumigkeit der Struktur, die freizügige Wandelbarkeit des melodischen Materiales, die souveränen Modulationen der Akkorde, die geschmeidige Chromatik entsprachen dem aufgeschlossenen Weltbild des Humanismus. Die Musik war zur reinen Kunst geworden, die nur den eigenen Gesetzen folgte und jeden Zwang abschüttelte, auch wenn es sich um zweckgebundene oder bestellte Werke handelte.

Sehr lange hielt die Freiheit nicht an, denn die Kräfte Roms rüsteten zur Gegenreformation. Aber was bis zu diesem Kälteeinbruch an Kunstwerken geschaffen wurde, konnte nicht mehr gelöscht werden, sondern blieb uns als Abglanz jenes Aufschwungs des menschlichen Geistes erhalten.

Leben

Andrea Gabrieli wurde um 1510 in Venedig (Sestriere Canareggio) geboren. Er war höchstwahrscheinlich Schüler des Domkapellmeisters Willaert. Im Jahre 1536 trat er der Kapelle an San Marco als Sänger bei. In den vierziger Jahren dürfte er in Verona bei Vincenzo Ruffo tätig gewesen sein.

1564 löste er Claudio Merulo als Zweiter Organist des Markusdomes ab und wurde 1585 Erster. Er starb in Venedig gegen Ende des Jahres 1586.

Werke

Andrea Gabrieli wird als einer der bedeutendsten und einflußreichsten Komponisten der gesamten Renaissance angesehen. Sein Beitrag, einen harmonisch flüssigeren und architektonisch flächigeren Stil durchzusetzen, war nachhaltend. Bei ihm nahm die Dur- und Mollharmonik in unserem Sinn ihren Anfang. Sein Werk umfaßte alle Gattungen der Musik seiner Zeit. In seiner Kirchenmusik wurde die Mehrchörigkeit Willaerts noch weiter ausgebaut und auf die Instrumentalbegleitung ausgedehnt (geteilt aufgestellte Bläsergruppen). Die Instrumente wurden von ihrer Rolle, als Stimmverstärker der Sänger zu dienen, teilweise befreit und in eine selbständigere, für das jeweilige Stück obligate Position gehoben.

Erhalten sind sechsstimmige Messen, eine große Anzahl Motetten, Psalmen, geistliche Gesänge. An profaner Musik liegen viele Chansons (Canzoni) und eine Anzahl Sonetten vor. Für die Orgel hat der Meister 4 Toccaten geschrieben, außerdem etliche Ricercari. Besondere Beachtung verdienen seine Concerti zum Empfang König Heinrichs III. von Frankreich, eine Festmusik, die einen nachhaltigen Einfluß auf die Musikentwicklung ausgeübt hat. Die Verknüpfung hoher und tiefer Chöre und die wechselnden Kombinationen der Stimmen gehen weit über die Technik der Zeitgenossen hinaus. Auch die Instrumentenbesetzung, für die teilweise genaue Vorschriften gegeben wurden, brachte völlig neue Strukturen, die erst nach Jahrzehnten allgemein wurden.

Doch nicht nur das hinterlassene Werk des Meisters wies der zukünftigen Musik die Richtung. Seine Schüler übernahmen Stil und Technik seiner Komposition, so daß ihr Einfluß weit in das nächste Jahrhundert hinein wirksam blieb. Seine bedeutendsten Schüler waren sein Neffe Giovanni Gabrieli, der sein Werk in Venedig fortsetzte und vollendete, und die Deutschen Hans Leo Haßler und Gregor Aichinger.

Literatur

D. Arnold, Andrea Gabrieli und die Entwicklung der »Cori-spezzati«-Technik, Die Musikforschung XII, 1959.

Juan Bermudo (um 1510 bis um 1565)

Zeit und Umwelt

Morales war in der 1. Hälfte des 16. Jahrhunderts die Zentralgestalt des Musikgeschehens in Spanien. Sein Stil, sein Klang und sein Spiel waren beispielgebend, seine Empfehlung und seine Freundschaft waren bei Anstellungen entscheidend.

LEBEN

Der Musikwissenschaftler und Kirchenkomponist Juan Bermudo wurde um 1510 in Écija (Andalusien) geboren. Seine Studien betrieb er in Alcalá de Henares. Im Jahre 1549 ist er in Marchena am Herzoghof von Arcos nachweisbar, wo er offensichtlich als Musiker wirkte. Er ist um das Jahr 1565 vermutlich in Marchena verstorben. Ob er jemals im Dienst des Erzbischofs von Andalusien stand, ist unsicher. Belegt ist nur, daß er mit Morales in Verbindung stand und mit ihm befreundet war.

WERKE

Für die Musikgeschichte ist vor allem das fünfbändige Werk von Juan Bermudo über die spanischen Musikinstrumente wichtig. Seine Orgelstücke und seine wenigen erhaltenen sakralen Kompositionen sind nur interessant, weil sie beweisen, wie stark der Einfluß von Morales auf seine Zeitgenossen gewesen ist.

LITERATUR

O. Kinkeldey, Orgel und Klavier, Leipzig 1910.

Gregor Meyer (um 1510–76)

ZEIT UND UMWELT

Der Schweizer Humanist und Musiktheoretiker Glareanus (eigentlich Heinrich Loriti, 1488, Mollis, Glarus, bis 28. 3. 1563, Freiburg im Breisgau, Poeta laureatus) nahm in sein um 1519 bis 1539 entstandenes musiktheoretisches Werk Dodekachordon Kompositionen vieler zeitgenössischer Meister auf, die in manchen Fällen eigens für diese Publikationen verfaßt wurden.

LEBEN

Gregor Meyer wurde um 1510 in Säckingen geboren. Der deutsche Organist wirkte zuerst in seiner Geburtsstadt, dann von 1535 bis 1538 an St. Urs in Solothurn. Im Jahre 1561 erhielt er, obgleich er als »bäpstisch« galt, die Organistenstelle am Münster zu Basel, wo er auch Orgelunterricht geben mußte. Er starb im November 1576 in Basel mit dem Ruf eines außerordentlichen Organisten und Orgellehrers.

WERKE

Die von Gregor Meyer überlieferten 11 Kyrie, 9 Kanons und 3 Motetten schrieb er auf Wunsch des Musiktheoretikers Glareanus für dessen Dodekachordon. Außerdem sind noch einige mehrstimmige Stücke erhalten. Über die Orgelmusik, die er geschrieben haben soll, ist nichts bekannt. Sein Orgelspiel muß bedeutend gewesen sein, sonst hätte man ihn als »bäpstischen« nicht zum ersten Organisten nach der Reformation für Basel ernannt.

LITERATUR

S. Fornaçon, Gregor Meyer, in: Musik und Gottesdienst X, 1956.

Pierre Certon (um 1510–72)

ZEIT UND UMWELT

Paris hatte sich von der franko-flämischen Schule sehr weit entfernt und für die Kirchenmusik eine eigene gebildet, die allerdings auf den Leistungen der flämischen Meister beruhte. Die Chanson ist in dieser Stadt entstanden und weiterentwickelt worden und sowohl textlich wie musikalisch zum Ausdruck ihres Wesens geworden. Sie war immer französisch und blieb es.

LEBEN

Pierre Certon ist um 1510 vermutlich in Melun geboren. Er wurde 1529 Kleriker an Notre-Dame in Paris und trat 1532 der Sainte-Chapelle bei; 1542 wurde er Leiter ihres Knabenchores. Um 1560 ernannte man ihn zum Kanonikus an Notre-Dame in Melun, wo er am 23. 2. 1572 starb.

WERKE

Vom kompositorischen Werk Pierre Certons sind 3 dreistimmige und 5 vierstimmige Messen, ungefähr 50 vierstimmige Motetten, französische Psalmen und geistliche Chansons für vier bis acht und dreizehn Stimmen überliefert. Die Messen nehmen als Grundthemen nicht nur sakrale Melodien, sondern auch Volkslieder wie »Sur le pont d'Avignon« (Auf der Brücke von Avignon). Die Motetten zeichnen sich durch eine starke Bildhaftigkeit des Ausdruckes aus. Außer der sakralen Musik sind bei 300 Chansons überliefert, von denen einzelne zur Form des Vaudeville vorstoßen. Die Texte sind oft sehr gewagt.

LITERATUR
M. Brenet, Les musiciens de la Sainte-Chapelle du Palais, Paris 1910.

Ghiselin Dankers
(um 1510 bis nach 1565)

ZEIT UND UMWELT
Wenn auch die römische Schule sich am Ende keiner Neuerung verschloß, so wurden dennoch stets ältere Formen vorgezogen. Diese retardierende Tendenz war schon längst zur Tradition geworden. Daher waren Musiker mit antiquarischen Neigungen, wenn sie sonst den hohen Anforderungen der päpstlichen Kapelle entsprachen, doppelt willkommen.

LEBEN
Ghiselin Dankers (Danckerts) ist um 1510 in Tholen (Zeeland) geboren. Im Jahre 1538 trat er als Sänger in die päpstliche Kapelle ein und blieb dort bis zu seiner Pensionierung (1565). Wo und wann er gestorben ist, kann nicht festgestellt werden.

WERKE
Dankers war ein Musiker, der streng die Regeln der alten niederländischen Schule beachtete und sich vom Fortschritt in keiner Weise beirren ließ. Die von ihm überlieferten Kompositionen, 2 Motetten, 2 Madrigale und 3 Kanons, wirkten bereits zu seiner Zeit wie Petrefakte, sind aber musikgeschichtlich gerade dadurch interessant, weil der Komponist auch ohne moderne Stilmittel gute Musik schrieb.

LITERATUR
P. J. de Bruijn, Ghiselin Dankers, Tijdschrift der Vereeniging voor nederlandse Muziekgeschiedenis, 1946.

Vicente Lusitano
(um 1510 bis nach 1553)

ZEIT UND UMWELT
Die weitreichende Gemeinsamkeit der Entwicklungsgeschichte der Pyrenäenhalbinsel hat eine gewisse Gleichartigkeit der Kultur erzeugt. Die Musik beider Länder kann zumindest bis weit in die Neuzeit hinein kaum unterschieden werden, weil spanische Musiker in Portugal und portugiesische an den spanischen Kapellen wirkten.

LEBEN
Vicente Lusitano hieß in seiner portugiesischen Heimat Vicente de Olivença nach der spanischen, nahe der portugiesischen Grenze gelegenen Stadt Olivenza, in der er um 1510 geboren wurde. Den Namen Lusitano (Portugiese) legte er sich erst in Rom zu, wohin er um 1550 gekommen war. Über sein Leben und Wirken vor diesem Zeitpunkt gibt es keine Nachrichten. Er dürfte in Lissabon studiert und eine Stelle als Musiker innegehabt haben. Publikationen und Kompositionen aus jener Zeit sind nicht überliefert. In Rom wurde er Sänger an der päpstlichen Kapelle und trat als Theoretiker hervor. Seine letzte Publikation erschien 1553. Er dürfte bald darauf in Rom gestorben sein.

WERKE
Von dem portugiesischen Musiktheoretiker und Komponisten Vicente Lusitano ist ein Buch Motetten (die er selbst »Epigrammata« nannte) für fünf, sechs und acht Stimmen überliefert. Sie sind im spanischen Stil gehalten, dicht harmonisiert und stark ausgeschmückt.

LITERATUR
E. T. Ferand, Improvised Vocal Counterpoint, Annales Musicologiques IV, 1956.

Didier Lupi Second
(um 1510 bis nach 1559)

Zeit und Umwelt
Bis zum Ausbruch des Religionskrieges in Frankreich bestand in Lyon ein mehr oder minder friedliches Zusammenleben beider Konfessionen. Die Hugenotten hatten noch den Vorteil, vor Verfolgungen über die Grenze in das nahe Genf auszuweichen. Musiker, die Psalmentexte komponierten, wurden deshalb allein nicht behelligt. Die Beschäftigung mit der Bibel in der Volkssprache wurde erst später zum todeswürdigen Verbrechen.

Leben
Didier Lupi Second wurde um 1510 vermutlich in Lyon geboren. Er lebte in dieser Stadt als Musiker und Komponist. In welcher Stellung er gewirkt hat, ist unbekannt. Er ist nach 1559, dem Jahr seiner letzten Publikation, in Lyon gestorben.

Werke
Von Didier Lupi Second wurden ein Buch mit sakralen Gesängen, ein weiteres mit 35 Chansons – zum Teil religiösen Inhaltes – und ein drittes mit 33 in das Französische übersetzten Psalmen herausgebracht. In Sammeldrucken finden sich weitere Sätze des Komponisten. Alle Kompositionen sind mehrstimmig, neigen aber stark zur Homophonie. Sie gehören zu den ältesten mehrstimmigen protestantischen Kirchengesängen Frankreichs.

Literatur
M. Honegger, Les chansons spirituelles de Didier Lupi et les débuts de la musique protestante en France au XVIe siècle, Lille 1971.

Étienne Dutertre
(um 1510 bis nach 1557)

Zeit und Umwelt
In der franko-flämischen Schule spielte die Chanson von Ockeghem bis Willaert keine beachtenswerte Rolle. Ihre imitatorische Struktur des Satzes lebte sich in den großangelegten sakralen Formen der Messe und Motette aus. Einige Chansons wurden jedoch nahezu von jedem Meister der Schule vertont, so daß sozusagen auf einem Nebenfeld ein gewisser Entwicklungsstand dieser Musikgattung erreicht wurde; sie war vierstimmig und durchimitiert. Darauf trat eine Wendung zur Vereinfachung ein, das Textliche wurde in den Vordergrund gestellt, die Musik erhielt die Aufgabe, das Wort zu profilieren, pointieren und illustrieren. Pariser Witz und Pariser Charme regierten die Chanson der Stadt in den Kneipen und in den Salons und wurden zum Ausdruck der Geisteshaltung der gesamten Stadt.

Leben
Étienne Dutertre (Du Tertre) ist um 1510 in oder bei Paris geboren. Er dürfte sich in Paris als Organist, Sänger und Musiklehrer betätigt haben. Die Annahme, daß er Angehöriger der Sainte-Chapelle gewesen sei, ist unverbürgt. Er dürfte vermutlich nach 1557 in Paris gestorben sein.

Werke
Dutertre war einer der bedeutendsten Vertreter der französischen Chanson. Es sind von ihm ungefähr 60 Chansons für vier Stimmen erhalten. Ihre Texte sind zum Teil stark frivol, aber stets geistreich und charmant, und das war für jene Zeit ausschlaggebend. Außerdem ist von dem Meister eine Anzahl Instrumentalmusik überliefert, vorwiegend vierstimmige Tänze (Pavanen, Gallarden, Branles), deren künstlerische Qualität sehr hoch einzuschätzen ist.

Literatur
C. M. Cunningham, Étienne du Tertre and the Mid-Sixteenth Parisian Chanson, in: Musica Disciplina 25, 1971.

Jean de Hollande
(um 1510 bis nach 1553)

Zeit und Umwelt
Die Kathedralen der Stadt Brügge waren

auch zur Zeit des wirtschaftlichen Niederganges Pflegestätten der Kirchenmusik, die allerdings zumeist der franko-flämischen Schule streng verhaftet blieben.

LEBEN

Jean de Hollande wurde um 1510 im flandrischen Raum geboren. Seine Ausbildung dürfte er in Brügge genossen haben, wo er von 1538 bis 1541 an der Erlöserkirche als stellvertretender Chormeister und sodann bis 1544 in gleicher Eigenschaft an St. Donatian wirkte. Er ist vermutlich nach 1553 in Brügge verstorben. Eine Identität des Meisters mit Christian Janszone Hollander kann nicht angenommen werden.

WERKE

Von Jean de Hollande sind Chansons und Motetten überliefert, von denen einige vielleicht dem Zeitgenossen Hollander zugeschrieben werden müssen. Die Motetten sind streng durchimitiert und sehr klangvoll, die mehrstimmigen Chansons wirken etwas schwerfällig.

LITERATUR

H. Osthoff, Die Niederländer und das deutsche Lied, Berlin 1938.

Claude Gervaise
(um 1510 bis nach 1555)

ZEIT UND UMWELT

Neben der Chanson erfreute sich in Paris zu jener Zeit jede Art Tanzmusik großer Beliebtheit, vor allem in den gehobenen Gesellschaftskreisen, wo die Volkstänze in stilisierter Form Eingang gefunden hatten.

LEBEN

Claude Gervaise wurde um 1510 vermutlich in Paris geboren. Er war wahrscheinlich Geiger in der Hofkapelle des Königs von Frankreich Franz I., lebte und wirkte in Paris als Komponist und starb dort nach 1555.

WERKE

Neben einer Anzahl vierstimmiger Chansons, die gegen die von zeitgenössischen Komponisten etwas abfallen, komponierte Claude Gervaise eine große Anzahl vier- und fünfstimmiger Tanzstücke, mit denen er viel Erfolg hatte. Er verwendete alle zeitgenössischen Tanzformen mit gleichem Geschick und galt zu seiner Zeit als der Tanzmusikkomponist schlechthin, obwohl die Tänze von Étienne Dutertre um nichts minder einzuschätzen waren.

LITERATUR

L. F. Bernstein, Claude Gervaise as Chanson Composer, Journal of the American Musicological Society XVIII, 1965.

Dambert (um 1510 bis nach 1550)

ZEIT UND UMWELT

Die an die Pariser Chanson gestellte Forderung nach expressiver Wortausdeutung wurde analog auch, wenn schon nicht kategorisch, an die Motette gestellt; sie erfaßte mit dem Ablauf der Zeit alle Gattungen der Vokalmusik, so daß es in späteren Epochen zwangsläufig zum Heranziehen außermusikalischer Effekte kommen mußte. Die ersten Ansätze dieser Tendenz lassen sich bereits in der ersten Hälfte des 16. Jahrhunderts erkennen.

LEBEN

Von dem französischen Komponisten Dambert, der um 1510 in Paris geboren sein dürfte, ist der Vorname nicht feststellbar. Auch über seine Lebensumstände ist nichts bekannt. Daß er Mitglied der Königlichen Kapelle war, ist nicht belegt. Gesichert ist nur, daß er von den Zeitgenossen sehr geschätzt wurde. Er ist vermutlich in den fünfziger Jahren in Paris gestorben.

WERKE

Die vierstimmige Motette »Omnis pulchridudo« (Alle Herrlichkeit) bringt eine prächtige Ausdeutung des Wortes »Herrlichkeit«, die ganz der Art der französischen Schule entspricht. Ebenso stilgerecht sind die überlieferten 3 vierstimmigen Chansons. Sein erhaltenes Lautenstück deutet mit seinem virtuosen Satz darauf hin, daß Dambert vermutlich selbst Lautenist gewesen ist.

LITERATUR
M. Honegger, Vierstimmige Chansons françaises, Paris 1965.

Jacques Buus (um 1510–65)

ZEIT UND UMWELT
Der Wiener Hof war schon unter den Babenbergern ein beliebtes Ziel von Musikern. Die Hofkapelle erhob sich unter Maximilian I. zu einer der ersten Europas. Pflege von Kultur und Kunst wurde für alle habsburgischen Regenten zum traditionellen Anliegen. Die Stellung eines Hofkapellmeisters oder Hoforganisten in Wien barg schon von vornherein eine hohe Wertschätzung in sich.

LEBEN
Jacques Buus (Jacobus Bohusius, van Paus, Jachet de Guant) wurde um 1510 vermutlich in Gent geboren, wo er seine Ausbildung genossen haben dürfte. Seine erste Stellung war die eines Zweiten Organisten an San Marco in Venedig (1541). Im Jahre 1551 ging er nach Wien, wo er als Hoforganist verpflichtet wurde. Er versah diesen Dienst bis 1564, dürfte aber während dieser Zeit – ebenfalls im Dienst Kaiser Ferdinands I. – fallweise in Innsbruck gespielt haben. Er starb im Sommer des Jahres 1565 in Wien.

»Der Dudelsackpfeifer« – Kupferstich von Albrecht Dürer, 1514

WERKE
Die Zuordnung der Kompositionen von Jacques Buus begegnet erheblichen Schwierigkeiten, weil eine Anzahl davon mit »Jachet« signiert ist, das mehrere zeitgenössische Komponisten ebenfalls verwendeten (wie zum Beispiel Berchem, Vaet, Wert und andere). Seine Ricercari für vier Stimmen (für Gesang, Orgel und andere Instrumente) stehen im Vordergrund. Daneben sind Ricercari für Orgel allein überliefert. Dazu kommen vierstimmige Motetten und Madrigale, fünf- und sechsstimmige französische Lieder und etliche Chansons. Bezeichnend für das ganze Werk ist das Vordringen der Instrumentalmusik, die der Vokalmusik bereits als gleichwertig an die Seite gestellt wurde.

LITERATUR
H. Kraus, Jacob Buus, Leben und Werke, in: Tijdschrift der Vereeniging voor nederlands Muziekgeschiedenis 12, 1926–28.

Christian Janszone Hollander
(um 1510–69)

ZEIT UND UMWELT

Erzherzog Ferdinand (1529–95), Sohn Kaiser Ferdinands I., wurde nach dessen Tod Regent von Tirol und Vorderösterreich, wo er, weit entfernt von der Türkengefahr, die Gegenreformation mit aller Strenge durchführen konnte. Von den oftmaligen Aufenthalten Kaiser Maximilians I. in Innsbruck hatte die Kapelle des Erzherzogs eine gewisse Tradition. Außerdem konnte sie durch die Wiener Kapelle ihre Lücken ergänzen.

LEBEN

Christian Janszone Hollander wurde um 1510 in Dordrecht geboren. Er wirkte von 1549 bis 1557 als Kapellmeister an der Kirche St. Walburga in Oudenaarde und trat anschließend in den Dienst Kaiser Ferdinands I. Ab dem Jahr 1566 jedoch gehörte er der Kapelle Erzherzog Ferdinands von Tirol in Innsbruck an, wo er 1569 starb.

WERKE

Von Christian Janszone Hollander sind zahlreiche Motetten für vier bis acht Stimmen, eine Anzahl Tricinia und eine Sammlung deutscher sakraler und profaner Lieder für vier bis acht Stimmen überliefert. Alles ist stilistisch nach der franko-flämischen Schule ausgerichtet, aber die Führung der einzelnen Stimmen ist sehr dicht und klangreich gehalten, als sollte diese Vielstimmigkeit absichtlich in den Gegensatz zum einfachen protestantischen Gesang gestellt werden.

LITERATUR

W. Senn, Musik und Theater am Hof zu Innsbruck, Innsbruck 1954.

Gheerkin de Hondt
(um 1510 bis um 1560)

ZEIT UND UMWELT

Die Confrérie von s'Hertogenbosch hatte eine gewisse Ähnlichkeit mit den altrömischen Tempelbrüderschaften, die ihre eigenen Riten, Gebete und Gesänge kultivierten. Auch die Gemeinschaft von s'Hertogenbosch beschäftigte Hausdichter und Hauskomponisten, deren Werke auf ihre Gepflogenheiten zugeschnitten waren.

LEBEN

Gheerkin de Hondt wurde um 1510 vermutlich in s'Hertogenbosch geboren und dort zum Musiker ausgebildet. Die Confrérie stellte ihn als Chormeister und Komponisten ein. Er dürfte in seinem Geburtsort um 1560 gestorben sein.

WERKE

Von den Motetten, die Gheerkin de Hondt für die Confrérie komponierte, ist nur eine beschränkte Anzahl überliefert. Aber auch diese schmale Hinterlassenschaft zeugt vom großen Talent des Komponisten, denn alles ist meisterlich aufgebaut und in der Anlage ein gutes Stück seiner Zeit voraus.

Giovanni Domenico da Nola
(um 1510–92)

ZEIT UND UMWELT

Neapel wurde im 16. Jahrhundert von Vizekönigen im Namen der spanischen Krone regiert, nachdem der letzte Versuch Frankreichs, das Land an sich zu bringen, fehlgeschlagen war. Die spanische Herrschaft stützte sich auf den neapolitanischen Adel, der sehr frei schalten und walten durfte, sofern die Steuern ungeschmälert nach Madrid flossen. Das kulturelle Leben, besonders die Musik, war stark von Spanien beeinflußt, weil viele Spanier sich in Neapel niedergelassen hatten. Es unterlag aber nicht den Beschränkungen des Mutterlandes. Auch der Versuch, die Inquisition einzuführen, scheiterte.

LEBEN

Giovanni Domenico da Nola (eigentlich Don Joan Domenico del Giovane) wurde um 1510 in Nola bei Neapel geboren. Nach seiner Ausbildung in Neapel wurde er Organist an Santissima Annunziata und 1563 Kapellmeister. Er blieb in dieser Stellung bis 1588 und starb in Neapel am 5. 5. 1592.

WERKE
Nola war ein ausgezeichneter Villanellen- und Madrigalkomponist, der seinen Werken ein typisches neapolitanisches Kolorit verlieh. Überliefert sind von ihm dreistimmige Canzoni villanesche, vierstimmige Madrigale, fünfstimmige Motetten und eine Anzahl neapolitanischer Villanellen, die alle für ihre Gattung mustergültig sind.

LITERATUR
B. M. Galanti, Le villanelle alla napolitana, Florenz 1954.

Pierre de Manchicourt (um 1510–62)

ZEIT UND UMWELT
König Philipp II. von Spanien hatte von seinem Vater Karl V. beinahe nur dessen negative Seiten geerbt. Er war bigott, anmaßend, gierig, grausam, kleinlich und mißtrauisch; von der Großzügigkeit des Kaisers ist nichts auf ihn übergegangen. Die Pflege der Musik hatte er übernommen, wenn es auch zweifelhaft blieb, ob er die Musik tatsächlich liebte oder sie nur lediglich förderte, weil es der Tradition des Hauses entsprach und an anderen Fürstenhöfen ebenso gehalten wurde.

LEBEN
Pierre de Manchicourt ist um 1510 in Béthune (Pas-de-Calais) geboren und wurde in Arras ausgebildet, wo er 1525 als Sänger an der Kathedrale wirkte. Von 1529 bis 1554 war er Chorleiter an Notre-Dame in Tournai, 1557 erhielt er die Stelle eines Domkapellmeisters in Antwerpen. Im Jahre 1561 ging er als Leiter der flämischen Kapelle Philipps II. nach Madrid, wo er im Januar 1562 starb.

WERKE
Von Pierre de Manchicourt sind 2 Bücher mit vier- bis sechsstimmigen und fünf- bis sechsstimmigen Motetten und ein Buch mit vierstimmigen Chansons erhalten. Dazu sind mehrere Messen und weitere Motetten, Chansons und Madrigale zu rechnen. Alle Kompositionen gehören der franko-flämischen Schule an und wirken etwas epigonal. Bezeichnend war, daß der König, dem eine gute spanische Kapelle zur Verfügung stand, der flämischen den Vorzug gab.

LITERATUR
A. Dunning, Die Staatsmotette, Utrecht 1970.

Giuliano Tiburtino (um 1510–69)

ZEIT UND UMWELT
Die Stadt Tivoli an den Hügeln der Sabinerberge trug durch ihre Fülle an ausgegrabenen Relikten aus der klassischen Zeit viel zur Geschmacksbildung der Renaissance bei. Die Reste der Hadrianvilla, die Tempel und alles andere, das zutage gebracht wurde, gewährten einen tiefen Einblick in das Wesen der Antike.

LEBEN
Giuliano Tiburtino (da Tievoli) hieß eigentlich Buonaugurio. Er wurde um 1510 in Tivoli geboren. Der berühmte Gambenvirtuose und schöpferische Komponist scheint den Großteil seines Lebens in seiner Vaterstadt verbracht zu haben, in der er am 16. 12. 1569 starb.

WERKE
Es sind zahlreiche Messen, Motetten und Madrigale von Giuliano Tiburtino erhalten, außerdem 13 Ricercari, die gesungen und mit beliebigen Instrumenten gespielt werden können. Der Stil dieser Kompositionen ist venezianisch. Interessant sind die Ricercari, die der Instrumentalmusik eine wichtige Rolle zuweisen; die Einzelbesetzung blieb dabei noch den Ausführenden überlassen.

LITERATUR
G. Radiciotti, L'arte musicale in Tivoli, Tivoli 1907.

Antoine de Mornable
(um 1510 bis um 1550)

ZEIT UND UMWELT

Die calvinistische Musik für den Gottesdienst war einstimmig und nahezu ausschließlich an die Psalmen gebunden. Es wurden nur Bibeltexte verwendet, die Clément Marot und Théodore de Bèze in Versform gebracht hatten. Die Vertonungen waren rein syllabisch deklamatorisch. Mehrstimmige Vertonungen waren lediglich für den privaten Gebrauch zugelassen.

LEBEN

Antoine de Mornable wurde um 1510 vermutlich in Paris geboren. Er war Chorknabe der Saint-Chapelle von Paris und wurde dort 1546 Kapellmeister. Er dürfte in Paris um 1550 gestorben sein.

WERKE

Antoine de Mornable vertonte Psalmen für mehrere Stimmen, die neben den Kompositionen von Certon und Bourgeois zur ältesten mehrstimmigen calvinistischen Musik gehören. Außerdem schrieb er Motetten, ein Magnificat und eine Anzahl Chansons. Seine Psalmenvertonungen wurden auch für Laute und Gesang herausgebracht und in dieser Form stark verbreitet. Auch die anderen Kompositionen zeichnen sich nicht durch Formenreichtum aus, wirken jedoch durch ihre ernste Einfachheit.

LITERATUR

P. Bidoux, Le psautier huguenot du XVIe siècle, Band II, Basel 1962.

Antonio Barré (um 1510 bis um 1579)

ZEIT UND UMWELT

Die Cappella Giulia am Petersdom in Rom konnte der Sistina und der Kapelle am Lateran als gleichwertig an die Seite gestellt werden. Auch sie nahm ständig Sänger aus dem franko-flämischen Raum und aus Frankreich oder Spanien auf, die entweder für immer in Rom blieben oder in ihre Heimat zurückkehrten. Der ständige Zufluß neuer Kräfte, die nach strengen Maßstäben ausgewählt wurden, hielt die Kapelle gleichbleibend auf einem hohen Niveau. Dazu kam, daß die »Giulia« nicht so stark zum Konservativismus neigte wie die päpstliche Kapelle.

LEBEN

Antonio Barré wurde um 1510 in Langres geboren. Über sein Leben und seine Tätigkeit in der Zeit bis zum Jahr 1552, in dem er als Altist der Cappella Giulia am Petersdom in Rom wirkte und durch die Veröffentlichung einer Sammlung Madrigale berühmt wurde, ist nichts bekannt. Im Jahre 1555 gründete er einen Musikverlag in Rom und 1564 in Mailand. Er ist um 1579 in Rom gestorben.

WERKE

Antonio Barré wurde durch seine erste Veröffentlichung zum angesehenen Madrigalisten. Auch in den Sammlungen, die er als Verleger herausbrachte – Madrigale und Motetten –, stammen viele Stücke von ihm selbst. Sie dürfen den gleichartigen Kompositionen seiner Zeit als ebenbürtig zugereiht werden.

LITERATUR

A. Einstein, The Italian Madrigal, Oxford 1949.

Melchiorre de Barberiis
(um 1510 bis nach 1550)

ZEIT UND UMWELT

In Italien trat die Gitarre früher als anderswo als Konkurrentin der Laute auf. Sie war im 16. Jahrhundert noch doppelchörig und hatte höchstens fünf ungegriffene Töne, aber einen stärkeren Klang und größeren Tonumfang wegen ihres längeren Halses. Spezielle Gitarrentabulaturen erschienen zwar erst mit dem Ende des 16. Jahrhunderts, doch viele Lautentabulaturen waren so eingerichtet, daß sie auch mit der Gitarre gespielt werden konnten. Als Hausinstrument blieb aber die Laute dominierend.

Leben

Melchiorre de Barberiis (Barbaris, Barberio, Barberis) wurde um 1510 in Padua geboren und verbrachte dort sein Leben als Lauten- und Gitarrenvirtuose und Lehrer für beide Instrumente. Er dürfte im Dienst des Hofes der Familie Este gestanden und nach 1550 in Padua gestorben sein.

Werke

Der Lautenkomponist Melchiorre de Barberiis wurde wegen seines virtuosen Spieles »Il divino Padovano« (Der göttliche Paduaner) genannt. Von ihm sind mehrere Bücher mit Tanzsätzen, Fantasien, Kanzonen für ein und zwei Instrumente, die auch auf der Gitarre spielbar waren, veröffentlicht, außerdem Bearbeitungen von Kompositionen anderer Meister. Er war einer der ersten, der bei seinen Tabulaturen die Gitarre berücksichtigte. Seine Lauten- und Gitarrenmusik gehört zum Besten, das im 16. Jahrhundert für diese Instrumente geschrieben worden ist.

Leonardo Barré (um 1510 bis nach 1555)

Zeit und Umwelt

Schüler des Meisters Adrian Willaert waren bei den Kapellen Roms stets willkommen. Unter gleichwertigen Musikern wurden von der päpstlichen Kapelle Kleriker vorgezogen, wenn man auch bis zur Mitte des Jahrhunderts Laien aufnahm, die verheiratet waren. Später wurden die Anforderungen verschärft.

Das Spielen der Laute und Kniegeige, Holzschnitt, Wien 1523

Leben

Leonardo Barré (Barrae, Barret, Barri) wurde um 1510 in Limoge geboren. Er kam als Kleriker nach Venedig und wurde Schüler Willaerts. Im Jahre 1537 nahm ihn die päpstliche Kapelle als Sänger auf. In dieser Stellung blieb er bis 1555. Danach wurde er zum Kapellmeister an San Lorenzo bestellt. Er starb in Rom nach 1555. Es wird vermutet, daß er mit Antonio Barré verwandt war.

Werke

Von Leonardo Barré sind 6 vier- bis fünfstimmige Motetten und 9 Madrigale für vier bis fünf Stimmen überliefert. Sie lassen die Schulung Willaerts erkennen, sind aber vom Konservativismus der Sistina beeinflußt.

Literatur

K. Weinmann, Die päpstliche Kapelle unter Paul IV., Archiv für Musikwissenschaft II, 1919/20.

François Roussel
(um 1510 bis nach 1577)

Zeit und Umwelt

Jacques de Savoie (1531–85) erbte 1533 von

seinem Vater Philippe de Savoie (1490 bis 1533) den Titel eines Herzogs von Nemours (Gâtinais). Er hat sich durch seine Kriegstaten, seine Galanterie gegenüber Damen und seine offene Hand für Künstler den Ruf eines späten Repräsentanten echten französischen Rittertumes erworben.

LEBEN

François Roussel (Francesco Rosetti, Roscetti, Roscelli) ist um 1510 vermutlich in Nemours geboren. Jedenfalls genoß er die Protektion der Herzöge von Nemours. Über sein Wirken in Frankreich ist nichts bekannt. Er ist wahrscheinlich bald nach Rom gegangen und in die Kapelle von San Pietro aufgenommen worden, die ihm sodann 1548 bis 1550 die Kapellmeisterstelle anvertraute. Wo er anschließend gewirkt hat, ist nicht feststellbar. Im Jahre 1562 wurde er Kapellmeister an San Giovanni in Laterano und versah diese Aufgabe bis 1573. Er ist in Rom nach 1577 gestorben.

WERKE

Als letztes Werk widmete der französische Komponist François Roussel seinem Gönner Jacques de Savoie 1577 ein Buch vier- bis sechsstimmige Chansons nouvelles. Frühere erhaltene Werke sind: 6 Messen, mehrere Motetten, vier- und fünfstimmige Madrigale, Chansons. Sein Stil ist konservativ, aber äußerst elegant.

Loys Bourgeois (um 1510 bis um 1561)

ZEIT UND UMWELT

Jean Calvin verwendete für seine Übersetzungen – Psalmen, Canticum Simeonis, Zehn Gebote – die Melodien deutscher Kirchenlieder. Er ordnete die Kirchenmusik streng der Wortverkündung unter und ließ sie nur einstimmig als Gemeindegesang zu. Instrumentalbegleitung, auch die einer Orgel, war untersagt. Als sodann die Übersetzungen von Clément Marot und Théodore de Bèze vorlagen, wurden neue Melodien geschaffen, die sich teilweise an französische und niederländische anlehnten und weit über Frankreich hinaus den reformistischen Kirchengesang beeinflußten.

LEBEN

Loys Bourgeois wurde in Paris um 1510 geboren, lebte von 1541 bis 1552 in Genf und dann wieder in Paris, wo er um 1561 starb.

WERKE

Der größte Teil der von Marot und de Bèze übersetzten calvinistischen Bibelübertragungen für den gottesdienstlichen Gemeinschaftsgesang wurde von Loys Bourgeois vertont. Seine Melodien fanden auch in Deutschland, den Niederlanden und England Aufnahme. Er bearbeitete auch Psalmenübersetzungen für vier bis sechs Stimmen für den außerkirchlichen Gebrauch und komponierte etliche Chansons.

LITERATUR

P.-A. Gaillard, Loys Bourgeois, Lausanne 1948.

Jean Caulery (um 1510 bis um 1560)

ZEIT UND UMWELT

Cattarina de'Medici bemühte sich sehr lange um eine Versöhnung zwischen Katholiken und Hugenotten in Frankreich. Einer der Beweise ihres aufrichtigen Willens zur Toleranz war die Tatsache, daß ihr Hofkapellmeister calvinistische Texte vertonte.

LEBEN

Jean Caulery wurde um 1510 in Nordfrankreich geboren. Er war in den fünfziger Jahren des 16. Jahrhunderts Kapellmeister der Königin Cattarina von Frankreich und starb vermutlich in Paris um das Jahr 1560.

WERKE

Von Jean Caulery sind neben profanen auch geistliche Chansons mit Texten des Übersetzers von Psalmen für den calvinistischen Gottesdienst, Marot, erhalten, unter anderem das »Vaterunser« und der »Englische Gruß«.

LITERATUR
G. Becker, Jean Caulery et ses chansons spirituelles, Paris 1880.

Michael Deiss (um 1510 bis um 1570)

ZEIT UND UMWELT
Erzherzog Ferdinand von Österreich übersiedelte 1521 nach Wien, um die ihm von seinem Bruder Karl V. überantworteten Länder zu regieren, und nahm seine Hofkapelle mit, die er anläßlich seiner Hochzeit mit Anna, der Tocher des Königs von Böhmen und Ungarn, Vladislav II. (1456–1516), stark erweitern ließ. Er nahm außer den Flamen und Italienern, die sich anboten, auch bodenständige Kräfte auf, falls diese die erforderliche Ausbildung aufwiesen.

LEBEN
Michael Deiss wurde um 1510 vermutlich im österreichischen Raum geboren und in Wien ausgebildet. Er fand in der Hofkapelle des nachmaligen Kaisers Ferdinand I. Aufnahme und starb um 1570 wahrscheinlich in Wien.

WERKE
Das Mitglied der Kaiserlichen Hofkapelle zu Wien, Michael Deiss, komponierte die Trauermusik zum Tod Kaiser Ferdinands I. (1564). Außerdem sind von ihm 8 weitere Stücke verschiedener Art und eine Anzahl Motetten überliefert. Alles andere ist verlorengegangen. Als komponierendes Hofkapellenmitglied, das weder aus Italien noch aus Flandern kam, war er für seine Zeit noch eine Seltenheit. Der Stil seiner Kompositionen allerdings folgt franko-flämischen Vorbildern.

Andrés de Torrentes (um 1510–80)

ZEIT UND UMWELT
Durch Verlagerung der wirtschaftlichen Verkehrswege, durch politische Verschiebungen, durch den Wechsel der Bekenntnisse und aus vielen anderen Ursachen verloren im Verlauf der Geschichte einst wichtige, blühende Städte ihre Bedeutung, ihren Reichtum und ihre Ausstrahlung. Die kulturellen Leistungen blieben in den meisten Fällen erhalten, wenn es sich nicht gerade um eine völlige Vernichtung der Siedlung handelte. Auch das Kulturniveau und der Nimbus überlebten den Abstieg oft um mehrere Generationen. Auch Toledo, das einmal ein geistiger Brennpunkt der Iberischen Halbinsel war, sank während des 16. Jahrhunderts unaufhaltsam zur Bedeutungslosigkeit herab. Doch in den Kirchen der Stadt wurde weiterhin edelste Musik gepflegt, als hätte sich vor ihren Toren nichts verändert.

LEBEN
Andrés de Torrentes wurde um 1510 vermutlich in Toledo geboren und dort ausgebildet. Der spanische Komponist war in seiner Vaterstadt von 1539 bis 1545, von 1547 bis 1553 und von 1571 bis zu seinem Tod am 4. 9. 1580 Kapellmeister an der Kathedrale. Über sein Leben in den Zwischenzeiten ist nichts bekannt.

WERKE
Es sind nur kirchenmusikalische Werke, die Andrés de Torrentes hinterlassen hat. Er dürfte auch nichts anderes geschrieben haben. Neben seinen Motetten, Psalmen, Hymnen und Magnificat, die einen guten Durchschnitt bieten, sticht seine Missa de Nuestra Señora als Meisterwerk spanischer Klangkunst hervor.

LITERATUR
R. Stevenson, Spanish Cathedral Music in the Golden Age, London 1962.

Robert Godard (um 1510 bis nach 1578)

ZEIT UND UMWELT
Die französische Chanson erlebte im 16. Jahrhundert ihre Hochblüte und zugleich den Kulminationspunkt ihrer Beliebtheit. Da sie aber im Verlauf der Zeit immer mehr depravierte, mußte sie dem gehobenen Madrigal auch in Frankreich Platz machen und verlor gegen 1600 alles von der Bedeu-

tung, die sie noch vor Jahrzehnten ausgezeichnet hatte.

LEBEN

Robert Godard wurde um 1510 vermutlich in Paris geboren und zum Sänger an der Sainte-Chapelle ausgebildet, an der er von 1541 bis um 1560 wirkte. Darauf war er Organist an der Kathedrale von Beauvais, wo er nach 1578 starb.

WERKE

Von dem französischen Komponisten Robert Godard sind bei 30 zumeist vierstimmige Chansons im konventionellen französischen Stil überliefert. Sie sind textlich sehr geschliffen; die Musik ist einfach, aber sehr eingängig.

LITERATUR

G. Desjardins, Histoire de la cathédrale de Beauvais, Beauvais 1865.

Hugues Sureau (um 1510–75)

ZEIT UND UMWELT

Straßburg und Genf waren während der Religionskämpfe in Frankreich die häufigsten Fluchtziele der Hugenotten. Da Genf außer von Theologen besonders von Dichtern und Musikern bevorzugt wurde, entstand dort eine Art Metropole des Calvinismus, von der Traktate, Gebetbücher und Gesangbücher in das gesamte reformierte Europa verbreitet wurden.

LEBEN

Hugues Sureau (du Rosier) wurde um 1510 in Parfondeval, Aisne, geboren. Seine Ausbildung dürfte er im nahen Paris oder in Reims genossen haben. Über sein Leben und Wirken bis zum Jahr 1559, in dem er nach Genf übersiedelte, ist nichts bekannt. Die Stadt Genf erteilte ihm die Aufenthaltsbewilligung. Er begab sich in den siebziger Jahren nach Frankfurt am Main, um seine Kompositionen zu verlegen, und starb dort im Jahre 1575.

WERKE

Von Hugues Sureau ist eine vierstimmige Harmonisierung der 150 Psalmen Davids erhalten, die sehr verbreitet und beliebt war.

LITERATUR

L. P. Pidoux, Le psautier huguenot, Basel 1962.

Johannes Matelart
(um 1510 bis nach 1559)

ZEIT UND UMWELT

Der Chor an der römischen Kirche San Lorenzo in Damaso wurde zuweilen als zweitrangig bezeichnet. In der Liste der Sänger und Kapellmeister der Kirche scheinen jedoch bekannte Namen auf, so daß diesem abwertenden Urteil nicht geglaubt werden kann. Es dürfte so gewesen sein, daß diese Kapelle nicht viel besser und ebensowenig schlechter gewesen ist als die an anderen römischen Kirchen, die alle die Vorbilder der Sistina, des Petersdomes und der Laterankirche vor Augen hatten.

LEBEN

Johannes Matelart wurde um 1510 im franko-flämischen Raum geboren. Es ist nicht bekannt, wann er nach Rom kam. Jedenfalls scheint er 1559 als Kapellmeister an San Lorenzo in Damaso auf. Auch Ort und Zeit seines Todes lassen sich nicht feststellen.

WERKE

Der franko-flämische Komponist Johannes Matelart hinterließ 15 Ricercari, Madrigale und Hymnen, außerdem 1559 eine Lautentabulatur mit eigenen Werken. Die Messen, die er angeblich verfaßt hat, sind verschollen.

Nicolas Millot (um 1510 bis nach 1585)

ZEIT UND UMWELT

Es ist ein erstaunliches Phänomen der Geschichte Frankreichs, daß Krieg, Umstürze, religiöse und politische Kämpfe das kulturelle Leben des Volkes kaum störten. Es sind auch sehr selten Künstler oder Gelehrte zu Opfern solcher Ereignisse geworden, wenn sie sich nicht allzu stark exponierten. In der Bartholomäusnacht und den folgenden Wochen floß das Blut durch die Straßen von Paris. Die Königliche Kapelle blieb davon unberührt. Es wurde kein einziges Mitglied behelligt.

Leben
Nicolas Millot wurde um 1510 in Paris geboren und ausgebildet. Er kam als Sänger an die Chapelle Royale, an der er von 1567 bis 1585 als Vizekapellmeister wirkte. Er ist in den Jahren nach seinem Ausscheiden aus der Kapelle in Paris gestorben. Im Jahre 1575 erhielt er vom Puy d'Evreux für eine Chanson einen Preis.

Werke
Von dem französischen Komponisten Nicolas Millot sind ungefähr 30 Chansons für mehrere Stimmen überliefert, außerdem eine Vertonung der Sprüche Salomons für vier Stimmen. Die Chansons sind geradezu auffällig wohlklingend, und die Texte halten ein beträchtliches literarisches Niveau.

Loyset Piéton (um 1510 bis nach 1545)

Zeit und Umwelt
Die franko-flämische Schule hatte in der ersten Hälfte des 16. Jahrhunderts noch immer Ausstrahlungskraft genug, um eine große Anzahl Musiker in ihren Bann zu ziehen. Ihre Kompositionen wurden zumeist sehr rasch in den Sammelwerken der Musikdrucker über das ganze musikalisch interessierte Europa verbreitet, so daß der Einfluß mehr oder minder stark noch lange anhielt.

Leben
Loyset Piéton wurde um 1510 in Bernay (Normandie) geboren. Über sein Leben und Wirken ist ebensowenig bekannt wie über seine Aufenthalte. Er dürfte nach 1545 im franko-flämischen Raum gestorben sein.

Werke
Vom kompositorischen Werk ist eine Anzahl Motetten, Psalmen und Chansons in verschiedenen Sammeldrucken erschienen. Dazu sind eine fünfstimmige Messe, 2 sechsstimmige Motetten, eine sechsstimmige Sequenz und ein sechsstimmiger Hymnus überliefert. Besonders die letztgenannten Stücke verraten den Anhänger der franko-flämischen Schule.

Literatur
H. Zenck, A. Willaert, Opera omnia, Rom 1950.

Pierre Cadéac (um 1510 bis nach 1558)

Zeit und Umwelt
Das Städtchen Auch am Gers war und ist heute noch Sitz eines Erzbischofs und umschließt eine mächtige Kathedrale. Es versteht sich von selbst, daß diese immer schon eine der Wichtigkeit des Ortes entsprechende Kapelle mit einem dazugehörenden Knabenchor hatte, der einen Vergleich mit der Kapelle des nahen Toulouse nicht scheuen mußte.

Leben
Pierre Cadéac ist vermutlich in Auch um 1510 geboren. Er wurde wahrscheinlich an der Kathedrale der Erzbischofstadt ausgebildet und erhielt dort die Stelle eines Knabenkapellmeisters. Er dürfte nach 1558 in Auch gestorben sein.

Werke
Von den Kompositionen Cadéacs sind eine Reihe von Chansons, Motetten und mehrere vierstimmige Messen überliefert. Die Werke folgen dem Stil der in Paris neu entstandenen Schule. Pierre Cadéac wurde zu seiner Zeit als Kirchenkomponist sehr geschätzt.

Petit Jehan Delattre (um 1510–69)

Zeit und Umwelt

Sowohl der tiefe Gefühlsgehalt wie die Schönheit der plastischen Sprache der Lamentationen von Jeremias, die besonders in der lateinischen Übersetzung zur Geltung gelangen, verlockten viele Komponisten von Rang zu einer Vertonung, obwohl oder gerade weil der Text selbst schon ungeheuer viel Musikalität in sich birgt. Die stark verflochtene Mehrstimmigkeit der franko-flämischen Schule brachte allerdings die Gefahr, daß der Text verschüttet wurde. Es bedurfte der Hand eines Meisters, trotz der vielen kontrapunktisch geführten Stimmen die Leuchtkraft des Wortes nicht zu verdunkeln.

Leben

Petit Jehan Delattre (Delatre) wurde um 1510 in oder im Umkreis von Lüttich geboren und vermutlich in der Kapelle der Kathedrale Saint-Paul ausgebildet, an der er dann ab 1554 Kapellmeister war. Es ist nicht feststellbar, wann und in welcher Eigenschaft er nach Utrecht kam, wo er am 31. 8. 1569 gestorben ist.

Eine Identität mit Claude Petit Jehan Delattre (um 1520, Flandern, bis 1589, Metz), der ab 1571 Chorknabenmeister an der Kathedrale in Metz, darauf Kapellmeister in Verdun und 1576 Preisträger des Puy in Evreux war, ist nicht anzunehmen, aber eventuell eine nähere oder entferntere Verwandtschaft.

Werke

Von Petit Jehan Delattre sind 25 drei- bis sechsstimmige Lamentationen überliefert, die meisterhaft gearbeitet sind und der Wortbedeutung den Ausdruck nicht rauben, außerdem 30 vierstimmige Chansons, die allerdings schwerfälliger wirken als zeitgenössische aus Paris. In Sammelwerken finden sich noch weitere Chansons und auch Motetten.

Von Claude Petit Jehan Delattre ist eine Chanson erhalten.

Lautenspieler – Titelholzschnitt aus: »Olimpia« von Olimpo da Sassoferrato, Venedig 1538

Literatur

J. van der Vliet, Jean Petit de Latre, Tijdschrift der Vereeniging voor nederlandse Muziekgeschiedenis, 1896.

Spirito l'Hoste (um 1510 bis nach 1568)

Zeit und Umwelt

Don Ferrante Gonzaga, Bruder des Marchese Federigo II. Gonzaga, war lange in militärischen Diensten der Habsburger, erhielt dafür 1539 die Grafschaft Guastalla und wurde vom Kaiser für die Zeit von 1546 bis 1554 zum Statthalter des Herzogtums Mailand bestellt. Auch als Vertreter einer Fremdherrschaft setzte er die kulturelle Tradition seines Hauses fort.

Leben

Spirito l'Hoste wurde um 1510 in Reggio Emilia geboren und dort ausgebildet. Ab 1547 wirkte er als Kapellmeister des Statthalters des Kaisers in Mailand und blieb vermutlich auch über den Tod seines Dienstgebers (1557) hinaus in dieser Stellung. Er dürfte in Mailand nach 1568 gestorben sein.

Werke

Von Spirito l'Hoste sind 6 Bücher mit drei- bis sechsstimmigen Madrigalen und ein Buch mit Kirchenmusik – Magnificat, Hymnen, Motetten – erschienen. Die Madrigale sind im oberitalienischen Stil gehalten, weisen aber interessante Besonderheiten der Modulationen auf. Die Kirchenmusik ist konventionell.

Stonings (um 1510 bis um 1575)

Zeit und Umwelt

Wir haben über einzelne Komponisten keine anderen Informationen als einen Bruchteil ihrer Werke, die in lange nach ihrem Tod erschienenen Sammeldrucken aufscheinen und in vielen Fällen dem Zeitgeschmack entsprechend bearbeitet wurden. Nähere Lebensdaten fehlen in solchen Fällen, zuweilen ist nicht einmal der Vorname vermerkt, weil der Komponist zur Zeit des Erscheinens des Druckes noch so gut in Erinnerung stand, daß man glaubte, darauf verzichten zu können.

Leben

Stonings (Stoninges, Stenings) – der Vorname ist nicht überliefert – wurde vermutlich um 1510 in England geboren. Weitere Informationen über sein Leben und Wirken gibt es, außer daß er sich vermutlich in London aufgehalten und dort um 1575 gestorben ist, keine.

Werke

Von den kompositorischen Werken des englischen Musikers Stonings sind ein In Nomine, ein Miserere, ein vierstimmiges lateinisches Magnificat und mehrere Madrigale überliefert. Diese Kompositionen weisen ihn als vorzüglichen Musiker aus. Das wird auch dadurch bestätigt, daß einiges von seinen Kompositionen in einer späten Sammlung von Werken des 16. Jahrhunderts aufgenommen wurde.

Thomas Causton (um 1510–69)

Zeit und Umwelt

Die Schreckensherrschaft, die die »blutige Mary« (Königin Mary I. von England) gemeinsam mit dem 1556 eingesetzten Erzbischof von Canterbury Reginald Pole (1500 bis 1558) gegen die Anhänger der Reformation ausübte, traf hauptsächlich Leute aus den niederen Ständen. Der Adel und das Großbürgertum wichen nach Möglichkeit dem Sturm aus, der offensichtlich nicht von langer Dauer sein konnte. Es blieben auch die Gentlemen der Chapel Royal unbehelligt, weil sie sich geschmeidig den geschaffenen Zuständen ebenso einfügten wie ihre Vorgänger, als Heinrich VIII. die Brücken zu Rom abbrach.

Leben

Thomas Causton (Cawston, Caustun) wurde um 1510 vermutlich in London geboren. Über seine Lebensumstände bis zum Jahr 1552, da er in der Liste der 40 Gentlemen der Chapel Royal aufschien, ist nichts bekannt. Er hat diese Position bis zu seinem Tod am 28. 10. 1569 innegehabt.

Werke

Der Kirchenkomponist Thomas Causton hat neben vielen anderen sakralen Werken mehrere vollständige »Services« (Gottesdienstmusik), bestehend aus Morgen-, Kommunion- und Abenddienst mit Teilkompositionen, eine Anzahl Anthems, 27 Psalmvertonungen hinterlassen, die in Sammeldrucken erschienen sind. Sie fallen durch sorgfältige Stimmführung und ihre dichte Verflechtung, vor allem jedoch durch häufige Imitierungen und geschickte Beachtung des Gesamtklanges auf. Er stand bei Zeitgenossen in hohem Ansehen als Musiker und Komponist. Seine Wertschätzung ist auch daraus ersichtlich, daß seine Kompositionen noch lange nach seinem Tod in Sammelausgaben aufgenommen wurden.

Vincenzo Ruffo (um 1510–87)

ZEIT UND UMWELT
Bis zum Ende des 15. Jahrhunderts konzentrierte sich das Musikgeschehen Italiens vorwiegend auf die großen Dome und die Fürstenhöfe. Dann jedoch setzte ebenso in den kleineren Städten ein intensiver Musikbetrieb ein, wie auch Maler, Bildhauer und Baumeister überall Kunstwerke schufen. Es sind mit einem Mal allerorten künstlerische Kräfte freigeworden, die sich im geistigen Raum des Humanismus entfalteten. Und wenn auch sehr bald Frostwetter eintrat, so blieb erhalten, was geschaffen und überliefert, was erdacht, ersonnen und ersehnt worden war.

LEBEN
Vincenzo Ruffo wurde um 1510 in Verona geboren. Er wirkte nach seiner Weihe im Jahre 1531 bis 1534 als Priester und trat 1542 in Mailand in den Dienst des Marchese Alfonso d'Avalos. Im Jahre 1551 kehrte er nach Verona zurück, wo er »Maestro di musica« an der Accademia filarmonica und 1554 Domkapellmeister wurde. 1563 erhielt er die Stelle eines Domkapellmeisters in Mailand, wirkte sodann ab 1574 in gleicher Eigenschaft in Pistoia und zuletzt (1577) in Sacile bei Udine, wo er am 9. 2. 1587 starb.

WERKE
Vincenzo Ruffo gehörte zu den bedeutendsten italienischen Komponisten des 16. Jahrhunderts. Trotz seines geistlichen Standes schuf er bis etwa 1560 nahezu ausschließlich profane Werke im Geist der Zeit. Dann allerdings schloß er sich der Gegenreformation an und richtete seine Kompositionen nach den Beschlüssen des Konzils von Trient. Er war daher beim Erzbischof von Mailand und in Rom hochgeachtet. Bezeichnend für die Zeit ist aber, daß er nach seinen hohen Stellungen in Verona und Mailand sein Wirken in Pistoia und Sacile als gleichwertig ansah, weil die Kapellen in diesen kleineren Städten das entsprechende Niveau gewonnen hatten.

Vom Schaffen des Meisters sind seine 7 Bücher mit mehrstimmigen Madrigalen und die dreistimmigen Capricci in musica am wichtigsten. Sie atmen noch ungebundenen Renaissancegeist. Das gleiche ist zum fünfstimmigen Magnificat zu sagen. Seine Messen, Motetten, Psalmen, Responsorien und Instrumentalstücke unterwarfen sich den Forderungen des Konzils, brachten aber trotz der Beengung echte, klangvolle Musik, wenn sie auch ein gewisses Mittelmaß selten überschritten. Es ist Kirchenmusik, die ihre Zweckgebundenheit nie verleugnete. Ihre technische Anlage muß als meisterhaft bezeichnet werden.

LITERATUR
L. Lockwood, The Counter-Reformation and the Masses of Vincenzo Ruffo, Wien 1970.

Georg Forster (um 1510–68)

ZEIT UND UMWELT
Das deutsche Lied weist im Gegensatz zu anderen eine weitgehende Kontinuität der Entwicklung auf. Aus dem Mittelalter sind nur einstimmige Lieder überliefert. Erst bei Wolkenstein und dem Mönch von Salzburg stellten sich Ansätze zur Zweistimmigkeit ein. Die nächste Phase ist das »Tenorlied« mit mehrstimmigem Satz. Die Komponisten dieser Lieder stammten zumeist aus dem süddeutschen Raum. Ihre erste Generation gruppierte sich um Isaac und Hofhaymer, die zweite um Senfl und Lemlin, deren Schüler die dritte bildeten.

Leben

Georg Forster ist um 1510 in Amberg geboren. Er war in der Heidelberger Hofkantorei Schüler Lorenz Lemlins, studierte Medizin in Ingolstadt und Wittenberg, wo er Beziehungen zu Luther und Melanchthon unterhielt. In Tübingen wurde er Doktor und übte anschließend seine Praxis in Amberg, Würzburg, Heidelberg und schließlich in Nürnberg aus, wo er am 12. 11. 1568 starb.

Werke

Der Arzt Georg Forster machte sich um das deutsche Lied durch die Herausgabe des fünfteiligen Sammelwerkes »Ein Außzug guter alter und neuer teutscher Liedlein« verdient, in dem Lieder von über 50 Liederkomponisten, darunter auch solche von ihm selbst, aufgezeichnet sind. Weiters finden sich Lieder von Forster auch in anderen Sammlungen jener Zeit. Sie fallen durch besonders schöne Melodieführung auf.

Literatur

R. Rasmussen, Der Stil Georg Forsters, Freiburg im Breisgau 1953.

Philip van Wilder
(um 1510 bis um 1570)

Zeit und Umwelt

Edward VI. war neun Jahre alt, als er seinem Vater Heinrich VIII. auf den englischen Thron folgte. Er wurde zum Spielball verschiedener Adeliger, die sich die Regentschaft anmaßten und die Reformation weiterhin strenger durchführten als der verstorbene König. Dies lichtete die Reihen der Königlichen Kapelle, so daß man sich um neue Kräfte umsehen und vor allem den Knabenchor auffüllen mußte.

Leben

Philip van Wilder ist vermutlich in Flandern um 1510 geboren. Wann er sich nach England begeben hatte, ist nicht feststellbar. Jedenfalls wurde er 1538 am Hof König Heinrichs VIII. als Lautenist und Verwalter der Musikinstrumente aufgenommen. Im Jahre 1550 wurde ihm als Inhaber eines Hofamtes der Auftrag erteilt, talentierte Kinder für die Königliche Kapelle zu suchen und anzuwerben. Ob er dieses Amt über den Tod des jungen Königs hinaus behielt, ist unbekannt. Man kann annehmen, daß er sich wegen des neuerlichen Umschwunges der konfessionellen Verhältnisse in das Privatleben zurückgezogen und sich allein der Komposition gewidmet hat. Mit den Mitgliedern der Königlichen Kapelle Peter van Wilder und Robert Philip besteht keine Identität. Er dürfte in London oder Windsor um 1570 gestorben sein.

Werke

Von Philip van Wilder sind Motetten und kirchliche Gesänge für Singstimmen und Instrumente, weiters mehrere Arrangements für die Laute erhalten. Der Großteil seiner Werke dürfte verloren sein. Seine Lautenstücke können als Vorstufe der in späteren Jahren in England stark gepflegten Lautenmusik gewertet werden. Die Kirchenmusik ist stark niederländisch beeinflußt und daher im Rahmen der englischen Renaissancemusik sehr interessant. Sie ist ein Zeugnis des Eindringens der Musik der franko-flämischen Schule in England.

Firmin le Bel (um 1510–73)

Zeit und Umwelt

Der erste Bau der Santa Maria Maggiore, der nach San Pietro und San Giovanni in Laterano dritten Hauptkirche Roms, stand bereits im Jahr 352. Unter Papst Sixtus III. (432–440) wurde sie neu errichtet und nach der Rückkehr der Päpste aus Avignon als erstes öffentliches Gebäude neuerlich in Angriff genommen und mit einer Kapelle ausgestattet. Aus dem Knabenchor der Kapelle sind mehrere ausgezeichnete Musiker hervorgegangen, unter ihnen zum Beispiel Palestrina.

Leben

Firmin le Bel (Lebel) wurde um 1510 in Noyon, Picardie, geboren. Es ist unbekannt, wo der französische Musiker ausgebildet worden ist, ehe er nach Rom ging, dort um 1540 die Kapellmeisterstelle an Santa Maria Maggiore erhielt und somit zu einem der Lehrer des jungen Palestrina wurde. Von 1545 bis 1561 war er Kapellmeister an San Luigi de'Francesi und dann bis 1565 Sänger der päpstlichen Kapelle. Er starb in Rom um den 28. 12. 1573.

WERKE
Von Firmin le Bel, der eine große Anzahl Kirchenmusik geschrieben hat, sind nur einige fünf- und sechsstimmige Motetten erhalten, die aber zur Feststellung, daß das von seinen Zeitgenossen ausgesprochene Lob gerechtfertigt war, genügen. Der Franzose dürfte Palestrina gründlich in den franko-flämischen Stil eingeführt haben.

LITERATUR
R. Casimiri, Firmin le Bel, Rom 1922.

Girolamo Cavazzoni
(um 1510 bis nach 1565)

ZEIT UND UMWELT
Im Jahre 1530 wurde Marchese Federigo II. Gonzaga von Kaiser Karl V. zum Herzog von Mantua ernannt. Sein Bruder Ferrante I. (1507–57) verwaltete von 1546–57 für den Kaiser das Herzogtum Mailand. Ein zweiter Bruder, Kardinal Ercole, präsidierte von 1561 bis zu seinem Tod dem Konzil von Trient. Mantua erlebte unter der Regierung der Familie Gonzaga seine höchste Blüte, die erst im 17. Jahrhundert abklang.

LEBEN
Girolamo Cavazzoni wurde um 1510 in Urbino als Sohn des Komponisten Marco Antonio Cavazzoni geboren. Nach seiner Ausbildung erhielt er die Organistenstelle am Hof der Herzöge Gonzaga in Mantua, die er nach wenigen Jahren gegen die gleiche Stelle an Santa Barbara vertauschte und bis zum Jahr 1565 versah. Er ist in Mantua gestorben. Sein Todesjahr ist nicht bekannt.

WERKE
Der italienische Organist Girolamo Cavazzoni brachte 3 Bücher mit Orgelstücken – Ricercari, Hymnen, Kanzonen, Magnificat und 3 Messen – heraus. Sie werden als wichtige Beispiele der Orgelmusik der Renaissance bezeichnet. Besonders die Ricercari dienten allen Nachfolgenden als Vorbilder. In allen Stücken mit Gesang tritt die Orgel als selbständiges Instrument und nicht nur als Begleitung in Erscheinung.

LITERATUR
L. F. Tagliavini, L'Arte organista in Emilia, in: Musicisti lombardi ed emiliani, Siena 1958.

Thomas Champion
(um 1510 bis um 1580)

ZEIT UND UMWELT
Die Abgrenzungen der verschiedenen Bekenntnisse verliefen in Frankreich quer durch die Provinzen und Städte, quer durch alle Bevölkerungsschichten, ja auch durch viele Familien. Ein Religionswechsel konnte zum Verlust der Stellung führen, doch ein gleichgesinnter Dienstherr wurde in der Regel bald gefunden. Es hätte zu einem friedlichen Nebeneinander der Konfessionen kommen können, wenn das Ziel der Regierenden und der etablierten Kirche nicht die völlige Vernichtung aller Andersdenkenden gewesen wäre.

LEBEN
Thomas Champion (genannt Mithou) wurde um 1510 in Frankreich geboren. Unter seinen Vorfahren hatte es ab 1521 zwei Sänger in der Kapelle Kaiser Karls V. gegeben: Nicolas Champion (um 1480 bis um 1550), von dem ein sechsstimmiger Psalm überliefert ist, und Jacques Champion (um 1485 bis um 1550). Thomas wurde Protestant und verlor seine Organistenstelle, konnte aber in die Dienste des Duc de Vendôme Antoine aus dem Haus Bourbon (1518–82) treten. Im Jahre 1557 kam er an den französischen Hof als Kammerorganist und wurde später

Erster Organist an der Chapelle Royale unter den Königen Karl IX. (1550–74) und Heinrich III. (1551–89). Er starb in Paris um 1580.

Sein Sohn Jacques Champion (um 1555, Paris, bis nach 1638, Paris) stand bei den französischen Königen Heinrich IV. (1553 bis 1610) und Ludwig XIII. (1601–43) im Dienst als Epinettespieler. Seine Kompositionen wurden vom Musikwissenschaftler Marin Mersenne (1588–1648) lobend erwähnt, sind aber nicht überliefert.

WERKE
Thomas Champion war bei seinen Zeitgenossen wegen seiner hervorragenden Kanon- und Fugenimprovisationen auf Epinette und Orgel berühmt. Ein Buch »Psalmen Davids« und etliche Chansons von ihm sind erhalten.

Trommler und Pfeifer – Satire auf die Werbung im 16. Jahrhundert

Antonio d'Almeida
(um 1510 bis nach 1550)

ZEIT UND UMWELT
Portugal war im 16. Jahrhundert damit beschäftigt, im Wettlauf mit den anderen Nationen ein möglichst großes Kolonialreich aufzubauen. Oporto wurde zum wichtigsten Überseehafen des Landes und eine starke Konkurrenz für Sevilla, bis König Philipp II. von Spanien sich des Nachbarreiches bemächtigte.

LEBEN
Antonio d'Almeida ist vermutlich um 1510 in Oporto geboren. Er wurde in dieser Stadt zum Musiker ausgebildet und erhielt um 1550 die Stelle des Domkapellmeisters. Er dürfte in Oporto nach 1550 gestorben sein.

WERKE
Der Komponist und Dichter Antonio d'Almeida verfaßte eine Anzahl Kirchenmusik, von der wenig erhalten geblieben ist. Sie folgte ohne Einschränkung dem spanischen Stil der Zeit. Außerdem dichtete und komponierte er Komödien und ein Oratorium.

John Merbecke (um 1510 bis um 1585)

ZEIT UND UMWELT
König Heinrich VIII. von England hatte keine Neigung, die protestantische Lehre in seinem Land zu fördern. Aber da er es von der Jurisdiktion des Papstes befreien wollte, mußte er die Anhänger der verschiedenen Reformatoren des Festlandes gewähren lassen und ihre Maßnahmen billigen. Dadurch ergab sich anfänglich eine gewisse Uneinheitlichkeit der Auffassungen. Diese Überschneidungen konnten sogar zu Ketzerprozessen, deren Urteile jedoch in den meisten Fällen am Ende aboliert wurden, führen.

LEBEN
John Merbecke (Marbeck, Marbecke, Marbek) wurde um 1510 in Windsor geboren. Der englische Kirchenmusiker wurde vermutlich an der St. George's Chapel ausgebil-

det, an der er zeitlebens als Sänger, Organist und Komponist wirkte. Als extremer Calvinist geriet er in den zu Lebzeiten König Heinrichs VIII. herrschenden Meinungsstreit der Bekenntnisse, wurde als »Ketzer« angeklagt und 1544 sogar zum Tod verurteilt. Das Urteil wurde nicht vollstreckt und hatte auch keine anderen nachteiligen Folgen für den Musiker, der auf seinen Ansichten beharrte und in strenger Konsequenz der Lehre die Abschaffung der Kirchenmusik propagierte, deren namhafter Vertreter er selbst war. Von den Restaurationsbestrebungen der »blutigen« Königin Maria blieb er unbehelligt. Er starb in Windsor um 1585.

Werke
Die kompositorische Tätigkeit des Kirchenmusikers John Merbecke zerfiel in zwei Abschnitte. Der erste enthielt seine lateinischen Werke, wovon nur eine fünfstimmige Messe, 2 Motetten und ein Carol überliefert sind. Alles andere ist verloren. Im zweiten veröffentlichte er für die anglikanische Kirche eine Sammlung einstimmiger syllabischer Gesänge mit englischem Text, deren Weisen Bearbeitungen gregorianischer Melodien, zum Teil nach dem »Sarum use«, sind. Die Lieder wurden ab 1552 bis 1580 umgearbeitet und auch durch neue ersetzt und fanden später in anglikanische, methodistische und presbyterianische Gesangbücher Eingang.

Literatur
R. Stevenson, Patterns of Protestant Church Music, Durham 1953.

Guillaume Bellin (um 1510–68)

Zeit und Umwelt
Der Tod des französischen Renaissancefürsten Franz I., die militärischen Erfolge des Nachfolgers Heinrich II. und das Erstarken der Reformation, das Regierungsjahr des jungen Franz II. und der Kampf der Konfessionen, die Zeit Karls IX., in der das erste Hugenottenmassaker den Religionskrieg einleitete – das alles spielte sich sozusagen vor den Fenstern der Königlichen Kapelle ab, die davon wenig berührt ihr Programm absolvierte, Sänger aufnahm, einzelne verlor, junge selbst ausbildete, Kompositionen annahm, prüfte und aufführte und streng darauf achtete, daß das Niveau des Chores auf seiner Höhe blieb. Wie so oft in der Geschichte Frankreichs wurden Kunst und Künstler von politischen Ereignissen und Veränderungen in keiner Weise beeinträchtigt.

Leben
Guillaume Bellin wurde in Paris um 1510 geboren. Er trat 1546 in die Königliche Kapelle als Tenorist ein, wurde 1550 Kanonikus der Sainte-Chapelle und 1565 Kantor. Er starb am 3. 12. 1568 in Paris.

Werke
Von Guillaume Bellin sind eine Anzahl »Cantiques de la Bible« für vier Stimmen und Chansons erhalten. Die Bibelgesänge haben eine starke Ähnlichkeit mit denen der Calvinisten, wie überhaupt trotz Meinungsstreit und Waffenlärm der Kirchengesang beider Konfessionen sich gegenseitig stark beeinflußte. Die Chansons folgen dem Pariser Stil. Es scheint, daß es zu jener Zeit überhaupt keinen Pariser Komponisten gab, der sich nicht bewogen fühlte, sich mit dieser beliebtesten Musikgattung zu beschäftigen, die offensichtlich am ertragreichsten war.

Antonio de Cabezón (1510–66)

Zeit und Umwelt
Für die spanische profane Musik der Renaissance war der große Aufwand an Instrumenten bezeichnend. Die »Ministrels« hatten als Instrumentalisten für die Música da camera zu sorgen, die bei höfischen und bürgerlichen Festen eingesetzt wurde. Die Archive und die überlieferten Handschriften geben zwar keine Auskunft darüber, welche Instrumente im einzelnen Fall verwendet wurden, daß es sich stets um eine Fülle von Streich-, Zupf- und Blasinstrumenten handelte, geht aus den Listen der Instrumentensammlungen anderer Fürstenhöfe hervor.

Der massierte Einsatz von Instrumenten war in Spanien Tradition. Es ist bekannt, daß bereits am Hof des Königs Alfonso des Weisen eine Schar verschiedenartiger Instrumentalisten beschäftigt war. Daher konnte nahezu jeder Komponist von Profanmusik damit rechnen, daß sein Werk von einer Mehrzahl von Instrumenten gespielt oder zumindest begleitet wurde.

Die Neigung der Spanier zur Instrumentalmusik machte auch vor den Kirchentoren nicht halt. Erst König Philipp II. verbot plötzlich 1572 ihre Verwendung.

Leben

Antonio de Cabezón (Cabeçon) wurde wahrscheinlich am 3. 5. 1510 in Castrillo de Matajudios bei Castrojeriz (Burgos) blind geboren. Sein erster Dienstplatz war beim Bischof von Palencia, dann trat er 1526 in den Dienst der Kaiserin Isabella und wurde nach ihrem Tod Músico de camera y capilla bei Kaiser Karl V. (1539) und dessen Nachfolger König Philipp II. Im Gefolge des Königs verbrachte er die Jahre 1554 bis 1556 in England. Er starb in Madrid am 25. 3. 1566.

Sein Sohn Hernando (7. 9. 1541, Madrid, bis 1602, Valladolid) folgte ihm in seine Hofstellung nach und brachte die Werke des Vaters mit einigen Werken von dessen jüngerem Bruder Juán (Lebensdaten unbekannt) heraus.

Werke

Wie in Cristóbal Morales der Begründer der Renaissance-Kirchenmusik Spaniens gesehen wird, muß Antonio de Cabezón der gleiche Rang auf dem Gebiet der Profanmusik dieses Landes zuerkannt werden. Der blinde Cembalist, Organist und Komponist hat der Musikwelt Spaniens und damit ganz Europas einen überraschend fortgeschrittenen Stil geschenkt, der erst nach Jahrzehnten eingeholt wurde. In der Kunst der Variation war er für seine Zeit alleinstehend. Er ging damit den englischen Virginalisten weit voraus, deren Kompositionstechnik er bei seinem Englandaufenthalt erst anregte. Von ihm stammt die erste Variation für Tasteninstrument über tanz- und volksliedhafte Themen in hochentwickelter Form. Von den zu seinen Lebzeiten herausgebrachten Kompositionen sind in einem Sammelwerk über 40 Stücke für Tasteninstrumente, Harfe und Vihuela erhalten; 2 Bücher mit Tabulaturen sind verlorengegangen.

Nach dem Tod des Meisters veröffentlichte sein Sohn Hernando den umfangreichen Nachlaß des Vaters unter dem Titel: »Musikstücke für Tasteninstrument, Harfe und Vihuela von Antonio de Cabeçon, Kammer- und Kapellmusiker des Königs Don Philippe, unseres Herrn«. Darin befinden sich eine große Zahl vierstimmiger Tientos (dem Ricercar nahestehend) und Diferencias (Variationensätze), die in großem Maß eigenständige Züge tragen. Die Sammlung ist als Schulwerk angelegt und bringt progressiv geordnet zwei- bis dreistimmige Übungen und Hymnenbearbeitungen und neben den bereits erwähnten Originalstücken auch Bearbeitungen von Motetten Josquins und anderer Niederländer.

Außerdem beinhaltet die Sammlung ein Ave Maris Stella und vier andere Kompositionen von Hernando Cabezón selbst und schließlich auch noch eine von Juán Cabezón, dem jüngeren Bruder, die eine gewisse Wertschätzung verdient.

Literatur

H. Anglès, La música en la corte de Carlos V, Barcelona 1966. S. Kastner, Antonio de Cabezón, Barcelona 1952.

Francisco de Borja (1510–72)

Zeit und Umwelt

Die mittelalterlichen Mysterienspiele, zuerst ohne Text dargestellt, dann lateinisch gesungen und gesprochen, seit dem 13. Jahrhundert auch volkssprachlich, wurden vorwiegend von Klerikern und Klosterschülern gepflegt. Die Darstellung von Bibelszenen und Legenden war religiöse Erbauung und Vergnügen zugleich und kam dem uralten Bedürfnis, Gestalten und Vorgänge der Glaubensinhalte oder der Phantasie dargestellt zu erleben oder selbst zu verkörpern, entgegen.

Leben
Francisco de Borja (Borgia), Herzog von Gandia, wurde in Gandia am 28. 10. 1510 geboren. Er war Jesuite und stieg bis zum General seines Ordens auf. Im Jahre 1572 starb er in Rom.

Werke
Der Ordensgeneral Francisco de Borja verfaßte eine vierstimmige Messe und eine Anzahl Motetten von mittlerem Wert. Interessant ist seine Musik zu einem Mysterienspiel über die Auferstehung. Er betätigte sich auch als Arrangeur von Prozessionen und Zeremonien mit Trompeten-, Oboen-, Fagotten- und Orgelbegleitung, die das religiöse Gepränge der kommenden Jahrhunderte vorausnahmen.

Nicola Vicentino (1511–76)

Zeit und Umwelt
Herzog Ercole II. d'Este setzte beim Antritt seiner Regierung im Jahre 1534 die kulturellen Intentionen seines Vaters Alfonso I. fort und hielt auch die Hofkapelle von Ferrara auf dem bereits im 15. Jahrhundert erreichten Niveau. Sein Bruder Ippolito, der später als Kardinal in Tivoli die Villa d'Este erbauen ließ, nahm gleichfalls in seine Kapelle auf, was sich an Meistern anbot.

Leben
Nicola Vicentino wurde 1511 in Vicenza geboren. Seine Ausbildung erhielt der italienische Komponist und Musiktheoretiker bei Adrian Willaert in Venedig. Anschließend wurde er Hofkapellmeister in Ferrara. Als Ippolito II. 1539 als Kardinal nach Rom berufen wurde, nahm er Vicentino mit sich, der bis 1561 in Rom als Musiktheoretiker, Komponist und Instrumentalist tätig war. Dann erhielt er die Stelle des Domkapellmeisters in Vicenza, wurde aber 1570 in Mailand an San Tommaso als Priester eingestellt, wo er 1576 verstarb.

Werke
Neben seinen musiktheoretischen Werken, die viel Widerspruch erregten, hat Nicola Vicentino fünfstimmige Madrigale komponiert, mit denen er die antiken Tongeschlechter wieder aufleben lassen wollte. Außerdem ist eine Anzahl Motetten von ihm überliefert. Sein Versuch, auf die Musik der Alten zurückzugreifen, entsprach der zu seiner Zeit entstandenen Tendenz, den entarteten Kontrapunkt zu reformieren, wenn auch der Weg, die alten Tonarten einzuführen, nicht der richtige gewesen war. Er ließ auch ein mehrmanualiges Cembalo bauen, um chromatische Effekte zu erzeugen, und hat mit seinen Ideen, wenn diese auch undurchführbar waren, viele andere Musiker angeregt. Vicente Lusitano, der portugiesische Musiktheoretiker, griff ihn an, Antonio Francesco Doni, Musikschriftsteller (1513, Florenz, bis 1574, Monselice), und Gioseffo Zarlino sprachen ihm jedes Verständnis für antike Musik ab, aber Cyprian de Rore und Gesualdo wandten die Chromatik an.

Literatur
G. Mantese, La cappella musicale del duomo di Vicenza in: Note d'archivio XIX, 1942.

Osbert Parsley (1511–85)

Zeit und Umwelt
Norwich hatte unter Königin Elisabeth I. bei 16.000 Einwohner. Davon waren 6000 Fremde, Niederländer, Flamen und Wallonen, die als Protestanten ihre Heimat verlassen mußten. Dadurch neigte die Stadt stark zum Puritanismus, der aber nie so weit ging, Chormusik in der Kirche zu verbieten.

Leben
Osbert Parsley wurde 1511 vermutlich in Norwich geboren und um 1535 in den Kathedralenchor seiner Vaterstadt als Sänger aufgenommen. Er blieb in dieser Stellung bis zu seinem Tod im Jahre 1585.

Werke
Der englische Sänger und Komponist Osbert

Das Collegium aureum griff auch auf Tanzmusik der Renaissance zurück

Parsley hinterließ eine Anzahl mehrstimmiger Motetten zu englischen und lateinischen Texten und eine Reihe kirchlicher Gesänge. Einige sind in Bearbeitungen für Violenensemble erschienen. Die Musik des Komponisten entspricht dem zeitgenössischen englischen Stil.

Nicolas Payen (um 1512–59)

Zeit und Umwelt
Die vom 10. bis zum 11. Jahrhundert erbaute frühromanische Klosterkirche St. Vincent in Soignies war schon früh eine bekannte Pflegestätte der Kirchenmusik. Die Singschule an der Kirche hatte einen sehr guten Ruf. Dort ausgebildete Sänger wurden überall gerne aufgenommen.

Leben
Nicolas Payen (Colin) wurde um 1512 in Soignies geboren. Er war Singknabe an St. Vincent und wurde 1525 von der Königlichen Kapelle Karls V. in Madrid als Sänger übernommen. 1556 erhielt Nicolas Payen, der inzwischen Priester geworden war, die Kapellmeisterstelle des königlichen Hofes, die er bis zu seinem Tod im Jahre 1559 betreute.

Werke
Von dem flämischen Komponisten Nicolas Payen sind eine Anzahl mehrstimmiger

Motetten und über 30 Chansons erhalten. Sein Stil folgt dem der franko-flämischen Schule. Die Chansons neigen zum Pariser Stil.

Jean Guyot (1512–88)

ZEIT UND UMWELT
Das von Karl dem Kühnen 1467 eroberte und zerstörte Lüttich wurde 10 Jahre darauf wiederum souveränes Fürstbistum und neu aufgebaut. Das bereits im Mittelalter rege Kunstleben der Stadt lebte neu auf. Daß der Kirchenmusik besondere Pflege angedeihte, war bei der politischen Struktur der Stadt nicht anders denkbar.

LEBEN
Jean Guyot (Johannes Castileti) wurde 1512 in Châtelet, das damals zu Lüttich gehörte, geboren. Nach seinem Studium in Löwen reiste er in Italien und wurde sodann 1545 Kaplan und Chorleiter an Saint-Paul, später an der Kathedrale Saint-Lambert zu Lüttich. In den Jahren 1563 und 1564 war er Dritter Hofkapellmeister bei Kaiser Ferdinand I. in Wien, kehrte darauf wieder in seine alte Stellung nach Lüttich zurück, wo er am 11. 3. 1588 starb.

WERKE
Vom franko-flämischen Komponisten Jean Guyot sind eine achtstimmige Messe, ein sechsstimmiges Te Deum, bei 25 vier- bis achtstimmige Motetten, 11 vier- bis achtstimmige Chansons und eine zwölfstimmige Bearbeitung einer sechsstimmigen Motette von Josquin überliefert. Der Stil dieser Kompositionen entspricht der letzten Entwicklungsphase der franko-flämischen Schule und wirkt etwas blutleer. Die kontrapunktische Arbeit ist einwandfrei und zum Teil auch klangreich.

LITERATUR
E. Wauters, Jean Guyot de Châtelet, Brüssel 1944.

Nicolò Dorati (um 1513–93)

ZEIT UND UMWELT
Lucca konnte sich bis weit in die Neuzeit hinein seine Unabhängigkeit erhalten. Es nahm trotz aller Rivalitäten am kulturellen Leben der Toskana und der oberitalienischen Städte teil und trug selbst nach eigenen Kräften dazu bei. In der Renaissance entfaltete sich das musikalische Leben der Stadt wie überall in Italien.

LEBEN
Nicolò Dorati wurde um 1513 in Granaiola bei Lucca geboren. Im Jahre 1543 trat er in die Stadtkapelle von Lucca als Posaunist ein, wirkte sodann als ihr Kapellmeister von 1557 bis 1579. Er starb in Lucca im Jahre 1593.

WERKE
Dorati brachte ein Buch mit sechsstimmigen und 4 Bücher mit fünfstimmigen Madrigalen heraus, außerdem ein weiteres mit vierstimmigen Madrigalen, denen Stanzen der mit Michelangelo befreundeten Dichterin Vittoria Colonna (1492–1547) zugrunde gelegt wurden. Der Stil der Madrigale ist perfekt, ihr musikalischer Wert beachtlich.

Giovanni Contino (um 1513–74)

ZEIT UND UMWELT
Die oberitalienische Stadt Brescia kam 1426 zu Venedig und nahm wirtschaftlich und kulturell an den Geschicken jener Stadt teil. Im frühen 16. Jahrhundert zählte sie zu den reichsten Städten der Lombardei, wurde jedoch 1512 durch eine Plünderung seitens der Franzosen so stark beschädigt und geschädigt, daß sie sich kaum mehr davon erholen konnte. Ihr Musikleben konzentrierte sich hauptsächlich auf den Dom, der immer mit den besten Kräften ausgestattet war.

LEBEN
Giovanni Contino ist um 1513 in Brescia geboren. Er wurde Sängerknabe am Dom

der Stadt. Von 1541 bis 1551 stand er im Dienst des Kardinals Cristoforo Madruzzo in Trient. Darauf trat er die Stelle eines Domkapellmeisters von Brescia an und blieb es mit Unterbrechungen bis 1566. Aus der Zeit bis zu seinem Tod in Brescia im Jahre 1574 fehlen alle Nachrichten.

Werke

Von den Kompositionen des Giovanni Contino sind fünfstimmige Motetten und Madrigale, sechsstimmige Motetten, Hymnen, vier- und fünfstimmige Messen, ein Magnificat für fünf Stimmen, Karwochengesänge für fünf Stimmen, darunter Threni Jeremiae, erhalten. Die kontrapunktische Führung mehrerer Stimmen war in der Mitte des 16. Jahrhunderts bereits voll durchgebildet. Ihre exakte Durchführung geht nicht selten auf Kosten des Klanges. Die Technik drohte die Musik zu überwuchern.

Literatur

P. Guerrini, Giovanni Contino, in: Note d'archivio, 1924.

Domenico Maria Ferrabosco
(1513–74)

Zeit und Umwelt

Bologna wurde in der ersten Hälfte des 16. Jahrhunderts von Papst Julius II. dem Kirchenstaat angegliedert und konnte nach langen Zeiten der inneren Unruhe eine im großen und ganzen friedliche Entwicklung durch nahezu drei Jahrhunderte durchleben. Die weltberühmte Juristenuniversität der Stadt entfaltete sich erneut zu ihrem Glanz des 12. und 13. Jahrhunderts. Die Bologneser Malerschule stand vor ihrem Aufschwung. Baumeister und Bildhauer schmückten die Stadt. Die sakrale und profane Musik blühte dank der Musikschule im Rahmen selbständiger Formgebung auf.

Leben

Domenico Maria Ferrabosco (Ferabosco) wurde am 14. 2. 1513 vermutlich in oder bei Bologna geboren. Im Jahre 1540 war er Sänger, 1547 Kapellmeister an San Petronio in Bologna, 1546 Kapellmeister an der Peterskirche in Rom und ab 1551 Sänger an der päpstlichen Kapelle, wo er 1555 gleichzeitig mit Palestrina und Leonardo Barré von dem in diesem Jahr inthronisierten Papst Paul IV. (1555–59) als »verheiratetes Individuum« entlassen wurde. Er kehrte nach Bologna zurück und wirkte dort als Kapellmeister bis zu seinem Tod im Februar 1574.

Alfonso (I) Ferrabosco (getauft 18. 1. 1543, Bologna, bis 12. 8. 1588, Bologna), Sohn des Domenico Maria Ferrabosco, in England bekannt als Master Alfonso, kam nach kurzem Dienst in Lothringen 1562 nach London und trat in die Dienste der Königin Elisabeth I. 1578 kehrte er nach Italien zurück.

Alfonso (II) Ferrabosco (1572, Greenwich, begraben 11. 3. 1628, Greenwich), Sohn des Alfonso (I), wurde 1604 Violist der Chapel Royal und Musiklehrer der Söhne König Jakobs (1566–1625). Im Jahre 1626 folgte er John Coperario unter König Charles I. (1600–49) als »Composer of the King's music« nach.

Alfonso (III) Ferrabosco (um 1595, Greenwich, bis vor 1660, Greenwich), Sohn des Alfonso (II), war in der Königlichen Kapelle als Bläser und Violist tätig.

Dessen Bruder Henry Ferrabosco (um 1605, Greenwich, bis um 1658, Jamaika) folgte seinem Vater Alfonso (II) als königlicher Komponist und Instrumentalist der Kapelle nach. Er nahm als Captain an einer Expedition nach Jamaika teil und kam dabei um.

Der zweite Bruder, John Ferrabosco (1626, Greenwich, bis Oktober 1682, Ely), war 1662 als Instrumentalist in der Chapel Royal tätig; dann wurde er Organist an der Kathedrale in Ely.

Matthias Ferrabosco (getauft 16. 7. 1550, Bologna, bis 23. 2. 1616, Graz) wurde fälschlich zu den Nachkommen von Domenico Maria Ferrabosco gezählt. Er war ab 1581 Altist der Grazer Hofkapelle, 1588 Leiter des Knabenchores und ab 1603 Vizekapellmeister.

Werke

Von Domenico Maria Ferrabosco stammt

eine Sammlung vierstimmiger Madrigale, weitere sind in Sammelwerken überliefert. Bei diesem Komponisten ist die italienische Madrigalkunst bereits auf einer sehr hohen Stufe angelangt. Besondere Berühmtheit erlangte die Vertonung des Gedichtes von Boccaccio: »Io mi son giovinett' e volontieri« (Ich bin jung und das ist schön).

Von Alfonso (I) Ferrabosco sind 2 Bücher mit fünfstimmigen Madrigalen und weitere Madrigale und Motetten zum Teil in Sammelwerken, zum Teil handschriftlich erhalten. Sein Stil ist konservativ. Er hat als erster das Madrigal in England bekannt gemacht.

Der Violist Alfonso (II) Ferrabosco hat eine Reihe sehr feiner Violenstücke verfaßt, und zwar: 28 Lieder mit Laute und Baßviole, Lektionen für eine, zwei und drei Violen, etwa 50 Fantasien (Fancies) und Tänze für zwei bis sechs Violen, außerdem 3 Anthems. Alfonso (III) schrieb Musik für Blasinstrumente.

Von John Ferrabosco sind eine Anzahl Anthems und gottesdienstliche Gesänge erhalten.

Von Matthias Ferrabosco sind 22 vierstimmige Canzonetten überliefert.

Literatur
A. Bonaventura, Il Boccaccio e la musica, Rivista musicale italiana XXI, 1914. G. E. P. Arkwright, Master Alfonso and Queen Elizabeth, Zeitschrift der Internationalen Musikgesellschaft VIII, 1906/07. E. van der Straeten, The Romance of the Fiddle, London 1911. E. H. Fellowes, The English Madrigal Composers, London 1948. H. Federhofer, Musikpflege und Musiker am Grazer Habsburgerhof der Erzherzöge Karl und Ferdinand von Innerösterreich (1564 bis 1619), Mainz 1967.

Francisco de Salinas (1513–90)

Zeit und Umwelt
Der große spanische Dichter und Prosaist Luis de Léon (1527–91) beging die Unvorsichtigkeit, eine Kritik gegen die Vulgata auszusprechen. Da seine Urgroßmutter Jüdin gewesen war, kostete ihn das nahezu fünf Jahre Gefängnis der Inquisition und den Verlust seines Lehrstuhles in Salamanca. Er erhielt allerdings nach der Haft einen anderen an derselben Universität. Daß dieses Verfahren auch für alle seine Freunde gefährlich war, ergab sich aus der Zeit, in der jeder jeden zumeist mit Erfolg denunzieren konnte, die Gefängnisse überfüllt waren und die Scheiterhaufen nie erloschen.

Leben
Francisco de Salinas ist am 1. 3. 1513 in Burgos als Sohn des Schatzamtbeamten bei Kaiser Karl V., Juan de Salinas, geboren. Mit zehn Jahren verlor er das Augenlicht und wurde daher von den Eltern zum Musiker bestimmt. Er studierte Musik und alte Sprachen an der Universität Salamanca. Erzbischof Don Pedro Sarmiento nahm sich des blinden talentierten Studenten an, nahm ihn zuerst nach Santiago und sodann, als er selbst Kardinal geworden war, nach Rom mit (1538). Im Jahre 1553 wurde Salinas Organist des spanischen Vizekönigs in Neapel, kehrte 1561 nach Spanien zurück und trat 1567 das Lehramt für Musik an der Universität Salamanca an, das er bis 1587 versah. Er starb in Salamanca ám 13. 1. 1590. Er war mit dem spanischen Dichter Luis de Léon sehr befreundet und geriet selbst in Schwierigkeiten mit der Inquisition, die aber für ihn keine üblen Folgen nach sich zogen.

Werke
Neben seinen musiktheoretischen Werken sammelte Salinas alte spanische und portugiesische Volkslieder und Tänze, bearbeitete sie und erweckte sie sozusagen zu neuem Leben und rettete sie für die Nachwelt. Vieles davon ist in spätere spanische Kunstmusik geflossen.

Claude Goudimel (um 1514–72)

Zeit und Umwelt
Der Mordanschlag der französischen Königinmutter Cattarina de'Medici auf den Cal-

vinistenführer Gaspard de Ciligny (1519 bis 1572) forderte Rachedrohungen seiner Anhänger heraus. Dem begegneten Cattarina und ihr Sohn Karl IX. mit dem Massenmassaker an etwa 2000 Pariser Calvinisten in der Nacht vom 23. zum 24. 8. 1572 (Bartholomäusnacht) und anschließend an weiteren ungefähr 20.000 Calvinisten in der französischen Provinz.

Leben

Claude Goudimel ist um 1514 in Besançon geboren. Über seinen Aufenthalt bis zum Jahr 1549 ist nichts bekannt. Es ist aber sicher, daß er Frankreich nie verlassen und nie in Italien gewirkt hat, wie angenommen wurde, weil sich eine Anzahl seiner Kompositionen in Rom befanden. Von 1549 bis 1555 arbeitete er beim Musikverleger Nicolas Du Chemin (um 1510–76) in Paris als Korrektor und Berater, dann übersiedelte er nach Metz, wo er mit Hugenotten enge Beziehungen unterhielt. Als sich zwischen 1565 und 1568 in Metz die Verfolgung der Hugenotten verschärfte, verließen viele die Stadt. Goudimel kehrte in seine Vaterstadt zurück, begab sich aber bald nach Lyon, wo er im Zug der Ausrottung aller Hugenotten als kranker Mann zwischen dem 28. und 31. 8. 1572 erschlagen wurde.

Werke

In der Sammlung von Du Chemin sind von Goudimel 34 vierstimmige Chansons enthalten, im »Canticum Beatae Mariae« ein Magnificat. Anschließend schrieb er 5 vierstimmige Messen, ein weiteres Magnificat und eine Anzahl Motetten. Für die Hugenotten bearbeitete er die Psalmen dreimal, und zwar motettisch durchkomponiert drei- bis sechsstimmig, hierauf kontrapunktisch vierstimmig und zuletzt homorhythmisch für den häuslichen Gebrauch. Die letzte Fassung fand rasch in den protestantischen Kirchengesang Eingang.
Außerdem sind zahlreiche Chansons für vier Stimmen in verschiedenen Sammelwerken überliefert. Es spricht für die Qualität des kompositorischen Werkes des Meisters, daß er für den Begründer der römischen Schule gehalten wurde, aus der Animuccia und Palestrina hervorgegangen sind.

Literatur

D. Gutknecht, Vergleichende Betrachtung des Goudimel-Psalters mit dem Lobwasser-Psalter, Jahrbuch für Liturgik und Hymnologie XV, 1970.

Giovanni Animuccia (um 1514–71)

Zeit und Umwelt

Der am 21. 7. 1515 in Florenz geborene Filippo Neri (gestorben am 16. 5. 1595 in Rom) kam 1533 nach Rom, um Philosophie und Theologie zu studieren. Als Priester richtete er außerliturgische Abendandachten ein, die sehr populär wurden. Diese Versammlungen wurden ab 1558 im Oratorium des Klosters San Girolamo della Carità und ab 1575 in dem von Santa Maria in Vallicella abgehalten, nahmen rasch an Umfang zu und wurden in anderen Städten nachgeahmt. Für die Musik bei diesen Versammlungen wurden in der Regel mehrstimmige Laudi spirituali (geistliche Lobgesänge) verwendet. Anfänglich zog Neri einfache Volksmelodien im einfachen homophonen Stil heran, dann erhielt er Kompositionen namhafter römischer Meister.

Leben

Giovanni Animuccia wurde um 1514 in Florenz geboren. Um 1550 kam er im Dienst des Kardinals Guido Ascanio Sforza nach Rom, löste Palestrina als Kapellmeister der Cappella Giulia (Petersdom) 1555 ab und blieb in dieser Stellung bis zu seinem Tod am 25. 3. 1571.
Sein Bruder Paolo Animuccia, geboren um 1500 in Florenz, war von 1550 bis 1552 Kapellmeister am Lateran. Über sein weiteres Wirken ist nichts bekannt. Er starb in Rom um 1570.

Werke

Wie Palestrina bemühte sich Giovanni Animuccia im Sinn der neuen kirchenmusikalischen Tendenzen um eine Reinigung des Stiles von an Instrumentalmusik erinnernden Passagen und Verzierungen, um die Verständlichkeit des Textes zu sichern. Von seinen Werken sind 6 Bücher mit drei- bis sechsstimmigen Madrigalen überliefert, deren Stil den neuen Erfordernissen entsprach. Bemerkenswert sind seine für das Oratorium seines Freundes Filippo Neri komponierten Laudi spirituali, die eine Vorform unseres Oratoriums waren.

Von Paolo Animuccia sind nur wenige Kompositionen erhalten. In mehreren Sammlungen sind einige Madrigale und Motetten überliefert, die beachtliche kompositorische Leistungen darstellen. Ihr Stil folgt nicht in allem den strengen Grundsätzen seines Bruders.

LITERATUR
L. Cervelli, Le laudi spirituali di Giovanni Animuccia e le origini dell' oratorio musicale a Roma, in: Rassegna Musicale 20, 1950.

Cornelius Canis (um 1515–61)

ZEIT UND UMWELT
Nicolas Gombert hatte den franko-flämischen Stil bis zur Vollendung ausgebildet, so daß in dieser Richtung keine Steigerung mehr möglich war, wenn nicht fremde Stilelemente herangezogen wurden. Für individuelle Seitenwege bot die dichte polyphone Satztechnik mit ihren nacheinander gleichwertig imitierenden Stimmen, vermehrt durch die vom Text bedingten ständigen Neuansätze, wenig Raum. Die Eigenart des jeweiligen Komponisten, der den Stil fortsetzte, konnte sich nur in der melodischen Gestaltung ausprägen.

LEBEN
Cornelius Canis (de Hondt) wurde um 1515 vermutlich in Gent geboren. Der flämische Musiker begann seine Laufbahn als Sänger an Notre-Dame in Antwerpen. Im Jahre 1542 folgte er Nicolas Gombert als Maître des enfants der Hofkapelle Kaiser Karls V. nach, blieb in dieser Stelle bis 1555 und trat zur Kapelle Ferdinands I. über, als diesem die Regierung übertragen worden war. Er starb in Prag am 15. 2. 1561.

WERKE
Von Cornelius Canis sind eine sechsstimmige Messe, 26 lateinische Motetten und 26 drei- bis fünfstimmige französische Chansons erhalten. Das kompositorische Gesamtwerk des Meisters lehnt sich stark an Gombert an. Individuelle Züge sind in der Melodiegestaltung nicht zu übersehen.

LITERATUR
W. B. Wells, The Sacred Music of Cornelius Canis, Stanford 1968.

Robert Parsons (um 1515–70)

ZEIT UND UMWELT
Die Verbindung von Bühne und Musik ist so alt wie die Schauspielkunst selbst. Im 16. Jahrhundert setzte bei Dramatikern in verstärktem Maß die Gepflogenheit ein, Schauspielmusik und in Lied- oder Chorform vorgetragene Dichtung vorzuschreiben. Die Komponisten konnten somit an der Ausgestaltung der Bühnenstücke beitragen.

LEBEN
Robert Parsons wurde um 1515 in Exeter geboren. Über das Leben des englischen Komponisten bis zu seiner Aufnahme in die Chapel Royal in London im Jahre 1563 ist nichts bekannt. Er war vermutlich an einer Londoner Kirche als Organist tätig. Seine in jener Zeitspanne erschienenen Kompositionen gehören nahezu ausschließlich der Kirchenmusik an. Er starb am 25. 1. 1570 in Newark-on-Trent.

Sein Sohn John Parsons (um 1560, London, beerdigt 3. 8. 1623, London) war ab 1616 Organist an St. Margaret's und ab 1621 an Westminster Abbey.

William Parsons (um 1505, London, bis nach 1555, Wells), vermutlich ein Verwandter von Robert Parsons, war Chorleiter an der Kathedrale in Wells von 1548 bis 1554. Er war als Notenkopist sehr bekannt.

Nürnberger Meistersinger – emblematische Darstellung aus dem 16. Jahrhundert

Melchor Robledo (um 1515–87)

Zeit und Umwelt
Blut und Tod verdüstern die gesamte Geschichte Spaniens, sie sprechen aus den Farben jedes Bildes, sie klingen in jeder Musik, sie drohen aus dem Prunk der Kathedralen. In jeder Fröhlichkeit klagt eine traurige Melodie mit, im hellsten Sonnenschein denkt man an bittere Nächte, jedes fromme Lied mahnt an das dunkle Ende.

Leben
Melchor Robledo wurde um 1515 vermutlich in oder bei Tarragona geboren, wo er seine Ausbildung genoß. Im Jahre 1549 war er Kapellmeister an der Kathedrale in Tarragona, ging für etliche Jahre nach Rom, um in der päpstlichen Kapelle zu singen, kehrte zurück und übernahm 1569 die Kapellmeisterstelle an der Seo in Zaragoza, wo er im April 1587 starb.

Werke
Von dem spanischen Kirchenkomponisten Melchor Robledo sind 6 Messen, eine große Anzahl Messeteile, Magnificat, Motetten, Psalmen und andere sakrale Gesänge überliefert. Alles ist vielstimmig, mit dichter Führung in unteren Lagen. Der Klang der Kompositionen ist sonor und schwer, die Modulationen sind konventionell, aber die Melodien weit gespannt wie der siebenbogige Puente de Piedra über den Ebro.

Literatur
A. Lozano, La música popular religiosa y dramática en Zaragoza, Los Angeles 1895.

Werke
Wegen seiner Geschicklichkeit, seltene Klangeffekte zu erzeugen, wurde Robert Parsons für eine wichtige Gestalt der englischen Musikgeschichte gehalten. Von seiner Kirchenmusik sind einige Gottesdienst- und Beerdigungsmusiken, eine Anzahl Anthems und Motetten und mehrere Madrigale erhalten. Die Kompositionen bieten tatsächlich überraschende Modulationen, deren Kühnheit zukünftige Techniken vorausnimmt. Das gleiche gilt für seine Werke für Violen und den »Klagegesang Pandolpho« für Mezzosopran, der einer Schauspielmusik entnommen ist. Er soll eine Reihe äußerst wirkungsvoller Schauspielmusiken geschrieben haben.
Von John Parsons ist nur seine Beerdigungsmusik für König Karl II. erhalten.
William Parsons hat 81 Stücke an dem Psalmenwerk »The whole psalms in foure parts«, herausgegeben von John Day, beigetragen.

Literatur
G. Arkwright, Early Elisabethan Stagemusic, in: The Musical Antiquary I., 1909.

Bartolomé Escobedo (um 1515–63)

Zeit und Umwelt
Cristobal Morales war als Mitglied der päpstlichen Kapelle für spanische Kirchenmusiker eine vorzügliche Empfehlung. Wenn diese auch nicht an ihn heranreichten, so war die Aufnahme in die Kapelle bei den damaligen strengen Maßstäben doch schon an sich eine hohe Einstufung.

LEBEN
Bartolomé Escobedo (Bartolomeo Scobedo) ist um 1515 in Zamora geboren. Er gehörte zunächst der Kathedrale von Salamanca als Sänger an, kam sodann 1536, ein Jahr nach Morales, zur päpstlichen Kapelle in Rom. Er unterbrach 1541 seine Tätigkeit in Rom, um seine Heimat aufzusuchen, kehrte 1545 zurück und blieb bis 1548. Anschließend wirkte er in der Kapelle des Hofes von Kastilien. Im Jahre 1552 wurde er Kanonikus in Segovia, wo er 1563 starb.

WERKE
Von Bartolomé Escobedo sind 2 sechsstimmige Messen und eine Anzahl Motetten für vier Stimmen erhalten, außerdem einige Magnificat und Miserere. Ihr Stil lehnt sich etwas an Morales an, zeigt aber viel Selbständigkeit und ist vor allem heller als die Schule von Sevilla.

LITERATUR
A. W. Ambros, Geschichte der Musik V, Leipzig 1911.

Wolf Heckel (um 1515 bis nach 1556)

ZEIT UND UMWELT
Im Streit der Konfessionen wegen ihres Wirkungsbereiches mußte der Untertan seine Religion nach der des Landesherrn auswählen. Aber in vielen Fällen konnte er diesem Zwang dadurch entgehen, daß er den Landesherrn auswählte, dessen Bekenntnis ihm zusagte. Die modernen diktatorischen Praktiken, nach denen in solchen Fällen das Verlassen des Landes, dessen Zustände man ablehnt, unmöglich gemacht wird, waren dem 16. Jahrhundert fremd.

LEBEN
Wolf Heckel (Wolfgang) wurde um 1515 in München geboren. Er übersiedelte nach Straßburg, wo er wegen seines Religionsbekenntnisses nicht behelligt wurde, und betätigte sich als Lautenist, Lautenlehrer und Komponist. Er dürfte dort auch nach 1556 gestorben sein.

WERKE
Von Wolf Heckel erschien 1556 das »Lautten Buch, von mancherley schönen und lieblichen Stucken mit zweyen Lautten zu schlagen«. Es enthält sakrale und profane Lieder zu deutschen, lateinischen, französischen und italienischen Texten, Tanzmelodien und Fantasien. Der Satz für Lautenduo ist sehr kunstvoll und klangschön gesetzt. Eine Singstimme ist nicht beigegeben, kann aber dem Lautensatz entnommen werden. Außerdem finden sich in verschiedenen Handschriften Lautenstücke des Komponisten.

Gabriele Martinengo (um 1515–84)

ZEIT UND UMWELT
Udine lag im 16. Jahrhundert im Machtbereich der Republik Venedig, so daß die kulturellen Kontakte mit der Hauptstadt sehr intensiv waren. Venezianische Künstler haben viel dazu beigetragen, Udine zu gestalten und auszuschmücken. Die Domkapelle konnte ihre Lücken jederzeit mit in Venedig ausgebildeten Kräften ausfüllen.

LEBEN
Gabriele Martinengo wurde um 1515 in Verona geboren. Er war Sänger am Dom in Udine mit einigen Unterbrechungen, während der er sich in Venedig aufhielt. Vom Jahr 1561 bis 1567 war er Domkapellmeister in Udine. Über seinen Wirkungskreis ab diesem Zeitpunkt bis zu seinem Tod in Verona am 17. 12. 1584 ist nichts bekannt.

WERKE
Von Gabriele Martinengo sind 2 Bücher mit vierstimmigen und eines mit fünfstimmigen Madrigalen erschienen. Weitere Werke befinden sich in Sammelausgaben. Seine Kompositionen sind im venezianischen Stil.

Alessandrino Venetiano
(um 1515 bis um 1580)

ZEIT UND UMWELT
Das Madrigal war im 16. Jahrhundert und

noch lange darüber hinaus die Unterhaltungsmusik der gehobenen Gesellschaftsschichten und unterschied sich von den anderen mehr oder weniger volkstümlichen Liedformen durch literarische Texte und kunstvoll gearbeitete Musik. Die Texte waren in eleganter, dichterischer Sprache abgefaßt, volkstümliche Wendungen wurden vermieden; sie entstammten oft der Feder namhafter Dichter, auch religiöse Dichtkunst wurde nicht selten herangezogen. Die Musik stellte mehrstimmige a-cappella-Sätze mit kontrapunktischer Führung der Stimmen dar.

Leben
Alessandrino Venetiano wurde um 1515 vermutlich in Venedig geboren. Über sein Leben und Wirken ist nichts bekannt, außer daß er an verschiedenen Kirchen Oberitaliens als Sänger tätig war. Angeblich stand er eine Zeitlang im Dienst des Hofes in Ferrara, wo er auch um 1580 gestorben sein soll.

Werke
Dem italienischen Komponisten Alessandrino Venetiano werden etliche Madrigale zugeschrieben, deren Komponist nicht mit Sicherheit feststeht. Einige davon sind unzweifelhaft von ihm verfaßt. Sie folgen dem zeitgenössischen Stil.

Hubert Naich (um 1515 bis um 1560)

Zeit und Umwelt
Die Idee der Renaissance prägt sich in Italien am deutlichsten aus. Wenn auch gerade auf dem Gebiet der Musik Angehörige anderer Völker mehrfach eine bevorzugte Rolle spielten, so war es doch vor allem die gesamte Atmosphäre des Landes – Volk und Landschaft –, die den vielleicht gewaltigsten und wichtigsten Kulturaufschwung Europas, die »Entdeckung der Welt und des Menschen«, ermöglichte. Die durch tausend Jahre vergessene Hochkultur der Antike stieg aus der Erde und konnte trotz aller Gegenbewegungen nicht mehr aus dem Bewußtsein des Kontinentes verdrängt werden.

Leben
Hubert Naich wurde um 1515 im franko-flämischen Raum geboren. Über seine Persönlichkeit und sein Leben ist nahezu nichts bekannt. Aus dem Stil seiner Kompositionen kann geschlossen werden, daß er seine Ausbildung in der Heimat erhalten hatte. Er kam vermutlich noch vor 1540 nach Rom und wurde Mitglied der Accademia degli Amici. Er dürfte um 1560 in Rom gestorben sein. Eine Identität des Komponisten mit dem 1587 in Lüttich bezeugten Organisten gleichen Namens kann nicht angenommen werden.

Werke
Von Hubert Naich erschien um 1540 in Rom ein Band mit 30 vier- und fünfstimmigen Madrigalen, die dem Florentiner Bindo Altoviti, Freund Raffaels und Gönner Celinis, gewidmet sind. Weitere Kompositionen von Naich finden sich in verschiedenen Sammelwerken des Jahrhunderts. Mit seinem gesamten Werk bekundete er sich als echter und vollwertiger Vertreter der franko-flämischen Schule. Die Bewertung seiner Madrigale ergibt sich daraus, daß man ihn für den Begründer der Madrigalform des 16. Jahrhunderts gehalten hat.

Literatur
A. Einstein, The Italian Madrigal I, Princeton 1949.

Francesco Roselli
(um 1515 bis nach 1577)

Zeit und Umwelt
Die römische Schule des 16. Jahrhunderts war allein auf sakrale Musik beschränkt und bildete das franko-flämische Erbe weiter. Ihre Klangfülle und Homophonie entnahm sie der italienischen Tradition. Palestrina war ihr Hauptmeister, aber nicht ihr Begründer. Die einheimischen und zugewanderten Vorläufer und die Domkapellen bestellten das Feld, damit die Frucht reifen konnte.

Leben

Francesco Roselli (Rosselli) wurde um 1515 vermutlich in Rom geboren. Von 1548 bis 1550 war er Kapellmeister am Petersdom und Magister puerorum (Leiter des Knabenchores) und wahrscheinlich ein Lehrer Palestrinas. Hernach war er in Lyon tätig und hielt sich in Venedig auf, um seine ersten Kompositionen herauszubringen. Von 1562 bis 1573 wirkte er als Kapellmeister an San Giovanni in Laterano, reiste hierauf vielleicht nach Paris, um die Veröffentlichung seiner französischen Chansons zu überwachen, dürfte aber nach 1577 in Rom gestorben sein.

Werke

Von Francesco Roselli sind mehrere teils in Venedig, teils in Rom erschienene Madrigale für vier oder fünf Stimmen und eine Anzahl französischer Chansons (erschienen in Paris) erhalten, außerdem in zeitgenössischen Sammelwerken weitere 25 Madrigale, bei 30 Chansons und eine Motette. Die sakralen Werke weisen bereits die Eigenschaften der römischen Schule auf, die Chansons folgen dem Pariser Stil.

Handschriftliche Lautentabulatur aus dem 16. Jahrhundert

Guillaume Morlaye
(um 1515 bis nach 1560)

Zeit und Umwelt

In Frankreich, dem Land der mehrstimmigen Chansons, wurde dem ruhigen Lautenklang weniger Aufmerksamkeit zugewendet als in Italien, wo es große Virtuosen dieses Instrumentes in Fülle gab. Und wenn sich ein Franzose dem warmen Saitenspiel der Laute widmen wollte, mußte er seinen Lehrer in einem Nachbarland suchen.

Leben

Guillaume Morlaye ist um 1515 in Frankreich geboren. Er wurde in Paris Schüler des berühmten Lautenisten Alberto da Ripa und erreichte einen hohen Grad der Spieltechnik. Er dürfte in Paris nach 1560 gestorben sein.

Werke

Von dem französischen Lautenisten sind 3 Lautentabulaturen und 6 Bücher mit eigenen Kompositionen und solchen seines Lehrers Ripa erhalten. Darunter befinden sich Chansons, Gallarden, Pavane, Branlen, Allemandes und Fantasien, alles sehr klangvolle, etwas schwer zu spielende Musik.

Literatur

D. Heartz, Parisian Music Publishing Under Henry II, The Musical Quarterly XLVI, 1960.

Lupus Manfredus Barbarinus
(um 1515 bis nach 1560)

Zeit und Umwelt
In der Mitte des 16. Jahrhunderts war Sankt Gallen zwar wieder katholisch, aber die Fürstenwürde der Äbte des Stiftes, die ihnen 1206 verliehen worden war, wurde nicht mehr erneuert. Dennoch blieb das Stift, das in der Entwicklung der abendländischen Musik sehr früh eine große Rolle gespielt hatte, seiner Tradition als Pflegestätte der Kirchenmusik treu.

Leben
Lupus Manfredus Barbarinus (Barberini) wurde um 1515 in Correggio geboren. Über seine Ausbildung und sein Wirken in Italien gibt es keine Informationen. Um das Jahr 1550 ließ er sich auf Einladung des kunstliebenden Abtes Diethelm Blarer in Sankt Gallen nieder. Es ist unsicher, ob er dort nur als Komponist oder auch als ausübender Musiker tätig gewesen ist. Er dürfte in Sankt Gallen nach 1560 gestorben sein.

Werke
Von Lupus Manfredus Barbarinus sind 204 Lieder in zwei prächtigen Pergamentcodices erhalten. Er schrieb außerdem 13 fünfstimmige Sätze und mehrere vierstimmige sakrale Gesänge. Sein Stil ist italienisch und sehr klangvoll.

Caspar Othmayr (1515–53)

Zeit und Umwelt
Der Streit der Konfessionen, Katholiken gegen Protestanten, Reformierte gegen Lutheraner, griff tief in die Entwicklung der Länder, aber nicht weniger einschneidend in das Privat- und Berufsleben einzelner ein. In erster Linie waren Kleriker und Kirchenmusiker betroffen, die, je nach ihrem Aufenthaltsort, die Stellungen verloren, weil sie sich neuen religiösen Vorstellungen ergaben oder weil sie es nicht taten. Es ist kein Wunder, wenn selbst Kirchenmusiker die Zeiten »turbulent« nannten.

Leben
Caspar Othmayr wurde am 12. 3. 1515 in Amberg geboren. Er wuchs am Hof Friedrichs II. von der Pfalz in Amberg und Neumarkt auf, studierte in Heidelberg zugleich mit Georg Forster und nahm bei Lorenz Lemlin Musikunterricht. Im Jahre 1547 wurde er Kanonikus an St. Gumbert in Ansbach, 1548 Propst der inzwischen evangelisch gewordenen Kirche, verlor die Stelle wegen Unstimmigkeiten in Glaubensdingen wieder und begab sich nach Nürnberg, wo er am 4. 2. 1553 starb. Der Rektor der Lateinschule in Ansbach Conrad Praetorius (um 1515, Windsheim, bis 30. 12. 1555, Alerheim) komponierte einen Gesang für das Epitaph seines verstorbenen Freundes.

Werke
Von Caspar Othmayr sind nahezu nur sakrale Kompositionen überliefert: ein Epitaph für Martin Luther, Bicinia sacra, zweistimmige deutsche Hymnen und dreistimmige lateinische Motetten, außerdem Symbola (vertonte Wahlsprüche von angesehenen Persönlichkeiten der Zeit) und »Reutterische und Jegerische Liedlein«. Seine künstlerischen Vorbilder waren Lemlin und Senfl. Seine Kompositionen bildeten einen neuen Höhepunkt der deutschen Liedkunst.

Literatur
H. Albrecht, Caspar Othmayr, Basel 1950.

Salvatore Essenga
(um 1516 bis nach 1566)

Zeit und Umwelt
Alfonso I. d'Este gelang es, Modena 1527 aus der Hand der Kurie zurückzugewinnen. Ab da war das Schicksal der Stadt eng mit dem der Familie d'Este verknüpft. Renaissancekunst und Renaissancemusik erfuhren unter den Herzögen von Ferrara die gleiche intensive Pflege wie in den anderen von ihnen beherrschten Städten.

Leben
Salvatore Essenga (Salvador del Essenga) ist

um 1516 in Oberitalien geboren. Er wurde Mönch und Musiker und dürfte Kapellmeister in einer der Kirchen von Modena gewesen sein, wo er nach 1566 starb. Von seinem Leben ist nur bekannt, daß er Lehrer des Komponisten Orazio Vecchi war.

WERKE
Von Salvatore Essenga sind ein Buch mit fünfstimmigen Madrigalen und eines mit vierstimmigen erhalten (ein zweites mit fünfstimmigen ist verlorengegangen), dazu noch etliche einzelne Madrigale in Sammeldrucken. Sie weisen die typischen Merkmale der zeitgenössischen Kompositionen Oberitaliens auf und wirken sehr klangreich.

Cyprian de Rore (1516–65)

ZEIT UND UMWELT
Die Politik Venedigs wurde von der Notwendigkeit diktiert, Land und Wirtschaft gegen die Türken auf der einen Seite, gegen den Druck der westlichen Mächte auf der anderen zu verteidigen; dazu traten die ständigen Versuche der Kurie, sich in die inneren Verhältnisse der Stadt einzumengen. Die Zeiten, da Venedig den Seehandel beherrschte und große Politik machte, waren vorbei. Der venezianische Historiker und Staatsmann Paolo Paruta (1540–98) hatte das klar erkannt und gefordert, daß sich die Stadt in Zukunft nur auf die Wahrung der eigenen Interessen beschränken solle. Die Folge war ein politischer und wirtschaftlicher Konservativismus. Dem kulturellen Leben war diese Haltung eher günstig, weil geistige Leistungen politische und wirtschaftliche Erfolge ersetzen mußten, um den Venezianern die Illusion zu belassen, eine bevorzugte Kategorie von Menschen zu sein.

LEBEN
Cyprian de Rore (Cypriano) wurde 1516 in Mecheln geboren. Über sein Leben, ehe er 1542 Sänger an San Marco in Venedig wurde, ist nichts bekannt, ebensowenig über seine Ausbildung in der Heimat. Er wurde in Venedig von Adrian Willaert zum Komponisten ausgebildet und erhielt 1547 die Kapellmeisterstelle am Hof des Herzogs Ercole II. von Ferrara, wo er bis 1559 verblieb. Dann reiste er nach Antwerpen. Da im gleichen Jahr Herzog Ercole verstarb und dessen Nachfolger Alfonso II. die Anstellung nicht fortsetzte, bewarb er sich bei Ottavio Farnese, Herzog von Parma und Gemahl der niederländischen Statthalterin Margarete, um das Amt des Hofkapellmeisters von Parma, das er 1561 antrat. Im Jahre 1562 starb Adrian Willaert. De Rore wurde als sein Nachfolger bestellt, der aber nur bis zum Sommer 1564 in Venedig blieb. Er kehrte in seine alte Stellung in Parma zurück, wo er im Herbst 1565 starb.

WERKE
Vom Werk des franko-flämischen Komponisten Cyprian de Rore sind 5 Messen, bei 65 Motetten, eine Passion, 8 Psalm- und Magnificatvertonungen, über 125 Madrigale und etliche Chansons überliefert. Bei vielen Stücken ist der Unterricht Willaerts deutlich kenntlich. Doch de Rore hat seinen Lehrer nicht sklavisch nachgeahmt, sondern seinen »venezianischen« Stil weitergebildet, indem er die Deklamation der Texte noch stärker profilierte (und damit den römischen Bestrebungen entgegenkam), den fünfstimmigen Satz dem vierstimmigen vorzog und bei Motetten kanonische Strukturen anwandte.
Das Hauptgewicht seines Schaffens lag auf dem Madrigal. Etwa ein Viertel der Texte seiner Madrigale stammte von Petrarca. Als erster verfaßte er eine zyklische Komposition einer poetischen Serie. Die Ausdeutung des einzelnen Wortes wurde durch stärkere Chromatik sehr intensiviert. »Modern« im damaligen Sinn wirkte auch die Verwendung »verbotener Intervalle« und Vorhaltsdissonanzen. Der Meister durfte sich der allseitigen Wertschätzung erfreuen. Seine Werke erlebten zahlreiche Neuauflagen. Bestellungen langten von allen Seiten bei ihm ein. Herzog Albrecht V. von Bayern (1528–79) behauptete in einem Brief an Ercole II., daß Cyprian de Rore die Vorzüge von Josquin, Mouton und Willaert in sich vereine.

LITERATUR
J. C. Hol, Cyprian de Rore in: Festschrift K. Nef, Leipzig 1933.

Robert Stone (1516–1613)

ZEIT UND UMWELT
Die Königliche Kapelle in London war im St. James's Palace untergebracht, in dem an Sonntagen die »Gentlemen and Children of the Chapel« zweimal sangen. Die »Children« trugen prächtige Uniformen ähnlich denen der Königlichen Leibgarde. Die »Masters« wurden sorgfältig ausgewählt und verpflichtet, in gewissen Abständen den Knabenchor dem König (oder der Königin) zu einem Konzert vorzuführen. Selbst waren sie in der Regel »Gentlemen of the Chapel Royal«, an der sie neben ihrer musikpädagogischen Aufgabe mitwirkten.

LEBEN
Robert Stone (Stones) wurde 1516 in Alphington, Devon, geboren. Der englische Kirchenkomponist trat um 1543 in die Königliche Kapelle ein, bei der er – lange Zeit als Leiter des Knabenchores – bis zu seinem Tod am 2. 7. 1613 blieb.

WERKE
Am bekanntesten wurde Robert Stone durch seine Harmonisierung der Litanei des Erzbischofs von Canterbury, Thomas Cranmer (1489–1556). Außerdem verfaßte er eine Anzahl Vertonungen des »Gebetes des Herrn« für die Frühgottesdienste. Alle anderen Werke, die von Zeitgenossen sehr gelobt wurden, sind verlorengegangen, aber die überlieferten nehmen einen wichtigen Platz in der anglikanischen Kirchenmusik ein.

Hubert Waelrant (um 1517–95)

ZEIT UND UMWELT
Das reiche Antwerpen bot Musikern vielseitige Verdienstmöglichkeiten als Komponisten, als Interpreten, als Lehrer und als Drucker und Verleger. Der riesige Warenumschlag des Hafens, die Unzahl der Handelshäuser, Banken und Werkstätten brachten ständig große Summen ins Rollen und Wohlstand für die Bürgerschaft, die das Mäzenatentum wie anderswo die Fürstenhöfe traditionsgemäß ausübte.

LEBEN
Hubert Waelrant (Waelrand) wurde um 1517 in Tongerloo, Brabant, geboren. Über seine Jugend und Ausbildung ist nichts bekannt. Ab dem Jahr 1544 wirkte er als Tenorist an Notre-Dame zu Antwerpen und ab 1553 als Lehrer an einer Musikschule der Stadt. Von 1554 bis 1558 betrieb er mit Jean Laet (um 1525 bis um 1567) einen Musikverlag, der wegen Veröffentlichung ketzerischer Chansons von der Inquisition gesperrt wurde. Er starb am 19. 11. 1595 in Antwerpen.

WERKE
Im eigenen Verlag brachte Hubert Waelrant 8 Bände geistliche Gesänge heraus, von denen eine Vielzahl von ihm selbst stammt. Auch von den Chansons in dem von ihm veröffentlichten vierbändigen Verlagsobjekt hat er viele selbst komponiert. Die »Madrigali e canzoni francesi« aus dem Jahr 1558, die er zum Teil selbst geschrieben hatte, wurden von der Inquisition als ketzerisch beschlagnahmt. Damit war seiner verlegerischen Tätigkeit ein Ende gesetzt. Über sein persönliches Schicksal im Zusammenhang mit dem brutalen Zugriff des Sanctum Officium fehlen Informationen. In zwischen 1552 und 1644 gedruckten französischen, italienischen, deutschen und niederländischen Sammelwerken wie in der bei einem Antwerpener Verlag 1595 veröffentlichten »Symphonia angelica di diversi eccelentissimi musici« (Engelssinfonie verschiedener hervorragender Musiker) befinden sich zahlreiche Sätze des Komponisten. Alle Kompositionen wurden bereits zu seinen Lebzeiten sehr geschätzt.

LITERATUR
W. Piel, Studien zum Leben und Schaffen Hubert Waelrants unter besonderer Berücksichtigung seiner Motetten, Marburg 1969.

Pedro Alberto Vila (1517–82)

Zeit und Umwelt
Barcelona, das noch im 15. Jahrhundert der stärkste Konkurrent von Genua und Venedig gewesen war, erlitt durch das Vordringen der Türken im Mittelmeer, durch die Monopolisierung des Amerikahandels durch Sevilla und die Entwicklung anderer Häfen starke Einbußen. Die Pflege der Wissenschaft – besonders der Medizin und Chirurgie – wurde von der Bürgerschaft ebenso aufrechterhalten wie die der bildenden Künste und der Musik.

Leben
Pedro Alberto Vila (Pere Alberch) wurde 1517 in Vich bei Barcelona geboren. Er wirkte als Kanonikus, Organist und Kapellmeister an der Kathedrale von Barcelona, wo er am 16. 11. 1582 starb.
Sein Neffe Luis Ferrán Vila folgte ihm als Organist nach.

Werke
Der katalanische Komponist Pedro Alberto Vila veröffentlichte 1561 einen Band Madrigale mit spanischen, katalanischen, französischen und italienischen Texten. Außerdem sind von ihm mehrere kirchliche Gesänge – darunter ein achtstimmiger Dialog – und Orgelstücke überliefert. Die Kompositionen hängen stilistisch von der franko-flämischen Schule ab, die Wortverständlichkeit wird aber überall stark beachtet, wie es die Pariser Schule und Rom forderten.

Literatur
J. Romeu Figueras, Notas a la bibliografia del músico Pedro Alberto Vila, Anuario musical XXVI, 1971.

Antonio Scandello (1517–80)

Zeit und Umwelt
Der Kurfürst Moritz von Sachsen honorierte die italienischen Mitglieder seiner Hofkapelle um vieles höher als alle anderen. Sogar der Kapellmeister Le Maistre erhielt nur bei 205 Gulden, während Antonio Scandello zum Beispiel über 250 empfing; den Niederländern wurden höchstens 120 bezahlt. Das verhältnismäßig hohe Honorar für die Italiener wurde damit begründet, daß diese zumeist mehrere Instrumente beherrschten und am meisten dazu beitrugen, das Niveau der Kapelle zu heben.

Leben
Antonio Scandello (Scandelli, Antonius Scandellus, de Scandellis) wurde am 17. 1.

Die erfolgreichen Lautenisten Paul Odette und Hopkinson Smith

1517 in Bergamo geboren. Er wirkte ab 1541 als Zinkenist der Kapelle an Santa Maria Maggiore in Rom, ab 1547 im Dom von Trient. Im Jahre 1549 wurde er in die Dresdner Hofkapelle des Kurfürsten Moritz von Sachsen aufgenommen, wurde dort 1566 Vizekapellmeister und 1568 Kapellmeister. Er verblieb in dieser Stellung, von mehreren Italienaufenthalten abgesehen, bis zu seinem Tod am 18. 1. 1580.

WERKE
Zum Tod des Kurfürsten Moritz komponierte Antonio Scandello eine sechsstimmige Messe (1553), nachdem er bereits vorher durch 3 sechsstimmige Motetten auf sich aufmerksam gemacht hatte (1551). Außerdem sind überliefert: 2 Bücher Canzoni napoletani; Newe teutsche geistliche Liedlein, vier- bis sechsstimmig; Newe schöne auserlesene geistliche deudsche Lieder, fünf- bis sechsstimmig, und Motetten, Nuptialien und 6 Messen. Seine wichtigsten Werke sind aber die deutsche Johannespassion (1561) und die »Österlich Freude der siegreichen und triumphierenden Auferstehung unseres Herren« (1568). Beide sind für Solisten und Chor ohne Begleitung gesetzt.

LITERATUR
O. Kade, Die ältere Passionskomposition bis zum Jahr 1631, Hildesheim 1971.

Gioseffo Zarlino (1517–90)

ZEIT UND UMWELT
Mit dem Abgang von Cyprian de Rore aus Venedig wurde die Kapellmeisterstelle für einen Italiener frei. Die Meister der frankoflämischen Schule hatten sozusagen alles aus ihrer Heimat gebracht, was als Grundlage des typischen venezianischen Stils erforderlich war, und die Verschmelzung mit der italienischen Musik vollzogen. Nun konnten die Italiener selbst die Leitung in die Hand nehmen und im Verein mit den anderen Musikzentren Italien zum Land der Musik schlechthin entwickeln.

LEBEN
Gioseffo Zarlino (Gioseffe Zarlinus Clodiensis) wurde am 22. 4. 1517 in Chioggia geboren. Er wurde Franziskanermönch, erhielt 1539 die Weihen und ging 1541 nach Venedig, wo er Schüler Adrian Willaerts wurde. Im Jahre 1565 löste er seinen ehemaligen Mitschüler Cyprian de Rore auf dem Posten des Kapellmeisters an San Marco ab und füllte diese Stelle bis zu seinem Tod in Venedig am 14. 2. 1590 aus.

WERKE
Obgleich Gioseffo Zarlino zahlreiche Werke für San Marco komponiert hat, ist wenig davon erhalten geblieben. Seine Hinterlassenschaft erschöpft sich mit 2 Bänden fünf- und sechsstimmiger Modulationen und mehreren Motetten und Madrigalen. Aber auch schon daraus ist zu ersehen, daß Zarlino ein würdiger Nachfolger des Flamen de Rore war. Sein Hauptverdienst liegt jedoch in seinen musiktheoretischen Werken, die trotz heftiger Widersprüche zeitgenössischer Meister grundlegend waren, so daß er mit Recht »Vater der modernen Musiktheorie« genannt wurde.

LITERATUR
R. Flury, Gioseffo Zarlino als Komponist, Winterthur 1962.

Jobst vom Brandt (1517–70)

ZEIT UND UMWELT
Der allgemeine musikalische Begriff des Liedes fordert, abgesehen von speziellen Abgrenzungen, die man zum Beispiel für das Kunstlied oder das Volkslied macht, ein abgeschlossenes musikalisches Vortragsstück kürzerer Ausdehnung, das sangbar, von unausgebildeten Stimmen ausführbar, syllabisch vertont und musikalisch leicht faßlich ist. Dabei können die Grenzen nach jeder Richtung weit überschritten werden. Je genauer jedoch sie beachtet werden, deutlicher gesagt, je einfacher die Struktur des Liedes ist, eine um so größere Verbreitung findet es. Die Heidelberger Schule hat mit ihrer star-

ken Einfühlung in diesen weitverbreiteten Geschmack den Liedtypus hervorgebracht, der dem Verlangen des breiten Publikums entsprach.

LEBEN
Jobst vom Brandt (Brant, Jodocus) wurde am 28. 10. 1517 in Waldersdorf, Oberpfalz, geboren. Er studierte in Heidelberg ab 1530, war gleichzeitig Sängerknabe in der kurfürstlichen Kapelle und Schüler von Lemlin. Im Jahre 1548 wurde er zum Stiftsamtmann des Konventes in Waldsassen und zugleich als Kurator einer Zweigniederlassung davon in Liebenstein bestellt. Er starb am 22. 1. 1570 in Brand.

WERKE
Jobst vom Brandt galt den Zeitgenossen als Vertreter des alten deutschen Liedes, der es vor dem Einfluß italienischer Formen bewahrte. Er hat 62 mehrstimmige Lieder hinterlassen, außerdem geistliche Psalmen und Kirchengesänge für vier bis neun Stimmen mit Instrumentalbegleitung. Der Liedmeister nahm wie alle anderen Schüler Lemlins an der Entwicklung des deutschen Liedes starken Anteil.

LITERATUR
C. Ph. Reinhardt, Die Heidelberger Liedmeister des 16. Jahrhunderts, Kassel 1939.

Ihan Gero (um 1518–53)

ZEIT UND UMWELT
Die ehemals etruskische Stadt Orvieto auf einem über 200 Meter hohen Felsen unweit von Rom lebte und atmete, obschon vielleicht älter als die Großstadt, ihr politisches und kulturelles Leben mit. Die Musik in ihrer Kathedrale war römische Musik nicht nur in Art und Stil, sondern auch durch ihr hohes Niveau.

LEBEN
Ihan Gero wurde um 1518 im franko-flämischen Raum geboren und wirkte vermutlich an der Kathedrale von Orvieto. Da seine Kompositionen in verschiedenen Städten erschienen sind, läßt sich daraus kein Schluß über weitere Italienaufenthalte ableiten. Er ist im Jahre 1553 wahrscheinlich in Italien gestorben.

WERKE
Da Ihan Gero mit Mestre Le Cocq verwechselt worden ist, sind manche Zuschreibungen unsicher. Jedenfalls dürfen ihm eine große Anzahl Madrigale zugerechnet werden, überdies mehrere Motetten und französische Kanzonen. Sein Madrigalstil entspricht dem der anderen zeitgenössischen Madrigalisten. Andere Musik ist von ihm nicht überliefert.

LITERATUR
A. Einstein, The Italian Madrigal, Princeton 1949.

Giulio Fiesco (um 1519 bis um 1586)

ZEIT UND UMWELT
Die Herzöge Ercole II. und Alfonso II. d'Este, denen neben Ferrara auch Modena unterstand, hielten dort eine eigene Kapelle, die allerdings in engem Zusammenhang mit der in Ferrara stand und mit ihr nach Gelegenheit auch Kräfte austauschte. Das Musikleben war daher in beiden Städten gleich hoch entwickelt.

LEBEN
Giulio Fiesco wurde um 1519 in Ferrara geboren und in der Kathedrale der Stadt zum Sänger und am Hof zum Lautenisten ausgebildet. Die Herzöge von Ferrara beschäftigten ihn an ihrem Hof in Modena. Aus der Art seiner Kompositionen ist zu schließen, daß er sich auch anderweitig musikalisch betätigt hat. Er starb in Modena um 1586.

WERKE
Der Lautenist Giulio Fiesco hat keine Lautenkompositionen hinterlassen, sondern 3 Bücher mit vier-, fünf- und sechsstimmigen Madrigalen und einige Lieder in Sammeldrucken. Sein Madrigalstil ist von den Mei-

stern in Venedig abhängig, weist aber trotzdem eine individuelle Note auf.

Vincenzo Galilei (um 1520–91)

ZEIT UND UMWELT

Im Palazzo des Giovanni Bardi dei Conti di Vernio zu Florenz bildeten von der Mitte der siebziger bis zum Beginn der achtziger Jahre des 16. Jahrhunderts Adelige, ernste Musiker, Dichter und Philosophen der Stadt eine Camerata, um im Sinn der Renaissance, die in Florenz noch nicht zu Ende war, die antike Musik neu zu beleben wie andere Kulturgüter jener Zeit gehoben worden waren. Der Zweck der Bemühungen dieser Humanisten war die Wiedererweckung der alten Einstimmigkeit, um jene Verschmelzung von Text, Affekt und Gesang zu erreichen, um dem Ideal jener gekoppelten musischen Gestion nahezukommen. Ihr Endziel war, die griechische Tragödie erneut auf die Bühne zu bringen.

Die Träger bedeutender Namen hatten sich, abseits von allem politischen Getriebe und konfessionellen Zwist, zusammengefunden, unter ihnen der fanatische Verfechter einer umfassenden Wiedergeburt antiker Geisteshaltung, der Vater des großen Astronomen Galileo Galilei (1564–1642), Vincenzo Galilei.

LEBEN

Vincenzo Galilei wurde um 1520 zu Santa Maria a Monte bei Florenz geboren. Auf den Rat des Conte Bardi nahm er bei Zarlino in Venedig und bei dem Musiktheoretiker und Humanisten Girolamo Mei (1519–94) zu seinem Lauten- und Violinspiel theoretischen Musikunterricht und ließ sich hierauf als Lautenlehrer in Pisa nieder. Nach einem Aufenthalt in Venedig, um eine Abhandlung über Tabulaturkunst und Kompositionen zu veröffentlichen, schlug er seinen Wohnsitz in Florenz auf, wo er an der im Palazzo Bardi gegründeten Camerata lebhaften Anteil nahm. Er starb in Florenz am 2. 7. 1591 als allseitig anerkannter Komponist und Musikwissenschaftler, wenn auch seine Theorien nicht in die Praxis umsetzbar waren.

Michelangelo Galilei (um 1560, Pisa, bis um 1630, Italien), Sohn oder Neffe von Vincenzo Galilei, war Lautenist und Lautenlehrer. Er wirkte zwischen 1600 und 1620 am herzoglichen Hof in München als Lautenist, ging sodann nach Italien (Pisa oder Florenz) zurück.

WERKE

Vincenzo Galilei war ein scharfer Gegner der zeitgenössischen Polyphonie und Instrumentalmusik. Sowohl durch sein Schrifttum wie in der Camerata des Conte Bardi bemühte er sich, die altgriechische monodische Musik neu zu beleben, und versuchte sich in entsprechenden Kompositionen, die jedoch wenig Beifall fanden. Aber seine Forderung nach einer engen Verknüpfung von Musik, Text und Gestik fand schließlich im Rezitativ der Oper und des Oratoriums ihren Niederschlag. Bei seinen übrigen Kompositionen befolgte er seine Theorien selbst nicht. Seine in Venedig in 2 Büchern erschienenen Madrigale sind vierstimmig. Auch seine Sologesänge haben eine mehrstimmige Lautenbegleitung. Ebensowenig einstimmig sind die Passamezzi, Romanesche, Saltarelli und Gallarden in seinem Buch über Lautentabulatur. Daß in allen diesen übrigens sehr klangvollen Werken die Textdeutlichkeit stark profiliert ist, ergibt sich aus der Einstellung des Komponisten zum Verhältnis der Musik zum Wort. Er traf sich mit seiner Ansicht teilweise mit den Bestrebungen der römischen Kurie, die mit seinem Sohn Galileo Galilei weniger zufrieden war.

Michelangelo Galilei veröffentlichte 1620 eine Lautentabulatur mit zum größten Teil eigenen Kompositionen. Außerdem sind von ihm mehrere Toccaten für Laute überliefert.

LITERATUR

Cl. Terni, Galileo Galilei e la musica in Chigiana XXI, 1964.

Benedictus de Drusina
(um 1520 bis um 1580)

ZEIT UND UMWELT
Wenn Chor- oder Instrumentalmusik auf Tasteninstrumente übertragen wird, so kann bei den vielseitigen Möglichkeiten dieser Instrumente bei einiger Geschicklichkeit die gleiche, in manchen Fällen eine erhöhte Klangwirkung erzielt werden. Die kurze Klangdauer der Laute jedoch, die technische Schwierigkeit, Akkordfolgen und fugierte Mehrstimmigkeit wiederzugeben, lassen ein einfaches »Arrangieren« nicht zu. Der Lautenist muß befähigt sein, die übertragenen Stücke neu zu schöpfen, um zur gleichen oder zumindest ähnlichen musikalischen Aussage zu gelangen, und das darf einer kompositorischen Leistung zweifellos gleichgehalten werden.

LEBEN
Benedictus de Drusina wurde um 1520 in Drausen bei Elbing geboren. Er studierte an der Universität in Frankfurt an der Oder. Nach mehreren Studienreisen nach Italien ließ er sich in Wittenberg als Lautenist nieder und dürfte dort um 1580 gestorben sein.

WERKE
Von dem deutschen Lautenisten Benedictus de Drusina liegen eine Lautentabulatur mit eigenen Tanzsätzen und Fantasien sowie Übertragungen profaner und sakraler Gesänge bekannter Meister wie Josquin und Clemens non Papa vor. Die Übertragungen sind mit erstaunlicher Einfühlungskraft und Ausnützung der letzten Möglichkeiten seines Instruments gearbeitet und erfordern ein virtuoses Spiel. Außerdem hat er die beiden italienischen Tabulaturbücher von Newsidler ins Deutsche übersetzt.

Antonio Molino
(um 1520 bis nach 1571)

ZEIT UND UMWELT
Die Greghesca war ein venezianisches Musikstück des 16. Jahrhunderts, dessen volkstümlicher, zumeist komischer Text in der Lingua greghesca e stratiotesca, einem Gemisch von venezianischem Volksdialekt und damaligem Griechisch der Söldner, abgefaßt war. Sie wurde häufig als Zwischenakt bei Komödien gesungen, war aber auch sonst sehr beliebt.

LEBEN
Antonio Molino (Burchiella genannt; Pseudonym Manoli Blessi) wurde um 1520 in Vicenza geboren. Er war Dichter, Schauspieler und Komponist, aber auch Kaufmann. Willaert und Andrea Gabrieli lieferte er Texte in Lingua greghesca e stratiotesca (Sprache griechischer Söldner) zur Komposition. Nach 1571 dürfte er in Venedig gestorben sein.

WERKE
Neben den »Greghesche«, die er für Sammlungen von Willaert und Andrea Gabrieli nicht nur textierte, sondern auch vertonte, sind von Antonio Molino 2 Bücher mit vierstimmigen Madrigalen und ein für acht Stimmen komponierter Dialog erhalten. Berühmt wurde er aber durch seine witzigen volkstümlichen Texte.

Jan Louys (um 1520 bis nach 1576)

ZEIT UND UMWELT
Mit dem Vertrag von Brüssel (1522) überantwortete Kaiser Karl V. seine alten habsburgisch-österreichischen Besitzungen seinem Bruder Ferdinand, Kaiser ab 1558, während sein Sohn Philipp das Königreich Spanien und damit auch die Niederlande erhielt. Die Residenzen der zwei Kaiser und des Königs waren der Tradition des Hauses entsprechend mit vorzüglichen Kapellen ausgestattet.

LEBEN
Jan Louys (Maître Jan Louys) wurde vermutlich um 1520 im niederländischen Raum geboren und ausgebildet. Er war Sänger in den Kapellen der Kaiser Karl V. und Ferdinand I. Im Jahre 1576 wurde er für die Kapelle König Philipps II. als Organist engagiert. Wann

und wo er gestorben ist, läßt sich nicht feststellen.

WERKE
Von dem flämischen Komponisten Jan Louys sind 3 Bücher mit Psalmen 1555 in Antwerpen erschienen. Weitere Werke, Motetten und andere Gesänge finden sich in Sammeldrucken. Der Stil dieses Hofmusikers ist rein flämisch, aber nicht ohne Eigenwilligkeiten und überraschende Wendungen, die ihm einen bestimmten Reiz verleihen.

Homer Herpol (um 1520–74)

ZEIT UND UMWELT
Die mehrstimmige Evangelienkantate, die namentlich im Bereich der lutherischen Kirche lateinisch oder deutsch die jeweiligen Verse des Sonntagsevangeliums anstelle einer Lesung vorträgt, fußt auf der Motette in der Art Josquins. Zu welcher Ausdruckskraft sich diese Kirchenmusikform entwickeln konnte, sehen wir bei Johann Sebastian Bach.

LEBEN
Homer Herpol (Herbipolis, Herbol, Herpolitanus, Herpoll) wurde um 1520 in Saint-Omer, Pas-de-Calais, geboren, war 1554 bis 1555 Kantor an der Stiftskirche in Fribourg, ging sodann nach Freiburg im Breisgau, um bei Glareanus zu studieren, und kehrte 1557 in die Schweiz zurück. Im Jahre 1567 wurde er entlassen, ließ sich in Konstanz nieder, wo er am 8. 1. 1574 starb.

WERKE
Den ersten bekannten Jahrgang Evangelien-Motetten schrieb Homer Herpol, der alle 54 Stücke intabulierte. Sie sind im Stil einer Josquin-Nachfolge fugiert. Daneben sind ein Pfingstofficium, ein Salve Regina, ein Regina Coeli, 7 Magnificat, 6 Responsorien und 12 Dixit Dominus – alles vierstimmig – überliefert. Dieses kompositorische Werk stellt vollendete Meisterarbeit dar, der vielleicht der Funke Genialität fehlt, der bei einem Kunstwerk nicht entbehrt werden kann.

LITERATUR
A. Geering, Homer Herpol und Manfredo Barbarini Lupus, Festschrift K. Nef, Leipzig 1933.

Giulio Bonagionta
(um 1520 bis nach 1570)

ZEIT UND UMWELT
Es ist sicherlich richtig, daß künstlerische Möglichkeiten durch technische Voraussetzungen geschaffen werden, aber unerläßlich sind diese nie. Der Maler kann nur mit den Farben malen, die ihm zur Verfügung stehen, und die Doppelchörigkeit im Markusdom war eine Folge der architektonischen Gegebenheiten, aber dadurch ebensowenig bedingt, wie auch kein Bild vom vorhandenen Farbenvorrat abhängt. Der Maler sucht und findet die Farben, die er benötigt, und mehrfache Chöre gab es auch ohne Markusdom. Es schafft zu guter Letzt die Kunst die technischen Voraussetzungen, und nicht umgekehrt. Dennoch kann nicht übersehen werden, daß die zwei Emporen des Domes die Entwicklung eines spezifischen Chorklanges sehr förderten und eine Reihe hervorragender Musiker bewogen, gerade in Venedig zu wirken, so daß in dieser Stadt weitere Talente herangebildet werden konnten, die in jeder Kapelle ihren Platz ausfüllten.

LEBEN
Giulio Bonagionta (Bonagiunta) wurde um 1520 in San Genesio, Pavia, geboren. Er dürfte in Mailand ausgebildet worden sein und dort an einer Kirche gewirkt haben. Im Jahre 1565 trat er der Kapelle von San Marco in Venedig bei und war 1567 im Dienst des Hofes von Parma, wo er nach 1570 starb.

WERKE
Der italienische Komponist brachte in Venedig mehrere Sammeldrucke mit Madrigalen, Kanzonen und Motetten verschiedener Meister heraus und gleichzeitig eigene Kompositionen, die völlig dem venezianischen Stil verpflichtet sind, aber dennoch viel Eigenständigkeit im melodischen Duktus bringen.

Antoine Cartier
(um 1520 bis nach 1580)

ZEIT UND UMWELT
Der französische Orgelbau wurde sehr stark vom südniederländischen beeinflußt, ging aber mit den drei Manualen darüber hinaus. Auch die Registeranzahl wurde erhöht und der Klang verbessert. Die Kathedralenorgel von Beauvais aus 1531 bildete sozusagen das Musterstück für alle anderen Instrumente, die in kurzer Folge überall errichtet wurden und erst ein selbständiges Orgelspiel, unabhängig vom Chorgesang, ermöglichten.

LEBEN
Antoine Cartier wurde um 1520 in Paris geboren und dort ausgebildet. Er war zeit seines Lebens Organist an St. Séverin und ein gesuchter Musiklehrer. Er starb in Paris nach 1580.

WERKE
Der französische Komponist und Organist Antoine Cartier soll eine Reihe von Orgelwerken verfaßt haben. Es ist davon nichts erhalten. Auch die 21 Chansons, die überliefert sind, haben in ihrem Chorklang etwas von einem Orgelsatz.

Landsknecht-Lied auf die Schlacht bei Pavia, 1525

Clémentine de Bourges (um 1520–61)

ZEIT UND UMWELT
Die wirtschaftliche, politische und kulturelle Bedeutung der Stadt Lyon wurde ein Opfer der Religionskriege. Im Jahre 1562 besetzten es nach harten Kämpfen die Hugenotten. Zehn Jahre darauf brachen die Massaker im Zug der Bartholomäusnacht aus. Wenn sich die Stadt auch in der Folgezeit von den verheerenden Ereignissen erholte, ihr altes Niveau konnte sie nie mehr erreichen.

LEBEN
Clémentine de Bourges wurde um 1520 in Bourges geboren. Sie lebte als bekannte Dichterin und Komponistin in Lyon, wo sie am 30. 9. 1561 starb, angeblich aus Kummer über den Verlust ihres Mannes, der im Kampf gegen die eindringenden Hugenotten sein Leben einbüßte.

WERKE
Vom Werk der Komponistin Clémentine de Bourges ist das meiste im Verlauf der Kämpfe um und in Lyon verlorengegangen. Es ist nur ein vierstimmiger Chor in einer Orgeltabulatur erhalten geblieben, der jedoch ihr kompositorisches Können bezeugt.

Del Sessa d'Aranda
(um 1520 bis nach 1571)

Zeit und Umwelt
Das oberitalienische Madrigal, das im Verlauf des 16. Jahrhunderts in Italien selbst und gleicherweise in Deutschland und England alle anderen Formen verdrängte, konnte jedem Stilwandel angepaßt und daher in jede folgende Stilperiode übernommen werden. Die ersten Ansätze, die dem Stilumbruch vorausgingen, zeigten sich daher zumeist beim Madrigal.

Leben
Del Sessa d'Aranda wurde um 1520 vermutlich in Venedig geboren. Über sein Leben und seine Tätigkeit ist nichts bekannt, obwohl er zu seiner Zeit als Madrigalist sehr geschätzt war. Er dürfte auch in Venedig nach 1571 gestorben sein.

Werke
Von dem italienischen Madrigalisten Del Sessa d'Aranda ist eine umfangreiche Sammlung vierstimmiger Madrigale 1571 erschienen, die in der Folgezeit noch drei weitere Auflagen erlebten, was auf ihre starke Beliebtheit schließen läßt.

Eliseo Ghibellini (um 1520–81)

Zeit und Umwelt
Die Seestadt Ancona, die bereits vorher in halber Abhängigkeit von Rom war, kam unter Papst Clemens VII. im Jahre 1532 endgültig zum Kirchenstaat. Ab da konnte sie sich, herausgehalten von den Streitigkeiten auf der Apenninenhalbinsel, in Ruhe zur reichen Handels- und Hafenstadt entwickeln.

Leben
Eliseo Ghibellini wurde um 1520 in Osimo bei Ancona geboren. Nach seiner Ausbildung in Ancona erhielt er die Kapellmeisterstelle an der Kathedrale San Ciriaco, die er bis zu seinem Tod im Jahre 1581 behielt. Seine Tätigkeit in Ancona wurde 1554 und 1565 durch Aufenthalte in Neapel unterbrochen. Zwischen diesen Jahren dürfte er einige Zeit in Messina als Kapellmeister gewirkt haben.

Werke
Von Eliseo Ghibellini sind mehrere Madrigale, Motetten, Introitus missarum und Kanzonen überliefert, deren Qualität als guter Durchschnitt bezeichnet werden kann. Der Stil der Kompositionen ist neapolitanisch beeinflußt.

Pierre Dagues (um 1520 bis nach 1570)

Zeit und Umwelt
Der erste Genfer Psalter aus 1542 bestand aus 18 Psalmen, dem Lobgesang Simeons, dem Glaubensbekenntnis, den Zehn Geboten, einigen poetischen Versuchen von Calvin und mehreren von Marot übersetzten Psalmen und hieß: La Forme des prières et chants ecclésiastiques (Die Form der kirchlichen Gebete und Gesänge). Der erweiterte Psalter aus 1543 wurde auf 50 Psalmen, die Marot übersetzte, angereichert. Im Jahre 1562 erschien der vollständige Psalter mit 125 Melodien zu 150 Psalmen.

Leben
Pierre Dagues wurde um 1520 in Montricoux geboren. Er kam 1553 nach Genf, wo er als Gesanglehrer und Kantor wirkte. Im Jahre 1568 erhielt er das Bürgerrecht der Stadt Genf, wo er auch nach 1570 starb.

Werke
Die Anreicherung des Genfer Psalters vom »mittleren« mit 50 Psalmen auf den »vollständigen« mit 150 Psalmen wurde von Pierre Dagues komponiert. Seine Melodien wurden von vielen calvinistischen Gemeinden – auch von deutschen und englischen – übernommen.

Literatur
P. Pidoux, Die Autoren der Genfer Melodien, Jahrbuch für Liturgik und Hymnologie V, 1962.

Joan Brudieu (um 1520–91)

ZEIT UND UMWELT
Das verhältnismäßig kleine Seo de Urgel ist ab 819 Bischofssitz. Seine Kathedrale stammt aus dem 11. Jahrhundert. In dieser Kirche nahmen 1538 fünf französische Sänger an den Weihnachtsfeiern teil und erhielten dafür 100 Dukaten. Dieses gute Honorar bewog die Franzosen zu bleiben. Einer von ihnen, Joan Brudieu, erhielt die Chorleiterstelle.

LEBEN
Joan Brudieu wurde um 1520 bei Limoges geboren. Er war von 1539 bis 1577 Gesangmeister an der Kathedrale in Seo de Urgel, wirkte während des Jahres 1578 als Kapellmeister an Santa Maria del Mar in Barcelona, kehrte darauf aus gesundheitlichen Gründen wieder in die Bischofsstadt in den Bergen zurück, wo er 1591 starb.

WERKE
Von Joan Brudieu sind eine Sammlung vierstimmiger Madrigale mit spanischem und katalanischem Text und ein vierstimmiges Requiem erhalten. Beide Kompositionen zeigen typischen französischen Stil.

LITERATUR
O. Ursprung, Joan Brudieu, Bulletin de la societé »Union de musicologie« V, 1925.

Stephan Zirler (um 1520–76)

ZEIT UND UMWELT
Das mehrstimmige Lied hatte eine durch diatonische Schritte oder Dreiklangzerlegung gekennzeichnete Melodie, melodisch abgeschlossene Teile, schlichte Periodizität und tonale Geschlossenheit des Ganzen mit einfachen Modulationen. Es ähnelt stark dem Volkstanz, abgesehen von der Rhythmik. Die »Eingängigkeit« war eine Grundforderung an das Lied. Die Heidelberger Schule unter Laurentius Lemlin wurde diesen Forderungen voll gerecht, so daß Erfolg und Beliebtheit nicht ausbleiben konnten.

LEBEN
Stephan Zirler (Zyrler, Zielerus) ist um 1520 in Rohr (Niederbayern) geboren. Er studierte ab 1537 an der Universität in Heidelberg, hat aber vielleicht schon vorher in der Kantorei unter Lemlin gesungen. Er trat in kurfürstliche Dienste und wurde Geheimschreiber und Kammersekretär in Heidelberg, wo er im Sommer 1576 starb.

WERKE
Zirler war der jüngste der Heidelberger Liedmeister, die Lemlin ausgebildet hatte. Seine mehrstimmigen Lieder erschienen in Sammeldrucken. Sie tragen die gleichen Merkmale wie die von Forster oder Othmayr und sind ebenso schlicht und klangschön.

LITERATUR
H. Albrecht, H. C. Othmayr, Kassel 1950.

Gérard de Turnhout (um 1520–80)

ZEIT UND UMWELT
Um das Jahr 1570 war die Erhebung der Niederlande gegen die spanische Herrschaft in vollem Gang. Im August 1567 war Herzog Alba (1507–82) mit einem starken Heer eingerückt. König Philipp II. ernannte ihn zum Statthalter. Alba errichtete ein blutiges Regime und konnte bis 1572 Herr der Lage bleiben. Dann flammten die Kämpfe noch heftiger als zuvor auf. Das kulturelle Leben des Landes erlahmte. Künstler, die sich am Kampf nicht beteiligen wollten, benützten jede Möglichkeit, das Land zu verlassen.

LEBEN
Gérard de Turnhout (eigentlich Gheert Jacques) wurde um 1520 in Turnhout geboren. Im Jahre 1545 war er Kapellsänger am Dom in Antwerpen, 1558 Chorvikar an Saint-Gommaire in Lierre und 1562 Maître de musique an Notre-Dame in Antwerpen, wo er 1563 zum Chorleiter ernannt wurde. Mitten in den Wirren des Kampfes um die Unabhängigkeit nahm ihn König Philipp II. in seine Kapelle auf. Er starb am 15. 9. 1580 in Madrid.

Sein Sohn Jean de Turnhout (1545, Antwerpen, bis nach 1618, Brüssel) wurde 1577 Kapellmeister an Saint-Rombaut in Mecheln, trat in gleicher Eigenschaft in die Dienste des Herzogs Alessandro Farnese von Parma (1545–92), Statthalter der Niederlande in Brüssel, wechselte 1611 als Zweiter Kapellmeister an die cortige Königliche Kapelle über, wo er 1618 das Amt des Ersten Kapellmeisters erhielt.

WERKE
Noch in der Heimat brachte Gérard de Turnhout einen Band dreistimmiger Lieder heraus. Alles andere erschien in Sammeldrucken wie seine fünfstimmige Messe, die 13 zweistimmigen Chansons, 8 dreistimmige Chansons, Lieder und Bicinien. Turnhout gehörte noch ganz der franko-flämischen Schule an. Josquin dürfte sein Vorbild gewesen sein.
Von Jean de Turnhout erschien ein Buch mit sechsstimmigen Madrigalen, eines mit fünf- bis achtstimmigen Gesängen. Mehrere Madrigale und Lieder sind in Sammelwerken enthalten. Sein Kompositionsstil unterscheidet sich sehr wenig von dem seines Vaters und ist ebenso der franko-flämischen Schule verhaftet.

LITERATUR
E. Van der Straeten, La musique aux Pays-Bas, Hildesheim 1965.

Bernardino de Ribera (um 1520–71)

ZEIT UND UMWELT
Toledo, einst Schauplatz der friedlichen Begegnung der jüdischen, arabischen und abendländischen Kultur, erlebte im 16. Jahrhundert seinen Niedergang. Im Jahre 1492 wurde es von allen Juden gesäubert, und die Moslems erlitten das gleiche Schicksal; im Jahre 1560 verlegte König Philipp II. seine Residenz nach Madrid. Damit war die kulturelle Funktion der Stadt beendet.

LEBEN
Bernardino de Ribera wurde um 1520 in Játiva, Valencia, geboren. Über sein Leben und Wirken bis zum Jahr 1559, in dem er Kapellmeister an der Kathedrale von Ávila wurde, ist nichts bekannt. Im Jahre 1563 erhielt er die Kapellmeisterstelle an der Kathedrale von Toledo, das der Hof bereits drei Jahre zuvor verlassen hatte, so daß das Musikleben der Stadt nur von dieser Kapelle bestritten wurde. Er starb 1571 in Toledo.

WERKE
Von Bernardino de Ribera sind zahlreiche kirchenmusikalische Werke erhalten, wie vier- und fünfstimmige Messen, fünf-, sechs- und achtstimmige Magnificat und eine Anzahl fünf- und sechsstimmiger Motetten. Diese Werke zeigen den Meister als Anhänger der französischen Schule, die klare Textdeutlichkeit und Textausdeutung stark betonte. Seine Messen »De beata virgine« und »Beata virgo« werden in Spanien noch gesungen.

LITERATUR
F. Rubio Piqueras, Música y músicos toledanos, Toledo 1923.

Adrien Le Roy (um 1520–98)

ZEIT UND UMWELT
Guillaume le Bé (Le Bec), geboren 1525 in Troyes, gestorben 1598 in Paris, war einer der ersten französischen Typenschneider für den Notendruck. Sein Schwiegersohn Robert Ballard, geboren um 1545 in Montreuil-sur-Mer, gestorben 1588 in Paris, erhielt gemeinsam mit seinem Verwandten Adrien Le Roy im Jahre 1552 von König Heinrich II. das Patent zur Gründung eines Notendruckverlages. Beide Firmen haben sich durch nahezu 200 Jahre um die Publikation von Kompositionen vorwiegend französischer Meister außerordentlich verdient gemacht.

LEBEN
Adrien Le Roy wurde um 1520 in Montreuil-sur-Mer geboren. Er gründete mit seinem Verwandten Robert Ballard den bekannten Pariser Musikverlag Le Roy & Bal-

lard. Neben seiner verlegerischen Tätigkeit wirkte er als Lautenist, Sänger und Komponist. Er starb in Paris im Jahre 1598.

WERKE
Der Musikverleger Adrien Le Roy brachte 3 Bücher mit Lautenstücken heraus, die teils von ihm selbst komponiert, teils für Laute oder Gitarre bearbeitete fremde Kompositionen waren. Sein Satz ist virtuos und nützt die Möglichkeiten des Instrumentes geschickt aus.

LITERATUR
H. Charnassé, Sur la transcription des recueils de cistre éditée par Adrien Le Roy et Robert Ballard, Revue de Musicologie XLIX, 1963.

Jean d'Estrée (um 1520–76)

ZEIT UND UMWELT
Um die Mitte des 16. Jahrhunderts trat fallweise eine neue Form der Musikausübung auf. Nach dem Muster der Lautenisten, die ihren Lebensunterhalt mit Unterricht und Gelegenheitsengagements bestritten, wagten es auch andere Instrumentalisten – Violisten oder Bläser –, das Leben eines »freien« Musikers zu führen. Sie schlossen sich zuweilen sogar zu größeren Privatensembles zusammen, die je nach Bedarf auf dem Tanzboden oder bei Festen der Gesellschaft ihre Kunst zeigten.

LEBEN
Jean d'Estrée wurde um 1520 vermutlich in oder bei Paris geboren. Er war Bläser und spielte mit zehn seiner Kollegen von 1552 bis 1559 häufig bei Hof, anläßlich feierlicher Gelegenheiten. Sonst trat dieses Ensemble bei privaten Gesellschaften auf. Er starb in Paris im Jahre 1576.

WERKE
Von Jean d'Estrée sind 4 Sammlungen verschiedener Tänze erhalten, die für vier bis sechs Blasinstrumente geschrieben wurden. Einzelne Tänze sind zu Suiten zusammengefaßt. Die Stücke bringen viel Volksmusik. Sätze anderer Komponisten und Eigenkompositionen sind zwar teilweise kontrapunktisch gearbeitet, aber doch vorwiegend auf Klangwirkung und gute rhythmische Markierung ausgerichtet.

Julian Bream (Laute) und Peter Pears (Tenor) schufen eine Renaissance für altenglische Lautenlieder

LITERATUR
P. Nettl, Die Tänze Jean d'Estrées, Musikforschung VIII, 1955.

Robert Hasilton
(um 1520 bis nach 1565)

Zeit und Umwelt
Da der Ritus der reformierten Kirche Englands für eine Reihe von gottesdienstlichen Vorgängen, Formeln und Gebeten keinen Raum mehr hatte und noch dazu die englische Sprache die lateinische stark verdrängte, vergrößerte sich der Bedarf an hymnischen Gesängen, die entweder von der gesamten Kirchengemeinde oder von der Kapelle vorgetragen werden. Diese Verschiebung war zwar nicht so durchgreifend wie im kontinentalen Protestantismus oder Calvinismus, stellte aber doch an Kirchenmusiker hohe Anforderungen. Komponisten von Psalmentexten, Hymnen und Anthems waren überall willkommen.

Leben
Robert Hasilton (Haselton, Hasiltoune, Hasylton) wurde um 1520 in England geboren. Es ist nicht bekannt, an welcher Kirche er beschäftigt war. Als Kirchenkomponist genoß er einen weitreichenden Ruf. Ort und Zeit seines Todes sind nicht feststellbar.

Werke
Vom Kirchenmusiker Robert Hasilton sind mehrere Anthems und Hymnen überliefert. Das Anthem »Praise we the Lord at all times« (Loben wir den Herrn allezeit) und der Hymnus »Lord have mercy« (Herr habe Erbarmen) haben in Gesangbücher Eingang gefunden.

Edward Hake (um 1520 bis nach 1563)

Zeit und Umwelt
Neben der Chapel Royal unterstanden auch die Kapelle an Westminster Abbey und die St. Georg's Chapel im königlichen Schloß zu Windsor unmittelbar dem König und waren jedem bischöflichen und erzbischöflichen Einfluß entzogen. Die Kapelle in Windsor war praktisch eine zweite königliche Kapelle, aber eine von der Chapel Royal völlig getrennte Institution, wenn auch die Beziehungen beider Musikkörper zueinander stets sehr eng waren.

Leben
Edward Hake (Hacke) wurde um 1520 vermutlich in oder bei London geboren und war bereits um 1540 Mitglied der Kapelle des Königs in Windsor. Wegen seiner stark calvinistischen Haltung bekam er Schwierigkeiten und wurde wegen Ketzerei verurteilt; das Urteil wurde aber aboliert, so daß ihm keinerlei weitere Unannehmlichkeiten erwuchsen. Er ist bis zu seinem Tod nach 1563 an der Kapelle geblieben.

Werke
Der englische Kirchenmusiker hinterließ 17 Sätze zu einer vierstimmigen Psalmenvertonung, die sich von den Arbeiten der anderen Mitwirkenden deutlich herausheben, denn er schuf eine echte Komposition im zeitgenössischen Stil. Außerdem ist von ihm eine vierstimmige Messe überliefert, die sehr eindrucksvoll wirkt, weil sie stark durchimitiert und sehr klangvoll gehalten wurde, wenn auch die Kontrapunktik nicht überall strenge Beachtung fand.

Richard de Renvoysky (um 1520–86)

Zeit und Umwelt
Der Glanz der ehemaligen Hauptstadt von Burgund, Dijon, hatte sich nicht bis zum 16. Jahrhundert erhalten. Einzig und allein die Sainte-Chapelle hatte die Pflege der Musik auf dem gleichen Niveau fortgesetzt, das sie seinerzeit erreicht hatte.

Leben
Richard de Renvoysky wurde um 1520 geboren. Sein Geburtsort ist unbekannt. Er war in Dijon als Kanonikus, Lautenist und Leiter des Knabenchores an der Sainte-Chapelle tätig, bis er am 6. 3. 1586 wegen Unsittlichkeit verbrannt wurde.

Werke
Der Knabenchorleiter Richard de Renvoysky soll der beste Lautenist seiner Zeit gewe-

sen sein. Von seiner kompositorischen Leistung sind vierstimmige Psalmen Davids und eine vierstimmige Ode an Anakreon überliefert. Beide Kompositionen sind Meisterwerke des französischen Zeitstils und besonders durch überraschende Modulationen interessant.

Antonio Valente
(um 1520 bis nach 1580)

Zeit und Umwelt
In das spanisch beherrschte Neapel drangen die Lebensart, die Sprache und auch die Musik der Iberischen Halbinsel ein und vermischten sich mit den bodenständigen Gegebenheiten. Daraus entstanden ein Brauchtum und ein Idiom, die wir typisch neapolitanisch nennen, und vor allem ein musikalischer Stil, der sich durch Jahrhunderte deutlich von dem im übrigen Italien abhob.

Leben
Antonio Valente wurde um 1520 in Neapel geboren. Er wirkte dort als Organist und Cembalist und starb nach 1580.

Werke
Von Antonio Valente ist eine Intavolatura de Cembalo erhalten, die aus Ricercari, Fantasien und französischen Chansons für Cembalo besteht. Auch ein umfangreiches Orgelwerk ist erhalten, das den spanischen Klang besonders deutlich zeigt.

Literatur
J. A. Burns, Antonio Valente, Neapolitan Keybord Primitive, Journal of the American Musicological Society XXIV, 1938.

William Hunnis (um 1520–97)

Zeit und Umwelt
Als Elisabeth I. von England die Regierung antrat (1558), gab es viele Wunden zu heilen, die von ihrer Vorgängerin Maria I. geschlagen worden waren. Den vielen Ermordeten konnte das Leben nicht mehr zurückgegeben, aber verlorene Vermögen und eingebüßte Stellungen den Geschädigten neu verliehen werden. Die fünf Jahre fanatischen Wütens hatten genügt, jeder Restaurationsbestrebung für immer den Boden zu entziehen. Der kulturelle Hochflug der Elisabethanischen Zeit konnte ungehemmt beginnen. Das Pendel schlug allerdings bald nach einer anderen Richtung zu weit aus, so daß viel davon wieder verlorenging.

Leben
William Hunnis wurde um 1520 in England geboren. Wo er seine Ausbildung zum Kirchenkomponisten erhalten hat, ist nicht bekannt. Er wurde während der Regierungszeit König Edwards VI. Gentleman der Chapel Royal und verlor als Protestant diese Position unter Königin Maria. Königin Elisabeth stellte ihn erneut ein und betraute ihn mit der Leitung des Knabenchores (1566), den er bis zu seinem Tod am 6. 6. 1597 in London führte.

Werke
Von William Hunnis sind Vertonungen von ihm selbst versifizierter Bibelteile und Psalmen überliefert. Sie wurden mehrfach kritisiert, aber das galt vorwiegend seinen skurrilen Titeln wie »Seven Sobs of a Sorrowful Soull for Sinne« (Sieben Seufzer einer betrübten Seele wegen ihrer Sünden), womit er seine Sieben Bußpsalmen vorstellte. Die Kompositionen dürfen als guter Durchschnitt gewertet werden und bieten manche interessante Eigentümlichkeit.

Krzystof Borek (um 1520 bis nach 1573)

Zeit und Umwelt
Die Krakauer Musikkultur war im 15. und 16. Jahrhundert allen anderen osteuropäischen Städten weit voraus. Es bildete sich bereits ein eigener polnischer Stil heraus, der mit der Entwicklung in den westlichen Musikzentren Schritt zu halten vermochte.

Leben
Krzystof Borek wurde um 1520 in Krakau

geboren und an der Hofkapelle als Chorknabe ausgebildet. Um das Jahr 1550 war er Mitglied der Hofkapelle und bald darauf ihr Kapellmeister. Er blieb in dieser Stellung bis zu seinem Tod nach 1573.

WERKE
Von dem polnischen Komponisten Krzystof Borek sind 2 fünfstimmige Messen überliefert, die alle Merkmale der Beeinflussung seitens der franko-flämischen Schule aufweisen, aber dennoch bodenständig sind und deutlich den Weg zu einer eigenen polnischen Musik weisen.

Jean Maillard (um 1520 bis nach 1600)

ZEIT UND UMWELT
Kriege jenseits der Grenzen und im eigenen Land, Revolten und Revolutionen größten Ausmaßes, politische und weltanschauliche Kämpfe konnten im großen gesehen die kulturelle Entwicklung Frankreichs nie zum Stillstand bringen. Es gab wohl lokale Hemmungen. Sie wurden jedoch durch Fortschritte in anderen Landesteilen stets aufgewogen und ausgeglichen. Die Gründe für diese Erscheinung dürften einerseits in der gewaltigen kulturellen Substanz liegen, über die das Land von jeher verfügte, und anderseits in der seit Jahrhunderten von einer Generation zur nächsten weitergereichten Achtung vor Kultur und Kulturträgern und der Scheu, kulturelle Werte anzutasten.

LEBEN
Jean Maillard wurde um 1520 vermutlich in Paris geboren. Die Behauptung, er sei ein Schüler Josquins gewesen, kann nur so verstanden werden, daß er die Werke des Altmeisters studiert und zum Vorbild genommen hat. Es ist unbekannt, in welcher Stellung Maillard als Musiker gewirkt hat. Er dürfte Kapellmeister an einer Kirche in der französischen Hauptstadt gewesen und dort nach 1600 gestorben sein.

WERKE
Von dem französischen Kirchenmusiker Jean Maillard sind eine Anzahl mehrstimmiger Messen (Cantus-firmus-Messen und Parodie-Messen), über 100 vier- bis siebenstimmige Motetten, sein berühmtes vierstimmiges Te Deum und, neben kleineren Werken, bei 50 Chansons – zum Teil auf geistlichen Texten – erhalten. Sein Stil erinnert an Josquin, übernimmt aber die franko-flämische Durchimitation und Polyphonie.

LITERATUR
E. E. Stein, The Polyphonic Mass in France, Rochester 1941.

Richard Winslate (um 1520 bis um 1580)

ZEIT UND UMWELT
Der bereits in der zweiten Hälfte des 7. Jahrhunderts gegründete Bischofssitz Winchester hat im Verlauf seiner wechselvollen Geschichte durch Höhen und Tiefen und über die Reformation hinweg seinen Rang als kirchenmusikalisches Zentrum nie eingebüßt. Seine einstige wirtschaftliche und politische Bedeutung ist herabgemindert und die Absicht, die Stadt zur Residenz zu erheben, aufgegeben worden, aber die kulturelle Ausstrahlung erhalten geblieben. Die Organistenstelle an der Kathedrale war jederzeit mit besten Kräften besetzt.

LEBEN
Richard Winslate wurde um 1520 vermutlich in Winchester geboren. Er war Organist an der Kathedrale der Stadt und versah diese Stelle bis zu seinem Tod um 1580.

WERKE
Von dem Kirchenmusiker Richard Winslate ist nur ein einziges Stück für Orgel oder Virginal erhalten, das aber musikgeschichtlich für seine Zeit sehr interessant ist, weil es, völlig losgelöst vom Vokalsatz, sich ganz auf die Möglichkeiten der Tasteninstrumente einstellt. Es nahm auch den Übergang zur neuen Stilepoche am Ende des Jahrhunderts bereits voraus.

Aretino Paolo (um 1520 bis nach 1565)

ZEIT UND UMWELT
Ferrara lag im 16. Jahrhundert etwas abseits der Kämpfe, die sich um Mailand und Florenz abspielten, so daß seine kulturelle Entwicklung weniger Störungen ausgesetzt war. Dies mag einer der Gründe für den starken Zuzug von Künstlern aus dem übrigen Italien und aus dem Ausland gewesen sein.

LEBEN
Aretino Paolo (oder Paolo Aretino) wurde um 1520 in Arezzo geboren. Er trat bald nach seiner Ausbildung in den Dienst des Hauses Este in Ferrara. Im Jahre 1558 ging er aber in seine Vaterstadt zurück, wo er Kapellmeister an der Kathedrale wurde und nach 1565 starb.

Pfeifer und Dudelsack spielen zum Tanz – Kupferstich von Sebald Beham, 1546

WERKE
Von Aretino Paolo sind ein Buch mit fünf- bis achtstimmigen Madrigalen, ein Te Deum, mehrere Magnificat und weitere Kirchenmusik erhalten, dazu eine Johannes-Passion. Seine interessanteste Komposition ist jedoch ein Buch »Madrigali cromati« von 1549, das für seine frühe Zeit überraschende chromatische Modulationen aufweist. Auch die übrigen Kompositionen sind stark zukunftsweisend.

Steffano Rossetti
(um 1520 bis nach 1580)

ZEIT UND UMWELT
Der Kapellmeisterposten an San Gaudenzio in Novara war für manchen Musiker ein Sprungbrett zu einem größeren Betätigungsfeld in Mailand, Florenz oder Rom. Wie viele andere Kapellen in kleineren Städten Italiens war die von Novara als vorzügliche Ausbildungsstätte bekannt, so daß es schon an sich als Empfehlung galt, dort einige Jahre gewirkt zu haben.

LEBEN
Steffano Rossetti (Rosetti, Roseto, Rosetus, Rossetto) wurde um 1520 in Nizza geboren und erhielt an San Gaudenzio in Novara seinen ersten Kapellmeisterposten. Um 1564 wurde er in gleicher Eigenschaft am Dom in Florenz angestellt. In den Jahren 1566 und 1567 wirkte er in der Kapelle des Kardinals Ferdinando de'Medici, des späteren Großherzogs Ferdinando I. de'Medici. Im Jahre 1579 nahm er die Organistenstelle an der Hofkapelle in München ein, wo er nach 1580 starb.

WERKE
Von Steffano Rossetti sind 3 Bücher mit Madrigalen für vier, fünf und sechs Stimmen, fünf- und sechsstimmige geistliche Lieder und ein Madrigalenzyklus »Il lamento d'Olimpia« (Die Klage der Olympia) erschienen. Der Zyklus mit thematisch zusammenhängenden Madrigalen näherte sich der Kantatenform. Auch die anderen Madrigale sind sehr eigenwillig gehalten.

William Smyth (um 1520–99)

ZEIT UND UMWELT
Wegen der weiten Entfernung von London und der Nähe der schottischen Grenze ge-

nossen die Bischöfe von Durham eine Reihe von Privilegien, die an eine Autonomie heranreichten. Diese gewohnte Eigenständigkeit führte zu den Erhebungen gegen die reformatorischen Maßnahmen König Heinrichs VIII. Die Bevölkerung der Stadt hielt lange zäh an ihrer »alten« Religion fest, so daß sich die Reformation weit später durchsetzte als im übrigen England.

Leben

William Smyth (Smith) wurde um 1520 vermutlich in oder bei Durham geboren. Er wurde Geistlicher und wirkte an der Kathedrale seiner Heimatstadt vermutlich als Sänger und Hilfsorganist. Im Jahre 1588 erhielt er die Organistenstelle, die er bis 1598 versah. Er starb im Jahre 1599.

Sein Sohn Edward Smyth (um 1560, Durham, bis 1611, Durham) löste den Vater an der Orgel der Kathedrale ab und versah den Organistendienst bis zu seinem Tod.

Werke

Von William Smyth sind eine Anzahl Preces (Gebete) und Psalmen für Weihnachten, Ostern und andere Festtage sowie eine Serie von Anthems in englischer Sprache überliefert. Es handelt sich dabei um eine sehr konservative Musik.

Auch Edward Smyth komponierte Preces und Psalmen, die sich von denen des Vaters wenig unterscheiden. Einige davon werden noch heute in Durham gesungen. Seine Anthems sind nur teilweise erhalten, so daß sie schwer beurteilt werden können.

Francesco Portinaro
(um 1520 bis um 1578)

Zeit und Umwelt

Plato versammelte im Jahre 387 v. Chr. im Garten des Heros Akademos seine Schüler zu philosophischen Gesprächen. Daraus wurde eine Lehrstätte, die erst 529 n. Chr. ihre Tätigkeit einstellte. Daran knüpfte der byzantinische Gelehrte Michailos Konstantinos Psellos (1018–78) an, als er im 11. Jahrhundert in Konstantinopel eine neue Akademie gründete, und darauf fußten die um 1450 in Florenz, Rom und Neapel mit Hilfe griechischer Wissenschaftler ins Leben gerufenen platonischen Akademien.

In der Renaissance- und Barockzeit entwickelten sich in Italien über 1000 Akademien, die von Adeligen oder den Höfen erhalten wurden. Es waren Zentren des Humanismus, die in ihrer Tätigkeit, von allen kirchlichen und staatlichen Bindungen frei, die wissenschaftliche und künstlerische Ausbildung ihrer Mitglieder förderten und durch ihre Korrespondenz untereinander eine Art internationale Republik des Geistes bildeten. Viele italienische Akademien stellten ganz bestimmte Fächer in den Mittelpunkt ihres Interesses, unter anderem die Musik.

Leben

Francesco Portinaro (Portenari, Portenarius, Portinarius) wurde um 1520 in Padua geboren. Er war von 1557 bis 1560 Musiklehrer an der Accademia degli Elevati in Padua, trat sodann um 1565 in den Dienst des Kardinals Ippolito in Ferrara. Im Jahre 1573 kehrte er nach Padua zurück und wurde Mitglied der Accademia dei Rinascenti. Von 1576 bis zu seinem Tod um 1578 wirkte er als Kapellmeister am Dom zu Padua.

Werke

Von Francesco Portinaro sind eine Vielzahl von Madrigalen und Motetten, alles fünf- und mehrstimmig, weiters Kantaten und eine sechsstimmige Messe erhalten. Die Musik dieses oberitalienischen Meisters bewegt sich in den von Adrian Willaert vorgezeichneten Bahnen, ohne dessen Niveau zu erreichen. Sie blieb guter Durchschnitt, aber immerhin von beachtlicher Qualität.

Literatur

B. Brunelli, Francesco Portinaro e le cantate degli accademici padovani, Atti del Reggio Istituto Veneto, Venedig 1919/20.

Girolamo Parabosco (um 1520–57)

Zeit und Umwelt
Gegen Mitte des 16. Jahrhunderts setzte in Italien eine deutliche Abkehr von der franko-flämischen Schule ein. Der Befreiungskampf der Niederländer gegen die spanische Herrschaft dürfte dabei eine Rolle gespielt haben, weil dieser zum Teil auch ein Kampf der feindlichen Konfessionen war. Die Gleichsetzung des Nordens mit ketzerischem Protestantismus und des Südens mit Treue zum Althergebrachten war naheliegend. Die italienischen Musiker hatten den eigenen Stil gefunden, der allerdings ohne die aus Flandern gekommenen Grundlagen nicht möglich geworden wäre. Auch der Zuzug aus dem Ausland war schwächer geworden. Die Musiker kamen auch nicht mehr, um zu lehren, denn die Zeit, in der man nach Italien ging, um zu lernen, war nicht mehr fern.

Leben
Girolamo Parabosco wurde um 1520 in Piacenza geboren. Er war ein Sohn des Organisten am Dom in Brescia, Vicenzo Parabosco (gestorben 15. 8. 1556). Im Jahre 1541 ging er nach Venedig, um bei Willaert Unterricht zu nehmen. Von 1546 bis 1551 hielt sich der Organist, Komponist und Dichter in Florenz, Urbino, Ferrara, Piacenza, Brescia, Padua und Verona auf, 1551 trat er die Nachfolge von Buus an der Orgel von San Marco in Venedig an. Er starb in Venedig am 21. 4. 1557.

Werke
»Mit der Vertonung des eigenen Sonetts erreichte Parabosco den ersten entscheidenden Sieg italienischen Geistes über die Einwanderer aus dem Norden«, schreibt der Musikhistoriker Alfred Einstein (1880 bis 1932) und trifft damit den Kern der Sache. Die italienische Musik war mündig geworden. Für die überragenden Gestalten eines Palestrina und Monteverdi war die Bühne frei zum Auftritt. Parabosco war einer der Vorläufer, von dem vor allem Madrigale überliefert sind, außerdem 2 vierstimmige Ricercari und ein zweistimmiges Benedictus. Seine besten Leistungen waren aber die Vertonungen eigener Gedichte, in denen Sprache und Musik zu einem Ganzen verschmolzen sind.

Literatur
A. Einstein, The Italian Madrigal, Princeton 1970.

Wacław Szamotułczyk
(um 1520 bis um 1560)

Zeit und Umwelt
Die Tochter des litauischen Hetmannes Jerzy Radziwill (1480–1541), Barbara (1520 bis 1551), heiratete den nachmaligen polnischen Thronerben Zygmunt August und wurde 1550 zur Königin von Polen gekrönt. Dadurch wurde die Magnatenfamilie praktisch zu Regenten Litauens. Der Neffe der Königin, Mikolaj der Schwarze (1515–65), wurde von Kaiser Karl V. in den Fürstenstand erhoben. Er war Calvinist und förderte die Reformation des Landes.

Leben
Wacław Szamotułczyk (Wenzel von Samter, Samotulinus, Schamotulinus) wurde um 1520 in Szamotuły bei Posen geboren. Er studierte in Krakau (ab 1538) und wurde Sänger und Komponist des polnischen Königs Zygmunt I. Stary und dessen Sohnes Zygmunt August. Im Jahre 1555 ging er als Hofmusiker zu Fürst Mikolaj Radziwill nach Vilnius. Er starb als ein in katholischen und calvinistischen Kreisen sehr geschätzter Kirchenkomponist um 1560 in Pińczow (Kielce).

Werke
Die Werke von Wacław Szamotułczyk wurden zum Teil auch außerhalb Polens in Sammeldrucken veröffentlicht, wie zum Beispiel die Motetten »In te Domine speravi« (Auf dich habe ich vertraut, Herr) und »Ego sum pastor bonus« (Ich bin der gute Hirte). Weiters sind von dem polnischen Renaissancemeister Lamentationen und Kirchenlieder in polnischer Sprache überliefert. Viele seiner

Kompositionen sind verloren, darunter auch eine Messe, das erste doppelchörige Werk in Polen. Der Stil der Kompositionen folgte im großen und ganzen dem der franko-flämischen Schule, nahm aber einzelne der Volksmusik entnommene Melodien auf. Stark volksliedhaft sind die für den reformierten Gottesdienst geschriebenen Gesänge in polnischer Sprache.

LITERATUR
S. und Z. M. Szweykowski, Wacław z Szamotuł, Muzyka IX, 1964.

Pierre Cléreau (um 1520 bis nach 1567)

ZEIT UND UMWELT
Das französische Air de cour des 16. Jahrhunderts war ein Lautenlied. Es wurde zweiteilig zu Liebestexten komponiert und war in seinen Anfängen sehr primitiv und volkstümlich. Man kannte einfache, frische aires à boire (Trinklieder) und kunstvolle, zum Teil rezitative aires sérieux (ernste Lieder). Ihre Beliebtheit reichte weit über die Grenzen Frankreichs hinaus.

LEBEN
Pierre Cléreau wurde um 1520 in Toul geboren und 1554 zum Leiter des Knabenchores an der Kathedrale des ehemaligen Bischofssitzes bestellt. Er ist nach 1567 vermutlich dort gestorben.

WERKE
Neben 6 vierstimmigen Messen und 2 Motetten sind von Pierre Cléreau eine Anzahl drei- und vierstimmiger sakraler und profaner Vokalstücke überliefert. Da diese Vokalsätze die Melodie in die Oberstimme verlegen, müssen sie als Vorstufe zum Lautenlied, das als Air de cour im 16. Jahrhundert seinen Siegeszug antrat, gewertet werden. Außerdem hat Cléreau 2 Bücher mit vertonten Oden des französischen Dichters Pierre de Ronsard herausgebracht.

LITERATUR
Fr. Lesure, Pierre Cléreau et ses sources poétiques, in: Bibliotheque d'Humanisme et Renaissance, t. XVI, 1954.

Philibert Jambe de Fer (um 1520 bis um 1566)

ZEIT UND UMWELT
Im Jahre 1562 wurde Lyon im Zuge des nunmehr in voller Stärke ausgebrochenen Bürgerkrieges besetzt. Die Anhängerschaft des Calvinismus war so stark angeschwollen, daß sie sich gegen die Repressalien der katholischen Regierung zur Wehr setzen konnte. Die Kämpfe und ihre Wechselfälle setzten sich bis zur Bartholomäusnacht des Jahres 1572 fort, in der das weitere Schicksal der Reformation in Frankreich blutig entschieden wurde.

LEBEN
Philibert Jambe de Fer wurde um 1520 in Champlite, Haute-Saône, geboren. Er lebte in Lyon als Komponist und vermutlich auch als ausübender Musiker und ging in den Religionskämpfen als Hugenotte um das Jahr 1566 zugrunde.

WERKE
Das Hauptwerk, das Philibert Jambe de Fer hinterlassen hat, ist eine Gesangs-, Flöten-, Violen- und Violinschule, eine der ältesten ihrer Art. Außerdem bearbeitete er Psalmenumdichtungen von Marot und de Bèze und Übersetzungen von Poictevin für mehrstimmigen Satz.

LITERATUR
P. Pidoux, Le psautier huguenot du XVIe, Basel 1962.

Lucas Bergkholtz (um 1520 bis nach 1561)

ZEIT UND UMWELT
Martin Luther hat der Kirchenmusik keinen Zwang angelegt und forderte nur, daß sie textlich und musikalisch seinem religiösen Ziel diente. Ob sie einstimmig oder mehr-

stimmig war, rein vokal oder von Instrumenten begleitet, überließ er den Komponisten und Kantoren. Dennoch waren anfänglich mehrstimmige Vertonungen von Psalmen im Bereich des Calvinismus, der die Einstimmigkeit forderte, häufiger als bei den Protestanten Mitteleuropas.

LEBEN

Lucas Bergkholtz wurde um 1520 in Plauen geboren und studierte an der Universität in Wittenberg ab 1539. Er dürfte dort auch nach 1561 gestorben sein. Es ist nicht feststellbar, ob er ein Lehramt oder ein Kirchenamt ausübte.

WERKE

Der Wittenberger Komponist verfaßte deutsche Psalmentexte für vier Stimmen. 2 davon und eine sechsstimmige Motette sind überliefert. Seine Vertonungen wurden viel beim evangelischen Gottesdienst verwendet, weil sie mit ihrer stark homorhythmischen Struktur die Texte sehr transparent machten.

LITERATUR

G. Pietzsch, Zur Pflege der Musik an den deutschen Universitäten, Archiv für Musikforschung VII, 1942.

Alamanno de Layolle (um 1520–90)

ZEIT UND UMWELT

Die Glaubenskämpfe in Frankreich brachten auch denen viel Unruhe, die sich auf keiner Seite beteiligten. Das »Wer nicht für mich ist, ist wider mich« galt auch hier. Ein Organist an einer katholischen Kirche in Lyon konnte sich nach der Einnahme der Stadt von Hugenotten (1562) nur durch die Flucht retten.

LEBEN

Alamanno de Layolle (dell' Aiolle, Aiolli, Aiuolla, Ajolle, Aiolle) wurde um 1520 in Lyon als Sohn des aus Florenz eingewanderten François de Layolle geboren. Er wirkte als Organist an der Kirche St. Diçois de Lyon, verließ aber die Stadt nach 1562 und erhielt in Florenz eine Stelle als Komponist, Organist, Cembalist und Musiklehrer. Er starb dort am 19. 9. 1590.

WERKE

Der zum Italiener gewordene Komponist Alamanno de Layolle hinterließ 6 dreistimmige Madrigale. Seine Chansons, die bei den Zeitgenossen sehr beliebt waren, sind verschollen. Außerdem sind Bearbeitungen und Intavolierungen fremder Musik erhalten. Die knappe Hinterlassenschaft reicht zur Feststellung aus, daß Alamanno de Layolle im Gegensatz zu seinem Vater sich rückhaltlos der neuen italienischen Stilrichtung angeschlossen hatte.

LITERATUR

Fr. A. D'Accone, The »Intavolatura di M. A. Aiolli«, Musica Disciplina XX, 1966.

Josquin Baston (um 1520 bis um 1570)

ZEIT UND UMWELT

Der polnische König Zygmunt II. August setzte die Kulturpolitik seines Vaters Zygmunt I. und der Mutter Bona Sforza fort. Trotz der innenpolitischen Schwierigkeiten war er an der Pflege seiner Hofkapelle in Krakau höchst interessiert und nahm gerne italienische Musiker auf, auch wenn diese ursprünglich aus den Niederlanden kamen.

LEBEN

Josquin Baston dürfte um 1520 im frankoflämischen Raum geboren und irgendwann nach Italien gekommen sein, denn sein Stil weist deutlich auf italienische Schulung hin. Im Jahre 1552 trat er in die Kapelle des polnischen Königs Zygmunt II. August in Krakau ein und war höchstwahrscheinlich mit Johan Paston, der von 1559 bis 1566 an den Höfen von Kopenhagen und Stockholm tätig war, identisch. Ort und Zeit seines Todes sind unbekannt.

WERKE

Von Josquin Baston sind in Sammelwerken,

die in Antwerpen, Löwen und Augsburg erschienen sind, ungefähr 45 Chansons und Motetten erhalten. Der Stil dieser Kompositionen kommt dem von Willaert und Arcadelt nahe, indem er auf italienische Art dem schönen, färbigen Klang vor den strengen Regeln des Kontrapunktes den Vorrang gab. Daraus wird auf ein längeres Wirken des Komponisten in Italien geschlossen.

Jean Bonmarché (1520 bis nach 1568)

ZEIT UND UMWELT
Der Aufstand der Niederländer trug ursprünglich rein politische Züge. Doch da die Mehrzahl der Niederländer protestantisch geworden war und die Vertreter der spanischen Herrschaft dem Katholizismus angehörten, wurde aus dem Freiheitskampf bald auch ein Streit der Konfessionen, der Widerhall und Sympathie auch im nördlichen Frankreich fand, weil dort ebenfalls die Auseinandersetzungen zwischen Hugenotten, Krone und Klerus im vollen Gang waren. Für einen Kleriker, der nicht konvertieren wollte, wurde das Dasein schwierig, so daß eine Zufluchtstätte oft lebensrettend war.

LEBEN
Jean Bonmarché (Bonmarchié) wurde 1520 in Ypres oder Valenciennes geboren. Nach seiner Ausbildung wirkte er als Kanoniker und Kinderchorleiter in Cambrai. Seine kompositorische und organisatorische Tätigkeit verschaffte ihm den Ruf eines vorzüglichen Musikers der Niederlande. Im Jahre 1565 wurde er als Kapellmeister in die Kapelle des Königs Philipp aufgenommen. In seinem späteren Leben dürfte er sich nach Valenciennes zurückgezogen haben und dort nach 1568 gestorben sein.

WERKE
Von Jean Bonmarché ist eine Anzahl Messen und Motetten überliefert. Einzelne Motetten sind für bis zu acht Stimmen gesetzt. Die dichte Verflechtung der Kontrapunktik weist Bonmarché als echten Vertreter der franko-flämischen Schule aus, deren Regeln er nur einhalten, aber nicht weiterentwickeln konnte.

Sigmund Hemmel (1520–64)

ZEIT UND UMWELT
Herzog Christopher von Württemberg (1515–68), der 1550 die Regierung des Landes übernahm, war Anhänger des Protestantismus. Er reorganisierte das Kirchenwesen und schuf eine württembergische Staatskirche, die für die übrigen deutschen protestantischen Länder als Muster diente. Trotz aller Sparmaßnahmen beließ er die Hofkapelle auf ihrem hohen Niveau, wie er sie übernommen hatte.

LEBEN
Sigmund Hemmel (Hemel) wurde 1520 in Württemberg geboren. Ungefähr 1544 trat er als Sänger der Stuttgarter Hofkapelle bei. Zeitweise fungierte er als ihr Kapellmeister. Gegen Ende des Jahres 1564 starb er während eines Aufenthaltes in Tübingen.

WERKE
Neben einer Reihe deutscher und lateinischer Gesänge verfaßte Sigmund Hemmel die erste vollständige Komposition der Psalmen in deutscher Sprache für vier Stimmen (»Der gantz Psalter Davids, wie derselbig in Teutsche Gesang verfasset«). Dieses Werk bildete für viele spätere Psalmenfassungen die Grundlage.

LITERATUR
O. zur Nedden, Zur Frühgeschichte der protestantischen Kirchenmusik in Württemberg, Zeitschrift für Musikwissenschaft XIII, 1930/31.

Ludovicus Episcopius (1520–95)

ZEIT UND UMWELT
Wenn auch die Funktion des franko-flämischen Raumes als Herz des musikalischen Europas mit dem 16. Jahrhundert endete, so formten die verschiedenen Kathedralen und

Hofkapellen noch immer Musiker, deren exakte Ausbildung und umfangreiche Kenntnis der Tradition ihres Landes überall als Empfehlung galten.

Leben
Ludovicus Episcopius (de Bisschop) wurde 1520 in Mecheln geboren. Er war von 1545 bis 1564 und von 1577 bis 1582 als Kapellmeister und Leiter der Singschule an Sankt-Servatius in Maastricht tätig. Dann begab er sich nach Straubing in Bayern, wo er am 29. 4. 1595 starb.

Werke
Von dem franko-flämischen Komponisten Ludovicus Episcopius sind eine Messe, 5 Motetten für vier und fünf Stimmen und eine Anzahl Lieder mit niederländischen Texten überliefert. Der Stil seiner Musik folgt der franko-flämischen Schule.

Literatur
A. Scharnagl, Ludovicus Episcopius, in: Kirchenmusikalisches Jahrbuch XXXIV, 1950.

Alessandro Milleville (um 1521–89)

Zeit und Umwelt
Modena kam im 13. Jahrhundert unter die Herrschaft der Herzöge d'Este, so daß das Schicksal der Stadt eng mit dem von Ferrara verbunden war. Die Familien der Herzöge hielten sich abwechselnd in einer der beiden Städte auf. Der letzte Vertreter des Hauses, Alfonso II., hielt gern in Modena Hof.

Leben
Alessandro Milleville wurde um 1521 in Ferrara als Sohn des Musikers Jean de Milleville, der in der ersten Hälfte des 16. Jahrhunderts im Dienst des Hauses d'Este stand, geboren. Er wurde vermutlich von seinem Vater ausgebildet. Von 1544 bis 1573 war er Musiklehrer der Familie d'Este in Modena mit der Unterbrechung von etlichen Jahren ab 1552, in denen er als päpstlicher Sänger wirkte. Von 1575 bis 1584 war er Hoforganist in Ferrara, wo er am 8. 9. 1589 starb.

Werke
Von Alessandro Milleville sind 3 Bücher Madrigale und 2 Bücher sakrale Lieder erhalten, die dem in der Mitte des Jahrhunderts voll ausgebildeten italienischen Stil getreu folgten. Von einer Abhängigkeit von der franko-flämischen Schule ist dabei nichts mehr zu merken.

Philippe de Monte (1521–1603)

Zeit und Umwelt
Die klassische Blütezeit des Madrigals unterschied sich vor allem dadurch von vorausgehenden Perioden, daß nunmehr keine Ausländer wie Arcadelt, Verdelot, Willaert, de Rore, Gero als Komponisten auftraten, sondern Italiener. Die Fünfstimmigkeit wurde typisch, die einzelnen Stimmen wurden zuweilen einander gegenübergestellt. Homophone und imitierende Teile wechselten ab; durch gelegentliche Alternierungen wurde eine harmonische Bereicherung erzielt, die malerische und bildliche Wendungen stark hervorhob. Die Tonmalerei wurde zur Versinnbildlichung der Texte, die Natur nachgeahmt, aber nicht naturalistisch, sondern durch Steigerung des Ausdruckes.

Leben
Philippe de Monte (Filippo de, Philippe de Mons) wurde 1521 in Mecheln geboren. In den Jahren 1541 bis 1554 hielt er sich in Neapel auf und wurde dort mit Orlando di Lasso bekannt. Über seine Tätigkeit in jener Stadt gibt es keine Informationen. 1555 ging er nach Aufenthalten in Rom und Antwerpen nach England und trat der Kapelle der Königin Mary bei, verließ diese Stellung aber sehr bald und kehrte nach Neapel zurück. 1567 war er neuerlich in Rom, 1568 wurde er Kapellmeister Kaiser Maximilians II. (1527 bis 1576) und ab 1580 Kaiser Rudolfs II. (1552–1611) und wirkte in Wien und sodann in Prag, wo er am 4. 7. 1603 als »one alles widersprechen der pest Componist, der in dem ganzen land ist, der fürnehmlich auf die new art und Musica riseruata« starb.

»Der Organist« – Holzschnitt aus dem Ständebuch von Jost Amman, 1568

Werke
Man zählt mit Recht Philippe de Monte zu den produktivsten und bedeutendsten Komponisten des Madrigalzeitalters, wenn er auch an Inspiration und Universalität, jedenfalls auch an Musikalität an Meister vom Format eines Palestrina oder Lasso nicht heranreichte. Er läßt aber an Gediegenheit und Kunstmäßigkeit des Madrigalsatzes viele seiner Zeitgenossen hinter sich. Er stand anfänglich stark unter dem Einfluß von de Rore, übernahm sodann den konzertierenden venezianischen Stil, ohne der Chromatik einen breiteren Raum zu bieten.
Es sind von ihm 1073 drei- bis zehnstimmige profane und 144 fünf- bis siebenstimmige sakrale Madrigale überliefert, außerdem 45 vier- bis siebenstimmige Chansons, 319 fünf- bis zwölfstimmige Motetten und 38 vier- bis achtstimmige Messen. Manches davon wirkt handwerklich ausgezeichnet gekonnt, ohne daß eine echte Musikalität zu Wort kommt, bei manchen anderen Kompositionen wird eine mehr oder minder starke Genialität deutlich.

Literatur
G. Reese, Music in the Renaissance, New York 1954.

Sebastian Ochsenkhun (1521–74)

Zeit und Umwelt
Der wirtschaftlich und kulturell hohe Stand der Stadt Nürnberg hielt noch weit über das 16. Jahrhundert hinaus an. Erst die durch die Entdeckung der Neuen Welt veränderten Handelsverkehrswege brachten einen gewissen Abstieg, bis die Stadt im Dreißigjährigen Krieg grausam verwüstet wurde.

Leben
Sebastian Ochsenkhun wurde am 6. 2. 1521 in Nürnberg als Sohn des Instrumentenmachers Jörg Ochsenkhun geboren. Er trat 1534 in die Dienste des Pfalzgrafen Ottheinrich (1502–59) als Lautenist und blieb auch bei dessen Nachfolgern bis 1571 in Heidelberg. Er starb in Heidelberg am 20. 8. 1574.

Werke
Von Sebastian Ochsenkhun ist ein »Tabulaturbuch auff die Lauten« überliefert, in dem sich neben eigenen Kompositionen Bearbeitungen von Motetten sowie deutscher und französischer Lieder befinden. Seine eigenen Lieder weisen noch die Vielstimmigkeit auf, wie sie zu seiner Zeit von der Heidelberger Schule gepflegt wurde.

Literatur
K. Dorfmüller, Studien zur Lautenmusik in der ersten Hälfte des 16. Jahrhunderts, Tutzingen 1967.

Richard Edwards (um 1522–66)

Zeit und Umwelt
Die bedeutende Rolle des Schulmusikdramas im humanistischen Bildungswesen wurde auch im England des 16. Jahrhunderts erkannt. Es handelte sich dabei zumeist um antike oder antikisierende Stoffe. Die Musik kam in vielen Fällen erst bei den Schlußchören der Akte zu ihrem Recht; es gab aber auch Gesangseinlagen und später Zwischenaktmusik. Wenn der Textautor nicht nur selbst Lehrer, sondern auch Komponist war, kam es zu den besten, einheitlichsten Ergebnissen.

Leben
Richard Edwards wurde um 1522 bei Yeovil, Somersetshire, geboren. Der englische Dichter und Komponist kam nach seinem Studium in Cambridge und Oxford als Kinderchorleiter an die Königliche Kapelle (1561). Er starb am 31. 10. 1566 in London.

Werke
Von Richard Edwards sind Motetten, Madrigale und eine Messe erhalten. Seine Hauptleistung lag jedoch auf dem Gebiet des Schuldramas. Er dichtete und komponierte eine Reihe von solchen Bühnenstücken mit Musik. »Damon and Pithias« und »Palamon und Arcite« sind noch teilweise erhalten. Es handelt sich dabei um die ältesten Beispiele dieser Art, aus denen sich die englische Oper entwickelte.

Literatur
T. R. Waldo, Music and Musical Terms in Richard Edward's »Damon and Pithias«, in: Music and Letters 49, 1968.

Johannes Reusch (um 1523–82)

Zeit und Umwelt
Kurfürst Moritz von Sachsen gründete mit dem Erlös des eingezogenen Klosterbesitzes 1543 protestantische Internats-Gymnasien in Pforta und Meißen (1550 auch in Grimma), in denen im Sinn des humanistischen Bildungsideals die Musikpflege eine große Rolle spielte. Die Schüler kamen zumeist aus adeligen Familien, es wurden aber auch begabte Söhne bürgerlicher Väter aufgenommen, in speziellen Fällen sogar kostenlos. Sie erhielten die gleiche Ausbildung und gesellschaftliche Erziehung wie die Adeligen.

Leben
Johannes Reusch (Johann) wurde um 1523 in Rotach, Coburg, geboren. Er war 1538 in Naumburg Schüler von Heinrich Faber und studierte ab 1543 an der Universität Wittenberg. Im Jahre 1547 wurde er Kantor an der Fürstenschule von Meißen, fungierte von 1548 bis 1555 als Rektor der Stadtschule und darauf als Kanzler des Stiftes Wurzen, der ehemaligen Residenz der Bischöfe von Meißen. Er starb in Wurzen am 27. 2. 1582.

Werke
Der Kantor und Komponist Johannes Reusch hinterließ Vertonungen der Oden von Georg Fabricius für vier Stimmen, »Zehen deutscher Psalm Davids« für vier Stimmen, eine Anzahl Motetten und etliche Gelegenheitskompositionen. Reusch war ein Kontrapunktiker strengster Richtung, kannte aber auch schon eine motivische Verarbeitung des Themas. Sein Beitrag zur Entwicklung des deutschen Liedes war beträchtlich.

Literatur
Th. W. Werner, Die im Herzoglichen Hausarchiv zu Zerbst aufgefundenen Musikalien, Zeitschrift für Musikwissenschaft, 1919/20.

Jan Blahoslav (1523–71)

Zeit und Umwelt
Die »Böhmischen Brüder« waren eine 1467 in Böhmen gegründete Gemeinschaft, die aus Hussiten und Waldensern bestand. Ihr Ziel war echte Brüderlichkeit und schlichtes, zurückgezogenes Leben. Sie lehnten Kriegsdienst, die Annahme öffentlicher Ämter und die Eidesleistung ab. Sie wurden während der Gegenreformation vertrieben und fanden in Preußen und Polen Asyl, wo sie in

der Brüdergemeinde (Herrnhuter) aufgingen.

LEBEN

Jan Blahoslav wurde am 20. 2. 1523 in Přerov geboren. Er war Bischof der »Böhmischen Brüder« und Verfasser des ältesten musiktheoretischen Werkes in tschechischer Sprache »Musica«. Seine Studienorte waren Wittenberg, Königsberg und Basel. Dann ließ er sich in Prostějov als Lehrer, Schriftsteller und Komponist nieder. Er starb in Moravský Krumlov am 24. 11. 1571.

WERKE

Von Bischof Jan Blahoslav stehen im Cancional »Písně chval božských« (Lieder zum Preise Gottes) unter den 774 gesammelten Liedern bei 50 Eigenkompositionen, von denen einige heute noch in seiner Heimat gesungen werden. Sie sind wie alle anderen Lieder der Sammlung stark volksliedhaft, lassen aber die Hand des ausgebildeten Komponisten erkennen.

LITERATUR

J. Janáček, Jan Blahoslav, Prag 1966.

Giovanni Matteo Asola
(um 1524–1609)

ZEIT UND UMWELT

Bezifferter Baß (Generalbaß, Basso continuo) ist die instrumentale Baßstimme bei mehrstimmiger Musik, auf der die harmonische Begleitung mit Ziffern vorgeschrieben wird. Der Dreiklang ist die Norm des Zusammenklanges. Abweichungen werden durch besondere Zeichen angemerkt. Bei der Kirchenmusik ist die Orgel das wichtigste Continuoinstrument.

LEBEN

Giovanni Matteo Asola wurde um 1524 in Verona geboren. Er war Kleriker und wirkte in den Jahren 1577 und 1578 als Kapellmeister in Treviso, dann bis 1582 in Vicenza und schließlich von 1590 bis 1591 in Verona. Es ist nicht feststellbar, wann er seinen Wohnsitz nach Venedig, wo er am 1. 10. 1609 starb, verlegt hat.

WERKE

Der Kirchenkomponist Giovanni Matteo Asola war einer der frühesten Komponisten, der bezifferte Bässe anwendete. Seine kompositorische Hinterlassenschaft ist außerordentlich umfangreich. Er verfaßte eine große Anzahl vierstimmiger Messen, Motetten, Psalmen, Hymnen, Lauden, Lamentationen, Passionen und geistliche Gesänge verschiedenster Art, außerdem 2 Bücher mit dreistimmigen, ein Buch mit zweistimmigen und eines mit sechsstimmigen Madrigalen. Er gehörte zu den Repräsentanten der venezianischen Kirchenmusik des späten 16. Jahrhunderts, ohne an die großen Meister seiner Zeit heranzureichen. Aber eine starke Färbigkeit kann seinen Werken nicht abgesprochen werden. Daß ihre Fülle eine gewisse Gleichartigkeit zur Folge hatte, lag in der Natur der Sache.

LITERATUR

E. Paganuzzi, Notizie biografiche sul primo periodo veronese di Giovanni Matteo Asola, in: Vita veronese XXI, 1968.

Diego Ortiz (um 1525 bis nach 1570)

ZEIT UND UMWELT

Die Spanier regierten das Königreich Neapel mittels Vizekönigen, die praktisch absolut herrschten und ihre Aufgabe vor allem darin sahen, Geld und Truppen für Madrid aus dem Land herauszuholen. Alle maßgebenden Stellen wurden mit Spaniern besetzt. Der neapolitanische Adel behielt seine Vorrechte, so daß er keinen Anlaß hatte, gegen die Fremdherrschaft zu rebellieren. Auch die Hofkapelle war nahezu ausschließlich mit Spaniern besetzt und wurde selbstverständlich von Spaniern geleitet.

LEBEN

Diego Ortiz wurde um 1525 in Toledo geboren. Über seine Tätigkeit in Spanien, ehe er 1555 nach Neapel in die Dienste des Vizekönigs Herzog Alba kam, ist nur bekannt, daß er 1547 einige Motetten veröffentlichte. Möglicherweise gehörte er bereits in der Heimat der Königlichen Kapelle an. In Neapel wurde ihm die Leitung der Kapelle bis 1570 anvertraut. Seine Sänger und Instrumentalisten waren nahezu durchwegs Spanier. Er dürfte bald nach 1570 in Neapel verstorben sein.

WERKE
Mit seinem in Spanisch und Italienisch erschienenen Buch über Variationen für Baßviole und Cembalo war Diego Ortiz einer der ersten Komponisten, die die Variation zu einem Kompositionsprinzip machten, das vor ihm Hugh Ashton in England anscheinend als erster überhaupt und Silvestri Ganassi als erster Italiener anwandten. Weiters veröffentlichte er einen Band mit vier- bis siebenstimmigen Hymnen, Magnificat, Motetten, Psalmen und anderen kirchlichen Gesängen.

LITERATUR
J. Subirá, La Música en la Casa de Alba, Barcelona 1927.

Wolfgang Figulus (um 1525–89)

ZEIT UND UMWELT
Der 1519 gegründete Chor der Leipziger Thomaskirche hatte bereits seit 1212 einen Vorläufer. Das Kantorat der Thomasschule ist ein in der Musikgeschichte hochangesehenes Amt. Es wurde nach Georg Rhaw, dem ersten Thomaskantor, von einer Anzahl bedeutender Kirchenmusiker bekleidet.

LEBEN
Wolfgang Figulus (eigentlich Töpfer) wurde um 1525 in Naumburg geboren. Er war Kantor in Lübben (1546), immatrikulierte 1547 an der Universität Leipzig und versah von 1549 bis 1551 das Amt des Thomaskantors. Von 1551 bis 1588 leitete er die Kantorei der Fürstenschule in Meißen, wo er im Herbst 1589 starb.

WERKE
Der Thomaskantor Wolfgang Figulus komponierte 18 vierstimmige Motetten unter dem Titel »Precationes« (Gebete), vier- bis achtstimmige Hymnen für die Weihnachtszeit und andere Hymnen sowie Tricinien. Von den 21 vierstimmigen Weihnachtsliedern, die er 1575 herausgab, sind 10 von ihm selbst. Die Kompositionen sind zum Teil mit beziffertem Baß geschrieben.

LITERATUR
R. Wustmann, Musikgeschichte Leipzigs, Leipzig 1909.

Guillaume Le Boulanger Vaumesnil (um 1525–1611)

ZEIT UND UMWELT
Die Ernennung zum Kammerherrn war für einen Musiker in der Regel mit keinerlei zusätzlichen Pflichten verbunden, sondern war nur eine Ehrung und zugleich die Zusicherung eines laufenden Einkommens. Besonders Lautenisten, die nicht der Hofkapelle angehörten und daher nur fallweise bei Gesellschaften zugezogen wurden, ordnete man in dieser Weise in die Hierarchie der Höflinge ein.

LEBEN
Guillaume Le Boulanger, sieur de Vaumesnil, wurde in Paris um 1525 geboren. Er war von 1560 bis 1574 Kammerherr und Lautenist bei König Karl IX. Nach dessen Tod war er bei verschiedenen Adeligen (Anjou, Bar) angestellt. Im Jahre 1597 wurde er fälschlich der Teilnahme an einer Verschwörung verdächtigt und eingesperrt, aber nach einiger Zeit wieder enthaftet, weil sich seine Unschuld erwies. Er starb in Paris im Jahre 1611.

WERKE
Guillaume Vaumesnil war nach übereinstimmenden Behauptungen der Zeitgenossen ein hervorragender Lautenist. Daß er Schüler von Fabrizio Dentice gewesen war, ist aber nicht belegt. Seine Kompositionen sind zum

größten Teil verlorengegangen. Erhalten blieb nur eine Fantasie, die ihn als eminenten Techniker und begabten Komponisten einstuft.

Ludwig Daser (um 1525–89)

ZEIT UND UMWELT
Herzog Christopher von Württemberg war überzeugter Protestant. Seine Bemühungen um den Zusammenschluß der lutherischen Staaten machten ihn zum Führer des deutschen Protestantismus. Die von ihm organisierte lutherische Staatskirche im eigenen Land wurde für die anderen mustergültig. Da auch seine Hofkapelle in den Dienst der Festigung der Staatskirche gestellt war, nahm sie nur Protestanten auf.

LEBEN
Ludwig Daser wurde um 1525 in München geboren und in der Hofkantorei erzogen. Im Jahre 1552 erhielt er die Stelle des Kapellmeisters der Kantorei, verlor sie aber 1559, weil er Protestant geworden war. Er ging in das protestantische Württemberg, trat der Hofkapelle in Stuttgart bei, wurde ihr Kapellmeister im Jahre 1572 und verblieb in dieser Stellung bis zu seinem Tod am 27. 3. 1589.

WERKE
Von Ludwig Daser sind 22 vier- bis sechsstimmige Messen erhalten, die für ihre Zeit sehr altertümlich anmuten und an Senfl erinnern, außerdem 2 Propriumzyklen, 24 vier- bis achtstimmige Motetten und 35 deutsche geistliche Lieder aus der Stuttgarter Zeit. Seine vierstimmige Passion auf einen aus allen Evangelien kompilierten Text, den auch Jakob Obrecht, Johannes Galliculus und Paulus Bucenus ihren motettischen Passionen zugrunde legten, stellt sein Hauptwerk dar.

LITERATUR
A. Schneiders, Ludwig Daser, Beiträge zur Biographie und Kompositionstechnik, München 1953.

António Carreira (um 1525 bis um 1592)

ZEIT UND UMWELT
João III., König von Portugal (1502–57), Schwiegersohn der Katholischen Könige von Kastilien, war mit Kaiser Karl V. verschwägert. Die Renaissance in Portugal erhielt somit das gleiche Gesicht wie es Spanien zeigte. Die erste Verbrennung fand im Jahre 1540 statt. Der Enkel und Nachfolger Sebastião (1554–78) setzte die Linie fort, so daß Philipp II. von Spanien, der 1580 als Philipp I. König von Portugal wurde, wenig Anpassungen an das eigene Land vorzunehmen hatte. Die Hofkapelle in Lissabon war in Organisation und Zielrichtung der spanischen völlig gleich.

LEBEN
António Carreira wurde um 1525 in Portugal geboren und in jungen Jahren als Chorist der Königlichen Kapelle in Lissabon ausgebildet. Er blieb in ihrem Verband als Sänger, Organist und Kapellmeister unter den Königen João III., Sebastião und Philipp I. bis zu seinem Tod um das Jahr 1592.

WERKE
Von dem hervorragenden portugiesischen Organisten António Carreira sind nur eine vierstimmige Chanson, mehrere Fantasien und Tientos und einige andere Orgelstücke erhalten. Aber auch diese geringe Hinterlassenschaft rechtfertigt die Anerkennung, die ihm der portugiesische Musiktheoretiker Pedro Thalesio (um 1580 bis nach 1639) zollte.

LITERATUR
C. Rosado Fernandes e M. S. Kastner, Antologia de organistas do siglo XVI, Lissabon 1969.

Jean Herrisant (um 1525 bis nach 1570)

ZEIT UND UMWELT
Zur Zeit der Hugenottenkriege trieb es in Frankreich die Kirchenmusiker von einer

Konrad Ragossnig erarbeitete für die Schallplatte Lauten-Zyklen beispielhafter Qualität

Landesecke zur anderen, gleichgültig, welcher Konfession sie anhingen, weil die Einflußgebiete der Streitteile oft mehrmals wechselten. Auch die den Mantel jedesmal nach dem eben wehenden Wind hängen wollten, kamen damit zuweilen zu spät, weil die Änderungen oft zu plötzlich eintraten.

Leben

Über den französischen Komponisten und Kirchenmusiker Jean Herrisant, der in Frankreich um 1525 geboren wurde, ist nur bekannt, daß er mehrmals seinen Aufenthalts- und Dienstort wechselte und vermutlich in den siebziger Jahren den der Bartholomäusnacht folgenden Massakern zum Opfer gefallen ist.

Werke

Von Paul Herrisant sind nur eine Messe und mehrere in Sammeldrucken erschienene Chansons überliefert. Sie sind im rein französischen Stil gehalten und gelten als ein Beispiel dafür, wie weit sich dieser in der Mitte des 16. Jahrhunderts bereits von der franko-flämischen Schule entfernt hatte.

Alessandro Padoano
(um 1525 bis nach 1563)

Zeit und Umwelt

Die 1222 gegründete Universität von Padua betrieb von ihrem Beginn an Musikwissenschaft. Musikunterricht wurde bis zur Gründung von Musikschulen für die Knabenchöre an den verschiedenen Kirchen erteilt, von denen die Chöre am Dom und an der Basilika den größten Ruf hatten.

Leben

Alessandro Padoano wurde um 1525 vermutlich in Padua geboren. Er hat angeblich am Hof von Ferrara und später an einer Kirche in Venedig als Sänger gewirkt. Er soll auch in Venedig nach 1563 gestorben sein.

Werke

Von dem Kirchenkomponisten Alessandro Padoano sind nur 5 Motetten überliefert, die im franko-flämischen Stil gehalten sind. Alle anderen angeblich zahlreichen kirchenmusikalischen Werke sind verlorengegangen.

Diego Garzón (um 1525 bis nach 1570)

Zeit und Umwelt

König Philipp II. galt als der eigentliche Mäzen der spanischen Musik. Er hielt zwei Hofkapellen, eine flämische und eine spanische. Spanische Komponisten verwendeten häufig flämische Melodien in ihren Parodiemessen und übertrugen flämische Vokalsätze auf die Vihuela und die Orgel. Zentren der kompositorischen Tätigkeit in Spanien waren die andalusische Schule in Sevilla, die kastilische in Toledo und später in Madrid und die katalanische in Barcelona. Dazu kamen noch Ausstrahlungspunkte zweiter Ordnung wie Valencia und schließlich jeder der vielen Bischofssitze mit seiner Kathedrale, denn es handelte sich vor allem um Kirchenmusik.

Die spanischen Komponisten waren mit der Musik der franko-flämischen Schule und der von Venedig und Rom vollkommen vertraut, hielten jedoch an ihrer nationalen Eigenart treu fest. Daher wurde auch das Madrigal nicht sehr gepflegt, weil reiner Vokalsatz nicht auf der Linie des Spaniers, der von alters her starken Instrumentenaufwand liebte, lag.

Leben
Über den Madrigalisten Diego Garzón, der um 1525 in Spanien geboren wurde, ist wenig bekannt. Er dürfte der Hofkapelle in Madrid als Sänger angehört haben und dort nach 1570 gestorben sein.

Werke
Diego Garzón hat 6 vierstimmige Madrigale hinterlassen, die für die Art, wie jene italienische Musikgattung in Spanien gefaßt wurde, typisch sind. Wir wissen nicht, ob sie mit stimmverstärkenden Instrumentenbegleitungen gesungen wurden, aber der Vokalsatz weist deutlich einen instrumentalen Satz auf.

Giovanni Piero Manenti
(um 1525 bis nach 1586)

Zeit und Umwelt
Herzog Cosimo de'Medici wurde von Papst Pius V. der Titel eines Großherzogs der Toskana verliehen. Die Habsburger und die anderen italienischen Herzöge verweigerten die Anerkennung dieses Titels. Sein Sohn Francesco bekam nach seinem Regierungsantritt im Jahre 1574 den Titel von Kaiser Maximilian II. bestätigt. Er setzte die glänzende Kulturpolitik seines Vaters fort und umgab sich mit Gelehrten und Künstlern, von denen er, abgesehen von den Musikern, besonders den flämischen Bildhauer Giovanni da Bologna (Jean de Boulogne, 1529 bis 1608) bevorzugte.

Leben
Giovanni Piero Manenti wurde um 1525 in Bologna geboren und dort zum Musiker ausgebildet. Im Jahre 1574 berief ihn Großherzog Francesco de'Medici an seinen Hof. Er dürfte ungefähr zur gleichen Zeit wie sein Dienstgeber (1587) gestorben sein.

Werke
Von dem Hofmusiker Giovanni Piero Manenti sind 3 Bücher mit vier- bis sechsstimmigen Madrigalen, ein Buch mit fünfstimmigen Liedern und einzelne Stücke in Sammelwerken erhalten. Die Wertschätzung, die die Zeitgenossen diesem Madrigalisten entgegenbrachten, war groß. Man rühmte die starke Ausdrucksfähigkeit seiner Musik.

Juan Peñalosa (um 1525 bis um 1570)

Zeit und Umwelt
Bis König Philipp II. von Spanien seine Residenz nach Madrid verlegte (1560), war Toledo ein politischer, wirtschaftlicher und kultureller Mittelpunkt des Landes, wenn auch der Glanz der früheren Jahrhunderte bereits im Verblassen war. In der 1493 vollendeten »Catedral Primada« mit ihren ungefähr 90 Pfeilern und mehr als 750 strahlenden Glasfenstern wurde die Musik immer noch nur von Meistern erster Ordnung – Organisten wie Sänger – gepflegt.

Leben
Juan Peñalosa wurde um 1525 in Zentralspanien geboren und kam vermutlich früh zur Ausbildung in die Hauptstadt Toledo. Im Jahre 1549 wurde er Organist an der Kathedrale der Stadt und versah dort seinen Dienst bis 1560. Es ist nicht gesichert, ob er mit dem Hof nach Madrid übersiedelt oder in Toledo geblieben ist. Es ist nicht ausgeschlossen, daß er in Granada einen neuen Wirkungskreis gefunden hat. Über Ort und Zeit seines Todes gibt es keine verläßlichen Informationen.

Werke
Der spanische Kirchenkomponist Juan Peñalosa hat 8 Motetten und ein Requiem hinterlassen, die durch lange Zeit Francisco Peña-

losa zugeschrieben worden sind, der zur Zeit der Entstehung dieser Kompositionen bereits gestorben war. Der Kompositionsstil des Toledaner Organisten ist vorwiegend auf färbigen Vollklang gerichtet und darf daher als echt spanisch bezeichnet werden.

Francesco Manara
(um 1525 bis nach 1591)

Zeit und Umwelt
Die Tochter des französischen Königs Ludwig XII., Herzogin von Ferrara, stand stark unter dem Einfluß des Reformers Calvin, der sie in Ferrara aufgesucht hatte. Im Jahre 1540 hörte sie auf, die Pflichten als Katholikin zu erfüllen. Papst Paul III. konnte sie vor jeder Art kirchlicher Gerichtsbarkeit schützen, ausgenommen der Inquisition, von der sie auch mit Zustimmung ihres Mannes (Herzog Ercole II. von Ferrara) zu einer Gefängnisstrafe verurteilt wurde. Sie kam jedoch binnen weniger Tage durch einen Widerruf ihrer ketzerischen Ansicht wieder frei. Diese Zwistigkeiten störten aber das kulturelle Leben der Residenz Ferrara durchaus nicht. Manche Musiker allerdings, die der katholischen Sache sehr ergeben waren, verließen die Hofkapelle.

Leben
Francesco Manara wurde um 1525 vermutlich in Ferrara geboren und nach seiner Ausbildung in die Hofkapelle aufgenommen. Im Jahre 1548 gab er die Stellung auf und trat in die Kapelle an San Antonio in Padua als Sänger ein, wo er bis 1591 verblieb. Er dürfte bald darauf in Padua gestorben sein.

Werke
Von Francesco Manara sind 4 Bücher mit vierstimmigen Madrigalen und eines mit sechsstimmigen überliefert, außerdem Psalmen, Vespern und andere sakrale Gesänge. Sein Stil geht auf de Rore und auf Willaert zurück, birgt jedoch viele italienische Elemente in sich.

William Blitheman (um 1525–91)

Zeit und Umwelt
Viscount Richard Fitzwilliam (1745–1816) hinterließ der Universität Cambridge neben einer hohen Rente seine Bibliothek und eine große Anzahl Bilder und andere Kunstgegenstände, darunter eine wertvolle Musiksammlung, die unter dem Namen Fitzwilliam Virginal Book bekannt geworden ist. Es handelt sich dabei um nahezu 300 Stücke von Komponisten des 16. und 17. Jahrhunderts, gesetzt für das Virginal, die englische Form des Cembalo.

Leben
William Blitheman wurde um 1525 vermutlich in London geboren. Seine Ausbildung dürfte der englische Komponist an der Christ Church in Oxford erhalten haben, wo er 1564 Master of the choristers (Chorleiter) wurde. Im Jahre 1585 nahm ihn die Chapel Royal als Organisten auf. Er versah diese Stelle bis zu seinem Tod im Jahre 1591.

Werke
Von William Blitheman sind 2 vierstimmige Motetten und 14 Orgelsätze, von denen einer im Fitzwilliam Virginal Book, ein zweiter im Mulliner Book aufscheinen, erhalten. Bei 2 weiteren Orgelkompositionen ist die Zuschreibung unsicher. Außerdem liegen 2 Choralvariationszyklen für Orgel über eine Antiphon und einen Hymnus vor, die von John Bull und Sweelinck als Vorbild ihrer entsprechenden Zyklen gewählt wurden. Sie waren für spätere Orgelkomponisten instruktive Muster der freien Orgelvariation. Blitheman war für die englische Orgelmusik epochemachend.

Literatur
D. Steven, Tudor Church Music, London 1966.

Pietro Taglia (um 1525 bis nach 1600)

Zeit und Umwelt
Die Hofkapelle der Sforza, die von Fran-

chino Gaffori geleitete Musikschule, die Domkapelle und die Kapellen und Chöre an den anderen Kirchen Mailands und die in den Adelspalästen boten Musikern ein weites Betätigungsfeld und ausreichende Lebensmöglichkeiten. Daher strömten viele in der Stadt zusammen, die von der Musik leben wollten. Die Auswahl war jedoch streng und auch oft nicht gerecht; auch die Schule nahm nicht jeden. Daher blühte der Weizen für Privatlehrer, von denen auch nicht jeder für diese Tätigkeit geeignet war.

Leben
Pietro Taglia wurde um 1525 in oder bei Mailand geboren. Über seine Ausbildung ist nichts bekannt. Er lebte in Mailand als Komponist und Lehrer und dürfte sehr gesucht gewesen sein; einige namhafte Komponisten zählten zu seinen Schülern. Ob Taglia außerdem eine Stellung bekleidet hat, ist unbekannt. Er starb um 1600 in Mailand.

Werke
Vom italienischen Komponisten Pietro Taglia sind mehrere Bücher mit Madrigalen erhalten. Sein Stil muß als konservativ bezeichnet werden. Er ist exakt und beinahe schulhaft. Auch seine Kanzonen und anderen Lieder, die sich in Sammeldrucken finden, wirken etwas steif, bringen aber doch fallweise Wendungen von künstlerischem Schwung.

Giacomo de Gorzanis
(um 1525 bis nach 1575)

Zeit und Umwelt
Triest stellte sich 1382 unter die Oberhoheit Erzherzog Leopolds III. von Habsburg (1351 bis 1386) und kam dadurch in der Folgezeit zum Macht- und Besitzbereich Österreichs. Bei der Teilung des Reiches im Jahre 1564 unter den Söhnen Kaiser Ferdinands I. fiel die Stadt an Innerösterreich und wurde von Graz aus regiert.

Leben
Giacomo de Gorzanis (Gorzani) wurde um 1525 in Apulien geboren. Er war blind. Es ist unbekannt, wieso es ihn nach Triest verschlagen hat. Jedenfalls verbrachte er dort sein Leben als Lautenist, Lautenlehrer und Lautenkomponist und starb dort nach 1575.

Werke
Von dem »Lautenisten und Bürger der Stadt Triest« sind in Venedig 6 Lautentabulaturen erschienen. Ein weiteres Buch enthält Neapolitanen und Tänze, unter denen sich ein Passamezzo antico und ein Passamezzo moderno befinden; die dazugehörenden Saltarelli weisen alle 12 Halbtöne auf, stellen also einen weiten Schritt in die Richtung zur Chromatik dar. Gorzanis genoß in Triest und auch am Grazer Hof viel Beachtung.

Literatur
A. Zecca-Laterza, Giacomo Gorzanis, liutista del Cinquecento, Cremona-Parma 1963.

Pietro Teghi (um 1525 bis um 1580)

Zeit und Umwelt
Lautenmusik, mit Gesang und solistisch, war im 16. Jahrhundert in Venedig zur gebräuchlichsten Hausmusik geworden. Das leicht transportable Instrument mit seinem einschmeichelnden, unaufdringlichen Klang wurde bei jeder Gelegenheit gespielt, in den Wohnungen, bei Gesellschaften, bei Gondelfahrten, in Gärten und auf Terrassen. Der Bedarf an Tabulaturen war ungeheuer gestiegen und Lautenisten und Lautenlehrer fanden leicht ihren Lebensunterhalt.

Leben
Pietro Teghi wurde um 1525 in Padua geboren. Er ging nach Venedig, bildete sich dort zum Lautenisten und Lautenlehrer aus und lebte in der Stadt von seiner Kunst bis zu seinem Tod um das Jahr 1580.

Werke
Von dem Lautenisten Pietro Teghi sind 2 Lautentabulaturen erschienen, die Werke und Arrangements zeitgenössischer Meister und eigene Kompositionen enthalten. Der

Lautensatz zeigt, daß Teghi selbst über eine sehr entwickelte Spieltechnik verfügt haben muß.

Antoine de Hauville
(um 1525 bis um 1580)

ZEIT UND UMWELT
Théodore de Bèze, der calvinistische Theologe und Dichter, brachte 1560 unter dem Titel »Die christliche Lyra« mit Gleichgesinnten eine Sammlung sakraler Gedichte heraus, die einige Komponisten zur Vertonung anregte.

LEBEN
Antoine de Hauville wurde um 1525 in Nordfrankreich geboren und hielt sich bis um 1570 in Lyon auf. Dann dürfte er vor den Verfolgungen nach Genf ausgewichen und dort auch um 1580 gestorben sein.

WERKE
Der französische Komponist Antoine de Hauville vertonte eine Reihe von Gedichten aus der »Christlichen Lyra« von Théodore de Bèze, außerdem zweistimmige Tischgebete, die in die 150 Psalmen Davids eingestreut wurden. An profaner Musik liegen nur 2 Chansons vor.

Michel Charles Du Boisson
(um 1525 bis nach 1573)

ZEIT UND UMWELT
Ferdinand I. wurde zwar von seinem Bruder Karl V. bereits 1521 und 1522 die Regentschaft über den habsburgischen Besitz in Österreich und Deutschland übertragen, durch den Tod seines Schwagers Ludwig II. (1526) fielen ihm die Kronen von Ungarn und Böhmen zu, im Jahre 1555 überantwortete ihm Karl alle kaiserlichen Rechte, dankte aber zu seinen Gunsten erst 1556 ab. Eine Hofkapelle hatte sich Ferdinand zwar schon längst errichten lassen; eine Kaiserliche Kapelle wurde erst daraus, nachdem er selbst Kaiser geworden war.

LEBEN
Michel Charles Du Boisson wurde um 1525 in Lille geboren und vermutlich an einer der franko-flämischen Sängerschulen ausgebildet. Im Jahre 1559 trat er der Kaiserlichen Hofkapelle Ferdinands bei und blieb in diesem Wirkungskreis bis zu seinem Tod in Wien nach 1573.
Jacques Du Boisson (um 1520, Lille, bis nach 1559, Lille) wirkte in seiner Geburtsstadt als Organist. Er war ein Bruder oder naher Verwandter des Michel Charles Du Boisson.

WERKE
Von dem franko-flämischen Komponisten Michel Charles Du Boisson sind vier- bis sechsstimmige sakrale Gesänge (Cantiones) und eine Reihe Epithalamia (Hochzeitsgesänge) überliefert.
Jacques Du Boisson komponierte in den Jahren 1552 bis 1559 eine Anzahl Chansons für mehrere Stimmen.

Giovanni Pierluigi da Palestrina
(um 1525–94)

ZEIT UND UMWELT
Rom trat erst seit dem Beginn des 16. Jahrhunderts musikalisch produktiv in Erscheinung. Das hatte zum größten Teil in dem langsamen wirtschaftlichen und kulturellen Aufschwung nach der Rückkehr der Päpste aus Avignon seine Ursache. Nunmehr stellte sich Rom in den europäischen Mittelpunkt und wurde auch musikalisch zu einem Brennpunkt, und zwar mit einer ganz besonderen Eigenart. Vor allem die päpstliche Kapelle prägte diese Eigenart der römischen Schule ganz besonders deutlich aus und nahm dadurch auf die Entwicklung dieser Schule starken Anteil. Diese Besonderheit war durch einen strengen Kirchenstil und eine im Vergleich zu den oberitalienischen Schulen starre, konservative Haltung gekennzeichnet. Die scharfe Abtrennung des christlichen Kirchengesanges von jeder profanen Musik war, wenn auch in modifizierter Form, erhalten geblieben.

Nun machte die Renaissance, die gerade in Rom üppige Blüten trug, vor den Kirchentoren nicht halt. Dichte Vielstimmigkeit mit gegenseitig kontrapunktisch oder kanonisch verschobenen Texten degradierte diese zum reinen Vorwand; Melodie, Klang, Schönheit und Kunstfertigkeit rückten in die Ziellinie; Verzierungen und Verzärtelungen überwucherten das Wort bis zur Unverständlichkeit, so daß die Grenzen zwischen profaner und sakraler Musik immer unkenntlicher wurden. Der Cantus firmus wurde nicht selten populären Liedern, deren ursprünglicher Text sehr vulgär war, entnommen. Gegen solche Verletzungen der frommen Würde, gegen die Abkehr der Musik von ihrer Aufgabe als dienendes Element der Sakralhandlung, gegen den Ersatz des Singens als Intensivierung des Gebetes durch eine Musik der Menschen für Menschen wurden von maßgebenden Stellen ständig Einwendungen erhoben, die wohl in den den Päpsten unmittelbar unterstellten Kapellen mehr oder minder streng befolgt wurden, während man in den Kirchen der Kardinäle und den Palästen des Adels die Mahnungen vielfach überhörte.

Zwei Ereignisse brachten jedoch die Wendung. Das erste traf die Stadt, die unter den großen Renaissancepäpsten Alexander VI. (1492–1503), Julius II. (1503–13), Leo X. (1513–21) und Clemens VII. (1523–34) zum glänzenden Zentrum der Renaissancekultur geworden war, selbst. Der »Sacco di Roma«, der Einfall deutsch-spanischer Söldner vom 6. 5. 1527 in die Stadt und ihre vandalische Plünderung, vernichtete unersetzbare Schätze und unermeßliche Werte. Die Verarmung der Stadt, der Tod vieler Kulturträger, die Zerstörung zahlreicher Kulturdenkmäler entthronten die Götter der Antike und damit auch den Menschen als Mittelpunkt des Weltgeschehens für den Bereich von Rom.

Das zweite war um vieles weitreichender, es erschütterte das Gebäude der gesamten Christenheit und war durch die Namen Martin Luther, Jean Calvin und König Heinrich VIII. von England gekennzeichnet. Der Aktionsraum der römischen Kirche, der schon durch das Schisma des Jahres 1054 eine empfindliche Einengung erlitten hatte, büßte nunmehr weite Gebiete unwiderruflich ein; Bistum um Bistum bröckelte ab; der Verlust an politischer und wirtschaftlicher

Der Stockholmer Kammerchor widmet sich als »a-cappella-Instrument« auch der italienischen Madrigalkunst

Macht war ungeheuer. Dazu trat die akute Gefahr, daß sich noch mehr Länder und Völker dem Machtbereich Roms entziehen würden, so daß auch die Kirchenfürsten des Südens für sich selbst bangen mußten. Um diese Gefahr zu bannen, um zu retten, was noch gerettet werden konnte, wurde zu Maßnahmen gegriffen, von denen manche den Forderungen der Reformation entsprachen – auch Luther wollte ursprünglich nur reformieren und nicht abfallen.

In der »Entartung« der Renaissance, in der Hinwendung des Menschen zu seinem Wohnplatz Erde, erblickte man eine der Ursachen des drohenden Zerfalles. Die Ideenwelt des Mittelalters neu zu erwecken, war nicht möglich. Der Gebrauch der Vernunft konnte mit den schärfsten Mitteln nicht mehr verhindert werden. In England, wo durch politische Konstellationen die Gegenreformation für kurze Zeit gesiegt hatte, konnten auch rund 300 Ketzerverbrennungen den Gang der Geschichte nur wenig hemmen. Die Gegenreformation erforderte nach Meinung ihrer Initiatoren eine vorausgehende Erneuerung an Haupt und Gliedern, um Ansehen und politischen Machtanspruch wieder zu gewinnen und die letzten Bastionen zu halten.

Diesem Ziel war das Konzil zu Trient gewidmet, das sich zwangsläufig auch mit der Kirchenmusik befassen mußte. Es gab Modelle genug, nach denen man sich orientieren konnte. In der Vergangenheit lag der einstimmige, schmucklose gregorianische Gesang mit seinen Abarten, die verschiedenen reformierten Gemeinden boten alle Abstufungen von der völligen Verbannung der Musik jeder Art aus der Kirche über den deklamatorischen Gemeindegesang bis zur Auffassung Luthers, der jede Musik zuließ, sofern sie nur dem sakralen Zweck dienlich war. Ein Verbot der Musik in der Kirche wurde von dem Konzil nie erwogen. Dafür sorgten schon die musikliebenden spanischen Kardinäle, die ausdrücklich vor einer Zertrümmerung der Musik warnten. Die Klagen, die beim Konzil gegen den Zustand der Kirchenmusik erhoben wurden, deckten sich im großen und ganzen mit den bereits

Giovanni Pierluigi da Palestrina

seit dem Beginn des Jahrhunderts vorgebrachten Bemängelungen wegen fehlender Textverständlichkeit, weltlichen Geistes und Verwendung von Instrumenten.

Die von Papst Pius IV. (1559–65) eingesetzte Kommission mehrerer Kardinäle zog den flämischen Komponisten Jacobus de Kerle bei, der 1561 für das Konzil sozusagen als Muster die »Preces speciales« (Sondergebete) in einem polyphon-homophon gemischten, sehr gemäßigt modernen Stil komponierte und damit Beifall erntete. Damit war der »Konzilsstil« geschaffen und die »Kirchenmusik gerettet«. Der Konzilsbeschluß aus 1563 erkannte die zeitgenössische Mehrstimmigkeit an, forderte aber klare Textverständlichkeit, kirchliche Würde und Vermeidung »alles Weltlichen und Unreinen«. Einer Kardinalskommission wurde die Durchführung des Beschlusses anvertraut und damit die Kirchenmusik einer ständigen Kontrolle unterworfen, was für sie das Ende jedes Liberalismus bedeutete.

Leben

Giovanni Pierluigi da Palestrina wurde um 1525 in der kleinen, ungefähr 40 km von Rom entfernten Landstadt Palestrina geboren. Sein Vater Sante Pierluigi war vermutlich ein kleiner Gutsbesitzer und Weinbauer gewesen und hatte mit seiner ganzen Familie dem kleinen Bürgertum jener einstmals als etruskisch-römisches Praeneste bedeutenden Siedlung der Antike angehört. Man darf annehmen, daß Giovanni Pierluigi, der später den Namen seines Geburtsortes zu seinem eigenen machte, schon sehr früh im Chor des Domes seiner Vaterstadt gesungen hatte, nachdem er 1537, also im Alter von ungefähr 12 Jahren, als Chorknabe an der Kirche Santa Maria Maggiore in Rom Aufnahme fand. Gewohnt dürfte er bei einer Tante haben, die am Stadtrand eine Herberge betrieb. Er war unter dem Namen Joannes de Palestrina einer der sechs Chorknaben der Kirche, die von Giaccomo Coppola und Rubino Malapert unterrichtet und dirigiert wurden. Er selbst nannte sich Gianetto Prenestino oder Palestrino oder auch lateinisch Petraloisius Praenestinus. Im Jahre 1540 übernahm Firmin le Bel, der vermutlich Schüler Josquins war, die Leitung und die Ausbildung der Knaben.

Seine erste Stelle erhielt er 1544 in seiner Heimatstadt als Kapellmeister und Organist. Mit dieser Tätigkeit erwarb er sich die Aufmerksamkeit und Zufriedenheit des Bischofs von Palestrina, Kardinal Giovanni Maria Ciocchi del Monte, der 1550 als Julius III. Papst wurde und den Organisten aus Palestrina 1551 als Singmeister des Knabenchores und Kapellmeister an die Cappella Giulia von San Pietro nach Rom berief. Palestrina bedankte sich bei seinem Gönner mit der Widmung des ersten Buches seiner Messen, von denen die erste den Titel »Ecce sacerdos magnus« (Siehe den hohen Priester) trug. Im Jahre 1555 wurde Palestrina auf Sonderanordnung des Papstes ohne weitere Formalitäten oder Prüfungen in die Cappella Sistina als Sänger aufgenommen, wenngleich er kein Priester war, sondern 1547 Lucrezia de Gori geheiratet hatte. Jedoch Julius III. verstarb noch im gleichen Jahr (am 23. 3.).

Sein Nachfolger Marcellus II. (Marcello Cervini) brachte Palestrina die gleiche Wertschätzung entgegen, starb aber wenige Wochen nach seiner Inthronisation (am 1. 5. 1555).

Der nächste auf dem Heiligen Stuhl war Paul IV. (Ciampetro Caraffa), der als unduldsamer Eiferer mittels eines Motu proprio Palestrina, Leonardo Barré und Domenico Maria Ferrabosco als »verheiratete Individuen, die zum Skandal des Gottesdienstes und der heiligen Kirchengesetze mit den päpstlichen Kapellsängern zusammen lebten« mit einer ärmlichen Pension entließ (30. 7. 1555). Die finanzielle Einbuße hatte Palestrina offenbar weniger getroffen als die persönliche Kränkung. Er und seine Frau waren nicht unbemittelt, überdies trat er bereits am 1. 10. des gleichen Jahres die Kapellmeisterstelle an San Giovanni in Laterano, der zweiten Hauptkirche Roms, an, gab aber bereits 1560 diese Tätigkeit wegen zu knapper Dotierung der Kapelle wieder auf und übernahm im folgenden Jahr die Kapellmeisterstelle an der dritten Hauptkirche der Stadt, Santa Maria Maggiore, wo er als Chorknabe seine Ausbildung genossen hatte.

1566 wurde er mit der gleichen Funktion am Collegium Romanum der Jesuiten, das als gegenreformatorische Maßnahme zur Heranbildung deutscher Priester gegründet worden war, betraut. Unter seinen Schülern befanden sich damals seine beiden Söhne Rodolfo und Angelo. Aber auch dort hielt es ihn nicht lange; 1567 wurde ihm die Kapellmeisterstelle am Hof des Kardinals Ippolito d'Este II. in Rom und in Tivoli übertragen. Im gleichen Jahr knüpfte er Verhandlungen mit dem Wiener Hof an. Kaiser Maximilian II. hatte ihm ein gutes Angebot gemacht, das er aber angeblich wegen zu hoher Honorarforderungen Palestrinas zurückzog. Möglicherweise verfolgten diese Verhandlungen nur taktische Zwecke.

Im Jahre 1571 wurde der Meister an die Peterskirche zurückberufen, um die durch den Tod des Komponisten Giovanni Animuccia vakant gewordene Kapellmeisterstelle an die Cappella Giulia zu übernehmen.

In die Cappella Sistina wurde er nicht mehr aufgenommen. Er war kein Sänger mehr – seine Stimme war immer dünn gewesen – und konnte daher vom Sängerkollegium abgelehnt werden. Papst Pius V. (Antonio Ghislieri, 1566–72) vermochte dies ebensowenig durchzusetzen wie später Papst Sixtus V. (Felice Peretti, 1585–90), der ihn zum Kapellmeister bestellen wollte und sich damit begnügen mußte, ihn zum Komponisten der päpstlichen Kapelle zu ernennen.

Am 13. 5. 1572 gelangte Ugo Buoncampagni als Gregor XIII. (1572–85) auf den päpstlichen Stuhl. Er fühlte sich den großen Trägern seines Namens verpflichtet und wollte ihre Reformen fortsetzen. Neben vielen Maßnahmen zur Aktivierung der Gegenreformation, der genauen Durchführung der bereits gefaßten Beschlüsse des Konzils von Trient, das seit 1545 lief, und der nach ihm benannten umfassenden Kalenderreform beabsichtigte er, den Gregorianischen Choral zu revidieren und neu zu beleben, und übertrug die Bearbeitung der musikalischen Seite des Vorhabens Palestrina und Annibale Zoilo. Diese Arbeiten gerieten aber bald ins Stocken, weil seitens Philipps II. von Spanien gegen die Entfernung einzelner Melismen Einspruch erhoben wurde. Erst Felice Anerio und Francesco Suriano stellten 1614 die geplante Neuausgabe des Chorals fertig (Editio Medicaea).

Neben seinem Wirken an der Peterskirche war Palestrina als Kapellmeister der Verwandten des Papstes, der Fürsten Buoncampagni, und als Leiter der Musikschule seines Schülers Giovanni Maria Nanino tätig. In jenen Jahren wurden seine Söhne Rodolfo und Angelo wie sein Bruder Silla, die alle drei als Musiker und Komponisten tätig waren, durch die Pest hinweggerafft. Am 23. 8. 1580 starb seine Frau Lucrezia. Kurz darauf ging Palestrina die Ehe mit der wohlhabenden Pelzhändlerswitwe Virginia Dormili ein (23. 3. 1581), die ihn um 17 Jahre überlebte.

1583 lud der Komponist Guglielmo Gonzaga, Herzog von Mantua, Palestrina, mit dem er schon längere Zeit in Verbindung gewesen war, zu sich und bot ihm die Leitung seiner Hofkapelle an. Angeblich sollen auch diese Verhandlungen an den überhöhten Honorarforderungen des Meisters gescheitert sein. In Wahrheit dürfte auch hierbei die Anhänglichkeit Palestrinas an Rom ausschlaggebend gewesen sein. Palestrina war nie arm, und seine zweite Ehe hatte ihn zum wohlhabenden Mann gemacht. Wenn man ihm nachsagte, daß er stark am Geld hing und nie mit den angebotenen Honoraren zufrieden war, wurde dabei übersehen, daß er sich seines Wertes eben bewußt war und sich nicht billig verkaufen wollte und mußte. Daß es zwischen dem Herzog von Mantua und Palestrina wegen der zerschlagenen Verhandlungen zu keiner Verstimmung gekommen ist, beweisen die 10 Messen, die der Römer dem Mantuaner widmete.

Es ist anzunehmen, daß Palestrina neben seinem Wirken als Kapellmeister und Komponist auch eine rege Tätigkeit als Lehrer entfaltet hat. Es sind aber nur wenige Komponisten bekannt, die sich als echte Schüler (und nicht nur im übertragenen Sinn) bezeichnen durften. Neben seinem dritten Sohn Iginio, der den Vater überlebte, können nur Giovanni Maria Nanino, Annibale Stabile, der Verwandte seiner zweiten Frau Giovanni Andrea Dragoni, Francesco Suriano und Don Romano da Siena genannt werden.

Am Beginn der neunziger Jahre wurde Palestrina auch von Kardinal Pietro Aldobrandini, dem Neffen Papst Clemens VIII. (Ippolito Aldobrandini, 1592–1605), des dreizehnten und letzten Papstes im Leben des Meisters, für dessen Privatkapelle beansprucht. Jedoch Palestrina überkam die Sehnsucht nach seiner Vaterstadt, in deren Hauptkirche er als Kind gesungen und später als Kapellmeister und Organist gewirkt hatte. Es war gewiß nicht schwierig, die Kapellmeisterstelle neuerlich zu erhalten, kompliziert dürfte es nur gewesen sein, sich den verschiedenen Verpflichtungen in Rom zu entziehen. Es gelang, doch zu spät, weil er erkrankte und am 2. 2. 1594 noch in Rom starb. Er wurde als »Fürst der Musik« in der Peterskirche beigesetzt, im Zuge des Kirchenumbaues aber verlegt und nicht mehr zurückgebracht, so daß seine Begräbnisstätte in Vergessenheit geriet.

Das erste Messebuch – von Palestrina dem Papst Julius III. überreicht, Holzschnitt aus dem Jahr 1554

WERKE

Die Gesamtausgabe der Kompositionen Palestrinas umfaßt nahezu 1000 Nummern. Mit Ausnahme der in seiner Jugendzeit entstandenen profanen Madrigale ist alles Kirchenmusik, und zwar reine Vokalmusik, wenn man von den 8 Ricercari für Orgel absieht. Mit seinem umfangreichen Werk hat der Meister den mehrstimmigen kontrapunktischen Vokalstil, der auf die frankoflämische Schule zurückgeht, zur höchsten Vollendung durchgebildet und von der bisherigen Vier- und Fünfstimmigkeit bis zu zwölf Stimmen ausgebaut. Alle seit der Gregorianik entwickelten Stilmittel wurden zur echten Polyphonie der kontrapunktisch geführten gleichberechtigten und dennoch harmonisch zusammenklingend angelegten melodischen Linie gehoben, wobei durch ein neues Wort-Ton-Verhältnis dem Wortklang und dem Wortsinn voll Rechnung getragen wurde. Infolge der weiten Melodiebogen entstand innerhalb der Vielstimmigkeit viel Raum im Gegensatz zur Gebundenheit und zum massiven Klang der flämischen Meister und zur Flächigkeit der Venezianer.

Mit dieser Weiträumigkeit, die das Wort zur Geltung kommen ließ, kam Palestrina – wie Michelangelo in der Architektur – bereits dem heraufdämmernden Barock nahe. Diese Musik war eine lyrisch-epische Tonsprache und ohne Zweifel stark konservativ. Sie ließ auch der Phantasiekraft und Affektsprache wenig Raum. Ihre Eigenart lag in der einzigartigen Konzentration und genialen Ausgewogenheit der Musiksprache, die auf dramatische Akzente verzichtete und somit zum Spiegelbild des päpstlichen Rom mit seinem aristokratischen, konservativen, auf Ewigkeit eingestellten Machtanspruch und seinem Maß aller Dinge, in dem es keine Gefühlsregungen gibt, wurde. Dieser Stil entsprach auch vollkommen den Forderungen des Konzilsbeschlusses von 1563, und zwar vor und nach seiner Fassung. Die zur Überwachung der Kirchenmusik eingesetzte Kommission konnte sämtliche Kompositionen Palestrinas als einwandfreie Muster bezeichnen.

Das Schwergewicht seines Schaffens lag auf seinen 105 Messen. Einzelne davon werden heute noch beim Gottesdienst oder im Konzertsaal gesungen. Palestrina verwendete dabei häufig Themen eigener oder fremder Madrigale oder Motetten in der Cantus-firmus-Manier. In manchen Fällen dürfte es sich dabei um Melodien gehandelt haben, deren ursprüngliche Texte nicht einwandfrei waren und den Komponisten zwangen, die jeweilige Messe unbenannt zu belassen, so daß es zu einer Reihe von Messen »sine nomine« (ohne Namen) kam. Zu einem beträchtlichen Teil der Messen verwendete er neu gebildete Themen. Ungeheuer groß ist sein Motettenwerk, das über 350 Werke zählt, darunter 56 für acht und 9 für zwölf Stimmen. Die verwendeten Texte sind liturgisch, manche stützten sich auf die Gregorianik und paraphrasieren sie zuweilen sehr kunstvoll, der größte Teil aber bringt neue Melodik.

Eine Mittelstellung zwischen den Motetten

und den Madrigalen nehmen seine Vertonungen der »Lieder Salomons« ein, die den freieren Madrigalstil mit strenger Kontrapunktik geschickt verbinden, wie man das auch bei seinen anderen 60 sakralen Madrigalen feststellen kann. Noch freier und ohne Cantus firmus sind seine 66 fünfstimmigen Offertorien, die heute noch oft in Kirchen gesungen werden, weil sie »ganz modern« klingen. Die 35 Magnificat sind mit Verwendung der acht Kirchentöne angelegt. Dazu kommen noch 46 vierstimmige Hymnen, 9 Psalmen (einige zwölfstimmig) und Antiphone und schließlich die Orgelricercari. Die Nachwirkung dieser Fülle an Werken, die uns Palestrina hinterlassen hat, war gewaltig. Er war und bleibt vermutlich immer der Großmeister und das unerreichbare Vorbild aller Kirchenmusiker, gleichgültig von welcher Warte aus man ihn beurteilt.

Missa Papae Marcelli für sechsstimmigen gemischten Chor, entstanden 1562

Geschrieben zu Ehren des Papstes Marcellus II. (Marcello Cervini), dessen Pontifikat nur einige Wochen des Jahres 1555 dauerte. Die Messe dürfte von der vom Konzil zu Trient eingesetzten Überwachungskommission als für die zulässige Kirchenmusik richtunggebend anerkannt worden sein. Sie gilt als Inbegriff der Kunst Palestrinas. Das Werk bringt eine vollendete Verknüpfung alter Polyphonie mit neuem Zusammenklang; fugierte Einsätze, kanonartige Wendungen wechseln mit akkordischen Stellen ab; es kommt sogar zu Terzenparallelen.
Die einzelnen Teile der Messe sind motivisch miteinander verwandt. Das Kyrie beginnt mit einem nach einem Quartensprung stufenweise absteigenden Motiv, mit dem alle sechs Stimmen nacheinander einsetzen. Erster und Zweiter Baß sind kanonisch geführt, die anderen Stimmen setzen das Thema frei fort. Im folgenden Christe eleison werden mehrmals je zwei Stimmen in Terzenparallelen geführt. Auch im nochmaligen Kyrie erfolgt der Einsatz der Stimmen imitatorisch nacheinander. Nach dieser Disposition im Kyrie verlieren die einzelnen Stimmen ihre Selbständigkeit. Das Gloria und das streckenweise vierstimmige Credo ballen die Stimmen zu homophonen Akkordketten, deren Melodie von der höchsten Stimme getragen wird. Besonders lebendig und vielgestaltig sind das Sanctus und das vierstimmige Benedictus mit dem Osanna, weil darin ständig neue Gruppierungen der Stimmen eine starke Färbigkeit erzeugen. Im Agnus spaltet sich der Chor in sieben Stimmen auf. Ein dreistimmiger, breit angelegter Kanon greift das Thema des Kyrie neu auf, die anderen vier umrahmen dieses Geschehen mit weit gespannter Kontrapunktik und münden im feierlichen Abschluß des Werkes, durch dessen Stimmengewebe jedes Wort deutlich verstanden wird, ohne daß es zu einer speziellen Wortausdeutung kommt. Die Distanzierung der Musik von der Wortbedeutung läßt keine subjektive Stellungnahme des Komponisten erkennen, der nur »die Frömmigkeit fördern durch süße Melodien und vielfältige Melodien« wollte und sich damit dem Bereich einer viel späteren Klassik näherte.

Missa de Beata Virgine für vierstimmigen gemischten Chor, entstanden 1566

Gewidmet wurde sie König Philipp II. von Spanien. Dem Werk liegen als Cantus firmi Melodien der gregorianischen Messe gleichen Namens zugrunde, die durch alle fünf Teile paraphrasiert werden. Das Kyrie ist auf dem ersten, das Gloria auf dem siebenten, das Credo auf dem vierten, das Sanctus auf dem elften Kirchenton aufgebaut wie auch das Agnus Dei. Die gesamte Messe ist von der klaren Atmosphäre der Gregorianik durchflutet, es gibt keine dramatischen Momente und keine Wortausdeutung, nur einen ruhigen Fluß der vier Stimmen, die zuweilen paarweise einander imitieren. Gerade diese Messe zeigt den musikalischen Standort des Meisters, der kein »Neuerer« und kein »Pionier« war, weil seine Musik den Gipfelpunkt mittelalterlicher Sakralmusik darstellt. Denn er war wie Johann Sebastian Bach ein Vollendeter und ein Vollender alles vor ihm Liegenden im wahren und wörtlichen Sinn des Wortes.

Missa sine nomine (Missa mantovana) für vier gleiche Stimmen, entstanden 1568

Gewidmet dem Komponisten Guglielmo Gonzaga, Herzog von Mantua. Palestrina komponierte nahezu ausschließlich für gemischten Chor und nur wenige Werke für gleiche Stimmen. Diese Messe ist die einzige bisher bekannte Messe dieser Art und war für die Hofkapelle des Widmungsträgers bestimmt, für den er zehn Jahre später noch 9 Messen verfaßte. Das Werk hat eine freie Thematik. Erst im Credo erscheint ein Cantus firmus, der jedoch in Rhythmus und Melodieverlauf stark verändert ist. Damit wich der Komponist vom Stil der römischen Liturgie ab, wenn auch nur im Rahmen des Zulässigen. Aber der Herzog hatte es für seine Kapelle so verlangt. In Rom wurde die Messe nicht aufgeführt. Trotz dieser Freiheit steht das Werk der Marcellusmesse sehr nahe, besonders wegen der häufigen Parallelführung der Stimmen. Der damit erzielte akkordische Klang wird hier jedoch stärker profiliert als bei der Missa Marcelli.

Die Missa mantovana beweist wie auch die anderen 9 für Gonzaga geschriebenen Messen, daß Palestrina jeden Stil, auch den freiesten, vorzüglich beherrschte und auch in diesem erweiterten Rahmen den Forderungen zu entsprechen vermochte, die das Konzil und er selbst an die Kirchenmusik stellte. »Leichte Musik« verabscheute er: »Wehe denen, die ihre Begabung zu leichtfertiger oder unwürdiger Musik mißbrauchen und so die Menschheit, welche stets zum Bösen geneigt ist, zur Sünde verführen.«

Missa »Tu es Petrus« für sechsstimmigen gemischten Chor, entstanden nach 1572, veröffentlicht posthum 1601

Das Werk wurde als Parodiemesse nach der gleichnamigen 1572 veröffentlichten Motette angelegt. Die einzelnen Sätze, Kyrie, Gloria, Credo, Sanctus und Benedictus und Agnes Dei, stellen kunstvolle Variationen der Motetten oder Meditationen darüber dar. Die Vorlage ist sehr einfach und übersichtlich verarbeitet; der zweite Abschnitt ihrer Teile wiederholt sich wie ein Refrain. Dementsprechend einfach tritt auch die Messe auf, die gerade dadurch einen besonders eindringlichen Vortrag gewinnt. Sie wird daher auch heute gerne gespielt und gehört, weil »die Ahnung des Höchsten und Heiligsten, der geistigen Macht, die den Lebensfunken in der ganzen Natur entzündet, sich hörbar ausspricht«. Man könnte sie wegen ihrer Schlichtheit als Musterbeispiel des strengen, konservativen Kirchenstiles, also als »Prima Prattica« bezeichnen, die sich scharf von der neuen »Seconda Prattica« des affektgeladenen Sologesanges und der bereits angebrochenen Welt der Oper abhebt.

Missa asumpta est für sechsstimmigen gemischten Chor, erstaufgeführt 1585

Diese Messe gilt als eine der bedeutendsten des Komponisten. Das Kyrie ist ein zartes Geflecht fein geführter Stimmen. Das Gloria folgt mit feierlichem Chorklang, in dem tiefe und hohe Stimmen lebendig abwechseln. Das Credo wird einfach und ernst deklamiert, jedes Wort bleibt verständlich. Leichte Tonmalerei bietet das »descendit de coelo« (Steigt vom Himmel), das 'mit abgleitender Tonleiter den Vorgang illustriert.

Kreuzigung und Auferstehung werden mit hohen Klängen innig gekennzeichnet. Das Sanctus entfaltet allen Glanz eines dichten Chorklanges, Benedictus und Agnus bilden einen weichen Abgesang des Werkes.

Missa Aeterna Christi Munera für vierstimmigen gemischten Chor, veröffentlicht 1590

Die Messe nimmt ihre Benennung von den ersten Worten eines einstimmigen Hymnus des Offiziengottesdienstes. Die Melodie dieses Hymnus liegt dem gesamten Werk zugrunde. Im Gloria und im Credo wird sie nur von der Oberstimme gebracht, in den anderen Teilen jedoch imitatorisch von allen vier Stimmen. Die beibehaltene gregorianische Melodie bewirkt eine enge Verbindung der fünf Messeteile zu einer Einheit, wie das im vorhergehenden Jahrhundert von den Niederländern geübt worden ist. Es ist aber geradezu überraschend, welche Klangwirkung er als Vollender der niederländischen Satzkunst erreicht, ohne daß auch nur ein Wort des Textes überdeckt wird. Akkordketten, Parallelführungen und Rezitation sind hier keine »modernen« Stilmittel, sondern ergeben sich gerade aus der mathematisch exakten kontrapunktischen Themenverarbeitung von selbst.

Missa Hodie Christus natus est für achtstimmigen gemischten Chor, entstanden nach 1575, veröffentlicht posthum 1601

Dieser Messe liegt die gleichnamige achtstimmige Weihnachtsmotette, die Palestrina 1575 erstmalig veröffentlicht hat, zugrunde. Es handelt sich um eine Imitationsmesse, bei der der Motettenanfang zu Beginn eines jeden der sechs Messeteile verwendet und ihr Schlußmaterial am Ende der Teile verarbeitet wurde. Im Inneren der Messeteile wird das Thema unabhängig von der Motette entwickelt, wenn auch die nahe Verwandtschaft beider Werke ständig zutage tritt. Obschon es sich um eine Weihnachtsmesse handelt, wird darin kein pastoraler Klang angestrebt. Da der Text des Ordinarium auch für solche Festtage keine Änderungen kennt und spezielle Bezugnahme dem Proprium überläßt, ist kein besonderer Charakter der Musik der Messe feststellbar. Eigentümlich ist nur, daß die Friedensbitte (Dona nobis pacem) des Agnus Dei fehlt.

Incipit Oratio Jeremiae Prophetae, Lamentationes Jeremiae 5, 1–5 (Es beginnt die Rede des Propheten Jeremias, Lamentationen 5, 1–5), für achtstimmigen gemischten Chor, entstanden 1574

Wie alle Klagereden von Jeremias endet auch diese Karsamstaglesung (Lectio III) mit dem Bekehrungsruf: »Jerusalem, bekehre dich zum Herrn, deinem Gott.« Die Rahmenteile des Werkes sind imitatorisch und äußerst klangreich ausgearbeitet, der Textvortrag ist eher knapp. Die einzelnen Verse werden abwechselnd von hohen oder tiefen Stimmen gesungen, nur der erste und die letzten Verse beschäftigen beide Klangräume. Durch Wechsel von schlichtem akkordischem Satz und in verschiedenen Stimmlagen verfeinerter Imitation wurde eine seltene Ausdruckskraft erreicht, die das Werk rasch berühmt machte.

LITERATUR
K. Jeppesen, Palestrinastil, Kopenhagen 1925

Giulio Abondante
(um 1526 bis nach 1587)

ZEIT UND UMWELT
Das Für und Wider der Kirchenmusik, das im 16. Jahrhundert ausgetragen wurde, berührte Komponisten, Kapellmeister, Sänger und Instrumentalisten mit Ausnahme der Lautenmusik, die in Kirchen ohnehin nicht zugelassen war. Die Laute erklang – solistisch oder als Gesangbegleitung – in den Palästen der geistlichen und weltlichen Würdenträger, in den Bürgerhäusern, auf Schiffen, in Kneipen oder auf der Straße. Ihr Bereich spannte sich von der ärgsten Trivialität bis zum höchsten Virtuosentum, sie lief neben der anderen Musik einher, unbeschwert von Prinzipienstreit und ideologischer Überlegung, aber weder beengt noch gelenkt, und durfte sich frei entwickeln.

LEBEN
Giulio Abondante wurde vermutlich im venezianischen Raum um 1526 geboren. Über sein Leben ist nur bekannt, daß er ein beliebter Lautenist und Lautenkomponist war. Er dürfte in Oberitalien als Lautenist und Lautenlehrer tätig gewesen sein. Seine sämtlichen Tabulaturen sind in Venedig erschienen, die letzte im Jahre 1587. Ort und Zeit seines Todes sind nicht feststellbar.

WERKE
Von Giulio Abondante sind zahlreiche Tänze, Madrigale, Motetten, französische Chansons, Fantasien und Ricercari für Laute erschienen, die sehr erfolgreich waren und zum Teil noch heute gespielt werden.

LITERATUR
R. Eitner, Giulio Abondantes Lautenbücher, Monatshefte für Musikgeschichte VIII, 1876.

Pierre Davantès (1526–61)

ZEIT UND UMWELT
Der Reformator Calvin gründete 1559 gemeinsam mit dem Theologen Théodore de Bèze die Genfer Akademie zur Heranbildung protestantischer Missionäre. Dadurch wurde Genf, das Zufluchtsort verfolgter Protestanten war, zu einer Zentrale protestantischer Theologie.

LEBEN
Pierre Davantès (Antesignanus) wurde 1526 in Rabastens, Hautes-Pyrenées, geboren. Er suchte 1559 als Protestant Zuflucht in Genf, erhielt die Aufenthaltsgenehmigung und war an der Akademie tätig, bis er am 31. 8. 1561 starb.

WERKE
Der französische Kantor Pierre Davantès veröffentlichte 1560 eine monodische Vertonung der Psalmen Davids, die im Schul- und Kirchengebrauch stand, wo mehrstimmiger Gesang nicht zugelassen war.

Marc-Antoine de Muret (1526–85)

ZEIT UND UMWELT
In den Religionskämpfen des 16. Jahrhunderts stand Toulouse auf katholischer Seite und vertrieb die Hugenotten. Man dürfte vorausgesehen haben, welcher Partei der Sieg zufallen würde. Der Sieg bei Muret, den die Kreuzfahrer gegen die Albigenser am 12. 9. 1213 erfochten, und die anschließenden Massaker, Plünderungen und Brandschatzungen waren noch im Gedächtnis.

LEBEN
Marc-Antoine de Muret wurde am 12. 4. 1526 in Muret, Toulouse, geboren. Er war humanistischer Schriftsteller, Dichter und Musiker und hielt sich den größten Teil seines Lebens in Rom auf, wo er am 4. 6. 1585 starb.

WERKE
Von dem kompositorischen Werk des französischen Musikers Marc-Antoine de Muret ist wenig überliefert. Aber die Sonetten Pierre de Ronsards, die er vertonte, und die Chansons zeigen, daß der Humanist seine klassischen Ideale auch bei der Musik nicht vergessen hatte.

Annibale Padovano (1527–75)

ZEIT UND UMWELT
Kaiser Ferdinand I. von Habsburg teilte das von seinem Bruder Kaiser Karl V. übertragene Reich unter seinen Söhnen Maximilian, Ferdinand und Karl (1540–90) auf. Erzherzog Karl fiel Innerösterreich (Herzogtümer Steiermark, Kärnten, Krain und Grafschaft Görz) zu. Nach dem Tod des Vaters (1564) schlug er seinen Regierungssitz in Graz auf und begründete dort seine Hofkapelle.

LEBEN
Annibale Padovano (Padoano) wurde in Padua 1527 geboren. Seine Ausbildung dürfte er in seinem Geburtsort oder in Venedig genossen haben. Im Jahre 1552 erhielt er die Stelle als Erster Organist am Markusdom unter den Kapellmeistern Willaert, de Rore und Zarlino, 1566 wurde er Hoforganist Erzherzog Karls von Österreich in Graz, 1570 Hofkapellmeister. Er starb in Graz am 15. 3. 1575.

WERKE
Von den Kompositionen des Organisten Annibale Padovano sind ein Buch mit fünfstimmigen Messen, weitere Bücher mit fünf- und sechsstimmigen Motetten, fünfstimmigen Madrigalen, ein Buch mit vierstimmigen Ricercari und eines mit Toccaten und Ricercari erhalten. Weitere Werke finden sich in Sammeldrucken. Sein Stil ist rein venezianisch, sehr klangvoll und lebendig.

LITERATUR
H. Federhofer, Musikpflege und Musiker am Grazer Habsburgerhof der Erzherzöge Karl und Ferdinand von Innerösterreich, Mainz 1967.

Thomas Whythorne (1528–95)

ZEIT UND UMWELT
Der älteste Musikdrucker in England war der Londoner Wynkyn de Worde (um 1460 bis 1530). Im Gegensatz zu den jüngeren, die nahezu durch ein ganzes Jahrhundert nur sakrale Musik herausbrachten, publizierte er auch etwas profane Musik. Man brachte bis zum Ende des 16. Jahrhunderts der weltlichen Musik wenig Achtung entgegen. Sie wurde vielmehr als »wirklich barbarisch« abgetan, und zwar sehr zu unrecht, wie die wenigen Beispiele aus jener Zeit zeigen, die doch festgehalten und überliefert worden sind.

LEBEN
Thomas Whythorne wurde 1528 vermutlich in Sommerset geboren und studierte in Oxford. Er unterrichtete später Musik am Trinity College in Cambridge und in London. Um das Jahr 1553 ging er auf Reisen durch mehrere europäische Länder, um deren Musik kennenzulernen; am meisten bevorzugte er die lateinische und davon, nach seiner eigenen Behauptung, die neapolitanische. Er veröffentlichte darüber einen umfangreichen, sehr aufschlußreichen Reisebericht. Den Rest seines Lebens widmete er der Komposition und Schriftstellerei und starb in London im Sommer des Jahres 1595.

WERKE
Die von Thomas Whythorne komponierten und veröffentlichten mehrstimmigen Lieder sind nahezu die einzigen Beispiele profaner englischer Musik des 16. Jahrhunderts bis zum Jahr 1588, in dem die »Psalmen, Sonet-

Verschiedene Musikanten um »Frau Musica«, oben König David mit einer Harfe – Miniatur eines unbekannten Künstlers des 14. Jahrhunderts, aus: »M. Severinus Boethius, De Musica«

Oben: Initiale des Introitus für den ersten Sonntag nach Pfingsten aus einer Handschrift des 15. Jahrhunderts mit zwei Parabeln

Linke Seite: Seite aus dem Codex Squarcialupi, benannt nach dem einstigen Besitzer der Handschrift, Antonio Squarcialupi, Organist und Komponist aus dem 16. Jahrhundert

»Spiel und Tanz« als Heilmittel für Leib und Seele

ten und Lieder« von William Byrd erschienen sind. Sie sind alles andere als »barbarisch«, sondern stellen eine interessante Vorstufe zur Vokalmusik des kommenden Jahrhunderts dar. Der italienische Einfluß ist dabei stark bemerkbar. Außerdem brachte der Komponist eine Anzahl Duette für den Gesangunterricht heraus, die den Rahmen einer reinen Gesangübung weit überschreiten.

LITERATUR
P. Warlock, Thomas Whythorne, an unknown Elizabethan Composer, London 1925.

Francisco Guerrero (1528–99)

ZEIT UND UMWELT
Wie sich die gesamten Erzbistümer der Iberischen Halbinsel als »Spanische Kirche« eine weitreichende Selbständigkeit erhalten konnten, so ging auch die Kirchenmusik unbeschadet ihrer engen Kontakte zu Italien vielfach eigene Wege. Der mozarabische Kirchengesang, der schon vor Jahrhunderten vom römischen zurückgedrängt worden war, tauchte dennoch von Fall zu Fall mit etlichen Wendungen auf, der dunkle Akkordklang eng geführter tiefer Stimmen unterstrich den düsteren Prunk der Kathedralen, und das schwere, pathetische Spanisch erforderte eine besondere Tonsprache.

LEBEN
Francisco Guerrero wurde am 4. 10. 1528 als Sohn des Malers Gonzalo Sánchez Guerrero in Sevilla geboren. Seinen ersten Musikunterricht erhielt er von seinem älteren Bruder Pedro Guerrero. Für seine weitere Ausbildung sorgte der Komponist Fernández de Castilleja, Kapellmeister der Kathedrale von Sevilla, an der Guerrero ab 1542 sang. Seine Behauptung, von Morales unterrichtet worden zu sein, kann nur so verstanden werden, daß er dessen Werke studiert hat. Er lernte auch Flöte und andere Blasinstrumente sowie Harfe. Im Jahre 1546 wurde er Kapellmeister der Kathedrale von Jaén, ging jedoch

Die Gruppe Hesperion XX spielt Musik auch von Pedro Guerrero

1548 an die Kathedrale von Sevilla als Sänger zurück. Nachdem Morales gestorben war (1554), erhielt Guerrero dessen Stelle als Kathedralenkapellmeister von Málaga, wurde aber ein Jahr später in gleicher Eigenschaft nach Sevilla verpflichtet. Auf seinen Reisen besuchte er Lissabon, Santander, Rom und Venedig und unternahm 1588 eine Pilgerfahrt nach Palästina. Er starb am 8. 11. 1599 in Sevilla als allseitig geschätzter Kirchenkomponist und Kapellmeister.

Sein Bruder Pedro Guerrero ist um 1515 in Sevilla geboren und wurde vermutlich von Morales unterrichtet. Er ging um 1545 nach Italien und dürfte dort mit Vincenzo Galilei in Kontakt gekommen sein. Näheres über seine Tätigkeit in Italien ist ebensowenig bekannt wie Ort und Zeit seines Todes.

WERKE
Francisco Guerrero gilt als einer der hervorragendsten Komponisten der spanischen polyphonen Schule des 16. Jahrhunderts. Von

ihm sind 18 Messen, 2 Requiem, 2 Passionen (Matthäus und Johannes), 7 Psalmen, 10 Magnificat, 24 Hymnen und ein fünfstimmiges Te Deum mit einer Reihe sonstiger kirchlicher Gesänge erhalten. Bekannter und beliebter noch als die Kirchenmusik waren seine Motetten und Lieder profanen Inhaltes. Eine Reihe von seinen Kompositionen wurden von spanischen Lautenisten für Gitarre transkribiert.

Von Pedro Guerrero ist sehr wenig überliefert. Vincenzo Galilei lobte seine profanen Kompositionen und brachte eine davon heraus; andere scheinen transkribiert in spanischen Lautentabulaturen auf. Auch eine Motette über die »Parabel von den Törichten Jungfrauen« ist erhalten.

LITERATUR
R. Stevenson, Spanish Cathedral Music in the Golden Age, Berkeley, Calif. 1961.

Nikolaus Selnecker (1528–92)

ZEIT UND UMWELT
Bis zur Konkordienformel des Jahres 1577, die mit 12 Artikeln die nach Martin Luthers Tod aufgekommenen Lehrunterschiede des Protestantismus beseitigte, war die Reformation von einer gefährlichen Aufsplitterung bedroht. Es blieb ohnehin noch die Differenz zu den calvinistischen reformierten Gemeinden und in manchen Ländern die Verfolgung seitens der Gegenreformation bestehen.

LEBEN
Nikolaus Selnecker (Selneccer) wurde am 6. 12. 1528 in Hersbruck bei Nürnberg geboren. Der deutsche Theologe, Komponist und Organist spielte bereits als Zwölfjähriger die Orgel der Burgkapelle in Nürnberg. Ab 1549 studierte er in Wittenberg Theologie und wurde 1557 Hofprediger und Prinzenerzieher in Dresden, verlor aber als Anhänger von Melanchthon 1561 diese Stellung. Er ging nach Jena, wo seine Glaubensgenossen den Ton angaben, und erhielt eine Professur an der Universität. Im Jahre 1568 beendete er dort seine Lehrtätigkeit, übersiedelte nach Wolfenbüttel und nahm schließlich einen Lehrstuhl an der Universität Leipzig ein, wo er am 24. 5. 1592 starb.

WERKE
Von Nikolaus Selnecker ist eine Sammlung vierstimmiger »Christlicher Psalmen, Lieder und Kirchengesänge« erhalten, die den Werken der Heidelberger Komponistengruppe sehr nahestehen. Ihr vierstimmiger Satz ist noch weiter ausgebaut, läßt den Text klar hervortreten, ohne ihn wörtlich auszudeuten.

Johannes de Cleve (um 1529–82)

ZEIT UND UMWELT
Die Motette hat als Gattung mehrstimmiger Vokalmusik im Verlauf ihrer Geschichte starke Wandlungen erfahren. Unverändert ist im großen und ganzen ihre sakrale Ausrichtung geblieben. Profane Texte und Verwendungen waren in jeder Epoche selten. Es wurden jedoch immer wieder Motetten verfaßt, die einem Fürsten gewidmet oder anläßlich eines staatlichen Ereignisses geschrieben worden waren. Komponisten in Hofstellungen verfaßten Motetten zu Geburten oder Geburtstagen, Vermählungen und anderen Hoffestlichkeiten, gewonnenen Schlachten und geschlossenen Staatsverträgen. Anlässe zu solchen »Staatsmotetten« gab es genug, und die Dichter, die mehr oder weniger gute Verse, lateinisch oder volkssprachlich, bereitstellten, fanden sich zu jeder Zeit.

LEBEN
Johannes de Cleve wurde um 1529 in Cleve (Stadt oder Herzogtum) geboren. Er dürfte seine Jugend in den Niederlanden verbracht und bereits dort komponiert haben. Im Jahre 1553 wurde er in die Hofkapelle Kaiser Ferdinands I. als Sänger aufgenommen und kam nach dessen Tod (1564) mit dessen Sohn Erzherzog Karl nach Graz, wo ihm die Leitung der Hofkantorei anvertraut wurde. Von 1570 bis 1578 hielt er sich in Wien und

darauf bis zu seinem Tod am 14. 7. 1582 in Augsburg als Musiklehrer und Komponist auf.

Werke
Abgesehen von seinen Staatsmotetten schrieb Johannes de Cleve nur Kirchenmusik: Messen, sakrale Motetten und andere Gesänge. Sein Stil folgt der Polyphonie der franko-flämischen Schule. Seine Messen werden fallweise heute noch gesungen.

Literatur
H. Federhofer, Musikpflege und Musiker am Grazer Habsburgerhof der Erzherzöge Karl und Ferdinand von Innerösterreich, Mainz 1967.

Costanzo Porta (um 1529–1601)

Zeit und Umwelt
Ab 1405 wurde Padua von Venedig regiert und verwaltet und teilte wirtschaftlich und kulturell sein Schicksal. Die Entwicklung der Stadt jedoch, von der sich durch den Maler Andrea Mantegna (1431–1506) die Kunst der Renaissance in ganz Oberitalien ausbreitete, in der Baumeister, Bildhauer, Erzgießer, Maler, Musiker und Dichter Vorbildliches und Ewiges schufen, in der die zweitälteste Universität Italiens mit Lehrern wie Galileo Galilei stand, in der der Portugiese Antonio (1195–1231) in einer Basilika voll Pracht begraben liegt, bedingte ein großes Maß an Eigenständigkeit auf allen Linien, zumal die von Venedig unabhängigen kulturellen Leistungen weiterhin erbracht wurden. Der Orden der Minderen Brüder zum Beispiel, dem Obhut und Pflege der Basilika des »Santo« anvertraut waren, förderte im Sinn der lebensbejahenden Lehre ihres großen Gründers Franciscus (1181–1226) jeden seiner Brüder, der künstlerische Talente zeigte, und ließ ihm gediegene Ausbildung angedeihen.

Leben
Costanzo Porta wurde um 1529 in Cremona geboren. Er trat dem Orden der Minderen Brüder bei, wurde von Willaert in Venedig ausgebildet und erhielt 1552 die Chormeisterstelle in Osimo bei Ancona. Im Jahre 1565 wurde er Kapellmeister an der Basilika San Antonio in Padua, 1567 an der Kathedrale in Ravenna, 1574 an der Basilika von Loreto, kam 1580 in gleicher Eigenschaft erneut nach Ravenna und 1589 vorerst an die Kathedrale von Padua und dann 1595 an San Antonio. Er ist am 19. 5. 1601 in Padua gestorben.

Werke
Nach übereinstimmendem Zeugnis zeitgenössischer und späterer Musikwissenschaftler war Costanzo Porta einer der bedeutendsten Kontrapunktiker seiner Zeit. In seinen Motetten verband er die denkbar genialste kontrapunktische Stimmführung der franko-flämischen Schule mit feinem italienischem Wohlklang. Seine Motettenbücher zu fünf, sechs und vier bis acht Stimmen erschienen in Venedig. Dann veröffentlichte er Introitus für Sonn- und Festtage, eine Anzahl vier- bis sechsstimmiger Messen, vierstimmige Hymnen, achtstimmige Psalmen und 4 Bücher mit Madrigalen, von denen eines verschollen ist. Verschiedene Vokalwerke sind in Sammeldrucken herausgekommen. Alle diese Musik, einschließlich der Madrigale, weist die von Willaert erlernte niederländische Strenge auf, zugleich aber die weiche, graziöse Melodik Italiens.

Literatur
A. Garbelotto, Il Padre Costanzo Porta, Rom 1955.

William Mundy (um 1529–91)

Zeit und Umwelt
Die Königliche Kapelle (Chapel Royal) Englands hat eine weit zurückreichende Geschichte. Sie wird bereits 1135 erwähnt. Die frühesten Berichte darüber stammen aus der Zeit des musikliebenden Königs Heinrich V. Sie spielte in der englischen Musikgeschichte in allen folgenden Jahrhunderten eine maßgebende Rolle. Die Aufnahme in ihren Kreis

und die Ernennung zum Gentleman der Kapelle galt in allen Epochen als besondere Auszeichnung, die den meisten bedeutenden Musikern des Landes verliehen wurde.

LEBEN
William Mundy wurde um 1529 vermutlich in oder bei London geboren. Er war ab 1543 Sänger an Westminster Abbey und in den fünfziger Jahren an St. Paul's Cathedral. Im Jahre 1564 wurde er zum Gentleman der Chapel Royal ernannt und blieb bis zu seinem Tod im Jahre 1591 in deren Dienst.

WERKE
Von William Mundy sind 2 vierstimmige Messen und eine Anzahl Motetten, Anthems und anderer kirchlicher Gesänge erhalten, die sich stark an die franko-flämische Schule anlehnen, aber Dissonanzen so viel wie möglich vermeiden; akkordischer Klang wird vielfach exakter Kontrapunktik vorgezogen.

LITERATUR
H. Baillie, A London Church in Early Tudor Times, Music & Letters XXXVI, 1955.

Claude le Jeune

Claude le Jeune (um 1529–1600)

ZEIT UND UMWELT
Unter der Führung von Pierre de Ronsard (1524–85) und Joachim du Bellay (1522 bis 1560) traten fünf weitere französische Dichter der Renaissance – Jean Dorat (1508 bis 1588), Pontus de Tyard (1522–1605), Rémy Belleau (1528–77), Étienne Jodelle (1532 bis 1573), Jean Antoine de Baïf (1532–1589) – zu einer Gruppe zusammen, um unter der Bezeichnung Pléiade dem Gedanken der Renaissance dadurch Rechnung zu tragen, daß sie sich bemühten, die französische Sprache und Literatur durch Nachahmung und Nachbildung klassischer und italienischer Dichtung zu bereichern. Einzelne zeitgenössische Komponisten wie Jacques Mauduit und besonders Claude le Jeune griffen die Idee auf und versuchten mit ihren Vertonungen solcher Dichtungen diese humanistischen Bestrebungen zu unterstützen.

LEBEN
Claude le Jeune (Claudin) wurde um 1529 in Valenciennes geboren. Er lebte in Paris und pflegte enge Beziehungen zur Dichtergruppe Pléiade. Im Jahre 1596 wurde er zum Königlichen Kammerkomponisten ernannt. Seine zeitweilige Hinneigung zu den Hugenotten war ihm, vermutlich auf Intervention seines Freundes, des Komponisten Jacques Mauduit, verziehen worden. Er starb in Paris und wurde am 28. 9. 1600 beerdigt.

WERKE
Die interessantesten Kompositionen von Claude le Jeune sind die Vertonungen von Gedichten von Jean Antoine Baïf in antiken Metren. Eines seiner Hauptwerke sind die Psalmenvertonungen im Motettenstil für verschiedene Anzahl Stimmen. Außerdem

sind drei- bis vierstimmige geistliche Chansons, viele vokale und instrumentale Stücke und eine Messe erhalten. Außerordentlich populär waren die Vertonungen der Genfer-Psalmen mit sehr einfachem Kontrapunkt, wobei die Melodie im Tenor liegt, aber der Diskant »so schön klingt, daß man ihn für die Melodiestimme hält«. Sie wurden in den reformierten Kirchen Frankreichs und Hollands gesungen. Von seinen reizenden Chansons ist »O rôze rene des fleurs« (O Rose, Königin der Blumen) am beliebtesten geworden.

Missa in re (Messe in D) für gemischten Chor, veröffentlicht posthum

> Diese Messe unterscheidet sich grundlegend von den übrigen Werken des Komponisten, der bei dem lateinischen Messetext keines seiner Prinzipien anwendete. Das Werk ist ohne Verwendung fremder oder eigener Melodien völlig frei gearbeitet; die einzelnen Teile bieten ein rhythmisch sehr verschiedenes Bild; auch die Zusammensetzung des Ensembles ist nicht einheitlich: Das »Pleni sunt« wird von zwei Stimmen, das »Domine Deus Crucifixus« und »Resurrexit« von drei, »Et iterum, Benedictus« von vier, »Et in Spiritum Sanctum« und »Agnus I« von sechs und »Agnus II« von sieben Stimmen gesungen, während an dem größeren Rest fünf Stimmen beteiligt sind. Der polyphone Satz ist von homophonen Passagen unterbrochen, die auf besonders wichtige dogmatische Lehrsätze hinweisen (»Et incarnatus est«). Gewisse einzelne hervorstechende Aussagen im Messetext werden musikalisch interpretiert, wie zum Beispiel die jubelnden Triolen des »Osanna«, die zarte Melodik des »Benedictus« oder die absteigende Baßlinie im »Descendit de coelo«. Nur beim »Resurrexit« würde man triumphierendere Klänge erwarten. Dafür schließt eine siebenstimmige Fuge im »Agnus II« das Werk grandios ab.

LITERATUR
D. P. Walker und Fr. Lesure, Claude le Jeune and musique mesurée, Musica Disciplina III, 1949.

Jacobus Vaet (1529–67)

ZEIT UND UMWELT
Kaiser Maximilian II. nahm gegen den Protestantismus eine sehr konziliante Haltung ein und konnte selbst nur mit Mühe von einem Übertritt zum Luthertum abgehalten werden. Seine Anstrengungen für eine Versöhnung beider Konfessionen und ihre Koexistenz waren vergebens. Erfolgreicher waren seine kulturellen Bemühungen. Er zog Künstler, Architekten und Gelehrte an seinen Hof und wandte vor allem der Hofkapelle sein Interesse zu, die unter seiner Regierung einen bedeutenden Aufschwung nahm.

LEBEN
Jacobus Vaet wurde 1529 in Courtrai geboren. Der franko-flämische Komponist sang von 1543 bis 1546 im Chor der Marienkirche seiner Geburtsstadt. Im Jahre 1554 trat er in die Dienste des Erzherzogs Maximilian von Österreich und erhielt nach dessen Wahl zum Kaiser die Leitung der Hofkapelle in Wien. Er starb in Wien am 8. 1. 1567. Jakob Regnart widmete ihm eine siebenstimmige Gedenkmotette.

WERKE
Innerhalb des kompositorischen Werkes von Jacobus Vaet stehen nur 3 profane Chansons einer gewaltigen Anzahl von sakralen Vertonungen gegenüber. Sein Schaffen stand voll unter dem Einfluß von Josquin und Gombert. 10 Messen, 82 Hymnen und Motetten, 8 Magnificat und eine beträchtliche Zahl verschiedener kirchlicher Gesänge in verschiedenen Sammeldrucken sind erhalten. Alles muß als guter Durchschnitt angesehen werden und als Ergebnis eines ehrlichen Bemühens, gute, klangvolle Musik zu schreiben.

LITERATUR
M. Steinhardt, Jacobus Vaet and His Motets, East Lansing 1951.

Johannes Kneffel
(um 1530 bis nach 1617)

ZEIT UND UMWELT
Bei der deutschen Kirchenmusik des 16.

DIVO MAXIMILIANO BO-
HAEMORVM REGI, ARCHIDVCI AVSTRIAE ETC.
Sacrum.

AVSTRIA, Musarum sedes, caput intulit astris,
Hactenus & Phœbi numine plena fuit.
Dum fouet Austriadum Iovis alitæ Diua propago
Pierias animo dexteriore Deas.
Hanc merito dignis ad sidera laudibus effert
MVSICA, Castalij mater amica chori.

Quæ dum suauisonis mulcet concentibus auras,
Decantatq́ue tuos PANNONIS ora Duces:
Nomine fulta tuo, tenebras euosa triumphat,
Inclyte REX tersis effigiata typis.
Quos magno sumptu, longoq́ue labore paratos
Protulit artificis sculpere docta manus.

Is tibi primitias MAXIMILIANE laborum
Consecrat, & supplex voce rogante petit:
Suscepto fautor dignéris adesse labori,
Surgat vt auspicijs MVSICA læta tuis.
Maiores etenim tibi designabit honores,
Si modò speratam senseris artis opem.

VIT. IAC. P. LAVREN.

IACOBVS VAET Sex vocvm.
Canon.

Est sacer imperio Iouis ales & imperat orbi,
Dum vigilans biceps omnia fronte videt.
Cæsareis custos diadematis, explicat alas,
Et FERDINANDI Cæsaris arma gerit.
V. I. P.

Austriaca celebri Princeps è stirpe creatus,
Quiregio Augustæ sceptra Bohæmonum.
Hæc merito claro fertur à victoris honores,
Dum subiectaq́ue sibi terga leonis habet.
G. C. P.

Superius.

Qui operatus est Petro Petro In apostolatu In apostolatu operatus est mihi operatus est mihi est mihi operatus est mihi mihi inter gentes & cognouerunt & cognouerunt gratiam gratiam quæ data est quæ data est mihi à Christo Dño à Christo Domino à Christo Domino à Christo Dño.

Contratenor.

Qui operatus est Petro qui operatus est Petro est Petro in apostolatu in operatus est mihi operatus est mihi inter gentes, & cognouerunt gratiam quæ data est quæ data est mihi à Christo dño, à Christo dño à Christo dño à Christo Domino.

Tenor.

Qui operatus est Petro qui operatus est Petro qui operatus est, qui operatus est Petro in apostolatu operatus est mihi operatus est mihi inter gentes, & cognouerunt gratiam quæ data est mihi, quæ data est mihi à Christo dño, à Christo dño, à Christo Domino à Christo Domino.

Bassus.

Qui operatus est Petro Petro qui operatus est operatus est Petro in apostolatu operatus est mihi est mihi operatus est mihi inter gentes inter gentes, & cognouerunt gratiam gratiam gratiam quæ data est mihi q́ data q́ data est à Christo dño à Christo Domino à Christo Dño.

VIENNÆ AVSTRIÆ EX OFFICINA TYPOGRAPHICA
RAPHAELIS HOFHALTER
ANNO
M. D. LX.

Jahrhunderts ist zuweilen ein interessanter Austausch zwischen den beiden Konfessionen bemerkbar. Etliche Komponisten standen nicht an, auch für die »Gegenseite« etwas zu schreiben. Einzelne Kirchenmusiker wechselten mehr als einmal ihr Bekenntnis, weil die Umstände und die Lebensnotwendigkeiten es verlangten. Zu einer reinlichen Trennung der Musik beider Lager ist es überhaupt nie gekommen.

LEBEN

Johannes Kneffel (Knefel, Knöfel, Knöffel, Knofelius) wurde um 1530 in Lauban geboren. Bis zum Jahre 1569, in dem er herzoglicher Kapellmeister in Liegnitz wurde, ist über sein Leben nichts feststellbar. 1571 verließ er Liegnitz, um nach Heidelberg zu gehen, trat dort in die herzogliche Kapelle ein, wo er sodann von 1576 bis 1583 als Kapellmeister tätig war. Im Jahre 1592 war er Organist an der Heinrichskirche in Prag, wo er vermutlich nach 1617 starb.

WERKE

Von dem Kirchenmusiker Johannes Kneffel sind 32 fünf- bis siebenstimmige Motetten, 37 fünfstimmige Ordinariumsätze, 20 fünf- bis sechsstimmige Motetten, 30 sechsstimmige Motetten, 23 Newe Teutsche Liedlein, eine Kaiser Rudolf II. gewidmete sechsstimmige Messe und einige handschriftliche Sätze erhalten. Alle diese Kompositionen fußen stark auf Orlando di Lasso, entbehren aber einer gewissen Originalität nicht. Es ist alles gute und echte Musik.

LITERATUR

W. Scholz, Zu Johannes Kneffel, Archiv für Musikforschung, VII, 1942.

Juan Navarro (um 1530–80)

ZEIT UND UMWELT

Der spanische Dichter und Schriftsteller Vicente Martínez Espinel (1550–1624), der angeblich die spanische Gitarre um eine fünfte Saite erweitert hat, berichtete über den Kapellmeister der Kathedrale von Sevilla Fernández de Castilleja, daß sich dieser immer sehr anstrengte, seinen Schülern außerhalb Sevillas gute Stellungen zu besorgen, weil er sich ihre Konkurrenz in Sevilla selbst vom Hals schaffen wollte. Ob das nun der Wahrheit entspricht oder nicht, sicher ist, daß sowohl Morales wie Guerrero – die berühmtesten Schüler – außerhalb der Heimat gut versorgt wurden und auch weitere nicht ohne Stellungen geblieben sind.

LEBEN

Juan Navarro (Johannes Navarrus Hispalensis) wurde um 1530 in Marchena geboren. Er wurde Chorknabe an der Kathedrale von Sevilla und Schüler von Fernández de Castilleja. Dann war er 1565 Kapellmeister in Ávila, 1566 in Salamanca, in Ciudad Rodrigo 1574 und 1578 bis zu seinem Tod im Jahre 1580 in Palencia.

Die Behauptung, er sei nach 1604 in Mexiko gestorben, dürfte auf eine Verwechslung mit dem Ordensmann Juan Navarro (Juan Navarrus Gaditanus) zurückgehen, der um 1560 in Cádiz geboren wurde, sich um 1590 in Rom aufgehalten hat, sodann nach Mexiko ausgewandert und dort nach 1604 gestorben ist.

WERKE

Von Juan Navarro (Hispalensis) sind eine Anzahl Psalmen, Hymnen, Magnificat für

---

Motette »Qui operatus est Petro« von Jacobus Vaet – Einblattdruck auf Pergament, gewidmet Kaiser Maximilian II.

vier bis sechs Stimmen, etliche Antiphone und kleinere kirchliche Werke erhalten, die ohne Ausnahme im damaligen sevillanischen Stil geschrieben sind.

Juan Navarro (Gaditanus) hinterließ ein Buch mit 4 Motetten-Passionen, 8 Lamentationen und eine vertonte Rede Jeremias.

LITERATUR
G. Chase, Juan Navarro »Hispalensis« and Juan Navarro »Gaditanus«, The Musical Quarterly XXXI, 1945.

François Gallet (um 1530 bis nach 1586)

ZEIT UND UMWELT
Infolge der Teilung seines Reiches durch Kaiser Karl V. in eine spanische und eine österreichische Linie geriet die nordfranzösische Stadt Douai in die Hände Philipps II. von Spanien, der daraus ein politisches und religiöses Propagandazentrum der aus England geflüchteten Katholiken bildete. Er gründete in Douai eine Universität (1562) und verlieh einigen englischen Gelehrten Lehrstühle, darunter dem Kardinal William Allen (1532–94), der 1568 ein College zur Heranbildung englischer Kleriker errichtete.

LEBEN
François Gallet wurde um 1530 in Mons geboren und vermutlich auch ausgebildet. Es ist unbekannt, welche Stellungen er versehen hatte, bis er in Douai zur Kapelle am College für englische Theologen kam. Ob er dem College, das für die Jahre von 1578 bis 1593 nach Reims übersiedelte, gefolgt oder in Douai geblieben ist, läßt sich nicht feststellen. Er dürfte nach 1586 in Douai oder in Reims gestorben sein.

WERKE
Der franko-flämische Musiker François Gallet hat kirchliche Gesänge für fünf, sechs und mehr Stimmen mit Instrumentalbegleitung geschrieben, deren Stil sehr locker und »modern« gehalten wurde. Die Kompositionen sind auf Klangwirkung abgestimmt und gehören strukturell bereits dem kommenden Jahrhundert an.

Vincenzo Bell'Haver (um 1530–87)

ZEIT UND UMWELT
Die politische und wirtschaftliche Stagnation Venedigs in der 2. Hälfte des 16. Jahrhunderts hatte keinen Einfluß auf das gesellschaftliche und künstlerische Leben der Stadt. Es war, als wollte der Venezianer nun die Früchte der Anstrengungen der verflossenen Jahrhunderte genießen. Mit Recht wurde diese Epoche die »goldene« genannt. Die Maler Tizian, Tintoretto und Veronese schmückten Paläste und Kirchen, Jacopo Sansovino schuf seine Prachtbauten, in den Kirchen, vor allem im Dom, wurde der Musikstil gepflegt, der dem Prunk der Stadt entsprach.

LEBEN
Vincenzo Bell'Haver wurde um 1530 in Venedig geboren. Er war Chorknabe an San Marco und Schüler von Andrea Gabrieli. Nach verschiedenen Stellungen im Raum der Republik Venedig wurde er Organist am Dom zu Padua (1584) und sodann (1586) an San Marco als Nachfolger seines Lehrers, starb aber bereits im September 1587 an seinem Geburtsort.

WERKE
Von den in Venedig erschienenen Madrigalen des Organisten Vincenzo Bell'Haver ist nur das 2. Buch erhalten. Außerdem enthalten verschiedene Sammelwerke weitere Madrigale, Canzonetten, Motetten und Magnificat. Von seinen Orgelwerken ist nur eine einzige Toccata überliefert. Der venezianische Komponist zeigt sich in allen seinen überlieferten Werken als Schüler seines Lehrers Andrea Gabrieli, dessen Niveau er nicht erreicht hat.

LITERATUR
S. Dalla Libera, Cronologia musicale della Basilica di San Marco in Venezia, in: Musica sacra Nr. 2, Mailand 1961.

Rodrigo de Ceballos (um 1530–81)

ZEIT UND UMWELT

Die Entdeckung der Neuen Welt leitete für Spanien einen gewaltigen politischen und besonders wirtschaftlichen Aufschwung ein, der zu einem kulturellen Aufstieg hätte führen können, wenn es zu einer Befreiung vom Denk- und Verhaltenszwang gekommen wäre. Die Ansätze des Humanismus wurden aber bald abgewürgt. Auch die Musik durfte sich nur in den Kathedralen entfalten.

LEBEN

Rodrigo de Ceballos (Çavallos) wurde um 1530 in Aracena, Sevilla, geboren. Er wurde vermutlich in Sevilla ausgebildet und erhielt 1554 die Zweite Kapellmeisterstelle an der Kathedrale von Málaga. Im Jahre 1556 war er Kantor an der Kathedrale von Sevilla, wurde im gleichen Jahr zum Priester geweiht und mit der Kapellmeisterstelle an der Kathedrale von Córdoba betraut. Ab 1561 war er Kapellmeister an der Königlichen Kapelle in Granada, wo er 1581 starb.

WERKE

Von Rodrigo de Ceballos sind 3 Messen, 52 vier- bis sechsstimmige Motetten, ein Salve Regina und etliche Madrigale erhalten. Er verfaßte auch einige Villancicos. Sein Stil ähnelt dem von Morales oder Guerrero und muß als typisch sevillanisch bezeichnet werden, obwohl einiges ziemlich trocken klingt.

LITERATUR

R. Stevenson, Spanish Cathedral Music in the Golden Age, Berkeley 1961.

Julien Belin (um 1530–84)

ZEIT UND UMWELT

Im Verlauf des 16. Jahrhunderts wurde auch in Frankreich die Laute als Hausinstrument immer populärer. Daher fanden Lautenlehrer genügend Schüler, um vom Unterrichten leben zu können. Da außerdem viele Lautenisten zugleich Organisten und Sänger waren, fanden sie ein weites Betätigungsfeld. Lautentabulaturen waren sehr begehrt. Die Musikverleger gaben sich auch mit Arrangements von Vokalmusik und Orgelstücken zufrieden, zogen aber Originalkompositionen vor.

LEBEN

Julien Belin (Bellin) wurde um 1530 in Le Mans geboren. Er ging nach Paris und lebte dort als Musiker, Lautenlehrer und Komponist. Ob er eine feste Stellung hatte, ist nicht bekannt. Er ist im April 1584 in Paris gestorben.

WERKE

Von Julien Belin sind ein Buch Motetten, Chansons und Fantasien tabuliert erhalten. Seine Musik ist sehr lebhaft und klangsatt.

Jean Servin (um 1530 bis um 1596)

ZEIT UND UMWELT

Während des Religionskrieges war Orléans bis 1567 ein Zentrum des Protestantismus. Dann geriet es in die Hände der Katholiken, die Tausende Hugenotten ermordeten. Nur wer von den Reformierten flüchtete oder sich versteckte, blieb am Leben.

LEBEN

Jean Servin wurde um 1530 in Orléans geboren und lebte dort bis zu den Massakern. Er wich nach Lyon aus, von wo er ebenfalls flüchten mußte. Es ist unbekannt, wo er sich aufgehalten hat, ehe er sich 1584 in Genf niederließ. Er starb in Genf um 1596.

WERKE

Der französische Komponist Jean Servin vertonte 150 Psalmen Davids vorerst dreistimmig mit Hugenottenmelodien, dann alternativ kontrapunktisch oder vertikal akkordisch. Zuletzt suchte er eine rhythmische und melodische Textausdeutung zu gewinnen. Diese Kompositionen sind sehr interessant, obschon sie wenig Anklang fanden.

Esteban Daza (um 1530 bis nach 1576)

ZEIT UND UMWELT

Die Vihuela hatte noch im 16. Jahrhundert in Spanien die gleiche Bedeutung wie die Laute in Italien, Frankreich oder Deutschland. Sie hatte fünf bis sieben Saiten und ermöglichte ein volleres Akkordspiel als die viersaitige Gitarre. Dennoch war dieses Jahrhundert ihr letztes. Die Gitarre erhielt eine fünfte Saite, was zu einem Aufblühen der Gitarrenmusik führte. Daneben wandte sich das Interesse stark den Tasteninstrumenten und der Viola da gamba zu.

LEBEN

Esteban Daza wurde um 1530 in Valladolid geboren. Es ist unbekannt, wo er seine Ausbildung als Vihuelist erhielt und welche Stellung er bekleidete. Er dürfte in Valladolid sein Leben verbracht haben und dort auch nach 1576 gestorben sein.

WERKE

Von Esteban Daza ist die letzte Sammlung mit Vihuela-Kompositionen erschienen. Sie enthielt eigene Werke und Übertragungen von Kompositionen – Motetten, Chansons und Villancicos – anderer Meister wie Ceballos, Guerrero, Navarro, Ordoñez und Vasquez. Es dürfte sich um die zu seiner Zeit beliebtesten Stücke handeln.

LITERATUR

H. Arglès, La musica en España, Barcelona 1934.

Marcin Łwówczyk (um 1530–89)

ZEIT UND UMWELT

König Zygmunt II. August von Polen hatte die Kulturpolitik seines Vorgängers und Vaters fortgesetzt und besonders die Königliche Kapelle gefördert. Dies nahm ein jähes Ende, als der König im Jahre 1572 ohne Leibeserben plötzlich verstarb. Von den Thronanwärtern wurde Henry de Valois (1551 bis 1589) 1573 gewählt, der jedoch ein Jahr darauf nach Frankreich zurückkehrte, weil er zum Erben der französischen Krone geworden war. Im Jahre 1575 fiel die Wahl auf den Fürsten von Siebenbürgen, István Báthory (1533–86). Die Wechselfälle wirkten sich für das kulturelle Leben des Staates ungünstig aus, so daß nicht wenige Kulturträger Krakau verließen.

LEBEN

Marcin Łwówczyk (Martinus Leopolita, Leopolitanus) wurde um 1530 in Lemberg (Lwiw) geboren, vermutlich in Krakau zum Musiker ausgebildet und in die Königliche Kapelle aufgenommen. Jedenfalls wurde er 1560 als Hofkomponist genannt. Nach dem Tod König Zygmunts II. August dürfte er in seine Heimatstadt zurückgekehrt sein, wo er 1589 starb.

WERKE

Von dem polnischen Komponisten Marcin Łwówczyk sind nur wenige Kompositionen erhalten: eine fünfstimmige Ostermesse auf polnische Kirchenlieder und 4 fünfstimmige Motetten, die ihn als echten Renaissancemusiker ausweisen, der es verstand, flämisch-italienische Satzkunst mit bodenständiger Melodik zu paaren.

LITERATUR

A. Chybiński, Über die polnische mehrstimmige Musik, Leipzig 1909.

Massimo Troiano (um 1530 bis nach 1570)

ZEIT UND UMWELT

Die deutsche Familie Fugger stieg im 15. und 16. Jahrhundert zu einer europäischen kommerziellen und finanziellen Macht auf. Kaiser und Könige waren ihre Kreditnehmer. Sie förderte mit mächtigem Geldeinsatz den Katholizismus und die Gegenreformation und war daher mit dem Haus Habsburg in Deutschland und in Spanien in enger Interessensgemeinschaft verbunden. Diese einseitige Orientierung unter Marcus Fugger (1529–97) und Johann Jakob Fugger (1516 bis 1575) führte schließlich zu einer Schwächung des wirtschaftlichen Einflusses der Augsburger Familie in den folgenden Jahrhunderten. Ihr Lebensstil, der dem eines fürstlichen Hauses glich, wurde lange beibehalten wie ihre Privatkapellen.

LEBEN

Massimo Troiano (Trojano) wurde um 1530 in Corduba, Neapel, geboren und vermutlich in Neapel von Giovan Domenico Nola ausgebildet. Wahrscheinlich über spanische Empfehlung nahm ihn die Privatkapelle von Johann Jakob Fugger in Augsburg 1560 als männlichen Altsänger auf. Er blieb in dieser Stellung bis 1567. Nach kurzem Wirken in Treviso und Venedig trat er sodann in den Dienst Albrechts V., Herzog von Bayern. Er betätigte sich als Komödiendichter, Bühnenbildner und Musiker. Im April 1570 wurde gegen Troiano eine Untersuchung wegen Mordes an dem zeitgenössischen Geiger Battista Romano eingeleitet, der er sich durch Flucht entzog. Es ist nicht bekannt, wohin er sich gewendet hat und wann und wo er gestorben ist.

WERKE

Von dem Dichter und Komponisten Massimo Troiano sind 4 Bücher mit neapolitanischen Kanzonen für drei bis vier Stimmen überliefert. Einzelnes ist in Sammeldrucken verstreut. Seine Kanzonen folgen einem reinen neapolitanischen Stil, der zu seiner Zeit sehr gefiel und heute noch gerne gehört wird.

LITERATUR

W. Boetticher, Orlando di Lasso und seine Zeit, Kassel 1958.

Alexander Utendal (um 1530–81)

ZEIT UND UMWELT

Erzherzog Ferdinand von Österreich, Regent von Tirol und Vorderösterreich, heiratete 1557 heimlich Philippine aus der Augsburger Patrizierfamilie Welser, die neben den Fugger zu den reichsten und einflußstärksten Kaufleuten und Bankiers von Europa zählten; Kaiser Karl V. war der prominenteste und vielleicht auch größte Schuldner dieser Finanzmacht. Der Erzherzog ließ als Wohnsitz seiner Frau das Schloß Ambras bei Innsbruck erbauen, in dem das erste Museum der Neuzeit angelegt wurde (Ambraser Sammlung). Die Innsbrucker Hofkapelle war ähnlich den anderen habsburgischen in Wien, Prag und Graz auf höchstem Stand. Sie beschäftigte neben Künstlern aus dem nahen Italien vorwiegend Niederländer, wie es der Tradition des Herrscherhauses entsprach.

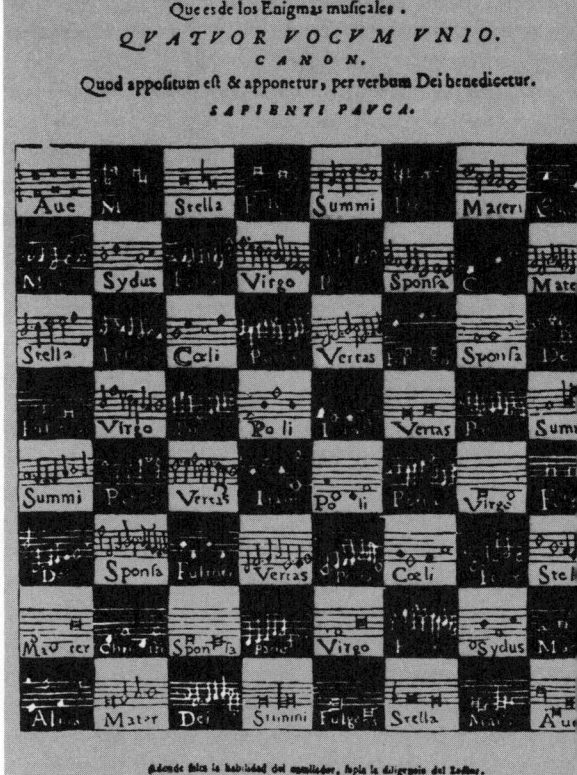

Musiklehrbuch des Bermudo »El libro llamado declaratio de instrumentos«, Ossuna 1555

LEBEN
Alexander Utendal (Uttendal, Uetendal, Ausm Thal) wurde um 1530 in den Niederlanden geboren und trat seine erste Stelle an der Kapelle der Königinwitwe Maria von Ungarn an. Im Jahre 1564 kam er als Altist zur Kapelle Erzherzog Ferdinands in Prag und ging mit ihm nach Innsbruck, als dieser die Regentschaft über Tirol und die österreichischen Vorlande antrat. Dort wurde er 1572 Musiklehrer des Knabenchores, 1573 Hofkomponist und 1580 Vize-Kapellmeister. Ein Angebot aus Dresden, die vakant gewordene Kapellmeisterstelle am sächsischen Hof zu übernehmen, lehnte er ab. Er starb in Innsbruck am 7. 5. 1581.

WERKE
Von dem franko-flämischen Komponisten Alexander Utendal sind 3 Bücher mit mehrstimmigen Motetten, 3 Messen, Magnificat und »Fröliche newe teutsche vnnd französische Lieder mit vier, fünf und mehr stimmen« erhalten, außerdem Responsorien. Weitere Stücke sind in verschiedenen Sammeldrucken und handschriftlich überliefert. Utendal ist als Komponist typischer Niederländer. Darüber hinaus schwebten ihm die Vorbilder Isaac, Hofhaymer und Senfl vor. Auch der Einfluß der nahen Münchner Hofkapelle ist bemerkbar. Und zu guter Letzt haben die vielen Italiener der Innsbrucker Hofkapelle den Klang ihrer heimischen Musik auch nach Innsbruck gebracht.

LITERATUR
W. Senn, Musik und Theater am Hof zu Innsbruck, Innsbruck 1954.

Francisco Fernández Palero
(um 1530–97)

ZEIT UND UMWELT
Granada wurde 1492 als letztes Maurenreich von den Katholischen Königen Ferdinand II. und Isabella I. erobert und damit die Reconquista abgeschlossen. Daher wandte das königliche Paar dieser Stadt seine besondere Zuneigung zu, die sich unter anderem durch den Bau einer Königlichen Kapelle ausdrückte; es wurde dort auch beigesetzt. Die Kathedrale Santa María de la Encarnación wurde 1529 begonnen und war in der 2. Hälfte des Jahrhunderts schon benützbar, so daß Auswahlprüfungen der Organisten für ihren Chor abgehalten werden konnten.

LEBEN
Francisco Fernández Palero wurde um 1530 im südlichen Spanien geboren. Der spanische Organist und Komponist wirkte durch 40 Jahre als Organist an der Königlichen Kapelle in Granada. In den Jahren 1568 bis 1569 führte er den Vorsitz bei den Auswahlprüfungen für die Organistenstelle an der Kathedrale in Málaga. Er starb in Granada am 26. 9. 1597.

WERKE
Von Francisco Fernández Palero sind 14 Orgelstücke, Variationen (Tientos) und Glosas (Paraphrasen) liturgischer Hymnen und Motetten spanischer und französischer Meister überliefert. Alle anderen Werke sind verlorengegangen. Der Orgelsatz verlangt eine entwickelte Spieltechnik, die der Meister sicherlich beherrscht hat. Einzelne Variationen weisen weit über die zeitgenössische Renaissancemusik hinaus.

LITERATUR
J. López-Calo, La música en la catedral de Granada, Granada 1964.

Philippe Duc (um 1530 bis nach 1586)

ZEIT UND UMWELT
Wenn auch im 16. Jahrhundert die flandrischen Quellen allmählich versiegten, aus denen das damalige musikalische Europa mit Musikern und Musik versorgt wurde, und sich überall eigene Zentren der Musikentwicklung gebildet hatten, so fanden doch Musiker aus dem franko-flämischen Raum leicht Aufnahme und ein Betätigungsfeld, weil dieses Herkunftsland noch immer als Empfehlung galt.

Leben

Philippe Duc (le Duc, de Duc) wurde um 1530 in Flandern geboren. Über seine Jugend ist nichts bekannt; es ist auch nicht feststellbar, wann er nach Italien gekommen ist. Er dürfte in Padua gewirkt haben. Da er einzelne Kompositionen dem österreichischen Erzherzog Karl widmete, wird angenommen, daß er sich auch zeitweilig in Graz aufgehalten hat. Er ist vermutlich nach 1586 in Italien gestorben.

Werke

Von Philippe Duc sind in der Zeit von 1570 bis 1586 in Venedig mehrere Bücher mit vier- bis sechsstimmigen Madrigalen erschienen. In Handschriften und Sammelpublikationen finden sich weitere Madrigale, Motetten und auch Messen. Alle diese Kompositionen weisen auf eine Ausbildung des Meisters in seiner Heimat hin. Sie sind gut gearbeitet und haben einen beträchtlichen künstlerischen Wert.

Literatur

A. Einstein, The Italian Madrigal, Princeton 1970.

Nicolas de la Grotte
(um 1530 bis um 1600)

Zeit und Umwelt

Die homophone (und homorhythmische) Kompositionstechnik, bei der die einzelnen Stimmen ihre Eigenständigkeit verlieren und die Melodiestimme im Gleichschritt entweder akkordisch oder kontrapunktisch begleiten, setzte sich in der Liedkomposition des ausgehenden 16. Jahrhunderts immer stärker durch. Sie entsprach dem Bestreben, eine erhöhte Textverständlichkeit der komponierten Dichtung zu sichern und der Musik eine rein illustrierende Funktion zuzuweisen. Hand in Hand ging damit, daß die Komponisten literarisch wertvolle Texte verwendeten, die für sich allein genügend künstlerische Ausdruckskraft hatten und durch eine Vertonung kaum gewinnen konnten.

Leben

Nicolas de la Grotte (Crotte) wurde um 1530 vermutlich in Paris geboren. Er war nach seiner Ausbildung bei Antoine de Bourbon, Duc de Vendôme (1518–62), als Cembalist und Organist tätig. Nach dessen Tod trat er in die Dienste des Herzogs von Anjou, dem späteren König Heinrich III., und versah die Stellung als Hoforganist bis zu seinem Tod um 1600.

Werke

Die homophone Kompositionstechnik wurde von Nicolas de la Grotte als einem der ersten französischen Komponisten konsequent angewendet. Seine »Chansons de P. de Ronsard, Ph. Desportes et autres, mises en Musique« (Lieder von P. de Ronsard, Ph. Desportes und anderen, in Musik gesetzt) erlebten bis 1580 sechs Auflagen, seine drei- bis sechsstimmigen »Airs et chansons« wurden viel nachgedruckt und beeinflußten eine Reihe von zeitgenössischen und jüngeren Komponisten.

Literatur

R. Lebègue, Ronsard corrigé par un de ses musiciens, Revue de Musicologie XXXIX, 1927.

Cesare Accelli (um 1530 bis nach 1586)

Zeit und Umwelt

Das Madrigal des 16. Jahrhunderts beließ dem Komponisten alle Freiheiten der Gestaltung. Der in der Regel vier- bis fünfstimmige Satz konnte kontrapunktisch oder als Kanon, schlicht oder stark verziert aufgebaut, jede Modulation versucht, jede Dissonanz gewagt werden. Es waren nirgends Grenzen gesetzt. Und das »neuerungssüchtige« Publikum ließ sich gerne jedes Experiment vorsetzen.

Leben

Cesare Accelli wurde um 1530 in Venedig geboren und vermutlich dort ausgebildet. Es ist nicht feststellbar, in welcher Stellung er tätig war. Er wirkte vermutlich an einer der vielen Privatkapellen der Stadt, in der er nach 1586 starb.

WERKE
Von Cesare Accelli ist eine Reihe vorzüglicher fünfstimmiger Madrigale überliefert, die stark dem Volkston angenähert sind. Ihr wiederholter Abdruck läßt auf eine große Beliebtheit der Kompositionen schließen.

Johann Hagius (um 1530–75)

ZEIT UND UMWELT
Die Komposition von Symbola von Städten und Familien (Wahl- und Wappensprüche) nimmt in der deutschen Musikgeschichte einen beachtlichen Raum ein. Zuweilen waren die vertonten Texte so lang, daß wahre Kantaten daraus wurden. Auch ganz kurze Sprüche wurden durch häufige Wiederholung in Kanonform oder in anderen Strukturen zu großen Musikstücken. Jedenfalls war für die Vertonung eines Symbolums jede Stilgattung und jede Technik anwendbar.

LEBEN
Johann Hagius (Hagen) wurde um 1530 in Marktredwitz geboren. Er studierte ab 1553 in Wittenberg und amtierte von 1556 bis 1569 in Reichenbach, Oberpfalz, als Pfarrer. Von 1570 bis 1575 war er Stadtprediger in Eger (Cheb) und starb noch im Jahre 1575 im nahen Marktredwitz.

WERKE
Die kompositorische Tätigkeit von Johann Hagius erstreckte sich in erster Linie auf die Symbolumvertonung. Am bekanntesten davon wurden »Der Stadt Nürnberg Symbolum« und »Symbola Lutheri und Melanchthonis«. Er veröffentlichte »Kurtze auserlesene Symbola«. Diese Musik war vier- und mehrstimmig und so angelegt, daß jede Instrumentenbegleitung herangezogen werden konnte. Außerdem sind von Hagius mehrere deutsche Lieder überliefert, die in verschiedene Gesangbücher Eingang gefunden haben.

Domenico Micheli
(um 1530 bis nach 1581)

ZEIT UND UMWELT
Die im 16. Jahrhundert errichtete Basilika Santa Maria in Porto war angeblich mit dem besten Chor von Ravenna ausgestattet. Jedenfalls bestand zwischen den Kirchen der Stadt und denen von Bologna ein reger Musikeraustausch.

LEBEN
Domenico Micheli wurde vermutlich in Bologna um 1530 geboren und dort ausgebildet. Er wirkte in seiner Geburtsstadt bis zu den siebziger Jahren des Jahrhunderts; dann ging er nach Ravenna, wo er Kapellmeister an Santa Maria in Porto gewesen sein soll. Er dürfte in Ravenna nach 1581 gestorben sein.

WERKE
Von Domenico Micheli sind ein Buch mit fünfstimmigen Messen, 5 Bücher mit fünf- und sechsstimmigen Madrigalen und einigen acht- bis zehnstimmigen Dialogen erhalten. Die Musik folgt dem Stil der römischen Schule und ist sehr klangvoll.

Elias Nicolaus Ammerbach
(um 1530–97)

ZEIT UND UMWELT
Zu Beginn des 16. Jahrhunderts waren alle Pfeifenarten der Orgel, die heute verwendet werden, vorhanden. Es gab große Instrumente mit vier Manualen und über 50 Register. Sofern sie bereits zum gottesdienstlichen Gebrauch zugelassen und nicht wie in Rom und Spanien aus den Kirchen verbannt war, bildete die Orgel Begleitinstrument und Verstärker der Singstimmen oder Basso continuo bei Instrumentalstücken. Solistisch wurde die Orgel zuerst vorwiegend für Prä-, Inter- und Postludien verwendet. Bald jedoch stellte sich das Bedürfnis nach längeren, unabhängigen Orgelstücken ein.

LEBEN
Elias Nicolaus Ammerbach (Amerbach)

wurde um 1530 in Naumburg geboren. Der deutsche Organist studierte in den Jahren 1548 und 1549 in Leipzig und erhielt 1561 die Organistenstelle an der Leipziger Thomaskirche, die er bis 1595 versah. Er starb in Leipzig und wurde am 29. 1. 1597 begraben.

Werke
Von Elias Nicolaus Ammerbach sind eine »Orgel- und Instrument Tabulatur« und »Ein new kvnstlich Tabulaturbuch« erhalten, in denen Eigenes und Fremdes enthalten ist. Die Kompositionen von Ammerbach selbst zeichnen sich durch exakten Kontrapunkt aus.

Literatur
R. Wustmann, Elias Ammerbach, in: Sammelbände der internationalen Musikgeschichte 11, 1909/10.

Sper'in Dio Bertoldo
(um 1530 bis um 1590)

Zeit und Umwelt
Der Begriff der Toccata hat im Verlauf ihrer Entwicklung eine starke Änderung erfahren. Es wurden anfänglich darunter Instrumentalstücke schlechthin verstanden. Dann schränkte sich die Bezeichnung auf Musik mit Tasteninstrumenten ein. Immer jedoch handelte es sich um frei angelegte Kompositionen, die oft der Improvisation sehr nahe kamen. Das Erscheinen von Orgeltoccaten signalisierte die Selbständigkeit dieses Instrumentes, dessen Aufgaben sich nicht mehr im Begleiten und Unterstützen von vokalen oder gemischten Sätzen erschöpften.

Leben
Sper'in Dio Bertoldo ist um 1530 in Modena geboren. Er wurde Domorganist in Padua, wo er um 1590 starb. Von einer Tätigkeit des italienischen Musikers in anderen Städten ist nichts bekannt.

Werke
Von Sper'in Dio Bertoldo sind 2 Bücher mit fünfstimmigen Madrigalen, Toccaten, Ricercari und Liedern, außerdem Orgelfassungen von französischen Chansons überliefert. Der Orgelsatz ist schon sehr kompliziert und verrät einen hohen Stand der Spieltechnik des Komponisten.

Literatur
Kl. Speer, Annibale Padovano und Sper'in Dio Bertoldo, Keyboard Compositions, Rom 1970.

Richard Alwood (um 1530 bis um 1585)

Zeit und Umwelt
Die Umgestaltung des Gottesdienstes in der englischen Reformation war nicht so radikal wie auf dem Kontinent. Jedenfalls wurde der Musik ebensoviel Entfaltungsraum gewährt wie vor dem Umbruch des Bekenntnisses. Es ist sogar ein starker Aufschwung der Kirchenmusik feststellbar, weil dem Konzertanten der Musik erhöhte Aufmerksamkeit zugewandt wurde. Der bald hereinbrechende Puritanismus allerdings setzte diesem Entwicklungsgang ein vorläufiges Ende, wie er überhaupt die Musen zum Schweigen verurteilen wollte.

Leben
Richard Alwood wurde um 1530 in England geboren. Über sein Leben ist nur bekannt, daß er Organist, Komponist und Kleriker war. Wo er gewirkt hat, läßt sich nicht feststellen. Auch Ort und Zeit seines Todes sind nirgends verzeichnet.

Werke
Von den Kompositionen Richard Alwoods sind nur eine sechsstimmige Messe und 7 Orgelstücke überliefert, die aber einen interessanten Einblick in die Kirchenkomposition nach der Reformation bieten.

Baldissera Donato (um 1530–1603)

Zeit und Umwelt
Die Villanella war eine volkstümliche, mehrstimmige Liedform des 16. Jahrhunderts in

Italien, die von Neapel ihren Ausgang nahm, aber eine stilisierte Kunstliedform trotz ihrer einfachen Harmonik und Melodik. Sie zeigte textlich und musikalisch eine Tendenz zur Parodie auf die niederen Stände. Als Sprache verwendete sie nicht selten den Dialekt ihres Entstehungsortes.

LEBEN

Baldissera Donato (Baldassare Donati) wurde um 1530 im Raum der Republik Venedig geboren. Er war wahrscheinlich Schüler von Adrian Willaert und Cyprian de Rore. Das Jahr 1550 trifft ihn bereits als Sänger von San Marco in Venedig. Von 1562 bis 1565 war er Leiter der »Cappella parva«, in der die Sänger für den Domchor ausgebildet wurden. Anschließend war er erneut als Sänger tätig. Im Jahre 1580 wurde er Kapellmeister am Dom in Padua und leitete zugleich das Seminar der Kapelle in Venedig. Er folgte Gioseffo Zarlino nach dessen Tod im Jahre 1590 in die Stelle des Ersten Kapellmeisters an San Marco nach und versah sie bis zu seinem Tod im Jahre 1603.

WERKE

Die Liste der Werke, die Baldissera Donato hinterlassen hat, ist nicht klein: 2 Bücher Madrigale für fünf bis sechs und für vier Stimmen, fünf-, sechs- und achtstimmige Motetten, ein Buch neapolitanische Villanellen und zahlreiche Madrigale und Kanzonen in verschiedenen Sammeldrucken, einige davon mit deutschem oder englischem Text oder als lateinische Parodien geistlicher Gesänge. Einzelne schreiben Instrumentalbegleitung vor. Berühmt wurde Donato vor allem durch seine Villanella, die von der Wortausdeutung zuweilen zur Lautmalerei schritt und ähnliche Stilmittel späterer Zeiten vorwegnahm. Die Canzon della Gallina (Lied der Henne) ahmt das Gackern einer Henne nach und war deswegen ungeheuer beliebt.

LITERATUR

E. Kiwi, Studien zur Geschichte des italienischen Liedmadrigals, Würzburg 1937.

Hippolito Chamaterò
(um 1530 bis nach 1592)

ZEIT UND UMWELT

Gregorianische Cantus firmi, peinlich klare Textverständlichkeit bis zu sprachlich ohnehin selbstverständlichen Wendungen und deutliche Deklamation besonders der Glaubenssätze forderte die vom Konzil von Trient eingesetzte Kommission zur Überwachung der Kirchenmusik laut Konzilsbeschluß, oder empfahl es zumindest. Es kam nun bei den einzelnen Komponisten, die sich daran halten wollten oder mußten, darauf an, innerhalb dieser Grenzen für ihre Musik neue Entfaltungsräume zu entdecken, um sie nicht zu ersticken. Das Beispiel Palestrinas schwebte vielen vor Augen, wurde aber nur selten erreicht.

LEBEN

Hippolito Chamaterò (Ippolito Camaterò di Negri) wurde um 1530 vermutlich in Rom geboren. Über seine Ausbildung gibt es keine Informationen. Bekannt ist nur, daß er ab 1560 eine Reihe von Kapellmeisterstellen innehatte – Cremona, Udine, Bergamo, Venedig, Rom – und Mitglied der Accademia Filarmonica in Verona war. Er dürfte nach 1592 in Rom, dem letzten Ort seiner Tätigkeit als Kapellmeister, gestorben sein.

WERKE

Von dem Kirchenmusiker Hippolito Chamaterò sind ein Buch mit fünf- bis siebenstimmigen Messen, eines mit achtstimmigen Psalmen, je eines mit vierstimmigen Introitus, mit Magnificat für acht bis zwölf Stimmen und mit vier- bis sechsstimmigen Alleluia, weiters eines mit fünf- bis siebenstimmigen Messen überliefert. Chamaterò hielt sich genau an die Weisungen der Konzilsbeschlüsse und wandte einzelne vielleicht strenger an, als verlangt wurde. Dadurch kam die Musik in manchen Fällen etwas zu kurz. Seine Madrigale hingegen sind lebendig und klangreich und beweisen, daß der Meister Musik zu schreiben verstand.

Richard Farrant
(um 1530–80)

Zeit und Umwelt
Seit Mitte des 16. Jahrhunderts wurde mit »Anthem« die sakrale, aber liturgisch ungebundene, zumeist auf Bibeltexte in der nationalen Sprache komponierte Chormusik Englands bezeichnet. Sie wurde zu allen möglichen Anlässen, am meisten jedoch in den Morgen- und Abendgottesdiensten gesungen und kam den Hymnen der kontinentalen reformierten Länder sehr nahe.

Leben
Richard Farrant wurde um 1530 vermutlich im Bereich von London geboren. Er war bereits während der Regierungszeit König Edwards VI. Gentleman der Chapel Royal. Im Jahre 1564 wurde er Chorleiter an der St.-George-Kapelle in Windsor und auch Organist. 1569 wurde er an die Königliche Kapelle zurückberufen und blieb an beiden Kirchen bis zu seinem Tod am 30. 11. 1580 tätig.
Sein Sohn Daniel Farrant (um 1560, London, bis nach 1625, London) war von 1606 bis 1625 als Musiker des Königs tätig.

Werke
Der englische Kirchenkomponist Richard Farrant wurde wegen der besonderen Feinheit und des starken Ausdruckes seiner Services und Anthems sehr gerühmt. Seine Anthems wurden zum festen Bestandteil des anglikanischen Gottesdienstes. Auch etliche Orgelstücke sind von ihm überliefert. In der Regierungszeit der Königin Elisabeth mußte Farrant jedes Jahr vor der Königin mit den Chorknaben ein Spiel aufführen. Mehrere solcher Spiele wurden von Farrant verfaßt, sind aber nicht erhalten bis auf zwei Arien, die von einem Streichquartett begleitet sind. Das beweist, daß die englischen Schuldramen aus jener Zeit mit Instrumentalbegleitung aufgeführt worden sind.
Daniel Farrant hinterließ ein Buch mit Orgelstücken. Er soll als einer der ersten Musiker Lehrstücke für die Viole verfaßt haben, ähnlich den für Laute üblichen.

Literatur
G. E. P. Arkwright, Elizabethan Choirboy Plays, Proceedings of the Musical Association XXXIX, 1913/14.

Ippolito Baccusi (um 1530–1608)

Zeit und Umwelt
Obwohl auch in Italien Instrumentalbegleitung schon seit frühen Zeiten zumindest außerhalb der Kirchen Verwendung fand, wurde sie weder in Handschriften noch in Drucken vermerkt, abgesehen von wenigen Ausnahmen. In der zweiten Hälfte des 16. Jahrhunderts hingegen trat hier eine Änderung ein. Die Instrumente wurden immer häufiger von den Komponisten vorgeschrieben. Das war zwar keine Instrumentierung in unserem Sinn, weil Art und Zahl der Instrumente noch nicht festgelegt und dem Kapellmeister zur Entscheidung überlassen wurden, aber doch ein weiterer Schritt dazu.

Leben
Ippolito Baccusi (Baccusio, Bacchusi) wurde um 1530 in Mantua geboren. Zum Musiker wurde der italienische Komponist vermutlich in Venedig ausgebildet, wo er zum Vizekapellmeister an San Marco aufstieg. Im Jahre 1570 übernahm er einen ähnlichen Wirkungskreis in Ravenna und erhielt 1582 die Kapellmeisterstelle an Sant' Eufemia in Verona. Ab 1584 bekleidete er die gleiche Stelle am Dom in Mantua und ab 1592 bis zu seinem Tod am 2. 9. 1608 am Dom zu Verona.

Werke
Ippolito Baccusi war einer der ersten Komponisten, der in seinen Veröffentlichungen eine Instrumentalbegleitung der Singstimmen vorschrieb. Da zu jenen Zeiten der Sinn für spezielle Klangfarben offenbar noch nicht erwacht war, konnten die Kapellmeister Art und Anzahl der verwendeten Instrumente selbst bestimmen. Bei seinen 3 achtstimmigen Messen verlangte er zur »lebenden Stimme alle Instrumentengattungen, die sich zum Gesang fügten«. Es sind weitere

Messen für vier, fünf und sechs Stimmen überliefert, dazu 4 Bücher mit fünf- bis sechsstimmigen und 2 mit dreistimmigen Madrigalen, ein weiteres Buch mit fünf-, sechs- und achtstimmigen Motetten, mehrere Bücher mit vier-, fünf- und achtstimmigen Psalmen und 2 Magnificat. Daß sich in dieser Fülle von Werken viel Mittelmäßiges befindet, ist selbstverständlich. Aber einzelnes ist sehr wertvoll, besonders die Madrigale. Manche Kompositionen finden sich in verschiedenen Sammelpublikationen seiner Zeit. Die interessanteste Arbeit dürfte sein Beitrag zu dem von 14 verschiedenen italienischen Komponisten ihrem großen Zeitgenossen Palestrina gewidmeten Band sein.

Pedro Alba (um 1530 bis nach 1572)

Zeit und Umwelt
Die im 12. Jahrhundert begonnene Kathedrale von Oviedo wurde im 16. vollendet. Die alte Bischofsstadt, die vor Zeiten Hauptstadt von Asturien gewesen und von Léon aus dieser Rolle verdrängt worden war und daher etwas am Rand der kulturellen Entwicklung existierte, wurde nunmehr von dem ohnehin nicht starken Aufschwung des sogenannten »Goldenen Jahrhunderts« erfaßt. Die Domkapelle, die schon immer auf hohem Niveau stand, konnte sich durch neue Kräfte in das Musikgeschehen der Zeit einschalten.

Leben
Pedro Alba (Alva) wurde vermutlich um 1530 in Asturien geboren. Seine Musikausbildung bekam er wahrscheinlich an der Kathedrale von Oviedo, wo er es zum Domkapellmeister brachte. Im Jahre 1557 bewarb er sich um die gleiche Stelle in Burgos, erhielt sie und versah sie bis 1572. Er dürfte in Burgos in einem der folgenden Jahre gestorben sein.

Werke
Von dem Kirchenmusiker Pedro Alba ist wenig erhalten. Von seinem kompositorischen Werk kennen wir nur etliche Motetten und Hymnen, die sich stark an den Stil der franko-flämischen Schule anlehnen, aber auf den »spanischen« Klang nicht verzichten.

Literatur
G. Bourligueux, Recherches sur la musique à la cathédrale d'Oviedo, in: Mélanges de la Casa de Velázquez, Paris 1967.

Placido Falconi (um 1530 bis nach 1600)

Zeit und Umwelt
Die Benediktinerabtei Monte Cassino war bereits im Mittelalter ein Zentrum der Künste und der Wissenschaft. Paulus Diaconus (um 720 bis um 799) zum Beispiel verfaßte dort seine Geschichte der Langobarden und begründete damit eine lange Tradition der Geschichtswissenschaft. Der Klosterchor war ständig mit vorzüglich ausgebildeten Stimmen besetzt. Wenn auch Musiker als Besucher gerne aufgenommen wurden, seine Musik und auch die Komposition bestritt der Orden mit eigenen geeigneten Kräften, an denen es nie mangelte.

Leben
Placido Falconi wurde am 1530 in Asola geboren. Er trat in Brescia 1549 dem Benediktinerorden bei und erhielt vermutlich dort seine musikalische Ausbildung. In der Zeit bis 1580 wurde er nach Monte Cassino überstellt, wo er bis zu seinem Tod als Komponist, Kapellmeister und Organist wirkte. Er starb in Monte Cassino nach dem Jahr 1600.

Werke
Die Kompositionen des Kirchenmusikers Falconi sind in verschiedenen Niederlassungen seines Ordens zu finden. Es handelt sich um Messen, Messeteile, Motetten und andere sakrale Gesänge, deren Stil aus Rom gekommen ist. Trotz ihrer strengen Fassung weisen die Werke einen eigentümlich sonoren Klang auf und sind auch nicht frei von den in Rom verpönten Verzierungen.

Séverin Cornet (um 1530–82)

ZEIT UND UMWELT

Neben der französischen Chanson, dem deutschen Lied, dem spanischen Villancico, dem italienischen Madrigal und den verschiedenen Arten von Tanzliedern hat sich in Neapel ein unverkennbarer Kanzonenstil entwickelt und gefestigt. Er haftet sozusagen jedem Komponisten an, der dort ausgebildet oder zumindest einige Zeit lang beschäftigt wurde. Neapolitanischer Klang und Rhythmus bleiben mehr oder minder vordergründig ihren Werken zumindest beigemischt.

LEBEN

Séverin Cornet wurde um 1530 in Valenciennes geboren. Der französische Komponist wurde in Neapel ausgebildet und trat darauf eine Stelle als Sänger in Antwerpen an (1559). Ab 1567 war er Leiter des Knabendomchores in Mecheln und ab 1572 Kapellmeister in Antwerpen. Als diese Stadt 1581 protestantisch wurde, verlor er seine Stelle. Seine Bewerbung um die Kapellmeisterstelle bei Erzherzog Ferdinand in Innsbruck schlug fehl. Er starb im März 1582 in Antwerpen.

WERKE

Von den Werken Séverin Cornets sind vierstimmige neapolitanische Kanzonen, fünf- bis achtstimmige Madrigale und französische Chansons und in Sammelausgaben auch drei- bis vierstimmige Chansons überliefert. Sein Stil erinnert in vielem an Orlando di Lasso, verleugnet aber nie, daß der Komponist in Neapel ausgebildet worden ist.

LITERATUR

G. van Doorslaer, Séverin Cornet, Antwerpen 1925.

Jacopo Confini (um 1530–91)

ZEIT UND UMWELT

Die Phasen, in denen die Musik der franko-flämischen Schule nach Italien gebracht, an italienische Meister weitergegeben und so zum Baustein des italienischen Stiles wurde, waren einander in vielen Fällen sehr ähnlich. Ein Meister aus dem franko-flämischen Raum wanderte in Italien ein und erhielt an einem der Fürstenhöfe oder an einer Kathedrale eine Stellung. Ein Sohn oder naher Verwandter, oft nur ein Schüler folgte ihm aus der Heimat oder wurde bereits in Italien geboren und fügte sich dem Gastland schon so gut ein, daß es für ihn die alte Heimat ersetzte. Die Schüler dieses halb zum Italiener gewordenen Landfremden waren sodann echte Italiener, die aus der Synthese des Erlernten mit bodenständigen Elementen italienische Musik schufen.

LEBEN

Jacopo Confini wurde um 1530 in Padua geboren und war Schüler von Jachet Brumel, Domorganist in Ferrara (um 1500, vermutlich Ferrara, bis nach 1564, Ferrara; naher Verwandter von Antoine Brumel). Er erhielt 1557 die Stelle des Domorganisten von Lucca und starb dort im Jahre 1591.

WERKE

Confini komponierte eine Anzahl Kirchenkonzerte für fünf bis zwölf Stimmen, 3 Bücher Madrigale, 2 mit Motetten, Orgelmusik und kleinere Vokal- und Instrumentalstücke, alles reife Musik im venezianischen Stil.

Alessandro Merlo
(um 1530 bis um 1600)

ZEIT UND UMWELT

Obgleich in der Mitte des 16. Jahrhunderts Rom eine Fülle von Gelegenheiten bot, bestmöglichen Musikunterricht zu nehmen, zog es doch manchen nach Venedig, um bei Willaert und de Rore zu lernen. Wenn sie dann in ihre Vaterstadt zurückkehrten und vielleicht sogar in die päpstliche Kapelle eintraten, konnten sie zwar manches Erlernte wegen der strengen Beschränkung der Kirchenmusik nicht anwenden, vermochten jedoch innerhalb der gesteckten Grenzen den Raum auszunützen, das rein Musikalische

Merlo umfaßt 3 Bücher mit vier- und fünfstimmigen Madrigalen, 2 Bücher neapolitanische Kanzonen, 2 weitere mit vierstimmigen Villanellen und Motetten. Einzelne Stücke finden sich in Sammelwerken. Der Stil dieser sehr ansprechenden Kompositionen zeigt den Unterricht der beiden niederländischen Lehrer sehr deutlich. Nur die Kanzonen halten sich an die in Neapel gepflegte Musik.

Richard Crassot (um 1530–72)

Zeit und Umwelt

Der deutsche Theologe Lukas Ossiander (16. 12. 1534, Nürnberg, bis 7. 9. 1604, Stuttgart), protestantischer Abt in Adelberg (Württemberg), war an der Redaktion des ersten württembergischen Gesangbuches beteiligt und brachte 1586 fünfzig geistliche Lieder und Psalmen mit vier Stimmen, kontrapunktisch für den Gemeindegesang im Kantionalsatz heraus, das heißt, daß der Cantus firmus nicht mehr dem Tenor, sondern der obersten Stimme zugeteilt war. Dieser neue mehrstimmige, homorhythmische Satz erreichte eine bessere Wortverständlichkeit und wurde daher immer mehr vorgezogen.

Hopkinson Smith erarbeitete sich vor allem die englische Lautenliteratur

zumindest gleichwertig neben die Texte zu stellen, so daß der Klang nicht allein Diener des Wortes blieb.

Leben

Alessandro Merlo (Alessandro della Viola, Alessandro Romano) wurde um 1530 in Rom geboren. Er war Schüler von Willaert und de Rore und dürfte unter beiden Meistern als Sänger und Instrumentalist (Viole) gewirkt haben, bis er päpstlicher Kapellsänger wurde. Nach einem Bericht des Schriftstellers Vincenzo Giustiniani (1564–1637) hat Merlo durch großen Stimmumfang (drei Oktaven) zu seiner Zeit Aufsehen erregt. Er dürfte um 1600 in Rom gestorben sein.

Werke

Das kompositorische Werk von Alessandro

Leben

Richard Crassot wurde um 1530 in Lyon geboren. Er wirkte bis 1560 als Leiter der Maîtrise in Troyes, dann mußte er als Hugenotte die Stadt verlassen. Bis 1572 dürfte er in Orléans und Tours als Gesangmeister tätig gewesen, dann nach Lyon zurückgekehrt und dort zwischen dem 28. und 31. 8. 1572 gestorben sein.

Werke

Der hugenottische Musiker Crassot war einer der ersten, der für die vierstimmige Bearbeitung des Genfer Psalters den Kantionalsatz bevorzugte, der von da an immer mehr in Übung kam.

Literatur

P. Pidoux, Le psautier huguenot du XVIème siècle, Kassel 1962.

Szymon Bar Jona Madelka
(um 1530 bis um 1598)

ZEIT UND UMWELT

Die Sieben Bußpsalmen Davids, die durch ihre geschmeidige Übersetzung zum glänzenden Werk der spätlateinischen Dichtung geworden sind, wurden sehr häufig im sakralen Dienst verwendet. Ihre Komposition war daher eine dankbare Aufgabe für den Kirchenmusiker. Es ist bezeichnend, daß der Notenbestand der Münchner Hofkapelle über 7 textgleiche Vertonungen verfügte, darunter die berühmten von Orlando di Lasso und von Leonhard Lechner.

LEBEN

Szymon Bar Jona Madelka (Simon Bar Jona) wurde um 1530 in Opole (Polen) geboren. Über sein Leben in der Heimat ist nichts bekannt. Um 1575 kam er nach Plzeň und ließ sich in die Fleischerzunft eintragen. Er wurde Zunftmeister, Ratsherr der Stadt und Kantor und starb in seiner neuen Wahlheimat um 1598 als angesehener Bürger und weit bekannter Kirchenkomponist.

WERKE

Von dem polnischen Komponisten Szymon Bar Jona Madelka sind seine 8 Magnificat und die fünfstimmigen Sieben Bußpsalmen mit einer Bußmotette überliefert. Beide Werke müssen als gute Durchschnittsarbeiten angesehen werden, deren Melodik einen reizenden Hang zur Volkstümlichkeit aufweist.

LITERATUR

L. Handzel, Szymon Bar Jona Madelka, in: Muzyka II, 1957.

Jacob Praetorius der Ältere
(um 1530–86)

ZEIT UND UMWELT

Der frühprotestantische Schulmusiker Martin Agricola war für eine Reihe von Meistern, die sich um die Kirchenmusik der Reformation bemühten, ein Ausgangspunkt. In stürmischer Entwicklung bildete sich in wenigen Jahrzehnten ein neuer Sakralstil heraus, der einerseits zum klingenden Ausdruck der neuen Lehre wurde, auf der anderen Seite aller zeitgenössischen Musik den Impuls gab, der sich bis zu Sebastian Bachs Vollendung fortpflanzte.

LEBEN

Jacob Praetorius der Ältere, der Stammvater einer deutschen Organistenfamilie, wurde um 1530 in Magdeburg geboren. Er trat vom Katholizismus zur Reformation über und wurde Schüler von Martin Agricola. Ab 1550 lebte er in Hamburg und erhielt 1558 die Stelle eines Kirchenschreibers und Organisten an St. Jakobi, die er bis zu seinem Tod im Jahre 1586 versah.
Sein Sohn und Schüler Hieronymus Praetorius wurde am 10. 8. 1560 in Hamburg geboren, studierte in Köln, wurde 1580 Organist in Erfurt, ging 1582 nach Hamburg zurück, um seinen Vater zu unterstützen, dem er 1586 als Organist an St. Jakobi nachfolgte. Er starb in Hamburg am 27. 1. 1629.
Dessen Sohn Jacob Praetorius der Jüngere wurde am 8. 2. 1586 in Hamburg geboren. Den ersten Unterricht erhielt er von seinem Vater; im Jahre 1602 ging er nach Amsterdam zu Jan Pieterszoon Sweelinck, um das Orgelspiel gründlich zu erlernen. Nach zwei Jahren kam er nach Hamburg zurück und trat die Organistenstelle an St. Petri und 1629 auch an der St.-Gertruden-Kapelle an. Er starb in Hamburg am 21. 10. 1651.
Ein weiterer Sohn, Johannes Praetorius, erblickte um 1595 in Hamburg das Licht der Welt. Er war Schüler seines Vaters, nahm sodann 1609/10 Unterricht bei Sweelinck, wurde aber nicht Nachfolger seines Vaters, sondern ab 1612 Organist an St. Nicolai in Hamburg, wo er am 25. 7. 1660 starb.
Dessen Schwager, Johannes Lorentz, geboren um 1605 vermutlich in Hamburg, Schüler von Frescobaldi, Organist an der Olai-Kirche in Kopenhagen, starb an seinem Dienstort am 19. 4. 1689.

WERKE

Von Jacob Praetorius dem Älteren sind

außer einem umfangreichen Orgelgraduale eine Anzahl Orgeltabulaturen, 204 große liturgische vier- bis achtstimmige Kompositionen und zahlreiche Gelegenheitskompositionen erhalten. Mit diesem Organisten setzte die evangelische Kirchenmusik zu einem neuen Aufstieg an.

Hieronymus Praetorius trug zum von angesehenen Organisten 1604 herausgegebenen vierstimmigen »Melodeyen-Gesangbuch« 21 Choralsätze bei. Weiters ist eine vollständige Reihe Magnificat in Orgeltabulatur erhalten. Seine Hauptleistung liegt aber auf dem Gebiet der Vokalmusik. Fünf- bis zwölfstimmige sakrale Gesänge, achtstimmige Magnificat, fünf- bis achtstimmige Messen, fünf- bis fünfzehnstimmige Gesänge verschiedener Art, ein sechsstimmiges Te Deum und ein achtstimmiges »Ein Kindlein so löbelich« sind von einer künstlerischen Reife und Höhe eines Sweelinck oder Haßler. Er sammelte in Hamburgs Kirchen gebräuchliche lateinische, nieder- und hochdeutsche Liedmelodien und brachte sie heraus.

Der deutsche Kantor Franz Elers (um 1500, Ülzen, bis 22. 2. 1590, Hamburg) verwendete diese Publikation 1588 für sein Gesangbuch.

Jakob Praetorius der Jüngere ist im »Melodeyen-Gesangbuch« mit 19 Choralsätzen vertreten. Überdies sind von ihm wertvolle Orgeltabulaturen erhalten.

Die Familie Praetorius begründete die Hamburger Orgeltradition.

LITERATUR
L. Krüger, Die hamburgische Musikorganisation im XVII. Jahrhundert, Sammlung musikwissenschaftlicher Abhandlungen XII, Straßburg 1933.

Marco Antonio Pordenon
(um 1530 bis nach 1580)

ZEIT UND UMWELT
Der Maler Giovanni Antonio de' Sachis Pordenone (um 1483–1539) schmückte den Dom seiner Vaterstadt Pordenone in Nordostitalien mit prächtigen Bildern in venezianischer Manier. Auch die Musik des Domes hatte ihren Ursprung in der Lagunenstadt.

LEBEN
Marco Antonio Pordenon wurde um 1530 in Padua geboren und vermutlich dort zum Musiker ausgebildet. Über eine Tätigkeit in seiner Geburtsstadt ist nichts bekannt. Er erhielt in den fünfziger oder sechziger Jahren die Kapellmeisterstelle an San Marco in Pordenone, die er bis 1580 versah. Er dürfte in Pordenone etliche Jahre später gestorben sein. Es ist fraglich, ob Pordenon sein echter Name war. Die Annahme, daß ihn der Meister von seinem Dienstort ableitete, liegt nahe.

WERKE
Von Marco Antonio Pordenon sind 5 Bücher mit fünfstimmigen und eines mit vierstimmigen Madrigalen erhalten. Er zeigt sich darin als Meister der oberitalienischen Madrigalkunst und einfallsreicher Erfinder neuer Melodien.

Eucharius Hoffmann
(um 1530 bis nach 1582)

ZEIT UND UMWELT
Stralsund, zur Zeit ihrer Hochblüte eine der führenden Städte der Hanse, wurde wie der gesamte Norden Deutschlands sehr bald reformiert. Die Marien- und die Nikolaikirche aus dem 14. Jahrhundert erhielten stark besetzte Kantoreien und tüchtige Kantoren.

LEBEN
Eucharius Hoffmann wurde um 1530 in Heldburg, Franken, geboren. Er erhielt nach seiner Ausbildung die Kantorenstelle in Stralsund. Ab 1582 war er Konrektor der Stadt. Er dürfte noch in den achtziger Jahren in Stralsund gestorben sein.

WERKE
Von dem deutschen Komponisten Eucharius Hoffmann sind vier-, fünf- und sechsstimmige Gesänge, vierstimmige Deutsche Sprüche aus den Psalmen Davids, »Vyff Geist-

liche olde Ostergesenge« für vier Stimmen, »Erster Theil geistlicher Lieder in jrer gewöhnlichen Melodey auff Villanellen art« vierstimmig und »Cantica sacra de nativitate filii Dei Jesu Christi cum Fugis duabus, tribus et quatuor vocibus« (Geistliche Lieder zur Geburt des Gottessohnes Jesu Christi mit zwei Fugen für drei und vier Stimmen) überliefert. Der Komponist hat außerdem einige musiktheoretische Werke verfaßt.

LITERATUR
W. Müller, Musikgeschichte Stralsunds bis 1650, Freiburg im Breisgau 1932.

Nicolas de Marle
(um 1530 bis nach 1571)

ZEIT UND UMWELT
Die Musiktradition von Noyon reicht weit zurück. Die romanisch-gotische Kathedrale aus dem 12. und 13. Jahrhundert bewahrt einige sehr seltene Handschriften mit früher Musik auf. Der bischöflichen Kapelle war schon seit ihrem Bestehen eine Knabensingschule angeschlossen, in der die Sänger für die Kathedrale ausgebildet wurden.

LEBEN
Nicolas de Marle wurde um 1530 in oder bei Noyon geboren und an der Kathedrale der Stadt zum Sänger ausgebildet. Im Jahre 1568 wurde ihm die Leitung der Knabensingschule anvertraut. Er versah diese Stelle bis 1571 und starb in Noyon in einem der folgenden Jahre.

WERKE
Der französische Komponist Nicolas de Marle hinterließ 3 Messen und über 15 Chansons im Stil des 16. Jahrhunderts. Die Messen sind sehr klangschön, die Chansons frisch und lebendig.

Mateo Flecha (1530–1604)

ZEIT UND UMWELT
Kaiserin Maria (1528–1603), Tochter Kaiser Karls V., teilte die lutherischen Neigungen ihres Mannes, Kaiser Maximilians II., nicht. Sie hielt als Hofkaplan einen spanischen Mönch, der wie alle in solchen Stellungen Einfluß auf die Politik des Landes auszuüben versuchte. In diesem Fall ging es darum zu verhüten, daß Maximilian den Protestanten zu viele Rechte einräumte und selbst zum Protestanten wurde.

LEBEN
Mateo Flecha (Flexa, Fleccia) wurde 1530 in Prades, Tarragona, geboren. Nach Beendigung seiner Studien als Kleriker und Musiker wählte ihn Kaiserin Maria als Hofkaplan; er lebte daher in Wien und in Prag. Im Jahre 1599 kehrte er nach Spanien zurück und starb am 20. 2. 1604 im Kloster Portella (Solsona). Er wurde Mateo Flecha el joven genannt, um ihn von seinem Onkel Mateo Flecha el viejo (1481, Prades, bis 1553, Poblet), Komponist, Lehrer der Töchter Kaiser Karls V., zu unterscheiden.

WERKE
Von Mateo Flecha dem Jüngeren (el joven) sind vier- bis fünfstimmige Madrigale, ein Buch Psalmen, Motetten und ein Salve Regina überliefert. Auch in den »Ensaladas« (Quodlibet) seines Onkels Mateo Flecha des Älteren (el viejo) finden sich Kompositionen des Neffen neben einigen von anderen Komponisten. Mateo Flecha war zu seiner Zeit ein angesehener Kirchenkomponist, der mit seinen Werken zur Entwicklung der spanischen Kirchenmusik viel beigetragen hat.

LITERATUR
J. Romeu, Figueras, Mateo Flecha el viejo, Anuario Musical XIII, 1958. H. Anglès, Mateo Flecha el joven, Studia musicologica III, 1972.

Francesco Rovigo (1530–97)

ZEIT UND UMWELT
Unter Guglielmo Gonzaga, Musiker und Herzog, Freund und Bewunderer der Meister der Musik und bildenden Kunst, erlebte

Mantua den Höhepunkt seiner Glanzzeit. Der Palazzo Ducale, dieser gewaltige, nach dem Vatikan umfangreichste Schloßbau mit seinen 15 Höfen, Plätzen und Gärten und den 500 Räumen, erfuhr seine letzte wesentliche Ausgestaltung, die ihn vom Ausdruck des Machtwillens zum Symbol der Kulturgesinnung wandelte. Und die Pflege der Musik jeder Art hielt damit Schritt.

Leben

Francesco Rovigo wurde 1530 in Mantua geboren und zum Organisten ausgebildet. Seine Stellung als herzoglicher Hoforganist in Mantua versah er bis 1582, in welchem Jahr er Hoforganist Erzherzog Karls II. in Graz wurde. Nach dem Tod des Erzherzogs (1590) kehrte er nach Mantua zurück und erhielt bei Herzog Vincenzo I. (1562–1612) die Position eines Hofkomponisten und Organisten der herzoglichen Kapelle. Er starb in Mantua am 7. 10. 1597.

Werke

Die Madrigale und Canzonetten von Francesco Rovigo sind verschollen. Dafür sind seine Canzoni a suonar (Instrumentalkompositionen), seine vielstimmigen Messen, die Lukaspassion, Magnificat und Litaneien überliefert. Der Stil des Komponisten muß als konservativ bezeichnet werden, obwohl in den Instrumentalkompositionen Anzeichen einer fortschrittlichen Konzeption vorhanden sind. Die Sätze für acht und zwölf Stimmen stellen beachtliche kontrapunktische Leistungen dar.

Literatur

H. Federhofer, Musikpflege und Musiker am Grazer Habsburgerhof der Erzherzöge Karl und Ferdinand von Innerösterreich (1564–1619), Mainz 1967.

Bartolomeo Spontoni (1530–92)

Zeit und Umwelt

Die Basilika San Petronio von Bologna wurde 1390 begonnen, aber nie fertiggestellt; das Mittelportal blieb unvollendet. Fresken und Gemälde erhielt sie hauptsächlich im 15. Jahrhundert, die Skulpturen stammen von Jacopo della Quercia (1374–1438). Auch die vielen anderen Kirchen und Paläste stammen aus dem gotischen Mittelalter oder sind romanisch. Diese ernste Physiognomie behielt die Stadt auch zu Zeiten der Renaissance, an der sie lebhaften wissenschaftlichen und künstlerischen Anteil nahm. Auch den Musikern aus dieser Stadt haftete ein konservativer Zug an.

Leben

Bartolomeo Spontoni (Spontone, Sponton) wurde am 22. 8. 1530 in Bologna getauft. Er war Schüler des Spaniers Cristobal Morales in Rom, wirkte sodann 1551 bis 1552 als Sänger an San Petronio in Bologna, wo er 1577 Kapellmeister wurde. Von 1584 bis 1586 übte er die gleiche Tätigkeit an Santa Maria Maggiore in Bergamo aus, darauf bis 1588 am Dom in Verona und von 1591 bis zu seinem Tod am Beginn des Jahres 1592 in Treviso.

Sein Bruder und Schüler Alessandro Spontoni wurde am 1. 6. 1549 in Bologna getauft. Er war mit dem Musikschriftsteller Hercole Bottrigari (1531, Bologna, bis 1612, Bologna) eng befreundet, der ebenfalls Schüler von Bartolomeo Spontoni war. Von 1569 bis 1585 wirkte er als Kapellmeister in Forlì. Er starb nach 1590 in Bologna.

Sein Sohn Ciro Spontoni wurde am 12. 8. 1556 in Bologna getauft. Er besorgte 1583 den Druck von Madrigalen seines Vaters. Ort und Zeit seines Todes sind unbekannt.

Ein Cousin, Lodovico Spontoni, wurde am 2. 3. 1555 in Bologna getauft. Er war Priester und lebte vermutlich vorwiegend in Forlì, starb aber in Bologna nach 1609.

Werke

Von Bartolomeo Spontoni sind eine große Anzahl Madrigale, Kanzonen für mehrere Stimmen und Messen veröffentlicht worden. Weitere Kompositionen sind in Sammelwerken enthalten. Der Stil dieser Werke hält streng die römischen Vorschriften ein und wirkt im großen und ganzen etwas antiquiert. Daran können auch die gelegentlichen Melismen, die vermutlich aus dem Unterricht bei Morales stammen, nichts ändern.

Von Alessandro Spontoni ist ein Buch mit fünfstimmigen Madrigalen erhalten, außerdem einzelne Stücke in Sammeldrucken. Sie sind den Kompositionen seines Bruders sehr ähnlich.

Auch Lodovico Spontoni war kompositorisch tätig. Von ihm stammen ein Buch mit Madrigalen und eines mit achtstimmigen Motetten. Seine Musik wirkt um vieles gelockerter als die der anderen Mitglieder seiner Familie.

LITERATUR
G. D'Alessi, La cappella musicale de duomo di Treviso, Vedelago 1954.

Giovanni Domenico Guidetti
(1530–92)

ZEIT UND UMWELT
Der Behauptung, Schüler eines zeitgenössischen Großen gewesen zu sein, begegnet man im Verlauf der Musikgeschichte sehr häufig, obwohl das nicht selten schon zeitlich und räumlich unmöglich gewesen wäre. In einzelnen Fällen ist es allerdings unklar, ob ein persönlicher Unterricht des Meisters gemeint oder nur dessen Werk studiert worden ist. Jedenfalls wurde die Berufung auf einen allseits anerkannten Komponisten als Werbung für die eigene Leistung selten unterlassen, wenn ein persönlicher Kontakt mit dem angeblichen Lehrer stattgefunden hatte.

LEBEN
Giovanni Domenico Guidetti wurde am 1. 1. 1531 in Bologna getauft, ist also noch im Jahre 1530 geboren. Seine Ausbildung zum Kleriker und Musiker erhielt er vermutlich in seiner Heimatstadt. Im Jahre 1575 kam er nach Rom und wurde päpstlicher Kapellsänger. Gleichzeitig arbeitete er bei Palestrina, der im Auftrag des Papstes eine Revision des gregorianischen Kirchengesanges durchzuführen hatte. Er versah da-

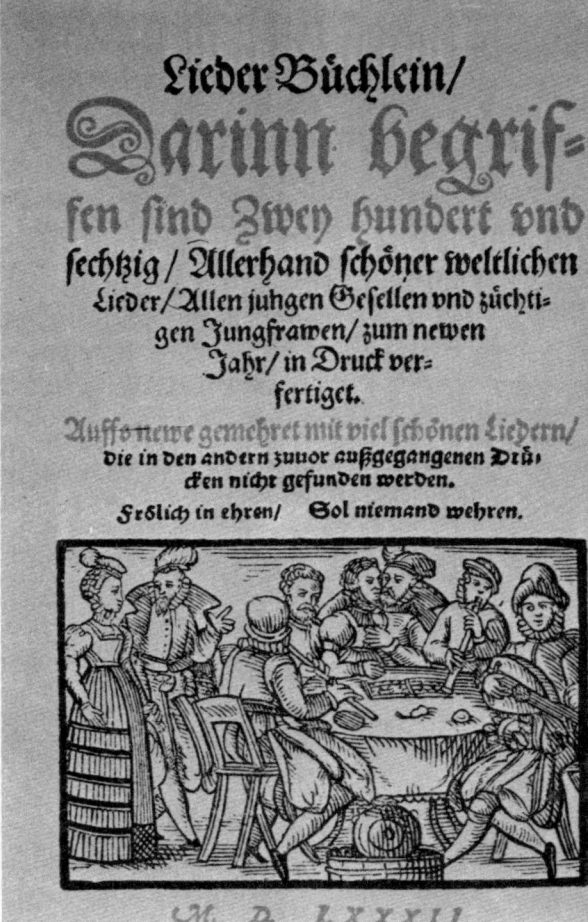

»Lieder-Büchlein« aus dem Jahr 1582 – mit 260 Liedern umfangreichste ältere Sammlung aus Frankfurt

bei Assistentendienste, »keine geistigen Leistungen, aber Tätigkeiten, die viel Sorgfalt erforderten«. Ein Lehrer-Schüler-Verhältnis zwischen den beiden Musikern kam nie zustande. Nachdem die Choralreformen abgebrochen worden waren, begann Guidetti mit einer eigenen Druckerlaubnis die Veröffentlichung vereinfachter Choralmelodien. Er starb in Rom am 30. 11. 1592.

WERKE
Neben den Choralbüchern, die Guidetti veröffentlichte, schrieb er sakrale Musik, die im

Schatten Palestrinas angesiedelt war. Erhalten sind davon 3 vierstimmige Benedictus, die ohne Einschränkung den Beschlüssen des Konzils von Trient über die Kirchenmusikreform entsprachen. Sie unterschieden sich von den Kompositionen eines Palestrina aber dadurch, daß sie sozusagen im Technischen hängenblieben.

LITERATUR
G. Baini, Memorie storico-critiche della vita e delle opere di G. Pierluigi da Palestrina, Rom 1828.

Jacobus de Kerle (um 1531–91)

ZEIT UND UMWELT
Die Ministerialen von Waldburg erhielten 1214 das Reichsamt der Truchsessen übertragen und nannten sich ab da Truchseß von Waldburg. Damit waren sie in die Adelsklasse eingetreten. Aus der Familie gingen kirchliche und weltliche Würdenträger hervor, wie Georg II. Truchseß von Waldburg (1488–1531), der das Heer des Schwäbischen Bundes gegen Herzog Ulrich von Württemberg führte und im Bauernkrieg Württemberg als Statthalter des Kaisers verwaltete, oder Kardinal Otto Truchseß von Waldburg, der sich in Rom einen eigenen Kapellmeister hielt.

LEBEN
Jacobus de Kerle (Jacob van Kerle) wurde um 1531 in Ypern geboren. Der franko-flämische Komponist kam sehr früh nach Italien, wo er bereits 1555 bis 1562 Organist und Kapellmeister am Dom zu Orvieto war. Anschließend – er war inzwischen Priester geworden – wurde er Kapellmeister des Kardinals Otto Truchseß von Waldburg, den er für die Jahre 1563 und 1564 nach Barcelona begleitete, und wirkte an dessen Hof in Dillingen, bis die Kapelle des Kardinals 1565 aufgelöst wurde. Anschließend war er bis 1567 Kapellmeister in Ypern und von 1568 bis 1575 Domorganist in Augsburg, wo er die erst 1561 gegründete Kantorei ordnete und auf einen hohen Stand brachte. Seine nächsten Aufenthalte waren Kempten und darauf Cambrai, von wo er 1582 mit anderen spanientreuen Geistlichen nach Mons flüchtete. Im gleichen Jahr wurde er Kapellmeister des Kurfürsten von Köln, Gebhard Truchseß von Waldburg, der jedoch Protestant wurde und sein Fürstentum aufgeben mußte. Kerle erhielt die Stelle eines kaiserlichen Hofkaplans (bei Rudolf II.) in Wien und in Prag, wo er am 7. 1. 1591 starb.

WERKE
Von allen Werken von Jacobus de Kerle muß sein »Preces speciales pro salubri generalis concilii successu« (Spezielle Gebete um einen heilsamen Erfolg des allgemeinen Konzils) hervorgehoben werden, dessen Text von dem Dominikaner Petrus de Soto verfaßt worden war. Die vierstimmige Komposition hat zwar nicht die Kirchenmusik gerettet, denn diese war nie ernstlich gefährdet, aber sie zeigte der Konzilskommission für Kirchenmusik, daß die Forderung nach Textdeutlichkeit, Schlichtheit und Ernst mit echter Musik aus der Hand eines Meisters klaglos vereinbar ist. Es war sozusagen das erste Modell, an dessen Stelle allerdings die Messen von Palestrina traten, weil diese das Problem der künstlerischen Entfaltung innerhalb der Beengung mit einer Genialität lösten, die unerreichbar geblieben ist.

Die frühesten Werke von Kerle waren fünfstimmige Hymnen, mit denen er seine Zugehörigkeit zur franko-flämischen Schule eindeutig bescheinigte. Psalmen, Magnificat und Madrigale schlossen sich an, sodann sechsstimmige Messen und Motetten für vier bis acht Stimmen, ein Requiem, Responsorien, weitere vierstimmige Messen und fünf- bis achtstimmige Motetten. Der Stil aller Werke ist polyphon und sehr kunstvoll. Die neu aufgekommene akkordische Art, Doppelchörigkeit und Chromatik werden kaum verwendet. Der Meister blieb seiner Schule und der römischen Auffassung der kirchlichen Musik verhaftet.

LITERATUR
O. Ursprung, Jacobus de Kerle, München 1913.

Guillaume Costeley (um 1531–1606)

Zeit und Umwelt
Komponistenwettstreite wurden bereits von den nordfranzösischen Trouvères in den verschiedenen Puis ausgefochten, im 14. Jahrhundert waren sie in den oberitalienischen Adelshäusern beliebt; auch der deutsche Meistergesang hielt in den verschiedenen Schulen seine Sängerkriege ab. Der 1575 in Evreux gegründete Puy de musique en l'honneur de Sainte Cécile jedoch, der alljährlich Preise für Komposition verlieh, hatte eine völlig modern anmutende Methode der Kunstförderung gefunden, die für alle späteren Institutionen dieser Art vorbildlich wurde. Bezeichnenderweise war Orlando di Lasso der erste Preisträger.

Leben
Guillaume Costeley wurde um 1531 vermutlich in Pont-Ademer, Normandie, geboren. Seine Familie war angeblich aus Irland eingewandert. Seine Ausbildung dürfte der französische Komponist in Paris genossen haben. Ungefähr ab 1560 war er Hoforganist der Könige Karl IX. und Heinrich III. von Frankreich und nahm maßgebenden Anteil an der Gründung des Puy de musique en l'honneur de Sainte Cécile in Evreux. 1570 schied er aus dem Hofdienst und lebte als Komponist und »Prince premier« der Bruderschaft Sainte Cécile in Evreux, wo er am 1. 2. 1606 starb.

Werke
Das Hauptgewicht des kompositorischen Schaffens von Guillaume Costeley liegt auf dem Gebiet der Chanson. Er war einer der führenden Chansonkomponisten nach Janequin. Seine Technik des vorwiegend homorhythmischen Satzes und der strophigen Gestaltung bildeten eine Vorstufe zum Air de cour des ausgehenden 16. und des 17. Jahrhunderts. Bei einigen versuchte er in Anknüpfung an Spekulationen von Nicola Vicentino eine besondere Chromatik, wodurch er zu 19 Tonstufen gelangte. Diese Bestrebungen dürften von dem humanistischen Dichterkreis La Pléiade, zu denen er enge Beziehungen pflegte, angeregt worden sein.
Costeley hat mehr als 100 vier- und fünfstimmige Chansons verfaßt, dazu eine Anzahl Motetten, die sich stark der Chansonform nähern, und mehrere Instrumentalwerke, darunter eine Fantasie für Orgel oder Épienette. Seine Musik ist sehr ansprechend, wenn auch etwas steif und klangarm. Sein Versuch, der altgriechischen, von ihm wohl falsch verstandenen Enharmonik neue Geltung zu verschaffen, hat keine Schule gemacht.

Literatur
M. Cauchie, Documents pour servir à une biographie de Guillaume Costeley, Revue de Musicologie, IX, 1926.

Melchior Newsidler (1531–92)

Zeit und Umwelt
Lautenbau und Lautenspiel hatten vornehmlich in Nürnberg schon früh eine Heimat gefunden, wie diese Stadt überhaupt zu einem Brennpunkt der Kultur in allen ihren Ausprägungen geworden und durch lange Zeiten geblieben ist.

Leben
Melchior Newsidler (Neusiedler, Neysidler) wurde in Nürnberg im Jahre 1531 geboren. Er wurde von seinem Vater zum Lautenisten ausgebildet. Zwischen 1552 und 1565 lebte er in Augsburg und stand in Diensten des Hauses Fugger und anderer Bürgerfamilien als Repräsentant der »Stillen Musica«, worunter man die Hausmusik verstand. Darauf reiste er nach Italien, trat 1580 in den Dienst Erzherzog Ferdinands in Innsbruck, kehrte aber gegen 1590 nach Augsburg zurück, wo er 1592 starb.
Sein Vater Hans Newsidler, 1508 in Preßburg geboren, erwarb als Lautenmacher und Lautenschläger das Bürgerrecht von Nürnberg und war in kleinem Ausmaß kompositorisch tätig. Er starb 1563 in Nürnberg.
Sein Bruder Conrad Newsidler, 1541 in Nürnberg geboren, war Lautenist und Kom-

ponist einiger Lautenstücke. Er siedelte sich 1564 ebenfalls in Augsburg an, wo er 1604 starb.

WERKE

Von Melchior Newsidler sind 2 Bücher Lautentabulaturen erschienen, dann ein »Teütsch Lautenbuch« mit Motetten und profanen Gesängen bester Komponisten der Zeit (Josquin, Arcadelt, de Rore, Lasso und andere), die »artlich und zart coloriert« sind, außerdem einige Tänze und Fantasien eigener Komposition.

Hans Newsidler veröffentlichte Lautenlehrwerke zum Selbstunterricht, in denen auch eigene Kompositionen vorkommen.

Auch von Conrad Newsidler sind in verschiedenen Lautenbüchern einige Stücke enthalten.

Die Veröffentlichungen der Familie Newsidler zeigen, daß die Laute im 16. Jahrhundert auch in Deutschland zum beliebten Hausinstrument geworden war wie in Frankreich und Italien.

LITERATUR

K. Dorfmüller, Studien zur Lautenmusik in der ersten Hälfte des 16. Jahrhunderts, Tutzing 1967.

Olivier Brassart (um 1532 bis nach 1570)

ZEIT UND UMWELT

Nach der Abdankung Kaiser Karls V. und der Übergabe der Regentschaft über die Niederlande an Philipp II. von Spanien wurden die Zustände von Jahr zu Jahr unleidlicher. Da der Freiheitskampf der Niederländer auch ein konfessioneller Kampf war, wichen gerade Musiker, gleichgültig auf welcher Seite sie standen, nach Möglichkeit in das Ausland aus. Daher wurde der Zustrom von Musikern aus dem franko-flämischen Raum, der bereits abgeebbt war, nach der Mitte des 16. Jahrhunderts wieder stärker.

LEBEN

Olivier Brassart (Oliviero) wurde um 1532 im Raum des heutigen Belgiens geboren. Die Informationen über sein Leben und Wirken sind sehr spärlich. Bekannt ist nur, daß er seine Ausbildung in der Heimat empfangen und darauf nach Italien – vermutlich nach Rom – gegangen ist. An welcher Kapelle er tätig war, ist unbekannt. Seine Kompositionen erschienen jedenfalls in Rom, so daß die Annahme, daß er dort an einer Kapelle gewirkt habe, naheliegt. Er ist vermutlich auch in Rom nach 1570 gestorben.

WERKE

Von dem flandrischen Komponisten Olivier Brassart ist ein Buch vierstimmige Madrigale überliefert, bei denen bezeichnend ist, daß sie sich nicht der zu seiner Zeit in Italien üblichen Fünfstimmigkeit anpaßten, sondern die in seiner Heimat entwickelte vierstimmige Form beibehielten.

David Köler (um 1532–65)

ZEIT UND UMWELT

Kaiser Ferdinand I., dem durch den Tod seines kinderlosen Schwagers Ludwig II. (1526) die böhmische Krone zufiel, mußte wegen der Türkengefahr gegenüber der Reformation eine konziliante Haltung einnehmen. Er beteiligte sich nicht am Krieg gegen Moritz von Sachsen, sondern schloß mit ihm 1552 in Passau ein Abkommen, das die konfessionellen Streitigkeiten zum vorläufigen Stillstand brachte, und setzte sich persönlich für den Abschluß des Augsburger Religionsfriedens (1555) ein. Dies kam den protestantischen Gemeinden in Böhmen zugute, die im Gegensatz zu späteren Zeiten noch ungehindert ihrer Konfession anhängen durften.

LEBEN

David Köler (Köhler, Koler) wurde um 1532 in Zwickau geboren. Er studierte (ab 1551) in Ingolstadt, war ab 1554 in Schönfeld bei Schlaggenwald (Krásno, Horní Slavkov) in Böhmen als Kantor tätig, wirkte in den Jahren 1555 bis 1557 in gleicher Eigenschaft in Joachimsthal (Jáchimov), sodann in Altenburg und erhielt 1563 die Kapellmeisterstelle in Schwerin. Er nahm jedoch bald die Kantorenstelle in Zwickau an, wo er 1565 starb.

WERKE
Von dem deutschen Kantor sind 1554 »Zehen Psalmen Dauids« für vier bis sechs Stimmen erschienen. Handschriftlich sind eine fünfstimmige Messe, eine Hymne und ein geistliches Lied erhalten. Alle anderen Werke des trotz seines kurzen Lebens angeblich sehr produktiven Komponisten sind verlorengegangen. Seine mehrstimmige Psalmenvertonung wurde sehr viel gesungen.

LITERATUR
G. Eismann, David Köler, ein protestantischer Komponist des 16. Jahrhunderts, Berlin 1956.

Leonhart Schröter
(um 1532 bis um 1601)

ZEIT UND UMWELT
Je mehr sich der Protestantismus konsolidierte, um so häufiger griffen seine Kirchenmusiker auf vorreformatorische Stile zurück. Luther selbst hat der Musik keinerlei Schranken gesetzt, sondern ihr nur eine ideologische Ausrichtung vorgeschrieben, die sie auch früher verfolgt hatte oder zumindest verfolgen hätte sollen. Es ist daher nicht verwunderlich, daß die Meister der zweiten Hälfte des 16. Jahrhunderts sich stilistisch an den franko-flämischen Meistern oder den Zeitgenossen, die die Beschlüsse des Konzils von Trient beachteten, orientierten.

LEBEN
Leonhart Schröter wurde um 1532 in Torgau als Sohn eines lutherischen Geistlichen geboren. Er besuchte die Lateinschule in Torgau, wo Johannes Walter als Kantor wirkte, dann in Annaberg und schließlich in Meißen, wo er in die Fürstenschule aufgenommen wurde (1545). Sein Universitätsstudium absolvierte er ab 1547. Von 1561 bis 1571 war er Kantor an der Lateinschule in Saalfeld, von 1572 bis 1573 Bibliothekar der Herzoglichen Bücherei in Wolfenbüttel und von 1576 bis 1596 Kantor an der Altstädtischen Lateinschule in Magdeburg, wo er um 1601 starb.

WERKE
Man zählte Leonhart Schröter zu den hervorragendsten Meistern seiner Zeit. Sein Werk umfaßt lateinische Choralmotetten und vierstimmige lateinische Kirchenlieder, »Newe Weihnachts-Liedlein«, ein durch »Luther verdeutschtes« Te Deum, »verdeutschte« Psalmen und über 50 geistliche Lieder. Schröter wandte zumeist die Cantusfirmus-Technik an und verarbeitete die Mehrstimmigkeit wie Palestrina oder Victoria. Der Text bleibt auch bei ihm voll verständlich, ohne daß der Fluß der Musik beeinträchtigt wird. Bemerkenswert ist auch seine Musik zu mehreren Schulkomödien.

LITERATUR
G. Hormann, Leonhart Schröter, Freiburg im Breisgau 1934.

Orlando di Lasso (um 1532–94)

ZEIT UND UMWELT
Der Bayernherzog Albrecht V. begründete durch seine hervorragende Kulturpolitik den Ruf seiner Hauptstadt als Kunststadt. Antiquarium, Münzkabinett, Staatsbibliothek und Kunstkammer waren die bedeutendsten Institutionen, die er im Rahmen dieses Vorhabens errichten ließ. Dazu trat eine großzügige Förderung der Künstler. Auf der gleichen Linie lagen die Bemühungen, die Hofkapelle aufzuwerten, die bereits unter Ludwig Senfl zu einem beachtlichen Niveau aufgestiegen war. Er war streng katholisch gesinnt, versuchte aber dennoch zwischen den Konfessionen zu vermitteln, bis ihm der Augsburger Religionsfriede von 1555, laut dessen sich das Bekenntnis der Untertanen nach dem des Landesherrn zu richten hatte, die Möglichkeit in die Hand gab, Bayern zu rekatholisieren. Zur Verfolgung dieses Zieles räumte er den Jesuiten weitgehenden Einfluß ein.

Er wollte als Gegengewicht zu den protestantischen Musikmetropolen Deutschlands, Heidelberg, Stuttgart und Dresden, eine rein katholische errichten, die auch neben den italienischen bestehen konnte. Der Herzog griff zur Methode, die bereits von seinen Vorfahren und an anderen Fürstenhäusern angewandt wurde: Er versuchte, Meister der franko-flämischen Schule aus Frankreich und Italien nach München zu laden und mit günstigen Bedingungen festzuhalten. Einer der letzten großen »Niederländer« war gerade verfügbar und bereit, dem Ruf nach München zu folgen, eine Musikerpersönlichkeit, deren hohe universelle Meisterschaft imstande war, die Absicht des Herzogs in die Tat umzusetzen und aus München die Musikstadt zu formen, die sie heute noch ist.

Orlando di Lasso

Orlando di Lasso

LEBEN

Orlando di Lasso (Orlande Lassus oder Roland de Lassus, wie sein eigentlicher Name lautete, der später lateinisch ausgesprochen und ziemlich sinnlos zu Lasso italienisiert wurde) ist um 1532 in Mons geboren, wo er an Saint-Nicolas als Chorknabe seine musikalische Laufbahn begann. Seine schöne Stimme und Musikalität fielen bald auf. Ferrante I. Gonzaga, Vizekönig von Sizilien, der bei Saint-Dizier kaiserliche Truppen befehligte, erhielt von den Eltern des Knaben die Erlaubnis, ihn nach Sizilien mitzunehmen. Orlando hielt sich einige

»Primus (et secundus) liber modulorum, quinis vocibus constantium« von Orlando di Lasso, Paris 1571

Jahre in Sizilien und dann in Mailand im Dienst des Vizekönigs auf, kam sodann um 1550 in die Obhut des Marchese della Terza. Im Jahr 1553 wurde ihm die Kapellmeisterstelle an San Giovanni in Laterano anvertraut, er gab diese Stelle jedoch schon nach einem Jahr wieder auf und absolvierte anschließend vermutlich eine Reise durch Frankreich und England, über die es keine näheren Berichte gibt. Es ist aber sicher, daß er irgendwie mit dem französischen Hof, von dem er ab 1560 eine Pension bezog, in näheren Kontakt gekommen ist. Um 1555 ließ er sich in Antwerpen nieder, ohne eine feste Stellung anzunehmen. Im Jahre 1556 berief ihn Herzog Albrecht V. von Bayern an die Hofkapelle in München, deren Leitung ihm nach wenigen Jahren übertragen wurde und bis zu seinem Tod am 14. 6. 1594 in seinen Händen blieb.

Noch vor 1560 heiratete er Regina Wäckinger, die Tochter eines Hofbeamten in München. Zwei seiner Kinder, die Söhne Ferdinand und Rudolph, sind in bescheidenem Maß als Musiker bekannt geworden. Als Antonio Scandelli, der Leiter der kursächsischen Hofkapelle in Dresden, 1580 starb, wurde Orlando di Lasso die Nachfolge angeboten. Er lehnte ab, er wollte München nicht verlassen. Auch bahnte sich bereits sein schweres Nervenleiden an, das bald zum Ausbruch kam; er verfiel in Depressionen, die sich stetig vertieften, verlor immer mehr den Kontakt mit der Umwelt und erkannte zuweilen nicht einmal mehr seine Frau. Die Herabsetzung der Kapellenmitglieder von 44 auf 22 durch Herzog Wilhelm V. (1548 bis 1626), dem Nachfolger Albrechts V., empfand Lasso als persönliche Kränkung, was seinen Zustand, der auf Überarbeitung zurückgeführt wurde, sicherlich verschärfte.

Von seinen Zeitgenossen wurde Lasso vielfach über alle anderen Musiker gestellt. Der französische König Karl IX. machte ihm anläßlich seines Frankreichaufenthaltes 1571 schmeichelhafte Angebote, der Deutsche Kaiser Maximilian II. erhob ihn 1570 in den Adelsstand, Papst Gregor XIII. verlieh ihm 1574 für die Widmung mehrerer Messen den Titel eines Ritters vom Goldenen Sporn.

Sein ältester Sohn Ferdinand de Lasso (um 1560, München, bis 27. 8. 1609, München) wurde Hofkapellmeister in München.

Rudolph de Lasso (um 1563, München, bis 1626, München) war Organist und Komponist in München. Beide besorgten die Herausgabe der Werke ihres Vaters.

Ein weiterer Sohn namens Ernst sang in der vom Vater geleiteten Kapelle.

Orlando di Lasso wurde auf dem Franziskanerfriedhof in München beigesetzt. Nach der Säkularisation des Klostereigentumes wurde der Grabstein in den Garten des Nationalmuseums gebracht.

WERKE

Orlando di Lasso ist zu den Größen der Musikgeschichte zu reihen. Seine Gestalt steht im Abendlicht der scheidenden Renaissancemusik und läßt wie Palestrina die kommende Musikepoche des Barocks ahnen. Er starb wie Palestrina in dem Jahr, in welchem die erste Aufführung eines »Dramma in musica« stattfand, das als Vorläufer der Oper angesehen werden kann. Er war der fruchtbarste Komponist nicht nur seiner Zeit, sondern der Musikgeschichte überhaupt. Sein Werk umfaßt mehr als 2000 Kompositionen, darunter ungefähr 1200 Motetten, 150 französische Chansons, 200 italienische Madrigale, 7 Bücher mit weltlichen und geistlichen deutschen Liedern, ungefähr 50 Messen, außerdem Passionen, Offizien, Magnificat, Vigilien, Villanellen, Psalmen.

Lasso war eine echte Prometheusgestalt, wandelbar bis zur Unkenntlichkeit. Er war mit vielen Sprachen vertraut. Er konnte das Flämische, Französische, Italienische, Deutsche und Englische nicht nur wahlweise im Privatverkehr gewandt sprechen und verstehen, sondern in Geist und Sinn dieser Sprachen so weit eindringen, daß er ihre Texte und selbstverständlich auch jeden lateinischen Text zu komponieren imstande war. Tiefe Religiosität, überschäumende Lebenslust, polternder Humor und feiner Witz, melancholischer Ernst und asketische Weltabgewandtheit lagen bei diesem genialen Mann nahe nebeneinander. Er führte die Motette zur Höhe der Vollendung, schöpfte die Möglichkeit des Madrigals restlos aus, beherrschte alle Facetten der Chanson und setzte derbe und liebliche deutsche Lieder – Liebeslieder und Trinklieder, fromme und unheilige – daneben. Es gab kein Genre, das er nicht großartig beherrschte. Seine Messen, Offizien und Magnificat erklingen noch heute in den Kirchen, seine Gesänge sind beliebte Konzertstücke von Ensembles, die Alte Musik pflegen, und finden ein zahlreiches Publikum.

Hauptmerkmal der Technik dieses Komponisten – und damit unterscheidet er sich wesentlich von seinem großen Zeitgenossen Palestrina – war die »Ausdrucksmusik« (Musica reservata) oder »Affektmusik«, die die einzelnen Affekte deutlich ausdrückt und jeden Vorgang so vor Augen stellt, »als spielte er sich wirklich ab, so daß man im Zweifel sein kann, ob die Süße der Affekte den Tönen zum Schmuck gereicht oder die Töne der Süße der Affekte« (Lasso). In seiner Motette »In hora ultima« (In letzter Stunde) wird deutlich gemacht, daß in der Sterbestunde des Menschen alles vorbei ist: Lieder, Scherzen, Lachen, Springen, Flötenton und Tubenklang. Im umfangreichen Werk des Komponisten gibt es zahlreiche Beispiele dieser Affektmusik, wobei man sich nicht eine Darstellung der subjektiven Gefühle des Verfassers, sondern lediglich eine musikalische Nachahmung natürlicher Geräusche und Klänge der Umwelt vorstellen darf, wie zum Beispiel bei seinem »Echolied«, das ein natürliches Echo täuschend reproduziert. Es werden auch keine außermusikalischen Effekte herangezogen. Dennoch liegt in der Affektdarstellung die Wurzel des Subjektivismus der Romantik und der Programmmusik. Lasso war ein »Musikmaler« wie sein Gegenpol Palestrina in Rom ein »Musikpoet« war. Das trennte die beiden Meister, doch die Ströme ihres Einflusses auf die musikalische Nachwelt flossen schon ein halbes Jahrhundert später in der Klangwelt des Barocks ineinander.

Ferdinand de Lasso hinterließ ein Buch mit sechsstimmigen Cantiones sacrae.

Dessen Sohn Ferdinand de Lasso (um 1590 bis 1636) war von 1616 bis 1629 Hofkapellmeister. Von seinen Kompositionen sind Motetten, eine Messe, Magnificat und Litaneien überliefert, die nach venezianischer Art vielstimmig gehalten sind.

Von Rudolph de Lasso sind dreistimmige deutsche Psalmen erhalten.

Kammermusik – Darstellungen aus: »Patrocinium musices« von Orlando di Lasso: Kniegeige, Laute, Cembalo, Armgeige, Zinken, Posaunen, Sänger und der Kapellmeister

»Fastnachtslied« – aus: »Newe Teutsche Liedlein mit fünff Stimmen« von Orlando di Lasso, München 1547

Bußpsalmen für fünf Stimmen und Instrumente, 7 Teile, entstanden um 1555, erstveröffentlicht 1579

Die Fünfstimmigkeit zieht sich nahezu durch das gesamte Werk, nur einzelne Verse werden von zwei oder drei Stimmen vorgetragen; das De profundis ist für sechs Stimmen meisterhaft ausgearbeitet. Es handelt sich um ein typisches Beispiel der Affektmusik, in dem Reue, Niedergeschlagenheit und Selbstanklage aus jedem Ton sprechen; jedes Stadium der Bußfertigkeit ist plastisch dargestellt, bis der letzte Teil in befreiender Hoffnung ausklingt.

Magnificat für sechs Stimmen, entstanden 1582

Der Komponist benützte als Vorlage die sechsstimmige Motette von Josquin »Praeter rerum seriem«, die er zwar in Struktur, Melodie und Harmonik zitiert, aber zur Musik seiner Gegenwart umgestaltete. Er ließ die alte Polyphonie unangetastet, bildete aber den musikalischen Ausdruck aus dem einzelnen Wort, das nicht nur ausgesprochen, sondern plastisch wiedergegeben wurde. Lasso ließ keine Möglichkeit, Affekte zu gewinnen, ungenützt, so daß nicht nur der Geist des gesamten Hymnus vermittelt wird, sondern auch jeder seiner poetischen Bestandteile sich wie funkelnde Mosaiksteine zu einem eindrucksvollen Bild fügt.

Le lagrime di San Pietro für sieben Stimmen, entstanden 1594

Dem Papst Clemens VIII. gewidmeten Werk liegt das gleichnamige Gedicht zu 20 Strophen des italienischen Dichters Luigi Tansillo (1510 bis 1568), der Natur- und Gefühlsgedichte im Petrarca-Stil verfaßte, zugrunde. »Die Tränen

»Missae« aus dem »Patrocinium musices« von Orlando di Lasso, München 1589

des heiligen Petrus« ist eine Suite sakraler Madrigale, deren sentimentaler Manierismus durch die Musik überdeckt wird. Die sieben Stimmen des Chores gruppierte Lasso in zwei Teile, einen mit den drei Oberstimmen, den zweiten mit vier Männerstimmen, die einander gegenüberstehen und einen Doppelchoreffekt erzeugen. Dieser Reichtum und die enge Verflechtung ergeben eine grandiose Klangwirkung. Der Chor erfährt die Behandlung eines großen Orchesters mit seiner ganzen Skala der melodischen, harmonischen, dynamischen und rhythmischen Effekte. Die Madrigale 1 bis 7 sind vorwiegend erzählend und schildern die Selbstsicherheit des Apostels und seine Schande, daß er sich überschätzt hatte, die Erinnerung an die dreimalige Verleugnung und sein schlechtes Gewissen. In den Strophen 8 bis 14 wird der Schmerz des Herrn über den Verrat sowie die Trauer und die Klage des Apostels wegen seiner Schwäche dargestellt. Petrus verläßt die Herberge; Kälte und Dunkelheit der Nacht werden zum Symbol und Hintergrund seiner bitteren Tränen. In den Madrigalen 15 bis 20 vertiefen sich die Reue und die Zerknirschung des Apostels. Lasso beendete das im Italienisch seiner Zeit geschriebene Werk mit einer lateinischen Motette, mit der sich der Erlöser an alle Christen wendet und ihnen vor Augen hält, daß der Kreuzestod eine Folge ihrer Sünden sei.

O mors quam amara est (Wie bitter ist der Tod), Motette für sechs Stimmen, veröffentlicht 1564
  Der Text ist dem Buch Jesus Sirach 41, 1–4, entnommen und schildert grimmig moralisierend die Bitterkeit des Todes. Der sechsstimmige Chor bringt viele Klangvarianten und rhythmische Freiheiten, die der Motette einen besonderen Reiz verleihen. Auf illustrative Symbole hat der Komponist dabei verzichtet und gerade dadurch den Ernst der Aussage betont.

Ave Regina coelorum (Sei gegrüßt, Himmelskönigin), Motette für vier Stimmen, entstanden um 1585
  Diese Motette ist eine fein gezeichnete Miniatur mit eleganter Kadenzornamentik und klangvoller Melismatik. Ihre rhythmische Vitalität verleiht ihr nachgerade eine starke Dramatik.

Salve Regina (Sei gegrüßt, Königin), Motette für sechs Stimmen, entstanden um 1585
  Diese breit angelegte Motette ist klangreich und homophon. Die sechs Stimmen sind in kontrastierende Klangblöcke geteilt, so daß ein »venezianischer« Doppelchoreffekt erreicht wird. Die Motette ist sehr dem Madrigalstil angenähert.

LITERATUR
E. Schmitz, Orlando di Lasso, 1915.

Fernando Franco (1532–85)

ZEIT UND UMWELT
In den Jahren 1519–21 wurde das Land, in dem die Azteken seit dem 14. Jahrhundert einen mächtigen, blühenden Staatenbund errichtet hatten, von Hernando Cortés für Spanien erobert; 1535 formte man daraus das Vizekönigreich Neuspanien, das das heutige Mexiko, Teile der südlichen USA und den Norden Mittelamerikas umschloß. Neben der wirtschaftlichen Ausbeute betrieben die Spanier eine durchgreifende Christianisierung des Landes. In der 1325 von den Azteken als Tenochtitlan angelegten, von Cortés 1521 zerstörten und als Ciudad de Méjico neu erbauten Hauptstadt wurde 1553 die erste Universität der westlichen Hemisphäre von Jesuiten errichtet und 1571 im gesamten Reich die Inquisition eingeführt. Mit den spanischen Einwanderern, die ihr Glück suchten, kamen auch Musiker in das Land, um an den Kapellen der erbauten Kathedralen mitzuwirken.

LEBEN
Fernando Franco wurde 1532 in Garrovillas geboren und trat im Alter von zehn Jahren als Chorknabe in die Kapelle an der Kathedrale von Segovia ein. Im Jahre 1554 begab er sich mit Kollegen aus der Kapelle nach dem Vizekönigreich Neuspanien, und zwar in das Gebiet des heutigen Guatemala; 1575 wurde er an die Kathedrale der Stadt Mexiko berufen, wo er bis zu seinem Tod am 28. 11. 1585 als Kapellmeister und Komponist tätig war.

WERKE
Von den Werken des frühesten bekannten Komponisten des spanischen Kolonialreiches in Amerika, Fernando Franco, sind polyphone Sätze zu einem Magnificat, Motetten, Responsorien und 2 Hymnen im Villancicostil auf Nahuatl-Text überliefert. Der Stil der Werke entspricht dem zeit-

genössischen in Spanien. Von einer Aufnahme bodenständigen Melodiengutes ist nichts festzustellen.

LITERATUR
R. Stevenson, Music in Mexico, New York 1952.

Adam Puschman (1532–1600)

ZEIT UND UMWELT
Der deutsche Meistergesang setzte seine Tradition in mehreren Städten noch weit über seinen größten Repräsentanten Hans Sachs hinaus fort. Einzelne Schulen überdauerten sogar noch die Wende vom 16. zum 17. Jahrhundert.

»Meistergesang« Adam Puschmanns, Schüler von Hans Sachs, 1532–1600

LEBEN
Adam Puschman (Puschmann) wurde 1532 in Görlitz geboren. Um 1555 hielt er sich bei Hans Sachs in Nürnberg auf. Von 1569 bis um 1578 lebte und wirkte er in Görlitz. Dann begab er sich nach Breslau, wo er am 4. 4. 1600 starb.

WERKE
Dem »Gründlichen Bericht des deutschen Meistergesanges« ist eine Tabulatur mit verschiedenen eigenen und fremden Melodien beigefügt. In dem »Singebuch« Adam Puschmans befinden sich alle Weisen von Hans Sachs, aber auch solche vom Verfasser. Die formale Entwicklung, Höhepunkt und Abstieg des Meistergesanges werden in beiden Publikationen sehr deutlich.

LITERATUR
G. Sieg, Der Meistersinger Adam Puschman und der Kantor Zacharias Puschman, Neues Lausitzisches Magazin XCVIII, 1922.

Pietro Pontio (1532–95)

ZEIT UND UMWELT
Wie der Bildhauer Benedetto Antelami (um 1160 bis um 1220) und die Maler Parmigianino (1503–40) und Correggio das künstlerische, hat Cyprian de Rore das musikalische Antlitz der von vierzig Burgen umgebenen Stadt Parma geprägt. Besonders der relativ kurze Aufenthalt des Musikers in den sechziger Jahren des 16. Jahrhunderts war ausschlaggebend, weil er sich sofort mit einer Reihe von Schülern aus der Stadt umgab, die den franko-flämischen Stil übernahmen und weiterbildeten.

LEBEN
Don Pietro Pontio (Ponzio) wurde am 23. 3. 1532 in Parma geboren. Der italienische Kirchenmusiker erhielt seine Ausbildung zum Musiker und Priester in seiner Vaterstadt; in der ersten Hälfte des 16. Jahrhunderts wurde er von Cyprian de Rore unterrichtet. Ab dem Jahr 1565 war er Kapellmeister am Dom von Bergamo, von 1567 bis 1569 an Santa Maria della Steccata, 1577 bis 1582 am Mailänder Dom und von da an bis 1592 neuerlich in Parma. Er starb in Parma am 27. 12. 1595.

WERKE
Das von Pietro Pontio hinterlassene Werk umfaßt 6 Bücher mit vier- und fünfstimmigen Messen, 2 Bücher mit fünfstimmigen Motetten, vierstimmige Magnificat und Hymnen, außerdem als einzige profane Komposition ein fünfstimmiges Madrigal.

Alle diese Musik lehnt sich stark an de Rore an, ist aber trotzdem eigenständig. Dazu ist noch eine Anzahl von Kadenzen für Orgelsolo zu rechnen, die eine gut ausgebildete Orgeltechnik verlangen.

Claudio Merulo (1533-1604)

ZEIT UND UMWELT
Die Kirche Santa Maria della Steccata war als Privatkapelle der Herzöge von Parma und Piacenza erbaut worden. In ihrem Untergeschoß befinden sich die Gräber der Familie Farnese, die ihre Herzogtümer von 1545 bis 1731 unabhängig bewahren konnte. Der Prunkliebe und dem kulturellen Bedürfnis dieser Fürsten entsprach die Musikpflege, die sie ihrer Kapelle und selbstverständlich auch dem Dom der Stadt angedeihen ließen. Die Organisten- und Kapellmeisterstellen waren immer mit vorzüglichen Kräften besetzt.

LEBEN
Claudio Merulo (Claudio da Correggio, nach den Eltern: Merlotti) wurde am 8. 4. 1533 in Correggio getauft. Er studierte bei Tuttovale Menon und erhielt seine erste Stellung als Organist 1556 in Brescia. Ein Jahr darauf kam er an die Zweite Orgel und 1566 an die Erste in San Marco von Venedig. Gleichzeitig leitete er in Venedig einen Musikverlag (1566-77). Nach einem Aufenthalt in Mantua, wo er eine Orgel baute, wurde er 1586 Hoforganist in Parma, im folgenden Jahr Domorganist und 1591 Organist an der herzoglichen Kirche Santa Maria della Steccata. Er starb in Parma am 5. 5. 1604.
Sein Neffe Giacinto Merulo (um 1570 bis um 1630) folgte Claudio Merulo in seine Stellung als Hoforganist von Parma nach.

WERKE
Die Orgelkompositionen von Claudio Merulo gehören zu den ältesten Denkmälern eines selbständigen Orgelstiles, der sich vom Stil der Vokalmusik freigemacht hat. Mehrere Bücher mit Ricercari und Toccaten für Orgel-Solo sind überliefert, die musikalisches Neuland für dieses Instrument eroberten. Auch die Vokalkompositionen, Messen, Motetten, Kanzonen, Madrigale, Litaneien, weisen große Interludien für Orgel auf. Seine gesamte Musik ist vom venezianischen Klang beeinflußt. Jedoch sein Orgelwerk ist die Dokumentation einer eigenständigen Stilentwicklung, die zu den großen Orgelkompositionen Italiens des folgenden Jahrhunderts geführt hat. Von Giacinto sind ein Buch vierstimmige Madrigale und eine instrumentale Kanzone überliefert.

LITERATUR
G. Frotscher, Geschichte des Orgelspieles, Berlin 1959.

Gallus Dreßler (1533 bis vor 1589)

ZEIT UND UMWELT
Die deutschen Gymnasien hatten für die Gestaltung ihrer Stundenpläne die sogenannten Freien Künste – Grammatik, Rhetorik, Dialektik, Arithmetik, Geometrie, Astronomie und Musik – als Grundmuster genommen, die seit der hellenistischen Zeit und besonders im Mittelalter als Allgemeinbildung verbindlich waren. Im Verlauf der Zeit traten mit Rücksicht auf die veränderten Lebensumstände Modifikationen der Lehrpläne ein, dem Musikunterricht wurde noch im 16. Jahrhundert und auch später ein breiter Raum belassen, weil gerade die Epoche des Humanismus die sittliche und pädagogische Wirkung der Musik ähnlich einschätzte wie die Antike. Die Kantoren spielten an den Schulen eine bedeutende Rolle und wurden deshalb sorgfältig ausgewählt.

LEBEN
Gallus Dreßler wurde am 16. 10. 1533 in Nebra an der Unstrut geboren. Er studierte in Jena und kam 1558 als Kantor an das Gymnasium in Magdeburg. Im Jahre 1575 erhielt er die Stelle eines Diakonus in Zerbst, wo er vor 1589 starb.

WERKE
Vom deutschen Komponisten und Musik-

erzieher Gallus Dreßler sind lateinische und deutsche Psalmen, 5 Bücher mit lateinischen Kirchenliedern, deutsche Gesänge und deutsche profane Lieder überliefert. Alle Werke sind vier- bis sechsstimmig und weisen eine Anlehnung an Clemens non Papa und Lasso auf, für die der Komponist offenbar eine große Vorliebe hegte; er entnahm bezeichnenderweise in seinen musiktheoretischen Werken die meisten Musikbeispiele seinen genannten Vorbildern.

LITERATUR
W. M. Luther, Gallus Dreßler. Ein Beitrag zur Geschichte des protestantischen Schulkantorats im 16. Jahrhundert, Kassel 1941.

Laurent de Voz (1533–80)

ZEIT UND UMWELT
Die franko-flämische Schule bildete auch im 16. Jahrhundert tüchtige Musiker aus, die entweder in den heimischen Kathedralen oder in den Hofkapellen der herrschenden Fürsten wirkten oder in das Ausland gingen, wo sie gerade wegen ihrer Herkunft gern aufgenommen wurden. Die Heimat wurde zu ihrer Zeit politisch immer unruhiger, so daß viele gerne den Wanderstab nahmen. Wer im Land blieb, mußte sein Leben vor den kämpferischen Parteien schützen. Manchem gelang es nicht.

LEBEN
Laurent de Voz wurde in Antwerpen 1533 geboren und dort zum Musiker ausgebildet. Er war ein Bruder des Malers Marten de Vos (1531–1603). Nach einigen Jahren Dienst an der Kathedrale seiner Geburtsstadt berief ihn der Erzbischof von Cambrai an seine Kathedrale als Knabenchorleiter und Kapellmeister. Er mengte sich persönlich in Zwistigkeiten um den Bischofssitz ein und verlor dadurch im Januar 1580 sein Leben.

WERKE
Der flämische Komponist Laurent de Voz verfaßte eine umfangreiche Chormotette gegen die herrschenden politischen Kräfte und wurde dafür gehenkt. Sie ist nicht erhalten. Dafür sind andere fünfstimmige Motetten überliefert, die ihn als echten franko-flämischen Komponisten ausweisen und zeigen, daß dieser Stil zwar noch streng eingehalten, aber nicht mehr weiterentwickelt wurde.

Christian Ameyden (um 1534–1605)

ZEIT UND UMWELT
Papst Pius IV. erblickte in der strikten Durchführung der Beschlüsse des Konzils von Trient die Garantie für den Erfolg der Gegenreformation und die Rückführung der abgefallenen Völker zur römischen Kirche. In diese Linie fiel die Entlassung von 14 Sängern der päpstlichen Kapelle im Jahre 1565. Dadurch wurde das Ensemble verkleinert und straffer gefaßt und jeder entfernt, der Neigung zeigte, sich den Weisungen auf dem Gebiet der Kirchenmusik nicht voll zu unterwerfen.

LEBEN
Christian Ameyden wurde um 1534 in Brabant geboren und an der Kathedrale von Antwerpen als Sängerknabe ausgebildet. Er blieb an der Kathedrale als Sänger, bis er 1564 nach Rom ging und dort in die päpstliche Kapelle aufgenommen wurde. Bereits ein Jahr später verlor er mit dreizehn anderen die Stelle wegen Unbotmäßigkeit. Im Jahre 1568 wurde er Sänger und Kanonikus an der Cappella Pauliniana und durfte 1572 zur päpstlichen Kapelle zurückkehren, wo er 1593 Kapellmeister wurde. Nachdem er 1594 in den Ruhestand getreten war, starb er in Rom am 20. 11. 1605.

WERKE
Von dem franko-flämischen Komponisten Christian Ameyden sind eine fünfstimmige Messe, ein vierstimmiges Magnificat und ein Madrigal erhalten. Alle anderen Werke dieses angeblich produktiven Kirchenmusikers sind verschollen. Seine Kompositionen folgen sehr streng dem sogenannten Palestrina-Stil und zeigen wenig Eigenständigkeit.

Lodovico Agostini (1534–90)

Zeit und Umwelt

Macht und Glanz des Hauses Este endeten mit dem Tod des fünften Herzogs, Alfonso II., der besonders als Protektor des Dichters Torquato Tasso in die Geschichte eingegangen ist. Er hat Ruhm und Ruf des Hauses d'Este, dessen Herrschaft über Ferrara mit Azzo VII. Novello um 1240 begonnen hatte, auf der Höhe gehalten, zu der seine Vorfahren es gehoben hatten. Eine Fortsetzung der Tradition und ein weiterer Aufstieg hätten sich unbestreitbar eingestellt, wenn der Herzog nicht trotz dreimaliger Heirat ohne männlichen Nachkommen geblieben wäre. Seine Schwester Lucrezia (1536–1598) war gezwungen, das Herzogtum der Kurie zu überantworten.

Leben

Lodovico Agostini wurde 1534 in Ferrara geboren. Er war apostolischer Protonotar und Kaplan des Herzogs Alfonso II. Ob er in Ferrara, wo er am 20. 8. 1590 starb, auch musikalische Aufgaben zu erfüllen hatte, ist nicht bekannt.

Werke

Vom italienischen Komponisten Lodovico Agostini sind 4 Bücher sechsstimmige, 3 Bücher fünfstimmige und 2 Bücher vierstimmige Madrigale, Messen, Motetten und Vespern, neapolitanische Kanzonen und verschiedene geistliche Gesänge überliefert. Es handelt sich um gediegene, mit Meisterhand gearbeitete Musik, deren Stil, abgesehen von den neapolitanischen Kanzonen, sich an den zeitgenössischen venezianischen anlehnt.

Literatur

A. Cavicchi, Lettere di musicisti ferraresi: Lodovico Agostini, in: Ferrara viva IV, 1962.

Fernando de las Infantas
(1534 bis nach 1609)

Zeit und Umwelt

In der ehemaligen Kalifenstadt Cordoba wurde wie in Sevilla und anderen spanischen Städten die Erinnerung an den seinerzeit vom römischen Kirchengesang verdrängten mozarabischen Kirchengesang nie völlig zum Erlöschen gebracht. Unterschwellig vielleicht nur, aber doch bemerkbar, lebte er in gewissen Melismen fort. Die weitreichende Selbständigkeit der spanischen Kirche war solchen Nebenerscheinungen des Kirchengesanges günstig. Dazu kam, daß auch in Italien und in anderen Ländern der gregorianische Kirchengesang durch Tropen und Sequenzen von seiner Monotonie weiterentwickelt wurde. Im Zuge der Bestrebungen, altchristliches Verhalten den Reformationen als Gegenreformation entgegenzustellen, wurden für die gesamte Kirchenmusik neue Regeln aufgestellt oder vielmehr alte, durch die Renaissance, die die Position des Menschen in der Kunst dem Mittelpunkt des Geschehens zuschob, vernachlässigte, wiederum in Geltung gebracht.

Papst Gregor XIII. beabsichtigte überdies, den gregorianischen Gesang in ursprünglicher Form wiederherzustellen, und beauftragte Palestrina und Annibale Zoilo mit dieser Aufgabe. Die Arbeit mußte nach einiger Zeit wegen des Einspruches des spanischen Klerus und König Philipps II. eingestellt werden, weil man in Spanien die geplante Purifikation ablehnte und die Differenzen zwischen dem spanischen und dem für alle katholischen Kirchen gültig erneuerten Choral nicht vertieft sehen wollte.

Leben

Fernando de las Infantas wurde 1534 in adeliger Familie in Cordoba geboren. Seine Ausbildung erhielt er in seiner Vaterstadt, wo er bis zu seiner Übersiedlung nach Rom in den frühen fünfziger Jahren als Musiker und Komponist wirkte. Als er von der Absicht Papst Gregors XIII., den Gregorianischen Choral zu reformieren und neu herauszubringen, erfuhr und davon Kenntnis erhielt, welche Tendenzen dabei verfolgt wurden, wandte er sich persönlich an König Philipp II. von Spanien, der seine Einwände übernahm und über den spanischen Gesandten die Einstellung der Arbeiten an dem

Choral durchsetzte. Infantas veröffentlichte 1601 ein Traktat über die Prädestination und fand damit nicht den Beifall seiner kirchlichen Vorgesetzten, so daß er gezwungen war, sich 1607 und 1609 an den spanischen König Philipp III. (1578–1621) um einen bescheidenen Zufluchtsort für den Rest seines Lebens zu wenden. Ort und Zeit seines Todes sind nicht bekannt.

WERKE
Von Fernando de las Infantas sind 3 Bücher mit sakralen Gesängen verschiedener Art, eines mit kontrapunktischen Sätzen über gregorianische Melodien und etliche Motetten in Sammelwerken erhalten. Sein Stil war rein spanisch und wurde stark von Morales beeinflußt.

LITERATUR
R. Mitiana, Don Fernando de las Infantas, Madrid 1918.

Giovanni Bardi (1534–1612)

ZEIT UND UMWELT
Die verschiedenen Reformationen haben der Renaissance mehr oder minder heftig ein Ende gesetzt, die Gegenreformation tat das gleiche, wenn auch weder hüben noch drüben die strengen Verbote und Gebote allgemeines Gehör fanden. Keine Zwangsmaßnahme war imstande, die Zeituhr für alle zurückzudrehen. Zu viele Meisterwerke erster Ordnung waren geschaffen worden, zu viele von den neuen Ideen erfüllte Worte gesprochen und geschrieben worden, zuviel Sehnsucht nach Befreiung des Geistes war in den Herzen der Menschen angehäuft, als daß dies alles hätte ausgetilgt und vergessen werden können. Der Wunsch, die Antike auf allen Gebieten wiederzubeleben, wurde weiter gehegt und gepflegt. In Florenz traten Männer der Kunst und der Wissenschaft zu einer Camerata zusammen, um den Schatz der antiken Musik zu heben, zu gestalten und zu propagieren; sie wollten auch das antike Drama in der Form, wie sie es sich vorstellten, zum Leben erwecken. Davon,

Trommler aus der Garde Kaiser Rudolfs II. – Radierung von Jakob de Gheyn, 1587

was Calvin, Luther oder die Kurie von der Musik forderten, war dabei nicht die Rede.

LEBEN
Giovanni Maria dei Conti di Vernico Bardi wurde am 5. 2. 1534 in Florenz geboren. Der italienische Schriftsteller, Humanist und Musiker war Mitglied der Accademia della Crusca und der Accademia degli Alterati. Etwa ab 1580 versammelte er regelmäßig Gelehrte, Künstler und Musiker zu einer Camerata, die neben vielen anderen zeitgenössischen Problemen die Wiederbelebung der antiken Musik im Sinn des Renaissancegedankens erörterten. Im Jahre 1592 übersiedelte Bardi nach Rom, wo er auch als Kam-

merherr und Offizier der päpstlichen Garde sein Wirken als Mäzen fortsetzte. Er ist in Rom 1612 gestorben. Seine Camerata setzte ihre Tätigkeit im Haus des Komponisten Jacopo Corsi fort.

WERKE
Der Florentiner Adelige Giovanni Bardi hat durch die Gründung und Leitung der Camerata Florentina den Anstoß zur Entwicklung unserer Oper gegeben, wenn er dies auch nicht beabsichtigt hatte, denn zu den ersten Versuchen, aus denen sodann die Oper entstand, kam es erst nach der Übersiedlung Bardis nach Rom. Von seinem kompositorischen Werk sind nur 2 Madrigale überliefert, die ihn als hervorragenden Komponisten ausweisen. Er wandte dabei allerdings die von der Camerata ausgearbeiteten Richtlinien ebensowenig an wie andere Komponisten, die der Vereinigung angehörten. Auch bei ihm hatte der Musiker über den Denker die Oberhand gewonnen. Inwieweit er an der Dichtung und Komposition der von Mitgliedern der Camerata geschaffenen Intermedien beteiligt war, ist nicht geklärt.

LITERATUR
H. Martin, La »Camerata« du Comte Bardi et la musique florentine du XVIe siècle, Revue de Musicologie XVI, 1932.

David Wolkenstein (1534–92)

ZEIT UND UMWELT
Ideologien, welchen Vorstellungen sie auch entspringen, sind immer geneigt, der Kunst Fesseln anzulegen. Der selbstauferlegte Zwang, jedes gesungene Wort verständlich zu belassen, führte zur Homophonie und Homorhythmik, die nicht die einzigen Ausdrucksmittel der Musik sind und durch Verallgemeinerung dem Variationsbedürfnis des Künstlers entgegenwirken. Aber wenn nur gesungen werden soll, um den Text vorzutragen, erhebt sich die Frage, warum man nicht beim Sprechen bleibt. Das Wort wird nicht besser, wenn man ihm eine Musik aufquält, die keine sein darf.

LEBEN
David Wolkenstein wurde am 19. 11. 1534 in Breslau geboren. Er studierte an den Universitäten Frankfurt an der Oder und Wittenberg und wurde Professor für Mathematik und Musik am Gymnasium und an der Akademie in Straßburg, wo er am 11. 9. 1592 starb.

WERKE
Der Mathematiker, Musiktheoretiker und Komponist David Wolkenstein brachte neben einem Werk für den Musikunterricht »Psalmen mit vier Stimmen zu singen in den Kirchen und Schulen zu Straßburg« und »Psalmen für Kirchen und Schulen auf die gemeinen Melodeien syllaben weiss zu vier Stimmen gesetzt« heraus. Diese Psalmenvertonungen ähneln stark den Odenkompositionen der Humanisten, die ebenso der Musik sehr wenig Entfaltungsraum gönnten.

LITERATUR
W. Zahn, Die Melodien der deutschen evangelischen Kirchenlieder, Gütersloh 1888 bis 1893.

Alessandro Marino
(um 1535 bis nach 1596)

ZEIT UND UMWELT
Die 1584 gegründete Confraternità dei Musicisti de Urbe (Brüderschaft der Musiker Roms) wandelte sich bald in die Accademia di Santa Cecilia, die von ihrem Beginn an bis in unsere Gegenwart eine bedeutende Rolle im Musikleben der Stadt Rom und ganz Italiens spielte.

LEBEN
Alessandro Marino wurde um 1535 in Venedig geboren und dort ausgebildet. Von 1570 bis 1596 war er Kanonikus an San Giovanni in Laterano. In welcher Form er als Musiker gewirkt hat, ist nicht bekannt. Er muß aber ein beträchtliches Ansehen genossen haben, weil auf seine Anregung hin die Confraternità dei Musicisti de Urbe begründet wurde, aus der die »Congregazione dei Musici di

Roma sotto l'invocazione di Santa Cecilia« (Vereinigung der Musiker Roms zu Ehren der heiligen Cecilia) hervorging. Er ist in Rom in den Jahren nach 1596 gestorben.

WERKE
Von dem italienischen Komponisten Alessandro Marino ist ein Buch mit fünfstimmigen Madrigalen erschienen. Seine weiteren Werke waren Kirchenmusik: vierstimmige Vespern, sechsstimmige Psalmen, sechsstimmige Kirchengesänge, zwölfstimmige Kompletorien, sechsstimmige sakrale Madrigale mit einem zwölfstimmigen Kirchenlied. Der Stil dieser Kompositionen folgt den römischen Vorschriften, nur die profanen Madrigale verleugnen die venezianische Heimat des Komponisten nicht.

Annibale Stabile (um 1535–95)

ZEIT UND UMWELT
Das Collegium Germanicum et Hungaricum wurde 1552 für deutsche und ungarische katholische Kleriker, die an der päpstlichen Universität (Gregoriana, gegründet 1551) studierten, errichtet. Die Leitung seiner Kapelle und seiner Musikschule wurde stets ausgezeichneten Fachkräften anvertraut, wie zum Beispiel Palestrina. Es sind auch etliche namhafte Musiker daraus hervorgegangen.

LEBEN
Annibale Stabile wurde um 1535 in Rom geboren. Er war am Germanicum, das auch Italiener aufnahm, Schüler Palestrinas. In den Jahren 1575 bis 1576 wirkte er als Kapellmeister an San Giovanni in Laterano, sodann in gleicher Stellung am Collegium Germanicum und schließlich ab 1592 bis zu seinem Tod im Jahr 1595 an Santa Maria Maggiore.

WERKE
Vom italienischen Komponisten Annibale Stabile sind 3 Bücher fünfstimmige Madrigale, 3 Bücher fünf- bis achtstimmige Modulationen und in Sammelwerken weitere Sätze erhalten. Seine Technik läßt den großen Lehrer erkennen. Man zählt ihn mit Recht zu den großen römischen Madrigalisten seiner Zeit.

LITERATUR
A. Einstein, The Italian Madrigal, Princeton 1970.

Rocco Rodio (um 1535 bis um 1615)

ZEIT UND UMWELT
Trotz der drückenden Herrschaft der spanischen Vizekönige, die Neapel mit harten Abgaben belasteten, war das kulturelle Leben in voller Blüte. Im Jahre 1537 wurde eine öffentliche Musikschule von Rang gegründet, Gesualdo da Venosa rief eine private Musikakademie ins Leben, nahezu gleichzeitig entstand die »Camerata di propaganda per l'affinamento del gusto musicale« (Vereinigung zur Verbreitung eines verfeinerten musikalischen Geschmacks).

LEBEN
Rocco Rodio wurde um 1535 in Bari geboren und vermutlich in Neapel zum Musiker ausgebildet. Er blieb dem Musikleben der Stadt eng verbunden und war Mitglied der Accademia des Fürsten Gesualdo da Venosa; an der Gründung der »Camerata di propaganda per l'affinamento del gusto musicale« wirkte er mit. Ob er als Organist oder Kapellmeister tätig war, ist nicht bekannt. Er starb in Neapel um das Jahr 1615.

WERKE
Vom kompositorischen Werk Rocco Rodios sind ein Buch mit vierstimmigen Ricercate und einigen Fantasien für Orgel, Cembalo, Clavichord oder Harfe, ein Buch mit zehn Messen, 2 Bücher mit vierstimmigen Madrigalen und etliche weitere Stücke (Motetten, Madrigale) in Sammelwerken enthalten. Eine fünfstimmige Messe ist so gearbeitet, daß sie auch vier- oder dreistimmig gesungen werden kann. Der Stil der Musik ist neapolitanisch, das heißt: klangvoll, gut rhythmisiert, ausdrucksreich und verziert.

Ginés de Morata
(um 1535 bis nach 1576)

Zeit und Umwelt
In Vila Viçosa errichteten die Herzöge von Bragança, die von 1640 bis 1910 Portugal als Könige regierten, ein prächtiges Schloß, als wollten sie von ihrem nordportugiesischen Sitz näher an die Hauptstadt rücken, um bereit zu sein, sobald der Weg zum Thron frei wird.

Leben
Ginés de Morata wurde vermutlich in Morata um 1535 geboren. Über die Ausbildung dieses spanischen Komponisten und den Wirkungskreis in seinem Land gibt es keine Nachrichten. Um 1560 wurde er Kapellmeister der Herzöge von Bragança auf ihrem Schloß in Vila Viçosa, gab aber diese Stelle in dem Jahr auf, in dem König Sebastião seinen unglücklichen Feldzug gegen Marokko (1576) begann. Er dürfte in seine Heimat zurückgekehrt und dort gestorben sein. Ort und Zeit seines Todes sind nicht bekannt.

Werke
An sakralen Werken sind von Ginés de Morata ein Pangue lingua, 2 Motetten und ein Hymnus – alles vierstimmig – überliefert, an profanen Kompositionen 7 vierstimmige und 5 dreistimmige Stücke in einem weitgehend homophonen Madrigalstil. Sein Stil ist stark an den französischen angelehnt.

Alessandro Striggio
(um 1535 bis um 1593)

Zeit und Umwelt
Intermedien waren im 15. Jahrhundert in Italien aufgekommene Zwischenaktunterhaltungen – Pantomimen, Tänze, Maskeraden oder Musikstücke –, die zum Hauptstück in keiner oder nur loser Beziehung standen, aber es zuweilen derart überwucherten, daß sie das ganze Publikumsinteresse in Anspruch nahmen. Sie erfuhren im folgenden Jahrhundert eine breite Ausgestaltung; es wurden Madrigale, Chöre, Instrumentalstücke gebracht, die tatsächlich zur Hauptsache der Darbietungen wurden.

Leben
Alessandro Striggio wurde um 1535 in Mantua geboren und vermutlich dort zum Organisten, Lautenisten und Violisten ausgebildet. Im Jahre 1560 kam er an den Hof des Großherzogs Cosimo de'Medici und blieb dort bis zu dessen Tod (1574). In diese Zeit fiel auch eine Reise nach Paris und London. Anschließend lebte und wirkte er am Hof der Herzöge Gonzaga in Mantua, wo er um 1593 starb.

Werke
Anläßlich der Hochzeit des Herzogs Francesco de'Medici (1541–87) und der Erzherzogin Johanna von Österreich (1547–78) wurden Intermedien aufgeführt, von denen Alessandro Striggio 3 für großes Orchester (4 doppelte Gravicembali, 4 Viole d'arco, 2 Posaunen, 2 Tenorflöten, 1 Kornett, 1 Querflöte, 2 Lauten, 1 Rebek) komponiert hatte. Er war einer der ersten, der solche Intermedien für große Hoffestlichkeiten vertonte und damit der Komposition ein neues Feld eröffnete. Auch einige Motetten wurden für große Instrumentalbegleitung geschrieben. Außerdem sind zahlreiche Madrigale des Komponisten überliefert, und in Sammelwerken seiner Zeit finden sich viele von ihm verfaßte Vokalwerke verschiedener Art. Seine Kirchenmusik hielt sich in bescheidenerem Rahmen.

Der Komponist genoß zu seinen Lebzeiten vielseitige Anerkennung. Kaiser Maximilian II. nannte ihn in einem Brief »einen hervorragenden Musiker«. In einer zeitgenössischen Publikation werden seine Kompositionen als »jeder Ehre und jedes Lobes würdig« qualifiziert.

Ein Teil seiner Madrigale wurde erst von seinem Sohn Alessandrino Striggio (um 1573, Mantua, bis 6. 6. 1630, Venedig, Instrumentalist am Mantuaner Hof) herausgebracht.

Literatur
P. G. Conti, L'apparato per le nozze di Fran-

»Hochzeitsmusik« – Wandmalerei aus dem Jahr 1596

cesco de'Medici e di Giovanna d'Austria, Florenz 1936.

Robert White (um 1535–74)

ZEIT UND UMWELT

Mit dem Regierungsantritt der Königin Elisabeth I. im Jahre 1558 konnte sich die Reformation in England frei und störungslos entfalten. Das verschaffte der Kirchenmusik einen gewaltigen Auftrieb. In allen Kirchen des Landes wurden Organisten und Sänger benötigt, und der Bedarf an Kompositionen stieg an. Für fähige Musiker öffnete sich ein weites Betätigungsfeld.

LEBEN

Robert White wurde um 1535 vermutlich in London als Sohn des Orgelbauers Magister Robert White geboren. Er studierte in Cambridge, wirkte von 1561 bis 1565 als Chormeister an der Kathedrale von Ely, darauf in gleicher Eigenschaft in Chester und ab 1570 an Westminster Abbey in London, wo er 1574 starb.

WERKE

Zu den bedeutendsten englischen Komponisten des 15. und 16. Jahrhunderts wird auch Robert White gerechnet. Seine lateinischen Motetten, Services, In nomine und Lamentationen sind der letzten franko-flämischen

Schule verpflichtet, weisen aber die typisch englische Struktur – Akkordketten, Terzengänge – auf. Seine Anthems in englischer Sprache wurden mit Recht als mustergültig angesehen. Sie wurden für viele spätere englische Komponisten richtungweisend. Am interessantesten sind seine Orgelkompositionen, weil sie den hohen Stand der Orgelmusik und ihre Verselbständigung im England des 16. Jahrhunderts kennzeichnen.

LITERATUR
I. Spector, The Music of Robert White, in: The Consort XXIII, 1966.

Filippo Azzaiolo
(um 1535 bis nach 1569)

ZEIT UND UMWELT
Die Villotta war ein vierzeiliges, durchkomponiertes Tanzlied des 16. Jahrhunderts in Oberitalien. Der Begriff vermengte sich bald mit dem der neapolitanischen Villanella. Es wurde später darunter das venezianische volkstümliche Tanzlied verstanden, das mit einem achttaktigen, instrumental begleiteten Refrain gesungen wurde.

LEBEN
Filippo Azzaiolo (Azzajuolo) wurde um 1535 in Bologna geboren, wo er als Kirchensänger wirkte. Er dürfte seinen Geburtsort, wo er als Musiker und Komponist lebte, nie verlassen haben und dort nach 1569 gestorben sein.

WERKE
Von Filippo Azzaiolo sind 3 Bücher mit äußerst volkstümlichen, sehr liebenswürdigen »Villote alla Padoana« erschienen, die der venezianischen Villotta völlig gleichen, außerdem ein Buch »Villote del fiore« (Schöne Villotte) mit einigen Neapolitanen (Villanellen), Madrigalen und Liedern. Er war einer der wenigen Musiker des 16. Jahrhunderts, die sich mit dieser Musikgattung befaßten.

Bernard Jobin (um 1535 bis nach 1573)

ZEIT UND UMWELT
Wenn Lautenisten des 16. Jahrhunderts keine Stellung als Hoflautenist in den Palästen geistlicher oder weltlicher Fürsten bekamen, waren sie auf gelegentliche Engagements und den Unterricht angewiesen. Eine weitere Methode, sich einen ausreichenden Unterhalt zu sichern, gab es für Lautenkomponisten, falls sie imstande waren, ihre Werke selbst zu drucken und zu vertreiben. Sie konnten daneben fremde Kompositionen herausbringen, wozu sie in den meisten Fällen nicht einmal die Erlaubnis des Komponisten benötigten. Von einem Urheberrechtsschutz waren die Zeiten noch weit entfernt.

LEBEN
Bernard Jobin dürfte in Frankreich oder Flandern um 1535 geboren sein. Wo er als Lautenist ausgebildet wurde, ist unbekannt. Wie viele in jener Zeit, suchte er in Straßburg Zuflucht vor Verfolgungen wegen seines von der Staatsreligion abweichenden Bekenntnisses. In der reformierten Stadt konnte er ungehindert seine Kompositionen drucken und verkaufen. Er ist wahrscheinlich in Straßburg nach 1573 gestorben.

WERKE
Von dem zu seiner Zeit sehr bekannten Lautenisten und Lautenkomponisten Jobin erschienen 2 sehr interessante Lautenbücher, die er selbst druckte. Sie enthalten nur eigene Kompositionen, die durch ihre Schlichtheit auffallen.

Georg Weber (um 1535 bis nach 1588)

ZEIT UND UMWELT
Die Kantorei von Weißenfels, dem späteren Sitz der Herzöge von Sachsen-Weimar, hatte bald nach ihrer Gründung einen sehr guten Ruf, weil sie in die Hand vorzüglicher Kantoren gekommen war. Es herrschte in der ersten Reformationszeit ein gewisser Mangel an Kantoren, denn die ehemaligen Katholi-

ken waren trotz guten Willens nicht immer imstande, sich auf die neuen Anforderungen umzustellen, und junge Kräfte waren noch nicht in genügender Anzahl ausgebildet.

Leben

Georg Weber wurde um 1535 in Mühlhausen, Thüringen, geboren. Er studierte in Leipzig und wurde 1572 Kantor in Weißenfels, wo er nach 1588 starb.

Werke

Der Kantor Georg Weber galt bei seinen Zeitgenossen als einer der tüchtigsten seiner Zeit. Von seinem kompositorischen Werk sind 1568 deutsche Psalmen Davids für vier bis sechs Stimmen und 1588 »Deutsche geistliche Lieder und Psalmen« erschienen. Beide Publikationen wurden mehrmals aufgelegt.

Literatur

A. Werner, Städtische und fürstliche Musikpflege in Weißenfels, Weißenfels 1911.

Giovanni Battista Dalla Gostena
(um 1535–98)

Zeit und Umwelt

Den politischen, wirtschaftlichen und kulturellen Aufschwung im 16. Jahrhundert verdankte Genua dem letzten Condottiere Andrea Doria (1466–1560), der keinen offiziellen Titel annahm, aber die Stadt, die er erobert hatte, mit starker Hand regierte und gegen alle Zugriffe schützte. Mit dieser Glanzzeit war ein gehobenes gesellschaftliches Leben verbunden, so daß für profane Musik ausreichende Aufnahme vorlag.

Leben

Giovanni Battista Dalla Gostena (Della Gostena, della Gostena) wurde um 1535 vermutlich in Genua geboren. Er war Lautenist, Komponist und Priester und wirkte von 1584 bis 1589 als Kapellmeister an San Lorenzo. Er starb in Genua im Dezember 1598.

Werke

Von Giovanni Battista Dalla Gostena sind vier- und fünfstimmige Madrigale, vierstimmige Kanzonen und Fantasien und Kanzonen für Laute intabuliert überliefert. Er war angeblich Schüler Philipp de Montes, was vermutlich nicht wörtlich aufgefaßt werden darf. Daß sich seine Kompositionen, besonders die für die Laute, stark an de Monte anlehnen, ist aber nicht zu übersehen.

Literatur

R. Giazotto, La musica a Genova nella vita publica e privata dal XIII al XVIII secolo, Genua 1952.

Thomas Mulliner
(um 1535 bis um 1600)

Zeit und Umwelt

Wenn auch noch im 16. Jahrhundert keine Musik für ein bestimmtes Tasteninstrument verfaßt wurde – man bezeichnete sie sehr oft einfach als Klaviermusik –, so wurden von den Organisten diese Kompositionen in Kirchen auf einer Orgel gespielt. Die Werke dieser Komponisten waren daher den Möglichkeiten der Orgel am besten angepaßt, so daß echte Orgelmusik daraus wurde, die auf den Tasten-Saiten-Instrumenten weniger gut klang. Einer der Gründe für die bald einsetzende Abtrennung der spezifischen Orgelmusik war dann die Einführung der Pedale, die es bei Clavichord, Cembalo und Klavier in der Regel nicht gab.

Leben

Thomas Mulliner wurde um 1535 vermutlich in London geboren. Die erste Stelle dieses englischen Organisten war wahrscheinlich an St. Paul's in London. Im Jahre 1563 ist er als Organist des Corpus Christi College in Oxford nachweisbar. Er dürfte in Oxford um 1600 gestorben sein.

Werke

Neben kleinen typischen Orgelstücken zeichnete Thomas Mulliner 131 Stücke für Orgel, Virginal und Gittern von verschiedenen Komponisten wie Redford, Tallis, Blitheman und von sich selbst auf. Dabei fällt auf, daß gerade seine eigenen Kompositionen besonders »orgelgerecht« sind. Diese Arbeit nahm ihn während des ganzen letzten Drittels des 16. Jahrhunderts in Anspruch. Sie übermittelt uns eine Reihe von Stücken bekannter Meister jener Zeit, die anderweitig nirgends aufscheinen.

LITERATUR
W. Apel, Geschichte der Orgel- und Klaviermusik bis 1700, Kassel 1967.

Joachim Thibault de Courville
(um 1535–81)

ZEIT UND UMWELT
Die von Jean Antoine de Baïf gegründete Akademie für Poesie und Musik zielte auf die altgriechische Einheit von Wort und Ton. Unter König Heinrich III. erhielt die Institution den Titel Académie du Palais. Die Dichtungen Baïfs erfüllten formal die gestellten Forderungen; sie waren formvollendet und in jeder Beziehung vornehm. Was ihnen fehlte, war die Poesie, weil die dichterische Kraft sich nicht erlernen läßt. Daher blieb auch die Musik matt und flügellahm.

LEBEN
Joachim Thibault de Courville wurde um 1535 in Paris geboren. Der französische Lautenist und Komponist war Mitbegründer der Académie de Poésie et de Musique, die Jean Antoine de Baïf initiiert hatte. Er erteilte Lautenunterricht und gab im Rahmen der Akademie Konzerte, zu denen regelmäßig die Hofgesellschaft, zuweilen auch der König selbst, erschien. Er starb in Paris am 8. 9. 1581.

WERKE
Von den Kompositionen der Verse des Dichters Baïf ist wenig erhalten. Joachim Thibault de Courville war zwar der bedeutendste Vertreter der Musique mesurée à l'antique und bemühte sich ehrlich, seine Musik dem Versmaß so eng anzupassen, daß sie mit dem Wort verschmolz. Aber wie in allen Fällen, in denen man der Musik Zwangsjacken anlegte, blieb sie auch hier auf der Strecke. Seine 3 vierstimmigen Airs, seine Lieder für Singstimme und Laute und die Chansons bewiesen die Unmöglichkeit des ganzen Unternehmens, das schon daran scheitern mußte, daß man bis heute noch nicht weiß, wie die Musik der Antike geklungen hat, und außerdem an die Musik andere Anforderungen stellt als der Mensch der Antike. Es war ein Mißverstehen des Renaissancegedankens, der nur die Ideologie der Antike wiedererweckte. Die Baumeister und Maler der Renaissance bauten und malten nicht à l'antique, aber mit dem Gestaltungswillen des antiken Menschen, der seine Zeit und sein Weltverständnis mit seinen Mitteln zum Ausdruck brachte.

LITERATUR
M. Augé-Chiquet, La vie, les idées et l'œuvre de Jean-Antoine de Baïf, Paris 1909.

Antonio Dueto (um 1535 bis nach 1594)

ZEIT UND UMWELT
Andrea Doria, der durch die Constitution des Jahres 1528 Genua unter eine Adelsherrschaft stellte, machte die Stadt zum Satelliten und zugleich Geschäftspartner Spaniens. Das brachte für einzelne Unternehmer und Bankiers der Stadt einen ungeheuren wirtschaftlichen Aufschwung. Dieser Reichtum drückte sich durch eine Reihe von Prunkbauten und eine großzügige Dotierung kultureller Einrichtungen der Stadt aus, von denen der prächtige Dom San Lorenzo nicht ausgenommen war.

LEBEN
Antonio Dueto wurde um 1535 in Piemont geboren. Seine Ausbildung genoß er vermutlich in Genua, wo er 1583 Kapellmeister und 1584 Kanonikus am Dom wurde. Er starb nach 1594 in Genua.

WERKE
Der italienische Komponist Antonio Dueto brachte in Venedig 6 Bücher mehrstimmige Madrigale heraus, die im Schatten der kon-

servativen Mailänder Schule stehen. Von der Kirchenmusik, die Dueto angeblich geschrieben hat, ist nur eine fünfstimmige Motette erhalten, die sehr schön ist. In zeitgenössischen Sammeldrucken finden sich weitere Madrigale des Komponisten und kleinere Sätze.

Orazio Colombani
(um 1535 bis nach 1595)

ZEIT UND UMWELT
Die stets lebendige eigenständige Musiktradition von Verona reicht bis in das Trecento zurück. Daher brachte die Stadt Jahrzehnt für Jahrzehnt immer wieder Musikerpersönlichkeiten hervor, die es verdienen, als Meister in die Musikgeschichte eingereiht zu werden. Das hat sich auch nicht geändert, als Verona venezianisch wurde, im Gegenteil, der rege Kulturaustausch mit Venedig und den anderen Zentren der Republik, wie Padua zum Beispiel, wirkte nur belebend.

LEBEN
Orazio Colombani wurde um 1535 in Verona geboren. Seine Ausbildung erhielt er von Costanzo Porta vermutlich in Padua. Von 1579 bis 1587 war er Kapellmeister an San Andrea in Vercelli, anschließend wirkte er in gleicher Eigenschaft an San Francesco in Mailand und von 1587 bis 1591 an der Chiesa dei Frari in Venedig. In den Jahren 1591 und 1592 war er am Hof des Herzogs von Urbino (Francesco Maria Della Rovere) tätig. Dann wirkte er bis zu seinem Tod nach 1595 an San Antonio in Padua.

WERKE
Von Orazio Colombani, der als ausgezeichneter Kontrapunktiker gerühmt wurde, sind 2 Bücher Motetten für fünf, sechs und neun Stimmen, Vesperpsalmen für fünf, sechs und neun Stimmen, Psalmen für acht und neun Stimmen und Magnificat für neun und vierzehn Stimmen vokal und konzertant mit Instrumenten überliefert. Der Komponist beteiligte sich an der Widmung verschiedener zeitgenössischer Meister für Palestrina mit einer Sammlung Psalmen. Sein Stil ist stark von Giovanni Gabrieli bestimmt.

Pierre de Villiers (um 1535 bis um 1570)

ZEIT UND UMWELT
Der Dichterkreis um Maurice Scève und Clément Marot dokumentierte den hohen kulturellen Stand der Stadt Lyon im 16. Jahrhundert. Die konfessionellen Kämpfe in Frankreich trafen die Stadt besonders schwer, so daß sie sich nicht mehr davon erholte, wenngleich die wirtschaftlichen Einbußen im Verlauf der Zeit wettgemacht werden konnten.

LEBEN
Pierre de Villiers wurde um 1535 in oder bei Lyon geboren. Über sein Leben und Wirken ist nichts bekannt, ebensowenig über Ort und Zeit seines Todes.

WERKE
Der französische Komponist Pierre de Villiers legte seinen zahlreichen Chansons vor allem Gedichte des Dichterkreises von Lyon – Scève, Marot und andere – zugrunde. Die gewählte dichterische Sprache und die diskrete, elegante Vertonung machten daraus echte Kunstwerke. Eine Chanson »Elle est un'ange« (Sie ist ein Engel) ist zu einem perfekten Kanon gestaltet. Auch seine Motetten haben Chanson-Charakter. Von seinen Messen fand besonders die »De beata virgine« Beachtung.

Orazio Tigrini (um 1535–91)

ZEIT UND UMWELT
Die vielen architektonischen Juwelen, die Prachtwerke der Maler und Bildhauer und Namen wie Guido von Arezzo, Francesco Petrarca, Giorgio Vasari (1511–74) und Pietro Aretino (1492–1556) formten das kulturelle Bild der Stadt Arezzo, die wie ein unerschöpflicher Kraftquell immer wieder neue Kulturträger hervorbrachte.

Leben

Orazio Tigrini ist um 1535 in Arezzo geboren. Ungefähr ab 1560 war er Singmeister an Santa Maria della Pieve und ab 1562 in gleicher Eigenschaft am Dom von Arezzo, wo er bis 1571 mit Unterbrechungen auch als Kapellmeister wirkte. In den Jahren 1571 bis 1587 war er Domkapellmeister in Orvieto, dann übernahm er die gleiche Stellung erneut am Dom von Arezzo und behielt sie bis zu seinem Tod am 15. 10. 1591.

Werke

Der italienische Komponist und Musiktheoretiker Orazio Tigrini brachte ein Buch mit Madrigalen für vier und 2 Bücher mit Madrigalen für sechs Stimmen heraus, außerdem etliche Psalmenvertonungen. Weitere Publikationen sind verschollen. Seine Musik tendiert gegen die Zeitgenossen in Rom.

Literatur

F. Coragini, La cappella musicale del duomo di Arezzo dal secolo XV a tutto il secolo XIX, in: Note d'archivio per storia musicale XIV, 1937 – XV, 1938 und XVIII, 1941.

Mikołaj Gomółka
(um 1535 bis nach 1591)

Zeit und Umwelt

Die Lage an der schiffbaren Weichsel und an der alten Handelsstraße zwischen dem Baltischen und dem Schwarzen Meer begünstigte die Entwicklung der ältesten kleinpolnischen Festungsstadt Sandomierz zu einer der größten und wichtigsten Städte Polens des 16. Jahrhunderts. Kirchen und Rathaus legen noch heute Zeugnis für den ehemaligen Wohlstand der Stadt ab.

Leben

Mikołaj Gomółka wurde um 1535 in Sandomierz geboren und bereits 1545 in die Königliche Hofkapelle in Krakau als Sänger (Diskantist) und später auch als Trompeter aufgenommen. Er muß gleichzeitig eine juristische Ausbildung genossen haben, weil er ab 1556 in seinem Geburtsort als Mitglied des städtischen Gerichtshofes aufscheint. In den Jahren 1572 und 1573 war er dort Vizeadvocatus. Darauf wirkte er als Klostermusiker in Pinczów und Miechów und 1590 bis 1591 in der Kapelle des ehemaligen Führers des polnischen Adels, Jan Zamoyski (1542 bis 1602). Er starb nach 1591. Sein Sterbeort ist unbekannt.

Sein Sohn Michał Gomółka (1564, Sandomierz, bis 9. 3. 1609, Jazłowiec) wirkte als Instrumentalist in der Kapelle Jan Zamoyskis und als Kapellmeister in Jazłowiec.

Werke

Von Mikołaj Gomółka ist nur die Vertonung der 150 von dem polnischen Renaissancedichter Jan Kochanowski (1530–84) aus dem Lateinischen übersetzten Psalmen erhalten. Die Komposition ist vierstimmig und nahezu durchwegs homophon. Seine Lieder und Messen sind verloren.

Literatur

H. Opieński, La Musique polonaise, Paris 1929.

N. de Bussy (um 1535 bis nach 1583)

Zeit und Umwelt

Die Firma des französischen Druckers und Musikverlegers Pierre Attaingnant wurde nach dessen Tod von seiner Witwe weitergeführt. Sie hat seit ihrer Gründung (1528) ungefähr 150 Musikbücher herausgebracht, die neben Messen und Instrumentalmusik hauptsächlich Chansons beinhalten, und damit einen erheblichen Beitrag zur Verbreitung der französischen Chanson geleistet.

Die französische Chanson hat bei ihrem Entstehen viel Volkstümliches aufgenommen, aber alles künstlerisch verarbeitet und sublimiert. Auch am Ende ihrer Epoche näherte sie sich erneut der breiten Masse, wird aber dieses Mal herabgezogen, textlich wie musikalisch. Die Sprache wurde banaler, der Text trivialer, die Musik primitiver, das Ende dieser Musikgattung zeichnete sich deutlich ab.

Hans-Martin Linde (links) und Eric Ericson (rechts) spielten mit Consort und Chor besonders Musik für die Schallplatte ein

Leben

N. de Bussy wurde um 1535 vermutlich in Paris geboren. Über sein Leben und Wirken gibt es keine Informationen. Der Familienname dieses französischen Komponisten ist uns nur durch seine Werke überliefert; der Vorname fehlt. Er dürfte, ebenfalls in Paris, einige Jahre nach 1583 gestorben sein.

Werke

Von. N. de Bussy sind in einem Sammelwerk von Attaingnant 16 Chansons überliefert. Sie sind von verschiedener Güte. Einige nähern sich stark den Pariser Gassenhauern.

Cyprian Bazylik (um 1535 bis um 1600)

Zeit und Umwelt

Mikołaj der Schwarze erhielt 1547 nach dem Tod seines Onkels Mikołaj I. Radziwill dessen Fürstenwürde von Kaiser Karl V. übertragen. Er wurde Calvinist und förderte die Reformation in Litauen. In seiner Residenzstadt Vilnius wurde die erste Übersetzung der Bibel in das Polnische publiziert. Damit standen den polnischen Komponisten auch die Psalmen in ihrer Muttersprache zur Verfügung.

Leben

Cyprian Bazylik wurde um 1535 in Sieradz (an der Warta) geboren. Er studierte in Krakau Theologie und Musik. Im Jahre 1556 trat er in die Dienste des Fürsten Mikołaj des Schwarzen, des polnischen Statthalters in Vilnius. Später, vermutlich nach dem Tod des Fürsten, fand er am Hof des Königs Zygmunt II. August Aufnahme und wirkte in dessen Kapelle bis zu seinem Tod um 1600.

Werke

Von dem polnischen Komponisten sind zahlreiche mehrstimmige Vokalwerke erhalten, vor allem Psalmen in lateinischer und in polnischer Sprache. Der Satz dieser Werke bewegt sich von kontrapunktischer Verarbeitung bis zu strenger Homophonie.

Literatur

H. Hławiczka, Pieśni Cypriana z Sieradza, in: Muzyka Nr. 9, Warschau 1959.

Michael Woods (um 1535 bis um 1600)

Zeit und Umwelt

Die traditionsreiche Kathedrale zur Dreieinigkeit in Chichester hat die Pflege englischer Kirchenmusik auch nach der Reformation beibehalten. Es wurden noch durch viele Jahre lateinische Motetten gesungen, bis sie das englische Anthem ablöste.

Leben

Michael Woods (Wodds, Woodes) wurde um 1535 vermutlich in Chichester geboren und an der Kathedrale der Stadt ausgebildet, an der er als Sänger und Organist tätig war. Er ist wahrscheinlich auch in Chichester um 1600 gestorben. Über seine näheren Lebensumstände ist nichts bekannt.

Werke

Der englische Kirchenmusiker Michael

Woods hat eine Sammlung von Motetten englischer Komponisten herausgegeben, in der sich eine Reihe eigener Werke, dreistimmige Motetten, befinden. Ebenfalls dreistimmige Gesänge auf lateinischem Text sind in anderen Sammelwerken aufgenommen. Seine Kompositionen sind sehr konservativ, aber, nach englischem Muster, äußerst klangvoll.

Bernhard Schmid der Ältere
(1535–92)

Zeit und Umwelt
Straßburg wurde um 1523 protestantisch. Es gelang der Stadt durch geschickte Politik, sich aus allen Religionsstreitigkeiten herauszuhalten, wie es auch später im Dreißigjährigen Krieg neutral blieb. Sie wurde bald zum Zufluchtsziel der wegen ihres Bekenntnisses Vertriebenen und zum beliebten Verlagsort anderswo unerwünschter Literatur und Musik, so daß von ihren Kapellen starke Impulse zur Entwicklung der evangelischen Kirchenmusik verschiedener Gattung ausgehen konnten.

Leben
Bernhard Schmid der Ältere wurde 1535 in Straßburg geboren. Ausbildungsort und Dienstort bis zu seinem Tod im Jahre 1592 war seine Geburtsstadt, wo er ab 1560 an der Thomaskirche und ab 1564 bis 1592 am Münster als Organist wirkte.
Sein Sohn Bernhard Schmid der Jüngere (getauft 1. 4. 1567, Straßburg, bis 1625, Straßburg) folgte ihm in sein Amt nach.

Werke
Von Bernhard Schmid dem Älteren sind »Zwey Bücher Einer Neuen Künstlichen Tabulatur auff Orgel und Instrument« erhalten, die eigene Kompositionen und Bearbeitungen von Motetten und Tänzen enthalten.
Bernhard Schmid der Jüngere gab ein »Tabulatur Buch von Allerhand außerlesenen Schönen Lieblichen Praeludijs« heraus, die zum Teil von ihm selbst stammten. Beide Tabulaturen zeigen einen schon sehr entwickelten Orgelstil.

Literatur
W. Merian, Der Tanz in den deutschen Tabulaturbüchern, Leipzig 1927.

Innocenzo Alberti (1535–1615)

Zeit und Umwelt
Henry Fitzalan, 12. Earl von Arundel (1512 bis 1580), bekleidete von der Regierungszeit Heinrichs VIII. bis zu Elisabeth I. hohe Hofämter. Als Exponent des katholischen Adels wurde er mehrmals gefangengesetzt, kam aber immer wieder frei im Gegensatz zu mehreren Angehörigen seines Geschlechtes, die wegen ihrer politischen Ambitionen auf dem Schafott endeten.

Leben
Innocenzo Alberti wurde 1535 in Treviso geboren. Nach seiner Ausbildung trat er in die Dienste des letzten Herzogs von Ferrara aus dem Hause Este, Alfonso II. Er blieb auch nach dem Tod des Herzogs (1597) und der Annexion des Herzogtumes durch die Kurie in Ferrara, wo er am 15. 6. 1615 starb.

Werke
Von Alberti sind ein Buch Bußpsalmen und eines mit Motetten – beides sechsstimmig –, weiters 4 Bücher mit vierstimmigen Madrigalen erhalten. Eine Anzahl Vokalkompositionen befinden sich in verschiedenen Sammeldrucken. Der Stil dieser Kompositionen entspricht dem zeitgenössischen von Venedig. 46 fünfstimmige Madrigale widmete der Komponist im Jahre 1568 dem 12. Earl von Arundel, Henry Fitzalan, der 1564 bei Königin Elisabeth I. in Ungnade gefallen war und sich auf eine Europareise begeben hatte.

Giaches de Wert (1535–96)

Zeit und Umwelt
Der von Giulio Romano geschaffene Palazzo del Tè in Mantua war vielleicht der vollkom-

menste Ausdruck des Verlangens nach irdischer Harmonie und Beherrschung der Materie durch Geist und Wille des Menschen als Maß aller Dinge, und zwar des Künstlers und seiner Auftraggeber, die in diesem Fall Mitglieder der Familie Gonzaga waren, jene Fürsten, die Gastgeber, Förderer und kongeniale Freunde einer stattlichen Reihe von Größen ihrer Zeit bildeten – den Dichtern und Sprachschöpfern Baldassare Castiglione (1478–1529) und Matteo Bandello (1485–1562), Matteo Maria Boiardo (1440–94) und Ariosto, Francesco Berni (1497–1535) und Pietro Bembo (1470 bis 1547), den bildenden Künstlern Raffaello, Leonardo und Tiziano und den Musikern Wert und Monteverdi und noch vielen anderen.

Leben

Giaches de Wert (Jaches de, Jacques de, Jacob Werth, Vuert) wurde 1535 in Wert bei Antwerpen geboren, kam in früher Jugend als Sängerknabe nach Neapel und bereits als Neunjähriger zum von der Familie Gonzaga in Novellara gegründeten Knabenchor. Im Jahre 1558 trat er in die Dienste der Herzöge von Mantua, nachdem er nach dem Stimmbruch sich von 1550 bis 1555 in Ferrara als Schüler bei Cyprian de Rore aufgehalten und darauf in Novellara als Kapellmeister gewirkt hatte. Das Jahr 1561 fand ihn in Parma am Hof des Herzogs Ottavio Farnese, 1563 wirkte er in Mailand als Leiter der Kapelle des Statthalters Philipps II. von Spanien, 1565 kehrte er nach Mantua zurück und wurde zum Kapellmeister am herzoglichen Hof ernannt. Gleichzeitig folgte er Giovanni Contino als Chormeister an Santa Barbara nach; von 1567 bis 1574 leitete er als Aushilfe die Hofkapelle von Novarra. Er war als Flame verschiedentlichen Anfeindungen der italienischen Musiker ausgesetzt, denen Herzog Guglielmo Gonzaga dadurch die Spitze nahm, daß er Wert 1580 das Bürgerrecht von Mantua verlieh. Er starb, hochgeachtet als Musiker und Komponist, am 6. 5. 1596 in Mantua während der Regierung des Herzogs Vincenzo I.

Werke

Herzog Guglielmo Gonzaga, selbst Kunst- und Musikfreund sowie Komponist, war mit Palestrina befreundet, der Wert als »Musiker von seltener Fähigkeit« bezeichnete; Giovanni Maria Artusi, Thomas Morley, Giovanni Battista Doni und Monteverdi, der 7 Jahre unter Werts Leitung in Mantua tätig war, sprachen und schrieben mit Ausdrücken höchster Anerkennung über Giaches de Wert. Er war ein äußerst produktiver Komponist. Von dem, was er im Dienst am Hof zu Mantua geschrieben hat, Fest-, Bühnen- und Ballettmusiken, ist nichts erhalten, dafür aber 11 Bücher mit fünfstimmigen Madrigalen, die durch die Vorherrschaft von drei konzertierenden Stimmen charakterisiert sind. Die Texte sind oft Tasso und Giovanni Battista Guarini (1538–1612) entnommen.

Außerdem ist ein Buch mit vierstimmigen, eines mit sechsstimmigen Madrigalen und ein drittes mit fünfstimmigen Villanellen überliefert. Eine Anzahl Madrigale befindet sich in verschiedenen Sammelwerken. Die sakrale Musik ist in 3 Büchern mit fünfstimmigen Motetten und sechsstimmigen Modulationen, mit Hymnen, mit verschiedenen Gesängen und einer Messe vertreten. Alle diese Musik bildet einen Höhepunkt der oberitalienischen Renaissance und zeichnet sich besonders durch großen melodischen Einfallsreichtum aus.

Literatur

G. Reese, Music in the Renaissance, New York 1954.

Giovanni Francesco Alcarotti
(1535–96)

Zeit und Umwelt

Aurelius Ambrosius gründete die Diözese Como im Jahre 379. Der Ambrosianische Kirchengesang wurde dort anstelle des römischen durch Jahrhunderte gepflegt. San Carpoforo gilt als eine der ältesten christlichen Kirchen überhaupt (5. Jahrhundert), San Abbondio (1005) diente als Hauptkirche, bis der Dom Santa Maria Maggiore (14. bis 16. Jahrhundert) erbaut und mit Bildern von Bernardino Luini (1485–1532) und Gaudenzio Ferrari (1475–1546) ausgeschmückt war. Wie der einstimmige Choralgesang war auch die übrige Kirchenmusik von Mailand abhängig. Kapellmeister und Organisten holten sich dort ihre Ausbildung für die Musik, die der Schönheit der Stadt und dem Glanz des Domes entsprach.

LEBEN
Giovanni Francesco Alcarotti (Algarotti, Alcharotto) wurde 1535 in Novarra geboren und erhielt dort und in Mailand seine Ausbildung zum Organisten. Er wurde um 1555 an Santa Maria Maggiore in Como als Organist eingestellt und blieb bis zum Beginn der neunziger Jahre in dieser Position. Er starb in Novarra am 8. 5. 1596.

WERKE
Der italienische Organist und Komponist gab 2 Bücher mit fünf- und sechsstimmigen Madrigalen und eines mit fünfstimmigen Lamentationen heraus. Diese Kompositionen können als vorzügliche Werksarbeit mit durchschnittlichem künstlerischem Gehalt bezeichnet werden. In den Lamentationen klingen einzelne ambrosianische Wendungen mit.

Guglielmo Gonzaga (1536–89)

ZEIT UND UMWELT
Mäzenatentum war bei italienischen Fürstengeschlechtern durch Generationen verankerte Tradition. Manch einer übte es nur, um nicht aus der Rolle zu fallen, andere trieb ausschließlich Ruhm- und Geltungssucht, wieder andere berauschten sich an dem Prunk der Paläste und Dome, und nicht wenige wollten sich einen Platz im Himmel und im Gedenken der Nachwelt sichern. Jedoch viele, die von Kindheit an auf die Chöre und Orgeln von den Emporen gehört, deren Augen die grandiosen Leistungen der Architekten, die Skulpturen und Gemälde sehen gelernt, in den Palästen den warmen Klang der Lauten, den weichen Ton der Violen, das Perlen der Flöten und die einschmeichelnden Lieder der Sänger vernommen und den kühnen, kaum verstandenen Versen der Poeten gelauscht hatten, schlossen Herz und Sinn für Schönheit und Geistigkeit auf, die das Lebensgefühl intensivieren. Und einzelne griffen selbst zum Stift, um zu schreiben, zu dichten oder um Töne zu gesetzmäßigen Reihen und Zusammenklängen zu ordnen.

LEBEN
Herzog von Mantua Guglielmo Gonzaga wurde 1536 in Mantua geboren. Der Musikfreund, Musiker und Komponist zog in erster Linie zeitgenössische Musiker wie Giaches de Wert an seinen Hof. Er war mit Palestrina befreundet und hätte ihn gerne nach Mantua geholt. Der Meister blieb allerdings in Rom und sandte nur 10 seiner besten Messen. Monteverdi hat er nicht erlebt, weil dieser erst 1589, dem Todesjahr des Herzogs, in Mantua eintraf.

WERKE
Die Zuordnung der Kompositionen des Herzogs Guglielmo Gonzaga ist schwierig, weil das meiste anonym veröffentlicht worden ist. Seine Autorschaft eines Buches mit fünfstimmigen Madrigalen und seiner »Sacrae cantiones« (Geistliche Lieder) ist aber gesichert. Einige seiner Melodien sind häufig als Cantus firmus verwendet worden. Sein Stil lehnt sich deutlich an Wert an.

Paolo Isnardi (1536–96)

ZEIT UND UMWELT
Die letzten Jahrzehnte der Selbständigkeit von Ferrara zeichneten sich durch eine besonders starke Entfaltung des musikalischen Lebens aus. Es ist außerdem erstaunlich, wie viele Musiker von Rang aus der verhältnismäßig kleinen Stadt selbst stammten; man darf das zweifellos dem hohen Stand des Musikunterrichtes zuschreiben, der stets in der Hand bedeutender Meister lag, wie zum Beispiel Cyprian de Rore.

Leben

Paolo Isnardi wurde 1536 in Ferrara geboren und zum Musiker ausgebildet. Er dürfte Mitglied der Domkapelle gewesen sein, deren Meister er 1573 wurde. Er blieb in dieser Stellung bis nach 1590, vermutlich sogar bis zu seinem Tod im Jahre 1596.

Werke

Die kompositorische Tätigkeit von Paolo Isnardi erstreckte sich vorwiegend auf das Gebiet der Kirchenmusik. Er veröffentlichte 2 Bücher mit fünfstimmigen Messen, vierstimmige Psalmen mit 4 Magnificat, fünfstimmige Lamentationen, vierstimmige Messen, fünfstimmige Psalmen, vier- bis sechsstimmige Magnificat und eine achtstimmige Messe. An profaner Musik liegen 2 Bücher mit fünfstimmigen, eines mit sechsstimmigen Madrigalen vor. In dem von dem Hofdrucker in Ferrara, Vittorio Baldini (um 1530 bis um 1590), im Jahre 1582 veröffentlichten Sammelwerk »Laureo secco« befinden sich weitere Madrigale des Meisters. Die Kirchenmusik weist den Chorklang des Markusdomes von Venedig auf. Die Madrigale wirken etwas konventionell.

Annibale Zoilo (um 1537–92)

Zeit und Umwelt

Papst Gregor XIII. setzte alle Kraft ein, um die Reformbeschlüsse des Konzils von Trient durchzuführen und die Gegenreformation zu fördern. Auf dieser Linie lag auch die Absicht, den Gregorianischen Choral von allen seit seiner Entstehung dazugekommenen Änderungen zu säubern und dessen ursprüngliche Form nach Möglichkeit wiederherzustellen. Diese Absicht konnte wegen des Einspruches der spanischen Kirche und König Philipps II. von Spanien nicht durchgeführt werden.

Leben

Annibale Zoilo wurde um 1537 in Rom geboren. Er trat als Sänger der Kapelle an San Luigi de'Francesi bei und erhielt 1561 ihre Leitung. Von 1568 bis 1570 war er Kapellmeister an San Giovanni in Laterano und wirkte anschließend bis 1581 an der päpstlichen Kapelle als Sänger und Komponist. Ab 1577 arbeitete er gemeinsam mit Palestrina an der Revision des Gregorianischen Chorals, die jedoch bald wieder aufgegeben wurde. Nach 1581 übernahm er die Kapellmeisterstelle am Dom in Todi und wirkte ab 1584 in gleicher Eigenschaft an Santa Clara in Loreto bis zu seinem Tod am 30. 6. 1592.

Cesare Zoilo (um 1580, Rom, bis um 1630, Rom) wirkte in Rom als Komponist. Über seine weitere Tätigkeit gibt es keine Nachrichten. Er könnte ein Verwandter von Annibale Zoilo gewesen sein.

Werke

Von Annibale Zoilo sind nur ein Buch mit vier- und fünfstimmigen Madrigalen und eine Anzahl Motetten in Sammeldrucken und Handschriften überliefert. Seine kirchenmusikalischen Werke sind offenbar verloren. Die Madrigale halten sich an den in Rom üblichen Stil: deutliche Wortverständlichkeit, keine dichte Verflechtung der Stimmen, keine Dissonanzen und keine Chromatik. Sie sind jedoch sehr kunstvoll und zeigen die Hand des Meisters.

Von Cesare Zoilo sind aus 1620 fünfstimmige Madrigale und in Sammelwerken etliche Motetten überliefert. Diese Kompositionen wirken um vieles aufgelockerter als die seines älteren Namensvetters.

Literatur

L. Caismiri, Annibale Zoilo e la sua famiglia, Note d'archivio XVII, 1940.

Jehan Chardavoine (1537 bis um 1580)

Zeit und Umwelt

Das Pariser Vaudeville (Kneipen- und Gassenlied) ist ohne Zweifel aus der Chanson und ihrer Fortbildung zum Air entstanden. Das Wort von Voix-de-ville (Stimme der Stadt) abzuleiten, dürfte irrig sein. Die Bezeichnung stammt vermutlich von den in der Normandie und später in ganz Frankreich populären Trinkliedern des Dichters Olivier Basselin (um 1400 bis um 1450) aus dem Vau-de-Vire (Vire-Tal), die »Vaux-de-vire« genannt wurden.

Leben
Jehan Chardavoine wurde am 2. 2. 1537 in Beaufort, Anjou, geboren. Über sein Leben ist nur bekannt, daß er in Paris als Musiker und Komponist lebte und dort um 1580 gestorben ist.

Werke
Von Jehan Chardavoine ist eine »Sammlung der schönsten Chansons in Form des Voix de ville« erschienen, in der ungefähr 200 einstimmige Chansons mit Texten der Dichter der Pléiade und anderer – auch anonymer – Autoren (zum Teil im Pariser Dialekt) enthalten sind. Die Melodien stammen zum Teil vom Komponisten selbst oder sind mehrstimmigen Kompositionen zeitgenössischer Meister entnommen (Arcadelt, Certon, Cléreau, Caietain und andere). Diese Chansons erfreuten sich außerordentlicher Beliebtheit.

Literatur
A. Verchaly, Le recueil authentique des chansons de Jehan Chardavoine (1576), Revue de Musicologie XLIX, 1963.

Bernhard Amenreich
(um 1538 bis um 1580)

Zeit und Umwelt
Philipp der Großmütige, Landgraf von Hessen, teilte das Land unter seinen vier Söhnen, von denen der dritte, Philipp der Jüngere (1532–83), Hessen-Rheinfels als Erbe erhielt und seine Residenz auf Schloß Rheinfels aufschlug. Seine Kapelle besorgte auch die Kirchenmusik im nahen Sankt Goar.

Leben
Bernhard Amenreich (Armenreich) wurde um 1538 in Heilbronn geboren. Er studierte in Heidelberg und erhielt 1557 durch Vermittlung von Sebald Heyden die Kantorenstelle in Hipoldstein, Mittelfranken, wurde 1560 Stiftsorganist in Feuchtwangen, 1563 Schulmeister in Windsheim und 1565 Hofmusikus in Ansbach bei Kurfürst Johann Georg (1525–98), ging 1568 nach Heidelberg zurück, um evangelischen Kirchengesang zu studieren und erhielt schließlich die Stelle eines Hoforganisten und Kapellmeisters bei Landgraf Philipp dem Jüngeren von Hessen-Rheinfels auf Schloß Rheinfels und zugleich die Organistenstelle am Stift Sankt Goar. Er starb um 1580. Sein Sterbeort ist unbekannt.

Werke
Der deutsche Organist und Komponist Bernhard Amenreich hinterließ ein Magnificat für Orgel und eine Anzahl mehrstimmiger Lieder, Orgelstücke und verschiedene Gelegenheitskompositionen. Der Großteil seiner Werke ist verlorengegangen. Das Magnificat weist ihn als fähigen Orgelkomponisten aus. Der Satz der überlieferten Lieder ist auf Klangwirkung gezielt.

Literatur
Orgelbauer, Organisten und Orgelspiel in Deutschland bis zum Ende des 16. Jahrhunderts, Die Musikforschung XI, 1958.

Francisco de Soto de Langa
(1538–1619)

Zeit und Umwelt
Die Compagnie de'laudesi (Laudenbruderschaften) pflegten außerliturgische hymnenähnliche Lobgesänge in italienischer oder zuweilen auch lateinischer Sprache. Bereits im 13. Jahrhundert wurden Lauden gedichtet und komponiert; die Organisationen bildeten sich jedoch erst im 15. und 16. Jahrhundert vor allem in Umbrien und Oberitalien. Die Melodien wurden sehr oft dem Volksgesang entnommen und mit religiösen Texten unterlegt. Sie waren anfänglich immer einstimmig, jedoch um 1500 traten bereits mehrstimmige auf. In Rom wurde das gemeinsame Singen von Lauden von Filippo

Neri angeregt und organisiert; er gewann namhafte Komponisten wie Palestrina und Animuccia, seine Singgemeinschaft mit neuen Melodien zu versorgen.

Leben

Francisco de Soto de Langa wurde 1538 in Langa, Burgos, geboren. Seine Ausbildung erhielt er an der Kathedrale von Burgos als Sänger im Knabenchor. Im Jahre 1562 kam er als Sänger an die päpstliche Kapelle in Rom, die er in den Jahren 1590 und 1591 vorübergehend leitete. Er war Mitbegründer der Laudenbruderschaft »Congregatione dell'oratorio« des Filippo Neri und nach dem Tod Animuccias ihr musikalischer Leiter. Er starb in Rom am 25. 9. 1619.

Werke

Von dem spanischen Komponisten Francisco de Langa sind 5 Bücher mit drei- bis vierstimmigen Lauden (Laudi spirituali) erhalten. Weitere ähnliche Kompositionen finden sich in anderen Laudensammlungen. Er verarbeitete häufig profane Lied- und Tanzweisen für seine sakralen Werke, daneben Melodien von zeitgenössischen oder älteren Komponisten. Ein großer Teil sind jedoch eigenständige Kompositionen.

Literatur

D. Alaleona, Studi sopra la storia dell'oratorio musicale, Mailand 1945.

Francesco Adriani (um 1539–75)

Zeit und Umwelt

Die adriatische Hafenstadt Ancona kam 1532 unter die Herrschaft der römischen Kurie, nachdem es schon als halbunabhängige Republik der päpstlichen Oberhoheit unterworfen war. Da es in der Stadt keinen Hof gab, spielte sich das musikalische Geschehen vorwiegend in den Kirchen, vor allem im Dom San Ciriaco, ab, der auf den Resten eines römischen Venustempels und einer frühchristlichen Basilika um 1140 im romanisch-byzantinischen Stil erbaut worden war.

Leben

Francesco Adriani (Adrianus) wurde in Santo Severino, Ancona, um 1539 geboren. Er trat der Kapelle des Domes San Ciriaco in Ancona bei, übersiedelte sodann nach Rom, um dort an verschiedenen Kirchen zu wirken, bis er schließlich 1573 Kapellmeister an San Giovanni in Laterano wurde. Am 16. 8. 1575 starb er in Rom.

Werke

Von Francesco Adriani sind 3 Bücher mit Madrigalen, eine fünfstimmige Kanzone und ein fünfstimmiges Lied überliefert. Von der Kirchenmusik, die er angeblich geschrieben hat, ist nichts erhalten. Seine Madrigale folgen dem römischen Stil. Die Kanzone ist außerordentlich kunstvoll gearbeitet. Adriani wurden seinerzeit fälschlich einige von Willaert stammende Kompositionen zugeschrieben. Das könnte als Bescheinigung für die Wertschätzung gelten, die dem Meister aus Ancona zugebilligt wurde.

Ippolito Tartaglione
(um 1539 bis um 1580)

Zeit und Umwelt

Modena war mit kurzer Unterbrechung seit 1336 in der Hand der Familie d'Este. Nach dem Konflikt mit den Mediceerpäpsten konnte über Kardinal Ippolito II. d'Este ein erträgliches Verhältnis mit der Kurie hergestellt werden, das auch nach dem Tod des Kardinals bestehenblieb.

Leben

Ippolito Tartaglione wurde um 1539 in Modena geboren und zum Musiker ausgebildet. Er war an verschiedenen Kirchen der Stadt als Sänger und später als Kapellmeister tätig, bis er 1575 Kapellmeister an Santa Maggiore in Rom wurde. Zwei Jahre darauf kam er in gleicher Eigenschaft an den Dom von Neapel, wo er um 1580 starb.

Werke

Von dem Kirchenmusiker Ippolito Tartaglione sind eine Anzahl Messen und Motetten erhalten. Er galt als einer der ersten Komponisten seiner Zeit, der für drei und vier Chöre komponierte und damit eine ungekannte Klangwirkung erzielte.

Michael Tonsor (um 1540 bis nach 1605)

ZEIT UND UMWELT
Herzog Wilhelm V. von Bayern war zwar durch seine üble Finanzlage gezwungen, den Bestand seiner Münchner Hofkapelle zu reduzieren, die Förderung der Musik, insbesondere der katholischen Kirchenmusik, lag ihm ebenso am Herzen wie seinem Vater Albrecht V.

»Missale Pataviense« – Choralnotation aus dem 16. Jahrhundert mit rhombischen Noten

LEBEN
Michael Tonsor wurde in Ingolstadt um 1540 geboren und erhielt dort 1566 die Kantorenstelle an der Liebfrauenkirche. Von 1568 bis 1586 war er Organist an Sankt Georg in Dinkelsbühl, Mittelfranken, und kehrte darauf an die Liebfrauenkirche in Ingolstadt zurück, wo er nach 1605 gestorben ist. Herzog Wilhelm V. von Bayern subventionierte die Veröffentlichung der Kompositionen des Kirchenmusikers, der vielleicht Schüler Lassos war.

WERKE
Von Michael Tonsor wurde eine große Anzahl kirchlicher Gesänge herausgebracht. Seine vielen Motetten und eine vierstimmige Missa solemnis sind nur handschriftlich überliefert. Die Kompositionen wirken konservativ, aber doch ansprechend. Die kontrapunktische Leistung bringt zwar keine Höhepunkte, ist aber wegen der Sorgfalt der Anlage überzeugend. Die Messe wäre eine Drucklegung wert gewesen.

LITERATUR
M. Gebhard, Michael Tonsor, ein vergessener Meisterschüler Orlando di Lassos? Ingolstädter Heimatblätter XXVII, 1964.

Teodoro Riccio (um 1540 bis um 1600)

ZEIT UND UMWELT
Georg Friedrich (1539–1603), Markgraf von Brandenburg-Ansbach und Bayreuth, Herzog in Jägerndorf und in Preußen, wurde 1578 mit dem Herzogtum Preußen belehnt, in dem er nach fränkischem Vorbild das lutherische Kirchenregiment neu ordnete und das Schulwesen wie die Königsberger Universität stark förderte.

LEBEN
Teodoro Riccio (Theodor Riccius) wurde um 1540 in Brescia geboren und zum Kirchenmusiker ausgebildet. Im Jahre 1567 war er bereits Kirchenkapellmeister in seiner Geburtsstadt. 1575 lud ihn Markgraf Georg Friedrich nach Ansbach und ernannte ihn

zum Leiter seiner Kapelle. Als der Markgraf Herzog in Preußen wurde, nahm er Riccio nach Königsberg mit. Der Musiker wurde Protestant und wirkte als Kapellmeister in der damaligen preußischen Hauptstadt bis 1586. Dann ging er wieder nach Ansbach zurück und versah dort seinen Dienst bis 1599. Er starb in Ansbach um 1600.

WERKE

Der Glaubenswechsel des Kirchenmusikers aus Brescia, Teodoro Riccio, ist in der Abfolge seiner Kompositionen kaum sichtbar, weil er auch als Protestant nur lateinische Texte komponierte. Die für den gottesdienstlichen Gebrauch nötigen deutschen Texte vertonte sein Mitarbeiter Johann Eccard. Von seinem kompositorischen Werk sind 2 Bücher sakrale Gesänge, Messen, Magnificat und Psalmen erhalten, außerdem neapolitanische Kanzonen und – noch in der italienischen Heimat verfaßt – eine Anzahl Madrigale. Die sakrale Musik paßte sich den Erfordernissen der lutherischen Kirche an, mit den Madrigalen und den Kanzonen zeigt sich Riccio als echter italienischer Komponist.

LITERATUR

A. Mayer-Reinach, Zur Geschichte der Königsberger Hofkapelle in den Jahren 1578 bis 1720, Sammelbände der internationalen Musikgeschichte VI, 1904/05.

Jakob Regnart (um 1540–99)

ZEIT UND UMWELT

Die Kaiserliche Hofkapelle in Prag gewann im 16. Jahrhundert unter den Kaisern Ferdinand I., Maximilian II. und Rudolf II. immer mehr an Ruf und Bedeutung. Sie stand den anderen habsburgischen Kapellen in Wien, Graz und Innsbruck in nichts nach. Auch sie zog Italiener und vor allem Flamen heran, weil man damals darin eine Garantie für ein hohes Niveau einer Kapelle sah.

LEBEN

Jakob Regnart wurde um 1540 in Douai geboren. Seine erste Ausbildung erhielt er von seinem Bruder Franz Regnart. Dann kam er um 1557 als Alumnus und Sänger zur Kaiserlichen Hofkapelle in Prag unter Jacobus Vaet. Im Jahre 1573 wurde ihm die Leitung des Knabenchores der Kapelle übertragen und 1576 das Amt eines Vizekapellmeisters. Einen Ruf nach Dresden, die Nachfolge des verstorbenen Kapellmeisters Antonio Scandello (1580) zu übernehmen, lehnte er ab, nahm dafür die Einladung Erzherzog Ferdinands nach Innsbruck an und wirkte dort von 1582 bis 1584 als Zweiter und sodann bis 1596 als Erster Hofkapellmeister. Nach dem Tod des Erzherzogs kehrte er nach Prag zurück und übernahm dort erneut die Stelle des Vizekapellmeisters und versah sie bis zu seinem Tod am 16. 10. 1599.

Sein Bruder Franz Regnart (um 1530, Douai, bis um 1600, vermutlich Brüssel) wurde in Douai zum Kirchenmusiker ausgebildet und war später Sänger in Tournai. Im Jahre 1574 erhielt er die Leitung der Kapelle des österreichischen Erzherzogs Matthias (1557 bis 1619), des späteren Kaisers, der aber 1581 Brüssel verließ. Ob Franz Regnart mit ihm gegangen ist, steht nicht fest. Es wird vermutet, daß er in Brüssel geblieben ist.

Von den weiteren Brüdern Karl, Pascasius und August Regnart, die ebenfalls als Musiker und Komponisten wirkten, sind keine Daten bekannt.

WERKE

Das umfangreiche kompositorische Werk von Jakob Regnart umfaßt 376 Stücke, darunter 37 Messen für vier bis sechs Stimmen, 195 drei- bis zwölfstimmige Motetten auf lateinischen und deutschen Texten, 4 Staatsmotetten, eine siebenstimmige Trauermotette auf den Tod seines Lehrers Vaet, dreistimmige »Kurtzweilige teutsche Lieder nach Art der Neapolitanen oder Villanellen« in drei Teilen, deutsche Lieder und italienische Kanzonen, eine Matthäuspassion, eine sechsstimmige Litanei, 2 Oden und ein fünfstimmiges Madrigal. Alles, was Jakob Regnart geschrieben hat, ist niederländische Musik, wie sie damals von den habsburgischen Kapellen gepflegt wurde.

Franz Regnart vertonte Gedichte von Ronsard und anderen Mitgliedern der »Pléiade« und brachte Messen und Chansons heraus. August Regnart brachte 1590 in Douai Novae cantiones sacrae (Neue geistliche Lieder) heraus und nennt als Komponisten neben Jakob und Franz seine Brüder Karl und Pascasius. Die meisten Stücke sind von Jakob und Franz, Karl und Pascasius können nur je 3 Stücke zugeschrieben werden. August Regnart selbst scheint nur die Herausgabe besorgt zu haben.

LITERATUR
H. Osthoff, Die Niederländer und das deutsche Lied – Neue deutsche Forschungen CXCVII, Berlin 1930.

Johannes de Fossa
(um 1540 bis um 1603)

ZEIT UND UMWELT
Solange Orlando di Lasso die Hofkapelle in München leitete, war der Zustrom niederländischer Musiker unverändert stark. Die Auswahl, die er unter seinen Landsleuten traf, war trotzdem sehr streng. Er stellte nicht nur an sich selbst hohe Anforderungen, sondern auch an die Mitglieder seiner Kapelle.

LEBEN
Johannes de Fossa wurde um 1540 im niederländischen Raum geboren und vermutlich auch dort ausgebildet. Er kam 1570 nach München, wo er ein Jahr darauf von Orlando di Lasso zum Vizekapellmeister bestellt wurde. Ab 1590 vertrat er den erkrankten Lasso ständig und folgte ihm nach dessen Tod in seine Stellung nach. Im Jahre 1597 erhielt er den Titel eines Oberkapellmeisters. Er starb in München um 1603. Vor seinem Wirken in München durfte er als Sänger in der herzoglichen Kapelle von Savoyen unter dem Namen Jean des Fosses tätig gewesen sein.

WERKE
Von Johannes de Fossa sind vier- bis fünfstimmige Messen und andere sakrale Werke (Marienlitaneien) sowie vierstimmige deutsche Lieder erhalten. Sein Stil ist völlig von Lasso abhängig, aber nicht kopierend.

LITERATUR
A. Sandberger, Beitrag zur Geschichte der bayrischen Hofkapelle, Leipzig 1895.

Girolamo Vespa
(um 1540 bis nach 1594)

ZEIT UND UMWELT
Die ehemalige Hauptstadt der Mark Fermo, die von einem hohen Hügel die adriatische Küste überragt, ist seit alters der Sitz eines Erzbischofes. Stadt und Land kamen 1550 unter die Herrschaft des Kirchenstaates und traten damit in engen kulturellen Kontakt mit Rom. Die Domkapelle konnte, falls eigene Kräfte nicht ausreichten, jederzeit über Rom Ergänzung heranziehen.

LEBEN
Girolamo Vespa wurde um 1540 in Neapel geboren und vermutlich auch dort zum Musiker ausgebildet. Er trat dem Franziskanerorden bei und wirkte einige Zeit an einer der Kirchen in Rom. Im Jahre 1589 wurde er Kapellmeister am Dom zu Fermo und wirkte ab 1591 in gleicher Eigenschaft in Osimo, wo er nach 1594 gestorben ist.

WERKE
Von Girolamo Vespa sind 4 Bücher fünfstimmige Madrigale zwischen 1570 und 1591 erschienen. Außerdem verfaßte er Vesperpsalmen, geistliche Lieder und fünf- bis achtstimmige Motetten auf geistliche Texte. Einige Motetten finden sich in Sammeldrucken. Seine Kompositionen folgen den in Rom beachteten Vorschriften, sind aber um einen leichten Grad fröhlicher.

Pompilio Venturi
(um 1540 bis nach 1583)

ZEIT UND UMWELT
Als die Belagerung von Siena, das verzweifelt

um seine Unabhängigkeit kämpfte, 1555 zu Ende war, hatte sich die Bevölkerungsziffer von 40.000 auf 8000 verringert. Davon verließen noch viele ihre Heimat. Zwei Jahre darauf trat Spanien die Stadt an Cosimo I. de'Medici ab. Sie behielt noch für zwanzig Jahre eine Art Selbstverwaltung, dann ging sie in das Großherzogtum Toskana ein, in dessen Rahmen sie ihre kulturelle Funktion, wenn auch in begrenzterem Ausmaß, neu aufnehmen konnte.

LEBEN
Pompilio Venturi wurde um 1540 in Siena geboren. Es ist unbekannt, wie er die folgenden Katastrophenjahre überstanden hat. Er ist vermutlich schon in jungen Jahren nach Venedig gegangen und hat dort als Musiker gewirkt. Seine Kompositionen sind jedenfalls in Venedig herausgebracht worden. Er dürfte auch in Venedig nach 1583 verstorben sein.

WERKE
Von Pompilio Venturi sind nur 3 Bücher mit Villanellen überliefert, alle anderen Kompositionen sind verlorengegangen. Die Villanellen zeigen ihn als einfallsreichen, volkstümlichen Komponisten.

Madalena Mezari
(um 1540 bis nach 1583)

ZEIT UND UMWELT
Dichterinnen und Komponistinnen gibt es in jeder Epoche der Literatur- und Musikgeschichte. Es sind sehr wenige, aber zumeistens außerordentlich befähigte Vertreterinnen auf diesem Gebiet, so daß man den Eindruck gewinnt, daß es sich nur um die Spitzen von Eisbergen handelte und viele unbekannt geblieben sind, die man sehr wohl kennte, wenn es sich um Männer gehandelt hätte. Frauen sind immer selten mit ihren künstlerischen Leistungen an die Öffentlichkeit getreten, so daß uns vieles vorenthalten blieb, was wert gewesen wäre, zur Kenntnis genommen und registriert zu werden.

LEBEN
Madalena Mezari (Casulana genannt) wurde um 1540 in Vicenza geboren. Sie verbrachte ihr Leben in Venedig als Komponistin und vermutlich als Sängerin und dürfte dort nach 1583 gestorben sein.

WERKE
Die Madrigalistin Madalena Mezari war bei ihren Zeitgenossen als Komponistin sehr geschätzt. Die 3 Bücher mit Madrigalen, die sie veröffentlichte, erlebten mehrere Auflagen. Weitere Madrigale wurden in verschiedene Sammelwerke aufgenommen. Ihr Stil entspricht dem zeitgenössischen venezianischen.

Bartholomäus Monoetius
(um 1540–85)

ZEIT UND UMWELT
Während das katholische Kirchenlied neben dem liturgischen Gesang mit festgelegten Texten immer nur eine zweitrangige Rolle spielte, war das protestantische – entweder in der erstarrten Form der reformierten Kirche oder der sich frei entwickelnden lutherischen – neben der Predigt zum Zentralfaktor des Gottesdienstes geworden. Dem menschlichen Variationsbedürfnis entsprechend wurde eine Fülle an Gesängen benötigt und daher auch gedichtet und komponiert.

LEBEN
Bartholomäus Monoetius (Monachius, Monoecius, Mönnich, Monch) wurde um 1540 in Kronach, Oberfranken, geboren. Er studierte in Wittenberg (1560) und wurde Rektor der Lateinschule in Crailsheim (1563). Ab 1569 wirkte er als Pfarrer in Triensbach, Württemberg, und ab 1573 in Niederstetten, wo er 1585 starb.

WERKE
Das Hauptwerk von Bartholomäus Monoetius war die 1565 in Crailsheim verfaßte Handschrift mit deutschen und lateinischen Motetten, Kirchenliedsätzen und einstimmi-

gen liturgischen Melodien. Kleinere Werke finden sich in einzelnen Handschriften. Die Crailsheimer Handschrift ist für die Geschichte der protestantischen Kirchenmusik eine wichtige Quelle.

LITERATUR
M. Simon, Ansbachisches Pfarrerbuch, Nürnberg 1956.

Noël Faignient (um 1540 bis um 1597)

ZEIT UND UMWELT
Heinrich Julius, Herzog von Braunschweig (1564–1613), Rektor der von seinem Vater Herzog Julius gegründeten Universität in Helmstedt, war eine repräsentative Gestalt des deutschen Frühbarocks und Begründer des modernen deutschen Schauspieles. Er folgte seinem Vater 1589 in die Regierung des Herzogtumes und setzte dessen kulturelle Bestrebungen in verstärktem Maß fort. Die Hofkapelle, zu der vorwiegend Kräfte aus dem flämischen Raum herangezogen wurden, erfuhr einen weiteren Ausbau.

LEBEN
Noël Faignient (Noé) wurde um 1540 in Cambrai geboren. Seine Ausbildung erhielt er vermutlich in Antwerpen, wo er 1561 das Bürgerrecht erwarb. Er hielt sich in dieser Stadt bis um 1577 auf. Welche Stellung er dort bekleidete, ist unbekannt. Vor 1580 kam er nach Braunschweig in den Dienst der Herzöge als Kapellmeister und wurde besonders von Herzog Heinrich Julius gefördert. Gegen 1594 kehrte er nach Antwerpen zurück und starb dort um 1597.

WERKE
Von dem franko-flämischen Komponisten Noël Faignient sind 1568 in Antwerpen vier- bis sechsstimmige Motetten, Madrigale und Chansons erschienen. Weitere Chansons und Motetten befinden sich in Sammelwerken. Von den Messen, die er komponiert hat, ist nichts erhalten. Seine Kompositionen schließen sich stilistisch stark an Orlando di Lasso an.

LITERATUR
R. Linaerts, Het Nederlands polifonies lied, Mecheln/Amsterdam 1933.

Jean Pennequin (um 1540 bis um 1590)

ZEIT UND UMWELT
Arras, das lange ein ständiges Streitobjekt zwischen Frankreich und Burgund war, fiel 1493 im Frieden von Senlis an Kaiser Maximilian I., der Maria, die Tochter Karls des Kühnen, des Herzogs von Burgund, geheiratet hatte. Die Habsburger übernahmen das burgundische Kulturerbe und setzten es ebenbürtig fort. Die berühmte Sängerschule von Arras behielt ihren weitreichenden Ruf bei.

LEBEN
Jean Pennequin wurde um 1540 in Arras geboren und dort ausgebildet. Er blieb in seiner Vaterstadt und erhielt die Leitung des Knabenchores an der Kathedrale, die er bis zu seinem Tod um 1590 innehatte.

WERKE
Der französische Komponist Jean Pennequin erhielt mit einer Chanson 1577 vom Puy d'Evreux den Preis der Silberlyra. Von ihm sind vier- bis fünfstimmige Chansons Nouvelles (Neue Chansons), die stilistisch der franko-flämischen Schule folgen, und sechsstimmige Motetten überliefert. Die Motetten sind zweifellos sehr wertvoll.

Valentin Haußmann
(um 1540 bis um 1614)

ZEIT UND UMWELT
In der zweiten Hälfte des 16. Jahrhunderts erwachte in Deutschland ein starkes Bedürfnis nach profaner Kunstmusik. Die Kirchenmusik – deutsch oder lateinisch – konnte dieses Verlangen nicht erfüllen. Die Lieder, die von den Komponisten für den profanen Gebrauch komponiert wurden, entfernten sich nicht weit von dem, was für die Kirchen bestimmt war. Daher wurden die italieni-

schen Liedformen mit Begeisterung aufgenommen.

Leben
Valentin Haußmann (Hausmann) wurde um 1540 in Gerbstädt geboren. Er dürfte von seinem Vater zum Musiker ausgebildet worden sein. Nach eigener Aussage reiste er viel in Deutschland und in Polen, wenngleich er den Zweck dieser Reisen nicht bekanntgibt. Er wirkte ungefähr ab 1590 als Organist in Gerbstädt, wo er auch Ratsherr geworden war und um 1614 starb.
Sein Vater Valentin Haußmann (1484, Nürnberg, bis um 1560, Gerbstädt) wirkte ebenfalls als Musiker. Er war mit Luther und Walter befreundet.
Drei seiner Nachfahren, die alle Valentin Haußmann hießen, waren Organisten.

Werke
Durch seine Publikationen trug Valentin Haußmann viel zur schnellen Verbreitung und Aufnahme der italienischen Musik, vor allem der italienischen Liedformen, in Deutschland bei. Er veröffentlichte Villanellen, Neapolitanen und Canzonetten italienischer Komponisten mit deutschen Texten. Auch seine eigenen Liedkompositionen lehnten sich an italienische Vorbilder an. Seine »Neuen Hochzeits- und Brautlieder« und die »Musicalischen teutschen Gesänge nach art der italienischen Canzonen und Madrigalen« für vier bis acht Stimmen kennzeichnen den Typus seines Liedschaffens.
Valentin Haußmann machte sich auch um die Einführung einer eigenständigen Instrumentalmusik verdient. Seine »Neuen Intraden« sind echte Orchesterstücke. Auch seine Tänze leiten die Entwicklung zur selbständigen, von Singstimmen unabhängigen Orchestermusik ein.
Die Zahl seiner sakralen Kompositionen ist klein: eine achtstimmige Messe, je eine zehn- und vierzehnstimmige Motette, ein Psalm, ein Magnificat und etliche geistliche Gesänge. Daneben sind noch etliche andere sakrale Werke und eine große Reihe von geistlichen und weltlichen Gelegenheitskompositionen überliefert.

Sein Vater Valentin Haußmann hat einige protestantische Choräle verfaßt.

Literatur
R. Velten, Das ältere deutsche Gesellschaftslied unter dem Einfluß der italienischen Musik, Heidelberg 1914.

Giovanni Battista Mosto
(um 1540–96)

Zeit und Umwelt
Zsigmond Báthory (1572–1613), Fürst von Siebenbürgen, brach mit der türkenfreundlichen Tradition seiner Vorgänger, trat der Liga christlicher Fürsten gegen die Türken bei und heiratete die österreichische Erzherzogin Maria Christina (1574–1612). Dieser Anschluß an das christliche Europa drückte sich auch in seiner Kulturpolitik aus.

Leben
Giovanni Battista Mosto wurde um 1540 in Udine geboren. Er war Schüler von Claudio Merulo (vermutlich in Venedig) und erhielt 1580 die Kapellmeisterstelle am Dom in Padua. Im Jahre 1589 wurde er an den Hof des Fürsten von Siebenbürgen Zsigmond Báthory gerufen, wo er bis zu seinem Tod im Juni 1596 in Gyulafehérvár (heute Alba Iulia) als Kapellmeister wirkte.

Werke
Von Giovanni Battista Mosto sind 3 Bücher mit fünfstimmigen und eines mit sechsstimmigen Madrigalen erhalten. Eine große Anzahl anderer Madrigale befindet sich in Sammelwerken, von denen er einige selbst herausgab. Der Stil dieser zum Teil vorzüglichen Madrigale ist rein italienisch.

Literatur
E. Kastner, Un compositore italiano alla corte transilvana, in: Corvina I, 1921.

François Sales (um 1540–99)

Zeit und Umwelt
Obschon die habsburgischen Hofkapellen in

Österreich im 16. Jahrhundert immer mehr italienische Musiker aufnahmen, waren Sänger aus dem niederländischen Raum, wo die Statthalter ebenfalls gut besetzte Kapellen hielten, immer willkommen. Die hohe Qualität der Sängerschulen in den Niederlanden wurde von den Kapellmeistern sehr geschätzt.

Leben
François Sales (Franciscus Sale, Sole) wurde um 1540 in Namur geboren. Über seine Tätigkeit in den Niederlanden ist nichts bekannt. Von 1580 bis 1587 war er Sänger an der Hofkapelle in Innsbruck und sodann bis 1591 an der Stiftskirche in Hall in Tirol, die zum Adeligen Damenstift der Stadt gehörte, in das sich häufig Prinzessinnen des Hauses Habsburg in vorgerückten Jahren zurückzogen. Ab 1591 bis zu seinem Tod am 15. 7. 1599 wirkte er als Sänger an der Hofkapelle in Prag.
Sein Bruder Nicolas Sales (um 1542, Namur, bis 5. 4. 1606, Stuttgart) wirkte ab 1565 bis zu seinem Tod an der Hofkapelle in Stuttgart.

Werke
Der flämische Kirchenkomponist François Sales veröffentlichte ein Buch mit fünf- bis siebenstimmigen Messen, außerdem Motetten, Canzonetten, Marienlieder und eine Anzahl anderer sakraler Gesänge. Er erweist sich in allen seinen Kompositionen als niederländischer Musiker von Rang.
Von Nicolas Sales sind keine Kompositionen überliefert.

Giovanni Leonardo Primavera
(um 1540 bis nach 1585)

Zeit und Umwelt
Wie die neapolitanischen Musikschulen in ihren Anfängen durch private Initiative entstanden, so war auch die Gründung der verschiedensten Akademien in Neapel und den meisten anderen Städten Italiens die Sache von Künstlern und zuweilen reichen interessierten Adeligen oder Persönlichkeiten, die wie Don Carlo Gesualdo beides zugleich waren. Die spanische Regierung nahm daran keinen Anteil.

Leben
Giovanni Leonardo Primavera wurde um 1540 in Barletta geboren. Er war 1573 Kapellmeister des spanischen Statthalters in Mailand, übersiedelte noch im gleichen Jahrzehnt nach Neapel und trat der von Carlo Gesualdo ins Leben gerufenen Akademie für Musik bei, der eine Reihe prominenter Madrigalisten angehörte. Über seine sonstige Tätigkeit in der Stadt, in der er nach 1585 starb, ist nichts bekannt.

Werke
Von Giovanni Leonardo Primavera sind 7 Bücher mit Madrigalen, 4 mit dreistimmigen neapolitanischen Kanzonen, eines mit vierstimmigen Liedern, eine Serie fünfstimmiger Stücke und einzelnes in verschiedenen Sammelwerken überliefert. Obschon er erst spät nach Neapel gekommen ist, weisen ihn seine Kompositionen als echten neapolitanischen Musiker aus. Das läßt den Schluß zu, daß er vor seinem Mailänder Aufenthalt in Neapel oder einer anderen Stadt Süditaliens ausgebildet wurde und gewirkt hat, vielleicht in seinem Geburtsort selbst.

Friedrich Lindner (um 1540–97)

Zeit und Umwelt
Die Städte Ansbach und Bayreuth der Markgrafschaft Brandenburg entwickelten sich im 16. Jahrhundert zu Zentren der evangelischen Kirchenmusik. Dabei kam die profane Musik ebenfalls zu ihrem Recht, weil sich auch bei diesem Fürstengeschlecht die Tradition der Kulturpflege, besonders der Musik, gebildet hatte.

Leben
Friedrich Lindner (Lindener, Lindtner, Linttner, Tilianus) wurde um 1540 in Liegnitz geboren und in Dresden, Schulpforta (Fürstenschule) und Leipzig ausgebildet. Im Jahre 1565 wurde er Markgräflich Ansbachi-

scher Tenorist und 1573 Vizekapellmeister in Ansbach; 1574 kam er als Kantor an die Ägydienkirche in Nürnberg, wo er am 15. 9. 1597 starb.

WERKE
Die Hauptleistung des deutschen Kantors und Komponisten Friedrich Lindner bestand in der Herausgabe von 17 Chorbüchern mit Werken insgesamt 427 deutscher und italienischer Meister: Messen, sakrale Gesänge, Madrigale, Magnificat, Motetten. Einiges davon ist von Lindner selbst komponiert wie die prächtige fünfstimmige Motette »Veni sancte spiritus« (Komm', heiliger Geist). Sein Stil ist stark von Lasso beeinflußt.

LITERATUR
G. Schmidt, Die Musik am Hofe der Markgrafen von Brandenburg-Ansbach, Kassel 1936.

Giovanni Andrea Dragoni
(um 1540–98)

ZEIT UND UMWELT
Die römischen Komponisten, die mit Recht darauf pochen durften, daß sie von Palestrina persönlich unterrichtet wurden, waren eifrig bestrebt, die strenge Form ihres Lehrers zu wahren und sich genau an die Vorschriften des Konzils von Trient zu halten. Allerdings, der Meister konnte sie nur die Form lehren, seine geniale Musikalität und seine Fähigkeit, innerhalb der gesetzten Grenzen Werke mit säkularer Geltung zu schreiben, konnte er seinen Schülern nicht übermitteln.

LEBEN
Giovanni Andrea Dragoni wurde um 1540 in Mendola geboren. Er war ein Verwandter der zweiten Frau Palestrinas, Virginia Dormili, und ein echter Schüler Palestrinas. Über dessen Vermittlung erhielt er die Kapellmeisterstelle an San Giovanni in Laterano, die er bis zu seinem Tod im Jahre 1598 versah.

WERKE
Von Giovanni Andrea Dragoni sind ein Buch sechsstimmige Madrigale, 4 Bücher fünfstimmige, ein Buch vierstimmige sowie ein Buch fünfstimmige Villanellen und ein Buch Motetten für fünf Stimmen erhalten. Alle diese Kompositionen sind formal völlig korrekt gearbeitet und bleiben streng innerhalb der von der Konzilskommission – allerdings nur für die Kirchenmusik – gesteckten Grenzen. Sie wirken etwas steif, sind aber durchaus nicht ohne künstlerischen Wert.

Hieronymus Gregor Lange
(um 1540–87)

ZEIT UND UMWELT
Die evangelischen Schulkantoren der frühen Neuzeit waren keine einfachen Singlehrer, sondern nahezu immer gut ausgebildete Musiker und sehr oft auch Komponisten. Sie brachten ihren Schülern nicht nur Volkslieder bei, sondern bereiteten sie für den Gemeinschaftsgesang in der Kirche vor und wählten die Begabten für eine gründlichere Ausbildung aus, um Sänger und Instrumentalisten für den Kirchenchor zu gewinnen. Nicht wenige von ihnen wurden selbst Schul- oder Kirchenkantoren oder Organisten und gaben das Erlernte an die nächste Generation weiter.

LEBEN
Hieronymus Gregor Lange (Langius) wurde um 1540 in Havelberg geboren. Er erhielt an seinem Studienort Frankfurt an der Oder 1574 eine Kantorenstelle, mußte jedoch diese Tätigkeit wegen Lähmungserscheinungen an Händen und Füßen 1583 aufgeben und in einem Siechenheim in Breslau Zuflucht suchen. Seine kompositorische Tätigkeit setzte er trotz allem unverdrossen bis zu seinem Tod am 1. 5. 1587 fort.

WERKE
Von Hieronymus Gregor Lange sind 78 lateinische und 67 deutsche Lieder für vier bis acht Stimmen überliefert, außerdem drei-

stimmige »Newe deudsche Lieder« (die Johannes Christoph Demantius für fünf Stimmen bearbeitete) und zahlreiche Gelegenheitskompositionen. Von diesen Werken ist die Motette »Vae misero mihi« (Wehe mir Elenden) durch ihre chromatischen Modulationen äußerst bemerkenswert. Mehrere andere, wie »Media vita« (Mitten im Leben), wurden denen von Johann Sebastian Bach gleichgehalten. Jedenfalls hielt die Beliebtheit der Kompositionen des gelähmten Komponisten lange an.

LITERATUR
R. Gastpari, Liedtradition im Stilwandel um 1600, Schriften zur Musik XIII, München 1971.

Sixt Kargel (um 1540 bis um 1590)

ZEIT UND UMWELT
Martin Bucer (1491–1551), ehemaliger Dominikaner, wurde für Luther gewonnen und stellte sich an die Spitze der Reformation in Hessen und Straßburg. Er bemühte sich stark um eine Einigung der verschiedenen reformatorischen Bekenntnisse, wurde aber über Veranlassung Kaiser Karls V. ausgewiesen und ging als Professor nach Cambridge. Die tolerante Haltung und die Neutralität im gesamten europäischen Meinungsstreit blieb die politische Linie der Stadt.

LEBEN
Sixt Kargel wurde um 1540 im Elsaß geboren. Wo er seine Ausbildung zum Lautenisten und Komponisten bekommen hat, ist nicht bekannt. Er lebte in Straßburg als Lautenlehrer und Lautenist in verschiedenen Diensten, obwohl er der Reformation nicht angehörte. Im Jahre 1586 verließ er die Stadt und zog sich nach Zabern (wo er vielleicht geboren ist) zurück und starb dort um 1590.

WERKE
Der Lautenist Sixt Kargel brachte eine Reihe Bücher mit Lautenstücken – eigene und fremde Kompositionen sowie Arrangements – heraus, von denen nur einige erhalten sind. Aus seinen Werken zu schließen, muß er ein virtuoser Spieler gewesen sein. Seine Stücke eigneten sich überhaupt wenig für den Hausgebrauch; sie setzten eine gute Technik voraus, die in der Regel nur Berufsmusiker aufwiesen.

Girolamo Conversi
(um 1540 bis nach 1586)

ZEIT UND UMWELT
Antoine Perrenot de Granvelle (1517–86) gehörte als einziger Ausländer dem Staatsrat

Seite aus einem Antiphonarium, Antwerpen 1573

des spanischen Königs Philipp II. an. Er wurde 1561 Kardinal und wurde vom König nach den Niederlanden gesandt, um zwischen der spanischen Regierung und dem heimischen Adel zu vermitteln. Als unbedingter Verfechter der Unantastbarkeit der spanischen Krone vertiefte er die Kluft, die er hätte schließen sollen. Er wurde abgezogen und vertrat nunmehr Spanien als Vizekönig von Neapel, wo einigermaßen Ruhe herrschte und er wie der heimische Adel seine kulturellen Interessen verfolgen konnte.

LEBEN
Girolamo Conversi wurde um 1540 in Correggio geboren. Wo er seine Ausbildung erhalten hat, ist nicht bekannt. Um das Jahr 1584 stand er in dem Dienst des Vizekönigs Kardinal Antoine Perrenot de Granvelle (Granvella) von Neapel. Ob er nach dem Tod des Vizekönigs (1586) in Neapel geblieben ist, kann ebensowenig festgestellt werden wie Ort und Zeit seines Todes.

WERKE
Von Girolamo Conversi sind fünfstimmige Kanzonen und sechsstimmige Madrigale überliefert, die vor seinem Aufenthalt in Neapel entstanden sind und daher auch im Stil Oberitaliens verfaßt wurden. Die Kompositionen lassen eine gründliche Ausbildung des Meisters erkennen.

Anton Gosswin (um 1540 bis um 1597)

ZEIT UND UMWELT
Die bayrischen Herzöge standen eindeutig auf der Seite der Gegenreformation. Daraus ergab sich für das Geschlecht der Wittelsbacher eine Anhäufung von kirchlichen Würden für die jüngeren Söhne der Familien. Sie stellten die Erzbischöfe von Köln in geschlossener Reihe von 1583 bis 1761 und besetzten mehrfach die Bischofssitze von Hildesheim, Münster, Paderborn und Lüttich. Auch Freising, das geistige und weltliche Herz von Altbayern, hatte im 16. Jahrhundert einen Wittelsbacher als Bischof.

LEBEN
Anton Gosswin (Cosswin, Josquinus) wurde um 1540 vermutlich im Umkreis von Lüttich geboren. Wahrscheinlich durch Vermittlung der Kapelle an der St.-Pauls-Kathedrale kam er zu Beginn der fünfziger Jahre als Sänger zur Münchner Hofkapelle, die von Lasso geleitet wurde. In den Jahren 1569 und 1570 war er als Kapellmeister des Erbprinzen Wilhelm, des späteren Herzogs Wilhelm V., in Landshut tätig. Darauf unternahm er Reisen in die Niederlande, nach Wien und Regensburg. 1577 erhielt er die Organistenstelle an Sankt Peter in München und wurde 1580 Kapellmeister des Bischofs von Freising, Herzog Ernst. Er starb um 1597 vermutlich in Freising.

WERKE
Der niederländische Komponist Anton Gosswin hat 7 vier- bis fünfstimmige Messen, drei- bis sechsstimmige Motetten und fünf- bis sechsstimmige Madrigale verfaßt, außerdem »Newe teutsche Lieder mit dreyen Stimmen«. Das gesamte kompositorische Werk stand unter dem Einfluß von Orlando di Lasso.

LITERATUR
B. Hirzel, Anton Gosswin, München 1909.

Giovanni Florio (um 1540 bis nach 1600)

ZEIT UND UMWELT
Es ist eine bemerkenswerte Erscheinung in Oberitalien, daß auch die Kirchen kleiner Orte architektonisch einwandfrei sind und durchweg vorzügliche Bilder haben. Der Grund hierfür ist wohl in der Fülle der Künstler zu suchen, die in jener Region jederzeit zur Verfügung standen, aber auch im Verlangen der Bevölkerung nach Schönheit und ihre Bereitschaft, dafür etwas aufzuwenden. Ähnlich liegt es auf dem Gebiet der Kirchenmusik. Es wurde an zahlreichen solchen Orten mit den bescheidensten Mitteln sehr oft Vorzügliches geleistet, und von manchem »kleinen« Meister erschienen formvollendete Kompositionen.

LEBEN
Giovanni Florio wurde um 1540 in Oberitalien geboren. Es ist unbekannt, wo er gelebt und gewirkt hat. Er war vielleicht ein älterer Verwandter des zeitgenössischen Kapellmeisters von Treviso Giorgio Florio. Ort und Zeit seines Todes sind nicht feststellbar.

WERKE
Von dem italienischen Komponisten Giovanni Florio sind eine Anzahl mehrstimmiger Messen überliefert, bei denen die venezianische Mehrchörigkeit fallweise angewendet wurde. Seine Lieder und Madrigale bewegen sich im Stil des 16. Jahrhunderts, sind aber zum Teil sehr originell.

Giovanni Tommaso Lambertini
(um 1540 bis nach 1600)

ZEIT UND UMWELT
Jacopo della Quercia (um 1374–1438) aus Siena war einer der bedeutendsten Wegbereiter der Renaissance in der italienischen Plastik. Sein Genesisrelief am Hauptportal von San Petronio in Bologna ist zwar unvollendet geblieben, legt aber trotzdem Zeugnis für den hohen Kunstsinn der Stadt ab.

LEBEN
Giovanni Tommaso Lambertini wurde in Bologna um 1540 geboren und dort ausgebildet. Im Jahre 1556 wurde er Sänger an der Basilika San Petronio und blieb in dieser Stellung bis zu seinem Tod nach 1600. Er war Priester und Schatzmeister der Basilika.

WERKE
Von dem italienischen Komponisten sind ein Buch Madrigale, 7 Bußpsalmen und eine Anzahl Villanellen in Sammelwerken erhalten. Der Stil dieser Kompositionen ist stark vom zeitgenössischen römischen beeinflußt. Lambertini ist einer der vielen Renaissancemeister, die alle eine gewisse Gleichartigkeit aufweisen, aber doch jedem ihrer Werke den Stempel des eigenen Wesens aufdrückten und gerade dadurch zu echten Renaissancekünstlern wurden.

Michele Varotti (um 1540 bis nach 1595)

ZEIT UND UMWELT
Der Hauptvertreter der piemontesischen Malerschule Gaudenzio Ferrari begab sich mit seinem herrlichen Flügelaltar in der Basilika San Gaudenzio in Novara stark in die Nähe von Leonardo da Vinci, wie auch die in dieser Stadt gepflegte Musik von der Mailänder Schule abhängig war.

LEBEN
Michele Varotti (Varotus) wurde um 1540 in Novara geboren und vermutlich in Mailand zum Musiker und Priester ausgebildet. Er wurde Kanonikus und Musiker an der Basilika von Novara, wo er nach 1595 starb.

WERKE
Von dem italienischen Kirchenmusiker Michele Varotti sind mehrere vielstimmige Messen, Magnificat und Lamentationen, außerdem verschiedene sakrale Gesänge und Psalmen zwischen 1563 und 1595 erschienen. Sie sind im Sinn der konservativen Mailänder Schule gehalten. Die letzten Publikationen bringen ariose Duette, die die künftige Monodie vorausnehmen.

Ghinolfo Dattari (um 1540–1617)

ZEIT UND UMWELT
Die Musiktradition der Stadt Bologna reicht weit zurück. Eine wirkliche Musikschule wurde aber erst gegen Ende des 15. Jahrhunderts errichtet. Die ersten Impulse hierzu gab der Musikwissenschaftler Bartolomé Ramos de Pareja. Der wirkliche Begründer der Bologneser Schule war jedoch Giovanni Spartaro. Von da an ist Bologna eine Musikstadt geblieben. Ihre Oper hat zum Beispiel als erste Italiens Musikdramen von Richard Wagner aufgeführt.

LEBEN
Ghinolfo Dattari wurde um 1540 in Bologna geboren, war dort ab 1555 Sänger an San Petronio und von 1577 bis 1579 Vizekapellmeister. Ob er in der Zeit bis zu seinem Tod im

Mai 1617 in Bologna noch eine Stelle versah, ist nicht festzustellen.

WERKE

In der zweiten Hälfte des 16. Jahrhunderts hatte sich bereits ein typischer Bologneser Stil herausgebildet, der sich von dem römischen durch eine starke Auszierung und eine freiere Handhabung des Kontrapunktes unterschied. Für Bologna war die Renaissance noch nicht zu Ende. Von dem Bologneser Ghinolfo Dattari sind vierstimmige Canzoni villanesche und dreistimmige Villanellen erhalten. Sie nähern sich stark dem Volkston und sind sehr ansprechend.

Guillaume Daman (um 1540–91)

ZEIT UND UMWELT

Thomas Sackville, Erster Earl of Dorset, Staatsmann, Dichter und Dramatiker (1536 bis 1608), unterhielt sein ganzes Leben lang »die merkwürdigsten Musiker, die irgendwo aufgetrieben werden konnten«. In der Elisabethanischen Zeit setzte bei mehreren englischen Adelshäusern die Tradition ein, Musiker aufzunehmen, um Privatkonzerte zu veranstalten.

LEBEN

Guillaume Daman (William Damon) wurde um 1540 in Lüttich geboren. Er wurde vermutlich von Thomas Sackville 1562 nach London eingeladen und 1579 in den Dienst der Königin Elisabeth I. aufgenommen. Er blieb in dieser Stellung bis zu seinem Tod im Jahre 1591.

WERKE

Von dem flämischen Komponisten sind vertonte Psalmen Davids und eine zweibändige Sammlung von Liedern, deren Melodien entweder vom Tenor oder bereits moderner vom Diskant zu singen sind, außerdem Motetten erhalten. Am interessantesten sind seine beiden Fantasien für drei beziehungsweise sechs Violen als frühe Beispiele reiner Instrumentalmusik. Beide Stücke sind sehr klangvoll und schön.

Giovanni Maria Artusi (um 1540–1613)

ZEIT UND UMWELT

Die Eingliederung der Stadt Bologna in das päpstliche Territorium wirkte sich außerordentlich positiv aus. Die Familienfehden um die Vorherrschaft hörten auf, und in der politischen Ruhe konnte die Stadt aufblühen, denn sie lag außerhalb der Ziellinien der päpstlichen Politik. Wie die Bologneser Malerschule entstanden Vereinigungen von Musikern. In beiden Kunstgattungen wurden gegen Ende des 16. Jahrhunderts und im folgenden hervorragende Leistungen erbracht, die die Stadt in den Rang einer der ersten Kulturstädte rückten. Einzelne rückschrittliche Bestrebungen konnten diesen Aufschwung weder verhindern noch verzögern.

LEBEN

Giovanni Maria Artusi wurde um 1540 in Bologna geboren. Der italienische Musiktheoretiker und Komponist gehörte ab 1562 als ordinierter Kanonikus der Congregazione del Salvatore an. Als Musikschriftsteller verfaßte er eine Kontrapunktlehre, die sich lange großen Ansehens erfreuen durfte. Weniger Ehre legte er mit seinen reaktionären Angriffen auf jede Neuerung in der Musik ein. Er war gegen Monteverdi, gegen Gesualdo, er verdammte Vicentino, de Rore und Andrea Gabrieli und forderte die Rückkehr zu alten Formen. Aber er blieb ein Prediger in der Wüste, bis er am 18. 8. 1613 in Bologna starb.

WERKE

Neben seinen schriftstellerischen Werken verfaßte Giovanni Maria Artusi ein Buch vierstimmige Canzonetten, die trotz ihres veralteten Stiles vorzüglich sind. Auch sein »Cantate Domino« (Singet dem Herrn) hat eleganten Satz und zeigt, daß der Komponist ein Schüler von Zarlino war.

LITERATUR

L. Schrade, Monteverdi, New York 1950.

Matthäus Waissel (um 1540–1602)

Zeit und Umwelt
Arrangements oder Transkriptionen eines Originalstückes, also die Einrichtung der Besetzung den gegebenen Möglichkeiten entsprechend, hat heute den Beigeschmack des Minderwertigen und Unzulänglichen, weil wir uns über Massenmedien, Schallplatte und Tonband die originale Wiedergabe beschaffen können. Aber die Zeiten, in denen man auf dem Klavier einfach alles spielte, was immer es als Musik gab, liegen noch nicht weit zurück. Man lernte die meiste Musik überhaupt nur auf dem Weg über Klavierauszüge kennen. Man fand auch Arrangements von Opernausschnitten für die Hauszither oder für Soloflöte nicht lächerlich. Vor den Tasteninstrumenten war die Laute die Trägerin der Musik für Gesellschaft und Haus, wo man nicht nur Originalkompositionen der Lautenisten, sondern berühmte Lieder und Tänze, Orgel- und Orchestermusik und vor allem Volksmusik hören und spielen wollte. Die Lautentabulaturen kamen als Vorläufer der Klavierauszüge und anderer Arrangements diesem Wunsch entgegen.

Leben
Matthäus Waissel (Mateusz Waisselius) wurde um 1540 in Königsberg (heute Kaliningrad, UdSSR) geboren. Der ostpreußische Lautenist und Komponist leitete ab 1573 in Schippenbeil (heute Sępopol, Polen) eine Musikschule. Wann er in seine Geburtsstadt zurückkehrte und wo er 1602 gestorben ist, läßt sich nicht feststellen.

Werke
Von Matthäus Waissel sind nur Lautentabulaturen überliefert, die zum größten Teil Arrangements bringen, und wenige eigene Kompositionen, die auch häufig auf Volksmelodien zurückgehen. Am meisten verbreitet war die »Tabulatura Allerley künstlicher Preambulen, auserlesener Deudtscher und Polnischer Tentze« und »Tabulatura Guter gemeiner Deutscher Tentze«, für eine und zwei Lauten »durch Quarten zusammen zu schlagen«. (Duette zweier verschieden hoch gestimmter Lauten waren sehr beliebt.) Die Lautensätze sind mit großem Geschick gearbeitet und trotzdem grifflecht.

Literatur
Z. Steszewska, Tánce polskie z tabulatur lutniowych, Warschau 1962.

Guglielmo Baldini
(um 1540 bis nach 1580)

Zeit und Umwelt
Giovanni Antonio Facchinetti (1519–91) war, ehe er von Papst Gregor XIII. 1583 zum Kardinal ernannt wurde, Nuntius in Venedig. Er kam am 29. 10. 1591 als Innozenz IX. selbst auf den päpstlichen Thron, starb aber am 30. 12. desselben Jahres. In Venedig galt er als Förderer der Musik.

Leben
Guglielmo Baldini wurde um 1540 in Ferrara geboren, wo er seine Ausbildung zum Musiker erhielt. Es ist unbekannt, welche Stelle er versah. Er dürfte mit dem Hofdrucker von Ferrara, Vittorio Baldini (um 1530 bis um 1580), verwandt gewesen sein. Ort und Zeit seines Todes sind nicht feststellbar.

Werke
Der italienische Komponist Guglielmo Baldini widmete dem päpstlichen Nuntius in Venedig, Antonio Facchinetti, ein Buch mit fünf- und sechsstimmigen Madrigalen, die stark mit homophonen Partien durchsetzt sind und sich stilistisch der Villanella nähern. Er hat angeblich ein zweites Buch mit der gleichen Widmung herausgebracht, das jedoch verschollen ist. Von anderen Kompositionen gibt es keine Berichte.

Jean de Castro (um 1540 bis nach 1611)

Zeit und Umwelt
»Freischaffende« Musiker kennen wir seit Beethoven, der nie eine feste Bindung ein-

ging, sondern nur Engagements. Bis in seine Zeit standen Musiker in der Regel im Dienst eines Fürsten oder Großbürgers, einer Kathedrale oder Klosters. Nur Lautenisten wagten es, vom Unterricht und fallweisen Engagements zu leben. Bei der Beliebtheit ihres Instrumentes durften sie dieses Risiko eingehen. Daß Kapellmeister von Stadt zu Stadt reisten, um kurze Engagements anzunehmen, und weiterwanderten, sobald sie die Verträge erfüllt hatten, war im 16. Jahrhundert eine äußerst seltene, frühe Vorwegnahme moderner Dirigententätigkeit, die vorwiegend aus Gastverpflichtungen besteht.

LEBEN
Jean de Castro wurde um 1540 in oder bei Lüttich geboren. Seine Eltern stammten angeblich aus Spanien oder Portugal. Er dürfte in Lüttich ausgebildet worden sein, war dann für private Auftraggeber in Antwerpen, Douai und Köln als Sänger und als Kapellmeister tätig. In Wien war er durch zwei Jahre (1582–84), in Düsseldorf ging er sogar ein Dienstverhältnis ein und wirkte von 1588 bis 1591 als Hofkapellmeister. Dann ging er nach Cleve und in andere Städte. Er ist nach 1611 gestorben. Der Ort seines Todes ist nicht bekannt.

WERKE
Die Kirchenmusik von Jean de Castro ist der bedeutendste Teil seines Schaffens: dreistimmige Messen, eine große Zahl zwei- bis achtstimmiger sakraler Gesänge mit und ohne Instrumentalbegleitung. Nicht weniger beliebt waren seine Chansons, Sonetten, Madrigale und Motetten, die in vielen Fällen Auftragskompositionen waren. Er beschäftigte sich mit der strengen musikalischen Wiedergabe poetischer Metren und legte diesen Versuchen Gedichte von Ronsard zugrunde. Daß mit diesen selbst angelegten Fesseln die Musik etwas steif wurde, lag in der Natur der Sache.

LITERATUR
M. Oebel, Beiträge zu einer Monographie über Jean de Castro, Regensburg 1928.

Giovanni Ferretti
(um 1540 bis nach 1609)

ZEIT UND UMWELT
Ancona gehörte im Mittelalter mit Fano, Pesaro, Senigallia und Rimini zum Exarchat von Ravenna, das, von einem byzantinischen Exarchen regiert, eine Art Brückenkopf zur Apenninenhalbinsel bildete. Die genannten Städte genossen lange eine Sonderstellung, die sich wirtschaftlich günstig auswirkte. Als sie von Rom übernommen wurden, brachten sie gleichsam als Mitgift eine hohe Entwicklung der Kirchenmusik mit.

LEBEN
Giovanni Ferretti wurde um 1540 in Ancona geboren und blieb vermutlich bis 1580 in seiner Geburtsstadt, in der er 1575 Domkapellmeister geworden war. Von 1580 bis 1582 und von 1596 bis 1603 wirkte er als Kapellmeister an Santa Clara in Loreto. Dann kehrte er nach Ancona in seine alte Stellung zurück. Er starb in Ancona nach 1609.

WERKE
Von Giovanni Ferretti sind eine Messe, ein Magnificat, Motetten und Hymnen handschriftlich überliefert. Gedruckt erschienen 5 Bücher fünfstimmige und 2 Bücher sechsstimmige neapolitanische Kanzonen und ein Buch fünfstimmige Madrigale. Die sakrale Musik folgte dem zeitgenössischen venezianischen Stil, die Kanzonen trafen den neapolitanischen Stil so gut als wären sie in Neapel entstanden.

LITERATUR
A. Einstein, The Italian Madrigal, Princeton 1949.

Anthoine de Bertrand (um 1540–81)

ZEIT UND UMWELT
Pierre de Ronsard, der »Fürst der Poeten und der Poet der Fürsten«, stellte klassische Schönheit und Kraft seiner Verse in den Dienst der Krone und der überkommenen

Konfession. Die gleiche Linie hielt – politisch und künstlerisch – Robert Garnier (um 1545–90), ein Jurist und feinsinniger Poet. Ihre Verse regten mehrere zeitgenössische Komponisten zur Vertonung an, die dem gleichen Ästhetizismus huldigten.

Leben

Anthoine de Bertrand wurde um 1540 in Fontange, Cantal, geboren. Er lebte in Toulouse und wurde von einigen Mitgliedern des Herrscherhauses gefördert, weil er sich dezidiert gegen die Reformation einsetzte. Als er sich persönlich an den Religionskämpfen in der Folge der Bartholomäusnacht beteiligte, fiel er 1581 in Toulouse.

Werke

Der französische Komponist Anthoine de Bertrand war einer der ersten, der zur Verstärkung der Ausdruckskraft seiner Harmonik die Chromatik einsetzte. Er erreichte damit eine sehr enge Wort-Ton-Verbindung und eine subtile Phrasierung der Melodien. Seine Kompositionen waren nahezu ausschließlich Vertonungen von Dichtungen Pierre de Ronsards. Man kann ohne Übertreibung feststellen, daß sie unter den anderen Vertonungen dieser Texte einen singulären Rang einnehmen. Seine »Amours de Pierre de Ronsard«, 3 Bücher und die »Airs spirituels« zählen zu den Kostbarkeiten der französischen Musikgeschichte.

Literatur

J. M. Vaccaro, Anthoine de Bertrand, Tours 1965.

Giulio Cesare Barbetta
(um 1540 bis nach 1603)

Zeit und Umwelt

Die Laute war das typische Instrument der Renaissance, wie das Cembalo das folgende Jahrhundert beherrschte, bis es vom Klavier abgelöst wurde. Die älteren Lauten hatten vier Saiten, die bald auf sechs erweitert wurden, um ein echtes Akkordspiel zu ermöglichen. Elf- bis dreizehnsaitige Instrumente waren ebenfalls in Gebrauch; dabei wurden die tiefen, zumeist nur ungegriffenen Saiten als Bässe angeschlagen. Zum Duospiel wurden häufig in einem Abstand einer Quart verschieden gestimmte Lauten verwendet, um einen Vollklang der Akkorde zu erzielen. Aus den überlieferten Tabulaturen muß man schließen, daß die Lautenisten des 16. Jahrhunderts über eine erstaunlich ausgebildete Grifftechnik verfügten.

Leben

Giulio Cesare Barbetta (Barbetti) wurde um 1540 in Padua geboren. Der italienische Lautenist empfing seine Ausbildung vermutlich in seiner Geburtsstadt, die er anschließend nie verlassen hat. Seinen Lebensunterhalt bestritt er durch Lautenunterricht, Lautenspiel in den Palästen des Adels und den Häusern der Bürger und durch die Publikation von Lautentabulaturen. Er starb in Padua nach 1603.

Werke

Die von Giulio Cesare Barbetta erschienenen 4 Lautentabulaturen sind zum Großteil Bearbeitungen zeitgenössischer Kompositionen, wie zum Beispiel von Arcadelt, de Berchem, Lasso, Janequin, Maurenzio, und von Tanzstücken, von denen ein Teil vom Komponisten stammt. Sie gewähren einen instruktiven Einblick in die solistische Lautenpraxis der Zeit.

Literatur

W. Boetticher, Studien zur solistischen Lautenpraxis, Berlin 1943.

Fabrice Marin Caietain
(um 1540 bis um 1580)

Zeit und Umwelt

Jean Antoine de Baïf gründete mit dem Musiker Joachim Thibault de Courville 1570 die Académie de Poésie et de Musique, die die Regeln der Musique mesurée à l'antique lehrte. Betonte Silben erhielten doppelt so lange Notenwerte wie kurze. Diese Sprachvertonung hielt sich zwar nicht lange, hatte aber auf die späteren Liedkompositionen großen Einfluß. Dieses Prinzip wurde zumindest teilweise dem Opernrezitativ zugrunde gelegt.

LEBEN

Fabrice Marin Caietain (Gaietane) wurde um 1540 in Italien geboren. Er war um 1571 Kapellmeister der Kathedrale von Toul und möglicherweise um 1576 in der gleichen Eigenschaft in Nancy. Er dürfte bald darauf nach Paris gegangen sein, um an der von dem Dichter Jean Antoine de Baïf und dem Komponisten Joachim Thibault de Courville gegründeten Académie mitzuwirken, und dort um 1580 gestorben sein.

WERKE

Von Fabrice Marin Caietain sind in Paris ein Buch Motetten und eines mit Chansons erschienen, die bereits stark die Grundsätze der Nachahmung der antiken Dichtung der Académie de Poésie et de Musique verfolgten. Noch exakter kommen diese in den 2 nur unvollständig erhaltenen Büchern mit Airs zur Geltung.

Gasparo Costa (um 1540 bis nach 1590)

ZEIT UND UMWELT

Die Bologneser Malerschule mit Francesco Francia (1448–1517), Pellegrino Tibaldi (1527–96), Ludovico Carraggi (1555–1619), Agostino Carraggi (1557–1602), Annibale Carraggi (1560–1601) und Guido Reni (1575 bis 1642) nahm einen wichtigen Rang in der italienischen bildenden Kunst ein. Ihr standen jedoch die Musiker aus dieser Stadt gleichwertig gegenüber.

LEBEN

Gasparo Costa wurde um 1540 in Bologna geboren und dort zum Organisten und Komponisten ausgebildet. Er war an verschiedenen Kirchen der Stadt tätig, zuletzt von 1580 bis 1584 an Madonna di San Celso. Von 1588 bis 1590 wirkte er als Organist am Mailänder Dom. Er starb vermutlich in Mailand nach 1590.

WERKE

Obwohl Gasparo Costa Kirchenmusiker war, hat er keine sakrale Musik hinterlassen außer einem Buch mit fünfstimmigen Motetten und geistlichen Madrigalen. Sein Hauptwerk besteht aus 3 Büchern mit drei- und vierstimmigen Canzonetten, die tatsächlich vorzüglich sind, ohne manieriert zu wirken. Sie betonen sehr stark den musikalischen Ausdruck der Wortbedeutung.

Serafino da Monte Reale Candido (um 1540 bis nach 1572)

ZEIT UND UMWELT

In Italien wurden im 16. Jahrhundert die französischen Maskenspiele in der Form

»Die Orgel« – Holzschnitt von Tobias Stimmer, aus: »Die musizierenden Frauen«, 16. Jahrhundert

übernommen, daß bei Gastmählern und anderen Festlichkeiten Vermummte erschienen, die sangen, musizierten und zuweilen auch tanzten. Es handelte sich in den meisten Fällen um keine eigentlichen »Spiele«, die Vorführungen bestanden aus einer losen Folge von Gesängen, Musikstücken und Tänzen. Auch die fallweise vorgetragenen Dialoge hatten nur die Form eines »Sketch« und wurden teils gesprochen, teils gesungen. England übernahm sodann die Maskenspiele von Frankreich und Italien als höfische Unterhaltung.

LEBEN
Serafino da Monte Reale Candido wurde um 1540 vermutlich in Venedig geboren. Über sein Leben ist nichts bekannt. Er dürfte in seiner Geburtsstadt, in der er kompositorisch tätig war, nach 1572 gestorben sein.

WERKE
Von Serafino da Monte Reale Candido ist ein Buch mit mehrstimmig komponierten Maskenspielen erhalten, das 1571 in Venedig erschienen ist. Ein Jahr darauf brachte er ein weiteres heraus. Diese Vertonungen waren sehr verbreitet und beliebt, weil sie den venezianischen Volkston gut getroffen hatten.

Cornelius Freundt (um 1540–91)

ZEIT UND UMWELT
Dem Weihnachtslied wurde von den evangelischen Liederkomponisten stets eine besondere Sorgfalt zugewendet. In den Gesangbüchern wurde ihm zumeist ein verhältnismäßig breiter Raum zugewiesen, daneben aber auch Liedersammlungen veröffentlicht, die ausschließlich dem Thema Weihnachten gewidmet waren. Daß dabei viel Volkstümliches, bei weitem mehr als bei jedem anderen Themenkreis, herangezogen wurde, ergab sich aus dem Charakter des Weihnachtsfestes, das außer seiner religiösen Bedeutung in sehr alten Traditionen wurzelt.

LEBEN
Cornelius Freundt (Freund) wurde um 1540 in Plauen geboren. Wo er zum Kantor ausgebildet wurde, ist nicht bekannt. Jedenfalls versah er bereits 1564 die Kantorenstelle in Borna und ab 1565 die in Zwickau, wo er am 26. 8. 1591 begraben wurde.

WERKE
Der deutsche Kantor Cornelius Freundt schrieb eine Anzahl Motetten und Gelegenheitsgesänge. Für das von ihm gesammelte Buch mit 28 vierstimmigen Weihnachtsliedern verfaßte er 15 selbst, die sich durch einen exakten, aber auch schönen Satz auszeichnen.

LITERATUR
Zwei Beiträge zum mehrstimmigen Weihnachtslied, Die Musikforschung V–VI, 1952–53.

Giuseppe Caimo (um 1540–84)

ZEIT UND UMWELT
Die von Lodovico Sforza il Moro in Mailand 1483 gegründete Musikschule war nach der ein Jahr zuvor in Bologna errichteten Musikschule die zweitälteste Italiens. Franchino Gaffori war der erste öffentliche Musiklehrer in Mailand. Aus seinem Unterricht ist eine Reihe bedeutender Musiker hervorgegangen wie Costanzo Porta, Gioseffo Zarlino, Giovanni Giacomo Gastoldi und Giuseppe Caimo.

LEBEN
Giuseppe Caimo wurde um 1540 in Mailand geboren und ausgebildet. Im Jahre 1564 erhielt er die Organistenstelle an Sant'Ambrogio und um 1580 die am Dom. Verhandlungen mit Herzog Wilhelm V. von Bayern wegen einer Stellung in München führten zu keinem Ergebnis. Er starb in Mailand im Jahre 1584.

WERKE
Die Madrigale von Giuseppe Caimo – 5 Bücher – weisen eine Verwendung von

damals noch ungewöhnlichen chromatischen Fortschreitungen auf. Die Entwicklung dieser Kompositionsgattung zielte bereits auf die Dramatik, die später von Monteverdi und Marenzio ausgeprägt wurde. Außerdem brachte Caimo 2 Bücher mehrstimmige Canzonetten heraus, die weniger »modern« gehalten waren. Weitere Kompositionen finden sich in Sammelwerken. Im ganzen gesehen war der Meister einer der fortschrittlichsten Komponisten seiner Zeit.

LITERATUR
Th. Kroyer, Die Anfänge der Chromatik im italienischen Madrigal des 16. Jahrhunderts, Leipzig 1902.

Pascal de l'Estocart
(um 1540 bis nach 1584)

ZEIT UND UMWELT
Die Psalmübersetzungen von Clément Marot und Théodore de Bèze wurden von Komponisten des 16. Jahrhunderts immer wieder vertont. Die wirklich vorzüglichen Texte waren überall bekannt, ihre musikalische Ausdeutung erweckte stets neues Interesse. Es war, als wollte man von jeder Neuvertonung den Trost und die Hoffnungserfüllung erwarten, daß das Ende des Glaubenskampfes, dessen Bild sich von Jahr zu Jahr deutlicher abzeichnete, durch eine glückliche Wendung doch nicht eintritt.

LEBEN
Pascal de l'Estocart (Paschal) wurde um 1540 in Noyon geboren. Er reiste viel in Italien und dürfte dort auch seine Ausbildung empfangen oder zumindest vervollständigt haben. Im Jahre 1582 wirkte er in Nancy und 1583 in Basel und in Genf. Obschon er selbst kein Hugenotte war, hielt er enge Beziehungen zur Reformation aufrecht. Er ist nach 1584 gestorben. Sein Sterbeort ist unbekannt.

WERKE
Die Kompositionen von Pascal de l'Estocart sind stark dem italienischen Madrigalstil verpflichtet, besonders seine 8 Motetten und 34 sakralen Chansons. Seine mehrstimmigen Gesänge wurden über die Grenzen der Konfessionen hinaus sehr geschätzt, vor allem jedoch seine 150 Psalmenvertonungen. Für eine fünfstimmige Motette erhielt er beim Puy d'Evreux im Jahre 1584 den Preis einer silbernen Harfe.

LITERATUR
S. Fornaçon, L'Estocart und sein Psalter, Die Musikforschung XIII, 1960.

Florentino Maschera (um 1540–80)

ZEIT UND UMWELT
Nahezu bis zum Ende des 16. Jahrhunderts dominierte die Vokalmusik. Instrumente wurden zwar immer häufiger herangezogen und von ihrer Rolle als Stimmverstärker befreit, indem man ihnen selbständige Melodien zuwies; sie spielten Einleitungen und Überleitungen, bis es zu kürzeren selbständigen Instrumentalkompositionen kam. Die Lautenisten schrieben schon seit einiger Zeit reine Instrumentalmusik, auch die Orgelkomponisten hielten ihre Improvisationen in Tabulaturen fest. Aber erst allmählich wurden »Canzoni da sonar« (Lieder zum Spielen) verfaßt, wobei die Bezeichnung »Lieder« noch immer auf eine enge Verbindung mit dem Satz der Vokalmusik hinweist. Instrumentengerechte Sätze, die sich vom Vokalsatz völlig freigemacht hatten, folgten erst später.

LEBEN
Florentino Maschera (Fiorenzo Mascara) wurde um 1540 in Brescia geboren. Er war während des Jahres, in dem Claudio Merulo in Brescia als Organist wirkte, sein Schüler, folgte ihm in seine Stelle am Dom der Stadt nach (1557) und versah sie bis zu seinem Tod im Jahre 1580.

WERKE
Der italienische Komponist Florentino Maschera war einer der ersten, die größere

selbständige Instrumentalstücke verfaßten. Seine »Canzoni da sonar« waren Vorläufer der Sonate und der Sinfonie. Eine Vorschreibung bestimmter Instrumente gab es noch nicht. Die Canzoni können von Flöten oder Violen gespielt werden. Das Klangfarbenbewußtsein war noch nicht erwacht.

LITERATUR
W. E. McKlee, The Music of Florentino Maschera, North Texas State University, 1958.

Pedro Valenzuela
(um 1540 bis nach 1580)

ZEIT UND UMWELT
Die 1543 in Verona gegründete Accademia Filarmonica wurde 1564 mit der um 1500 ins Leben gerufenen Accademia degl'Incatenati – einer der ältesten Akademien Italiens überhaupt – vereinigt. Sie beschäftigte wie viele andere in Italien einen Komponisten, der die Dichtungen der Mitglieder zu vertonen hatte, und einen Maestro di musica, dem der Unterricht der Mitglieder oblag. Diese beiden Stellen wurden nur an bewährte Musiker vergeben, so daß sie in jedem Fall eine Ehrung darstellten.

LEBEN
Pedro Valenzuela (Valenzola) wurde um 1540 vermutlich in Valencia geboren. Er dürfte bereits in jungen Jahren nach Venedig gekommen, dort ausgebildet und als Kantor in die Kapelle an San Marco aufgenommen worden sein. Zugleich fungierte er als Maestro di musica an der Accademia Filarmonica von Verona. Sein Todesjahr muß nach 1580 angesetzt werden, sein Sterbeort war vermutlich Venedig.

WERKE
Der Spanier Pedro Valenzuela ist durch seinen nahezu lebenslangen Aufenthalt völlig zum Venezianer geworden. Das drückt sich im 1578 erschienenen Buch mit fünfstimmigen Madrigalen, einem sechsstimmigen und einem achtstimmigen Wechselgespräch deutlich aus. Der Stil dieser Kompositionen ist durch und durch venezianisch, vor allem die Struktur der Wechselgespräche.

Jacobus de Brouck
(um 1540 bis nach 1583)

ZEIT UND UMWELT
Die Hofkapelle in Graz war zugleich Domkapelle von St. Aegydius. Sie erhielt im 16. Jahrhundert eine beträchtliche Anzahl guter Kräfte entweder unmittelbar oder über die Wiener Hofkapelle aus den Niederlanden. Gleichzeitig setzte aber bereits ein stärkerer Zuzug von Musikern aus Italien ein, die noch im gleichen Jahrhundert den Stil aller österreichischen Hofkapellen bestimmten.

LEBEN
Jacobus de Brouck (Bruck, Pruckh, Prügkh, Prugg, van den Broeck) wurde um 1540 in Brock bei Amsterdam geboren und vermutlich in Amsterdam ausgebildet. Im Jahre 1567 war er Sänger und Knabenchorleiter an der Hofkapelle in Graz und von 1573 bis 1576 Sänger an der Hofkapelle Kaiser Maximilians II. in Wien. Welche Tätigkeit er von dem Ableben des Kaisers (1576) bis zu seinem Tod nach dem Jahr 1583 ausgeübt hat, ist nicht bekannt.

WERKE
Von dem niederländischen Komponisten Jacobus de Brouck sind 3 sechsstimmige Messen, ein sechsstimmiges Ave Maria, ein zwölfstimmiges Magnificat, über 20 Motetten und mehrstimmige Chansons erhalten. Alles ist der letzten franko-flämischen Schule verpflichtet und weist eine glänzend durchgearbeitete Polyphonie auf.

Affonso Vaz da Costa (um 1540–1610)

ZEIT UND UMWELT
Die altkastilische Provinzhauptstadt Avila war im Mittelalter abwechselnd unter maurischer und christlicher Herrschaft und hatte nach der Austreibung der Moriscos voll-

kommen ihre ehemalige Bedeutung verloren. Jedoch die Musikpflege der Kapelle an San Salvador hat ihr Niveau bis weit in die Neuzeit erhalten.

Leben
Affonso Vaz da Costa wurde in Lissabon um 1540 geboren. Die Ausbildung zum Kleriker und Musiker erhielt er noch in Portugal, kam aber dann nach Rom, um seine Studien abzuschließen. Nach der Iberischen Halbinsel zurückgekehrt, wirkte er zuerst in Badajoz und anschließend in Avila an der Kathedrale San Salvador als Kapellmeister. Er ist in Avila im Jahre 1610 gestorben.

Werke
Der portugiesische Komponist Affonso Vaz da Costa hat sowohl profane wie sakrale Musik verfaßt. Obschon nichts davon erhalten ist, wissen wir aus zeitgenössischen Äußerungen, daß er trotz seiner Schulung in Rom reinen spanischen Stil geschrieben und damit viel Beifall gewonnen hat. Seine weltliche Musik schrieb nach spanischer Manier intensiven Instrumenteneinsatz vor.

Pietro Vinci (um 1540–84)

Zeit und Umwelt
Die norditalienische Stadt Bergamo war bereits seit 1428 venezianisch. Die Nähe Mailands wirkte sich jedoch deutlich auf kommerzielle und gesellschaftliche Strukturen aus. Auch die Domkapelle bezog ihre Musiker nicht selten von dort oder über diese große Stadt, so daß in der Epoche der spanischen Herrschaft Meister aus Neapel und Sizilien aufgenommen wurden.

Leben
Pietro Vinci wurde um 1540 in Nicosia, Sizilien, geboren. Nach einer Tätigkeit in verschiedenen italienischen Städten erhielt er die Kapellmeisterstelle an Santa Maria Maggiore in Bergamo, die er bis 1580 versah. Im gleichen Jahr ging er an seinen Geburtsort zurück, wo er 1584, nach einer Kapellmeistertätigkeit an verschiedenen Kirchen Siziliens, starb.

Werke
Das kompositorische Werk von Pietro Vinci ist umfangreich. Es sind von ihm 7 Bücher mit mehrstimmigen Madrigalen, eines mit zweistimmigen Gesängen, eine Anzahl Motetten für vier bis acht Stimmen, ein Buch Lamentationen, Ricercari, geistliche Lieder und mehrere sechs- bis achtstimmige Messen überliefert. Der vielstimmige Satz wird überall meisterhaft geführt, obwohl zumeist der Wohlklang der »Richtigkeit« vorgezogen ist. Die Lamentationen sind besonders schön. Die Madrigale neigen zum sizilianischen Stil, der sehr stark vom spanischen beeinflußt ist.

Literatur
F. Mompello, Pietro Vinci, madrigalista siciliano, Mailand 1937.

Matthias Gastritz
(um 1540 bis um 1580)

Zeit und Umwelt
Die pfälzische Haupt- und herzogliche Residenzstadt Amberg wurde 1522 protestantisch. Im Lauf des Jahrhunderts kam der calvinische Heidelberger Katechismus in Geltung, der jedoch den Kirchengesang und die Orgel nicht ausschloß und daher Kantoren zuließ.

Leben
Matthias Gastritz wurde um 1540 in der Oberpfalz geboren und vermutlich in Amberg zum Organisten und Kantor ausgebildet. Im Jahre 1569 erhielt er dort die Organistenstelle, die er bis zu seinem Tod um 1580 versah.

Werke
Von Matthias Gastritz sind »Novae harmonicae cantiones« (Neue harmonisierte Gesänge) erhalten, die gegenüber gleichzeitigen Publikationen neben kontrapunktischen streckenweise akkordische Passagen aufweisen und einen Vorgriff auf spätere Kompositionsformen darstellen. Er hat außerdem eine Anzahl deutscher Kirchengesänge ge-

schrieben, die in verschiedenen Sammlungen zu finden sind.

Girolamo dalla Casa
(um 1540 bis nach 1585)

ZEIT UND UMWELT
Das Musikleben der italienischen Städte beschränkte sich nicht auf Kirchen, Fürstenhöfe und Adelspaläste. Die Städte selbst hielten ständige Kapellen für ihre Festlichkeiten und Empfänge. Es handelte sich allerdings in vielen Fällen um Bläserensembles wie das Blasorchester der Signoria von Venedig.

LEBEN
Girolamo dalla Casa (genannt da Udine) wurde um 1540 in Udine geboren. Im Jahre 1574 bestellte die Signoria von Venedig den italienischen Komponisten zum Kapellmeister des Blasorchesters der Stadt. Er starb in Venedig nach 1585.
Sein Bruder Nicolò dalla Casa (um 1550, Udine, bis nach 1593, Venedig) war Musiker im venezianischen Blasorchester.

WERKE
Von Girolamo dalla Casa sind 3 Bücher mit Madrigalen überliefert. Sie halten streng den oberitalienischen Madrigalstil ein.
Nicolò dalla Casa verfaßte 2 Bücher vierstimmige Kanzonen und Madrigale; 2 Motetten für fünf und ein Dialog für zehn Stimmen scheinen in Sammelwerken auf. Diese Kompositionen wirken wegen ihrer kühnen Modulationen »moderner« als die seines Bruders.

Camillo Zanotti
(um 1540 bis nach 1591)

ZEIT UND UMWELT
Die politische Unfähigkeit und das skurrile Verhalten Kaiser Rudolfs II. brachten seinen Ländern gefährliche Krisen. Seine Finanzlage verschlimmerte sich von Jahr zu Jahr. Aber seine Hofkapelle zu Prag litt deswegen keinen Mangel. Für einzelne Wissenschaften und für Musik wurde ausgegeben, was nötig war.

LEBEN
Camillo Zanotti (Joannoti) wurde um 1540 in Cesena geboren. Über sein Leben und Wirken in Italien gibt es keine Informationen. Es ist auch unbekannt, auf welchem Weg er 1586 zur Kapelle Kaiser Rudolfs II. in Prag stieß und Vizekapellmeister wurde. Er verblieb in dieser Stellung bis 1591 und dürfte einige Jahre darauf in Prag verstorben sein.

WERKE
Von Camillo Zanotti sind fünfstimmige Messen, Motetten für Doppelchöre, achtstimmige »Sacrae symphoniae«, 4 Bücher mit fünfstimmigen Madrigalen und eines mit fünf-, sechs- und zwölfstimmigen lateinischen und italienischen Madrigalen überliefert. Sein Stil weist auf eine Ausbildung in Oberitalien, vermutlich in Venedig, hin. Es handelt sich um vollblütige, klangvolle Musik mit viel Manieriertheit.

Giovanni Zappasorgo
(um 1540 bis nach 1588)

ZEIT UND UMWELT
Die Canzone napolitana verbindet süditalienische tänzerische Rhythmen mit spanischen Klängen, in denen die tiefen Stimmen überwiegen. Sie ist im 16. Jahrhundert zumeist unbegleitet, aber die Begleitstimmen scheinen Musikinstrumente nachzuahmen, um den Vollklang spanischer Liedbegleitung zu erreichen.

LEBEN
Giovanni Zappasorgo wurde um 1540 in Treviso geboren, dürfte dort als Musiker gelebt und gewirkt haben und nach 1588 gestorben sein. Es ist nicht feststellbar, ob er eine Position als Kirchenmusiker bekleidete, aber die Annahme liegt nahe.

WERKE
Von Giovanni Zappasorgo sind 2 Bücher

mit neapolitanischen Kanzonen erschienen und mehrmals aufgelegt worden. Er brachte damit echte neapolitanische Musik, die sehr beliebt war.

Gioseffo Guami (um 1540 bis um 1612)

ZEIT UND UMWELT

Auch unter den veränderten Verhältnissen in Italien nach dem Eindringen Karls VIII. (1494) vermochte Lucca seine bisher mit Glück und Geschicklichkeit bewahrte Unabhängigkeit beizubehalten. Die Rückkehr der Medici nach Florenz bedeutete eine schwere Bedrohung. Die Kurie versuchte Einfluß auf die Stadt zu gewinnen, die diese Angriffe auf ihre Freiheit ebenso abwehrte wie das Eindringen des Jesuitenordens und die Einführung der Inquisition. Dazu kamen wirtschaftliche Schwierigkeiten wegen Krisen in der Seidenindustrie, die für den Haushalt der Stadt lebenswichtig war, Arbeiterrevolten und religiöse Auseinandersetzungen mit der Reformation. Aber alles das wurde mit äußerster Anstrengung überwunden. Lucca blieb unter ihren Gonfalonieri unabhängig.

»Die Trompete« – Holzschnitt aus: »Die musizierenden Frauen« von Tobias Stimmer (1539–82)

LEBEN

Gioseffo Guami (Guammi) wurde um 1540 in Lucca geboren. Der italienische Komponist und Organist hat sich angeblich zwischen 1550 und 1560 in Venedig aufgehalten und bei Willaert Unterricht genommen. Im Jahre 1568 wurde er herzoglicher Kapellorganist unter Lasso in München. Er versah diese Stelle bis 1579. Von 1588 bis 1591 wirkte er an San Marco in Venedig als Erster Organist und einige Jahre darauf bis zu seinem Tod um 1612 an San Martino in seiner Vaterstadt.

Sein Bruder Francesco Guami (um 1544, Lucca, bis 30. 1. 1602, Lucca) war von 1568 bis 1580 Posaunist an der Münchner Hofkapelle, darauf Kapellmeister in Baden-Baden und an verschiedenen Kirchen in Venedig.

Sein Sohn Valerio Guami (getauft 14. 4. 1587, Lucca, bis 1649, Lucca) wurde 1615 Organist an San Martino und 1632 Kapellmeister der Cappella della Signoria in Lucca.

Ein weiterer Sohn, Vincenzo Guami (um 1568, Lucca, bis 1615, Lucca), war Organist an San Martino in Lucca und einige Zeit Hofkapellenorganist des Erzherzogs Albrecht (1559–1621) von Österreich in Antwerpen.

WERKE

Gioseffo Guami gehörte zu den ersten Instrumentalkomponisten im echten Sinn des Wortes. Er schrieb neben 3 Büchern mit fünfstimmigen Madrigalen und fünf- bis

zehnstimmigen geistlichen Gesängen Kanzonen für die Orgel, außerdem Motetten, Messen und weitere Orgelstücke.
Francesco Guami verfaßte 3 Bücher mit vierstimmigen Madrigalen und 2 mit Ricercari.
Valerio Guami schrieb Motetten und Motetten-Oratorien sowie Orgelstücke.
Diese begabte Familie aus Lucca hat zur Entwicklung der Musik Italiens viel beigetragen.

LITERATUR
A. Bonaccorsi, I Guami da Lucca, in: Note d'Archivio XV, 1938.

Alard du Gaucquier (um 1540–83)

ZEIT UND UMWELT
Die habsburgischen Hofkapellen in den Niederlanden waren zum größten Teil mit Flamen und Franzosen besetzt. Einzelne von ihnen wurden sodann von Kapellen in Wien, Prag oder Madrid übernommen. Wenn auch die niederländische Schule an Einfluß stark verloren hatte, weil die Musikentwicklung in den einzelnen Ländern über sie hinausgewachsen war, so bot die vorzügliche Ausbildung der jungen Musiker an den einzelnen Musikzentren auch in der 2. Hälfte des 16. Jahrhunderts und noch später die sichere Gewähr, daß nur erste Kräfte daraus hervorgingen, die man in jeder Kapelle aufnehmen konnte.

LEBEN
Alard du Gaucquier (Dunoyer, Nuceus) wurde um 1540 in Lille geboren. Er war von etwa 1558 bis 1578 als Tenorist Mitglied der Hofkapelle Maximilians II. und anschließend Kapellmeister bei Erzherzog Matthias, dem späteren Kaiser. Er starb im Jahre 1583. Der Ort seines Todes ist nicht bekannt.

WERKE
Von Alard du Gaucquier sind vier- bis sechsstimmige Magnificat, 4 mehrstimmige Messen und eine Anzahl sakraler Gesänge erhalten. Sein Stil war wie bei vielen Meistern aus den Niederlanden konservativ, aber klangreich.

Benedetto Serafico Nardò
(um 1540 bis nach 1581)

ZEIT UND UMWELT
Unter den spanischen Vizekönigen wuchs die Bevölkerungszahl Neapels im 16. Jahrhundert rasch an. Der kommerzielle Aufschwung Spaniens als Folge der Entdeckungen wirkte sich auch für Neapel aus. Es waren allerdings in erster Linie Spanier, die in Massen eingewandert waren und von den günstigen Umständen bevorzugt wurden, aber auch den Neapolitanern fiel mancher gute Bissen zu. Die Folge war ein Aufleben der gesellschaftlichen Situation und damit auch der Bedarf an Spiel, Theater und Musik. Madrigale, die große Mode in ganz Italien waren, fanden gerade in Neapel ein aufnahmebereites Publikum.

LEBEN
Benedetto Serafico Nardò wurde um 1540 in oder bei Neapel geboren. Er trat dem Predigerorden bei, wurde zum Priester ausgebildet und nahm dazu Musikunterricht. Als ausübender Kirchenmusiker wirkte er ab 1575 in Neapel und ab 1581 bis zu seinem Tod in Lecce.

WERKE
Kirchenmusikalische Werke von Benedetto Serafico Nardò sind keine erhalten, dafür 3 Bücher mit mehrstimmigen Madrigalen, die ganz im neapolitanischen Stil gehalten sind.

Alexandre de Aguilar (um 1540–1605)

ZEIT UND UMWELT
Als König Sebastião seinem Vater João III. auf den Thron Portugals folgte, war er noch minderjährig; seine Mutter Catalina (1507 bis 1578) führte die Regentschaft bis 1562 und nach ihr der Bruder des Vaters, Kardinal Enrique (1512–80), bis 1568. Der junge König verfolgte fanatisch die Idee eines Kreuzzuges gegen Marokko und traf 1574 die ersten Vorbereitungen. Der spanische König Philipp II. versuchte bei einem Zusammentreffen in Guadelupe (1576) vergeb-

lich, Sebastião zu überreden, die Politik einer behutsamen Durchdringung vorzuziehen, die João III. eingeschlagen hatte. Im Jahre 1578 kam es zum geplanten Unternehmen, das noch im selben Jahr mit einer vernichtenden Niederlage bei Alcazarquivir und dem Tod des Königs endete. Portugal wurde noch bis 1580 von Kardinal Enrique regiert, dann machte Philipp II. Erbansprüche geltend, rückte in Portugal ein und vereinigte es mit seinem Reich.

LEBEN
Alexandre de Aguilar wurde um 1540 in Oporto geboren. Der portugiesische Lautenist und Schriftsteller nahm am Treffen der Könige Sebastião und Philipp II. zu Weihnachten 1576 in Guadelupe teil und schrieb einen interessanten Bericht über Musik und Musiker bei dieser Begegnung. Nach dem Anschluß Portugals an Spanien trat er in die Dienste des spanischen Königs. Er starb am 12. 12. 1605 in Talavera la Real.

WERKE
Von Alexandre de Aquilar ist keinerlei Lautenmusik erhalten, dafür aber Lamentationen, die seinerzeit in Lissabon jährlich während der Karwoche gesungen wurden.

Emmanuel Adriaensen
(um 1540–1604)

ZEIT UND UMWELT
Die Bezeichnung »Fantasie« entstand im 16. Jahrhundert für Instrumentalstücke ohne Text. Die Vorstellung einer unmittelbaren, frei erfundenen und gestalteten, improvisationsähnlichen Komposition verband sich erst später mit dem Begriff. Man verstand darunter auch Intabulierungen von Vokalwerken, Tänzen und Tanzliedern und Cantus-firmus-Bearbeitungen.

LEBEN
Emmanuel Adriaensen (Hadrianus) wurde um 1540 in Antwerpen geboren. Ob er dort auch sein Leben verbracht und eine Stelle am Hof der Statthalter eingenommen hat, ist ungewiß. Es ist auch unbekannt, wo er im Jahre 1604 gestorben ist.

WERKE
Vom Lautenisten und Komponisten Emmanuel Adriaensen liegen 2 Lautentabulaturen mit eigenen Fantasien und Übertragungen zeitgenössischer Meister sowie Tanzsuiten vor. Der Satz ist sehr kompliziert und erfordert virtuoses Können.

LITERATUR
P. Hamburger, Die Fantasien in Emmanuel Adriaensens Pratum musicum, Zeitschrift für Musikwissenschaft XII, 1929/30.

Richard Alison (um 1540 bis vor 1609)

ZEIT UND UMWELT
Die Vertonung von Psalmen, die auf dem Kontinent, vor allem in Frankreich, im 16. Jahrhundert sehr häufig vorgenommen wurde, regte auch die englischen Komponisten an, neben den Hymnen auch in die Volkssprache übersetzte Psalmentexte für mehrere Stimmen zu komponieren. Dem Geschmack des Publikums entsprechend wurden sie nicht selten mit instrumentalen Begleitstimmen versehen.

LEBEN
Richard Alison (Allison) wurde um 1540 vermutlich in London geboren. Über sein Leben und Wirken ist nur bekannt, daß er sich in London als Musiklehrer betätigte. Sein Verwandter Robert Alison war ungefähr von 1590 bis 1610 Gentleman der Chapel Royal. Richard Alison, der sich in jener Zeit in London aufgehalten hatte, ist dort noch vor 1609 gestorben.

WERKE
Von Richard Alison ist eine auf eigene Rechnung herausgegebene Vertonung von »The Psalmes of David in Meter« (Psalmen Davids im Versmaß) erhalten. Die vierstimmige Komposition ist stark homophon und homorhythmisch und wird von Laute, Gittern und Baßviole begleitet. Weiters

brachte er eine »Musicke apt for Instruments and Voyces« (Musik geeignet für Instrumente und Stimmen) mit 24 mehrstimmigen Gesängen heraus, außerdem etliche Lautenstücke. Alle diese Kompositionen müssen als guter Durchschnitt bezeichnet werden.

Grammatico Metallo
(1540 bis nach 1615)

Zeit und Umwelt
Das Conservatorio di Loreto in Neapel war eine der vier im 16. Jahrhundert gegründeten Musikschulen, die ursprünglich als Waisenhäuser dienten. Die Knaben wurden neben dem allgemeinen Unterricht vorwiegend für die Kirchenmusik ausgebildet und wie in einem Priesterseminar erzogen, die Kosten durch private Spenden, aber auch durch Leistungen der jungen Sänger als Musiker in verschiedenen Kirchen der Stadt, bei Beerdigungen, Prozessionen und in den Adelspalästen gedeckt. Später betätigten sie sich auch bei den Mysterienspielen der Klöster und bei Aufführungen von Bühnenstücken.

Leben
Grammatico Metallo wurde 1540 in Bisaccia bei Avellino geboren und in Neapel an einem Conservatorio zum Musiker und Kleriker ausgebildet. Im Jahre 1594 erhielt er die Kapellmeisterstelle am Dom von Bassano, begab sich jedoch gegen das Ende des Jahrhunderts auf die Reise nach Ägypten und Palästina. Als er 1602 zurückkehrte, ernannte man ihn zum Kapellmeister an San Marcuola (Santi Ermagora e Fortunato) in Venedig, wo er nach 1615 gestorben ist.

Werke
In mehreren Büchern mit neapolitanischen Kanzonen und Villanellen bezeugte Grammatico Metallo seine Herkunft und Ausbildung im neapolitanischen Raum. Eine Moresca erinnert daran, wie stark der Einfluß spanischer Musik in Neapel damals war. Seine Ricercari können gesungen oder gespielt werden. Sie gehören zur damaligen Instrumentalmusik, die sich von der Vokalmusik noch nicht emanzipiert hatte. Die sakrale Musik ist mit mehreren Messen für Stimmen und Orgel, Magnificat, Motetten, Offertorien und besonders durch geistliche Madrigale für drei Stimmen und Orgel vertreten. Seine ganze Musik weist deutlich auf die Formen des kommenden Jahrhunderts hin.

Andreas Crappius (um 1542–1623)

Zeit und Umwelt
Ab dem Jahr 1495 gehörte Hannover den welfisch-braunschweigischen Fürsten Calenberg-Göttingen-Grubenhagen und wurde im 17. Jahrhundert unter Herzog Ernst August (1629–98) zum Kurfürstentum. Die Reformation wurde unter Ernst dem Bekenner (1497–1546), Herzog von Braunschweig-Lüneburg-Celle, eingeführt.

Leben
Andreas Crappius wurde um 1542 in Lüneburg geboren. Er studierte bis um 1567 in Wittenberg und erhielt 1568 in Hannover das Amt des Kantors an der Lateinschule und der Marktkirche, das er bis 1616 versah. Er starb in Hannover am 8. 1. 1623.

Werke
Von dem Kantor Andreas Crappius sind 3 Messen, 20 Motetten, 26 dreistimmige deutsche geistliche Lieder und Gelegenheitskompositionen überliefert. Der Stil dieser Kompositionen lehnt sich an niederländische Vorbilder an.

Literatur
Th. W. Werner, Andreas Crappius, Archiv für Musikwissenschaft V, 1923.

Nikolaus Rost (um 1542–1622)

Zeit und Umwelt
Der von der Reformation geforderte Gemeindegesang weckte eine ungeheure Anzahl musikalischer Kräfte. Der Bedarf an Kirchenliedern stieg gewaltig und regte die

Kantoren an, ihr Talent auszuwerten. Sie konnten ohne Schwierigkeiten ihre Kompositionen, auch wenn sie nur mittelmäßig waren, aufführen. Und wenn auch zweifellos viel Spreu dabei war, so gab es immer wieder echte, vorzügliche Musik darunter, die die Entwicklung der gesamten Liedkomposition förderte.

LEBEN

Nikolaus Rost (Rhost, Rosth, Rosthius) wurde um 1542 in Weimar geboren. Er war Kapellschüler in Torgau und kam 1579 als Kantor nach Linz. Im Jahre 1583 wurde er Hofkantor in Heidelberg und 1593 Kapellmeister in Altenburg. Ab 1602 war er als Pfarrer in Kosma tätig, wo er am 22. 11. 1622 starb.

WERKE

Von dem deutschen Kantor und Komponisten Nikolaus Rost sind »Fröhliche, neuwe teutsche Gesäng«, unter denen sich auch Jagdlieder befinden, lateinische Lieder, mehrstimmige Psalmen und Gallarden erhalten. Bekannt wurde er durch seine »Auferstehungshistorie« (1598) in Chorsätzen. Seine Musik ist den Vorbildern Orlando di Lasso und Leonhard Lechner verpflichtet. Viele seiner Lieder sind für den Gemeindegesang zum Gottesdienst bestimmt.

Jakob Meiland (1542–77)

ZEIT UND UMWELT

Die älteste bekannte Quelle mehrstimmiger Passions-Vertonungen ist das »Maihinger Fragment« aus Füssen (um 1450), bei dem die Turba-Sätze (Gesang der Volksmenge) in einfacher Form für drei Stimmen harmonisiert sind. England und Italien folgten mit weiteren (anonymen) Passionen, die durchweg responsorialen Charakter trugen. Die nächste Stufe war die sogenannte durchkomponierte Passion, bei der auch der Evangelienbericht mehrstimmig gebracht wird. Daneben entstanden Motetten-Passionen mit rein epischer Struktur. Im Bereich der protestantischen Kirchenmusik wurden übersetzte Texte verwendet, die Komposition freier gestaltet und Instrumente beigezogen. Die deutsche Passion wurde zum Oratorium.

LEBEN

Jakob Meiland (Mayland, Meyland) wurde 1542 in Senftenberg, Niederlausitz, geboren. Er war Chorknabe an der sächsischen Hofkapelle unter Johannes Walter und Mattheus Le Maistre. Nach seinem Studium in Leipzig besuchte er Flandern, um dort seine musikalische Ausbildung zu vervollkommnen. Im Jahre 1565 wurde er Kapellmeister am Hof zu Ansbach, wirkte ab 1573 als Organist in Frankfurt am Main, von 1576 bis 1577 in gleicher Eigenschaft in Celle und schließlich als württembergischer Hofkapellmeister in Hechingen, wo er am 31. 12. 1577 starb.

WERKE

Die Passionen nach Markus, Johannes und Matthäus von Jakob Meiland waren die ältesten Choralpassionen mit frei geformter Turba und für nachfolgende Passionskompositionen richtungweisend. Außerdem sind von ihm 4 Bücher mit vier- bis fünfstimmigen Cantiones sacrae (Geistliche Lieder) überliefert; dazu Selectae Cantiones (Ausgewählte Lieder), Sacrae aliquot Cantiones latinae et germanicae (Allerlei lateinische und deutsche geistliche Gesänge), Cantiones aliquot novae (Allerlei neue Lieder), Harmoniae sacrae (Geistliche Klänge), Cygneae Cantiones latinae et germanicae (Letzte lateinische und deutsche Gesänge) für vier bis sechs Stimmen. Mit dieser Vokalmusik knüpfte der Meister an Clemens non Papa an, näherte sich dem Stil Lassos und erweist sich als einer der ältesten und besten deutschen Vertreter des Villanellen-Stiles. Das zeigt sich auch in »Newe ausserlesene Teutsche Liedlin«. Weitere Werke, darunter eine Messe, finden sich in verschiedenen Sammelwerken.

LITERATUR

G. Schmidt, Zur Quellenlage der Passionen Jakob Meilands, in: Jahrbuch für Liturgik und Hymnologie III, 1957.

Santino Garsi (1542–1603)

Zeit und Umwelt
Ranuccio I. Farnese (1569–1622), Herzog von Parma, war nicht nur ein Verbündeter der spanischen Könige, sondern auch ihr gelehriger Schüler. Um seine Herrschaft gegen innere Feinde abzusichern, richtete er nach spanischem Muster eine streng hierarchisch organisierte Verwaltung ein und unterwarf ihr auch das gesamte Erziehungswesen. Seine Hofhaltung war prächtig und der steigenden Bedeutung seiner Familie und des Landes angemessen.

Leben
Santino Garsi (Santino Garsi da Parma, Santino detto la Garsa, Santino detto Valdes) wurde am 22. 2. 1542 in Parma geboren. Über die Tätigkeit und das Leben des italienischen Lautenisten bis zum Jahr 1594, in dem er in den Dienst des Herzogs von Parma trat, ist nichts bekannt. Er starb in Parma am 17. 1. 1603.

Werke
Von Santino Garsi sind ungefähr 30 ausgezeichnete Lautenstücke in zeitgenössischen Sammelwerken erschienen, die zu den besten Beispielen italienischer Lautenmusik gehören. Es handelte sich um Gallarden, Saltarellen, Couranten, Balletti und Mascherate. Mehrere Bücher mit seiner Lautenmusik sind verlorengegangen.

Literatur
N. Pelicelli, Musicisti in Parma, Note d'Archivio, 1932.

Phileno Agostino Cornazzani
(um 1543–1628)

Zeit und Umwelt
Die aus der Zugtrompete hervorgegangene Zugposaune übertraf alle anderen Blasinstrumente an Reinheit der Intonation. Es lag allein in der Hand des Bläsers, durch genaue Einstellung des Zuges jeden Ton exakt zu treffen. Die Vielfalt ihrer durch verschiedenes Anblasen erzeugten Klangfarben und Lautstärken eignete das Instrument für schmetternde Festklänge sowie für lyrische Kantilenen.

Leben
Phileno Agostino Cornazzani wurde um 1543 vermutlich in Wien als Sohn des Wiener Hoftrompeters Baldassare Cornazzani (um 1520–1602) geboren. Der Posaunist und Komponist trat 1568 der kurfürstlichen Hofkapelle in München als »Instrumentist und Zinckplaser« bei. Sein virtuoses Posaunenspiel sicherte ihm auch nach der Reduzierung der Kapelle durch Herzog Wilhelm V. seine Stellung. Er starb im Juli 1628 in München.

Werke
Die Litaneien, Motetten, Madrigale und Lieder des Posaunisten Phileno Agostino Cornazzani fußen stilistisch auf Orlando di Lasso. Zur Einweihung der Münchner Michaelskirche schrieb er »ein stuckh mit 4 Chörn«, was beweist, daß zu seiner Zeit die venezianische Mehrchörigkeit in Deutschland nicht mehr fremd war.

Literatur
Fr. Liessem, Phileno Agostino Cornazzani, oberster Instrumentist der herzoglichen Hofkapelle zu München unter Orlando di Lasso, Musikforschung I, 1970.

Andries Pevernage (1543–91)

Zeit und Umwelt
In den Kathedralen von Flandern wurde auch in der zweiten Hälfte des 16. Jahrhunderts nach wie vor in der Hauptsache die Vokalmusik gepflegt. Die franko-flämische Schule, die im Fortschreiten der Musikentwicklung einst in vorderster Reihe gestanden war, wurde nunmehr überholt. Nur zögernd wurden die Entwicklungsphasen der Schulen, die auf der Basis der franko-flämischen Musik entstanden waren, zur Kenntnis genommen und berücksichtigt.

LEBEN

Andries Pevernage (Bévernage, Beuernaige) wurde 1543 in Harelbeke bei Kortrijk geboren. Er erhielt in Kortrijk seine Ausbildung und 1564 seine erste Stelle als Chormeister an der Hauptkirche. Ab 1585 wirkte er in gleicher Eigenschaft an Notre-Dame in Antwerpen, wo er am 30. 7. 1591 starb.

WERKE

Der Chormeister und Komponist Andries Pevernage hinterließ 5 Bücher weltliche und geistliche Chansons, ein Buch sechs- bis achtstimmige Cantiones sacrae und ein Buch mit fünf- bis siebenstimmigen Messen, außerdem weitere Chansons, Motetten und Madrigale in Sammelwerken. Die exakte Kontrapunktik der vielstimmigen Werke bringt zuweilen etwas rauhe Zusammenklänge. Trotzdem ist alles recht klangreich und ansprechend.

LITERATUR

J. A. Stellfeld, Andries Pevernage, Löwen 1943.

William Byrd (1543–1623)

ZEIT UND UMWELT

Die Regierungszeit der Königin Elisabeth war die glänzendste Periode der englischen Renaissanceliteratur. Es war eine Zeit der Umwertung aller Werte, die überkommene Tradition wurde in ihren Grundfesten erschüttert; es war die Zeit, in der sich der denkende Mensch seiner Geschichte und seiner Gegenwart kritisch gegenüberstellte, in der er erkannte, daß sein Planet ein Körnchen im unermeßlichen Kosmos, Europa nur ein bescheidenes Fleckchen auf der Erdkugel ist und beides nur periphäre Geltung hat, er selbst aber und seine Vernunft den einzigen Mittelpunkt im gesamten Geschehen einnahmen. Entdeckungen und Astronomie, antikes Gedankengut und klassische Formen prägten einen neuen Menschen, der sein Dasein mit freudigen Augen betrachten wollte und Poeten und Musiker wünschte, die dieser Freude Ausdruck verliehen.

William Shakespeare (1564–1616) ist als erster zu nennen, der Dramatiker und Dichter von säkularem Weltruf, der die Forderung nach dem Wiederaufleben der Antike richtig verstanden hat. Er ahmte kein klassisches Drama nach und auch nicht ihr Versmaß, ließ aber den Geist der Antike im Rahmen der Gegenwart in ungehemmter Freiheit walten und schuf selbst eine neue Klassik. Und in seinen geschliffenen Sonetten finden wir keine antike Dichtung, sondern den Ausdruck der Befreiung der Menschen in edelster Form. Edmund Spenser (1552–99), der Dichter der Feenkönigin, den man als »Fürsten der Dichtkunst seiner Zeit« bezeichnete, und Philipp Sidney (1554–86), der vornehmste Repräsentant der englischen Renaissance, Soldat, Staatsmann, Höfling, Dichter und Protektor der Gelehrten und Poeten, Christopher Marlowe (1564–93), Shakespeares Vorgänger, und Ben Jonson (1573–1637), Shakespeares Freund, runden das literarische Bild ab.

Unter der Königin schritt die Reformation kräftig voran. Alle Rekatholisierungsbestrebungen verliefen im Sand. Das Erlebnis der Ära der Königin Mary I. wirkte abschreckend genug, und die spanische Armada bezahlte ihren Invasionsversuch mit der Hälfte ihres Schiffsbestandes (1588). Doch trotz ihrer ständigen Versuche einer Restauration, trotz ihrer Verschwörungen wurden Katholiken nicht ernstlich verfolgt, weil ihre Gefährlichkeit bereits der Vergangenheit angehörte. Die Königin lehnte auch den lebensabgewandten Calvinismus ab, der nach ihr in den kulturvernichtenden Puritanismus mündete. Ihre tolerante Aufgeschlossenheit kennzeichnet sie als echte Renaissancefürstin und ermöglichte den Kulturaufstieg ihrer Epoche, der allerdings bald nach ihrem Ableben zum völligen Stillstand kam.

LEBEN

William Byrd (Bird, Byrde, Byred) wurde 1543 in Lincolnshire geboren. Daß er Sohn des Mitgliedes der Königlichen Kapelle Thomas Byrd gewesen sei, ist nicht belegt. Ebensowenig ist eine Beziehung zu zwei anderen Musikern namens John und Simon

Julian Bream – Pionier der Aufführung elisabethanischer Musik

Byrd feststellbar. Über seine Ausbildung ist nichts bekannt. Im Jahre 1563 wurde er Nachfolger von Robert Parson als Organist in Lincoln, 1570 erfolgte seine Ernennung zum Gentleman der Chapel Royal; er versah nun zugleich mit Thomas Tallis den Organistendienst in der Königlichen Kapelle. Gemeinsam mit Tallis erhielt Byrd 1575 von Königin Elisabeth I. das Patent durch 21 Jahre ausschließlich jeder Konkurrenz Musiknoten zu drucken und zu verkaufen. Die erste Publikation der beiden Komponisten war eine Sammlung Cantiones sacrae (Geistliche Lieder) mit 34 der Königin gewidmeten Motetten, von denen 18 von Byrd geschrieben waren.

Im Jahre 1577 übersiedelte Byrd nach Harlington, Middlesex, wo er mit seiner Familie 15 Jahre lang blieb, weil er als Katholik und Privatmann außerhalb Londons leben wollte. Er pflegte enge Beziehungen zu prominenten Katholiken, von denen einer sogar in eine Verschwörung gegen das Leben der Königin verwickelt war. Ihn selbst trafen jedoch keine schlimmen Folgen. 1593 ließ er sich in Stondon Massey nieder, wo er einen Besitz erworben hatte, und blieb dort bis zu seinem Tod am 4. 7. 1623. Die Chapel Royal vermerkte den Sterbefall mit der Benennung des Komponisten als »Father of Musicke« (Vater der Musik), was sowohl sein hohes Alter wie die ihm von seinen Zeitgenossen entgegengebrachte Verehrung ausdrücken sollte.

Werke

Die Bedeutung des hervorragendsten englischen Komponisten der Zeit Shakespeares kann nicht hoch genug angeschlagen werden. Er hat die Musik seines Zeitalters auf einen Höhepunkt geführt, den sie erst lange Zeit nach ihm ein zweites Mal erreichte. Mit Ausnahme der Laute bereicherte er die Literatur jedes zeitgenössischen Instrumentes. Sein vielseitiges Schaffen ist durch äußerst reiche Harmonik, feine Verzierung und kunstvolle Durchformung gekennzeichnet.

Seine Kirchenmusik ist vorwiegend lateinisch und katholisch: 3 Messen, 3 Lamentationen, 29 Motetten, 2 Bücher mit Gradualien für das ganze Kirchenjahr. Daneben verfaßte er anglikanische Kirchenmusik in englischer Sprache: Psalmen, Anthems, Choräle. Die profane Musik ist durch Lieder, Sonetten, Kanons vertreten. Dazu kommen Stücke für Virginal, Lieder mit Instrumentalbegleitung, Fantasien, Stücke für Violenensembles, Orgelmusik und das Virginalbuch (Schule des Virginalspieles). Das Neue an Byrds Kompositionen war der völlig freie Instrumentalsatz und die Variation, die er meisterhaft handhabte. Seine Kompositionen für Orgel und Virginal brachten dem englischen Stil des Spielens auf Tasteninstrumenten starken Aufschwung. Er bewunderte das italienische Madrigal und versuchte es als Musikverleger in England populär zu machen. Sein eigener Madrigalstil war aber konservativer als der italienische. Er zog auch das von Violen begleitete Lied vor.

Elegy on the Death of Thomas Tallis (Elegie auf den Tod von Thomas Tallis) für Tenor mit Violen, Text vermutlich vom Komponisten, entstanden 1585

Der wehmütige Duktus der Melodie, der weiche Klang der Violen und die traurige Anrufung der Musen mit dem trostleeren Schluß: »Tallis ist tot, und die Musik stirbt« wird mit derartiger Ausdruckskraft verdeutlicht, daß man sich auch heute nicht dem Reiz des Werkes entziehen kann.

In nomine (Im Namen) für fünf Violen
Der liturgische Titel des Stückes ist nur themabestimmend. Die gregorianische Melodie wird mit langen Notenwerten von einer Mittelstimme gespielt, während die anderen sie in freier Entfaltung umranken. Es ist damit keine Reproduktion eines fünfstimmigen Chores beabsichtigt, sondern ein reines Instrumentalstück, das den geistigen Gehalt des liturgischen Textes wiedergibt.

The leaves be green (Das Laub ist grün) für Blockflötenquintett
Dieser Komposition liegt die Melodie des Volksliedes »Das Laub ist grün, die Nüsse braun, sie hängen so hoch und fallen nicht ab« zugrunde. Im Baß beginnend, wandert die Melodie durch alle Stimmen und wird von den Gegenstimmen interessant kontrapunktiert. Jede Variation kommt mit einer eigenen rhythmischen und melodischen Struktur. Die Dichte nimmt mit fortschreitendem Stück zu, mündet jedoch in die einfache Liedweise, mit der der Diskant den Abschluß bildet.

The Hunt's up (Die Jagd beginnt) für Virginal
Variationen über ein Volkslied in 12 Abschnitten, die sich auf einem ostinaten Baß aufbauen und aus anfänglichem ruhigem Fortschreiten zu dichter imitatorischer Verflechtung aller Stimmen gelangen. Für Abwechslung sorgen virtuose Einfälle. Ab Ende strömen die Stimmen einem ruhigen Ausklang zu.

LITERATUR
W. Shaw, William Byrd of Lincoln, Music & Letters XLVIII, 1967.

Barthélemy Beaulaigue
(um 1544 bis um 1570)

ZEIT UND UMWELT
Die Kathedrale Sainte-Marie-Majeure in Marseille wurde im 12. Jahrhundert erbaut. Die Lazaruskapelle im linken Schiff stammt aus der Frührenaissance. Adel und Großbürgertum der reichen Hafenstadt haben bereits in den Zeiten der Eigenständigkeit große Anstrengungen gemacht, das kulturelle Niveau hochzuhalten. Dazu gehörte auch die Ausgestaltung der Kapelle an der Kathedrale.

LEBEN
Barthélemy Beaulaigue wurde vermutlich in Marseille um 1544 geboren. Er trat sehr früh in die Kathedrale der Stadt als Chorknabe ein und erhielt dort seine musikalische Ausbildung. Seine ersten Kompositionen veröffentlichte er im Alter von 15 Jahren. Es ist unbekannt, ob er im Dienst der Kathedrale geblieben und wie sein weiteres Leben verlaufen ist. Er starb um 1570. Der Ort seines Ablebens ist nicht feststellbar.

WERKE
Von dem fünfzehnjährigen Wunderkind Barthélemy Beaulaigue sind 1559 in Lyon 13 Chansons und 13 vier- bis achtstimmige Motetten erschienen, zu denen er auch die Texte verfaßt hatte. Die Qualität dieser Kompositionen muß als überdurchschnittlich bezeichnet werden.

LITERATUR
H. Chevolleau, Un petit chanteur du XVIe siècle, poète et musicien prodige, in: Musique sacrée 56, 1962.

Ivo de Vento (um 1544–75)

ZEIT UND UMWELT
Die im 16. Jahrhundert von Orlando di Lasso geleitete herzogliche Hofkapelle in München stand in engem Kontakt mit der Kantorei der bayrischen Nebenresidenz in Landshut. Zwischen beiden Klangkörpern herrschte ein lebhafter Austausch von Kräften je nach dem Bedarf und den Wünschen der einzelnen Musiker, denen Lasso vermutlich bei seinen niederländischen Freunden nach Möglichkeit entgegenkam.

LEBEN
Ivo de Vento wurde um 1544 in den Niederlanden geboren. Im Jahre 1556 war er Chorknabe in München, kam sodann nach Venedig, wo er von Merulo unterrichtet wurde. Ab 1564 wirkte er als Organist in München und wurde 1568 Kapellmeister der Kantorei des Erbprinzen Wilhelm (des späteren Herzogs Wilhelm V.) in Landshut. Zwei Jahre

darauf erhielt er die Organistenstelle der Hofkapelle in München, die er bis zu seinem Tod im Jahre 1575 versah.

Werke
Von Ivo de Vento sind mehr als 90 Motetten in lateinischer, etliche in französischer, weitere in deutscher Sprache überliefert, dazu eine beträchtliche Anzahl deutscher Lieder, alles vier- bis fünfstimmig. Handschriftlich sind Messen, ein Te Deum, eine Litanei und weitere lateinische und deutsche Gesänge erhalten. Das gesamte Werk steht unter dem stilistischen Einfluß von Orlando di Lasso, dem es bei weitem nicht nahekommt. Es handelt sich aber trotzdem um gute Musik.

Literatur
A. Sandberger, Beitrag zur Geschichte der Bayrischen Hofkapelle, Leipzig 1895.

Giovanni Battista Pinello (1544–87)

Zeit und Umwelt
Kurfürst August I. von Sachsen (1526–86) bemühte sich um eine Einigung der verschiedenen protestantischen Glaubensrichtungen und nahm selbst eine stark gemäßigte Haltung ein. Calvinisten lehnte er rundweg ab. Er war auch überzeugt, daß weder Katholiken noch Protestanten in Deutschland die Oberhand gewinnen würden, daher befürwortete er die friedliche Koexistenz beider Konfessionen. In seiner Hofkapelle in Dresden waren Anhänger aller Bekenntnisse tätig. Der Kapellmeister Antonio Scandello war Katholik gewesen, August versuchte Orlando di Lasso nach Dresden zu holen. Lasso war auch Katholik, er lehnte aber das Angebot ab, weil er München nicht aufgeben wollte. Der Kurfürst interessierte sich nicht dafür, welches Bekenntnis der nächste Kapellmeister hatte. Nur in der Kapelle gab es Unruhe, weil manche Mitglieder Toleranz zwar für sich in Anspruch nahmen, selbst aber nicht üben wollten.

Leben
Giovanni Battista Pinello (Pinello de Gerardis, di Ghirardi) wurde 1544 in Genua geboren. Er dürfte in seinem Geburtsort die Jugend verbracht und an der Kathedrale ausgebildet worden sein. In den Jahren 1569 und 1570 wirkte er als Baptista aus Genua oder Baptista Genovese unter Orlando di Lasso an der bayrischen Hofkapelle, ab 1571 am Dom zu Vicenza, 1577 und 1578 am herzoglichen Hof in Innsbruck, 1580 an der Kaiserlichen Hofkapelle in Prag und sodann als Nachfolger Scandellos als Hofkapellmeister in Dresden. Dort kam es zu Unstimmigkeiten, weil der italienische Katholik Missionstätigkeit ausüben wollte. Daher mußte er nach Prag zurück (1584), wo er am 15. 6. 1587 starb.

Werke
Von den Werken des italienischen Komponisten Giovanni Battista Pinello sind 20 deutsche Magnificat, vierstimmig, 11 Benedicamus, 6 fünf- bis fünfzehnstimmige Motetten, 18 fünfstimmige »Newe kurtzweilige Teutsche Lieder«, fünfstimmige Motetten und einzelne Sätze in Sammelausgaben erhalten. Alles andere, insbesondere seine 6 vierstimmigen Messen, ist verlorengegangen. Die Musik des Meisters ist konservativ, als wäre sie um einiges früher entstanden, und zum Teil auch sehr konventionell.

Literatur
Der Dresdner Kapellmeister Giovanni Battista Pinello, Monatshefte für Musikgeschichte XXI, 1889.

Ascanio Trombetti (1544–90)

Zeit und Umwelt
Ratskapellen oder Stadtpfeifer waren selten Angestellte der Stadtverwaltungen, sondern zunftmäßig organisierte Musiker, die nach Bedarf von öffentlichen Institutionen – Stadtrat, Regierungsstellen, Universitäten – oder Privaten gegen jeweilige Entlohnung herangezogen wurden. Sie nahmen zumeist eine Monopolstellung ein wie viele andere Gewerbe. Fahrende und nicht verzunftete Musiker durften nur beschäftigt werden,

falls gewisse Abgaben an die Zunft geleistet wurden. Es handelte sich in den meisten Fällen um Bläser und Trommler. Die einzelnen Musiker waren meistens für alle Instrumente ausgebildet, die in diesen Ratskapellen gespielt wurden.

LEBEN
Ascanio Trombetti wurde am 27. 11. 1544 in Bologna getauft. Er war Mitglied der Ratskapelle seiner Geburtsstadt und von 1583 bis 1589 Kapellmeister an San Giovanni in Monte. Er starb in Bologna am 21. 9. 1590.
Sein Bruder Girolamo Trombetti (getauft 7. 12. 1557, Bologna, bis 1624, Bologna) war gleichfalls Ratsmusiker, von 1566 bis 1576 Sänger in der Cappella Lauretana und 1589 als Nachfolger von Ascanio Trombetti Kapellmeister an San Giovanni in Monte bis zu seinem Tod.

WERKE
Von Ascanio Trombetti kamen ein Buch dreistimmige Neapolitane, 2 Bücher vier- und fünfstimmige Madrigale, ein Buch fünf- bis zehnstimmige Motetten heraus. Einzelnes findet sich in Sammelwerken.
Girolamo Trombetti veröffentlichte ein Buch fünfstimmige Madrigale.
Für beide Musiker, die Berufsinstrumentalisten waren, ist bezeichnend, daß sie nur Vokalmusik verfaßten. Gewisse Klangblöcke in ihren Chorkompositionen lassen die gewohnte Blasmusik durchschimmern.

Guillaume Boni
(um 1545 bis nach 1597)

ZEIT UND UMWELT
Die Epoche der Renaissance war für Toulouse durch einen starken kommerziellen Aufschwung gekennzeichnet. Die Folge war eine verstärkte Pflege der Künste, besonders der Musik. Im Religionskrieg stand die Stadt auf der Seite der Katholischen Liga, die Protestanten wurden 1562 vertrieben. Daher blieb es der Kirchenkapelle erspart, mehrmals von einer Liturgik zur anderen zu wechseln.

LEBEN
Guillaume Boni wurde um 1545 in Saint-Flour, Auvergne, geboren. Er war an St. Étienne in Toulouse Chorknabe, Knabenchorleiter und Kapellmeister. Im Jahre 1573 ist er in Paris nachweisbar. Es ist nicht feststellbar, ob er sich dort nur vorübergehend oder ständig aufgehalten und vielleicht eine Stelle versehen hat. Auch sein Sterbeort ist unbekannt.

WERKE
Von dem französischen Komponisten Guillaume Boni erschienen 1573 in Paris ein Primus liber modulorum (Erstes Buch Modulationen), 1576 Sonets de P. de Ronsard (1597 brachte er eine Auflage heraus, in der die hugenottischen Texte von Ronsard durch katholische ersetzt waren), 1582 eine Sammlung drei- bis sechsstimmiger Quatrains (Vierzeiler) und sechsstimmiger Psalmen Davids. Alle Kompositionen weisen dichte Kontrapunktik auf.

LITERATUR
E. Droz, Guillaume Boni, Paris 1936.

Bernardo Clavijo del Castillo
(um 1545–1626)

ZEIT UND UMWELT
Schon als Kaiser Karl V. Sizilien 1516 im Erbweg erwarb, antworteten die Sizilianer mit einem Aufstand. Er wurde niedergeschlagen. Im Jahre 1555 überantwortete der Kaiser die Insel (gleichzeitig mit Neapel) seinem Sohn, dem späteren König Philipp II. von Spanien. Für das Land war das eine echte Fremdherrschaft. Spanien preßte hohe Steuern aus dem Vizekönigreich heraus, es benötigte viel Geld für seine Politik in Übersee und Europa. Regierung und Verwaltung wurden Spaniern ausgeliefert. Auch die Hofkapelle in Palermo wurde überwiegend mit Spaniern besetzt.

LEBEN
Bernardo Clavijo del Castillo (Clabixi, Clavixo) wurde um 1545 in Kastilien geboren

und vermutlich in Salamanca ausgebildet. Im Jahre 1569 kam er nach Palermo und übernahm die Leitung der Hofkapelle, 1587 auch den Organistendienst am Hof des Vizekönigs. In den ersten neunziger Jahren kehrte er nach Spanien zurück und erhielt 1594 einen Lehrauftrag für Musik an der Universität Salamanca, den er bis 1604 innehatte. Einige Jahre darauf wurde er Organist an der Königlichen Kapelle in Madrid, wo er am 1. 2. 1626 starb.

WERKE

Der bedeutende Organist und Cembalist Bernardo Clavijo del Castillo hat eine Anzahl mehrstimmiger Motetten und eine Reihe von Kompositionen für Tasteninstrumente (auf der Orgel oder dem Cembalo ausführbar) hinterlassen und damit besonders auf dem Gebiet der spanischen Instrumentalmusik der Jahrhundertwende richtunggebend gewirkt. Er zählte zu den großen Virtuosen auf Tasteninstrumenten seiner Zeit.

LITERATUR

A. Huarte, Datos para la biografia del Maestro Bernardo Clavijo, Salamanca 1917.

Giovanni de Antiquis
(um 1545 bis nach 1584)

ZEIT UND UMWELT

Im Jahre 1584 kam in Venedig eine Sammlung zweistimmiger Canzonetten von 17 Komponisten aus Bari heraus. Die Publikation ist verlorengegangen. Wir wissen nicht, wie diese Musiker hießen und wer sie waren. Da nichts davon in anderen Sammelwerken aufscheint, darf man vielleicht schließen, daß diese Komponisten wenig Beachtung fanden. Das besagt aber nicht, daß sie nicht beachtenswert gewesen wären. Das Interesse an ihnen ist möglicherweise wegen des großen Stilwandels klein gewesen. Es handelte sich vermutlich um echte Renaissancemusik, die aus der Mode kam. Die Kompositionen der Meister aus Bari, deren Namen und Werke überliefert sind, beweisen, daß in Bari gute Musik gemacht wurde, die eine Veröffentlichung verdiente.

LEBEN

Giovanni de Antiquis wurde um 1545 in Bari geboren und zum Musiker ausgebildet. Er war Kapellmeister an San Nicola und blieb es bis zu seinem Tod nach 1584.

WERKE

Von dem Komponisten Giovanni de Antiquis kam eine Sammlung Villanelle alla Napolitana für drei Stimmen heraus, zu der er selbst ungefähr 15 Madrigale beisteuerte. Auch diese karge Hinterlassenschaft kennzeichnet den Komponisten als Vollblutmusiker, der den neapolitanischen Stil gut beherrschte. Sein Beitrag ist entschieden das Beste des ganzen Sammelwerkes.

Giovanni Battista Moscaglia
(um 1545 bis nach 1587)

ZEIT UND UMWELT

Die vom Konzil von Trient der Kirchenmusik auferlegten Restriktionen übten ihre Wirkung auch auf die profane Musik aus. Es fehlte auch nicht an Bestrebungen, sämtliche Musiker zu reglementieren und die 1566 von Papst Pius V. gegründete »Congregazione dei Musici di Roma« zur Zwangsorganisation zu machen. Eine lückenlose Erfassung aller Musiker gelang jedoch nie, weil viele von ihnen unter der Protektion eines Kardinals oder Adelshauses standen, denen allein sie verantwortlich waren.

LEBEN

Giovanni Battista Moscaglia wurde um 1545 in Rom geboren. Welche Stelle er nach seiner Ausbildung einnahm, ist unbekannt. Er soll die Privatkapelle eines Kardinals geleitet haben und nach 1587 in Rom gestorben sein.

WERKE

Von Giovanni Battista Moscaglia sind 4 Bücher mit fünfstimmigen und 2 Bücher mit vierstimmigen Madrigalen erhalten, die stark der oberitalienischen Form angenähert sind. Auch seine »Napolitane« fügten sich der in Rom geforderten Struktur nicht ein. Sie sind dafür äußerst klangreich, wenn auch die Textverständlichkeit wenig beachtet wurde. Einzelne Stücke des Komponisten finden sich in Sammelwerken, zum Teil für Laute arrangiert. Das Interesse, das seinen Kompositionen entgegengebracht wurde, dürfte nicht gering gewesen sein.

Pietro Antonio Bianchi
(um 1545 bis nach 1609)

Zeit und Umwelt
Erzherzog Ferdinand von Österreich folgte 1590 seinem Vater Karl von Innerösterreich nach und residierte in Graz, ehe er als Ferdinand II. Kaiser und König von Böhmen und Ungarn wurde. Er zog für seine Hofkapelle vorwiegend Italiener heran und holte sie aus dem nahen Venedig.

Leben
Pietro Antonio Bianchi (Bianco, Blanchis) wurde um 1545 in Venedig geboren und zum Musiker und Priester ausgebildet. Er dürfte anschließend an San Salvatore in seinem Geburtsort als Sänger und Organist gewirkt haben. Im Jahre 1597 verpflichtete ihn Erzherzog Ferdinand von Österreich an seine Residenz in Graz als Kapellmeister und Almosenier. Er kehrte 1609 nach Venedig zurück, weil er zum Kanonikus an San Salvatore ernannt wurde, und starb in einem der folgenden Jahre.

Werke
Auch Pietro Antonio Bianchi machte sich den venezianischen konzertanten Stil zu eigen und brachte achtstimmige »Geistliche Konzerte« heraus, die, ohne ihren sakralen Charakter zu verfehlen, dem Publikumsbedürfnis nach Kunstgenuß entgegenkamen. Auch seine »Neapolitanischen Kanzonen« und Madrigale wurden auf Publikumswirksamkeit abgestellt und haben dadurch sichtlich gewonnen. Weitere Werke scheinen in verschiedenen Sammelwerken auf.

Giorgio Florio (um 1545 bis nach 1589)

Zeit und Umwelt
Die Kapelle des Kaisers Maximilian II., die er in glänzender Verfassung von seinem Vater Kaiser Ferdinand I. übernommen hatte und mit seiner eigenen vereinigte, nahm immer mehr Italiener auf. Damit zeichnete sich die »Italianisierung« der habsburgischen Hofkapellen bereits ab.

Leben
Giorgio Florio wurde um 1545 vermutlich in Treviso geboren und in Venedig ausgebildet. Er trat in den sechziger Jahren der Kapelle Kaiser Maximilians II. bei und verblieb darin als Sänger bis 1589. Darauf wurde er Kapellmeister am Dom in Treviso, wo er in einem der folgenden Jahre starb.

Werke
Vom kompositorischen Werk des Italieners Giorgio Florio ist nur ein Buch mit sechsstimmigen Madrigalen erhalten. Sie sind im venezianischen Stil gehalten.

Giorgio Mainerio (um 1545–82)

Zeit und Umwelt
Territorium, Macht, Einfluß und Glanz des Patriarchats Aquileia endeten bereits im 15. Jahrhundert. Venedig beließ dem Patriarchen lediglich die Stadt Aquileia, San Vito und San Daniele. Als Patriarchen wurden nur Venezianer bestellt. In der Basilika wurde die Kapelle auf der Höhe gehalten, die ihrer ehrwürdigen Tradition entsprach.

Leben
Don Giorgio Mainerio (Maynerio) wurde um 1545 in Parma geboren und vermutlich auch ausgebildet. Im Jahre 1578 erhielt er die Bestellung zum Kapellmeister an der Basilika von Aquileia, wo er 1582 starb.

Werke
Von Giorgio Mainerio sind ein vierstimmiges Magnificat, das die allgemeine Bewunderung der Zeitgenossen erregt hat, und die

»Die Geige« – Holzschnitt aus: »Die musizierenden Frauen« von Tobias Stimmer

Daniel Lagkhner
(um 1545 bis nach 1607)

Zeit und Umwelt

Unter Kaiser Maximilian II., der selbst sehr stark zur Reformation neigte und nur unter dem Druck seiner Familie davon abstand, selbst Protestant zu werden, konnten sich die Protestanten Österreichs, sofern sie nicht gerade dem eifrigen Gegenreformator Ferdinand von Tirol unterstanden, einer gewissen Freiheit erfreuen. Unter seinem Nachfolger Rudolf II. wurden die Stränge bereits straffer angezogen.

Leben

Daniel Lagkhner wurde um 1545 in Marburg (Maribor, Slowenien) geboren. Da er Protestant war, mußte er seine Geburtsstadt, die damals zur Steiermark gehörte, verlassen, weil dort scharfe gegenreformatorische Maßnahmen einsetzten. Wo er als Organist gewirkt hat, ehe er sich nach Böhmen wandte, ist nicht bekannt. Er soll eine Zeitlang in Klagenfurt am einzigen von Protestanten erbauten Dom Österreichs als Organist tätig gewesen und auch von dort vertrieben worden sein. In Böhmen wurde er von den Grafen Losenstein als Organist in Losdorf (Zvoleněves) 1607 eingestellt, wo er bis zu seinem Tod geblieben ist.

Werke

Von Daniel Lagkhner sind vier- bis achtstimmige Motetten, 2 Bände dreistimmige Motetten und ein Buch »Neuwe teutsche Lieder« in Nürnberg erschienen. In Wien wurde eine sechsstimmige Melodia funebris (Trauermusik) veröffentlicht. Alle diese Werke zeigen eine bedeutende Meisterschaft des Komponisten.

Literatur

H. J. Moser, Die Musik im frühevangelischen Österreich, Kassel 1954.

sechsstimmigen Sacra Cantica Beatissimae Mariae Virginis, die heute noch gesungen werden, erhalten. Seine »Chöre verschiedener Völker« aus 1576 sind verschollen. Dafür ist sein Primo libro de balli (Erstes Buch der Tänze), 21 Tanzstücke mit Variationen, überliefert, die bereits zur Form der Suite überleiten. Der Stil der Kompositionen nimmt die Formen des nächsten Jahrhunderts teilweise voraus.

Literatur

Fr. Blume, Studien zur Vorgeschichte der Orchestersuite, Berliner Beiträge zur Musikwissenschaft I., Leipzig 1925.

Jakub Polak (um 1545 bis um 1605)

Zeit und Umwelt

König Sigismund III. Wasa (1566–1632), der

István Báthory 1587 auf den polnischen Thron folgte, konnte nur einen sehr geringen Beliebtheitsgrad bei seinen Untertanen erreichen. Er blieb Schwede und umgab seinen Thron mit Schweden; er beschränkte die Freiheitsrechte des polnischen Adels; er gebärdete sich als fanatischer Katholik, so daß das tolerante Nebeneinander verschiedener Bekenntnisse mit einem Schlag beendet war. Kulturträger verließen nach Möglichkeit das Königreich, dessen düstere Zukunft man voraussehen konnte.

Leben
Jakub Polak (Jacques le Polonais, le Polonois) wurde um 1545 in Augustów (nördlich von Białystok) geboren. Über sein Leben in Polen ist nichts bekannt, außer daß er bald nach der Thronbesteigung des schwedischen Königs Sigismund III. das Land verließ und nach Paris ging. Dort wurde er 1588 zum Joueur de luth du Roi (Lautenspieler des Königs) ernannt. Er wirkte um 1593 auch in Tours als Lautenist und Lautenlehrer, dürfte aber um 1605 in Paris gestorben sein.

Werke
Der polnische Lautenist Jakub Polak schrieb Praeludien, Fantasien, Couranten, Voltas, Gallarden, ein Ballett, eine Sarabande, einen Branle und 2 Liedbearbeitungen für die Laute. Diese Kompositionen sind in verschiedenen Lautentabulaturen erschienen und vom Publikum begeistert aufgenommen worden. Die Verwendung verschiedener zeitgenössischer Tanzrhythmen bereitete musikgeschichtliche Tatbestände vor, die der Renaissance nachfolgten.

Literatur
Kr. Wilkowska-Chomińska, A la recherche de la musique pour luth, Paris 1958.

Giovanni Maria Nanino
(um 1545–1607)

Zeit und Umwelt
Die frühen Musikschulen Roms waren seit den Zeiten des Papstes Silvester I. (314–35) bis Palestrina eng mit der Kurie verbunden. Die Sixtina war aber nicht die einzige Kapelle, die eine Schule hielt, sondern nur die älteste. Papst Sixtus IV. (1471–84) schlug die Bildung einer von der Sixtina getrennten »Cappella musicale« vor, aber erst Julius II. verwirklichte den Gedanken mit der Gründung der »Cappella Giulia« (1513) mit 12 Sängern, 12 Schülern und zwei Leitern für Musik und Text. Palestrina war der erste musikalische Leiter der inzwischen mit San Pietro verbundenen Kapelle. Im Jahre 1535 wurde die Kapelle an San Giovanni in Laterano gegründet und ihr ein Knabenchor angegliedert. Palestrina übernahm die Leitung dieser Kapelle, nachdem er die Sistina hatte verlassen müssen. In die gleiche Zeit fiel die Gründung der Kapelle an Santa Maria Maggiore, die Palestrina von 1561 bis 1571 betreute. Neben diesen ausschließlich kirchlichen Schulen gab es im 16. Jahrhundert mehrere private Gründungen wie die von Nicola Vicentino oder Filippo Neri.

Leben
Giovanni Maria Nanino (Nanini) wurde um 1545 in Tivoli geboren. Er war Chorknabe in Vallerano, darauf in Rom Schüler Palestrinas und dessen Nachfolger an Santa Maria Maggiore im Jahre 1571. Vier Jahre später übernahm er die Kapellmeisterstelle an San Luigi de'Francesi, wurde 1577 päpstlicher Kapellsänger als Tenorist und 1604 dort Kapellmeister. Er gründete 1580 in Rom eine Schule für Komposition, an der außer ihm auch sein Bruder Giovanni Bernardino Nanino und Palestrina unterrichteten. Er starb in Rom am 11. 3. 1607.

Werke
Von Giovanni Maria Nanino sind ein Buch drei- bis fünfstimmige Motetten, kanonisch mit Cantus firmus, 3 Bücher mit fünfstimmigen Madrigalen und eines mit dreistimmigen Canzonetten erhalten. Einzelne Kompositionen finden sich in Sammelwerken der Zeit, darunter 3 achtstimmige Psalmen, die zu seinen besten Werken zählen. Sein Meisterstück: 157 Kontrapunkte und zwei- bis elfstimmige Kanons über einen Cantus fir-

mus von Costanzo Festa sind nur handschriftlich überliefert. Der Komponist gehört zu den vorzüglichsten Vertretern der sogenannten Palestrinaschule.

LITERATUR
R. J. Schuler, The life of Giovanni Maria Nanino, in: Caecilia XC, 1963.

Simon Lohet (um 1545–1611)

ZEIT UND UMWELT
Der deutsche Orgelmeister Johann Woltz (um 1550, Heilbronn, bis 10. 9. 1618, Heilbronn) veröffentlichte 1617 seine Nova Musices Organicae Tabulatura, die 215 Orgelsätze vorwiegend deutscher und italienischer Komponisten enthält und einen wertvollen Einblick in das Orgelmusikwesen seiner Zeit gewährt. Seine qualitative Auswahl weist ein sehr hohes Niveau auf.

LEBEN
Simon Lohet wurde um 1545 in Lüttich geboren und dort auch zum Organisten ausgebildet. Im Jahre 1571 erhielt er die Stelle eines Hofkapellorganisten in Stuttgart. Für die Hofkapelle unternahm er mehrere Reisen in die Niederlande und nach Venedig, um Instrumente und Noten einzukaufen. Er wurde in Stuttgart am 5. 7. 1611 begraben.

WERKE
Von den Werken des flämischen Komponisten sind 20 Fugen, eine Kanzone, 2 Choralarrangements und 2 deutsche Motetten in die Nova Musices Organicae Tabulatura des Organisten Johann Woltz aufgenommen worden, was für ihre Qualität spricht. Die Fugen entsprechen allerdings nicht unserem modernen Begriff, weil die Themen sehr kurz und nicht ganz ausgespielt sind, sobald die Begleitstimme (Comes) einsetzt. Sie wirken aber sehr bewegt und klangreich.

LITERATUR
G. Frotscher, Geschichte des Orgelspiels und der Orgelkomposition I, Berlin 1935.

Mallorie (um 1545 bis um 1600)

ZEIT UND UMWELT
Neben der Laute und dem sich allmählich immer stärker durchsetzenden Virginal waren die Violen-Ensembles die beliebteste Form der Instrumentalmusik. Die Möglichkeit der Violenfamilie, den gesamten Stimmumfang vom Baß bis zum Diskant wiederzugeben, erlaubte, vielstimmige Chöre getreu nachzuspielen. Doch die Loslösung von der Vokalmusik erfolgte ziemlich rasch, weil die Komponisten immer mehr auf die Klangeigentümlichkeiten der Streichinstrumente eingingen, die über den Bereich der menschlichen Stimme weit hinausreichten. Vorläufig allerdings repräsentierten vier bis sechs Violen die entsprechenden Stimmlagen der Sänger.

LEBEN
Mallorie (Malorie, Mallery, Malory) wurde um 1545 in England geboren. Sein Vorname ist nicht überliefert, ebensowenig der Geburtsort und andere Daten seines Lebens und Wirkens. Es ist unbekannt, an welcher Kirche dieser Kirchenkomponist tätig war. Auch Ort und Zeit seines Todes können nicht festgestellt werden.

WERKE
Der englische Komponist Mallorie nimmt in der englischen Musikgeschichte durch seine Übertragung von Chormusik auf ein Violenquintett eine wichtige Stellung ein. Die meisten seiner Kirchenkompositionen sind verlorengegangen. Es sind nur ein fünfstimmiges Miserere und etliche Anthems erhalten. Am interessantesten sind seine Arrangements von zeitgenössischen Anthems und Motetten für Violenquintett, unter denen sich auch eigene Kompositionen befinden.

Thomas Myriell (um 1545 bis nach 1616)

ZEIT UND UMWELT
Wie auf dem Kontinent wurden in England im 16. Jahrhundert umfangreiche Sammlun-

gen von Musik der Gegenwart und der jüngsten Vergangenheit angelegt und publiziert. In manchen Fällen mag vorerst die Absicht zugrunde gelegen haben, die Sammlungen zum Eigengebrauch herzustellen. Der Gedanke, sie drucken zu lassen und zu verkaufen, entstand sicherlich bald. Der Käufer erhielt eine Blütenlese der besten Werke der besten Komponisten. Urheberrechtliche Schwierigkeiten gab es nicht, weil man einen Schutz des geistigen Eigentums noch nicht kannte.

LEBEN
Thomas Myriell wurde um 1545 vermutlich in London geboren. Über sein Leben und seine Tätigkeit gibt es keine Nachrichten. Er war vermutlich an einer Kirchenkapelle als Sänger tätig, vielleicht auch als Lehrer und Kapellmeister. Er dürfte in London in einem der Jahre nach 1616 gestorben sein.

WERKE
Sein Hauptverdienst hat sich Thomas Myriell durch die Sammlung und Herausgabe von Kompositionen englischer und auch italienischer Meister des 16. und 17. Jahrhunderts erworben, weil dadurch manches Wertvolle der Nachwelt überliefert wurde. Darunter befinden sich auch eigene Kompositionen, und zwar Vokal- und Instrumentalmusik, die als guter Durchschnitt gewertet werden können.

Andrea Feliciani (um 1545 bis um 1600)

ZEIT UND UMWELT
Nach langer Belagerung eroberten die Spanier 1555 das von einer französischen Garnison besetzte Siena. Die Einwohnerzahl war durch die Kämpfe von 40.000 auf 8000 gesunken, von denen noch viele emigrierten. Die politische und wirtschaftliche Kraft der einst blühenden Stadt war gebrochen. Sie konnte sich auch unter den Medici, denen der spanische König Philipp II. sie schließlich 1557 überantwortete, nicht mehr erholen. Daher ist Siena eine gotische Stadt geblieben. Was später noch an Bauwerken hinzukam, fiel nicht ins Gewicht. Geblieben ist die Pflege der Bauten aus der Vergangenheit, der Bibliotheken, der alten Volksbräuche und der Musik, besonders seitens der Kapelle am Dom.

LEBEN
Andrea Feliciani (Felisiani) wurde um 1545 in Siena geboren und am Dom der Stadt ausgebildet. Er soll sich einige Zeit in Rom aufgehalten und bei Palestrina Unterricht genommen haben. Darauf wurde er Domorganist in Siena und Domkapellmeister. Er starb in Siena um 1600.

WERKE
Der italienische Komponist wurde von seinen Zeitgenossen für einen der größten Meister gehalten. Seine Messen, Vespern, Psalmen, besonders seine mehrstimmigen Marienlieder wurden ebenso hochgeschätzt wie seine fünf- bis sechsstimmigen Madrigale. Sein Stil entspricht dem römischen.

LITERATUR
L. Morocchi, La musica in Siena, Siena 1886.

David Palladius (um 1545–99)

ZEIT UND UMWELT
Unter der toleranten Regierung des Kardinal-Erzbischofs und Kurfürsten von Mainz, Albrecht von Brandenburg, konnte Magdeburg bereits 1524 ungehindert protestantisch werden und bleiben. Das Magdeburger Gymnasium bildete eine stattliche Reihe tüchtiger Kantoren aus.

LEBEN
David Palladius wurde um 1545 in Magdeburg geboren und dort am Gymnasium von Gallus Dreßler zum Kantor ausgebildet. Er erhielt 1572 die Kantorenstelle an der St.-Martin-Schule in Braunschweig, die er bis zu seinem Tod im Jahre 1599 versah.

WERKE
Vom deutschen Kantor David Palladius sind

22 vier- bis sechsstimmige Hochzeitslieder im Stil von Orlando di Lasso, Psalmen, Sprüche und Motetten in Sammelwerken erhalten.

Simon Gatto (um 1545–95)

Zeit und Umwelt
In der zweiten Hälfte des 16. Jahrhunderts wurde der Zuzug italienischer Musiker nach Deutschland – München, Dresden, Heidelberg – und zu den habsburgischen Kapellen in Wien, Prag, Graz und Innsbruck stärker und löste allmählich die Niederländer ab. Aus dem franko-flämischen Raum kamen in erster Linie Sänger und Kapellmeister. Instrumentalisten, vor allem Bläser, fand man häufiger in Italien.

Leben
Simon Gatto wurde um 1545 in Venedig geboren und zum Instrumentalisten und Komponisten ausgebildet. Von 1568 bis 1571 war er am Hof in München Posaunist und daneben Komödiendichter. Ab 1572 wirkte er in Graz an der Hofmusikkapelle als Trompeter und Posaunist, wurde 1577 Leiter ihres Instrumentalensembles und 1581 Hofkapellmeister. Er unternahm mehrere Reisen nach Italien, um Sänger und Instrumentalisten anzuwerben und Musikinstrumente einzukaufen. Er starb in Graz im Jahre 1595.

Werke
Die kompositorische Tätigkeit des italienischen Instrumentalisten erstreckte sich nur auf Kirchenmusik. Von ihm sind 3 fünf- und sechsstimmige Messen sowie 13 Motetten erschienen, weitere Messen und Motetten sind handschriftlich erhalten. Instrumentalmusik ist von ihm keine überliefert. Sein Kompositionsstil ist rein venezianisch auf breiten Chorklang gezielt.

Literatur
H. Federhofer, Musikpflege und Musiker am Grazer Habsburgerhof der Erzherzöge Karl und Ferdinand von Innerösterreich (1564–1619), Mainz 1967.

Valentin Goetting (um 1545 bis nach 1589)

Zeit und Umwelt
Die ausgedehnten Klostergärten verliehen Erfurt bereits vor Jahrhunderten den Charakter einer Gartenstadt. Ihre 1392 gegründete Universität war die erste in Europa mit allen vier Fakultäten. Die Musikpflege im Dom und in den anderen Kirchen war alte Tradition, die auch nach der Reformation weitergeführt wurde.

Leben
Valentin Goetting wurde um 1545 in Witzenhausen an der Werra geboren. Er schlug seinen Wohnsitz in Erfurt auf, wo er als Musiker an einer Kirche wirkte und nach 1589 starb.

Werke
Von dem deutschen Komponisten und Musiktheoretiker Valentin Goetting ist nur eine achtstimmige Vertonung des 112. Psalmes überliefert, die aber wegen des Eindringens der Kontrapunktik in die bisher vorwiegend homorhythmische und homophone Psalmenkomposition sehr interessant ist. In seiner Abhandlung Compendium musicae modulativae (Kompendium der musikalischen Modulation) setzte er seine Kompositionstechnik auseinander.

Luzzasco Luzzaschi (um 1545–1607)

Zeit und Umwelt
Durch den Vertrag von Faenza, den Papst Clemens VIII. mit Lucrezia d'Este, der Schwester des ohne direkte männliche Nachkommen 1597 verstorbenen Herzogs Alfonso II. d'Este, geschlossen hatte, kam Ferrara unter den Machtbereich der römischen Kurie. Alfonso II. hatte seinen Cousin Cesare (1562–1628) zum Nachfolger bestimmt, den der Papst wegen dessen illegitimer Geburt nicht anerkannte. Es wurden ihm jedoch Modena und Reggio belassen. Damit war der politischen und kulturellen Rolle der Familie d'Este in Italien ein Ende ge-

Grabstein des blinden Komponisten und Organisten Francesco Landini in San Lorenzo zu Florenz, einer der bedeutendsten Musiker des Trecento

»Gesundbrunnen« mit Sänger und Musikanten – italienische Buchmalerei des Cinquecento

Oben: Musikantengruppe mit Trommeln, Fidel, Horn, Triangel, Laute und Sackpfeife – Buchminiatur aus der Olmützer Bibel

Rechts: Lautenistin der Landshuter Hofmusik mit Knickhalslaute

Orgelspiel, von singenden und spielenden Engeln begleitet – Detail aus dem Genter Altar von Jan und Hubert van Eyck

setzt. Die Pflege der Musik in Ferrara jedoch wurde auf dem Niveau fortgesetzt, auf das sie die Herzöge d'Este gehoben hatten.

LEBEN
Luzzasco Luzzaschi wurde um 1545 in Ferrara geboren und ausgebildet. Einer seiner Lehrer war Cyprian de Rore. Im Jahre 1567 wurde er bereits Mitglied der Hofkapelle, 1576 Hofkapellmeister und Hoforganist und wirkte in dieser Eigenschaft bis zu seinem Tod am 11. 9. 1607.

WERKE
Von Luzzasco Luzzaschi sind fünfstimmige geistliche Lieder und eine große Zahl vier-, fünf- und sechsstimmiger Madrigale, weiters Madrigale für einen, zwei und drei Soprane mit Cembalo- oder Orgelbegleitung erhalten und verschiedene Vokalkompositionen in Sammelwerken. Von seinen Orgelwerken sind nur wenige überliefert. Die Struktur der Lied- und Instrumentalmusikformen von Luzzaschi weist deutlich auf die Musikentwicklung des kommenden Jahrhunderts hin.

LITERATUR
J. Raček, Les madrigaux à voix seule de Luzzasco Luzzaschi, in: La revue musicale XIII, 1932.

Pedro de Cristo (1545–1618)

ZEIT UND UMWELT
Das im 12. Jahrhundert gegründete ehemalige Augustinerkloster Santa Cruz in Coimbra hat in seiner Kirche eine sehenswerte Kanzel aus dem 16. Jahrhundert. In ihrer Capelamór (Totenkapelle) befinden sich gotische Königsgräber aus der Zeit, in der die Stadt Portugals Hauptstadt war. Der Chor an der Kirche war ebenso vorzüglich wie der an den beiden Kathedralen. Denn Coimbra war zu allen Zeiten ein musikalisches Zentrum des Landes wie Évora.

LEBEN
Pedro de Cristo wurde 1545 in Coimbra geboren. Er trat dem Augustinerkloster Santa Cruz bei und betreute den Kirchenchor und die gesamte Musik des Klosters. Er starb in Coimbra im Jahre 1618.

WERKE
Von dem portugiesischen Komponisten Pedro de Cristo sind eine Serie von lateinischen Stücken, erhaben und mystisch in Musik und Text, weiters kleinere Stücke auf spanischen Texten religiösen Inhaltes, aber in Wort und Ton frisch, ausdrucksvoll und realistisch, überliefert. Der Stil gehört dem 16. Jahrhundert an.

Bernhard Klingenstein (1545–1614)

ZEIT UND UMWELT
Das Augsburg der Welser und Fugger bezog seine Kirchenmusiker in erster Linie aus der Landeshauptstadt München, das sich neben Ingolstadt im 16. Jahrhundert in den Mittelpunkt der geistigen Gegenreformation stellte. Musiker der bayrischen Hofkapelle und der Münchner Kirchen wurden bereitwillig übernommen, weil man ihren hohen Ausbildungsstand kannte.

LEBEN
Bernhard Klingenstein wurde 1545 in Peiting bei Schongau geboren und in München zum Kleriker und Musiker ausgebildet. Er wirkte an der Frauenkirche der Stadt und kam 1575 als Kapellmeister und Domvikar an den Dom in Augsburg. Dort nahm er noch um 1580 Unterricht bei dem Flamen Johannes de Cleve. Er starb am 1. 3. 1614.

WERKE
Von dem deutschen Komponisten ist 1607 ein Buch ein- bis achtstimmige »Geistliche Symphonien« erschienen. Einzelne Kompositionen finden sich in Sammelwerken. Zum Sammelwerk Rosetum Marianum (Marianischer Rosenkranz) verfaßte er nur die Texte. Die Kompositionen liegen auf der Entwicklungslinie des deutschen Liedschaffens.

LITERATUR
H. Osthoff, Die Niederländer und das deut-

sche Lied, Neue Deutsche Forschungen CXCVII, Berlin 1938.

Giovenale Ancina (1545–1604)

Zeit und Umwelt
Filippo Neri, der Begründer der von Papst Gregor 1575 bestätigten Congregatio Oratorii, schloß an diese außerliturgische Bet- und Singgemeinschaft eine Musikschule an, in der die musikalische Gestaltung der Lauden und ihre Texterung gelehrt wurden. Die ungeheure Popularität dieser Institution, die in vielen italienischen Städten Nachahmung fand, zog zahlreiche Schüler an, zumal sich unter den Komponisten, die dafür tätig waren, die ersten Musiker Roms befanden, wie Palestrina, Animuccia und Soto de Langa.

Leben
Giovenale Ancina wurde am 19. 10. 1545 in Fossano, Piemont, geboren. Er studierte Medizin und Theologie und trat in Rom der von Filippo Neri begründeten Congregatio Oratorii zuerst als Schüler, sodann als Komponist und Dichter bei. Im Jahre 1602 wurde er Bischof von Saluzzo und starb dort 1604.

Werke
Das kompositorische und dichterische Werk des Klerikers Giovenale Ancina war eng mit dem Wirken von Filippo Neri verknüpft. Er veröffentlichte 1599 den »Tempio armonico della beata Vergine« (Harmonischer Tempel der seligen Jungfrau), eine Sammlung von Gesängen, von denen ein großer Teil von ihm gedichtet und komponiert wurde.

Ludovico Balbi (1545–1604)

Zeit und Umwelt
Der Markusdom war nicht die einzige Kirche Venedigs mit einer ausgezeichneten Kapelle. Besonders die von den verschiedenen Orden betreuten Kirchen verfügten über ein ausreichendes Musikerreservoir. In den zum Orden gehörenden Klöstern in ganz Italien gab es genügend ausgebildete Kräfte, die herangezogen werden konnten. Die Santa Maria Gloriosa dei Frari, die von den Franziskanern erbaut worden war, genoß wegen ihrer guten Kapelle einen großen Ruf.

Leben
Ludovico Balbi (Ludovicus Balbus) wurde 1545 in Venedig geboren und war Schüler von Costanzo Porta. Er gehörte dem Chor des Domes von Venedig zuerst als Chorknabe, sodann ab 1570 als Sänger an. Im Jahre 1578 wurde er Kapellmeister an der Frari-Kirche. Von 1585 bis 1591 wirkte er in gleicher Eigenschaft an Sant' Antonio in Padua, ab 1594 am Dom von Feltre und in den Jahren 1597 und 1598 am Dom in Treviso. Dann kehrte er nach Vendig zurück und starb dort 1604.

Sein Neffe und Schüler Luigi Balbi (Aloysius Balbus) wurde um 1565 in Venedig geboren. Er war Sänger an Sant' Antonio und ab 1587 Kapellmeister an Santa Maria della Carità in Venedig. Im Jahre 1590 wirkte er in gleicher Eigenschaft in Zara (Zadar), 1606 an Ca'Grande in Venedig und von 1615 bis 1621 an Sant' Antonio in Padua, wo er bald darauf starb.

Werke
Von Ludovico Balbi sind in Venedig fünfstimmige Messen, vierstimmige Kirchengesänge, ein zwölfstimmiges Completorium für drei Chöre, sieben- und achtstimmige Motetten und ein achtstimmiges Te Deum erschienen. Mit Giovanni Gabrieli und Orazio Vecchi brachte er ein Graduale und Antiphonarium heraus.

Von Luigi Balbi sind Concerti ecclesiastici (Kirchenkonzerte) für acht Stimmen und drei Chöre überliefert. Dieses großangelegte Werk folgt wie auch alle Musik von Ludovico Balbi dem Spätrenaissancestil Venedigs, läßt aber den kommenden Stilwandel deutlich spüren.

Literatur
G. Tebaldini, L'archivio musicale della Cappella Antoniana, Padua 1895.

Joachim a Burck (1546–1610)

Zeit und Umwelt

Der Protestantismus hat nie eine allgemeingültige Wesensbestimmung der Kirchenmusik gegeben, doch Luthers Stellungnahme zur Musik, daß die Noten den Text lebendig zu machen haben, war im großen und ganzen immer maßgebend. Es gab keine verschieden gewerteten Grade der Kirchenmusik. Alle Möglichkeiten gottesdienstlicher Musik blieben offen. Die Volkssprache wurde vorgezogen, doch die lateinische zugelassen, besonders wenn es sich um poetische Texte handelte, die durch die Übersetzung ihre Poesie verloren hätten. Es galt bereits in den Anfängen und bis zur Gegenwart das Wort des Justinus Martyr (um 100 bis um 165): »Es ist und bleibet Gottes Wort, auch das da im Gemüth gedacht, mit der Stimme gesungen und auf Instrumenten geschlagen und gespielet wird.«

Leben

Joachim a Burck (Burgk, eigentlich Joachim Moller) wurde 1546 in Burg bei Magdeburg geboren. Er dürfte in Magdeburg, wo Martin Agricola und Gallus Dreßler wirkten, zum Musiker ausgebildet worden sein. Ab 1563 lebte er in Mühlhausen, Thüringen, als Kantor der Lateinschule und ab 1566 als Organist bis zu seinem Tod am 24. 5. 1610. Er übte zur gleichen Zeit auch verschiedene öffentliche Funktionen der Stadt aus.

Werke

Orlando di Lasso, Utendal, Cyprian de Rore und Vaet waren die musikalischen Vorbilder von Joachim a Burck, von dem ein umfangreiches Werk erhalten ist. Seine lateinischen Kompositionen, wie zahlreiche mehrstimmige Motetten, Oden, Offizien, Hymnen, Abendmahlfeiern, eine Passion sowie eine Reihe sakraler Gesänge, gehören noch dem Motettenstil an, doch ist dabei die Wendung zur sakralen Liedkomposition bereits sichtbar. Die deutschen Werke gehen um mehrere Schritte weiter. Die Johannespassion und die zweite Passion auf einer Evangelienharmonie, die »Dreyssig Geistliche Lieder

Pfeifenspieler – Holzschnitt aus: »Die musizierenden Frauen« von Tobias Stimmer

auff die Fest durchs Jahr« und die weiteren 40 »Deutschen christlichen Liedlein«, beides vierstimmig, müssen mit zahlreichen ähnlichen Werken des Komponisten als unmittelbare Wege zur protestantischen Kirchenkomposition des 17. Jahrhunderts eingestuft werden.

Joachim a Burck war auf dem Gebiet der evangelischen Kirchenmusik ohne Zweifel epochemachend. Sein breit ausgefächertes Schaffen ließ fast keine Gattung des liturgischen oder paraliturgischen Gesanges unbereichert und schuf eine Plattform, von der ausgehend die Entwicklung durch das nächste Jahrhundert steil aufsteigend ihren Kulminationspunkt erreichte.

Johannespassion für gemischten Chor, entstanden 1568

Als Motettenpassion verzichtet sie auf jede Rezitation, sondern bringt den gesamten Evangelienbericht im fortlaufenden polyphonen Chorsatz, der auf lange Strecken in gleichartigen Wortrhythmen psalmodiert, ähnlich den Chören bei der rezitativen Passionsstruktur. Männer- und Frauenstimmen wechseln häufig zweistimmig einander ab, die Worte Jesu werden meistens von den tiefen Stimmen vorgetragen. Der Forderung nach Ausdruckskraft ist Rechnung getragen. Mollwendungen und Sprünge der Baßstimme kennzeichnen das Aufsetzen der Dornenkrone und den Schmerz. Triolen schildern den Spott der Kriegsknechte, Taktverschiebungen und Pausen formen aus dem »Kreuzige« ein wildes Geschrei der Volksmenge, und das Ende des Leidens wird mit einfacher Frömmigkeit verkündet. Die Möglichkeiten der rein chorischen Form sind noch nicht voll ausgeschöpft, aber der Weg hierzu ist beschritten.

LITERATUR

H. Birtner, Ein Beitrag zur Geschichte der protestantischen Musik im 16. Jahrhundert, dargestellt an Joachim a Burck, Zeitschrift für Musikwissenschaft X, 1927/28.

Arcangelo Crivelli (1546–1617)

ZEIT UND UMWELT

Herzog Ottavio Farnese, Sohn des Herzogs Pier Luigi Farnese, verlor nach seinem Regierungsantritt im Jahre 1547 Piacenza an seine vom Schwiegervater Kaiser Karl V. begünstigten Gegner. Auch Papst Paul III., sein Großvater, streckte die Hand nach dem Herzogtum aus, das er selbst geschaffen hatte. Doch Ottavio verständigte sich mit seinem Schwager Philipp II. von Spanien und erhielt mit dessen Unterstützung Piacenza zurück. Er behielt jedoch den nach Parma verlegten Regierungssitz bei. Die Stadt nahm von da an ihren Aufstieg zum »Athen Italiens«.

LEBEN

Arcangelo Crivelli (Crivello, Cribelli) wurde am 21. 4. 1546 in Bergamo geboren. Er war 1568 Sänger und von 1569 bis 1575 Kapellmeister an Maria della Steccata. Im Jahre 1578 ging er nach Rom und wurde 1583 Mitglied und 1601 Kapellmeister der päpstlichen Kapelle. Er starb in Rom am 4. 5. 1617.

WERKE

Von Arcangelo Crivelli erschienen ein Buch mit fünf- bis achtstimmigen Madrigalen und eines mit vier- bis sechsstimmigen Messen. Diese Kompositionen sind streng kontrapunktisch mit sehr enger Stimmführung.

Cyriacus Schneegaß (1546–97)

ZEIT UND UMWELT

Die vielen musiktheoretischen Traktate beweisen, daß neben der Fülle technischer Probleme immer wieder versucht wurde und wird, die Grundfragen zur Musik zu beantworten. Und viele vermeinten, das Rätsel, was Musik ist und wie sie auf die Welt kam, gelöst zu haben. Aber niemand konnte bisher überzeugend genug klarstellen, welche Position die Musik in uns und bei uns einnimmt und in welcher Beziehung sie zum Kosmos steht. Die Transzendenz der Musik verhindert ihre Erklärung mit unserer Logik.

LEBEN

Cyriacus Schneegaß (Snegassius) wurde am 5. 10. 1546 in Bufleben bei Gotha geboren. Er war hauptberuflich Geistlicher. Auf dem Gebiet der Musik beschäftigte er sich vorwiegend mit theoretischen Problemen. Als Komponist wirkte er nur gelegentlich. Er starb in Friedrichsroda, wo er als Geistlicher gewirkt hatte, am 23. 10. 1597.

WERKE

Von den Kompositionen des deutschen Musiktheoretikers Cyriacus Schneegaß sind 15 Psalmen und mehrere »christliche Trost Gesänglein« für vier Stimmen erhalten. Sein Satz ist von der niederländischen Schule beeinflußt. Seine theoretischen Werke beschäftigen sich mit technischen Fragen und mit philosophischen Überlegungen über das Wesen der Musik, die zuweilen etwas primitiv anmuten. Sie wurden mehrmals aufgelegt.

LITERATUR
C. Dalhaus, Der Dreiklang als Symbol, Musik und Kirche XXV, 1955.

Manuel Mendes (um 1547–1605)

ZEIT UND UMWELT
Als König Philipp II. von Spanien 1580 Portugal in Besitz nahm, garantierte er dem Land eine weitgehende Autonomie. Er verleibte es Spanien nicht ein, sondern regierte beide Staaten als echte Personalunion. Sein Sohn und Nachfolger Philipp III. hielt sich daran wenig oder überhaupt nicht. Die portugiesische Verwaltung wurde mit Spaniern durchsetzt, um eine Verschmelzung beider Völker vorzubereiten. Dies stieß auf starken Widerstand. Die unterdrückten Portugiesen suchten Hilfe im Ausland und wurden unterstützt. Unruhen und Kämpfe zogen sich hin, bis 1640 die Selbständigkeit des Landes wiederhergestellt war. Der künstlerische Kontakt der beiden Länder, besonders auf dem Gebiet der Musik, war stets eng gewesen und wurde nicht davon beeinflußt, ob um Thron und Regierungsgewalt Verträge geschlossen oder gebrochen wurden.

LEBEN
Manuel Mendes wurde um 1547 in Lissabon geboren. Der portugiesische Komponist und Mönch wurde zunächst Kapellmeister an der Kathedrale in Portalegre, sodann am Dom von Évora, wo er am 24. 9. 1605 starb.

WERKE
Padre Manuel Mendes war wegen der Stilreinheit seiner Kompositionen auf der ganzen Iberischen Halbinsel berühmt, so daß aus Portugal wie aus Spanien Schüler zu ihm kamen, die sich später einen Namen machten. Von seinen Werken ist nur wenig überliefert: 2 Messen, ein Requiem, ein Alleluia und ein Asperges. Das reicht aber aus, um das Lob der Zeitgenossen wegen der absoluten Stilreinheit wiederholen zu dürfen.

LITERATUR
A. T. Luper, Portuguese Polyphony, Journal of the American Musicological Society III, 1950.

Marc' Antonio Ingegneri (um 1547–92)

ZEIT UND UMWELT
Galeazzo Campi (1475–1563) und Bernardo Gatti (um 1495–1575) waren die Hauptbegründer der eleganten, etwas eklektischen Cremoneser Malerschule. Sie nahmen an der Prägung des Gesichtes der Stadt Cremona breiten Anteil, das, ob es nun am Beginn des 16. Jahrhunderts venezianisch oder später spanisch war, auch von bedeutenden Musikern gezeichnet wurde.

LEBEN
Marc' Antonio Ingegneri (Ingignieri) wurde um 1547 in Verona geboren und von Vincenzo Ruffo ausgebildet. Er übersiedelte um 1568 nach Cremona, wo man ihn 1572 zum Domchorleiter ernannte. Im Jahre 1581 wurde er Domkapellmeister in Verona, wo er am 1. 7. 1592 starb.

WERKE
Die Responsoria hebdomadae sanctae (Karwochenresponsorien) wurden noch im 19. Jahrhundert Palestrina zugeschrieben, wenn auch mit Vorbehalt. Das darf für den tatsächlichen Komponisten Marc' Antonio Ingegneri als Gütezeichen gewertet werden. Auch die anderen Werke: 2 Bücher mit fünf- bis achtstimmigen Messen, 4 Bücher mit vier-, fünf-, sechs- und sieben- bis sechzehnstimmigen geistlichen Liedern, 7 Bücher mit vier- und fünfstimmigen Madrigalen und 2 Bücher mit vierstimmigen Hymnen halten sich auf dieser Höhe. Einzelnes findet sich in Sammelwerken. Alle Kompositionen stechen mit ihrer kühnen, ausdrucksstarken Harmonik hervor.

LITERATUR
M. L. Duggan, Marc' Antonio Ingegneri, Rochester 1968.

Johann Steuerlein (1547–1613)

Zeit und Umwelt
Der intensive Musikunterricht an den deutschen Lateinschulen durch tüchtige Schulkantoren erzeugte neben einer stattlichen Reihe vorzüglicher Berufsmusiker auch fähige Dilettanten, die keine musikalische Laufbahn einschlagen wollten, aber dennoch wertvolle Beiträge zur profanen und auch sakralen Musik leisteten.

Leben
Johann Steuerlein (Steurlin) wurde am 5. 7. 1547 in Schmalkalden geboren. Er studierte in Magdeburg, wo Gallus Dreßler als Kantor tätig war, darauf in Jena und Wittenberg. Von 1569 bis 1589 war er Stadtschreiber in Wasungen, dann Notar und 1604 bis 1612 Stadtschultheiß in Meiningen, wo er am 5. 5. 1613 starb.

Werke
Von Johann Steuerlein sind »Das Deutsche Benedicite und Gratias«, 21 geistliche Lieder, 24 weltliche Gesänge, 23 geistliche Gesänge, 27 »Newe Geistliche Gesenge und Christliche Gesenglein auf St. Gregori« erhalten und einiges in Sammelwerken. Dieses Liedschaffen hatte sich von der Motettenform des 16. Jahrhunderts schon weit entfernt und war für seine Zeit sehr fortschrittlich.

Literatur
G. Kraft, Die thüringische Musikkultur um 1600, Würzburg 1939–41.

Georges de la Hèle (1547–87)

Zeit und Umwelt
Die musikalische Parodie als Umformung eines bereits vorhandenen Tonsatzes zu einem neuen Werk war gerade in der liturgischen Musik äußerst häufig. Ungeheuer viele Messeordinarien gehen auf frühere geistliche oder weltliche Vokalmusik zurück. Die Verarbeitung als Parodie geschah entweder in Form von Zitaten oder Zufügung weiterer Begleitstimmen zu den bereits vorhandenen, durch rhythmische oder melodische Variation, durch Auszierung oder ähnliche Methoden. Die Verwendung von Sätzen bekannter Meister war oft eine Ehrfurchtsbezeugung eines späteren Musikers.

Leben
Georges de la Hèle (de la Helle) wurde 1547 in Antwerpen geboren. Der franko-flämische Komponist sang als Chorknabe an den Kathedralen in Antwerpen und Soignies und von 1560 bis 1570 als Chorist in der Hofkapelle Philipps II. in Madrid. Hernach studierte er in Löwen und folgte Séverin Cornet im Jahre 1572 als Kapellmeister an St. Rombaut in Mecheln nach. Beim zweiten Puy d'Evreux gewann er zwei Preise. Philipp II., dem er 8 Parodiemessen widmete, ernannte ihn 1580 zum Hofkapellmeister in Madrid, wo er am 19. 2. 1587 starb.

Werke
Außer den 8 Parodiemessen, die er dem spanischen König widmete und zugleich als Reverenz für Lasso, Josquin, de Rore und Crecquillon schrieb, hat Georges de la Hèle eine Anzahl Motetten und Chansons hinterlassen, die ihn als echten Anhänger der franko-flämischen Schule ausweisen.

Literatur
L. J. Wagner, The »Octo Missae« of Georges de la Hèle, Wisconsin 1957.

Cristoforo Malvezzi (1547–97)

Zeit und Umwelt
Im Jahre 1579 vermählten sich in Florenz der Großherzog von Toskana Francesco de'Medici mit Bianca Capello (1548–87), Virginia de'Medici (1568–1615) wurde 1585 mit Cesare d'Este verheiratet, und 1589 heiratete Großherzog Ferdinando I. de'Medici (1549–1609) die Tochter Karls III. von Lothringen (1543–1608) Christine. Bemerkenswert an diesen drei Hochzeiten der Medici war, daß bei den Feierlichkeiten zum ersten Mal Intermedien namhafter Komponisten gespielt wurden, die allerdings noch

nicht die spätere theatralische Form aufwiesen, sondern lediglich Folgen von mehrstimmigen, von Instrumenten begleiteten Madrigalen und Dialogen waren, aber dennoch den Ausgangspunkt zu den späteren »echten« Intermedien bildeten.

LEBEN
Cristoforo Malvezzi (Cristofano) wurde am 27. 7. 1547 in Lucca geboren und vermutlich auch dort zum Musiker ausgebildet. Im Jahre 1571 folgte er Francesco Corteccia als Kanonikus und Kapellmeister an San Lorenzo in Florenz nach, 1577 wurde er zusätzlich großherzoglicher Kapellmeister. Er starb in Florenz am 25. 12. 1597.

WERKE
An der Komposition der 3 Intermedien zu den Mediceerhochzeiten in den Jahren 1579, 1585 und 1589 war Cristoforo Malvezzi maßgebend beteiligt. Außerdem sind von ihm ein Buch Ricercari, 2 Bücher mit fünfstimmigen und eines mit sechsstimmigen Madrigalen erhalten.
Bei der Komposition der 3 Intermedien wirkten Luca Marenzio, Jacopo Peri, Emilio de'Cavalieri, Giovanni Bardi und Alessandro Striggio mit. Als Instrumente wurden Lauten und Violen verschiedener Größe, Posaunen und eine Orgel eingesetzt, die auch kleine solistische Partien übernahmen. Das Zeitalter der Oper kündigte sich mit diesen Intermedien bereits an.

LITERATUR
H. Goldschmidt, Studien zur Geschichte der italienischen Oper im 17. Jahrhundert, Wiesbaden 1967.

Michel Coyssard (1547–1623)

ZEIT UND UMWELT
Die Fülle an Liedern, die in der Folge der Reformation gedichtet, komponiert und gesungen wurden, zog auch die Aufmerksamkeit katholischer Kreise für den Volksgesang nach sich. In dem strengen Regeln unterworfenen liturgischen Geschehen konnte nur wenig davon untergebracht werden. Dafür wurde der paraliturgische Gesang ausgebaut. Geistliche Gesänge für fromme Vereinigungen, für Wallfahrten, für den Hausgebrauch wurden verlangt und auch gedichtet und komponiert.

LEBEN
Michel Coyssard wurde 1547 in Besse, Puy-de-Dôme, geboren. Er wurde Kleriker und Theologe, lehrte einige Zeit in Wien und sodann in Lyon, wo er am 10. 6. 1623 starb.

WERKE
Der französische Theologe Michel Coyssard war einer der ersten katholischen Komponisten, der volkstümliche Lieder dichtete und mit Melodien versah. Sein Hauptwerk sind seine Paraphrases des hymnes et cantiques spirituels (Paraphrasen über Hymnen und geistliche Gesänge) für vier Stimmen.

LITERATUR
A. Gastoné, Le cantique populaire en France, Lyon 1924.

Baldouin Hoyoul (um 1548–94)

ZEIT UND UMWELT
Solange Orlando di Lasso in München lebte und wirkte, kamen Musiker aus dem niederländischen Raum nach Deutschland, um von ihm zu lernen, um sich später rühmen zu können, sein Schüler gewesen zu sein, und in manchen Fällen vermutlich auch, um durch seine Vermittlung eine einträgliche Position zu erhalten.

LEBEN
Baldouin Hoyoul (Hoyol, Hoyu, Hoyou, Hoyeux, Huiol) wurde um 1548 in Lüttich geboren. Er war Sängerknabe der württembergischen Hofkapelle in Stuttgart. In den Jahren 1564 und 1565 nahm er bei Orlando di Lasso in München Unterricht. Dann kehrte er als Altist an die Stuttgarter Kapelle zurück, an der er 1589 Hofkapellmeister wurde. Er starb in Stuttgart am 26. 11. 1594.

Die Sängerin Montserrat Figueras wurde berühmt durch ihre Interpretation der Renaissancemusik

Seine Söhne Johann Ludwig Hoyoul (30. 8. 1575, Stuttgart, bis 18. 12. 1612, Stuttgart) und Jörgen Friedrich Hoyoul (um 1577, Stuttgart, bis 28. 7. 1652, Kopenhagen) wirkten an der württembergischen Hofkapelle als Vizekapellmeister und als Hoftrompeter.

WERKE
Der franko-flämische Komponist Baldouin Hoyoul brachte fünf- bis zehnstimmige Sacrae cantiones (Geistliche Lieder), »Geistliche Lieder vnd Psalmen mit dreyen stimmen« heraus. Eine Messe, 8 Magnificat, drei- bis zehnstimmige lateinische Sätze und 19 deutsche geistliche Lieder sind Manuskripte geblieben, obschon sie der Veröffentlichung wert gewesen wären. Die Kompositionen stehen im Schatten von Lasso und auch des Schwiegervaters Ludwig Daser.

LITERATUR
J. Sittard, Zur Geschichte der Musik und des Theaters am Württembergischen Hofe, Stuttgart 1890.

Juan Ginés Pérez (1548–1612)

ZEIT UND UMWELT
Die in der zweiten Hälfte des 16. Jahrhunderts immer häufigeren Kompositionen für Solostimmen, deren Melos stark vom gesungenen Wort abhängig ist, können nur zum Teil dem Bestreben der Humanisten, antike Musik nachzuahmen und neu zu formen, zugeschrieben werden. Man war auch von der Vielstimmigkeit, wie kunstvoll sie auch von den einzelnen Meistern gehandhabt wurde, übersättigt. Die Herausbildung des französischen Air de cour aus der mehrstimmigen Chanson, die unisonen Gesänge der Reformation und die rezitativischen Vertonungen antiker oder der Antike nachempfundener Gedichte zielten gleichgerichtet auf das Sololied, das wortgerecht die dichterische Sprache intensivierte und nicht unter acht und mehr dicht geführten mathematisch exakt kontrapunktierten Stimmen begrub.

LEBEN
Juan Ginés Pérez wurde am 7. 10. 1548 in Orihuella, Alicante, getauft. Er wurde an der Kathedrale seiner Geburtsstadt ausgebildet, erhielt dort die Kapellmeisterstelle und wirkte von 1581 bis 1595 in Valencia. Darauf ging er wieder nach Orihuella zurück und starb dort im Jahre 1612.

WERKE
Der spanische Kirchenmusiker Juan Ginés Pérez hat eine Anzahl Motetten, Psalmen und Magnificat hinterlassen, in denen lange monodische Partien vorkommen. Der etwas exzentrische Komponist schrieb den Sän-

gern zuweilen ungewöhnlich weite Intervalle vor, um den Ausdruck der Texte zu verstärken. Seine Werke wurden von den Zeitgenossen trotzdem sehr geschätzt. Er schrieb auch einiges für die Mysterienspiele von Elche.

LITERATUR
F. Pedrell, Hispaniae schola musica sacra V., New York 1970 (Nachdruck).

Lambert de Sayve (um 1549–1614)

ZEIT UND UMWELT
Kaiser Matthias wurde 1578 von den Generalstaaten zum Generalgouverneur der Niederlande bestellt, doch er legte schon 1581 das Amt zurück und verließ das Land. Sein Bruder Rudolf II. überließ ihm aber erst 1593 die Regentschaft über Österreich. Die böhmische Krone fiel ihm 1611 zu, nachdem er 1608 König von Ungarn geworden war. Zum Kaiser wurde er 1612 nach dem Tod des Bruders gewählt und gekrönt.

LEBEN
Lambert de Sayve wurde um 1549 in Lüttich geboren und ausgebildet. Er fand in der Kapelle des Generalgouverneurs Erzherzog Matthias von Österreich Aufnahme. Über diese Beziehung erhielt er 1582 eine Stelle bei Erzherzog Karl von Österreich in Graz; er wurde 1600 Hofkapellmeister des späteren Kaisers Matthias in Wien und 1612 in Prag, wo er im Februar 1614 starb.
Sein Bruder Matthias de Sayve (um 1550, Namur, bis nach 1619, Prag) wurde 1590 Sänger an der Kaiserlichen Hofkapelle in Prag und wirkte bis 1619. Er ist kurz darauf in Prag verstorben.
Dessen Sohn Erasmus de Sayve (um 1585, Graz, bis nach 1630, Wien) wurde nach seiner Ausbildung ebenfalls Sänger an den habsburgischen Kapellen in Prag und in Wien.

WERKE
Der franko-flämische Komponist Lambert de Sayve komponierte sechs- bis vierzehnstimmige Motetten, ein Buch neapolitanische Kanzonen für fünf Stimmen, Messen und »Teutsche Liedlein« für vier Stimmen. Die Kompositionen sind im Stil seiner niederländischen Heimat gehalten, der auch um jene Zeit in den Hofkapellen der Habsburger gepflegt wurde. Die Motetten sind außerordentlich fein gearbeitet.
Von Matthias de Sayve sind mehrere fünfstimmige Motetten in Sammelwerken erschienen.
Erasmus de Sayve veröffentlichte 1614 18 dreistimmige geistliche Gesänge auf italienischem Text.

Tomás Luis de Victoria (um 1549–1611)

ZEIT UND UMWELT
Das musikalische Leben Roms der sechziger Jahre des 16. Jahrhunderts war durch die Beschlüsse der 22. Sitzung des Konzils von Trient am 17. 9. 1562 über die Reform der Kirchenmusik, die Einsetzung der achtköpfigen Kardinalskommission durch Papst Pius IV. im Jahre 1564 zur Wahrung der statuierten Grundsätze und durch den absoluten Primat Palestrinas vor allen anderen Kirchenkomponisten gekennzeichnet. Er allein vermochte innerhalb des gegebenen engen Rahmens Kunstwerke von säkularer Geltung zu schaffen. Seine Kompositionen wurden zum Vorbild sowohl auf künstlerischem wie auch auf ideologischem Feld. Er bewies durch seine Werke, daß Kunst trotz jeder Beschränkung entstehen kann, weil sie über mehr Dimensionen verfügt, als jemals behindert werden können. Und er versuchte, seine Schüler darin zu unterweisen. Lehren konnte er allerdings nur seine Technik, seine Kunst blieb ihm vorbehalten.
Die Schüler und Nachahmer wandten seine Technik getreu an, begaben sich auf die »Palestrina-Linie« und verfehlten damit ihre eigene. Der Wunsch, selbst ein Palestrina zu werden, blieb ein Traumbild. Sie schossen vor das Ziel, daneben und darüber hinaus, trafen es aber nie. Es hat zuweilen den Anschein, daß sie mehr erreicht hätten,

wenn ihrer eigenen Persönlichkeit mehr Entfaltungsmöglichkeit geboten worden wäre. Nur wenige kamen dem Meister nahe, und zwar Musikerpersönlichkeiten, die sich nicht den Mantel des Meisters um die Schultern legten. Denn sie hatten offenbar begriffen, daß es zu ihrem Ziel nur einen Weg gab. Wie die Schwärmer, die die antike Musik zu kopieren versuchten und damit scheiterten, weil sie selbst und die Umwelt nicht der Antike angehörten, mußten alle irgendwann auf der Strecke bleiben, die sich eine fremde Persönlichkeit aneignen wollten. Einige wenige jedoch trugen in sich ausreichende künstlerische Substanz, um ihren eigenen Stil aus Technik und Ideengehalt der Kompositionen Palestrinas zu formen. Daher wirkten ihre Werke zuweilen »wie ein Palestrina«, wenngleich sie kein »Palestrina« waren, sondern deutlich die künstlerische Handschrift ihres Komponisten aufwiesen.

LEBEN

Tomás Luis de Victoria (Ludovico de Vittoria) wurde um 1549 in Avila geboren, wo er vermutlich Chorknabe und Musikschüler war. Im Jahre 1565 kam er nach Rom und wurde dort Schüler des Collegium Germanicum. Angeblich war er von Morales und Escobedo unterrichtet worden, es gibt dafür aber keine Beweise. Wohl darf angenommen werden, daß er am Collegium am Unterricht Palestrinas teilnahm. Von 1569 bis 1570 wirkte er als Organist und Kapellmeister an Santa Maria di Montserrato in Rom, 1571 folgte er Palestrina als Musiklehrer am Römischen Seminar nach, 1573 wurde er Kapellmeister am Collegium Germanicum und kurze Zeit nachher an Sant Apollinare. Drei Jahre darauf – er war inzwischen Geistlicher geworden – gab er diese Stellungen auf und diente als Kleriker an San Girolamo della Carità. Ab 1585 wurde er Organist in Madrid und Kapellmeister der Kaiserin Maria (Witwe Maximilians II., 1528 bis 1603) im Kloster der Descalzas Reales (Barfüßer). Er starb in Madrid am 27. 8. 1611.

WERKE

Der Stil des spanischen Komponisten Tomás Luis de Victoria steht dem Palestrinas sehr nahe. Man nannte ihn den »Palestrina Spaniens«. Gleichzeitig wurde eine »Mystik der Ausdrucksgebung« als Besonderheit seiner Musik festgestellt, die aber nichts anderes war als eine nationale Eigenheit des Komponisten, der eben italienische und spanische Ausdrucksformen zu einer glücklichen Synthese verband. Von ihm sind eine große Anzahl von Motetten für bis zu 8 und 12 Stimmen, bei 20 mehrstimmige Messen, ein Offizium für die Karwoche, vier- bis achtstimmig, um 20 Magnificat, Psalmen (bis zwölfstimmig) und mehrere Totenmessen überliefert. Ein Teil dieser Kompositionen hat Orgelbegleitung, die allerdings nur die Singstimmen unterstützt, einige weisen Doppelchöre auf. Gregorianische Themata werden sehr oft verwendet.

Requiemmesse für sechs Stimmen

Die Messe wurde 1603 anläßlich des Todes der Kaiserin Maria verfaßt. Diese »Krönung aller seiner Werke« bringt bei jedem ihrer Teile eine gregorianische Einleitung mit Ausnahme des Kyrie und des Libera. Diese Melodie wird vom zweiten Sopran übernommen und frei weitergeführt. Besondere Schönheit verleiht dem Werk der über alle Stimmen gelegte Diskant, der gegenüber der düsteren Stimmung der unteren Linien wie ein Trost klingt, einem hellen überirdischen Lichtstrahl gleich. Ein Dies irae fehlt und wird gregorianisch gesungen. Eine Wortmalerei gibt es auch bei diesem so eindrucksvollen Werk nicht, um nicht den innigen Charakter der Totenfeier für die Kaiserin zu stören. Nur im Libera gibt es dramatische Momente. Das »Tremens factus sum« wird von einem Trio aus zweitem Sopran, Alt und Baß mit starker harmonischer Wirkung vorgetragen.

Ave Maria, Motette für acht Stimmen, entstanden 1572

Dieses außerordentlich beliebte Stück beginnt mit einer gregorianischen Intonation. Der Chor löst die Solostimme mit einer Paraphrase der Melodie ab. Die Bitte »Sancta Maria« ist ganz akkordisch und folgt dem Rhythmus des Textes. Das Amen klingt friedlich und trostvoll aus.

LITERATUR

P. Pedrell, Tomás Luis de Victoria, Valencia 1918.

Kaspar Ulenberg (1549–1617)

Zeit und Umwelt
St. Kunibert in Köln datiert aus dem 7. Jahrhundert und erhielt im 11. und 13. seine endgültige maurisch-byzantinische Gestalt. Die bis 1288 von ihren Fürsterzbischöfen regierte und dann reichsfreie Stadt bildete in den Wirren der Reformation und später einen Hort des Katholizismus. Juden und Protestanten wurden vertrieben. Alle Kirchen Kölns wurden reich ausgestattet und ihre Chöre von ausgezeichneten Kräften geleitet.

Leben
Kaspar Ulenberg wurde 1549 in Lippstadt, Westfalen, geboren. Nach seinem Studium in Wittenberg erhielt er eine Pfarrstelle in Lippstadt. Er konvertierte zum Katholizismus und wurde katholischer Pfarrer in Kaiserwerth, Düsseldorf, dann Kanonikus an St. Kunibert in Köln (1583–94), Regens des Lorenz-Gymnasiums, 1610 Rektor der Universität und Pfarrer der Universitätskirche. Er starb in Köln am 16. 2. 1617.

Werke
Neben seiner Bibelübersetzung brachte Kaspar Ulenberg »Die Psalmen Davids in allerlei Teutsche gesangreimen bracht« heraus und leitete dadurch einen wichtigen Beitrag zum katholischen Psalmenlied des 16. Jahrhunderts ein.

Literatur
S. Fornaçon, Kaspar Ulenberg und Karl von Hagen, Musikforschung IX, 1956.

Francesco Suriano (1549–1621)

Zeit und Umwelt
Die Editio Medicaea, die Choralreformausgabe, die in der von Kardinal Ferdinando de'Medici gegründeten Druckerei in Rom gedruckt wurde, sollte bereits über Anordnung des Papstes Gregor XIII. 1577 von Palestrina und Zoilo begonnen werden. Sie wurde in Angriff genommen, aber bereits nach zwei Jahren durch den Einspruch des spanischen Königs unterbrochen. Im Jahre 1614 wurden die Arbeiten erneut aufgenommen. Philipp II. war bereits verstorben, so daß die ursprünglichen Absichten durch Entfernung weitgespannter Melismen oder deren Verkürzung, Textverständlichkeit durch Annäherung an deklamatorischen Vortrag im Sinn der humanistischen Wort-Ton-Vorstellung durchgeführt werden konnten. Diese Fassung fand bis ins 19. Jahrhundert Verwendung.

Leben
Francesco Suriano (Soriano) wurde 1549 in Soriano geboren. Als Kapellknabe an San Giovanni in Laterano in Rom nahm er bei Zoilo, Nanino und Palestrina Unterricht. In den Jahren 1580, 1581 und 1588 war er Kapellmeister an San Luigi de'Francesi, von 1583 bis 1586 am Hof in Mantua, 1587, 1595 und von 1600 bis 1603 an Santa Maria Maggiore in Rom. Seine letzte Tätigkeit übte er 1603 bis 1620 als Kapellmeister an San Pietro in Rom aus. Zugleich mit Felice Anerio besorgte er 1614 die endgültige Revision des gregorianischen Gesanges. Er starb am 19. 7. 1621 in Rom.

Werke
Außer der durch Jahrhunderte gültigen Choralreform hat Francesco Suriano vier- und fünfstimmige Madrigale, achtstimmige Motetten, vier- bis achtstimmige Messen (darunter eine Bearbeitung der Marcellusmesse von Palestrina für acht Stimmen), Psalmen, Villanellen, Offizien, Magnificat, 110 Kanons über das Ava Stella (Sei gegrüßt, o Stern) und eine Passion verfaßt. Alle Musik zeigt reinen »Palestrinastil« und entspricht den Vorschriften des Konzils von Trient. Es ist alles ein wenig matt, aber doch sehr kunstvoll gearbeitet. Die Passion ist rein episch. Man muß den Komponisten an das Ende der Renaissance einreihen, weil seine Kompositionen sich davon schon merklich entfernt haben.

François Eustache du Caurroy
(1549 – 1609)

Zeit und Umwelt
Wenn auch in der katholischen Kirchenmusik wegen der straffen Ordnung des Ritus der Choral keinen häufigen Bearbeitungen unterworfen wurde, so finden sich doch unter den mehrstimmig gesetzten Formen des Proprium und des Ordinarium echte mehrstimmige Sätze, die sich einer freien Komposition liturgischer Texte nähern. Parallel dazu entwickelte sich die instrumentale Choralbearbeitung, die anfänglich nahezu ausschließlich auf die Orgel beschränkt war. Aus Choralvorspielen, die das Thema zuweilen imitatorisch vorausnahmen und fugierten oder auszierten, wurden selbständige Choralfantasien, die später auch von anderen Tasteninstrumenten (Cembalo, Clavichord, Klavier), von Bläsern und von Streicherensembles ausgeführt wurden.

Leben
François Eustache du Caurroy, sieur de Saint Frémin, wurde am 4. 2. 1549 in Beauvais getauft. Nach der Ausbildung in seinem Geburtsort trat er der Königlichen Kapelle in Paris als Sänger bei (um 1569) und wurde dort Kapellmeister. Im Jahre 1599 wurden für ihn Stelle und Titel eines Surintendant de la Musique du Roi (Superintendent der Musik des Königs) geschaffen. Er wirkte in dieser Eigenschaft bis zu seinem Tod am 7. 8. 1609 in Paris.

Werke
Von den Werken des französischen Komponisten François Eustache du Caurroy sind eine fünfstimmige Totenmesse, die durch lange Zeit bei Trauerfeierlichkeiten des Hofes gesungen wurde, 2 Bücher kirchliche Gesänge, Chansons, Psalmen und Noëls überliefert, außerdem drei- bis sechsstimmige instrumentale Fantasien, die abschnittsweise imitatorisch oder fugiert oder mit breiten Notenwerten gefaßt sind und eine frühe Choralbearbeitung für Instrumente darstellen, eine Kompositionsform, die erst später zur Blüte kam.

Literatur
N. Dufourcq, A propos d'Eustache du Caurroy, Revue de Musicologie XXXII, 1950.

Costanzo Antegnati (1549 – 1624)

Zeit und Umwelt
Die berühmte italienische Orgelbauerfamilie Antegnati nahm in der kleinen Stadt Antegnate bei Cremona ihren Ausgang. Der älteste war Giovanni Antegnati, der 1436 das Bürgerrecht von Brescia verliehen erhielt. Sein Sohn Bartolomeo Antegnati baute 1481 die Orgel des Domes in Brescia und wunderbare Instrumente in den Domen von Bergamo, Como, Mantua, Mailand und Lodi. Dessen Sohn Giovanni Battista Antegnati (um 1500 bis um 1559) baute und betreute Orgeln in Padua und Lodi, wo er auch als Organist wirkte. Dessen Bruder Gian Giacomo (1501 bis nach 1552) stellte 1533 die Orgel für Santa Maria delle Grazie in Brescia auf und arbeitete ab 1552 an den Domorgeln von Mailand. Und Graziado Antegnati (1525 bis nach 1581), Sohn des Giovanni Battista, der als bester Orgelbauer seiner Zeit galt, baute die berühmte Orgel für San Giuseppe in Brescia als Muster italienischer Orgelbaukunst, ein Werk homogener Klangfarbe und silberner Klarheit, und als Beispiel, daß Italien auch im Orgelbau Frankreich, Spanien oder Deutschland nicht nachstand.

Leben
Costanzo Antegnati wurde am 9. 12. 1549 in Brescia getauft. Er entstammte einer der berühmtesten und ältesten italienischen Orgelbauerfamilien. Sein Vater war der anerkannt bedeutendste Orgelbauer seines Jahrhunderts. Er wirkte selbst als Orgelbauer, aber auch als Organist und Komponist; von 1584 bis 1619 spielte er die Orgel im Dom zu Brescia, wo er am 16. 11. 1624 starb.

Werke
Orgelbau, Orgelspiel und Orgelkomposition sowie die vielen von seiner Familie in Oberitalien errichteten Instrumente waren die Umwelt des Komponisten Costanzo

Antegnati. Er hat 2 Bücher mit sechs- bis achtstimmigen Messen, eines mit achtstimmigen Psalmen, 2 mit geistlichen Liedern, eines mit Madrigalen und ein weiteres mit Orgelricercari und einem Traktat über Orgeln und Orgelspiel herausgebracht. Von seiner Orgelmusik scheint viel verlorengegangen zu sein. Überliefert sind nur 15 französische Kanzonen in Tabulatur. Antegnati nimmt in der Geschichte des italienischen Orgelspieles einen wichtigen Platz ein.

LITERATUR
D. Muoni, Gli Antegnati, Mailand 1883.

Wojciech Długoraj
(um 1550 bis nach 1619)

ZEIT UND UMWELT
Die Polen nahmen bereits im 10. Jahrhundert das Christentum und damit westliche Kultur an. Daher war ihre Musikentwicklung den Nachbarländern, Skandinavien und Ungarn um mehr als ein Jahrhundert voraus. Ihre Renaissancemusik stand auf dem gleichen Niveau wie die westeuropäische. István Báthory, der in Padua studiert hatte, wurde 1574 König von Polen und setzte die Kulturpolitik seiner Vorgänger fort. Unter seinem Nachfolger Sigismund III. allerdings trat ein starker Kulturverlust ein.

LEBEN
Wojciech Długoraj wurde um 1550 in Gostynin geboren. Der polnische Lautenist und Komponist erhielt 1583 die Stelle eines Hoflautenisten bei König István Báthory. Wo er nach dem Tod des Königs (1586) gelebt und gewirkt hat, ist nicht feststellbar, ebensowenig der Ort, wo er nach 1619 gestorben ist.

WERKE
Von Wojciech Długoraj sind mehrere Villanellen, Tänze und Fantasien überliefert. Seine Chorea polonica (Polnischer Tanz) hat Aufsehen erregt. Seine Kompositionen bezeugen ein hochentwickeltes tonales und harmonisches Gefühl. Sie beweisen auch, daß der Lautenist selbst über eine virtuose Spieltechnik verfügte.

LITERATUR
J. Dickmann, Die in deutscher Lautentabulatur überlieferten Tänze des 16. Jahrhunderts, Kassel 1931.

Giovanni Antonio Terzi
(um 1550 bis nach 1599)

ZEIT UND UMWELT
Während in Spanien, dem Land, aus dem die Laute in das übrige Europa gekommen war, diese bereits von der Gitarre abgelöst wurde, standen in Italien Lautenkomposition und Lautenspiel noch in voller Blüte und blieben es, bis das Cembalo an ihre Stelle trat.

LEBEN
Giovanni Antonio Terzi wurde um 1550 in Bergamo geboren. Er dürfte sich in Venedig als Lautenist, Lautenlehrer und Komponist aufgehalten haben und dort nach 1599 gestorben sein.

WERKE
Vom italienischen Lautenisten Giovanni Antonio Terzi sind 2 Bücher »Intavolatura di liuto« in Venedig erschienen. Sie enthalten Motetten, Kanzonen und Tänze von verschiedenen italienischen und französischen Komponisten für Laute bearbeitet. Darunter befinden sich bei 20 Stücke von Terzi selbst, die durch die Schwierigkeit des Satzes auffallen.

LITERATUR
G. Reese, Music in the Renaissance, New York 1954.

Pomponio Nenna
(um 1550 bis um 1618)

ZEIT UND UMWELT
In der zweiten Hälfte des 16. Jahrhunderts trat das Madrigal in eine neue Entwicklungsphase, in der es sich von allen bisher gülti-

gen Regeln befreite und zum »Versuchsfeld für alle Wagnisse der Musica nova« wurde. Chromatische Modulationen, Verdeutlichung des Wortes durch starke Affekte, Geräuschnachahmungen, rezitative Stimmführung, akkordische Progressionen anstelle des Kontrapunktes wurden angewendet und sogar Ansätze zum Generalbaß.

Leben
Pomponio Nenna wurde um 1550 in Bari geboren und an einer der Schulen Neapels zum Musiker ausgebildet. Über sein Wirken, bis er 1594 in die Dienste von Gesualdo da Venosa kam, ist nichts bekannt, außer, daß er schon 1574 mit Kompositionen an die Öffentlichkeit trat. Ab 1608 hielt er sich in Rom auf und dürfte dort um 1618 gestorben sein.

Werke
Das Hauptwerk von Pomponio Nenna bildeten 8 Bücher mit fünfstimmigen und eines mit vierstimmigen Madrigalen. Die Kühnheit der freien chromatischen Modulation dieser Madrigale wurde nur noch von den Kompositionen seines Dienstgebers Gesualdo übertroffen. Schon seine 1574 erschienenen dreistimmigen Villanellen erregten Aufsehen, ebenso seine vier- und fünfstimmigen Responsorien für Weihnachten und Ostern, die erst nach seinem Tod erschienen und sehr lange im kirchlichen Gebrauch Neapels waren. Eine gewisse Berühmtheit hat auch sein »Veni Creator« erlangt.

Literatur
G. Pannain, Istituzioni e monumenti dell' arte musicale italiana, Mailand 1934.

Filippo Nicoletti
(um 1550 bis nach 1605)

Zeit und Umwelt
Es ist auffällig, daß aus dem verhältnismäßig kleinen Ferrara eine beträchtliche Anzahl Musiker hervorging. Man muß das dem Bestreben der regierenden Familie d'Este zuschreiben, viele bodenständige Kräfte zu ihren Kapellen heranzuziehen und auszubilden, die dann, wenn sie anderswo Stellungen suchten, gern aufgenommen wurden. Denn der Ruf der Stadt in der Musikwelt war zu jenen Zeiten dem der großen Städte Italiens ebenbürtig.

Leben
Filippo Nicoletti (Niccoletti) wurde um 1550 in Ferrara geboren und dort ausgebildet. Er blieb zumindest bis 1592 in seinem Geburtsort. Es ist aber nicht feststellbar, ob er dort in der Hofkapelle oder an einer Kirche tätig war. Als Komponist trat er erstmals 1578 an die Öffentlichkeit. Im Jahre 1605 erhielt er die Kapellmeisterstelle an San Lorenzo in Damasco in Rom, die er vermutlich bis zu seinem Tod versah. Sein Todesjahr ist unbekannt.

Werke
Von Filippo Nicoletti erschienen zwei- und fünfstimmige Madrigale, deren Struktur etwas konservativ anmutet, während die 1604 veröffentlichten Villanellen einen sehr »modernen« Charakter aufweisen; es handelt sich um einfach gesetzte dreistimmige Lieder im Volkston der Zeit. Einzelstücke verschiedener Art finden sich in zeitgenössischen Sammelwerken.

Jan Traján Turnovský
(um 1550 bis nach 1600)

Zeit und Umwelt
Um die Mitte des 16. Jahrhunderts waren bei 70 Prozent der böhmischen Bevölkerung protestantisch. Dazu konnte man noch 10 Prozent Böhmische Brüder rechnen. Die Großgrundbesitzer waren in vielen Fällen katholisch und verlangten von ihren Pächtern katholisches Bekenntnis. Daher gab es ganze Dörfer als katholische Inseln im reformierten Land. Im Verlauf der energischen Gegenreformation wurde der katholische Bevölkerungsanteil rasch größer, bis unter Ferdinand II. die Rekatholisierung mit allen Mitteln zum Sieg geführt wurde.

Leben

Jan Traján Turnovský (Trajanus Calcitraha Turnovinus) wurde um 1550 in Turnov geboren. Nach 1570 erhielt er die Stelle eines Pfarrers in Šepekov, wo er seinen Dienst bis zu seinem Tod nach 1600 versah.

Werke

Von Jan Traján Turnovský, einem der bedeutendsten tschechischen Komponisten des 16. Jahrhunderts, sind zahlreiche sakrale Gesänge in tschechischer Sprache erhalten, darunter 5 Offizien, von denen die auf den Cantus firmi »Dunaj voda hluboká« (Donau tiefes Wasser) und »Všemihoucí Stvořiteli« (Allmächtiger Schöpfer) am berühmtesten geworden sind. Ebenso verbreitet wurden seine Responsorien und Lieder. Die Kompositionen sind polyphon und kontrapunktisch. Es klingt aber im Melos der tschechische Volkston mit.

Johann Cless (um 1550 bis um 1600)

Zeit und Umwelt

Joseph Justus Scaliger (1540–1609), Sohn des humanistischen Gelehrten Julius Caesar Scaligerus (1484–1558), der große Latinist des 16. Jahrhunderts, übersetzte die Tragödie Ajax des griechischen Dramatikers Sophokles mit außerordentlich feinem Sprachgefühl und klassischer Eleganz in das Lateinische. Man könnte diese Übersetzung als geniale Nachdichtung bezeichnen, wenn sie nicht trotz ihrer hohen poetischen Qualität eine nahezu wortgetreue Wiedergabe des griechischen Originales wäre.

Leben

Johann Cless wurde um 1550 in Hanau geboren. Über sein Leben und über sein Wirken als Musiker und Komponist ist wenig bekannt. Auch über Ort und genaue Zeit seines Todes gibt es keine Informationen.

Werke

Von Magister Johann Cless ist nur eine Komposition bekannt. Er komponierte die Chöre der griechischen Tragödie Ajax von Sophokles in der lateinischen Fassung von Joseph Justus Scaliger, die im Jahre 1587 in Straßburg aufgeführt wurde. Von diesen Chören sind der achtstimmige mit zwei Solisten und der Tanzchor als besonders gelungen hervorzuheben. Das ganze Werk ist eines der wenigen, die den Geist einer antiken Tragödie adäquat zur Sprache in zeitnahe Musik fassen und dennoch intakt lassen.

Antonio Archilei
(um 1550 bis nach 1590)

Zeit und Umwelt

Als Kardinal zeichnete sich Ferdinando de'Medici als Erbauer der Villa Medici und Förderer der Mitglieder der Camerata in Florenz aus. Als er nach dem Tod seines Bruders Francesco (1587) als Ferdinando I. Großherzog der Toskana wurde und 1589 auf die Kardinalswürde verzichtete und heiratete, erwies er sich als geschickter Staatsmann im Spiel der europäischen Mächte.

Leben

Antonio Archilei wurde um 1550 vermutlich in Rom geboren. Der italienische Komponist, Sänger und Lautenist trat in die Dienste des damaligen Kardinals Ferdinando de'Medici und blieb in dessen Kapelle, als dieser als Großherzog der Toskana in Florenz residierte. Er ist nach 1590 in Florenz gestorben.
Seine Frau Vittoria Archilei, geborene Concarini (1550, Rom, bis nach 1618, Florenz), trat anläßlich der Vermählung von Vincenzo Gonzaga und Eleonora de'Medici im Jahre 1584 und des Großherzogs Ferdinando I. mit Christine de Lorrain (1589) neben ihrem Mann als Sängerin und Lautenistin auf.

Werke

Der Lautenist Antonio Archilei hinterließ etliche Lautentabulaturen fremder und eigener Werke. Bei der Hochzeit seines Dienstherrn wurde sein Madrigal für Singstimme und zwei Chitarroni »Dalle più alte sfere« (Von den höchsten Sphären) vorgetragen. Es ist eines der ältesten Madrigale für Solostimme und Instrumentalbegleitung.

Diego del Castillo (um 1550–1601)

Zeit und Umwelt
Der spanische Dichter und Schriftsteller Vicente Martínez Espinel übermittelte uns in seinen Werken wertvolle Einzelheiten über einige seiner Zeitgenossen. Da er selbst Musiker war, zog er vorwiegend spanische Komponisten in den Kreis seines Interesses.

Leben
Diego del Castillo wurde um 1550 vermutlich in Sigüenza geboren und zum Organisten ausgebildet. Bis 1581 wirkte er in seiner Heimatstadt als Organist. Dann erhielt er die Organistenstelle an der Kathedrale von Sevilla und wurde 1583 als Organist und Hofgeistlicher von König Philipp II. nach Madrid berufen, wo er am 1. 5. 1601 starb.

Werke
Vicente Martínez Espinel rühmt Diego del Castillo wegen seines überragenden Orgelspieles und seiner klangvollen Kompositionen. Man kann dieses Lob, was die Kompositionen betrifft, bestätigen. Seine Messen, Motetten und Hymnen zählen zu den besten Beispielen spanischer Kirchenmusik seiner Zeit. Sein Hauptverdienst fällt jedoch den Orgelstücken zu, die sich bereits vom Vokalsatz befreit haben und eine »orgelgerechte« Führung der Stimmen aufweisen.

Literatur
M. S. Kastner, Contribución al estudio de la música española, Lissabon 1941.

Guillaume de Chastillon de la Tour (um 1550–1610)

Zeit und Umwelt
Der Stilwandel an der Wende vom 16. zum 17. Jahrhundert kündigte sich bereits mehrere Jahrzehnte vorher an. Verschiedene Stiltypen verloren das Publikumsinteresse, andere behielten zwar ihre Bezeichnung bei, obwohl sich ihre Struktur gründlich änderte. Sie waren aus der Renaissance entstanden und endeten mit dieser Epoche des geistigen Hochfluges. Die schweren Auseinandersetzungen des kommenden Jahrhunderts warfen ihre Schatten voraus.

Leben
Guillaume de Chastillon de la Tour wurde um 1550 in Caen geboren. Er überdauerte als Protestant alle Verfolgungen, alle Kämpfe, alle Erschütterungen des öffentlichen Lebens, bis er 1610 in seinem Geburtsort starb und am 26. 5. beigesetzt wurde.

Werke
Mit Guillaume de Chastillon de la Tour endete die Blüte der protestantischen Renaissancemusik in Frankreich. Er brachte eine große Anzahl von sakralen Airs, kurze, klangreich vertonte Strophenlieder, die Glaubenseifer und Glaubenskraft seiner Gesinnungsgenossen stärken sollten, heraus. Sie sind einfach und sehr eingängig, aber auf keinen Fall ohne künstlerischen Wert.

Literatur
A. Bloch-Michel, Chastillon de la Tour, Recherche de la musique française classique I, 1960.

Ippolito Sabino (um 1550 bis nach 1587)

Zeit und Umwelt
Trotz der vielen Drucke war es im 16. Jahrhundert nur größeren Kapellen möglich, sich ein Notenarchiv anzulegen. Die Drucke waren teuer. Die Eigenversorgung mit Musik war gerade für kleinere Kirchen der einzige Weg, Neues zum Gottesdienst zu bringen. Es hat ohne Zweifel wie in späteren Zeiten nahezu jeder Kapellmeister und Organist zum Bedarf seiner Kirche komponiert. Es mag vieles davon nur nachempfunden und unterdurchschnittlich gewesen sein,

und das meiste ist nicht überliefert. Wie sich aber immer wieder bei der Durchforschung von Kirchenarchiven zeigte, war nicht wenig von diesen Kompositionen zum Eigenbedarf echte, gute Musik, so daß man annehmen muß, daß auch viel Wertvolles unwiderbringlich verlorengegangen ist.

Leben
Ippolito Sabino wurde um 1550 in Lanciano geboren. Er bekleidete nach seiner Ausbildung die Organistenstelle an der Kathedrale seiner Heimatstadt und wirkte dort als Komponist bis zu seinem Tod nach 1587.

Werke
Vom kompositorischen Werk des Kirchenmusikers Ippolito Sabino ist erhalten geblieben, was in Venedig veröffentlicht wurde: 6 vierstimmige Messen, Hymnen für das gesamte Kirchenjahr, eine Sammlung Marienlieder und ein fünfstimmiges Magnificat, dazu eine Anzahl Madrigale. Seine Musik lehnt sich stark an neapolitanische Meister an, ist aber dennoch eigenständig, besonders in der Auszierung. Viel Unveröffentlichtes dürfte verloren sein.

Literatur
C. Marciani, Organai lancianesi nel 1500 e il madrigalista Ippolito Sabino, Rivista abruzzese XXI, 1968.

Johannes Herold (um 1550–1603)

Zeit und Umwelt
Um die Mitte des 16. Jahrhunderts griff die Reformation auch in Österreich rasch um sich. Im Ostteil des Landes setzte die Gegenreformation nicht so rasch und scharf ein wie im Westen. Die Türkengefahr wirkte retardierend. Besonders in Kärnten kam es zur Bildung geschlossener evangelischer Gemeinden, so daß der Bedarf an ausgebildeten Kantoren wuchs. Gegen Ende des Jahrhunderts wendete sich das Blatt. Die Kantoren wurden vertrieben, die Gemeinden rekatholisiert.

Leben
Johannes Herold (Heroldt) wurde um 1550 in Jena geboren und dort zum Kantor ausgebildet. Von 1593 bis 1601 wirkte er in Klagenfurt als Kantor an der evangelischen Stiftsschule und ab 1595 auch am Dom. Dann mußte er diesen Wirkungskreis aufgeben. Er wurde Kapellmeister in Altenburg und sodann in Weimar, wo er im Jahre 1603 starb und am 8. 9. begraben wurde.

Werke
Von dem deutschen Kantor Herold ist eine Passion erhalten: Historia des Leidens und Sterbens unseres Herrn und Heilands. Es handelt sich um eine dreistimmige Motettenpassion, die sehr eindrucksvolle und lebendige Stellen enthält. Venezianischer Einfluß ist deutlich merkbar.

Literatur
H. J. Moser, Die Klagenfurter Deutsche Passion des Johann Herold, Musik und Kirche XI, 1939.

Pietro Paolo Pacciotto
(um 1550 bis um 1614)

Zeit und Umwelt
Gegen Ende des 16. Jahrhunderts beherrschte Palestrina die Musikszene von Rom derart uneingeschränkt, daß Musik, die nicht seinem Stil folgte, für zweitrangig angesehen wurde. Das war für die zeitgenössischen Komponisten Roms wohl anspornend, sich in diesem Stil zu üben, es blieben aber die meisten im Technischen stecken, weil man sie gehindert hatte, einen eigenen Stil zu bilden.

Leben
Pietro Paolo Pacciotto (Pacciotti) wurde um 1550 in Tivoli geboren. Im Jahre 1585 erhielt er die Kapellmeisterstelle am Collegio inglese in Rom, bald darauf auch am Seminario romano. Ab 1611 bis zu seinem Tod in Rom im Jahre 1614 wirkte er am Dom in Tivoli als Zweiter Kapellmeister.

Werke
Der italienische Komponist Pietro Paolo Pacciotto hatte sich lückenlos dem Palestrinastil verschrieben. Daher sind seine Kompositionen zwar technisch einwandfrei richtig, aber es fehlt ihnen der künstlerische Gehalt. Sie wirken matt und seelenlos. Er hinterließ ein Buch Messen für vier und fünf Stimmen, 2 Credo, eine fünfstimmige Festmotette für das ganze Kirchenjahr, außerdem einen Band sechsstimmige Madrigale, die ebenso wirken wie die Kirchenmusik.

Jean Flory (um 1550 bis um 1600)

Zeit und Umwelt
Das umfangreiche Musikreservoir, das Kaiser Karl V. in den Niederlanden vorfand, erlaubte ihm, seine Hofkapelle mit ersten Kräften auszustatten. Das hohe Niveau der Kapelle konnte weit über seinen Tod hinaus gehalten werden, weil das Erbe der frankoflämischen Schule noch lange vorhielt.

Leben
Jean Flory wurde in Maastricht um 1550 geboren und kam 1559 als Chorknabe in die habsburgische Hofkapelle. Im Jahre 1562 sandte ihn König Philipp II. auf seine Kosten zur weiteren Ausbildung nach Douai und nahm ihn hernach in seine niederländische Kapelle auf. Er ist um 1600 in den Niederlanden gestorben.

Werke
Von Jean Flory sind eine Anzahl Messen und Kanzonen überliefert, die im Stil der letzten franko-flämischen Schule gehalten sind, aber doch französischen Einfluß erkennen lassen. Die Melodie liegt in den meisten Fällen beim Tenor; der Diskant übernimmt sehr selten die Führungsrolle.

Giovanni Battista Bovicelli
(um 1550 bis nach 1597)

Zeit und Umwelt
Diminution bedeutete im 16. Jahrhundert eine improvisatorische Auszierung von Melodien durch den Interpreten. Im Hoch- und Spätmittelalter wurde hierfür die Bezeichnung Flores verwendet, weil unter Diminution die Verkürzung von Notenwerten neben anderen gleich geführten verstanden wurde.

Leben
Giovanni Battista Bovicelli wurde um 1550 in Assisi geboren. Er war Kleriker und nach seiner Ausbildung von 1583 bis 1597 Kapellsänger am Dom von Mailand, wo er nach 1597 gestorben sein dürfte.

Werke
Das Hauptwerk des Musikers und Musikschriftstellers Giovanni Battista Bovicelli war sein Traktat »Regole, Passaggi di Musica, Madrigali, et Motette passaggiati« (Regeln über Koloraturen bei Madrigalen und Motetten), in dem er eigene und fremde Kompositionen mit im 16. Jahrhundert üblichen Auszierungen (Diminutionen) durch die Sänger vorführte und erklärte. Das Werk ist für die Kenntnis der Koloraturpraxis seiner Zeit sehr wichtig. Daneben zeigte sich der Autor durch seine eigenen Vertonungen als tüchtiger und einfallsreicher Komponist.

Literatur
H. Goldschmidt, Verzierungen, Veränderungen und Passagien im 16. und 17. Jahrhundert, Monatshefte für Musikgeschichte XXIII, 1891.

Cesare Borgo (um 1550 bis nach 1602)

Zeit und Umwelt
Die 1484 von Herzog Ludovico Sforza gegründete Musikschule in Mailand hatte eine stattliche Reihe bedeutender Komponisten hervorgebracht, die man zur sogenannten »Alten Schule« zählte. In der zweiten Hälfte des 16. Jahrhunderts kamen Musiker hinzu, wie zum Beispiel Orazio Vecchi und Claudio Monteverdi, die eine neue Epoche eröffneten. Aber es währte geraume Zeit, bis

sich die Erneuerung der alten Grundsätze des Kontrapunktes durchsetzte. Es gab viel Kritik und Streit, bis das Neue neben dem Überkommenen, das noch lange das Feld behauptete, zumindest bestehen konnte.

Leben
Cesare Borgo (Borgho, Borghi) wurde vermutlich in Mailand um 1550 geboren und ausgebildet. Er dürfte an einer der Kirchen der Stadt gewirkt haben und dort auch nach 1602 gestorben sein.

Werke
Von dem Kirchenkomponisten Cesare Borgo sind 2 Bücher mit achtstimmigen Messen und 2 mit Canzonetten erschienen, außerdem einige Motetten und Hymnen in Sammeldrucken. Borgo gehörte der alten Generation der Mailänder Schule an, die die alten Regeln genau beachtete, wirkt aber besonders in seinen achtstimmigen Sätzen durchaus nicht antiquiert, weil Melodieführung und Modulationen durchwegs zeitgenössischen Charakter tragen.

Albinus Fabritius (um 1550–1635)

Zeit und Umwelt
Die Musikpflege in den Klosterkirchen wurde in Österreich wie in anderen Ländern vorwiegend von den Mönchen und eventuell von an den Klöstern bediensteten Laien bestritten. Waren Schulen mit den Klöstern verbunden, wurden begabte Schüler herangezogen und ausgebildet. Die Musiker in den Klöstern blieben oft anonym. Die Musik gehörte zu den kirchlichen Tätigkeiten wie alles andere. Wer musikalisches Talent hatte, mußte davon Gebrauch machen, ohne daß er besonders hervorgehoben wurde. Daher wissen wir über klösterliche Komponisten bis weit in die Neuzeit hinein sehr wenig. Ihre Kompositionen liegen in den Archiven, die Namen der Komponisten sind häufig überhaupt nicht oder sehr fragmentarisch vermerkt. Nur über Außenstehende, die für ein Kloster Musik machten, gibt es bessere Informationen.

Leben
Albinus Fabritius (Fabricius) wurde um 1550 in Görlitz geboren und vielleicht im nahen Dresden ausgebildet. Es ist nicht bekannt, wie er nach Österreich kam und 1597 Gutsverwalter des Benediktinerstiftes Sankt Lambrecht, Steiermark, wurde. Er starb in Bruck an der Mur am 19. 12. 1635.

Werke
Das Hauptwerk des Komponisten Albinus Fabritius stellen seine sechsstimmigen »Cantiones sacrae« (Geistliche Gesänge) dar, die aus 24 lateinischen Motetten bestehen und in Graz erschienen sind. Weitere mehrstimmige Motetten sind in verschiedenen deutschen Handschriften (Breslau, Freiberg, Zwickau usw.) enthalten. Sie sind etwas steif und trocken gesetzt, aber dennoch gut gearbeitet. Seine beste Komposition ist ein sechsstimmiges Magnificat.

Tomasz Szadek (um 1550 bis um 1611)

Zeit und Umwelt
Mit dem Regierungsantritt des polnischen Königs Sigismund III. erhielt der Katholizismus starken Auftrieb, so daß auch der katholischen Kirchenmusik erhöhtes Interesse zugewendet wurde. Die Hofkapelle wurde nur mit Katholiken besetzt. Um abgehende Andersgläubige zu ersetzen, wurden Mitglieder der Kapelle an der Kathedrale herangezogen.

Leben
Tomasz Szadek (Sadek, Sadesz) wurde um 1550 in Krakau geboren und zum Sänger und Musiker ausgebildet. Er gehörte von 1569 bis 1574 der polnischen Hofkapelle in Krakau an, nachdem er an der Kathedrale und anderen Kirchen als Sänger gewirkt hatte. Darauf wurde er Vikar der Kathedrale und zugleich Mitglied der Hofkantorei. Den Rest seines Lebens bis um 1611 verbrachte er als Sänger in der Kathedralenkapelle.

Werke
Von dem polnischen Kirchenkomponisten

Tomasz Szadek sind 2 Messen, dazu je ein Graduale, ein Introitus und eine Communio erhalten. Der Stil dieser Kompositionen gehört der 1. Hälfte des 16. Jahrhunderts an.

LITERATUR
A. Chybiński, Über die polnische mehrstimmige Musik des XVI. Jahrhunderts, Leipzig 1909.

Cesario Gussago
(um 1550 bis nach 1612)

ZEIT UND UMWELT
Obwohl Brescia schon 1456 venezianisch wurde, blieben seine Bürger und seine Künstler Lombarden. Der Erneuerer der lombardischen Malerei, Vincenzo Foppa (1427–1516), wurde dort geboren, und Girolamo Romani (1485–1566) schmückte den Neuen Dom, einen prächtigen Spätrenaissancebau, mit Gemälden. Neben vielen anderen Bauten nimmt der Kreuzgang der Santa Maria delle Grazie als Muster der lombardischen Renaissance einen Ehrenplatz ein.

LEBEN
Cesario Gussago wurde um 1550 in Ostiano, Brescia, geboren, studierte in Pavia, trat in den Orden San Geronimo ein und wurde dessen Generalvikar in Brescia. Im Jahre 1612 betraute man ihn mit dem Organistendienst an Santa Maria delle Grazie, den er bis zu seinem Tod versah.

WERKE
Von dem Kirchenmusiker Cesario Gussago sind achtstimmige sakrale Gesänge, Vesperpsalmen und dreistimmige Laudes erschienen, dazu an Orgelmusik Sonaten, Konzerte und Symphonien. Die Vokalmusik folgt der alten Mailänder Schule. Die Orgelstücke entfernen sich weit vom Vokalsatz und sind zu den frühen echten Orgelkompositionen Italiens zu reihen.

Johann Lindemann
(um 1550 bis nach 1631)

ZEIT UND UMWELT
Mit der Bezeichnung Kantor wurde ursprünglich jeder Sänger, dann ein ausgebildeter, eventuell leitender Sänger benannt. Ein neuer Typ des Kantors entstand in protestantischen Ländern bald nach der Reformation. Wie an den alten Stiftsschulen wurden an den Lateinschulen Sänger herangezogen. Die Musiklehrer, Kantoren, selbst akademisch gebildete Lehrer, nahmen zumeist eine Doppelstellung ein. Sie unterrichteten in irgendwelchen Fächern und leiteten die Musikerziehung, sie fungierten zugleich als Leiter des gottesdienstlichen Gemeindegesangs und auch der Kantorei für den Kunstgesang. Dazu wirkte der Kantor als Komponist für die Kirche und in manchen Fällen auch für die Stadt.

LEBEN
Magister Johann Lindemann wurde in Gotha um 1550 geboren. Er wirkte als Kantor seines Geburtsortes in Schule und Kirche von 1571 bis 1631. Dann ging er in den Ruhestand und starb einige Jahre darauf.

WERKE
Der Kantor Johann Lindemann dichtete und komponierte eine Anzahl geistlicher Gesänge und veröffentlichte eine Sammlung Weihnachts- und Neujahrslieder verschiedener Meister. Seinen eigenen Werken wurde eine starke Innigkeit beigemessen.

Luca Bati (um 1550–1608)

ZEIT UND UMWELT
Der italienische Bühnendichter Giovanni Maria Cecchi (1518–87) gilt als Erneuerer des Theaters seiner Zeit. Seine geistlichen Spiele und Komödien gaben der althergebrachten Farce ihre literarische Form. Dem Zeitgeschmack entsprechend wurden einzelne mit Intermedien aufgeführt.

LEBEN

Luca Bati wurde um 1550 in Florenz geboren und zum Musiker und Kleriker ausgebildet. Er war Schüler von Francesco Corteccia und gehörte zum Kreis der Camerata Florentina um Conte Bardi. Im Jahre 1598 folgte er Cristoforo Malvezzi auf den Posten des Kapellmeisters am Florentiner Dom und am Hof der Medici nach und wirkte ab 1600 bis zu seinem Tod am 17. 10. 1608 als Kapellmeister an San Lorenzo in Florenz.

WERKE

Von Luca Bati sind 2 Bücher mit fünfstimmigen Madrigalen erschienen, außerdem eine Anzahl Kirchenmusik: eine Messe für sechs Stimmen, Psalmen, Magnificat, Motetten. Bekannt wurde der Komponist durch seine Intermedien zum geistlichen Spiel »Die Kreuzerhöhung« von Giovanni Maria Cecchi; er war neben Giulio Caccini an der Vertonung des Melodramas »Der Raub des Kephalos« von Gabriello Chiabrera (1552 bis 1638) beteiligt. Alle Kompositionen von Bati weisen auf das Ende der Renaissancemusik; sie sind voll schönen Klanges, als wären sie ein Abschied von einer glänzenden Epoche.

LITERATUR

F. Ghisi, Luca Bati, maestro di cappella granducale di Firenze, Revue belge de Musicologie VIII, 1954.

Giulio Caccini (um 1550–1618)

ZEIT UND UMWELT

Die langen theoretischen Erörterungen der Humanisten der Camerata Florentina des Conti Bardi drängten zur Tat. Die Absicht, die griechische Tragödie mit antiker Musik versehen auf die Bühne zu bringen, wurde verwirklicht. Daß die Vertonung von dramatischen Dialogen weder kontrapunktisch noch akkordisch durchführbar war, leuchtete allen ein. Es gab nur eine Möglichkeit, den Rezitativgesang, der den Text und seine Bedeutung verständlich machte. Die ersten Kompositionen dieser Art gelangen. Das griechische Drama war als Musikdrama neu erstanden. Es hatte alles an sich, was man davon verlangte, nur eines nicht, echte Dramatik und echte Musik. Es hatte alles aus der Antike übernommen, nur ihren Geist und ihre künstlerische Kraft nicht.

LEBEN

Giulio Caccini (auch Giulio Romano genannt) wurde um 1550 in Tivoli geboren. Nach einer Ausbildung im Lautenspiel kam er 1564 nach Rom und erhielt am Hof der Medici eine Anstellung als Sänger. Neben diesem Beruf setzte er sein Musikstudium fort, so daß er als Komponist, Sänger und Harfenist an den Intermedien anläßlich der Hochzeiten im Haus Medici teilnehmen konnte. An der Camerata Florentina beteiligte er sich seit ihrer Gründung und stand darin als praktischer Musiker im Vordergrund, solange die Zusammenkünfte bei Conte Bardi stattfanden. Nach deren Übersiedlung zu Jacopo Corsi übernahm Jacopo Peri die Führung, die der dramatischen Kunst den Vorzug gab. Caccini beteiligte sich dennoch an den Bestrebungen des Komponisten Peri; er steuerte seiner »Euridice« etliche Gesänge bei und vertonte den gleichen Stoff 1600 selbst. Auf Wunsch der französischen Königin Maria de'Medici hielt sich Caccini von 1604 bis 1605 in Paris auf. Eine Weiterreise nach England wurde ihm verweigert. Der Großherzog Ferdinando I. fürchtete, daß der Komponist sich dort für immer niederlassen würde. Er starb in Florenz und wurde am 10. 12. 1618 begraben.
Seine ältere Tochter Francesca Caccini, genannt La Cecchina (18. 9. 1587, Florenz, bis um 1640, Lucca), war Sängerin und Cembalistin von hoher Qualität. Auch ihre Kompositionen wurden zu ihrer Zeit sehr geschätzt.
Seine jüngere Tochter Settimia (um 1590, Florenz, bis nach 1640, Florenz) war ebenfalls eine gefeierte Sängerin, die in den szenischen Werken von Claudio Monteverdi hervortrat.

WERKE

Das Hauptwerk von Giulio Caccini war Le

nuove musiche (Die neue Musik), in dem der neue (rezitativische) Stil an Arien und Madrigalen erprobt wurde. Außer der verlorenen Oper »Euridice« schrieb Caccini eine »Dafne«, die gleichfalls nicht erhalten ist. Er wirkte außerdem an der Vertonung des Melodramas »Der Raub des Kephalos« zugleich mit Luca Bati und an den »Maschere d'amazzoni« von Ottavio Rinuccini mit. Überdies brachte er den »Fuggilotio musicale« mit 16 Solostücken und 13 Duetten heraus. Giulio Caccini wirkte an der Zeitenwende von der Renaissance zum Barock und zum Musiktheater. Er nahm die Priorität der Komposition im Rezitativstil für sich in Anspruch.

Von Francesca Caccini sind die Ballettoper »Die Befreiung Ruggieros« und die Ballette »Zigeunerball« und »Der verliebte Rinaldo«, außerdem ein Buch mit ein- und zweistimmigen Arien überliefert.

LITERATUR
M. Feller, The New Style of Giulio Caccini, Köln 1958. D. Silvert, Francesca Caccini, called La Cecchina, in: The Musical Quarterly 32, 1946.

Jan Tollius (um 1550 bis um 1603)

ZEIT UND UMWELT
Als Christian IV., König von Dänemark und Norwegen, der seinem Vater als Minderjähriger auf den Thron gefolgt war (1588), im Jahre 1596 die Regierungsgeschäfte selbst in die Hand nehmen konnte, bemühte er sich, Industrie, Bergbau und Handel zu beleben. Er holte niederländische Baumeister in das Land, die neugegründete Städte und Häfen errichteten, und Musiker von überall her für seine Hofkapelle.

LEBEN
Jan Tollius (Joannes) wurde um 1550 in Amersfoort geboren und dort ausgebildet. Vom Sänger an der Liebfrauenkirche seiner Vaterstadt rückte er zum Kapellmeister auf, mußte jedoch die Stelle wegen seines katholischen Bekenntnisses aufgeben. Er ging 1583 nach Italien und wurde Kapellmeister am Dom zu Rieti. Er trat dem Franziskanerorden bei, wurde Kapellmeister in Assisi und kam 1588 nach einem kurzen Aufenthalt in Rom als Tenorsänger an den Dom zu Padua. Im Jahre 1601 wurde er in gleicher Eigenschaft in die Hofkapelle in Kopenhagen aufgenommen, wo er bis zu seinem Tod um 1603 verblieb.

WERKE
Der niederländische Komponist Jan Tollius hat ein Buch mit dreistimmigen Motetten, eines mit dreistimmigen Modulationen, 2 Bücher mit fünfstimmigen Motetten und eines mit sechsstimmigen Madrigalen hinterlassen. Seine Musik steht zwischen Spätrenaissance und Frühbarock und ist für das Studium des Stilwandels sehr interessant. Sie ist außerdem sehr klangschön.

LITERATUR
Fr. Noske, Jan Tollius, Köln 1938.

Mikołaj Zieleński (um 1550–1615)

ZEIT UND UMWELT
Die Bedeutung der ältesten polnischen Hauptstadt Gniezno, Residenz der Piasten im ersten polnischen Staatswesen, Sitz des ersten von Deutschland unabhängigen Erzbischofes, Krönungsort der polnischen Könige, glitt von Jahrhundert zu Jahrhundert ab. Aber die Kathedrale büßte nichts von ihrer Schönheit ein und die Kirchenmusik wurde weiterhin gepflegt.

LEBEN
Mikołaj Zieleński wurde um 1550 in der Provinz Posen geboren und vermutlich an der Kathedrale von Gniezno ausgebildet. Es ist unbekannt, an welchen Kirchen er gewirkt hatte, ehe er 1608 in den Dienst der Kathedrale von Gniezno als Organist trat. Er blieb in dieser Stellung bis zu seinem Tod im Jahre 1615.

WERKE
Der polnische Komponist und Organist

Mikołaj Zieleński war ein Vertreter des römisch-venezianischen und des konzertierenden Stils. Seine Motetten und kirchlichen Gesänge für mehrere Stimmen sind getreue Nachbildungen gleichartiger italienischer Werke aus der Mitte des 16. Jahrhunderts. Fortschrittlicher sind die Offertorien und Kommunionsgesänge für das ganze Kirchenjahr für eine bis zwölf Stimmen mit Instrumentalbegleitung. Die Gesänge enthalten viele Solostellen und einen guten Teil Affektmusik.

LITERATUR
Z. M. Szweykowski, Problem przełomu stylistycznego między Renesansem i Barokiem w muzyce polskiej, Bydgoszcz 1969.

Charles Tessier
(um 1550 bis nach 1604)

ZEIT UND UMWELT
Seine Tüchtigkeit als Regent, sein gewinnendes Wesen und nicht zuletzt seine vielen Liebesabenteuer machten Heinrich IV. zu einer der populärsten Gestalten der französischen Geschichte. Die Pflege der Hofkapelle war für ihn ein besonderes Anliegen. Selbst liebte er mehr den intimen Klang der Laute bei Soupers im engsten Rahmen. Er wünschte, daß alle Franzosen jeden Sonntag ihr Huhn im Topf haben, er verlangte für sich gediegenen Luxus ohne Prunk, echte Schönheit und raffinierten Genuß.

LEBEN
Charles Tessier wurde um 1550 in Pézenas, Hérault, geboren. Er etablierte sich in Paris als Lautenist und wurde Kammermusiker König Heinrichs IV. In den neunziger Jahren hielt er sich in England auf, ging darauf zu Moritz, Landgraf von Kassel. Er starb in Paris nach 1604.

WERKE
Vom Lautenisten Charles Tessier sind vier- bis fünfstimmige Airs de cour und mehrstimmige Villanellen (Airs et Vilanelles francais, italiens, espagnols, suices et turcqs, mis en musique à 3, 4, rt 5 parties) erhalten. Seine Airs de cour zeichnen sich durch besondere Eleganz aus.

Scipione Bargaglia
(um 1550 bis um 1600)

ZEIT UND UMWELT
In der Bezeichnung Konzert sind zwei Begriffsbestimmungen enthalten. Es kann damit das Zusammenwirken verschiedener Musikträger – Einzelstimmen, Chöre, Instrumente – bezeichnet werden, zugleich aber das im Wettstreit gegeneinander Spielen. Das Wort tauchte gegen Ende des 16. Jahrhunderts auf und wurde bald zur Kollektivbenennung verschiedenartiger Formen, die sich in der Folge herausbildeten und für kommende Musikepochen typisch wurden.

LEBEN
Scipione Bargaglia wurde um 1550 in oder bei Neapel geboren und in einer der Musikschulen jener Stadt ausgebildet. In welcher Stellung der Musiker tätig war, ist nicht bekannt. Man kennt nur sein Wirken als Komponist. Er dürfte um 1600 in Neapel gestorben sein.

WERKE
Die Bezeichnung »Concerto« wurde angeblich von Scipione Bargaglia zum ersten Mal gebraucht. Er verwendete sie für seine Instrumentalstücke, die wegen der fehlenden Texte und des geforderten Stimmumfanges von Singstimmen nicht ausgeführt werden konnten. Die Stücke sind streng kontrapunktisch gehalten und über einen Generalbaß aufgebaut. Sie gehören zu den Vorläufern des Stils des kommenden Jahrhunderts.

Sebastián Raval (um 1550 bis nach 1601)

ZEIT UND UMWELT
Den ursprünglich mit karitativem Ziel gegründeten Johanniterorden wandelte Rai-

mond de Puy (1118–60) in einen Ritterorden um. Mit dem Verlust sämtlicher Eroberungen der Kreuzzüge schwand auch die Bedeutung aller Ritterorden. Das Vordringen der Türken im 15. und 16. Jahrhundert gab diesem Rittertum einen neuen Sinn. Es trat zwar kaum mehr als geschlossene Formation in Erscheinung, aber die einzelnen Ritter beteiligten sich im Rahmen der kämpfenden Heere am Einsatz.

Leben
Sebastián Raval wurde um 1550 als Sohn spanischer Eltern vermutlich in Neapel geboren. Seine Familie dürfte dem spanischen Adel angehört haben. Er wurde Mitglied des Johanniterordens und nahm wahrscheinlich an der Seeschlacht bei Lepanto (1573) teil. Er wandte sich verhältnismäßig spät der Musik zu und wirkte als Kapellmeister in Neapel, Urbino und (um 1600) in Palermo, wo er nach 1601 starb.

Werke
Der Johanniter Sebastián Raval war bei den Zeitgenossen wegen seiner kontrapunktischen Improvisationskunst berühmt. Er ließ sich mehrmals in Wettkämpfe, wie sie im folgenden Jahrhundert immer häufiger geübt wurden, mit bekannten Komponisten ein, darunter mit Giovanni Maria Nanino, Francesco Suriano, Achille Falcone und anderen, und schnitt dabei stets sehr gut ab. Von seinen Kompositionen sind mehrere Bücher mit mehrstimmigen Motetten, Madrigalen und Canzonetten erhalten. Seine kompositorische Fähigkeit zeigte sich vor allem in den 1594 in Rom erschienenen fünfstimmigen »Lamentationes Hieremie Prophete«. Sein Stil entspricht dem neapolitanischen seiner Zeit.

Johann Wanningus
(um 1550 bis nach 1602)

Zeit und Umwelt
Obwohl Danzig (Gdańsk) 1454 in ein Schutzverhältnis zu den polnischen Königen getreten war, widersetzte es sich stark jeder Polonisierung. Seit der ersten Hälfte des 16. Jahrhunderts gewann die Reformation rasch an Boden, so daß ein starker Bedarf an ausgebildeten Kantoren entstand.

Leben
Johann Wanningus wurde um 1550 in Kampen, Oberijsel, geboren und vermutlich in den Niederlanden ausgebildet. Über sein Wirken bis zum Jahr 1580, in dem er die Kapellmeisterstelle an der Marienkirche in Danzig erhielt, weiß man nichts. 1602 zog er sich in den Ruhestand zurück und starb in den Jahren darauf in Danzig.

Werke
Der niederländische Kirchenmusiker Johann Wanningus veröffentlichte zwischen 1580 und 1590 »Geistliche Gesänge« für fünf bis acht Stimmen und 2 Bücher mit fünf- bis siebenstimmigen Vertonungen von Evangelientexten. Handschriftlich liegen weitere kirchliche Gesänge, eine fünfstimmige Messe und ein siebenstimmiges Jubilate vor. Die Musik folgt der franko-flämischen Schule; sie ist völlig durchimitiert, die Kontrapunktik nimmt auf den Klang wenig Rücksicht, die Stimmführung ist sehr dicht.

Corneliszoon Henric van Utrecht
(um 1550–1609)

Zeit und Umwelt
Im Jahre 1577 erstürmten die Frauen von Utrecht die von Karl V. erbaute Festung Vredenburg. Damit war die spanische Herrschaft über Stadt und Provinz Utrecht praktisch beendet. Die niederländischen Nordprovinzen schlossen sich 1579 zur Utrechter Union zusammen und lösten sich 1581 als Republik der Vereinigten Niederlande endgültig von Spanien. Als Reaktion gegen die abgeschüttelte spanische Herrschaft ergab sich Utrecht dem Calvinismus, der inzwischen Chorgesang und Orgelspiel in der Kirche zuließ.

Leben
Corneliszoon Henric van Utrecht wurde

um 1550 in Utrecht geboren. Er wirkte in seiner Vaterstadt als Organist an der Jacobskirche, dann an der Marienkirche bis zu seinem Tod im Jahre 1609.

WERKE
Vom kompositorischen Werk des niederländischen Musikers ist sein »Parnassus Musicus a 5 instr.« erhalten. Diese Sammlung von Instrumentalkonzertstücken ist zwar stilistisch der niederländischen Schule verpflichtet, stellt aber eine der frühesten echten Instrumentalkompositionen des niederländischen Raumes dar, die weder vom Vokal- noch vom Orgelsatz abhängig gemacht wurden.

Johann Grabbe (um 1550 bis nach 1617)

ZEIT UND UMWELT
Die »Edlen Herren zur Lippe« schlugen 1501 ihre Residenz in Detmold auf und wurden 1529 zu Reichsgrafen erhoben. Die Ansprüche auf Oberhoheit, die Hessen erhob, wurden nie verwirklicht. Die Reichsgrafen erbauten sich in Detmold ein Schloß, das zum Schmuck der Stadt wurde, und gründeten eine Hofkapelle mit den besten Kräften, die sie bekommen konnten.

LEBEN
Johann Grabbe wurde um 1550 in Westfalen geboren. Er dürfte in Detmold zum Organisten ausgebildet worden sein. Jedenfalls ist er in den Dienst der Reichsgrafen zur Lippe als Organist und Hofmusiker getreten. Im Jahre 1609 ging er nach Venedig, um einige seiner Kompositionen zu veröffentlichen. Es ist nicht festzustellen, wann er in seine Heimat zurückgekehrt und wo er nach 1617 gestorben ist.

WERKE
Von dem Organisten Johann Grabbe sind keine Kirchenkompositionen überliefert, dafür jedoch Stücke, die er als Hofmusiker geschrieben hat, wie ein Buch Madrigale für fünf Stimmen, 2 Pavane und mehrere Instrumentalstücke, die offenkundig als Tafelmusik bestimmt waren. Die Instrumentalkompositionen müssen bereits dem Frühbarock zugeordnet werden.

Tiburtio Massaini
(um 1550 bis nach 1609)

ZEIT UND UMWELT
Musiker, die einem weitverzweigten Orden angehörten, wechselten sehr häufig ihren Wirkungskreis. Sie wurden von einem Kloster zum anderen gesandt, wo man sie eben gerade brauchte. Da es für sie gleichgültig war, in welchem Kloster sie lebten, und es nichts gab, an das sie ihr Herz hängten, konnten sie jederzeit mit leichtem Gepäck auf jede Reise gehen, denn überall gab es Chöre und Kapellen, bei denen man singen, spielen oder dirigieren konnte.

LEBEN
Tiburtio Massaini (Massaino) wurde um 1550 in Cremona geboren und ausgebildet. Er trat dem Augustinerorden bei und wirkte zuerst in der eigenen Klosterkirche seiner Vaterstadt. Im Jahre 1585 wurde er Domkapellmeister in Salò, ging darauf nach Innsbruck (1589), Salzburg (1591) und Prag (1592), Cremona (1594) und Piacenza (1598). Von 1600 bis 1608 wirkte er in Lodi, wo er nach 1609 starb.

WERKE
Der Kirchenmusiker Tiburtio Massaini brachte 8 Bücher Madrigale für bis zu acht Stimmen, weitere 8 mit Motetten für bis zu sechzehn Stimmen, 3 Bücher Messen, Psalmen, Hymnen, Lamentationen und Vespern heraus. Musikgeschichtlich interessanter sind aber seine Instrumentalkompositionen: 3 Kanzonen zum Spielen, davon eine für acht Posaunen, eine für vier Violen und vier Lauten und eine für sechzehn Posaunen.

LITERATUR
Cl. Sartori, O. Vecchi e T. Massaino a Salò, Löwen 1969.

Giovanni Battista Rossi
(um 1550 bis nach 1630)

Zeit und Umwelt
Hieronymus Aemiliani (1486–1537) gründete 1528 in Somasca, Oberitalien, die Ordensgemeinschaft der Somaschi nach der Augustinerregel, die 1540 päpstlich approbiert wurde. Der Orden widmete sich vorwiegend dem Schulwesen und der Waisenbetreuung.

Leben
Giovanni Battista Rossi wurde um 1550 in Genua geboren. Er trat der Genueser Kongregation regulierter Kleriker bei, die 1568 dem Orden der Somaschi angeschlossen wurde. Im Rahmen seiner kirchlichen Funktion war er in seiner Heimatstadt als Organist tätig und starb dort nach 1630.

Werke
Außer seinem interessanten Lehrbuch über Kontrapunkt veröffentlichte Giovanni Battista Rossi ein Buch vierstimmige Messen. Handschriftlich sind einige Lauden für drei Stimmen überliefert. Die Musik des Komponisten Rossi war schon zu seiner Zeit antiquiert, aber kontrapunktisch genau und sehr geschickt gearbeitet.

Literatur
R. Giazotto, La musica a Genova nella vita publica e privata dal XIII al XVIII secolo, Genua 1952.

Josephus Gallus (um 1550 bis nach 1598)

Zeit und Umwelt
Die Ordensgemeinde der Somaschi breitete sich in wenigen Jahrzehnten über ganz Oberitalien aus. Im Rahmen der pädagogischen Aufgaben der Mitglieder wurde viel Musikunterricht erteilt, und zwar außerhalb der offiziellen Musikschulen an den Domen, in kleineren Kirchen, in Schulräumen, Privatwohnungen und Hinterhöfen. Begabte Kinder wurden den Domschulen empfohlen.

Leben
Josephus Gallus wurde um 1550 in Mailand geboren. Er wurde Geistlicher, trat dem Orden der Somaschi bei und widmete sich dem Musikunterricht der vom Orden betreuten Kinder. Er ist vermutlich an einer der Kirchen Mailands als Organist tätig gewesen und dürfte in seiner Geburtsstadt nach 1598 gestorben sein.

Werke
Von dem Komponisten Josephus Gallus sind nur wenige mehrstimmige Lieder erhalten. Alles andere ist verlorengegangen. Aber auch diese Lieder kennzeichnen ihn als befähigten Komponisten der Mailänder Schule.

Jean de Macque (um 1550–1614)

Zeit und Umwelt
Unter Kaiser Rudolf II. begann in den österreichischen Hofkapellen in Wien und Prag der italienische Einfluß, der sich in der folgenden Zeit immer mehr verstärkte. Es gab noch immer viele Musiker aus dem frankoflämischen Raum, aber es fällt auf, daß ein Großteil von ihnen nicht unmittelbar aus der Heimat, sondern über Italien nach Österreich kam, wo er nach der Ausbildung in der Heimat sozusagen den letzten Schliff erhalten hatte, um sich dem Stil der österreichischen Kapellen einzufügen. Die unmittelbare Beziehung Flanderns zu Wien aber bot dennoch manchem die Möglichkeit, seine Laufbahn in Österreich zu beginnen, um bereits mit einer »österreichischen« Vorbildung, die der italienischen stark ähnelte, nach Italien zu gehen.

Leben
Jean de Macque (Giovanni) wurde um 1550 in Valenciennes geboren und bereits 1563 in die Hofkapelle in Wien als Sänger aufgenommen. Nach wenigen Jahren ging er nach Rom und wurde dort 1568 Organist an San Luigi de'Francesi, wo er am leichtesten unterkam, weil er aus dem französischen Sprachgebiet stammte. Im Jahre 1586 nahm

ihn der Komponist Don Carlo Gesualdo in Neapel als Sänger in seine Privatkapelle auf, 1590 wurde er Zweiter Organist an Santissima Annunziata in Neapel und wirkte sodann von 1599 bis zu seinem Tod im September 1614 als Organist der Königlichen Kapelle.

WERKE

Von Jean de Macque sind eine große Anzahl Madrigale und fünf- bis sechsstimmige Motetten überliefert. Sie tragen den Stil des ausgehenden 16. Jahrhunderts. Seine französischen Kanzonen für vier Stimmen können auch mit Instrumenten gespielt werden. Seine Orgelstücke bereiten wie die Vokalkompositionen den Anbruch barocker Kunstvorstellungen vor.

LITERATUR

U. Prota-Giurleo, Notizie sul musicista belga Jean Macque, Lüttich 1930.

Domenico Maria Melli
(um 1550 bis nach 1609)

ZEIT UND UMWELT

Der Basso ostinato und überhaupt jede Ostinato-Bildung begleitete die Musikgeschichte seit frühen Zeiten, wenngleich die Bezeichnung erst gegen das Ende des 17. Jahrhunderts fixiert worden ist. Der liegende, in gleicher Tonhöhe bleibende oder eine kurze Formel wiederholende Baß läßt den darüberlaufenden Stimmen freie Entwicklungsmöglichkeiten und gibt dem Stück eine eindringliche Wirkung, die besonders im Barock sehr bevorzugt wurde.

LEBEN

Domenico Maria Melli wurde um 1550 in Reggio Emilia geboren. Er lebte als Jurist und Komponist in Padua und Venedig und starb dort nach 1609.
Pietro Paolo Melli (um 1550, Reggio Emilia, bis nach 1619), ein Verwandter von Domenico Maria Melli, war Lautenist, Sänger und Komponist. Er wirkte an den Höfen von Wien und Ferrara.

WERKE

Der italienische Komponist Domenico Maria Melli nahm als einer der ersten den monodischen Stil von Giulio Caccini auf und verwendete ihn bei seinen Kompositionen für Singstimme und Begleitung durch Chitarrone, Cembalo oder andere Instrumente. Bei einem Sonetto scheint die im 17. Jahrhundert stark kultivierte Basso-ostinato-Technik in ihrer barocken Form auf. Die Beliebtheit seiner Werke erhellen die vielen rasch aufeinander folgenden Auflagen ihrer Drucke.
Von Pietro Paolo Melli sind 4 Bücher Lautentabulaturen erhalten, die bis 1616 erschienen sind und viel gespielt wurden.

Stefano Felis (um 1550 bis nach 1603)

ZEIT UND UMWELT

Bari ging 1557 aus der Hand der Sforza an Neapel über, mit dem der wirtschaftliche und kulturelle Kontakt schon immer sehr stark war. Musiker aus Bari ergänzten ihre Ausbildung häufig an einer der Musikschulen Neapels und verblieben nicht selten dort, denn das kleine Bari selbst konnte nur wenige von ihnen beschäftigen.

LEBEN

Stefano Felis wurde um 1550 in Bari geboren und nach seiner Ausbildung in Neapel im Jahre 1579 Kapellmeister und Kanonikus am Dom zu Bari (San Sabino). Er folgte einem Ruf nach Prag zur Hofkapelle und kehrte 1591 nach Italien zurück, um in Neapel die Kapellmeisterstelle am Dom anzutreten. Im Jahre 1596 ging er in seine Heimatstadt zurück, wo er bis 1603 an San Nicola als Kapellmeister wirkte. Er ist einige Jahre später in Bari gestorben.

WERKE

Von Stefano Felis sind Messen, Motetten, Madrigale, Villanellen überliefert, an Orgelmusik Ricercari und Fantasien. Die Orgelstücke sind im spanischen Stil gehalten, der in Neapel gepflegt wurde. Die Vokalmusik ist stark konventionell.

LITERATUR
Br. D. Hoagland, A Study of Selected Motets of Stefano Felis, University of Missouri, 1967.

Giovanni Piccioni
(um 1550 bis nach 1619)

ZEIT UND UMWELT
Der Maler Giovanni Battista Cima (um 1459 bis 1517) wurde in Conegliano geboren. Im Jahre 1492, ehe er nach Venedig übersiedelte, erhielt er den Auftrag, für den Dom der Stadt ein Altarbild zu malen. Stifter des Bildes war das Adelshaus de'Desiosi, das auch eine Accademia dei Magnifici Signori Desiosi gründete und erhielt.

LEBEN
Giovanni Piccioni (Pizzoni, Pisoni) wurde um 1550 in Rimini geboren. Er war bereits 1577 Musikmeister der Akademie der Signori Desiosi in Conegliano. Um 1590 wurde er Domorganist in Orvieto und 1616 Kapellmeister in Montefiascone. Er kehrte 1619 nach Orvieto zurück, wo er einige Jahre darauf starb.

WERKE
Die Madrigale und Kanzonen des italienischen Komponisten Giovanni Piccioni gehörten stilistisch noch dem 16. Jahrhundert an, ebenso die Messen und einzelne Psalmen. Seine Kirchenkonzerte (Concerti ecclesiastici) haben Orgelbegleitung wie auch etliche Psalmvertonungen. Bei seiner Stimmführung ist eine gewisse Experimentierfreudigkeit und das Suchen nach neuen Klängen bemerkbar.

Stefano Venturi (um 1550 bis nach 1598)

ZEIT UND UMWELT
Während die wirtschaftliche und politische Macht Venedigs im Verlauf des 16. Jahrhunderts stetig absank, entwickelte sich die Stadt zu einer Musikmetropole von Weltbedeutung. Der Dom und andere Kirchen, die großen Konservatorien, die privaten Kapellen und Schulen und die Kapelle der Signoria zogen ständig erstrangige Musiker an und bildeten junge Talente aus, die den Stil der Stadt in alle Städte Italiens trugen.

LEBEN
Stefano Venturi wurde um 1550 vermutlich in oder bei Venedig geboren und dort zum Komponisten ausgebildet. Es ist nicht bekannt, an welcher Kirche und in welcher Kapelle der italienische Komponist wirkte, wir wissen nur, daß er in Venedig Madrigale von hoher Qualität herausbrachte. Er dürfte in Venedig nach 1598 gestorben sein.

WERKE
Eine beträchtliche Anzahl mehrstimmiger Madrigale von Stefano Venturi führt uns deutlich den Übergang der Stilepochen um die Wende vom 16. zum 17. Jahrhundert vor Augen. Seine »Geistlichen Sinfonien« und vielstimmigen Motetten gehören noch der älteren Periode an. 2 seiner Madrigale sind in das Englische übersetzt und in England herausgebracht worden.

Gregorius Victorinus (um 1550–1624)

ZEIT UND UMWELT
Das Jesuitentheater wurde im Zuge der geistigen Gegenreformation von den Jesuiten-, Piaristen- und Benediktinerklöstern als pädagogisch-religiöse Theaterform mit opernhaftem Gepränge, Musik und Gesang, reicher Ausstattung, Maschinerie und Massenkomparserie im Freien aufgeführt. Die Texte waren zumeist lateinisch.

LEBEN
Gregorius Victorinus wurde um 1550 in Huldschön, Bayern, geboren. Er trat in das Jesuitenkloster St. Michael in München ein, wo er Musikpräfekt wurde. Er schrieb, komponierte und inszenierte gigantische Freilichtaufführungen von Erbauungsschauspielen und leitete das gesamte Musikgeschehen des Klosters bis zu seinem Tod im Jahre 1624 in München.

WERKE
Die Musik zu dem am 7. 7. 1597 vor der St.-Michaels-Kirche aufgeführten geistlichen Spiel, in dem der Sturz der Engel in das Höllenfeuer und ihre Verbrennung vom Gesang eines neunhundertköpfigen Chors begleitet wurde, ist verschollen. Auch die anderen Kompositionen des Kirchenkomponisten Gregorius Victorinus sind zum größten Teil verloren. Überliefert sind lediglich ein sechsstimmiges Magnificat, 3 Litaneien für vier bis zehn Stimmen und einige 20 Gesänge. So sehr seine geistlichen Spiele Barockideen verwirklichen, so nahe stehen seine vielstimmigen Kompositionen noch der Renaissancemusik.

Orazio Scaletta (um 1550–1630)

ZEIT UND UMWELT
Als im Jahre 1483 die zweitälteste Musikschule in Oberitalien von Lodovico Sforza gegründet und Franchino Gaffori unterstellt wurde, galt sie als das fortschrittlichste Institut ihrer Art. Am Ende des 16. Jahrhunderts war sie von der Weiterentwicklung der Musik überrollt und in das Feld des Konservativismus gedrängt worden, weil sie, bestätigt durch Leistung und Erfolg vieler ihrer Schüler, innerhalb des Rahmens ihres Stiles geblieben war und sich damit begnügt hatte, diesen nur auszubauen und nicht zu verändern. Und nicht wenige lombardische Musiker hielten ihr die Treue, vielleicht auch, weil das Anerkennung, gute Stellungen und Erfolg sicherte.

LEBEN
Orazio Scaletta ist um 1550 in Crema geboren. Er wurde in Mailand ausgebildet und erhielt noch in jungen Jahren dort eine Kapellmeisterstelle. 1590 ging er nach Venedig und wirkte an einer Kirche in gleicher Eigenschaft, 1595 nach Bergamo und 1601 in seine Vaterstadt Crema, wo er bis 1609 als Kapellmeister wirkte. Das Jahr 1611 findet ihn in Salò, 1615 war er erneut in Bergamo. Zuletzt wirkte er an Sant' Antonio in Padua, wo er 1630 starb.

WERKE
Der Kirchenmusiker Orazio Scaletta stand bei seinen Zeitgenossen in hohem Ansehen, seine Werke wurden sehr geschätzt. Seine Messen, Motetten, geistlichen und weltlichen Lieder und Madrigale erschienen in vielen Auflagen. Sie waren konservativ, aber sehr eigenständig. Ihre Vielstimmigkeit wurde gut und klangvoll gemeistert. Die Wortverständlichkeit wurde nicht immer gewahrt, weil die Musik souverän über das Wort dominierte. Der Komponist schrieb auch 2 vielgelesene musiktheoretische Werke.

Orfeo Vecchi (um 1550 bis vor 1604)

ZEIT UND UMWELT
Wie Mailand heute noch am Ambrosianischen Kirchengesang festhält und die Gregorianik ablehnt, so hielten sich die Kapellen der Stadt gegenüber Neuerungen sehr stark zurück. Die Alte Schule, die in Mailand im Verlauf des 16. Jahrhunderts groß geworden war, wurde vorläufig nicht aufgegeben. Es dauerte lange, bis sich das Neue durchsetzte.

LEBEN
Orfeo Vecchi wurde um 1550 in Mailand geboren und als Chorknabe an Santa Maria della Scala zum Kirchenmusiker ausgebildet. Im Jahre 1590 erhielt er dort die Kapellmeisterstelle, die er bis zu seinem Tod vor 1604 versah.

WERKE
Vom italienischen Kirchenmusiker Orfeo Vecchi sind eine Anzahl mehrstimmiger Messen, Psalmen, Motetten, sakrale Madrigale, Magnificat und andere kirchliche Gesänge überliefert. Alles ist vielstimmig, kontrapunktisch, schön im Klang, ohne Pathetik und etwas konservativ, wie es die alte Mailänder Schule verlangte, aber gute Musik.

LITERATUR
Fr. X. Haberl, Orfeó Vecchi, Kirchenmusikalisches Jahrbuch, 1907.

Jehan de Maletty (um 1550 bis um 1597)

Zeit und Umwelt
Die »Amours« von Pierre Ronsard (1552) regten eine Reihe von Komponisten zur Vertonung an. Diese zehnsilbigen Sonette im gehobenen Stil von Petrarca, ihre vornehme Eleganz und lyrische Ausdruckskraft waren aber für sich musikalisch genug, so daß sie keiner illustrierenden Töne bedurften. Die Musik konnte auch nur paraphrasisch neben der Melodik der Verse bescheiden einhergehen.

Leben
Jehan de Maletty wurde um 1550 in Saint-Maximin, Var, geboren. Der französische Komponist hielt sich einige Zeit in Italien auf, um dort zu studieren. Im Jahre 1578 war er wieder in Frankreich und erhielt beim Puy d'Euvreux für eine Chanson einen Preis. Er hielt sich in Lyon auf und dürfte dort um 1597 gestorben sein. Welche musikalische Tätigkeit er außer seiner Komposition ausgeübt hat, läßt sich nicht feststellen.

Werke
Die Chansons von Jehan de Maletty gehören zu den besten, die von französischen Komponisten geschaffen worden sind. Sie hielten sich auf dem Niveau ihrer Blütezeit. Bezeichnend ist auch, daß sich der Komponist an die Verse von Ronsard wagte. Wenn seine Musik an die Qualität der Dichtung auch nicht heranreichte, so liegt der Grund in der Schwierigkeit, echte Dichtung zu vertonen, ohne sie zu verletzen.

Literatur
Fr. Lesure, Jehan de Maletty à Lyon, Revue de Musicologie XXXV, 1953.

Francesco Stivori (um 1550–1605)

Zeit und Umwelt
Erzherzog Ferdinand, der spätere Kaiser Ferdinand II. (1578–1637), setzte als Regent von Innerösterreich die Kulturpolitik seines Vaters Karl fort. Wie in Wien und Innsbruck dominierten in seiner Hofkapelle die Italiener, weil der Zuzug aus den Niederlanden nachgelassen hatte.

Leben
Francesco Stivori wurde um 1550 in Venedig geboren und von Claudio Merulo wie von Giovanni Gabrieli zum Kirchenmusiker ausgebildet. Von 1579 bis 1602 war er Organist in Montagnana, wurde sodann von Erzherzog Ferdinand von Innerösterreich nach Graz gerufen, wo er 1605 starb.

Werke
Von Francesco Stivori sind eine große Anzahl mehrstimmiger geistlicher Gesänge, Ricercari und Capricci für Orgel, Konzerte für acht, zwölf und sechzehn Stimmen, Madrigale, Kanzonen und ein Buch mit weiteren acht- bis sechzehnstimmigen Madrigalen unter dem Titel »Musica Austriaca« erschienen. Seine Werke sind im venezianischen Stil verfaßt und tragen den Stempel der Lehrer des Komponisten.

Literatur
H. Federhofer, Musikpflege und Musiker am Grazer Habsburgerhof der Erzherzöge Karl und Ferdinand von Innerösterreich, Mainz 1967.

Bartholomeo Le Roy
(um 1550 bis vor 1600)

Zeit und Umwelt
Die französische Kolonie in Rom war immer sehr stark. Die aus Frankreich stammenden Kardinäle holten sich ihre Kleriker, Bediensteten und zum Teil auch ihre Privatkapelle aus Frankreich. Die französische Kirche San Luigi de'Francesi wurde vorwiegend von Franzosen betreut. Hinzu kamen die Vertreter französischer Orden und die französischen Diplomaten am Vatikan. Daher war es für französische Musiker verhältnismäßig leicht, in Rom irgendwo unterzukommen.

LEBEN

Bartholomeo Le Roy wurde um 1550 in Frankreich geboren und ausgebildet. Um das Jahr 1582 kam er nach Rom. Welche Stellung er dort bekleidete, ist nicht bekannt. Er muß aber als Musiker aufgefallen sein, weil er bereits 1585 als Kapellmeister des Vizekönigs nach Neapel berufen wurde, wo er noch vor 1600 starb.

WERKE

Von dem französischen Komponisten Bartholomeo Le Roy sind nur eine Messe, eine Anzahl Madrigale und Lieder und dazu ein Instrumentalsatz erhalten. Die Kirchenmusik ist dem zeitgenössischen französischen Stil angepaßt. Das Stück für Instrumente ist zwar kontrapunktisch, aber sehr dicht gesetzt und nimmt auf eine Möglichkeit, gesungen zu werden, keinerlei Rücksicht. Alles andere ist verloren.

Pedro Ruimonte (um 1550–1618)

ZEIT UND UMWELT

Anläßlich des Friedensschlusses von Câteau-Cambrésis (1559) mit König Heinrich II. von Frankreich heiratete Philipp II., König von Spanien, dessen Tochter Elisabeth (1545 bis 1568) in dritter Ehe, der Isabella Clara Eugenia von Spanien (1566–1633) entsproß. Die Infantin wurde die Gemahlin Erzherzog Albrechts von Österreich, der als Statthalter in Brüssel residierte. Nach alter Tradition hielt das Regentenpaar seine Hofkapelle auf hohem Stand.

LEBEN

Pedro Ruimonte (Rimonte) wurde um 1550 in Zaragoza geboren. Anläßlich ihrer Übersiedlung nach Brüssel nahm Infantin Isabella 1598 den Musiker, der bisher an Seo de Zaragoza als Kapellmeister gewirkt hatte, nach Brüssel mit und ernannte ihn 1603 zum Kapellmeister am herzoglichen Hof. Im Jahre 1614 kehrte er nach Spanien zurück, kam aber 1618 erneut nach Brüssel, wo er noch im gleichen Jahr starb.

WERKE

Von dem spanischen Komponisten Pedro Ruimonte sind Messen und Lamentationen für sechs Stimmen und geistliche Lieder für vier bis sieben Stimmen überliefert. Seine Madrigale auf spanischen Texten sind stark chromatisch. Er verfaßte außerdem eine Reihe volkstümlicher Villancicos, bei denen der Vers zwei- bis dreistimmig, der Refrain fünf- bis sechsstimmig gesetzt ist.

Sebastián de Vivanco (um 1550–1622)

ZEIT UND UMWELT

Im Gegensatz zu Italien, wo die einzelnen Musikzentren stark verschiedene Wege gingen, waren die Kapellen an den Kathedralen Spaniens mit wenigen Ausnahmen sozusagen aufeinander abgestimmt. Hauptgrund dieser Erscheinung war die politische Einheitlichkeit Spaniens und die Zersplitterung Italiens. Salamanca nahm nur insofern eine Sonderstellung ein, als an der Universität der Stadt auch die Musikwissenschaft eine stärkere Pflege erfuhr.

LEBEN

Sebastián de Vivanco wurde um 1550 in Avila geboren und erhielt bald nach seiner Ausbildung die Kapellmeisterstelle in Lérida. Im Jahre 1576 war er in Segovia und 1587 in Sevilla tätig. Von 1588 bis 1602 hatte er eine Kapellmeisterstelle in Salamanca inne und leitete von 1602 bis zu seinem Tod am 26. 10. 1622 die Kapelle an der Kathedrale der Stadt, an deren Universität er ab 1603 Musik lehrte.

WERKE

Der Kirchenmusiker und Musikwissenschafter Sebastián de Vivanco veröffentlichte ein Buch mit 18 Magnificat, eines mit 68 Motetten und ein weiteres mit 4 Messen. Seine übrigen Kompositionen – Messen, Motetten, Magnificat, Benedicamus – liegen handschriftlich vor. Seine Musik weist nicht den bei spanischer Kirchenmusik üblichen dunklen Klang auf. Sie ist locker gesetzt, profiliert den Text und nähert sich etwas dem französsischen Stil. Die einzelnen Sätze sind zuweilen etwas trocken und klangleer, andere von erstaunlicher Klangpracht.

LITERATUR
R. Stevenson, Spanish Cathedral Music in the Golden Age, Berkeley 1961.

Piero Strozzi (um 1550 bis nach 1600)

ZEIT UND UMWELT
Das 1581 von Vincenzo Galilei veröffentlichte »Gespräch der Alten Musik mit der Neuen« war für die Florentiner Camerata grundlegend, wenn auch die einzelnen Mitglieder dieser Akademie verschiedene Wege gingen und die ursprünglichen Absichten überhaupt nicht verwirklicht wurden. Aber aus der Idee, das griechische Drama wieder aufleben zu lassen, entstand die Oper, die Forderung, den Kontrapunkt durch monodische Musik zu ersetzen, führte zum Rezitativ, und die antike enge Verbindung von Ton und Tanz kehrte als Ballett wieder.

LEBEN
Piero Strozzi wurde um 1550 vermutlich in Florenz geboren. Es ist nicht bekannt, ob er in fester Stellung als Musiker gewirkt hat. Er war Mitglied der Camerata Florentina und arbeitete mit den anderen Mitgliedern dieser Akademie eng zusammen. Er starb in Florenz nach 1600.

WERKE
Die bekanntesten Kompositionen von Piero Strozzi waren Gemeinschaftsarbeiten mit Ottavio Rinuccini: »Die Maskerade der Erblindeten«, mit Alessandro Striggio die Festmadrigale zur Hochzeit im Haus Medici und mit Stefano Venturi, Luca Bati und Giulio Caccini der »Raub des Kephalos«. Außerdem sind einige Madrigale überliefert, die jedoch der Forderung nach Einstimmigkeit nicht entsprechen.

LITERATUR
F. Ghisi, Le Feste Musicali della Firenze Medicea, Florenz 1939.

Peter Heinsius (um 1550 bis um 1600)

ZEIT UND UMWELT
Die Universität der Lutherstadt Wittenberg, die von Kurfürst Friedrich dem Weisen 1502 gegründet worden war, bildete im 16. Jahrhundert die wichtigste und am meisten maßgebende Pflegestätte protestantischer Kirchenmusik. Wenn auch die Universitätskantoren an die Weisungen des Reformators und der Vollender seines Werkes gebunden waren, blieb ihnen doch viel Spielraum, ihre eigenen Ideen zu verwirklichen. Wittenberg war zwar kein Rom und konnte für die anderen Kantoren nichts verbindlich machen. Dennoch waren viele Augen auf die Stadt gerichtet, als wären darin Luthers Wesen und Geist uneingeschränkt wirksam.

LEBEN
Peter Heinsius (Heins) wurde in Brandenburg um 1550 geboren. Um 1579 scheint er in Salzwedel als Kantor auf. Bald darauf wurde er Kantor der Universität in Wittenberg, wo er um 1600 starb.

WERKE
Von Peter Heinsius sind eine beträchtliche Anzahl Gelegenheitskompositionen und sakrale Gesänge für den Gottesdienst erhalten. Sie sind für vier bis sechs Stimmen geschrieben und bilden einen wichtigen Beitrag zur Entwicklung des mehrstimmigen protestantischen Kirchengesanges.

Giovanni Battista Galeno
(um 1550 bis nach 1626)

ZEIT UND UMWELT
Die Kapellen im Bereich der Habsburger schoben einander je nach Bedarf die Musiker zu oder warben sie zuweilen auch einander ab. Sie konnten sich dadurch stets vollzählig mit guter Besetzung erhalten und eine Tradition herausbilden, deren hoher Stand durch Jahrhunderte keine Minderung erfuhr.

LEBEN
Giovanni Battista Galeno (Galleno) wurde

um 1550 in Udine geboren und als Singknabe ausgebildet. Um 1570 stellte ihn die Hofkapelle in Graz als Sänger ein. Er ging 1573 nach Aquileia, wo er bis 1584 als Sänger verblieb, dann kehrte er nach Graz als Hofkaplan und Sänger an die Hofkapelle zurück. Von 1590 bis 1594 wirkte er in der gleichen Eigenschaft in München, sodann bis 1595 beim Statthalter der Niederlande, Erzherzog Ernst (1553–95), und schließlich als Domkapellmeister bis 1612 in Udine, unterbrochen von einem Aufenthalt bei Kaiser Rudolf II. in Prag von 1597 bis 1598. Er starb in Udine nach 1626.

Werke
Von dem italienischen Kapellsänger und Komponisten Giovanni Battista Galeno ist an Kirchenmusik lediglich eine Marienlitanei erhalten. An profaner Musik liegen fünf- und siebenstimmige Madrigale vor, die dem venezianischen Stil folgen und sehr schön sind.

Annibale Coma (um 1550 bis nach 1590)

Zeit und Umwelt
Der politische, wirtschaftliche und auch kulturelle Abstieg des Herzogtums Mantua setzte unter Herzog Vincenzo I. ein. Bisher riß der Zustrom von Künstlern jeder Art, und unter Guglielmo Gonzaga, der selbst komponierte, besonders der Musiker, nie ab. Die Extravaganzen von Vincenzo, der ab 1587 regierte, zu ertragen, fanden sich nur wenige bereit.

Leben
Annibale Coma wurde um 1550 in Carpi, Modena, geboren. Es ist unbekannt, wo er zum Musiker ausgebildet worden war, bis er 1568 in Mantua Mitglied der Hofkapelle wurde. Er verblieb in dieser Stelle, bis die Regierung auf Vincenzo I. überging (1587), dann ging er nach Modena, wo er um 1590 starb.

Werke
Von Annibale Coma sind 4 Bücher mehrstimmige Madrigale und weitere in verschiedenen Sammelwerken überliefert. Sie bewahren noch den oberitalienischen Stil, fallen aber durch überraschende Modulationen und Solostellen auf.

Flaminio Tresti (um 1550 bis nach 1613)

Zeit und Umwelt
Frankfurt am Main, politisch und wirtschaftlich eine der wichtigsten Städte des deutschen Raumes, nahm am Kulturgeschehen nur zögernd teil. Auch in der Musikgeschichte scheint der Name der Stadt erst spät als Musikzentrum auf, dagegen viel früher im kommerziellen Bereich der Musik als Verlagsort von Kompositionen.

Leben
Flaminio Tresti wurde um 1550 in Lodi geboren und wirkte in verschiedenen Kirchen Mailands als Sänger und Organist. Er dürfte auch in seinem Heimatort eine Zeitlang die Orgel gespielt haben. Im Jahre 1613 wurde er Organist an San Pietro in Alessandria, wo er nach einigen Jahren verstorben ist.

Werke
Die Messen, Motetten, Canzonetten und Vespern des Kirchenkomponisten Flaminio Tresti wie seine 4 Bücher Madrigale erschienen in Mailand, Venedig und vor allem in Frankfurt am Main. Die Madrigale gehören stilistisch bereits dem nächsten Jahrhundert an; sie wurden sehr geschätzt und mehrmals aufgelegt. Die Kirchenmusik ist dagegen stark konventionell und konservativ.

Elway Bevin (um 1550 bis nach 1637)

Zeit und Umwelt
Trotz des immer stärker um sich greifenden Puritanismus konnten sich um die Wende zum 17. Jahrhundert und weit darüber hinaus Katholiken in England unbehelligt halten, falls sie sich auf die Ausübung ihrer Konfession beschränkten und sich an keiner der vielen Verschwörungen beteiligten, die

gegen Regenten oder hohe Ämter gerichtet waren. Die ständigen Versuche, die Reformation und ihre Träger zu beseitigen, die von ausländischen Kräften angezettelt und finanziert wurden, führten allerdings dazu, daß Anhänger des Katholizismus immer mehr verdrängt wurden.

LEBEN
Elway Bevin wurde um 1550 vermutlich in oder bei Wells in einer aus Wales stammenden Familie geboren. Es ist gesichert, daß er Schüler von Thomas Tallis war, obwohl nicht feststellbar ist, wo und wann dieser Unterricht stattgefunden hat. Im Jahre 1575 wurde er Chorvikar an der Kathedrale von Wells. Er verlor diese Stelle 1584 wegen zu langer Abwesenheit, wurde aber als Organist an der Kathedrale in Bristol eingestellt. Seine Ernennung zum Außerordentlichen Gentleman der Chapel Royal (1605) wurde 1637 rückgängig gemacht, weil bekannt wurde, daß er Katholik war. Bald darauf beschloß er sein langes Leben in Bristol.

WERKE
Von dem englischen Komponisten sind 3 Services (Gottesdienstvertonungen), 6 Anthems, mehrere Kanons erhalten, außerdem eine Anzahl Instrumentalstücke für Violen, die für den Fortschritt der Instrumentalkomposition in England bezeichnend sind. Die Orgelkompositionen sind nicht überliefert.

Giovanni Leonardo dell'Arpa
(um 1550 bis um 1600)

ZEIT UND UMWELT
Die neapolitanische Kanzone des 16. Jahrhunderts war mit ihrer volkstümlichen Form den anderen Liedgattungen Neapels sehr nahe. Der strophische Bau des Textes wurde von der Musik durch gleichlautende Vertonung profiliert. Erst in späteren Zeiten ging die Musik zu Variationen der Grundmelodie über, um dem Textsinn mehr Ausdruck zu verleihen. Die Kanzone wurde auch mit Instrumenten ohne Gesang gespielt, war aber keine echte Instrumentalmusik, weil der Text zumeist allgemein bekannt war und »mitgedacht« werden konnte.

LEBEN
Giovanni Leonardo dell'Arpa wurde um 1550 in oder bei Neapel geboren. Es ist nicht bekannt, welche Stellung er in Neapel, wo er um 1600 gestorben ist, neben seiner kompositorischen Tätigkeit innegehabt hat. Gesichert ist nur, daß er Musikunterricht gab.

WERKE
Von Giovanni Leonardo dell'Arpa sind Villanellen und neapolitanische Kanzonen in verschiedenen Sammelwerken überliefert. Neapolitanischer Rhythmus und Klang sind dabei stark akzentuiert, so daß sie zu ihrer Zeit als mustergültig galten.

Sigerus Paul Harelbeccanus
(um 1550 bis um 1600)

ZEIT UND UMWELT
Beeinflußt von der Entwicklung und Ausbreitung des protestantischen Kirchengesanges, gewährte ab dem 16. Jahrhundert auch der Katholizismus dem deutschen Kirchenlied mehr Raum. Neben einzelnen neuen Dichtungen wurden lateinische Texte mehr oder minder gut übersetzt und komponiert oder einfach von der lateinischen Fassung übernommen. Es gehörte zu den Programmpunkten der Gegenreformation, der Kirchengemeinde eine stärkere Anteilnahme an der Sakralhandlung zu gewähren und die Priesterreligion einer Volksreligion anzunähern.

LEBEN
Sigerus Paul Harelbeccanus wurde um 1550 im flandrischen Raum geboren. Über sein Leben und Wirken bis zu seinem Auftreten in Köln als Komponist und den Erwerb des Bürgerrechtes der Stadt ist nichts bekannt. Er dürfte in Köln um das Jahr 1600 gestorben sein.

WERKE
Die »Psalmodia Davidica« von dem flämischen Komponisten Sigerus Paul Harelbeccanus bestand aus 50 in das Deutsche übersetzten Psalmen für drei bis sechs Stimmen. Sie wurden so gesetzt, daß sie a-cappella oder mit Instrumentalbegleitung gesungen und auch ohne Text rein konzertant aufgeführt werden konnten.

Giovanni Giacomo Gastoldi
(um 1550–1622)

ZEIT UND UMWELT
Mit »Balletto« bezeichnete man gegen das Ende des 16. Jahrhunderts einen Tanz, der vokal oder instrumental ausgeführt werden konnte. Es handelte sich um einen raschen, zweiteiligen, geradetaktigen, einfach gehaltenen liedhaften Tanzsatz mit melodischer Oberstimme und einem geträllerten Refrain. Diese »Tanzliedchen« erfreuten sich außerordentlicher Beliebtheit, so daß sie sogar das Madrigal verdrängten.

LEBEN
Giovanni Giacomo Gastoldi wurde um 1550 in Caravaggio geboren. Es ist unbekannt, wo er lebte und ausgebildet wurde, ehe er 1581 am Hof der Gonzaga in Mantua Kapellsänger wurde. Im Jahre 1582 folgte er Giaches de Wert als Kapellmeister an der Mantuaner Hofkirche Santa Barbara nach. Er blieb in dieser Stellung bis ungefähr 1615. Nach einigen Jahren Aufenthalt in Mailand starb er in Mantua im Jahre 1622.

WERKE
Mit seinen melodiösen, graziösen Balletti erlangte Giovanni Giacomo Gastoldi die größten Erfolge. Seine »Balletti di cantare, sonare e ballare« (Tanzlieder zum Singen, Spielen und Tanzen) erlebten viele Auflagen. Die tatsächlich fein gearbeiteten Madrigale wurden bei weitem nicht so stark verbreitet. Die Sakralmusik ist weiters mit mehreren vorzüglichen Messen, einem Requiem, verschiedenen Psalmenvertonungen und verschiedenen Gesängen vertreten.

LITERATUR
A. Bertolotti, Musici alla corte dei Gonzaga in Mantova, Mailand 1890.

Simon Amorosius
(um 1550 bis nach 1604)

ZEIT UND UMWELT
Der Schwede auf dem polnischen Königsthron, Sigismund III., war ein eifriger Verfechter des Katholizismus. Toleranz gegen Andersdenkende war ihm fremd. Daher säuberte er auch seine Hofkapelle von Anhängern der Reformation und setzte Katholiken an ihre Stellen.

LEBEN
Simon Amorosius wurde vermutlich in oder bei Krakau um 1550 geboren. Über seine Ausbildung, sein Leben und Wirken steht nur fest, daß er Mitglied der Hofkapelle König Sigismunds III. von Polen war und bis zu seinem Tod nach 1604 blieb.

WERKE
Von Simon Amorosius ist nur eine achtstimmige Motette »Cantabant sancti canticum« (Die Heiligen sangen ein Lied) in dem Sammelwerk »Melodiae sacrae« (Sakrale Melodien) erhalten. Alles andere von dem angeblich sehr vielseitigen Musiker ist nicht erhalten. Die Motette beweist eine hochentwickelte Satzkunst.

Vincenzo Gallo (um 1550 bis nach 1607)

ZEIT UND UMWELT
Seit die spanischen Vizekönige im 16. Jahrhundert ihre Residenz von Catania nach Palermo verlegt hatten, wurde auch der Kapelle des unter Wilhelm II. von Sizilien (1154 bis 1189) erbauten Domes erhöhte Aufmerksamkeit zugewendet. Es kam zu einem intensiveren Austausch von Musikern mit der Hofkapelle, mit Neapel und auf diesem Weg mit Spanien. Auf den Posten des Domkapellmeisters wurden angesehene Persönlichkeiten gestellt.

Emilio de' Cavalieri (um 1550–1602)

Leben
Vincenzo Gallo ist um 1550 in Sizilien geboren. Wo er zum Musiker und Kleriker ausgebildet wurde, ist nicht feststellbar. Im Jahre 1589 war er Kapellmeister am Dom in Palermo und versah diesen Posten bis zu seinem Tod nach 1607.

Werke
Der sizilianische Komponist Vincenzo Gallo verfaßte Messen, Psalmen, Motetten und eine Anzahl Madrigale, alles vierstimmig, im zeitgenössischen Stil Neapels, aber doch etwas verschieden davon, weil es sich eben um einen sizilianischen Komponisten handelte, der manche volkstümliche Wendung bewußt einfließen ließ.

Emilio de' Cavalieri (um 1550–1602)

Zeit und Umwelt
Die Antiphone, deren Wechselgesang nicht nur hymnische, sondern auch epische Textstellen brachte, die Lieder in jeder Form, die nicht lyrischen oder deskriptiven Inhaltes allein waren, sondern auch dramatisches Geschehen darstellten, drängten zum Ausbau von Dialogen, besonders seit die Musik dazu überging, Eindrücke, Ereignisse und Affekte nachahmend und schildernd wiederzugeben. Anfänglich waren es nur lose aneinandergereihte Gesänge, die einen Ereignisablauf darstellten. Dann entstanden daraus Werke aus einem Guß, die vorerst rein episch, darauf dialogisch im wechselnden Sologesang oder mit Chören durch Wort und Ton irgendwelche sakralen oder mythischen Vorgänge nachzeichneten. Die verhältnismäßig einfachen Gesänge in den von Filippo Neri begründeten Oratorien waren zu Festaufführungen angewachsen.

Auf der anderen Seite wirkten sich die Bemühungen der in der Camerata Florentina vereinigten Humanisten aus, die mit ihren Bestrebungen, das antike Drama zu neuem Leben zu erwecken, zum Rezitativgesang gelangten und dadurch eine Vertonung dramatischer Dichtung erst ermöglichten.

Aus diesen beiden Komponenten, die mit dem allgemeinen Stilwandel um die Wende vom 16. zum 17. Jahrhundert Hand in Hand gingen, wuchsen die Vorstufen zur Oper und zum Oratorium, die bis heute einen breiten Raum im gesamten Musikgeschehen beherrschen.

Leben
Emilio de' Cavalieri (del Cavaliere) wurde um 1550 in Rom geboren. Er fungierte dort durch längere Jahre als Leiter der musikalischen Fasten-Aufführungen des Oratorio del S. Crocifisso (Betsaal zum Heiligen Kreuz) in San Marcello. Im Jahre 1588 rief ihn der Großherzog der Toskana, Ferdinando I. de'Medici, als »Generalinspektor der Künste und Künstler« nach Florenz, wo er mit den Persönlichkeiten der Camerata Florentina in enge Kontakte trat. Während eines Aufenthaltes in Rom, wohin er sich im Auftrag des Großherzogs öfters begab, starb er am 11. 3. 1602.

Werke
Giulio Caccini nahm die Erfindung des Rezitativstils (Stile rezitativo) für sich in Anspruch und hatte damit vermutlich recht, obwohl daran sicherlich auch andere Mitglieder der Camerata Florentina beteiligt waren. Die umfassende Verwendung dieses neuen Stiles auf sakraler Ebene muß Emilio de'Cavalieri zugeschrieben werden. Inwieweit er den Stil bei seinen drei nicht erhaltenen Pastoralen – Il Satiro, La Disperazione di Filoneno und Il Gioco della cieca – zur Geltung kommen ließ, kann nicht beurteilt werden. In seinem Oratorium »L'Ascensione del Nostro Salvatore« (Die Himmelfahrt unseres Erlösers), den Lamentationes Hieremiae Prophetae für Solo, Chor und Orgel und den Responsi für zwei und drei Stimmen wechseln neuer und alter Stil ab. Ganz zum Durchbruch kommt er in seiner »Rappresentazione di anima e di corpo«, in der auch zum erstenmal ein bezifferter Baß (mit einer Erklärung der Ziffern durch den Verleger) aufscheint.

Es wäre aber übertrieben, ihn zum Vater der Oper oder des Oratoriums zu ernennen. Beide Phänomene können, wie alle anderen

Charles Mackerras – seine Deutung der »Rappresentazione« von Cavalieri ist ästhetische Stilisierung

Umwälzungen der menschlichen Geistesgeschichte, auf keine Einzelpersönlichkeit zurückgeführt werden.

Rappresentazione die anima e di corpo, Rappresentazione sacra in drei Akten für Soli, Chöre und Instrumente, erstaufgeführt 1600 im Oratorio della Vallicella in Rom

Diese Allegorie greift auf die alte Tradition der Rappresentazione sacra, des religiösen Volksschauspieles, zurück, die sich bereits im Niedergang befand. Es handelt sich dabei um kein Oratorium im eigentlichen Sinn und um keine Vorform der Oper, sondern am ehesten um eine Dialog-Laude, die entfernt der englischen Moralität verwandt ist. Das vokale und instrumentale Aufgebot ist sehr groß. Der Verleger schlägt für die Aufführung wechselnde Auftritte der Solisten und Chöre, deutliche Mimik und Gestik, tänzerische Bewegungen und entsprechende Kostüme vor, um trotz des Fehlens einer Handlung dem Theatralischen näherzukommen.

Es beginnt mit der »Zeit« (Il Tempo), die an das Ende des irdischen Lebens mahnt; der »Verstand« (L'Intelletto) weist auf die Vergänglichkeit irdischer Güter hin. Der »Körper« (Il Corpo) preist den Lebensgenuß, die »Seele« (L'Anima) sehnt sich nach Ruhe und Frieden. Der Körper stimmt ihr zu, weil ihn der Gedanke an die Ewigkeit erschreckt: »Gemeinsam mit dir suche ich liebevoll den Himmel, das ewige Leben und den Herrn.« Der Chor bestätigt diesen Entschluß.

Im Folgenden weist der »Gute Rat« (Il Consiglio) die Wege zu diesem Ziel. Dann tritt jedoch die »Lust mit zwei Gefährten« auf, um Körper und Seele für die Freuden der Erde zu gewinnen. Der Körper ist geneigt, sich verführen zu lassen, die Seele will den Himmel befragen. Der »Schutzengel« (L'Angelo custode) warnt, die »Welt« (Il Mondo) jedoch weist auf ihre Pracht hin, der Schutzengel deckt die überwiegend schlimmen Seiten der Welt auf, Körper und Seele wenden sich dem Himmel zu, der sich öffnet und durch den Gesang der Engel seine Freuden verheißt. Der Gute Rat warnt vor der Hölle, deren Schlund sich auftut; man hört das Klagen der Verdammten, während der Seligen im Himmel jubeln. Mehrmals werden die Qualen der Hölle gezeigt, Seele und Körper sind bereit, sich den Himmel zu verdienen, aus dem Freudengesänge klingen: »Vereinigt Gesang und Klänge, und hier unten auch die Welt will mit Singen und Lachen sich dem Paradies vermählen.«

Die »Rappresentazione«, in der alle in der Entstehungszeit verfügbaren musikalischen Effekte – Monodie, Polyphonie, Generalbaß, Kontrapunktik, Chorklang, Echo, Akkordbegleitung, Isorhythmie, Tanzrhythmen – eingesetzt sind, vermittelt im Verein mit Ausstattung und Bühnentechnik ein prächtiges audiovisuelles Erlebnis, das bis in unsere Zeit nichts an Wirkungskraft verlieren konnte.

LITERATUR
G. Ghisi, Alle fonti della monodia, Mailand 1940.

John Johnson (um 1550–95)

ZEIT UND UMWELT
Obwohl das Virginal zur Zeit der Königin Elisabeth I. von England bereits sehr verbreitet und beliebt war, wollte man auf die Laute nicht verzichten. Das Tasteninstrument erforderte weniger technisches Können als das Saiteninstrument, das die Anstrengung mit ihrem unnachahmlichen warmen Klang belohnt. Es war eine unmittelbarere Musik als die des mechanischen Virginals, das dem Ausdruckswillen manche technische Schranke setzte. Bei der Laute erzeugten Griffinger und Anschlagfinger den Ton ohne einen technischen Mittler, so daß schon der optische Eindruck, daß der Lautenspieler die Töne selbst erzeugt, seine Wirkung auf das Gemüt des Zuhörers ausübte.

LEBEN
John Johnson wurde um 1550 vermutlich in London geboren. Er war Lautenist der Königin Elisabeth I. von England bis zu seinem Tod im Jahre 1595.

WERKE
Von dem Lautenisten John Johnson sind mehrere Lautenstücke überliefert, die sehr schwer zu spielen sind. Der Komponist schrieb sie offenbar nur für sich selbst nieder. Wer jedoch die weitgriffigen Akkorde zum Klingen bringen kann, begreift, daß die Königin den Lautenisten behielt, solange er lebte.

Fabrizio Dentice
(um 1550 bis nach 1593)

ZEIT UND UMWELT
Die vier Musikschulen in Neapel bildeten ein nahezu unerschöpfliches Reservoir an gut ausgebildeten Musikern. Bei der Menge der Schüler ist es selbstverständlich, daß nicht aus jedem ein Meister werden konnte, obwohl Musikalität eine sehr selten fehlende Eigenschaft des Neapolitaners ist.

LEBEN
Fabrizio Dentice wurde um 1550 in Neapel geboren. Er war bei seinen Zeitgenossen als Lautenist sehr berühmt. Nach seiner Ausbildung ging er nach Rom und sodann nach Parma. Welche Stellungen er dort eingenommen hat, ist nicht bekannt. Er dürfte in Parma nach 1593 gestorben sein.
Sein Neffe Scipione Dentice (um 1560, Neapel, bis 1633, Neapel) lebte in Rom als Mönch und Kirchenmusiker, kehrte aber im Alter in die neapolitanische Heimat zurück.
Luigi Dentice, ein älterer Verwandter (um 1520, Neapel, bis nach 1570, Neapel), war in Neapel als Musiker und Musiktheoretiker bis zu seinem Tod tätig.

WERKE
Von Fabrizio Dentice sind fünfstimmige Lamentationen, Madrigale, Motetten und schöne Lautenstücke erhalten, die sehr viel gespielt wurden.

Scipione Dentice brachte 5 Bücher Madrigale, ein Buch Motetten, ein Buch mit geistlichen Madrigalen, 6 Lauden und weitere Stücke heraus. Alles ist fünfstimmig und entsprach genau den in Rom an die Kirchenmusik gestellten Anforderungen.

Von Luigi Dentice, der sich als Musikschriftsteller betätigte, liegt ein sehr gerühmtes Miserere vor.

Konrad Hagius (1550–1616)

ZEIT UND UMWELT
Über das Musikleben an den Höfen kleiner Länder Deutschlands im 16. Jahrhundert gibt es nur sehr spärliche Informationen, obwohl überall, von Friesland bis Preußen, von Holstein bis Bayern, Hofkapellen bestanden, die Musik machten. Im 17. Jahrhundert wurden ungeheure Mengen an Aufzeichnungen jeder Art in den großen Kriegen vernichtet. Nur aus den Biographien von Musikern, die unstet von Stelle zu Stelle wanderten, erfahren wir, wo überall Platz für einen Kapellmeister gewesen ist.

LEBEN
Konrad Hagius (von Hagen) wurde 1550 vermutlich in Hagen, Dortmund, geboren. Er dürfte in Königsberg studiert haben. Darauf begann für ihn ein Wanderleben von Hofkapelle zu Hofkapelle: Ostfriesland, Düsseldorf, Detmold, Stuttgart, Heidelberg, Mainz, Bückeberg und schließlich Rinteln, wo er vor dem 23. 9. 1616 starb. Zwischendurch unternahm er Reisen nach Osteuropa mit unbekannten Zielen.

WERKE
Der deutsche Komponist Konrad Hagius hinterließ das Schulwerk »Die Psalmen Davids«, außerdem »Deutsche Tricinien«, »Teutsche geistliche Psalmen und Gesänge« für vier bis sechs Stimmen, Marienlieder und »Teutsche Gesänge«, zwei- bis achtstimmig. Außerdem verfaßte er eine Reihe von Instrumentalstücken, die neben den wenig einfallsreichen Vokalkompositionen im Rahmen der Entwicklung der deutschen Instrumentalmusik starkes Interesse verdienen.

LITERATUR
R. Eitner, G. Becker und W. Bäumker, Conrad Hagius von Hagen, in: Monatshefte für Musikgeschichte XIII, 1881, und XIV, 1882.

Thomas Mancinus (1550–1612)

ZEIT UND UMWELT
Die Stilwende am Ende des 16. Jahrhunderts wirkte sich auch in Deutschland aus, obwohl sie in Italien vor sich ging. Aber da italienische Musik von einem großen Teil der deutschen Komponisten zum Vorbild genommen wurde, und eben diese Vorbilder sich veränderten, folgte die deutsche Komposition nach. Dazu muß gehalten werden, daß der Stilwechsel nicht die Musik allein betraf, sondern, wenn auch selbstverständlich nicht gleichzeitig, alle Kunstgattungen und weite Gebiete des gesellschaftlichen Lebens überhaupt erfaßte.

LEBEN
Thomas Mancinus (Menchinus, eigentlich Menckin) wurde 1550 in Schwerin geboren und dort an der Lateinschule ausgebildet. Er studierte ab 1567 an der Universität Rostock und wirkte von 1572 bis 1579 an der Schule seiner Vaterstadt als Kantor. Darauf kam er an die Berliner Hofkapelle als Sänger, dann (1583) als Kapellmeister nach Gröningen und 1587 nach Wolfenbüttel, wo er neben seinem Amt als Kapellmeister auch die Hofbibliothek und die Universitätsbibliothek von Helmstedt zu betreuen hatte. Er starb am 20. 5. 1612 in Wolfenbüttel.

WERKE
Von den zahlreichen Werken des deutschen Komponisten Thomas Mancinus sind 2 Choralpassionen (Matthäus und Johannes) mit vierstimmigen Turbae, 12 Benedicamus,

weltliche deutsche und lateinische Lieder, lateinische Madrigale, Bicinien und eine Anzahl Gelegenheitskompositionen erhalten. Sie wirken stark schulmäßig. Der italienische Einfluß ist merkbar sowie der Stilwechsel, der sich gleichzeitig in Italien vollzog. Typisch ist, daß die Passionen Rezitative aufweisen.

LITERATUR
K. Knoke, Die Passion Christi von Thomas Mancinus, Göttingen 1898.

Georg Otto (1550–1618)

ZEIT UND UMWELT
Kassel war seit 1567 Residenz der Landgrafen von Hessen-Kassel, die, ihrer Familientradition folgend, eine intensive Kunstförderung zu einer der wichtigsten Regierungspflichten machten. Moritz der Gelehrte, Landgraf von Hessen (1572–1632), selbst Komponist und Dichter, ließ sich von den Schwierigkeiten, die sich durch den Anschluß seines Landes an die Reformation ergaben, nicht von einer Pflege guter Musik abhalten.

LEBEN
Georg Otto wurde 1550 in Weimar geboren. Im Jahre 1561 war er Chorknabe an der Dresdner Hofkantorei, 1564 Schüler in Schulpforta und 1568 Hörer der Leipziger Universität. Ein Jahr darauf wurde er Kantor in Langensalza und 1586 Kapellmeister der Hofkapelle in Kassel, wo er 1618 starb. Er wurde am 30. 11. begraben. Landgraf Moritz und Heinrich Schütz waren seine bekanntesten Schüler gewesen.

WERKE
Von Georg Otto ist ein umfangreiches Werk erhalten. Fünfstimmige Introitusmelodien, fünf- bis sechsstimmige geistliche deutsche Gesänge, 3 Bände mit Evangelienvertonungen für fünf bis acht Stimmen, 3 Psalmen Davids, 2 Marienlieder, ein Deutscher Psalter und viele Gelegenheitskompositionen. Seine Musik gehört noch dem 16. Jahrhundert an, läßt aber den Stilumbruch bereits ahnen.

LITERATUR
E. Zulauf, Beitrag zur Geschichte der Landgräflich-hessischen Hofkapelle zu Cassel, Kassel 1902.

Jacobus Gallus (1550–1591)

ZEIT UND UMWELT
Die Gegenreformation wurde auf breiter Front in allen Bereichen des menschlichen Lebens geführt, durch individuellen und generellen Zwang, durch Predigt und Belehrung, durch Abstellen von Mißbräuchen im eigenen Lager und im Raum der Kunst durch zuweilen hervorragende Leistungen von Meistern, die sich dieser Bestrebung zur Verfügung stellten. Hüben und drüben wirkten Künstler für ihre Idee und schufen bedeutende Werke im Sinn ihrer Ideologie. Der konfessionelle Streit ist im großen und ganzen vorbei, aber die Werke, die seinetwegen geschaffen wurden, sind geblieben für alle, welche Anschauung sie auch hegen.

LEBEN
Jacobus Gallus (Handl, Händl, Hähnel, eigentlich Petelin) wurde am 15. 4. 1550 in Ribnica, Slowenien, geboren. Der slowenische Komponist und Kleriker war 1568 Kapellsänger an Stift Melk, Österreich, und 1574 Mitglied der Hofkapelle in Wien. Von 1579 bis 1585 wirkte er als bischöflicher Chordirektor in Olmütz (Olomouc, ČSSR), übernahm sodann in Prag das Kantorat an der Kirche St. Johann am Ufer, das er bis zu seinem Tod am 18. 7. 1591 in Prag verwaltete.

WERKE
Jacobus Gallus war einer der bedeutendsten Vertreter der Musik der Gegenreformation nördlich der Alpen. Seine Werke weisen eine Verschmelzung des niederländischen durchimitierenden Stiles mit venezianischer Mehrchörigkeit auf. Ihr Klang wird durch eine Mittelstellung zwischen Kirchentonarten

und moderner Harmonik erreicht und bietet dadurch einen ganz besonders eigenartigen Reiz. Von dem slowenischen Komponisten sind erschienen: 16 Messen, Motetten zum Officium des ganzen Kirchenjahres, 2 Passionen (Johannes und Matthäus), viele Motetten und eine große Anzahl kirchlicher Gesänge. Weitere Messen und Gesänge liegen handschriftlich vor. Außerdem sind Psalmen, paraliturgische Gesänge und eine Reihe Gelegenheitskompositionen überliefert.

LITERATUR
E. W. Naylor, J. Handl (Gallus), Proceeding of Musical Association, XXXV, 1908/09.

Pierre Maillart (1550–1622)

ZEIT UND UMWELT
Der französische Dichter und Bischof von Chalon-sur-Saône, Pontus de Tyard, Mitglied der Pléiade, eifriger Verfechter humanistischer Studien und Verehrer von Petrarca, übte mit seiner neuplatonischen Philosophie auf Denken und Dichten seiner Zeitgenossen einen starken Einfluß aus, der sich auch auf die Musikwissenschaft seiner Zeit erstreckte. Dieser Einfluß wirkte sich günstig aus, denn Tyard hatte trotz seiner Versenkung in die Welt der Antike den Blick für die Umwelt nicht verloren und keine Reproduktion längst vergangener Zeiten befürwortet, sondern wie sein Idol Petrarca eine Renaissance der Ideologien verfolgt, die mit den Mitteln der Gegenwart zum Ausdruck zu bringen war.

LEBEN
Pierre Maillart (Maillard) wurde 1550 in Valenciennes geboren. Er gehörte ab 1562 der flämischen Hofkapelle Philipps II. und von 1565 bis 1570 seiner Hofkapelle in Madrid als Sänger an. Im Jahre 1572 hielt er sich studienhalber in Löwen auf, begab sich zwei Jahre darauf nach Antwerpen und folgte 1581 Georges de la Hèle (der nach Madrid ging) in das Amt des Kapellmeisters und Kanonikus an der Kathedrale von Tournai nach, wo er am 16. 7. 1622 starb.

WERKE
Pierre Maillart war vor allem Musiktheoretiker, der mit seinen stark an Pontus de Tyard angelehnten Grundsätzen die Musikwissenschaft seiner Zeit und des nächsten Jahrhunderts stark beeinflußte. Als Komponist hat er einige Messen, Motetten und andere kirchliche Gesänge hinterlassen, die an die franko-flämische Schule erinnern.

LITERATUR
H. Schneider, Die französische Kompositionslehre in der ersten Hälfte des 17. Jahrhunderts, Tutzing 1972.

Orazio Vecchi (1550–1605)

ZEIT UND UMWELT
Die in der Renaissance in Italien entwickelte Commedia dell'arte oder Commedia all'improviso (Stegreifkomödie) wurde von Wandertruppen gepflegt und erfreute sich außerordentlicher Beliebtheit. Sie verwendete bestimmte feststehende Charaktere wie den Arlecchino (schlau, lustig, am Ende siegend oder resignierend), den Pantaleone (mächtig, gutmütig, polternd, ungewollt komisch), den Dottore Graziano (Anwalt, intrigant, skrupellos), die Pulcinella (lieblich, verliebt), die Diener (schlau, frech oder tölpelhaft, dumm). Der Dialog wurde stegreif nach einer vorgezeichneten Rahmenhandlung von den Schauspielern gesprochen. Diese Form wurde im 18. Jahrhundert von Dichtern wie Carlo Goldoni (1707–93) und Carlo Gozzi (1720–1806) als literarische Technik angewendet. Versuche, eine Commedia dell'arte der Renaissance zu vertonen, sind nur in wenigen Fällen gelungen.

LEBEN
Orazio Tiberio Vecchi wurde am 6. 12. 1550 in Modena getauft. Seine musikalische Ausbildung erhielt er vom Servitenmönch Salvatore Essenga. Vecchi wurde selbst Priester und wirkte als Musiklehrer in Modena. Von 1581 bis 1584 war er Domkapellmeister in Salò und darauf in Modena. Im Jahre 1586 erhielt er die Kapellmeisterstelle in Reggio

Emilia und wurde Kanonikus am Dom in Correggio. Wegen ständiger Abwesenheit verlor er 1594 diese Würde, wurde aber ein Jahr darauf Domkapellmeister in Modena. Zwei Jahre später betraute man ihn auch mit der Leitung der Hofmusik und dem Musikunterricht der Kinder des Herzogs Cesare d'Este. Aufgrund einer Intrige verlor er 1604 seine Stelle und starb am 19. 2. 1605 in Modena.

WERKE
Das Hauptwerk von Orazio Vecchi war seine Commedia harmonica Anfiparnasso, die wohl zu unrecht als Vorläuferin der Oper angesehen wurde. Es handelte sich vielmehr um einen geglückten Versuch, eine Commedia dell'arte in Musik zu setzen. Es sind alle Elemente und Charaktere der Commedia vorhanden. Von der Oper ist das Stück schon dadurch weit entfernt, daß Dialogstellen von mehreren Stimmen im Madrigalstil gesungen werden.

Vecchi war einer der besten Kanzonen- und Madrigalkomponisten seiner Zeit und außerdem ein Meister der Kirchenmusik. Er verstand sich vorzüglich auf Tonmalerei und musikalischen Textausdruck. Erhalten sind von ihm mehrere Bücher und Canzonetten (mehrfach aufgelegt), Madrigale, Motetten, Hymnen, Messen, Lamentationen. Eine Menge Einzelstücke befindet sich in Sammeldrucken. Die »moderne« Musik kommt mit sieben- bis achtstimmigen »Dialoghi« mit Basso continuo zum Recht. Seine Fähigkeit des musikalischen Ausdruckes zeigte er in »Le veglie di Siena« (Abende in Siena), mit denen er verschiedene Stimmungen – Schwermut, Lustigkeit, Schmerz, Scherz, Zuneigung – darstellte.

Scipione Cerreto
(um 1551 bis nach 1631)

Zeit und Umwelt
Im Verlauf des 16. Jahrhunderts wurden in Neapel von privater Hand vier Musikschulen gegründet. Es handelte sich in allen Fällen um Waisen- oder Findelhäuser, in denen die Betreuten – neben dem allgemeinen Unterricht – von Fachkräften für den Kirchendienst und bei Vorliegen des erforderlichen Talentes zu Musikern ausgebildet wurden. Die Kosten wurden zum größten Teil durch Spenden, zum geringeren durch Konzerte und Mitwirkung der jungen Musiker bei Kirchenchören und offiziellen sowie privaten Festlichkeiten aufgebracht. Diese intensive erzieherische Tätigkeit der Neapolitaner mag neben anderen Beweggründen im Bestreben, der ständigen Fremdherrschaft eine kulturelle Eigenständigkeit entgegenzusetzen, ihre Wurzel gehabt haben. Zur Heranbildung der Musiklehrer benötigte man auch ein entsprechendes musiktheoretisches Schrifttum, das auch in ausreichendem Maß zur Verfügung gestellt werden konnte.

Leben
Scipione Cerreto wurde um 1551 in Neapel geboren und zum Musiker und Musikwissenschaftler ausgebildet. Er lebte als Lehrer, Musikschriftsteller und Komponist in seiner Vaterstadt, wo er nach 1631 starb.

Werke
Neben seinen musikwissenschaftlichen Publikationen verfaßte Scipione Cerreto dreistimmige Madrigale, von denen ein Teil überliefert ist. Sie stellen keineswegs Schulwerke dar, wie man erwarten könnte, sondern gute Musik eines echten Komponisten.

Benedetto Pallavicino (1551–1601)

Zeit und Umwelt
Unter Herzog Vincenzo I. Gonzaga ging durch Unfähigkeit, Verschwendungssucht und geschmacklosen Luxus das wirtschaftliche, politische und kulturelle Erbe der Herren von Mantua verloren. Die Hofkapelle wurde weiter gepflegt, aber die Musiker und die Kapellmeister waren nicht mehr Freunde des Herzogs, sondern Bedienstete.

Leben
Benedetto Pallavicino (Pallavicini) wurde

1551 in Cremona geboren und vermutlich auch ausgebildet. Er dürfte sich darauf nach Venedig begeben haben, wo er 1579 seine ersten Kompositionen herausbrachte. Im Jahre 1582 scheint er bereits in Mantua am Hof der Gonzaga auf, wo er anfänglich als Sänger und ab 1596 als Kapellmeister wirkte. Er starb in Mantua am 6. 5. 1601.

WERKE
Von Benedetto Pallavicino sind (zum Teil erst nach seinem Tod) eine große Anzahl mehrstimmiger Madrigale, Messen, Psalmen und Lauden erschienen. Einzelnes findet sich in Sammelwerken. Besonders die Lauden für bis zu sechzehn Stimmen, die sehr dicht geführt sind, weisen den Komponisten als konservativen Renaissancemusiker aus, der neuen Experimenten auswich.

LITERATUR
A. Einstein, The Italian Madrigal, Princeton 1949.

Giovan Paolo Virchi (1552–1610)

ZEIT UND UMWELT
Der Chitarrone, auch römische Theorbe genannt, war eine mannshohe Baßlaute mit zwei Wirbelkasten. Vom ersten liefen zwei- bis dreichörige Griffsaiten, vom zweiten Bordunsaiten. Die Saiten wurden mit einem Plektron angeschlagen. Das Instrument war ziemlich schwer zu spielen. Es erlaubte ein vielstimmiges Akkordspiel und wurde solistisch oder mit einfachen Lauten zusammen gespielt. Im Ensemble übernahm es zumeist den Generalbaß.

LEBEN
Giovan Paolo Virchi wurde 1552 in Brescia als Sohn des Lautenisten Girolamo Virchi (1523–75) geboren und zum Organisten und Lautenisten ausgebildet. Seine erste Organistenstelle erhielt er in seiner Vaterstadt (1570). Im Jahre 1582 wurde er Organist am Hof des Herzogs Alfonso II. d'Este in Ferrara und blieb in dieser Stellung bis 1591. Um 1597 ging er nach Mantua, wo er Organist und Kapellmeister an Santa Barbara wurde. Er starb 1610 in Mantua.

WERKE
Der bedeutende Chitarrone-Spieler seiner Zeit, Giovan Paolo Virchi, schrieb für sein Instrument Ricercari, Madrigale, Kanzonen und verschiedene Tänze. Für Singstimmen veröffentlichte er fünf- und sechsstimmige Madrigale. Weitere Stücke für Laute, Orgel und Singstimmen finden sich in Sammeldrucken. Seine Kompositionen waren sehr geschätzt. Die Kompositionen für Chitarrone konnte allerdings nur er persönlich einwandfrei spielen.

Girolamo Belli (1552 bis um 1618)

ZEIT UND UMWELT
Die Verwendung des Basso continuo setzte sich um 1600 immer stärker durch, während gleichzeitig der A-cappella-Gesang von der Instrumentalmusik – als Gesangsbegleitung oder ohne Sänger – verdrängt wurde. Die Möglichkeit, die führende Melodie nahezu improvisatorisch zu begleiten und zu stützen, eröffnete der Musik neue Räume, um so mehr, als es bald nicht mehr um die Textverständlichkeit ging, sondern um den Sinnausdruck des Wortes durch die Musik. Zum Nebeneinander von Wort und Ton trat als drittes Element der Wortsinn, der Wortbedeutung und den Gefühlsinhalt umfaßte und nur durch enge Verknüpfung von Sprache und Musik verständlich gemacht werden kann.

LEBEN
Girolamo Belli wurde 1552 in Argenta, Ferrara, geboren, wo er Schüler von Luzzasco Luzzaschi war. Er trat um 1570 der Hofkapelle von Mantua als Sänger bei. In den achtziger Jahren hat er sich angeblich in Rom aufgehalten und darauf in Venedig, wo er den größten Teil seiner Kompositionen herausbrachte. Um 1610 ging er nach Ferrara, wo er um das Jahr 1618 starb.

WERKE

Der italienische Komponist Girolamo Belli brachte 12 mehrstimmige Madrigale heraus, die mehrere Auflagen erlebten, außerdem Canzonetten und Psalmen, geistliche Gesänge für sechs bis zehn Stimmen und eine achtstimmige Messe. Einzelne Madrigale können auch mit Instrumenten gespielt werden; die Psalmen weisen Basso continuo auf und bringen einen starken Sinnausdruck des Textes. Girolamo Belli nimmt eine Zwischenstellung zwischen dem alten und dem neuen Stil ein.

Georg Hager (1552–1634)

ZEIT UND UMWELT

Die Meistersinger waren keine volkstümlichen Gestalten, wie sie Richard Wagner darstellte. Weder die Musikwelt noch die breite Öffentlichkeit kannten sie; ihre Lieder wurden nicht veröffentlicht. Ihre Bedeutung lag in ihrer Liebe zur Kunst, wie sie sie verstanden, und ihrem Eifer, Grundsätze der Religion und der Moral mit ihren strengen Regeln für Dichtung und Musik zu koordinieren. Das geschah aber nicht zum Zweck der Missionierung, sondern nur für sie selbst. Die wenigen wahren Künstler, die aus den Meistersingerschulen hervorgegangen sind, durchbrachen die Regeln und gingen ihren eigenen Weg.

LEBEN

Georg Hager (Hager der Jüngere), Sohn des Meistersingers Georg Hager des Älteren (1512–72), eines Schülers von Hans Sachs, wurde am 26. 11. 1552 in Nürnberg getauft. Er war hauptberuflich Schuhmacher wie Hans Sachs und daher geeignet, in die Meistersingerschule aufgenommen zu werden, wo er alle Ränge bis zum Senior-Merker durchlief. Er wurde in Nürnberg am 10. 10. 1634 begraben.

WERKE

Georg Hager der Jüngere war neben Adam Puschmann einer der bedeutendsten Meistersinger nach Hans Sachs. Er verfaßte 937 Meisterlieder, darunter 145 zu 17 eigenen Meistertönen.

LITERATUR

Cl. H. Bell, Georg Hager, a Meistersinger of Nürnberg, Los Angeles 1947.

Edmund Hooper (um 1553–1621)

ZEIT UND UMWELT

Der Puritanismus als potenzierter Protestantismus war bestrebt, die Reformation rückhaltlos durchzuführen und auf alle Lebensbereiche auszudehnen. Das Bewußtsein des Auserwähltseins zog eine enge Moralauffassung, eine Herabminderung aller Lebensäußerungen nach sich. Jede Art von Kunst, soweit diese nicht im unmittelbaren Dienst der Religion stand, war verpönt. Das traf vor allem die Musik, die auf ihre liturgische Funktion beschränkt werden sollte.

LEBEN

Edmund Hooper wurde um 1553 in Halberton, Devon, geboren. Nach längerer Dienstzeit als Chorist an der Kathedrale von Exeter kam er zum Chor der Westminster Abbey (1582) und wurde 1588 mit der Leitung des Knabenchores betraut. Im Jahre 1603 ernannte man ihn zum Gentleman der Chapel Royal und 1606 zum Organisten der Westminster Abbey. Er starb im Jahre 1621 und wurde am 16. 7. in Westminster begraben.
Sein ältester Sohn, James Hooper (um 1595 bis 1651), war Laienvikar in Westminster und Kirchenkomponist.

WERKE

Der englische Kirchenkomponist Edmund Hooper arbeitete an der Harmonisierung von »The Whole Booke of Psalms« (Vollständiges Psalmenbuch) mit (1592) und leistete ähnliche Arbeiten beim mehrstimmigen Psalter aus 1621. Außerdem sind von ihm mehrere Anthems erhalten. Profanmusik schrieb er keine. Wegen des in England um sich greifenden Puritanismus gab es dafür auch wenig Bedarf.
Von James Hooper sind mehrere gottes-

dienstliche Kompositionen und eine große Anzahl vorzüglicher Anthems überliefert. Die Anthems waren zu jener Zeit überhaupt zum Betätigungsfeld der Komponisten geworden, weil der strengste Puritaner dagegen nichts einwenden konnte.

Melchior Schramm (um 1553–1619)

Zeit und Umwelt
Die Musikpflege lag in Deutschland auch an der Wende zum 17. Jahrhundert bei den Hofkapellen, in Kantoreien und Kapellen der Kirchen und Schulen. Es war nicht anders als in Italien oder Frankreich, mit dem Unterschied, daß sich bereits private Hauskapellen reicher Bürgerhäuser bildeten, die weniger traditionsgebunden waren. Die Welser und Fugger in Augsburg ließen zwar noch die gleiche Musik bestellen und spielen wie Kirchen und Höfe, aber es gab bereits mehr familiäre Anlässe dazu. Das machte Schule für weitere Private, die nicht unbedingt die bisherige Patronanz der Musik kopieren wollten und dazu beitrugen, daß Musiker und Musik sich ein gutes Jahrhundert später von ihren bisherigen »Brotgebern« befreien konnten.

Leben
Melchior Schramm wurde um 1553 in Münsterberg (Ziębice), Schlesien, geboren. Der deutsche Organist und Komponist wirkte ab 1565 als Chorknabe an der Hofkapelle in Prag und dann in Innsbruck. Um 1571 war er Organist in Halle, Saale, und 1574 Kapellmeister in Sigmaringen. Ab 1605 war er Stadtorganist von Offenburg, Baden, wo er am 6. 9. 1619 starb.

Werke
Von Melchior Schramm, der zwischen Lasso und Hans Leo Haßler eingereiht werden muß, sind geistliche Lieder für fünf bis sechs Stimmen, »Neuwe außerlesene Teutsche Gesäng« und eine Anzahl vorzüglicher Motetten, unter anderem für das Officium Nuptiale (Hochzeitsfeier) Fuggers überliefert. Viele Stücke von ihm findet man in Sammelwerken. Die meisten seiner Kompositionen, besonders alle Orgelstücke, sind verlorengegangen. Aber was vorliegt, rechtfertigt seine Einordnung in der deutschen Musikgeschichte.

Literatur
W. Bötticher, Orlando di Lasso und seine Zeit, Kassel 1958.

Tommaso Graziani (um 1553–1634)

Zeit und Umwelt
Die Bezeichnung »Franziskanermusik« ist nicht sehr alt und auch schwer zu definieren. Sie soll besagen, daß die vom Franziskanerorden gepflegte Musik irgendwie eine heitere, fröhliche Note aufweist, und zwar nicht nur die von Franziskanern komponierte, sondern auch fremde, in Franziskanerkirchen gespielte Musik. Der Rhythmus ist um eine Kleinigkeit straffer, das Passagenwerk kaum merklich schwungvoller. Darin liegt vielleicht keine bewußte Absicht der Komponisten und Interpreten, es ist vermutlich das alte Erbe des Ordensstifters, der in seinem »Sonnengesang« (1224), der prächtigsten Lauda des Trecento, das Dasein des Menschen in seiner Natur bejahte.

Leben
Tommaso Graziani wurde um 1553 in Bagnacavallo, Kirchenstaat, geboren. Er war Schüler von Costanzo Porta in Ravenna, wurde 1572 Franziskaner und um 1587 Kapellmeister des Franziskanerklosters in Mailand. Von 1589 bis 1595 war er Kapellmeister in Ravenna, darauf wieder in Mailand, 1605 in Reggio Emilia und ab 1613 im Kloster seines Heimatortes Bagnacavallo, wo er im März 1634 starb.

Werke
Von dem italienischen Komponisten Tommaso Graziani sind mehrere Messen, Vesperpsalmen, Madrigale, Marien-Litaneien, Motetten und eine Reihe anderer kirchlicher mehrstimmiger Gesänge erhalten. Die kon-

zertierenden vierstimmigen Franziskus-Responsorien nehmen zumindest hinsichtlich der Stimmung die Kantatenform voraus. Alle Musik von Graziani macht einen leichten, bewegten Eindruck und nimmt stark für sich ein.

Jacobus Peetrinus
(um 1553 bis um 1591)

ZEIT UND UMWELT

Wenn auch Mecheln katholisch war und blieb, hatte es unter den Kämpfen um die Freiheit der Niederlande und dem Streit der Konfessionen sehr zu leiden. Mit dem geruhsamen Musikbetrieb in den Kirchen der Stadt war es vorbei. Manch einer von den Musikern der Kirchen nahm den Wanderstab. Ihr Ziel war Frankreich, Madrid oder Italien.

LEBEN

Jacobus Peetrinus (Peetrino, Peeters) wurde um 1553 in Mecheln geboren und an einer der Kirchen der Stadt ausgebildet. Er wirkte zuerst in seiner Vaterstadt als Sänger an St. Rombaut. Dann verließ er seine Heimat und sang am Dom in Mailand. Schließlich fand er 1572 Aufnahme in die päpstliche Kapelle. Er blieb in dieser Stellung bis zu seinem Tod um 1591.

WERKE

Von dem flämischen Komponisten Jacobus Peetrinus sind ein Buch vierstimmige Madrigale, ein Buch dreistimmige geistliche Lieder, drei- bis vierstimmige geistliche Canzonetten und fünfstimmige Motetten erhalten. Der Stil des Komponisten gehört dem 16. Jahrhundert an und entsprach einwandfrei den Beschlüssen des Konzils von Trient.

LITERATUR

L. G. van Doorslaer, Jacobus Peetrinus, compositeur malinois, in: Bulletin du Cercle archéologique, littéraire et artistique du Malines XXVII, 1922.

Leonhard Lechner (um 1553–1606)

ZEIT UND UMWELT

Trotz aller Vereinbarungen und Friedensschlüsse, die die Einflußsphären und Machtbereiche der beiden Konfessionen festlegten, wurde kein friedliches Nebeneinanderleben erreicht. Reformation und Gegenreformation schritten weiter, die politischen Zustände spitzten sich immer mehr zu. Der Kampf der Bekenntnisse war politisch und wirtschaftlich wichtig; es ging um ertragreiche Landstriche und Siedlungen, und es ging um Macht. Europa bereitete sich auf die größte kriegerische Auseinandersetzung der frühen Neuzeit vor, die jenes Volk praktisch verlor, auf dessen Boden gekämpft und gesiegt wurde.

LEBEN

Leonhard Lechner nannte sich selbst Athesinus (Etschländer), so daß der Ort, wo er um 1553 geboren wurde, im Etschtal (Südtirol) liegen muß. Er kam bereits früh als Sängerknabe an die Hofkapellen in München und Landshut, die Orlando di Lasso und Ivo de Vento unterstanden. Im Jahre 1570 kam er in die Stellung eines Hilfslehrers in Nürnberg, wo er um 1576 zum Protestantismus übertrat. Im Jahre 1584 erhielt er den Posten des Hofkapellmeisters in Hechingen, gab ihn nach einem Jahr wegen Unstimmigkeiten wieder auf und ging, nachdem er sich vergebens um die Hofkapellmeisterstelle in Dresden beworben hatte, als Kapellsänger an den Stuttgarter Hof, wo er 1595 Hofkapellmeister wurde. Er starb in Stuttgart am 9. 9. 1606.

WERKE

In Nürnberg, wo Leonhard Lechner neben seinem Schuldienst als Mitglied, Hauskomponist und musikalischer Berater verschiedener bürgerlicher Musikgesellschaften tätig war, galt er als »gewaltiger Componist und Musicus«. Er verfaßte dort den Großteil seiner profanen Werke, darunter die in mehreren Sammlungen erschienenen insgesamt 160 »Teutschen Lieder«, die entweder Madrigalformen oder zeitgenössische Villanellen-

und Kanzonenformen aufweisen und damit einen deutsch-italienischen Liedstil begründen. In seinen größeren Werken, wie das »Hohe Lied Salomonis« und die vierstimmigen »Deutschen Sprüche von Leben und Tod«, kam es zu einer einmaligen Verschmelzung von ausdrucksvoller Madrigalstruktur und feierlicher Motettenform mit einer Mehrstimmigkeit, die wie sparsame Aquarelltöne wirkt. Es liegt auch eine große Anzahl lateinischer Motetten und sakraler Gesänge vor, die ältere Stilelemente zeigen. Das gleiche gilt für die Messen, die Magnificat und auch für die sechsstimmigen Bußpsalmen.

Lechner bemühte sich um den Nachlaß seines Vorbildes Orlando di Lasso und brachte 2 Bände »Selectissimae Cantiones« (Gut ausgewählte Gesänge) heraus, die als Teil einer Gesamtausgabe geplant waren.

Historia der Passion und Leidens unseres einigen Erlösers und Seligmachers Jesu Christi nach dem alten lateinischen Kirchenchoral mit vier Stimmen componiert, entstanden 1593

Diese Johannespassion stellt eine Motetten-Passion dar. Der alte Choralton wird als Grundlage verwendet, aber mit lyrischen Figuren ausgeschmückt. Die Tonmalerei wird sehr stark angewendet; das Zurückweichen der Häscher, der Schwertstreich, den Petrus führt, der krähende Hahn werden deutlich gezeichnet. Die Musik erhebt sich zu verstärkter Dramatik, wenn Pilatus Christus dem Volk zeigt und ausruft: »Sehet, welch ein Mensch!« Die Spannung wird durch das Losbrechen der Rufe: »Kreuzige ihn!« gesteigert, mündet sodann schlicht in die Bitte: »Vater, vergib ihnen, denn sie wissen nicht, was sie tun.« Wie ein Gebet klingt die Passion bei den Worten: »Es ist vollbracht« aus.

Deutsche Sprüche von Leben und Tod für vier Stimmen, entstanden 1606

Fünfzehn Sprüche eines ungenannten Dichters (vielleicht des Autors selbst), die mit schlichten Worten von der Unbeständigkeit der Welt und der Beständigkeit Gottes sprechen, werden mit einer epigrammatisch knappen Musik in ihrer Endgültigkeit verstärkt. Ein Thema in g-Moll zieht sich ernst durch das Gesamtwerk, gleichsam als Leitmotiv, und verleiht ihm mit dunkler Monotonie eine Sprache, die von jenseits des Grabes zu kommen scheint.

LITERATUR
O. Koller, Leonhard Lechner, Musikbuch aus Österreich, Wien 1904.

Luca Marenzio (1553–99)

ZEIT UND UMWELT
Der italienische Dichter Giovanni Battista Guarini gewann 1590 mit seinem sentimentalen Schäferspiel »Il Pastor fido« (Der getreue Hirte) einen durchschlagenden Erfolg. Das Stück wurde in ganz Europa populär; es beeinflußte die Sitten der damaligen Gesellschaft und spiegelte sie wider; jedenfalls ist es für die Geisteshaltung jener Gesellschaft bezeichnend, daß ein so primitives Stück allgemeine Beachtung finden konnte. Daß der große literarische Erfolg Komponisten bewog, das Spiel zu vertonen, war eine natürliche Folge.

LEBEN
Luca Marenzio wurde 1553 in Coccaglio bei Brescia geboren. Er fand am Dom von Brescia Aufnahme als Chorknabe und dürfte von Giovanni Contino, der dort bis 1569 Kapellmeister war, unterrichtet worden sein. Gegen das Ende der siebziger Jahre ging er nach Rom und wurde 1578 Kapellmeister im Dienst des Kardinals Luigi d'Este (Bruder Alfonsos II.). Da er in dieser Stellung schlecht bezahlt war, suchte er nach einer anderen und erhielt über Piero Strozzi Verbindung mit Florenz, wo er in den Jahren 1588 und 1589 anläßlich der Hochzeitsfeierlichkeiten im Haus Medici beschäftigt wurde. Wieder in Rom, kam er mit dem Kreis in Berührung, in dessen Mittelpunkt die Dichter Torquato Tasso und dessen Freund Giovanni Battista Guarini standen. Über diesen Gesellschaftskreis erhielt er (1595) eine Anstellung beim König von Polen, Sigismund III., der ihn gut honorierte und zum Ritter schlug. Eine Erkrankung zwang ihn zur Rückkehr in die Heimat (1598). Am 22. 8. 1599 starb er in Rom und wurde in San Lorenzo in Lucina beigesetzt.

Werke

Schon zu seinen Lebzeiten war Luca Marenzio als Madrigalist weit über die Grenzen Italiens hinaus berühmt. In Deutschland erschienen einige seiner Madrigale in Übersetzung, in England war er einer der meistgeschätzten Komponisten Italiens. Man hat ihn, auf seine Zeit eingeschränkt, wohl nicht mit Unrecht den hervorragendsten Vertreter der Madrigalkomposition genannt. Er ging über die Wortmalerei seiner Zeitgenossen weit hinaus und bemühte sich um geistvolle Affektschilderungen. Alle Mittel der kompositorischen Technik wurden herangezogen, vor allem eine für jene Zeit mehr als kühne Chromatik, die zu einer völlig neuen Tonalität führte, und eine leichte, elegante Kontrapunktik. Die Texte stammen zumeist von zeitgenössischen Lyrikern, wie Torquato Tasso, Jacopo Sannazaro (1456 bis 1530) und Giovanni Battista Guarini, zu dessen »Pastor fido« Marenzio Pastoralszenen vertonte.

Im einzelnen sind von Luca Marenzio 15 Bücher fünf- und sechsstimmige Madrigale, eines mit fünf- bis zehnstimmigen geistlichen Madrigalen, 5 Bücher mit dreistimmigen Villanellen, eines mit vierstimmigen Motetten, eines mit fünf- bis siebenstimmigen Kirchenliedern erhalten. Weitere Kompositionen finden sich in Sammelwerken. Alle Kompositionen wurden mehrmals aufgelegt. Von seinen Instrumentalstücken ist nur eine kurze Sinfonia erhalten.

Literatur

H. Engel, Luca Marenzio, Rassegna musicale III, 1930.

Andrea Rota (1553–97)

Zeit und Umwelt

Die früh gegründeten Musikschulen der größeren italienischen Städte, Bologna, Mailand, Rom, Neapel zum Beispiel, haben unendlich viel für die Entwicklung der italienischen Musik geleistet. Sie wirkten jedoch mit dem Ablauf der Zeit entwicklungshemmend. Die berühmten Namen, die als Lehrer oder Schüler mit den einzelnen Schulen in Zusammenhang standen, und deren Erfolge bildeten einen deutlichen Beweis dafür, daß die jeweils gelehrte Stilauffassung richtig und Änderungen überflüssig waren. Die kleineren Kapellen hingegen, die keine gewichtige Tradition zu verteidigen hatten, waren weit aufgeschlossener und beweglicher. Das wirkte sich auch auf die Schüler solcher Kapellen aus.

Leben

Andrea Rota wurde 1553 in Bologna geboren und vermutlich in Rom ausgebildet, wo er an einer Kirche als Sänger tätig war. Im Jahre 1583 kam er nach Bologna zurück und folgte Bartolomeo Spontoni als Kapellmeister an San Petronio nach. Er versah diese Stelle bis zu seinem Tod im Jahre 1597.

Werke

Von dem italienischen Komponisten Andrea Rota sind 3 Bücher mit mehrstimmigen Madrigalen, 2 Bücher mit fünf-, acht- und zehnstimmigen Motetten, 2 Messen und ein zwölfstimmiges Magnificat überliefert. Weitere Madrigale und Motetten sind in Sammelwerken enthalten. Der Stil dieser Musik muß konservativ genannt werden, ist aber dennoch sehr ansprechend.

Gutierre Fernández Hidalgo
(1553 bis nach 1620)

Zeit und Umwelt

Das von Francisco Pizarro für Spanien eroberte südamerikanische Territorium, auf dem im 16. Jahrhundert das Vizekönigreich Perú errichtet wurde, umfaßte außer dem heutigen Perú beinahe den ganzen Kontinent mit Ausnahme des portugiesischen Brasilien. Die Hochkultur des Inka-Reiches wurde zerschlagen, in den Städten Regierungsgebäude, Klöster und Kirchen gebaut und die Missionierung der Eingeborenen mit allen Mitteln durchgesetzt.

Leben

Gutierre Fernández Hidalgo wurde 1553

vermutlich in Spanien geboren und dort auch ausgebildet. Er kam mit einer der Einwandererwellen in das Vizekönigreich Perú und wurde Sänger an der Kathedrale in Cuzco, der ehemaligen Hauptstadt des Inka-Reiches. Dann erhielt er die Stelle eines Musiklehrers am Seminar der heiligen Elisabeth in La Plata (heute Sucre, offizielle Hauptstadt von Bolivien). Im Jahre 1597 bestellte man ihn zum Kapellmeister der Kathedrale von La Plata. 1620 kehrte er nach Cuzco zurück und starb dort bald darauf.

WERKE
Von dem peruanischen Komponisten Gutierre Fernández Hidalgo ist eine große Anzahl kirchenmusikalischer Werke wie Messen, Magnificat, Hymnen, Motetten erhalten. Sie sind im zeitgenössischen spanischen Stil gehalten. Ein Einfließen bodenständiger Melodik ist nicht bemerkbar.

LITERATUR
R. Stevenson, The Music of Peru, Aboriginal and Viceroyal Epochs, Washington 1959.

Johannes Eccard (1553–1611)

ZEIT UND UMWELT
Magister Ludwig Helmbold (1532–98) aus dem thüringischen Mühlhausen wurde als Dekan der Philosophischen Fakultät der Universität Erfurt entlassen, weil er Protestant war. Er mußte sich mit der Stelle eines Superintendenten in seiner Vaterstadt und mit der Dichtung protestantischer Lieder und Oden begnügen, die ihm aber einen weiterreichenden Nachruhm eintrugen als seine Poetik-Vorlesungen an der Universität.

LEBEN
Johannes Eccard wurde 1553 in Mühlhausen, Thüringen, geboren. Von 1567 bis 1571 war er Chorknabe an der Weimarer Hofkapelle und anschließend bis 1573 Sänger an der Münchner Hofkapelle unter Orlando di Lasso. Im Jahre 1578 wirkte er bei der Familie Fugger in Augsburg, 1580 als Vizekapellmeister der Hofkapelle in Königsberg, deren Leiter er 1586 als Nachfolger von Teodoro Riccio wurde; zum Kapellmeister wurde er erst 1604 ernannt, verließ aber Königsberg 1608, weil ihm die Stelle eines kurfürstlichen Kapellmeisters in Berlin angeboten worden war, die er bis zu seinem Tod im Herbst 1611 versah.

WERKE
Mit seinen ungefähr 250 geistlichen und weltlichen mehrstimmigen Liedern war Johannes Eccard ein bedeutender Meister des evangelischen Kirchenliedsatzes. Seine Texte stammten oft von seinem engeren Landsmann Ludwig Helmbold. Seine Lieder und Gesänge kamen teils in Mühlhausen, teils in Königsberg heraus. Neben den gedruckten Liedern sind von ihm mehrere Messen, ein Kyrie und viele Gesänge nur handschriftlich erhalten. Mit Joachim a Burck, dessen Schüler er vermutlich war, brachte er 4 Oden von Helmbold heraus. Zu seinem umfangreichen kompositorischen Schaffen müssen noch bei 80 Gelegenheitskompositionen gerechnet werden.

LITERATUR
C. v. Winterfeld, Der evangelische Kirchengesang, Leipzig 1843–45.

Rogier Michael (um 1554–1619)

ZEIT UND UMWELT
San Marco in Venedig war wegen der von zwei Emporen klingenden Chöre das Pilgerziel zahlreicher Musiker Europas. Es wurde versichert, daß die Mehrchörigkeit in keinem anderen Raum und keinem anderen Kirchenbau so eindrucksvoll klinge wie in Venedig, wie immer auch die verschiedenen Chöre postiert würden. Es mag darin ein Stück Übertreibung liegen, aber man darf nicht ausschließen, daß der Dom als einziger über die erforderliche Akustik verfügte, die ein Doppelchor benötigte, um einen »körperlichen« Klang zu erzeugen.

LEBEN
Rogier Michael (Rogier Michael von Bergen)

wurde um 1554 in Mons geboren. Er kam im Kindesalter nach Wien und war dort bis 1564 Singknabe der Kaiserlichen Hofkapelle. Dann wurde er von der Hofkapelle in Graz übernommen. Über Anraten des dortigen Hofkapellmeisters Annibale Padovano ging Michael zu Andrea Gabrieli nach Venedig. Als er aus Italien zurückgekehrt war, bewarb er sich vergebens um eine erneute Aufnahme in die Wiener Hofkapelle, kam sodann 1572 bei der Hofkapelle von Ansbach unter und 1574 an der kursächsischen Kapelle in Dresden, wo er 1587 Hofkapellmeister wurde und es bis zu seinem Tod im Jahre 1619 zumindest formell blieb. In den letzten Jahren mußte er zuerst von Michael Praetorius und dann von Heinrich Schütz wegen seines hohen Alters unterstützt werden.

Sein Vater Simon Michael (um 1510, Mons, bis um 1570, Wien) war ebenfalls Kapellsänger an der Kapelle in Wien gewesen.

Werke
Von Rogier Michael sind über 50 vierstimmige Choralsätze im Kantionalsatz, ein sechsstimmiges Te Deum, ein fünfstimmiger Introitus, eine Weihnachtshistorie und eine Empfängnishistorie überliefert. Die beiden Historien nähern sich der Kantatenform.

Literatur
O. Kade, Rogier Michael, Monatshefte für Musikgeschichte II, 1870.

William Inglott (1554–1621)

Zeit und Umwelt
Der wirtschaftliche Aufstieg von Norwich, der seit dem Normanneneinfall bis in die frühe Neuzeit stetig anhielt, begünstigte wie überall das kulturelle Leben der Stadt. Den Zeitgepflogenheiten entsprechend spielte sich das Musikleben in der Kathedrale und den anderen Kirchen ab und erfuhr auch durch Reformation, Gegenreformation und erneute Reformation keine empfindliche Störung. Erst als im folgenden Jahrhundert die Puritaner die Oberhand gewannen, wurde jede kulturelle Betätigung stillgelegt.

Leben
William Inglott wurde 1554 vermutlich in oder bei Norwich geboren. Über seine Lebensverhältnisse in den restlichen Jahrzehnten des 16. Jahrhunderts fehlen alle Informationen. Im Jahre 1608 wurde er zum Organisten der Kathedrale von Norwich bestellt, an der er vermutlich schon geraume Zeit zuvor als Sänger oder Hilfsorganist tätig gewesen war. Er versah den Organistendienst bis zu seinem Tod im Dezember 1621.

Werke
Der Kirchenmusiker William Inglott war bei seinen Zeitgenossen wegen seines virtuosen Spieles auf der Orgel und dem Virginal berühmt. Er hat für diese Instrumente komponiert. 2 Stücke für Virginal befinden sich in »Fitzwilliams Virginal Book«. Außerdem ist der Orgelpart eines Te Deum erhalten. Alles andere ist verlorengegangen. Man sieht jedoch auch aus der kargen Hinterlassenschaft, daß er einer der vielen Kathedralenorganisten war, die durch ihr Spiel und ihre Kompositionen die Entwicklung der englischen Musik weitertrieben. Sie wirkten an ihren Orgeln oder als Kapellmeister und Komponisten »milieubildend«, das heißt, daß sie die Atmosphäre schufen, aus der die großen Meister kamen.

Paolo Bellasio (1554–94)

Zeit und Umwelt
Die stürmische Entwicklung des Orgelbaues, die bereits mit dem 15. Jahrhundert einsetzte und im folgenden zur Errichtung von Prachtinstrumenten wie, um nur ein Beispiel zu nennen, der Orgel für die Kathedrale von Toledo führte, stand im Gegensatz zu Bestrebungen, jede Instrumentalmusik aus der Kirche zu verbannen. Konzilsbeschlüsse und von gnostischen Ideen infizierte Reformatoren konnten jedoch nur lokal und zeitlich beschränkte Erfolge verzeichnen. In die reformierten Kirchen jeder Schattierung und die vor den Toren des Vatikans zog die Mehrstimmigkeit ein wie der Orgelklang. In den Kirchen der Kardinäle

wurden die Orgelbänke mit besten Kräften besetzt, wie jede evangelische Kirche, gleichgültig, welcher Richtung sie angehörte, nach Kantoren suchte, die Orgel spielen konnten. Man kann Künstler vergewaltigen, es treten stets andere an ihre Stelle, denn die Kunst schafft sich überall Bahn.

Leben
Paolo Bellasio wurde am 20. 5. 1554 in Verona geboren und vermutlich dort auch ausgebildet. Er dürfte an einer der Kirchen der Stadt als Organist oder Sänger gewirkt haben, bis er 1582 nach Rom ging und im Dienst verschiedener Kardinäle in deren Kirchen als Organist tätig war. Im Jahre 1587 wurde er Organist am Dom in Orvieto, 1591 kehrte er nach Verona zurück und übernahm die musikalische Leitung der Accademia Filarmonica. Er starb in Verona am 10. 7. 1594.

Werke
Von Paolo Bellasio sind 5 Bücher mit drei- bis achtstimmigen Madrigalen und ein Buch mit dreistimmigen Villanellen erschienen. In Sammelwerken und Lautenbüchern finden sich weitere Werke des Komponisten, dessen Stil stark dem römischen ähnelt, aber in Modulation und Auszierung sehr fortschrittlich ist.

Samuel Mareschall (1554–1640)

Zeit und Umwelt
Basel trat 1501 dem Schweizer Bund bei. Die Reformation machte in der Stadt unter der Führung von Johannes Oecolampadius (1482–1531) so rasche Fortschritte, daß sie 1529 als abgeschlossen angesehen werden konnte. Obwohl der allseits verehrte Humanist Desiderius Erasmus von Rotterdam Basel verließ, weil er manchen Grundsätzen Luthers nicht zustimmen konnte, wurde die Stadt zu einem der wichtigsten Zentren der schweizerischen Reformation. Der Konfessionswechsel verhinderte aber nicht, daß an die Orgel des Münsters ein »bäpstischer« Musiker (Gregor Meyer) gesetzt wurde.

Leben
Samuel Mareschall (Mareschal, Marschal, Marschall) wurde am 22. 5. 1554 in Tournai geboren. Nach seiner Ausbildung kam er nach Basel, wurde 1576 als Nachfolger von Gregor Meyer Organist am Münster und gab an der Universität und der Lateinschule (ab 1589 Gymnasium) Lateinunterricht. Er blieb in diesen Stellungen bis in sein hohes Alter. Er starb in Basel am 17. 12. 1640.

Werke
Von Samuel Mareschall sind 2 Kanons, 2 Gesangbücher, vierstimmige Psalmen und Hymnen und etliche Orgelstücke erhalten. Am interessantesten sind die Orgelwerke, die im völlig freien Satz keine Beziehung zur Vokalmusik aufweisen.

Literatur
K. Nef, Die Musik an der Universität Basel, Basel 1910.

Rinaldo Del Mel (1554–97)

Zeit und Umwelt
Solange Portugal selbständig blieb, war der Austausch von Musikern mit Spanien sehr häufig. Daher gelangten auch Flamen nach Lissabon, die entweder in der Kapelle zu Madrid oder in der Kapelle der Statthalter der Niederlande gewirkt hatten. Es ist jedoch auffällig, daß Spanier und Flamen Lissabon verließen, als Portugal von Spanien einverleibt wurde. Man muß annehmen, daß in den portugiesischen Kapellen das Einvernehmen zwischen Portugiesen und Spaniern, zu denen auch die Flamen zu rechnen waren, durch die Besetzung des Landes gelitten hatte.

Leben
Rinaldo Del Mel (Raynaldus, René, Renatus) wurde 1554 in Mecheln geboren und kam 1562 als Chorknabe zu St. Rombaut. Nach seiner Ausbildung wurde er in die Hofkapelle von Lissabon aufgenommen, wo er es zum Kapellmeister brachte. Im Jahre 1580 verließ er Portugal und ging an die päpst-

liche Kapelle in Rom. Ab 1583 bis 1587 wirkte er in mehreren italienischen Städten als Kapellmeister, sodann in gleicher Eigenschaft bis 1588 in Lüttich, 1589 in Antwerpen und schließlich bis 1596 an Dom und Schule von Magliano di Sabina. Darauf kehrte er in seine Heimatstadt Mecheln zurück, wo er nach 1597 starb.

WERKE

Von dem franko-flämischen Komponisten Rinaldo Del Mel sind ungefähr 15 Bücher mit drei- bis sechsstimmigen Madrigalen, 5 mit vier- bis zwölfstimmigen Motetten und fünf- bis zwölfstimmigen geistlichen Liedern überliefert. Obgleich sein Stil die Züge der letzten franko-flämischen Schule aufweist, ist ein gewisser italienischer Einfluß nicht zu verkennen.

Franz Joachim Brechtel (1554–93)

ZEIT UND UMWELT

Als Canzonette bezeichnete man in Italien ein kurzes, leichtes Vokalstück mit tänzerischem Charakter. Sie war einfach angelegt, selten polyphonisch und rhythmisch scharf akzentuiert. Sie stand im scharfen Gegensatz zum vornehmen Madrigal und war volkstümlich und beliebt wie die Villanella. Sie wurde bald im Ausland nachgeahmt, besonders im deutschen Sprachgebiet, wo sich ohnedies um die Wende vom 16. zum 17. Jahrhundert eine Verschmelzung eigener Liedformen mit italienischen vollzog.

LEBEN

Franz Joachim Brechtel wurde am 9. 12. 1554 in Nürnberg getauft. Er war ein Enkel des Kantors Sebald Heyden, betrieb aber die Musik nur nebenberuflich, weil er seinen Lebensunterhalt als Schreib- und Rechenmeister und Büchsenmacher bestritt. Der Beitrag jedoch, den er zur Einbürgerung des italienischen Liedstils leistete, ist beachtlich. Er verbrachte sein ganzes Leben in Nürnberg, wo er im Jahre 1593 starb und am 20. 9. begraben wurde.

WERKE

Von Franz Joachim Brechtel erschienen 1589 »Neue kurtzweilige Teutsche Liedlein mit dreyen Stimmen nach art der Welschen Villanellen« und ein Jahr darauf »Neue kurtzweilige Teutsche Liedlein mit 4 und 5 Stimmen nach art der Welschen Canzonetten«. Im Jahre 1594 kamen weitere mehrstimmige Canzonetten heraus und machten diese italienische Liedgattung in Deutschland populär. 2 weitere fünfstimmige Lieder erschienen in einer Orgeltabulatur.

LITERATUR

L. Hübsch-Pfleger, Das Nürnberger Lied im deutschen Stilwandel um 1600, Heidelberg 1944.

Giulio Cesare Gabussi
(um 1555–1611)

ZEIT UND UMWELT

König Sigismund III. von Polen berief einen italienischen Musiker nach dem anderen an seinen Hof in Krakau. Er dürfte sie auch generös bezahlt haben. Dennoch blieben sie nie sehr lange. Der Grund hierfür dürfte vorwiegend das für Italiener unerträgliche Klima Polens gewesen sein. Man muß dabei aber auch in Betracht ziehen, daß dieser König bei seinen Untertanen wenig beliebt war und sich diese Ablehnung auch auf die Ausländer übertrug.

LEBEN

Giulio Cesare Gabussi wurde um 1555 in Bologna geboren und dort auch ausgebildet. Weiteren Unterricht erhielt er jedoch in Ravenna von Costanzo Porta. Etwas nach 1580 erhielt er die Kapellmeisterstellung am Dom in Forlì, ab 1594 die gleiche Stelle am Mailänder Dom. Um 1600 folgte er einem Ruf des polnischen Königs Sigismund III. nach Krakau, nahm aber im Jahre 1602 seine Tätigkeit in Mailand wieder auf und setzte sie bis zu seinem Tod am 12. 9. 1611 fort.

WERKE

Von dem italienischen Komponisten Giulio

Cesare Gabussi sind 2 Bücher mit mehrstimmigen Madrigalen, 2 mit Motetten und eines mit 10 Magnificat erschienen. In zeitgenössischen Sammelwerken finden sich noch zahlreiche weitere Stücke. Er ist in jeder Beziehung noch dem 16. Jahrhundert zuzurechnen. Seine Kompositionen sind ausgezeichnet gearbeitet und sehr klangvoll, aber konservativ.

LITERATUR
A. Gerbelotto, Il padre C. Porta da Cremona, in: Miscellanea francescana LV, 1955.

Manuel Rodrigues Coelho
(um 1555–1635)

ZEIT UND UMWELT
Nach dem Einmarsch König Philipps II. von Spanien in Portugal wurde er 1581 von den portugiesischen Cortes in Tomar anerkannt. Er versprach, die Regierung von Spanien und Portugal als reine Personalunion zu führen und die Unabhängigkeit der Portugiesen nicht anzutasten. Seine Nachfolger Philipp III. und Philipp IV. hielten diese Versprechungen nicht, so daß es zu Aufständen kam, die schließlich zur Befreiung der Portugiesen führten. Der kulturelle Austausch, insbesondere auf dem Gebiet der Musik, der schon vor der Vereinigung dieser Länder sehr intensiv war, blieb während all dieser politischen Veränderungen noch unbeschadet eine gewisse Ablösung der portugiesischen Musik von der spanischen machte sich aber bereits bemerkbar.

LEBEN
Manuel Rodrigues Coelho wurde in Elvas um 1555 geboren und an der Kathedrale der Stadt ausgebildet. Er wirkte zunächst an der Kathedrale von Elvas als Organist und wurde 1604 in Lissabon Domorganist und Mitglied der Königlichen Kapelle. Im Jahre 1633 zog er sich von seinen Ämtern zurück und starb 1635.

WERKE
Das Hauptwerk des portugiesischen Komponisten Manuel Rodrigues Coelho ist sein »Flores de musica« (Blüten der Musik), das 28 Stücke für eine Singstimme mit Begleitung eines Tasteninstrumentes oder einer Harfe enthält, und zwar 24 Tientos (Ricercari) und 4 Suzenas (Variationen der Chanson von Orlando di Lasso »Suzanne un jour«). Coelho erweist sich damit als bedeutender Instrumentalkomponist, der stilistisch den zeitgenössischen Komponisten der Iberischen Halbinsel weit vorausschritt. Die »Flores« sind das älteste gedruckte Instrumentalwerk der portugiesischen Musik.

Ercole Pasquini (um 1555 bis nach 1608)

ZEIT UND UMWELT
Die hohe Qualität der Musikausbildung in Ferrara wurde in ganz Italien sehr geschätzt. Es gingen ausgezeichnete Organisten daraus hervor, die überall willkommen waren, auch an Kirchen, die die höchstmöglichen Anforderungen an ihre Musiker stellten.

LEBEN
Ercole Pasquini wurde um 1555 in Ferrara geboren und dort von Alessandro Milleville zum Organisten ausgebildet. Von 1583 bis 1587 war er in seiner Geburtsstadt selbst als Organist und Orgellehrer tätig. Dann erhielt er den Ruf an die Cappella Giulia am Petersdom in Rom als Domorganist. Er wirkte in dieser Stelle bis 1608 und dürfte bald darauf in Rom gestorben sein.

WERKE
Die Orgelkompositionen des italienischen Komponisten Ercole Pasquini stehen stilistisch zwischen dem venezianischen und dem Stil des Barockmeisters Girolamo Frescobaldi. Von Pasquini sind zahlreiche Messen, kirchliche Gesänge und Madrigale, außerdem noch viele Stücke für Orgel oder Cembalo überliefert, die von Zeitgenossen sehr geschätzt, aber über die großen Leistungen des 17. Jahrhunderts auf diesem Gebiet bald vergessen wurden.

Sebastian Ertel (um 1555–1618)

Zeit und Umwelt
Der Generalbaß ist in der 2. Hälfte des 16. Jahrhunderts in Italien entstanden und hatte sich bis zur Wende zum nächsten Jahrhundert bereits stark durchgesetzt. Nördlich der Alpen wurde diese neue Technik etwas später übernommen, aber dann bald allseitig angewendet, so daß sie für die Musik des ganzen 17. Jahrhunderts kennzeichnend wurde, weil die übrigen Musikländer sich gleichzeitig anschlossen.

Leben
Sebastian Ertel (Erthel, Ertelius) wurde um 1555 in Mariazell, Steiermark, geboren. Er trat in das Kloster Weihenstephan in Freising ein und dürfte dort als Kirchenmusiker gewirkt haben. Im Jahre 1611 scheint er als Angehöriger des Klosters in Garsten, Oberösterreich, auf. Er wurde dort 1613 Chorpräfekt und starb am 13. 7. 1618.

Werke
Der österreichische Komponist Sebastian Ertel war einer der ersten Vertreter der generalbaßbegleiteten Chorpolyphonie im deutschen Sprachgebiet, in dem sich kurze Jahre darauf diese Kompositionstechnik rasch verbreitete. Er hinterließ sechs- bis zehnstimmige Symphoniae sacrae, ein Buch Messen für ebensoviel Stimmen und je ein Buch Magnificat und Vesperpsalmen für acht Stimmen. Seine Musik ist ohne Vorbehalt dem Frühbarock einzureihen und für diese Epoche typisch.

Literatur
K. G. Fellerer, Beiträge zur Musikgeschichte Freisings, Freising 1926.

Giulio Eremita (um 1555 bis um 1600)

Zeit und Umwelt
Neben der Hofkapelle gab es in Ferrara, so lange es der Familie Este unterstant, in jedem der Paläste der einzelnen Familienmitglieder größere oder kleinere Kapellen, und in allen Kirchen fanden sich genügend Beschäftigungsmöglichkeiten für Sänger und Organisten, so daß keiner der vielen Musiker, die aus dem Herzogtum selbst stammten, sich anderswo umsehen mußte, sondern trotz der vielen fremden Künstler, die herangezogen wurden, in der Heimat leben und wirken konnte.

Leben
Giulio Eremita (Heremita, eigentlich Giulio Giusberti oder Iusberti) wurde um 1555 in Ferrara geboren und an einer der Kirchen der Stadt zum Musiker ausgebildet. Er wurde Mönch und Organist an einer Klosterschule und starb in Ferrara um 1600.

Werke
Von dem italienischen Organisten sind 3 Bücher mehrstimmige Madrigale und 2 mit achtstimmigen Motetten überliefert. Alles ist im spätvenezianischen Stil gehalten. In zeitgenössischen Sammelwerken finden sich noch weitere Madrigale. Die Kompositionen müssen als guter Durchschnitt eingeschätzt werden.

Literatur
A. Lazzari, La musica alla corte di Ferrara, Ferrara 1928.

Bartolomeo Barbarino (um 1555 bis nach 1617)

Zeit und Umwelt
Der Sologesang bildete um die Wende vom 16. zum 17. Jahrhundert zwei Formen aus, den Rezitativgesang, der das Wort ganz in den Vordergrund schob, und den ariosen Gesang, der der Musik die Funktion als überwiegendes Ausdrucksmittel beließ. Die Begleitung wurde in beiden Fällen weiteren Stimmen oder Instrumenten überlassen, die allerdings beim Rezitativ außer einer fallweisen Tonhöhenstützung keine Beziehung zum Gesang übernahmen, beim ariosen Gesang jedoch diesen kontrapunktisch oder akkordisch, zuweilen auch imitierend im wahren Sinn des Wortes begleiteten, den

Gesangsausdruck unterstrichen und verstärkten und fallweise mit der Solostimme zu einem Ganzen zusammenwuchsen.

LEBEN

Bartolomeo Barbarino (Bartholomeo Barberino) wurde um 1555 in Fabriano, Ancona, geboren, in Ancona ausgebildet und dort an einer Kirche beschäftigt, bis er 1593 in die Kapelle der Santa Casa in Loreto als Sänger eintrat. Ab 1594 wirkte er in Urbino und von 1602 bis 1605 als Kapellmeister in Pesaro, was ihm den Beinamen »Il Pesarino« eintrug. Anschließend erhielt er die Kapellmeisterstelle am Dom in Padua, die er 1614 aufgab, um nach Pesaro in seine alte Stellung zurückzukehren. Er starb in Pesaro kurz nach 1617.

WERKE

Bartolomeo Barbarino war einer der ersten, der Solomotetten und Solomadrigale in größerem Umfang verfaßt hat. Er arbeitete für die Solosänger in manchen Fällen sogar die Verzierungen aus und veröffentlichte einzelne Motetten in zwei Fassungen, nämlich mit Verzierungen und ohne. Er brachte 4 Bücher Solomadrigale mit Instrumentenbegleitung (Chitarrone, Theorbe, Cembalo oder andere) zum Singen heraus, weitere dreistimmige Madrigale mit drei gleichzeitig zu spielenden Basso-continuo-Stimmen und 2 Bücher Motetten. Die Texte verfaßte der Komponist zum großen Teil selbst. Diese Kompositionen hatten den a-cappella-Gesang des 16. Jahrhunderts bereits weit zurückgelassen.

LITERATUR

N. Fortune, Italian Secular Monody from 1600 to 1663, Musical Quarterly XXXIX, 1935.

Pierre Bonnet (um 1555 bis nach 1615)

ZEIT UND UMWELT

Die seit der Mitte des 16. Jahrhunderts erschienenen Lautenlieder bildeten in Paris für die um die gleiche Zeit entstandenen Airs de cour eine starke Konkurrenz, die sodann ein Jahrhundert darauf zu ihren Gunsten entschieden wurde. Vorläufig liefen aber beide Liedgattungen nebeneinander und formten ihre Typen aus. Einer besonderen Beliebtheit durften sich die Airs erfreuen, in denen eine Solostimme mit einem Chor dialogisierte.

LEBEN

Pierre Bonnet wurde um 1555 in dem Limousin geboren. Er soll im Dienst des Gouverneurs von La Marche gewesen sein, es gibt aber darüber keine näheren Berichte. Er verbrachte sein Leben vermutlich in Limoges, dürfte aber später nach Paris gegangen und dort nach 1615 gestorben sein.

WERKE

Die Kompositionen von Pierre Bonnet sind als frühe Beispiele des Air de cour außerordentlich bemerkenswert. Neben einem Buch Airs für vier bis sechs Stimmen sind in einem Sammeldruck sieben Airs mit sakralen Texten erschienen und stellten damit eine Seltenheit dar. Auch in seinen weiteren 2 Büchern mit Airs et Villanelles nimmt er die im kommenden Jahrhundert entwickelten Liedformen bereits voraus.

LITERATUR

Th. Gérold, L'Art du chant en France au XVIIe siècle, Straßburg 1921.

Bartolomeo Sorte
(um 1555 bis um 1600)

ZEIT UND UMWELT

Obwohl Padua bereits seit 1405 venezianisch war, hatte es sich eine gewisse Selbständigkeit auf kulturellen Gebieten bewahren können. Ein Grund hierfür war sicherlich das geistige Gewicht der Universität, die seit ihrer Gründung im Jahre 1222 eine stattliche Reihe weltberühmter Kapazitäten aufweisen konnte, den zweiten Grund bildete das Wirken des Begründers der Renaissancemalerei Andrea Mantegna und den dritten die Musikpflege im Dom und in der Basilika.

LEBEN

Bartolomeo Sorte wurde um 1555 in Padua geboren. Er war Chorknabe am Dom, dann Sänger an verschiedenen Kirchen der Stadt und schließlich Mitglied der Domkapelle bis zu seinem Tod um 1600.

WERKE

Das kompositorische Werk des italienischen Kirchenmusikers Bartolomeo Sorte besteht aus Messen, Psalmen, Motetten und anderen sakralen Gesängen. Diese Musik übernahm den venezianischen Stil mit Doppelchörigkeit und vielen Solostellen. Außerdem sind 2 Bücher mit Madrigalen überliefert, deren Musik ein starkes Hinneigen zur Ausdrucksmusik aufweist.

Alonso Lobo (um 1555–1617)

ZEIT UND UMWELT

Das »Goldene Jahrhundert« Spaniens, an dem vor allem Sevilla durch seine Monopolstellung im Überseehandel, im Transport von Silber von Südamerika und von Menschen nach den in der Neuen Welt gegründeten Kolonien in der Form von Vizekönigreichen besonderen Anteil hatte, brachte für die Einwohner der Stadt weder Reichtum noch Wohlstand, sondern nur Teuerung und Minderung der Lebenshaltung. Auch auf die Musikkultur hatten die wirtschaftlichen und politischen Erfolge keinen fördernden Einfluß, denn der Traditionalismus versteifte sich, bis alles in eine gewisse Sterilität mündete.

LEBEN

Alonso Lobo wurde um 1555 in Borja geboren und dürfte in Zaragoza ausgebildet worden sein. Welche Stellungen er eingenommen hatte, ehe er Vizekapellmeister an der Kathedrale in Sevilla wurde, ist nicht bekannt. Er wirkte vermutlich in Madrid, wo einige seiner Kompositionen herauskamen. Im Jahre 1593 verließ er Sevilla, um die Kapellmeisterstelle an der Kathedrale in Toledo anzutreten; zehn Jahre darauf kam er in gleicher Eigenschaft an die Kathedrale von Sevilla zurück, wo er am 5. 4. 1617 starb.

WERKE

Von Alonso Lobo sind 6 vier- bis sechsstimmige Messen und 7 vierstimmige Motetten überliefert. Sie sind zwar erst 1602 in Madrid erschienen, gehören aber strukturell und stilistisch dem 16. Jahrhundert an. Von einer Bewegung zu neuen Formen ist nichts zu bemerken. Sie sind klanglich etwas matt, aber durchaus sorgfältig gearbeitet, können aber ihren epigonalen Charakter nicht verleugnen. Sein achtstimmiges Magnificat bleibt eine Ausnahme. Es zeigt im Duktus des Diskant Ansätze zur Befreiung vom überkommenen Stil. Es wird als beste Leistung des Komponisten angesehen.

LITERATUR

R. Stevenson, Spanish Cathedral Music in the Golden Age, Berkeley 1961.

Alessandro Orologio (um 1555–1633)

ZEIT UND UMWELT

Die Intrada war ursprünglich ein Trompetensatz, »welch bey grosser Herren Einzug oder Auffzügen in Turnieren vnd sonsten zu gebrauchen pflegt« (Praetorius). Wenn es auch im 16. Jahrhundert keine Turniere mehr gab, so fehlten die Anlässe – Auftritte von Fürstlichkeiten, Beginn von Festlichkeiten, Einleitung zu kirchlichen Feierlichkeiten – nicht, um Intradae auf Trompeten, Zinken oder anderen Instrumenten zu blasen. In früherer Zeit war das Aufgabe der Stadtpfeifer, später fiel auch diese Musik den Kapellen zu. Damit war für die Komponisten ein neues Betätigungsfeld geschaffen.

LEBEN

Alessandro Orologio (Horologius) wurde um 1555 in Oberitalien geboren. Er war ab den siebziger Jahren des 16. Jahrhunderts Trompeter bei Kaiser Rudolf II. in Prag, sodann an den Höfen in Kassel, Dresden und Wolfenbüttel. Im Jahre 1603 kehrte er nach Prag zurück und wurde Vizekapellmeister am kaiserlichen Hof, 1613 ging er nach Wien und von dort nach Steyr. Anschließend trat er im Kloster Garsten, Oberösterreich, die Stelle eines Chorregenten an (1618). Gegen das Jahr 1630 begab er sich neuerlich nach Wien, wo er 1633 starb. Er soll auch Violist und Zinkenist gewesen sein.

WERKE
Von dem italienischen Trompeter Alessandro Orologio sind 4 Sammlungen Madrigale, 2 mit Canzonetten und eine mit Intradae, die zu den ältesten gedruckten Instrumentalstücken dieser Art zu zählen sind, überliefert. Der Stil dieser Komposition ist konservativ, aber auf breite Klangwirkung angelegt.

LITERATUR
K. Nef, Die Intraden von Alessandro Orologio, Den Haag 1925.

Muzio Effrem (um 1555 bis nach 1626)

ZEIT UND UMWELT
Nachdem die älteste Musikschule Neapels ihr Heim nahe Santa Maria de Loreto aufgeschlagen und den Titel eines Conservatorio angenommen hatte, nahm sie talentierte Schüler auch auf, wenn sie nicht aus Neapel selbst stammten. Da sie sich aber weiterhin verwahrloster Kinder annahm und diese ausbildete, wenn sie sich auch nicht für eine musikalische Laufbahn eigneten, benötigte sie die Honorare, die die Musiker unter ihnen für ihr Auftreten in Kirchen und Adelspalästen erhielten. Es war nicht selten, daß der eine oder andere junge Sänger auffiel und eingeladen wurde, einer Kapelle beizutreten.

LEBEN
Muzio Effrem (Mutio) wurde um 1555 bei Bari geboren und kam in jungen Jahren nach Neapel, wo er seine erste Ausbildung erhielt. Von der Musikschule wurde er in die Dienste des Fürsten da Venosa, der sich eine Privatkapelle hielt, übernommen. Er blieb bis 1615 in dieser Stellung. Dann ging er nach Mantua, wo er Stellvertreter des Hofkapellmeisters wurde, trat 1622 der Kapelle des Florentiner Hofes bei und kehrte 1626 nach Neapel zurück. Er dürfte in einem der folgenden Jahre in Neapel gestorben sein.

WERKE
Von Muzio Effrem, der als äußerst konservativer Kritiker seines Zeitgenossen Marco da Gagliano auftrat, obgleich er selbst bei Gesualdo da Venosa mit dem für jene Zeit fortschrittlichsten Kompositionsstil vertraut sein mußte, sind nur etliche Madrigale in Sammelwerken erhalten. Sie sind sehr konservativ angelegt, als sollten sie einen Gegensatz zum Stil seines Dienstgebers Gesualdo bilden. Er beteiligte sich aber auch mit einem sehr schönen Duett an der »Sacra Rappresentazione Magdalena« von Monteverdi.

LITERATUR
A. Giovine, Musicisti e cantanti lirici baresi, Bari 1968.

Paolo Quagliati (um 1555–1628)

ZEIT UND UMWELT
Die Opern, die in Florenz, angeregt von den humanistischen Ideen der Camerata Florentina, komponiert wurden, die dialogischen Gesänge des Oratorio, die sich zu den Sacrae Rappresentationes (Geistliche szenische Darstellungen) entwickelten, die Musik- und Gesangseinlagen zu den Volksschauspielen zeigen den allgemeinen Zug zum musikalischen Theater. Es war nur ein Beispiel dieser immer stärker um sich greifenden Tendenz, wenn in Rom zum Karneval des Jahres 1606 ein Karren durch die Straßen fuhr, auf dem Sänger ein Schauspiel im Wechsel von Soli und Chorpartien sangen und spielten.

LEBEN
Paolo Quagliati wurde um 1555 in Chioggia geboren und vermutlich im nahen Venedig zum Musiker ausgebildet. Er kam 1574 nach Rom und wirkte dort an verschiedenen Kirchen als Organist. Im Jahre 1588 veröffentlichte er seine ersten Kompositionen. 1601 erhielt er die Organistenstelle an Santa Maria

Maggiore und trat im Verlauf der folgenden Jahre in den Dienst des Bologneser Alessandro Ludovisi (1554–1623), der 1616 als Gregor XV. Papst wurde. Er starb in Rom als Apostolischer Pronotar am 16. 11. 1628.

Werke

Im Jahre 1588 veröffentlichte Paolo Quagliati noch Canzonetten für drei Stimmen. Sein nächstes Werk enthielt bereits vierstimmige Ricercate und Canzoni zum Spielen und Singen. Dem folgten vierstimmige Madrigali concertati (Konzertmadrigale) mit Instrumentenverwendung ad libitum und im Jahre 1606 die Musik zur Karnevalsaufführung der dramatischen Kantate »Carro di fedeltà d'amore« (Der Wagen der treuen Liebe), deren Text vom Komponisten Pietro Della Valle (11. 4. 1586, Rom, bis 21. 4. 1652, Rom) stammte. Diesem Beitrag zur Entwicklung des Musiktheaters folgten acht- bis zwölfstimmige Motetten, dreistimmige geistliche Lieder und weitere Motetten. Am interessantesten sind jedoch seine Monodien mit obligater Viole und zweistimmigen Gesänge mit Instrumentalbegleitung, die unter dem Titel »La sfera armoniosa« (Harmonienkreis) herauskamen und eine Vorstufe zur Kammerkantate und dem Kammerduett mit obligaten Instrumenten darstellten. Diese Kompositionen öffneten die Tore zur Musikepoche des 17. Jahrhunderts bereits sehr weit.

Literatur

A. Einstein, The Italian Madrigal, Princeton 1970.

Carlo Aredesi (um 1555 bis nach 1612)

Zeit und Umwelt

Der Träumer auf dem Kaiserthron, Rudolf II., schuf sich, von tiefem Mißtrauen gegen die Realität beseelt, eine zweite Welt in seiner lebensabgewandten Phantasie. Künstlern und ihrer Kunst war darin bereitwillig Raum gewährt, denn ihnen, deren Leben ebenfalls neben der Wirklichkeit ablief, fühlte er sich verwandt.

Leben

Carlo Aredesi (Ardasi, Arthesi) wurde in Cremona um 1555 geboren. Über sein Leben und Wirken bis zum Jahr 1582, in dem er als Kammermusiker am Kaiserhof in Prag aufgenommen wurde, ist nichts bekannt. Er blieb in dieser Stellung bis zum Tod Kaiser Rudolfs II. im Jahre 1612. Über Ort und Zeit seines Todes gibt es keine Aufzeichnungen.

Zur gleichen Zeit war am kaiserlichen Hof in Prag Giovanni Paolo Aredesi (um 1555, Cremona, bis nach 1612, Prag) als Kammermusiker und Komponist tätig. Es ist unbekannt, in welchem Verwandtschaftsverhältnis er zu Carlo Aredesi stand.

Am Wiener Hof wirkte ab 1566 Alberto Aredesi (um 1520, Cremona, bis 30. 5. 1580, Wien) als Hofmusiker. Er dürfte ein älterer Verwandter der beiden Vorgenannten gewesen sein.

Werke

Von Carlo Aredesi ist 1597 ein Buch mit vierstimmigen Madrigalen erschienen, in das auch 4 Madrigale von Giovanni Paolo Aredesi aufgenommen wurden. Die Kompositionen beider Musiker sind im konzertanten Stil Venedigs gehalten und sehr repräsentativ.

Jacopo Moro (um 1555 bis nach 1610)

Zeit und Umwelt

Der 1233 in Florenz gegründete Servitenorden war neben einer ausgedehnten missionarischen Tätigkeit intensiver wissenschaftlicher Forschung, wie Bibelexegese und Patristik, gewidmet. Damit ging selbstverständlich die Pflege der Musik Hand in Hand, die einerseits im Sakraldienst eine bedeutende Funktion ausübte, auf der anderen Seite dem damit eng verflochtenen ästhetischen Bedürfnis entgegenkam.

Leben

Jacopo Moro wurde um 1555 in Viadana, Mantua, geboren. Er trat dem Servitenorden bei und wurde Kirchenkapellmeister seines

Klosters. Nach seinem Wirken an verschiedenen Kirchen seines Ordens dürfte er in Loreto, dem letzten Ort seiner Tätigkeit, nach 1610 gestorben sein.

Werke
Von dem italienischen Kirchenkomponisten Jacopo Moro sind fünfstimmige Psalmen und Vespern, eine achtstimmige Totenmesse, Canzonetten mit sakralem Text, »Encomii musicali« (Musikalische Lobeshymnen), »Kirchenkonzerte« und eine achtstimmige Messe mit Litaneien für die Santa Casa in Loreto erhalten. Alle diese Kompositionen neigen dem konzertanten venezianischen Stil zu.

Nicholas Strogers
(um 1555 bis um 1610)

Zeit und Umwelt
Konform mit der Entwicklung auf dem Kontinent bewegte sich der Stilwandel der englischen Musik von der Vielstimmigkeit zur Monodie, von der Vokalmusik zur Instrumentalmusik. Der Sologesang war in den meisten Fällen arios. Zu Rezitativen kam es erst später. An Instrumenten wurde neben Orgel und Laute die Violenfamilie bevorzugt. Gleichzeitig jedoch trat das Virginal seinen Aufstieg zum beherrschenden Instrument an.

Leben
Nicholas Strogers wurde um 1555 in England geboren. Über seine Ausbildung, sein Leben und Wirken ist nichts bekannt, außer daß er an verschiedenen Kirchen – vermutlich in Oxford und London – als Organist tätig war. Auch über Ort und Zeit seines Todes gibt es keine Aufzeichnungen.

Werke
Von dem englischen Organisten sind mehrere Gottesdienstmusiken (Services), mehrere Anthems und 5 mehrstimmige Motetten auf lateinischen Texten überliefert. Dazu kommen ein Sopransolo mit Begleitung von fünf Instrumenten, mehrere Stücke für Orgel, eine Fantasie und eine Gaillarde für Virginal, eine Pavane für fünf Violen und etliche Lautenstücke. Diese Hinterlassenschaft ist sehr schmal, aber sie zeigt die Vielseitigkeit des Komponisten und zugleich die Situation der englischen Musik seiner Zeit, die von kontrapunktischer Vokalmusik bis zu den Stilformen des 17. Jahrhunderts reichte.

Didier le Blanc (um 1555 bis um 1590)

Zeit und Umwelt
Die Airs de cour, die die Chansons als Unterhaltungsmusik der gehobenen Stände abgelöst hatten, waren der Ausdruck der höfischen Etikette, streng formelhaft, gemessen und zurückhaltend, diszipliniert und vornehm und ebenso manieriert wie die höfischen Umgangsformen, deren innerer Sinn bereits vergessen war. Sie boten der Gesellschaft ein Amüsement auf hohem Niveau, und sie amüsierte sich, weil es die Sitte so verlangte.

Leben
Didier le Blanc wurde um 1555 in Paris geboren. Über sein Leben und Wirken ist nichts bekannt. Sein Name ist nur mit seinen Werken überliefert. Er dürfte um 1590 in Paris verstorben sein.

Werke
Von dem französischen Komponisten Didier le Blanc sind 8 zweistimmige Chansons 1578 und ein Jahr darauf eine dreistimmige Chanson, außerdem 2 Bücher mit vierstimmigen Airs erschienen. Sein Beitrag zur Kirchenmusik war ein vierstimmiges Te Deum. Seine Airs de cour gehören zu den frühesten ihrer Gattung. Sie sind strophisch, vertikal und harmonisch angelegt und wurden von vielen späteren Komponisten als Muster genommen.

Statius Olthoff (um 1555–1629)

Zeit und Umwelt
Der große schottische Humanist und Lati-

nist George Buchanan (1506–82) verfaßte, während er in Coimbra als Ketzer in ein Kloster verbannt war, Psalmenparaphrasen in lateinischer Sprache, die durch lange Zeit zum Lateinunterricht für die schottische Jugend verwendet wurden. Sie wurden auch an einigen deutschen Lateinschulen wegen ihrer vorzüglichen Sprache eingeführt.

Leben
Statius Olthoff ist um 1555 in Osnabrück geboren. Im Jahre 1579 wurde er in Rostock als Kantor angestellt und stieg bis 1593 zum Konrektor auf. Gleichzeitig lehrte er an der Universität lateinische Sprache und Poetik. Im Jahre 1614 zog er sich von seinen Ämtern zurück und starb in Rostock am 28. 2. 1629.

Werke
Der Lateinlehrer und Kantor Statius Olthoff setzte die Psalmenparaphrasen von George Buchanan für vierstimmigen Chor in Musik und veröffentlichte das Werk unter dem Titel: Psalmorum Davidis paraphrasis poetica Georgii Buchanan Scoti argumentis ac melodiis explicata atque illustrata (Die poetische Paraphrase der Psalmen Davids vom Schotten George Buchanan, durch Anmerkungen und Melodien erklärt und illustriert). Das Schulwerk erlebte viele rasch einander folgende Auflagen. Die Vertonung ist homorhythmisch und homophon wie humanistische Odenkompositionen.

Lodovico Zacconi (1555–1627)

Zeit und Umwelt
Wie bei der Geschichte der bildenden Kunst oder der Literatur stößt man immer wieder auf Traktate, die den Künstler belehren, wie er seine Kunst auszuüben habe. Es gibt genaue, sehr gelehrte Anweisungen für den Komponisten, der Autor weiß ungefähr alles über die Technik der Komposition. Aber wenn er dann selbst Beispiele für die Anwendung seiner Lehren gibt, muß man feststellen, daß diese Kompositionen wertlos sind. Denn alle Gelehrsamkeit und alles Wissen ist vergebens, wenn das Unerlernbare, kaum Faßbare fehlt, das dem Künstler geschenkt ist, wenn hinter der Kenntnis, wie komponiert werden soll, nicht die Fähigkeit steht, es auch zu tun.

Leben
Lodovico Zacconi (Giulio Cesare) wurde in Pesaro am 11. 6. 1555 geboren. Im Jahre 1568 trat er dem Augustinerorden bei und wurde mit zwanzig Jahren Priester und Organist seines Klosters. Seine weitere musikalische Ausbildung erhielt er in Venedig und Mantua, wo er neben theologischen Studien wie später auch in Pavia als Gesanglehrer wirkte. Ab 1585 kam er als Tenorist zur Hofkapelle Erzherzog Karls nach Graz und 1591 als Sänger und Hofkaplan nach München zu Herzog Wilhelm V. Im Jahre 1596 kehrte er nach Italien zurück und wurde zuletzt Prior seines Klosters in Pesaro, wo er am 23. 3. 1627 starb.

Werke
Der Musiktheoretiker und Gesanglehrer hinterließ 4 Bücher mit Kanons und Orgelricercari, die nur zum Teil von ihm selbst waren. Sie sind einwandfrei richtig, aber sehr matt, wie eben Schulbeispiele zu sein pflegen.

Giovanni Cavaccio (um 1556–1626)

Zeit und Umwelt
Der Condottiere Bartolomeo Colleoni (1400 bis 1475) stand zumeist im Dienst der Republik Venedig, die ihm nach seinem Tod eine Reiterstatue errichtete. Gestorben ist er auf seinem Schloß bei der Stadt Bergamo, in deren Nähe er geboren wurde. In Bergamo steht sein Mausoleum aus buntem Marmor, das an Pracht mit der benachbarten Kirche Santa Maria Maggiore wetteifert. Die in der Altstadt von Bergamo angehäuften Meisterwerke der Architektur und Malerei mußten in den Bürgern der Stadt von Kindheit an einen ausgeprägten Schönheitssinn wecken.

Leben
Giovanni Cavaccio (Cavacchio) wurde in

Bergamo um 1556 geboren und dort zum Musiker ausgebildet. Im Jahre 1583 erhielt er die Kapellmeisterstelle am Dom Sant' Alessandro, ab 1599 wirkte er in gleicher Eigenschaft an der gegenüber stehenden Kirche Santa Maria Maggiore bis zu seinem Tod am 11. 8. 1626.

WERKE
Von dem italienischen Komponisten Giovanni Cavaccio sind an Kirchenmusik mehrstimmige Messen, Hymnen und Magnificat überliefert. Sie sind durchweg noch im alten Mailänder Stil gehalten, der sich durch ein ganzes Jahrhundert bewährt hatte. Auch die 6 Bücher mit fünfstimmigen Madrigalen sind sehr konservativ. Die Canzonetten, Toccaten, Ricercari und Chansons sind fortschrittlicher und kündigen bereits den Stilumschwung an.

LITERATUR
A. Geddo, Bergamo e la musica, Bergamo 1958.

William Leighton
(um 1556 bis vor 1617)

ZEIT UND UMWELT
Die Pensionsempfänger des Hofes hielten unter Königin Elisabeth I. und unter König Jakob I. eine Kapelle, die zum größten Teil aus ehemaligen Mitgliedern der Chapel Royal bestand und dadurch auf einem hohen Niveau gehalten werden konnte.

LEBEN
William Leighton, Knight, wurde um 1556 in London geboren. Er dürfte unter den Pensionsempfängern eine maßgebende Stellung eingenommen haben. Ob er je Mitglied der Chapel Royal war, ist ungeklärt. Es ist möglich, daß er ein anderes Hofamt bekleidete und die Musik nur aus Liebhaberei betrieb. Er starb in London vor 1617.

WERKE
Sir William Leighton überreichte im Jahre 1614 Prinz Charles, dem späteren König

Karl I. (1600–49), eine Sammlung von 54 metrischen Psalmen und Hymnen unter dem Titel »Lamentations«, die von zwanzig zeitgenössischen Komponisten Englands vertont waren, als Widmung der Kapelle der Pensionsempfänger. 17 Stücke waren für vier Stimmen, Laute, Pandora und Gittern verfaßt, 3 für vier und 24 für fünf Stimmen ohne Instrumentalbegleitung. Von Leighton selbst stammten 8 Stücke von den erstgenannten 17. Obwohl sich unter den Komponisten namhafte Vertreter der englischen Musik wie Bull, Byrd, Dowland, Ward, Weelkes und Wilbye befanden, konnten die Kompositionen von Leighton ohne abzufallen daneben bestehen. Weitere Werke von William Leighton sind nicht bekannt geworden.

Charles Luyton (um 1556–1620)

ZEIT UND UMWELT
Die habsburgischen Hofkapellen in den Niederlanden, in Wien, Prag, Graz, Innsbruck und in Madrid und Lissabon hatten eine große Aufnahmefähigkeit für junge Talente und bildeten eine stattliche Reihe bedeutender Musiker aus. Sie spielten durch Jahrhunderte für die Entwicklung der abendländischen Musik eine entscheidende Rolle.

LEBEN
Charles Luyton (Luython, Karel) wurde um 1556 in Antwerpen geboren. Er kam bereits 1566 als Chorknabe an die Hofkapelle in Wien, wurde 1576 Kammermusiker und 1577 Mitglied der Hofkapelle. Nach dem Tod Maximilians II. trat er in die Dienste Kaiser Rudolfs II. in Prag, wurde 1582 Dritter Organist und 1596 Erster Hoforganist. Im Jahre 1603 folgte er Philippe de Monte als Hofkomponist nach. 1611 zog er sich von seinen Ämtern zurück und starb in Prag im August 1620.

WERKE
Von dem niederländischen Komponisten Charles Luyton sind mehrere drei- bis siebenstimmige Messen, sakrale Lieder, sechs-

stimmige Lamentationen und an profanen Werken ein Buch fünfstimmige Madrigale, die sich deutlich vom italienischen Typus unterscheiden, überliefert. Die Instrumentalmusik ist mit Fantasien, Ricercari und Kanzonen vertreten. Besonders interessant ist seine »Fuga suavissima«, eine Vorläuferin der klassischen Fugenform.

Giovanni Gabrieli
(um 1556 – 1612)

Zeit und Umwelt

Prioritätsansprüche im technischen Bereich der Kunst wurden oft von Persönlichkeiten mit Recht gestellt, die als Künstler kaum Beachtung gefunden hatten. Denn eine neu ersonnene Technik für sich allein schlägt noch keine neue Seite in der Geschichte der Kunst auf. Erst wenn ein Künstler sich dieser Technik bemächtigt und sie zum Ausdruck seines künstlerischen Willens verwendet, entsteht die neue Kunstform. Die Instrumentalmusik ist an sich so alt wie die Musik selbst. Die Volksmusik hat nie auf Instrumente verzichtet. Nur die Kunstmusik des späten Mittelalters und der frühen Neuzeit hatte sich nahezu ausschließlich der Vokalmusik zugewendet. Die Vorstellung, daß sich die Musik als Bestandteil sakraler Vorgänge von der Volksmusik abzuheben habe, und die damals weitaus stärkere Verwendungsmöglichkeit der menschlichen Stimme, ihre erhöhte Möglichkeit, musikalischen Gedanken zu folgen, gegenüber der immer nur beschränkten Einsatzmöglichkeit der verfügbaren Instrumente, waren hierfür die Hauptursachen.

Aber mit den Fortschritten des Instrumentenbaues und dem Aufweichen der Schranken zwischen der Musik des Volkes und der in der Kirche und im Palast fielen diese Hemmungen fort, so daß ein Komponist nach dem anderen die Instrumente heranzog, zuerst als Stimmverstärker, sodann als Begleiter und Klangfüllung und schließlich als selbständige Klangkörper ohne Gesang. Es waren nicht immer die großen Meister, die als erste diese Wege gingen. Aber wenn eine kraftvolle Künstlerpersönlichkeit diese neu entdeckten Klangbereiche betrat, wurden die Tore zu einer neuen Epoche erst tatsächlich geöffnet.

Leben

Giovanni Gabrieli (Gabrielli) wurde um 1556 in Venedig geboren. Er war Schüler seines Onkels Andrea Gabrieli. Seine Ausbildung ergänzte er während seines Aufenthaltes bei der Münchner Hofkapelle unter Orlando di Lasso von 1575 bis 1579. Im Jahre 1584 wurde er Nachfolger von Claudio Merulo als Erster Organist an San Marco in Venedig, konnte aber diesen Dienst nur bis 1607 versehen, weil er erkrankte; er erhielt bis zu seinem Tod am 12. 8. 1612 einen Vertreter.

Werke

Obschon Giovanni Gabrieli, von seinem Münchner Aufenthalt abgesehen, Venedig nie verlassen hatte, war er bald ein in der gesamten damaligen musikalischen Welt bekannter Komponist. Er muß zu den bedeutendsten Meistern seiner Zeit gerechnet werden. Er schrieb mit starker Wirkung für mehrfache Chöre (Cori spezzati) und erneuerte die alte Praxis der Antiphonie und erweiterte sie durch Instrumentalgruppen. Er setzte alle Ausdrucksmittel der Musik ein bis zur Monodie und zum Generalbaß und verknüpfte Instrumente mit Gesang in allen nur denkbaren Formen. Dabei ging er von der ad-libitum-Besetzung ab und schrieb die einzelnen Instrumente namentlich vor. Die Klangfarbe, bisher kaum beachtet, wurde nunmehr zum essentiellen Moment der Musik.

Die von Giovanni Gabrieli verwendeten Texte waren zumeist lateinische Prosa, die zu sakralen Zwecken oder bei staatlichen Festlichkeiten verwendet wurde.

Seine (ausschließlich in Venedig gedruckten) Werke waren: vier- bis sechsstimmige Kirchliche Gesänge und Kirchliche Symphonien für sechs bis neunzehn Stimmen und Instrumente, zahlreiche Madrigale, Ricercari für Orgel und einzelne Orchesterstücke. Sein Werk ist nicht so umfangreich wie das seines

Onkels, aber konzentrierter. Es wurde auf Mehrchörigkeit und instrumentale Ensemblemusik abgestellt und bildete daher eine wichtige Plattform für die Entwicklung der Musik im kommenden Jahrhundert.

LITERATUR
C. v. Winterfeld, Johannes Gabrieli und sein Zeitalter, Berlin 1834.

Jakob Paix (1556 bis nach 1623)

ZEIT UND UMWELT
Deutsche Organisten des beginnenden 17. Jahrhunderts gingen dazu über, mehrstimmige Vokalsätze getreu auf das Tasteninstrument zu übertragen und nur mit stereotypen Formeln auszuzieren. Dadurch wurden diese Orgelsätze stark konventionell. Die Bemühungen um echte Orgelsätze sind dennoch in den meisten Fällen spürbar.

LEBEN
Jakob Paix wurde 1556 in Augsburg als Sohn des aus Antwerpen stammenden Organisten Peter Paix (um 1510, Antwerpen, bis 23. 2. 1567, Augsburg) geboren. Er war Schüler seines Vaters und erhielt 1576 in Lauingen an der Donau seine erste Organistenstelle. Er unterrichtete dort zugleich am Gymnasium und betätigte sich als Orgelbauer. Im Jahre 1601 wurde er Hoforganist in Neuburg an der Donau, verlor aber die Stelle 1617 im Zug der Gegenreformation. Sein Sohn Jakob Paix (23. 1. 1578, Lauingen, bis um 1650, Neuburg) folgte ihm in die Stelle nach. Er selbst verließ seinen Dienstort und spielte in verschiedenen protestantischen Ländern. Er starb nach 1623. Der Ort seines Todes ist unbekannt.

WERKE
Der deutsche Organist Jakob Paix hinterließ als sein Hauptwerk ein Orgeltabulaturbuch mit Motetten, Liedübertragungen, Tänzen, Fantasien und Chansons verschiedener Meister, dazu an eigenen Kompositionen eine Motette, verschiedene Lieder und Tanzsätze. Der Orgelsatz stellte eine mechanische Übertragung des Vokalsatzes mit einigen immer wiederkehrenden Verzierungen dar. Weiters veröffentlichte Paix »Zway New Teutsche Liedlen«, eine Imitationsmesse und eine Parodiemesse, eine Kanonsammlung, eine Fugensammlung und eine weitere Sammlung intabulierter Motetten, unter denen sich eine eigene befindet.

LITERATUR
A. G. Ritter, Zur Geschichte des Orgelspieles, Leipzig 1884.

Sethus Calvisius (1556–1615)

ZEIT UND UMWELT
Den Ruf als eine der bedeutendsten Musikstädte verdankte Leipzig bereits im 16. Jahrhundert seiner Thomasschule und den Persönlichkeiten, die sie als Kantoren leiteten. Der Chor zeichnete sich schon damals durch äußerste Präzision der einzelnen Stimmen und der Intonation aus. Es gab keine technischen Schwierigkeiten, die nicht gemeistert wurden. Der Chor der Thomasschule galt als einer der hervorragendsten Deutschlands und die Berufung zum Thomaskantor als eine der höchsten Auszeichnungen in der internationalen Musikwelt.

LEBEN
Sethus Calvisius (Seth Kalwitz) wurde am 12. 2. 1556 in Gorsleben, Thüringen, geboren. Die Mittel zum Besuch des Gymnasiums erwarb er sich als Kurrendesänger in Frankenhausen und Magdeburg, sein Universitätsstudium in Helmstedt und Leipzig finanzierte er sich durch Privatunterricht. Im Jahre 1581 war er bereits Musikdirektor an der Leipziger Paulinerkirche, 1582 Kantor in Schulpforta, und 1594 erhielt er die ehrenvolle Stellung des Kantors an der Thomasschule und Musikdirektors der Hauptkirchen Leipzigs. Er starb in Leipzig am 24. 11. 1615.

WERKE
Neben den musikwissenschaftlichen Arbeiten des Thomaskantors Sethus Calvisius sind

von seinem kompositorischen Werk erhalten: »Hymni sacri« (Geistliche Hymnen) für vier Stimmen, Tricinia (Terzette), »Außerlesene teutsche Lieder«, 2 Bücher mit Bicinien (Duette), eine umfangreiche Choralsammlung, ein Psalter Davids, Motetten und einzelne handschriftlich überlieferte kirchliche Werke. Der Stil aller dieser Kompositionen ist konservativ, aber auf schönen Chorklang gerichtet.

LITERATUR
O. Riemer, Seth Calvisius, der Musiker und Pädagoge, in: Musikpflege III, 1932.

Philipp Nicolai (1556–1608)

ZEIT UND UMWELT
Hamburg hatte eine weit zurückliegende kirchenmusikalische Tradition. Von den großen Kirchen der Stadt erhielt Sankt Katharinen bereits 1543 eine große Orgel. Der Chor der Kirche genoß einen weitreichenden Ruf.

LEBEN
Philipp Nicolai wurde am 10. 8. 1556 in Mengeringshausen, Waldeck, geboren. Er war Theologe, Dichter und Musiker und erhielt, nachdem er in Wildungen als Hofprediger und in Unna als Pfarrer gewirkt hatte, die Stelle eines Hauptpastors an St. Katharinen in Hamburg, wo er am 26. 10. 1608 starb.

WERKE
Von Philipp Nicolai stammen Text und Vertonung mehrerer sehr bekannter Kirchenlieder, darunter »Wachet auf, ruft uns die Stimme« und »Wie schön leuchtet der Morgenstern«, die für das deutsche Kirchenlied an der Wende zum 17. Jahrhundert typisch sind.

LITERATUR
W. Blankenburg, Die Kirchenliedweisen von Philipp Nicolai, Musik und Kirche XXVI, 1956.

Giovanni Croce (um 1557–1609)

ZEIT UND UMWELT
Paolo Sarpi (1552–1623), der venezianische Staatstheologe, war der geistige Exponent der Republik Venedig in der Abwehr der Herrschaftsansprüche der Kurie. Obwohl der vielseitige Gelehrte und Staatsmann selbst Priester und Mönch (Servite) war, trat er dafür ein, das Interdikt des Jahres 1606, das Rom aus rein politischen Gründen über Venedig verhängt hatte, nicht zur Kenntnis zu nehmen. Weder die Exkommunikation noch ein Mordanschlag, dessen Urheber leicht zu erraten war, konnten ihn von seiner Haltung abbringen. Der Zwist wurde durch Intervention der Nachbarstaaten beigelegt. Venedigs politische Unabhängigkeit von Rom, die auch Voraussetzung zur Eigenständigkeit auf weiten geistigen Bereichen bildete – nicht zuletzt auf dem Gebiet der Musik –, war gewahrt worden.

LEBEN
Giovanni Croce wurde um 1557 in Chioggia geboren. Er war Schüler Gioseffo Zarlinos im nahen Venedig, wo er 1565 als Sänger an San Marco aufgenommen wurde. Im Jahre 1594 erhielt er die Stelle des Vizekapellmeisters und folgte 1603 Baldissera Donato als Kapellmeister von San Marco nach. Er starb in Venedig am 15. 5. 1609.

WERKE
Der italienische Meister Giovanni Croce war einer der bedeutendsten Komponisten der venezianischen Schule und zählte zu den ersten Vertretern des konzertierenden Stiles. Die Liste seiner Kompositionen zeigt die ungeheure Vielseitigkeit des venezianischen Meisters. Die Kirchenmusik ist mit zahlreichen vier-, fünf- und achtstimmigen Motetten, fünfstimmigen sakralen Liedern, mit drei-, fünf- und sechsstimmigen Kirchengesängen mit Basso continuo und Füllstimmen, mit fünf-, sechs- und achtstimmigen Messen, mit achtstimmigen Psalmen und Vespern, Lamentationen und Bußpsalmen, die auch mit englischem Text erschienen sind, vertreten. An profaner Musik liegen

zahlreiche Madrigale für drei und sechs Stimmen, Capricci und »Mascherate piacevoli et ridicolose per il carnevale« (Madrigalkomödien) vor. Alles wurde vielfach aufgelegt.

LITERATUR
D. Arnold, Giovanni Croce and the Concertato Style, Musical Quarterly XXXIX, 1953.

Thomas Morley (1557–1602)

ZEIT UND UMWELT
Trotz der Entfernung war der Kontakt der Engländer mit der italienischen Musikentwicklung sehr stark. So wie die englische Dramatik sehr häufig auf italienische Stoffe zurückgriff, übernahmen englische Komponisten die italienischen Stile und Strukturen. Italienische Madrigale wurden französischen Chansons vorgezogen. Die Canzonetta und alle Tanzformen wurden nicht selten Note für Note nachgebildet und mit Eigenständigem nur lose verschmolzen, so daß die italienische Form intakt blieb, weil das von Publikum und Interpreten so gewünscht wurde. Sogar auf dem Feld der Kirchenmusik verwendete man gerne italienische Melodien in Hymnen und Anthems. Die Konfessionsverschiedenheit bildete hierbei keine Schranken.

LEBEN
Thomas Morley wurde 1557 in Norwich geboren, wo sein Vater das Amt eines Küsters an der Kathedrale versah. Dadurch bot sich dem Sohn sehr früh die Möglichkeit, sich auf der Orgel zu versuchen. Er erhielt von William Byrd Musikunterricht, studierte in Oxford und erhielt vorerst die Organistenstelle an St. Giles', Cripplegate, und um 1590 an St. Paul's. Im Jahre 1592 wurde er Gentleman der Chapel Royal und später Gospeller. Er erhielt 1598 ein Druckprivileg für Musik auf 21 Jahre, das er allerdings nicht mehr lange ausnützen konnte, weil er im Oktober 1602 in London starb.

WERKE
Die Kompositionen von Thomas Morley werden wegen ihrer graziösen Musikalität und ihres frischen Klanges heute noch gerne gespielt und gehört. Seine Canzonetten, die vierstimmigen Madrigale, die fünfstimmigen italienischen Ballette, die es auch mit deutschem Text gibt, seine Arien mit Lauten- und Baßviolenbegleitung und alle weiteren Stücke für Solo- oder Chorgesang mit oder ohne Instrumentalbegleitung sind oftmals aufgelegt worden. Morley gab mehrere Sammlungen von Tanzstücken und Vokalkompositionen anderer englischer und italienischer Komponisten heraus, zu denen er selbst einiges beisteuerte. Die sakrale Musik ist mit Psalmen, Services, Anthems und Motetten vertreten, wovon einiges auch für Orgel oder Virginal arrangiert wurde.
Besondere Beachtung verdient seine Publikation »The first Book of Consort Lessons«, die profane Lieder und Tanzstücke und sakrale Musik verschiedener Komponisten für Sopranviole, Flöte, Baßviole, Laute, Gittern und Pandora enthält. Es handelt sich um die erste englische Instrumentalmusik, bei der die einzelnen Instrumente speziell vorgeschrieben wurden. Bisher war es den Ausführenden überlassen, welche Instrumente gewählt wurden.

LITERATUR
E. H. Fellowes, The English Madrigal Composers, Oxford 1948.

Alfonso Fontanelli (1557–1622)

ZEIT UND UMWELT
Ferrara fiel durch den Vertrag von Faenza zwischen Papst Clemens VIII. und Lucrezia d'Este 1598 an den Kirchenstaat. Cesare d'Este wurden Reggio und Modena belassen. Cesare residierte in Modena, wo die Familie immer schon einen zweiten Hof gehalten hatte. Ferrara blieb zumindest vorläufig weiterhin das Musikzentrum, das es bisher gewesen war, besonders auf dem Gebiet der Kirchenmusik. In Modena gab es bereits seit längerer Zeit eine vorzügliche Kapelle. Einen auffälligen Aufschwung erfuhr die Musikpflege durch die Verlagerung der Residenz der Familie d'Este nach Modena nicht.

Leben

Alfonso Fontanelli (Fontanello) wurde am 15. 2. 1557 in Reggio Emilia geboren und vermutlich dort ausgebildet. Er war ab 1586 Kapellmeister der Familie d'Este, zuerst in Ferrara bei Alfonso II., sodann ab 1597 bei Cesare in Modena. Von 1605 bis 1608 war er als diplomatischer Vertreter Herzog Cesares in Rom tätig, lebte von 1612 bis 1613 in Madrid am spanischen Hof, wurde 1621 in Rom Priester und trat in ein Kloster ein. Er starb am 11. 2. 1622 in Rom.

Werke

Von dem italienischen Komponisten Alfonso Fontanelli sind 2 Bücher mit Madrigalen überliefert. Seine weiteren Kompositionen sind verschollen. Die Madrigale wirken konservativ und wenig lebendig. Sie sind dem römischen Stil nachgearbeitet und weisen sehr wenig Auszierungen auf. Die Texte stammen vom Komponisten.

Literatur

G. Roncaglia, La cappella musicale del duomo di Modena, Florenz 1957.

Jacques Mauduit (1557–1627)

Jacques Mauduit

Zeit und Umwelt

Marin Mersenne, der französische Mathematiker, Philosoph und Theologe, »in dem mehr vorhanden war als in allen Universitäten zusammen«, beschäftigte sich auch mit Musikinstrumenten und Musiktheorie. In seinem Werk »Harmonie universelle« setzte er sich mit dem Bestreben des Dichters Jean Antoine Baïf auseinander, Wort und Musik gleichwertig zu einem Ganzen zu verschmelzen, wie es nach der damaligen Meinung in der Antike geschehen war, und bringt hierfür Beispiele zeitgenössischer Komponisten.

Leben

Jacques Mauduit wurde am 16. 9. 1557 in Paris geboren. Er folgte seinem Vater, der Justizangestellter war, in dessen Beruf nach, wandte sich aber bald der Musik zu und erhielt 1581 beim Puy d'Evreux für eine Motette einen Preis. Ab 1584 gehörte er der Académie du Palais an, war mit deren Gründer befreundet und nahm ständig an den Konzerten der Académie teil, in denen die Forderung nach ausgewogenem Gleichgewicht der Texte und der Musik, was nur durch ein homorhythmisches und homophones Musizieren möglich war, streng befolgt wurde. Bei den von Mauduit geleiteten Ballets du cour und den jährlichen Concerts in Notre-Dame wurde der Musik mehr Freiheit belassen. Ebenso neigte sich in der Académie, deren Leitung Mauduit nach dem

Tod des Dichters Baïf übernommen hatte, die Waagschale immer mehr der Musik zu. Jacques Mauduit gewann durch seine Konzerttätigkeit und besonders als ausgezeichneter Lautenist allseitige Beliebtheit. Er starb in Paris am 21. 8. 1627.

WERKE
Das Requiem, das Jacques Mauduit zum Tod des Dichters Pierre de Ronsard, der dem Freundeskreis Baïfs angehörte, geschrieben hat, gehört zu seinen Hauptwerken. Marin Mersenne nahm es in sein Werk »Harmonie universelle« als Beispiel auf. Es wurde zwar von einigen Seiten als »bedeutungslos« abgetan, stellt aber ein Musterbeispiel der Musik, wie die Dichter der Pléiade sie verlangten, dar. Eine ähnliche Struktur weisen die 23 vierstimmigen Chansonettes mesurés (Rhythmische Liedchen) auf Texten von Baïf auf. 2 überlieferte Lautenlieder sind in gleicher Weise gefaßt. Alles übrige, das Mauduit komponierte, vor allem seine sakralen Werke, sind verlorengegangen. Diese Musik war zweifelsfrei klangvoller, denn mit dem, was von ihm erhalten geblieben ist, konnte sein großer Ruhm nicht begründet werden.

LITERATUR
M. Brenet, Jacques Mauduit, in: Musique et musiciens de la vieille France, Paris 1911.

Cornelis Schuyt (1557–1616)

ZEIT UND UMWELT
Die von Wilhelm I. von Oranien (1553–84) im Jahre 1575 gegründete Universität in Leyden gewann binnen weniger Jahrzehnte den Weltruf, den sie bis heute genießt. Neben der Pflege der Wissenschaften bildeten die beiden Kirchen der Stadt – Pieterskerk und Hooglandskerk – weit bekannte Stätten niederländischer Musik.

LEBEN
Cornelis Schuyt wurde 1557 in Leyden geboren. Er war Schüler seines Vaters, des Organisten Floris Schuyt (um 1520–1601). Nach einer Studienreise nach Italien kehrte er 1581 nach Leyden zurück, wirkte als Assistent seines Vaters und 1593 gemeinsam mit ihm als Stadtorganist an Pieterskerk und Hooglandskerk. Nach dem Tod des Vaters versah er diese Stellen allein bis zu seinem Ableben am 9. 6. 1616.

WERKE
Von dem niederländischen Komponisten Cornelis Schuyt sind fünfstimmige italienische und fünf- bis achtstimmige holländische Madrigale, außerdem sechsstimmige Liebes- und Hochzeitslieder, Pavanen und Gallarden überliefert. Er war einer der wenigen Musiker seiner Zeit, die ihren Kompositionen holländische Texte zugrunde legten.

LITERATUR
M. Seiffert, Cornelis Schuyt, in: Tijdschrift der Vereeniging vor nederlandse Muziekgeschiedenis, 1898.

Ferdinand Richardson
(um 1558–1618)

ZEIT UND UMWELT
Die an den Höfen beschäftigten Musiker hatten in vielen Fällen ein zweites Amt zu versehen. Einzelne wurden als Musikerzieher für die Prinzen, andere als Sekretäre, als diplomatische Vertreter oder für andere Hofämter eingesetzt. Man findet unter ihnen Hofkapläne und Hofprediger, Ärzte und Juristen, aber auch Kammerdiener und Stallbetreuer. Mancher geistvolle Herrscher ließ seine Musiker vergessen, daß sie trotz allem nur Lakaien waren, viel öfter jedoch wurde ihnen ihr gesellschaftlicher Rang bei jeder Gelegenheit vor Augen gestellt. Die Zeiten, in denen der Troubadour sich mit dem Gastgeber gleichgestellt fühlen durfte und an seiner Tafel saß, waren schon längst vergangen.

LEBEN
Ferdinand Richardson (eigentlich Ferdinando Heybourne) wurde um 1558 vermutlich in Middlesex geboren. Er war Schüler von Thomas Tallis und hatte am könig-

lichen Hof von England irgendeine musikalische Stellung. Daneben war er Privatkammerdiener. Im Jahre 1611 trat er in den Ruhestand und zog sich in seinen Heimatort in Tottenham, Middlesex, zurück, wo er am 4. 6. 1618 starb.

WERKE
Von Ferdinand Richardson sind 8 Musikstücke im Fitzwilliam Virginal Book aufgenommen worden, weitere sind handschriftlich erhalten. Ein von ihm vertontes lateinisches Gedicht findet sich in einem von Tallis und Byrd herausgegebenen Sammelwerk.

Richard Carlton (um 1558 bis um 1638)

ZEIT UND UMWELT
Gegen Ende des 16. Jahrhunderts war das Madrigal zur beliebtesten Liedform in England geworden. Einzelne Komponisten verlegten sich ausschließlich auf diese Musikgattung, weil sie gewiß sein durften, damit unbedingt Anklang zu finden. Das Madrigal war wie in Italien zum Experimentierfeld für alle kompositorischen Neuerungen geworden.

LEBEN
Richard Carlton wurde um 1558 in England geboren. Er wurde nach seinem Studium in Cambridge Vikar an St. Stephen's in Norwich und gleichzeitig Chorist an der Kathedrale der Stadt. Er blieb in dieser Stellung bis zu seinem Tod um 1638.
Der englische Komponist Nicholas Carlton (um 1520 bis um 1590) war vielleicht der Vater von Richard Carlton.

WERKE
Von Richard Carlton ist eine Anzahl fünfstimmiger Madrigale überliefert. Diese weisen einen außerordentlich feinen Sinn für Tonalität auf und bringen für ihre Entstehungszeit überraschende Dissonanzen. Sie erlebten mehrere Auflagen, was auf ihre Beliebtheit schließen läßt.
Nicholas Carlton schrieb einige Arrangements von Vokalmusik für Orgel oder Virginal. Darunter findet sich ein Stück für zwei Tasteninstrumente. Dieses Duett ist eines der ältesten seiner Art.

Jean Planson (um 1558 bis nach 1612)

ZEIT UND UMWELT
Die Lautenlieder, die in Frankreich in der 2. Hälfte des 16. Jahrhunderts in Mode kamen, erhielten die Bezeichnung Airs de cour. Sie waren bis in das 18. Jahrhundert populär, obschon sie ihren anfänglichen volkstümlichen Charakter bald abgestreift hatten und, ihrer Benennung entsprechend, zu einer gehobenen Musikgattung wurden. Auch die Texte wurden sprachlich und inhaltlich feiner, so daß zur heruntergekommenen Chanson ein weiter Abstand entstand.

LEBEN
Jean Planson (Jehan Plançon) wurde um 1558 in Paris geboren. Er war nach seiner Ausbildung an St. Germain-l'Auxerrois (1575) und an St. Sauveur (1586) als Organist tätig. Im Jahre 1578 erhielt er für eine Motette und eine Chanson am Puy d'Evreux zwei Preise. Er starb in Paris nach 1612.

WERKE
Der französische Komponist brachte 2 Sammlungen von Motetten und Airs für mehrere Stimmen heraus, von denen ein Teil von ihm selbst verfaßt worden war. Die Airs waren von der Rhythmik der antikisierenden Musik des damaligen Paris beeinflußt und hatten großen Erfolg. Sie galten als Airs de cour für den gehobenen Geschmack als mustergültig.

Nathaniel Giles (um 1558–1633)

ZEIT UND UMWELT
St. George's Chapel, eines der schönsten Bauwerke englischer Spätgotik, war in Windsor Castle als Kirche der Ritter des Hosenbandordens erbaut worden. Sie war neben Westminster Abbey Begräbniskirche

der englischen Könige. Der Chor der Kapelle nahm den gleich hohen Rang ein wie die Chapel Royal, obwohl es sich um zwei völlig gesonderte Institutionen handelte. Ein Austausch der Kräfte fand allerdings sehr oft statt.

Leben
Nathaniel Giles (Gyles) wurde um 1558 in oder bei Worcester als Sohn des Organisten Thomas Giles (um 1520 bis nach 1590) geboren. Er war zuerst Sänger und dann nach einem Studienaufenthalt in Oxford (1577) ab 1581 Organist an der Kathedrale von Worcester. Im Jahre 1585 wurde er Organist und Chormeister an St. George's Chapel in Windsor und trat 1596 der Chapel Royal in London bei, wo er das Amt eines Knabenchorleiters übernahm, ohne seine Stellung in Windsor aufzugeben. Er starb in Windsor am 24. 1. 1633.

Werke
Von dem englischen Organisten sind über 20 Anthems, 6 lateinische Motetten und mehrere Services überliefert. Es handelt sich in allen Fällen um Vokalmusik im traditionellen Stil. Die Anthems sind durchwegs sehr klangvoll.

Literatur
E. H. Fellowes, Organists of St. George's Chapel in Windsor Castle, London 1939.

Blasius Amon (um 1558–90)

Zeit und Umwelt
Erzherzog Ferdinand von Tirol und Vorderösterreich hatte in Innsbruck eine leistungsstarke Hofkapelle aufgebaut. Die engen Beziehungen zu den Hofkapellen in Wien, Graz und Prag ermöglichten einen vorteilhaften Kräfteaustausch. Die nahen oberitalienischen Musikzentren boten dazu die Gelegenheit, einzelne Schüler der Kapelle mit guten Anlagen ausbilden zu lassen.

Leben
Blasius Amon wurde um 1558 in Hall in Tirol geboren. Er war zunächst Sängerknabe an der Hofkapelle in Innsbruck und wurde nach einem Aufenthalt in Brixen 1577 zur Ausbildung nach Venedig gesandt. Nach seiner Rückkehr wirkte er als Sänger an der Innsbrucker Kapelle bis 1587, in welchem Jahr er Franziskaner wurde und nach Wien ging, wo er im Juni 1590 starb.

Werke
Der Österreicher Blasius Amon war der erste Komponist seines Landes, der die venezianische Doppelchörigkeit anwendet. Er hinterließ fünfstimmige Introitus für das gesamte Kirchenjahr, eine Anzahl vierstimmiger Messen, vier- bis sechsstimmige Motetten und vier- bis achtstimmige geistliche Lieder. Der venezianische Einfluß auf sein Schaffen wird nicht nur durch die Mehrchörigkeit, sondern auch bei den Modulationen erkennbar.

Literatur
C. Huigens, Blasius Amon, Studien zur Musikwissenschaft XVIII, 1931.

Jacob Reiner (um 1559–1606)

Zeit und Umwelt
Die Musik in den deutschen katholischen Kirchen war an die Anweisungen der Kurie gebunden wie in Italien. Gregorianischer Gesang genoß den Vorzug, bei feierlichen Anlässen war die Mehrstimmigkeit zugelassen. Die Instrumentalbegleitung beschränkte sich auf die Orgel. Stilistisch stützte sie sich gegen das Ende des 16. Jahrhunderts vorwiegend auf Orlando di Lasso und dessen Schüler. Zu Neuerungen kam es nur sehr zögernd, weil ein starker Konservativismus systemeigen war.

Leben
Jacob Reiner wurde um 1559 in Altdorf bei Weingarten, Württemberg, geboren und in der Klosterschule der Benediktiner in Weingarten zum Musiker ausgebildet. In den Jahren 1573 bis 1575 war er Schüler von Orlando di Lasso in München. Hierauf erhielt

er, ohne in den Orden einzutreten, die Stelle des Gesanglehrers an der Schule, die er selbst besucht hatte, und wurde 1586 dort Chordirektor und 1589 Kapellmeister. Er übte diese Funktion bis zu seinem Tod am 12. 8. 1606 aus.

Werke
Die Kompositionen des Kirchenmusikers Jacob Reiner sind stilistisch von seinem Lehrer Orlando di Lasso abhängig. Eine Eigenständigkeit ist nur schwach ausgeprägt. Es handelt sich dennoch um Musik eines technisch gut ausgebildeten Praktikers, der sich auf Klangwirkung verstand. Seine Messen, Motetten, Magnificat, Offiziengesänge, Antiphone und anderen Kirchenlieder wurden ebenso geschätzt wie seine deutschen Lieder und Psalmen und waren in gewisser Hinsicht auch schätzenswert. Daß die Vielzahl seiner Kompositionen zu einer fallweisen Gleichartigkeit führte, war selbstverständlich.

Pietro Pace (1559–1622)

Zeit und Umwelt
Der Generalbaß (Basso continuo), der um die Wende des 16. zum 17. Jahrhundert seine Herrschaft in der europäischen Musik antrat, bewirkte einen völligen Umbau ihrer Architektonik. Bisher wurden die einzelnen Stimmen – vokal oder eventuell auch instrumental – selbständig geführt. Eine übernahm die Melodie, während die anderen sie imitierend, kanonartig, parallel oder auch nur auszierend begleiteten. Dissonante Verknotungen und mißtönende Engführungen wurden zuweilen zugunsten des Wohlklanges durch Abweichen von den strengen Regeln vermieden. Diese oft äußerst kunstvolle Struktur verlieh der Musik einen schwebenden, unirdischen Charakter, weil auch die tiefen Stimmen ihr Eigenleben führten. Das Bedürfnis nach einer festen Grundlage entstand bald und konnte durch eine Verstärkung der tiefen Stimmen nicht befriedigt werden, sondern nur durch eine grundlegende Strukturänderung, bei der der Baß – kontrapunktisch, akkordisch oder auch gleichbleibend obstinat – den melodieführenden Diskant stützte und die anderen Stimmen dazwischen, innerhalb des Abstandes von Baß und Melodie, die Klangausfüllung übernahmen. Diese Aufgabe wurde anfänglich nur etwas primitiv akkordisch gelöst, bald aber durch kunstreiche Fugierung.

Leben
Pietro Pace (Paci, Pacius) wurde 1559 in Loreto geboren. Er war in den Jahren 1591 und 1592 und zwischen 1613 und 1622 an der Santa Casa von Loreto als Organist tätig. In der Zwischenzeit wirkte er in gleicher Eigenschaft am Dom von Pesaro und für die in Pesaro und Urbino regierende Familie Della Rovere. Er starb in Loreto am 11. 4. 1622.

Werke
Nahezu bei allen Kompositionen verwendete Pietro Pace die neue Technik des Generalbasses. Seine 5 Bücher mit Madrigalen und 9 Motetten-Bücher, die nur zum Teil erhalten sind, folgen dem konzertierenden Stil der Venezianer, ebenso seine achtstimmigen Psalmen und Scherzi. Für Urbino verfaßte er 1621 eine Festoper »Der Hilarokosmos oder die fröhliche Welt«, die stark den ersten in Florenz entstandenen Opern verpflichtet ist.

Literatur
A. Einstein, The Italian Madrigal, Princeton 1970.

Adam Gumpelzhaimer (1559–1625)

Zeit und Umwelt
Die freie Reichsstadt Augsburg erfuhr im 16. und 17. Jahrhundert eine große wirtschaftliche Blüte, die bis zum Dreißigjährigen Krieg anstieg. Der Reichtum der großen Handelshäuser drückte sich in einer Reihe von prächtigen Renaissancebauten und dem Schmuck der Kirchen aus wie durch starke Förderung wissenschaftlicher und künstlerischer Leistungen.

Leben

Adam Gumpelzhaimer (Gumpeltzhaimer) wurde 1559 in Trostberg, Oberbayern, geboren und in Augsburg zum Kirchenmusiker ausgebildet. Er dürfte auch zu einem kurzen Studienaufenthalt zu Orlando di Lasso nach München gegangen sein. Im Jahre 1581 erhielt er die Stelle als Lehrer und Kantor am St.-Anna-Gymnasium in Augsburg. Er blieb in dieser Stellung bis zu seinem Tod am 3. 11. 1625.

Werke

Von den Kompositionen des deutschen Kantors Adam Gumpelzhaimer sind in Augsburg erschienen und erhalten: deutsche und lateinische geistliche Lieder und 2 Bücher mit Psalmenvertonungen. Seine »Zwei schöne Weihnacht Lieder« für vier Stimmen sind tatsächlich sehr schön. Die Liedsammlungen wurden mehrmals herausgebracht. Sie bildeten einen wichtigen Beitrag zur Entwicklung des deutschen Liedes. Außerdem brachte er eine Überarbeitung, Übersetzung und Ergänzung des Compendium musicae (Handbuch der Musik) von Heinrich Faber zweisprachig heraus, das zu einem der beliebtesten Musiklehrbücher in den süddeutschen Stadt- und Klosterschulen wurde.

Literatur

K. Köberlin, Geschichte des humanistischen Gymnasiums bei St. Anna, Augsburg 1931.

Ruggiero Giovanelli (um 1560–1625)

Zeit und Umwelt

Bis zum Tod Palestrinas und Jahrzehnte darüber hinaus war die römische Schule eine Palestrina-Schule. Seine Art, den Beengungen der Kirchenmusik durch die Beschlüsse des Konzils von Trient mit Vertiefung des Ausdruckes zu entsprechen und die verpönte Auszierung durch inneren Glanz zu ersetzen, war zum Leitstern der Komposition in Rom geworden.

Leben

Ruggiero Giovanelli wurde um 1560 in Velletri geboren. Er war angeblich ein wirklicher Schüler Palestrinas, es gibt hierfür jedoch keine eindeutigen Belege. Im Jahre 1583 war er Kapellmeister an San Luigi de'Francesi, 1590 am Collegium Germanicum und 1594 als Nachfolger Palestrinas an San Pietro; 1599 wurde er von der Cappella Sistina als Sänger übernommen und erhielt hier die Kapellmeisterstelle, die er versah, bis er 1624 in den Ruhestand trat. Er starb am 7. 1. 1625 in Rom.

Werke

Man hat Ruggiero Giovanelli in die erste Reihe der Meister der römischen Schule gestellt, und das mit Recht. Sein kompositorisches Werk ist zwar eine deutliche Nachfolge Palestrinas, aber keine Nachahmung. Giovanelli strebte nach der gleichen Wirkung mit eigenen Mitteln. Seine überlieferten Werke, 2 Bücher Motetten, 6 Madrigale, Canzonetten und Villanellen, beweisen, daß er nicht bei den Strukturen des Meisters stehenbleiben und ebensowenig darüber hinauswachsen wollte, sondern parallele Wege suchte und fand, um eine Weiterentwicklung zu ermöglichen. Seine zahlreichen kirchlichen Werke – Messen, Psalmen, Kirchenlieder – sind naturgemäß konservativer gefaßt, zeigen aber auch, besonders in der Modulation, den Willen zum Fortschritt.

Literatur

A. Cametti, Ruggiero Giovanelli, in: Musica d'oggi VI, 1925.

Valerio Bona (um 1560 bis nach 1619)

Zeit und Umwelt

Die Kirchenmusik des ganzen Westens von Oberitalien war im 16. Jahrhundert der Mailänder Schule verpflichtet, in welchem Herrschaftsgebiet die Kirchen auch standen. Nur die Musik mancher Ordenskirchen bildete eine Ausnahme, weil diese ihre Musiker selbst ausbildeten und zum größten Teil im Bereich des Ordens einsetzten. Diese waren jedoch auf keinen Fall progressiver als die öffentlichen Schulen, sondern vielmehr um einiges konservativer, weil die für den jeweiligen Orden spezifische Tradition noch dazukam. Aber es finden sich zuweilen überraschende Ausnahmen von dieser Regel.

LEBEN
Valerio Bona wurde um 1560 in Brescia geboren. Er trat dem Franziskanerorden bei und wurde im Kloster zum Kirchenmusiker ausgebildet. Seine erste Stelle als Kirchenkapellmeister erhielt er an San Francesco in Vercelli (1591), sodann in Montovi (1593), darauf in Mailand (1596), in Brescia (1611) und schließlich in Verona an San Fermo Maggiore, wo er von 1614 bis zu seinem Tod nach 1619 wirkte.

WERKE
An sakralen Werken sind von Bona erhalten: Messen, Vespern, Litaneien, Introitus, Lamentationen. Von den Litaneien sind die Lauretanischen für zwei Chöre im konzertierenden Stil vokal und instrumental mit Generalbaß am interessantesten. Auch bei anderen Stücken werden zwei Chöre verwendet. Die profane Musik ist mit Canzonetten, Madrigalen und »Sei canzoni italiane da sonare« (Sechs italienische Kanzonen zum Spielen) mit zwei Chören vertreten. Die neue Zeit hatte auch bei dem Kirchenkomponisten Bona bereits begonnen.

John Baldwin (um 1560–1615)

ZEIT UND UMWELT
Notenkopisten waren auch im 17. Jahrhundert selten, weil die Notationsmethode alles andere als bequem und leicht war. Der Kopist mußte unbedingt in irgendeiner Art Musiker sein, um Musik niederschreiben zu können. Kapellmeister, Instrumentalisten, Sänger, Musiklehrer legten sich Niederschriften an, die sie beruflich benötigten. Drucke waren teuer; außerdem wurde zu jenen Zeiten nur ein kleiner Teil der vorhandenen Musik gedruckt. Kapellen an Höfen und Domen hielten sich oft eigene Kopisten, die das Repertoire aufzeichneten. Und wir hätten ohne jene fleißigen Notenschreiber nur einen Bruchteil der Musik vergangener Zeiten zur Kenntnis erhalten.

LEBEN
John Baldwin wurde um 1560 vermutlich in Windsor geboren. Er erhielt nach einer Tätigkeit an der Kapelle in Windsor die Ernennung zum Gentleman der Chapel Royal und wirkte dort als Sänger und Komponist. Bei seinen Zeitgenossen war er vor allem als Kopist berühmt. Er starb in London am 28. 8. 1615.

WERKE
In den Jahren 1581 bis 1606 legte John Baldwin eine umfangreiche Sammlung von Motetten englischer und ausländischer Komponisten des 15. und 16. Jahrhunderts an. Darunter befinden sich auch Kompositionen von ihm selbst: Motetten und Anthems. Ein Magnificat und mehrere Vokalstücke stehen in anderen Sammlungen. Seine Kompositionen sind sehr konservativ und vermeiden jedes Experiment.

LITERATUR
E. Brennecke, A singing Man of Windsor, Music & Letters XXXIII, 1952.

Domenico Belli (um 1560 bis nach 1619)

ZEIT UND UMWELT
Der von Mitgliedern der Camerata Florentina entwickelte monodische Gesangstil ermöglichte erst eine dramatisch verwertbare Dialogvertonung, sei es in der Form von Arien oder von Rezitativgesang. Aus dialogischen Arien wurden bald Duette, die so weit zulässig waren, wie sie die Wortverständlichkeit nicht beeinträchtigten. Die eingestreuten Chöre waren zumeist monophon, so daß kein Stimmengeflecht die Sprache verdunkelte.

LEBEN
Domenico Belli wurde um 1560 angeblich in oder bei Parma geboren. Er soll in Diensten des Herzogs von Parma gewesen sein, ehe er 1610 an San Lorenzo in Florenz Gesang-

lehrer wurde. Im Jahre 1619 trat er in die Dienste der Großherzöge de'Medici. Er dürfte in einem der folgenden Jahre in Florenz gestorben sein.

WERKE
Der italienische Komponist Domenico Belli war einer der frühesten Vertreter des monodischen Stiles. Von ihm sind einstimmige und zweistimmige Arien zur Chitarronebegleitung und 2 kleine Opern – »Orfeo dolente« (Orpheus im Schmerz) und »Andromeda« – erhalten.

LITERATUR
N. Fortune, Italian Secular Monody from 1600 to 1635, Musical Quarterly XXXIX, 1953.

Edward Johnson
(um 1560 bis nach 1621)

ZEIT UND UMWELT
Der Regierungsantritt der Königin Elisabeth I. wirkte in England auf allen Gebieten befreiend. Das künstlerische Leben erfuhr einen gewaltigen Aufschwung. Die positive Einstellung der Königin zu jeder wissenschaftlichen und künstlerischen Leistung und das Wegfallen der Angst vor dem Wüten ihrer Vorgängerin Maria I. der Katholischen setzte Kräfte frei, die die englische Kulturepoche des »Elisabethanischen Zeitalters« schufen.

LEBEN
Edward Johnson wurde um 1560 vermutlich in oder unweit von London geboren. Er dürfte im Dienst der Earls von Hertford gestanden und gleichzeitig in Cambridge studiert haben. Er hat angeblich unter den elisabethanischen Komponisten eine führende Rolle eingenommen und soll nach 1621 in London gestorben sein.

WERKE
Es ist sehr wenig von dem bei den Zeitgenossen sehr geschätzten englischen Komponisten Edward Johnson überliefert. Anläßlich des Besuches der Königin Elisabeth bei Edward, Earl von Bretford (1537–1621), in Elvetham wurden 2 Lieder von Johnson vorgetragen: »Elisa is the fayrest Queen« (Elisabeth ist die schönste Königin) für Sopran und Instrumente und »Com agayne« (Komme wieder) für zwei Soprane und Instrumente, die großen Eindruck machten. Weiters sind mehrere Madrigale, Psalmen und Instrumentalmusik, darunter 3 Stücke für Virginal, erhalten. Diese Kompositionen bestätigen den seinerzeitigen Ruf des Komponisten. Sie gehören bereits der kommenden Stilperiode an.

Giovanni Pietro Gallo
(um 1560 bis nach 1600)

ZEIT UND UMWELT
Der Basilika San Nicola in Bari war eine Gesangschule für Knaben angeschlossen, um Kräfte für die eigene Kapelle heranzubilden, die im 16. Jahrhundert und später besser gewesen sein soll als die Domkapelle. Es gab daher für junge Musiker, die nicht eine der neapolitanischen Musikschulen besuchen konnten, ausreichende Ausbildungsmöglichkeiten und auch eine gewisse Eigentradition der Stadt, die allerdings, seit sie an das Vizekönigreich Neapel angeschlossen war, mit der Hauptstadt in engen Beziehungen stand.

LEBEN
Giovanni Pietro Gallo wurde um 1560 in Bari geboren und dort zum Musiker ausgebildet. Er soll zeit seines Lebens an San Nicola in seiner Geburtsstadt als Sänger und Kapellmeister tätig gewesen und in Bari nach 1600 gestorben sein.

WERKE
Von dem italienischen Komponisten sind ein Buch mit fünfstimmigen Madrigalen und eines mit fünf- bis achtstimmigen Motetten überliefert. Einzelne Madrigale und Motetten finden sich in Sammelwerken. Sein Stil folgte der Polyphonie des 16. Jahrhunderts, weist aber sehr überraschende Modulationen auf.

Friedrich Weißensee (um 1560–1622)

Zeit und Umwelt

Der venezianische Chorstil, den Willaert begründet und dessen Schüler weitergebildet hatten, fand gegen Ende des 16. Jahrhunderts auch in Deutschland Eingang. Wie es in der Geschichte der Künste sehr häufig anzutreffen ist, daß stilistisch und technisch epochemachende Neuerungen und Umbrüche von weniger bedeutenden Meistern als erstes aufgegriffen oder ersonnen werden, war es auch hier keine Weltberühmtheit, die die Doppelchörigkeit den Venezianern abgelauscht hatte. Es scheint, daß solche Vorläufer als Wegbereiter der gesamten Kulturentwicklung unerläßlich sind.

Leben

Friedrich Weißensee wurde um 1560 in Schwerstedt, Thüringen, geboren. Er dürfte in Magdeburg studiert haben. Um 1590 war er Rektor der Lateinschule in Gebesee und ab 1596 Kantor an der Stadtschule in Magdeburg. Im Jahre 1611 wurde er Pastor in Altenweddingen, wo er 1622 starb.

Werke

Kantor Friedrich Weißensee zählte zu den frühesten deutschen Komponisten, die den venezianischen Chorstil anwendeten. Er hat ihn vermutlich persönlich in Venedig kennengelernt. Neben etlichen kleineren Werken (Hochzeitsgesänge) brachte er eine Sammlung von 72 vier- bis zwölfstimmigen Motetten als »Opus melicum« (Melodienwerk) heraus, in denen der venezianische Chorklang voll zur Geltung kommt.

Literatur

B. Engelke, Friedrich Weißensee und sein Opus melicum, Kiel 1927.

Giovanni Pietro Flaccomio (um 1560–1617)

Zeit und Umwelt

König Philipp III. von Spanien setzte die Friedenspolitik, die sein Vater Philipp II. in seinen letzten Regierungsjahren eingeschlagen hatte, fort. Er einigte sich mit England im Jahre 1604 und schloß mit den Vereinten Provinzen der Niederlande einen zwölfjährigen Waffenstillstand. Kulturpolitisch hielt er die Linie seines Vaters ein, der Wissenschaft und Künsten starke Förderung im Rahmen seines Gesichtskreises angedeihen hatte lassen.

Leben

Giovanni Pietro Flaccomio wurde um 1560 in Milazzo, Messina, geboren. Der sizilianische Komponist wurde nach seinem Wirken in Sizilien Hofkapellmeister beim spanischen König Philipp III. an den Residenzen in Valladolid und in Madrid. Im zweiten Jahrzehnt des 17. Jahrhunderts war er als Almosenier bei Karl Emanuel I. (1562 bis 1630), Herzog von Savoyen. Er starb in Turin im Jahre 1617.

Werke

Von Giovanni Pietro Flaccomio erschien 1598 eine Sammlung fünfstimmiger Madrigale von vorwiegend sizilianischen Komponisten. An eigenen Kompositionen brachte er ein Buch Madrigale für drei Stimmen und Continuo und ein zweites mit Messen, Vespern und Liedern für Marienfeiertage heraus. Etliche Lieder und Motetten befinden sich in Sammelwerken. Flaccomio stand stilistisch am Beginn des einziehenden Barocks.

Camillo Lambardi (um 1560–1634)

Zeit und Umwelt

Die neapolitanische Musikschule Santa Maria di Loreto nahm nach ihrer Übersiedlung in ein größeres Gebäude im Jahre 1566 einen steilen Aufschwung. Die Schülerzahl stieg rasch auf 800. Das erfolgreiche Auftreten der jungen Musiker erregte bald Aufsehen; ihr hoher Ausbildungsgrad wurde allgemein bekannt, so daß es für sie nicht schwer war, nach Vollendung der Ausbildung an einer der Kapellen der Stadt unterzukommen.

LEBEN

Camillo Lambardi wurde um 1560 in Neapel geboren und dort ausgebildet. Nach seiner Tätigkeit als Sänger an verschiedenen Kirchen der Stadt erhielt er die Kapellmeisterstelle an Santa Annunziata, die er bis zu seinem Tod im Jahre 1634 versah.

Sein Sohn Francesco Lambardi (1587, Neapel, bis Juli 1642, Neapel) wurde sehr früh in die Kapelle des Vizekönigs als Sänger und Organist aufgenommen und war dort ab 1615 Erster Organist.

WERKE

Von Camillo Lambardi sind ein Buch mit achtstimmigen Responsorien für die Karwoche, ein zweites mit dreistimmigen Motetten und Basso continuo und weitere 2 Bücher mit vierstimmigen Madrigalen erhalten. Die Generalbaßpraxis setzte sich zu jener Zeit auch bereits in Neapel durch.

Von Francesco Lambardi sind 3 Bücher mit drei- bis fünfstimmigen Villanellen, Canzonetten und einigen Soloarien und Duos überliefert. Seine Musik gehört bereits dem Frühbarock an.

Riccardo Rognoni
(um 1560 bis vor 1620)

ZEIT UND UMWELT

Es wurde bereits in der Gotik darüber Klage geführt, daß die Sänger sich zu stark in Szene setzten, indem sie ihren Part mit Mimik und Gesten begleiteten und ihre Stimme nasalierten oder abquetschten. Der Drang, einen Part nicht nur nachschöpfend wiederzugeben, sondern sozusagen neu zu schöpfen, ist unausrottbar. Die Monodie nun eröffnete hierfür unermeßliche Möglichkeiten. Mit dem Barock setzte das Zeitalter des Diminuierens und Kolorierens ein. Das beste Zeichen dafür ist das Erscheinen von Lehrwerken dieser Kunst.

LEBEN

Riccardo Rognoni (Rognioni, Rognone) wurde um 1560 bei Bergamo geboren. Er dürfte schon in jungen Jahren nach Mailand gekommen und dort zum Musiker ausgebildet worden sein. Er war sodann an einer Mailänder Kapelle vermutlich als Instrumentalist tätig; er starb vor 1620.

Sein Sohn Giovanni Domenico Rognoni Taeggio (um 1590, Mailand, bis vor 1626, Mailand) lebte als Komponist und Instrumentalist und ab 1605 als Organist in Mailand.

Sein zweiter Sohn Francesco Rognoni Taeggio (um 1590, Mailand, bis vor 1626, Mailand) wurde 1620 Kapellmeister an Sant' Ambrogio in Mailand.

WERKE

Von Riccardo Rognoni, der zum Unterschied zu seinen Söhnen den zweiten Namen Taeggio nicht trug, sind drei- bis vierstimmige neapolitanische Canzonetten und vier- bis fünfstimmige Tänze für Singstimmen und Instrumente erschienen. Er veröffentlichte ein sehr verbreitetes Lehrbuch der Verzierkunst für Sänger und Instrumentalisten mit Musterbeispielen.

Von Giovanni Domenico Rognoni Taeggio ist eine ambrosianische Totenmesse erhalten, die sehr geschätzt wurde. Außerdem sind von ihm vorzügliche Orgelkanzonen, Madrigale und eine Reihe Motetten überliefert.

Von Francesco Rognoni Taeggio sind Messen, Motetten, Madrigale und Tänze mit Generalbaß erschienen, außerdem 1624 eine der frühesten Violinschulen.

LITERATUR

G. Barblan, I »Rognoni« musicisti milanesi tra il 1500 e il 1600, Mainz 1962.

Philippe de Rogier (um 1560–96)

ZEIT UND UMWELT

Der Kampf um die Freiheit von der spanischen Fremdherrschaft und das Ringen des Volkes um die Möglichkeit, sein Bekenntnis ungehindert auszuüben, erschütterten die Niederlande in der zweiten Hälfte des 16. Jahrhunderts und schmälerten naturgemäß jede kulturelle Betätigung. Die Kapellen in den Kirchen und am Hof der Regenten wurden durch den Lärm der Waffen, durch Angst und bange Hoffnung empfindlich gestört. Wer nicht am Streit beteiligt war und die Gelegenheit dazu hatte, verließ das Land.

LEBEN

Philippe de Rogier wurde um 1560 in Namur geboren. Er kam 1572 als Chorknabe zur Hofkapelle Philipps II. in Madrid, wo er 1582 zum Vizekapellmeister aufstieg und de la Hèle nach dessen Tod (1588) in das Amt des Kapellmeisters folgte. Er starb in Madrid am 29. 2. 1596.

WERKE

Von dem französischen Komponisten Philippe de Rogier sind mehrere Messen, Motetten, Magnificat, Antiphone, Responsorien und noch eine Reihe sakraler Gesänge erhalten. In seiner Messe »Philippus secundus Rex Hispaniae« (Philipp II., König Spaniens) singt der Tenor während des ganzen Werkes den Titel in der Melodie des Cantus firmus. Außerdem sind von dem Komponisten Villancicos und mehrere Chansons überliefert. Der Stil der Musik folgt der franko-flämischen Schule mit den Modifikationen, die sie in Spanien erfahren hat. Die Philippus-Messe ist sehr klangbetont, muß aber schon damals konservativ gewirkt haben.

LITERATUR

P. Becquart, Musiciens néerlandais à la cour de Madrid. Philippe de Rogier et son école (1560–1647), Brüssel 1967.

Gregorio Turini (um 1560 bis um 1600)

ZEIT UND UMWELT

An den österreichischen und deutschen Höfen waren italienische Musiker um einiges besser bezahlt als Niederländer oder Landeskinder. Dies lockte viele Italiener über die Alpen. Die höheren Honorare, derentwegen es oft Mißstimmungen gab, waren aber gerechtfertigt, weil die Italiener zumeist neben der Gesangsausbildung auch zumindest ein Instrument gelernt hatten und daher vielseitig eingesetzt werden konnten. Gute Bläser waren besonders gesucht, von denen es im warmen Klima Italiens mehr gab als im kühlen Norden.

LEBEN

Gregorio Turini wurde um 1560 in Brescia geboren. Bald nach seiner Ausbildung konnte er in die Hofkapelle Kaiser Rudolfs II. in Prag als Sänger und Cornettist eintreten. Er blieb in dieser Stellung bis zu seinem Tod um 1600.

WERKE

Von dem italienischen Komponisten Gregorio Turini sind vierstimmige Canzonetten, Motetten und Psalmen, außerdem »Neue liebliche teutsche Lieder mit 4 Stimmen nach Art der welschen Villanellen« erschienen. Die Kompositionen folgen dem konservativen Mailänder Stil, in dem er noch in seiner Heimat unterrichtet worden war. Im deutschen Sprachgebiet waren die italienischen Liedformen dennoch sehr interessant und geschätzt.

Cesare de Zachariis
(um 1560 bis nach 1594)

ZEIT UND UMWELT

Wie an den habsburgischen Kapellen waren auch in München italienische Musiker willkommen, wenn auch Zuzug aus seiner Heimat von Orlando di Lasso gerne gesehen wurde. Obwohl die zahlreichen Dome und Fürstenhöfe Italiens viele Musiker benötigten und es in der Regel nicht schwer war, irgendwo unterzukommen, so wurden es doch immer mehr, die sich nach dem Norden wandten, wo es auch gute Kapellen gab und Verleger wie in der Heimat.

LEBEN

Cesare de Zachariis (Zaccaria, Zaccariis) wurde um 1560 in Cremona geboren und vermutlich dort ausgebildet. Wo er in Italien gewirkt hatte, ehe er um 1590 der Münchner Hofkapelle beitrat, ist unbekannt. Im Jahre 1594 ging er an den Hof in Scheer an der

Donau. Zeit und Ort seines Todes sind nicht feststellbar.

WERKE
Von dem italienischen Komponisten Cesare de Zachariis erschienen in München vierstimmige Vespern und fünfstimmige Hymnen. Einzelne kirchliche Werke des Komponisten finden sich in Sammeldrucken. Außerdem veröffentlichte er eine Reihe vierstimmiger Canzonetten, die sehr bekannt geworden sind.

Leone Leoni (um 1560-1627)

ZEIT UND UMWELT
Venedig war auf dem Weg in die Stilepoche des 17. Jahrhunderts unbestreitbar an der Spitze. Die Ablöse des A-cappella-Chorstiles durch den konzertierenden Stil, die Verwendung von spezifisch vorgeschriebenen Instrumenten als mit den Singstimmen gleichberechtigte Komponente, die ersten Ansätze zum Generalbaß waren bereits zur Selbstverständlichkeit geworden. Der Einfluß, den Giovanni Gabrieli auf seine nächste Umgebung ausübte, war so durchschlagend, daß sich kaum ein retardierendes Element dieser Entwicklung entgegenstellte.

LEBEN
Leone Leoni wurde um 1560 in Verona geboren. Er dürfte dort auch seine Ausbildung genossen und seine erste musikalische Tätigkeit entfaltet haben. Im Jahre 1588 erhielt er die Stelle des Domkapellmeisters in Vicenza, die er ununterbrochen bis zu seinem Tod am 24. 6. 1627 versah.

WERKE
Der Stil des italienischen Komponisten Leone Leoni steht zwischen dem rein vokalen Chor und der konzertanten Vokal-Instrumental-Musik, zwischen Kontrapunktik und Generalbaß. Von ihm sind 6 Bücher fünfstimmige Madrigale, achtstimmige Motetten mit doppeltem Orgelbaß, ein- bis vierstimmige Motetten, Lieder mit Generalbaß, achtstimmige Psalmen und Konzerte für vier Vokal- und sechs Instrumentalstimmen erhalten. Eine Reihe von einzelnen Vokal- und Instrumentalstücken sind in Sammeldrucken erschienen. Alle Kompositionen sind stark von Giovanni Gabrieli beeinflußt, erreichen aber nicht dessen Klangfülle und einfallsreiche Melodik.

LITERATUR
G. Mantese, Storia musicale vicentina, Vicenza 1956.

Giovanni Battista Locatello
(um 1560 bis nach 1628)

ZEIT UND UMWELT
Die römische Schule löste sich im ausgehenden 16. Jahrhundert nur zögernd von den bewährten Formen strenger Diktion. Doch das Unterhaltungsbedürfnis des Publikums verlangte leichtere Ware. Die Canzonetta, die in ganz Italien in Mode gekommen war, mußte auch in Rom kultiviert werden, sollte der Römer sich nicht nur mit »Importen« zufriedenstellen müssen.

LEBEN
Giovanni Battista Locatello wurde vermutlich in Rom um 1560 geboren. Wo er ausgebildet wurde und gewirkt hat, ist nicht bekannt. Er dürfte aber sein Leben in Rom als Musiker verbracht haben und dort nach 1628 gestorben sein.

WERKE
Von dem römischen Komponisten Giovanni Battista Locatello ist ein Buch mit zwei- bis siebenstimmigen Madrigalen im Jahre 1628 erschienen. Zahlreiche Lieder und Canzonetten des Komponisten finden sich in Sammelwerken. Sie zeigen mehr als die Madrigale, daß sich auch in Rom die strengen Richtlinien der Komposition auflockerten.

Alvaro de Los Rios (um 1560-1623)

ZEIT UND UMWELT
Der spanische Dramatiker Tirso de Molina

(1584–1648), der eigentlich Gabriel Téllez hieß und als erster das Don-Juan-Sujet dramatisch verwertet hat, verfaßte eine Reihe von Schauspielen mit starker Ausdruckskraft und Bühnenwirksamkeit, die mehrere Komponisten zur Vertonung anregten.

Leben

Alvaro de Los Rios wurde um 1560 vermutlich in Madrid geboren. Über sein Leben und Wirken ist wenig bekannt. Er dürfte Mitglied der Königlichen Kapelle geworden sein, von der er sodann 1607 als Kammermusiker in die Dienste der Königin Margarete von Österreich (Gemahlin König Philipps III., 1584–1611) kam. Ob er nach dem Tod der Königin wieder zur Hofkapelle zurückgegangen ist, läßt sich nicht feststellen. Er starb in Madrid im Jahre 1623.

Werke

Von dem spanischen Komponisten Alvaro de Los Rios sind in einem Sammelwerk 8 Kompositionen aufgenommen. Bekannt wurde er aber durch seine Beiträge zur Vertonung des Schauspieles von Tirso de Molina »Der Schamhafte im Palast«, eine der ältesten bekannten Dramenvertonungen in Spanien. Es handelte sich dabei um chorale Vertonungen und instrumentale Zwischenmusik; eine rezitative Dialogvertonung liegt nicht vor.

Thomas Mudd (um 1560 bis um 1600)

Zeit und Umwelt

Kaufmännische Berufsvereinigungen und Zünfte in London (wie auch in mehreren Städten des Kontinentes) setzten für begabte Söhne ihrer Berufskollegen Studienstipendien aus. Fallweise kamen auch Kinder Berufsfremder in den Genuß solcher Unterstützungen.

Leben

Thomas Mudd (Mudde, Mudes, Muds) wurde um 1560 vermutlich in London geboren, wo er die Schule an St. Paul's besuchte. Im Jahre 1578 ging er als Stipendiat der Londoner Textilhändler nach Cambridge. Darauf lebte und wirkte er in Pembroke und starb dort um 1600.

John Mudd (um 1560, London, bis nach 1629, Peterborough) wurde vermutlich auch in London geboren und dort ausgebildet. Er wurde 1583 Organist an der Kathedrale in Peterborough, wo er bis zu seinem Lebensende verblieb. Ob zwischen beiden Komponisten ein Verwandtschaftsverhältnis bestand, ist ungeklärt.

Werke

Bei einzelnen mit »Mudd« gezeichneten Werken ist es zweifelhaft, welchem Komponisten sie zugeschrieben werden müssen, und das um so mehr, als weitgehende Stilähnlichkeiten vorliegen. Thomas Mudd scheint der Verfasser des überlieferten Service und der meisten Anthems zu sein. Die für drei Violen gesetzten Tänze hingegen stammen wahrscheinlich von John Mudd, ebenso das für Violen arrangierte »In nomine«. Von den beiden Organisten scheint John Mudd der fortschrittlichere gewesen zu sein.

Francesco Milleville
(um 1560 bis nach 1639)

Zeit und Umwelt

Unter König Sigismund III. von Polen versuchten viele italienische Musiker ihr Glück in Krakau. Sie waren willkommen, weil der König als fanatischer Katholik nur Anhänger seiner Konfession in seiner Kapelle duldete und außer den Reformierten auch viele Polen abwanderten, die bei dem im ganzen Land äußerst unbeliebten Herrscher nicht bleiben wollten, wenngleich sie Katholiken waren. Es ist auffällig, daß auch von den Zugewanderten keiner seßhaft wurde, sondern jeder nach einigen Jahren Krakau verließ.

Leben

Francesco Milleville wurde um 1560 in Ferrara als Sohn des Organisten und Komponisten Alessandro Milleville geboren und von seinem Vater ausgebildet. Er wirkte eine Zeitlang an verschiedenen Kirchen seiner Heimat und ging gegen Ende des Jahrhunderts nach Krakau in den Dienst des Polenkönigs und darauf an den Hof Kaiser Rudolfs II. in Prag. Im Jahre 1614 begab er sich nach Rom, wurde bald darauf Kapellmeister am Dom in Volterra und darauf an San Giorgio in Ferrara; 1627 übernahm er den Organistendienst an San Benedetto in Siena und zog sich 1639 in das Kloster seines Ordens, dem er unter dem Namen Barnaba angehörte, nach Arezzo zurück, wo er einige Jahre darauf starb.

Werke
Von Francesco Milleville sind 3 achtstimmige Messen und eine für vier Stimmen, 5 Bücher zwei- bis sechsstimmige Motetten, Psalmen, geistliche Solokonzerte, mehrstimmige Madrigale und geistliche Konzerte mit Generalbaß erschienen. Basso continuo und Monodie werden von ihm bereits sehr geschickt gehandhabt. Seine Musik wirkt sehr ursprünglich.

Vicenzo Neriti da Salò
(um 1560 bis nach 1599)

Zeit und Umwelt
Kaiser Rudolf II. war außerstande, seine Persönlichkeit in ein ausgewogenes Verhältnis zur realen Umwelt zu bringen. Er zog die weiten Räume des Kosmos vor, in die er sich von den Astronomen Tyge (Tycho) Brahe (1546–1601) und Johannes Kepler (1571 bis 1630) einführen ließ, und die der Musik, die von allen Künsten am weitesten von jeder Realität entfernt ist. Musiker fanden bei ihm in unbegrenzter Zahl eine offene Tür, besonders wenn sie dem Klerikerstand angehörten.

Leben
Vicenzo Neriti da Salò (Nerito) wurde um 1560 in Salò geboren. Nach der Ausbildung und einer Tätigkeit als Sänger am Dom in seiner Geburtsstadt wurde er als Musiker und Kaplan am Hof Kaiser Rudolfs II. in Prag angestellt. Vom Jahr 1593 bis 1599 wirkte er als Kapellmeister am Dom in Salò, wo er in einem der folgenden Jahre starb.

Werke
Von dem italienischen Komponisten sind 3 Bücher mit Canzonetten, einige Madrigale und Motetten wie ein Magnificat erhalten. Einzelne sakrale Kompositionen liegen handschriftlich vor. Seine Musik folgte dem Stil der Mailänder Schule.

Gotthard Erythraeus (um 1560–1617)

Zeit und Umwelt
Die ursprüngliche Einstimmigkeit des protestantischen Kirchenliedes wurde im Verlauf des 16. Jahrhunderts parallel zur Entwicklung des profanen deutschen Liedes durch Mehrstimmigkeit ersetzt. Die mehrstimmigen Vertonungen im westeuropäischen Raum, die humanistische Odenkomposition und die katholische Motette standen dabei als Vorbilder Pate. Und die Kantoren waren im mehrstimmigen Satz zumeist vorzüglich ausgebildet.

Leben
Gotthard Erythraeus (eigentlich Roth) wurde um 1560 in Straßburg geboren. Er studierte in Altdorf, wurde an der Lateinschule der Stadt 1595 Kantor und 1610 Rektor. Er starb in Altdorf im Jahre 1617.

Werke
Von dem Kantor Gotthard Erythraeus ist das Kantional »Herrn D. Martini Lutheri und anderer gottesfürchtiger Männer Psalmen und geistliche Lieder in vier Stimmen gebracht«. Es besteht aus 85 Sätzen mit gutem Chorklang. Von den weiteren Kompositionen, die er angeblich verfaßt hat, ist nichts erhalten.

Literatur
C. v. Winterfeld, Der evangelische Kirchengesang, Leipzig 1843.

Nicolas Gistou (um 1560–1609)

Zeit und Umwelt
Am Beginn der dokumentarisch belegten Musik Dänemarks stehen Hymnen und Sequenzen des 12. Jahrhunderts. Im 13. und 14. Jahrhundert gab es Balladen über legendäre Gestalten, im 15. fahrende Musikanten, Skalden, Hof- und Stadtmusikanten und Pfeifer. Die erste Blütezeit erlebte die Musik in Dänemark im 16. Jahrhundert unter König Christian IV. (1577–1648).

Leben
Nicolas Gistou (Gistow) wurde um 1560 vermutlich in Dänemark geboren. Über seine Ausbildung und seine Tätigkeit, bis er 1598 zur Kapelle des dänischen Königs Christian IV. in Kopenhagen kam, ist nichts bekannt. Er starb in Kopenhagen am 19. 7. 1609.

Werke
Von dem dänischen Komponisten Nicolas Gistou sind 2 Madrigale, 2 Pavanen und 2 Gallarden überliefert. Sie weisen deutliche Züge niederländischen Stiles auf, was die Vermutung nahelegte, daß der Komponist aus den Niederlanden nach Dänemark gekommen sei. Beleg gibt es dafür keinen.

Literatur
J. Röntgen, De muziek aan het hof van Christian IV van Denemarken, in: Tijdschrift der Vereeniging voor neederlandse Muziekgeschiedenis IV, 1885.

Giulio Belli (um 1560–1621)

Zeit und Umwelt
Wie man im Zug der Gegenreformation besonders gotische Bauten, aber auch ältere und jüngere dem Zeitgeschmack anpaßte, indem man sie umbaute oder auszierte, weil man das Barock als Triumph über das Ketzertum verstand, so wurden auch Kompositionen der Renaissance »barockisiert« und nachträglich mit Generalbaß versehen.

Leben
Giulio Belli wurde um 1560 in Longiano geboren und war bereits 1582 Kapellmeister am Dom in Imola. Er trat dem Franziskanerorden bei und wurde 1592 Kapellmeister im Kloster Santa Maria in Cerpi. Wie es bei Klostermusikern häufig war, wechselte er sehr oft seine Stellungen als Kirchenkapellmeister und wirkte in Ferrara (1592), Venedig (1595), Montagnana (1597), Osimo (1599), Ravenna (1601), Forlì (1604), neuerlich in Venedig (1606), Padua (1607) und zuletzt wieder in Imola, wo er 1621 starb.

Werke
Von dem Kirchenmusiker Giulio Belli sind in Venedig 4 Bücher mit Messen, 3 mit Psalmen, 2 mit Madrigalen, dann geistliche Lieder, Canzonetten und Kirchenkonzerte, darunter eine Kanzone für zwei Cornetti, erschienen. Das meiste davon kam in mehreren Auflagen heraus; in den späteren Ausgaben wurde häufig ein Generalbaß hinzugefügt. Die Auffrischung der Kompositionen mittels eines Basso continuo ist für den Zug der Zeit zu Barockformen bezeichnend, wenn sie auch teilweise etwas gewaltsam durchgeführt wurde.

Thomas Cutting
(um 1560 bis nach 1611)

Zeit und Umwelt
Christian IV., König von Dänemark und Norwegen, folgte seinem Vater 1588 auf den Thron nach, konnte aber wegen seiner Minderjährigkeit die Regierung erst 1596 übernehmen. In der Zwischenzeit wurden die Regierungsgeschäfte von einem viergliederigen Rigsraad (Reichsrat) geführt, der den jungen König auch nachher von kriegerischen Abenteuern zurückzuhalten versuchte. Das gelang bis 1611, als der Kalmarerkrieg gegen Schweden begann, der 1613 wohl erfolgreich endete, aber keinen Vorteil für Dänemark brachte.

LEBEN

Thomas Cutting wurde um 1560 in England geboren. Er war bis zum Jahr 1607 Lautenist bei Arabella Stuart (1575–1615). Dann kam er an den Hof König Christians IV. von Dänemark. Im Jahre 1611, als der König Krieg gegen Schweden führte, kehrte Cutting nach England zurück und trat in die Privatkapelle des Prinzen Henry (1594–1612) ein. Er blieb am Hof der Stuarts bis zu seinem Tod, dessen Ort und Zeit nicht feststellbar ist.

Francis Cutting (um 1560, England, bis nach 1596, England), vermutlich ein Verwandter von Thomas Cutting, lebte als Lautenspieler und Lautenlehrer in London.

WERKE

Sowohl von Thomas wie von Francis Cutting wurden in Sammelwerken Lautenkompositionen veröffentlicht, die bereits im Stil des 17. Jahrhunderts gehalten sind. Beide sind als Vorläufer der großen Lauten- und Virginalkomponisten der kommenden Zeit einzustufen.

Denis Caignet (um 1560–1625)

ZEIT UND UMWELT

Philippe Desportes (1546–1606), französischer Hofdichter, eiferte in seinen Dichtungen Petrarca und Ariosto nach wie Pierre de Ronsard. Er schrieb für König Heinrich III. Sonetten und Elegien in eleganten Alexandrinern. Er verfaßte auch eine von der katholischen Kirche approbierte Übersetzung des Psalters.

LEBEN

Denis Caignet wurde um 1560 vermutlich in Paris geboren und kam bald nach seiner Ausbildung in die Dienste des Seigneur Nicolas IV. de Neufville et Villeroy, der selbst zu den Vertrauten König Heinrichs III. von Frankreich zählte. Er trat 1614 unter König Ludwig XIII. als Violaspieler in die Königliche Kapelle ein und wirkte dort bis zu seinem Tod im November 1625.

WERKE

Das Hauptwerk des französischen Komponisten Denis Caignet war die Vertonung der von der katholischen Kirche approbierten Übersetzung des Psalters von Philippe Desportes nach den Grundsätzen der musique mesurée unter den Titeln »Fünfzig Psalmen Davids« für drei bis acht Stimmen und »Die hundertfünfzig Psalmen« für Solostimme. Er verfaßte auch eine mehrstimmige Lautenbearbeitung der mehrstimmigen »Fünfzig Psalmen«. Er leistete damit sehr viel für die Verbreitung des Gesanges geistlicher Werke in französischer Sprache in katholischen Kreisen Frankreichs. Einige vom Komponisten verwendete Melodien stammten aus dem Hugenottenpsalter.

Carlo Gesualdo (um 1560–1613)

ZEIT UND UMWELT

Ferrara war eines der bedeutendsten kulturellen Zentren der Spätrenaissance in Italien bis zum Tod des Fürsten Alfonso II. Die Dichter Ariosto und Tasso, die Komponisten Josquin, Brumel, Palestrina, Lasso, Willaert, de Rore und viele andere waren dort zu Gast, an der Hofkapelle und an den Kirchen wurden Musiker herangebildet, die an den Höfen und Domen des Landes weiterreichten, was man sie gelehrt hatte. Und wenn auch politische Veränderungen und der Stilwandel den Glanz der Stadt zum Verblassen brachten, ihre kulturelle Leistung wirkte, modifiziert und mit neuen Ideen erfüllt, noch durch Jahrhunderte weiter. Denn obwohl die Renaissance der Entwicklung zum Opfer fiel, ihre Grundgedanken blieben bestehen und wurden im ganzen Verlauf der weiteren Kulturgeschichte stets mehr oder weniger stark deutlich. Zeiten, in denen sie verschüttet waren, bildeten immer Perioden des kulturellen Rückschrittes.

LEBEN

Carlo Gesualdo, Duce da Venosa, wurde um 1560 in Neapel geboren. Er stammte aus einer der vornehmsten Familien der Stadt

Titelblatt zu Gesualdos »Responsoria«, 1611

WERKE

Die sogenannten Chromatiker gelangten zu ihren Neuerungen durch ihre Versuche, das chromatische und enharmonische Tongeschlecht der Griechen wieder aufleben zu lassen. Gesualdo war der kühnste jener Chromatiker. Er durfte sich jeder Freiheit bedienen, ohne auf den Publikumsgeschmack Rücksicht zu nehmen, weil er seine Kompositionen von seiner eigenen Kapelle aufführen lassen und die Drucke selbst bezahlen konnte. Seine Chromatik ist funktionell und nicht wie bei den anderen nur dekorativ; sie wurde zu einer verfeinerten Wortausdeutung eingesetzt, die erst in weit späteren Zeiten üblich war. Reichliche Tonmalerei durch melodische Wendungen und enharmonische Akkordverbindungen als Affektausdruck kennzeichnen sein kompositorisches Werk.

Im einzelnen sind von ihm 6 Bücher mit fünfstimmigen Madrigalen (1613 als Partiturausgabe erschienen, was damals sehr teuer kam), ein Buch mit fünfstimmigen und eines mit sechs- und siebenstimmigen geistlichen Gesängen und ein weiteres mit sechsstimmigen Responsorien erschienen. Verschiedene Stücke sind in Sammelwerke aufgenommen worden.

Trotz der geradezu avantgardistischen Technik des Komponisten gehört Gesualdo der Renaissance an. Sein Streben nach möglichst tiefer Ausdruckskraft reiht ihn dieser Epoche zu, deren Glanz sein Name noch um einen Grad verstärkte und zugleich bekräftigte, daß sie eine fürstliche Kunst und eine Kunst der Fürsten war.

und war Neffe des Kardinals und Erzbischofs Carlo Borromeo (1538–84), Freund des Dichters Torquato Tasso und vieler Persönlichkeiten des politischen und kulturellen Lebens Italiens. In zweiter Ehe war er seit 1594 mit Donna Eleonora d'Este verheiratet und somit mit dem Fürstenhof von Ferrara eng verbunden. Abgesehen von mehreren Aufenthalten in Ferrara lebte er in seinem Palast in Venedig, wo er sich eine Privatkapelle hielt, um vor allem seine eigenen Kompositionen zu spielen. Er starb in Neapel am 8. 9. 1613.

Responsoria für sechs Stimmen, entstanden 1611

Diese Responsorien der Karwoche bestehen aus drei Teilen, die dem Gründonnerstag, dem Karfreitag und dem Karsamstag zugeordnet sind. Jeder Teil zerfällt in je neun Responsorien. Die Responsorien des ersten Teiles bringen die Schilderung der Vorgänge auf dem Ölberg, die Todesangst Jesu, die Klage über die Mutlosigkeit der Jünger, den Verrat und die Gefangennahme. Der zweite Teil klagt die Menschen wegen des Kreuzestodes an und schildert das einsame Sterben Jesu. Im dritten wird der grausame Tod Jesu beklagt und die Bestattung geschildert. Die ganze Komposition drückt eine ernste Trauer aus, die dem Text entspricht, zu einer Textausdeutung im einzelnen kommt es nur bei hochdramatischen Stellen. Der Text ist in Sinneinheiten gegliedert, die durch Kadenzen oder Pausen gegeneinander abgegrenzt sind. Eine stark madrigalische Darstellung ist überall bemerkbar und verleiht dem Werk seinen eigenen Reiz. Unter den vielen Responsorienvertonungen nimmt diese im Rahmen der letzten Kompositionen, mit denen die Renaissance ausklang, eine besondere Stellung ein.

LITERATUR
C. Gray und Ph. Heseltine, Carlo Gesualdo, Prince of Venosa, Musician and Murderer, London 1926.

Teodoro Clinio (um 1560 bis nach 1595)

ZEIT UND UMWELT
Der italienische Maler Tommaso da Modena (um 1325–79) ist in den Kirchen von Treviso häufig vertreten und bildete einen Teil des Kindheitseindruckes jedes in jener Stadt Geborenen. Die strengen Formen aus dem 14. Jahrhundert wirkten bei einzelnen aus der Stadt stammenden Künstlern noch durch mehrere Jahrhunderte nach.

LEBEN
Teodoro Clinio (Clingher) wurde um 1560 in Treviso geboren und in Venedig ausgebildet. Im Jahre 1592 kam er an den Dom von Treviso als Kapellmeister und versah diese Stelle bis zu seinem Tod nach 1595. Seine Familie dürfte aus Österreich gestammt und einmal Klinger geheißen haben.

WERKE
Von dem italienischen Komponisten Teodoro Clinio sind ein Buch sechsstimmige Messen und mehrere Passionen für drei, vier und sechs Stimmen erschienen. Eine große Anzahl weiterer Kirchenmusik – Messen, verschiedene Gesänge und Passionen – ist handschriftlich erhalten. Die Musik ist venezianisch mit kraftvollem Chorklang. Die Passionen gehören zum Typus der Motetten-Passion ohne größere Solostellen.

Giovanni Bernardino Nanino
(um 1560–1623)

ZEIT UND UMWELT
Die Orgel, die in der Renaissance beinahe in allen größeren Kirchen Einzug gehalten hatte, machte auch vor den Toren Roms nicht halt. Nur die der Kurie unmittelbar unterstellten Kapellen mußten darauf verzichten, weil Instrumentalmusik im Kreis der Orthodoxie immer noch als heidnisch galt und dazu die Orgel in Rom erstmals im Circus Maximus gedröhnt hatte. Orgeln beten nicht, während der Gesang aus frommen Herzen Gott wohlgefällig ist, lautete ein Ausspruch eines Teilnehmers des Konzils von Trient.
Einzelne Komponisten Roms jedoch wollten nicht nur für die Kapellen, denen die Instrumente verboten waren, schreiben. Sie dachten darüber nicht nach, ob Orgeln beten oder nicht, es genügte ihnen, daß die Orgeln klangen.

LEBEN
Giovanni Bernardino Nanino (Nanini) wurde in Vallerano um 1560 geboren. Er war Schüler seines Bruders Giovanni Maria Nanino und wirkte als Lehrer an dessen Musikschule. Im Jahre 1591 wurde er Kapellmeister in Rom an San Luigi de'Francesi und 1608 an San Lorenzo in Damaso, wo er bis zu seinem Tod im Jahre 1623 tätig blieb.

WERKE
Von Giovanni Bernardino Nanino sind 3 Bücher mit dreistimmigen Madrigalen und 4 Bücher mit ein- bis fünfstimmigen Motetten mit Orgelbaß überliefert, außerdem vierstimmige Vesperpsalmen und ein »Venite exultemus« (Kommet und frohlocket mit uns) mit Orgelbegleitung. Weitere kirchliche Kompositionen finden sich in Sammeldrucken. Handschriftlich sind Psalmen, achtstimmige Motetten und ein zwölfstimmiges Salve Regina erhalten. Seine Kompositionen bezeugen, daß die römische Schule sich dem Stilumbruch nicht verschließen konnte. Sie entfernten sich um ein gutes Stück von Technik und Stil des Bruders und

Palestrinas, dessen Zeitalter sich dem Ende zugeneigt hatte.

LITERATUR
H.-Frey, Die Kapellmeister an der französischen Nationalkirche San Luigi dei Francesi in Rom im 16. Jahrhundert, Archiv für Musikwissenschaft XXII, 1965 – XXIII, 1966.

Giovanni Bassani (um 1560–1617)

ZEIT UND UMWELT
Mit Kapellmeister bezeichnete man im Mittelalter den obersten Hofgeistlichen. Erst später bezog sich der Titel auf die Kirchenmusik allein. Ab dem 16. Jahrhundert erweiterte sich der Titel auf den Leiter der Hofkapelle und entsprach irgendwie einem Dirigenten von heute. Er dirigierte allerdings nicht, sondern stimmte nur an. Außerdem leitete er die Proben und vertrat die Kapelle nach außen. Mit der Verschiebung des Schwergewichtes der Musik auf Instrumentalmusik wurden eigene Leiter der Instrumentalisten bestellt, die Konzertmeister hießen. Ihnen oblag die Einstudierung und das Einstimmen des Instrumentalpartes, an dem sie aber wie heutige Konzertmeister als Instrumentalisten teilnahmen.

LEBEN
Giovanni Bassani (Bassano) wurde um 1560 in Venedig geboren und dort vermutlich auch ausgebildet. Er war 1585 Sänger und 1595 Gesanglehrer an der Gesangschule des Markusdomes; im Jahre 1615 wurde er Konzertmeister an San Marco und starb in Venedig im Spätsommer des Jahres 1617. Ihm wurde die Erfindung des Doppelrohrblattinstrumentes Bassanello zugeschrieben, das wegen seines weichen Klanges sehr beliebt war.

WERKE
Von dem italienischen Komponisten Giovanni Bassani sind dreistimmige Fantasien »zum Singen und Spielen«, Ricercate für Tasteninstrumente, vierstimmige Capricci musicali, Kirchenkonzerte und konzertante Madrigale überliefert. Eine Messe, Motetten und Canzonetten wurden in Sammelwerken aufgenommen. Er gab einen Band mit Motetten, Chansons und Madrigalen von Meistern des 16. Jahrhunderts für fünf und sechs Stimmen oder für Solostimme mit Orgelbegleitung heraus. Der Komponist hat stilistisch die Renaissance schon beinahe verlassen. Er genoß einen großen Ruf als Improvisator an der Orgel.

LITERATUR
E. T. Ferrant, Die »Motetti, madrigali e canzoni francesi di Giovanni Bassano«, Tutzing 1961.

John Farmer (um 1560 bis nach 1601)

ZEIT UND UMWELT
Die Christ-Church-Cathedral bildete das religiöse Zentrum der anglikanischen Einwohner von Dublin. Sie bezog ihre Sänger und Kapellmeister zumeist aus England, weil Irland selbst zum größten Teil katholisch war und blieb und daher aus dem Land zuwenig Reformierte zur Verfügung standen.

LEBEN
John Farmer wurde um 1560 vermutlich in London geboren, wo er an einer Kirche als Organist tätig war, bis er 1595 zum Organisten der Christ-Church-Cathedral ernannt wurde. Um 1599 war er wieder in London. In welcher Stellung er dort bis zu seinem Tod nach 1601 wirkte, ist nicht bekannt.

WERKE
Von dem englischen Komponisten ist ein Buch mit vierstimmigen Madrigalen erschienen, die italienischen Vorbildern folgen. Er war einer der Hauptmitarbeiter des Psalmenbuches von Michael East. In einem Sammelwerk ist er mit einem sechsstimmigen Madrigal vertreten, dessen Qualität um vieles höher steht als die der vierstimmigen. Instrumentalkompositionen des Komponisten scheinen in mehreren Sammelwerken auf. Sie wirken frischer und ursprünglicher

als die Vokalwerke. Von der Kirchenmusik, die er angeblich verfaßt hat, ist außer den Psalmen nichts überliefert.

Enrico Radesca di Foggia
(um 1560 bis nach 1615)

ZEIT UND UMWELT
Der Herzog von Savoyen, Emmanuel Philibert I. (1528–80), gewann 1562 Turin wieder zurück und machte es zu seiner Hauptstadt. Im Zuge der Ausgestaltung seiner Hofhaltung richtete er sich eine Hofkapelle ein, deren Kräfte er zum Teil der Domkapelle entnahm.

LEBEN
Enrico Radesca di Foggia wurde um 1560 in Foggia geboren. Über sein Leben und Wirken ist nichts bekannt, bis er um das Jahr 1605 Organist am Dom von Turin, Bürger der Stadt und herzoglicher Kammermusiker wurde. Er erhielt 1615 die Stelle des herzoglichen Kapellmeisters und starb in einem der folgenden Jahre.

WERKE
Von dem italienischen Komponisten Enrico Radesca di Foggia sind ein Buch mit vierstimmigen Messen und 7 Bücher mit Motetten, Madrigalen und verschiedenen Liedern erhalten. Stilistisch gehört diese Musik noch dem 16. Jahrhundert an. Der Komponist hat vielleicht seine Ausbildung in Mailand genossen, wo die alte Tradition noch lange gepflegt wurde.

Augustus Nörminger (um 1560–1613)

ZEIT UND UMWELT
Die Feuerzeichen der großen Auseinandersetzung im 17. Jahrhundert waren bereits am Ende des 16. sichtbar. Die Fronten formierten sich. Bündnisse wurden – zuweilen unbeschadet der religiösen Bekenntnisse – geschlossen und aufgekündigt, territoriale Ambitionen kreuzten sich mit Machtansprüchen. Das Kurfürstentum Sachsen hatte zwar die Führungsrolle im protestantischen Lager, aber der Zwist zwischen Calvinern und Lutheranern war so verschärft, daß Annäherungen an das katholische Österreich möglich wurden. Noch sangen und spielten die Kapellen in Kirchen und Höfen, weil man noch alle Gegensätze auf dem Wege der Verhandlungen auszugleichen suchte, aber die Zeit, in der die Politik mit anderen Mitteln fortgesetzt wurde, sah beim Fenster herein.

LEBEN
Augustus Nörminger (Nöringer, Noringer) wurde um 1560 in Dresden geboren. Er war bereits 1581 Hoforganist in seiner Geburtsstadt und blieb in diesem Amt bis zu seinem Tod am 22. 7. 1613.

WERKE
Von dem deutschen Organisten Augustus Nörminger ist neben kleineren Orgelstücken nur das »Tabulaturbuch auff dem Instrumente« mit für Tasteninstrumente gefaßten protestantischen Kirchenliedern, profanen Liedern und Tänzen aus 1598 erhalten. Der Satz ist vorzugsweise für die Orgel eingerichtet, schließt aber die Verwendung anderer Tasteninstrumente nicht aus.

LITERATUR
W. Apel, Geschichte der Orgel- und Klaviermusik bis 1700, Kassel 1967.

Lodovico Viadana (um 1560–1627)

ZEIT UND UMWELT
Der Stilwandel am Ende des 16. Jahrhunderts, der den Generalbaß, die Monodie als gleichberechtigte Gesangsform neben dem Chor und die Verwendung von Instrumenten als selbständige Klangkörper brachte, hat die Grundlage unserer Gegenwartsmusik geschaffen. Das Fremdheitsgefühl, das einen mehr oder weniger stark beim Anhören der besten Werke der Renaissance oder noch älterer Stilperioden befällt, kommt vom Fehlen eines Basses, der das Fundament der Musik bildet. Die tiefen Stimmen sind nur

mit den höheren verflochtene Linien, die sich um die Melodie des Tenors und später des Diskants ranken. Wir genießen das kunstvolle Bild der ständig wechselnden Klänge, vermissen aber den Unterbau, der gleich uns auf dem Erdboden steht.

LEBEN
Lodovico Viadana (Lodovico Grossi) wurde um 1560 in Viadana, Mantua, geboren. Er war angeblich Schüler von Costanzo Porta. Er wirkte nach seiner Ausbildung vermutlich in der Domkapelle in Mantua und wurde 1594 ihr Kapellmeister. Vom Jahr 1610 bis 1612 war er Kirchenkapellmeister in Fano, sodann an der Frari-Kirche in Venedig und zuletzt wieder in Mantua. Er starb 1627 im Franziskanerkloster von Gualtieri.

WERKE
Dem italienischen Komponisten Lodovico Viadana wurde die Erfindung des Generalbasses zugeschrieben. Dem steht die Tatsache gegenüber, daß mehrere zeitgenössische Komponisten bereits vor ihm Kompositionen mit Basso continuo veröffentlicht hatten (Cavalieri, Peri, Banchieri und andere). Es wurde allerdings behauptet, daß er seine Werke mit Generalbaß schon um mehrere Jahre früher aufgeführt habe. Wie immer es auch gewesen sein mag, ein Verdienst hat sich der Komponist erworben. Er hat als erster bei seinen mehrstimmigen Kirchenkonzerten die vokalen und die instrumentalen Stimmen genau festgelegt und den Basso continuo als obligate Stimme eingesetzt und sich damit an die Spitze der ersten Meister der konzertierenden Musik gestellt.
Von ihm sind in Venedig 2 Bücher Vesperpsalmen, 2 mit Canzonetten, 2 mit Madrigalen, Magnificat, Salve Regina, Te Deum, Messen, 3 Bücher mit Completorium (Abschluß des Stundengebetes) für acht Stimmen, mehrchörige Psalmen und »Hundert Kirchenkonzerte für mehrere Stimmen mit Basso continuo für Orgel« erschienen. In Frankfurt am Main brachte er drei- bis zwölfstimmige Litaneien, 2 Requiem, Lamentationen, Responsorien, 24 Credo mit Cantus firmus und »Musikalische Sinfonien für acht Stimmen jeder Instrumentengattung« heraus. Die Kompositionen müssen den Zeitgenossen überraschend neu in den Ohren geklungen haben, aber sie wurden, wie aus Berichten hervorgeht, mit Zustimmung aufgenommen. Daß die melodiösen Einfälle nicht immer sehr überzeugend waren, fiel wegen der Neuheit der Technik nicht auf.

LITERATUR
F. Mompellio, Lodovico Viadana, musicista fra due secoli (XVI–XVII), Florenz 1967.

Georg Poss (um 1560 bis nach 1637)

ZEIT UND UMWELT
Der Ruf des Musikzentrums Venedig und seiner Vertreter zog nicht nur ausländische Musiker, die eine Stellung suchten, an. In der zweiten Hälfte des 16. Jahrhunderts nahmen auch Musikschüler den Weg über die Alpen, auf dem ihnen die Maler schon Jahrzehnte früher vorausgewandert waren.

LEBEN
Georg Poss wurde um 1560 in Franken geboren. Er studierte in Venedig. Von 1597 bis 1618 war er Instrumentalist und Musiklehrer am Hof Erzherzog Ferdinands von Österreich, des späteren Kaisers Ferdinand II., in Graz. Anschließend berief ihn Ferdinands Bruder, Erzherzog Karl Joseph (1590–1624), Fürstbischof von Brixen und Breslau, als Hofkapellmeister nach Neiße (Nysa), wo er nach 1637 starb.

WERKE
Der deutsche Komponist verfaßte eine Anzahl Motetten, 2 Magnificat für zwölf und achtzehn Stimmen, Messen zu acht, dreizehn, sechzehn, siebzehn und achtundzwanzig Stimmen, bei denen er die Vielchörigkeit Venedigs mit feiner Technik anwendete. Seine klangreichen Kompositionen trugen viel zur ständig zunehmenden Vorherrschaft italienischer Stile bei den habsburgischen Kapellen bei.

LITERATUR
H. Federhofer, Musikpflege und Musiker am Grazer Habsburgerhof der Erzherzöge Karl und Ferdinand von Innerösterreich (1564–1619), Mainz 1967.

Giovanni Maria Radino
(um 1560 bis nach 1607)

ZEIT UND UMWELT
Seit dem späten 16. Jahrhundert gab es in Italien zweimanualige Cembali. Auch die kleinere Form dieses Instrumentes – Arpicordo genannt – wurde mit zwei Manualen gebaut, von denen zumeist eines eine Quart tiefer gestimmt war. Gleichgestimmte Manuale konnten zuweilen mittels Handzügen gekoppelt werden, um die Lautstärke zu erhöhen. Literatur speziell für Cembalo gab es nur in Einzelfällen, weil in der Regel kein Unterschied zwischen den verschiedenen Tasteninstrumenten gemacht wurde.

LEBEN
Giovanni Maria Radino wurde um 1560 in Padua geboren und wirkte dort von 1592 bis 1598 an San Giovanni als Organist. Vorher dürfte er in Österreich oder Deutschland gewesen sein. Näheres darüber ist nicht feststellbar. Er ist vermutlich in Padua nach 1607 gestorben.
Sein Sohn Giulio Radino (um 1585 bis um 1605, Padua) war ein frühreifer, vielversprechender Komponist, der noch vor dem Vater gestorben ist.

WERKE
Von Giovanni Maria Radino sind Tänze für Laute und für Arpicordo erschienen, die abgesehen von dem vorgeschriebenen Instrument inhaltlich ident sind. Die Tänze für Arpicordo sind die frühest gedruckte Cembalo-Musik. Außerdem veröffentlichte er eine Sammlung Madrigale für vier Stimmen. Seine Musik ist vorbehaltlos dem Frühbarock zuzurechnen.
Von dem früh verstorbenen Giulio Radino brachte der Vater 1607 »Concerti per sonar et cantar« (Konzerte zum Spielen und Singen) heraus, die eine starke Genialität des jungen Künstlers bezeugen.

LITERATUR
G. Tebaldini, L'Archivio musicale della Cappella Antoniana a Padova, Padua 1895.

Romulo Naldi (um 1560 bis nach 1600)

ZEIT UND UMWELT
Die Kapelle an San Pietro galt in Rom als die zweitbeste nach der Sistina. Diese Beurteilung entsprang aber nur einem hierarchischen Denken. In Wahrheit war sie gleichwertig und mit ebenso guten Kräften ausgestattet wie die Kapelle im Vatikan. Diese wurden auch sehr oft ausgetauscht. Im Verlauf der Stilentwicklung waren die Kapellmeister des Petersdomes doch um etliche Grade beweglicher und freier, so daß sie die Sistina hinter sich ließen.

LEBEN
Romulo Naldi wurde in Rom um 1560 geboren und an einer Musikschule der Stadt ausgebildet. Er wirkte einen Teil seines Lebens an einer Kirche in Bologna, kam sodann an San Pietro als Sänger und starb nach 1600.

WERKE
Von Romulo Naldi ist ein Buch mit fünfstimmigen Madrigalen und eines mit Motetten für zwei Chöre erschienen. Die Motetten zeigen, daß die venezianische Mehrchörigkeit auch in Rom ihre Jünger gefunden hatte.

Lucrezio Quinziani
(um 1560 bis nach 1599)

ZEIT UND UMWELT
Der Zisterzienserorden, der sich in den ersten Jahrhunderten seines Bestehens vorwiegend mit Rodung und Landbau beschäftigte und dadurch zu einem beträchtlichen Reichtum kam, wandte sich später dem Unterricht und der Kunstpflege zu. Einfachheit und Schlichtheit waren stets ein Gebot

des Ordens. Sein Kirchenbau folgte einem ordenseigenen Stil. Und wie der Zisterzienserstil über Sparsamkeit und Zweckmäßigkeit zur Schönheit gelangte, so zeichnete sich auch seine Musik durch schmucklose Würde aus.

Leben
Lucrezio Quinziani (Quintianus) wurde um 1560 in Cremona geboren und vermutlich an der Domkapelle der Stadt ausgebildet. Er trat in das Zisterzienserkloster Santa Maddalena bei Cremona ein, betreute die Musik der Klosterkirche und starb dort nach 1599.

Werke
Von Lucrezio Quinziani sind 3 achtstimmige Messen, je ein Buch mit Magnificat und Psalmen, vierstimmige Introitus, Madrigale und Canzonetten erschienen. Seine Motetten sind handschriftlich erhalten. Seine Musik folgt dem konservativen Mailänder Stil und meidet jede Auszierung und allen Pomp, ist aber sehr schön.

Literatur
R. Monterosso, Mostra bibliografica dei musicisti cremonesi, Cremona 1949.

Camillo Cortellini
(um 1560 bis nach 1626)

Zeit und Umwelt
In den gedruckten oder handschriftlichen Kompositionen werden auch um die Wende vom 16. zum 17. Jahrhundert nur in einzelnen Fällen Anweisungen für die Verwendung von Instrumenten erteilt, wenn es sich nicht um reine Instrumentalmusik handelte. Vieles wurde gerade bei der Kirchenmusik den Kapellmeistern überlassen. Partituren in unserem Sinn gab es noch nicht, Sing- und Instrumentalstimmen wurden nicht selten in eine Zeile geschrieben, so daß es oft wirklich schwerfällt, die Absichten des Komponisten zu erraten. Für die Musiker jener Zeit scheint vieles selbstverständlich gewesen zu sein, in das wir uns nur mit Mühe einzufühlen in der Lage sind.

Leben
Camillo Cortellini wurde um 1560 in Bologna geboren, wo er als Instrumentalist im Dienst der Stadtverwaltung stand. Ob er auch an einer Kirche tätig war, ist nicht feststellbar. Er starb in Bologna nach 1626.

Werke
Der italienische Musiker Camillo Cortellini war wegen seiner Virtuosität auf der Violine so berühmt, daß er den Beinamen »Il violino« (Die Violine) erhielt. Als Komponist veröffentlichte er 3 Bücher mit Madrigalen, Messen, Litaneien, Psalmen und andere sakrale Gesänge, die zum Großteil Instrumentalbegleitung vorschreiben und viele vokale und instrumentale Solostellen enthalten. Interessant ist seine achtstimmige Missa concertata aus 1626, in der er ausdrücklich Posaunensoli vorschreibt und damit der späteren Orchestermesse schon sehr nahekommt.

Michelangelo Cancineo
(um 1560 bis nach 1608)

Zeit und Umwelt
San Lorenzo, der Dom von Viterbo, stammt aus dem 12., seine Renaissancefassade aus dem 15. Jahrhundert. Die Musikpflege des Domes stand immer im Schatten der päpstlichen Kapelle des nahen Rom.

Leben
Michelangelo Cancineo (Michel Angelo) wurde um 1560 in Viterbo geboren. Er trat dem Karmeliterorden bei und wirkte als Sänger am Dom seiner Geburtsstadt, an dem er schließlich Kapellmeister wurde. Er versah diesen Dienst bis zu seinem Tod nach 1608.

Werke
Von dem italienischen Komponisten erschienen 2 Bücher mit fünfstimmigen Motetten, von denen nur das zweite erhalten ist, und ein Buch mit vier- bis achtstimmigen Madrigalen. Einzelne Vokalstücke finden sich in Sammelwerken. Seine Musik gehört mit ihrer Polyphonie ganz dem 16. Jahrhundert

an und ist dem römischen Stil der Zeit verhaftet.

Theodoricus Petri Ruutha
(um 1560–1617)

ZEIT UND UMWELT

Im 16. Jahrhundert begann der Anschluß des skandinavischen Raumes an das musikalische Europa. In Dänemark erlebte die Musik unter König Christian IV. ihre erste Blütezeit. In Schweden reorganisierte König Gustav I. Wasa (1496–1560) die Hofkapelle nach deutschem und englischem Vorbild. Enge Kontakte mit dem west- und südeuropäischen Raum ergaben sich auf dem Umweg über Krakau, wo der Schwede Sigismund III. und seine zum Teil schwedischen Beamten mit der polnischen Musik bekannt wurden.

LEBEN

Theodoricus Petri Ruutha (Didrik Persson Ruuta, Rwtha) wurde um 1560 in Finnland als Sohn eines in Finnland eingewanderten Dänen geboren. Er studierte in den Jahren 1581 bis 1584 in Rostock und erhielt das Amt eines Sekretärs am Hof des polnischen Königs Sigismund III. in Krakau, wo er 1617 starb.

WERKE

Theodoricus Petri Ruutha brachte 1582 ein Schulgesangbuch mit zum Teil eigenen Melodien für Schweden heraus. Eine finnische Ausgabe erschien 1616. Das Gesangbuch wurde bis 1900 immer wieder aufgelegt.

LITERATUR

T. Nordlind, Latinska skolsånger i Sverige och Finland, Lund 1909.

Lodovico Casali (um 1560 bis nach 1618)

ZEIT UND UMWELT

Das unerbittliche Urteil der Geschichte lautet: Nachdem Herzog Alfonso II. d'Este ohne leibliche Erben gestorben war, bemächtigte sich die Kurie Ferraras. Reggio und Modena wurden Cesare d'Este überlassen. Damit hörte die Familie d'Este auf, in der italienischen Politik eine maßgebende Rolle zu spielen. Modena, das die Familie als Nebenresidenz benützte, setzte die Musikpflege fort, konnte jedoch die alte Bedeutung nie mehr gewinnen.

LEBEN

Lodovico Casali wurde um 1560 in Modena geboren. Er war dort an verschiedenen Kirchen als Sänger und Organist tätig. Im Jahre 1618 erhielt er die Organistenstelle in Scandiano, wo er einige Zeit darauf starb.

WERKE

Von dem Kirchenmusiker Lodovico Casali sind Messen, Motetten und andere kirchliche Gesänge überliefert. Die Kompositionen nahmen am Stilwandel wenig teil, sondern bewegten sich in alten Bahnen. Nur die Führung der tiefen Stimmen neigte einem Generalbaß zu.

Felice Anerio (um 1560–1614)

ZEIT UND UMWELT

Nach dem Fehlschlag der Kreuzzüge und nach der großen Kirchenspaltung bildete die Reformation den größten Terrainverlust für die geistige und politische Macht Roms. Um noch weitere Verringerungen ihres Wirkungsbereiches zu verhindern, fand bekanntlich neben dem rigorosen unmittelbaren und mittelbaren Einsatz aller verfügbaren materiellen und spirituellen gegenreformatorischen Maßnahmen eine durchgreifende Reorganisation eigenen Verhaltens statt. Die Fesseln, die dabei der Kirchenmusik angelegt wurden, führten zu einer Petrifizierung des sogenannten Palestrinastiles, die alle Nachfolger des großen Meisters zum Epigonentum verurteilte.

LEBEN

Felice Anerio wurde um 1560 in Rom geboren. Sein Vater Maurizio Anerio (um 1530, Borgaria di Narni, bis 28. 1. 1593, Rom), Musiker an der Engelsburg zu Rom, Sänger der Sistina und Posaunist an San Luigi de'Francesi, war sein erster Lehrer. Der Unterricht wurde durch Giovanni Maria Nanino fortgesetzt, unter dem er 1568 bis 1574 an Santa Maria Maggiore als Sängerknabe wirkte. Im Jahre 1575 wurde er Sopranist an der Cappella Giulia unter Palestrina, 1585 Lehrer am Collegio degli Inglesi und schließlich am 3. 4. 1594 Nachfolger Palestrinas als Komponist der päpstlichen Kapelle; der Kapellmeisterposten ging an Ruggiero Giovanelli. Im päpstlichen Auftrag besorgte er gemeinsam mit Francesco Suriano die endgültige Revision des gregorianischen Gesanges (Editio Medicaea), die Palestrina über Einspruch des spanischen Königs Philipp II. hatte unterbrechen müssen. Er starb in Rom am 27. 9. 1614.

WERKE
Die Kirchenmusik von Felice Anerio folgt der Tradition Palestrinas und kann für die Vokalpolyphonie des 16. Jahrhunderts als typisch angesehen werden. Einzelne seiner Kompositionen wurden lange Palestrina zugeschrieben wie das dreichörige Stabat Mater. Im Druck sind 2 Bücher Hymnen, ein Buch mit Responsorien, mehrere Bücher mit Madrigalien für drei, vier, fünf und sechs Stimmen, vierstimmige Canzonetten und Concerti spirituali erschienen. Handschriftlich ist eine Anzahl Messen und Motetten überliefert. Seine Musik ist stilecht und stilrein gekonnt, erhebt sich aber zuweilen zu erstaunlicher Ausdruckskraft, wie gerade in dem Stabat Mater für zwölf Stimmen, die in drei Chöre aufgeteilt sind.

William Brade (1560–1630)

ZEIT UND UMWELT
Violinenbau und Violinenspiel setzten mit dem Beginn des 17. Jahrhunderts ein. Der helle Klang dieses Instrumentes verdrängte bald die Violenfamilie. Es wurde anfänglich hauptsächlich bei Hofkapellen zum Spielen von Tänzen verwendet, bald aber eroberte es im Orchester seinen Ehrenplatz an der Spitze aller anderen Instrumente.

LEBEN
William Brade wurde 1560 in England geboren, verbrachte aber den größten Teil seines Lebens in Deutschland und Dänemark. Er war von 1594 bis 1596 und von 1599 bis 1605 und abermals von 1620 bis 1622 Mitglied der Hofkapelle Christians IV. in Kopenhagen. Er nahm an der Entwicklung einer eigenständigen Musik in Dänemark erheblichen Anteil. In den Zwischenzeiten wirkte er als Instrumentalist und Kapellmeister in brandenburgischen Diensten, war Leiter der Ratsmusik in Hamburg (1608–10 und 1613 bis 1615), Kapellmeister in Schaumburg (1610–13) und Halle an der Saale (1618), schließlich neuerlich in Hamburg bis zu seinem Tod am 26. 2. 1630.

WERKE
Von dem englischen Violinisten und Bratschisten William Brade sind 5 Bücher mit Tanzstücken verschiedenster Art erschienen, die mehrere Auflagen erlebten. Einzelne Tänze wurden in Sammelwerken aufgenommen. Brades Beitrag zur Entwicklung der deutschen Tanzmusik kann nicht hoch genug gewertet werden.

LITERATUR
C. R. Huber, Life and Music of William Brade, University of North Carolina, 1966.

Paul Homberger (1560–1634)

ZEIT UND UMWELT
Der Ruf der unerhört neuen Musik, die Giovanni Gabrieli in Venedig komponierte und spielen ließ, zog Schüler aus aller Herren Länder an. Wer es sich leisten konnte oder einen musikliebenden Gönner für die Kosten fand, wanderte über die Alpen, um diese neue Musik zu erlernen. Nach ihrer Rückkehr erhielten sie unschwer Stellungen als Instrumentalisten, Musiklehrer oder Kapellmeister.

LEBEN
Paul Homberger wurde 1560 in Regensburg geboren. Er hielt sich lange in Venedig als Schüler von Giovanni Gabrieli, als Sänger und Organist auf. Im Jahre 1601 erhielt er in Regensburg eine Stelle als Kantor und Lehrer und starb dort am 19. 11. 1634.

WERKE
Von dem deutschen Komponisten Paul Homberger sind eine große Anzahl Gelegenheitsgesänge für Chöre und für Solostimmen überliefert, außerdem ein Vesperpsalm. Der Großteil dieser Kompositionen ist monodisch und verlangt Instrumentalbegleitung. Frühbarocke Strukturen hatten nunmehr auch in Deutschland Eingang gefunden.

Jehan Henry (1560–1635)

ZEIT UND UMWELT
Die großen Geigenbaumeister in Italien, Österreich und Süddeutschland schufen die Instrumente, die im 17. Jahrhundert die Führungsrolle in der Instrumentalmusik übernahmen. Damit setzte die Violinmusik ein, die zuerst vorwiegend bei höfischen Festen – Schauspielen, Balletten, Tänzen – in Erscheinung trat, dann aber rasch solistisch, als Streicherensemble sowie im Verein mit anderen Instrumenten oder Singstimmen alle Bereiche der Musik eroberte.

LEBEN
Jehan Henry (Henry le Jeune) wurde in Paris im August 1560 geboren. Er wurde »Geiger des Königs«, ohne Mitglied der Hofkapelle zu sein, die damals noch zum größten Teil aus Sängern bestand. Seine Stellung war der eines Hoflautenisten nachgebildet. Er starb in Paris im Januar 1635.
Michel Henry (Henry l'Aîné) wurde in Paris 1555 geboren. Er war Oboist und Violinist des Königs ab 1616 und legte mit seinem Namensvetter (und vielleicht Bruder) den Grundstein zu einem instrumentalen Kammerorchester des Hofes. Er starb in Paris nach 1630.

WERKE
Von dem Violinisten Jehan Henry sind 2 sechsstimmige Stücke für Violinen, Oboen und Kornett erhalten, die zu den ältesten Instrumentalstücken mit Violinen zu zählen sind.
Von den Kompositionen von Michel Henry ist nichts überliefert.

Elias Mertel (um 1561–1626)

ZEIT UND UMWELT
Der warme Ton der Laute entsprach den weichen Klängen der Violen. Die Gitarre, die sich in Spanien bereits durchgesetzt hatte, wurde im übrigen Europa um die Wende zum 17. Jahrhundert noch wenig gespielt. Ihr Ton war zu scharf. Die kräftigen Akkorde der Gitarre wurden erst beliebt, als die Violine die Viole verdrängte. Aber bis dahin waren Lautenisten und Lautensänger an jedem Fürstenhof anzutreffen.

LEBEN
Elias Mertel wurde um 1561 in Wangenburg, Niederrhein, geboren. Er war an verschiedenen deutschen Fürstenhöfen als Lautenist tätig, bis er 1595 an der Akademie in Straßburg eine Verwaltungsstelle erhielt und dort zugleich als Lautenist und Lautenkomponist wirken konnte. Er starb in Straßburg am 21. 7. 1626.

WERKE
Von dem elsässischen Lautenisten Elias Mertel ist eine Lautentabulatur »Hortus musicalis novus« (Neuer musikalischer Garten) mit 35 Präludien und 120 Fugen sowie Fantasien verschiedener Komponisten erschienen. Eine Reihe von Stücken war von ihm selbst. Die Lautensätze verraten mit ihren eleganten Arpeggien französischen Einfluß.

Peter Philips (1561–1628)

ZEIT UND UMWELT
Während die niederländischen Provinzen von den Wechselfällen des schweren Rin-

gens um die Freiheit erschüttert, Landstriche erobert, verloren und wieder erobert, die Fluren durch fremde Heere verwüstet, der Streit der Konfessionen mit Worten und Waffen ausgetragen wurden, residierte das Statthalterpaar Erzherzog Albrecht von Österreich und Isabella von Spanien in Brüssel. Katholiken aus England waren dort willkommen. Denn die Bemühungen, die Reformation in England noch einmal rückgängig zu machen, wurden noch lange nicht aufgegeben, so fruchtlos sie auch waren.

LEBEN

Peter Philips (Petrus Philippus, Poetro Filippo) wurde 1561 vermutlich in England geboren und war ab 1574 Sänger an St. Paul's Cathedral. Da er Katholik war, verließ er England, ging nach Rom und fand dort Anschluß an englische Emigrantenkreise, in deren Dienste er trat. Nach Reisen durch Spanien, Frankreich und die Niederlande ließ er sich in Antwerpen nieder. Bei einem Besuch, den er Jan Pieterszoon Sweelinck 1593 in dem damals von protestantischen Niederländern kontrollierten Amsterdam machte, wurde er wegen des Verdachtes der Teilnahme an einem der vielen Mordkomplotte gegen Königin Elisabeth I. von England verhaftet, aber mangels Beweisen freigesprochen. Im Jahre 1597 erhielt er die Stelle eines Organisten an der Hofkapelle des Statthalters der Niederlande, Erzherzog Albrecht, in Brüssel, wo er bis zu seinem Ableben im Jahre 1628 blieb.

WERKE

Als Vermittler zwischen dem englischen Stil seiner Zeit und dem kontinentalen nahm Peter Philips eine bedeutende Stellung ein. Von ihm sind eine große Anzahl sakraler Gesänge mit Generalbaß auf französischem und lateinischem Text, Motetten, Litaneien und Madrigale überliefert. Seine Musik ist teils mehrstimmig, teils monodisch. Der Generalbaß ist nahezu überall durchgeführt. Als sein bedeutendstes Werk wird seine große vierstimmige Orgelfuge angesehen, die bereits Umkehrung, Vergrößerung und Verkleinerung des Themas kennt.

LITERATUR

P. Bergmann, L'organiste des archiducs Albert et Isabelle, Gent 1903.

Girolamo Diruta (1561 bis nach 1610)

ZEIT UND UMWELT

Die rasch aufeinanderfolgenden Verbesserungen des Orgelbaues, wie Vermehrung der Manuale, Ausbau des Pedals, zusätzliche Register, Koppelungen, Schweller und die Beschleunigung der Tonansprechbarkeit, regten die Komponisten immer mehr an, für dieses Instrument zu schreiben. Aus der Unterstützung der Intonierung, aus der Begleitung der Singstimmen ist der freie Orgelsatz, aus dem kleinen Portativ die »Königin der Instrumente« mit dem größtmöglichen Tonumfang und Vielfalt des Tonfarbenvorrates geworden. Der Organist herrscht über ein Reich der Töne, dem nur der Vollklang eines Orchesters gleichkommen kann.

LEBEN

Girolamo Diruta (eigentlich Mancini) wurde 1561 in Deruta, Perugia, geboren. Er trat 1574 in das Minoritenkloster in Correggio ein und wurde zuerst dort, dann in Venedig und Ravenna von Gioseffo Zarlino, Costanzo Porta und Claudio Merulo ausgebildet. Bis 1597 war er Organist in Venedig, darauf (1597) Domorganist in Chioggia und schließlich (1609) Domorganist in Gubbio, wo er nach 1610 starb.

Sein Neffe und Schüler Agostino Diruta (um 1590, Perugia, bis nach 1647, Rom) war Augustinermönch, von 1620 bis 1622 Kirchenkapellmeister in Asola und von 1630 bis 1647 in gleicher Stellung an Sant'Agostino in Rom.

WERKE

Der Organist und Orgelkomponist Girolamo Diruta ist durch seine Publikation »Il Transilvano« (Der Siebenbürger) – so genannt, weil der erste Teil davon dem siebenbürgischen Fürsten Zsigmond Báthory gewidmet wurde – berühmt geworden. Es handelte sich um eine spieltechnische Anweisung für Tasteninstrumente, besonders für die Orgel, um Toccaten verschiedener Meister und eigene Kompositionen. Der zweite, Fürstin Leonora Sforza Cesarini gewidmete Teil bringt einen Traktat über die Praxis des Intavolierens und Diminuierens mit einer Hymnensammlung, von der ein Teil vom Autor verfaßt wurde. Außerdem veröffentlichte Diruta eine Sammlung fünfstimmiger Antiphone.

Von Agostino Diruta sind mehrere Messen, Motetten, Psalmen, Litaneien und Gesänge – alle mit Basso continuo der Orgel – überliefert.

LITERATUR
O. Pannain, Le origini e lo sviluppo dell'arte pianistica in Italia, Neapel 1919.

Jacopo Corsi (1561–1604)

ZEIT UND UMWELT
Die Geschichte der eigentlichen Oper begann, als der Rezitativstil der Camerata Florentina auf umfangreichere Bühnenstücke übertragen wurde. Die Tragödie der Antike, die geistlichen und weltlichen Spiele des Mittelalters, die Schuldramen mit Chören im 16. Jahrhundert, die Intermedien, Trionfi, Rappresentazioni, die italienischen Mascherate und Balletti, die französischen Ballets und die englischen Masques können zwar nicht als Vorläufer der Oper angesehen werden, haben aber ihren Stil und ihre Ausgestaltung ebenso stark beeinflußt wie spätere theatralische oder musikalische Erscheinungen, zum Beispiel das Bühnenballett, die Pantomime, die Deklamation, das Melodrama, das Oratorium und ähnliches.

LEBEN
Jacopo Corsi wurde am 17. 7. 1561 in Florenz geboren. Als Giovanni dei Conti di Vernico Bardi im Jahre 1592 als päpstlicher Kämmerer nach Rom berufen wurde, stellte Corsi der Camerata Florentina seinen Palast für weitere Tagungen zur Verfügung und nahm persönlich starken Anteil daran. Er starb in Florenz im Jahre 1604.

WERKE
Der Mäzen der Camerata Florentina Jacopo Corsi nahm am Entstehen der ersten Oper »Dafne« (1595) in seinem Palast mit 2 Arien teil, die zufällig erhalten geblieben sind, während alles andere verschollen ist. Sie folgen dem von der Camerata geforderten monodischen Stil. Er wirkte an der Uraufführung 1597 in seinem Palast als Cembalist mit.

LITERATUR
A. Solerti, Gli albori del melodramma, Mailand 1905.

Jacopo Peri (1561–1633)

ZEIT UND UMWELT
Ferdinando I., ehemaliger Kardinal, Großherzog von Toskana, erwies sich als einer der tüchtigsten Regenten in Florenz. Durch seine Ehe mit Christine von Lothringen und seine Hilfe für Heinrich IV. bei dessen Bewerbung um den Thron in Paris verpflichtete er sich Frankreich. Er verhinderte das Vordringen der Spanier nach Marseille, er sicherte sich das Wohlwollen Kaiser Rudolfs durch die Vermählung seines Sohnes Cosimo (1590–1621) mit der Erzherzogin von Österreich Maria Magdalena (1589 bis 1631), er beteiligte sich erfolgreich am Kampf gegen die Türken; aber der Erbauer der Villa Medici förderte auch in der Toskana den Schüler Michelangelos Bernardo Buontalenti (1536–1608) und den Bildhauer des Frühbarocks Giovanni da Bologna, die Musiker Giulio Caccini, Jacopo Peri und die anderen Mitglieder der Camerata Florentina.

LEBEN
Jacopo Peri wurde am 20. 8. 1561 in Rom geboren. Er war Schüler von Cristoforo Malvezzi in Florenz, wohin seine Eltern, die sich nur vorübergehend in Rom aufgehalten hatten, zurückgekehrt waren. Er stand bereits in jungen Jahren im Dienst der Familie Medici, für die er später diplomatisch tätig war. Im Jahre 1591 wurde er »Erster Leiter der Musik und der Musiker« am Hof der

Medici und blieb in dieser Stellung unter den Großherzögen Ferdinando I., Cosimo II. und Ferdinando II. (1610–1670) bis zu seinem Tod am 12. 8. 1633.

WERKE
Im Jahre 1595 schrieb er (vermutlich gleichzeitig mit Caccini) die Komposition zur Oper »Dafne« von Ottavio Rinuccini, die im Karneval 1597 im Palazzo Corsi in Florenz als erste Oper uraufgeführt wurde. Sie ist nicht erhalten. Er ließ ihr 1600 als zweite Oper »Euridice« folgen, die als erste öffentlich aufgeführte Oper gelten muß. Caccini steuerte einige Arien bei. Sie hob sich von der Technik des Komponisten Caccini durch eine starke Hinneigung zum Ariosen und Verzierten ab. Als weitere Bühnenkompositionen sind zu vermerken: Rezitative zu »Ariana« von Rinuccini, »Tetide« (nie aufgeführt), »Der Liebeskrieg«, »Adone und Flora«, außerdem eine Reihe Intermedien und Balletti.
An sonstigen Kompositionen des Bühnenkomponisten Peri sind eine dreistrophige Kantate mit ostinatem Strophenbaß und ein Madrigal überliefert.

LITERATUR
A. Solerti, Musica, Ballo e Drammatica alla Corte Medicea, Florenz 1905.

Johannes Nucius (um 1562–1620)

ZEIT UND UMWELT
Bei der Reformation wandte sich nahezu ganz Schlesien dem protestantischen Bekenntnis zu. Da aber das Land den Habsburgern unterstand, setzte die Gegenreformation sofort ein. Sie war zwar weniger unbedingt als in anderen österreichischen Landesteilen, aber die Rekatholisierung gelang bis auf kleine Reste besonders bei der Landbevölkerung und den unteren Ständen der Städte. Zahlreiche Klostergründungen dienten diesem Erfolg.

LEBEN
Johannes Nucius (Nux, Nucis) wurde um 1562 in Görlitz geboren und erhielt dort seine erste Ausbildung zum Musiker. Vor 1590 trat er in das Zisterzienserkloster in Rauden (Rudno), Oberschlesien, ein und wurde 1591 Abt der Tochtergründung in Himmewitz (Jemielnica), wo er am 25. 3. 1620 starb.

WERKE
Der deutsche Musiktheoretiker und Komponist Johannes Nucius wurde als »Altmeister klassischer Polyphonie« angesehen. Seine 2 Bücher mit fünf- und sechsstimmigen Motetten bestätigten seine Verehrung für Josquin und Lasso. Auch seine 2 überlieferten Messen sind sehr konservativ gehalten.

LITERATUR
B. Widmann, Johannes Nucius, in: Der Oberschlesier, 1927.

Pieter Cornet (um 1562–1633)

ZEIT UND UMWELT
Die territoriale Reichweite der Souveränität, die dem habsburgischen Statthalter der Niederlande verblieb, war schmal geworden. Der Regierungssitz Brüssel selbst lag nicht außerhalb der Gefahrenzone. Doch das burgundische Kulturerbe, das zu den Zeiten Maximilians I. an Habsburg übergegangen war, wurde durch alle Stürme der politischen und konfessionellen Kämpfe bewahrt und gepflegt.

LEBEN
Pieter Cornet (Cornetta) wurde um 1562 im franko-flämischen Raum geboren. Er war vielleicht ein Nachkomme des französischen Komponisten Séverin Cornet. Über sein Leben bis zum Jahrhundertende ist nichts bekannt. Ungefähr ab 1600 wirkte er neben Peter Philips und John Bull als Organist der Hofkapelle in Brüssel, wo er 1633 starb.

WERKE
Von dem Organisten Pieter Cornet sind 5 Fantasien, eine Toccata, 2 Couranten, ein Salve Regina und weitere Orgelstücke –

Tanzstücke und Variationen – überliefert. Die Struktur dieser Werke gleicht der von den zeitgenössischen Virginalisten in England angewendeten. Trotz der spärlichen Hinterlassenschaft läßt sich die hohe Qualität der kompositorischen Fähigkeit Cornets feststellen.

LITERATUR
Ch. van den Borren, Jan Pieterszoon Sweelinck en Pieter Cornet, De Praestant, 1932.

Kaspar Füger (um 1562–1617)

ZEIT UND UMWELT
Die Kantoreien des Kurfürstentumes Sachsen waren um die Wende zum 16. Jahrhundert auf einem hohen Stand. Die Kantoren und Organisten kamen zum größten Teil aus den Fürstenschulen und bildeten sich zumeist an einer der Universitäten des Landes weiter. Außerdem hatte sich in der zweiten Hälfte des verflossenen Jahrhunderts bereits eine Kantorentradition herausgebildet, die zum Maßstab geworden war.

LEBEN
Kaspar Füger wurde um 1562 in Dresden geboren. Er kam 1575 an die Fürstenschule in Meißen, wo damals Wolfgang Figulus lehrte, und 1581 an die Universität Leipzig. Im Jahre 1585 war er Kantor an der Kreuzkirche in Dresden, verließ diese bald und wirkte an verschiedenen Kirchen des Landes, bis er 1591 neuerlich den Dienst an der genannten Kirche aufnahm, an der er Diakon wurde. Er starb in Dresden am 24. 7. 1617.

WERKE
Von den angeblich zahlreichen Kompositionen des Kirchenmusikers Kaspar Füger sind nur »Christliche Verß und Gesenge« erhalten. Diese Kompositionen fügen sich in das zeitgenössische evangelische Liedgut gleichwertig ein.

Francis Pilkington (um 1562–1638)

ZEIT UND UMWELT
König Heinrich VIII. von England hob 1540 die große Benediktinerabtei in Chester auf und begründete die Christus-Kathedrale, der er 1544 eine »King's school«, also eine von der Krone finanzierte und beaufsichtigte Schule angliederte, die nach dem Willen des Königs vor allem Musiker für die Kathedrale auszubilden hatte.

LEBEN
Francis Pilkington wurde um 1562 vermutlich in Lancashire geboren. Durch Vermittlung adeliger Gönner kam er an die King's school in Chester und an das Lincoln College in Oxford, wo er bis 1595 studierte. Im Jahre 1602 war er Sänger an der Kathedrale in Chester, 1612 wurde er Priester und 1631 Rektor. Er starb in Chester im Jahre 1638.

WERKE
Von dem englischen Madrigalisten Francis Pilkington sind eine Anzahl Arien, Pastorale und vor allem Madrigale erschienen, die von Sängern ohne Begleitung vorgetragen oder von Laute und Gamben gespielt werden konnten. Einzelne Sätze finden sich noch in Sammelwerken oder handschriftlich. Die Kompositionen sind sehr kunstvoll gesetzt und verraten ein großes Talent. Ein besonderer Erfolg war sein Madrigal »Du sanft klingende Laute«.

LITERATUR
E. H. Fellowes, The English Madrigal Composers, London 1948.

John Bull (um 1562–1628)

ZEIT UND UMWELT
Sowohl Königin Elisabeth I. wie ihr Nachfolger Jakob I. kamen den Puritanern keineswegs entgegen, konnten jedoch nicht die Ausbreitung puritanischer Geisteshaltung in ihrem Land aufhalten. Sich selbst sittenstreng zu geben und Sittenstrenge von den anderen zu fordern, selbst zu den Auser-

John Bull (um 1562–1628)

John Bull

wählten zu gehören und andere von dieser Bevorzugung auszuschließen, wurde zu einer bestechenden Lebenshaltung gerade jener Kreise, denen eine mehr oder minder weitreichende Entscheidungsgewalt zugesprochen war. Kunst und Künstler waren naturgemäß bevorzugte Angriffsziele, weil es sich hierbei um Daseinsebenen handelte, die dem Verfechter puritanischer Verhaltensregeln fremd sein mußten.

Leben

John Bull wurde um 1562 vermutlich in Somersetshire geboren und an der Chapel Royal in London unter William Blitheman zum Musiker ausgebildet. Am 24. 12. 1582 wurde er Organist an der Kathedrale von Hereford, aber im Januar 1585 an die Königliche Kapelle zurückberufen und 1591 als Nachfolger Blithemans dort Organist. Die Universitäten Oxford und Cambridge verliehen ihm akademische Grade, obgleich von puritanischer Seite gegen diese Ehrungen Stellung genommen wurde. Königin Elisabeth I. ernannte ihn 1596 zum Musikprofessor an dem vom reichen Finanzmann Sir Thomas Gresham (1519–79) gegründeten College. Im Jahre 1601 unternahm er Konzertreisen nach Deutschland, Frankreich und in die Niederlande und wurde als Virtuose auf Tasteninstrumenten und als Komponist sehr bewundert. Nach seiner Rückkehr nahm er seinen Dienst an der Chapel Royal wieder auf, legte aber 1607 sein Lehramt anläßlich seiner Verheiratung zurück, weil das College nur Unverheiratete in seinen Lehrkörper aufnahm.

Er war bei Hof sehr angesehen, 1612 wurde ihm der Titel »Doktor der Musik beim König« verliehen. Dennoch mußte er England ein Jahr darauf verlassen. Seine Karriere erzeugte natürlich neidische Gegner, die seinen aufwendigen und etwas lockeren Lebenswandel gegen ihn ausspielten und bald zelotische Richter zu mobilisieren wußten. Er mußte fliehen, weil eine Anklage wegen außerehelicher Beziehungen und Ehebruches gegen ihn vorlag. Am Hof des Statthalters der Niederlande war man toleranter. Erzherzog Albrecht nahm ihn sofort in seine Dienste. Er wurde Organist in Brüssel und 1617 an der Kathedrale von Antwerpen, wo er am 13. 3. 1628 starb.

Werke

Der kompositorische Ruf von John Bull beruhte auf etwa 150 Stücken für Virginal und Orgel, die weniger durch ihre Tiefe als durch Einfallsreichtum und Brillanz ausgezeichnet waren. Er hatte ein sicheres Gefühl dafür, was seinem Publikum gefiel, und wußte konservative Elemente mit neuen, ungewöhnlichen Techniken wie enharmonischen Modulationen und asymmetrischen Rhythmen zu verbinden. Sie waren strahlend und klangvoll, mit leichter Hand, aber dennoch vollendet hingeworfen, auf Wirkung bedacht, doch nie banal, sie waren der Ausdruck einer Persönlichkeit, die ihre Umwelt mit ihrer Kunst reich beschenkte und von allen Seiten dafür Dank ernten durfte.

Fra Angelico: »Krönung der Jungfrau« – Tafelbild mit musizierenden Engeln

Lucca della Robbia: Basrelief im Dom zu Florenz

Fra Angelico: Detail aus »Krönung der Jungfrau«

Gastmahl des Herodes und Tanz der Salome, von Ghirlandaio aus dem 15. Jahrhundert

»Triumph der Venus«, Sängerinnen und Musikantinnen mit Lauten und Flöten – Gemälde aus dem 15. Jahrhundert von Francesco Cossa

Oben: Doppeltes Virginal von Hans Ruckers, Begründer einer bedeutenden flämischen Instrumentenmacherdynastie, 16. Jahrhundert

Rechts: Hausorgel – entworfen 1527 vom Kleinplastiker und Holzschneider Peter Flötner aus Thurgau

Oben: Musik am Hof des französischen Königs Franz I. aus dem 17. Jahrhundert

Rechts: Konzert im Freien: Gambe, Flöte, Laute, Cembalo – italienisches Tafelbild aus dem 16. Jahrhundert

Lasso konzertiert mit der bayrischen Hofkapelle – Titelseite zur Handschrift »Die Bußpsalmen des Orlando di Lasso«, um 1560–1571

Von seiner Vokalmusik sind nur ein Anthem und 3 Lamentationen erhalten. Seine Kirchenmusik und seine Violenstücke zeigen nur wenig Originalität.
Seine Berühmtheit fußte aber auch auf seiner instrumentalen Virtuosität. Diese machte ihn so bekannt, daß sein Name und seine Gestalt bis in die jüngste Zeit als Typus des Engländers schlechthin angesehen wurden.

LITERATUR
L. Henry, Dr. John Bull, London 1937.

Bartholomäus Gesius (1562–1613)

ZEIT UND UMWELT
Die enge Verbindung von Sakraldienst, Schulunterricht und Musik hat die Reformation nicht nur übernommen, sondern noch verstärkt. In vielen Fällen studierten die evangelischen Kantoren neben den gewählten Unterrichtsfächern Theologie, und beim Verfolgen ihrer Biographien ist ein Berufswechsel vom Kantorendienst zu einem geistlichen Amt und umgekehrt, zuweilen auch ein Kombination beider Berufe nicht selten zu beobachten.

LEBEN
Bartholomäus Gesius (Gese, Göß) wurde 1562 in Müncheberg, Brandenburg, geboren. Er studierte an der Universität Frankfurt an der Oder (Theologie), wirkte 1582 für kurze Zeit als Kantor in Müncheberg und ab 1593 in gleicher Eigenschaft an der Marienkirche in Frankfurt an der Oder, wo er im August 1613 starb.

WERKE
Das umfangreiche, sich über alle Gebiete der lutherischen Kirchenmusik erstreckende kompositorische Werk von Bartholomäus Gesius blieb an die Tradition des 16. Jahrhunderts gebunden und vom Stilwandel unberührt. Es weist die für diese Periode typische Verknüpfung der Gregorianik mit vokaler Polyphonie auf. Der Stil der Kompositionen geht auf Orlando di Lasso zurück. Seine beiden Passionen (Johannes und Matthäus) sind polyphone Liedreihen, die deutschen wie die lateinischen geistlichen Lieder, Choräle, Psalmen, Hochzeits- und Begräbnisgesänge, die Lieder für Haus und Schule, die Motetten für alle familiären und kirchlichen Anlässe sind mit vorzüglicher Kontrapunktik ausgearbeitete Chorsätze mit guter Klangwirkung. Das gleiche kann bei seinen vielen Gelegenheitskompositionen festgestellt werden. Daß sich in die Masse der Kompositionen eine gewisse Gleichförmigkeit einschlich, war wohl unvermeidbar. Dennoch liegt auch eine erstaunliche Vielfalt an Melodieeinfällen vor. Durchführung und Modulation allerdings laufen dabei fast immer auf den gleichen Wegen; Versuche, neue zu finden, wurden nicht unternommen. Aber der Zweck der Kompositionen, klangvoll zu wirken, wurde stets erreicht.

LITERATUR
F. Blume, Die evangelische Kirchenmusik, Potsdam 1931.

Juan Blas de Castro (1562–1634)

ZEIT UND UMWELT
Lope Felix de Vega Carpio (1562–1635), der Schöpfer der spanischen Komödie, studierte in Alcalá de Henares und darauf in Salamanca vergeblich Theologie. Sein Drang zum Theater war stärker als die Wissenschaft. Seine vielen Liebesaffären schadeten ihm wenig und verhinderten auf keinen Fall, daß er zum Liebling des Publikums wurde und sein Tod einem nationalen Trauerfall gleichkam.

LEBEN
Juan Blas de Castro wurde 1562 in Barrachina geboren. Bei seinem Studienaufenthalt in Salamanca lernte er den spanischen Dramatiker Lope de Vega kennen, dessen ständiger Mitarbeiter er für sein weiteres Leben blieb. Im Jahre 1605 wurde er Hofmusiker bei König Philipp III. und blieb in dieser Stellung auch bei dessen Nachfolger Philipp IV. (1605–65), der den Komponisten, Vihuelisten und Gitarristen so sehr bewun-

derte, daß er alle seine Werke sammeln ließ. Juan Blas de Castro erblindete im Alter, konnte jedoch am Hof des Königs bis zu seinem Tod am 6. 8. 1634 in Madrid bleiben.

WERKE

Die von König Philipp von Spanien gesammelten Werke des Komponisten Juan Blas de Castro gingen bei einem Brand des Madrider Schloßarchivs (1734) zugrunde. Daher steht uns kein einziges seiner sakralen Werke zur Verfügung. Ungefähr 20 profane Stücke, hauptsächlich Romanzen, sind in verschiedenen Sammelwerken und in Archiven von spanischen Kathedralen erhalten. Das wenige jedoch beweist die Berechtigung des Rufes, in dem der spanische Komponist bei seinen Zeitgenossen stand. Es zeigt auch, daß in Spanien die neue Stilepoche noch nicht angebrochen war.

LITERATUR

J. Barbazán, Tricentenario de Lope de Vega: Elogio en la muerte de Juan Blas de Castro, Madrid 1935.

Jan Pieterszoon Sweelinck
(1562–1621)

Ton Koopman realisiert den Nuancenreichtum der Cembalowerke Sweelincks

ZEIT UND UMWELT

Bis zum Jahr 1578 beteiligte sich Amsterdam nicht an den religiösen und politischen Zwistigkeiten der Niederlande, um seinen Handelsinteressen nicht zu schaden. Die Stadt nahm aber viele Flüchtlinge aus Antwerpen und Brabant auf. Auch die nunmehrige Beteiligung am Freiheitskampf der Niederländer beeinträchtigte das Aufblühen Amsterdams nicht wesentlich, da Antwerpen dadurch an Bedeutung verlor, daß es in spanischer Hand blieb. Die Politik der Toleranz brachte eine Vielzahl fähiger Persönlichkeiten in die Stadt, Juden aus Spanien und Portugal, Hugenotten aus Frankreich und weitere Flüchtlinge aus dem Süden der Niederlande. Die Stadt wuchs auf das Vierfache an und wurde zu einem der bedeutendsten Handelsplätze der Welt. Daß damit auch das kulturelle Leben der Stadt gehoben wurde, war eine naturgegebene Folge, um so mehr, als gerade politische und religiöse Emigranten stets zu einem hohen Prozentsatz gehobeneren Schichten angehörten.

LEBEN

Jan Pieterszoon Sweelinck wurde im Mai 1562 in Deventer geboren. Sein Vater Pieter Swybertszoon wirkte von 1564 bis zu seinem Tod im Jahre 1573 als Organist an der Oude Kerk in Amsterdam. Den Namen Sweelinck übernahm er von seiner Mutter Elsken Sweling, die der Vater 1558 geheiratet hatte. Er wurde von seinem Vater ausgebildet und übernahm bereits in sehr jungen Jahren dessen Organistenamt. Ein mehrfach behaupteter Studienaufenthalt in Venedig hat nie stattgefunden. Er hat die Niederlande nie verlassen, sondern sein Leben in Amsterdam im Dienst der Orgelkunst als Organist, Orgelkomponist und Orgellehrer bis zu seinem Tod am 16. 10. 1621 verbracht.

Neben seinem nahezu legendären Ruf als Virtuose der Tasteninstrumente galt er als bedeutendster Orgellehrer seiner Zeit. Besonders aus Deutschland, wo er als »Organistenmacher« bekannt war, strömten ihm Schüler zu, von denen einige später selbst zu großem künstlerischen Ansehen gelangten. Aber die höchste Wertschätzung kam ihm von der Stadt seines Wirkens selbst zu, wo die Oude Kerk jedesmal überfüllt war, wenn dieser letzte große niederländische Musiker die Orgel spielte und wo ihn der niederländische Dichter Joost van den Vondel (1587 bis 1679) in seinem Epitaph zum »Phönix der Musik« erhob.

Sein Sohn Dirk Jansson Sweelinck (getauft 16. 5. 1591, Amsterdam, begraben 20. 9. 1652, Amsterdam) folgte seinem Vater in die Organistenstelle an der Oude Kerk in Amsterdam nach.

WERKE

Die vokalen Kompositionen von Jan Pieterszoon Sweelinck gehören dem Stil des 16. Jahrhunderts an und haben keinen Generalbaß; nur seine »Geistlichen Lieder« aus 1619 weisen einen Basso continuo für die Orgel auf. Sein Ruhm begründete sich jedoch auf seinem Spiel auf Tasteninstrumenten (Orgel, Cembalo, Virginal, Clavichord) und auf seinen Orgelkompositionen wie Fantasien, Ricercari, Toccate, Choral-, Lied- und Tanzbearbeitungen, auf seiner Technik der Variationen, Augmentation, Diminution und Engführung. Seine Ricercari sind echte Vorläufer der Fuge, seine Choralvariationen eröffneten die Geschichte des Orgelchorals, wie überhaupt alle seine Orgelwerke die Plattform bildeten, von der aus sich die Orgelmusik des kommenden Jahrhunderts bis zur Höhe Bachs entwickelte.

Dirk Jansson Sweelinck veröffentlichte ein Buch mit volkstümlichen Liedern, von denen eine Anzahl von ihm selbst komponiert wurde.

LITERATUR
M. Seiffert, Geschichte der Klaviermusik, Wiesbaden 1966.

John Dowland (1562–1626)

ZEIT UND UMWELT
Engländer, die sich auf dem Kontinent aufhielten, gerieten sehr leicht in Emigrantenkreise, die gegen die Heimat gerichteten Verschwörergruppen angehörten, weil sie selbst hofften, in ihre verlorenen Stellungen zurückzukehren oder durch Geld und noch mehr durch großartige Versprechungen dazu verführt worden waren. Es wurde viel Geld verschwendet und viel Überredungskunst aufgewendet, um das Rad der Geschichte in England zurückzudrehen. Sie kamen dadurch selbst in Verdacht und zuweilen auch zu Schaden.

LEBEN
John Dowland wurde im Dezember 1562 in Dalkey geboren. Über Herkunft, Jugend und Ausbildung des englischen Komponisten und Lautenisten ist nichts bekannt. Von 1579 bis 1584 stand er im Dienst der englischen Gesandtschaft in Paris und trat in Beziehungen zu Bekannten aus London, die als Katholiken emigriert waren und ihn zum Übertritt zum Katholizismus überredeten. Er kehrte nach England zurück, um in Oxford zu studieren, bewarb sich 1594 um die Stelle des Hoflautenisten, die durch den Tod John Johnsons freigeworden war, wurde aber, vermutlich weil sein Übertritt bekanntgeworden war, abgewiesen. Darauf kehrte er seiner Heimat den Rücken, suchte als Lautenvirtuose die Höfe von Wolfenbüttel und Kassel auf, ging nach Rom, um Luca Marenzio zu treffen, und ließ sich in Florenz neuerlich mit Emigranten ein, die ihn in ein Mordkomplott gegen die englische Königin einweihten. Entsetzt über diese Methode des

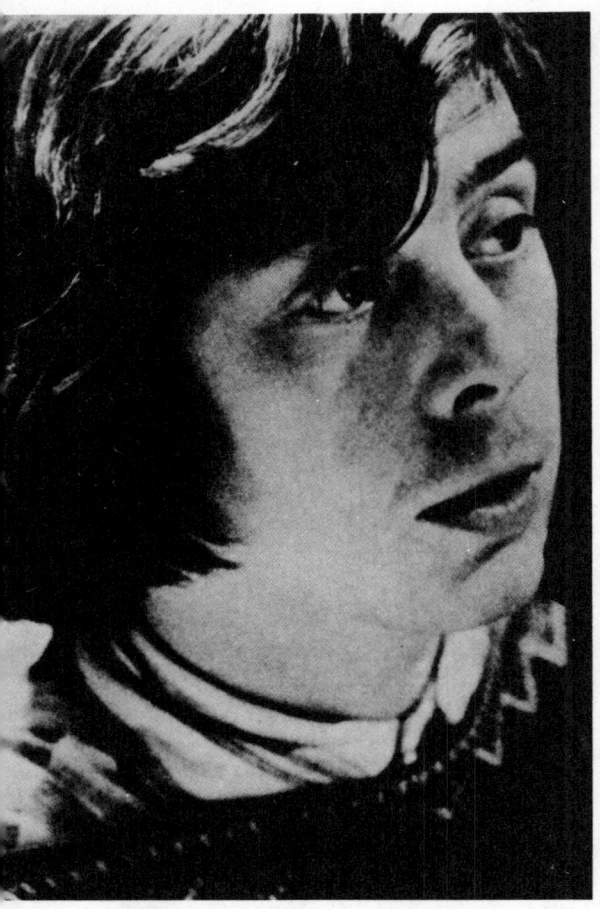

Anthony Rooley – international angesehen seit seiner feinsinnigen Interpretation der »Bookes of Songs« von John Dowland

Emma Kirkby singt Lieder von John Dowland

Glaubenskampfes verließ er Italien, begab sich nach Nürnberg, von wo er einen warnenden Brief an den englischen Hof schrieb. Er verließ auch die katholische Konfession.
Eine Reaktion aus England traf aber nicht ein. Dort war man an solche Verschwörungen gewöhnt und traf die erforderlichen Maßnahmen. Von den Anzeigern wußte man, daß sie sich in erster Linie selbst reinwaschen wollten. In Kassel, wohin sich Dowland neuerlich begeben hatte, erhielt er die Einladung des dänischen Königs Christian IV., in Kopenhagen die Stelle des Hoflautenisten zu übernehmen. Er versah diesen Posten gegen ein hohes Honorar und wirkte neben William Brade am Aufbau eines dänischen Musiklebens bis 1606 mit. Dann wurde er während einer Abwesenheit des Königs von Hofbeamten wegen Mißhelligkeiten entlassen. Die nächsten Jahre verbrachte er in London in privaten Diensten, 1612 erhielt er endlich die angestrebte Lautenistenstelle bei Hof, in der er bis zu seinem Tod am 21. 1. 1626 blieb.
Sein Sohn Robert Dowland (um 1591, Lon-

die feine Satztechnik noch immer gerne gehört werden. John Dowland muß zu den größten englischen Komponisten gereiht werden.

LITERATUR
E. H. Fellowes, The English Madrigal Composers, London 1948.

Philippus Dulichius (1562–1631)

ZEIT UND UMWELT
Das slawische Fürstentum Pomorze (Pommern) mußte im 12. Jahrhundert für seinen West- und Zentralteil die deutsche Oberhoheit anerkennen wie der Ostteil mehr als hundert Jahre früher die polnische. Der Osten wurde bereits 1454 endgültig polnisch, während West- und Zentralpommern – seit 1625 geeinigt – 1637 ein Teil von Brandenburg wurden. In den vorhergehenden Jahrhunderten hatte eine starke deutsche Einwanderung und Besiedlung stattgefunden, wodurch die slawische Bevölkerung zur ethnischen Minderheit wurde. Zur Zeit der Reformation, die in das Land rasch Eingang gefunden hatte, war das Deutsche bereits Schul- und Kirchensprache, von einzelnen slawischen (kaschubischen oder slowinzischen) Dörfern abgesehen.

LEBEN
Philippus Dulichius (Deulich, Deilich, Teilich, Dulichs) wurde am 19. 12. 1562 in Chemnitz (Karl-Marx-Stadt) getauft. Er studierte in Leipzig und war ab 1587 Kantor des fürstlichen Pädagogiums und der Marienkirche in Stettin (Szczecin), wo er im Jahre 1631 starb und am 25. 3. begraben wurde. Seine Bemühungen anläßlich eines längeren Aufenthaltes in Danzig (Gdańsk), ein Kantorat an der dortigen Marienkirche zu erhalten, scheiterten.

Titelblatt der ersten Liedersammlung von John Dowland

don, bis 28. 11. 1641, London) folgte seinem Vater in die Hofstelle als hervorragender Lautenist nach.

WERKE
Das Hauptwerk von John Dowland bestand aus einer großen Anzahl vierstimmiger Gesänge mit Lautenarrangement. Außerdem schrieb er Virginalstücke, Chöre mit Instrumentalbegleitung, Stücke für eine und zwei Lauten ohne Gesang und Stücke für Violenensembles. Vieles davon wird auch heute gespielt, weil der Wohlklang, die Anmut und

WERKE
Der deutsche Kantor Philippus Dulichius schrieb ungefähr 250 fünf- bis achtstimmige Motetten, in denen er die imitatorische Technik von Orlando di Lasso mit dem

Chorklang der venezianischen Meister zu verbinden suchte. Die Stilmittel des 17. Jahrhunderts – Generalbaß, Monodie – finden sich dabei nicht. Dulichius war bei seinen Zeitgenossen als Komponist sehr angesehen.

LITERATUR
G. Kittler, Philippus Dulichius, Monatsblätter der Gesellschaft für Pommersche Geschichte LI, 1937.

Henning Dedekind (1562–1626)

ZEIT UND UMWELT
In den ersten Jahrzehnten der Reformation schrieben und sangen auch die evangelischen Kleriker lateinisch, denn sie konnten es ebensogut wie die katholischen. Die Schriften wurden jedoch bald in das Deutsche übersetzt, um sie breiteren Kreisen zugänglich zu machen. Die Söhne bedienten sich bereits der von Martin Luther geschaffenen deutschen Sprache für ihre Traktate und für die Liedtexte ihrer Kompositionen.

LEBEN
Henning Dedekind wurde am 30. 12. 1562 in Neustadt am Rübenberge als Sohn des Lüneburger Pastors und Verfassers des »Grobianus« (1549, übersetzt 1551), Friedrich Dedekind (um 1525–98), geboren. Er war Kantor und später Diakon in Langensalza und ab 1615 Pastor in Gebesee, wo er am 28. 7. 1626 starb.
Sein Bruder Euricius Dedekind (1554–1619) wurde 1582 Kantor in Lüneburg.

WERKE
Der deutsche Komponist Henning Dedekind schrieb eine Sammlung Tricinien zu Texten zeitgenössischer Dichter, eine »Kindermusik« zu Lehrzwecken und eine Elementar-Musiklehre. 3 weitere Liedersammlungen: »Studentenleben«, »Jägerleben« und »Soldatenleben« sind mit Musophilos Dedekind gezeichnet. Es wird vermutet, daß hinter diesem Pseudonym nicht Henning Dedekind, sondern sein Sohn Friedrich Melchior Dedekind (um 1590 bis um 1640) steckt.

Von Henning Dedekind sind noch ein Kyrie und ein Gloria einer sechsstimmigen Messe erhalten.

John Milton (um 1563–1647)

ZEIT UND UMWELT
Die Gründung der ersten Kolonie, Virginia, im Jahre 1584, der Sieg der englischen Flotte über die spanische Armada (1588) und die Bildung von überseeischen Handelskompanien machten das englische Königreich zur führenden Großmacht der Welt der frühen Neuzeit. Hand in Hand damit ging eine Hochblüte der kulturellen Entwicklung des Landes, die durch den Namen Shakespeare allein genügend gekennzeichnet ist. Auf welchem Höhepunkt das Musikleben der Elisabethanischen Epoche angelangt war, beleuchtet schlagartig die Festausgabe »The Triumphes of Oriana« aus 1601 für den Sieger über die spanische Invasionsflotte, Charles Howard of Nottingham (1536–1624), die 25 Madrigale von 23 zeitgenössischen Komponisten enthält, wenngleich daran die damalige »Prominenz«, wie Byrd oder Dowland, nicht beteiligt war.

LEBEN
John Milton wurde um 1563 in Stanton St. John bei Oxford geboren und dürfte von 1575 bis 1577 dem Christ Church College in Oxford als Singknabe und Student angehört haben. Im Jahre 1595 begab er sich nach London und wurde dort Mitglied und dann Notar einer Maklergesellschaft. Um 1632 zog er sich von den Geschäften, die ihn zum reichen Mann gemacht hatten, zurück und ließ sich in Horton, Buckinghamshire, nieder; 1641 übersiedelte er nach Reading und zwei Jahre darauf nach London, wo er im März 1647 starb.
Sein Sohn John Milton (1608–74) war einer der bedeutendsten Dichter der Weltliteratur, von dessen Dichtungen einzelne mehrfach vertont wurden.

WERKE
Die bekannteste Komposition von John Mil-

ton war ein vierzigstimmiges »In nomine«, das völlig der italienischen Vielstimmigkeit der Zeit folgte. Verschiedene sakrale Vokalwerke, 5 fünf- und sechsstimmige Violen-Fantasien, 4 Lamentationen und 2 Psalmen, mehrere Madrigale, von denen eines in die Sammlung »The Triumphes of Oriana« aufgenommen wurde, erklären die Wertschätzung, die man dem Komponisten entgegenbrachte.

LITERATUR
E. Brennecke, John Milton the Elder and His Music, New York 1938.

Andreas Raselius (um 1563–1602)

ZEIT UND UMWELT
Der Zwiespalt zwischen dem lutherischen und calvinischen Bekenntnis vertiefte sich in Deutschland trotz aller Vermittlungsversuche immer mehr. Die streitenden Konfessionen vergaßen darüber sogar zuweilen die gemeinsame Gefahr der Gegenreformation. Die gegenseitige Verfolgung der Eiferer zeigte oft merkwürdige Blüten. Calvinisten wurden aus lutherischen Orten vertrieben, als wären sie wirkliche Feinde der Reformation.

LEBEN
Andreas Raselius (Rasel) wurde um 1563 in Hahnbach, Oberpfalz, geboren, studierte in Heidelberg, mußte aber als Calvinist die Stadt verlassen. Er wurde 1584 Lehrer am Gymnasium poeticum in Nürnberg und schließlich 1600 doch Hofkapellmeister in Heidelberg, wo er am 6. 1. 1602 starb.

WERKE
Von dem deutschen Komponisten Andreas Raselius sind im Druck erschienen: »Teutsche Sprüche auss den Sonntäglichen Evangeliis« für fünf Stimmen, »Teutsche Sprüche auff die Fürnehmsten Järlichen Fest- und Aposteltäge« für fünf bis neun Stimmen, »Regenspurgischer Kirchencontrapunkt«, verschiedene Kirchengesänge und Psalmen.

LITERATUR
L. Roselius, Andreas Raselius als Motettenkomponist, Berlin 1924.

Jacob Vredeman de Vries
(um 1563–1621)

ZEIT UND UMWELT
Stadt der Türme und der Glocken wurde Mecheln bereits vor Jahrhunderten genannt. Das Glockenspiel der St.-Rombaut-Kathedrale besteht aus nahezu fünfzig Glocken. Die Glockenspielerschule der Stadt nahm nur ausgebildete Musiker als Schüler auf.

LEBEN
Jacob Vredeman de Vries (Vredman, Vredemann) wurde um 1563 in Mecheln geboren. Seine Ausbildung zum Musiklehrer und Komponisten erhielt er an der Chorschule der Stadt unter dem Kapellmeister Georges de la Hèle und von seinem Vater. Nach einigen Reisen durch den niederländischen Raum ließ er sich schließlich in Leeuwarden als Musiklehrer nieder. Er starb in Leeuwarden im September 1621.
Sein Bruder Michael Vredeman de Vries (um 1562, Mecheln, bis 19. 1. 1629, Utrecht) war Instrumentenbauer und ließ sich um 1583 in Utrecht nieder.
Der Vater Sebastian Vredeman de Vries (um 1540, Mecheln, bis um 1600, Leyden) stand ab 1589 als Glockenspieler im Dienst der Stadt Leyden.

WERKE
Von Jacob Vredeman de Vries sind verschiedene Madrigale, Kanzonen und Villanellen, außerdem einige volkstümliche Chansons überliefert.
Sebastian Vredeman de Vries veröffentlichte Vokal- und Instrumentalmusik – Lieder, Tänze –, die zum Teil von ihm selbst komponiert wurden. Stilistisch folgen sie der franko-flämischen Schule wie auch die Kompositionen des Sohnes Jacob Vredeman de Vries.

Cornelius Verdonck (1563–1625)

Zeit und Umwelt
Die Religionskämpfe, die in den Niederlanden die zweite Hälfte des 16. Jahrhunderts kennzeichneten, brachen auch in Antwerpen mit Heftigkeit aus. Im Jahre 1576 plünderten die Spanier die Stadt, brannten einen Teil der Baulichkeiten nieder und ermordeten Tausende Einwohner. Ein Jahr darauf zerstörten die Bürger der Stadt die Zitadelle und vertrieben die spanischen Unterdrücker, doch 1585 wurde Antwerpen nach langer Belagerung von den Spaniern zurückerobert; die calvinistische Bevölkerung mußte Antwerpen verlassen. Das hatte einen starken Verfall der wirtschaftlichen und kulturellen Bedeutung der Stadt zur Folge, in der auch das Musikleben zurückging.

Leben
Cornelius Verdonck (Verdonk, Verdoncq) wurde 1563 in Turnhout geboren. Er war Schüler von Séverin Cornet. Im Jahre 1579 trat er in die Dienste des Schatzmeisters von Antwerpen und diente ab 1601 dem Gouverneur von Wichelen und Ceeskamp. Er starb in Antwerpen, nachdem er alle Wechselfälle, denen die Stadt in jener Zeit unterworfen war, überlebt hatte, am 4. 7. 1625.

Werke
Von dem niederländischen Komponisten Cornelius Verdonck sind vor allem eine große Anzahl vier- bis neunstimmiger Madrigale und französische Lieder erhalten, die alle etwas steif wirken, obwohl sie mustergültig gearbeitet sind. An kirchlicher Musik sind ein fünfstimmiges Magnificat, ein vierstimmiges Ave Maria und etliche andere Gesänge überliefert, denen ein um vieles höherer Wert zuzusprechen ist, denn es handelt sich um tatsächlich kunstvolle und klangreiche Sätze.

Literatur
P. Bergmanns, La biographie du compositeur Cornelius Verdonck, Brüssel 1919.

Francesco Maria Guaitoli (1563–1628)

Zeit und Umwelt
Der Maler und vor allem Baumeister der Renaissance Baldassare Tommaso Peruzzi (1481–1536) erbaute den »Neuen« Dom in Carpi, weil der »Alte Dom« (La Sagra) aus 750 den Anforderungen und dem Geschmack der Zeit nicht mehr entsprach. Der Dom verfügt über eine besonders gute Akustik, wie man sie sehr oft bei Renaissancekirchen feststellen kann.

Leben
Francesco Maria Guaitoli wurde 1563 in Carpi geboren und als Singknabe am Neuen Dom der Stadt zum Musiker ausgebildet. Er studierte in Modena und erhielt darauf in seiner Heimatstadt ein Kanonikat und die Domkapellmeisterstelle, die er bis zu seinem Tod am 3. 1. 1628 versah.

Werke
Von dem italienischen Komponisten Francesco Maria Guaitoli sind Psalmen, Vespern und weitere sakrale Stücke, dann Motetten, Madrigale und Canzonetten überliefert. Seine Musik gehört stilistisch dem 16. Jahrhundert an, sie beweist eine gründliche Ausbildung und vielseitige, gut verarbeitete melodische Einfälle.

Jehan Titelouze (1563–1633)

Zeit und Umwelt
Der französische Orgelbau des 16. Jahrhunderts war vom niederländischen angeregt worden, entwickelte sich jedoch rasch selbständig. Es wurden sehr bald mehrmanualige Instrumente mit Pedalen hergestellt, so daß eine Abtrennung der Orgelmusik von den Kompositionen für Tasteninstrumente nötig wurde, denn spezifische Orgelwerke waren auf dem Cembalo oder Clavichord nicht mehr ausführbar.

Leben
Jehan Titelouze wurde 1563 in Saint-Omer

geboren. Seine Ausbildung zum Organisten genoß er in seinem Geburtsort und in Douai. Ab 1585 wirkte er als Organist in Rouen an Saint-Jean und ab 1588 an der Kathedrale der Stadt. Im Jahre 1604 erhielt er das Bürgerrecht und wurde 1610 Kanonikus in Rouen, wo er am 24. 10. 1633 starb.

Werke
Der französische Komponist Jehan Titelouze wurde zum Begründer der französischen Orgelmusik. Seine Kompositionen für die Orgel nützen die klanglichen Möglichkeiten dieses Instrumentes gut aus, können aber auf anderen Tasteninstrumenten nur mangelhaft wiedergegeben werden, weil sie ein Pedal erfordern. Mit seinen »Hymnen mit Fugen und Ricercari für die Orgel« war die Trennung von Orgelmusik und Kompositionen für andere Tasteninstrumente vollzogen. Auch sein »Magnificat für Orgel« ist spezifische Orgelmusik. Sein Stil hielt sich noch im Rahmen des 16. Jahrhunderts, bewegte sich jedoch bis an die Grenze zwischen modaler und tonaler Harmonik. Das zeigen auch seine beiden Messen.

Quatre Versets sur »*Veni Creator*« (Vier Sätze über »Komm Schöpfer«) für Orgel
  Diese vier Sätze gehören zu den ältesten voll ausgearbeiteten Orgelpartituren. Die Melodie des gregorianischen Veni Creator erscheint kontrapunktiert nacheinander im Pedal, dann im Sopran und zuletzt im Tenor. Im letzten Satz kommt es zu einer verstärkten Brillanz durch eine Folge von fugierten Entwicklungen ohne Gegenbewegung, in der nacheinander Teile des Veni Creator zwar ständig aufklingen, aber nicht mehr als Cantus firmus verwendet werden.

Literatur
W. Elders, Zur Formtechnik in Titelouzes »Hymnes de l'église«, Musikforschung XVIII, 1965.

Thomas Fritschius (1563 bis vor 1620)

Zeit und Umwelt
Stilumbrüche und strukturelle Veränderung sind stets auf starken Widerstand bei einem Teil der Künstler und beim Publikum gestoßen. Künstler wehrten sich dagegen, das in der Jugend Erlernte über Bord zu werfen und noch einmal zu lernen. Das Publikum, das seine Seh- und Hörgewohnheiten ändern sollte, sah sein gesamtes Weltbild in Trümmer gehen. Es währte in der Regel eine, mancherorts sogar zwei Generationen, um die neue Kunstform allgemein durchzusetzen, die dann so lange herrschte, bis sie der nächsten Epoche weichen mußte.

Leben
Thomas Fritschius (Fritsch) wurde am 25. 8. 1563 in Görlitz geboren. Es ist unbekannt, wo er als Musiker tätig war. Zuletzt war er »Kreuzherr mit dem roten Stern« zu St. Matthias in Breslau (Wrocław), wo er noch vor 1620 starb.

Werke
Der deutsche Komponist Thomas Fritschius hat als Hauptwerk eine Sammlung von 119 vier- bis zehnstimmigen, zumeist lateinischen Gesängen hinterlassen, außerdem 2 mehrstimmige Messen. Seine Musik gehört dem polyphonen Vokalstil des 16. Jahrhunderts an. Monodische Besetzungen und Generalbaß verwendete er nicht.

Gregor Aichinger (1564–1628)

Zeit und Umwelt
Die im Jahre 1472 gegründete Universität in Ingolstadt wurde von Herzog Albrecht V. von Bayern in den Dienst der Gegenreformation gestellt. Das Heranbilden tüchtiger Kirchenmusiker war einer der Programmpunkte dieser Bewegung.

Leben
Gregor Aichinger wurde 1564 in Regensburg geboren. Er studierte ab 1578 in Ingolstadt und erhielt 1584 die Organistenstelle an St. Ulrich in Augsburg. Auf Kosten der Bankiersfamilie Fugger, in deren Dienst er gleichzeitig getreten war, konnte er bis 1587 Studienreisen nach Venedig und Rom unter-

nehmen. Dabei kam er mit einer Reihe namhafter italienischer Komponisten in Berührung, vor allem mit Giovanni Gabrieli. Im Jahre 1600 suchte er Rom als Pilger auf, wurde noch im gleichen Jahr Priester und bald darauf Kanonikus und Domchorvikar an St. Gertrud in Augsburg, wo er am 21. 1. 1628 starb.

WERKE

Von dem Kirchenmusiker Gregor Aichinger sind eine große Anzahl sakraler Gesänge – Marienlieder, Lauden, geistliche Madrigale auf lateinischem und deutschem Text – erhalten, die für die Übergangszeit von der motettischen Vokalpolyphonie zum konzertierenden Stil typisch sind. Das gleiche gilt für seine Messen und älteren Motetten. Erst in späterer Zeit verfaßte er auch Werke mit Generalbaß und führte damit den neuen Stil in Deutschland ein. Alle seine Kompositionen sind mehrstimmig. Zur Monodie ist er nicht vorgestoßen. Einige seiner Lieder werden wegen ihrer Klangschönheit heute noch gesungen.

LITERATUR

W. E. Hettrick, The Thorough-bass in the Works of Gregor Aichinger, University of Michigan, 1968.

Francisco Peraza (1564–98)

ZEIT UND UMWELT

Die über Auftrag Kaiser Karls V. gebaute Orgel der Kathedrale von Toledo, die große Orgel im Escorial mit ihren prachtvollen Zungenregistern und dem waagrecht herausragenden Rohrwerk waren Muster für die Instrumente in den anderen Städten wie Madrid, Sevilla und Palencia. Die Orgel nahm im spanischen Musikgeschehen einen breiten Raum ein, so daß sich viele Musiker diesem Instrument widmeten und zu einem hohen Grad der Virtuosität gelangten.

LEBEN

Francisco Peraza (de Pereza) wurde 1564 in Salamanca geboren und vermutlich auch dort zum Organisten ausgebildet. Er war ein allseitig bekannter und geschätzter Meister seines Faches, erhielt die Organistenstelle an der Kathedrale von Sevilla, die nur erstklassige Kräfte in den Dienst stellte, und betreute sie bis zu seinem Tod am 24. 6. 1598.

Sein Bruder Jerónimo Peraza (um 1570, Salamanca, bis 1617, Toledo) war gleich ihm ein bedeutender Organist. Er wirkte an den Kathedralen von Sevilla, Palencia und schließlich an der großen Orgel von Toledo.

WERKE

Von dem Orgelmeister Francisco Peraza sind zahlreiche Orgelwerke, Tientos, Toccaten, Fantasien erhalten, die auf anderen Tasteninstrumenten nicht ausführbar sind, weil sie ein Pedalspiel erfordern. Stilistisch gehörte diese Musik dem 16. Jahrhundert an. Sie nützt die Möglichkeiten einer großen Orgel gut aus.

LITERATUR

S. Kastner, Contribución al estudio de la música española y portuguesa, Lissabon 1941.

Kryštof Harant (1564–1621)

ZEIT UND UMWELT

Als Erzherzog Ferdinand von Innerösterreich König von Böhmen wurde (1617), setzte er sämtliche Zugeständnisse, die von seinen Vorgängern den Anhängern der Reformation gewährt worden waren, außer Kraft. Die Rekatholisierung des Landes wurde mit aller Macht betrieben. Bei der Wahl des deutschen Königs allerdings stimmten die Kurfürsten 1619 für den Kurfürsten von der Pfalz, Friedrich V. (1596–1632). Mit Hilfe des polnischen Königs Sigismund III., der Liga der katholischen Fürsten, des Bayernherzogs, des Kurfürsten von Sachsen und eines spanischen Heeres, das in die Pfalz einfiel, wurde ein Jahr darauf der »Winterkönig« zur Flucht gezwungen. Die aufständischen Truppen in Böhmen erlitten eine vernichtende Niederlage; 21 Anführer der Böhmen wurden hingerichtet.

LEBEN

Kryštof Harant, Freiherr von Polžic und Bezdručiz, wurde 1564 auf Burg Pecka in Böhmen geboren. Seine musikalische Ausbildung erhielt er 1576 bis 1584 in Innsbruck am Hof des Erzherzogs von Tirol, Ferdinand. Alexander Utendal war sein Lehrer. In den Jahren 1588 und 1589 unternahm er eine Reise nach Palästina, 1614 und 1615 besuchte er Spanien. Um das Jahr 1610 trat er der reformierten Kirche bei und beteiligte sich 1618 und 1619 an führender Stelle an dem Kampf um die Freiheit Böhmens. Am 21. 6. 1621 wurde er in Prag hingerichtet.

WERKE

Nur ein Bruchteil der Werke von Kryštof Harant ist erhalten geblieben: eine fünfstimmige Messe und etliche mehrstimmige Motetten. Sein Stil gehört dem 16. Jahrhundert an und blieb im Rahmen der Vorbilder Orlando di Lasso, Utendal und Marenzio. Seine Chöre zeugen aber von einem feinen Klangsinn des Komponisten.

LITERATUR

J. Racek, Kryštof Harant a jeho doba, Brünn 1970.

Hans Leo Haßler (1564–1612)

ZEIT UND UMWELT

Die Familie Medici hatte das Geld, das ihr durch Bankgeschäfte zugekommen war, in Macht umgemünzt. Es begannen die Kämpfe mit anderen Familien der Stadt um die Vorherrschaft, die durch Intrigen und Stimmenkauf, mit dem Schwert und auch mit dem Mörderdolch entschieden wurden. Die Bankiers wurden Herzöge und zugleich Diktatoren. Kriege um Gebietserweiterungen schlossen sich an. Macht und Machtwille drückten sich in ihren Bauten aus. Großartig, großzügig, von höchstem künstlerischem Wert, unvergleichlich schön, für immerwährende Zeit hingestellt, waren sie für den Untertanen unfaßbar und unantastbar wie die Großherzöge selbst. Auch die Bilder und die Musik wurden grenzenlos großräumig gestaltet und übertrugen den Ideengehalt der Dome und Paläste auf Flächen und in Klangbereiche, ohne daß eine Dimension verlorenging.

Der deutsche Großbürger blieb, was er war. Er interessierte sich weder für Macht noch für Kampf. Auch wenn er fallweise geadelt wurde, blieb er ein Bürger. Auch er ließ bauen, kaufte Bilder an und bezahlte Musiker, doch alles blieb in Grenzen, denn es sollte kein Machtanspruch ausgedrückt werden. Man blieb bei gefüllten Geldsäcken sparsam; auch die Fugger und Welser mußten ihr Geld selbst verdienen. Künstler wurden geehrt und geachtet; ihre Förderung brachte Ansehen und Ruhm ein. Reichtümer wurden dafür nicht aufgewendet. Das überließ man den Fürsten, die mit fremdem Geld ihre Namen verewigten. Philippine Welser hätte Schloß Ambras bei Innsbruck mit den Mitteln ihrer Familie bauen lassen können; sie überließ das ihrem Mann, dem Erzherzog.

LEBEN

Hans Leo Haßler wurde am 26. 10. 1564 in Nürnberg getauft. Sein Vater Isaak Haßler (um 1530, Joachimsthal [Jáchymov] – begraben 14. 7. 1591, Nürnberg) war in Nürnberg zuerst Steinschneider, dann von 1558 bis 1591 Organist an der Spitalskirche. Er bildete seinen Sohn zum Organisten aus. Hans Leo Haßler wanderte 1584 als einer der ersten deutschen Musiker nach Italien, wie später der Maler Adam Elsheimer (1578 bis 1610). Beide eröffneten sozusagen den Zug deutscher Künstler an die Quellen der Kunst. Der Maler ging nach Mantua und Rom, der Musiker nach Venedig, wo er sich von Andrea Gabrieli im venezianischen Stil unterrichten ließ. Sein Mitschüler war Giovanni Gabrieli, mit dem ihn eine lebenslange Freundschaft verband. Nach einem Jahr kehrte er zurück und wurde bei Graf Octavianus Secundus Fugger (1549–1600) Kammerorganist. Gleichzeitig wurde ihm die Organistenstelle am Dom anvertraut.

Im Jahre 1595 wurden er und seine beiden Brüder von Kaiser Rudolf II. wegen ihrer kommerziellen Tätigkeit geadelt. Hans Leo

Haßler erhielt dazu das Prädikat »von Roseneck«. Von 1601 bis 1608 wirkte er als Oberster Musicus der Stadt Nürnberg und erhielt 1602 den Titel eines Kaiserlichen Hofdieners und Kammerorganisten. 1605 verlegte er seinen Wohnsitz nach Ulm, wo er in die Zunft der Kaufleute aufgenommen wurde. Er beschäftigte sich sehr viel mit Orgelbau und der Konstruktion neuer Orgelwerke und war deshalb viel auf Reisen. Während eines Aufenthaltes in Frankfurt am Main verstarb er plötzlich am 8. 6. 1612.
Sein Bruder Caspar Haßler (getauft 17. 8. 1562, Nürnberg – begraben 19. 8. 1618, Nürnberg) war Kaufmann, Organist, Orgelkomponist und Musikverleger.
Dessen Sohn Johann Benedikt Haßler (getauft 17. 8. 1594, Nürnberg, bis nach 1648, Nürnberg) war ab 1618 Organist in Nürnberg.
Sein jüngerer Bruder Jacob Haßler (getauft 18. 12. 1569, Nürnberg, bis Juni 1622, Eger [Cheb]), Organist, 1595 Stadtpfeifer in Augsburg, wurde 1590 zur weiteren Ausbildung von der Familie Fugger nach Italien geschickt. Von 1597 bis 1603 war er Hoforganist der Grafen von Hohenzollern in Hechingen, dann ging er an den Kaiserhof in Prag.

Werke

Vokalwerke überwiegen bei Hans Leo Haßler bei weitem. Im Jahre 1590 brachte er eine Reihe von Canzonetten, 1596 »Neue teutsche Gesang nach Art der welschen Madrigalen und Canzonetten« und 33 Madrigale auf Verse von Tasso und Petrarca heraus. Parallel dazu erschienen vier- bis zwölfstimmige Motetten, geistliche Lieder und vier- bis achtstimmige Messen und Instrumentalstücke – Tänze, Balletti, Gallarden, Intraden. Nach 1600 veröffentlichte er eine deutsche siebenstimmige, doppelchörige Litanei, Gesellschaftslieder, Psalmen und geistliche Gesänge sowie Orgelwerke und Instrumentalsätze. Seine Vokalsätze sind wie die Instrumentalstücke voll Wohlklang und dennoch zart und ausdrucksvoll. Die Umformung der Kirchentöne zur modernen Tonalität und der mensuralen Rhythmik zum akzentuierten Takt sind schon sehr weit fortgeschritten.
Ein bemerkenswertes Schicksal erfuhr sein fünfstimmiges Liebeslied »Mein G'müth ist mir verwirret«, dessen Melodie von Johann Crüger für das Passionslied des Dichters Paul Gerhardt (1607–76) »O Haupt voll Blut und Wunden« übernommen wurde und in weiterer Folge in die Matthäuspassion von Johann Sebastian Bach Eingang fand.

Literatur

R. H. Thomas, Poetry and Song in the German Barock, London 1963.

Giovanni Battista Aloisi
(um 1565 bis um 1630)

Zeit und Umwelt

Bologna, das im Jahre 1506 endgültig dem Kirchenstaat einverleibt wurde, hatte keinen Hof und keine Hofkapelle. Somit konzentrierte sich das Musikgeschehen auf die Kirchen, in denen überall Kapellen gegründet wurden. Eine der ältesten war an San Francesco aus 1537, der bald andere vorzüglich ausgestattete und geleitete Kapellen folgten, so daß für das 16. Jahrhundert ein starkes Aufblühen der Kirchenmusik feststellbar ist.

Leben

Giovanni Battista Aloisi wurde in Bologna um 1565 geboren. Er studierte in seiner Geburtsstadt Theologie und Musik, trat in den Minoritenorden ein, wirkte als Kapellsänger und schließlich als Kapellmeister an der Kirche seines Klosters bis zu seinem Tod um 1630.

Werke

Von dem italienischen Kirchenmusiker Giovanni Battista Aloisi sind mehrstimmige Messen, Kirchenkonzerte, vier- bis achtstimmige Litaneien und eine Anzahl verschiedener sakraler Gesänge erhalten. Er folgte dem römischen Stil mit den Konzessionen, die Klostermusiker dem Ausdruck der Lebensfreude gerne machen.

Johann Fischer (um 1565 bis nach 1604)

ZEIT UND UMWELT
Für die Hofkapelle und die Kirchen des Herzogtumes Preußen wurden die Kräfte aus Mitteldeutschland und sogar aus Italien herangezogen, doch bald konnten auch Landeskinder eingestellt werden, denn der Musikunterricht der Kantoren an den Lateinschulen mußte zwangsläufig seine Früchte bringen.

LEBEN
Johann Fischer wurde um 1565 in oder bei Königsberg (Kaliningrad) geboren. Er studierte in seinem Geburtsort und war an verschiedenen Kirchen tätig, ehe er 1595 Organist in Angerburg (Węgorzewo) wurde, wo er nach 1604 starb.

WERKE
Die Orgeltabulatur von ungefähr 150 Sätzen – Motetten, Tänze –, die Johann Fischer von 1594 bis 1604 zusammengestellt hat, ist besonders durch die Berücksichtigung von weniger bekannten Komponisten der Zeit wichtig. Die darin enthaltenen eigenen Kompositionen zeigen ihn als tüchtigen Orgelmeister, der den Stil seiner Zeit beherrschte.

Jean Lefébure (um 1565 bis nach 1607)

ZEIT UND UMWELT
Erzherzog Ferdinand von Tirol heiratete 1557 Philippine Welser (1521–80), Nichte des bedeutendsten Mitglieds der Augsburger Patrizierfamilie, Bartholomäus Welser (1484 bis 1561), zur linken Hand. Dieser Ehe entsprossen die Söhne Karl (1560–1618) und Andreas (1558–1600), der Kardinal von Konstanz wurde.

LEBEN
Jean Lefébure wurde um 1565 vermutlich im franko-flämischen Raum geboren. Über sein Leben und Wirken bis zum Jahr 1596, in dem er Kapellmeister des Kardinals Andreas von Österreich in Konstanz wurde, ist nichts bekannt. Nach dem Tod des Kardinals (1600) erhielt er die Kapellmeisterstelle an der Kathedrale in Mainz, die er bis 1607 innehatte. Er dürfte in Mainz in einem der folgenden Jahre gestorben sein.

WERKE
Der franko-flämische Komponist Jean Lefébure hat ein Buch mit Madrigalen, außerdem Motetten, Hymnen und verschiedene andere Kirchenmusik hinterlassen. Sein Stil ist der letzten franko-flämischen Schule verpflichtet. Die Hymnen sind stark homophon gehalten.

Antonio Troilo (um 1565 bis nach 1608)

ZEIT UND UMWELT
Neben den Hof- und Kirchenkapellen beschäftigten die Stadtverwaltungen eigene Musikerensembles, die allerdings anfänglich nur fallweise zusammengestellt wurden. Mit dem Verlauf der Zeit bildeten sich ständige Kapellen heraus, aus denen sich die Kirchenkapellen je nach Bedarf Verstärkungen holten. Sehr oft waren Mitglieder der Stadtkapellen auch mit anderen Funktionen der Verwaltung betraut.

LEBEN
Antonio Troilo wurde um 1565 in Verona geboren und vermutlich dort zum Musiker ausgebildet. Gegen das Ende des 16. Jahrhunderts nahm ihn die Stadtkapelle von Vicenza auf, wo er nach dem Jahr 1608 starb.

WERKE
Von dem Stadtmusikus Antonio Troilo sind ein Buch Kanzonen mit Generalbaß für vier bis fünf beliebige Instrumente, zweistimmige Sinfonien und Scherzi für Sänger oder Instrumente, 10 fünfstimmige Psalmen und ein Magnificat erhalten. Der Generalbaß ist nahezu überall angewendet, monodische Stimmführung nur selten. Die Psalmenkomposition bewegte sich in traditionellen Bahnen.

Peter Guetfreund
(um 1565 bis um 1625)

ZEIT UND UMWELT

Der von Santino Solario (1576–1646) erbaute Dom in Salzburg war im deutschen Sprachgebiet der erste im italienischen Stil. Er eröffnete mit der Residenz und dem Schloß Hellbrunn den Einzug des Barocks in die Stadt, das gleichzeitig auch im Musikleben die Herrschaft antrat.

LEBEN

Peter Guetfreund (Pietro Buonamico) wurde um 1565 in oder um Salzburg (Stadt) geboren. Er war 1588 Sänger an der Hofkapelle in Hechingen und trat um 1600 in den Dienst der Fürsterzbischöfe von Salzburg Wolf Dietrich von Raitenau (1587–1612), Markus Sitticus (1612–19) und Paris Lodron (1619–53). Er starb um 1625 in Salzburg als Kapellmeister und Inspektor des Kapellhauses.

WERKE

Von dem österreichischen Komponisten Peter Guetfreund ist ein Chorbuch mit 70 fünf- bis achtstimmigen Motetten erhalten; 2 weitere befinden sich in einem Sammelwerk. Er reihte sich damit zu den bedeutenderen Komponisten des Salzburger Frühbarocks ein.

Michael Cavendish (um 1565–1628)

ZEIT UND UMWELT

König Karl I. von England fiel bereits in seinen jungen Jahren durch sein reserviertes, scheues Verhalten auf. Auch die Inhaber verschiedener Hofämter konnten kaum Kontakt mit ihm gewinnen. Er ging jeder Berührung mit seinen zukünftigen Untertanen aus dem Weg. Wenn er einen Umgang pflegte, so kamen hierfür nur Persönlichkeiten des Hochadels in Betracht.

LEBEN

Michael Cavendish wurde um 1565 in London geboren. Seine Familie gehörte dem englischen Hochadel an. Seine Ausbildung zum Musiker erhielt er von Musikern des englischen Hofes, an dem er von seiner Geburt bis zu seinem Tod am 5. 7. 1628 lebte. Er gehörte zu den wenigen Vertrauten des Kronprinzen Karl, den er vermutlich auch unterrichtete.

WERKE

Von Michael Cavendish ist ein Buch »Tabletorie to the Lute« (Lautentabulatur) mit 14 Lautensätzen (Airs) und 8 fünfstimmigen Madrigalen erhalten. Er verfaßte außerdem mehrstimmige Psalmen und ein Madrigal für »The Triumphes of Oriana«. Sein Stil ist sehr unkompliziert und lehnt sich an italienische Vorbilder und an Morley an.

Giovanni Ghizzolo (um 1565–1625)

ZEIT UND UMWELT

Die kleine Stadt in der Emilia-Romagna, Correggio, berühmt als Geburtsort des Malers der Hochrenaissance Antonio Allegri, der sich Correggio nannte (1494–1534), konnte bis in das 17. Jahrhundert die Unabhängigkeit wahren. Die Conti da Correggio stiegen 1616 sogar in den Fürstenrang auf, hielten sich eine Hofkapelle im Palazzo dei Principi (Fürstenpalast) und statteten auch die Domkapelle an San Quirino mit guten Kräften aus.

LEBEN

Giovanni Ghizzolo wurde um 1565 in Brescia geboren und dort ausgebildet. Er trat dem Franziskanerorden bei und war anfänglich an Kirchen in Brescia als Sänger tätig. Im Jahre 1609 bekleidete er eine Kapellmeisterstelle in Mailand, 1613 in Correggio, 1618 in Ravenna, 1622 in Padua an San Antonio und schließlich 1623 in Novara, wo er im Frühjahr 1625 starb.

WERKE

Von Giovanni Ghizzolo sind an sakralen Werken mehrstimmige Messen, Antiphone,

Litaneien, Magnificat, Psalmen, Motetten, Vespern und geistliche Gesänge zum Teil für den kirchlichen Gebrauch, zum Teil für den konzertanten überliefert, daneben eine Fülle profaner Kompositionen wie zahlreiche Madrigale, Kanzonen, Arien. Die Stücke haben größtenteils Generalbaß und sind fallweise monodisch angelegt. Die Melodieeinfälle und die Ausführung der Harmonik sind stets ausgezeichnet.

LITERATUR
G. Tebaldini, L'archivio musicale della Cappella Antoniana in Padova, Padua 1895.

Matthieu Reimann
(um 1565 bis nach 1625)

ZEIT UND UMWELT
Toruń (Thorn) konnte 1454 die Herrschaft des Deutschen Ritterordens abschütteln und wurde polnisch. Die Stadt war aber bereits im 15. und 16. Jahrhundert zu einem Teil von Deutschen besiedelt. Diese standen im engen Kontakt mit den deutschen Nachbarländern, der sich durch die gemeinsamen, im Zuge der Reformation ergebenden Interessen verstärkte. Zudem war in jener Zeit der kulturelle Einfluß des Westens auf das Königreich Polen sehr stark und erstreckte sich naturgemäß auch auf das Feld der Musik. Dafür übernahmen deutsche Komponisten gerne polnische Rhythmen und Volksweisen in ihre Werke.

LEBEN
Matthieu Reimann (Matthäus Reymann) wurde um 1565 in Toruń geboren. Er studierte 1582 in Leipzig Musik und Jurisprudenz. Er dürfte in Leipzig eine juristische Laufbahn eingeschlagen haben und Notar geworden sein. Gleichzeitig war er auch als Lautenist und Lautenlehrer tätig. Er ist in Leipzig einige Jahre nach 1625 gestorben.

WERKE
Von dem Lautenisten Matthieu Reimann sind seine »Noctes musicae« (Musikalische Abende) in französischer Lautentabulatur und »Cythara sacra« (Heiliges Saitenspiel), eine Vertonung der Psalmen Davids für Laute, erhalten, die einen hohen Stand der Komposition für Laute und ebenso der Spieltechnik auf diesem Instrument bezeugen.

Vincenzo Pellegrini (um 1565–1630)

ZEIT UND UMWELT
Die Domkirche Sant'Agostino in Pesaro, der Residenz der Herzöge von Urbino, hatte wegen ihrer vorzüglichen Kapelle einen weiten Ruf. Die engen Beziehungen zu Rom wirkten sich auf dem Feld der Musikpflege sehr fördernd aus, weil ein reger Kräfteaustausch stets neue Impulse brachte. Auch die dem Dom angeschlossene Musikschule wurde stets von ausgezeichneten Lehrern betreut.

LEBEN
Vincenzo Pellegrini wurde um 1565 in Pesaro geboren und an der Domschule ausgebildet. Er blieb in seiner Heimatstadt, bis er Priester und Kanonikus am Dom geworden war. Erst 1611, als der Kapellmeister am Mailänder Dom Giulio Cesare Gabussi gestorben war, nahm er dessen Stelle ein und behielt sie bis zu seinem Tod am 23. 8. 1630.

WERKE
Der Kirchenmusiker Vincenzo Pellegrini veröffentlichte in Mailand Kompositionen unter seinem Namen und unter dem seines Vorgängers im Amt des Domkapellmeisters Giulio Cesare Gabussi, denen er noch Werke anderer Mailänder Musiker hinzufügte: Vespern und Litaneien. Von ihm allein waren die in Venedig herausgebrachten Messen, Kanzonen mit Orgel, Magnificat und sakralen Gesänge für sechs Stimmen und Orgel. In Sammelwerken und Manuskripten finden sich noch weitere Werke. Pellegrini ist trotz der einzelnen Kompositionen mit Orgelbegleitung stilistisch sehr konservativ, wie es um jene Zeit ein Mailänder Domkapellmeister sein mußte.

Pietro Lappi (um 1565 bis nach 1630)

Zeit und Umwelt
Es besteht ohne Zweifel eine Wechselwirkung zwischen dem Grad der Aufnahmebereitschaft der Bevölkerung eines Landes und der Intensität der angebotenen künstlerischen Werke. Es hat im deutschsprachigen Raum im 16. Jahrhundert eine starke Musikpflege gegeben, und Frankreich hat seinen Ruf als Musikland auf keinen Fall herabgemindert. Dazu ist aus beiden Ländern vieles nicht überliefert, weil die Religionskriege nicht nur Menschenleben, sondern auch Werte vernichteten. Aber mit dem Mangel an Überlieferung aus beiden Regionen allein ist das überwiegend große Angebot an italienischer Musik nicht erklärbar. Man mag die Frage wenden, wie immer man will, man kommt um die Feststellung nicht herum, daß in Italien eben viel mehr überlieferungswürdige Musik geschaffen wurde als anderswo.

Leben
Pietro Lappi wurde um 1565 in Florenz geboren. Über sein Leben bis zum Jahr 1600 ist nur bekannt, daß er sich in Lendinara aufhielt. Wo er zum Musiker und Priester ausgebildet wurde, läßt sich nicht feststellen. Ab 1600 bis 1630 wirkte er in Brescia als Kapellmeister an Santa Maria delle Grazie. Er dürfte bald nach 1630 in Brescia verstorben sein.

Werke
Von dem Kirchenkomponisten Pietro Lappi sind 4 Bücher mit mehrstimmigen Messen, Responsorien, Vesperpsalmen, mehrchörige Psalmen, Salmi spezzati (Psalmen mit geteilten Chören), Hymnen, Litaneien, Kompletorien, mehrchörige Rosenkranzvertonungen, Kirchenkonzerte mit Generalbaß und Kanzonen für Instrumente erhalten. Die venezianische Mehrchörigkeit und der Generalbaß sind nahezu überall verwendet. Es kommen auch viele Solostellen vor, die als Übergang zur Monodie gewertet werden können. Der Instrumentalmusik ist bereits ein breiter Raum zugestanden.

Charles Bocquet (um 1565 bis um 1620)

Zeit und Umwelt
Karl III. der Große, Herzog von Lothringen (1543–1608), bewahrte im französischen Religionskrieg lange seine Neutralität, obgleich er ab 1584 der Katholischen Liga angehörte. Er erklärte zwar dann 1592 dem französischen Thronanwärter Heinrich IV. den Krieg, der sich erübrigte, als dieser 1594 katholisch wurde. Seine Regierungszeit war die glänzendste in der Geschichte des Landes. Wirtschaftlich, politisch und kulturell erreichte Lothringen einen Höchststand wie nie zuvor und ebensowenig nachher.

Leben
Charles Bocquet wurde um 1565 vermutlich in Paris als Sohn des Lautenisten Julien Bocquet (um 1540–92) geboren. Von 1594 bis 1606 stand er im Dienst Herzog Karls III. von Lothringen. Dann lebte er in Paris, wo er um 1620 starb.

Werke
Von Charles Bocquet sind 20 Kompositionen für Laute in Sammelwerken in Tabulatur erschienen. Sie gewähren einen aufschlußreichen Einblick in die französische Lautenpraxis um den Beginn des 17. Jahrhunderts.

Literatur
Fr. Lesure, Recherches sur les luthistes parisiens à l'époque de Louis XIII, in: Le luth et sa musique, Paris 1958.

Melchior Borchgrevinck
(um 1565–1632)

Zeit und Umwelt
Die englischen Komponisten John Dowland und William Brade wurden als erste Ausländer von König Christian IV. nach Kopenhagen gerufen. Ihr Wirken und das weiterer Musiker aus dem Ausland legte den Grund für ein selbständiges dänisches Musikleben. Gleichzeitig wurde dänischen Musikern die Möglichkeit geboten, im Ausland Musik zu

studieren. Bezeichnend ist, daß auch ein Teil der ersten dänischen Musiker aus in Dänemark naturalisierten Familien kamen.

LEBEN
Melchior Borchgrevinck wurde um 1565 in Kopenhagen geboren. Sein Vater Bonaventura Borchgrevinck (um 1520, Niederlande, bis 1596, Kopenhagen) war aus den Niederlanden eingewandert. Er hatte in Dänemark und Deutschland als Kapellmeister gewirkt und seinen Sohn unterrichtet, der 1587 Mitglied der dänischen Hofkapelle in Kopenhagen wurde. Melchior Borchgrevinck wurde 1599 nach Venedig gesandt, um bei Giovanni Gabrieli Unterricht zu nehmen, und 1600 nach seiner Rückkehr als Hoforganist und als Hofkapellmeister eingestellt. Er starb am 20. 12. 1632 in Kopenhagen.

WERKE
Unter dem Titel »Giardino nuovo« (Neuer Garten) veröffentlichte Melchior Borchgrevinck eine Sammlung fünfstimmiger Madrigale mit eigenen Stücken und Tänzen. Weitere Stücke finden sich in Sammelwerken. Seine Vertonung der Psalmen Davids ist verlorengegangen. Der Stil seiner Kompositionen ist Giovanni Gabrieli verpflichtet.

LITERATUR
A. Hammerich, Musikes ved Christian den Fjerdes Hof, Kopenhagen 1893.

Juan Esquivel (um 1565 bis nach 1613)

ZEIT UND UMWELT
Die kleine Grenzstadt Ciudad Rodrigo war Begegnungs- und Vermählungsort der portugiesischen und spanischen regierenden Häuser, aber auch Festung. Als Sitz eines Bischofs mußte sie auch über einen leistungsfähigen Kathedralenchor verfügen, an dem Musiker aus beiden aneinandergrenzenden Ländern wirkten. Und in der Kathedralenschule wurden Kinder der Stadt und der Umgebung ausgebildet, die wiederum in beiden Ländern als Musiker tätig wurden.

LEBEN
Juan Barahona de Esquivel (Juan de Esquivel Barahona) wurde um 1565 in Ciudad Rodrigo geboren und vermutlich dort auch ausgebildet. In dem nahen Salamanca vollendete er seine Studien und wurde 1608 Kapellmeister an der Kathedrale der berühmten Universitätsstadt. Im Jahre 1611 kehrte er an seinen Geburtsort zurück, um dort als Kapellmeister zu wirken. Er blieb in Ciudad Rodrigo bis zu seinem Tod nach 1613.

WERKE
Allem Anschein nach dürfte von den Werken von Juan Esquivel viel verlorengegangen sein. Überliefert sind Messen, Motetten, Psalmen, Hymnen und Magnificat, die dem spanischen Stil des 16. Jahrhunderts folgen. Der mystisch-drohende Stimmungsgehalt der spanischen Musik jener Zeit ist ganz besonders deutlich ausgedrückt.

LITERATUR
A. Geiger, Juan Esquivel, München 1918.

John Danyel (um 1565–1630)

ZEIT UND UMWELT
Der englische Dichter Samuel Danyel (1562 bis 1619) gehörte zu den Größen der Elisabethanischen Epoche. Seine Sonette standen sehr unter italienischem und französischem Einfluß, klingen aber gelassener und ruhiger, konform dem Wesen des Engländers und seiner Sprache. Eine Reihe zeitgenössischer und späterer Komponisten wurde durch die Musikalität der Verse angeregt, sie in Musik zu setzen, darunter auch sein Bruder.

LEBEN
John Danyel (Daniel) wurde um 1565 in Somersetshire geboren. Sein Bruder war der Renaissancedichter Samuel Danyel. Er studierte in Oxford, kam 1618 in den englischen Hofdienst und wurde 1625 zum Kammerlautenisten und Kammersänger des Königs ernannt. Er starb in London im Jahre 1630.

WERKE

An Ausdrucksfähigkeit nur von John Dowland übertroffen, gehörte John Danyel zu den bedeutendsten Meistern des englischen Lautenliedes. Er brachte eine Anzahl Lieder mit Lauten- und Gambenbegleitung heraus. In den 1606 veröffentlichten »Songs for the Lute, Viol and Voice« (Lieder für Laute, Viole und Singstimme) besteht die Begleitung bei 18 Stücken aus Laute und Baßviole, die restlichen 2 Lieder sind für vier Singstimmen, hohe und tiefe Laute geschrieben, angefügt ist noch ein Stück für Sololaute. Einzelne Stücke weisen eine sehr komplizierte chromatische Begleitung auf. Die Stücke von Danyel werden heute noch aufgeführt.

LITERATUR

Br. Pattison, Music and Poetry of the English Renaissance, London 1948.

Sebastián Aguilera de Heredia (um 1565–1627)

ZEIT UND UMWELT

Die Kathedrale La Seo von Zaragoza wurde – an der Stelle einer maurischen Moschee im 12. Jahrhundert erbaut – im 16. Jahrhundert vollendet und mit einer großartigen Orgel ausgestattet. Die Kapelle der Kathedrale hatte bereits zu den Zeiten, in denen die Stadt Residenz der aragonesischen Könige geworden war (1118), einen weitreichenden Ruf. Die Pflege der Kirchenmusik, besonders des Gregorianischen Chorals spanischer Prägung, gehörte zur Tradition der Kathedrale.

LEBEN

Sebastián Aguilera de Heredia wurde um 1565 in Huesca geboren und zum Organisten ausgebildet. Er wirkte in seiner Geburtsstadt von 1585 bis 1603 als Domorganist und kam darauf in gleicher Eigenschaft an die Kathedrale von Zaragoza, La Seo. Er starb in Zaragoza am 15. 12. 1627.

WERKE

Die bekannteste Komposition des spanischen Kirchenmusikers Sebastián Aguilera de Heredia war das durch lange Zeit gesungene Canticum Beatissimae Virginis (Gesang für die seligste Jungfrau) für vier bis acht Stimmen. Die Komposition hält sich ebenso an den Stil von Cabezón wie seine Versetten und Tientos für Orgel.

LITERATUR

H. Anglès, La música en España, Barcelona 1934.

Pierre Guédron (um 1565–1621)

ZEIT UND UMWELT

Die Stilentwicklung der französischen Musik lief ab der Wende zum Barock um vieles rascher ab als in Italien, England oder im deutschen Sprachgebiet. Das dürfte auf die Prävalenz der profanen Musik gegenüber der französischen Kirchenmusik zurückzuführen sein. Der zweite Grund war offensichtlich die maßgebende Stellung der Kapelle des Hofes in Paris, neben der den anderen nur zweitrangige Bedeutung zukam. Und der dritte war wohl das erwachte eminente Interesse breiter Bevölkerungsschichten für die Musik, das auch die Impulse gab zum Aufstieg der französischen Musik zur europäischen Vormachtstellung in den kommenden Jahrhunderten.

LEBEN

Pierre Guédron wurde um 1565 in Châteaudun geboren. Er kam sehr früh in die Dienste des Kardinals de Guise Louis (1555–88). Nach dessen Tod wurde er in die Königliche Kapellmusik als Sänger aufgenommen, wo er 1599 Knabenchormeister wurde. Im Jahre 1601 löste er Claude le Jeune als Königlicher Kammerkomponist ab. 1613 zog er sich von allen seinen Tätigkeiten zugunsten seines Schwiegersohnes Antoine Boësset zurück. Er starb in Paris zu Beginn des Jahres 1621. Er war 1583 beim Puy de musique in Evreux preisgekrönt worden.

WERKE

In den Jahren 1608 bis 1620 komponierte

Pierre Guédron in Zusammenarbeit mit Jacques Mauduit, Gabriel Bataille und Antoine Boësset eine große Anzahl Ballette für den Hof. Darin war die alte Polyphonie nahezu gänzlich von der neuen Monodie verdrängt. Einzelne Airs de cour für diese Ballette wurden in 6 Büchern veröffentlicht und viele davon auch für Singstimme und Laute bearbeitet. Dieser Kompositionsstil wies unmittelbar auf die französische Oper der kommenden Jahrzehnte hin.

LITERATUR
H. Prunières, Le Ballet de cour en France, Paris 1914.

Alexius Neander (um 1565–1605)

ZEIT UND UMWELT
Der irische Bischof Kilian in Thüringen wurde um 689 mit seinen Mitarbeitern in Würzburg getötet. Die Stadt bewahrte sein Andenken durch alle folgenden Jahrhunderte, unter anderem auch durch die Gründung des Collegium Kilianeum.

LEBEN
Alexius Neander wurde um 1565 in Kolberg (Kołobrzeg) geboren. Er studierte ab 1580 in Frankfurt an der Oder und trat 1590 in das Priesterseminar in Würzburg ein. Nach etlichen Jahren wurde er Musikpräfekt am Collegium Kilianeum. Er starb 1605 auf einer Romreise.

WERKE
Von dem Kirchenmusiker Alexius Neander sind mehrere Sammlungen geistlicher Lieder für vier bis zwölf Stimmen posthum veröffentlicht worden. Er hatte sich Lasso und Lechner zum Vorbild für seine Kompositionen genommen, die gut und klangreich gearbeitet sind.

Estacio de la Serna (um 1565–1625)

ZEIT UND UMWELT
Bald nach der Eroberung von Südamerika wurde die Hauptstadt des Vizekönigreiches Peru zum Zentrum der wirtschaftlichen und politischen Macht des Landes. Das religiöse Leben unterstand einem Erzbischof und dem Inquisitionsgericht, das für die Ausrottung der Ketzerei Sorge zu tragen hatte. Der Sakraldienst in den Kirchen und die Kirchenmusik wurden allein von Europäern betreut; den Eingeborenen war allein die Rolle des Kirchenvolkes zugewiesen.

LEBEN
Estacio de la Serna (Laserna, Lacerna) wurde um 1565 in Sevilla geboren. Sein Vater war Sänger an der Kathedrale von Sevilla. Estacio de la Serna war ab 1593 Organist an der Iglesia Colegiata de San Salvador in Sevilla. Im Jahre 1595 wurde er als Organist an die Königliche Kapelle von Lissabon berufen und betreute diesen Dienst bis 1604. Dann wanderte er nach Peru aus und wurde Kapellmeister an der Kathedrale von Lima. 1614 übernahm er den Organistendienst der Kathedrale, den er bis zu seinem Tod im Jahre 1625 versah.

WERKE
Von dem Kirchenmusiker Estacio de la Serna sind zahlreiche Tientos überliefert, außerdem die Musik für die Trauerfeier für die Königin Margarita von Spanien (1584 bis 1611), die 1612 in der Kathedrale von Lima abgehalten wurde. Die Musik des Komponisten aus Spanien war sehr konservativ.

LITERATUR
R. Stevenson, The Musik of Peru. Aboriginal and Viceroyal Epochs, Washington 1960.

Simone Molinaro
(um 1565 bis um 1615)

ZEIT UND UMWELT
Die kleine, der Insel Elba gegenüberliegende Stadt Piombino wurde 1594 zum Fürstentum erhoben. Es kam nicht zum Bau einer Residenz, nicht einmal zu einer Kathedrale, weil das Fürstentum bald wieder seine Selbständigkeit verlor und im Verlauf des näch-

sten Jahrhunderts mehrmals den Herrn wechselte. Aber daß der Fürst, in Genua lebend, sich etliche Musiker besorgte, zeigt, daß er aus seiner Würde das Beste machte.

Leben
Simone Molinaro wurde um 1565 in Genua geboren. Er war Neffe und Schüler des Komponisten Giovanni Battista Dalla Gostena, folgte ihm, nachdem er ab 1594 im Dienst des Fürsten von Piombino gestanden war, 1599 in seine Stellung als Kapellmeister an der Kathedrale von Genua, San Lorenzo, nach und versah sie bis zu seinem Tod um das Jahr 1615.

Werke
Von Simone Molinaro sind eine zehnstimmige Messe, 3 Bücher mit fünfstimmigen Motetten, Canzonetten, geistliche Konzerte mit Basso continuo erhalten. Er war auch Lautenist und verfaßte eine »Intavolatura di liuto« mit Saltarelli, Passamezzi und Gallarden, außerdem mit einer Anzahl Fantasien seines Onkels Gostena. Hierbei vernachlässigte er den Kontrapunkt vollkommen und zeigt sich nur als Melodiker und Harmoniker, und zwar auf eine ungewöhnlich reizende Art.

Literatur
Th. Dart, Simone Molinaro's Lute-book of 1599, Music & Letters XXVIII, 1947.

Gilles Farnaby (um 1565–1640)

Zeit und Umwelt
Die Bezeichnung Klaviermusik ist für Kompositionen bis in das 18. Jahrhundert als Musik für Tasteninstrumente zu verstehen. Eine Abtrennung kann nur für spezifische Orgelmusik, die ein Pedalspiel erfordert, vorgenommen werden. In England wurde zwar im 16. und 17. Jahrhundert zumeist das Virginal vorgeschrieben, aber offensichtlich nur, weil dieses Instrument sehr häufig war und das Clavichord einen zu kleinen Tonumfang hatte. Aber trotz dieser Abweichungen konnte grundsätzlich jedes Tasteninstrument zum Spiel der für das »Klavier« geschriebenen Musik verwendet werden.

Leben
Gilles Farnaby wurde um 1565 in Truro, Cornwall, geboren. Er kam vermutlich früh nach London und wurde dort ausgebildet. Dann studierte er in Oxford. In welcher Stellung er darauf in London bis zu seinem Tod im Jahre 1640 gewirkt hatte, ist nicht feststellbar. Er wurde am 25. 11. in London begraben.
Sein Sohn Richard Farnaby (um 1594, London, bis um 1650, London) war ebenfalls Komponist. Auch über sein Leben und Wirken gibt es keine Informationen.

Werke
Der englische Komponist Gilles Farnaby war nicht der erste, der für Tasteninstrumente geschrieben hat, wohl aber der früheste, der seine Kompositionen als »Klaviermusik« bezeichnete. Es handelt sich dabei tatsächlich nur um eine sprachliche Priorität, weil damit nichts anderes gemeint war. Er brachte 20 Canzonetten für vier Stimmen heraus, denen er eine achtstimmige mit einer eleganten Kadenz hinzugefügt hatte. Sie zeigen einen stark ausgeprägten individuellen Stil, der durch originelle chromatische Harmonik und eigenwillige Rhythmik gekennzeichnet ist. Weiters sind von ihm mehr als 50 Stücke für »Klavier«, darunter eines für zwei Instrumente, erhalten, die in das Fitzwilliam Virginal Book aufgenommen worden sind. Einzelne geistliche Vokalkompositionen finden sich in Sammelwerken. Seine vierstimmigen Psalmen und eine Reihe Motetten sind Manuskript geblieben.
Richard Farnaby komponierte ebenfalls für das »Klavier«. 4 von seinen Stücken fanden Eingang in das Fitzwilliam Virginal Book. Alles andere scheint verloren zu sein.

Literatur
A. E. B. Owen, Giles and Richard Farnaby in Lincolnshire, Musik & Letters XLII, 1961.

Anglus Aloyson
(um 1565 bis nach 1615)

ZEIT UND UMWELT

Georg Leopold Fuhrmann (um 1570 bis um 1630), Lautenist, Kupferstecher und Buchhändler in Nürnberg, brachte 1615 ein Lautenwerk in deutscher und französischer Tabulatur unter dem Titel »Testudo Gallo-Germanica« (Französisch-deutsche Laute) heraus, in das er auch Engländer aufnahm. Seinem Sammlerfleiß allein verdanken wir in manchen Fällen die Kenntnis, die wir über einzelne Lautenkomponisten haben.

LEBEN

Anglus Aloyson (Fuhrmann nennt ihn M. Anglus, wobei offenbleibt, ob das M. ein abgekürzter Vorname oder ein Titel ist) wurde um 1565 vermutlich in London geboren. Im Zeitalter der Königin Elisabeth I. und des Königs Jakob I. gab es in London eine große Anzahl Lautenisten und Lautenlehrer, von denen wir bei weitem nicht alle kennen. Einzelheiten über ihr Leben und Wirken sind nur in seltenen Fällen feststellbar. Anglus Aloyson dürfte im ersten Drittel des 17. Jahrhunderts in London gestorben sein.

WERKE

Fuhrmann nahm in sein Lautenwerk eine Pavane von dem englischen Lautenisten Anglus Aloyson auf, die vorzüglich ist und eine große Virtuosität des Komponisten verrät, so daß man bedauern muß, daß alle anderen Werke dieses Komponisten verlorengegangen sind.

Arnoldus Flandrus
(um 1565 bis nach 1610)

ZEIT UND UMWELT

Der Zustrom von Musikern aus dem franko-flämischen Raum nach Italien und dem süddeutschen Sprachgebiet war gegen Ende des 16. Jahrhunderts nahezu versiegt. Wer noch auswanderte, wich den durch die Religionskämpfe geschaffenen Zuständen aus.

LEBEN

Arnoldus Flandrus (sein eigentlicher Name ist unbekannt, Flandrus ist sicherlich nur eine Herkunftsbezeichnung) wurde um 1565 in den Niederlanden geboren. Er ging nach seiner Ausbildung nach Italien und wurde um 1590 Organist in Tolmezzo. Nach 1600 erhielt er die Organistenstelle in Dillingen, wo er nach 1610 starb.

WERKE

Von dem niederländischen Komponisten Arnoldus Flandrus sind ein Buch »Geistliche Gesänge« sowie in Dillingen eine siebenstimmige »Missa solemnis« und ein Buch Madrigale erschienen. 2 achtstimmige Motetten sind handschriftlich erhalten. Diese Musik folgt noch dem Stil der letzten franko-flämischen Schule. Die Messe ist mit ihrem harmonischen Vollklang und der bewegten Melodik sehr eindrucksvoll.

Ludovico Bellanda
(um 1565 bis nach 1613)

ZEIT UND UMWELT

Die Monodie, die in der Camerata Florentina zum Zweck der musikalischen Darstellung von dramatischen Dialogen »erfunden« wurde, fand eine rasche Verbreitung, besonders in ihrer ariosen Ausprägung. Sie ermöglichte das Sololied zur Instrumentalbegleitung, das in der Volksmusik schon längst gepflegt wurde und nur eine Wiederkehr der Liedform war, die von den Sängern und Dichtern des Mittelalters verwendet wurde.

LEBEN

Ludovico Bellanda wurde um 1565 in Verona geboren. Er lebte als Komponist in Venedig. Welche Tätigkeit er außerdem ausübte, ist unbekannt. Er dürfte bald nach 1613 dort gestorben sein.

WERKE

Von Ludovico Bellanda sind 1593 dreistimmige Canzonetten erschienen, die noch die polyphone Struktur des 16. Jahrhunderts aufweisen. Auch seine fünfstimmigen Madrigale und geistlichen Gesänge bleiben bei der überkommenen Form. Den Liedern (25 aus 1607 und 23 aus 1610) für eine bis vier Stimmen legte er bereits einen Generalbaß zugrunde. Und die »Sacre laudi« (Geistliche Lobgesänge) aus dem Jahr 1613 sind für eine Stimme und Generalbaß völlig im Stil des 17. Jahrhunderts geschrieben. Bellanda zählt zu den frühesten Komponisten des monodischen Stiles. Seine Lieder waren sehr beliebt und wurden lange nach seinem Tod gesungen.

Gioseffo Belloni
(um 1565 bis nach 1612)

Zeit und Umwelt
Die Domkapelle in Lodi konnte wegen der Nähe des musikalischen Zentrums Mailand ihren hohen Stand unverändert halten. Daß sie sich stilistisch nur zögernd dem allgemein um sich greifenden Stilwandel anschloß, war eine natürliche Folge des Einflusses, den die in Mailand wirkenden Meister auf die gesamte Lombardei und darüber hinaus ausübten.

Leben
Der italienische Kirchenkomponist Gioseffo Belloni wurde um 1565 in Lodi geboren. Daß er sein ganzes Leben in seiner Geburtsstadt verbracht hat, ist wahrscheinlich, aber nicht belegt. Es ist auch nicht festzustellen, in welcher Tätigkeit er an der Domkapelle mitgewirkt hat. Er war vermutlich Organist. Er dürfte auch in Lodi in den Jahren nach 1612 gestorben sein.

Werke
Von dem italienischen Kirchenkomponisten Gioseffo Belloni sind eine Anzahl fünfstimmiger Messen, fünfstimmige Vespern, sodann Psalmen und 2 Magnificat erhalten, dazu mehrere Motetten, von denen einige interessanterweise bereits einen Basso continuo aufweisen. Der Generalbaß stand eben schon vor den Toren.

Edward Blancks
(um 1565 bis nach 1621)

Zeit und Umwelt
Der Musikdrucker und Verleger Thomas East (1535–1608) brachte 1592 im Partiturdruck »The Whole Booke of Psalmes« (Das ganze Psalmenbuch) mit Harmonisierungen vieler zeitgenössischer Komponisten heraus. Es wurde mehrmals aufgelegt und dabei verbessert. Da East eine strenge Auswahl unter den zur Verfügung stehenden Komponisten traf, galt und gilt heute noch die Einladung, an dieser Publikation mitzuarbeiten, als Gütezeichen.

Leben
Edward Blancks wurde um 1565 vermutlich in London geboren. Er war Kirchenmusiker, aber es ist nicht feststellbar, an welcher Kirche er gewirkt hat. Gesichert ist nur, daß er in London gelebt hat und dort auch in den Jahren nach 1621 gestorben ist.

Werke
Von dem Kirchenkomponisten Edward Blancks sind nur wenige Werke erhalten. Er wirkte an den Psalmen, die Thomas East herausbrachte, mit. Auch im Psalter von Thomas Ravenscroft (1621) scheinen Beiträge von ihm auf. Außerdem sind ein fünfstimmiger Chor, ein Anthem, eine Motette und Teile eines Service überliefert. Schon diese kleine Hinterlassenschaft stuft Blancks zu den äußerst befähigten Kirchenkomponisten ein.

Pierre Cerveau (um 1565 bis nach 1615)

Zeit und Umwelt
Das Air de cour und die Musique mesurée à l'antique verliehen der französischen Liedkomposition des 17. Jahrhunderts eine gewisse Steife, die den Eindruck des Gekünstelten macht. Man versteht sie besser, wenn man daran denkt, daß das gesamte höfische Leben Frankreichs, das Zeremoniell, die Kleiderordnung, die Rangstufen, die Umgangsformen, nach genau ausgeklügelten

Formen und Formeln ablief und die Menschen in allen ihren Lebenslagen nahezu zur Marionette machte. Es konnte keine andere Musik ihrem Leben adäquat sein.

LEBEN
Pierre Cerveau wurde um 1565 in Angers geboren. Der französische Komponist hielt sich zeitweilig in Orléans und in Troyes auf. Er dürfte an verschiedenen Kirchen als Musiker gewirkt haben und schließlich in Angers nach 1615 gestorben sein.

WERKE
Von Pierre Cerveau ist ein Buch mit vierstimmigen Airs erhalten, die für die Frühform dieser Musikgattung typisch waren. Die exakte Textanpassung an die gehobene Sprache der Dichtung, die bis zur Deklamation reicht, und die homophone Progression sind abgezirkelt wie die Verbeugungen der Höflinge bei ihren gemessenen Tänzen. Es stammen einige Lautenlieder von Cerveau, außerdem eine Serie geistlicher Gesänge.

Giovanni Antonio Cirullo
(um 1565 bis nach 1616)

ZEIT UND UMWELT
Das süditalienische Madrigal, das der übrigen neapolitanischen Liedkomposition rhythmisch und melodisch nahestand, wurde am Beginn des 17. Jahrhunderts noch nicht von den neuen Stilformen erfaßt. Es blieb noch eine Weile den alten treu. Auch die fortschrittlichen Modulationen eines Gesualdo fanden noch wenig Nachfolger.

LEBEN
Giovanni Antonio Cirullo wurde um 1565 in Andria geboren. Er dürfte dort in der Domkapelle tätig gewesen und in den Jahren nach 1616 gestorben sein.

WERKE
Von dem italienischen Komponisten Giovanni Antonio Cirullo sind 6 Bücher mit Madrigalen erhalten. Sie sind polyphon gehalten und gehören stilistisch dem 16. Jahrhundert an. 3 weitere Madrigale, die 1616 erschienen, zeigen bereits aufgelockerte Strukturen. Guten Klang und Sanglichkeit bieten alle in hohem Maß.

William Simmes
(um 1565 bis nach 1616)

ZEIT UND UMWELT
Thomas Myriell brachte 1616 in seiner Sammlung englischer Komponisten des späten 16. und frühen 17. Jahrhunderts »Tristitiae remedium« (Heilmittel gegen Traurigkeit) Werke einer Reihe von Meistern heraus, die sonst nirgends erhalten sind und vergessen wären.

LEBEN
William Simmes (Simes, Sims) wurde um 1565 vermutlich in London geboren. Er war Kirchenkomponist. An welcher Kirche er tätig war, ist nicht festgestellt. Er dürfte in London nach 1616 gestorben sein.

WERKE
In der Sammlung »Tristitiae remedium« von Thomas Myriell sind Motetten von William Simmes aufgenommen. Erhalten sind von ihm ungefähr 6 Sücke, die stilistisch dem 16. Jahrhundert angehören. Außerdem sind 7 Fantasien für fünf Violen überliefert, die wegen ihrer Klangschönheit sehr viel gespielt wurden.

Matthew Jeffries
(um 1565 bis nach 1616)

ZEIT UND UMWELT
Anthony à Wood (1632–95), Matrikelführer der Universität Oxford, hinterließ umfangreiche Aufzeichnungen über Stadt und Universität Oxford und über zeitgenössische und frühere Professoren und Studenten. Sie sind für den Biographen von unschätzbarem Wert. Auch manche Musikernamen wären

der Vergessenheit anheimgefallen, wenn nicht Wood sie festgehalten hätte.

LEBEN
Matthew Jeffries wurde um 1565 vermutlich in Wells geboren. Er studierte in Oxford und wurde in Wells Chorleiter. Anthony à Wood vermerkte, daß aus dem Studenten ein bedeutender Musiker geworden sei. Er dürfte, nachdem er an der Kathedrale von Wells auch als Organist tätig gewesen war, dort in den Jahren nach 1616 gestorben sein. Sein Sohn George Jeffries (um 1610, Wells, bis 1685, Little Welton) war 1643 Organist des Königs in Oxford und ab 1648 Kapellan in Little Welton.

WERKE
Von dem Kirchenmusiker Matthew Jeffries sind 2 Services und ungefähr 10 Anthems erhalten, die ihn wohl als sehr konservativen, aber ebenso tüchtigen Komponisten zeigen. Besonders beliebt war sein Anthem »Sing we merrily« (Singen wir fröhlich).
Von George Jeffries sind Fantasien für mehrere Instrumente, Motetten und Anthems erhalten, die alle auf Generalbaß aufgebaut sind.

Antonio Mortaro
(um 1565 bis nach 1620)

ZEIT UND UMWELT
Obschon Brescia, das im späten Mittelalter von verschiedenen italienischen Herrscherhäusern regiert wurde, bereits 1456 zur Republik Venedig kam, blieb es kulturell der Lombardei verbunden. Der Einfluß des nahen Mailand war zu gewichtig, um ausgeschaltet zu werden. Das ist besonders auf dem Gebiet der Kirchenmusik feststellbar, die trotz aller Eigenständigkeit im Bann der Mailänder Schule stand.

LEBEN
Antonio Mortaro wurde um 1565 in Brescia geboren. Er ist vermutlich von Costanzo Antegnati zum Organisten ausgebildet worden. Er trat dem Franziskanerorden bei und erhielt 1598 in Mailand die Organistenstelle an der Kirche des Ordens. Im Jahre 1602 war er Domorganist in Novara und ab 1606 bis zu seinem Tod nach 1620 Organist des Domes von Brescia.

WERKE
Der italienische Kirchenkomponist Antonio Mortaro brachte 4 Bücher sakrale Lieder für drei Stimmen heraus, die mehrere Auflagen erlebten, außerdem 3 Bücher mit vielstimmigen Messen, Psalmen und Marienliedern sowie Motetten. Es ist bezeichnend, daß die Messen und ein Teil der Lieder bei späteren Auflagen mit Generalbaß ausgestattet wurden. Auch seine Orgelstücke folgen dem Zug der Zeit. Die Kompositionen waren lange in der Kirchenmusik seines Ordens in ständigem Gebrauch.

Matthias Mercker
(um 1565 bis nach 1622)

ZEIT UND UMWELT
Alle bisher im Zusammenhang mit der dänischen Hofkapelle in Kopenhagen genannten Musiker waren Engländer oder Niederländer. Auch die wenigen Bodenständigen entstammten naturalisierten ausländischen Familien. Das Heranbilden eigener Kräfte nahm eben doch mehr Zeit in Anspruch, die durch die Kriege, in die Dänemark verwickelt war, noch verlängert wurde.

LEBEN
Matthias Mercker (Maercker, Marcher, Merkher) wurde um 1565 in Amsterdam geboren. Er dürfte auch dort ausgebildet worden sein. Im Jahre 1601 wurde er Mitglied der Königlichen Kapelle in Kopenhagen, verließ jedoch Dänemark 1607, um Organist in Franeker bei Leeuwarden zu werden. Von 1608 bis 1615 wirkte er in Bückeburg, anschließend in Magdeburg, bis er 1618 die Organistenstelle an St. Nikolaus in Straßburg übernahm, wo er nach 1622 starb.

WERKE
Von dem Organisten und Komponisten

Matthias Mercker sind »Zwantzig Newe außerlesene Padouane vnd Galliard« für fünf Stimmen und 2 geistliche Oden erhalten. Handschriftlich sind vier- und fünfstimmige Fugen und Tänze überliefert. Mercker war als virtuoser Instrumentalist (Posaune, Kornett, Flöte, Violen) und Organist berühmt.

Juan Aranies (um 1565 bis nach 1624)

ZEIT UND UMWELT
Die fünfsaitige Gitarre verdrängte in Spanien sehr bald die Laute auch auf dem Gebiet der Hausmusik, denn der Spanier hat von jeher eine kräftige, volltönende Musik vorgezogen. Es waren auch Spanier, die die ersten Tabulaturen für Gitarren anlegten.

LEBEN
Juan Aranies wurde um 1565 in Alcalá de Henares geboren und vermutlich im nahen Madrid zum Musiker und Kleriker ausgebildet. Über seine Tätigkeit in Spanien ist nichts bekannt, bis er Kaplan und Kapellmeister der spanischen Gesandtschaft in Rom wurde. Er dürfte in Rom nach 1624 gestorben sein.

WERKE
Mit der als Partitur angelegten Tabulatur für Gitarre, die Juan Aranies in Rom 1624 herausbrachte, hatte er eines der ersten Werke der im Verlauf der kommenden Zeiten stark anwachsenden Literatur für Gitarre geschaffen. Das Werk beinhaltet 23 Villancicos für eine bis vier Stimmen und bezifferte Gitarrenstimme. Es wird als »zweites« Buch bezeichnet, so daß man annehmen muß, daß ihm eine ähnliche Publikation vorausgegangen ist.

Gasparo Torelli (um 1565 bis nach 1613)

ZEIT UND UMWELT
Die Vertonung epischen Materials größeren Umfanges war in Österreich, Süd- und Westdeutschland (Minnesänger) und in Nordfrankreich (Trouvères) im Mittelalter häufig, während die anderen Musikländer lyrische oder didaktische Texte vorzogen. Besonders in Italien war die Komposition epischer Gedichte sehr selten und nur auf kurze Stücke beschränkt. Um die Wende zum 17. Jahrhundert wurde der Dramatik Raum gewährt, der sich bald stark verbreitete.

LEBEN
Gasparo Torelli (Guaspare Torrelli) wurde um 1565 in Borgo San Sepolcro, Lucca, geboren und vermutlich in Lucca ausgebildet. Er lebte als Musiklehrer und Komponist in seiner Heimatstadt und starb dort nach 1613.

WERKE
Das erfolgreichste Werk des italienischen Komponisten Gasparo Torelli war seine Favola pastorale »I fidi amanti« (Die treuen Liebenden) im Madrigalstil, vierstimmig. Außerdem sind von dem Komponisten 4 Bücher mit drei- und vierstimmigen Canzonetten und fünfstimmige Madrigale erschienen. Stilistisch gehörte diese Musik noch dem 16. Jahrhundert an.

Robert Johnson (um 1565–1634)

ZEIT UND UMWELT
Wie bei vielen anderen Höfen gab es beim englischen nicht nur die Königliche Kapelle. Die einzelnen Mitglieder der regierenden Familien hielten sich Musikergruppen für ihre eigenen Gesellschaften oder zumindest einen Lautenisten, der ihre Gäste zu unterhalten hatte. Solche Stellen waren zuweilen mit anderen Hofämtern kombiniert. Einige dieser Musiker waren als Hauslehrer, als Sekretäre beschäftigt und leisteten fallweise sogar diplomatische Dienste.

LEBEN
Robert Johnson wurde um 1565 vermutlich in London geboren und dort zum Musiker und Lautenisten ausgebildet. Über seine Tätigkeit bis zum Jahr 1604, in dem er Musiker des Königs Jakob I. wurde, ist nichts bekannt. 1611 reihte ihn der König dem Ensemble zu, das seinem ältesten Sohn Henry

(1594–1612) zur Verfügung stand. Nach dessen Tod kam Johnson zur Kapelle des nunmehrigen Kronprinzen Karl, der 1625 als Karl I. König wurde, und blieb in dieser Stellung bis zu seinem Tod im Jahre 1634.

Werke
Kompositionen für Chöre, Instrumentalensembles, Laute und Virginal von Robert Johnson wurden in verschiedenen Sammelwerken aufgenommen. Sehr bekannt wurde seine Bühnenmusik für Shakespeares »Sturm«. Er komponierte auch für verschiedene Maskenspiele, die jedoch verlorengegangen sind. Seine gesamte Musik gehörte bereits dem Frühbarock an und war für die höfische Unterhaltung verfaßt.

Lorenzo Medici (um 1565 bis nach 1619)

Zeit und Umwelt
Antonio Campi (1536 bis um 1591), Maler, Bildhauer und Geschichtsschreiber, setzte mit seinen Brüdern Giulio Campi (1502–72) und Vincenzo Campi (1535–91) die von ihrem Vater Galeazzo Campi und von Bernardo Gatti begründete Cremoneser Malerschule fort. Bilder dieser Schule befinden sich in der schönen Kirche San Pietro al Po in Cremona aus dem 16. Jahrhundert.

Leben
Lorenzo Medici (eigentlich Rolando) wurde um 1565 in Soresina bei Cremona geboren und vermutlich in Mailand ausgebildet. Er erhielt 1619 die Stelle eines Kapellmeisters an San Pietro al Po in Cremona, wo er zugleich Kanonikus war und nach 1619 starb.

Werke
Von Lorenzo Medici sind dreistimmige Kanzonen teilweise und ein Buch mit achtstimmigen Messen mit Generalbaß erhalten. Ein Buch Kanzonen ist nur in einer deutschen Ausgabe überliefert. Von der Kirchenmusik, die er angeblich geschrieben hat, ist nichts auffindbar. Seine Musik bedeutet einen großen Schritt dem kommenden Jahrhundert entgegen.

Isaac Posch (um 1565–1623)

Zeit und Umwelt
Die Reformation gewann im Raum Kärnten und Krain sehr rasch eine starke Anhängerschaft. Die protestantischen Landstände von Kärnten errichteten in Zusammenarbeit mit der Bürgerschaft den Dom in Klagenfurt als bedeutendsten protestantischen Kirchenbau Österreichs. Im Zuge der Gegenreformation wurde der Dom 1604 von den Jesuiten übernommen. In Krain wurde die Rekatholisierung weniger drängend vorangetrieben, so daß sich dort einzelne reformierte Gemeinden – slowenische und deutsche – noch länger halten konnten.

Leben
Isaac Posch wurde um 1565 vermutlich in Kärnten geboren und war wahrscheinlich bis zum Ende des 16. Jahrhunderts in Klagenfurt als Organist tätig. Vor der Gegenreformation wich er sodann nach Krain aus und betätigte sich dort als Orgelbauer in verschiedenen Gemeinden und schließlich 1621 in Laibach, wo er 1623 starb.

Werke
Von dem österreichischen Komponisten Isaac Posch sind ein- bis vierstimmige Konzerte mit Generalbaß unter dem Titel »Harmonia concertans« und die Suitensammlungen »Musicalische Ehrnfreudt« und »Musicalische Tafelfreudt« erhalten. Die Suitensammlungen sind aus sakralen und profanen Sätzen für Singstimmen und Instrumente zusammengesetzt.

Literatur
H. J. Moser, Die Musik im frühevangelischen Österreich, Kassel 1954.

Gasparo Villani (um 1565 bis nach 1612)

Zeit und Umwelt
Ranuccio I. Farnese, Herzog von Parma und Piacenza, gelangte 1592 formal zur Regierung, nachdem er diese praktisch wegen der Abwesenheit seines Vaters in Flandern

schon seit 1586 geführt hatte. Auch er mußte Verschwörungen des Adels, der sich in seinen Rechten geschmälert fühlte, unterdrücken, um so mehr, als sich diese auch gegen die Unabhängigkeit des Landes richteten. Sie waren nämlich von außen angezettelt worden, um den Einfluß Spaniens, mit dem die Farnese eng verbündet waren, in Italien zu schwächen. Doch diese politischen Schwierigkeiten behinderten das kulturelle Leben in Parma und Piacenza nicht.

LEBEN
Gasparo Villani wurde um 1565 in Piacenza geboren und vermutlich im Knabenchor des Domes der Stadt ausgebildet. Er blieb als Sänger an der Kathedrale, an der er 1610 Organist wurde. Es ist nichts darüber bekannt, daß er die Stadt, in der er nach 1612 starb, jemals verlassen hat.
Gabriele Villani (um 1530, Piacenza, bis nach 1591, Piacenza) trat in Piacenza als Komponist hervor. Über sein Leben und Wirken ist sonst nichts bekannt. Er dürfte ein älterer Verwandter von Gasparo Villani gewesen sein.

WERKE
Von Gasparo Villani sind vierstimmige Messen, Motetten, Vespern, Psalmen, Hymnen, Te Deum, Litaneien und andere sakrale Gesänge überliefert. Sie sind durchweg konservativ gehalten, aber sehr gekonnt geformt. Das gleiche gilt für die vierstimmigen Madrigale, die Gabriele Villani veröffentlicht hat.

Giulio Cesare Martinengo
(um 1565–1613)

ZEIT UND UMWELT
Wenn man von venezianischer Musik spricht, ist damit zumeist die Musik der Stadt Venedig gemeint. Das ist jedoch eine ungerechtfertigte Einengung. In der Musik wie auf anderen Gebieten hatte zwar die Hauptstadt der Republik Venedig eine überragend führende Rolle, dennoch konnten sich weitere kulturelle Zentren frei entfalten. Padua, Vicenza, Verona oder Udine zum Beispiel empfingen zwar ständig Impulse von der Lagunenstadt, gaben aber auch selbst ausgebildete und bewährte Kräfte ab. Es bestand eine glückliche Wechselwirkung zwischen einzelnen Städten. Trotzdem war und blieb der Kapellmeisterposten an San Marco die höchste Stufe der Ehrung eines Musikers.

LEBEN
Giulio Cesare Martinengo wurde in Udine um 1565 geboren und wirkte nach seiner Ausbildung am Dom seiner Geburtsstadt als Kapellmeister. Im Jahre 1609 wurde er auf den Posten des Kapellmeisters an San Marco in Venedig berufen, den bisher Giovanni Croce innegehabt hatte. Er starb in Venedig am 19. 7. 1613.
Mit Gabriele Martinengo, der in Udine als Domkapellmeister gewirkt hatte, dürfte er verwandt gewesen sein.

WERKE
Von Giulio Cesare Martinengo sind ein Buch vier- bis sechsstimmige Madrigale und mehrere Motetten erhalten. Sie folgten stilistisch dem Zug der Zeit, ohne ihr vorauszueilen.

LITERATUR
S. Dalla Libera, Cronologia musicale della Basilica di S. Marco in Venezia, in: Musica sacra LXXXV, Mailand 1961.

Antonio il Verso
(um 1565 bis nach 1619)

ZEIT UND UMWELT
Obschon Sizilien und Neapel im 16. und 17. Jahrhundert mehr oder weniger gleichgeschaltet waren und von den spanischen Königen in gleicher Weise wie eine Kolonie ausgebeutet wurden, lagen auf kultureller Ebene auffällige Unterschiede vor. Neapel führte ein kulturelles Eigenleben auf hohem Niveau, während Palermo wenig rührig war. Auch das Musikgeschehen der Stadt muß als bescheiden bezeichnet werden, denn die wenigen Meister, die das Land hervor-

brachte und halten konnte, waren nicht imstande, einen Stil für ihre Musiklandschaft herauszubilden. Es fehlte an Förderung für die Künstler, es mangelte auch an Widerhall für ihre Kunst.

Leben
Antonio il Verso wurde um 1565 in Piazza Armerina, Sizilien, geboren und kam schon in jungen Jahren nach Palermo, wo er Schüler von Pietro Vinci wurde. Er wirkte am Dom von Palermo als Sänger und vermutlich auch als Organist bis zu seinem Tod nach dem Jahr 1619.

Werke
Von dem sizilianischen Musiker sind 15 Bücher drei- bis sechsstimmige Madrigale, ein Buch Motetten, 4 Bücher kirchliche Gesänge, eines mit Villanellen und mehrere mit Responsorien erhalten. Das meiste von dieser Musik enthält Generalbaß. Bis zur Monodie war der Komponist nicht vorgedrungen, doch streckenweise ist der Kontrapunkt durch akkordische Strukturen ersetzt. Sein Stil ist wenig einheitlich, ergibt aber doch ein interessantes Gesamtbild.

Salamone de'Rossi Ebreo
(um 1565 bis um 1630)

Zeit und Umwelt
Im Zeichen des Humanismus wurden in der Renaissance den oberitalienischen Juden etwas mehr Daseinsraum und Lebensmöglichkeiten belassen als anderswo. In Mantua wurde einigen sogar gestattet, ohne den gelben Fleck am Hut durch die Straßen zu gehen.

Leben
Salamone de'Rossi Ebreo wurde um 1565 in oder bei Mantua geboren. Er stammte aus einer Kantorenfamilie, in der Musikpflege und Tempelgesang zur Berufsausübung gehörten. Seine Schwester war unter dem Namen Madama Europa bekannt, weil sie im Jahre 1608 anläßlich der Hochzeitsfeierlichkeiten im Haus Gonzaga die Rolle der Europa in der Oper Arianna von Claudio Monteverdi gesungen hatte. Salamone de'Rossi Ebreo, der als Violinist und Komponist in Mantua eine beträchtliche Beliebtheit erreicht hatte, wurde 1588 vom regierenden Herzog Vincenzo I. Gonzaga als Hofmusiker aufgenommen und behielt diese Position auch unter den Nachfolgern Ferdinando (1587–1626) und Vincenzo II. (1594 bis 1627). Da beide Herzöge ohne Nachkommen verstorben waren, brach 1628 der Nachfolgestreit um Mantua aus, in dessen Verlauf Rossi um 1630 gestorben ist.

Werke
In den Tempeln waren Instrumente und Mehrstimmigkeit untersagt und nur ausnahmsweise bei Hochzeitsfeierlichkeiten zugelassen. Daher erregte Salamone de'Rossi Ebreo bei der jüdischen Orthodoxie mit seiner Sammlung hebräischer Psalmen und Gebete »Schirim Ascher Li'Schlomoh« starken Anstoß. Sie sind stilistisch konservativ im Rahmen der Renaissancepolyphonie gehalten. Dem Frühbarock gehörten seine Instrumentalstücke an, die er mit jüdischen Musikern außerhalb des Ghettos selbst als Geiger dirigierte.
Gedruckt sind von ihm erschienen: 4 Bücher Instrumentalstücke, ein Buch Canzonetten, 7 Bücher Madrigale. Rossi hat für die Entwicklung der Instrumentalvariation einen großen Beitrag geleistet und muß als einer der gediegensten Komponisten seiner Zeit eingestuft werden.

Literatur
A. Holde, Jews in Music, New York 1959.

Serafino Patta (um 1565 bis nach 1619)

Zeit und Umwelt
Der Benediktinerorden, der im 15. Jahrhundert viel von seiner ehemaligen Bedeutung eingebüßt hatte, konzentrierte besonders in Italien und vor allem in seiner Stammabtei Monte Cassino seine Kräfte auf das wissenschaftliche und künstlerische Feld und zeigte sich allen neuen Tendenzen der Zeit

gegenüber äußerst aufgeschlossen. Daher schwenkten seine Musiker ohne Zögern in den Stil des 17. Jahrhunderts ein und setzten sich auf dem Gebiet der Kirchenmusik sogar an die Spitze des Fortschrittes.

LEBEN

Serafino Patta wurde um 1565 in Mailand geboren. Er trat in den Benediktinerorden des Klosters Monte Cassino ein und wurde dort zum Organisten ausgebildet. Darauf wirkte er als Organist in Cesena (ab 1606), Reggio Emilia (ab 1609), Pavia (1613/14) und neuerlich ab 1619 in Cesena, wo er in einem der folgenden Jahre starb.

WERKE

Der Organist Serafino Patta war der erste Vertreter der Monodie in der Kirchenmusik. Seine Canzone instrumentali für zwei Stimmen und Basso continuo waren die ersten ihrer Art. Seine Psalmen, Litaneien und geistlichen Lieder sind monodisch auf Basso continuo aufgebaut, seine »Motetti e Madrigali per cantar solo sull'organo, clavicembalo o chitarrone« (Motetten und Madrigale für Solo und Orgel, Cembalo oder Chitarrone) sind rückhaltlos dem Frühbarock zuzurechnen. Außerdem sind von Patta fünfstimmige Psalmen mit Orgelbegleitung überliefert, die derselben Stilgattung angehören.

Bartolomeo Ratti (1565–1634)

ZEIT UND UMWELT

Neben der Domkapelle nahm in Padua die Kapelle an der Basilika Sant' Antonio einen gleichwertigen Rang ein. Auch die Schulen dieser Kirchen zogen gleichwertige junge Kräfte heran, um die jeweiligen Lücken ihrer Kapellen aufzufüllen. Es waren ständig bedeutende Meister tätig, die einen ausreichenden Unterricht gewährleisteten.

LEBEN

Bartolomeo Ratti (genannt »Il Moro«) wurde 1565 in Padua geboren und dort an der Singschule der Basilika Sant' Antonio ausgebildet. Er war außerdem Schüler von Costanzo Porta. Im Jahre 1591 war er Sänger an Sant' Antonio, von 1594 bis 1600 Kapellmeister am Dom in Gemona, sodann Vizekapellmeister an Sant' Antonio, bis er 1603 Kapellmeister wurde. Er verblieb in dieser Stelle bis zu seinem Tod am 21. 4. 1634.

WERKE

Stilistisch war Bartolomeo Ratti ein Mann des 16. Jahrhunderts bis zu seinem Tod. Seine »Cantiones in laudem Mariae« (Gesänge zum Lob Marias) für eine bis fünf Stimmen, seine vierstimmigen Madrigale und die Canzonetten sind stark konservativ und den Vorschriften Roms unterworfen. Seine »Salmi secondo il rito del Sacro Concilio di Trento« (Psalmen gemäß dem Ritus des heiligen Konzils von Trient) für fünf Stimmen stellen Würde und Textverständlichkeit als Leitprinzip auf, sind aber als Konzession gegenüber der zeitgenössischen Komposition auf einen Generalbaß gestellt, dem aber keine kontrapunktische Funktion obliegt.

LITERATUR

G. Tebaldini, L'archivio musicale della Cappella Antoniana in Padova, Padua 1895.

Ascanio Mayone (um 1566–1627)

ZEIT UND UMWELT

Das Waisenasyl San Onofrio a Capuana wurde 1576 als zweitälteste Musik- und Religionsschule Neapels von privater Hand gegründet. Mit Zustimmung des Vizekönigs wurde nach wenigen Jahren das Konservatorium San Onofrio gebildet, das auch zahlende Schüler aufnahm. Es ist eine beträchtliche Anzahl von bedeutenden Musikern daraus hervorgegangen.

LEBEN

Ascanio Mayone wurde um 1566 in oder bei Neapel geboren. Er war angeblich Schüler von San Onofrio, wurde aber daneben von dem franko-flämischen Komponisten Jean de Macque unterrichtet. Im Jahre 1595 erhielt Mayone die Stelle des Kapellmeisters an

Santissima Annunziata. Ab 1602 war er auch Organist der Königlichen Kapelle. Er starb in Neapel am 9. 3. 1627.

WERKE
Von Ascanio Mayone sind ein Buch fünfstimmige Madrigale und weitere profane und sakrale Vokalmusik in Sammelwerken überliefert. Am interessantesten sind jedoch seine »Diversi capricci per sonare« (Verschiedene Capriccios zum Spielen), die den frühbarocken Instrumentalstil aufweisen und sehr schön klingen.

LITERATUR
W. Apel, Neapolitan Links between Cabezón and Frescobaldi, The Musical Quarterly XXIV, 1938.

Anthony Holborne (um 1566–1602)

ZEIT UND UMWELT
Während die spanische Gitarre sehr bald in allen Ländern des Kontinentes Eingang gefunden hatte und der Laute nach und nach den Rang ablief, hielt sich in England bis in das 17. Jahrhundert die alte Form der Gittern, an deren feinen Klang man gewöhnt war.

LEBEN
Anthony Holborne wurde um 1566 vermutlich in London geboren. Der englische Komponist und Lautenist stand als Lauten- und Gitternspieler im Dienst der Königin Elisabeth I. und war Gentleman der Chapel Royal. Ob er noch ein weiteres Hofamt ausübte, ist nicht bekannt. Er starb im Jahre 1602 in London.
Sein Bruder William Holborne (um 1570, London, bis um 1620, London) war in gleicher Eigenschaft und dazu als Hofkomponist am Hof der Königin und ihres Nachfolgers tätig.

LEBEN
Das Hauptwerk der Brüder Anthony und William Holborne stellte die 1597 erschienene Schule des Gittern-Spieles dar, in der sich 32 Stücke für Gittern allein (Präludien, Pavane, Gallarden, Volksweisen), 2 für von einem Violentrio (Sopran, Tenor, Baß) begleitete Gittern und 23 für Gittern mit Baßviolenbegleitung befinden. Sie stammen zum größten Teil von Anthony Holborne. Weitere Kompositionen sind in verschiedenen Sammelwerken aufgenommen.
Von William Holborne sind 6 »Aers« (Arien) erhalten.

LITERATUR
Th. Dart, The Cittern and Its English Music, in: The Galpin Society Journal, März 1948.

Stefano Venturi de Nibbio
(um 1566 bis um 1630)

ZEIT UND UMWELT
Piero Strozzi, Luca Bati und Giulio Caccini gehörten in ihrer Zeit in Florenz zu den fortschrittlichsten Komponisten. Die großherzogliche Familie förderte und beschäftigte sie, eben weil sie im Gegensatz zu den Musikern in Rom jeden Konservativismus ablehnten.

LEBEN
Stefano Venturi de Nibbio wurde um 1566 vermutlich in Florenz geboren und dort auch ausgebildet. Er war an einer der Kirchen der Stadt als Kapellmeister, Sänger oder Organist tätig und soll sich auch einige Jahre in Rom aufgehalten haben. Er ist in Florenz um 1630 gestorben.

WERKE
Stefano Venturi de Nibbio war ein eifriger Verfechter des Stile antico (altertümlicher Stil). Um so erstaunlicher ist seine Zusammenarbeit mit Caccini, Bati und Strozzi im Dienst der Medici. Vermutlich waren die Honorare der Medici nicht zu verachten. In seinen 6 Büchern mit vier- und fünfstimmigen Madrigalen brachte er den von ihm bevorzugten Stil voll zur Geltung. Ihre Melodieführung ist streng, Konzessionen dem Wohlklang zuliebe wurden nicht gemacht. Das gleiche gilt für die überlieferten

3 Motetten für sieben oder acht Stimmen. Einige seiner Madrigale haben den Weg nach England gefunden.

Lorenzo Vecchi (1566 bis nach 1605)

Zeit und Umwelt
Bologna wurde »La grassa« (Die Fette) wegen des bekannt guten Essens der Stadt genannt. Den Beinamen »La dotta« (Die Gelehrte) trägt sie wegen ihrer berühmten Universität. Gegen das Ende des 15. Jahrhunderts wurde in Bologna eine der ersten Musikschulen auf italienischem Boden gegründet, so daß die Stadt zu einem Zentrum der Musikwissenschaft und der Kirchenmusik wurde.

Leben
Lorenzo Vecchi wurde 1566 in Bologna geboren und erhielt seine Ausbildung als Chorknabe an San Petronio. Im Jahre 1605 erhielt er die Ernennung zum Kapellmeister der Basilika und betreute dieses Amt bis zu seinem Tod, dessen Datum nicht feststellbar ist.

Werke
Von dem Kirchenmusiker Lorenzo Vecchi sind ein Buch mit achtstimmigen Messen, ein fünfstimmiges Requiem und mehrere Messeteile überliefert. Sie folgen stilistisch der Polyphonie des 16. Jahrhunderts, weisen aber eine merkbare Tendenz zu akkordischem Klang auf. Bei den Messen kann man zuweilen von Mehrchörigkeit sprechen. Ansätze zu einem spezifischen Kirchenmusikstil sind nicht zu übersehen.

Manuel Cardoso (1566–1650)

Zeit und Umwelt
Die Erhebung des portugiesischen Volkes gegen die Herrschaft der Spanier führte 1640 zum Erfolg. João IV. Braganza (1604–56) bestieg den Thron in Lissabon als erster König des von der Fremdherrschaft befreiten Landes. Mit ihm setzte neuerlich eine eigenständige, nicht mehr von Madrid abhängige Kulturpolitik ein.

Leben
Manuel Cardoso wurde im Dezember 1566 in Fronteira no Alemtejo geboren. Sein Vater hieß Francisco Vaz, Cardoso war der Name seiner Mutter. Er studierte im Priesterseminar in Evora, wo er zum Musiker ausgebildet und schließlich zum Chorleiter an der Kathedrale der Stadt ernannt wurde. Im Jahre 1589 trat er dem Karmeliterorden bei. Sein Ruf als Sänger, Organist und Chorleiter verbreitete sich rasch in ganz Portugal und in Spanien. König João IV. suchte die alte Residenz der portugiesischen Könige, Evora, schon vor seiner Thronbesteigung oft auf, um den von Cardoso geleiteten Chor zu hören, und setzte sich auch dafür ein, daß Cardoso nach der Restauration der portugiesischen Selbständigkeit Subprior und Musikdirektor des Karmeliterklosters in Lissabon wurde. Manuel Cardoso starb in Lissabon am 24. 11. 1650.

Werke
Zeitgenossen stellten Manuel Cardoso Morales, Guerrero und Josquin an die Seite. Jedenfalls zählte er zu den bedeutendsten portugiesischen Komponisten und Organisten seiner Zeit. Von ihm sind 3 Bücher vier- bis sechsstimmige Messen, weitere vier- bis fünfstimmige Motetten und ein »Officio de Semana Santa« (Karwochenoffizium) erschienen. Seine Handschrift mit weiteren Kompositionen wurde beim Erdbeben von Lissabon vernichtet. Einzelnes, eine vierstimmige Messe, ein Agnus und 2 Motetten, ist in verschiedenen Bibliotheken erhalten. Der Stil seiner Musik entspricht der Polyphonie des 16. Jahrhunderts. Die Entwicklung in Frankreich, Italien, Deutschland und England hatte keinen Einfluß auf den portugiesischen Kirchenmusiker.

Literatur
A. T. Luper, Portuguese Polyphony, in: Journal of the American Musicological Society III, 1950.

Abraham Schadaeus (1566–1626)

ZEIT UND UMWELT
An vielen im 16. Jahrhundert gegründeten zentralen Stadtschulen wurde die musikalische Verpflichtung der Schüler störend empfunden. Dementsprechend erkannte man den Kantoren höchstens die vierte oder fünfte Stelle im Lehrerkollegium zu. Und da der Kantor wiederum durch seine Lehrverpflichtung stark in Anspruch genommen wurde, waren es nicht selten die Organisten, die den Musikbetrieb der Stadt leiteten. Nur in den großen Musikzentren bildete sich eine feste Tradition amtsbewußter Kantoren, die die höchste Stufe der Rangordnung der Musiker für sich beanspruchen durften.

LEBEN
Abraham Schadaeus (Schade) wurde 1566 in Senftenberg geboren. Er studierte von 1584 bis 1588 an der Universität Frankfurt an der Oder. Darauf wurde er Tertius (dritter Lehrer) an der Fürstenschule in Meißen und 1592 Quintus (fünfter Lehrer) in Bautzen, weil er Meißen wegen calvinistischer Ansichten hatte verlassen müssen. Im Jahre 1603 wurde er Rektor der Lateinschule in Speyer, wurde aber 1611 wegen Vernachlässigung des Dienstes entlassen. Von 1613 bis 1614 war er Kantor in Torgau und erhielt 1615 die Rektorenstelle in Bautzen. Schließlich zog er sich nach Finsterwalde zurück, wo er am 10. 10. 1626 starb.

WERKE
Der deutsche Kantor Abraham Schadaeus brachte ab 1610 eine mehrbändige Sammlung fünfstimmiger Motetten heraus, denen sein Mitarbeiter Caspar Vincentius den Generalbaß hinzufügte. Sie bewegten sich noch im Rahmen der Polyphonie, erhielten jedoch durch den Basso continuo ein modernes Gepräge.

LITERATUR
F. E. Müller, Neue Untersuchungen zur Biographie von Abraham Schadaeus, Beiträge zur Musikwissenschaft VIII, 1966.

Alessandro Piccinini (1566–1639)

ZEIT UND UMWELT
Der Chitarrone war eine Theorbe mit zwei langen Hälsen mit Metallsaiten und zwei Stimmkasten. Der Arciliuto (Erzlaute) unterschied sich davon durch einen verlängerten Corpus, der die Spannweite der Baßsaiten ermöglichte. Beide Instrumente wurden im Ensemble für die Baßstimmen eingesetzt.

LEBEN
Alessandro Piccinini wurde am 30. 12. 1566 in Oberitalien geboren. Er entstammte einer Musikerfamilie, in der er zum Musiker ausgebildet wurde. Ab 1581 stand er als Lautenist im Dienst der Höfe in Modena und Ferrara und ging 1597 nach Bologna, wo er in gleicher Eigenschaft dem päpstlichen Legaten bis zu seinem Tod im Jahre 1639 diente.

WERKE
Der italienische Lautenist Alessandro Piccinini behauptete, den Chitarrone erfunden zu haben. Damit kann er nur den Arciliuto gemeint haben, weil es den Chitarrone schon längst gab. Ob der Arciliuto in Wahrheit seine Erfindung war oder er nur versuchte, an diesem Instrument Verbesserungen anzubringen, ist nicht geklärt. Jedenfalls verfaßte er eine zweibändige Intavolatura di Liuto e di Chitarrone, in der sich Kompositionen des Autors befinden. Von seinen sonstigen Kompositionen, die sehr gerühmt worden sind, ist nichts erhalten.

LITERATUR
G. Kinsky, Alessandro Piccinini, Acta Musicologica X, 1938.

Jean-Baptiste Besard
(um 1567 bis um 1625)

ZEIT UND UMWELT
Obwohl die Laute in Spanien bereits immer stärker von der Gitarre verdrängt wurde, standen Lautenspiel und Lautenkomposition in Deutschland, Frankreich und Italien noch

sehr im Vordergrund. Schulwerke und Sammlungen von Lautenstücken waren stark begehrt.

LEBEN

Jean-Baptiste Besard (Besardus) wurde um 1567 in Besançon geboren. Er studierte an der Universität von Dole Jurisprudenz, beschäftigte sich mit Physik, Medizin und Alchimie und bereiste Deutschland und Italien. In Rom nahm er Lautenunterricht. Dann ließ er sich in Augsburg nieder, wo er um 1625 starb.

WERKE

Neben seinen wissenschaftlichen Veröffentlichungen brachte Jean-Baptiste Besard eine umfangreiche Sammlung von 403 Stücken für Laute heraus (Präludien, Fantasien, Tänze, Chansons, Airs de cour, Villanellen), von denen er 38 selbst komponiert hatte. Die Publikation, die Kompositionen von deutschen, französischen, italienischen und polnischen Meistern brachte, gewährt einen aufschlußreichen Einblick in die solistische Lautenpraxis der Zeit.

LITERATUR

W. Boetticher, Studien zur solistischen Lautenpraxis, Berlin 1943.

Julien Perrichon
(um 1567 bis nach 1612)

ZEIT UND UMWELT

Die Einstellung in den Hofdienst hing bei einem Musiker weniger von dessen Können als von dessen Familie ab. Kam er aus einflußreichem Haus oder aus adeligen Kreisen, wurde ihm zumindest die Stellung eines Kammerherrn eingeräumt. Wenn aber seine Abstammung in niederen Familien zu suchen war, mußte er sich mit der Qualifikation eines Kammerdieners begnügen und diesem Dienst auch nachkommen.

LEBEN

Julien (Jean) Perrichon wurde um 1567 in Paris geboren. Über sein Leben und Wirken, bis er 1595 Kammerdiener und Lautenist bei König Heinrich IV. wurde, ist nichts bekannt. Er blieb im Dienst des Königs bis zu dessen Tod (1610) und dürfte hernach keine feste Stellung mehr angenommen haben. Er starb in Paris nach 1612.

WERKE

Der französische Lautenist und Komponist hat eine Reihe von Lautenstücken hinterlassen, darunter 5 Gallarden, 10 Consorts, 4 Volten und Präludien. Seine Musik gehört bereits dem 17. Jahrhundert an.

Giovanni Francesco Anerio
(um 1567 – 1630)

ZEIT UND UMWELT

Das Diktat des Konzils von Trient wurde in den der Kurie unmittelbar unterstellten Kapellen Sistina, Giulia, Laterano, Santa Maria Maggiore und auch in vielen anderen bis weit in das 17. Jahrhundert hinein streng befolgt. Außerhalb Roms jedoch sickerten neue Stilelemente unaufhaltsam trotz aller konservativer Tendenzen ein, und das sogar auch bei Komponisten, die aus Rom kamen.

LEBEN

Giovanni Francesco Anerio wurde um 1567 in Rom geboren. Im Jahr 1575 trat er gleichzeitig mit seinem Bruder Felice Anerio der von Palestrina geleiteten Cappella Giulia als Chorknabe bei und verblieb dort bis 1579. Über seine Tätigkeit bis zum Jahr 1600, in dem er die Kapellmeisterstelle an San Giovanni in Laterano erhielt, gibt es keine Informationen. Er verließ diese Stelle 1603. Von 1609 bis 1611 wirkte er als Kapellmeister am Dom in Verona. Von 1613 bis 1620 war er Kapellmeister an Santa Maria ai Monti in Rom. In den folgenden Jahren betreute er eine leitende Stelle am Hof des polnischen Königs Sigismund III. in Krakau. Am 11. 6. 1630 starb er in Graz, vermutlich auf seiner Rückreise aus Polen.

WERKE

Sein erstes Werk dürfte eine Klavier- und

Lautentabulatur von vierstimmigen Gallarden sein; 1599 brachte er in Venedig ein Buch Madrigale heraus, denen weitere folgten; das wichtigste davon ist sein Teatro armonico teatrale mit seinen Dialogen in Madrigalform als Vorform zum italienischen Oratorium. Weitere profane Werke enthalten die Bücher mit Motetten, Madrigalen, Canzonetten und Arien. Die Kirchenmusik ist mit Messen, einem Requiem, Litaneien, geistlichen Liedern, Vespern, Responsorien und Antiphonen vertreten, die zu einem größeren Teil Generalbaß aufweisen. Er bearbeitete die Marcellusmesse von Palestrina für vier Stimmen.

LITERATUR
F. Haberl, Felice und Giovanni Francesco Anerio in: Zeitschrift für Kirchenmusik 74, 1954.

Thomas Campian (1567–1620)

ZEIT UND UMWELT
In der Elisabethanischen Epoche nahm die Hausmusik in England einen starken Aufschwung. Monodischer Gesang oder Duette mit Begleitung eines Zupfinstrumentes oder Virginals waren leichter durchführbar als komplizierte mehrstimmige Chöre. Besonders das Lied zur Laute oder Gitarre, das den Musizierenden unabhängig von Mitwirkenden machte, wurde vorgezogen, weil es die Befriedigung der »selbst erzeugten« Musik schenkte.

LEBEN
Thomas Campian (Campion) wurde am 12. 2. 1567 in Witham, Essex, geboren. Er studierte Medizin und übte die ärztliche Praxis sein Leben lang in London aus. Er arbeitete viel mit dem englischen Komponisten Philip Rosseter zusammen. Er starb in London am 1. 3. 1620 als allseitig geschätzter Dichter, Komponist und Musiktheoretiker.

WERKE
Neben seiner lateinischen und englischen Dichtung brachte Thomas Campian gemeinsam mit Philip Rosseter ein Buch Lieder für Singstimme mit Laute und Baßviole und 4 weitere mit mehrstimmigen Liedern, die ad libitum solo mit Instrumentalbegleitung gesungen werden konnten, heraus. Er verfaßte auch Texte und Musikeinlagen für Maskenspiele und Gelegenheitskompositionen.

LITERATUR
M. M. Kastendieck, England's Musical Poet Thomas Campion, London 1938.

Nicolas Formé (1567–1638)

ZEIT UND UMWELT
Ludwig XIII. (1601–43) kam, nachdem sein Vater, Heinrich IV., 1610 ermordet worden war, auf den Thron von Frankreich. Die Regentschaft für den Minderjährigen führte seine Mutter Maria de'Medici (1573–1642), die ihn bereits im Jahre 1615 mit der Tochter des spanischen Königs Philipp III., Anna von Österreich (1601–66), verheiratete. Es gelang ihm 1617, sich von der Bevormundung durch die Mutter zu befreien. Doch nach wenigen Jahren geriet er unter die Hand des Kardinals Armand Jean du Plessis Richelieu (1585–1642), der praktisch an seiner Stelle regierte. Der König widmete sich kulturellen Fragen, so weit es ihm möglich war, besonders der Hofkapelle und deren Mitgliedern.

LEBEN
Nicolas Formé wurde am 26. 4. 1567 in Paris geboren. Seine Musikalität und seine schöne, gut ausgebildete Tenorstimme fielen bald auf. Schon mit zwanzig Jahren wurde er als Sänger an der Sainte-Chapelle aufgenommen, aber bald wegen seines unregelmäßigen Lebenswandels wieder entfernt. Er fand sodann 1592 Aufnahme an der Königlichen Kapelle, wo er unter König Heinrich IV. und noch mehr unter Ludwig XIII., dessen Lieblingsmusiker er zeitlebens war, wirkte. Er wurde Vizekapellmeister und offizieller Komponist der Kapelle. Im Jahre 1626 kehrte er zur Sainte-Chapelle zurück, dieses

Mal als Kanonikus und Günstling des Königs. Wieder gab es Schwierigkeiten, weil er seine religiösen Pflichten vernachlässigte und in einer eigenen Wohnung lebte, in der er am 27. 5. 1638 starb. An seinem Sterbebett stand neben den nahen Angehörigen auch eine Frau, mit der der Meister durch Jahre zusammengelebt hatte.

Werke

Nachdem Nicolas Formé, der eine Drucklegung seiner Kompositionen verabsäumt hatte, gestorben war, nahm König Ludwig XIII. alle seine Werke zu sich und hielt sie unter Verschluß. Nach dem Tod des Königs kamen sie in die Hände des Nachfolgers auf dem Posten des Vize-Kapellmeisters und gingen später verloren. Daher ist von dem umfangreichen kompositorischen Schaffen des Komponisten wenig erhalten geblieben. Aber das genügt, um festzustellen, daß er ein neues Blatt der französischen Musikgeschichte aufgeschlagen hatte. Er schuf die klassische Form der französischen Motette, bei der Solostellen mit Chorsätzen abwechselten. In der einzigen Messe, die überliefert ist, stellte er eine Solistengruppe dem Chor gegenüber und erreichte damit einen Effekt, den man beim instrumentalen Concerto grosso wiederfindet, denn die Stimmen der Solisten wurden sehr locker geführt, während der Chor eine kompakte Harmonik aufwies.

Literatur

M. Brenet, Nicolas Formé, Archive historique et littéraire, 1889.

Claudio Monteverdi (1567–1643)

Zeit und Umwelt

Die Übertragung baugeschichtlicher oder der Literaturgeschichte entnommener Bezeichnungen auf die Stilepochen der Musik ist wenig zutreffend. Dies gilt auch für die »Renaissancemusik«, wenn man darunter nicht allein die Musik der Renaissancezeit ohne nähere Charakterisierung verstehen

Claudio Monteverdi nach einem zeitgenössischen Gemälde

will, jener Zeit des geistigen Aufbruches, in der die Bewohner Europas die Welt und den Menschen entdeckten und ihr Dasein auf der Erde nicht mehr als Übergang zu einem schöneren Reich hinnahmen.

Das Wort Renaissance wurde zum ersten Mal in seiner italienischen Form (Rinascita – Wiedergeburt) vom italienischen Maler, Baumeister und Schriftsteller Giorgio Vasari (1511–74) in seinen »Lebensbeschreibungen« gebraucht und sollte nur auf den Umwandlungsprozeß der Bildauffassung in einigen zeitgenössischen Werken der italienischen Malerei und zugleich auf deren Auf-

Nikolaus Harnoncourt – seine Monteverdi-Interpretationen sind Marksteine in der Aufführungsgeschichte Alter Musik

Raymond Leppard hat die Madrigale von Monteverdi beispielhaft für die Schallplatte eingespielt

blühen hinweisen. Die neue Weltsicht, die wirklichkeitsnahe Darstellung, die Tiefenwirkung und damit der Übergang von der statischen Flächigkeit zur dynamischen Gestaltung, erhielt erst im 19. Jahrhundert die Bezeichnung Renaissance in ihrer echten Bedeutung als Wiedererwachen antiker Vorstellungs- und Denkmodelle.

In der Architektur wurden die neuen Leitziele am deutlichsten. Das antike Formgut konnte, mit dem Schönheitssinn der Zeit verschmolzen, nachvollzogen werden. Weiträumig, unter hoch gewölbten Kuppeln und mit lebendig gegliederten Wänden, großzügig in allen Dimensionen und doch in sich geschlossen, wurde die Baukunst jener Zeit zum Ausdruck des neuen Lebensgefühles des Menschen, der sich nicht mehr unfaßbaren Geheimnissen ausgeliefert sah, sondern zum Herrn und Beherrscher seines Raumes berufen wußte.

In der Literatur und Wissenschaft hieß der neue Zug der Zeit Humanismus. Er beschränkte sich auf die Lektüre der antiken Autoren und ihre Nachahmung. Es wurde zwar viel von der Freiheit des Menschen gesprochen und geschrieben, sie wurde aber niemandem geschenkt, sondern nur dem gewährt, der selbst mächtig genug war, sie zu verteidigen. Die Kerker waren voll, die Scheiterhaufen loderten, und Galileo Galilei mußte die wissenschaftliche Wahrheit verleugnen, um am Leben zu bleiben. Und auch die theoretischen Erörterungen wurden matter, weil Reformation und Gegenreformation alle Kräfte in dem Kampf gegeneinander einsetzten und Renaissance wie Humanismus zum Erlahmen brachten.

Parallelen von Architektur und Musik jener Epoche lassen sich erkennen. Der Vielfalt der Bauelemente und deren Gleichwertigkeit im Gesamtwerk entsprach die Selbständigkeit der einzelnen Stimmen im polyphonen Satz. Die Ablöse des Cantus firmus durch frei geschaffene Melodien kann dem Aufgeben mystischer Bauformeln früherer Zeiten gleichgesetzt werden. Und wie in allen Kunstgattungen wurde auch die Musik vom Manierismus überwuchert, weil die eklatante Differenz zwischen den humanistischen Ideen und der Wirklichkeit alle originären Einfälle immer mehr versanden ließ.

Damit war auch das Ende der geistes- und kunstgeschichtlichen Epoche angebrochen. Das Zeitalter der Renaissance war ein jähes Aufflackern des Willens des Menschen zu einer wahren Menschlichkeit gewesen. Die Flamme wurde erstickt. Doch die Leistungen sind zum größten Teil erhalten. Die Bauten, Statuen und Bilder blieben bestehen, wie auch die geformten Gedanken nicht mehr ausgelöscht werden konnten, sondern in neue Strukturen der Literatur und Musik flossen, ohne je zu versiegen.

Es kam jedoch gegen das Ende des 16. Jahrhunderts auch zu einer »echten« Renaissancemusik. Die Camerata Florentina bildete, um dramatische Dialoge zu vertonen, den Rezitativgesang heraus. Damit sollte die Musik der griechischen Tragödie möglichst getreu nachgeahmt werden. Wenn auch die dürren Rezitative vorerst kein breites Publikum gewannen, so wurde damit doch eine der Grundlagen der Oper geschaffen.

In Frankreich wurde »humanistische« Musik komponiert. Es handelte sich um die Vertonungen im Rahmen der Académie du Palais, die in klassischem Versmaß gehaltene

Ensemble unter Hanns-Martin Schneidt bei der Schallplattenproduktion der »Sonata sopra Sancta Maria« von Monteverdi

Dichtungen in rhythmisch genau angepaßte Musik setzte und dafür einen beschränkten Anhängerkreis begeistern konnte. Trotzdem entwickelte sich zum Teil auch daraus die Vormachtstellung Frankreichs als Musikland.

LEBEN

Claudio Zuan Antonio Monteverdi (Monteverde) wurde am 15. 5. 1567 in Cremona getauft. Er war der älteste Sohn des Arztes Baldassare Monteverdi. Seine musikalische Ausbildung, die Komposition, Gesang und Spiel der Viole umfaßte, erhielt er von Marco Antonio Ingegneri. Er besuchte vermutlich auch die Universität von Cremona. Bereits mit 15 Jahren wandte er sich der Komposition zu, fiel mit seinen Publikationen bald auf und wurde 1590 am Hof des Herzogs von Mantua, Vincenzo I., als Sänger und Violenspieler in den Dienst genommen. Er hatte sich bereits 1588 um den Posten des Kapellmeisters am Mailänder Dom, der durch den Weggang von Pietro Pontio frei geworden war, beworben. Trotz der guten Beziehungen seines Vaters erhielt Claudio Monteverdi die Stelle nicht. Er sei zu jung, hieß es. In Wahrheit waren seine Kompositionen für die Anhänger der Mailänder Schu-

Der Monteverdi-Chor unter Jürgen Jürgens musiziert auch Gaglianos »Dafne«

Michel Corboz interpretiert Monteverdi ekstatisch

Jürgen Jürgens war einer der ersten, der einen modernen Aufführungsstil für Monteverdi fand

le zu fortschrittlich. Er mußte sich mit der bescheidenen Stellung in Mantua abfinden. Die Congregazione de Accademia di Santa Cecilia in Rom verlieh ihm die Mitgliedschaft. Ein Ruf auf eine Stelle in Rom traf nicht ein.

Vincenzo I. Gonzaga verfügte nicht über die geistige und moralische Größe seiner Vorfahren. Mit ihm endet die glänzende Geschichte seiner Familie, die er auch wirtschaftlich in den Ruin gestürzt hatte. Er behandelte die an seinem Hof bediensteten Künstler wie Bediente und war auch außerstande, ihre Leistungen einzuschätzen. Einzig Peter Paul Rubens (1577–1640) ließ sich von ihm nichts bieten. Er war Ausländer und daher unabhängig. Eine gleichzeitige Tätigkeit Monteverdis an der Hofkirche Santa Barbara wird angenommen. Ihm oblag aber die Komposition für regelmäßig im herzoglichen Palast veranstaltete Musikaufführungen.

Im Jahre 1595 verheiratete sich Monteverdi mit einer Sängerin der herzoglichen Kapelle, mußte jedoch den Herzog noch im gleichen Jahr im Gefolge des Haushaltes nach Ungarn begleiten, wo dieser am Türkenkrieg teilnahm. Eine zweite Reise als Hofbediensteter, die ihn 1599 über Trient, Innsbruck, Basel, Nancy, Spa, Lüttich, Antwerpen nach Brüssel führte, war wegen der in diesen Städten gesammelten musikalischen Eindrücke ergiebiger. Der Tod des herzoglichen Kapellmeisters Benedetto Pallavicino im Jahre 1601 bot ihm die Gelegenheit, sich um diese Stelle zu bewerben. Er wurde Kammer- und Kirchenkapellmeister des Herzoghofes.

Diese gehobene Stellung schützte den Meister jedoch nicht vor der weiteren schlechten Behandlung seitens des Herzogs, so daß er sich 1608 nach Cremona zurückzog und 1612, nach dem Tod des Herzogs, ein Rücktrittsgesuch einreichte, das von Vincenzos Nachfolger Ferdinando genehmigt wurde. Versuche, in Mailand, Florenz oder Rom eine angemessene Stellung zu erhalten, scheiterten. Dafür wählten ihn 1613 die Prokuratoren von San Marco in Venedig zum Kapellmeister des Domes und verliehen ihm damit die hervorragendste Stelle, die zu jener Zeit in Italien vergeben werden konnte. Das Honorar von 400 Dukaten jährlich war fürstlich.

Der Rest seines Lebens war nunmehr von Kompositionsaufträgen und der Arbeit als Kapellmeister ausgefüllt. In seinem Leben hatte sich seit dem Tod seiner Frau (1607) nur mehr wenig ereignet. Seine beiden Söhne besuchten die Universität. Francesco (1601, Mantua, bis um 1650, Venedig) wurde Jurist, trat in den Karmeliterorden ein, wandte sich der Musik zu und wurde 1623 in den Domchor an San Marco aufgenommen. Massimiliano (1604, Mantua, bis um 1655, Venedig) wurde Arzt. Er selbst trat 1633 in den Priesterstand ein. Am 29. 11. 1643 starb er in Venedig und wurde mit großer Feierlichkeit in der Kirche Santa Maria dei Frari beigesetzt. Venedig wußte, daß die musikalische Welt einen der ganz Großen verloren hatte.

Sein Bruder Giulio Cesare Monteverdi (getauft 31. 1. 1573, Cremona, bis um 1630, Salò) wirkte bis 1612 in Mantua neben Claudio Monteverdi als Sänger, darauf als Organist in Castelleone und wurde 1622 Domkapellmeister in Salò.

WERKE

Man darf ohne zu übertreiben Claudio Monteverdi als die bedeutendste Gestalt der frühen Barockmusik ansprechen, deren Stil auf profanem und sakralem Gebiet zum großen Teil von ihm selbst geschaffen wurde. Er hat mit seinen Opern den blutleeren Erzeugnissen der Camerata Florentina lebende künstlerische Gebilde an die Seite gestellt, er hat so viele stilistische und technische Neuerungen eingeführt, daß sie, zusammengenommen, nahezu eine neue Musik begründeten, er hat das Streichinstrumentenspiel durch die Aufnahme der Violine als Soloinstrument neben den Violen als einer der ersten verwendet, das Tremolo und das Pizzicato erfunden und die Stimmbildung der Sänger verbessert.

Es entspricht ohne Einschränkung den Tatsachen, daß sein Auftreten eine deutliche Zäsur in der Musikgeschichte erzeugte. Die Ideale der Antike waren bereits verblaßt, der Humanismus, der praktisch nur in wenigen Fällen realisiert wurde, flüchtete in die Gelehrtenstuben, weil der Absolutismus brutalen Einzug hielt, die Renaissancekunst mündete in seelenlosem Manierismus. Monteverdi unterstellte seine musikalische Aussage nicht dem Pendelschlag dieser Kulturentwicklung. Er tat nichts, weil es dem Geist der Zeit entgegenkam, sondern machte sich selbst zum Maß seiner Musik. Er trat unmittelbar und von vornherein mit seinem nur der eigenen Intuition verpflichteten Stil, den er selbst als neu, als Seconda Prattica, bezeichnete, und dem alten, der Prima Prattica, entgegenstellte, vor sein Publikum. Und zwar nicht, weil er fortschrittlich wirken wollte, sondern es in seiner ganzen künstlerischen Struktur war. Die Übergänge vom alten zum neuen Stil waren nicht abrupt, sondern liefen evolutiv ab, immer mit dem gleichen Ziel, mit der Kunst menschliche Affekte zu erregen und auszudeuten.

Im einzelnen sind den Werken von Claudio Monteverdi seine 8 Bücher mit Madrigalen voranzustellen, die einen deutlichen Überblick über die fortschreitende Entwicklung des »Neuen Stiles« geben. Ihnen werden fallweise die Canzonetten für drei Stimmen, die noch im alten Stil gehalten sind, die Scherzi Musicali für drei Stimmen mit Instrumenten, bei denen sich die Seconda Prattica voll durchgesetzt hatte, und die »Dreistimmigen Tanzlieder« aus 1632 als Buch neun und zehn angereiht. An sakraler Musik sind mehrere Messen, Motetten, Magnificat, Hymnen und Vespern zu verzeichnen, vor allem sein »Vespro della Beata Vergine«.

Einen breiten Raum im Schaffen des Komponisten nahmen seine Opern ein. Er hat sich verhältnismäßig spät dazu entschlossen, eine Oper zu komponieren. Das macht den Anschein, als hätte er seinen neuen Stil erst durch eine Reihe von Madrigalen festigen müssen. Seine erste Oper »Orfeo« aus 1607 wurde in der Accademia degl'Invaghiti in Mantua uraufgeführt und am Hof des Herzogs wiederholt. Von der zweiten, 1608 verfaßten Oper ist nur die Arie »Ariadnes Klage« erhalten; sie ist zum beliebten Konzertstück geworden. Die Ballettoper »Tanz der Spröden« nahm der Komponist später in sein VIII. Madrigalenbuch auf, das Ballett »Tirsi und Clori« fand im VII. Madrigalenbuch Aufnahme. Eine Reihe weiterer Opern und Opernballette ist verlorengegangen. Erhalten sind noch seine größten Erfolge auf diesem Gebiet, »Die Heimkehr des Odysseus« aus 1640 und »Die Krönung Poppeas« aus 1642.

Zu erwähnen sind noch sein Frühwerk Sacrae Cantiunculae tribus vocibus (Kleine geistliche Lieder für drei Stimmen), eine »Klage der Erminia«, einzelne Soli und Instrumentalstücke und eine Anzahl von Werken in Sammeldrucken und Manuskripten, deren Zuschreibung nicht immer gesichert ist.

Von Giulio Cesare Monteverdi, dessen Oper »Der Raub der Proserpina« verlorengegangen ist, sind 2 Canzonetten und eine Reihe mehrstimmiger Motetten mit Orgel-Continuo erhalten.

Titelblatt des Erstdrucks des achten Buches der Madrigale von Monteverdi

Madrigale Buch III
20 Madrigale für fünf Stimmen, veröffentlicht 1592, die einen Übergang von der vom Komponisten durchaus beherrschten überkommenen Form zum neuen musikalischen Ausdruck darstellen. Schon in seinen Büchern I und II aus den Jahren 1587 und 1590 mit fünfstimmigen Madrigalen, die die polyphone Satztechnik des 16. Jahrhunderts aufweisen, setzte sich Monteverdi mit dem Problem der Verständlichkeit des Textes auseinander und vermeidet dessen Überlagerung durch zu dicht geführte Stimmen. Im vorliegenden Buch III ist der Bogen, der sich in diesem Buch von der Prima Prattica zur Seconda spannt, am stärksten deutlich, wenn man »Sovra tenere herbette« (Auf zartem Gras) mit »Rimanti in pace« (Bleibe hier in Frieden) vergleicht. Im ersten Madrigal wird mit alter Technik ein Höchstmaß an ergreifender Schönheit erreicht, das zweite gewinnt seine erstaunliche Ausdrucksstärke bereits mit neuen Mitteln.

Madrigale Buch IV
Die 20 Madrigale dieses Buches aus 1603 werden als die bedeutendste Leistung des Komponisten auf dem Gebiet des Madrigals angesehen. Schon das erste »Oh schmerzlicher Abschied« überrascht durch die enge Integration der Musik mit dem Text, dessen Gefühlsgehalt durch eine Kette von Dissonanzen und deren Auflösungen deutlich gemacht wird. Die folgenden sind ebenso meisterhaft konzipiert und ragen mit der Verwendung von Soli bereits in die Seconda Prat-

tica hinein. Den Höhepunkt der Sammlung stellt »Er weinte und seufzte« dar, dessen bittersüße Traurigkeit überwältigend ist.

Madrigale Buch VII

Das Buch V aus dem Jahr 1605 ließ die fünfstimmigen Madrigale mit Generalbaß begleiten und erregte durch neue Strukturen die Bewunderung breiter Kreise, zugleich aber auch Kritik aller, die immer aus »Heute« ein »Gestern« machen wollten. Das Buch VI brachte eine Bearbeitung des »Lamento d'Arianna« aus der Oper L'Arianna als Pianto della Madonna.

Das Buch VII endlich verläßt die Fünfstimmigkeit, die wegen des Basso continuo und der Füllstimmen ihre Funktion verloren hatte, vollends. Die Madrigale sind ein-, zwei-, drei-, vier- und sechsstimmig, von mehreren Instrumenten begleitet und mittels Instrumentalsätzen eingeleitet oder unterbrochen. Aus den Chorsätzen sind fallweise opernhafte Arien geworden. Die Seconda Prattica ist dabei voll zum Durchbruch

Titelblatt zur Partitur von Monteverdis »L'Orfeo«, Venedig 1609

Seite aus dem ersten Magnificat von Claudio Monteverdi

gekommen. Das erste Stück des 1619 veröffentlichten Buches »Ich stimme die Lyra« beginnt mit einer Sinfonia für Streicher, die am Ende nach einem tänzerischen Interludium wiederholt wird. Die einzelnen Madrigale steigern ihre Ausdruckskraft bis zu den beiden vertonten Liebesbriefen im Rezitativstil, die sich stark an theatralische Darstellung annähern.

Madrigale Buch VIII

Dieses 1638 gedruckte Buch bringt 7 Canti guerrieri (Kriegerlieder), deren bedeutendstes das Sonett von Petrarca »Nun, da Himmel und Erde und Wind schweigen« ist, anschließend den dramatischen Dialog »Kampf von Tancred und Clorinda« aus dem »Befreiten Jerusalem« von Tasso und das Huldigungsballett für Kaiser Ferdinand III. »Il Ballo« für Chor und Instrumente, sodann Canti amorosi (Liebeslieder) für Chöre, Soli und Instrumente mit Generalbaß und am Ende das Opernballett »Il ballo delle ingrate« (Tanz der Undankbaren). Von besonderer Schönheit sind die beiden Madrigale für

Soli, Chor und Instrumente »Nymphe, die du barfuß« und »Phöbus hatte noch nicht der Welt das Licht des Tages gegeben«.

Madrigale Buch IX

Posthume Sammlung von Stücken in verschiedenen Stilarten und aus verschiedenen Schaffensperioden des Komponisten von Alessandro Vincenti aus 1651 und Scherzi Musicali aus 1632. Das Strophenlied für Solostimme, Streicher, Continuo »So ist es denn wahr« ist dadurch bemerkenswert, daß jede Strophe sich von den anderen unterscheidet, so daß man den Eindruck einer Durchkomposition gewinnt.

Lamento d'Arianna

Wenn Monteverdi auch nicht die ersten Opern geschrieben hat, so war er doch ihr erster Meister, der diese Kunstgattung zur Entfaltung brachte.
Von seiner Oper »Arianna« aus 1608 ist nur der Klagegesang der verlassenen Ariadne erhalten. Er ist ungeheuer populär geworden und hat eine Flut von »Klagegesängen« ausgelöst, von denen keiner an die »Arianna« heranreichte. Ariadne erinnert sich nach einem Ausbruch höchster Verzweiflung an die glückliche Heimkehr von Theseus; ihre Empörung wächst zur ohnmächtigen Wut und mündet in völliger Mutlosigkeit.

Messe für vier Stimmen mit Posaunen, sechs Teile, entstanden um 1635

Unter dem Einfluß der Gegenreformation mußte für die Kirchenmusik der alte Stil beibehalten bleiben. Der Komponist ordnete sich diesem Grundsatz unter und zeigte, daß er die Strenge und Schönheit des kontrapunktischen Stils noch immer meisterhaft beherrschte. Doch trotz des Konservativismus klingen barocke Gedanken mit.

Messe »In illo tempore« für sechs Stimmen und Continuo, fünf Teile, entstanden 1610

Dieser Papst Paul V. gewidmeten Messe liegt die Motette von Nicolaus Gombert »In illo tempore« zugrunde, die durch alle Teile der Komposition imitiert wird. Sie ist im alten Stil gehalten, doch auf einen Generalbaß gestellt, dem allerdings keine kontrapunktische Funktion zugewiesen wurde. Das besonders schöne Agnus Dei ist siebenstimmig.

Vesperae Mariae Virginis (Marienvesper) für Soli, Chor und Instrumente, 12 Teile, erschienen 1610

Im Gegensatz zur gleichzeitig erschienenen Messe »In illo tempore«, die im alten Stil gehalten ist, wendete der Komponist seine sogenannte Seconda Prattica an. Soli, Chöre, Orchestereinlagen wechseln ab, alle Ausdrucksmittel des »Neuen Stiles« wurden herangezogen, um der für den liturgischen Gebrauch geschaffenen Vesper konzertierenden Charakter zu verleihen. Die Einleitung und Psalm 109 setzen mit sechsstimmigem Chor, Streichern, Bläsern und Continuo ein. Dann folgt ein von Laute und Gambe begleitetes Solo. Psalm 112 ist achtstimmig, das folgende Duett begleiten wiederum Gambe und Laute. Psalm 121 wird von sechs Stimmen zur Orgel, Cello und Violone vorgetragen, Psalm 126 nach einem Terzett von zehn Stimmen gesungen. Ein Sextett leitet zu Psalm 147, den zwei Chöre und ein Tenorsolo bestreiten, über. Schließlich erklingt eine instrumentale Sonata, bis mit allem Chor- und Orchesterklang der Hymnus Ave Maris Stella das grandiose Werk abschließt.

LITERATUR

H. Prunières, La vie et l'œuvre de Claudio Monteverdi, Paris 1962. G. Fr. Malipiero, Claudio Monteverdi, Mailand 1892.

Monteverdis »Marien-Vesper«, Titelblatt der Ausgabe von 1610

Kurzlexikon zur Alten Musik

A-cappella-Gesang, von keinen Instrumenten begleiteter mehrstimmiger Chorgesang

Accentus, Betonung durch Heben oder Senken der Stimme am Beginn und Ende des in mittlerer Höhe gehaltenen liturgischen Lese- oder Psalmtones

Ad libitum, nach Belieben, Vortragsbezeichnung, die Tempo und Vortrag den Interpreten überläßt, auch Besetzungsvorschrift, die die Mitwirkung einzelner Stimmen oder Instrumente freistellt

Air, metrisch klares und periodisch einfaches Lied oder Instrumentalstück vom 16. bis zum 18. Jahrhundert

Air à boire, volkstümliches Lautenlied

Air de cour, mehrstimmiger, homophoner profaner Chansonsatz mit Oberstimmenmelodie zwischen der Mitte des 16. und dem frühen 17. Jahrhundert

Air sérieux, kunstvolles, zum Teil rezitativisches Lautenlied, zuweilen in Dialogform

Akademie, ursprünglich Hain bei Athen, in dem Plato seine Schüler unterrichtete, 1470 von Gelehrten und Kunstfreunden in Florenz übernommene Bezeichnung ihrer Vereinigung am Mediceerhof, die auch von ähnlichen Institutionen in vielen italienischen Städten gewählt wurde

Akkord, beabsichtigter, sinnvoller Zusammenklang von mehr als zwei Tönen

Alleluia, Freudenruf aus Psalm 113 und 116, vielfach als Abschluß liturgischer Gesänge gebraucht

Andalusische Schule, von Cristóbal de Morales im 16. Jahrhundert begründet, brachte in Sevilla und den anderen andalusischen Städten eine Reihe bedeutender Meister hervor, war stark von der römischen Schule beeinflußt, behielt aber doch ein deutliches lokales Kolorit bei

Anthem, englische (aus »Antiphon« verderbte) Bezeichnung eines nichtliturgischen Gesangstücks, zumeist auf biblischem oder parabiblischem Text in Kantaten- oder Motettenform, sehr oft hymnischen Charakters

Antiphon, Wechselgesang mit Bibeltexten oder anderen sakralen Dichtungen von zwei Chören, von denen einer durch einen Solisten (Priester, Vorsänger) ersetzt sein kann. Seltener sind Antiphone von zwei Solisten ohne Chöre

Antiphonarium, Sammlung der Melodien für das Breviarium

Aöde, Sänger des Alten Griechenlands, auch Dichter und Komponist

Arie, Sologesang, zumeist lyrischen Gehaltes, in Opern, Oratorien und Kantaten, vom Lied durch ihre Weiträumigkeit und ihre textlich oft von jeder poetischen Bindung entfernten, zuweilen der Prosa stark angenäherten Form unterschieden

Arpeggio, gebrochener Akkord; die einzelnen Töne eines Akkordes werden rasch hintereinander zum Erklingen gebracht, daß ihre Zugehörigkeit zum Akkord nicht verlorengeht

Arrangement, Einrichtung eines Musikstückes zur Aufführung im Rahmen der gegebenen Möglichkeiten, wie zum Beispiel die Wiedergabe von Vokal- oder Orchestersätzen mit dem Cembalo, der Orgel oder der Laute

Ars antiqua (Alte Kunst), Bezeichnung der ersten Mehrstimmigkeit des 12. und 13. Jahrhunderts, des Zeitalters des Organum, Conductus und Motetus. Sie wurde in der Pariser Kathedrale Notre-Dame zur höchsten Blüte entwickelt

Ars nova (Neue Kunst), löste die Ars antiqua im 14. Jahrhundert mit der isometrischen Motette, dem Madrigal, der Caccia und der Ballata ab und bildete eine Vorstufe zur franko-flämischen Polyphonie

Ars subtilior, verfeinerte Ars nova in der Frührenaissance

Aubes, Wechselgesang zwischen Liebhaber und Wächter, Warner oder Tod (Wächterlied)

Augmentation, Verlängerung einer Note um die Hälfte ihres Wertes, später auch Dehnung auf doppelte und dreifache Werte

Aulos, Doppelrohrblattinstrument ähnlich der Schalmei, wurde bereits im antiken Ägypten viel, aber noch mehr in Griechenland verwendet. Er wurde in verschiedenen Größen angefertigt und sehr oft als Doppelaulos mit zwei voneinander im spitzen Winkel abstehenden Röhren geblasen

Aulet, Aulosbläser

Avignon-Schule, Wirken der päpstlichen Kapelle in Avignon (1309–1417), deren Repertoire zur Weiterentwicklung der von Guillaume de Machaut geführten Ars nova erheblich beigetragen hat

Ayre, von italienischen Balletti und Canzonetten angeregtes Lied für vier Stimmen, aber auch für Soli mit Lauten- oder Streicherbegleitung

Ballade, im hohen Mittelalter einstimmiges volkstümliches Tanzlied der Troubadours und Trouvères; sie war strophisch mit Vorsänger und Chorrefrain und ab dem 14. Jahrhundert oft mehrstimmig. Die Wandlung dieser typisch lyrischen Dichtungs- und Kompositionsform zum heutigen epischen Charakter erfolgte erst im 18. Jahrhundert

Ballata, Tanzlied der 2. Hälfte des 13. und des 14. Jahrhunderts, ursprünglich von einem Vorsänger gesungene Strophen, die der Chor wiederholt, dann Modifikationen unterworfen

Balletto, tänzerisches Musikstück für Instrumente oder Singstimmen, auch Tanzsuite

Barden, Dichter und Sänger von Heldenliedern im vorchristlichen England, Schottland, Irland und Gallien

Barform, Strophenbau des Meistersanges – zwei Stollen und ein Abgesang –, dessen sich auch die Minnesänger bedienten

Baryton, Streichinstrument in der Größe einer Tenorgambe mit 6 bis 7 Griffsaiten aus Darm und 9 bis 28 Resonanzsaiten aus Metall; im 19. Jahrhundert kleine Abart des Violoncello

Basse danse, Schreittanz des 15. und 16. Jahrhunderts

Bergamasca, volkstümliches Tanzlied aus Bergamo im 16. und 17. Jahrhundert, im 19. Jahrhundert der Tarantella ähnlicher schneller Tanz

Bergerette, dem Virelai ähnliche Lyrik des 15. Jahrhunderts, im 16. Jahrhundert schneller Tanz im Tripeltakt, im 18. Jahrhundert pastorales oder erotisches Lied

Bergreihe, bergmännisches Lied des 16., 17. und 18. Jahrhunderts, besonders aus dem sächsischen Erzgebirge

Bicinium, Tonstück für zwei Stimmen, vokal oder instrumental, oft im Kanon angelegt

Blockflöte, Längsflöte, seit über 5000 Jahren bekannt; kam im 10. oder 11. Jahrhundert nach Europa

Bommer (Bomhard, Pommer), Schalmei in verschiedenen Größen gebaut; aus dem Baßbommer entstand das Fagott, aus dem Diskantbommer die Oboe

Bordun, Begleitung in gleichbleibender Tonhöhe durch unverkürzbare Saiten oder automatisch mitklingende Pfeifen

Bourrée, bäuerlicher Tanz aus Mittelfrankreich, der in der Mitte des 16. Jahrhunderts in die Kunstmusik Eingang fand

Branle, alter Rundtanz aus Frankreich, der im 15. Jahrhundert in die Kunstmusik aufgenommen wurde und zuweilen eine Basse danse abschloß

Breviarium, Liturgiebuch der katholischen Kirche mit Gebeten, Lektionen und den Gesangstexten der Stundenoffizien

Buccina, römisches Horn aus Metall oder Tierhorn, über die Schulter getragen, aus dem sich die Posaune entwickelte

Caccia, zweistimmiger Kanon, zuweilen von dritter Stimme begleitet, der ursprünglich das Jagdvergnügen, später auch andere profane Szenen, Jahrmarktstreiben, Liebesspiele usw., besang

Calata, ruhiger Schreittanz um 1500 aus Italien

Calvinische Musik, auf Einstimmigkeit beschränkte, bibeltextliche unbegleitete Kirchenmusik für den protestantisch-reformierten Gottesdienst

Camerata Florentina, gegen Ende des 16. Jahrhunderts in Florenz entstandener Kreis von Adligen, Dichtern, Malern, Musikern, Mäzenen und Gelehrten zur Pflege humanistischen Ideengutes

Cancionero, spanische Liedersammlung

Canticum, Lied, besonders Lobgesang der Bibel; Cantica minora: Gesänge des Alten Testaments; Cantica majora: Gesänge des Neuen Testaments; Canticum canticorum: Hohelied Salomonis

Cantio, Gesangstück außerhalb des Gregorianischen Chorals

Cantiones sacrae, geistliche Gesänge

Cantigas, Melodien mit sakralen und profanen Texten in galicischer Sprache, die im 13. Jahrhundert am Hof Alfonsos X. des Weisen in Blüte kamen

Cantus, Gesang, Oberstimme bei mehrstimmiger Musik (auch Discantus, Diskant genannt)

Cantus choralis, einstimmige Gregorianik

Cantus figuralis, Figuralmusik, polyphone Musik

Cantus firmus, fester Gesang, frei erfundene oder fremden Kompositionen oder dem Volksgesang entnommene Melodie, die einem Tonstück zugrunde liegt und zumeist vom Tenor vorgetragen wird

Cantus mensuratus, mit Bezeichnung der Tondauer aufgezeichnete Musik

Cantus planus, mit Choralnoten aufgezeichnete Gregorianik

Canzonette, kleine Kanzone, kurzes, leichtes, bewegtes Vokalstück tänzerischen Charakters im späten 16. und im 17. Jahrhundert, von deutschen und englischen Komponisten übernommen und als leichtere, volkstümliche Liedgattung weiterentwickelt

Capriccio, im 16. und 17. Jahrhundert nahezu gleichbedeutend mit Fantasia. Die Wortbedeutung eines launenhaften, grilligen Musikstückes bildete sich erst später klar aus

Catch, geselliges englisches Chorlied, anfänglich in Kanonform, der Caccia verwandt; die Texte sind zumeist sehr fröhlich

Cembalo, Kielflügel, Tasteninstrument, dessen Saiten von einem Kiel angerissen werden und rasch verklingen. Zur Regulierung der durch den Anschlag nicht beeinflußbaren Tonstärke werden Kopplungen und mehrere Manuale verwendet

Chanson, Lied, als Chanson de geste französisches Heldenlied, bei den Troubadours einstimmiges, profanes, anfänglich unbegleitetes, dann begleitetes Strophenlied, nach 1500 mehrstimmiges A-cappella-Lied mit profanen Texten

Chansonnier, französische Liedersammlung

Chiarentana, langsamer Reigen zur Laute im 15. und 16. Jahrhundert

Chitarrone, auch römische Theorbe genannt, mannshohe Erzlaute mit doppeltem Wirbelkasten; vom ersten laufen zwei- bis dreichörige Griffsaiten, vom zweiten Bordunsaiten

Chor, in der Antike Tänzer und Sänger bei dramatischen Darstellungen, später Sängergruppe

Choral, ursprünglich christlicher Gemeinschaftsgesang der ersten Jahrhunderte nach Chr., der um 600 textlich geordnet wurde und als »Gregorianischer Choral« Bestandteil der katholischen Kirchenmusik blieb. In der protestantischen Liturgie wird das Kirchenlied schlechthin als Choral bezeichnet

Choralbearbeitung, Tonsätze, die Teile des Gregorianischen Chorals mehrstimmig, zum Teil auch instrumental, oft ausgeziert und variiert verarbeiten

Chromatik, Modulation über kleine Notenwerte, die ein Gleiten von und zu jedem Tonsystem ermöglicht

Clavichord, Tasteninstrument, bei dem die Saiten quer zur Klaviatur laufen und auf Tastendruck so verkürzt werden, daß sie mit dem für den gewünschten Ton erforderlichen Teil erklingen. Sein Ton ist klein und zart

Cobla, katalanische Tanzkapelle, vorwiegend für Blasinstrumente; auch katalanischer Tanzrhythmus

Conductus, Gesänge des 12. und 13. Jahrhunderts, die ihre Melodien nicht dem Gregorianischen Choral entnahmen. Die Textsilben wurden von allen Stimmen gleichzeitig gesungen

Confrérie de St. Julien des ménestriers, zunftmäßige Vereinigung französischer Instrumentalmusiker in Paris, gegründet 1321

Coro spezzato, geteilter Chor, Verwendung mehrerer gleichzeitig oder antiphonal singender Chöre

Couplet (Copla), wechselnde Liedstrophe mit gleichbleibendem Kehrreim wie bei der alten Ballade oder dem Rondeau. Die Bedeutung eines witzigen, milieubezogenen Liedes entstand erst im 19. Jahrhundert

Courante, Hoftanz im Dreiertakt, der gegen Ende des 15. Jahrhunderts in die Kunstmusik eindrang

Crwth (Crotta, Rotte, Rotta), dreieckige Harfenzither, die in Wales bis in das 19. Jahrhundert weiterlebte

Danza alta, Tanz für »laute« Instrumente, wie Schalmeien, Sackpfeifen, Posaunen, Hörner, Trompeten, Trommeln und Becken

Diatonik, Fortschreiten in Ganz- oder Halbtönen innerhalb des Tonleitersystems

Diferencia, spanischer Ausdruck des 16. Jahrhunderts für Variation

Diminution (Verkleinerung), Verkürzung der Notenwerte, später Verzierung durch Zerlegung einzelner Töne oder Tonschritte in Gruppen kleiner, rascher Noten

Discantus, ursprünglich (oft nur improvisierte) Gegenstimme zum Cantus firmus, später allgemeine Bezeichnung für höhere Tonlagen

Dissonanz, Mißklang, der eine Auflösung zur Konsonanz verlangt. Der Begriff wandelte sich bereits im Bereich der Alten Musik, in der anfänglich Terzen als dissonant, die Quarten des Organum als konsonant empfunden wurden

Dithyrambos, ekstatischer Chorgesang mit Aulosbegleitung zu Ehren des griechischen Gottes Dionysos, aus dem sich das antike Drama entwickelte; ab ungefähr 400 v. Chr. kunstvolles Werk mit virtuosen Einzelgesängen

Dominante, fünfte Stufe der Dur- oder Mollskala

Doxologie, Lobpreisung; große Doxologie: Gloria in excelsis Deo (Ehre sei Gott in der Höhe), kleine Doxologie: Gloria patri (Ehre dem Vater)

Dramma per musica (Drama für Musik), von der Camerata Florentina verwendete Bezeichnung für die Oper

Drehleier (Radleier), Saiteninstrument, das durch ein im Inneren des Korpus laufendes, mit einer Kurbel gedrehtes Scheibenrad gestrichen wird; daneben erklingen Bordunsaiten

Égloga, Ekloge, altrömisches Hirtengedicht oder Hirtenlied

Elegion, Klagelied

Embatereia (Embateria), spartanisches Marschlied mit Aulosbegleitung

Enharmonik, in der antiken Musik Tongeschlecht mit Vierteltönen, ab der Renaissance verschieden notierte und verschiedenen Tonarten angehörende, aber (im temperierten System) gleichklingende Töne und Akkorde

Enkomion, Preislied, von Phorminx, Lyra und Auloi begleitet

Ensalada, Quodlibet, Mischmasch, spanische Kompositionsform des 16. Jahrhunderts, aus verschiedenen bekannten Melodien zusammengesetzt, oft religiösen Inhaltes

Estampita, tänzerisches Lied der Troubadours, das später zum Instrumentalstück und somit zur Tanzmusik wurde

Exequien, Beerdigungsgesänge

Fantasia, im 16. und 17. Jahrhundert ein dem Ricercar ähnliches Musikstück, das formal möglichst ungebunden und zumeist improvisiert wurde. Sie bestand in der Regel aus mehreren im Zeitmaß und Ausdruck verschiedenen Teilen, die oft nur lose zusammenhingen; auf lyrische, tragische, gefühlsbetonte Episoden folgten rauschende, jagende Klänge

Fauxbourdon, Kompositionstechnik des 15. Jahrhunderts, bei der der stimmführende Sopran von einer zweiten Stimme im ständigen Quartenabstand begleitet wird und die übrigen Begleitstimmen die Quarten zu akkordischen Klängen ergänzen

Fitzwilliam's Virginal-Book, umfangreiche Sammlung vorwiegend englischer Virginalmusik, die Viscount Richard Fitzwilliam (1745–1816) der Universität Cambridge mit Bibliothek und Gemäldesammlung vermachte, wertvolle Quelle der englischen Musikgeschichte

Flores (Blumen), Bezeichnungen für vokale und instrumentale Verzierungen jeder Art

Folia, alter spanischer Tanz, der auf einem Basso ostinato aufgebaut war und um 1600 in die Kunstmusik Eingang fand

Franko-flämische Schule, Resultat der Verschmelzung der in der 1. Hälfte des 15. Jahrhunderts herrschenden musikalischen Traditionen in Frankreich, Italien und England, die im Raum Nordfrankreichs und Burgunds stattfand. Ihre bevorzugten Formen waren das Messeordinarium, der Hymnus, die weltliche und sakrale Motette und die Chanson. Ihre Pflegestätten waren die großen Kathedralen und die Hofkapellen der Fürstensitze. Ihr Wirken dauerte von der Mitte des 15. bis zur Mitte des 17. Jahrhunderts. Ihre Ausstrahlung befruchtete die gesamte damalige musikalische Welt

Frottola, homophone mehrstimmige, einfache Liedform der 2. Hälfte des 15. und der 1. Hälfte des 16. Jahrhunderts in Ober- und Mittelitalien, zuweilen von Instrumenten begleitet oder von Lautenisten solistisch improvisiert vorgetragen. Wegen gesteigerter Publikumsansprüche wurde sie von Madrigal, Villota und Villanesca verdrängt

Fuge, bezeichnete im 14. Jahrhundert den Kanon, seit dem Ende des 15. Jahrhunderts verschiedene Imitationsarten. Ihr eigentlicher Begriff wurde erst im 17. Jahrhundert geprägt

Furlana, friaulischer Schreittanz, der im 16. Jahrhundert in die Kunstmusik übernommen wurde

Gaillarde, heiterer Springtanz im Dreiertakt

Gambe, eigentlich Viola da gamba (Beinviole), zumeist sechssaitige tiefe Viole mit Bünden auf dem Griffbrett

Gassenhauer, Bezeichnung des 16. Jahrhunderts für schlichte Volkslieder ohne die heutige abwertende Bedeutung

Geißlerlied, in den Pestjahren des 14. Jahrhunderts entstandene Lieder der Geißlerbewegung, wie zum Beispiel »Maria muoter reinu maīt«

Generalbaß (Basso continuo, Continuo), Akkordschrift, die die Begleitakkorde auf den Baßnoten mit Ziffern kennzeichnete. Der Komponist zeichnete die Melodiestimmen und den Baß auf und bezifferte die Füllakkorde, wobei dem »Continuospieler« ein mehr oder weniger breiter Freiheitsraum offenblieb. Hauptkennzeichen der Barockmusik

Gittern, englische Gitarrenform (Cittern, Sister)

Glissando, Gleiten auf Saiteninstrumenten entweder auf einer (gestrichenen) Saite oder der Bespannung entlang, bei Tasteninstrumenten auf der Klaviatur; ähnliche Effekte können auch bei Blasinstrumenten erzielt werden

Glogauer Liederbuch, entstanden um 1480 in Glogau (Głogów), Hauptquelle der deutschen Musik jener Zeit

Glosa, in der spanischen Musik des 16. und frühen 17. Jahrhunderts Auszierung eines mehrstimmigen Tonsatzes, seine instrumentale Erweiterung und Verwandlung

Graduale (Stufengesang), in der frühchristlichen Kirche Gesang auf den Stufen des Ambo (Kanzel im Presbyterium) zwischen Epistel und Evangelium

Griechische Notenschrift, kennt zwei Systeme; für reine Vokalmusik wurden Zeichen aus dem ionischen Alphabet, für die Instrumentalmusik Zeichen aus altdorischen und ionischen Buchstaben gebildet. Beide Notierungen waren im 4. Jahrhundert v. Chr. voll ausgebildet

Halleluja (Lobet den Herrn), Freudengesang der christlichen Liturgie zwischen Epistel und Evangelium seit dem 4. Jahrhundert

Heterophonie, Umspielen einer Gesangsmelodie durch ein Instrument (z. B. Aulos), wodurch sich eine zweistimmige Kontrapunktik ergibt

Homophonie, Einstimmigkeit, die absolut oder bei völliger Wahrung ihrer Prävalenz begleitet sein kann

Hoquetus, Kompositionstechnik im 12. bis zum 15. Jahrhundert, bei der die Melodie auf verschiedene Stimmen aufgeteilt ist; man nannte sie später »Durchbrochene Arbeit«

Hufnagelschrift, deutsche Choralnotation mit nagelförmig verdickten Schäften und Köpfen

Humanistisches Schullied, von mehreren deutschen Komponisten verfaßte Vertonung Horazischer Oden im vierstimmigen Satz Note gegen Note nach dem Maß der Verse des römischen Dichters

Hymenaios, Brautlied, Begleitmusik zum Brautzug, zumeist mit Aulosbegleitung

Hymne, in der Antike feierlicher Tempel- und Prozessionsgesang; in frühchristlicher Zeit kirchlicher Gesang mit sakralem Text, der nicht der Bibel entnommen war, später größeres feierliches Kirchenchorwerk; sie wurde später auch ein Begriff der Staatsmusik

Hyporchema, Tanzlied mit Saitenspiel

Imitation, Nachahmung, die eine melodisch-rhythmische Einheit einer Stimme in einer anderen Tonhöhe ähnlich wiederholt; bis zum 16. Jahrhundert auch die Verwendung eines Musiksatzes in einem neuen Werk, was später Parodie genannt wurde

Interludium, Zwischenspiel, Überleitung

Intermedien, im ausgehenden 16. Jahrhundert musikalische Zwischenspiele bei Schauspielaufführungen, die zuerst im vier- oder fünfstimmigen Madrigalstil, später auch solistisch gehalten waren und in folgenden Epochen zu Kurzopern ausgebaut wurden

Intervall, Tonschritt oder Tonabstand, der von der kleinsten Schwingungszahldifferenz bis zur größtmöglichen reichen kann

Intonation, Einstimmung, anrufende Wortfolge des Priesters oder Kantors beim Choral oder Anstimmen des ersten Verses eines liturgischen Tonwerkes, wie z. B. das »Gloria in excelsis Deo« oder das »Credo in unum Deum« in der Messe

Intrada, Entrada, Eröffnungsstück zumeist festlichen Charakters, ursprünglich nahezu immer für Bläser, später auch für jegliche Besetzung gesetzt; im übertragenen Sinn jede Art von Einleitung einer Darbietung

Introitus, einleitender Gesang zur Messe, während die Priester zum Altar treten und den Gottesdienst vorbereiten

Isometrie, Einhalten des gleichen Rhythmus mehrerer gleichzeitig erklingender Stimmen

Jenaer Codex, Jenaer Liederhandschrift, mit Melodien versehene Quelle des Minnesanges aus dem ausgehenden 14. Jahrhundert mit 91 Melodien; enthält vorwiegend kleinere Meister

Jeu parti, Debatte in Liedform ohne Polemik, besonders häufig an den Puis der Trouvères ausgetragen

Kadenz, im 16. Jahrhundert eine melodische Schlußformel, die später weit ausgebaut wurde, um Solisten die Möglichkeit zu bieten, ihre Virtuosität zu zeigen; in der Harmonielehre das harmonische Grundgerüst der Akkordfolge einer Tonart

Kanon, in der abendländischen mehrstimmigen Musik Satz mit strenger Imitation, bei dem zumindest eine Stimme einer anderen in melodischer und rhythmischer Identität folgt; Voraussetzung ist, daß das Thema sich zumindest teilweise selbst kontrapunktieren kann

Kantate, ursprünglich mehrteiliges monodisches Gesangstück, das von verschiedenen Stimmen und streckenweise von einem Chor vorgetragen wird; in weiterer Entwicklung weiträumige Komposition für Singstimmen, Chor und (fallweise) Instrumente

Kantilene, ursprünglich Komposition mit ausgeprägter Melodieführung; später Melodie mit ausgesprochenem sanglich-lyrischen Charakter

Kantionalsatz, vierstimmiger homorhythmischer Satz mit der Melodie in der Oberstimme des evangelischen Kirchengesanges ab der 2. Hälfte des 16. Jahrhunderts

Kantor, ursprünglich Vorsänger, dann Gesangsleiter, dem die Pflege und Leitung des Kirchenchores oblag, später Kirchenkapellmeister und zuweilen auch Organist

Kanzone, Lied, hat im Verlauf der Musikgeschichte verschiedene Bedeutungen angenommen und war bei den Troubadours ein Liebeslied in der Barform. In der Folge bezeichnete es verschiedene Liedformen des Kunstliedes mit instrumentalen Vor-, Zwischen- und Nachspielen und zuweilen auch mit Begleitung. Seit dem 16. Jahrhundert wurden instrumentale Kanzonen für Laute, Tasteninstrumente oder Streicher ohne Singstimmen komponiert

Kapelle hießen ursprünglich die Sängergruppen mancher Kirchen, deren Angehörige *Kapellsänger* oder *Kapellknaben* genannt wurden. Der Leiter trug zumeist den Titel eines *Kapellmeisters*. Mit dem Einzug der Instrumentalmusik in die Kirchen wurden die Instrumentalisten automatisch zu Kapellangehörigen, und im Verlauf der Zeit verschob sich die Bezeichnung Kapelle auf die Instrumentalensembles allein

Kastilische Schule ist durch das Schaffen von Tomás Luis de Victoria charakterisiert und folgt sehr genau den Vorschriften des Konzils von Trient für die Kirchenmusik

Kastraten, zum Zweck der Erhaltung der hohen Stimmlage in der Jugend entmannte Sänger, die vorerst zum Kirchengesang, von dem Frauen ausgeschlossen waren, eingesetzt wurden (in der Sixtina ab 1562), dann (17. und 18. Jahrhundert) im italienischen Opernbetrieb eine große Rolle spielten

Katalanische Schule, entwickelte sich im ersten Drittel des 17. Jahrhunderts in Barcelona, Tarragona und Zaragoza; einer ihrer Hauptvertreter war Juan Bautista Comes

Kirchentonarten, für die kirchliche Musik entwickelte Tonleiter des Mittelalters. Sie sind von den altgriechischen Tonleitern, von denen sie die Namen übernommen haben, grundverschieden. Es wurden bis zum 16. Jahrhundert 12 Tonarten gebildet, die sich voneinander durch den Grundton und die Lage der zwei Halbtonschritte innerhalb der Leiter unterscheiden. Sie wurden später von den Dur- und Molltonleitern abgelöst

Kithara, wichtigstes altgriechisches Saiteninstrument mit 4 bis 18 Saiten, die mit den Fingern oder einem Plektron angeschlagen wurden

Kitharoede, Kitharaspieler

Klavier, bis zum 17. Jahrhundert alle Tasteninstrumente wie Cembalo, Clavichord und Orgel

Kolmarer Liederhandschrift, mit Melodien versehene Handschrift aus dem ausgehenden 15. Jahrhundert mit 107 Melodien des 14. Jahrhunderts

Koloratur, Ausschmückung und Verzierung von Tönen und Melodien durch umspielende Nebentöne, die zumeist von den Interpreten improvisiert wurden, später – oft weiträumige – melismatische Einlagen in Gesangs- oder Instrumentalpartien, die die Musik nicht selten überwucherten

Kompletorium, Komplet, letzte Hore (Stunde) des katholischen Stundengebetes, auch Schlußantiphon der Vesper

Konsonanz, Zusammentönen von zwei oder mehreren Klängen, die in einem bestimmten Zahlenverhältnis zueinander stehen und damit einen mehr oder minder ruhenden, nach keinem Fortschreiten verlangenden Effekt erzielen. Welche Töne konsonant klingen, hängt von den jeweiligen zeitlich und örtlich verschiedenen Hörgewohnheiten ab. Sehr allgemein werden Oktaven und Quinten als konsonant empfunden, die Quart war im Mittelalter eine beliebte Konsonanz, mußte aber später der bisher abgelehnten Terz und der Sext weichen und wird erst in unserer Zeit erneut den Konsonanzen zugerechnet

Kontrafaktur, Übertragung von bereits bestehenden Gesangsmelodien auf neue Texte mit gleichzeitiger musikalischer Bearbeitung oder ohne sie

Kontrapunkt, zu einer melodischen Linie hinzugefügte weitere Melodien, die dazu in einem sinnvollen harmonischen Verhältnis stehen

Kreuzfahrerlied, im 12. Jahrhundert im Zusammenhang mit den Kreuzzügen entstandene Lieder, wie zum Beispiel »Nu âlerst lebe ich mir werde« von Walther von der Vogelweide

Lai (Leich), mittelalterliche Lyrikform mit religiösen (Marien-Lai) oder profanen (Minne-Lai) Texten. Sie war unstrophisch und bestand aus musikalisch verschieden gebauten Teilen mit uneinheitlicher Länge

Lamentationen, Lesungen in den letzten drei Tagen der Karwoche, deren Texte den »Klagen des Propheten Jeremias« entnommen sind, bereits im 15. Jahrhundert mehrstimmig gesetzt und in der Folge oftmals vertont

Lamento, Klagegesang

Lauda (Laude), hymnischer, sakraler Lobgesang der Bruderschaften der »Laudesi« auf italienischem oder lateinischem Text vom 13. bis zum 16. Jahrhundert

Laudes, Morgengebet im Rahmen des Officium, formal der Vesper angeglichen; die ausgewählten Psalmen und Antiphone bringen Motive des Lichtes und Lobes

Leise, deutschsprachiges vorreformatorisches Kirchenlied, wie zum Beispiel die Weihnachtsleise »Gelobt seist du, Jesu Christ« oder die Pfingstleise »Nu bitten wir den Heiligen Geist« aus dem 14. Jahrhundert

L'homme armé-Messe, auf der Melodie des allgemein bekannten und beliebten Volksgesangs »L'homme armé« als Cantus firmus wurden ungefähr 30 Messen komponiert

Lituus, militärisches Signalinstrument der Römer, in der Musik der Renaissance und des

Barocks lateinische Bezeichnung für den Zink

Lochamer Liederbuch, nach dem mutmaßlichen Besitzer Wolflein von Lochamer in Nürnberg (um 1482 bis nach 1512) benannt, entstanden um 1460 in Nürnberg, Hauptquelle der bürgerlichen Liedkunst in Deutschland

Lure, altnordisches, aus Bronze gegossenes, bis zu drei Meter langes Blasinstrument, bestehend aus einem gewundenen Rohr, an dessen Ende ein mit symbolischen Ornamenten geschmückter Teller angebracht ist; es wurde vermutlich stets gepaart geblasen

Lyra, in der Antike kleine Kithara mit bis zu 7 Saiten, die mit einem Plektron angeschlagen wurden; seit dem 10. Jahrhundert Bezeichnung für die Drehleier; im 16. Jahrhundert als Lira da braccio (Armlyra) aus der Fidel entwickelte Vorstufe zur Violine mit zumeist 5 Griffsaiten und 2 Bordunsaiten, als Lira da gamba (Beinlyra) mit 9 bis 13 Spielsaiten und 2 Bordunsaiten oder noch größer als Arciviola da Lira (Lyrenförmige Erzgeige) mit 12 oder 14 Griffsaiten und 2 Bordunsaiten

Madrigal, vermutlich ursprünglich Hirtenlied (alte Form Mandriale), wurde im 14. Jahrhundert als poetische Form von den Troubadours übernommen, von den italienischen Dichtern zum Ausdruck ihrer kontemplativen Natur- und Lebensbetrachtung weiterentwickelt und von den Komponisten des Trecento vertont; im 16. und 17. Jahrhundert blieb es im jeweils angewandten Stil der gehobene musikalische Ausdruck eleganter zeitgenössischer Poesie

Manessische Handschrift, Große Heidelberger Liederhandschrift, bedeutendste Sammlung des Minnesanges ohne Melodien, irrtümlich dem Ritter Rüdiger Manesse aus Zürich (gestorben 1304) zugeschrieben; kam im 15. Jahrhundert nach Heidelberg

Maîtrise, größeren französischen Kirchen angeschlossene Chorschule; ihr Leiter hieß *Maître de Chapelle*

Mascherata, Maschara (Maskenspiel), bei italienischen Festlichkeiten von Vermummten gesungene und gespielte freie Folge von Tanzliedern, zumeist mit deutlichem Bezug auf den festlichen Anlaß und die teilnehmenden Persönlichkeiten

Masque (Maskenspiel), im 16. und 17. Jahrhundert am englischen Hof zum Teil von den Adeligen selbst aufgeführte mythologische und allegorische Szenen mit Musik und Tanz

Meistersinger, bürgerliche Nachfahren der Minnesänger vom 14. bis zum 16. Jahrhundert, in »Schulen« zusammengefaßt, die nach der ältesten in Mainz in nahezu allen deutschen Städten gegründet wurden. Die Mitglieder mußten Handwerksmeister sein; sie traten als »Schüler« ein und konnten über eine Reihe von Zwischenrängen zum »Meister« aufsteigen; ihr Dichten und Singen war an erstarrte Regeln gebunden, die deutschen oder fallweise auch lateinischen Texte waren dem sakralen Bereich entnommen, die Weisen (»Töne«) stets monodisch und fast immer solistisch

Ménestrel (Ménétrier, Minstrel), fahrender Spielmann des Mittelalters, zuweilen im Dienst eines Troubadours oder Trouvères, den er instrumental oder vokal begleitete

Mensuralmusik, Musik, bei der die Länge der einzelnen Töne in einem bestimmten Maß gehalten ist. Die Gregorianik kannte zum Beispiel keine Regeln für die Tonlänge (Cantus planus)

Messe, im musikalischen Sinn: Folge von unveränderbar festgelegten Texten zur gleichnamigen Kulthandlung (Kyrie, Gloria, Credo, Sanctus, Benedictus, Agnus), Ordinarium genannt, zu dem noch als Proprium dem Kirchenkalender oder dem jeweiligen Anlaß entsprechend einzelne Gesänge (Graduale, Alleluia, Tractus, Communio, Offertorium etc.) treten

Minnesänger, deutsche ritterliche Liedersänger und Dichter nach dem Vorbild der Trouvères und Troubadours

Modulation, Übergehen von einer Tonart zu einer anderen, um dort zu verbleiben; bei einer baldigen Rückkehr spricht man von einer *Ausweichung*. Sie wurde im vollen Umfang erst nach der Temperierung der Skala, wodurch jeder Ton mehreren Tonarten zugeordnet werden kann, möglich

Modus, Kirchentonart, wird aber auch zuweilen als Zeitwertbestimmung einzelner Noten verstanden

Monochord, altgriechisches Instrument mit einer Saite über einem Klangkörper; mittels eines Steges konnten durch Verkürzung der Saite die verschiedenen Tonhöhen gewonnen werden, es wurde vorwiegend für theoretische akustische Berechnungen verwendet

Monodie, einstimmiger Gesang; um 1600 verstand man darunter eine klare Melodieführung mit Akkordbegleitung im Gegensatz zur kontrapunktischen Führung mehrerer Stimmen

Moresca (Mohrentanz), ursprünglich maurischer Tanz in der Art der Courante, aber mit rasch wechselnden Rhythmen, dann höfischer Tanz in Mitteleuropa und Italien

Motette, eine Form vokaler Polyphonie zumeist auf sakralem Text, die im Verlauf der Musikgeschichte ihre Struktur mehrfach änderte. Sie wurde zumeist von 4 bis 6 Stimmen gesungen, von denen einige auch von Instrumenten gespielt oder mitgespielt werden konnten; auch monodische Fassungen waren möglich. Doch abgesehen von der Wandelbarkeit der stilistischen und technischen Struktur haftete ihr stets – schon durch die verwendeten Texte bedingt – eine gewisse Würde und Erhabenheit der Diktion an

Musica poetica, Kompositionslehre von der Mitte des 16. bis zum Beginn des 18. Jahrhunderts

Musica reservata, Ausdruck des ausgehenden 15. und beginnenden 16. Jahrhunderts für Musik, die besonderen (gehobeneren) Kreisen vorbehalten war und auf allgemeines Verständnis keinen Anspruch erhob

Musica Transalpina, Sammlung bedeutender italienischer Madrigale in englischer Übersetzung, erschienen 1588; sie übte nachhaltigen Einfluß auf das englische Madrigal aus

Neumen, Notenschrift des Mittelalters, Merkzeichen für die Tonbewegung ohne Angaben über die Größe der Tonschritte; genaue Festlegung der Tonhöhen und Tonlängen entwickelte sich erst ab dem 12. und 13. Jahrhundert

Nicolaibrüderschaft in Wien, gegründet 1288, einer der ersten Zusammenschlüsse von Musikanten unter Adelsschutz und einem »Pfeiferkönig« (Spielgrafen)

Nomos, altgriechische Bezeichnung für Melodietyp, auch Rhythmustyp, von Dichtung und Musik

Notendruck, in der 2. Hälfte des 15. Jahrhunderts wurde sowohl der Plattendruck wie der Typendruck entwickelt. Im 16. Jahrhundert setzte der Notendruck in Italien, Deutschland, Frankreich, England und den Niederlanden ein. Zum Kupferstichverfahren kam es erst am Ende des 16. Jahrhunderts. Die Benützung von weichen Zinn- und Zinkplatten wurde im 18. Jahrhundert in England entwickelt

Notre-Dame-Schule in Paris, charakterisiert durch die liturgische Eingliederung der Mehrstimmigkeit, von ungefähr 1150 bis 1250; ihre Hauptmeister waren Magister Leoninus und Perotinus Magnus

Offertorium, Teil des Proprium, nach dem Credo gesungen

Officium, Stundengebet, in einzelnen Abschnitten über den ganzen Tag verteilt, zumeist einem bestimmten Heiligen oder einem vom Kirchenkalender festgelegten sakralen Dienst gewidmet

Oper, Musikdrama, das aus den Versuchen der Camerata Florentina, das antike Drama neu zu beleben, resultierte, so daß es 1594 zur Aufführung der ersten Oper von Jacopo Peri (Text von Ottavio Rinuccini) »Dafne« kam. Vorausgingen das humanistische Schuldrama, die Maskenspiele, Intermedien und Madrigalkomödien; zu einem wirklichen Bühnendialog konnte es erst nach der Entwicklung des monodischen Stils kommen. Breitenwirkung hatten allerdings erst die Opern von Claudio Monteverdi, so daß man die Geschichte der Oper mit der Erstaufführung seines »Orfeo«, Mantua 1607, datieren kann, weil von da an der Aufstieg dieser Musikgattung bis zu den Werken unserer Gegenwart einsetzte

Oratorium, entstand nahezu parallel zur Oper aus den im »Oratorio« (Betsaal) römischer Klöster gepflegten Hymnen und Wechselgesängen. Der gegen Ende des 16. Jahrhunderts entwickelte monodische Stil ermöglichte die Ausbildung von Dialogen und die epische Darstellung sakraler und profaner Episoden. Anstelle der schauspielerischen Darstellung trat der »Erzähler« (Evangelist, Historicus). Wie die Oper nahm das Oratorium an allen Stilepochen der Musik teil, wenn es auch nie eine so starke Breitenwirkung gewann

Ordinarium, siehe Messe

Organum, frühe Methode der Mehrstimmigkeit durch Parallelführung von Oktaven, Quinten oder Quarten, später durch Entgegenführung

Orgel, Tasteninstrument, dessen Pfeifen oder Zungen von einem Blasebalg zum Erklingen gebracht werden. Die älteste Orgel, Hydraulis, wurde, abgesehen von den ostasiatischen Mundorgeln, bei denen der Balg mit dem Mund aufgeblasen oder abgesaugt wird, in Ägypten vom Mechaniker Ktesibios von Alexandria (3. Jahrhundert v. Chr.) gebaut. Ähnliche Orgeln wurden in Byzanz und Rom aufgestellt. Die Orgel fand in die abendländische Kirche im 7. Jahrhundert Eingang und war bereits im 10. Jahrhundert vielfach in Gebrauch. In der Renaissance wurde sie zum integrierenden Bestandteil der Kirchenmusik, sofern sie nicht durch puristische Anordnungen (Rom, Spanien) daraus verbannt war. Sie war bereits im 16. Jahrhundert mit mehreren Manualen und einem Pedal sowie mit mehreren Registern ausgestattet. Die Entwicklung führte zu immer größeren Instrumenten (über hundert Register und über 10.000 Pfeifen). Unsere Zeit hält eine rückläufige Tendenz ein, um der Orgel den Charakter eines Musikinstrumentes wieder zu verleihen

Ostinato, hartnäckige Wiederholung eines musikalischen Motivs, zumeist im Baß (Basso ostinato), wodurch eine starke Spannung erzielt wird

Paian, chorischer Kultgesang für Apollo, später auch anderen Göttern der Antike gewidmet

Pandora, große Sister mit zumeist 7 Saiten, seit der Mitte des 16. Jahrhunderts in Gebrauch

Pange lingua, seit dem 9. Jahrhundert fester Bestandteil des Officium der Passionszeit, dann Prozessionshymnus; vielfach komponiert

Paraphrase, freie Umspielung und Ausschmückung einer Melodie, auch Wiedergabe eines Bibeltextes in volkstümlicher Form

Pariser Schule, die Hofkapellen der französischen Könige Karl V. (1338–80) und Karl VI. (1368–1422) bildeten bis zur Niederlage von Azincourt (1415) ein bedeutendes Zentrum französischer Musikpflege. Nach dem Ausklingen der franko-flämischen Schule verlagerte sich das Schwergewicht wiederum nach Paris (Mitte des 16. Jahrhunderts)

Parodie, seit der Mitte des 16. Jahrhunderts Umformung eines Tonsatzes zu einem neuen Werk, in dem wesentliche Teile der benützten Komposition zitiert und in veränderter Gestalt wiedergegeben werden. Im 15. Jahrhundert wurde diese Technik Imitation genannt. Seine satirische Bedeutung (groteske Verzerrung, Persiflierung) erhielt der Begriff erst in jüngerer Zeit

Passamezzo, Tanz im »halben Schritt« aus dem Ende des 16. Jahrhunderts

Passion, Leidensgeschichte Christi nach dem Evangeliumtext, ursprünglich von drei Priestern in verschiedenen Stimmlagen rezitiert. Hand in Hand mit der musikalischen Verwertung des Textes, der mit Kontemplationen ergänzt wurde, ging seine szenische Darstellung, bei der einzelne markante Teile motettenartig gesungen wurden (Motetten-Passion). Seit der Mitte des 15. Jahrhunderts gab es durchkomponierte Passionen mit Rollenverteilung, zu der bald Instrumentalbegleitung trat. Im 16. Jahrhundert wurde bereits der Part einzelner Personen und der des berichtenden Evangelisten von Solisten – rezitativisch und arios – übernommen. Im reformierten Bereich wurden deutsche Texte verwendet und mit Dichtungen angereichert, bis der Bibeltext in das Rezitativ abgedrängt wurde und das Hauptgewicht sich auf diese Dichtungen verlagerte. Formal wurden die Passionen zu Oratorien und erhielten unter der Hand des Meisters Johann Sebastian Bach ihre vollendete Gestalt

Pastorale, Hirtenstück, idyllische Dichtung mit ländlichem Kolorit. Eine eigene musikalische Form wurde dafür im Mittelalter nicht entwickelt. Auch die ersten Opern des ausgehenden 16. und des 17. Jahrhunderts beinhalteten bukolische Themen und Szenen, die bis heute in dieser Kunstgattung einen breiten Raum behielten. In späteren Entwicklungsphasen wurde das pastorale Kolorit vorwiegend durch Rhythmus und die Instrumentierung (Schalmeien, Oboen, Flöten) ausgedrückt

Pastorella, Liebeslied der Troubadours, das die (zumeist vergebliche) Werbung eines Ritters um ein Bauern- oder Hirtenmädchen darstellt

Pavane (Padovana), ruhiger Schreit- oder Reigentanz aus dem 15. Jahrhundert

Penorcon, Zupfinstrument des 16. und 17. Jahrhunderts ähnlich der Cister mit 9 zweifachen Saitenchören und Bünden

Pentatonik, fünfstufiges, aus fünf Ganztonschritten bestehendes Tonsystem, das in China, Polynesien, Japan, Ägypten und anfänglich auch bei den Griechen und Kelten in Gebrauch stand; bei Chinesen und Griechen kam es später zum Übergang zur Siebenstufigkeit durch Einfügen von zwei Halbtönen

Phorminx, altgriechisches Zupfinstrument mit 3 bis 5 Saiten, später von der Lyra und Kithara verdrängt

Planctus (Planh), im Mittelalter Klagelied auf den Tod eines Gönners oder eines Fürsten in verschiedenen Formen, war schon damals auch biblischen Gestalten gewidmet und entwickelte sich im 13. Jahrhundert in Italien zur Liebes- und Marienklage

Plektron, Plättchen aus Holz, Metall oder Bein, mit dem die Saiten der Kithara und anderer Saiteninstrumente angeschlagen werden

Polonaise, höfischer Tanz in Polen aus dem 16. Jahrhundert

Polymetrik, Kombination verschiedenartiger Taktsysteme; auch mehrfache Akzentsetzung; die Bezeichnung wird oft im gleichen Sinn wie »Polyrhythmik« gebraucht

Polyphonie (Vielklang), gleichzeitiges Erklingen mehrerer Töne, das in der älteren Musik strengen kontrapunktischen und harmonischen Regeln unterworfen war

Polyrhythmik, Verwendung verschiedener Rhythmen hintereinander oder (bei mehrstimmiger Musik) gleichzeitig

Portativ, tragbare Orgel ohne Pedal, oft nur mit der rechten Hand gespielt, während die linke den Blasebalg betätigt

Positiv, kleine Standorgel ohne Pedal zur Begleitung des Chores, platzsparend gebaut

Postludium, Nachspiel

Praeambulum, Vorspiel in der Lauten- und Orgelliteratur

Präludium, Vorspiel, Einleitung, zuweilen auch Intonation

Prima Prattica, erste Kompositionsart, alter Stil, im Gegensatz zur Seconda Prattica, zweiter (neuer) Stil, von Claudio Monteverdi stammende Bezeichnung des Musikstiles bis zur zweiten Hälfte des 16. Jahrhunderts

Proprium, vgl. Messe

Prosidion, altgriechisches Prozessionslied, zumeist mit Aulosbegleitung

Psalm, eine der 150 Prosadichtungen der Bibel, im Psalter zusammengefaßt

Psalterium, trapezförmiges, ursprünglich gezupftes, dann mit Klöppeln auf die Saitenbespannung geschlagenes Instrument, das im 11. Jahrhundert aus dem Orient über Spanien nach Mitteleuropa kam

Pui, Sängervereinigung und Wettstreitforum der Trouvères. Die Stadt Arras wurde Mittelpunkt der Puis, die bis in die Neuzeit ihre Fortsetzung in den Puys verschiedener französischer Städte fand

Quintieren, ältere Art der Mehrstimmigkeit, die auf der Quinte beruhte und im Volksgesang lange beibehalten wurde. In der Kunstmusik wurde (obwohl später Quintenparallelen verpönt waren) zuweilen quintiert, um den volkstümlichen Charakter eines Stückes zu betonen oder um den Volksgesang zu ironisieren

Racket, Doppelrohrblattinstrument aus dem 15. Jahrhundert. Seine lange Röhre war in neun Windungen in eine Büchse gepreßt, an der sich 11 Grifflöcher befanden. Sein Klang war sonor vibrierend

Refrain, Kehrreim der Lieder und Tänze mit wiederkehrenden Strophen, der sie textlich und musikalisch immer gleichförmig abschließt

Regal, kleine Orgel mit Zungenstimmen, zuweilen klein wie eine zugeschlagene Bibel (Bibelregal)

Register, bei der Orgel Pfeifenreihe mit spezifischer Tonfarbe, beim Sänger Stimmlage – Kopfregister, Brustregister

Requiem, Totenmesse mit verändertem Ordinarium – Gloria und Credo fehlen; dafür werden mehrere Propriumsätze eingeschoben, wie Dies irae und Lux eterna

Responsorium, liturgischer Wechselgesang zwischen Altarsänger und Chor

Rezitativ, Sprechgesang, der an den Accentus des Mittelalters anknüpfte, weil weder die Mehrstimmigkeit des Madrigals noch die Soloarie den Handlungsfortgang der Oper mitteilen und Dialoge wiedergeben konnten

Rhapsode, Sänger, Dichter, Komponist von epischen Gesängen

Ricercar, ursprünglich nur instrumentale Vorausnahme der Melodien des eingeleiteten Musikstückes in Form einer freien Imitation, dann kanonartige Intonation, bis es zum selbständigen Musikstück und zur Vorform der Fuge wurde (Fugenricercar); auch als Übungsstück verwendet

Romanesca, mehrtaktisches Baßmotiv, das um 1600 als Ostinato für Instrumentalstücke mit tänzerischem Charakter entwickelt wurde

Römische Schule, Gruppe ab der Mitte des 16. Jahrhunderts in Rom wirkender Komponisten, die der Forderung der Gegenreformation nach Textverständlichkeit und sakraler Ausrichtung entsprachen. Die zunehmende Verwendung des Gregorianischen Chorals war eines ihrer Merkmale. Ihr Hauptmeister war unbestritten Palestrina, dessen persönlicher Stil als Ideal der Schule und der gesamten Kirchenmusik bis in die Gegenwart gilt

Rondeau, mittelalterliches Tanzlied, das zwischen einem Soloteil (Couplet) und der Chorantwort (Refrain) abwechselte; daraus entstand das instrumentale *Rondo* mit gleicher oder ähnlicher Struktur

Rotroenge, Wiederholung der Melodie für mehrere Verszeilen, die in einen Refrain münden

Rückpositiv, kleines Orgelnebenwerk außerhalb des Hauptwerkes, im Rücken des Organisten untergebracht; es wird von der Hauptorgel aus bedient

Salpinx, altgriechisches Metallblasinstrument mit leicht konischer Röhre und Kesselmundstück; sein Ton war hoch und spitz

Saltarello, Springtanz im Dreiertakt aus dem 14. Jahrhundert

Salve Regina (Gegrüßt seist du, Königin), Marienantiphon, vielfach mehrstimmig gesetzt und für Orgel bearbeitet

Sängerschulen wurden bereits im 10. und 11. Jahrhundert teils von Rom aus (z. B. Metz), teils von England aus (z. B. Tours) gegründet; im 15. Jahrhundert erlangten die Sängerschulen von Arras, Cambrai, Tournai und Reims besondere Berühmtheit

St.-Martial-Schule, älteste Pflegestätte der zweistimmigen Motette (Ende des 11. Jahrhunderts)

Sarabande, altspanischer, stark rhythmisierter Volkstanz mit gravitätischer Würde

Sardana, katalanischer Reigentanz für große Gruppen auf Straßen und Plätzen mit schwieriger Schrittfolge, ausgeführt von einer Cobla-Kapelle

Sarum use, Sonderform der römischen Liturgie in der Kathedrale von Salisbury (Sarum) seit dem 13. Jahrhundert, die schon früh eine Mehrstimmigkeit kannte

Schalmei, Doppelrohrblattinstrument, Nachkomme des Aulos, Vorläufer des Bommers, mit pastoralem Klang

Schedelsches Liederbuch, nach dem ersten Besitzer Hartmann Schedel (1440–1514), Arzt und Humanist, benannt, wichtige Quelle deutscher Liedkunst

Scheitholz, altes Saiteninstrument, bei dem über einen rechteckigen Resonanzkasten 2 Melodie- und bis zu 8 Begleitsaiten mit Bundeinteilung laufen; Vorform der Zither

Scherzo, im 16. Jahrhundert Sammlung verschiedenartiger Musikstücke wie Kanzonen, Canzonetten, Instrumentalstücke, später rascher, launiger Sonaten- oder Sinfoniesatz, auch virtuoses Klavierstück

Schlüsselfidel, Fidel mit 3 bis 4 Saiten und einem Mechanismus auf dem Hals zum Verkürzen der Saiten, seit dem 16. Jahrhundert (in Schweden seit dem 14. Jahrhundert) in Gebrauch

Schola cantorum, Choralschule in Rom, von Papst Gregor I. reorganisiert, Muster für ähnliche Schulen in Canterbury, Paris und vielen anderen westeuropäischen Städten

Seconda Prattica, zweite Kompositionsart, nannte Claudio Monteverdi die neue um 1550 entstandene Technik, der Deklamation und der Darstellung des Textinhaltes den Vorrang vor den strengen Kontrapunktregeln zu geben, um damit eine Einheit von Musik, Rhythmus und Sprache zu erreichen. Sie wurde für das gesamte 17. Jahrhundert und weit darüber hinaus richtunggebend

Sequenz, seit der Mitte des 9. Jahrhunderts dem Alleluia folgender, oft sehr ausgedehnter Gesang, der einer Art freier Koloratur nahekam und »mehr Musik« in die Sakralhandlung brachte; sie wurde besonders in den Klöstern von Limoge und St. Gallen gepflegt. Ihre besten Meister waren Notker Balbulus und Adam de St. Victor. Zur besseren Merkbarkeit wurden diesen langen Tonreihen Texte unterlegt, woraus sich eine neue Gattung der mittelalterlichen Vokal- und Instrumentalmusik entwickelte. In der neueren Musik versteht man unter Sequenz die Motivwiederholung auf veränderter Tonstufe

Serpent, mittelalterliches Blasinstrument in Baßlage, das aus einem bis zu drei Meter langen, schlangenförmigen Rohr besteht. Es wird mittels eines Kesselmundstückes angeblasen und hat 6 Grifflöcher. Sein Ton ist dumpf und rauh

Siciliano, ruhiger Tanz aus Sizilien mit punktiertem Rhythmus

Sirventes, Dienstlieder der Troubadours, in denen der Lehensherr gelobt oder kritisiert wird

Sister (Cister, Gittern), im Mittelalter Citole oder Cistole genannt, ist eine Mittelform zwischen Laute und Gitarre. Es gab Sonderformen wie die Cistertheorbe und die Cythringe. Sie war besonders in England sehr lange beliebt

Sistrum, ägyptisches Rasselinstrument, das im Sakraldienst Verwendung fand und auch vom antiken Rom übernommen wurde

Sixtinische Kapelle (Capella Sistina), von Papst Sixtus IV. im 15. Jahrhundert erbaut; ihr Name ging auf die bereits seit der Zeit Gregors I. bestehende Sängergruppe über

Skalden, nordgermanische Dichter und Sänger zwischen dem 9. und dem 13. Jahrhundert

Skolion, einstrophiges Trinklied der Altgriechen, ernsten oder heiteren Charakters, das zumeist von den Gästen des Gelages stegreif vorgetragen wurde

Sommerkanon, ältester in der Kunstmusik bekannter Kanon »Sumer is icumen in« aus dem 13. Jahrhundert

Sonate (Klangstück), im 16. Jahrhundert Instrumentalstück gegenüber der Cantata als Singstück, im 17. Jahrhundert Kopfsatz einer Tanzsuite; die klassische Sonatenform entwickelte sich in der zweiten Hälfte des 18. Jahrhunderts und wurde von Beethoven zu ihrem Höhepunkt geführt

Sordun, Doppelrohrblattinstrument des 16. und 17. Jahrhunderts, der Schalmei eng verwandt, mit dumpfem Klang

Spinett, dem Cembalo ähnliches Tasteninstrument mit kastenartigem Gehäuse und einfacher, quer zur Klaviatur verlaufender Saitenbespannung

Stabat mater (Es stand die Mutter), Sequenz zum Freitag vor Palmsonntag auf einem Text von Jacoponus (gestorben 1306), von vielen Komponisten neu vertont

Stadtpfeifer, seit dem 15. Jahrhundert in Zünften zusammengeschlossene Musiker, die von Behörden und Privaten fallweise engagiert wurden und eine Monopolstellung innehatten; daraus entwickelten sich fest besoldete Stadtkapellen

Stasimon, Chorlied in der altgriechischen Tragödie

Strambotto, einstrophiges, achtzeiliges Gedicht zur Laute im 16. Jahrhundert

Subdominante, vierte Stufe der Dur- oder Mollskala

Succentor, Unter-Cantor, Ausbilder des Knabenchors, Gehilfe oder Stellvertreter des Chorleiters

Synkope, seit der Ars nova Verschiebung der Betonung gegenüber dem metrischen Ordnungsgefüge, wodurch eine Verselbständigung der einzelnen Stimmen erzeugt wird

Syrinx (Panflöte), Hirteninstrument der Griechen aus 5–9 mundstücklosen, verschieden langen oder verschieden lang ausgehöhlten, durch einen Querriegel zusammengehaltenen Pfeifen

Tabulatur, Notationsart für Instrumentalmusik, zumeist in der Form von Grifftabellen, vorwiegend für Orgel und Laute, seltener für Harfe; beim Meistersang Zusammenfassung der strengen Regeln für Dichtung und Gesang

Tagelied, mehrstrophiges Lied der Minnesänger, das den Abschied zweier Liebender (zumeist in Dialogform) bei Anbruch des Tages zum Gegenstand hat, später überhaupt Morgengesang, Morgenständchen, Wächterlied, Weckruf (auch religiösen Inhaltes)

Tantum ergo sacramentum (Also ein so großes Heiligtum), 5. Strophe des Fronleichnamshymnus, der zur Segnung der Gottesdienstteilnehmer gesungen wird; unzählige Male vertont

Te Deum laudamus (Dich Gott, loben wir), Lobgesang, fälschlich Ambrosius zugeschrieben, oftmals von bedeutenden Komponisten vertont

Tenzone (Tensos), Streitlied der Troubadours mit zuweilen starker Polemik, später Sängerwettstreit

Theorbe, Baßlaute mit zwei Wirbelkasten, einer für Griff-, ein zweiter für Bordunsaiten

Threnos, Totenklage der Antike, eigene Gattung der Chorlyrik, spielte als Wechselgesang zwischen einem Schauspieler und dem Chor in der attischen Tragödie eine wichtige Rolle; Gattung und Bezeichnung fanden auch in unsere moderne Musik Eingang

Tibia, römische Bezeichnung des Aulos

Tiento, präludierendes, intonierendes spanisches Musikstück nach Art des italienischen Ricercar, zumeist imitierend gefaßt

Toccata, neben der Bedeutung eines Bläser- und Paukentusches bei festlichen Auftritten einleitendes Stück auf Tasteninstrumenten, Lauten oder Gitarren in verschiedenen musikalischen Formen – zumeist vollgriffig klangvoll und mit auszierenden Läufen überhäuft –, das die Aufmerksamkeit des Publikums auf das kommende Musikstück richten sollte; später selbständiges, sehr frei und weiträumig gefaßtes Stück

Tonika, Grundton der Dur- oder Mollskala

Tractus (Cantus tractus), Psalmengesang, der nicht von Gegenstimmen (Responsorium, Antiphon) unterbrochen wird

Tricinium, dreistimmige Komposition

Trienter Codices, im Auftrag Kaiser Friedrichs III. (1415–93) angelegte Sammlung von 1864 erhaltenen Tonsätzen deutscher, italienischer, nordfranzösischer, flämischer, englischer Komponisten, die das Repertoire der Hofkapelle bildeten; eine wertvolle Quelle der Musikwissenschaft

Trobairitz, weiblicher Troubadour

Trobar clus, gelehrte, später gekünstelte Dichtung der Troubadours

Trobar ric, volkstümliche, lebensnahe Dichtung der Troubadours

Tropar, Sammlung von Troparia (einstrophige Hymnen mit frei gewählter Reimfolge und Metrik der byzantinischen Hymnographie)

Tropus, Einschub in die antiphonalen Formen des gregorianischen Gesanges oder Beifügung zu Teilen des Ordinarium

Troubadour, ritterlicher Dichter, Komponist und Sänger südlich der Loire und in Nordspanien; ihre Sprache war das Provenzalische (Langue d'oc), in einzelnen Fällen das Katalanische; die Zeit ihres Wirkens erstreckte sich von der Mitte des 11. bis zum Ende des 13. Jahrhunderts

Trouvère, nordfranzösischer Sänger, Dichter und Komponist; die Sprache der Trouvères war das Nordfranzösische; ihre Wirkungszeit begann im letzten Drittel des 12. Jahrhunderts und dauerte bis zum Ende des 13. Jahrhunderts

Trumscheit (Trompetengeige), mittelalterliches Streichinstrument mit einer über einen langen, schmalen Klangkörper gespannten Saite, deren Steg mit einem Fuß nur lose auf dem Klangkörper liegt, so daß ein Schwirreffekt erzielt wird; es werden nur Flageolettöne erzeugt

Tuba, römisches Blechblasinstrument, heute gemeinsame Bezeichnung der Baßinstrumente, die zur Familie des Bügelhorns gehören, auch der Baßtrompete

Turbae, Choreinwürfe von Juden, Priestern, Heiden, Kriegsknechten bei Passionen, Oratorien und sakralen Schauspielen

Venezianische Schule, die vom Niederländer Adrian Willaert angeführte Reihe von Lehrern und Schülern am Markusdom in Venedig, deren

Wirken zwischen ungefähr 1530 und 1620 zur musikalischen Vorherrschaft Italiens und zur Ausbildung der wichtigsten vokalen und instrumentalen Formen führte

Vesper, Abendgottesdienst, der aus 5 Antiphonen mit 5 Psalmen besteht; sehr oft als selbständiges Tonwerk komponiert

Vigil, Vorbereitungsfeier für bestimmte katholische Feste

Vihuela, ursprünglich spanische Bezeichnung für verschiedene – gestrichene oder gezupfte – Saiteninstrumente, sodann für die Vorläuferin der Gitarre, von der sie sich durch die größere Saitenanzahl (5 bis 7 anstelle der damaligen 4 Saiten der Gitarre) unterschied; sie war zumeist doppelchörig

Villancico, ursprünglich volkstümliche, einfache Liedform in Spanien, die trotz ihrer homophonen, primitiven Struktur zur beliebtesten musikalischen Form der spanischen Renaissance wurde. Die Texte waren zumeist religiös. Heute versteht man darunter instrumentenbegleitete Weihnachtslieder

Villanella (Villanesca), volkstümliches, mehrstimmiges Tanzlied neapolitanischen Ursprungs, das sich rasch über ganz Italien verbreitete, im 16. Jahrhundert in stilisierter Form in die Kunstmusik überging und in der Folge starken Einfluß auf die Entwicklung des deutschen Liedes ausübte

Villotta, vierstimmiges, durchkomponiertes oberitalienisches Tanzlied des 16. Jahrhunderts, das sich bald der neapolitanischen Villanella anglich; es wurden auch spezifisch venezianische Volkslieder darunter verstanden

Viole, Streichinstrument in allen Stimmlagen, das zum Teil in Armhaltung (Viola da braccio), zum Teil in Beinhaltung (Viola da gamba) gespielt wurde; ihr Griffbrett ist bei den meisten Typen mit Bünden versehen; ab dem 18. Jahrhundert wurden die Violen nahezu gänzlich von der Violinenfamilie verdrängt, erlebten jedoch in jüngerer Zeit eine Renaissance

Violine, höchst entwickeltes Streichinstrument und eines der wichtigsten Musikinstrumente überhaupt, das bereits eine Geschichte von 300 Jahren durchlaufen hat. Von der Violinenfamilie sind aus den vielen Nebenformen und Konstruktionsversuchen die Violine, die Bratsche, das Violoncello und der Kontrabaß (der eigentlich eine Viole ist) geblieben. Ihr Griffbrett ist durchweg bundlos

Virelai, Refraingedichtform des Mittelalters, die erst ab dem 14. Jahrhundert ihre endgültige komplizierte Form erhielt. Es war zumeist einstimmig, seltener zweistimmig und ging bereits im 15. Jahrhundert in der Ballade und dem Rondeau auf

Virginal, englisches Spinett in rechteckiger Form, wurde auch als Doppelvirginal mit zwei gleich oder verschieden gestimmten Instrumenten gebaut, die zuweilen gekoppelt werden konnten

Voix de ville (Vaudeville), Vorform des Air de cour, gegen Ende des 16. Jahrhunderts die beliebteste Liedform in Frankreich

Volta, Volte, schneller höfischer Paartanz im Tripeltakt aus der Provence, in der zweiten Hälfte des 16. und Anfang des 17. Jahrhunderts sehr verbreitet

Zink, Blasinstrument des Mittelalters, das mittels eines Kesselmundstückes angeblasen wurde; er wurde in verschiedenen Größen hergestellt, die kleineren waren gerade gestreckt (Gerader Zink), die größeren gekrümmt (Krummer Zink)

Zinkenist, Berufszinkenbläser, standen oft im Dienst einer Stadtverwaltung; Angehörige der Stadtpfeifereien wurden zuweilen so benannt, auch wenn sie ein anderes Instrument bliesen

Register

Dieses Kreuzregister enthält alle wesentlichen Namen und musikgeschichtlichen Begriffe, über die der Text informiert. Zusammengesetzte Namen von Personen wurden dort eingeordnet, wo sie ihrer Entstehungsgeschichte entsprechend zu suchen sind, z. B. »Walther von der Vogelweide« unter »Walther«. Fremdsprachige Originaltitel von Musikwerken wurden zusätzlich in deutscher Übersetzung ins Register aufgenommen, soweit sie im Text übersetzt aufscheinen. Deutsche wie fremdsprachige bestimmte Artikel am Beginn von Titeln sind weggelassen worden.

Halbfett gedruckte Seitenangaben bezeichnen Haupthinweise.

A

Abaelardus, Petrus 71
Abate, Niccolò 372
Abate, Vincentius de Arimano 147
Abélard, Pierre **71**, 101
Abende in Siena 594
Abondante, Giulio **447**
Abschiedslied 97
Abyngdon, Henry 210
Académie de Poésie et de Musique 500, 524, 525
Académie du Palais 500, 618, 693
Açaen, Arnold 308
Accademia de li Amici 404
Accademia degl'Incatenati 528
Accademia degl'Invaghiti 697
Accademia degli Alterati 493
Accademia dei Magnifici Signori Desiosi 580
Accademia della Crusea 493
Accademia di Santa Cecilia 494
Accademia Filarmonica 528, 603
Accelli, Cesare **465**
Acciaiuoli 159
Ackermann, Alexander 212
Acourt, Johannes 162
Actes of the Apostles 337
Adam de Givenchi **122**
Adam, Erasmus 172
Adam de la Bassée 118
Adam de la Hale 129
Adam de la Halle 125, **129**, 130

Adam de St. Victor 47
Adam Le Roy 108
Adam von Fulda **209**, 322
Adam von Lüttich 284
Adémar, Guillaume 115
Adenet de Roi 112
Adenez **108**
Adone und Flora 646
Adriaensen, Emmanuel **553**
Adriani, Francesco **509**
Adriano 291
Adrianus, Francesco 509
Adrien Le Roy **418**
Aegydius de Morino 144
Aegydius de Murino **144**, 153
Aemiliani, Hieronymus 578
Aers 686
Afer, Marius Victorinus 56
Agostini, Lodovico **492**
Agricola, Alexander 205, **212**
Agricola, Martin **297**, 473, 555
Aguilera, Sebastián de Heredia **674**
Ägyptische Musik 41
Ägyptische Volksmusik 66
Aichinger, Gregor 373, **665**
Aimeric de Belenoi 116
Aimeric de Péghilan 100
Aîné, Henry 643
Aiolle, Alamanno 427
Aiolli, Alamanno 427
Air de cour 426, 479, 525, 560, 575, 607, 611, 620, 675, 678, 689
Airs et chansons 465
Airs et Vilanelles francais, italiens, espagnols, suices et turcqs 575
Airs spirituels 524
Aischylos 28
Aiuolla, Alamanno 427
Ajax 27, 567
Ajolle, Alamanno 427
Alamanno de Layolle **427**
Alamanno dell' Aiolle 427
Alard du Gaucquier **532**
Alba, Herzog Álvarez de Toledo 417, 432
Alba, Pedro **470**
Albert de Mantoue 272
Albert de Rippe 272
Albert de Sisteron **105**
Albert von Hohenzollern 330
Albert von Preußen 330
Alberti, Gasparo **271**
Alberti, Innocenzo **504**
Alberti, Leon Battista 221
Alberto da Ripa **272**, 405
Alberto di Malaspina **94**

Albrecht II. 193
Albrecht V. (Bayern) 407, 463, 481, 483, 484, 510, 665
Albrecht, Pere 409
Albrecht von Brandenburg 301, 547
Albrecht von Österreich 531, 583, 644, 648
Albrecht von Preußen 273, 295
Alcarotti, Giovanni Francesco 505
Alcharotto, Giovanni Francesco 506
Alder, Cosmas 323
Aldobrandini, Ippolito 443
Aldobrandini, Pietro 443
Aldomar 244
Alectorius, Johannes 307
Aleramici, Conrado 89
Alessandro della Viola 471, 472
Alessandro de'Medici 348
Alexander (Polen) 209
Alexander V. (Papst) 172
Alexander VI. (Papst) 440
Alexandre de Aguilar 532
Alfonso I. d'Este 230, 274, 291, 327, 369, 406
Alfonso II. d'Este 367, 368, 407, 411, 429, 492, 504, 595, 599, 618, 633, 641
Alfonso II. von Aragon 79, 90
Alfonso V. 163, 169, 196
Alfonso VI. 294
Alfonso VII. 77, 111
Alfonso VIII. 345
Alfonso IX. 204, 345
Alfonso X. el Sabio (der Weise) 123, 125, 128, 204, 241, 255, 345, 394
Alfonso della Viola 368, 369
Algarotti, Giovanni Francesco 506
Aliénor von Cominges-Turenne 148
Alison, Richard 533
Alison, Robert 533
Alix 87
Alkaios 28
Alkman aus Sardes 28
Alkuin 337
Allanus de Groote 212
Alle Freude verläßt mich 153
Allegri, Antonio 340, 670
Alle Herrlichkeit 377
Allein Gott in der Höh sei Ehr 293
Allen, William 460
Allerlei lateinische und deutsche geistliche Gesänge 535
Allerlei neue Lieder 535
Allison, Richard 533
Allmächtiger Schöpfer 567
Alma redemptoris 170, 173
Almeida, Antonio d' 392
Almoroz, Juan 267

Aloisi, Giovanni Battista 668
Alonso de Mudarra 369
Aloyson, Anglus 677
Alphonse de Poitiers 92
Altacuria, Johannes 162
Altägyptische Musik 22
Altchinesische Musik 19
Alte Kunst 132, 133
Altgermanische Musik 60
Altgriechische Musik 26
Altindische Musik 21
Altjüdische Musik 40, 41
Altjüdische Tempelmusik 63
Altkeltische Musik 59
Altoviti, Bindo 404
Altrömische Musik 36, 43
Altrömischer Gesang 45
Altrömischer Volksgesang 43
Altslawische Kirchenmusik 68
Altspanische Messe 59
Altspanischer Gesang 58
Alva, Pedro 470
Alvaro 196
Alvaro de Los Rios 629
Alwood, Richard 467
Alypios aus Alexandrien 33, 35
Amalrich IV. 128
Ambrosianik 45, 54
Ambrosianischer Gesang 58
Ambrosianischer Kirchengesang 44, 505, 581
Ambrosius, Aurelius 54, 56, 282, 505
Amenreich, Bernhard 508
Amerbach, Bonifacius 270
Amerbach, Elias Nicolaus 466
Ameyden, Christian 491
Amman, Jost 430
Ammanati, Bartolomeo 358
Ammerbach, Elias Nicolaus 466
Amon, Blasius 621
Amorosius, Simon 587
Amours de Pierre de Ronsard 524, 582
Amours est'une merville 118
Amphion 26
Anakreon von Teos 28
Anastasios von Sinai 65
Ancina, Giovenale 554
An den Wassern Babylons 287, 301
Andertheil kurtzweiliger guter frischer Teutscher Liedlein 301
Andrea De Antiquis 256
Andrea de Florentia 148, 159
Andrea De Montona 256
Andreas de Silva 262
Andreas von Kreta 65
Andreas von Österreich 669

Andrés de Torrentes **384**
Andrieu Contredit d'Arras **104**
Andronicus, Lucius Livius 38
Anerio, Felice 47, 443, 563, **641,** 689
Anerio, Giovanni Francesco **689**
Anerio, Maurizio 642
Angelico, Beato 193, 203
Angelo, Michel 640
Anglus, M. 677
Animuccia, Giovanni **400,** 442, 509, 554
Animuccia, Paolo 338, 400, 401
Anna, mater matris Christi 191
Anna, Mutter der Mutter Christi 191
Anna von Böhmen und Ungarn 384
Anna von Österreich 690
Anne de Pisseleu 332
Anne, Duchesse de la Bretagne 223, 254
Anselme de Reulx **364**
Anselme de Reux 364
Anselme de Rieu 364
Antegnati, Bartolomeo 564
Antegnati, Costanzo **564,** 680
Antegnati, Gian Giacomo 564
Antegnati, Giovanni 564
Antegnati, Giovanni Battista 564
Antegnati, Graziado 564
Antelami, Benedetto 489
Antesignanus, Pierre 447
Anthoine de Bertrand **523**
Anthonello da Caserta **168**
Anticho, Andrea 256
Antico, Andrea **256**
Antigo, Andrea 256
Antiquus, Andrea 256
Antoine de Bourbon 465
Antoine de Busnes 205
Antoine de Fevin **254,** 256
Antoine de Hauville **439**
Antoine de Longaval 220, **275**
Antoine de Mornable **381**
Antoine Perrenot de Granvelle 518, 519
Antoine René von Lothringen 244
Antonello da Messina 291
Antonellus da Caserta 168
Antonio da Cividale 174
Antonio de Cabezón 393, 394
Antonio del Besa 194
Antonio de Ribera **278**
Antonio de Scandellis 409
Antonio de Zúñiga 335
Antonio il Verso **683**
Antonius 123, 157
Antonius de Civitate **174**
Antonius de Rijcke 259
Antonius le Riche 259

Apollo 28, 31, 32
Apollo-Hymnen 27
Apostelgeschichte 337
Appenzelders, Benedictus 329
Appenzeller, Benedictus **328**
Appleby, Thomas **360**
Aranies, Juan **681**
Arcadelt, Jakob 310, 330, **347,** 428, 429, 480, 508, 524
Arcadente, Jakob 348
Arcadet, Jakob 348
Archadet, Jakob 348
Archilei, Antonio **567**
Archilei, Vittoria 567
Archilochos von Paros 27
Ardasi, Carlo 610
Ardesi, Alberto 610
Ardesi, Giovanni Paolo 610
Aredesi, Carlo **610**
Aretino, Pietro 369, 501
Aretinus siehe Guido von Arezzo
Ariadnes Klage 697
Arianna 646, 684, 698, 699
Arion aus Lesbos 28
Ariosto, Ludovico 222, 355, 505, 633
Aristophanes 29
Aristote **121**
Aristoteles 30
Aristoxenos von Tarenton 31, 34
Arkadelt, Jachet 348
Armand Jean du Plessis 690
Armenische Kirchenmusik 64, **67**
Armenreich, Bernhard 508
Arnaut de Mareuil **84**
Arnaut de Maroill 84
Arnold von Bruck 304, 353
Arnoldo de Ponte 304
Arnoldus de Bruck 304
Arnoldus de Lantins **176,** 177
Arnolfo di Cambio 140, 194
Arnolt de Lantins 176
Arnoul von Amiens 108
Arriquez, Enríquez 348
Ars antiqua 132, 157
Ars nova 136, 137, 139, 140, 142, 148, 153, 155, 156, 158, 164, 168, 169, 172, 173, 174, 176, 181, 182, 184
Ars subtilior 142, 156, 160, 168, 173, 174
Ars veterum 133
Arthesi, Carlo 610
Arthopius, Balthasar 277
Arthur I. 87
Artocopius, Balthasar 277
Artusi, Giovanni Maria 505, **521**
Arvalbrüder 38

Ascensione del Nostro Salvatore 588
Ashton, Hugh 271, **276,** 433
Ashwell, Thomas **293**
Asinaria 242
Aske, Robert 358
Asola, Giovanni Matteo **432**
Aston, Hugh 276
At de Mons 115
Athesinus 598
Attaingnant, Pierre 206, 502, 509
Attendite popule meus 287
Aucun ont trouvé 133
Audefroi le Bastart **103**
Auf der Brücke von Avignon 375
Auf dich habe ich vertraut, Herr 425
Auferstehungshistorie 535
Auf zartem Gras 697
August I. von Sachsen 540
Augustinus, Aurelius 54, 55, 160
Aulen, Johannes **213**
Aurelii Prudentii Cathemerion 268
Au renouveler 133
Außerlesene teutsche Lieder 616
Ausgewählte Lieder 535
Ausm Thal, Alexander 464
Austen, Hugh 276
Avalos, Alfonso d' 389
Ave Maria (Cornyshe) 239
Ave Maria (Crispin van Stappen) 248
Ave Maria (Mabriano de Orto) 228
Ave Maria (Pipelare) 262
Ave Maria (Tomás Luis de Victoria) **562**
Ave Regina coelorum **488**
Avery, David 244
Avignon Kapelle 147, 160, 161, 162
Avignon-Schule 158
Ayne van Ghizeghem 202
Aystoun, Hugh 276
Azalais, Barral 94
Azalais de Mercour 105
Azalais de Porcairagas **85**
Azalais de Porcauragues 85
Azzaiolo, Filippo **498**
Azzajuolo, Filippo 498
Azzo VII. Novello 492

B

Babenberger Hof 80, 82, 95, 96, 99, 109, 110
Bacchusi, Ippolito 469
Baccusi, Ippolito **469**
Baccusio, Ippolito 469
Bach, Johann Sebastian 300, 414, 445, 473, 518, 659, 668

Bachylides 28
Baïf, Jean Antoine 618, 619
Bakcheios 35
Bakfark, Bálint **368**
Bakfark, Valentinus, Greff 368
Balbi, Ludovico **554**
Balbi, Luigi 554
Balbulus, Notker 46, 62
Balbus, Aloysius 554
Balbus, Ludovicus 554
Baldewin, Noel 265
Baldini, Guglielmo **522**
Baldini, Vittorio 507, 522
Balduin, Noel 265
Baldung-Grien, Hans 302
Baldwin von Hennegau und Flandern 118
Baldwin, John **624**
Ballard, Robert 418
Balletti da cantare, sonare e ballare 587
Ballo delle ingrate 699
Banaster, Gilbert **210,** 266
Banastir, Gilbert 210
Banchieri 638
Bandello, Matteo 505
Banestre, Gilbert 210
Banister, Gilbert 210
Baptista aus Genua 540
Barahona de Esquivel, Juan 673
Barbara von Polen 425
Barbarino, Bartolomeo **606**
Barbarinus, Lupus Manfredus **406**
Barbarossa, Friedrich 80, 83, 99, 104
Barbé, Antoine **345**
Barbe, Antoine 345
Barberini, Lupus Manfredus 406
Barberino, Bartholomeo 607
Barbetta, Giulio Cesare **524**
Barbetti, Giulio Cesare 524
Barbion, Eustache **346**
Barbireau, Jacques **189,** 219
Barbirian, Jacques 190
Barcroft, George 366
Barcroft, Thomas **366**
Bar Daisan 64
Bardesanes 64
Bardi, Giovanni 412, **493,** 559, 573
Bargaglia, Scipione **575**
Baringant, Jacques 190
Barnicola, Jacques 190
Barré, Antonio **381,** 382
Barré, Leonardo **382,** 398, 442
Bartholomaeus de Bolonia 171
Bartholomeo Le Roy **582**
Bartolino da Padua 157
Bartolomé de Carranza 268

Bartolomeo da Bologna **171**
Barwyrianus, Jacques 190
Bassani, Giovanni **636**
Bassano, Giovanni 636
Basse Dance 196
Basselin, Olivier 508
Basseron, Philippe 212
Bassiron, Philippe **211**
Baston, Josquin **427**
Bastron, Philippe 212
Bataille, Gabriel 675
Bataglia Italiana 337
Báthory, István 462, 545, 565
Báthory, Zsigmond 515, 644
Bati, Luca **572**, 574, 584, 686
Baudouin III. de Guines 117
Baudoin, Noel 265
Bauldewijn, Noel **265**
Bazylik, Cyprian **503**
Beatrice d'Este 201
Beatrix Comtessa de Dia **84**
Beatrix (Ungarn) 201, 202
Beatrix von Burgund 99
Beaulaigue, Barthélemy **539**
Bechyně, Tobiáš 153
Bedingham, John **187**
Bedingsham Langensteiß, John 187
Bedyngham de Anglia 187
Beethoven, Ludwig van 522
Befreites Jerusalem 698
Befreiung Ruggieros 574
Behaim, Michel **194**, 313
Beham, Sebald 423
Beheim, Michel 195
Belbello 178
Belin, Julien **461**
Bellanda, Ludovico **677**
Bellasio, Paolo **602**
Belleau, Rémy 456
Bell'Haver, Vincenzo **460**
Belli, Domenico **624**
Belli, Girolamo **595**
Belli, Giulio **632**
Bellin, Guillaume **393**
Bellini, Gentile 291
Bellini, Giovanni 291
Belloni, Gioseffo **678**
Bembo, Pietro 505
Benedicamus-Tropus 75
Benedictus de Drusina **413**
Benedictus de Opitiis **280**, 299
Benedikt XIII. 158
Benenoit 179
Benet, Johannes **177**
Benoit **179**

Berchem, Jachet 317, 378
Berenguier de Palazol **80**
Bergkholtz, Lucas **426**
Berliner Hofkapelle 591
Bermudo, Juan 343, **373**
Bernal, Antonio 359
Bernal, Gonzales 359
Bernal, José 359
Bernardino de Ribera 418
Bernardus alias de Brassia 218
Bernart de Ventadorn **76,** 80, 105
Bernart de Ventadour 73, 76
Berneville, Gillebert de **113**
Berngêr von Horheim **82**
Bernhard von Clairmont 72
Bernhard von Clairvaux 75
Berni, Francesco 505
Berno von Reichenau 47
Bertoldo, Sper'in Dio **467**
Bertoul, Franchois le 182
Bertran de Born 81
Bertrand de Guesclin 158
Bertran de Lamanon 116
Besard, Jean-Baptiste **688**
Besardus, Jean-Baptiste 689
Beuernaige, Andries 537
Bévernage, Andries 537
Bevin, Elway **585**
Bewaffnete Mann 184, 205
Bèze, Théodore de 315, 381, 383, 426, 439, 447, 527
Bianchi, Pietro Antonio **543**
Bianco, Pietro Antonio 543
Bickel (Conradus Celtis) 227
Binchois, Gilles 183, 187, **188**, 198, 213
Bingen siehe Hildegard von Bingen
Binkley, Thomas 122, 127
Biographie der Comtessa de Dia **85**
Biographie von Azalais de Porcairagas **86**
Biographie von Jaufré Rudel **75**
Biographie von Peire Vidal **93**
Bird, William 537
Bivi, Paolo Antonio **368**
Blahoslav, Jan **431**
Blanca von Kastilien 120
Blanchis, Pietro Antonio 543
Blancks, Edward **678**
Blankenmüller, Johann 321
Blarer, Ambrosius **311**
Blarer, Diethelm 406
Blas de Castro, Juan **657**
Bleibe hier in Frieden 697
Blessi, Manoli 413
Blindhamer, Adolf 258
Blindhomer, Adolf 258
Blinthaimer, Adolf 258

Blitheman, William **437**, 499, 648
Blondel de Nesle **87**, 88
Blüten der Musik 605
Blyndhamer, Adolf 258
Boccaccio, Giovanni 139, 143, 144, 399
Boccapadule, Antonio 273
Bocquet, Charles **672**
Bocquet, Julien 672
Bodeaus, Jehans 97
Bodel, Jehan **97**
Boësset, Antoine 674, 675
Boethius, Anicius Manlius Severinus 35, 47, 192
Bohusius, Jacobus 378
Boiardo, Matteo Maria 222, 505
Boleyn, Anna 238, 290
Boleyn, Thomas 238
Boleyn, William 238
Bologneser Schule 520
Bona, Valerio **623**
Bonagionta, Giulio 414
Bonagiunta, Giulio 414
Boni, Guillaume **541**
Bonifatius I. von Montferrat 89, 97, 98, 101
Bonmarché, Jean 428
Bonmarchié, Jean 428
Bonnet, Pierre **607**
Bonnus, Petrus 195
Bono, Piero **195**
Borchgrevinck, Bonaventura 673
Borchgrevinck, Melchior **672**
Borek, Krzystof **421**
Borghi, Cesare 571
Borgho, Cesare 571
Borgo, Cesare **570**
Borromeo, Carlo 634
Bosch, Hieronymus 261
Bosquet, Johannes 156
Bosquo, Johannes 156
Bossinensis, Francesco **253**
Bottrigari, Hercole 476
Bourgeois, Loys 381, **383**
Bovicelli, Giovanni Battista **570**
Boyvin, Jean **279**
Bracciolini, Poggio 159
Brack, Georg **237**
Brade, William **642**, 660, 672
Braganza (Familie) 196
Brakkher, Georg 238
Bramante, Donato 203, 206
Brandt siehe Jobst vom Brandt
Bramston, Richard **267**
Brassart de Leodio 189
Brassart, Olivier 480
Brassart, Oliviero 480
Brassart, Johannes **189**

Brassez, Johannes 189
Brätel, Ulrich **319**
Braxatoris, Johannes 189
Brayssing, Grégoire 356
Brayssing, Gregor **356**
Bream, Julian 419, 538
Brechtel, Franz Joachim **604**
Bredemers, Henry **253**
Bredemersche, Henry 253
Bredenierch, Henry 253
Bredeniers, Henry 253
Breitengraser, Wilhelm **318**
Bremon, Peire 115
Bretel, Jehan **115**, 122
Breugel, Pieter 345
Breyttengraser, Guilelmus 318
Briard, Etienne 258
Brimle, William 358
Brimlei, John 358
Brimley, John **358**
Brimley, William 358
Broeck, Jacobus van den 528
Broederlam, Melchior 162
Brommel, Antoine 230
Bronziano, Agnolo 358
Browne, John **199**
Browne, John of Bucks 199
Broyer, Antoine 245
Brubyer, Antoine 245
Bruck, Jacobus 528
Bruder Konrad, der lag siech 218
Brudieu, Joan **417**
Brugensis, Arnoldus 304
Brugier, Antoine 245
Bruhier, Antoine **245**
Brulé, Gace **90**
Brumann, Conrad **232**
Brumel, Antoine 199, **230**, 633
Brummel, Antoine 230
Brunel, Antoine 230
Brunelleschi, Filippo 192, 194
Bruwer, Johannes 189
Bruyer, Antoine 245
Bucenus, Paulus 434
Bucer, Martin 518
Buchanan, George 612
Buch mit 15 ausgewählten Messen 256
Buch von den Wienern 195
Buchner, Hans 226, **281**, 308, 309
Bull, John 437, 613, 646, **647**
Buonamico, Pietro 670
Buonaugurio 380
Buoncampagni, Ugo 443
Buontalenti, Bernardo 645
Burck, Joachim a **555**, 601

Burgk, Joachim 555
Burgkmair der Ältere, Hans 226
Burgundische Hofkapelle 174, 189, 202, 253
Burton, David **243**
Burton, Davy 244
Burtius, Nicolaus 223
Buschner, Hans 281
Busnois, Antoine 198, **205**, 209, 220
Bußpsalmen **486**
Bussy, N. de **502**
Buus, Jacques **378**, 425
Byrd, John 537
Byrd, Simon 537
Byrd, Thomas 537
Byrd, William 276, 363, 453, **537**, 613, 617, 662
Byrde, William 537
Byred, William 537
Byzantinische Kirchenmusik 64, 66
Byzantinische Musik **64**, 67, 68
Byzantinischer Gesang 68

C

Cacciando per gustar 173
Caccini, Francesca 573, 574
Caccini, Giulio **573**, 579, 584, 588, 645, 646, 686
Cadéac, Pierre **386**
Caen, Arnold **308**
Caietain, Fabrice Marin 508, **524**
Caignet, Denis **633**
Caimo, Giuseppe **526**
Calvin, Jean (Johannes) 285, 289, 362, 383, 416, 437, 440, 447, 493
Calvisius, Sethus **615**
Camargo, Miguel Gomez **294**
Camaterò di Negri, Ippolito 468
Cambrensis, Giraldus 60
Camerata di propaganda per l'affinamento del gusto musicale 495
Camerata Florentina 494, 573, 584, 588, 609, 624, 645, 677, 693, 696
Campi, Antonio 682
Campi, Galeazzo 557, 682
Campi, Giulio 682
Campi, Vincenzo 682
Campian, Thomas **690**
Campion, Thomas **690**
Cancineo, Michelangelo **640**
Cancionero general 270
Cancionero musical de Palacio 269
Canis, Cornelius 401
Cannuzi 354
Canova, Francesco 324
Cantabant sancti canticum 587

Cantate Domino 521
Cantica sacra de nativitate filii Dei Jesu Christi 475
Canticum Beatae Mariae 400
Canticum Beatissimae Virginis 674
Cantigas de Amigo 125
Cantigas de Santa Maria **123**
Cantiones aliquot novae 535
Cantiones in laudem Mariae 685
Cantiones sacrae (Byrd) 538
Cantiones sacrae (Fabritius) 571
Cantiones sacrae (Meiland) 535
Cantiques de la Bible 393
Cantus Missae **56**
Canzon della Gallina 468
Canzoni villanesche alla Napolitana 292
Capella, Martianus Minneus Felix 35
Capello, Bianca 558
Capets, Hugo 360
Capito, Wolfgang Fabricius 301
Capricci in musica 389
Capote, Sebastian 325
Cara, Marco **259**, 261
Caraffa, Ciampetro 442
Carasaus **117**
Cardenal, Peire 109
Cardoso, Manuel **687**
Caritatis, Johannes 162
Carité, Jacque **162**
Carlton, Nicholas 620
Carlton, Richard 620
Carmen, Johannes **155**, 168
Carmen seculare 39
Carnefresca, Bernardino 338
Caron, Philippe **213**
Carpaccio, Vittore 291
Carpentras, Elzéar 258
Carraggi, Agostino 525
Carraggi, Annibale 525
Carraggi, Ludovico 525
Carreira, António **434**
Carro di fedeltà d'amore 610
Cartier, Antoine **415**
Carver, Robert **298**
Casali, Lodovico **641**
Casella, Pietro 142
Cassiodorus, Flavius Magnus Aurelius 56
Castiglione, Baldassare 505
Castileti, Johannes 397
Casulana 513
Catalina von Portugal 532
Cattarina de'Medici 272, 365, 383, 400
Catechesis numeris musicis inclusa 362
Catolenus 46
Catullus, Gaius Valerius 38

Caulery, Jean 383
Causin, Arnold 365
Causino, Arnold 365
Causinus, Arnold 365
Caussin, Arnold 365
Caussin, Arnoldus 365
Caussin, Ernouil 365
Caussin, Raynaldo 365
Causton, Thomas 388
Caustun, Thomas 388
Cavacchio, Giovanni 612
Cavaccio, Giovanni 612
Cavazzoni, Girolamo 391
Cavazzoni, Marco Antonio 303, 391
Cavendish, Michael 670
Cawston, Thomas 388
Ceballos, Francisco 364, 462
Ceballos, Rodrigo 364
Cecchi, Giovanni Maria 572
Cecchina, 573
Cellarius, Simon 307
Cellini, Benvenuti 358
Cellini, Benvenuto 223
Celtis, Conradus 224, 226, 236, 296
Cercamon 74
Cerone, Pietro 341
Cerreto, Scorpione 594
Certon, Pierre 374, 381, 508
Cerveau, Pierre 678
Cerverí de Girona 125
Cervini, Marcello 442, 445
Cesare d'Este 558, 594, 617, 641
Cesare, Giulio 612
Cesaris, Johannes 162, 168
Cevallos, Francisco 364
Chamaterò, Hippolito 468
Champion, Jacques 391
Champion, Nicolas 391
Champion, Thomas 391
Chanson des Saisnes 97
Chansons d'histoire 104
Chansons de P. de Ronsard, Ph. Desportes et autres 465
Chansons nouvelles 334
Chapel Royal 200, 216, 239, 278, 339, 361, 363, 366, 388, 398, 401, 420, 421, 437, 455, 456, 469, 533, 538, 586, 596, 613, 617, 621, 624, 648, 686
Chapelle Royale 386, 391
Chard, John 290
Chardavoine, Jehan 507
Charde, John 290
Chardon de Croisilles 111
Charité, Jacque 162
Charles I. 398
Charles III. 256

Charles d'Anjou 124, 130
Charles Howard of Nottingham 662
Charlotte von Bourbon 176
Chatelain de Coucy 91
Chiabrera, Gabriello 573
Choralis Constantinus 217
Chorea polonica 565
Chrestienne Resiouyssance 314
Chrétien de Troyes 77, 82
Christ ist erstanden (Brassart) 189
Christ ist erstanden (Blindhamer) 259
Christ ist erstanden (Greiter) 315
Christian II. 355, 356
Christian III. 327
Christian IV. 574, 632, 641, 642, 660, 672
Christine von Lothringen (de Lorraine) 558, 567, 645
Christliche Lyra 439
Christliche Psalmen, Lieder und Kirchengesänge 454
Christliche Trost Gesänglein 556
Christliche Unterhaltung 314
Christliche Verß und Gesenge 647
Christopher von Württemberg 428, 434
Christus vincit 177
Chrysorrhas, Johannes 65
Chrysostomos, Johannes 69
Ciconia, Johannes 147, 156, 164, 175, 184, 201
Ciconia, Wilhelm 148
Cieco, Francesco 145
Cigala, Lanfranc 101
Cima, Giovanni Battista 580
Ciocchu del Monte, Giovanni Maria 442
Cirullo, Giovanni Antonio 679
Ciwagne, Jean 148
Clabixi, Bernardo 541
Clarissima plane atque choralis musicae 361
Claude de Sermisy 305, 308
Claudin de Sermisy 306
Claude le Jeune 456, 674
Claudin le Jeune 456
Claudio da Correggio 490
Clavijo del Castillo, Bernardo 541
Clavixo, Bernardo 541
Clemencic, René 274
Clemens V. 156
Clemens VI. 148, 329
Clemens VII. 146, 156, 169, 248, 327, 416, 440
Clemens VIII. 443, 486, 617
Clemens non Papa 354, 413, 491, 535
Clémentine de Bourges 415
Cléreau, Pierre 426, 508
Cless, Johann 567
Cligès, 77
Clingher, Teodoro 635

Clinio, Teodoro **635**
Clodiensis, Zarlinus 410
Cochlaeus, Johannes **264**
Cocleus, Johannes 264
Coclico, Adrianus Petit **327**
Codax, Martín **125**
Codaz, Martín 125
Codex Cisle 157
Codex Heidelberg 155
Codex von Trient 196
Coducci, Mauro 291
Coelho, Manuel Rodrigues **605**
Colart li Boutellier **118**
Colin, Nicolas 396
Colin, Pierre Gilbert **334**
Collebaudi, Jacobus 316
Collectorium super Magnificas 234
Collegio dei Cappellani Cantori 273
Colleoni, Bartolomeo 612
Colombani, Orazio **501**
Colonna, Vittoria 397
Columbus, Christoph 294, 370
Com agayne 625
Coma, Annibale **585**
Come, pale-faced Death 290
Commedia harmonica Anfiparnasso 594
Compagnie de' laudesi 508
Compendium musicae 623
Compère, Louis 184
Compère, Loyset 198, **218**
Comtessa de Dia 115
Comtessa de Provenza 115
Concerti per sonar et cantar 639
Confessiones 54
Confraternità dei Musicisti de Urbe 494
Confrérie des Jongleurs 115
Confrérie von s'Hertogenbosch 379
Congé 97
Congregatio Oratorii 554
Congregatione dell'oratorio 509
Congregazione de Accademia di Santa Cecilia 695
Congregazione dei Musici di Roma 542
Congregazione del Salvatore 521
Conon de Béthune **95**
Conseil, Jean **325**
Conservatorio di Loreto 534
Consilium, Johannes 325
Constantinus Choralis 296
Constantinus, Flavius Valerius 64
Conte de Bretagne **112**
Contino, Giovanni **397**, 505, 599
Contractus, Hermannus 47, 62
Conversi, Girolamo **518**
Cooper, Robert 255

Coperario, John 398, 399
Coppola, Giaccomo 442
Corboz, Michel 695
Cordier, Baude **167**
Corkhill, David 117
Cornago, Johannes **197**
Cornazzani, Baldassare 536
Cornazzani, Phileno Agostino **536**
Corneliszoon Henric van Utrecht **576**
Cornelius de Hondt 401
Cornet, Pieter **646**
Cornet, Séverin **471**, 558, 646, 664
Cornetta, Pieter 646
Cornish, William 239
Cornyshe, William **239**, 266, 289
Correggio 489, 670
Corsi, Jacopo 494, 573, 645
Corsini, Bonaiuto 148
Corteccia, Francesco **358**, 559, 573
Cortellini, Camillo **640**
Cortés, Hernando 488
Corticius, Francesco 358
Cortois, Jehan 356
Cosimo I. de'Medici 358, 359, 436, 496, 513
Cosimo II. 645, 646
Cossa, Baldassare 172
Cossa, Francesco 222
Cosswin, Anton 519
Costa, Gasparo 330, **525**
Coste, Gaspard **329**
Costeley, Guillaume **479**
Courtois, Jehan **356**
Courtoys, Jehan 356
Cowper, Robert 255
Coyssard, Michel **559**
Cracoviensis, Nicolaus **283**
Craen, Nikolaus **276**
Crailsheimer Handschrift 514
Cranmer, Thomas 408
Crappius, Andreas **534**
Crassot, Richard **472**
Crechillon, Thomas 305
Crecquillon, Thomas **305,** 558
Créquillon, Thomas 305
Cribelli, Arcangelo 556
Crispin van Stappen **248**
Crivelli, Arcangelo **556**
Crivello, Arcangelo 556
Croce, Giovanni **616**, 683
Cromwell, Thomas 303
Cronica 367
Cruce, Petrus **132**
Crüger, Johann 668
Crux fidelis 170
Cum jubilo 208

Cunctipotens Genitor Deus 208
Cunelier, Jean 158
Cuspinianus, Johannes 226
Cutting, Francis 633
Cutting, Thomas **632**
Cuvelier, Jean **157**
Cuvellarius, Johannes 118
Cybot, Noël **321**
Cygneae Cantiones latinae et germanicae 535
Cyprian de Rore 291, 395, **407**, 410, 429, 430, 437, 448, 468, 471, 472, 480, 489, 490, 505, 506, 521, 555, 558, 633
Cypriano de Rore 407
Cythara sacra 671

D

Dachstein, Wolfgang **301**
Dafne 574, 645, 646
Dagues, Pierre **416**
Dalfin d'Alvernhe 91
Dalfin d'Auvergne 91
Dalle più alte sfere 568
Dalmatins, Jurij 370
Daman, Guillaume **521**
Damasus 56
Dambert **377**
Damião de Goes **357**
Damon and Pithias 431
Damon von Athen 30
Damon, William 521
Danckerts, Ghiselin 375
Daniel, Arnaut **83**, 87
Daniel, Jehan **269**
Daniel, John 673
Dankers, Ghiselin 375
Dante Alighieri 81, 140, 142, 157, 236
Danyel, John **673**
Danyel, Samuel 673
Danza Alta 233
Daser, Ludwig **434**, 560
Dattari, Ghinolfo **520**
Daude de Pradas **116**
Davantès, Pierre **447**
David 41
David, Gerard 205
Davy, Richard **238**
Davys, Richard 238
Day, John 402
Daza, Esteban **462**
De beata virgine 501
Decamerone 144
Decius, Nikolaus **293**
Dedekind, Euricius 662

Dedekind, Friedrich 662
Dedekind, Friedrich Melchior 662
Dedekind, Henning **662**
Deeg, Nikolaus 293
Deilich, Philippus 661
De institutione musicae 35
Deiss, Michael **384**
Del Sessa d'Aranda **416**
Delatre, Petit Jehan 387
Delattre, Claude Petit Jehan 387
Delattre, Petit Jehan **387**
Demantius, Johannes Christoph 518
De Missa solemni Vespertina **53**
Demokrit aus Abdera 30
De musica 54
De musica (Fulda) 209
Dentice, Fabrizio 433, **590**
Dentice, Luigi 590, 591
Dentice, Scipione 590, 591
Der von Kürenberg 82
Desiderius Erasmus von Rotterdam 603
Desiosi, de 580
Desportes, Philippe 633
Desprez, Josquin 198, 201, 203, **205**, 206, 216, 223, 224, 227, 228, 244, 248, 254, 256, 262, 264, 269, 275, 280, 300, 305, 307, 310, 319, 322, 324, 327, 329, 330, 341, 342, 343, 348, 372, 394, 397, 407, 413, 414, 418, 422, 442, 457, 480, 486, 519, 558, 633, 646, 687
Desprez, Josquinus 206
Desprez, Juschino 206
Deuil angouisseux 187
Deulich, Philippus 661
Deutsch Evangelisch Mesze 306
Deutsche Benedicite und Gratias 558
Deutsche geistliche Lieder und Psalmen 499
Deutsche Messe 306
Deutsche Sprüche von Leben und Tod **599**
Deutsche Tricinien 591
Deutsche christliche Liedlein 555
Diaconus, Paulus 470
Diane de Poitiers 332
Didier le Blanc **611**
Didier Lupi Second **376**
Didymos von Alexandrien 34
Diego del Castillo **568**
Dieser Tag, den der Herr machte 333
Dietmar von Aist 76, 80, 82
Dietrich, Sixtus 281, 299, **312**
Dionysos 28, 32
Dí por qué mueres en cruz 255
Diruta, Agostino 644, 645
Diruta, Girolamo **644**
Disperazione di Filoneno 588
Diversi capricci per sonare 686

Divitis, Antonius **259**
Długoraj, Wojciech **565**
Dobneck, Johannes 264
Dodekachordon 287, 374
Domarto, Petrus **214**
Domaslaus 153
Donati, Alesso di Guido 140
Donati, Baldassare 468
Donato, Baldissera **467**, 616
Donato da Cascia 140
Donato de Florentina **140**
Doni, Antonio Francesco 395
Doni, Giovanni Battista 505
Don Juan 235
Dorat, Jean 456
Dorati, Nicolò **397**
Doria, Andrea 499, 500
Dormili, Virginia 443, 517
Dos ánades, madre 235
Douglas, Robert 290
Doulce mémoire 329
Dowland, John 613, **659,** 662, 672, 674
Dowland, Robert 660
Dragoni, Giovanni Andrea 443, **517**
Drei geistliche Lieder 370
Dreistimmige Tanzlieder 696
Dresdner Hofkantorei 592
Dresdner Hofkapelle 410
Dreßler, Gallus **490**, 547, 555, 558
Dreyssig Geistliche Lieder auff die Fest durchs Jahr 555
Duarte von Portugal 196
Duc de Berry 163
Duc de Vendôme, Antoine 391
Duc, Philippe **464**
Ducis, Benedictus **299**
Dueto, Antonio **500**
Du Fay, Guillaume 183
Dufay, Guillaume 163, 164, 165, 178, 179, **182**, 183, 186, 188, 189, 195, 198, 200, 201, 205, 213
Dulichius, Philippus **661**
Dulichs, Philippus 661
Dulot, François **279**
Dum sacrum mysterium 200
Dunaj voda hluboká 567
Dunstable, John **169**, 173, 177, 182, 187, 191, 200, 235, 272
Dürer, Albrecht 190, 224, 259, 378
Du sanft klingende Laute 647
Dusart, Jean 193
Dussart, Jean 193
Dutertre, Étienne **376**
Dutuertre, Étienne 377
Dygon, John **279**

E

East, Michael 636
East, Thomas 678
Eble de Ventadour **73**
Eccard, Johann 511
Eccard, Johannes **601**
Ecce ancilla Domini 200
Ecce sacerdos magnus 442
Echolied 485
Eck, Johann 281, 299
Eckel, Matthias **239**
Edda 61
Editio Vaticana 48
Editio Medicaea 47, 443, 563, 642
Edward IV. (England) 210, 235
Edward VI. (England) 339, 358, 360, 363, 390, 421, 469
Edward von Bretford 625
Edwards, Richard **431**
Effrem, Mutio 609
Effrem, Muzio **609**
Ego sum pastor bonus 425
Ein Außzug guter alter und neuer teutscher Liedlein 390
Ein Geystlich spiel von der Gottfürchtigen und keuschen Frawen Susannen 359
Ein Hochzeitspil auff die Hochzeit zu Cana Galileae 359
Ein Kindlein so löblich 474
Ein new kvnstlich Tabulaturbuch 467
Einst unter einer Hecke **78**
Einstein, Alfred 425
Eislebener Gesangbuch 283
Eleonora de'Medici 567
Eleonora d'Este 634
Eleanore von Aquitanien 76, 77, 79, 81, 83, 84, 90, 91, 96, 105
Eleanore von Poitiers 87
Elegie auf den Tod von Thomas Tallis **538**
Elegy on the Death of Thomas Tallis **538**
Elers, Franz 474
Elias de Barjols 115
Elisabeth I. 216, 339, 358, 363, 395, 398, 421, 497, 504, 521, 538, 590, 613, 625, 644, 647, 648, 677, 686
Elisabeth ist die schönste Königin 625
Elisa is the fayrest Queen 625
Elle est un'ange 501
Eloy d'Amerval **231**
Elsheimer, Adam 667
Emilio de' Cavalieri 559, **588**
Emilio del Cavaliere 588
Emmanuel Philibert I. 637
Encomii Musicali 611

Eneit 82
Engelssinfonie verschiedener hervorragender Musiker 408
Englischer Gruß 383
Englische Schule 169
Enrique de Valderrábano 348
Enrique, Kardinal von Portugal 532, 533
Enríquez de Valderrábano **348**
Enríquez, Fadrique 269
Ensaladas 475
Ensdall, John **333**
Ephraim der Syrer 64, 65
Epigrammata 375
Episcopius, Ludovicus **428**
Epos Völuspá 61
Erart, Jehan **111**
Erasmus de Sayve 561
Erasmus von Rotterdam 219, 288, 300, 318, 357
Eratosthenes von Kyrene 34
Ercole I. d'Este 195, 201, 222, 260
Ercole II. d'Este 303, 312, 369, 395, 407, 411, 437
Ercole Gonzaga 316, 317, 391
Erec 77
Eremita, Giulio **606**
Ericson, Eric 503
Érier, Thomas 114
Erigena, Joannes Scotus 59
Ernoul de Gastinois **114**
Ernoul li vielle 114
Ernst August von Hannover 534
Ernst, Bischof von Freising 519
Errars, Jean **145**
Erschienen ist der herrlich Tag 294
Erste Pythische Ode 27
Erster Mai **89**
Erster Theil geistlicher Lieder 475
Erstes Buch der Tänze 544
Erstes Buch Modulationen 541
Ertel, Sebastian **606**
Ertelius, Sebastian 606
Erthel, Sebastian 606
Er weinte und seufzte 698
Erythraeus, Gotthard **631**
Es beginnt die Rede des Propheten Jeremias, Lamentationen 5, 5−5 **446**
Eschenbach
  siehe Wolfram von Eschenbach
Escobedo, Bartolomé 343, **402**, 562
Escribano, Juan **268**, 343
Escurel, Jehannot de l' **131**
Espinel, Vicente Martínez 459, 568
Esquivel, Juan **673**
Essenga, Salvador del 406
Essenga, Salvatore **406**, 593
Estacio de la Serna **675**

d'Este (Familie) 192, 195, 230, 240, 275, 327, 382, 423, 429, 492, 509, 566, 618, 641
Étienne De Tertre 376
Etliche teutsche Liedlein, geistlich und weltlich 332
Eugenius IV. 186
Eukleides 34
Euridice (Caccini) 574
Euridice (Peri) 573, 646
Euripides 26, 27
Eustache du Caurroy, François **564**
Eustorg de Beaulieu 285, **314**
Exemplum octo modorum 230
Eya dulcis 159

F

Faber, Heinrich **355**, 431
Fabri, Adam **172**
Fabricius, Albinus 571
Fabricius, Georg 298, 431
Fabritius, Albinus **571**
Facchinetti, Antonio 522
Facchinetti, Giovanni Antonio 522
Fadrique Alverez de Toledo 241
Fagus, Guillermus 196
Faidit, Gaucelm 91, **97**, 101, 105
Faignient, Noé 514
Faignient, Noël **514**
Falcone, Achille 576
Falconi, Placido **470**
Falkenlied 82
Fantasias 330
Farmer, John **636**
Farnaby, Gilles **676**
Farnaby, Richard 676
Farnese, Alessandro 365, 418
Farnese, Ottavio 407, 505, 556
Farnese, Pier Luigi 556
Farnese, Ranuccio I. 536, 682
Farrant, Daniel 469
Farrant, Richard 469
Farsas y églogas 255
Fastnachtslied 486
Faugues, Vincent **195**
Fayrfax, Robert 187, 200, **235**, 255, 271
Fedé, Jehan **199**
Federigo II. Gonzaga 316, 387, 390
Feierliche Abendmesse 53
Feliciani, Andrea **547**
Felisiani, Andrea 547
Felis, Stefano **579**
Felsitnensis, Sebastian 286
Felstyński, Sebastian 286

Fenis-Neuenburg, Rudolf von 76
Ferabosco, Domenico Maria 398
Feragut, Beltrame **178**
Feragu, Bertrand 178
Ferdinand I. (Aragon) von Neapel 201, 202, 204, 221
Ferdinand I. (Habsburg) 209, 214, 267, 304, 367, 378, 379, 384, 397, 413, 438, 439, 448, 454, 480, 511, 543
Ferdinand I. (Portugal) 160
Ferdinand II. der Katholische (Aragon) als Ferdinand V. (Spanien) 197, 210, 233, 244, 269, 336, 464
Ferdinand II. (Habsburg) 384, 463, 464, 471, 479, 543, 566, 582, 638, 666
Ferdinand II. von Léon 204
Ferdinand III. (Habsburg) 699
Ferdinand V. (Spanien) als Ferdinand II. (Aragon) 197, 209, 210, 235, 289
Ferdinand von Tirol und Vorderösterreich 544, 621, 667, 669
Ferdinando I. de'Medici 423, 558, 563, 567, 573, 588, 645, 646
Ferdinando Gonzaga 684
Fernández de Castilleja **325**, 343, 453, 459
Fernández, Lucas **255**
Fernando III. 123
Fernando de Aragón 243
Fernando de las Infantas **492**
Ferrabosco, Alfonso (I) 398, 399
Ferrabosco, Alfonso (II) 398, 399
Ferrabosco, Alfonso (III) 398, 399
Ferrabosco, Domenico Maria 398, 442
Ferrabosco, Henry 398
Ferrabosco, John 398
Ferrabosco, Matthias 398, 399
Ferracutius, Bertrand 178
Ferrante I. Gonzaga 387, 390, 391, 482
Ferrari, Gaudenzio 506, 520
Ferretti, Giovanni **523**
Ferrier, Michel **345**
Festa, Costanzo **273**, 546
Festa, Sebastiano 274
Feste Burg, 282, 293
Fiamenco, Arnoldo 304
Ficino, Marsilio 159
Fidi amanti 681
Fiesco, Giulio **411**
Figueira, Guilhem 115, **116**
Figueras, Montserrat 560
Figulus, Wolfgang **433**, 647
Filipoctus de Caserta 169
Filippo de Monte 429
Filippo, Poerto 644
Finck, Heinrich **208**, 238, 286, 273, 302, 304

Finck, Hermann 209
Finot, Dominique 341
Firenzuola, Agnolo 358
Firminus, Philippe 213
First Book of Consort Lessons 617
Fischer, Johann **669**
Fitzalan, Henry 504
Fitzwilliam, Richard 437
Fitzwilliam Virginal Book 437, 602, 620, 676
Flaccus, Quintus Horatius 38, 236
Flaccomio, Giovanni Pietro **626**
Flandrus, Arnoldus **677**
Flannel, Egidius dit Lenfant 176
Fleccia, Mateo 475
Flecha, Mateo 330, **475**
Flecha, Mateo el joven 475
Flecha, Mateo el viejo 475
Flexa, Mateo 475
Flores de musica 605
Florio, Giorgio 520, **543**
Florio, Giovanni **519**
Flory, Jean **570**
Fochß, Johannes 238
Fogliani, Giacomo **240**
Fogliano, Lodovico 241
Fogliano, Jacopo 327
Fogliano von Modena 261
Folianus, Giacomo 240
Folquet de Marseille **89**
Folz, Hans 313
Fontaine, Pierre 164, **174**
Fontanelli, Alfonso **617**
Fontanello, Alfonso 618
Fontayne, Pierre 174
Fonteine, Pierre 174
Foppa, Vincenzo 572
Form der kirchlichen Gebete und Gesänge 416
Forme des prières et chants ecclésiastiques 416
Formé, Nicolas **690**
Forest, John **177**
Forestier, Mathurin **257**
Forestyn, Mathurin 257
Forster, Georg 301, **389**, 406, 417
Fortuna desperata 220
Foscari, Francesco 170, 177
Franc, Guillaume **362**
Francesco de'Medici 436, 496, 558, 567
Francesco da Milano 310, **323**, 327
Francesco d'Ana **220**
Francesco de la Torre **233**
Francesco della Viola 367, 369
Francesco II. Gonzaga 201, 221, 259, 260, 316, 324
Franchois le Bertoul 182
Francia, Francesco 223, 525

Francisco de Borgia 395
Francisco de Borja **394**
Francisco de los Cobos 342
Francisco de Peñalosa **242**
Francisco de Pereza 666
Francisco de Salinas **399**
Francisco de Soto de Langa **508,** 554
Francisco de Vitoria 370
Franco, Fernando **488**
François de Layolle **311,** 427
François-Guillaume de Castelnau 275
Franco von Paris 132
Frank, Bartholomäus Götfried **228**
Franko-flämische Musik 163, 175, 183, 202, 205, 213, 214, 295, 367
Franko-flämische Musikepoche 174
Franko-flämische Schule 117, 163, 184, 185, 188, 191, 193, 197, 198, 203, 210, 219, 230, 232, 235, 239, 241, 242, 244, 245, 248, 254, 257, 258, 259, 273, 275, 279, 280, 286, 334, 335, 341, 346, 355, 357, 371, 374, 376, 377, 379, 380, 386, 387, 390, 397, 404, 409, 410, 418, 422, 425, 426, 428, 429, 435, 436, 444, 454, 455, 456, 470, 478, 491, 497, 518, 528, 536, 558, 570, 576, 593, 604, 628, 663, 669, 677
Franz I. von Frankreich 223, 272, 275, 279, 284, 305, 306, 319, 321, 332, 344, 353, 354, 377, 393
Franz II. 393
Franziskanermusik 597
Franziskus 122
Franziskus- und Antoniusoffizien 47
Französisch-deutsche Laute 677
Französische Schule 377
Frasnau, Jean 211
Frauen Ehrenton 109
Frauenlob 134, 153
Frescobaldi, Girolamo 473, 605
Fresneau, Henry **364**
Fresneau, Jean **210,** 211
Freue dich, Himmelskönigin 185
Freue dich, Jungfrau Maria 244
Freund, Cornelius 526
Freundt, Cornelius **526**
Friede, im Namen des Herrn 78
Friedrich I. 73, 96
Friedrich II. der Streitbare 104, 105, 109, 110, 116
Friedrich II. von der Pfalz 406
Friedrich III. der Weise 209, 224, 270, 282, 284, 321, 584
Friedrich V. 666
Friedrich von Hausen 76, **82,** 83
Fritsch, Thomas 665
Fritschius, Thomas **665**
Fröhliche, neuwe teutsche Gesäng 535

Fröliche newe teutsche vnnd französische Lieder 464
Frosch, Johannes **268**
Froschius, Johannes 268
Frye, Walter **191**
Fuchswild, Johannes **238**
Fuga suavissima 614
Füger, Kaspar **647**
Fugger (Familie) 462, 463, 479, 553, 597, 601, 665, 667, 668
Fugger, Johann Jakob 462, 463
Fugger, Marcus 462
Fugger, Octavianus Secundus 667
Fuggilotio musicale 574
Fuhrmann, Georg Leopold 677
Fulbert, Héloise 71
Fundamentbuch 281
Fünfzig Psalmen Davids 633

G

Gabriel de Mena **269**
Gabrieli, Andrea 291, **373,** 413, 460, 521, 602, 614, 667
Gabrieli, Giovanni 373, 501, 554, 582, **614,** 629, 642, 643, 666, 667, 673
Gabrielli, Giovanni 614
Gabussi, Giulio Cesare **604**
Gacilaso de la Vega 369
Gaddi, Angelo 171
Gaditanus, Juan Navarrus 459
Gaffori, Franchino 204, **221,** 223, 231, 437, 526, 581
Gaffurius, Franchinus 221
Gafori, Franchino 221
Gaietane, Fabrice Marin 525
Galeazzo, Gian 201, 260
Galeno, Giovanni Battista **584**
Galilei, Galileo 412, 455, 692
Galilei, Michelangelo 412
Galilei, Vincenzo **412,** 453, 454, 584
Galiot, Johannes 158, **162**
Galleno, Giovanni Battista 584
Gallet, François 460
Galliculus, Johannes **306,** 434
Gallicus, Jachetus 317
Gallikanische Kirchenmusik 62
Gallikanische Messe **63**
Gallikanischer Gesang 55, **62**
Gallikanischer Kirchengesang 44
Gallo, Giovanni Pietro **625**
Gallo, Vincenzo **587**
Gallus, Jacobus **592**
Gallus, Johannes 312

Gallus, Josephus **578**
Ganassi, Silvestro **310**, 433
Gantz Psalter 340
Gantz Psalter Davids 428
Ganzes Psalmenbuch 678
Garcia V. 111
Gardano, Antonio 310
Gargantua et Pantagruel 258
Garinus de Soissons 153
Garnier, Robert 523
Garsi, Santino **536**
Garsi, Santino da Parma 536
Garzón, Diego **435**
Gascoing, Johannes 319
Gascongne, Mathieu **319**
Gaspar de Albertis 271
Gaspard de Ciligny 400
Gaspar van Weerbeke **203**, 221
Gastoldi, Giovanni Giacomo 526, **587**
Gaston III. Phoebus 155, 156
Gastritz, Matthias **529**
Gatti, Bernardo 557, 682
Gatto, Simon **548**
Gaude Maria 198
Gaude, Maria virgo 244
Gaude Virgo Mater 245
Gaudentios 35
Gautier de Coinci 101
Gautier de Dargies **95**
Gautier d'Espinal **103**
Gavaudan 115
Geistlich und Weltlich Teutsche Gesang 362
Geistliche Gesänge (Fabritius) 571
Geistliche Gesänge (Flandrus) 677
Geistliche Gesänge (Wanningus) 576
Geistliche Hymnen (Calvisius) 616
Geistliche Klänge (Meiland) 535
Geistliche Lieder (Byrd) 538
Geistliche Lieder (Meiland) 535
Geistliche Lieder (Sweelinck) 659
Geistliche Lieder vnd Psalmen mit dreyen stimmen 560
Geistliche Lieder zur Geburt des Gottessohnes Jesu Christ 475
Geistliche Lobgesänge 678
Geistliche Sinfonien 580
Geistliche Symphonien 553
Geistliches Konzert 543
Gemblaco, Johannes Franchois **164**
Genet, Elzéar **258**, 273
Genfer Psalter 416
Genovese, Baptista 540
Gentian **308**
Georges de la Hèle **558**, 593, 628, 663
Georges de la Helle 558

Georg Friedrich von Preußen 510
Georgius Van Langhveldt 257
Georg von Peuerbach 226
Gérard de Turnhout **417**
Gerard David 205
Gerard, Derick 287
Gerarde, John Theodoricus **287**
Gerhardt, Paul 317, 668
Gerle, Conrad 327
Gerle, Hans **326**, 259
Gero, Ihan **411**, 429
Gervaise, Claude **377**
Gervasius de Anglia 187
Gesang für die seligste Jungfrau 674
Gesänge für die heilige Maria **123**
Gesänge zum Lob Marias 685
Gese, Bartholomäus 657
Gesius, Bartholomäus **657**
Gespräch der Alten Musik mit der Neuen 584
Gesualdo da Venosa, Carlo 395, 495, 516, 521, 566, 579, 609, **633**
Getreuer Hirte 599
Geystliche gesangk Buchleyn 322
Gheerkin de Hondt 379
Gherardello de Florentia **142**
Ghibellini, Eliseo **416**
Ghiselin, Jean **222**
Ghiseling, Jean 222
Ghiselinus, Jean 222
Ghisliere, Antonio 443
Ghizzolo, Giovanni **670**
Giachetto von Mantua 316
Giacomo de Gorzani 438
Giacomo de Gorzanis **438**
Giardino nuovo 673
Giles, Nathaniel 620
Giles, Thomas 621
Gillebert de Berneville 112, 114
Gille li Vinier 106
Gilles d'Albornoz 148
Gilles de Binche 189
Gilles le Vinier **106**
Gindron, François **314**
Ginés de Morata **496**
Gintzler, Simon **306**, 327
Gioco della cieca 588
Giogione 291
Giotto di Bondone 140, 194
Giovanelli, Ruggiero **623**, 642
Giovanni Antonio de'Sachis Pordenone 474
Giovanni II. Bentivoglio 223
Giovanni da Bologna 436, 645
Giovanni da Cascia **140**, 142, 144, 146
Giovanni de Antiquis **542**
Giovanni de Macque 578

Giovanni de'Medici 233, 311
Giovanni Domenico da Nola **379**, 463
Giovanni Francesco Gonzaga 171
Giovanni Maria Giocchu del Monte 442
Giovanni Maria da Crema **309**, 327
Giovanni Leonardo dell'Arpa **586**
Giovan Tommaso die Maio **316**
Giraut de Bornelh **79**, 81
Girolamo dalla Casa **530**
Girolamo da Udine 530
Gislebert von Autun 147
Gistou, Nicolas **632**
Gistow, Nicolas 632
Giuliano da Tivoli 380
Giulio da Modena 327
Giustiniane 179
Giustiniani, Leonardo **178**
Glagolitische Messe **69**
Glareanus, Heinrich 207, 287, 296, 357, 374, 414
Glaukos von Rhegion 30
G'leut zu Speyer **296**
Gloria tibi Trinitas 304
Godard, Robert **384**
Godebrye, Jacob 231
Godefridus, Jacobus 231
Godenbach, Johannes 221
Goldoni, Carlo 593
Gombert, Nicolaus 310, **324**, 330, 343, 371, 401, 457, 699
Gomółka, Michał 502
Gomółka, Mikułaj **502**
Gonfalonieri 531
Gontier de Soignies 104
Gonzaga (Familie) 222, 242, 259, 261, 309, 496, 505, 587, 595, 684
Göß, Bartholomäus 657
Gosswin, Anton **519**
Gostena, Giovanni Battista Dalla **499**, 676
Gottfried von Straßburg **98**
Göttliche Komödie 81
Goudimel, Claude **399**
Gozzi, Carlo 593
Grabbe, Johann **577**
Gratiosus de Padua **156**
Grazer Hofkapelle 398
Graziani, Tommaso **597**
Grefinger, Wolfgang, 226, 263, **267**
Gregor I. 44
Gregor XI. 156, 273
Gregor XIII. 47, 173, 443, 492, 507, 522, 563
Gregor XV. 610
Gregorianik **43**, 56, 57, 58, 60, 99, 136, 157, 164, 198, 286, 332, 444, 445, 581, 657
Gregorianische Melodie 139, 286, 347, 362, 446, 493

Gregorianische Messe 56, 198, 445
Gregorianischer Choral 42, 136, 153, 306, 492, 443, 507, 674
Gregorianischer Gesang, 86, 333, 441, 563, 621, 642
Gregorianischer Kirchengesang 477, 492
Greiter, Matthias **315**
Grenon, Nicola 163
Grenon, Nicolas 175
Gresham, Thomas 648
Grigor aus Narek 68
Grimace **142**, 158
Grimache 142
Griquillon, Thomas 305
Grobianus 662
Grosin de Parisius **165**
Grossi, Lodovico 638
Grossim de Parisiis 175
Grossim, Guillaume 165, 175
Grossin de Parisius 165
Grossin, Estienne 175
Grummelkut, Johannes 236
Grundherr, Paul 190
Grundherr, Ulrich 190
Gründlicher Bericht des deutschen Meistergesanges 489
Grymace 142
Guaitoli, Francesco Maria **664**
Guami, Francesco 531
Guami, Gioseffo **531**
Guami, Valerio 531
Guami, Vincenzo 531
Guammi, Gioseffo 531
Guarini, Giovanni Battista 505, 599
Guédron, Pierre **674**
Guéranger, Dom Prosper Louis Pascal 47
Guerrejat, Gui 86
Guerrero, Francisco 326, 330, **453**, 459, 461, 462, 687
Guerrero, Gonzalo Sánchez 453
Guerrero, Pedro 453, 454
Guglielmo Gonzaga 443, 445, 446, 475, 505, 506
Gui de Ponceaux 91
Gui de Torot 91
Guidetti, Giovanni Domenico **477**
Guido von Arezzo 46, 192, 204, 369, 501
Guilhem de Berguedan 80
Guilhem de Cabestanh 115
Guilhem de Cervera 125
Guilhem de Montanhagol **115**
Guilhem de Peiteus **70**, 73, 76, 85
Guilhem VII. le Jeune 91
Guilhem VIII. le Vieux 91
Guillaume IX. d'Aquitaine 71, 76, 87
Guillaume X. d'Aquitaine 71, 77

Guillaume d'Amiens 127, **132**
Guillaume d'Angleterre 77
Guillaume de Chastillon de la Tour **568**
Guillaume de Lorris 121
Guillaume de Machaut **137**, 138, 142, 144, 147, 153, 163, 169
Guillaume de Morlaye 272
Guillaume de Bé 418
Guillaume Le Bec 418
Guillaume Le Boulanger Vaumesnil **433**
Guillaume le Heurteur **337**
Guillaume de Vinier 104, **106**, 107, 114, 122
Guillelmus de Mascandio 138
Guillermus de Malbecque 186
Guillermus Le Grant 180
Guiot de Provins **82**, 99
Guiraut de Borneil 79
Guisard de Cambrai 153
Guisberti, Giulio 606
Guise, Louis de 674
Gumpeltzhaimer, Adam 623
Gumpelzhaimer, Adam **622**
Gussago, Cesario **572**
Gustav I. Wasa 356, 641
Gutierrez de Toledo 241
Gutzgauch auf dem Zaune saß 314
Guy de Coucy **90**
Guyot, Jean **397**
Gyles, Nathaniel 621

H

Haberl, Franz Xaver 47
Hacke, Edward 420
Hadrianus, Emmanuel 533
Hagenau siehe Reinmar von Hagenau
Hagen, Johann 466
Hager, Georg **596**
Hager der Ältere, Georg 596
Hager der Jüngere, Georg 596
Hagius, Johann **466**
Hagius, Konrad **591**
Hähnel (Jacobus Gallus) 592
Hähnel, Johannes 307
Hahn, Ulrich 256
Haiden, Sebald 328
Hake, Edward 420
Halborne, William 686
Handbuch der Musik 623
Handl (Jacobus Gallus) 592
Händl (Jacobus Gallus) 592
Hans Sachs (Lortzing) 313
Hans von Constantz 281
Harant, Kryštof **666**

Harcadelt, Jakob 348
Harelbeccanus, Sigerus Paul **586**
Harmonia concertans 682
Harmoniae sacrae 535
Harmonienkreis 610
Harmonie universelle 618, 619
Harmonischer Tempel der seligen Jungfrau 554
Harnoncourt, Nikolaus 692
Hartmann von Aue 99
Harwood, John 257
Haselton, Robert 420
Hasilton, Robert **420**
Hasiltoune, Robert 420
Haßler, Caspar 668
Haßler, Hans Leo 373, 597, **667**
Haßler, Isaak 667
Haßler, Jacob 668
Haßler, Johann Benedikt 668
Hasprois, Johannes Symonis **160**
Hasylton, Robert 420
Hathor 23
Haucourt, Johannes **161**
Haugk, Virgilius **346**
Hausen
  siehe Friedrich von Hausen
Hausmann, Sabine 167
Hausmann, Valentin 515
Haußmann, Valentin **514**
Haußmann, Valentin sen. 515
Hausskeller, Simon 307
Hayne van Ghizeghem **202**
Heckel, Matthias de Redwitz 239
Heckel, Wolf **403**
Heckel, Wolfgang 403
Hector, Eustorg 314
Heermann, Nicolas 294
Heidelberger Hofkapelle 313
Heidelberger Schule 410, 417, 430
Heiden, Sebald 328
Heiligen sangen ein Lied 587
Heiliges Saitenspiel 671
Heilmittel gegen Traurigkeit 679
Heimkehr des Odysseus 697
Heinrich I. (England) 130
Heinrich I. (Champagne) 76
Heinrich II. (England) 76, 79, 81, 83, 84, 92, 96
Heinrich II. (Frankreich) 272, 279, 305, 332, 393, 418, 583
Heinrich III. (England) 333
Heinrich III. (Frankreich) 373, 392, 465, 479, 500, 633
Heinrich IV. (Frankreich) 392, 575, 645, 672, 689, 690
Heinrich V. (England) 170, 309, 455
Heinrich VI. (England) 309

Heinrich VII. (England) 192, 199, 215, 235, 239, 256
Heinrich VIII. (England) 131, 216, 235, 239, 243, 248, 256, 279, 280, 286, 288, **309**, 333, 336, 339, 346, 363, 366, 388, 390, 392, 393, 424, 440, 504, 647
Heinrich der Löwe 80, 92
Heinrich Jasomirgott 80
Heinrich Julius von Braunschweig 514
Heinrich von Anjou 96
Heinrich von Meißen **134**, 135
Heinrich von Morungen 82, 99
Heinrich von Mügeln **140**
Heinrich von Verdeke 82, 99
Heins, Peter 584
Heintz, Wolff **301**
Helios 27
Hellenische Musik **33**, 66
Hellinck, Lupus **317**
Hellinck, Lupus Johannes 317
Helmbold, Ludwig 601
Hemel, Sigmund 428
Hemmel, Sigmund **428**
Hennel, Johannes 307
Henri I. (Brabant) 108, 112
Henri II. (Brabant) 112
Henri III., Duc de Brabant 108, **112**, 113, 117, 118
Henry de Valois 462
Henry le Jeune 643
Henry, Jehan 643
Henry, Michel 643
Hensius, Peter **584**
Herakles 26
Herbipolis, Homer 414
Herbol, Homer 414
Heremita, Giulio 606
Hérier 114
Herigerus 70
Herman, Nicolas **294**
Hermannus de Atrio **188**
Hernando de Cabezón 394
Hernando del Castillo 270
Herold, Johannes **569**
Heroldt, Johannes 569
Herpol, Homer **414**
Herpolitanus, Homer 414
Herpoll, Homer 414
Herr, habe Erbarmen 420
Herrisant, Jean **434**
Herrn D. Martini Lutheri und anderer gottesfürchtiger Männer Psalmen und geistliche Lieder 631
Hertzer, Balthasar 294

Herzer, Balthasar 294
Herzog, Benedikt 299
Herzog von Coimbra 196
Hesperion XX 453
Hessus, Helius Eobanus 283, 318
Heugel, Johann **322**
Heybourne, Ferdinando 619
Heyden, Hans 328
Heyden, Hans Christoph 328
Heyden, Sebald 396, **328**, 508, 604
Heyne van Ghizeghem 202
Hicart, Bernardus 204
Hic dies quam fecit dominum 333
Hidalgo, Gutierre Fernández **600**
Hie bevor do wir kint waren 133
Hieronymus aus Prag 153
Hieronymus de Moravia 132
Hilarius von Poitiers 56
Hilarokosmos oder die fröhliche Welt 622
Hildegard von Bingen 47, **73**
Himmelfahrt unseres Erlösers 588
Hippasos von Metapontos 29
Hirsutus 299
Hispalensis, Johannes Navarrus 459
Historia der Passion und Leidens unseres einzigen Erlösers und Seligmachers Jesu Christi **599**
Historia des Leidens und Sterbens unseres Herrn und Heilands 569
Historien 367
Hobertus, Jacob 219
Hobrecht, Jacob 219
Hockland, Robert 339
Hogwood, Christopher 254
Hoffmann, Eucharius **474**
Hofhaimer, Paulus 224
Hofhaymer, Paulus **224**, 232, 233, 236, 263, 264, 267, 268, 270, 281, 296, 309, 318, 320, 330, 339, 389, 464
Hofheymer, Paulus 224
Hofkapelle Dresden 362
Hohe Lied Salomonis 599
Holborne, Anthony **686**
Hollander, Christian Janszone 377, **379**
Homberger, Paul 642
Homme armé (Faugues) 196
Homme armé (Mabriano de Orto) 228
Homme armé (Pipelare) 262
Homme armé (Regis) 200
Homme armé (Tinctoris) 201
Homme armé (Vacqueras) 218
Homme-armé-Messe (Carver) 298
Hooper, Edmund **596**
Hooper, James 596
Hoquegan, Jean de 198

Horatius 38
Horaz 226, 296
Höre, mein Volk 287
Hornpipe 276
Horologius, Alessandro 608
Hortus musicalis novus 643
Horwode, William 257
Horwood, John **256**
Horword, John 257
Horwud, John 257
Hoste, Spirito l' **387**
Hothby, Johannes **192**
Hothobi, Johannes 192
Hoyeux, Baldouin 559
Hoyol, Baldouin 559
Hoyou, Baldouin 559
Hoyoul, Baldouin **559**
Hoyoul, Johann Ludwig 560
Hoyoul, Jörgen Friedrich 560
Hoyu, Baldouin 559
Hubert von Eyck 155
Hucbald von St. Amand 47
Hugo VIII. 155
Hugo de Lantinis 177
Hugo de Lantins **176**, 177
Hugo de Lantius 177
Hugues de Berzé **87**, 88
Hugues du Rosier 385
Huiol, Baldouin 559
Hundert Kirchenkonzerte für mehrere Stimmen 638
Hundertfünfzig Psalmen 633
Hunnis, William **421**
Hunt's up **539**
Hus, Jan 153, 166
Hycaert, Bernardus 204
Hymnarius durch das gantz Jar verteutscht 236
Hymnen mit Fugen und Ricercari 665
Hymni sacri 616

I

Ibykos von Rhegion 28
Icart, Bernardus 204
Ich bin der gute Hirte 425
Ich bin jung und das ist schön 399
Ich gebe euch ein neues Gebot 290
Ich muß singen, obwohl ich nicht will **85**
Ich stimme die Lyra 698
Ich weiss mir ein fest gebawets Haus 362
I gave you a new commaundment 290
Ignatius von Loyola 234, 268
Il Carpentrasso, Elzéar 258
Ileborgh, Adam **192**

Ilias 27
Illustre Lieve Vrouwe Broederschap 261, 262
Im Leben Marias 188
Im Namen (Byrd) **539**
In hora ultima 484
In illo tempore 699
In letzter Stunde 484
In Mariae vita 188
In nomine (Byrd) **539**
In te Domine speravi 425
Incipit Oratio 342
Incipit Oratio Jeremiae Prophetae, Lamentationes Jeremiae 5, 1–5 **446**
Inclytus antistes 323
Ingegneri, Marc' Antonio **557**
Ingegneri, Marco Antonio 694
Ingignieri, Marc' Antonio 557
Inglott, William **602**
Innozenz III. 109
Innozenz IX. 522
Innsbrucker Hofkapelle 463, 464
Innsbruck, ich muß dich lassen 217, 218
Io mi son giovinett' e volontieri 399
Ippolito Cameratò di Negri 468
Ippolito de'Medici 324
Ippolito II. d'Este 291, 329, 395, 442, 509
Isaac, Heinrich 194, **216**, 224, 284, 293, 294, 295, 296, 300, 307, 322, 330, 353, 389, 464
Isaac von Antiochien 64
Isaak, Heinrich 216
Isabella Clara Eugenia von Spanien 583
Isabella d'Este 259, 260
Isabella I. die Katholische 197, 209, 228, 235, 244, 336, 394, 464, 644
Isabella von Hennegau 126
Isac, Heinrich 216
Islamische Musik **57**, 58, 66
Isnardi, Paolo **506**
Italienische Schlacht 337
Iusberti, Giulio 606
Ivo de Vento **539**, 598

J

Jachet de Berchem **355**
Jachet de Guant 378
Jachet von Mantua 316
Jachetto von Mantua 316
Jacob I. 333
Jacob de Senleches **158**
Jacob van Kerle 478
Jacobus Clemens non Papa **371**
Jacobus de Bononia 144
Jacobus de Brouck **528**

Jacobus de Kerle siehe Kerle
Jacobus von Lüttich 132
Jacomi de Sentluch 158
Jacopo da Bologna 142, **144**, 146
Jacopo della Quercia 476, 520
Jacotin **231**
Jacotino 231
Jacquemart le Cuvelier 158
Jacques, Clemens 372
Jacques de Cysoing **117**
Jacques de Hedine **120**
Jacques de Savoie 382, 383
Jacques Du Boisson 439
Jacques, Gheert 417
Jacques le Polonais 545
Jacques le Polonois 545
Jacques von Paus 378
Jagd beginnt **539**
Jäger, Sabine 166
Jägerleben 662
Jahrhundertlied 39
Jakob I. 613, 647, 677, 681
Jakob V. 334, 335
Jakobos von Serugh 64
Jambe, Philibert de Fer **426**
Jam non dicam 342
Janequin, Clément **285**, 306, 479, 524
Jan le Coick 313
Jan van Eyck 155, 205
Jan von Jenštejn 153
Jan z Lublina 302
Japart, Jean **274**
Japart, Johannes 275
Jaquemin de Sanleches 158
Jaques de Cambrai **121**
Jauchzet dem Herrn, alle Welt **344**
Jausbert de Puycibot 116
Jean II. 136
Jean Antoine de Baïf 456, 500, 524
Jean d'Estrée **419**
Jean de Bilhon 353
Jean de Boulogne 436
Jean de Braine **87**
Jean I. de Bretagne 112
Jean de Castro **522**
Jean de Foi 285
Jean de France 162
Jean de Hollande **376**
Jean de Hoquegan 198
Jean de Marque **578**, 685
Jean de Meung 121
Jean de Milleville 429
Jean de Neufville **77**
Jean de Neuvellois 77
Jean de Neuville 77

Jean de Noyers 159
Jean de Prato alias Stochem 202
Jean des Fosses 512
Jean de Turnhout 417, 418
Jean d'Holluigue 223
Jean du Billon **353**
Jean Le Cocq **312**
Jean le Gendre **332**
Jean Le Petit **271**
Jeanne d'Arc 167
Jeffries, George 680
Jeffries, Matthew **679**
Jehan de Maletty **582**
Jehan de Suzay 158
Jehan le Cuvelier d'Arras **118**
Jehan Moniot de Paris 119
Jehan Simonis de Haspre 160
Jeremias 54
Jerzy, Georg 235
Jesaia 41
Jeu de la Feuillée 130
Jeu de Robin et Marion **130**
Jeu de Saint Nicolas 97
Jeu du Pélerin 130
Jhan le Coick 313
Joachim de Bellay 269, 456
Joachim Thibault de Courville **500**, 524, 525
Joan Domenico del Giovane 379
Joannoti, Camillo 530
João III. 434, 532, 533
João IV. 687
Jobin, Bernard **498**
Jobst vom Brandt **410**, 411
Jodelle, Étienne 456
Jodocus vom Brandt 411
Johann Albert (Polen) 209
Johann Cicero von Brandenburg 301
Johann der Standfeste 321
Johann Friedrich II. der Mittlere 321
Johann von England 87, 96
Johann von Luxemburg 135, 138
Johanna von Konstantinopel 118
Johanna von Neapel 147
Johanna von Österreich 496
Johannes XXII. 136, 157
Johannes XXIII. 172, 173
Johannes de Bosco 156
Johannes de Cleve **454**, 553
Johannes de Ferrara 312
Johannes de Florentia 140
Johannes de Fossa **512**
Johannes de Garlandia der Ältere 132
Johannes de Garlandia der Jüngere 132
Johannes de Grocheo 132
Johannes de Lublin **301**

Johannes de Lymburgia **185**
Johannes de Muris 137, 153
Johannes de Sarto **193**
Johannes de Susato 236
Johannes Martini **201**
Johannes Martinus d'Armentières 201
Johannes Rosses II. 154
Johannes von der Normandie 138
Johannes von Soest 236, 354
Johannes Choralpassion (Mancinus) 591
Johannespassion (Bivi) 369
Johannespassion (Burck) 555
Johannespassion (Jacobus Gallus) 593
Johannespassion (Gesius) 657
Johannespassion (Meiland) 535
Johannespassion (Paolo) 423
Johannespassion (Scandello) 410
Johannespassion für gemischten Chor **556**
John of Fornsete 130
Johnson, Edward **625**
Johnson, John **590**, 659
Johnson, Robert **289**
Johnson, Robert **681**
Jonckers, Goessen **335**
Jonckers, Gosse 335
Jonson, Ben 537
Jordaens, Jakob 345
Jordan, Raimon 115
Juan I. 155
Juan de Anchieta **234**
Juán de Cabazó 394
Juan de Fermoselle 241
Juan de Salinas 399
Juan de Urneña 335
Juan del Encina **241**, 269
Juan Maria da Crema 310
Jubal 40
Jubilate omnis terra **344**
Judaeus, Philo 42
Judenkünig, Hans **214**
Jüdische Musik 63, 64
Jüdischer Gesang 58
Julian von Speyer 47, **122**
Julius II. 258, 398, 440, 545
Julius III. 442, 444
Julius von Braunschweig 514
Junckers, Goessen 335
Junta, Luca Antonio 256
Jürgens, Jürgen 694, 695

K

Kaiserliche Hofkapelle (Habsburg) 353, 384, 511, 540, 561, 602

Kaiserliche Kapelle (Spanien) 324
Kalenda maya 89
Kalwitz, Seth 615
Kampf von Tancred und Clorinda 698
Karel (Charles Luyton) 613
Kargel, Sixt **518**
Karl I. von Anjou 120, 130
Karl I. von Bourbon 198
Karl I. (England) 613, 670, 682
Karl II. (Frankreich) 136, 402, 476
Karl III. der Große von Lothringen 320, 558, 672
Karl IV. (Habsburg) 135, 141
Karl V. (Frankreich) 136, 138, 158, 160, 162
Karl V. (Habsburg) 228, 238, 254, 267, 289, 304, 305, 312, 315, 316, 320, 328, 330, 336, 337, 342, 343, 348, 353, 356, 359, 364, 380, 384, 390, 391, 394, 399, 401, 413, 425, 434, 439, 448, 460, 463, 475, 480, 503, 518, 541, 556, 570, 576, 666
Karl VI. (Frankreich) 158, 162, 172
Karl VII. (Frankreich) 167, 168, 198
Karl VIII. (Frankreich) 212, 245, 531
Karl IX. (Frankreich) 391, 393, 400, 433, 479, 484
Karl der Große 55, 58, 62, 70, 360
Karl der Kühne 197, 205, 397, 518
Karl Emanuel I. 626
Karl, Erzherzog von Innerösterreich 454, 543, 561, 612
Karl Joseph Fürsterzbischof von Brixen und Breslau 638
Karl von Orléans 280
Karwochenoffizium 687
Kasimir III. der Große 235
Katherina (Schwester Karls V.) 254
Katharina von Aragon 288
Keltischer Kirchengesang 44, **60**
Kepler, Johannes 631
Kerle, Jacobus de 441, **478**
Khufu-'anch 22, 23
Kilian, Bischof in Thüringen 675
Kindermusik 662
Kirchner, Andreas 27
Kirkby, Emma 660
Klage Davids um Saul und Jonathan 73
Klage der Erminia 697
Klage der Mädchen um die Tochter Jephtas des Sohnes Galaads 73
Klage der Olympia 423
Klagegesang Pandolpho 402
Klagelied auf den Tod des Grafen de Peiteus 74
Klagen des Todes umgeben mich, die Schmerzen der Hölle überwältigen mich 325
Kleber, Leonhard **318**
Kleine geistliche Lieder 697

Kleoneides 35
Klingenstein, Bernhard **553**
Klonas von Tegea 28
Knefel, Johannes 259
Kneffel, Johannes **457**
Knighte, Thomas 333
Knight, Robert 333
Knight, Thomas **333**
Knöfel, Johannes 459
Knofelius, Johannes 459
Knöffel, Johannes 459
Knöpken, Andrea **240**
Knox, John 290
Knyght, Thomas 333
Koch, Eoban 283
Köhler, David 480
Koler, David 480
Köler, David **480**
Komm, bleicher Tod 290
Komm', heiliger Geist 517
Komme wieder 625
Königliche Kapelle (Dänemark) 680
Königliche Kapelle (England) 191, 199, 210, 216, 235, 244, 248, 266, 286, 289, 299, 355, 390, 396, 398, 407, 431, 537, 538, 455, 469, 648, 681
Königliche Kapelle (Frankreich) 162, 246, 285, 306, 329, 332, 354, 386, 377, 393, 564, 633, 674, 690
Königliche Kapelle (Neapel) 204, 579, 686
Königliche Kapelle (Niederlande) 418
Königliche Kapelle (Polen) 208, 462
Königliche Kapelle (Portugal) 434, 605, 675
Königliche Kapelle (Spanien) 228, 244, 337, 432, 461, 542, 630
Konrad II. 277
Konrad III. 73, 75
Konrad von Hagen 591
Konstantin I. der Große 64
Konstantinos 68
Kontrapunktregeln 164
Konzerte zum Spielen und Singen 639
Koopman, Ton 658
Koptische Kirchenmusik **66**
Koptische Messe **67**
Kosmas von Majuma 65
Kotter, Hans 287, **270**
Kotter, Johannes 270
Krafft, Ludwig **196**
Kraft, Adam 190
Krakauer Hofkapelle 208
Kreuzerhöhung 573
Kreuzzugslied (Croisilles) 111
Kreuzzugslieder (Bethune) 95
Kreuzzugslieder (Capdoill) 105
Kritiklied **109**

Krönung Poppeas 697
Kugelmann, Hans **330**
Kugelmann, Paul 332
Kukuzeles, Johannes 65
Kung Fu Tse 19
Kurtze auserlesene Symbola 466
Kurtzweilige teutsche Lieder 511
Kykladen-Kultur 27
Kyrillos 68

L

Labé, Louis Charly Perin 341
Lacerna, Estavio 675
Lady Carey's Dompe 276
Laet, Jean 408
Lagkhner, Daniel **544**
Lagrime di San Pietro **486**
Lai de l'Ancienne et du Nouveau Testament 114
Lai de Notre-Dame 114
Lambe, Walter **187**
Lambert de Sayve **561**
Lambertini, Giovanni Tommaso **520**
Lämblin, Laurentius 313
Lamentationes Hieremiae Prophetae 588
Lamentationes Hieremie Prophete 576
Lamento d'Arianna 698, **699**
Lamento d'Olimpia 423
Lancelot 77
Lancelot Du Fau 285
Landini, Francesco **145**, 168
Landini, Jacopo 145
Landino, Francesco 145
Lange, Hieronymus Gregor **517**
Langius, Hieronymus Gregor 517
Langveld, Georgius 257
Lantos de Tinódi 367
Lapicida, Erasmus **213**, 224
Lappi, Pietro **672**
La Rue, Pierre de 223, **227**, 277
Larue, Pierre 227
Laserna, Estacio 675
Laskaris, Johannes 278
Lasos von Hermione 29
Lasso, Ferdinand de 483, 484, 485
Lasso, Ernst de 483
Lasso, Orlando di 206, 275, 305, 372, 429, 430, 459, 471, 473, 479, 480, **481**, 491, 510, 512, 514, 517, 519, 524, 531, 535, 536, 539, 540, 548, 555, 558, 559, 560, 597, 598, 599, 601, 605, 614, 621, 622, 623, 628, 633, 646, 657, 661, 667, 675
Lasso, Rudolph de 483, 484, 485
Lasson, Mathieu **320**
Lassus, Orlande 482

Lassus, Roland de 482
Lateinische Kirchenmusik 64, 70
Laubenspiel 130
Laub ist grün **539**
Laudes Maximiliani 227
Lauffenberg, Heinrich **180**
Laurent de Voz **491**
Laurentius de Florentia 143
Laureo secco 507
Lautentabulatur 670
Lautten Buch, von mancherley schönen und lieblichen Stucken 403
Leaves be green **539**
Le Bel, Barthélemy **280**
Le Bel, Firmin **390**, 442
Lebel, Firmin 390
Le Bel, Jacques 231
Leben der berühmtesten und ältesten provenzalischen Dichter 105
Lebensbeschreibungen 691
Lebertoul, François **182**
Lechner, Leonhard 473, 535, **598**, 675
Lefébure, Jean **669**
Legenda Sancti Francisci 123
Legrant, Guielmo 180
Legrant, Guilem 180
Legrant, Guillaume **180**, 181
Le Grant, Johannes 181
Legrant, Johannes **181**
Leighton, William **613**
Leleu, Johannes 367
Lemblin, Laurentius 313
Lemlin, Laurentius **313**, 417
Lemlin, Lorenz 389, 390, 406, 411
Leo X. 233, 253, 256, 258, 278, 281, 282, 303, 311, 327, 440
Leodiensis, Adam 284
Leonardo da Vinci 203, 222, 223, 520
Leonardo, Raffaelo 505
Leonello 195
Leonhardt, Gustav 363
Leoni, Leone **629**
Leoninus **86**, 97, 132, 136
Leonor von Toledo 359
Leopold III. 438
Leopold V. 96
Leopold VI. 96
Leopolita, Martinus 462
Leopolitanus, Marcin 462
Lepetit, Jean 271
Leppard, Raymond 692
Leretier, Jean 275
Letzte lateinische und deutsche Gesänge 535
Letztes Abendmahl 203
Level, Jacotin 232

Le voir dit 138
Lhéritier, Jean **275**
L'Héritier, Jean 275
Liban, Georg **235**
Liber cathemerion 268
Liber primus Sacrarum Cantionum 362
Liber quindecim missarum electarum 256
Libert, Reginaldus **175**
Libro de música de vihuela 348, 371
Lichtenfels, Heinrich 356
Liebe ist ein Wunder 118
Liebert, Reginaldus 175
Liebeskrieg 646
Lied der Henne 468
Lieder für Laute, Viole und Singstimme 674
Lieder Salomons 445
Liedermesse 217, **218**
Liedersammlung des Palastes 269
Lieder von P. de Ronsard, Ph. Desportes und anderen 465
Lieder zum Preise Gottes 432
Linde, Hans Martin 317, 503
Lindemann, Johann **572**
Lindener, Friedrich 516
Lindner, Friedrich **516**
Lindtner, Friedrich 516
Linos 26
Linttner, Friedrich 516
Liritier, Jean 275
Loba de Pennautier 93
Loben wir den Herrn allezeit 420
Lobo, Alonso **608**
Lobt Gott ihr Christen alle gleich 294
Locatello, Giovanni Battista **629**
Lodovico il Moro 260
Lodron, Paris 670
Lohet, Simon **546**
Lollarden 173
Lombardi, Camillo **626**
Lombardi, Francesco 627
Lombardo, Pietro 291
Lombardo, Tullio 291
Lope de Baena **228**
Lope Felix de Vega Carpio 657
Lord have mercy 420
Lorentz, Johannes 473
Lorenzo II. de'Medici 194, 233, 311, 358
Lorenzo da Firenze **143**
Loriti, Heinrich 207, 374
Lortzing, Albert 313
Losenstein 544
Loufenberg, Heinrich 180
Louys, Jan **413**
Lü Bu We 20
Luca della Robbia 211

Lucrezia de Gori 442
Lucrezia d'Este 492, 617
Ludford, Nicholas **284**
Ludovico de Vittoria 562
Ludovico il Moro 201
Ludovicus de Bisschop 429
Ludovisi, Alessandro 610
Ludus Dianae 227
Ludwig I. von Anjou-Valois 147, 169
Ludwig II. (Ungarn) 264, 272, 273, 292, 328, 367, 439, 480
Ludwig VII. (Frankreich) 71, 73, 75, 76, 96
Ludwig VIII. (Frankreich) 111, 120
Ludwig IX. (Frankreich) 111, 124, 126, 129, 275
Ludwig XII. (Frankreich) 223, 254, 245, 258, 260, 306, 437
Ludwig XIII. (Frankreich) 391, 633, 690, 691
Luigi d'Este 599
Luigi, Pier 365
Luini, Bernardino 506
Luis de León 399
Lukaspassion (Rovigo) 476
Lumsden, Alan 181, 285
Lupacchino dal Vasto, Bernardino **338**
Lupi, Joannes 317, 318, **367**
Luppagino dal Vasto, Bernardino 338
Lupus **302**, 318
Lupus, Johannes 367
Luscinius, Othmar **263**
Lusitano, Vicente **375,** 395
Luther, Martin 55, 207, 209, 240, 264, 268, 273, **281,** 283, 289, 295, 299, 301, 306, 318, 321, 322, 357, 370, 390, 406, 426, 440, 441, 454, 481, 493, 515, 518, 555, 584, 603, 662
Luys de Narbaez 342
Luys de Narbais 342
Luys de Narváez **342**
Luython, Charles 613
Luyton, Charles 613
Luzzaschi, Luzzasco 595
Łwowczyk, Marcin **462**

M

Mabriano de Orto **228**
Machaut siehe Guillaume de Machaut
Mackerras, Charles 589
Macropedius, Georgius **257**
Madelka, Simon Bar Jona 473
Madelka, Szymon Bar Jona **473**
Madrigale Buch III (Monteverdi) **697**
Madrigale Buch IV (Monteverdi) **697**
Madrigale Buch VII (Monteverdi) **698**
Madrigale Buch VIII (Monteverdi) **698**
Madrigale Buch IX (Monteverdi) **699**

Madrigali cromati 423
Madrigali e canzoni francesi 408
Madruzzo, Cristoforo 306, 398
Maercker, Matthias 680
Maessins, Pieter **353**
Magne pater sancte 199
Magnificat **486**
Magnificat für Orgel 665
Magnificat octo tonorum 322
Magnus Liber Organi 86, 97
Mahu, Stephan **292**
Maigret, Adam 172
Maihinger Fragment 535
Mailänder Gesang 55
Mailänder Kirchengesang 56
Mailänder Schule 501, 520, 571, 572, 578, 581, 623, 631, 680, 694
Mailänder Stil 613, 628, 640
Maillard, Jean **422**
Maillard, Pierre 593
Maillart, Pierre **593**
Mainerio, Giorgio **543**
Maistre Jhan 369
Malapert, Rubino 442
Malatesta, Cleofe 176, 183
Malbecq, Guillermus 186
Malbecque, Guillermus **186**
Malbeke, Guillermus 186
Malgoire, Jean Claude 160
Mallery 546
Mallorie **546**
Malorie 546
Malory 546
Malvezzi, Cristofano 559
Malvezzi, Cristoforo **558,** 573, 645
Manara, Francesco **437**
Mancini, Girolamo 644
Mancinus, Thomas **591**
Manenti, Giovanni Piero **436**
Manessische Liederhandschrift 110, 139
Mangolt, Bürk **155**
Manrique, Jorge 369
Mantegna, Andrea 221, 455, 607
Mantovano, Alberto 272
Mantovano, Alessandro **247**
Manuel II. Palaiologos 177
Marbeck, John 392
Marbecke, John 392
Marbek, John 392
Marcabru 74, **77**
Marc-Antoine de Muret **447**
Marcellinus, Ammianus 61
Marcellus II. 442, 445
Marcellusmesse 446, 563, 690
Marcher, Matthias 680

Marchetto da Padova 142
Marchetto, Marco 259
Marco da Gagliano 609
Marco da L'Aquila **247**
Marenzio, Luca 527, 559, **599**, 659, 667
Mareschall, Samuel **603**
Mareschal, Samuel 603
Margarete von Burgund 205
Margarete von Österreich 227, 259, 353, 630
Margarete von Schwangau 167
Margarita von Spanien 675
Maria I. 334, 339, 358, 360, 361, 421, 429, 625
Maria Christina (Österreich) 515
Maria de'Medici 573, 690
Maria de Ventadorn 98
Maria (Habsburg) 562
Maria Magdalena von Österreich 645
Maria von Burgund 197, 227, 254
Maria von Ungarn 254, 264, 273, 328, 329, 464
Marianischer Rosenkranz 553
Marie de Champagne 76, 77, 90
Marienmesse 175
Marienpreislied 134
Marienvesper **699**
Marino, Alessandro **494**
Markuspassion (Galliculus) 307
Markuspassion (Meiland) 535
Marlowe, Christopher 537
Marot, Antonellus de Caserta 168
Marot, Clément 281, 308, 312, 314, 315, 381, 383, 416, 426, 501, 527
Marquesa de Tarifa 330
Marschal, Samuel 603
Marschall, Samuel 603
Marsyas 27
Marti, Bernard 116
Martin V. 173, 176
Martin, Claude **334**
Martin de Vos 491
Martinengo, Gabriele **403**, 683
Martinengo, Giulio Cesare **683**
Martini, Johannes **201**
Martyr, Justinus 555
Mary I. 363, 388, 429, 537
Mascara, Fiorenzo 527
Maschere d'amazzoni 574
Maschera, Florentino **527**
Mascherate piacevoli et ridiocolose per il carnevale 617
Maskerade der Erblindeten 584
Mason, John **289**
Massaini, Tiburtio **577**
Massaino, Tiburtio 577
Massenus, Pieter 353
Massys, Quentin 265, 345

Master Alfonso 398
Mastino 144
Matelart, Johannes **385**
Matheus de Perusio 164
Matheus de Sancto Johanne 146
Mathieu du monastère Saint-Jean 147
Matteo da Perugia **164**
Matteo di Giovanni 192
Matthäus Choralpassion (Mancinus) 591
Matthäuspassion (Claude de Sermisy) 306
Matthäuspassion (Davy) 239
Matthäuspassion (Gesius) 657
Matthäuspassion (Jacobus Gallus) 593
Matthäuspassion (Haßler) 668
Matthäuspassion (Meiland) 535
Matthäuspassion (Regnart) 511
Matthäuspassion (Walter) **322**
Mattheus Le Maistre **362,** 409, 535
Matthias Corvinus 201, 202
Matthias de Hermann 337
Matthias de Sayve 561
Matthias von Österreich 511, 532, 561
Mauduit, Jacques 456, **618,** 675
Maurianus 46
Maximilian I. 197, 209, 212, 216, 222, 224, 227, 258, 260, 280, 283, 284, 294, 295, 378, 379, 646
Maximilian II. 429, 436, 442, 457, 459, 475, 484, 496, 511, 528, 532, 543, 544, 562, 613
Mayhuet de Joan 146
Mayland, Jakob 535
Maynerio, Giorgio 543
Mayone, Ascanio **685**
Mecaenas, Gaius 369
Meckenem, Israhel 174
Media vita 518
Medici (Familie) 140, 148, 192, 194, 212, 216, 222, 242, 311, 359, 369, 531, 547, 558, 573, 584, 599, 625, 645, 646, 667, 686
Medici, Lorenzo **682**
Medici, Rolando 682
Meester Benedictus 280
Mei, Girolamo 412
Meide Kranz 141
Meiland, Jakob **535**
Mein freud allein in aller Welt 217
Mein G'müth ist mir verwirret 668
Meißen siehe Heinrich von Meißen
Meister Alexander **133**
Meistersingerschule 179, 186
Meistersinger von Nürnberg 313
Meistre Gosse 335
Melanchthon, Philipp 247, 321, 357, 390, 454
Melchiorre de Barbaris 382
Melchiorre de Barberiis **381**
Melchiorre de Barberio 382

Melchiorre de Barberis 382
Meleagros 27
Melli, Domenico Mario **579**
Melli, Pietro Paolo 579
Melodeyen-Gesangbuch 474
Melodiae sacrae 587
Melodos, Romanos 65
Memling, Hans 205, 270
Memmo 226
Menchinus, Thomas 591
Menckin, Thomas 591
Mendes, Manuel **557**
Menehou, Michel **339**
Menon, Tuttovale **340**, 490
Menon, Tutualle 340
Merbecke, John **392**
Mercker, Matthias **680**
Merkher, Matthias 680
Merlo, Alessandro **471**
Merlotti 490
Mersenne, Marin 391, 618, 619
Mertel, Elias **643**
Merulo, Claudio 340, 373, **490**, 515, 527, 539, 582, 614, 644
Merulo, Giacinto 490
Meßgesang **56**
Mesomedes aus Kreta 27
Mesopotamische Musik **22**
Messe auf »Der bewaffnete Mann« auf Tönen **208**
Messe für die selige Jungfrau 208
Messe für vier Stimmen mit Posaunen **699**
Messe in D **457**
Messe in griechischer Sprache 66
Messe »In illo tempore« **699**
Messeliturgie nach byzantinisch-slawischem Ritus **69**
Messe mit zwei Gesichtern 341
Messe über Durch das Zeichen des Kreuzes **296**
Messe Verbum incarnatum 176
Messe von Tournai 136
Mestre Jehan 313
Mestre Le Cocq 411
Metallo, Grammatico **534**
Methodios 68
Meyer, Gregor **374**, 603
Meyland, Jakob 535
Mezari, Madalena **513**
Michael, Rogier **601**
Michael, Rogier von Bergen 601
Michael, Simon 602
Michelangelo 206, 242, 397, 444, 645
Michel Charles Du Boisson **439**
Micheli, Domenico **466**
Miguel de Fuenllana **330**, 359
Mikołaj I. Radziwill 425, 503

Mikołaj z Krakowa 283
Mikołaj z Radomia 185
Milanese, Lodovico 261
Milan, Luys **336**, 342
Milleville, Alessandro **429**, 605, 630
Milleville, Francesco **630**
Millot, Nicolas **385**
Milton, John **662**
Milton, John jun. 662
Miracle de Théophile 129
Miracles Nostre-Dame 101
Misonne, Vincent 253
Missa Aeterna Christi Munera **446**
Missa asumpta est **446**
Missa Ave Regina Coelorum **184**
Missa Caput **184**
Missa Carminum 217, **218**
Missa concertata 640
Missa de Beata Virgine (Desprez) **208**
Missa de Beata Virgine (Palestrina) **445**
Missa de Nuestra Señora 384
Missa Domini 303
Missa duarum facierum 341
Missa Fortuna desperata **220**
Missa Hodie Christus natus est **446**
Missa in re **457**
Missa L'homme armé (Busnois) **205**
Missa l'homme armé (Dufay) **184**
Missa L'homme armé super voces musicales (Desprez) **208**
Missa mantovana 445, 446
Missa Mi-Mi **198**
Missa Papae Marcelli **445**, 446
Missa Paschalis **296**
Missa quaeramus cum pastoribus **344**
Missa sine nomine **445**
Missa solemnis 677
Missa super Ave Regina 254
Missa super Per signum crucis **296**
Missa super Princesse et amorette 275
Missa super Sub tuum praesidium confugimus **220**
Misterio de Elche 279
Mithou 269, 391
Mitten im Leben 518
Mocenigo, Tommaso 170
Modatoris, Guillermus 186
Moderne, Jacques 311
Mohammed 57
Molinaro, Simone **675**
Molino, Antonio 413
Moller, Joachim 555
Monachius, Bartholomäus 513
Monachus, Henricus 46
Monch, Bartholomäus 513

Mönch von Montaudon 92, 98
Mönch von Salzburg **154,** 389
Monge de Montaudo **92**
Moniot d'Arras **107,** 120
Mönnich, Bartholomäus 513
Monoecius, Bartholomäus 513
Monoetius, Bartholomäus **513**
Monteverdi, Baldassare 694
Monteverdi-Chor 694
Monteverdi, Claudio 425, 505, 506, 521, 527, 570, 573, 609, 684, **691,** 693, 697
Monteverdi, Claudio Zuan Antonio 694
Monteverdi, Francesco 696
Monteverdi, Giulio Cesare 696
Monteverdi, Massimiliano 696
Morales, Cristóbal de 232, 305, 330, 336, **342,** 345, 359, 371, 373, 374, 394, 402, 403, 453, 459, 461, 476, 493, 562, 687
Morales, Cristoval de 343
Morlaye, Guillaume **405**
Morley, Thomas 245, 255, 505, **617,** 670
Moritz von Kassel 575, 592
Moritz von Sachsen 321, 362, 409, 410, 431, 480
Moro, Il 685
Moro, Jacopo **610**
Mortaro, Antonio **680**
Morton, Robert **202,** 269
Morus, Thomas 303
Moscaglia, Giovanni Battista **542**
Moses 40
Mosto, Giovanni Batista **515**
Motette auf Johannes den Täufer 179
Motetten und Madrigale 685
Motetti e Madrigali 685
Moulu, Pierre **340**
Mourtois, Jehan 356
Mouton, Jehan **223,** 256, 275, 291, 344, 407
Mozarabischer Gesang 55, 57, 232
Mozarabischer Kirchengesang 44, **58,** 98, 453, 492
Mudde, Thomas 630
Mudd, John 630
Mudd, Thomas **630**
Mudes, Thomas 630
Muds, Thomas 630
Müelich von Prag **135**
Mügeln siehe Heinrich von Mügeln
Mulliner Book 437
Mulliner, Thomas **499**
Münchner Hofkantorei 362
Münchner Hofkapelle 224, 464, 473, 510, 519, 531, 601, 628
Mundy, William **455**
Munrow, David 199
Müntzer, Thomas 306
Musae Jovis **324,** 329

Musaios 26
Muschkatblüt 179
Muschkenblut 179
Musen Jupiters **324,** 329
Muset, Colin **108**
Musica 432
Musicae rudimenta 366
Musica getutscht 237
Musicalische Ehrnfreudt 682
Musicalische Tafelfreudt 682
Musicalischen teutschen Gesänge nach art der italienischen Canzonen und Madrigalen 515
Musica nova 138, 291, 292, 368
Musica reservata 216, 328
Musica Theoretica 241
Musices opusculum 310
Musici di Roma sotto l'invocazione di Santa Cecilia 495
Musicke apt for Instruments and Voyces 534
Musikalische Abende 671
Musikalische Lobeshymnen 611
Musikalische Sinfonien für acht Stimmen 638
Musiké 29, 30, 31, 33
Musik, geeignet für Instrumente und Stimmen 534
Musikstücke für Tasteninstrument, Harfe und Vihuela von Antoine de Cabeçon 394
Muskatblüt **179**
Myriell, Thomas **546,** 679
Mysterienspiele von Elche 561

N

Nachtgall, Othmar 263
Nachtigall, Othmar 263
Naich, Hubert **404**
Naldi, Romulo **639**
Nanell, Antoni 163
Nanini, Giovanni Bernardino 635
Nanini, Giovanni Maria 545
Nanino, Giovanni Bernardino 545, **635**
Nanino, Giovanni Maria 443, **545,** 576, 642
Napolitane 543
Nardò, Benedetto Serafico **532**
Narsai von Nisibis 64
Nasco, Giovanni 313
Naso, Publius Ovidius 315
Natalis 225
Navarro, Juan **459,** 460, 462
Neander, Alexius **675**
Neidhardt von Reuenthal **101,** 102
Neithart von Reuental 102
Nemesis 27
Nenna, Pomponio **565**

Neri, Filippo 400, 401, 508, 545, 554, 588
Neriti, Vicenzo da Salò **631**
Nerito, Vicenzo da Salò 631
Neue geistliche Lieder 512
Neue harmonisierte Gesänge 529
Neue Hochzeits- und Brautlieder 515
Neue Intraden 515
Neue Kunst 136
Neue kurtzweilige Teutsche Liedlein 604
Neue liebliche teutsche Lieder 628
Neue Musik 574
Neuer Garten 673
Neuer musikalischer Garten 643
Neuer teutscher Gesang 668
Neues Lied wir heben an, das walt Gott unser Herre 282
Neusiedler, Melchior 479
Neuwe außerlesene Teutsche Gesäng 597
Newark, William **215**
Newe ausserlesene Teutsche Liedlin 535
Newe deudsche geistliche Gesänge 301
Newe deudsche geistliche Gesenge 295
Newe deudsche Lieder 518
Newe Geistliche Gesenge und Christliche Gesenglein auf St. Gregori 558
Newe kurtzweilige Teutsche Lieder 540
Newe schöne auserlesene geistliche deudsche Lieder 410
Newe teutsche geistliche Liedlein 410
Newe teutsche Lieder (Lagkhner) 544
Newe teutsche Lieder mit dreyen Stimmen (Gosswin) 519
Newe Teutsche Liedlein (Orlando di Lasso) 486
Newe Weihnachts-Liedlein 481
New Gesangbüchlein geystlicher Lieder 301
Newsidler, Conrad 479, 480
Newsidler, Hans 479, 480
Newsidler, Melchior **479**, 413
Neysidler, Melchior 479
Niccoletti, Filippo 566
Niccoli, Niccolò 159
Niccolò III. 195
Niccolò da Perugia 139
Nicolai, Philipp **616**
Nicolas de la Crotte 465
Nicolas de la Grotte **465**
Nicolas de Marle **475**
Nicolas IV. de Neufville et Villeroy 633
Nicolas Du Chemin 400
Nicolaus de Senis **164**
Nicoletti, Filippo **566**
Nicolle des Celliers d'Hesdin **246**
Nicolò dalla Casa 530
Nidlender, Matheß 362
Niederländische Schule 162, 345, 375

Niketas von Remesiana 55
Nikolaus aus Krakau 283
Nikolaus vom Hoff 293
Nikolausspiel 97
Nikomachos aus Gerasa 35
Noctes musicae 671
Noeweelen 265
Noringer, Augustus 637
Nöringer, Augustus 637
Norman, John **271**
Nörminger, Augustus **637**
Nostradamus 105
Nostre Dame 138, **139**
Notker, Bischof von Lüttich 70
Notre-Dame-Schule 60, 97, 132
Novae cantiones sacrae 512
Novae harmonicae cantiones 529
Nova Musices Organicae Tabulatura 546
Nu alêrst lebe ich mir werde 100
Nuceus 532
Nucis, Johannes 646
Nucius, Johannes **646**
Nun, da Himmel und Erde und Wind schweigen 698
Nun ist die Zeit der Kälte gekommen **86**
Nun ruhen alle Wälder 217
Nuove musiche 574
Nürnbergisches Geigenwerk 328
Nux, Johannes 646
Nymphe, die du barfuß 699

O

Obertus, Jacob 219
O bone Jesu 298
Obrecht, Jacob 205, 218, **219**, 248, 276
Obrecht, Jacobus 219
Obrecht, Jakob 434
Obreth, Jacob 219
Ochsenkhun, Jörg 430
Ochsenkhun, Sebastian **430**
Ockeghem, Johannes 195, 196, **197**, 199, 200, 201, 205, 206, 210, 211, 212, 218, 227, 230, 235, 324, 376
Ockenheim, Johannes 198
Octobus, Johannes 192
Oddone, Colonna 173
Ode de Corigiara 126
Odette, Paul 409
Odyssee 27
Oecolampadius, Johannes 603
Oede de la Couroierie **126**
O, eternal God 290
Officia de nativitate et ascensione 362

Officio de Semana Santa 687
O Haupt voll Blut und Wunden 668
Oh, ewiger Gott 290
Oh Hoffnung ohnegleichen 303
Oh schmerzlicher Abschied 697
Okeghem, Johannes 198
Okeland, Robert 339
Okenghen, Johannes 198
O Lamm Gottes unschuldig 293
Olbrecht 222
Olthoff, Statius 611
O lumen ecclesiae 199
Olympos aus Mysien 27
Omnis pulchridudo 377
O mors quam amara est 488
O mortalis – O pastores – O vos multi 182
Opitz von Boberfeld, Martin 359
Opusculum musices 260
Opus melicum 626
O Quanta qualia 72
Ordoñez, Pedro 343, **345**, 462
Ordo virtutum 73
Orestes 26
Orfeo (Monteverdi) 697, 698
Orfeo dolente 625
Organa 97
Orgeltabulaturbuch 270
Orgel- und Instrument Tabulatur 467
Ornitoparchus, Andreas 238
Orologio, Alessandro **608**
O rosa bella 170
O Rose, Königin der Blumen 457
O rôze rene des fleurs 457
Orpheus 26
Orpheus im Schmerz 625
Ortiz, Diego **432**
Ortus de Polonia siehe Stanislaus aus Polen
O spem non similem 303
Ossiander, Lukas 472
Oster-Kyrie 190
Österlich Freude 410
Ostermesse (Senfl) **296**
Oswald von Wolkenstein **166**
Otbert II. 102
Othmayr, Caspar **406**, 417
Ottheinrich 339, 430
Ottobus, Johannes 192
Otto I. der Große 70
Otto II. der Erlauchte 110
Otto IV. 92
Otto, Georg **592**
Ovid 369
O virgo prudentissima 230

P

Pacciotto, Pietro Paolo **569**
Pace, Pietro **622**
Paci, Pietro **622**
Pacius, Pietro 622
Packe, Thomas **277**
Padoano, Alessandro **435**
Padaono, Annibale 448
Padovano, Annibale 290, **448**, 602
Paghollo, Dom 159
Paix, Jakob **615**
Paix, Peter 615
Paladin, Jean Paul 365
Paladini, Giovanni Paolo 365
Paladino, Giovanni Paolo **365**
Palaiologos, Theodoros 177
Palamon und Arcite 431
Palero, Francisco Fernández **464**
Palestinalied 100
Palestrina, Angelo 442, 443
Palestrina, Giovanni Pierluigi da 47, 206, 292, 305, 338, 341, 390, 391, 398, 400, 404, 425, 430, **439**, 468, 477, 478, 481, 484, 485, 491, 492, 495, 501, 505, 506, 507, 509, 517, 545, 547, 554, 557, 561, 562, 563, 569, 623, 633, 635, 642, 690
Palestrina, Iginio 443
Palestrina, Lucrezia 443
Palestrina, Rodolfo 442, 443
Palestrina, Silla 443
Palestrino, Giovanni Pierluigi 442
Palladio, Andrea 291
Palladius, David **547**
Pallavicini, Benedetto 595
Pallavicino, Benedetto **594**, 695
Paminger, Leonhard 320
Päminger, Leonhard 320
Paolo, Aretino **423**
Paolo da Firenze 159
Papa, Jacobus 372
Pappos von Alexandrien 35
Päpstliche Kapelle 156, 173, 174, 180, 183, 184, 186, 187, 202, 203, 206, 218, 232, 241, 242, 243, 245, 253, 256, 258, 259, 262, 268, 271, 274, 278, 313, 325, 338, 343, 345, 353, 375, 381, 382, 391, 398, 402, 403, 439, 443, 471, 491, 507, 509, 556, 598, 603, 642
Parabel von den Törichten Jungfrauen 454
Parabosco, Girolamo **425**
Parabosco, Vicenzo 425
Paracelsus 224
Paradisi porta 268
Paraphrasen über Hymnen und geistliche Gesänge 559
Paraphrases des hymnes et cantiques spirituels 559

Pariser Schule 232, 275, 285, 409
Parisiensis, Albertus 75
Parmigianino 489
Parnassus Musicus 577
Parsley, Osbert 395
Parsons, John 401, 402
Parsons, Robert 401, 538
Parsons, William 401, 402
Paruta, Paolo 407
Parvus, Johannes 271
Pascal de l'Estocart 527
Paschal de l'Estocart 527
Pasquini, Ercole 605
Passereau 284
Passio Domini nostri Jesu Christi 307
Passion der Evangelienharmonie (Walter) 322
Passion nach Johannes (Walter) 322
Passion nach Matthäus (Obrecht) 220
Passion nach Matthäus (Walter) 322
Paston, Edward 333
Paston, Johan 427
Pastor fido 599
Patavino, Francesco 263
Patta, Serafino 684
Paul III. 324, 343, 344, 365, 437, 556
Paul IV. 398, 442
Paul V. 699
Paulinus von Nola, Meropius Fontius 55
Paulus de Florentia 159
Paulus de Rhoda 211
Paulus de Roda 211
Paumann, Conrad 190, 195
Paumann, Paul 191
Pax, in nomine domini! 78
Payen, Nicolas 396
Pears, Peter 419
Pedro de Cristo 553
Pedro de Escobar 232, 325
Pedro de Luna 158
Pedro de Pastrana 289
Peebles, David 334
Peeters, Jacobus 598
Peetrino, Jacobus 598
Peetrinus, Jacobus 598
Peire d'Alvergne 79, 81
Peire Raimon de Toloza 102
Peire II. von Aragon 92
Peirol 91
Pellegrini, Vincenzo 671
Peñalosa, Francisco 436
Peñalosa, Juan 243, 436
Penet, Hilaire 233, 256
Pennequin, Jean 514
Penyalosa, Francisco 243
Peraza, Francisco 666

Peraza, Jerónimo 666
Perdigon 100
Peretti, Felice 443
Pérez, Juan Ginés 560
Peri, Jacopo 559, 573, 638, 645
Pernette du Guillet 341
Péronne d'Armentières 138
Perotinus Magnus 96, 132, 136
Perrichon, Jean 689
Perrichon, Julien 689
Perrin d'Angicourt 120
Perrotinus 96
Persson, Didrik 641
Pertucci, Ottaviano 206, 271
Peruzzi, Baldassare Tommaso 664
Pesch, Gregor 339
Peschin, Gregor 339
Pesenti, Michele 260
Pesthin, Gregor 339
Petelin (Jacobus Gallus) 592
Peter der Große (Zypern) 146
Peter von Cluny 72
Peter von Wilder 390
Petrarca, Francesco 136, 139, 145, 360, 368, 369, 407, 501, 582, 593, 633, 668, 698
Petrucci 233, 246, 256, 308, 310
Petrus de Cruce 136
Petrus de Florentia 142
Petrus de Fossis 291
Petrus de Soto 478
Petschin, Gregor 339
Pevernage, Andries 536
Pfoben swancz 190
Phalèse, Pierre 206
Phede, Jehan 199
Phelyppes, Thomas 200
Philargos, Petros 172
Philibert II. 256
Philipot de Caserta 169
Philipp I. der Großmütige 322, 508
Philipp I. (Portugal) als Philipp II. (Spanien) 434
Philipp II. (Spanien) 289, 294, 330, 336, 337, 342, 364, 380, 392, 394, 413, 417, 434, 435, 436, 443, 445, 460, 480, 492, 505, 507, 519, 532, 533, 541, 547, 556, 557, 558, 563, 568, 570, 583, 593, 605, 626, 628, 642
Philipp III. der Gute (Burgund) 168, 188, 202, 259
Philipp III. (Spanien) 493, 557, 605, 626, 630, 657, 690
Philipp IV. (Spanien) 605, 657
Philipp der Jüngere (Hessen-Rheinfels) 508
Philipp der Schöne 227, 228, 253, 259, 264
Philipp, Herzog von Orléans 145
Philipp, Thomas 200
Philipp von Flandern 77

Philipp von Kastilien 212
Philippe II. Augustus 87, 90, 96, 118, 120, 126
Philippe VI. (Frankreich) 136, 145
Philippe de Duc 465
Philippe de Lurano 246
Philippe de Mons 429
Philippe de Monte **429**, 499, 613
Philippe de Rogier **627**
Philippe de Savoie 383
Philippe de Vitry **135**, 138, 139, 153
Philippe le Duc 465
Philippo de Luprano **246**
Philipps, Petrus 644
Philippus de Caserta **169**
Philippus-Messe 628
Philippus secundus Rex Hispaniae 628
Philip, Robert 390
Philips, Peter **643**, 646
Philip van Wilder **390**
Philodemos aus Gandara 34
Philomela, Othmar 263
Phinot, Dominicus **341**
Phöbus hatte noch nicht der Welt das Licht gegeben 699
Phrynis von Mitylene 29
Piccinini, Alessandro **688**
Piccioni, Giovanni **580**
Picciotti, Pietro Paolo 569
Pickel (Conradus Celtis) 227
Pierekin de la Coupele **126**, 132
Pierluigi, Sante 442
Piero della Francescha 246
Piero de'Medici 311
Piero di Firenze **142**, 144
Pierquin de Thérache **244**
Pierquin de Therachet 244
Pierre de Dreux 87
Pierre de Lusignan 138
Pierre de Manchicourt **380**
Pierre de Molins 153
Pierre de Montereau 199
Pierre de Ronsard 426, 448, 456, 512, 523, 541, 582, 619, 633
Pierre de Villiers **501**
Piéton, Loyset **386**
Pietrequin, Guillaume **277**
Pietro, Emiliani 178
Pifaro, Bernardino 242
Pignalola, Francisco 243
Pilatus 599
Pilgerspiel 130
Pilgram II. 154
Pilkington, Francis **647**
Pindaros 27
Pinello de Gerardis 540

Pinello di Ghirardi 540
Pinello, Giovanni Battista **540**
Pipelare, Matthaeus **261**
Pirckheimer, Willibald 224
Pisador, Diego **370**
Písně chval božských 432
Pisoni, Giovanni 580
Pitigian, Jean 271
Pius IV. 441, 491, 561
Pius V. 436, 443, 542
Pius X. 48
Pius, Titus Aurelius Antoninus 27
Pizarro, Francisco 600
Pizzoni, Giovanni 580
Plançon, Jehan 620
Planctus David super Saul et Ionatha 73
Planctus um den Tod König Richard Löwenherz **98**
Planctus virginum super filia Jepte Galadite 73
Planson, Jean **620**
Plantagenet, Heinrich 91
Plato 30, 424
Plautus, Titus Maccius 38, 242
Ples de tristor marritz e doloiros **128**
Plindthamer, Adolf 258
Plomar, John 191
Plummer, John **191**
Plutarchos 35
Poetische Paraphrase der Psalmen Davids 612
Poictevin 426
Polak, Jakub **544**
Polbero, Lionel 173
Pole, Reginald 388
Polnischer Tanz 565
Polumier, John 191
Polymestos aus Kolchon 28
Ponce, Fray de Léon 370
Pons de Capdoill **104**, 116
Pons de Santolh Toulouse 116
Pontifici decori speculi 155
Pontio, Pietro **489**, 694
Pontus de Tyard 456, 593
Ponzio, Pietro 489
Pordenon, Marco Antonio **474**
Porta, Costanzo **455**, 501, 526, 554, 597, 604, 638, 644, 685
Portenari, Francesco 424
Portenarius, Francesco 424
Portinaro, Francesco **424**
Posch, Isaac **682**
Poss, Georg **638**
Possen und Schäferspiele 255
Posthinus, Gregor 339
Power, Lionel **173**, 187
Powero, Leonell 173

Praeter rerum seriem 486
Praetorius, Conrad 406
Praetorius der Ältere, Jacob **473**
Praetorius der Jüngere, Jacob 473, 474
Praetorius, Hieronymus 473, 474
Praetorius, Johannes 473
Praetorius, Michael 602, 608
Praenestinus, Petraloisius 442
Praise we the Lord at all times 420
Prasberg 361
Pratensis, Jodocus 206
Pratensis, Petrus 227
Preces speciales 441
Preces speciales pro salubri generalis concilii successu 478
Prenestino, Gianetto 442
Preston, Thomas **261**
Primaticcio, Francesco 223
Primavera, Giovanni Leonardo **516**
Primo libro de balli 544
Primus liber modulorum 541
Prince de Blaya 75
Prioris, Johannes **230**
Pro Cantione Antiqua 215
Pro defunctis 198
Proprium der Messe zum Vortag des Weihnachtsfestes 48
Proprium Missae in Dominica Resurrectionis 53
Proprium Missae in Festo S. Stephani Protomartyris 53
Proprium Missae in Vigilia Nativitatis Domini 48
Proprium Primae Missae in Nativitate Domini in nocte 48
Proprium Tertiae Missae in Nativitate Domini – in die 53
Proprium zur dritten Weihnachtsmesse – am Tag 53
Proprium zur ersten Weihnachtsmesse – nachts 48
Proprium zur Messe am Fest des heiligen Erzmärtyrers Stephanus 53
Proprium zur Ostersonntagsmesse 53
Protucius, Conradus Celtis 227
Pruckh, Jacobus 528
Prudentius, Aurelius Clemens 56, 268, 298
Prugg, Jacobus 528
Prügkh, Jacobus 528
Psalmen Davids 591
Psalmen Davids im Versmaß 533
Psalmen Davids in allerlei Teutsche gesangreimen gebracht 563
Psalmen für Kirchen und Schulen 494
Psalmen gemäß dem Ritus des heiligen Konzils von Trient 685
Psalmen mit vier Stimmen zu singen 494

Psalmen, Sonetten und Lieder 448
Psalmenübersetzung 141
Psalmes of David in Meter 533
Psalmodia Davidica 587
Psalmorum Davidis paraphrasis 612
Psalterium patauiense 268
Psellos, Michailos Konstantinos 424
Ptolemaios, Klaudios 35
Publius Aelius Hadrianus 27
Pucci, Antonio 140
Puchner, Hans 281
Pui d'Arras 97, 103, 104, 106, 107, 112, 113, 114, 115, 118, 120, 122, 129, 131
Puschman, Adam **489**, 596
Puschmann, Adam 489
Puy d'Evreux 386, 479, 527, 558, 582, 618, 620, 674
Pygott, Richard **288**
Pythagoras 29, 192

Q

Quagliati, Paolo **609**
Quam pulchra est 170
Quan vei l'alauzeta mover 76
Quatre Versets sur »Veni Creator« 665
Quintianus, Lucrezio 640
Quintilianos, Aristeides 35
Quinziani, Lucrezio **639**
Qui operatus est Petro 459

R

Rabelais, François 258
Radesca, Enrico di Foggia **637**
Radino, Giovanni Maria **639**
Radino, Giulio 639
Radomski, Nicolaus **185**
Radziwill, Jerzy 425
Raffael 404
Raga 21
Ragossnig, Konrad 435
Raimbaud de Vaqueiras **89**, 95, 97, 101
Raimbaud d'Orange 85
Raimbaut d'Orange **81**
Raimond de Miraval **92**
Raimond de Puy 575
Raimond de Tolosa 90, 94
Raimond V. von Toulouse 76, 79, 100
Raimond VI. von Toulouse 92, 109
Rain, Conrad 247
Ramirez, Sancho 111
Ramm, Andrea von 127

Ramos de Pareja, Bartolomé 192, **204**, 223, 520
Rampollini, Mattio **359**
Rana, Johannes 268
Ranuccio I. Farnese siehe Farnese
Raoul de Beauvais **121**
Raoul de Soissons 114
Rappresentazione di anima e di corpo **589**
Rasel, Andrea 663
Raselius, Andreas **663**
Rasender Roland 222
Ratti, Bartolomeo **685**
Raub der Proserpina 697
Raub des Kephalos 573, 574, 584
Raval, Sebastián **575**
Ravenscroft, Thomas 678
Raynaldus Del Mel 603
Rebhuhn, Paul **359**
Rebhun, Paul 359
Redford, John 261, **286**, 287, 499
Regenspurgischer Kirchenkontrapunkt 663
Reginald de Bayeux 153
Regiomontanus 226
Regis, Johannes **200**
Regnart, August 511, 512
Regnart, Franz 511, 512
Regnart, Jakob 457, **511**
Regnart, Karl 511, 512
Regnart, Pascasius 511, 512
Regnault, Pierre 329
Regole, Passaggi di Musica, Madrigali et Motette passaggiati 570
Regulae in discantu 164
Regule florum musices 354
Reimann, Matthieu **671**
Rein, Conrad **247**
Reiner, Jacob **621**
Reinmar der Alte 82, 96
Reinmar von Hagenau 82, **95**, 96, 99
Reinmar von Zweter **109**
Renatus Del Mel 603
René I. 269
René Del Mel 603
René von Ferrara 340
Renée von Frankreich 312
Rener, Adam **283**, 322
Renerus, Adam 284
Reni, Guido 525
Rephun, Paul 359
Requiem (Ockeghem) 198
Requiemmesse (Tomás Luis de Victoria) 562
Resinarius, Balthasar **294**, 299
Responsi (Cavalieri) 588
Responsoria 634
Responsoria ad Matutinum **54**
Reuchlin, Johannes 257

Reuenthal siehe Neidhardt von Reuenthal
Reusch, Johann 431
Reusch, Johannes **431**
Reutterische und Jegerische Liedlein 406
Rex seculorum 170
Reymann, Matthäus 671
Rhau, Georg 299
Rhaw, Georg 298, **299**, 301, 433
Rhaw, Jörg 299
Rhost, Nikolaus 535
Rhys, Philipp Ap **346**
Ricartsvorde, Jean 264
Ricciaforte, Jean 264
Riccio, Teodoro **510**, 601
Riccius, Theodor 510
Ricercare Ensemble 143
Ricercari Motetti canzone 303
Richafort, Jean **264**
Richard I. Löwenherz 82, 83, 87, 92
Richard III. 215
Richard de Fournival **107**
Richard de Loqueville **165**, 183
Richard de Renvoysky **420**
Richardson, Ferdinand **619**
Richardus, Antonius 259
Richelieu 690
Rigaer Gesangsbuch 240
Rigaut de Barbezieux 84, 105
Rig-Veda 21
Rimanti in pace 697
Rimbaude de Biol 93
Rimonte, Pedro 583
Rinaldo Del Mel 603
Rinuccini, Ottavio 574, 584, 646
Riquier, Guiraut 123, **127**
Ritter von Hoffheimer 224
Robert II. (Frankreich) 126, 130
Robert V. de Béthune 95
Robert de Castel 118
Robert de Févin **255**, 256, 275
Robert de le Pierre 118
Robert le Clerc 118
Robert von Genf 146
Robledo, Melchor **402**
Rodio, Rocco **495**
Rodrigo de Çavallos 461
Rodrigo de Ceballos 461
Rognioni, Riccardo 627
Rognone, Riccardo 627
Rognoni, Riccardo **627**
Rognoni Taeggio, Francesco 627
Rognoni Taeggio, Giovanni Domenico 627
Roman de Fauvel **137**
Roman de la Rose 121
Romani, Girolamo 572

Romano, Alessandro 471
Romano, Battista 463
Romano, Giulio 504, 573
Romano da Siena 443
Romanus, Antonius 170
Römische Kirchenmusik 62
Römische Kunstmusik 42
Römischer Choral 60
Römischer Gesang 55, 62
Römischer Gesangsstil 69
Römischer Kirchengesang 43, 55, 492
Römischer Kultgesang 60
Römische Schule 375, 400, 404, 439, 466, 623, 629, 635
Romolo di Agniolo di Piero Aiolle, Antonio Francesco 311
Rooley, Anthony 660
Rore siehe Cyprian de Rore
Roscelli, Francesco 383
Roscetti, Francesco 383
Roselli, Fancesco **404**
Rosenplüt, Hans **185**, 186, 191, 195
Roseto, Steffano 423
Rosetti, Francesco 383
Rosetti, Steffano 423
Rosetum Marianum 553
Rosetus, Steffano 423
Rosselli, Francesco 405
Rosseter, Philip 690
Rossetti, Steffano **423**
Rossetto, Steffano 423
Rossi Ebreo siehe Salamone de'Rossi Ebreo
Rossi, Giovanni Battista **578**
Rostanh, Guilhem 93
Rosth, Nikolaus 535
Rosthius, Nikolaus 535
Rostislaw 68
Rost, Nikolaus **534**
Rota, Andrea **600**
Rota, Antonio 316
Roth, Gotthard 631
Rotta, Antonio **316**
Roussel, François **382**
Rovere, Francesco Maria Della 501, 622
Rovigo, Francesco **475**
Rubens, Peter Paul 345, 695
Rudel, Jaufré **75**, 84, 105
Rudolf I. (Habsburg) 224
Rudolf II. (Habsburg) 429, 459, 511, 530, 544, 561, 578, 585, 608, 610, 613, 628, 631, 667
Rudolf von Fenis 82
Rudolf II. von Neuenburg 82
Ruffo, Vincenzo 373, **389**, 557
Ruimonte, Pedro **583**
Ruprecht I. von Kurpfalz 213

Russische Kunstmusik 68
Russischer Kirchengesang 68
Rustebuef 129
Rutebeuf **129**
Rutebuef 129
Rutter, Richard **355**
Ruuta, Theodoricus Petri 641
Ruutha, Theodoricus Petri 641
Rwtha, Theodoricus Petri 641
Rycefort, Jean 264

S

Saavedra, Miguel de Cervantes 235
Sabino, Ippolito **568**
Sacchetti, Franco 139, 143
Sachs, Curt 62
Sachs, Hans 190, 247, **313**, 489, 596
Sachsenlied 97
Sackville, Thomas 521
Sacrae aliquot Cantiones latine et germanicae 535
Sacrae cantiones 506
Sacrae Cantiunculae tribus vocibus 697
Sacrae symphoniae 530
Sacre laudi 678
Sacrificio 369
Sadek, Tomasz 571
Sadesz, Tomasz 571
Sage, warum stirbst du am Kreuz 255
Sakados aus Argos 28
Sakrale Melodien 587
Salamone de'Rossi Ebreo **684**
Salbinger, Sigmund 340
Salblinger, Sigmund 340
Sale, Franciscus 516
Sales, François 515
Sales, Nicolas 516
Salier-Brüderschaft 38
Salminger, Sigmund **340**
Salmi secondo il rito del Sacro Concilio di Trento 685
Salomo 41
Salutati, Coluccio 159
Salve, ich gruß dich schone 313
Salve pater — Felix et beata 155
Salve Regina (Orlando di Lasso) 488
Salve virgo virginum 213
Salzburger Antiphone 154
Sameracensis M. 223
Sammlung der schönsten Chansons in Form des Voix de ville 508
Samotulinus, Wenzel 425
Sampson, Richard **248**, 286
Sancho III. der Große 111

Sancho VII. 111
Sancta Divinitas unus Deus 232
Sancta Trinitas 342
Sandrin, Pierre **329**
Sannazzaro, Jacopo 369, 600
Sansovino, Jacopo 460
Santa Croce, Francesco **263**
Santino detto la Garsa 536
Santino detto Valdes 536
Santi, Raffaelo 206
Sappho 28
Sarmiento, Pedro 399
Sarpi, Paolo 616
Sarum use 333
Satiro 588
Scaletta, Orazio **581**
Scaliger, Joseph Justus 142, 567
Scaligerus, Julius Caesar 567
Scandelli, Antonio 409, 483
Scandello, Antonio **409**, 511, 540
Scandellus, Antonius 409
Scève, Maurice 341, 501
Schadaeus, Abraham **688**
Schade, Abraham 688
Schamhafte im Palast 630
Schamotulinus 425
Schang-Dynastie 20
Scharcialupi, Antonio 194
Schirim Ascher Li'Schlomoh 684
Schlacht von Marignan 285
Schlick, Arnolt **222**, 224, 236, 277
Schmid der Ältere, Bernhard **504**
Schmid der Jüngere, Bernhard 504
Schneegaß, Cyriacus **556**
Schneidt, Hanns-Martin 693
Schnorali, Nerses 68
Schöffer, Peter 206
Schola Cantorum 44, 273
Scholczer, Thomas 273
Schone künstliche vnderweisung 214
Schöne und auserlesene Geistliche Gesenge 362
Schramm, Melchior **597**
Schröter, Leonhart **481**
Schütz, Heinrich 592
Schuyt, Cornelis **619**
Schuyt, Floris 619
Schweigsame Frau 304
Scobedo, Bartolomeo 403
Sconensis, Arnat 298
Scotto 310
Scribano, Juan 268
Sebastian de Felstin 286
Sebastián de Vivanco **583**
Sebastian von Felsztyn **286**
Sebastian z Felsztyna 286

Sebastião 434, 496, 532, 533
Sechs italienische Canzonen zum Spielen 624
Sederunt 97
Sedulius 56
Segni, Giulio **327**
Sei canzoni italiane da sonare 624
Sei gegrüßt, herrlicher Meeresstern 46
Sei gegrüßt, Himmelskönigin **488**
Sei gegrüßt, Jungfrau der Jungfrauen 213
Sei gegrüßt Königin (Orlando di Lasso) 488
Seikilos 27
Selectae Cantiones 535
Selectissimae Cantiones 599
Selesses, Jacopinus 158
Selneccer, Nikolaus 454
Selnecker, Nikolaus **454**
Senfl, Bernhard 295
Senfli, Ludwig 295
Senfl, Ludwig 216, 217, 226, 236, 273, 284, **295**, 312, 321, 322, 339, 389, 406, 434, 464, 481
Sennfel, Ludwig 295
Serafino da Monte Reale Candido **525**
Ser Ghirardellus de Florentia 142
Sergios 65
Servin, Jean **461**
Settimia 573
Seven Sobs of al Sorrowful Soull for Sinne 421
Sfera armoniosa 610
Sforza (Familie) 203, 208, 218, 222, 337, 437, 579
Sforza, Bona 208, 283, 427
Sforza, Francesco Maria 260, 337
Sforza, Galeazzo Maria 201
Sforza, Guido Ascanio 400
Sforza, Leonora 675
Sforza, Ludovico 570, 581
Sforza, Lodovico il Moro 526
Sforza, Maria 206
Sforza, Massimiliano 260
Sguarcialupi, Antonio 194
Shakespeare, William 537, 538, 662, 682
She may be called 293
Shepheard, John 360
Shepherd, John **360**
Shepherd, John der Jüngere 361
Sheppard, John 360
Shepperd, John 360
Sheryngham **266**
Short Services 363
Sicher, Fridolin **308**
Sicut malus 341
Sie ist ein Engel 501
Sieben Liebeslieder **125**
Sieben Seufzer einer betrübten Seele wegen ihrer Sünden 421
Siehe den hohen Priester 442

Siete canciones de amigo **125**
Sidney, Philipp, 537
Sigismund 166, 216
Sigismund III. (Wasa) 302, 544, 545, 565, 571, 587, 599, 604, 630, 641, 666, 689
Silvester I. 545
Silvestro dal Fontego 310
Simeon 366
Simes, William 679
Simmes, William **679**
Simon de Montfort 92, 109
Simon de Quercu **260**
Simon du Chesne 260
Simon van Eijcken 260
Simonides von Keos 28
Sims, William 679
Singebuch 489
Singen wir fröhlich 680
Singet dem Herrn 521
Sing we merrily 680
Sirventes **109**
Sitticus, Markus 670
Sixtus III. 390
Sixtus IV. 545
Sixtus V. 443
Skelton, John 309
Slawische Messe nach westlichem Ritus **69**
Sloan, Eleanor 186
Sluter, Claus 165
Smert, Richard **266,** 267
Smith, Hopkinson 409, 472
Smith, William 424
Smyth, Edward 424
Smyth, William **423**
Snefrunofer 23
Snegassius, Cyriacus 556
Soest, Johannes 222
Sohier, Jehan 199
Sohier, Matthieu **360**
So ist es denn wahr 699
Solage **153**
Solario, Santino 670
Soldanieri, Nicolò 140, 143
Sole, François 516
Sommer ist gekommen 170
Sommerkanon 229
Sonata sopra Sancta Maria 693
Sonets de P. de Ronsard 541
Songs for the Lute 674
Sonnengesang 597
Sophokles 28, 567
Sophronios von Jerusalem 65
Sordello aus Mantua 128
Sore, Martin 297
Soriano, Francesco 563
Sorte, Bartolomeo **607**
Souterliedekens 372
Sovra tenere herbette 697
Spadadius, Giovanni 223
Spadaro, Giovanni 223
Spangenberg, Cyriakus 283
Spangenberg, Johann **283**
Spangenberg, Wolfhart 283
Spartarius, Giovanni 223
Spataro, Giovanni **223,** 520
Spatarus, Giovanni 223
Spenser, Edmund 537
Speyer siehe Julian von Speyer
Spezielle Gebete um einen heilsamen Erfolg des allgemeinen Konzils 478
Spiegel der Orgelmacher und Organisten 222
Spiel von Robin und Marion **130**
Spinacino, Francesco **233**
Sponton, Bartolomeo 476
Spontone, Bartolomeo 476
Spontoni, Alessandro 476, 477
Spontoni, Bartolomeo **476,** 600
Spontoni, Ciro 476
Spontoni, Lodovico 476, 477
Sporer, Thomas **302**
Squarcialupi, Antonio **193,** 216
Sqarcialupi-Codex 194
Stabile, Annibale 443, **495**
Stadt Nürnberg, Symbolum 466
Stanislaus aus Polen 236
Stefani, Andrea **160**
Stenings 388
Stephani, Andrea 161
Steuerlein, Johann **558**
Steuerlin, Johann 558
Stimmer, Tobias 525, 531, 544, 555
Stivori, Francesco **582**
Stockem, Johannes **202**
Stockholmer Kammerchor 440
Stokem, Johannes 202
Stokhem, Johannes 202
Stolczer, Thomas 273
Stollcerus, Thomas 273
Stollerus, Thomas 273
Stoltzer, Thomas **272**
Stolzer, Thomas 273
Stone, Robert **407**
Stones, Robert 408
Stoninges 388
Stonings **388**
Stoß, Veit 190
Straßburger Meistersingerschule 283
Strauss, Richard 304
Strawinsky 40

Striggio, Alessandrino 496
Striggio, Alessandro **496,** 559, 584
Strogers, E. **361**
Strogers, Nicholas **611**
Strozzi, Piero **584,** 599, 686
Stuart, Arabella 633
Stuart, Henry 632
Studentenleben 662
Studio der Frühen Musik 161
Sturgeon, Nicholas **181**
Sturges, Edmund 315
Sturm 682
Sturton, Edmund **245**
Stuttgarter Hofkapelle 209, 238, 320, 428
Su Dschi Po 20
Suleiman I. der Gesetzgeber 272
Sumer is icumen in 131, 229
Sumerer 22
Sureau, Hugues **385**
Suriano, Francesco 47, 443, **563,** 576, 642
Sur le pont d'Avignon 375
Susato, Thielemann 354
Susato, Tielmann 354
Susato, Tilman **353**
Susato, Tylman 354
Süße Erinnerung 329
Suzanne un jour 605
Sweelinck, Dirk Jansson 659
Sweelinck, Jan Pieterszoon 437, 473, 474, 644 **658**
Sweling, Elsken 658
Swybertszoon, Pieter 658
Symbola Lutheri und Melanchthonis 466
Symphonia angelica 408
Synagogale Musik **41,** 58
Syrische Kirchenmusik **63**
Syrische Musik 64
Syrischer Gesang 58
Szadek, Tomasz **571**
Szamotułczyk, Wacław **425**

T

Tabletorie to the Lute 670
Tabolatura de Lauto 310
Tabulatura Allerley künstlicher Preambulen, auserlesener Deudtscher und Polnischer Tentze 522
Tabulatura de lauto 233
Tabulatura Guter gemeiner Deutscher Tentze 522
Tabulaturbuch auff dem Instrumente 637
Tabulaturbuch auff die Lauten 430
Tabulatur Buch von Allerhand außerlesenen Schönen Lieblichen Praeludijs 504
Tabulature de luth 272

Tacitus, Publius Cornelius 61
Tageszeitenbuch 268
Taglia, Pietro **437**
Tailandier, Antoni 163
Talenti, Francesco 194
Tallis, Thomas **363,** 499, 538, 586, 619
Tannhäuser 110
Tansillo, Luigi 486
Tanto tempore nobiscum 342
Tanz der Spröden 697
Tanz der Undankbaren 699
Tanzlieder zum Singen, Spielen und Tanzen 587
Tapissier, Jean 155, **158,** 159, 168
Tartaglione, Ippolito 509
Tasso, Torquato 368, 492, 505, 599, 600, 633, 634 668, 698
Taverner, John 271, **303**
Teatro armonico teatrale 690
Tech, Nikolaus 293
Tedesco, Arrigo 216
Teghi, Pietro **438**
Teilich, Philippus 661
Téllez, Gabriel 630
Tempio armonico della beata Vergine 554
Tenöre und Bässe mit figuriertem Sopran 253
Tenori e contrabassi intabulati con sopran 253
Terentius, Marcus Varro 34
Terpandros aus Antissa 27
Terry, Richard Runciman 239
Tertullianus, Quintus Septimius Florus 56
Terzi, Giovanni Antonio **565**
Tessier, Charles **575**
Testudo Gallo-Germanica 677
Teutsche geistliche Psalmen und Gesänge (Hagius) 591
Teutsche Gesänge (Hagius) 591
Teutsche Lieder (Peetrinus) 598
Teutsche Liedlein (Lambert de Sayve) 561
Teutsche Sprüche auff die Fürnehmsten Järlichen Fest- und Aposteltäge 663
Teutsche Sprüche auss den Sonntäglichen Evangeliis 663
Teütsch Lautenbuch 480
Thalesio, Pedro 434
Thaletas aus Kreta 27
Thamyris 26
Theoderich 35
Theodericus, Xistus 312
Théodore de Bèze siehe Bèze
Theophrastos aus Eresos 30
Theorica musica 221
Thespis 28
Thibaut I. 123
Thibaut IV. de Champagne et Brie **111,** 114
Thibaut V. von Blois 76

Thiery de Hamelant 103
Thomas da Firenze 143
Thomas de Donai 153
Thomás de Torquemada 241
Tibaldi, Pellegrino 525
Tiburtino, Giuliano 380
Tigrini, Orazio 501
Tilianus, Friedrich 516
Timotheos von Milet 29
Tinctoris, Johannes 201, 202, 204, 221, 231
Tinódi, Sebestyén 367
Tintoretto 291, 460
Tirsi e Clori 698
Tirsi und Clori 697
Tirso de Molina 629, 630
Titelouze, Jehan 664
Tizian 460
Tiziano 291, 505
Tollius, Jan 574
Tollius, Joannes 574
Tommaso da Modena 635
Tonsor, Michael 510
Töpfer, Wolfgang 433
Torelli, Gasparo 681
Torrelli, Guaspare 681
Tränen des heiligen Petrus 486
Transilvano 644
Traxdorf, Heinrich 190
Trebor, Robert 155, 156
Treibenreif, Peter 236
Tresti, Flaminio 585
Treue Liebende 681
Treybenraiff, Peter 236
Tridentinisches Konzil 47
Tristan und Isold 99
Tristia 315
Tristitiae remedium 679
Tritonius, Petrus 214, 236
Triumphes of Oriana 662, 663, 670
Troiano, Massimo 462
Troilo, Antonio 669
Trojano, Massimo 463
Trombetti, Ascanio 540
Trombetti, Girolamo 541
Tromboncino, Bartolomeo 242, 259, 261
Troubadour-Planctus 98
Troulouffe, John 266
Trubar, Primož 370
Truber, Primus 370
Truchseß von Waldburg, Gebhard 478
Truchseß von Waldburg, Georg II. 478
Truchseß von Waldburg, Otto 478
Truelove, John 266
Tschechische Musik 69
Tschun 19

Tundt auf den Riegel von der Thür 287
Tuotilo 46, 62
Turges, Edmund 315
Turges, John 315
Turges, William 315
Turini, Gregorio 628
Turnovinus, Trajanus Calcitraha 567
Turnovský, Jan Traján 566
Turton, Edmund 245
Tütsche Musica des figurierten Gesangs 229
Tycho 631
Tye, Christopher 36
Tyge 631
Tyler, James 231

U

Uc de Mataplana 92
Uc de Saint Circ 105
Uetendal, Alexander 464
Ugolino d'Orvieto 171
Ukrainische Volksmusik 68
Ulenberg, Kaspar 563
Ulrich von Huten 283
Ulrich I. von Württemberg 209, 237, 238, 319, 478
Ungarnchronik 141
Urban VI. 146
Urreda, Juan 209
Utendal, Alexander 463, 555, 667
Utrede, Juan 209
Uttendal, Alexander 464

V

Vaclav I. 109
Vacqueras, Beltrame 218
Vadianus, Joachim 224
Vae misero mihi 518
Vaet, Jacobus 378, 457, 459, 511, 555
Vagueras, Beltrame 218
Vaillant, Jean 158, 167
Vaillant, Jehan 156
Valente, Antonio 421
Valentinianus 54
Valenzola, Pedro 528
Valenzuela, Pedro 528
Valeplacens 159
Vale, vale de Padoa 248
Valle, Pietro Della 610
Vannius, Johann 287

Vaqueras, Beltrame 218
Varai dieu d'amours 275
Varotti, Michele **520**
Varotus, Michele 520
Vasari, Giorgio 358, 369, 501, 691
Vásquez, Juan 330, **335**, 462
Vater unser im Himmelreich 262, 383
Vauquier de Valencienne 153
Vaz da Costa, Affonso **528**
Vaz, Francisco 687
Vecchi, Lorenzo **687**
Vecchi, Orazio 407, 554, 570, **593**
Vecchi, Orfeo **581**
Veda 21
Veglie di Siena 593
Vehe, Michael 301
Velout, Egidius 176
Velut, Gilet **176**
Venetiano, Alessandrino **403**
Veneziane 179
Venezianische Schule 292
Vender, Hieronymus 280
Venders, Hieronymus 280
Veni sancte spiritus 170, 517
Venite adoremus – Salve sancta aeterna trinitas 155
Venite exultemus 635
Venturi, Pompilio **512**
Venturi, Stefano **580**, 584
Venturi, Stefano de Nibbio **686**
Verbonnet, Jean 198, 222
Verbum incarnatum 176
Verdelot, Philippe **288**, 330, 348, 429
Verdelotto, Philippe 288
Verdonck, Cornelius **664**
Verdoncq, Cornelius 664
Verdonk, Cornelius 664
Vergil 369
Verliebter Rinaldo 574
Verliebter Roland 222
Vermont l'Aîné, Pierre 354
Vermont le Jeune, Pierre **354**
Veronese 291, 460
Verovio, Simone 310
Verrocchio, Andrea 291
Verschiedene Capriccios zum Spielen 686
Vers d'amours 132
Verse der Liebe 132
Vespa, Girolamo **512**
Vesper, Matutin und Laudes 196
Vesperae Mariae Virginis **699**
Vesperae, matutinum et laudes 196
Vespro della Beata Vergine 696
Vespucci, Amerigo 325
Viadana, Lodovico 637

Vicente de Olivença 375
Vicentino, Nicola 291, 521
Vicentiono, Nicola 479
Victoria, Tomás Luis de **561**
Victorinus, Gregorius **580**
Vida de Azalais de Porcairagas **86**
Vida de Comtessa de Dia **85**
Vida de Folquet de Marselha **90**
Vida de Jaufré Rudel **75**
Vida de Peire Vidal **93**
Vidal, Peire **93**
Vide, Jacobus **168**
Viderunt 97
Vier Sätze über »Komm Schöpfer« **665**
Vigiliae cum vesperis et exequiis mortuorum 260
Vigilien mit Vespern und Totenfeiern 260
Vila, Luis Ferrán 409
Vila, Pedro Alberto **409**
Villahart, Adrian 291
Villani, Filippo 145
Villani, Gabriele 683
Villani, Gasparo **682**
Villote alla Padoana 498
Villote del fiore 498
Vicentino, Nicola 545
Vincenti, Alessandro 699
Vincentius, Caspar 688
Vincenzo I. Gonzaga 476, 505, 567, 585, 594, 684, 694, 695
Vincenzo II. Gonzaga 684
Vincenzo da Rimini 147
Vinci, Pietro **529**, 684
Vinders, Hieronymus **280**
Virbonus 46
Virchi, Giovan Paolo **595**
Virchi, Girolamo 595
Virdung, Sebastian 222, **236**, 281
Virginia de'Medici 558
Vischer d. Ä., Peter 190
Vischer d. J., Peter 190
Visconti (Familie) 142, 157
Visconti, Bernabò 169
Visconti, Gian Galeazzo 164
Vít 153
Vitry siehe Philippe de Vitry
Vives, Juan Luis 279
Vladislav II. 384
Vogelsang 285
Vogelweide siehe Walther von der Vogelweide
Voir dit 138
Voller Trauer, Kummer und Sorge **128**
Vollständiges Psalmenbuch 596
Vom unreifen Willen 318
Vondel, Joost van den 659
Von den höchsten Sphären 568

Vrede, Juan 209
Vredeman, Jacob de Vries **663**
Vredeman, Michael de Vries 663
Vredeman, Sebastian de Vries 663
Vredemann, Jacob de Vries 663
Vredman, Jacob de Vries 663
Všemihoucí Stvořiteli 567
Vuert, Jacob 505
Vuillart, Adrian 291
Vulpius, Johannes 238
Vuolazanus, Faber 366
Vyff Geistliche olde Ostergesenge 474

W

Wach auf du deutsches Land 322
Wachet auf, ruft uns die Stimme 616
Wäckinger, Regina 483
Waelrand, Hubert 408
Waelrant, Hubert **408**
Wagen der treuen Liebe 610
Wagner, Richard 313, 520, 596
Wahrer Gott der Liebe 275
Waissel, Matthäus **522**
Waisselius, Mateusz 522
Waldemar I. 135
Walter, Hans 321
Walter, Johannes **321**, 362, 481, 535
Walther, Hans 321
Walther von der Vogelweide 96, **99**, 102, 109, 320
Wannenmacher, Johann 270, **287**
Wanningus, Johann **576**
Weber, Georg **498**
Wehe mir Elenden 518
Weiblich Figur, bei Dir ist nur Aller Welt mein höchstes Heil 191
Weichserin, Margarete 190
Weimarer Hofkapelle 601
Weinmann, Johann **262**
Weißensee, Friedrich **626**
Welser (Familie) 553, 597, 667
Welser, Andreas 669
Welser, Bartholomäus 669
Welser, Karl 669
Welser, Philippine 463, 667, 669
Wen Von Wei 20
Wenn sich die Lerche erhebt 76
Wenzel von Samter 425
Wenzinger, August 138
Werrecore, Hermann Matthias 337
Werrekoren, Hermann Matthias **337**
Werrekoren, Hermann Verrecorensis Matthias 337

Werrekoren, Mathia Flamengo 337
Wert, Giaches de 378, **504**, 505, 506, 587
Wert, Jaches de 505
Wert, Jacques de 505
Werth, Jacob 505
White, Robert **497**
Whole Booke of Psalmes 678
Whole psalms in foure parts 402
Whythorne, Thomas **448**
Wie bitter ist der Tod **488**
Wie schön leuchtet der Morgenstern 616
Wie's Gott gefällt, so gefällt's mir auch 311
Wiener Schule 321
Wilde Alexander 133
Wilhelm I. von Oranien 619
Wilhelm II. von Sizilien 587
Wilhelm V. von Bayern 295, 484, 510, 519, 526, 536, 539, 612
Wilkinson, Robert **229**
Wilkom lobes werde 180
Willaert, Adrian 288, **290**, 291, 308, 313, 317, 330, 348, 368, 373, 376, 382, 395, 407, 410, 413, 424, 425, 428, 429, 437, 448, 455, 468, 471, 472, 509, 531, 626, 633
Willaert, Dionys 291
Winslate, Richard **422**
Winter waere mir ein zît 80
Wipo von Burgund 46, 53, 62
Wir glauben all – Vater unser 346
Wittenbergisch deudsch Geistlich Gesangbüchlein 322
Wizlaw III., Fürst von Rügen **135**
Wladimir von Kiew 68
Wladislaw I. 208
Wodds, Michael 503
Wolf Dietrich von Raitenau 670
Wolfram von Eschenbach 88
Wolkenstein, David 389, **494**
Wolkenstein siehe Oswald von Wolkenstein
Wolsey, Thomas 288
Woltz, Johann 546
Wood, Anthony à 679, 680
Woodes, Michael 503
Woods, Michael **503**
Wreede, Joannes 210
Wreede, Juan 209
Wunder des Theophile 129
Wunder Unserer Lieben Frau 101
Wyclif, John 173
Wylkynson, Robert 229
Wynkyn de Worde 448

X

Ximénez de Cisneros 58

Y

Ycaert, Bernardus **204**, 221
Ycart, Bernardus 204
Ysac, Heinrich 216
Ysach, Heinrich 216
Yvain 77
Yzaac, Heinrich 216

Z

Zaballos, Francisco 364
Zacara, Antonio da Teramo 172
Zaccaria, Cesare de 628
Zaccariis, Cesare de 628
Zacconi, Lodovico 296, **612**
Zachara, Antonio **172**
Zacharie, Nicola da Rimini **172**
Zachariis, Cesare de **628**
Zamoyski, Jan 502
Zanger, Johann 293
Zanotti, Camillo **530**
Zápolya, János Zsigmond 292, 367, 368

Zappasorgo, Giovanni **530**
Zarlino, Gioseffe 410
Zarlino, Gioseffo 291, 395, **410**, 412, 448, 468, 521, 526, 616, 644
Záviš von Zap **153**
Záviš von Zapy 153
Zehen deutsche Psalmen 431
Zehen Psalmen Dauids 481
Zieleński, Mikołaj **574**
Zielerus, Stephan 417
Zigeunerball 574
Zink, Michael Laird 288
Zirler, Stephan **417**
Zoilo, Annibale 47, 443, 492, **507**, 563
Zoilo, Cesare 507
Zorzi, Bartolome 115
Zwantzig Newe außerlesene Padouane vnd Galliard 681
Zway New Teutsche Liedlein 615
Zwei Enten, Mutter 235
Zwei schöne Weihnacht Lieder 623
Zweter siehe Reinmar von Zweter
Zwey Bücher Einer Neuen Künstlichen Tabulatur 504
Zwingli, Huldrych 270, 287, 311, 312, 314, 323
Zwölftafelgesetz 36
Zygmunt I. Stary 208, 209, 283, 425, 427
Zygmunt II. August 368, 425, 427, 462, 503
Zyrler, Stephan 417

Bildnachweis

Wir danken den folgenden Personen und Firmen für die Überlassung von Bildmaterial:

Farbbilder: Archiv für Kunst und Geschichte, Berlin: 150 (unten), 151, 251, 352, 551 (oben), 552, 651, 655 (oben), 656. Bavaria, München: 654 (oben). Dupky, Wien: 250 (links oben). Friedmann, Wien: 49, 51, 149, 249 (4), 250 (rechts oben, links unten), 252, 349, 350, 351, 550, 655 (unten). Archiv Gerstenberg, Frankfurt/Main: 152, 654 (unten). Mauritius/Eugen Gebhardt: 551 (unten). Scala, Florenz: 50 (2), 52, 150 (oben), 449, 450, 451, 452, 549, 649, 650, 652, 653.

Schwarzweißbilder: Archiv für Kunst und Geschichte, Berlin: 18, 23, 24, 26, 36, 37 (2), 38 (rechts), 45 (links), 61, 93, 136, 147, 157, 183, 197, 207, 217, 225 (2), 226, 246, 300, 357, 415, 483, 487, 525, 531, 544, 555, 634, 698 (links). Archiv Produktion/Evans: 181; Archiv Produktion/Münch: 215; Archiv Produktion/Peyer: 694, 695 (rechts). Karl Bilek: 119, 128, 154, 305, 332, 338, 344, 372, 405, 419, 423, 430, 435, 440, 444, 485, 489, 493, 497, 503, 538, 660 (2), 661, 691, 692 (2), 693, 697, 698 (rechts), 699. CBS, Frankfurt/Main: 160. Deutsche Grammophon Gesellschaft/Jacoby: 138. EMI Electrola: 58, 396, 409, 453, 472, 560. Archiv Gerstenberg, Frankfurt/Main: 70, 72, 110, 124, 131, 141, 167, 190, 194, 206, 221, 229, 234, 237, 240, 241, 245, 260, 270, 282, 297 (2), 298, 307, 310, 323, 326, 347, 354, 361, 366, 371, 378, 382, 387, 392, 402, 463, 477, 486, 518. Musikarchiv Krčal: 91, 107, 166, 278, 482 (2), 510, 618. Österreichische Nationalbibliothek: 35, 46, 53, 134, 224, 291, 343, 441, 456, 458, 648. Phonogram: 363. RCA-Erato: 695 (links). Scala, Florenz: 28, 34 (2), 38 (links), 39 (2), 65, 88, 113, 169, 171, 178, 188, 193, 203, 211. Teldec, Hamburg: 658. Foto Wilfling: 2, 25, 31, 43, 45 (rechts), 47, 74, 76, 79, 80, 83, 85, 96, 98, 102, 117, 122, 127 (2), 133, 139, 143, 146, 161, 174, 181, 186, 199, 204, 210, 219, 231, 243, 254, 256, 265, 274, 285, 288, 295, 312, 317, 331.